抚州组织志

《抚州组织志》编纂委员会　编

主　　编：王新有

执行主编：宋东方

副 主 编：温　勤　宋有志　郑锦锋　章菊华

刘慧敏　何　磊

总　　纂：平六根　陈志平

方志出版社
Publishing House of Local Records

图书在版编目（CIP）数据

抚州组织志 / 《抚州组织志》编纂委员会编.-- 北京：方志出版社，2017.6
ISBN 978-7-5144-2409-6

Ⅰ. ①抚… Ⅱ. ①抚… Ⅲ. ①中国共产党—地方组织—党史—抚州 Ⅳ. ①D235.563

中国版本图书馆CIP数据核字（2017）第094528号

抚州组织志

编　　者：《抚州组织志》编纂委员会
责任编辑：李志瑜

出 版 人：冀祥德
出 版 者：方志出版社
地址　北京市朝阳区潘家园东里9号（国家方志馆4层）
邮编　100021
网址　http://www.fzph.org
发　　行：方志出版社发行中心
电话（010）67110500
经　　销：各地新华书店
印　　刷：湖南省越来越好印务有限公司　☎0731-84453344

开　　本：889×1194　1/16
印　　张：51
字　　数：1202千字
版　　次：2017年6月第1版　2017年6月第1次印刷
印　　数：0001～1000册

ISBN 978-7-5144-2409-6　定价：498.00元

《抚州组织志》编纂委员会

2013年5月成立

2014年7月调整

2016年12月调整

主　　任： 王新有

常务副主任： 宋东方

副 主 任： 温　勤　宋有志　郑锦锋　章菊华　刘慧敏　何　磊

委　　员： 章志芳　朱文泉　章军华　章国华　余志民　陈小青
李星华　雷祥根　申进东　杨　青　李群彪　冯　乐
平六根　周小剑　李　娜　黄雪琴　张　敏　谢爱隆
尹续平　丁燕军　金　超　周健璋　龚　煌　危　娜
吴智勇　程建斌

《抚州组织志》编纂办公室

主　　任： 平六根

副 主 任： 吴建新　陈志平　张　敏　谢爱隆　尹续平

编纂人员： 陈　韬　余　凌　王慧颖　涂　燕　付　鹏
何　春　殷智通

序

盛世修志，彰往昭来，益于当代，惠泽千秋。

从2013年5月起，在抚州市委组织部的精心谋划和周密组织下，参与编纂的同志辛勤笔耕，揖访搜寻，广闻贤达，征考文献，去芜存菁，历时四年，《抚州组织志》现得以面世。

作为一部地方性专业志，编纂中注重立足抚州，面向全国组织工作大背景，力求阐明组织工作的起源与演变，在广泛收集本地组织工作资料的同时，大量借鉴了专家学者关于组织工作的研究成果。从这一意义上讲，编纂该书不但是对抚州组织工作的一次历史回顾，也是对组织工作规律的一次积极探寻。

该书坚持“详今明古”“详近明远”，按照“存史、资政、育人”的要求，运用新观点、新方法、新资料，记清源头、写清转折、述清现状，既述所得，也记所失，以此启迪后人。

该书从抚州党组织创建时记起，溯源清流，分门别类，详尽记述抚州组织工作发展的历史和现状，客观反映抚州80多年来组织工作发展的历史轨迹，是一部全面反映抚州组织工作的通志。它既是历史经验及教训的回顾，也是一部生动的组织工作启蒙教材，是组工干部和基层党务干部必备的案头书。该书语言通俗，表述简炼，内容丰富，具有较高的研究价值、学术价值和收藏价值，实乃存史、资政、育人的精品力作。

“一切历史都是当代史”。对待历史，我们当怀着一颗敬畏之心；面对当下，我们须脚踏实地、仰望星空，在体验历史、感悟历史中感动自己、激励自己，不忘初心、走向未来！

王新育

2017年6月于江西抚州

（作者系中共抚州市委副书记、市委组织部部长）

抚州市政区图

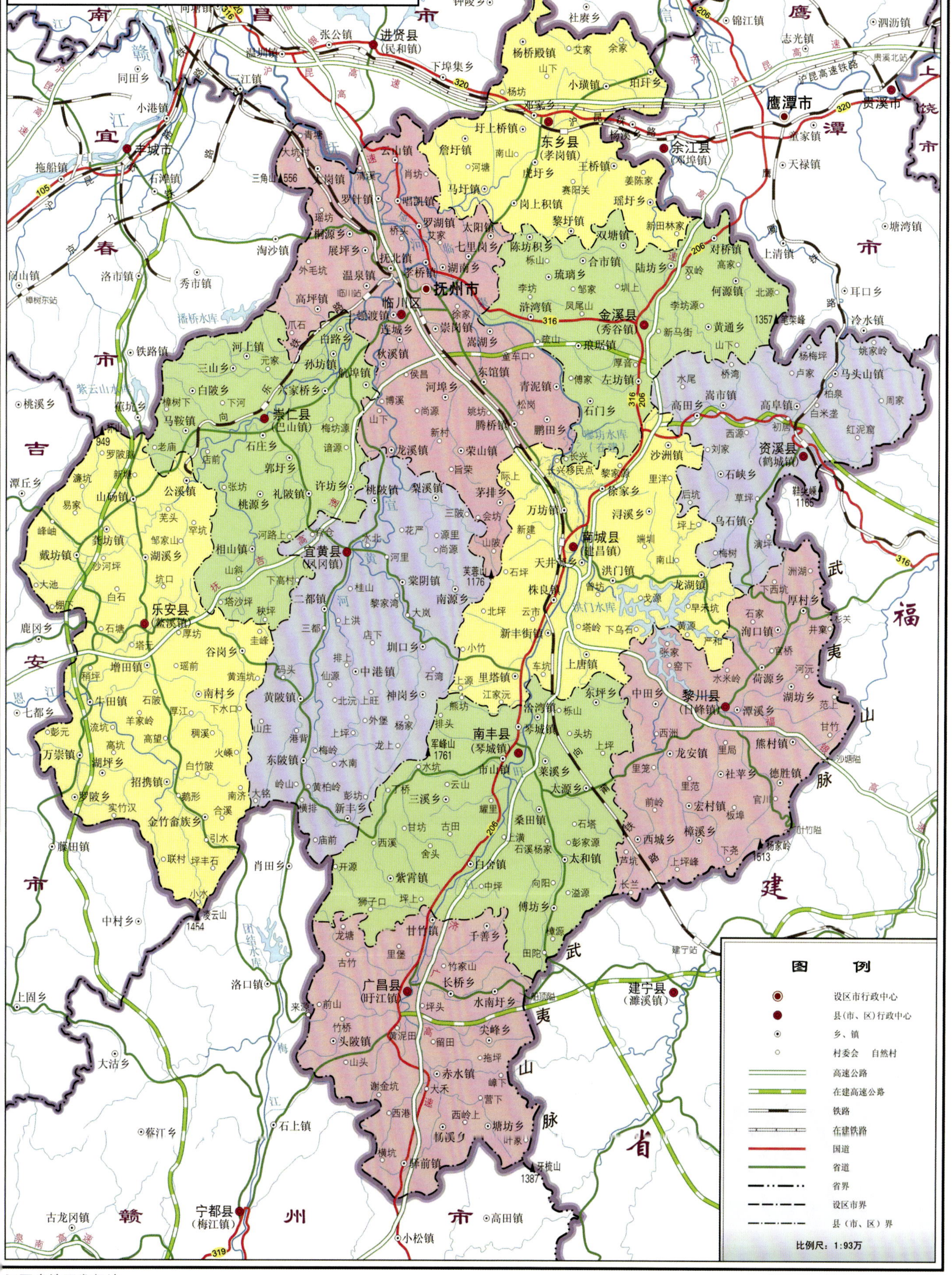

江西省地图发行站

审图号：赣S（2014）01号

抚州早期共产党人

▲ 1924 年 7 月，傅烈出席中国社会主义青年团旅欧代表大会与代表在巴黎合影。前排左起一为聂荣臻，四为周恩来，六为李富春，八为傅烈。后排右起三为邓小平

▲1926年10月，共产党员陈奇涵、曾燕堂与抚州首批建党对象合影。刘景宽（右一）、李干（右二）、章应昌（右三）、曾燕堂（右四）、许瑞芳（右五）、陈奇涵（左四）、郭忠仁（左二）

①赵醒侬
②傅大庆
③傅　烈
④饶漱石
⑤舒　同
⑥卢春生
⑦宁元勋

党组织驻地旧址

▲1927年11月，资溪县第一个党支部——中共下张支部驻址

◀1933年11月，中共宜黄县委驻址——宜黄县黄陂镇罗湾村张氏宗祠

▲ 1933 年 2 月，中共资溪中心县委驻址——资溪县城

▲ 1933 年 5 月，中共闽赣省委驻址——黎川县湖坊村龚家大屋

新中国成立初期基层组织活动

▲1954 年 3 月 17 日，临川县孝桥乡第一届人民代表大会代表合影

▲抚州土改区纷纷成立党支部

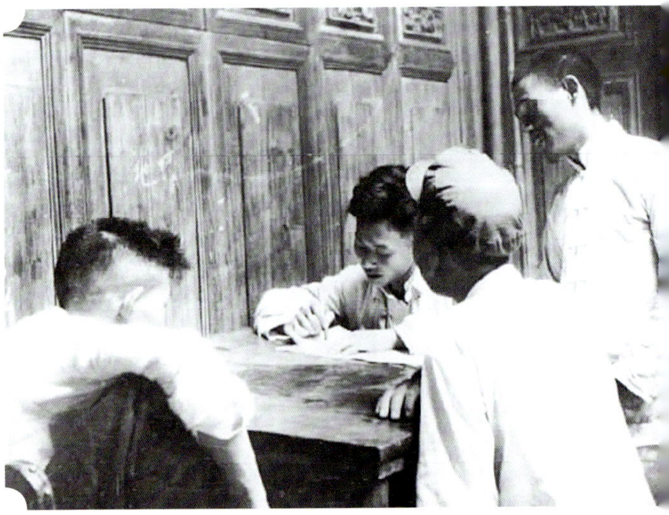

▲临川翻身农民申请入党

▲抚州专区第一个人民公社——南城县上游公社成立仪式

▲土改中临川农民入党宣誓

抚州地方党的代表大会

▲1971 年 6 月召开中国共产党抚州地区第一次代表大会

▲2000年10月召开中国共产党抚州市第一次代表大会

▲2006年11月召开中国共产党抚州市第二次代表大会

▲2011年9月召开中国共产党抚州市第三次代表大会

▲2016年9月召开中国共产党抚州市第四次代表大会

▼中国共产党抚州市第二次代表大会全体代表合影

党内重大教育活动

▲ 2009 年 11 月 16 日召开抚州市第三批学习实践科学发展观活动试点工作调研座谈会

▲ 2013 年 2 月 21 日，抚州市委召开全市党的群众路线教育实践活动动员大会

▲2016年4月22日召开抚州市“两学一做”学习教育动员部署大会

▲2016年7月1日，抚州市委召开庆祝中国共产党成立95周年大会

组织工作会议

◀2010年1月6日，江西省选派乡镇干部到村任职现场会在抚州召开

◀2013年10月21日召开抚州市组织工作会议

◀2014年3月21日召开抚州市组织工作暨老干部（关工委）工作会议

基层干部教育

◀2010 年 5 月 31 日，抚州市农村干部学院揭牌仪式

◀金溪县农村党员干部对桥培训基地

◀抚州市组织部分村党组织书记赴山东潍坊学习培训

干部教育培训

▲ 2004 年 6 月，抚州市领导干部调研培训班在浙江绍兴举行

▲ 2007 年 10 月，抚州市“十一五”干训第四期县级干部进修班在市委党校举行

▶抚州市外出培训学员与来自非洲的部长级学员在北京大学专题培训课堂交流学习心得

▶抚州市委组织部机关开展“五大课堂”学习

▶2013年6月，抚州市组工干部参加全国组织干部学院培训

竞争性选拔领导干部

▲ 2010 年 10 月，抚州市委公开选拔领导干部面试现场

▲ 2012 年，抚州市竞争性选拔副县级干部报名

▶ 2012 年 5 月 21 日，抚州市公开选拔副县级干部调研考试

▲北京大学博士生服务团到抚州考察

▲2014年9月，抚州市委组织部领导为突出贡献人才黄平辉颁奖

◀2014年9月，抚州市领导接见第一届抚州市“突出贡献人才”和全市“龚全珍式好干部”

基层党员教育

▲抚州市各级组织部门带头开展组工干部讲党课活动

▲抚州市召开纪念建党 86 周年暨农村 50 周年以上党龄老党员座谈会

▲ 2012 年 8 月，江铃汽车集团建党对象参加专题培训

▲抚州市委组织部机关全体干部在乐安登仙桥黄陂大捷遗址重温入党誓词

013年6月26日，抚州市直机部与社区党员开展谈心活动

▲2013年2月27日，抚州市委组织部机关全体党员赴抚州市廉政教育基地接受教育

村级组织活动场所建设

▲抚州市村级组织办公场所建设工作现场会在南城召开

临川区腾桥村委会办公楼竣工

资溪县新月畲族村牌楼

黎川县村级组织活动场所竣工集中授牌仪式

大学生村干部

▲ 2008 年，抚州市第一批大学生村干部培训班合影

▲ 2008 年 9 月，抚州大学生村干部参加全省“从井冈出发”宣誓活动

▲ 2012 年 12 月，抚州市召开大学生村干部座谈会

▲ 2014 年 5 月，抚州市大学生村干部赴江苏华西村参加座谈会

▲抚州市大学生村干部“骑单车、看抚州、迎国庆”活动海报

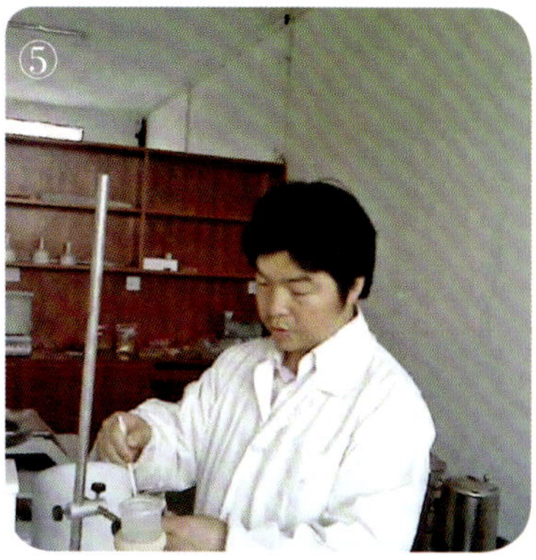

①大学生村干部的基层生活

②全省大学生村干部抚州代表队风采

③女大学生村干部风采

④抚州大学生村干部参加全国村长论坛

⑤ 全国大学生村干部创业典型——硕士村干部危冬发

⑥大学生村干部在基层学习场景

⑦大学生村干部创办的龙虾养殖基地

组工文化建设

▲抚州市委组织部机关足球队

▲抚州市委组织部机关篮球队

▲抚州市委组织部机关羽毛球队

组工干部风采

▲2010 年，组工干部帮助群众灾后重建

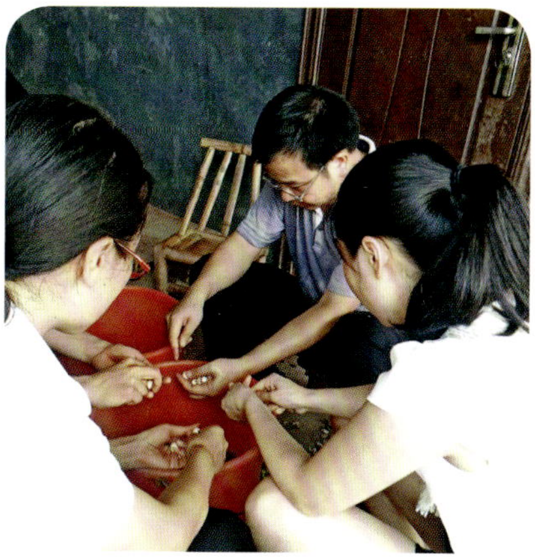

▲抚州市委组织部干部赴广昌农村开展“连心”活动

▲2012 年 9 月 5 日，抚州市委组织部领导参加人民网访谈

▲抚州市委组织部领导出席市党代会

▲抚州市委组织部领导在北京大学专题培训班上发言

老干部工作

▲2008年9月7日，抚州市委老干部局召开市直单位离退休干部党支部巡访例会

▲2014年，抚州市委常委、组织部部长王新有（右）看望老干部

▲抚州市委老干部局领导走访慰问老干部

◀2008年，抚州市老干部代表参观考察城区重点工程建设

◀抚州市离退休干部形势报告会

▲2015年，抚州市委老干部局领导赴鹰潭看望老干部

▲离退休干部党支部

老干部工作

▲ 2014 年 6 月 27 日，抚州市老干部艺术团赴革命老区广昌县慰问演出

▲ 2009 年 7 月 3 日，组织老同志在抚州职业技术学院演出——《总理和我们心贴心》

◀ 2013 年 10 月 12 日，组织老同志在抚州步步高广场开展“共贺重阳佳节，共创文明社区”文艺汇演

▲ 2014 年 10 月 15 日，抚州市委老干部局在汤显祖大剧院举办“中国梦——省市县离退休干部庆祝新中国成立 65 周年文艺汇演”。

▲ 2012 年 9 月 12 日，抚州市离退休干部“喜迎十八大，永远跟党走”文艺汇演在汤显祖大剧院举行

凡　例

宗　旨

《抚州组织志》以马列主义、毛泽东思想、邓小平理论、“三个代表”重要思想和科学发展观为指导，深入贯彻落实习近平总书记系列重要讲话精神和治国理政新理念新思想新战略，实事求是地记述抚州组织工作、老干部工作的历史和现状，运用新观点、新方法、新资料，记清源头，写清转折，述清现状，力求思想性、科学性、资料性与可读性、实用性相统一，使之成为组织工作、老干部工作的工具书。

时限　区域

上限为1926年11月抚州创建第一个党支部，下限迄于2014年，部分内容及领导人任职时间延至2015年。

区域所指系各历史时期抚州所辖区域范围。凡历史上曾属抚州管辖的区域，当时统计数据和事例均包含之。

体裁　结构

采用现代语体文，包含述、记、志、传、图、照、表、录等体裁，以“志”为主。志文中有少量评述，旨在彰显工作得失。

本书结构设章、节、目、子目，按层次横排，以时为序记述。志首设概述、大事记；主体部分12章48节，内容包括党员队伍、地方组织、基层组织、组织部门、领导班子、干部队伍、教育培训、审查监督、人才工作、组工宣传、离退休干部、人物荣誉等；志尾设附录。

人物　荣誉

坚持生不立传。人物立传对象：为党的建设而牺牲的著名英烈；在抚州区域从事过组织工作和老干部工作的厅级以上领导人；抚州籍在外地从事过组织或党建工作的高级领导人。

人物简介对象：抚州地（市）委组织部部长、副部长、老干部局局长；中央组织部表彰的抚州优秀党务工作者、优秀党员，全国先进基层党组织负责人；抚州组织系统、老干部系统受中央组织部表彰的先进工作者。

荣誉表收录对象：江西省委组织部、老干部局以上表彰的抚州优秀党务工作者、优秀党员或先进个人、先进集体（组织）；单位或个人作品在全国组织系统、老干部系统评比中获奖的主创人员。

人名　地名

人名一般直书其名，不加别称，必要时姓名前交代职务，其后一般不带职务。

旧地名如所指范围不变，沿用旧名，括注今名。乡镇、村名前冠以县（市、区）名。

特称　简称

历次政治运动称谓引用《关于党的若干历史问题的决议》《关于建国以来党的若干历史问题的决议》提法。各历史时期的机构、职务以当时名称为准。

部分名词因使用频率高、文字较多，章内首次出现用全称，括注简称，其后用简称。中华人民共和国成立后简称“新中国成立后”；新中国成立至2000年10月抚州区（分区、专区、地区）简称“全区”，2000年10月撤销抚州地区建立抚州市后，简称“全市”；“解放后”特指1949年5月5日至9月30日抚州全境解放。中共中央、中共中央组织部分别简称中央、中央组织部，中共江西省委、中共江西省委组织部分别简称省委、省委组织部，以此类推。

详　略

以纵贯历史、明古详今为原则，对交叉重复内容，或详此略彼，或各有侧重，注明详见某章某处，力求做到详略各尽所宜。

图表　照片

正文前设彩页，正文穿插照片和表。以章为单位排表序，表中不设备注栏，说明文字排在表体之下；不留空白项，“—”表示缺项或数据不详，“0”表示该页数据为0。

文字　标点

文字按国家公布的《简化字总表》和《标点符号用法》书写、标点。时间范围用“—”连接，数字范围用“~”连接；并列关系的两个以上书名号、引号之间不加顿号。

资　料

入志资料主要来源于文献、志书、档案、调查采访及组织部门保存的资料等。重要资料注明出处。

目　录

第四章　组织部门

第五章　领导班子

第六章　干部队伍

第七章 干部教育培训

第八章 干部审查与监督

第九章 人才工作

第十章 组工宣传

第十一章　离退休干部工作

第十二章　人物·荣誉

概　述

抚州地处江西东部，位于华东地区，辖1区10县和1个高新技术产业园区，距省会南昌市100公里，有人口近400万人。市境南北长222公里，东西宽169公里，总面积18798平方公里，向莆铁路、杭长高铁及鹰厦铁路穿境而过，福银、沪瑞、鹰瑞、抚吉高速公路贯通全市各个县区。由于特殊的区位，抚州成为江西省唯一同时享受鄱阳湖生态经济区、海峡西岸经济区、原中央苏区振兴发展等三个国家重大发展战略政策的设区市。

抚州自古物华天宝、风光秀丽，是著名的宜业、宜居、宜游城市。域内物产丰富，南丰蜜桔、广昌白莲、崇仁麻鸡、东乡生猪久负盛名。城市环境优美，2014年1月，抚州市获国家园林城市称号，2015年荣登中国大陆城市“氧吧”榜首，人均公园绿地面积达16.6平方米，城市绿化率达43.4%，环境综合评价居全国第七、中部地区第一，全境森林覆盖率64.5%。境内的资溪县森林覆盖率更是高达85.9%，被誉为“天然大氧吧”。

“邺水朱华，光照临川之笔”。抚州自古人文荟萃，历代才子辈出，涌现出“中国十一世纪改革家”王安石、“东方莎士比亚”汤显祖、“百世大儒”陆象山、一代散文名家曾巩，词坛巨匠晏殊、晏几道父子等史贤名儒，舒同、游国恩、饶毓泰、盛中国等一大批现代文化名人亦出自抚州。抚州临川素有“才子之乡”美誉，“临川教育”品牌吸引全国各地学子前来求学，以盛产北大、清华学子闻名的临川一中及临川二中、抚州一中组成临川教育集团，成为展示抚州形象的一张名片。

一

“控带闽粤、襟领江湖”的区位优势，既造就了抚州人讲义气、守礼仪的传统，也造就了变革图新、领风气之先之禀赋。当五四运动的狂飙席卷全国时，抚州热血青年积极响应，声援北京学生的爱国民主运动。1926年11月，抚州第一个党组织——中共临川支部干事会诞生了。党组织建立初期，面对严酷的斗争环境，特别重视从组织上解决党的生存、发展问题，紧紧抓住发展党员、建立党组织这两个基础环节，着力建设组织严密、纪律严格、领导有力的党组织。一方面，严格入党条件和入党手续，迅速发展壮大党员队伍；另一方面，按照民主集中制原则，严格支委成员分工，建立了重大事情向上级组织报告的工作制度。抚州党组织在斗争中成长壮大，由支部扩大到特支，由临川扩展到东乡、金溪、崇仁、南城等地。抚州党组织成立之初仅有5名党员，此后发展到26个党支部、1个党小组、650名党员，推动了大革命运动，也为此后党领导的土地革命奠定了基础。

1927年8月7日，“八一”南昌起义部队经过临川，中共临川特支大部分党员及青年学生、工人纠察队员、农民自卫军队员踊跃加入起义部队并随军南征，由此导致临川特支解体。此外，由于国民党大肆逮捕和屠杀共产党人，临川党员人数锐减，域内大多数党支部停止活动。党的“八七”会议召开后，中共江西省委指派长期隐蔽在临川的曾去非清理党组织，建立中共临川县委。此后，各地党组织得到恢复和发展，临川、南城、东乡、金溪、崇仁相继建立中共区委或特支，领导人民群众开展武装暴动。但是，“左”倾盲动主义使党组织数次遭国民党破坏，临川三任县委书记相继被杀害，并于1930年7月停止活动。

当抚州中北部地区革命斗争处于艰难之际，革命的火焰却在南部熊熊燃烧起来。井冈山革命根据地建立后，赣西南特委先后在乐安、宜黄、崇仁、南丰、广昌建立党组织。此外，赣东北特委也在东乡、金溪、资溪、黎川、南城建立党组织。在红军的帮助下，各地建立苏维埃政权。第四次反“围剿”胜利后，先后建立了乐安、资溪、广昌和建黎泰4个中心县委，黎川湖坊还建立了中央苏区5省之一的中共闽赣省委和闽赣省革命委员会，抚州2/3的区域建立了县区乡村各级苏维埃政权。土地革命战争中，党的建设和组织工作逐步摆脱困难局面，域内党组织按照红4军党的第九次代表大会提出的“党员的发展路线”，把握党员标准、严格入党手续，确保党组织富有战斗力。到1933年第四次反“围剿”胜利时，抚州有党员9653名，各县委均设有组织部，党组织覆盖面扩大，党内民主得到发展，支部建设和党员教育得到加强，有多个县召开了党员代表大会，选举产生党的委员会，各地党组织发动群众扩大红军队伍，巩固革命根据地，支援革命战争。

1931年年初开始，王明“左”倾教条主义在党内取得统治地位，组织建设上推行宗派主义的干部路线和“残酷斗争、无情打击”的党内斗争方针，抚州苏区开展“反江西罗明路线”，一大批苏区干部蒙冤受屈，党的建设受到严重损害。第五次反“围剿”中，由于“左”倾错误的领导，红军在抚州境内虽顽强抵抗，但节节失利，最后不得不退出抚州，撤离中央革命根据地，实行战略转移。苏区沦陷后，除资溪党组织继续领导当地群众开展游击战争外，其余全部停止活动。

抗日战争中，中国共产党为建立抗日民族统一战线不懈努力，金溪、资溪、贵溪等地党组织与国民党资溪县政府签订联合抗日协议，红军游击队改编为新四军后开赴抗日前线。中共江西省委妇委会和由共产党人出面组织的“乡抗团”“救国团”等民众组织，积极组织党员深入抚州各县开展抗日宣传，号召人民群众开展抗日支前。在中国共产党抗日统一战线政策的影响下，抚州籍爱国群众不分党派、年龄、性别，毅然投身到抗日救国大潮中。日本侵略军侵占抚州期间，面对侵略军的血腥暴行，各地群众组织游击队、义勇军，或配合中国军队正面作战，或自发地打击侵略军，谱写了一曲全民抗战的壮歌。

解放战争中，在中共南昌城区工作部领导下，1949年年初成立的中共温圳特别支部，相继在临川、崇仁、宜黄、进贤4县建立党支部。各地党组织分别派人打入国民党地方武装，开展策反和筹建武装工作，成立拥有7个支队1740余人的“赣中民主联军”。赣东解放前夕，各地民主联军发动了一场以统战策反瓦解国民党军、稳定和保护地方、迎接人民解放军为目标的政治攻势。1949年4月21日，毛泽东、朱德发布向全国进军的命令，人民解放军强渡长江，经浙赣铁路线进入抚州境内，在不到半年的时间内，人民解放军势如破竹，一举解放抚州全境，各县市相继建立党的领导机构和人民政权机构。7月1日，中共抚州地委、专员公署宣告成立。抚州地委成立之初，即设立地委组织部和地方干部学校，与地委宣传部、民运部合称地委“三部一校”。

二

抚州解放揭开了抚州组织工作的新篇章。解放初至社会主义过渡时期，组织工作主要围绕建立和巩固人民政权而展开，以随军南下干部为主，建立地、县市、区各级党的领导机构和政权机关，组织人民群众开展剿匪反霸、抗美援朝、减租减息、土地改革等一系列政治、经济运动，党在人民群众中建立了崇高威信。面对干部数量少、文化素质低的实际，采取用一批、养一批、管一批的策略，吸收一批旧政权人员进入干部队伍。根据第一次全国组织工作会议精神，分期分批开展整党，对全体党员进行党员标准“八项条件”教育和社会主义、共产主义前途教育。整党中，按照“积极慎重、严格审查”的方针，有计划、有步骤地做好党员发展工作。三年多的整党建党，使党的队伍不断壮大，党的组织和党员分布日益广泛，党与人民群众的联系更加紧密。按照第二次全国组织工作会议对干部实行“分级管理、统一调配”的精神，根据全省经济发展需要，抚州向国家和江西省输送了一批急需干部。同时，积极开展团结、改造原有技术人员、大量培养训练干部及全面审查干部等工作。到1953年12月，全区有国家行政干部9939人，比1951年增长88.74%，干部缺乏的矛盾有所缓解。1954年年底全国农村党的基层组织工作会议后，抚州专区结合建立互助合作社与生产运动，在互助合作组骨干、主要干部、青年团员、基干民兵和优秀妇女中发展了一批党员，并在农村互助合作社中建立党组织，党支部作用得到充分发挥。到1957年，全区2015个高级农业合作社，建立党支部1484个，占合作社总数的73.65%。这一时期，改造、新建了一批工矿企业，调派了一批干部充实企业领导班子，并实行党委集体领导制度。经过社会主义思想改造，知识分子成为工人阶级的一部分，知识分子的积极性得到提高，发展知识分子入党工作有明显进展。

1957年入春后，群众为度饥荒变卖财产，有的群众结队请愿，一些林业工人罢工，有的群众甚至自杀，抚州多个县发生闹粮事件。由于党员干部普遍缺乏思想准备，用处理敌我矛盾的方法，压制打击群众，激化矛盾的事情时有发生。根据中央精神，抚州地委开展党内整风，发动87万多人参加全民整风运动，贴出大字报50多万张，提出批评意见建议140多万条。同年9月，整风运动演变成反右派斗争，全区851名知识分子、爱国人士和党内外干部被划为右派分子，一批人被定为“中右分子”。“大跃进”运动期间,全区基层党组织相继开展“十化”运动、支部工作“三定”“五好”运动、“学赶超帮”评比竞赛运动，干部教育红专学校遍地开花，进一步助长了浮夸风和形式主义，导致支部工作简单化。这一时期，干部参加劳动锻炼成为政治要求，各地兴办了一批垦殖场，许多机关干部下放农村参加劳动锻炼。“大跃进”运动高潮中，组织工作“左”倾错误严重，“为过渡到共产主义准备条件”成为各地组织工作任务。“左”倾错误暴露后，各地对人民公社进行整顿，同时整顿党的组织和干部队伍。“纠左”进程很快又被反右倾机会主义斗争所中断，错误地或过重地处理了一批党员干部。

1961 年，组织工作按照“调整、巩固、充实、提高”的要求，开展农村整风整社运动，纠正对待知识分子简单化的做法，开展甄别平反、为部分右派“摘帽”等工作。1963 年，全区分期分批开展社会主义教育运动，结合整党开展了党员重新登记。城乡社会主义教育运动后期，“左”倾错误日益发展，一大批基层党员、干部再次受到打击。1965 年开始，全区组织部门根据中央关于提拔新生力量、接受新党员和加强农村党的建设的精神，制定具体规划，但因“文化大革命”开始，规划被迫停止执行。这一时期，全区社会主义建设的热情高涨，到处是万人大会战的战场，临时党组织发挥了重要作用，全区先后兴修了南城洪门大型水库及 16 座中型水库、1000 余座小型水库，修建了金临渠、宜惠渠等 4 条灌溉面积在万亩以上的引水工程，兴修了唱凯堤等保护万亩以上农田的圩堤 15 条，新建、改建、扩建了抚州棉纺织厂、东乡化肥厂、东乡铜矿等一批工矿企业，企业党组织迅速发展，企业党员人数迅速增加，形成了具有抚州特色的工业体系。

1966 年 8 月“文化大革命”全面爆发,各地掀起“罢官”运动和批斗各级领导干部的浪潮,地、县市组织部门陷入瘫痪，党的组织工作失去了指导。“踢开党委闹革命”的邪风横行，一大批领导干部被解除职务、下放管制或关进监狱。到 1968 年下半年，全区除军队和人武部门外，党的组织全部陷入瘫痪或半瘫痪状态，党员组织生活被迫停止，全区陷入大动乱之中。其间，抚州发生震惊全国的“8・24”武斗事件。经过持续 20 个月的“全面夺权”，到 1968 年 9 月，专区、县市、公社相继建立了革命委员会，建立在“全面夺权”基础上的革委会，实行革命干部代表、军队代表、革命群众代表“三结合”，组织工作被革委会政治部下设的组织组所取代。“五十字”整党建党方针提出后，抚州各地先后开展整党，清除了部分不合格党员，发展了一批新党员，恢复了党的基层组织。经地区革委会政治部批复，各公社、厂矿先后恢复成立了党委。在发展党员中，“左”的倾向日益突出，一些靠打砸抢起家的人混入党内，党员人数急剧增加。到 1970 年，全区有 72635 名党员，比 1965 年增长 82.75%。中共九大后，“斗批改”大规模展开，大批判、清理阶级队伍、精简机构和下放干部、整党成了党的建设任务。1971 年 6 月，中共抚州地区第一次代表大会召开，地委领导机构得以恢复。

“九一三”事件后，全区开始纠正林彪集团制造的冤假错案，组织工作出现转机。全区相继解放和安排了一些老干部以及各方面的专家、教授，一批知识分子重新走上工作岗位。1974 年 1 月，全区开展“批林批孔”运动，江青反革命集团及其追随者在各地揪斗老干部和知名人士，大搞突击入党、突击提干。到是年底，全区有82738名党员，比1970年增长13.75%；国家行政干部达38145人，比1965年的15373人增长148.13%，社会秩序再度混乱。1975年邓小平主持中央日常工作，提出全面整顿的要求，抚州地区从反对派性、整顿党性入手开展整党，通过领导班子整顿，全区形势有了明显好转。1976年10月粉碎江青反革命集团后的一段时间，党的建设在徘徊中前进。1977年11月恢复中共抚州地委组织部，此后，各县市也相继恢复组织工作机构，并成立审干办公室，清查“打砸抢”分子。

三

以中共十一届三中全会召开为标志，抚州组织工作在拨乱反正中进入新时期。抚州地委专门成立审干办公室，广泛深入开展冤假错案平反，全面落实党的干部政策和知识分子政策，清理核查留在领导岗位和要害部门的“三种人”。到1982年12月，全区共为2062人复查平反冤假错案，一大批没有立案审查而受到错误批判斗争和株连的干部、党员、群众问题得到合理解决。1983—1984年，本着“实事求是、有错必纠”的原则，对20世纪50年代在审干、肃反运动中一批重大历史遗留问题进行复查，恢复和提高了一批干部的政治生活待遇，37人恢复副地、县级待遇。广泛开展了清理“三种人”工作，确定调查对象243人，重点调查对象81人，核查对象111人。经查证核实，定为“三种人”的10人，定为犯严重错误的57人，定为犯一般性错误的82人，维持“两案”处理的6人，记录在案的1人。同时，清理农民党员18人，分别受到开除党籍、不予党员登记和其他党纪处分。

在党的基层组织建设方面，从1984年10月开始，抚州地区用两年半时间，分两期开展以“统一思想、整顿作风、加强纪律、纯洁组织”为主要内容的整党，244名党员受到党纪处分。按照“坚持标准、保证质量、改善结构、慎重发展”的方针，在党员数量少、党的力量薄弱的部门和地方发展了一批生产、工作骨干入党，党员的分布状况和队伍结构逐步改善。与此同时，党员队伍“出口”进一步畅通。从1988年开始，通过民主评议党员，及时处置一批不合格党员。按照“抓两头促中间”的思路，积极开展村党支部达标建设，着力整顿农村软弱涣散基层组织。1991年派出193个工作小组，整顿216个后进村党支部，调整村党支部书记92人、支委257人，全区下派国家干部596人到村任职。通过抓点带面，一批后进村党支部转化为先进党支部。1993年和1998年，抚州地委先后制定两个三年规划，采取“领导蹲点、部门挂钩、干部驻村”的办法，抽调千名机关干部到村挂点任职，集中整顿一批涣散软弱、集体经济薄弱、各类问题突出、干群关系紧张的后进村党支部。

随着改革开放的进一步深入，外出务工经商渐成时代潮流，党员流动日益频繁。按照中央要求，建立“流动党员活动证”制度，在流动党员集中地建立临时党支部和党小组。党员教育管理进一步加强，各地围绕党委、政府工作大局推进党员教育，把增强党性作为第一任务，将理想信念教育和能力建设贯穿始终，增强党员贯彻落实中央和省委、地委决策部署的自觉性和责任感。通过远程教育、电化教育，坚持服务党员、按需施教，积极开展农村党员实用技术及致富能力培训，增强党员工作能力。不断创新“创先争优”活动形式，通过“七一”表彰，树立标杆、提振精神、鼓舞斗志。至2000年，抚州有党组织7792个，其中党委305个、总支275个、支部7212个，党员人数达13.88万人。党员年龄结构进一步优化，35岁以下党员占总数23.15%。党员文化素质进一步提高，大专以上党员占15.45%。

抚州地区干部人事制度改革逐步展开。从1979年开始，根据干部队伍“四化”方针，大力推行干部新老合作与交替，一批有一定专业知识的年轻干部进入各级领导班子。1980年，全区81名中青年干部进入各级领导班子预备名单。此后，相继建立后备干部制度、干部下派制度和选调制度，挑选29名大中专毕业生到农村基层锻炼培养。1983年，党政领导干部年度考核制度建立，干部能上能下、干部考察、民主评议领导班子等工作相继展开，开展了抚州地区行署驻上海、厦门、南昌、海口4个办事处（联络处）主任公开选拔工作。1984年，按照“管少、管活、管好”要求，下放干部管理权限，推行分类管理，将原属地委管理的1900名区（科）级干部，下放给县市和地区主管部门管理，将地委管理的部分干部授权地委组织部审批，减少干部审批环节，地委、县市委直接管理的干部人数减少3/4左右，初步建立了各具特色的党政机关、国有企业、事业单位人事制度。1990年后，尤其是推行国家公务员制度后，干部考核全面推行，党政机关、国有企业和事业单位干部人事制度改革不断深入。完成干审工作历史遗留问题后，干部审查的重点向干部监督转移，注重整治干部队伍中存在的不正之风和腐败行为，增加“调查处理”这一监督职能。1995年《党政领导干部选拔任用工作暂行条例》出台后，地、县市委相继出台文件，党政领导干部选拔任用工作走上规范化、制度化轨道，机关干部“凡进必考”逐渐制度化，干部交流、干部监督工作日益正常，民主推荐成为干部选任的程序和基础环节，民主测评进一步规范和完善，任前公示和考察预告制度全面推行，公开选拔、竞争上岗广泛实施，全委会票决制全面推开。1999年6月，面向社会公开选拔地委党校、地区科委、农办、供销社、招商引资中心等5个部门的副职及行署驻厦门办事处主任职位之后，公开选拔在全区陆续开展，一些县市公开选拔了一批正科、副科级干部，干部竞争上岗全面推开。随着干部的不断调整补充，干部队伍基本形成了老中青梯次结构，培养选拔优秀年轻干部工作有了比较完备的制度保证。

为提高领导水平和执政能力，通过不断加强学习提高工作能力，逐渐成为全区干部的共识，干部教育培训逐步恢复并走向正规化，以党校、干校为主渠道，以高校和电视大学、函授大学、自学考试等为重要补充的干部教育培训格局形成。各级领导干部多渠道多形式，认真学习马克思主义理论，学习经济理论、现代科学技术知识、管理知识和法律知识。中共十四大以后，全区开展以邓小平理论和“三个代表”重要思想为主要内容的理论学习，以“讲学习、讲政治、讲正气”为主要内容的党性党风教育活动，以社会主义市场经济和科技知识为主要内容的业务培训，干部教育培训力度不断加大。同时，干部教育培训制度建设的步伐逐步加快，初步形成以需求为导向、计划调训与自主参训相结合的干部教育培训运行体系和以县处级以上领导干部及优秀中青年干部为重点，脱产培训、中心组学习和在职自学“三位一体”的干部教育培训新格局。

四

2000年10月，抚州撤地设市。从此，抚州进入一个新的发展时期。在历届中共抚州市委的坚强领导下，抚州组织工作在改革创新中前进。

与时俱进，因地制宜设置党的基层组织。为适应农村党员专业化分工需要，在按地域设置党组织的基础上，按照有利于促进农村经济发展、有利于发挥党组织作用、有利于加强党员教育管理、有利于扩大党的工作覆盖面“四个有利于”的原则，积极探索农村党组织设置方式。有的根据党员职业、特长和年龄构成等不同特点，将党组织建在新农村建设理事会、农业产业链、专业协会和各种联合体上，建立产业发展、科技推广、流通服务、精神文明建设等不同服务功能的新型党组织。2006年，在联合体上组建党支部84个，党小组505个，有党员5941人。2008年，根据农村产业协会迅速发展的实际，以产业协会为依托，探索跨村、跨地域设置党组织，把“党组织建在产业链上，党员聚在产业链上，群众富在产业链上”，走出一条“党组织+协会、协会+基地、基地带群众”的产业协会党建工作新路子，资溪面包协会、广昌物流协会、南丰蜜桔协会、南城运输协会、临川西瓜协会、东乡生猪协会、崇仁麻鸡协会等一批产业协会不断做大做强，带动百万群众创业致富。资溪面包协会党委在全国30个大中城市建立党组织，带动10万面包大军创业，中央组织部先后两次授予全国先进基层党组织称号。流动党员管理进一步加强，依托市政府驻上海、广东、福建、浙江4个办事处，挂牌成立流动党员管理服务中心，在农民工党员进城务工经商相对集中的单位，建立一批党支部。随着个体私营经济的迅速发展，为扩大党的工作覆盖面，抚州党建工作适时向非公有制经济组织延伸。2011年8月，抚州市非公有制经济组织党工委成立。至2014年12月，全市793家规模以上非公企业有753家建立党组织，其中，建立党委23个，党总支17个，党支部432个，联合党支部263个。

以创先争优为载体，党的基层组织建设得到全面加强。先后开展“五个好”村党支部、“六个好”乡镇党委和农村基层组织建设先进县的“三级联创”活动，开展基层党组织“红旗单位”创评活动、“三项创建”“三包为民”和以交民友、畅民意、办民事、帮民富、聚民心，建幸福家园为主要内容的“五民一建”活动，大力抓好“连心、强基、模范”三大工程，派出“连心”小分队2500个，下派党员干部1.39万人，整顿软弱涣散基层党组织150个，帮扶困难群众2.36万户，办实事2.09万件。至2009年的近十年间，全市累计选派32批次、860多名乡镇干部到难点村、落后村、软弱村任村党支部书记的做法，得到时任中央组织部部长李源潮的批示肯定，指示在全国推广。党员教育管理进一步加强，先后开展“三个代表”重要思想学习教育活动、保持共产党员先进性教育活动、学习实践科学发展观活动、“鼓士气、顺民心、树新风”主题教育活动、党的群众路线教育实践活动，党员干部受到教育，人民群众得到实惠。不断推进党内民主建设，积极开展党代表常任制试点。2003年11月，崇仁县列为全省7个党代会常任制试点县市之一，崇仁县成立党代表联络办公室，在崇仁党建网开通“党代表直通车”，党代表为县委中心工作建言献策渠道进一步畅通。试点工作向乡镇党代会推进，金溪县对桥乡、崇仁县马鞍镇列为党代会年会制试点单位。通过试点，拓宽了党内监督渠道，增强了党代表的责任感，密切了党群干群关系。

干部人事制度改革全面推进。随着《党政领导干部选拔任用工作条例》《中华人民共和国公务员法》的颁布实施和《公开选拔党政领导干部工作暂行规定》《党政领导干部职务任期制暂行规定》等一系列法规性文件集中出台，干部人事工作制度化建设取得重大进展，民主推荐、民主测评、考察预告、任前公示，成为干部选拔任用的必经程序，全委会票决制、任职试用期制得到普遍推行，公开选拔、竞争上岗成为干部选拔的重要方式。2006年，抚州市公安局临川分局采取公推公选方式，通过民主测评、笔试、面试、局党委评议及组织考察等程序，公开选拔各派出所和分局部分科室负责人。在公安系统取得经验后，抚州市委组织部拓宽选人用人视野，公开定向推选20名熟悉工业经济、现代企业管理、资本运作的县级领导干部，安排到市、县两级工业园区任职，338名符合条件者报名竞争。此后“公推公选”县级干部、“公推差选”乡镇党委书记、“公推比选”部门副职、“公推竞选”机关中层干部、“公推直选”基层党组织书记、“公推考选”县级后备干部等6种公开选拔干部方式全面推行，扩大了干部群众参与范围，群众在民主推荐、干部考察等关键环节的知情权、参与权、表决权、监督权得到有效落实。

干部监督工作进一步加强。各级党委普遍建立了诫勉谈话和函询、述职述德述廉等制度，组织部门开通“12380”举报电话、举报网站、举报短信，形成集信件、电话、网络和短信“四位一体”的综合举报平台。专项整治用人不正之风，强化干部选拔任用责任追究，干部管理监督不断加强。中共十八大以后，继续完善干部选拔任用和考核评价制度，着力解决唯票、唯分、唯GDP、唯年龄等问题，通过深化改革提高干部工作民主质量，在竞争性选拔中科学衡量干部的综合素质和能力，引导干部树立正确的政绩观，调动各年龄段干部的积极性和主动性。严格党员领导干部民主生活会，坚持党员领导干部报告个人有关事项制度，及时对党员领导干部进行提醒、函询和诫勉，加强对领导干部的经济责任审计，加大对党政领导干部问责力度，强化出国（境）审批管理。

人才工作服务经济社会发展的水平不断提升。人才工作是新时期组织工作的重要内容，与领导班子和干部队伍建设、党的基层组织和党员队伍建设一起构成新时期组织工作的基本格局。20世纪八九十年代，通过落实知识分子政策，激发知识分子的工作热情，一批中青年科技人才脱颖而出。进入21世纪后，知识分子工作转入人才发展战略。抚州市注重高层次人才引进，注重企业家人才培养，注重农村实用人才队伍建设，社会工作人才队伍不断发展壮大。至2014年，全市共有各级各类人才39.33万人，其中党政人才1.79万人，企业经营管理人才1.39万人，专业技术人才7.88万人，技能型人才队伍20.49万人，农村实用人才7.78万人。有58名专家享受国务院、江西省政府特殊津贴，2人先后评为“江西省突出贡献人才”，14人入选“赣鄱英才555工程”。2009年，东乡县委组织部被列为中央组织部人才工作联系点（农村实用人才），是中央组织部在江西省唯一县级人才工作联系点。

五

老干部工作是党的组织工作、干部工作的重要组成部分。广大离退休干部在革命战争年代，为民族独立和人民解放出生入死，是建立新中国的功臣。新中国成立后，他们积极投身社会主义建设事业，为改变贫穷落后面貌贡献聪明才智，是党和国家的宝贵财富。在改革开放和社会主义现代化建设时期，他们以党和国家千秋大业为重，带头废除领导干部职务终身制，谱写了新老干部合作交替的光辉篇章。

为做好新时期老干部工作，1979 年，抚州地委组织部设立老干部科，负责调查掌握全区老干部基本情况，审批安置老弱病残的离职休养干部，落实中央制定的干部离退休政策。1982 年 2 月，老干部退休制度建立，对老干部离职休养及管理提出了新要求。1985 年，随着抚州离职休养干部人数的增加，负责对离休干部进行服务和管理的专门机构——抚州地委老干部局成立。1988 年 5 月，抚州地委老干部工作领导小组成立，建立了老干部工作责任制，明确了各部门和领导的职责要求。此后，老干部工作的重点是落实老干部政治、生活待遇，兴建专为离休干部服务的休养所和老干部活动中心。1992 年 9 月，出台抚州地区退休干部管理意见，按照“统一指导，分级管理，以单位管理为主”的原则，将退休干部纳入各级老干部机构服务管理范围。随后，一些老干部人数较多的单位也设立老干部管理专兼职机构，配备专兼职人员。至 1997 年 12 月，全区共建立老干部工作机构 18 个，配备专职人员 79 人，为干部离退休制度的顺利实施提供了有力支撑。

20 世纪 90 年代中后期，由于乡镇财政困难、国有中小企业生产经营相继陷入困境，全区乡镇及企业离休干部的离休费、医药费拖欠问题严重。根据上级要求，抚州积极建立离休费保障机制、医药费保障机制和财政支持机制，妥善做好改制和破产企业离休干部安置管理工作。2002 年，抚州市委、市政府率先建立单独统筹账户，优选定点医疗机构，建立个人健康档案，对个人账户结余部分按比例给予奖励，科学解决全市离休干部的离休费、医药费拖欠问题，形成了退休干部单位管理和社会化管理相结合的新体制，南昌、上饶、吉安、九江、新余、鹰潭等设区市老干部管理机构相继组队到抚州参观学习。按照“基本政治待遇不变、生活待遇略为从优”的原则，在政治待遇方面，制定了老干部阅文、听报告、组织生活、发挥作用、走访看望等制度；在生活待遇方面，从地方财政中拨出专款，解决老干部住房、医疗、用车等实际问题。为消除部分老干部的后顾之忧，各级党委、政府采取专项切块、优先安排等措施，解决老干部子女就业难题。不断扩大老同志优待范围，离退休老干部享受免费乘坐市内公共汽车，免费进公园、纪念馆，免费上收费公厕等，并多次提高离休干部公用经费和退休干部活动经费。

从 20 世纪 80 年代中期开始，抚州通过单独组建的办法，探索在离退休干部较多的单位建立党支部，解决离退休干部党员活动不便的问题。离退休干部党组织建立后，通过建立党组织生活日和学习日制度，形成了离退休干部党组织“自我管理、自我教育、自我服务”的特色。至 2014 年，全市离退休干部党支部总数达到443个。老干部管理部门积极探索老干部党建工作新路子，通过召开现场会、参观学习、强化培训、选树典型等方式促进支部的建设，离退休干部党支部已成为抚州党建工作的一个亮点，一批党组织受到中央组织部、江西省委组织部表彰。

老干部长期接受党的培养教育，经验丰富，多数离退休丅部精力充沛，愿在有生之年为党和人民作出新的贡献。老干部管理部门积极引导，老同志热情参与，先后成立了关工委、老年体协、老科协、老年大学、花卉协会、企业联合会、企业家协会等群众团体，他们主动作为，为促进抚州经济发展和社会进步作出积极贡献。各地还根据老同志的志趣、专长，采取设岗定责的办法引导老同志作贡献。30多年中，老干部或围绕抚州各个时期的发展重点，热情参与老干部管理部门组织的调研考察，积极建言献策；或创办经济实体，参与经济建设；或著书立说，为抚州文化建设服务；或积极参与社会管理，化解基层矛盾，为维护社会稳定，发挥了独到作用。

六

在抚州党的历史上，为革命抛头颅、洒热血的仁人志士众多。仅新民主主义革命时期，有姓名可查的革命烈士就有9185名。在抚州党组织诞生之前，一批抚州青年学生在外地加入党组织。江西党团组织创始人、方志敏的入党介绍人——南丰青年赵醒侬1922年在江苏加入中国共产党，1924年5月在南昌创立中共南昌支部（后改中共江西地委），任书记兼组织干事，1926年9月16日被北洋军阀杀害，成为“江西为争取中华民族独立解放的革命运动的第一个牺牲者”；临川青年傅大庆1922年在苏联莫斯科加入中国共产党，曾担任苏联代表团团长鲍罗廷和军事顾问加伦将军的翻译、新加坡中共南洋临时委员会常委兼宣传部部长、马来西亚共产党中央委员会常委兼宣传部部长，1944年死于日军监狱；傅烈1922年参与中国社会主义青年团旅欧支部组建，任巴黎直属支部书记，回国后历任中共江西区委组织部部长兼军委书记、中共四川省委书记，1928年被敌人杀害于重庆。此外，还有黎川鲁易、邓梅村，南丰熊开文，临川饶漱石，乐安张墨卿、张书锡、何德辉、曾友颜，崇仁周士及等革命志士，他们或在外地从事革命活动，或回到家乡创建党的组织。

1926年11月，进步知识青年章应昌、许瑞芳、刘景宽、郭忠仁、李干5人成为抚州第一批共产党员。随后，舒同在东乡、熊开文在南丰、宁元勋在南城、李卓在宜黄发展党员，建立党的组织，在大革命中领导群众开展工农运动。土地革命时期，在国民党反动派的白色恐怖、血雨腥风中，临川章应昌、许瑞芳、周寿南、周治中，宜黄谢贤庆、邹渊，南丰熊开文、赵世嘉，东乡赵拔群、李克昌，南城宁元勋、危老仔，乐安张书锡、张方说以及崇仁周士及、金溪卢春生、广昌饶福林、黎川邓梅村等革命志士先后壮烈牺牲。

新中国成立后，各级党组织领导抚州党员干部群众开展社会主义革命和建设，为建设幸福抚州挥洒汗水，涌现出一批又一批先进典型人物。20世纪50年代社会主义改造中，有带领群众创办抚州第一个互助组的临川萧炳禧；全国模范接生员金溪朱雪梅，全国社会主义建设积极分子临川谢梅娇、许南娇、周莱生，全国劳模临川瞿炳生等。60年代以后，妇女党员干部在各条战线作出重大贡献，有金溪浒湾火箭队队长、全国劳模丁长华，曾16次进京，5次受到毛泽东接见；有长期担任鹰厦铁路资溪柏泉地段铁路大桥守卫任务的民兵队长曾秋莲；有全国“三八”红旗手江翠凤、殷滨清、邹满红、余爱容、余水英等巾帼英雄。改革开放以后，围绕经济建设这个中心，各级党组织发挥战斗堡垒作用，涌现出一批全国优秀共产党员，有721矿的陈建华、南城县供电公司黄快生、抚州市公安局的石建国；全国优秀党务工作者有南城县徐家乡陈跃进、东乡县珀玕乡胡春高、广昌县盱江镇黄华强、抚州市药监局张美娟等。老同志单及春被评为全国优秀老干部，宁宏昌被授予全国孝老爱亲模范称号，抚州市委号召全市人民向他学习。

组织工作和老干部工作是党的建设的重要方面，是党的发展的物质形态和运行载体。广大组工干部和老干部工作者开拓创新，勤政敬业，为党的事业奉献美好年华，涌现出一大批优秀组工干部和老干部先进工作者。2012年，东乡县委组织部副部长揭智能荣获全国组织系统“讲党性、重品行、作表率”活动优秀奖，江西省“十佳组工干部”。

七

组织工作与党的建设息息相通，伴随着党的发展壮大不断取得新成就。90年中，抚州组织工作积累了不少经验。

必须以发展着的马克思主义为指导，始终坚持组织工作的正确方向。90年中，抚州组织工作并非一帆风顺，有经验、有亮点，有坎坷、有教训。实践证明，什么时候坚持正确的指导思想，把握组织工作的客观规律，注重组织工作的科学性，组织工作就顺利推进；什么时候指导思想出现偏差，违背组织工作的客观规律，组织工作就遭受挫折，党的建设就遭受损失。在1933年的反“江西罗明路线”斗争中，抚州一大批执行毛泽东正确路线的干部遭到打击和迫害；1957年的组织工作大跃进，急躁冒进，下达了许多不切实际的工作指标；“文化大革命”期间，是非颠倒，黑白不分，组织工作无法正常开展。中共十一届三中全会后，组织工作逐渐走向正轨，但组织工作中的官僚主义、形式主义问题仍然存在。历史证明，只有以发展着的马克思主义为指导，因地制宜、与时俱进地制定组织工作的方针政策，组织工作才能沿着正确方向不断前进。

必须紧紧围绕党在各个时期的中心任务，在服务大局中体现组织工作价值。90年中，组织工作始终自觉服从服务于党在各个历史时期的中心任务，体现了很强的党性和大局责任。大革命时期，组织工作围绕打倒军阀、消除内乱、推翻国际帝国主义压迫，积极发展党员，壮大革命力量；土地革命战争时期，组织工作围绕土地革命，发动农民开展武装斗争，建立革命根据地；社会主义建设时期，为巩固政权，恢复和发展经济，组织抽调一大批干部到工业战线，为新建、改建和扩建厂矿企业提供了重要的干部保证；改革开放时期，积极选拔培养年轻干部，充分调动知识分子工作积极性，保证了改革开放和现代化建设顺利推进。近些年，在抗击四川汶川特大地震灾害和2008年冰冻灾害、

2010 年特大洪涝灾害以及应对国际金融危机冲击等重大任务中，组织动员基层党组织和广大党员主动为党分忧、为民解难，提供了强大的政治和组织保证。实践证明，围绕中心、服务大局是组织工作的生命线，只有把组织工作放到党委、政府工作大局中谋划和推进，组织工作才能科学定位，履职尽责，体现社会价值。

必须以党和人民的根本利益作为组织工作的出发点和落脚点。长期以来，组织战线坚定贯彻党的路线方针政策，把人民意愿作为加强和改进组织工作的重要依据。在干部工作中始终坚持五湖四海、任人唯贤，坚持群众公认，深化干部人事制度改革，扩大干部工作中的民主，坚决整治选人用人上的不正之风，把党和人民满意的干部选拔到各级领导岗位上来。积极回应广大党员干部和人民群众的新期待，建立组织工作满意度民意调查制度，主动接受群众的评判和监督。在深入学习实践科学发展观活动、党的群众路线教育实践活动和创先争优活动中，都把为民办实事、让群众得实惠作为重要目标。组织部门领导带头下基层，直接听取干部群众的意见，为推进干部人事制度改革，推动组织工作发展，奠定了坚实的群众基础。

必须始终坚持问题导向，与时俱进推进组织工作改革创新。组织工作坚持继承与创新相结合，不断研究新情况、解决新问题、创造新经验。比如，抚州党的基层组织从最早建在车间、建在学校、建在生产大队，发展到建在产业链和行业协会、建在市场和网络上，设置形式不断创新，覆盖面不断扩大。改革开放以后，不断深化干部人事制度改革，实现了从实际上的干部领导职务终身制到退休制、任期制的转变，从高度集中的干部管理模式到分级分类管理模式的转变，从单一封闭的干部选任方式到建立在发扬民主基础上的多样化选任方式的转变，从主要靠“伯乐相马”到主要靠制度选人的转变。不断深化对人才重要性和人才工作规律的认识，从团结教育改造知识分子，到把知识分子作为工人阶级的一部分，再到把人才作为经济社会发展第一资源，形成干部工作、组织工作、人才工作“三个轮子”一起转的组织工作新格局。

必须坚持不懈地抓好组织部门自身建设，努力打造政治坚定、公道正派、敢于担当、清正廉洁的组工干部队伍。全市各级组织部门和组工干部在加强自身建设实践中，形成了以政治坚定、公道正派、敢于担当、清正廉洁为核心的优秀组工文化，一代又一代组工干部坚持对党忠诚、为民奉献的政治追求，不断增强政治意识、大局意识、责任意识和忧患意识，恪守实事求是、公道正派的职业品格，着力建设党员之家、干部之家和人才之家，始终弘扬与时俱进、改革创新的进取精神，不断解放思想，开阔眼界、开阔思路、开阔胸襟，保持严格自律、清正廉洁的政治本色。坚持党性坚强、模范过硬的要求，从严治部、从严律己、从严带队伍，做到中央有号召、组织部门先带头，组织工作有部署、组工干部作表率，塑造了组工干部公道正派、清正廉洁的良好形象。

大事记

1921—1925年，一批抚州进步青年在外地加入中国共产党。他们通过书信等方式，对抚州的革命运动和党组织的诞生产生重要影响。

1926年

10月20日晚，国民革命军攻克抚州城。中共党员陈奇涵、曾燕堂分别以国民革命军总政治部特派员、国民革命军第14军政治部特派员的公开身份，秘密开展中共抚州地方组织的创建工作。

11月，章应昌、许瑞芳、刘景宽、郭忠仁、李干5人加入中国共产党后，成立抚州第一个党组织——中共临川支部干事会，支部设抚州城油塘下。此后，中共临川支部在临川县总工会、县农民协会及各行业工会中发展党员40余人，先后在雨伞、木器、泥水、绸布、簟席、缫丝等行业工会建立党小组10多个。

11月，东乡舒同加入中国共产党，不久，乐雪猷、赵拔群、梁宜、胡性刚、乐庭玉、刘乾德等人相继加入中共组织。下旬，东乡县第一次党员会议在东乡县城召开，中共东乡支部成立。

11月，江西省农民协会筹备处赣东办事处在抚州城建立，不久，临川县成立农民协会筹备委员会，东乡、崇仁、金溪、宜黄等县建立农民协会，各地相继开展轰轰烈烈的工农运动。

12月，中共南丰支部干事会、中共宜黄小组成立。1927年4月，中共宜黄小组扩大为支部。

1927年

1月，中共临川支部扩大为中共临川特别支部，先后建立中共唱凯、罗针、云山、李家渡、温圳、易俗、孔家街、上顿渡、柴埠口、箭港和直属、农民赤卫队等支部。至同年7月，中共临川特别支部辖26个党支部、1个党小组，有党员650多人。

1月，中共南城小组成立，2月扩大为支部。

8月6—8日，“八一”南昌起义部队相继抵达临川；8月8日，中共临川特支在抚州城基督教“美以美会”教堂召开全县党团员和积极分子大会，号召党团员、工人纠察队员、农民自卫军队员参加“八一”起义军随军南征，中共临川特支解体；8月中旬，“八一”起义军帮助建立宜黄县民主政府，推举林伯渠兼任县长，为宜黄县第一个由共产党领导的民主政府。

9月，中共江西省委派隐蔽在临川的曾去非清理临川党组织，对立场不坚定分子予以开除。10月上旬，曾去非召集隐蔽下来的党员，在抚州城罗家书院（今赣东大道抚州军分区院内）召开秘密会议，成立中共临川县委。

10月中旬，中共临川县委军事部部长陈导平到南城恢复党的组织，以原南城支部为基础，成立中共南城区委。此后，陈导平在崇仁航埠古塘发展党员30余人，成立中共崇仁古塘支部。

11月，赣东北党组织派员到资溪县下张村发展党员，成立资溪县第一个党支部——中共下张支部。

1928年

1月，临川党组织对不坚定分子进行清理，导致党员人数减少。之后，中共临川县委改组成中共临川临时县委，曾延生任临时县委书记。

2月，为加强对赣东地区暴动工作的领导，中共江西省委决定恢复中共临川县委，黄申祺任临川县委书记。至6月，临川县有党员509人。

2月，中共永丰区委书记袁振亚以中共赣西特委特派员身份到乐安招携发展党员，成立乐安县第一个党组织——中共乐安招携汗上小组，有党员8人。

春，根据中共江西省委指示，中共东乡支部改为中共东乡县委，县委临时驻小璜乡，舒同任县委书记。

6月，在乐安大金竹村成立中共乐安特别区执行委员会。

7月，临川县委交通员李树森被捕叛变，县委机关遭破坏，县委书记宁元勋、县委军事部部长陈导平、县委委员黄素英等被捕牺牲。崇仁、南城、东乡等地党组织相继遭到破坏，党组织活动停止。

8月，中共江西省委派江建民重建中共临川县委，县委机关由抚州城迁至临川高坪下周巷村。年底，下属党组织恢复或重建，中共临川县委下辖区委1个、党支部20个，有党员350多人，同时建立一支40余人枪的赤卫队。

1929年

3月，临川县委书记曾去非在外出检查工作时被捕牺牲，中共临川县委遭到破坏。同时被破坏的还有中共上顿渡区委、唱凯区委。4月，继续坚持斗争的县委委员组成中共临川临时县委，周寿南任书记，县委机关迁回抚州城。

春，中共信江特委委员吴先民在黎川皮家源（今皮边）发展党员，建立黎川县第一个党组织——中共皮家源支部。

7月，根据中共六届二中全会“建立中心区域”的精神，中共江西省委撤销中共临川临时县委，成立中共临川中心县委，中心县委除领导临川各区党组织外，还管辖中共金溪区委、中共崇仁特支。

8月，南丰县洽村党组织派员到广昌苦竹开展建党工作，成立广昌县第一个党组织——中共苦竹支部。

10 月，中共赣西特委先后派邱珏、李贻谋到乐安工作，在小金竹永福庵成立乐安县工农革命委员会（临时苏维埃政权）。

1930 年

1 月 29 日，乐安县第一次党员代表会议在乐安招携召开，选举产生中共乐安县第一届执行委员会，邱珏当选为书记，县委机关驻招携汗上。6 月中旬，中共乐安县委在招携港田召开全县第一次工农兵代表大会，正式成立乐安县苏维埃政府，县苏维埃政府机关驻招携汗上。至此，乐安拥有 3 个中共区委和 14 个党支部。

4 月，南丰县第一次党员代表大会在田东召开，成立中共南丰县委，聂绍良任县委书记。同月，在高池召开南丰县第一次工农兵代表大会，成立南丰县苏维埃政府，包维贤当选为县苏维埃政府主席。

7 月，因叛徒告密，临川中心县委书记周寿南被捕牺牲，中共临川中心县委、崇仁特支遭破坏，临川中心县委停止活动。除金溪区委坚持活动到 12 月外，临川中心县委下属组织停止活动。

10 月，中共赣东北省委派方志纯等人到资溪、金溪、黎川、东乡等县发动群众开展革命斗争，成立中共信江南岸特区委，特区委机关设资溪县嵩市，方志纯任特区委书记。1932 年 7 月，特区委机关迁至东乡弄里艾家。

1931 年

1 月初，红 12 军办事处设乐安招携，胡竹笙、李资勇、金兰英（女）等人以反“AB 团”为名，大肆屠杀苏区革命干部和群众，制造骇人听闻的“乐安事件”，乐安县党政组织遭到严重破坏。

1 月 13 日，粉碎国民党军第一次“围剿”后，红 4 军军部进驻广昌，帮助建立中共广昌县委，县委驻城关谢紫质公祠（今盱江镇第一小学宿舍），红 12 师直属机关党委书记杨成武任县委书记。3 月中旬，广昌县第一次工农兵代表大会在广昌县城召开，成立广昌县苏维埃政府，县苏维埃政府机关驻县城魏家屋（今广昌县人武部所在地），黄水生任主席。

8 月中旬，成立中共宜黄县委，李靖任县委书记，县委机关设东陂上街熊氏祠堂。9 月，在东陂召开宜黄县第一次党员代表大会。

11 月，在宁都吴村召开宜黄县第一次工农兵代表大会，正式成立宜黄县苏维埃政府，徐忠贵任主席。不久，县苏维埃政府机关迁至宜黄东陂。

1932 年

2 月，撤销中共南丰县委、广昌县委和县苏维埃政府，成立中共南广县委和南广县苏维埃政府，县委机关设广昌县城谢义辰公祠，县苏维埃政府机关设广昌县城魏家屋，聂昭良任县委书记，饶福林任县苏维埃政府主席。

7月，成立中共东乡区委，区委机关驻余江县皇峰岭余家。8月，由于国民党军“进剿”，中共东乡区委解体。

8月，成立中共南广中心县委（初期曾称南丰中心县委），机关驻广昌县城谢义辰公祠，余泽鸿任县委书记。南广中心县委下辖中共南广县委、中共南丰临时工委，有区委12个，党支部64个，党员1862人。

9月上旬，中共乐安中心县委在乐安招携成立。成立初期，下辖乐安、宜黄两个县委，管辖崇仁、南城、临川、丰城、新干5个县的游击区，同时组建的还有江西军区第二分区、少共乐安中心县委等同级军事、群团组织。

12月初，红军发动建黎泰战役，恢复建黎泰革命根据地。在红军的帮助下，黎川县革命委员会成立。

1933年

1月，中共黎川县委成立，谢惠光任县委书记，县委机关设黎川县城旭升巷。

2月，金资战役胜利后，在红军的帮助下，中共资溪中心县委成立，彭皋任中心县委书记，中心县委机关驻资溪泸阳，下辖7个区委、区苏维埃政府。

4月7日，乐安中心县委召开各区组织部部长联席会议，部署“红五月”突击发展党员运动，要求“加紧从斗争中、工作中吸收工作积极、斗争坚决分子入党。特别向工人、雇农、苦力、劳动妇女开门，要反对过去的关门主义，特别要防止投机分子混入党内。”

4月22日，中共闽赣省委在黎川湖坊圩成立，顾作霖任省委书记。5月上旬，闽赣省工农兵临时代表大会在黎川县湖坊圩召开，正式成立闽赣省革命委员会。5月下旬，闽赣省委改中共资溪中心县委为中共资溪县委，黎川县委书记谢惠光接任资溪县委书记。

5月，中共崇仁县委在崇仁谷岗（今属乐安）成立，吴立铭担任县委书记。同月，在反“江西罗明路线”斗争中，一批干部遭受打击迫害。邓小平被撤职后，下放到乐安南村任望仙区委巡视员，时间不足十天，即调回中共江西省委（设宁都）。

7月下旬，黎川县第一次工农兵代表大会在黎川县城召开，黎川县苏维埃政府成立，选举苏荣忠为主席。9月28日，国民党军占领黎川县城，县苏维埃政府撤至樟村、宏村一带。11月间，黎川县委书记方志纯在宏村主持召开黎川县第二次工农兵代表大会，号召全县人民紧急动员起来，反对国民党军的第五次“围剿”。12月，国民党军占领宏村，县苏维埃政府机关迁至福建建宁溪口，1934年1月撤销。

7月，在黎川、光泽、邵武三县交界地区设立东方县，周长庭任中共东方县委书记，徐大牙任东方县苏维埃政府主席，县委机关驻上关村（今光泽县辖区）。1934年4月，东方县所辖区域被国民党军占领，县委和县苏维埃政府停止活动。

8月28日，成立中共赤水县委和县苏维埃政府，县委机关驻赤水吴家祠堂（今赤水镇政府所在地），李春生任县委书记；县苏维埃政府机关驻张家祠（今赤水供销社收购站），黄辉山任主席。赤水县下辖9个区委、区苏维埃政府。

8月，为加强黎川、南城、资溪三县交界地区的工作，在南城硝石成立建东县。县委、县苏维埃政府机关设南城王坪，胡开林任县委书记，周述任县苏维埃政府主席。建东县委下辖19个乡党支部，有党员200名。11月，建东县委遭到破坏，100多名党员和干部遭杀害，余下人员组成龙湖游击队和建东游击队，开展游击斗争。

9月20日，成立中共金南县委，县委机关设在今南城县沙洲镇水口村，下辖13个党支部。11月，金南县区域失陷，100多名党员和革命战士遭到杀害，余下革命战士和干部组成金南游击队，开展游击活动。

1934年

1月，中共闽赣省委划黎川南部和建宁东北部及泰宁部分区乡设置黎南县，成立中共黎南县委、县苏维埃政府，县委书记由原黎川县委书记、红31师政委方志纯兼任（未到职），朱兆祥任县苏维埃政府主席。第五次反“围剿”失利后，资溪县城失守，县委机关向东北转移。4月，资溪县被国民党军占领，中共资溪县委停止活动。6月底，黎南苏区被国民党军占领，黎南县消亡。

6月下旬，中共广昌中心县委将广昌、赤水两县合并为广赤县，成立中共广赤县委、县苏维埃政府，机关驻驿前田南。8月初，广赤县委迁至石城县木兰乡，9月24日迁至石城县高田镇。不久，县委、县苏维埃政府干部组成广赤游击大队开展游击斗争，中共广赤县委、县苏维埃政府同时解体。

6月，乐安中心县委在乐安火嵊金竹召开乐安、宜黄、崇仁三县党政领导干部会议，成立乐宜崇苏维埃联合政府，由张连生任主席，联合政府下辖乐安14个区、宜黄1个区、崇仁2个区、新干3个区苏维埃政府。

1935年

1月，中央分局对中共闽赣省委领导人再次作调换，改由钟循仁任省委书记。

8月，中共闽赣省委为恢复光泽、资溪、金溪、贵溪地区党组织，闽北军分区司令员吴先喜及邵武独立团政委刘文学率80余人深入资溪、光泽、贵溪交界的武夷山区开辟游击根据地，成立中共资（溪）光（泽）贵（溪）中心区委，下辖资溪昌坪、陈坊和光泽柴家、贵溪冷水坑4个分区委，机关设资溪昌坪，刘文学任区委书记。

9月，由于国民党军“清剿”，中共资光贵中心区委与闽北分区委失去联系。

1936年

5月，中共闽赣省委与资光贵中心区委重新取得联系，撤销资光贵中心区委，成立中共资光贵中心县委，吴先喜任中心县委书记。资光贵中心县委下辖柴家、昌坪、冷水坑、金南4个区委和金资贵特区委。

1937 年

10 月，中共党员刘开基率江西省乡村抗战巡回宣传工作团到南城、南丰、光泽开展抗日宣传活动。由于国民党江西省当局限制具有左派背景的群众性抗日救亡活动，1938 年 12 月乡村抗战巡回宣传团被迫解散。

11 月中旬，光泽县柴家战斗后，光泽县范围内的游击根据地丢失，闽赣省决定撤销资光贵中心县委，成立中共金资贵中心县委，鲍永泉任书记。中心县委下辖资溪县委、贵溪县委和金南中心区委。

11 月下旬，中共金资贵中心县委代表鲍永泉、叶金太与国民党资溪县长王恩荣，在资溪县城达成停止军事对抗、共同抗日协议。根据协议，金资贵地区游击队与光泽、建瓯、松溪、邵武等县游击武装改编为闽赣边抗日义勇军。

12 月，成立新四军第 3 支队第 5 团驻金资贵地区留守处，金资贵中心县委书记鲍永泉任留守处主任，留守处机关设资溪县下张、横坑等地。

1938 年

2 月，中共金资贵中心县委在资溪县昌坪村召开第一次扩大会议，会议讨论发展党员，成立各区委组织，动员青年踊跃参军，壮大革命力量。

4 月，中共金资贵中心县委在资溪县横坑翁家召开第二次扩大会议，研究应对国民党公开破坏抗日合作，要求注意保守秘密、隐蔽组织、保存实力，准备长期扎根。同时，扩大党的组织，做好后方抗日救亡工作。

7 月底，中共金资贵中心县委在贵溪县上清宫龙虎山脚下薛家寨庙里召开第三次扩大会议，研究针对国民党军“围剿”如何长期隐蔽、保存实力、发展组织、坚持抗日斗争。

8 月，新四军驻金资贵留守处撤销，金资贵中心县委转移到闽北，其下属组织中共资溪县委、中共贵溪县委和中共金南中心区委停止活动。

10 月，中共金资贵中心县委组织部部长兼贵溪县委书记叶金太遭国民党暗杀身亡。

是年，江西省战时青年服务团成员、中共党员侯齐霖先后到南城、黎川、临川等地开展工作。由于该团左派背景明显，12 月 5 日，被江西省政府主席熊式辉下令解散。

1940 年

8 月，中共抚东特委在资溪县东北部的昌坪、斗垣一带成立，同时成立的还有中共资溪县委，邱祖明任县委书记，县委机关驻嵩市，隶属于抚东特委，下辖五里山区委。

8 月，临川妇女指导处成立党小组。皖南事变后，妇女指导处解散，共产党员被迫离开抚州。

1941年

4月，国民党反动派再次掀起反共高潮。中共资溪县委书记邱祖明、五里山区委书记杨风来被捕牺牲，抚东特委组织部部长杨复生躲避于南城黄狮渡，资溪县委停止活动。

1942年

4月，中共抚东特委遭破坏停止活动。

1943年

8月，中共福建省委派左丰美、夏润珍、汪林兴等率领一支70多人的游击队到资溪、光泽、贵溪三县交界地带，创建以郎港大山为据点的抗日游击区，一直坚持斗争到1945年8月。在国民党军的“围剿”下，游击队离开资溪县昌坪回到闽北。

1948年

11月，中共党员吴植佛、吴植福兄弟回到家乡宜黄发展党员，成立中共宜黄支部，隶属于中共南昌城区工作部。次年2月，宜黄支部遭破坏停止活动。

1949年

2月3日，受中共南昌城区工作部派遣，何永龄、晏致保在临川温圳成立中共温圳支部。3月，在抚州城成立党小组，温圳支部扩大为特别支部。4月，成立中共临川支部、崇仁支部、进贤支部，隶属于中共温圳特支。

4月，民革江西筹委会成员武全夫、彭觉治策动国民党黎川县自卫队300余人在湖坊起义，改编为中国人民革命军赣闽粤边区纵队，并成立中共特别支部。

5月，中共宜黄支部成立，隶属于中共温圳特支，至此，温圳特支共有党员67人。各支部派人打入当地国民党地方武装，开展策反和筹建武装工作，成立7个支队。抚州各地解放后，中共温圳特支及其下属支部因混入不纯洁分子而解散。

5月上旬至下旬，中国人民解放军第二野战军自北向南，先后解放东乡、金溪、资溪、临川、南城、崇仁、宜黄、黎川等地。中共赣东北区贵溪地委和专署先后在东乡、金溪、临川建立县委、县人民政府，在临川市建立市委、市人民政府，在资溪建立县工作委员会。

6月26日，中共江西省委决定成立中共抚州分区地方委员会和抚州分区行政督察专员公署，派宋诚等人到抚州筹建党政组织。

7月1日，中共抚州分区地方委员会和抚州分区行政督察专员公署正式成立，机关工作部门驻临川市（今抚州城区）老五皇殿分金炉。至8月，抚州地委共管辖9县委、1市委，各县市委均设立组织部。抚州地委成立之初，设组织部、宣传部、民运部、社会部4个工作部门，杨春华任地委委员、组织部部长。

7月15日，新组建的江西省抚州人民医院（今抚州市第一人民医院前身）与抚州专署卫生科组成联合党支部，为抚州专区首家事业单位基层党组织。

7月，抚州地委创办专区干部学校，各县市开设干部训练班训练党员干部。

7月，抚州专区贸易公司成立，并在抚州城外设营业部。此后，国营、集体商业企业、供销企业以及手工业企业逐步增多。各级党委不仅重视国营厂矿企业、公私合营企业党组织的构建，也十分重视在私营企业中发展党员，建立党组织。

8月17日，抚州军分区第483团解放南丰县城；8月20日，成立中共南丰县委、县人民政府，张桂楠任县委书记、刘健任县长。

9月15日，中共乐安县委、县人民政府组成人员随同抚州军分区483团3营9连抵达乐安南村；16日，乐安县人民政府在南村宣布成立;10月6日，中共乐安县委、县人民政府机关迁入乐安县城。

9月27日，第四野战军第48军144师430团从宁都向广昌进军，解放广昌县城。10月9日，中共广昌县委、县人民政府成立，隶属中共宁都地委、专署，陈国良任县委书记。

12月，中共抚州地委委员王寒任地委组织部部长。

1950年

2月21—22日　资溪匪首曾皋九纠合闽赣边境泰宁、广昌、光泽、南城等县匪徒600余人袭击资溪县城，匪徒在资溪县城烧、杀、抢、掠，17名干部、战士被杀，十余万公斤粮食被抢，县藏档案被焚烧一空，是为震惊全国的“资溪事件”。

3月，抚州地委召开机关党员干部扩大会议，确定以生产为中心，开展减退租、解决生产困难、整顿村级组织等工作。

4月，临川市并入临川县，并入后称临川县城关区。1951年6月，改临川县城关区为抚州市，1953年2月又改为抚州镇，仍为临川县下属的区级机构；1954年4月15日，抚州镇升格为县级机构，隶属于中共抚州地委;1955年2月，抚州镇改名抚州市;1963年10月又改名抚州镇，级格不变;1969年10月10日再次改为抚州市。

9月14日，改抚州分区为抚州区，辖临川、南城、黎川、南丰、崇仁、乐安、宜黄、金溪、资溪9县。

10月，抚州区全面开始建立基层政权，县以下设区人民政府，区以下设乡人民政府，乡以下设行政村，行政村以下为自然村。城镇建立街道办事处，下辖居民委员会。

12月，抚州地委派员参加江西省委开办的第一期建党组织员训练班，将训练班上印发的《党的支部工作》小册子带回抚州，分发至县、区各级党组织学习。

下半年，开展全区党内整风运动，整风对象为党的各级领导干部，整风重点是克服骄傲自满、官僚主义、命令主义作风，密切党和人民群众关系。

1951 年

7 月 9 日，全区首届党的代表会议在抚州市召开，会议决定进行民主改革。

10 月 19 日，抚州地委对金溪县委在新中国成立以后，看不清阶级斗争尖锐化形势，产生骄傲松劲、麻痹轻敌思想，放松党的基本原则，不坚决执行上级指示、决议进行立案调查。12 月 23 日，江西省委给予金溪县委“部分改组其领导机关”的处分，县委书记、县长等 17 名党政干部分别受到党纪、政纪处分和法律制裁。1982 年 2 月，经复查，省委撤销原处分决定，改变部分人员的原处分。

11 月初至 1954 年春，全区分期分批开展整党，进行共产党员八项条件教育、社会主义和共产主义前途教育。整党中，对党员进行审查和登记，对犯有严重错误和不够条件的党员进行组织处理，少数党员被开除出党或被劝告退党。

年底，抚州专区开始建立正规的干部学习制度。

是年开始，抚州专区建立组织员制度，全区有专职组织员 6 名，兼职组织员 48 名，发展党员工作力度加大。至年底，全区机关党支部增至 86 个。

1952 年

1 月 10 日，地委下达《关于各县如何开展反对贪污、反对浪费、反对官僚主义斗争的指示》，全区“三反”运动开始，次年 8 月结束。

2 月，抚州专员公署成立党组，党组书记由专员兼任。

8 月，广昌县由宁都专区划归抚州专区管辖。至此，中共抚州地委管辖临川、南城、黎川、南丰、崇仁、乐安、宜黄、金溪、资溪、广昌 10 个县委。

10 月，成立抚州地专直属机关总支部委员会。此后，各县相继成立直属机关党总支。1956 年 1 月，地专直属机关总支升格为地专直属机关党委。

是年，全区配备专职组织员 130 名，兼职组织员 270 名。组织员制度实行后，在党员教育和管理方面发挥重要作用。不久，这一制度被取消。

是年，全区建立党员干部正规学习和考试制度，分初、中、高三个级别进行。其中，机关每周学习 6 小时，厂矿企业每周学习 4 小时。

1953 年

1 月，抚州专区干部学校更名为抚州地委干部学校；1954 年 1 月，更名为抚州地委党校；1956 年 1 月，更名为抚州地委初级党校。

4 月，抚州专区成立妇女联合会党组。随后，共青团抚州地委、江西省总工会抚州专区办事处成立党组。1953 年 5 月，南城县人民政府率先设立党组，党组书记由县长兼任。至 1963 年 7 月，全区县级人民政府相继设立党组。1956 年 7 月和 10 月，抚州专区中级人民法院、江西省人民检察院抚州分院分别设立党组。此后，党组设立逐步增多。

年底，抚州地委组织部随地委机关由老五皇殿分金炉以西的柴市区迁至赣东大道曾家园办公。

1954 年

1 月，抚州地委推进农业合作社建社工作；9 日，集中训练农业社干部；12 日，建社工作组分赴各地开展建社工作。至年底，建成初级农业合作社 507 个。至 1955 年 12 月，全区初级社增至 1522 个。

2 月，抚州地委委员李子良任地委组织部部长。

上半年，抚州地委成立审干办公室，配备专职干部开展干部审查工作。至 1958 年，历时 5 年的全区干部审查工作告一段落。

7 月，广昌县划归赣南行政区管辖。至此，抚州地委管辖抚州镇委及临川、南城、黎川、南丰、崇仁、乐安、宜黄、金溪、资溪 9 个县委。

11 月，韩增田任中共抚州地委委员、组织部部长。

1955 年

2 月 12 日，抚州地委正式设立常务委员会，地委领导机构设书记、第二书记、副书记、常委、委员。

10 月，抚州专区直属机关创办初级业余政治学校，组织党员干部开展为期半年的哲学、政治经济学、联共（布）党史学习。

1956 年

4 月 7 日，东乡县召开新中国成立后第一次党员代表大会，选举产生新一届委员会和出席全省党的代表大会代表。至月底，域内各县相继召开党的代表大会。

5 月，抚州地委下发《关于 1956 年至 1957 年发展党、巩固党计划的指示》，各地按照“积极慎重”的建党方针做好建党规划工作。

9 月，抚州地委书记王敬民当选中国共产党第八次全国代表大会代表。

11 月 5 日，抚州地委发出《关于学习和宣传八大文件和决议的指示》，组织全区党员干部学习党的八大会议精神。

是年，全区各乡镇普遍建立党总支，并在村级逐步建立党支部、党小组。至 1957 年，全区有农村党支部 1484 个，总支 325 个，党委 18 个。

1957 年

5 月 8—9 日，抚州地委召开全体会议，学习贯彻毛泽东主席关于正确处理人民内部矛盾的指示，部署整风工作，开展反右派斗争，整风中有 851 人被划为右派。至 1958 年 6 月，整风和反右派斗争结束。1979 年纠正扩大化错误，错划为右派的人员全部得到平反。

6 月 1 日，全区县委第一书记、地委农村工作部、专署农林水办公室负责人和林业劳模一行 17 人，赴北京参观林业展览。12 日，受到毛泽东等中央首长接见并合影留念。

10 月，为响应中共江西省委、省人民委员会“开发山区，建设山区”号召，结合“整编”“精简”动员，省、地、县干部纷纷“上山下乡”，其中专区、县 2000 余名干部分赴边沿山区兴办国营垦殖场，全区（含东乡）共建 2 个省属、4 个专区属、6 个县属垦殖场。

是年，抚州制定《关于 1957 年巩固与发展党员的工作计划》，先后三次召开县委组织部长会议，研究布置各个时期巩固与发展党的工作。

1958 年

5 月 5—8 日，召开全区组织工作座谈会。

5 月，党的八届二次全会提出向科学技术和文化进军的号召后，全区实行县、社办党校，支部建业余政治、文化技术学校，动员党员学习科学技术和文化知识。

9 月 15 日，抚州地委领导机构设立书记处，领导成员设第一书记、书记、副书记、常委、委员。

9 月 15 日，抚州地委制定《关于在全区农村建立人民公社的规划方案（草案）》，将全区 375 个乡镇、1775 个农业社整合设立 121 个人民公社。同时，农村普遍实现公共食堂化。

12 月 11—14 日，全区第一次科学工作者代表大会召开，讨论制定《全区 1958—1962 年科学技术研究规划》，知识分子工作引起各级党组织重视。

是年，全区相继创办抚州卫生学校（今江西中医药高等专科学校前身）、抚州工业专科学校、抚州农业专科学校、抚州师范专科学校。次年 9 月，抚州工业专科学校、抚州农业专科学校、抚州师范专科学校 3 校合并为赣东大学。上述学校创办后，均成立党的基层组织。

是年，全区贯彻党中央关于多快好省地建设社会主义总路线，组织工农业生产“大跃进”，各地竞放“卫星”，产量浮夸虚报，全区大炼钢铁，纷纷建成土高炉、闷铁窑。各地发展党员及干部工作亦提出“大跃进”口号和计划目标。1958—1960 年，受“大跃进”影响，党员发展存在不顾结构、盲目冒进的倾向。

1959 年

2 月 5 日，全区 32 名出席全国农业先进单位代表大会和全国青年、妇女社会主义建设积极分子大会代表在地委小礼堂座谈。

4 月 10 日，在全区基层组织中开展以促进生产为中心的“三定”（一定抓好思想，一定抓好生产，一定抓好生活）、“五好”（加强党的统一领导好，贯彻群众路线好，巩固提高党的基层组织做得好，积极慎重发展党员工作做得好，党员个个达到“十有”做得好）运动，运动历时半年。

7 月，山西省太原地质专科学校迁入抚州，改名抚州地质专科学校（今东华理工大学前身）。地质专科学校迁入抚州即成立中共抚州地质专科学校委员会，下辖 7 个直属党支部。

是年，抚州地委对乐安县开展“反瞒产”斗争，非法批斗干部群众 1115 人，不少地方上交过头粮，导致全县性缺粮，造成全县患浮肿病 6114 人，非正常死亡 471 人，外出逃荒 3450 人的“乐安事件”作出处理，查处一批负有责任的的党员领导干部。

1960 年

1 月，江西省委在乐安县召开全省红专学校现场会议，推广乐安县增田公社红专学校办学经验。

3 月，抚州地委组织部下发《关于开展学赶超帮支部工作评比竞赛运动的意见》，在全区基层党组织中开展大竞赛、大检查、大评比活动。

5 月，张运昌任中共抚州地委组织部部长。

11 月，专区、县市召开各级干部会议，贯彻中央《关于农村人民公社当前政策的紧急指示》（即农业 12 条），纠正“一平二调”（平均分配，调劳力、调土地农具）错误。

是年，抚州各级党组织通过“培、考、定、监、训、评”，采取带徒弟的方法，交政策、交任务、交办法，帮助解决发展党员发展工作中遇到的实际困难。

1961 年

年初，专区、县市召开各级干部会议，检查干部中存在的“五风”，即“一平二调”共产风、脱离群众命令风、不实事求是虚夸风、不因地制宜瞎指挥风和生活特殊风。

7 月，抚州地委组织部下发《关于一九六一年党的基层组织建设工作的意见》，把建党工作重点放在预备党员的考察教育和转正上，除工交财贸、文教等少数党的基层组织薄弱的单位外，严格控制发展新党员。

12 月，抚州地委号召全区生产队和农村干部向丁长华和火箭队学习，激励干部群众建设社会主义的热情。1964 年 3 月，省妇联号召全省妇女向丁长华学习；丁长华出席共青团全国第九次代表大会，当选共青团第九届中央委员，受到毛泽东和周恩来接见。

是年，全区以县或公社为单位，建立“党日”制度，统一“党日”时间，各党支部固定党课教员，定期上课及组织讨论，每月至少上一次党课、过一次组织生活。

1962 年

8 月 20 日，抚州地委领导机构取消书记处，设书记、副书记、常委、委员等职位。

9月，根据中央批转教育部党组《关于进一步调整教育事业和精简学校教职工的报告》，抚州专区对高等学校进行调整，保留抚州地质专科学校、抚州地区农业干部学校。

是年，地、县市共抽调117人成立案件甄别工作领导小组，对1957年以来在整风整社、反“右倾”运动中被划为右派的人员进行甄别平反。

是年，南非罗特西亚人民联盟地方负责人、法国共产党在华专家及其他国家外宾41人到南丰参观。

1963年

3月，中共中央副主席朱德到临川孝桥公社视察工作。

4月，成立抚州地委社会主义教育办公室，在全区农村由点到面分期开展社会主义教育。受“千万不要忘记阶级斗争”影响，运动在清理账目、清理仓库、清理财物、清理工分工作中出现“左”的偏向。1965年，地委对“四清”运动中“左”的偏向进行纠正。

11月11日，全区回乡、下乡知识青年代表会议在抚州镇召开，出席会议代表409人。

冬，全区组织各级领导干部开展“洗澡”（对自身存在的缺点、错误进行自我检查和征求群众意见）、“下楼”（通过自我检查求得群众谅解）活动。

是年，召开全区组织工作会议，部署培养提拔新生力量工作，全区培养提拔各级各类新生力量290名。

1964年

4月，抚州地委成立“五反”运动领导小组，提出“运动的重点是治理党内走资本主义道路的当权派”，扩大阶级斗争的范围，一些基层党员干部被误伤。

6月，中共抚州地委常委刘声钲任地委组织部部长。

11月，江西省委社教工作团进驻临川县农村开展以“四清”（清账目、清仓库、清财务、清工分，后改为清政治、清思想、清组织、清经济）为主要内容的“社教”运动。随后，全区农村社会主义教育运动分期分批展开。

是年，抚州地委组织全区机关、企业党员干部，学习解放军和学习大庆的政治工作经验，在农村中组织党员干部学习大寨自力更生、艰苦奋斗的革命精神。

全面建设社会主义时期，为适应小三线军工、民用棉纱、棉布、农业化肥和工交运输的需要，抚州先后成立国营永胜机械厂、抚州棉纺织厂、江西磷肥厂、东乡化肥厂、地区印刷厂、第二机械工业部721矿、地区建筑工程公司、地区轮船运输公司、地区汽车运输总公司等企业。这些企业都相继建立了党的组织，有的设立临时党支部开展党的工作。

1965年

8月，抚州地委组织城市社教工作团赴抚州镇开展城市社会主义教育运动，至1966年“文化大革命”开始时停止。

10月，抚州地委组织部下发《关于发展党员的情况和今后意见》，明确接收新党员须经过组织谈话，征求贫下中农或工人群众的意见，并接受党的知识教育。

1966年

5月，全区宣传贯彻中共中央《五·一六》通知，“文化大革命”在区内开始。

同月，全区农村社会主义教育运动结束。

1967年

2月，抚州地委因造反派夺权而停止活动。在“踢开党委闹革命”的口号下，各级党政领导机关受到激烈冲击，党组织停止组织生活。

3月，抚州专区抓革命促生产委员会成立，为全区临时性权力机构。

8月20日，6011部队进驻抚州专区，对抚州实行军管。

10月，撤销抚州专区抓革命促生产委员会，成立江西省革命委员会筹备小组抚州专区临时领导小组。

1968年

2月16日，成立抚州专区革命委员会，设立政治部、抓革命促生产部、保卫部、办公室，地委组织部被政治部组织组所取代。

同月，进贤县由宜春专区划入抚州专区管辖。

3月，全区进行整党试点，随后转入群众性开门整党，至1970年上半年结束，全区近2000个单位参加整党运动。整党过程充满极“左”色彩，一些党员和党员领导干部被诬陷为“叛徒”“特务”“走资本主义道路的当权派”“蜕化变质分子”“阶级异己分子”受到无辜批判，被清除出党。同时，吸收一批“造反派”入党。

6月，东乡县由上饶专区划入抚州专区管辖。至此，抚州专区管辖抚州镇和临川、南城、黎川、南丰、崇仁、乐安、宜黄、金溪、资溪、东乡、进贤11个县。

8月，成立抚州专区革委会党的核心小组，由7名成员组成，未设组长、副组长。1970年3月，设专区革委会党的核心小组组长。

同月，抚州专区革命委员会在地直机关开展“大学习、大检查、大整顿、大总结”，一部分符合条件的党员不能恢复组织生活或被开除党籍，一批紧跟林彪、江青的打砸抢分子、投机分子和派性严重的人通过“突击入党”和“火线入党”混入党内。

10月，全区首批干部、中学师生、工商业者及城市无业居民下放农村参加劳动，后全部按政策作安置。

1969年

3月，临川县李渡、长山、文港、前途、温家圳5个人民公社划归进贤县管辖。1983年9月，上述人民公社随进贤县划归南昌市管辖。

1970年

2月，全区开展“一打三反”（打击现行反革命，反对贪污、反对投机倒把、反对铺张浪费）运动。运动中，虽打击了一批犯罪分子，也误伤了一批党员干部群众。

9月，抚州地区老干部休养所创建，地处抚州市黄巢岗（今临川大道542号），用于安置老红军及部分地级老干部，隶属于抚州市民政局管理。1985年2月，抚州地区老干部局成立后，移交地区老干部局管理。

10月，全区传达贯彻中共中央关于“批修整风”和批陈（陈伯达）文件精神。

1971年

6月14—17日，中国共产党江西省抚州地区第一次代表大会在抚州市工农兵剧院（后改名为艺术剧院）召开。出席大会的正式代表601人，列席代表152人。大会举产生中共抚州地区第一届委员会，其中，委员44名，候补委员7名。重新恢复的中共抚州地委领导机构设书记、副书记、常委。

9月28日，抚州地区革委会政治夜校正式开学，恢复中共抚州地委党校。

10月，全区各级党组织传达中共中央关于林彪反革命集团文件。

70年代初期，军代表进驻军工企业，并作为企业党委委员，为这一时期企业管理特色。

1972年

8月，全区开展批林整风运动，开始平反部分冤假错案，恢复工农业生产秩序，调整各级领导班子，清除一些行为不端的坏分子。

1973年

年初，抚州地委重新部署审干工作，地、县和地直单位相继成立审干机构，选调100多名专职干部陆续开展审干工作。后因批林批孔运动，审干工作中断。

4月，抚州地质专科学校恢复办学；11月，成立抚州地质专科学校党的核心小组，仍辖7个党支部。

1974年

2月，全区开展所谓“反潮流”和“批林批孔”运动。

11月下旬，召开中共抚州地委常委扩大会议，动员部署党的基本路线教育工作。全区抽调3270名干部，深入到106个公社、438个大队、4428个生产队和8个厂矿，开展党的基本路线教育，用时半年。

1975年

是年，全区开展“反击右倾翻案风”斗争，大批“修正主义”路线。

1976年

1月，成立抚州地区“五七”干校。1977年2月改为抚州地委党校二部，1980年并入抚州地委党校。

10月，全区党员干部群众举行各种活动，庆祝中共中央粉碎江青反革命集团。

年底，对“文化大革命”中被迫害致死的人员进行平反昭雪，恢复名誉，对错管人员撤销管制，给予平反。此后，平反工作逐步展开。至1984年，全区基本完成“文化大革命”中冤假错案平反工作。

1977年

3月5日，抚州地市联合召开大会，揭批江青反革命集团及其在抚州的爪牙篡党夺权的反革命罪行。

8月，金溪县革委会副主任丁长华当选为第十一届中共中央委员会候补委员。

同月，地委、地区革委会机关开展“三大讲”（讲自己在政治路线斗争、思想及经济方面情况），对江青反革命集团罪行进行大控诉，对与其有牵连的人和事进行大清查。

11月，抚州地委撤销政治部、抓促部、保卫部、办公室，恢复中共抚州地委组织部，白纯义任地委常委、组织部部长。

1978年

1月，抚州地委组织部设干部、人事、党务、纪检4个职能科。

9月，全区开展真理标准问题大讨论。

年底，全区开始学习贯彻中共十一届三中全会精神。抚州市在红雨桥公社（今临川区孝桥镇）勤光大队进行“专业承包，联产计酬”生产责任制试点，揭开抚州地区农村改革序幕；1980年，全区农村开始实行联产到组责任制；1981年，实行联产到劳、包产到户、包干到户生产责任制。

是年，重新成立地委审干办公室，清查“文化大革命”中的“打、砸、抢”分子。

1979年

3月，抚州地委召开常委扩大会议，开展“实践是检验真理的唯一标准”大讨论，进一步破除迷信，解放思想。

4月，全区开展坚持社会主义道路、坚持无产阶级专政、坚持共产党的领导、坚持马列主义毛泽东思想“四项基本原则”宣传教育，开展创评先进支部和优秀党员活动和“怎样做一个合格的共产党员”的讨论，为全面整党做好思想准备。

5月，撤销抚州地区革命委员会，成立江西省抚州地区行政公署（以下简称行署），所辖县市及驻地不变。

上半年，抚州地委研究决定，在地委组织部内部设立老干部科，定人员编制3个，负责调查掌握新中国成立前参加革命工作的老干部基本情况，审批安置老弱病残的离职休养干部。

7月，设立中共抚州地委纪律检查组，地委组织部纪检科随之撤销。

1980年

9月，陈元任中共抚州地委组织部部长。

是年，全区组织党员学习中共十一届三中、四中全会和五届人大二次会议、叶剑英在庆祝建党30周年大会上的讲话精神，深入批判两个“凡是”（凡是毛主席作出的决策，我们都坚决维护；凡是毛主席的指示，我们都始终不渝地遵循）的错误观点。

是年，成立抚州地区科技干部管理局，为地区科委下设机构，专职管理科技干部。

是年，抚州地委下发《关于健全党内民主生活会的意见》，地委组织部印发《党组织生活记录本》，对健全和加强党内民主生活、健全民主集中制，起到积极作用。

1981年

1月，抚州地区人事局成立，地委组织部人事科撤销。

2月，地、县市召开各级干部会议，学习贯彻邓小平在中央工作会议上所作《贯彻调整方针，保证安定团结》讲话，结合本地实际讨论经济上进一步调整、政治上进一步安定的具体措施。

5月，地委组织部集中清理整理干部档案，建立党员统计卡片制度。至1983年年底，清理整理工作完毕，视情况撤销、注销或解除了一部分受限制使用干部的档案资料。

8月，组织全区党员干部学习《关于建国以来党的若干历史问题的决议》和胡耀邦在中央纪念建党60周年大会上的报告，引导党员干部正确认识党的历史，正确评价毛泽东、毛泽东思想，在政治上同党中央保持一致。

是年，抚州地区干休所列为县团级单位，享受县级单位发文和阅文权，让离休老红军及时了解上级文件精神和工作部署。

1982 年

5 月 28 日，抚州地委下发文件，恢复组织员制度，各县市委分别配备一定数量的组织员。至 1985 年，抚州配备地委组织员 10 名。

9 月至 1983 年 3 月底，全区抽调 563 人组成 129 个工作组，分 3 批对 453 个党组织进行整顿。

11 月，抚州地委下发《关于在全区党员中认真开展新党章教育的通知》，抓住春耕前农闲时间，对农村党员进行轮训。

1983 年

6 月，实行机构改革，中共抚州地委撤销常务委员会，恢复委员制，地委领导机构设书记、副书记、委员。胡晋亲任地委委员、组织部部长。

8 月，广昌县由赣州地区划归抚州地区管辖。9 月，进贤县由抚州地区划归南昌市管辖。抚州地委管辖抚州市和临川、南城、黎川、南丰、崇仁、乐安、宜黄、金溪、资溪、广昌、东乡 12 个县市委。

11 月 21 日，抚州地委办公室转发地委组织部《关于老干部离休后政治、生活待遇暂行规定的请示报告》，对老干部阅读文件进行规范。成立抚州地区老年人体育协会。此后，地直各单位及各县市、乡镇场均成立老年体协。

12 月 13 日，全区实行党政机构改革，地直部委办局由机构改革前的 58 个精简为 46 个，领导班子成员由原来的 174 人减至 95 人。地委组织部内设秘书科、干部科、老干部科、青年干部科、组织科和审干办公室 6 个职能科室。

是年，抚州开展“做合格党员”“党员十带头”等活动，健全“三会一课”“党员联系户”等制度。先后召开“在大、中专学生中发展党员工作座谈会”“在知识分子中发展党员工作座谈会”和“在知识分子中发展党员工作经验交流会”，加大发展优秀中年知识分子入党工作力度。至 1985 年，全区共发展知识分子党员 3486 人。

是年，抚州市试行干部考核制度。次年，在全区推行党政机关干部岗位责任制考核和年终总评，考核结果与奖励挂钩，奖励面 25% 左右。

是年，成立中共抚州地区直属机关委员会，领导地直机关党的工作。

1984 年

3 月，全区撤销人民公社、大队、生产队建制，恢复乡、镇建制，成立乡（镇）人民政府、村民委员会和村小组。

4月21日，成立抚州地区落实知识分子政策领导小组，领导小组办公室设在地区科委。1986年7月6日，更名为抚州地区知识分子工作领导小组，领导小组办公室设在地委组织部，定编制5个。

8月9日，抚州地委下发《关于适当下放地管干部管理权限的通知》，将原属地委管理的1900名区（科）级干部下放给县市和地区主管部门管理；将地委管理的部分干部授权给地委组织部审批，减少干部审批环节。

10月至1987年1月，抚州地区分两期开展整党，第一期在地委、行署和地直机关党组织中进行，第二期在县市、乡镇和厂矿企业党组织中进行。全区100621名党员参加整党。

1985年

2月4日，撤销抚州地委组织部老干部科，成立抚州地区老干部局，为地委管理离休干部的正县级机构。地区老干部局内设秘书科和安置接待科。同年10月26日，抚州地区老干部局更名为中共抚州地委老干部局。此后，各县市相继成立老干部工作机构，地直大型企业也设立离退休干部科（办）或兼职机构，配备专（兼）职工作人员。

5月17日，抚州地委在全国率先推行选拔任用党政领导干部公示制。

是年，抚州各地相继办起167所乡镇党校，全区开展“创先争优”和“党员联系户”“十上门”“十带头”活动，涌现出一批先进典型，全区共有360个党支部和1220人被县级以上党委授予先进党支部和优秀共产党员称号。

1986年

3月，抚州布置农民党员档案清理工作，全区农民党员档案管理工作逐渐走上规范化管理轨道。

4月，抚州地委在南城县政府首次配备一名党外副县长。此后，县市领导班子陆续配备党外干部。

11月16日，抚州地区老干部活动室建成开放，2000年10月20日更名为抚州市老干部活动中心。

是年，抚州地委老干部局向享受地厅级以上待遇的离休老干部发放保健医疗证。

是年，抚州地委组织部对各县市1984—1985年发展新党员工作进行全面检查。

1987年

1—4月，实施领导干部任期制后，抚州各县市党政领导班子首次进行换届。抚州地委对各县市党政班子成员进行考察，并对领导班子进行调整。

2月16日，江西省委副书记许勤到抚州地区干休所看望离休干部及遗属。

3月，吴步高任中共抚州地委委员、组织部部长。

6月，全区落实干部政策工作基本结束，共复查或复议2681名干部政治历史问题，1088人得到平反纠正或改变定性、撤销限制。

10月，开展全区发展党员工作检查。

12 月 30 日，抚州地委下发《关于干部管理权限的暂行规定》，县市各部委办局正职及相当于这一级职务的干部，由各县市委审批，报地委组织部备案；地直各部委办局及相当于这一级行政单位的中层正职（正科级）的任免，由地委组织部审批。

是年开始，全区将种养技术列为农村党员学习内容，请县、乡科技人员讲授科技知识，请专业户现身说法传授勤劳致富经验，组织党员到企业、田头、桔园现场参观学习。

1988 年

4 月，抚州开展民主评议党员试点。每个县市选择 2 ~ 3 个单位（一个乡或一个村、一个工厂或一个学校、一个机关或一个街道），至 6 月结束。评出不合格党员 168 人，其中：劝退 54 人，除名 78 人，开除 22 人。1989 年，全区民主评议党员工作全面展开，此后逐渐常态化。

5 月 18 日，抚州地委下发《关于优秀专家管理暂行办法》。此后，选拔专业技术拔尖人才工作成为常态化。

5 月，抚州地区在南丰县开展撤销村委会、组建村公所工作试点。村公所作为乡镇人民政府的派出机构，村民小组改为村委会。1990 年 8 月，在总结南丰经验的基础上，全区 10 个县市开展撤销村民小组，改建村委会、组建村公所的村级组织整顿试点工作。

8 月，在抚州地区老干部活动室创办抚州老同志大学，1989 年 3 月正式开班招生。2003 年 3 月 5 日，抚州老同志大学更名为抚州老年大学。

10 月，成立中共抚州地委组织员办公室，副县级单位，归口地委组织部管理。

是年，面向全区公开选拔抚州地区行署驻上海、厦门、南昌、海口等 4 个办事处（联络处）主任，111 名符合条件的干部报名竞争。此后，竞争性选拔领导干部在各地逐步推开。

1989 年

2 月 28 日—3 月 14 日，抚州地委组织部举办全区基层党的组织建设工作骨干培训班，各县市委组织员、县市直属机关党委组织委员，厂矿企业、院校以及地直单位党委组织科长（或党办主任）306 人参加培训，系统学习党的基础理论与党建业务知识。

5 月 22 日，南丰县长红垦殖场被中央组织部授予全国先进基层党组织称号。

春夏之交北京发生政治风波后，抚州各级党组织发展党员收紧，发展数量控制在党员总数的 2% 以内，重点培养、吸收生产一线的工人、农民、服务人员入党。

12 月 30 日，抚州地区关心下一代协会成立。1992 年 3 月 6 日，更名为抚州地区关心下一代工作委员会。此后，关工委组织迅速发展。至 2000 年，全区关工委组织发展到 1396 个，初步形成地、县市、乡镇、村四级网络，从事关心下一代工作的老干部人数达 6230 人。

是年，开始接受江西省委组织部下派科技副县市长到抚州地区任职。

是年，抚州地委组织部下发《关于实行领导干部回避制度的规定》，领导干部任职实行回避制。

是年，推广南城县建立党员活动室的经验，抚州各地相继开辟一批村级党员教育阵地，企业业余党校也建立起来。

是年，在南丰县召开全区村级建设经验交流会，研究部署村级集体经济发展问题。会后，全区围绕农业开发“661”工程的“四场一店”，掀起发展村级集体经济热潮。

1990 年

3 月 14 日，抚州地委组织部下发《关于在全区党员中开展“为祖国争光、为亚运会作贡献”活动的通知》，动员全区党员为北京亚运会捐款。其中，临川、金溪两县党员干部共捐款 10.51 万元。

3 月，全区开展以“党员学雷锋、领导干部学焦裕禄”为主要内容的“双学”活动。

10 月，抚州地委提出用三年时间对 216 个村进行集中整顿，围绕党支部建设、发展村级经济、文明村建设、完成国家任务、联系群众办实事等五个方面，采取千分制考评的办法进行达标管理。

是年，临川县聘请离休干部担任物价监督员，打击市场上的歪风邪气。此后，各地根据老干部的志趣、专长，先后设立党风廉政监督岗、行风评议岗、技术顾问岗及老干部工作督导员等岗位，引导离退休干部为当地经济社会作贡献。

1991 年

5 月 30 日，抚州地委印发《关于深入开展干部谈心活动的通知》，干部谈话制度建立。

5 月，《抚州组织工作》创刊，初为不定期出版，后改为月刊。至 2000 年 12 月停刊，共出刊 109 期。

上半年，在全区开展农村党支部达标活动，对各乡镇（场）申报的 576 个村进行检查考评，确定 336 个村为达标村党支部。

7 月 31 日，抚州地委组织部出台《关于加强我区驻外办事处（联络处）党组织设置和管理的意见》，推动驻外办事处（联络处）做好长期在外入党积极分子的培养考察工作。

7 月，组织全区广大党员学习江泽民在《庆祝中国共产党成立七十周年大会上的讲话》精神。

是年，抚州地委组织部下发《关于在全区开展党费大检查的通知》，对全区各级党组织的党费收缴、使用和管理工作进行一次全面检查。

是年，为保证建党对象在县乡党校集中培训不少于 5 ～ 7 天或 40 个学时，抚州地委组织部在《建党对象考察登记表》中增设“集中培训时间及情况”，以便查核。

是年，抚州下发《关于进一步加强乡镇直属单位党的建设的意见》，出台乡镇直属单位党支部、联合支部的设置办法及跨行业、跨系统党员及入党积极分子管理办法，着力解决乡镇直属单位“党员发展无人管、计划落实无人抓、教育活动难开展”的问题。

是年，抚州地委组织部对下派干部入党进行调研，下发《关于下派干部入党问题的几点意见》。

是年始，广昌一中开展高中团员青年“推优”工作，组织高中生上党课，参加党组织有关活动。此后，各地陆续在高中生中开展党课教育活动，发展高中生入党。

1992年

3月29日，抚州地委决定在全区党政机关、事业单位实施“三三制”，凡自愿从事私营、个体经济活动的干部职工，允许辞职，并按国家有关规定一次性领取生活补助费，鼓励干部职工兴办经济实体。“三三制”有效地实现了干部分流。

3月，抚州地区经济委员会党委成立，领导工业口党的建设工作。

5月2日，新华通讯社《国内动态清样》以《抚州地委提出解决农村“三老”困难的措施》为题发专稿。此前，抚州地委组织部对30年以上党龄的农村老党员、1966年以前连续任职10年以上或间断任职12年以上的老村干部、1966年以前被评为县级以上老劳模人员进行摸底调查，向地委提出解决其生活困难办法。

6月6日，抚州地委下发《关于科级干部管理权限若干问题的通知》，对地委组织部管理干部的审批范围作出相应调整。

9月21日，抚州地委组织部、老干部局等5家联合下发《关于抚州地区退休干部管理意见的通知》，提高退休干部活动经费标准。1999年和2011年又两次提高各级别退休干部活动经费标准。

9月，抚州老干部机构工作对象扩大到全区退休干部。

9月，抚州地委组织部下发《关于对农村基层干部和党员进行实用技术培训的实施意见》，对村干部和农村党员进行实用技术培训成为组织工作的一项重要内容。

是年，成立抚州地区党员电化教育中心，归口地委组织部管理。当年，开展首次党员电教片观摩评比，其中，崇仁县《闪光的辐条》、临川县《青丝白发情悠悠》、地区直属机关党委《方向盘上的奉献》获一等奖。

是年，抚州组织广大党员干部学习邓小平视察南方谈话，并在全区开展“进一步解放思想，加快改革开放”大讨论。

1993年

年初，抚州地委组织部制定下发《关于加强青年干部培养教育的五年实施意见》，从实践和教育两方面入手，加强对青年干部的培养教育。

1月，成立抚州经贸学校，抚州职业大学并入该校成为一所中专学校。

2月，抚州地委组织部下发《关于解（辞）聘企业领导人的有关问题的通知》，以保持企业领导人的稳定。

3月，抚州地委组织部制定党员电化教育工作人员职责、电教机房管理制度、党员电教设备使用保管制度、党员电化教育收取成本费暂行规定等制度，为12个县市、148个乡镇配备电教设备。

4月，抚州启动农村党支部书记培训三年规划，通过“内选”“下派”“交流”，从县乡机关及乡镇企业、富裕村选调一批能人到村任职。

7月1日前夕，抚州地委组织部开展第二次电教片观摩评比。

是年，根据民主自治的要求，全区撤销村公所，恢复村委会和村民小组。根据公开、公平和直接、差额、无记名投票原则选举村委会班子。

是年，抚州地委组织部制定《全区基层组织建设三年规划》，基层组织整顿的重点转向促进经济薄弱村发展。

是年，全区抽调840名机关干部挂点172个小康示范村和302个经济薄弱村，通过挂点驻村，村级建设和集体经济均有较大改观。

1994年

3月28日，抚州地委下发《关于进一步加强领导班子思想作风建设的意见》，地区纪委、地委组织部联合下发《县级领导干部个人重大事项报告制度》和《县级领导干部廉洁自律考核制度》，地委组织部研究制定《加强与执纪、执法部门工作联系制度》。

3月28日，对全区国有企业和外商投资企业党建工作进行调查，掌握企业党组织的政治核心地位及党组织参与企业重大问题决策情况。

5月，汲家风任中共抚州地委委员、组织部部长。

6月29日，临川县荣山乡发生村民冲击乡政府，殴打乡干部、公安干警等严重事件，并波及蔓延到周围部分县、乡，地、县派出工作组进行劝说化解，冲突得以平息。

12月14日，东乡县退休干部高在阳列席三峡工程开工典礼。高在阳长期关注三峡工程，被三峡总公司领导称为“三峡工程最热心最积极的促进派”。1997年11月8日，高在阳作为全国唯一群众代表参加大江截流观礼。

是年，组织全区党员干部学习中共十四届四中全会精神和《邓小平文选》第一、二卷。

是年，广昌县设立困难党员帮扶基金，共筹集资金75.4万元。此后，全区各地党组织先后建立困难党员帮扶机制，并组织科级以上党员干部与农村困难党员结对帮扶。

1995年

1月，临川县和抚州市合并设立临川市，组织机构根据合并情况进行调整。

1月，临川市开始对农村离任老干部、老党员、老劳模及生活困难的党员进行补助。此后，各地先后出台政策，对上述人群进行补助。

2月，抚州地区采取定对象、定人员、定时间、定目标的“四定包干创五好”办法，对262个后进村进行包干扶助。三年中，共下派3424名干部，组建216个工作组，使72个村上升为一类村，190个村上升为二类村。

3月，按照《关于轮训全区组织干部的实施意见》，抚州举办首期组工干部轮训班，各县市委组织部副部长和部机关干部共39人参加。各县市借鉴地委组织部做法，因地制宜对本地组工干部开展轮训。

5月18日，抚州地委组织部下发《关于试行〈流动党员活动证〉制度的通知》，对流动党员实行发证管理。

5月，张德金任中共抚州地委委员、组织部部长。

5月，全区开展“学习张家港经验、弘扬抚州精神”活动，各地组团赴张家港市等地学习考察两个文明建设经验。在此基础上，实施“精神立区”，提出“团结自强，开放创新，负重拼搏，加压争先”十六字抚州精神。

9月19日，成立抚州地委党员教育领导小组。制定下发《关于开展建设有中国特色社会主义理论和党章学习活动的三年规划（1995—1997）》和《关于抚州地区1995—2000年农村党员、基层干部实用技术和市场经济知识培训规划要点》，对全区乡镇、村及乡镇企业50岁以下的党员和干部普遍进行实用技术和市场经济知识培训。

11月，全区全面启动参照公务员管理过渡工作。

是年，抚州启动对地管领导班子及领导干部年度考核工作。此后，年度考核工作全面推开，并向一般干部延伸。

是年，抚州地委制定《全区培养选拔年轻干部、妇女干部和党外干部工作规划》，对换届选举领导班子结构提出具体要求。

是年，全区党员干部再次开展“双学”（学理论、学党章）活动，各地通过组织知识竞赛、报告会、演讲会、培训班培训党员。

是年，举办抚州地区第三次党员电教片观摩评比，有11部电教片参评。

是年，广昌县公安局党委被中央组织部授予全国先进基层党组织称号。

1996年

3月，抚州地委首次提出“三个不少于70%”的发展新党员规划，即：高中以上文化程度、35岁以下、生产一线均不少于70%。6月，地委组织部派出检查组对县市发展党员工作进行专项检查和重点抽查。当年发展企业、农村生产一线党员占新党员数70.3%。

4月，抚州地委、行署出台《关于加快发展村级集体经济的意见》，在全区开展创评“十强乡镇、百个明星村”活动。各县市采取“四个一点”，即财政拨一点、单位给一点、乡村配一点、个人集一点的办法筹措村级集体经济发展资金。

6月8日，抚州地委下发《关于改进工业企业干部管理和建立激励机制的暂行规定》，企业行政级格被取消。

6月15日—7月15日，抚州开展全区党员电教片播放月活动。

8月，抚州印发《关于从现任优秀村干部中选拔聘用干部的通知》，按有关条件和程序选聘一批政绩突出、表现优秀的村干部为乡镇聘用干部。

10月24日，抚州地委组织部首次举办全区组工信息员学习班。此后，信息员培训工作日益经常。

12月，按照懂政策、会指导、能把关的要求，在抚州地委党校举办地直单位党办主任、支部组织委员培训班，对发展党员工作进行指导。

是年，地委组织部制定下发《抚州地区1996—2000年干部教育培训规划》，提出干部培训的指导思想和工作重点，明确干部培训的分工体制，落实干部培训经费。

是年，抚州地委对全区组织员队伍的配备情况进行专题调查。

是年，抚州举行全区第一次党员电教片脚本评比活动，各县市委组织部、地直机关党委、地区经委党委各选送一部新创作的、未拍成录像教材的文字稿本参评。

是年，富奇汽车厂党委被评为全国先进基层党组织，受到中央组织部表彰。

1997 年

2 月，抚州地委村建办下发《关于建立健全村级财务制度的意见》，逐村进行财务清理整顿。

3 月，中央组织部组织局领导到抚州召开发展党员工作座谈会，对抚州地区发展党员工作给予充分肯定。

6 月上旬，抚州举办全区第四次党员电教片观摩评比，各县市委组织部、地直机关党委、地区经委党委各选送一部党员电教片参评。在抚州开展党员电化教育工作十周年之际，表彰 20 个党员电化教育先进单位和 40 名优秀党员电化教育工作者。

9 月，中共抚州地委书记陈梅芳当选为第十五届中共中央委员会候补委员。

12 月，抚州地委印发《抚州地区农村基层组织建设三年规划（1998—2000）》，要求到 2000 年，农村一类村党支部达到 80% 以上，一批乡镇达到“六个一”目标，全区创办 60 个以上乡镇示范服务基地。

是年，抚州开始推行党政机关工作人员“凡进必考”。地区人事局成立公务员培训中心，公务员初任培训及国家公务员知识更新培训成为常态。

是年，随着抚州棉纺织厂等一批大型企业的改制，大量党员转入社区，抚州地委组织部先后 5 次开展街道党建工作调查，制定下发《关于进一步加强街道党建工作的意见》，街道社区党支部设置和支部书记选配日益引起重视。

1998 年

3 月，抚州地委组织部下发《关于在全区开展发展党员质量年活动的实施意见》，确定重点管理单位 32 个，并提出重点管理办法和整改措施。

5 月 20 日，抚州地委、行署下发《关于 1999 年全区村务公开、民主管理工作意见》和《1999 年全区乡镇政务公开实施意见》，各地按要求搞好计划生育公开和宅基地审批公开。

7 月 23 日，抚州地区抽调万名党员干部下基层宣讲马克思主义唯物论和无神论。

是年，抚州各县市党的代表大会由每 3 年召开一次改为每 5 年召开一次。

是年，抚州各地精简机构，机关干部实行“三三制”分流。

是年，抚州举办全区第二次党员电教片脚本评比活动，崇仁县选送的《山神之子》和资溪县选送的《武夷山下养路人》两部电教片脚本参加全省评比，分获二等奖和三等奖。

1999 年

3 月 30 日，抚州地区向离退休干部发放“优待证”，离退休干部持证可以免费乘坐市内一、二路公共汽车，免费上公园、纪念馆及收费公厕。

6 月 25 日，抚州面向社会公开选拔地委党校副校长、地区科委副主任、地区农办副主任、地区供销社副主任、地区招商引资中心（合作办）副主任、行署驻厦门办事处主任等 6 名副县级领导干部，区内外 504 人报名竞争。

10 月，全区在县级以上党政领导班子和领导干部中分批开展“三讲”教育。教育活动期间，广泛听取干部群众意见建议，经梳理归类后，大部分问题得到整改。

是年，抚州第四届村委会换届选举普遍推行“海选”，由村民直接、差额、无记名投票选举产生村委会成员。

是年，东乡县在面向社会公开招聘的 5 个单位副职领导干部中，首次实行任职公示，并实行为期一年的任职试用期。此前实行任职公示尤其是任职试用期的尚不多见。

是年，全区实行《用编证》管理制度，将全区党政群机关及事业单位编制全部落实到每个人员。

2000 年

4 月，抚州地委制定《关于在全区农村基层组织开展争先创优促后进转化的意见》，对考核排倒数的乡镇党委、村党支部负责人实行诫勉。继续下派干部驻村帮扶，对“轻、弱、穷、乱”村进行攻坚。

6 月 23 日，经国务院批复，撤销抚州地区和临川市，设立地级抚州市及临川区。7 月 11 日，江西省人民政府发出《关于撤销抚州地区设立地级抚州市的通知》。8 月 28 日，地委召开撤地设市选举工作会议，部署抚州市第一次党代会、市第一届人代会代表选举工作和市第一届政协委员推荐工作。

7 月，临川市从市直单位选派 21 名年轻干部到居委会担任党支部书记，改善居委会干部队伍结构。此后，各地对居委会干部队伍建设重视程度不断提高。

9 月，鲍小慧任中共抚州地委委员、组织部部长。

10 月 11—12 日，中共抚州市第一次代表大会在抚州艺术剧院召开，选举产生中共抚州市第一届委员会和中共抚州市纪律检查委员会。市委领导机构设书记、副书记、常委。

10 月 20 日，抚州撤地设市庆典大会在抚州体育馆举行，中共抚州市委正式挂牌对外办公。中共抚州地委组织部、中共抚州地委老干部局更名为中共抚州市委组织部、中共抚州市委老干部局。中共抚州地委组织员办公室更名为中共抚州市委组织员办公室。

10 月，临川撤市设区，临川市委组织部更名为临川区委组织部。

是年始，抚州开展“三级联创”活动，全市用于奖励先进集体和个人的奖金共 140 多万元，受市委表彰的 76 名优秀乡镇党委书记，有 70 人得到提拔重用，在全社会形成“得面子、奖票子、给位子”的创先争优氛围。

是年始，全市实行干部任期经济责任审计制度。

2001 年

1 月 4 日，抚州市委召开全市农村“三个代表”重要思想学习教育工作会议，决定用两年时间，分两批在全市各县区部门、乡镇、村领导班子和基层干部中，开展“三个代表”重要思想学习教育活动。

1 月，江西飞环酒业股份有限公司在南丰县工业园区举行党委成立挂牌仪式，为全市首家民营企业党委。

1 月，抚州市委组织部创办《抚州党建》杂志，至 2012 年 4 月停刊，共出刊 78 期。

1—3 月，抚州市委老干部局联合市劳动和社会保障局、市财政局、市人事局、市经贸委，深入 22 家市直企业以及 11 个县区的 30 个乡镇和 40 多家企业单位开展离休干部“两费”（离休费、医药费）拖欠问题专题调研。

6 月 14 日，抚州市委组织部、统战部联合下发《关于进一步做好党外干部实职安排工作的意见》，要求市直教育、卫生、审计、统计等 14 个部门配备党外领导干部。

6 月，抚州市委组织部与市纪委联合下发《关于领导干部个人重大事项报告制度的实施意见》，在全市实行领导干部个人重大事项报告制度。

6 月，全国劳模、南城县徐家乡五帝村支书吴木根受到江泽民总书记接见。

10 月 18 日，抚州市委组织部下发《关于适当下放科级干部管理权限的通知》，将部分科级干部任免审批权进一步下放。

10 月，抚州推行发展党员公示制度，对公示内容、方式、程序和步骤等做出明确规定。资溪县实行发展农民党员“预警”制，对两年以上未发展党员或党员平均年龄在 45 岁以上的村列为“预警”对象。

11 月底，抚州市完成撤乡并镇，全市乡镇数量由 206 个减至 151 个。各地结合撤乡并镇做好乡镇党政领导班子调配工作。

是年，抚州市委组织部、市委老干部局联合制作的“老有所为”电视专题片《夕阳生辉》在抚州电视台播出。该片获全省老干部工作电视专题片三等奖。

是年，抚州市委下发《关于调整不称职、不胜任现职党政领导干部暂行办法》和《关于县、科级领导干部实行最高任职年限的规定》，积极探索干部“下”的渠道。

是年，抚州市委下发《关于进一步加强非公有制经济组织党的工作的意见》，各地非公有制企业党组织组建力度加大活动有序开展。

是年，抚州市委组织部下发《市直机关党支部工作目标管理考评细则》及《市直机关党建工作责任制暂行规定》，进一步加强市直机关党建工作。

是年，抚州实行干部考察预告制。在考察正式开始前 3 ~ 5 天，通过本地新闻媒体发出公告，由考察对象所在单位张贴文告或大会通报。预告内容包括考察的主要任务、方式、内容、步骤以及任职条件，考察组成员的姓名、职务和联系电话，举报电话、来信箱、来访地点等。

2001—2002 年，抚州市民政局先后 3 次开展民间组织党建工作调查摸底。2002 年 12 月，市委组织部、市民政局和市直机关工委联合组成调研组，再次对部分市辖和县区民间组织党建情况进行调研。

2002 年

年初，抚州市委老干部局对全市易地安置的离休干部进行首次全面走访慰问，了解他们的身体状况和生活情况。2007 年开始，每年至少走访慰问一次省内跨市、县安置的离休干部，每两年至少走访慰问一次跨省安置的离休干部。

2 月 21 日，抚州市委成立“三项工作”考评领导小组办公室，考评工作由市委组织部牵头负责。此后，因各个时期的工作任务不同，考评机构名称不一，但考评工作一直坚持并不断完善。

5 月，全省首家市级党建网站——抚州党建网建成并开通。

6 月，抚州市委办公室、市政府办公室转发《关于抚州市离休干部离休费、医药费保障机制和财政支持机制的实施方案》，至 8 月，全市离休干部“两费”“三个机制”全部运行到位。兄弟市老干部局相继组队到抚州参观学习。

7 月 24 日，抚州市委组织部将崇仁县石庄乡、巴山镇分流乡镇富余人员做法《坚决稳妥抓分流，精干高效促发展》印发全市，引导各地通过解聘清退、自愿分流、提前退养、竞聘上岗等方式，在全省率先大面积分流乡镇富余人员。

10 月 10 日，市委组织部下发《抚州市关于加强市属停产、关闭、破产和改制重组国有企业党的工作的意见》，采取“一企一策”的办法，企业党组织设置调整逐渐铺开。市委印发《关于改进市属国有企业领导人员管理的意见》，取消 39 家市属商业、供销、建筑、交通、外经外贸、物资、粮食、农、林等非工口企业的行政级格，下放给市属企业主管部门管理。

10 月 23 日，中国—欧盟村务管理项目、江西省第五届村委会换届选举培训班中外专家学者到临川区罗湖镇邹阳村观摩“海选”。

10 月，成立中共抚州市委农村基层组织建设领导小组办公室，划归抚州市委组织部管理。

11 月 6—8 日，江西省委老干部局局长胡剑平到南丰县、金溪县和市医保中心调研。

是年，南丰县开展以“告别破旧村部，告别破旧民居，告别破旧公路”为主要内容的告别“三旧”活动，筹资新建或改建村党支部活动场所 130 个。此后，抚州市制定 3 ～ 5 年内消灭无活动场所村目标，对无活动场所的村，安排市、县领导挂点、市县直部门包村、乡镇领导蹲点，抓好村党支部活动场所及阵地规范化达标建设。

是年，抚州制定下发《关于加强城区党建工作的意见》，按照一居一支部目标，全面推进居委会党组织组建工作。到 2006 年，新设立社区党总支 7 个，增设社区党支部 22 个。

是年，县区换届期间，抚州市采取“先审计后考察、边审计边考察”的办法，对全市 62 名拟提拔使用的乡镇和县直单位正职进行任前经济责任审计。

党的十六大闭幕后，市委派出宣讲团到 11 个县区宣讲十六大精神，县区组织千名干部下基层开展宣讲。

2003年

1月21日，中共抚州市委一届七次全体（扩大）会议召开，审议通过《中共抚州市委关于深入学习贯彻十六大精神实现抚州超常规发展的决议》，对全市目标管理考评先进单位和个人进行表彰。此后每年表彰一次。

3月，在全市广大干部中开展“去年我为抚州的发展做了什么”“今年我为抚州发展打算怎么做”的讨论活动，同时，开展“视事业重如山、视名利淡如水、视团结如生命，比境界、比眼界、比干劲、比贡献”的“两问三视四比”教育活动，全市9.3万名党员干部参加教育活动。

4月30日，抚州召开市直离退休干部形势通报会，市委副书记、组织部部长鲍小慧主持会议，市委书记钟健华通报全市政治经济和社会建设情况。

5月，抚州实行村级财务管理体制改革，乡镇财务核算中心和村级财务代理制度建立。

5月，在全市党的基层组织和党员队伍中开展“红旗单位”创评活动，围绕硬件过硬、软件规范、特色鲜明、成效显著的“十六字”工作方针，明确好班子、好队伍、好阵地、好制度、好机制、好成效、好经验的“七个好”红旗单位创评标准，全市确立农村、机关、学校、非公、社区、社会团体和社会中介组织六个争创全省“十面红旗”的工作重点，成立由组织部门牵头，纪委、宣传、统战、财政等单位组成的协调机构。在抚州电视台开辟“争创十面红旗单位巡礼”专栏，宣传创评活动好做法、好经验、好典型。

9月26日，抚州召开离退休干部学习贯彻“三个代表”重要思想专题报告会，市委书记钟健华作专题报告，1000余名离退休干部聆听报告。

9月，临川区芝山社区党支部书记、居委会主任付艺芳被中央组织部授予全国优秀社区工作者称号。

11月2日，江西省委组织老同志“看江西”考察团参观抚州工业园区和广昌、南丰工业园区。

11月5日，崇仁县被列为全省党代表常任制试点县。

年底，抚州市政府出资300万元购置背山路12.9亩土地，建设新的抚州市老干部活动中心，并于2005年6月20日建成投入使用。

是年，抚州市广播电视局实行考察党员发展对象公开答辩制，组织党内外群众代表对发展对象现场提问、现场作答，考察发展对象的入党动机、现实表现和掌握党的基本知识等情况。市委组织部对这一经验进行总结推广。

是年，抚州市制定下发《农村无职党员设岗定责工作实施方案》，全市农村无职党员设岗定责工作启动。

是年，抚州开始建立新中国成立前入党的老党员，灾区、贫困地区党员，生活上遇到困难的优秀共产党员、优秀党务工作者和曾经获得其他荣誉奖的党员重点资助机制。

是年至2005年，抚州市实施“三培两带两服务”活动，提出“3211”落实计划。中央电视台、江西电视台《江西日报》等媒体对金溪县合市镇党委创建“党员群众经济联合体”的做法作专题报道。

是年，资溪县依托面包产业协会组建全国第一家面包行业协会党委，把党组织建立到全国30

多个大中城市，带动10万面包大军外出创业，面包协会党委两度被中央组织部授予全国先进基层党组织称号。

是年，抚州市委组织部与抚州广播电视大学合作，建立商务英语、电子政务培训基地，依托乡镇党校、农业示范服务基地，建立农村基层党员干部实用技术培训基地197个，建立26个稳定的市外干部培训基地。

2004年

4月27日，撤销抚州市知识分子工作领导小组办公室，成立抚州市委人才工作领导小组办公室，归口市委组织部管理。

4月27日，抚州市委组织部下发文件开展“入党积极分子队伍建设年”活动，建立以基层党委成员包支部、支部成员包党小组、培养联系人和党员骨干包入党积极分子的“三级包干培养责任制”。注重发展各类优秀人才入党，把发展新经济、新社会组织和流动人员入党作为重要领域，不断巩固党的社会基础。

4月28日，资溪县、南丰县被评为全省“123”先进县级领导班子，南城县徐家乡五帝村、临川区青云街道办事处金巢社区、资溪县面包协会、黎川一中、金溪县合市镇等5个单位评为全省基层党建“十面红旗”单位，东乡县黎圩镇等5个乡镇评为“亲民为民富民”好班子，临川区东馆村等11个村党支部评为“三培两带”先进村党组织，郑建高等11人被授予全省“双带”致富标兵。

5月，抚州市委、市政府联合下发《关于选派农业产业化科技特派员工作的实施意见》，开始实行科技特派员制度。

6月，李舰海任中共抚州市委常委、组织部部门。

6月，《抚州市新录用国家公务员（机关工作人员）试用期管理暂行办法》出台，新录用的公务员统一实行一年试用期。

“七一”期间，市委组织部在抚州电视台开办《抚州党建》电视栏目，增设“保持共产党员先进性教育”“内强能力、外树形象”学教活动专栏。

8月，市委出台《抚州市目标管理暂行办法》和《考评实施细则》，干部的工作实绩成为提拔使用的重要依据。

8月，资溪县林业局局长张国文获第六届全国人民满意公务员称号。此后，2009年8月东乡县瑶圩乡党委书记胡林高、2013年12月南城县万坊镇副镇长兼鄱阳村党总支书记刘国良分别获得第七、八届全国人民满意公务员称号。

11月22—27日，抚州市委组织部在东乡县举办全市第七次党员教育电视片观摩评比暨党员电教干部培训班。此次观摩评比分为电视专题片和电视工作片两大类，各县区委组织部选送11部专题片和10部工作片参评。

是年，抚州在县区开展“123”先进县区党政领导班子创评活动，在乡镇开展“三民”好班子创评活动，在基层党组织开展“红旗单位”创评活动。同时，在党政系统评选“十大公仆”，在工交商贸系统评选“十大标兵”，在政法系统评选“十大卫士”，在农林水系统评选“十大榜样”，在科教文卫系统评选“十大楷模”，激发党员干部干事创业的热情。

是年，抚州实施《县、乡党政领导班子正职拟任人选和推荐人选市委全委会表决实施细则》，对 2 名县党政正职进行市委全委会票决，对 7 名乡镇党政正职进行县委全委会票决。

是年，抚州市委组织部完善发展党员“六级责任追究制”，建立发展党员情况分析和预警通报制，对发展党员工作实行级级负责、层层把关。同时，把发展新经济、新社会组织和流动人员入党作为重要领域。

是年，宜黄县在中港乡开展部门包乡、干部包村、党员包户活动，省委组织部《村建简报》全文介绍此做法。

是年，抚州市组织系统设立“12380”干部监督举报电话，受理信访举报工作。2014 年，设立“12380”手机短信举报平台，形成“12380”电话、信访、网络和手机短信“四位一体”的举报受理平台。

是年，抚州市开展领导干部与困难党员“一帮一”结对帮扶活动，全市结对帮扶困难党员 9425 人。

是年，抚州市委组织部下发《关于选派年轻干部到工业园区挂职锻炼的意见》，选调 300 余名中青年干部到经济发达地区或农村基层挂职锻炼。

是年，在全市组工干部中开展“五个一”活动：即每周集中学习一次，每月精读一篇好文章，每季度撰写一篇质量较高的体会文章，每年撰写一万字以上的学习笔记，每人上讲台做一次以上专题授课。

2005 年

年初，抚州市委、市政府实行地厅级老干部用车制度改革，实行货币化补贴。同时，调剂 4 辆（2007 年增为 5 辆）老干部用车，由市委老干部局统一管理，用于解决担任过地（市）四套班子领导实职的离退休干部因公因病用车之需。

1 月 10—11 日，江西省委老干部局局长冯桃莲率队走访慰问抚州市老红军、全国老干部先进个人、部分特困离休干部和特困离退休干部党员。

1 月开始，抚州分三批次开展保持共产党员先进性教育活动，活动至 2006 年 6 月结束。全市 7072 个党组织，近 15.2 万名党员参加教育活动。

2 月 5 日，江西省委书记孟建柱、省长黄智权分别到南丰、广昌就如何抓好先进性教育活动进行调研。

4 月 7 日，中央督导组一行到抚州市指导保持共产党员先进性教育活动。

6 月 15 日，抚州市出台综合目标管理《末位单位责任追究暂行办法》，年内对 2 名干部进行责任追究。

6 月 16 日，抚州市委组织部内设机构与江西省委组织部内设机构对应，撤销秘书科，设立办公室；撤销干部三科，设立干部综合科；撤销干部四科，设立人才工作科（与人才办合署办公）。

7 月 11 日，在全省领导干部会议上，省委书记孟建柱将资溪“面包军团”树为全省全民创业典范，号召“全省上下都要向资溪学习，兴起全民创业热潮”。

7月，成立抚州金巢经济开发区，设立开发区党工委。2013年1月，金巢经济开发区晋升为抚州高新技术产业园区。

12月28日，抚州召开全市老干部形势通报会，市委书记钟利贵作形势报告。

是年，抚州结合乡镇“三民”好班子创建，在全市开展“双评双促”（基层评议机关、群众评议干部，促工作水平提高、促服务质量提高）活动，把创评范围扩至县区部门和乡镇站所。

是年，抚州组织系统全面开展组工能力和组工文化“两项”建设，采取下派到企业挂职、进农村扶贫、到社区磨炼、去信访部门接访和换岗位工作等五种方式进行。

是年，临川区建立口碑评议制、流动听审制、划分工作区域测评制、领导干部谈心制、考核奖惩制，对520名乡镇科级干部进行考核。

是年，抚州制作的党员电化教育科教片《茶树菇栽培实用技术》在第九届中国行业电视节目展评中获一等奖。

2006年

年初，抚州市公安局临川分局采取“公推竞选”方式，通过民主测评、笔试、面试、局党委评级、个人荣誉及工作实际等环节实行量化计分，经12道程序、13次公示，选拔78名副科级干部。

4月，抚州市委公开定向推选20名熟悉工业经济、现代企业管理、资本运作的县级领导干部，安排在市、县两级工业园区以及市直相关部门任职。

9月，抚州建立农村优秀实用人才享受政府特殊津贴制度，有6名实用人才享受市政府特殊津贴，此做法为江西省首创。

11月28—30日，中共抚州市第二次代表大会在抚州市行政中心主会场召开，钟利贵代表中共抚州市第一届委员会向大会作《抢抓机遇，开拓进取，为实现抚州赶超发展目标而奋斗》的报告，选举产生中共抚州市第二届委员会和中共抚州市纪律检查委员会。

11月，魏建锋任中共抚州市委常委、组织部部长。

是年，抚州市企业离休干部均由主管部门接收管理，解决了企业离休干部后顾之忧。

是年，抚州市试行村党支部书记“两票制”和村委会班子“直选”。2007年“两票制”全面铺开，全市有近20%村的党组织书记由“差额直选”产生。

是年，抚州采取党组织引导，党员干部领办，致富能手、产业大户积极参与，群众自愿联合的方式，创建“党员群众经济联合体”，共建立各类党员群众经济联合体1507个，在联合体上组建党支部84个，党小组505个，有党员5941人，带动几十万户农民走上致富路。

是年，抚州各县区安排一个乡镇进行党政正职“一肩挑”试点，深化领导班子配备改革工作力度居全省前列。

是年，抚州市委组织部派出专人到上海、广东、福建、浙江4个驻外办事处开展“流动党员管理服务中心”挂牌工作，围绕4省市65个流动党员党组织和近2000名外出党员开展服务工作。

是年，资溪面包行业协会党委被中央组织部授予全国先进基层党组织称号。2011年，资溪面包行业协会党委再次被中央组织部授予全国先进基层党组织称号。

2007年

1月28日，抚州市委、市政府由赣东大道曾家园迁至新区市行政中心办公，市委组织部随市委机关迁入行政中心主楼A座9楼办公；市委老干部局迁入A座1楼办公。

3月，抚州市委老干部局下发《关于建立特困离休干部救助机制的意见（试行）》，在摸底调查的基础上，于12月6日对38名市直特困离休干部及24名特困离休干部遗偶实施救助。

5月15日，离休干部、原抚州地区行署专员单及春当选为中国共产党第十七次全国代表大会代表。

8月，黎川县开展“科学规范和有效监督县市委书记用人行为”试点，采取“公推差选”方式选拔5名乡镇党政正职。

10月，宜黄县委组织部拿5个内设科室负责人职位竞争上岗，实行科室负责人与一般工作人员“双向选择”。

11月11日，抚州市依托市行政服务中心挂牌成立抚州市党员服务中心，选派2名专职干部负责党员服务工作，为需要办理组织关系接转的党员提供便利。此后，各县区相继成立党员服务中心，方便基层党员办事。

12月8日，抚州举行全市第八届党员电化教育电视片观摩评比，有30部党员教育电视片参评。其中，专题片11部、工作片8部、科技片6部、栏目5期。

12月17日，抚州市委组织部增设公务员管理科、信访科，其中，信访科与办公室合署办公。

是年，临川区青云街道办事处抚临社区率先组建小区党组织，通过“阳光小区驿站”“党员之家”“小区公开办事厅”开展20多项服务，实行“一站式”服务。

是年，抚州市开展基层党建“整合优势资源、打造精品长廊”创优活动，高标准抓好25个党建综合示范点，打造出抚州异地社团党建、农村产业协会党建、临川教育集团党建、党员服务网络建设、工业园区党建等五张名片。继续开展“123”先进县区党政领导班子、乡镇“三民”好班子、基层党建“红旗单位”创评活动。

是年，抚州结合新农村建设，统筹推进村级组织活动场所建设，通过召开村级组织办公场所建设工作现场会，规定完成时限，采取明察暗访等形式，侧重解决集体经济薄弱村村级组织办公场所问题。

是年，抚州市实行干部任用初始提名“三推差选”，采取单位党委（党组）推荐、领导干部个人推荐和群众推荐相结合的办法，差额提出干部任用初始人选，对三种推荐结果一致的，确定为考察对象。

是年，抚州市出台文件，全面落实村（社区）党组织书记、主任养老保险，全市3119名村（社区）党组织书记、主任纳入社会养老保险范围。

2008年

年初，抚州发生历史罕见的雨雪冰冻灾害，各级党组织开展“党员干部户户走，抗灾救灾解民忧”

主题实践活动，党员干部投入抗冻救灾第一线，组建“党员抗冻救灾突击队”“党员灾后重建服务队”，开展抗冻救险活动。中央组织部部长李源潮在全国组织工作会议上对此做法予以肯定，《人民日报》头版作了专门报道。

“5·12”汶川地震发生后，抚州紧急动员各级党组织和党员干部支援抗震救灾。5月21日，市直单位副县级以上党员领导干部在市行政中心举行捐款仪式，全市8.6万余名党员共自愿交纳特殊党费1200多万元。

6月，在全市组织系统开展“讲党性、重品行、作表率，树组工干部新形象”和“提升行政效能、建设服务型政府”两项活动。

6月，抚州市选聘大学生村干部工作正式启动。当年，抚州市选聘64名高校毕业生到村任职。此后，每年选聘一定数量的大学生到村任职。

10月15日，市委组织部会同市纪委等8家单位联合下发《关于加强党政机关和事业单位工作人员因私出国（境）管理的暂行规定》，对县级领导干部（含离退休一年以内）因私出国（境）做出明确规定。

是年，抚州以产业协会为依托，跨村、跨地域设置党组织，把“党组织建在产业链上，党员聚在产业链上，群众富在产业链上”，走“党组织＋协会、协会＋基地、基地带群众”的产业协会党建新路子，资溪面包协会、广昌物流协会、南丰蜜桔协会、临川西瓜协会、东乡生猪协会、崇仁麻鸡协会等一大批产业协会不断做强做大，带动近百万群众创业致富。

是年，抚州开始实行干部选拔任用“一报告两评议”制度。2011年增加为“一报告三评议”。

是年始，抚州组织村、社区党支部书记、主任到山东、江苏、浙江、南昌等全国明星村学习考察，开展“百万元村”“千万元村”创建评选活动，推进村级集体经济发展。

2009年

3月17日，举办全市远程教育骨干队伍培训班，对各县区委组织部分管副部长、电教办主任以及乡镇组织委员共190多名骨干队伍进行培训和考试。当年，开展全市第九次党员教育电视片观摩评比。

3月，抚州市分两批开展学习实践科学发展观活动，至2010年3月结束，解决一批突出问题，建立完善一批相关政策和长效机制，为群众办了不少好事实事。

5月，在全市组织系统开展“组工干部下基层、服务‘三保’促赶超”活动，通过“下百日乡、听百家言、接百日访、办百件事”，建立健全组工干部“五挂五联两帮扶”制度。

6月10日至12日，江西省委组织部副部长、老干部局局长冯桃莲率全省老干部工作督查组督查抚州老干部政策落实情况。嗣后，召开情况反馈会议，市委书记甘良淼，副书记李舰海，市委组织部部长魏建锋出席。

9月11日，金溪县农业局退休干部党支部获全国离退休干部先进党支部称号。

9月15日，南丰县成立企业退休职工党委，将全县7个社区11个党委的370名退休职工党员集中管理，选配9名党员组成企业退休职工党委领导班子，书记由县社保局局长兼任。

9 月，开始在全市实行党政领导干部个人有关事项报告制度。

10 月 28 日，抚州孔庆泉、陈志旗、钟远鸣获全国先进老年教育工作者称号，受到中国老年大学协会表彰。

11 月 18 日，中央组织部部长李源潮就中央组织部办公厅《领导参阅》（第 109 期）刊发的《江西抚州市选派 800 余名乡镇干部到村任党支部书记》一文作批示，对抚州市做法给予充分肯定。11 月 30 日—12 月 1 日，《人民日报》等中央主要新闻媒体集中报道抚州市经验做法。

11 月，市委办公室印发《抚州市党政领导干部经济责任审计结果运用办法（试行）》，继续严把经济责任审计关，对 44 名提拔和离任的领导干部下发经济责任审计通知书。

12 月 31 日，江西省委副书记王宪魁深入南城县部分乡镇、村组实地调研党建工作。

是年，抚州采取“两推一选”“公推公选”等多种方式，选优配强村党支部书记。

是年，金巢经济开发区城西街办组织辖区村（社区）筹资 1200 万元，创建全市第一家村社联办的村级创业园——抚州市同创实业公司，实行股份制模式运营，带动村（社）集体资产升值。至 2010 年，金溪、资溪、南丰、临川等县区村级组织相继创办 5 个村级创业园。

是年，抚州市党员服务中心开通“12371”党员咨询服务电话。

是年，抚州在江苏、浙江、山东等地建立培训基地，组织 5 批 400 余名村书记、主任前往江苏华西、浙江温州、山东寿光等地学习考察。

2010 年

1 月 6 日，江西省选派乡镇干部到村任职工作现场会在抚州召开，省委副书记王宪魁出席会议并讲话。

2 月，市委村建办创办《当代村官》杂志，至 2011 年停刊，共发行 7 期。

4 月 14 日，青海玉树地震发生后，抚州市发动党员干部踊跃交纳特殊党费，支援青海玉树抗震救灾。

4 月，黎川县开展新任干部财产公示试点，内容包括工资奖金、住房、私车、存款和贷款等 12 项内容。中央电视台“共同关注”“东方时空”对这一做法进行报道。2012 年 3 月以后该项工作在全市推行。

5 月 30 日，全市组织系统开展以“立足岗位作表率、我为组工添光彩”为主题的带头创先争优活动。

5 月 31 日，抚州市委组织部与抚州职业技术学院合作办学，创立抚州农村干部学院，对全市农村干部和大学生村干部进行定点培训。

6 月，临川区粮食局离休干部欧阳辉第二次受到胡锦涛总书记接见，并两次被评为全国关心下一代先进工作者。

6 月 21 日，抚河唱凯堤决口后，抚州市在市城区设立 20 个灾民安置点，集中安置 5.2 万受灾群众，并建立安置点临时党支部。市委、市政府紧急动员各级党组织和党员干部抗洪救灾，其中临川区委组织部干部职工捐款 1.95 万元。

6月24日，中央组织部部长李源潮作出批示："江西抚州基层党组织和广大干部、党员，在大堤决口的生死关头，救人在前，抢险在前，安置灾民在前，很好地体现了基层党组织的战斗堡垒作用和党员、干部的先锋模范作用。"

6月30日，中央组织部老干部局《老干部工作情况交流》（第18期）刊载《江西省抚州市以制度建设保障老干部待遇落实》。

7月,抚州市委组织部制定下发《县（区）委书记履行干部选拔任用工作职责离任检查工作方案》。此后，对南丰、崇仁、宜黄、东乡、黎川等离任县委书记履行干部选拔任用工作职责开展离任检查。

7月，成立抚州市农村党员干部现代远程教育工作办公室，为市委组织部下属正科级全额拨款事业单位，与市党员电化教育中心合署办公。

8月5日，抚州市委办公室印发《关于贯彻落实〈2009—2013年全国党员教育培训工作规划〉的实施意见》，对2013年年底前未纳入各级党委干部教育培训范围的广大基层党员进行培训。

9月9日，抚州市委常委会审定通过《抚州市近期深化干部人事制度改革工作的意见》，提出近期深化干部人事制度改革的总体思路和10项25条重点改革措施。

9月10日，宜黄县因拆迁引发自焚事件后，引起网络媒体围观，市委对相关责任人进行了问责处理。

9月13日，抚州市委组织部建立新闻发言人制度，常务副部长王小林出席抚州市深化干部人事制度改革新闻发布会，通报抚州市近期深化干部人事制度改革工作的意见。

9月，出台《抚州市县级干部选拔任用提名暂行办法》，对党政正职人选实行署名推荐，对其他党政领导干部人选实行非定向推荐。

10月17日，抚州市委老干部局选送的《从四县变化看推进离退休干部党支部建设之策》一文，获中央组织部老干部局主办、广东省委老干部局承办的"做好新形势下的老干部工作"征文比赛一等奖。

11月17日，抚州市委下发《抚州市在创先争优活动中扎实开展万名党员干部"三包为民"活动的实施方案》,活动至2012年12月结束。共选派工作组158个,党员干部1.2万人,与229个"难点村、后进村、软弱村"和9830户"特困户、缠访户、专业户"结成包扶对子，为群众办成一批实事好事。12月，抚州面向全市公开选拔12个市直单位副县级领导干部和高校副校长职位，报名人数达500人，最多的一个职位达150人。公开选拔分为资格审查、笔试、面试、考察4个环节。

12月，临川区罗针镇丁湖村党支部被中央组织部授予全国抗洪救灾先进基层党组织称号。

是年，成立抚州市建设学习型党组织工作协调小组，下发《关于推进学习型党组织建设的实施意见》。金溪县在党员干部中实施"书房行动"，被列为江西省学习型党组织建设典型,《江西日报》、江西电视台、人民网、新华网等媒体相继进行报道。

是年，抚州建立全市退职村干部关爱机制，对任职10年以上村支书、村主任，每年由财政给予600～1000元不等的补助。

是年，崇仁县在干部考察中实行"反向测评＋倒序排名"，设计《领导干部"德能勤绩廉"反向测评表》，对五个方面的15项内容进行反向描述，让干部群众给领导干部"挑刺"。这一做法得到省委组织部肯定，编入2011年江西省领导班子换届工作百例经验选编。

是年始，抚州实行发展党员工作责任制，明确基层党组织书记为“第一责任人”，支部组织委员为“具体责任人”，培养联系人为“直接责任人”。

2011 年

1月10日，抚州市委组织部被人民网评为2010年度全国基层党建宣传示范单位，名列全国第七。

5月26日，临川爆炸案发生后，网络媒体迅速围观。按照干部问责的相关规定，临川区委、区政府主要领导及相关责任人受到问责处理。

6月，抚州市委组织部联合市直有关单位，举办“移动杯”纪念中国共产党建党90周年党的知识竞赛活动，参与个人答题的党员达10万人，参与组织竞赛的基层党组织1280个，18个单位进入团体决赛。

7月，南丰县开展交民友、畅民意、办民事、帮民富、聚民心、促和谐“五民一促”活动，下派千名机关干部进村开展调查研究、宣传政策、扶贫解困、化解纠纷、发展经济、夯实组织等活动。

8月5日，成立中共抚州市非公有制经济组织工作委员会，党工委设在市工商联，由市工商联党组书记兼任党工委书记。此后，各县区委组织部、工商联或工业园区设立相应机构，加强对非公经济党组织的领导。

9月16—19日，中共抚州市第三次代表大会在汤显祖大剧院召开，龚建华代表中共抚州市第二届委员会向大会作题为《凝心聚力，真抓实干，为建设殷实文明和谐的幸福抚州而不懈奋斗》工作报告，大会选举产生中共抚州市第三届委员会和中共抚州市纪律检查委员会。

9月26—28日，江西省老干部宣传思想工作会议在抚州召开，抚州市委常委、组织部部长魏建锋致辞，省委组织部副部长、省委老干部局局长李春良讲话。

11月，抚州市“大组工网”工程全面建设完成，市本级以局域网形式接入18台电脑，各县区以多点形式接入33台电脑。

是年，在全市党员干部中开展“鼓士气、顺民心、树新风”主题教育活动，全市广大党员干部深入基层调查研究、收集民意、排查矛盾、解决问题，为民办好事实事9000多件。

是年，全市投入3000多万元资金，为5300多名村（社区）书记、主任办理养老保险，并在部分县区实施村干部副职养老保险制度。

是年，抚州市在全省率先采取全程差额（差额酝酿、差额提名、差额推荐、差额考察、差额票决）的办法，选优配强县区党政正职。

是年，抚州异地社会团体协会建党列入市党建项目，当年全市共组建农业、产业协会党组织15个。

2012 年

1月10日，抚州举行离退休干部形势报告会，市委书记龚建华作形势报告，市委常委、组织部部长魏建锋主持报告会。

3 月 20 日上午，中共抚州市委书记龚建华到中国抚州网在线访谈室，与网友面对面交流，听取对市委常委会开展党的群众路线教育实践活动的意见和建议，并回答网友诉求。

3 月 22 日，抚州面向全国公选 23 名副县级领导干部，面向全市公选 121 名科级领导干部，系抚州公选力度最大的一次。3 月 30 日，市委组织部召开新闻发布会，常务副部长宋东方在新闻发布会上，通报说明全市公开选拔领导干部整体情况。其中团市委副书记一职要求 30 周岁以下干部，通过公选改变抚州没有“80 后”副县级干部的状况。

3 月 27—28 日，中共江西省委常委、统战部部长蔡晓明就党的基层组织建设、创先争优和扶贫开发等工作，到广昌县考察调研。

3 月 29—30 日，江西省人大常委会副主任、党组副书记陈达恒就党的基层组织建设、创先争优和扶贫开发等工作，到广昌县考察调研。

5 月 9 日，抚州市党员干部现代远程教育移动平台正式开通。

6 月，金溪县秀谷镇党委被中央组织部授予全国创先争优先进基层党组织称号。

7 月 23 日，中央组织部组织二局副局长徐彦军送新任抚州市委常委、组织部部长周训国到抚州与市委领导班子成员见面。

8 月 16 日，抚州市委组织部、市委老干部局联合召开全市离退休干部“五好支部”“四好党员”和优秀党务工作者表彰大会。

8 月，由抚州市委组织部调研科承办的《情况交流》创刊，主要刊载领导讲话、组织工作经验做法等，至 2014 年 12 月共出刊 32 期。

9 月 21 日，在全市开展交民友、畅民意、办民事、帮民富、聚民心，建幸福家园“五民一建”活动，共派出 1900 多个工作组驻村（社区）开展工作，工作组广泛收集社情民意，为群众办实事好事。

12 月 28 日，抚州市委组织部副部长周国华参加“组织部长网上谈”，向网友介绍抚州市基层组织建设年活动情况。

2013 年

1 月 1 日，抚州市金巢经济开发区更名为抚州高新技术产业园区，园区党工委、管委会、纪工委举行揭牌仪式。

1 月 6 日至 16 日，抚州市级领导干部联系走访全市优秀人才。

1 月 17 日，江西省委组织部副部长杨伟东到抚州召开党的群众路线教育活动征求意见座谈会。

3 月 5 日，市委组织部与市直机关工委联合开展机关干部社区报到活动，首批选派市直机关干部 400 人分赴 31 个社区开展工作。

3 月，抚州市委选派市政府副市长韦萍到国家林业局挂职；市委副秘书长、办公室主任赵立到中国铝业公司挂职，挂职时间一年。此后，抚州每年选派 1 名厅级领导干部、2 ~ 3 名县级领导干部到国家部委挂职。

5 月 15—19 日，抚州市委人才办组织全市 50 名工业企业经营管理人才赴清华大学参加高级研修班学习。

7月19日，抚州市委常委会研究通过《抚州市突出贡献人才评选管理办法》。

7月25日，抚州市委组织部拍摄的电教片《山魂》，被中央组织部列入《全国党员教育电视片推荐目录》。

8月1日，中共江西省委常委、组织部部长赵爱明到抚州调研，并就开展好党的群众路线教育活动，进一步提高全省组织工作科学化水平召开座谈会。

8月6日，抚州市委人才办联合相关部门，启动抚州市直单位引进高素质人才工作，拿出129个岗位面向社会公开招聘。

8月30日，中央组织部《干部监督工作通讯》第5期刊发《江西省抚州市强化干部选拔任用监督检查工作》。9月9日《人民日报（内参）》刊发《树立正确导向，严格监督程序，江西抚州力促选人用人风清气正》。

9月8—10日，江西省委书记强卫，省委常委、组织部部长赵爱明，省委组织部副部长杨伟东分别对抚州市大学生村干部周圣荣事迹作出批示。

9月，向莆铁路通车之际，抚州市委老干部局组织93名离退休干部乘坐向莆铁路首发动车前往福州参观考察。

10月15—16日，江西省直单位厅级离退休干部“看变化、促发展”参观考察团考察抚州，省委组织部副部长、老干部局局长傅世平陪同。

10月30日，抚州市第一届突出贡献人才评选表彰活动启动，共表彰10人。

11月16日，抚州市委组织部进行大科制改革，办公室与调研科、干部监督科与信访科、干部综合科与公务员管理科、村建办与组织科合署办公，后面科室的科长兼任前面科室的副职。

12月11日，江西省委组织部副部长刘三秋一行到抚州调研。

是年，广昌县村干部队伍建设“165”工程，探索形成村干部报酬统筹、绩效统考、民意统测、培训统抓，村干部队伍建设联建、在职村干部和后备村干部队伍联建“四统两联建”做法。同时，把村副职干部全部纳入基本养老保险。

2014年

2月下旬至9月底，在全市党员中开展党的群众路线教育实践活动，全市12个县区、123个市直单位和7386个基层党组织，16.5万名党员参加。

3月20日上午，中共抚州市委书记龚建华在“中国抚州网在线访谈室”与网友交流，听取群众对市委常委会工作的意见建议，收集“四风”方面的情况反映，市委常委、组织部部长周训国，市信访局、东乡县委主要负责人等参加。

5月26日，王新有任中共抚州市委常委、组织部部长。

5月，抚州市委组织部创办《每周汇要》，每周一期，开辟有领导活动、科室动态、本周发文3个栏目，主要反映市委组织部领导和科室的工作动态及下发文件等内容。

6月10日，中央党的群众路线教育实践活动第六巡回督导组在抚州召开座谈会，听取市委常委会班子民主生活会准备工作情况汇报，市委常委、组织部部长王新有出席会议并发言。

6月12日，中央党的群众路线教育实践活动第六巡回督导组组长张柏林到资溪县指导教育活动，抚州市委常委、组织部部长王新有陪同。

6月30日，中共江西省委常委、常务副省长莫建成主持指导临川区委常委班子专题民主生活会。

8月19—20日，中共江西省委书记强卫到乐安县牛田镇流坑村调研基层党组织建设工作情况。

9月17日，中共抚州市委常委、组织部部长王新有出席新闻发布会，通报抚州市党的群众路线教育实践活动整改落实情况，《江西日报》、江西广播电视台等多家新闻媒体记者及市有关部门负责人和50余位群众代表参加。

10月15日，“中国梦——省市县离退休干部庆祝新中国成立65周年”文艺会演在汤显祖大剧院举行，江西省委组织部副部长、省委老干部局局长傅世平出席。

11月26日，东乡县教育局离退休干部党支部获全国离退休干部先进集体称号，国家电网江西抚州供电公司退休党员许享群获全国离退休干部先进个人称号。

11月，抚州市委组织部与抚州电视台联合创办党员访谈栏目“我们身边的好党员”，在抚州电视台一套、二套不同时段播出，并在抚州市远程教育平台、抚州党建网、抚州微先锋等平台同步播出。

12月14日，抚州召开县区委书记抓基层党建工作述职评议会。

是年，抚州组织大学生村干部“三述三评”考核活动，开展“抚州市优秀大学生村干部”评选，评选出55名市级优秀大学生村干部，并推荐5名参加“全省优秀大学生村干部”评选。

第一章 党员队伍

与中国共产党的发展历程一样，面对轰轰烈烈的大革命和土地革命运动，抚州革命的火焰一经点燃，便熊熊燃烧，抚州党员从党组织初创时的5名发展到1933年第四次反“围剿”胜利后的9653名。新中国成立后，按照中央提出的“积极慎重”发展方针，抚州党员发展与党组织的建设同频共振。“文化大革命”期间，党员队伍建设在曲折、动荡中前行。中共十一届三中全会后，抚州党员队伍逐渐走上健康发展的轨道，在坚持标准、保证质量的前提下，不断优化党员队伍结构。到2014年，全市党员达到17.37万人。在做好党员发展的同时，各地根据党在各个时期的中心任务，加强党员教育，严格党员管理，规范党内组织生活，及时处置不合格党员，不断提高党员队伍整体素质。

第一节　党员发展

一、新中国成立前的党员发展

十月革命一声炮响，给中国送来马克思主义，抚州一批进步青年相继在外地加入中国共产党。早在中国共产党创立的前一年，临川上顿渡的傅大庆，经陈独秀介绍，在武汉找到陈潭秋、包惠僧，不久加入中国社会主义青年团。1921年，傅大庆与刘少奇、萧劲光等前往苏联莫斯科东方劳动大学学习，并转为中共党员。南丰县城的赵醒侬，1921年7月在江苏加入中国社会主义青年团，1922年转为中共党员。临川唱凯女青年周治中，1921年在南昌与刘和珍、刘若安、胡德兰等进步女青年一道，参加方志敏、袁玉冰发起的江西马克思主义研究小组，次年加入中国共产党，成为江西省最早的女党员之一。南丰沙岗熊坊的熊开文，在上海结识赵醒侬，经赵醒侬介绍加入中国共产党。黎川中田的鲁易，1920年赴法国勤工俭学，参与留法学生进占里昂中法大学斗争。回国后，于1922年在海南琼山经陈公培介绍加入中国共产党。临川上顿渡的傅烈，1920年5月与赵世炎等人赴法国勤工俭学，与周恩来、邓小平一起，成为旅欧共产党组织——中国少年共产党的筹建人之一。“少共”改名中国社会主义青年团旅欧支部后，周恩来任旅欧支部书记，傅烈任直属巴黎支部书记，于1924年在法国加入中国共产党。临川钟岭的饶漱石，1923年在上海加入中国社会主义青年团，1925年加入中国共产党。乐安南村的张书锡、招携的何德辉，在外地某军事训练班加入中国共产党。南丰县城的赵世嘉，1925年进入广州黄埔军校学习，加入中国共产党。乐安增田的曾友颜，1925年12月在吉安加入中国共产主义青年团，1926年1月转为中共党员；乐安招携的谭伦明，经曾友颜介绍加入共青团，后转为中共党员；航桥的易道明，1926年加入中国共产党。崇仁航埠的周士及，1926年4月前往南昌投入叶挺部队，秘密加入中国共产党。黎川荷源的邓梅村，1926年在广州加入中国共产党。

抚州进步青年在外地加入中国共产党后，通过书信等方式，对抚州的革命运动和党组织诞生产生重要影响。1926年11月，中共临川支部干事会、中共南丰支部干事会、中共东乡支部先后成立。抚州地方党组织成立后，发动群众开展工农运动，在运动中培养发展积极分子。抚州党组织创建之初，党员以青年知识分子为主，后逐步在手工业工人和农村贫雇农中发展党员，建立党的组织。1927年1月，中共临川支部扩大为中共临川特别支部。随着党员的逐渐增多，原来的党小组改为党支部，并先后建立中共唱凯、罗针、云山、李家渡、温圳、易俗、孔家街、上顿渡、柴埠口、箭港和直属、农民赤卫队等支部。7月，临川特支下辖26个党支部、1个党小组，有党员650人。其中，宜黄8人，南城10人。在中共临川特别支部下辖的26个支部中,有手工业行业支部10个（县总工会、木器业、绸布业、雨伞业、电灯公司、篷席业、泥水业、大木器业、航运业、缫丝业），加上各乡镇支部有一部分手工业工人党员，手工业工人党员约占党员总数的40%，体现了中国工人阶级政党的特征。

1927年8月7日，"八一"南昌起义部队经过临川，中共临川特支大部分党员骨干随起义军南征。此外，由于国民党大肆逮捕、屠杀共产党人，镇压工农运动，临川党员人数锐减，革命转入低潮。是时，除东乡、宜黄支部外，大多数支部停止活动。9月，中共江西省委派长期隐蔽在临川的中共党员曾去非对临川的党组织进行清理，并于10月上旬建立中共临川县委。面对白色恐怖，临川党组织继续发展党员，壮大党的组织。到12月，抚州地区党员发展到674人。1928年7月，临川县委机关遭到严重破坏，县委书记宁元勋等人被捕牺牲，下属的东乡区委、南城区委及崇仁古塘党支部相继遭到破坏。8月，江西省委重建中共临川县委，党组织又很快地恢复和发展起来。此后，临川党组织又遭到两次破坏。至1930年7月，中共临川中心县委及其下属党组织先后停止活动。

当以临川为中心的北部地区革命斗争处于艰难之际，革命火焰在抚州南部的南丰、乐安、宜黄、广昌等县点燃。1927年年底，永丰区委书记袁振亚以赣西特派员身份到乐安招携开展革命活动，发展雷济民等6名党员。次年2月，建立乐安县第一个党小组——中共乐安招携汗上小组。1928年3月，上顿渡区委派出党员到宜黄北部开展活动，建立中共潭坊小组，革命力量迅速壮大。1929年6月，共产党员陈富生受江西红军独立2团派遣,带领13人回到家乡，在南丰县黄龙坑开展革命工作，秘密发展党员，建立3个党小组。同年8月底，南丰洽村党组织派谭大家到广昌苦竹开展建党工作，成立广昌县第一个党组织——中共苦竹支部。1930年10月，中共赣东北省委为打通赣东北苏区与中央苏区的联系，派方志纯赴资溪嵩市发展党员，开展武装斗争。至第四次反"围剿"胜利时，抚州2/3的区域建立了革命根据地，除临川、东乡外，各县均先后成立县委、县苏维埃政府，乐安、广昌、资溪还成立中心县委。

1931年2月20日《中共苏区中央局通告第十二号——几个组织问题》规定：为使党的组织更加严密，以后各级党部介绍新同志入党，必须根据布尔什维克党的组织原则，经过一定的候补期间，才能转成正式党员；产业工人、雇农、手工业工人入党没有候补期；贫农入党候补期为两个月；独立劳动者（即做手艺的）、中农以及知识分子和自由职业者入党候补期为6个月。不属于上列三项的社会出身者，入党候补期可以按照特殊情形延长到1年或2年。候补期满时，必须办理由候补党员转为正式党员的手续，先由支委会提出候补党员名单，或由候补党员个人向支委会书写转为正式党员的请求,由支委会讨论通过，再交支部党员大会通过。如支部党员大会认为尚不能转成正式党员的，则根据情形延长其候补期以至开除党籍。[1]

第四次反"围剿"胜利后，抚州的红色区域进一步扩大，党员人数迅速增加。据1932年7月《中央苏区组织统计表》记载：乐安县有党员415名，其中女党员7名；有区委3个，支部16个。南广县有区委10个,支部40个。[2]同年12月20日《中央苏区宜黄县委两个月冲锋工作总报告》称："全县共有支部19个，共有党员1004人，其中女党员180人。10月20日—12月20日发展党员165人，其中女党员6人。"土地革命时期，抚州党的组织集中分布在东南部山区。由于这一地区交通闭塞，经济落后，除了有土纸、夏布生产和少量的撑排工及其他手工业工人外，大多从事农业生产，党员结构以农民为主。正如1929年6月17日《江西省委通告——过去党组织缺点及今后组织工作的主要路线》所言："江西党的无产阶级基础，至今还十分薄弱，党员成分中工人同志仅仅百分之二，党的质量还是没有改变，非无产阶级的意识正在逐渐生长"。[3]为此，号召各级党组织"尽量向工人开门""要发展城市工作"。在各级党组织的努力下，党员结构有所改善。1932年7月，乐安县有区委干部25人，其中：工人占8%、雇农占12%、贫农占68%、中农占8%、独立劳动者占4%。1933年5—7月，广昌、乐安、宜黄三县新发展党员3508人，其中工人717人，占20.4%。

为粉碎国民党军第五次"围剿"，苏区中央局提出"每个党员介绍一个同志"及开展"红五月"突击发展党员运动。抚州各地响应号召，积极行动起来。1933年4月7日，乐安中心县委召开各区组织部长联席会议，部署"红五月"突击发展党员运动，要求"加紧从斗争中、工作中吸收工作积极、斗争坚决分子入党。特别向工人、雇农、苦力、劳动妇女开门，要反对过去的关门主义，特别要防止投机分子混入党内。"[4]5月5日，乐安中心县委组织部印发《组字通知（第三号）——关于红五月组织工作指示信》，要求各区委"立即发动全体党员，在群众中尽量活动，观察和考查群众的情形。在"五·九"纪念大会中来征求征收大批新党团员，对于善（和）、招（携）、竹（溪）三区，每个党员要发展两个新同志。其余各区最低限度要发展一百个新党团员……对于发展的新党员，要注意审查阶级成分，如果好的，要马上编组授课，去加紧其教育与训练，同时要分配适当的工作，使工作上得到大大的帮助。"[5]崇仁县召开第一次工农代表大会，成立崇仁县革命委员会，"会场充满了热烈的革命气氛，在当场公开吸收共产党员和游击队员时，大家都热烈的争着报名，计加入共产党有16人。"[6]"红五月"运动取得巨大成效，据中共苏区江西省委公布的《党的组织状况——全省代表大会参考材料之四》显示：1933年4月，全省共有党员67904人；到9月，全省党员人数达到97451人。仅"红五月"运动，全省14个县就发展新党员17507人，其中：乐安新增914人，广昌402人，宜黄289人。6—7月，各地继续发展党员，其中：宜黄新增224人，崇仁县新增60多人，乐安县新增693人。7月至9月，乐安中心县委所辖3县共有党员4608人，其中：乐安县2682人、宜黄县1826人、崇仁县100多人。[7]广昌中心县委所辖南丰、广昌两县有党员3097人。[8]资溪县有党员300人，[9]黎川县有党员300多人，[10]金溪县大约100人。[11]南城县分别建立金南县委和建东县委，"两县共有党员384人"。[12]至1933年12月，抚州地区有党员9653人。[13]

抚州是中央苏区北大门，不少苏区处于红白交界的游击区，是第二、四、五次反"围剿"的主战场。由于战争原因，各级党组织和政权组织机关驻所很不稳定，无法按照苏区中央局的规定履行入党手续。此外，受王明"左"倾错误影响，发展党员工作存在不少问题。苏区江西省委在批评崇仁县委时指出："近来因敌几次的进扰，连县委所在地的固（谷）岗，竟有多少党员也不晓得，因为区委支部没有把党员登记起来，现在去找都说'我没加入党'。"[14]

1933 年 4—7 月宜黄、广昌、乐安边区新区发展党员情况

表 1-1 单位：人

县别	时间	人数			成分							
		男	女	合计	工人	雇农	苦力	贫农	中农	独立劳动	学生	自由职业
宜黄	4 月	1167	125	1292	—	—	—	—	—	—	—	—
	5 月	225	64	289	20	22	0	231	12	4	0	0
	6—7 月	140	84	224	23	41	4	138	16	2	0	0
广昌	4 月	1783	128	1911	—	—	—	—	—	—	—	—
	5 月	328	74	402	86	33	20	221	24	6	5	7
	6—7 月	777	107	884	172	106	30	487	65	6	0	18
乐安	4 月	1004	71	1075	—	—	—	—	—	—	—	—
	5 月	798	116	914	262	117	0	522	13	0	0	0
	6—7 月	615	78	693	52	141	14	472	14	0	0	0

第五次反“围剿”失败后，中央红军北上抗日，除资光贵中心县委（后改名金资光贵中心县委）继续活动外，抚州其他地方党组织和党员基本没有公开活动，发展党员工作几近停止。抗日战争时期，金资贵中心县委在资溪、南城、金溪三县交界地区秘密发展党员。抗战初期，江西省会南昌抗日群众团体大量涌现。在中国共产党的领导和影响推动下，这些团体组织与共产党合作，一些共产党员在抚州各地团结发动民众，掀起轰轰烈烈的抗日救亡运动。其中江西省妇女生活改进会在南城、临川先后成立县妇女指导处，中共党员季洁、黄明在临川发展进步青年妇女宋瑞芝入党，并在妇女指导处成立党小组。大革命时期留下的临川罗针共产党员帅宏前往南昌新四军办事处，与负责人黄道取得联系后回到临川罗针，与浮梁地区党组织派来的陈觉攸会合，以教师身份进行抗日宣传和发展党员，成立党组织。新四军办事处派党员陈其襄、张又新先后在临川、南城等地以开书店为名，秘密发展党员，成立党组织。

1947 年 11 月，正值解放军转入战略进攻阶段，中共闽浙赣省委派省委城区工作部李健到南昌，建立中共南昌城区工作部（简称南昌城工部）。1948 年 5 月，南昌城工部派杨智帆以教师身份到宜黄开展地下工作。7 月，在南昌吸收宜黄进步青年吴植佛、吴植福兄弟加入党组织。吴氏兄弟入党后回到宜黄，于 11 月发展黄存谦入党，成立中共宜黄支部。1948 年下半年，从厦门大学毕业返乡的临川温圳（1969 年划入进贤县）地下党员晏致保积极物色对象，于 1949 年 2 月成立中共温圳支部。3 月，温圳支部在临川县城（今抚州城区）发展党员并成立党小组;4 月，在临川县城成立中共临川支部，在崇仁县城成立中共崇仁支部，在进贤县城成立中共进贤支部，均隶属于中共温圳特支;5 月，温圳特支派军事委员邹秉忠到宜黄发展陈荣滨、李承笏、王婴才 3 人加入党组织，重新成立中共宜黄支部。至此，中共温圳特支及其下属的 5 个支部共有党员 67 人，其中崇仁支部发展地下党员 28 人。[15]但是，由于温圳特支发展党员把关审查不严，导致部分成分不纯人员加入党组织。1949 年 8 月，江西省委组织部在全省组织干部培训班结束时宣布：“‘温圳特支’及下属组织因发展一批党员，把关不严，混进了一些坏人。经过审查，特支及下属组织全部撤销。”[16]崇仁县委对崇仁支部发展的 28 名地下党员进行重新审查，“清理 20 名，仅剩下 8 名党员。1985 年中共崇仁县委落实地下党问题，经调查，又否定了 1 名。”[17]

二、新中国成立后的党员发展

中华人民共和国成立后，中国共产党由革命党成为执政党，党员发展由隐秘到逐渐公开。党员发展工作的环境变了，要求也有所不同。在社会主义建设的不同时期，党员发展体现了不同的时代特征。

（一）入党积极分子培养

入党积极分子是对已经提出入党要求，但尚未加入党组织群体的一个统称，不同时期有不同的称呼，它包括入党申请人、建党对象、发展对象。有的地方，把入党“苗子”也纳入入党积极分子培养范畴。新中国成立后，随着抚州党员发展的逐渐公开，入党积极分子的培养逐渐走上正常化轨道，并经历了从登记、审查入手，到多形式培训管理，再到培养流程规范等过程。

1950 年 5 月 21 日，中共中央发出《关于发展和巩固党的组织的指示》，要求各地在土地改革完成前，新解放区农村暂不发展党员，建党方法由“自报公议党批准”转为“公开建党”，即公开地进行党纲、党章宣传，提高思想觉悟；考察入党对象不仅听取入党介绍人报告、本人意见及党内反映，还注重征求群众意见。按照上级要求，抚州专区公开建党准备工作启动。一方面，为各级党组织配备并训练了一批组织员，组织他们系统地学习共产党员标准及八项条件；另一方面，积极物色积极分子，在土改区登记有培养前途、将来可能发展为党员的积极分子，机关通过评功选模，按照党员标准和党章规定，有计划地发展了一批新党员。全区有 4 个县开展了入党积极分子登记工作，其中，崇仁登记的积极分子 1769 人，其他各县主要从干部中确定发展对象，并在支部党员中指定专人进行培养。宜黄、乐安通过开办专题训练班，崇仁县经常召集积极分子会议等方式，加强对入党积极分子教育。

1951 年 3 月，中共中央召开第一次全国组织工作会议，重点研究党员发展工作，要求在城市、新解放区及没有党组织的地方发展党员，采取慎重的方针，经教育和考察，把成分好、觉悟高、历史清楚、对党忠诚的优秀工农分子吸收到党内来。会议通过《关于发展新党员的决议》，规定共产党员标准的若干基本条件。抚州是农业地区，产业工人少，地委组织部结合党的中心任务和整党运动，主要是结合民主改革开展积极分子登记工作。由于组织员队伍力量薄弱，3 个县未配备组织员，且多数组织员未经过专门训练，有的还擅自提高入党标准，要求新党员在入党第一天即到朝鲜战场参战，因而不少入党对象出现畏难情绪，导致发展党员人数少。1951 年，全区仅发展党员 48 人，建立农村支部 4 个。

1952 年全省第二次组织工作会议以后，抚州配备专职组织员 130 人，兼职组织员 270 人。由于各地干部少，中心工作任务重，很多组织员被调去做中心工作，以至出现一些地方积极分子登记审查和挑选入党对象工作不够负责，建党工作成效不明显。为保证组织员有精力开展建党工作，抚州地委组织部要求，除训练土改复查干部外，未经同意，不能给专职组织员分配其他工作。同时，要求兼职组织员结合秋粮征收、土改复查等中心工作，挑选、登记、审查积极分子和入党对象。至 1952 年下半年，各县普遍举办 3 ~ 4 期建党训练班。至此，党员数量有较大发展，全区共有党员 4049 人。

1953 年，根据中央提出的“积极慎重”的建党方针及中南局党委 1953 年建党工作指示，抚州开展农村入党积极分子摸底调查。调查显示，入党积极分子 8289 人中，有完整材料的 5929 人，有名单无材料的 2360 人，工作不细致问题突出。此后，各地加强建党工作，宜黄县在布置中心工作时，将建党工作列入其中，结合土改运动，对积极分子进行审查，在土改运动中发现和培养积极分子。举办全区第一期建党训练班，129名积极分子参加培训。培训后，按照标准发展党员111人，占86%。

1954年，根据江西省委制定的《全省发展与巩固党的计划与指示》，抚州各地建党速度加快。建党工作结合互助合作社与生产运动，专、兼职组织员或党员干部对原有入党积极分子进行审查和培养教育，重点在互助合作组骨干、主要干部、青年团员、基层民兵骨干和优秀妇女中挑选积极分子，定期组织积极分子学习。各县从1953年发现和培养的积极分子中，经考察后挑选8107人，相继开办3～4期训练班。[18]是年1—9月，全区发展新党员2117人。

1956年，根据中央组织部关于着重在知识分子特别是高级知识分子中发展党员的要求，江西省委转发《省委组织部关于在知识分子中发展党员规划与意见报告》，将建党重点转到对社会主义建设有重大作用的科学、文化、教育、卫生界知识分子上，要求在高级知识分子中发展党员。1957年，全区发展知识分子党员35人。抚州专区建立积极分子登记管理制度，在每项工作结束或告一段落时，从作了鉴定的积极分子中挑选建党对象，进行党的基本知识教育。各地安排支部委员分工包干，进行个别培养和考察；同时，举办建党训练班，组织积极分子听党课或列席有关党的会议。各级组织部门在整风运动和反右派斗争中，对入党积极分子进行党章教育和党员义务权利教育，举办一期老苏区干部积极分子训练班，训练老苏区干部507名。[19]

1959年，受"大跃进"运动影响，抚州从各条战线积极分子中吸收新党员5694人，入党人数超过以往任何一年。1961年，中央对各项工作开展"调整、巩固、充实、提高"，5月23—27日召开的全区组织工作会议提出，发展党员要经过严格审查以保证质量，要坚持更高更严的党员标准，新党员必须是各条战线上的先进生产者、先进工作者和模范人物；要严格履行入党手续，切实保证党员质量，一概不发展农村富裕中农入党，个别真正具备入党条件的要经县委批准。当年，除少数薄弱的基层党组织个别发展新党员外，党员3人以上的生产队基本停止发展新党员，建党工作重点放在预备党员考察和转正上。1961—1962年，全区共发展党员2867人。

1963—1965年，抚州城乡由点到面分期开展社会主义教育运动。受"千万不要忘记阶级斗争"口号影响，在农村"四清"（清理账目、清理仓库、清理财物、清理工分）和城市"五反"（反贪污盗窃、反投机倒把、反铺张浪费、反分散主义、反官僚主义）运动中，出现"左"的偏差，党员发展控制较严。1965年，全区发展新党员1019人，其中女党员66人。

"文化大革命"期间，毛泽东提出"吐故纳新"、清除废料、吸收新鲜血液的整党建党思想，要求"有步骤地吸收觉悟工人入党，扩大党的组织的工人成分"。按照"五十字建党方针"[20]，一批经多年考验的领导骨干和中坚力量被作为"废料"清除出党，不少靠造反起家的"打、砸、抢"分子、帮派分子作为"新鲜血液"被吸收入党。尤其是1969年4月党的九大通过的《党章》取消有关发展党员预备期的规定，少数跟随林彪、江青造反起家和打砸抢分子，被当作"新鲜血液"突击发展入党，一些不具备党员条件的人加入党组织，造成党组织的严重不纯。1973年，全区党员81496人，比1965年增长1.05倍。1975—1976年，全区共发展党员5021人。

1976年10月，持续十年的"文化大革命"结束，积累下许多严重的政治问题和社会问题。1977年8月，中共十一大通过的《党章》，虽然重新规定"预备党员的预备期为一年""预备党员的预备期，从上级党组织批准入党之日算起"，但继续肯定"以阶级斗争为纲"和"无产阶级专政下继续革命”等错误理论，根据十一大《党章》，各省、市、县从10月起相继召开新一届党的代表大会，选举产生新一届党委，各机关、团体中陆续恢复党委、党组。11月，抚州地委恢复设立组织部，各县市组织部亦相继恢复，建党工作逐步回归到正常轨道。1978年12月，党的十一届三中全会召开，党的工作重点转移到经济建设上来，抚州地委组织部要求各级党组织注重吸收各条战线的骨干，尤其是吸收知识分子、青年、妇女入党，明确“三种人”（“文化大革命”中追随林彪、江青反革命集团造反起家的人、帮派思想严重的人、打砸抢分子）不能吸收为党员。1982年9月，党的十二大对党员的预备期又作出新的规定：“预备党员的预备期从支部大会通过他为预备党员之日算起”，以后的《党章》对发展党员的预备期再没有新的修改。是年，抚州有计划地发展新党员1190人，其中各类专业技术人员221人、妇女164人。1983年，地委组织部要求全区各基层党委和支部安排积极分子听党课，召开积极分子会议，建立入党积极分子培养考察制度，填写《建党对象考察登记表》，党支部指定两名党员分工培养考察。各地根据上级精神，对建党对象开展培训，抚州地委党校对建党对象50人进行集中培训。南城县各公社党委训练建党对象541人，县直机关党委训练积极分子133人。当年，抚州共发展新党员1874人，其中发展知识分子党员789人。

1985年2月，中央办公厅转发中央组织部《关于大量吸收知识分子入党的报告》，要求各级党委高度重视党员队伍文化科学水平偏低的状况，把决心为社会主义现代化建设事业和共产主义事业献身的知识分子吸收到党内来。按照中央精神，抚州注重发展优秀中小学教师和大专院校学生入党。当年全区共发展新党员4709人，其中发展知识分子党员2289人，占43.7%。1986年，抚州各级党组织继续做好发展优秀知识分子入党工作，加大在各行各业一线骨干力量薄弱、多年没有发展党员的单位和部门发展党员工作力度，注重发展有文化的青年农民、工人和妇女入党，当年共发展新党员4331人。各县市对1984—1985年发展新党员工作进行一次全面检查，从检查情况看，党员队伍知识结构和年龄结构有较大改善，知识分子“入党难”的问题得到基本解决。

1987年，各地举办学习班，吸收建党对象上党课，举办“党的基本知识竞赛”“先进党支部、优秀共产党员事迹报告会”“入党宣誓大会”，培养教育建党对象。资溪县直属机关党委举办2期建党对象培训班，共119人参加，培训班学习成绩载入《建党对象学习登记表》，列入培养考察内容。同年9月，地委组织部与共青团抚州地委联合下发《关于切实做好在团员和先进青年中发展党员工作的意见》，要求各级党团组织经常性开展党的基本知识教育，开展交心谈心活动，提高广大团员、青年对党的认识和理解，启发他们向党组织靠拢。要求各地做好青年入党对象推荐、培养和考核工作，把表现突出的团员推荐给党组织，团员青年每季度向党组织汇报一次思想、学习及工作鉴定情况。同时规定，发展28周岁以下青年入党，一般在共青团员中发展。当年，全区发展新党员3380人，党员增至108965人。

党的十三大以后，根据“坚持标准，保证质量，改善结构，慎重发展”十六字方针，抚州发展党员的计划性增强，相继建立《积极分子等级制度》《培养考察工作制度》《发展党员审批制度》《预备党员转正制度》，制定《发展党员工作程序》并印成展开图下发到农村基层党组织。各级党组织把发展党员工作的重点放在对积极分子的培养、教育和考察上。1988年，全区527人被列入培养对象。各地采取党课教育、基本路线教育、形势与任务教育、普法教育等形式，对培养对象和积极分子进行教育培训。富奇汽车厂党委把生产力标准、劳动态度、遵纪守法、计划生育等内容纳入发展党员考核内容。黎川县注重从农村有文化的中青年优秀农民中发展党员，在发展党员“空白村”选拔培养“苗子”，派县委组织员到建党对象学习班作辅导讲课。

1989年抚州按照“严格党员标准，确保发展党员质量”的要求，在控制发展总量的前提下，重点抓好入党对象的考察培训，从严掌握入党对象的政治觉悟、思想品质和在制止风波、平息风波中的表现，把政治素质放在首位。当年，全区共发展党员2482人，其中生产一线工人、农民1148人，占46.3%。1990年，抚州各级党组织对入党积极分子进行党的基本理论、基本知识、基本路线、优良传统作风和爱国主义教育，利用县乡基层党校和企事业单位业余党校，举办入党积极分子培训班550期，培训入党积极分子8545人。培训班实行脱产培训5～7天，学习《中国共产党章程》《关于党内政治生活的若干准则》《入党教材》等材料。

1990年8月，《中国共产党发展党员工作细则（试行）》出台，党组织指定一至两名正式党员进行联系培养，给入党积极分子分配一定工作，党支部每半年考察一次。对经一年以上培养的，在听取培养联系人、党小组及党内外群众意见后，支委会研究确定为发展对象，党组织进行政治审查。入党前，基层党委组织发展对象进行短期集中培训，未经培训的，一般不发展入党。按照细则要求，抚州各地入党积极分子培训工作进一步规范。

1991年，中央组织部制定下发《关于加强在企业、农村生产一线发展党员工作的意见》，当年，在一线工人、农民和服务人员中发展党员1824人，占比56.9%。黎川县实行县六套班子领导干部和乡镇党委成员每人负责一个村级党建联系点，协助村党支部抓好发展党员工作，县委组织部选派10多名干部到企业一线挂任支部书记或书记助理，帮助企业党组织发现、培养和选拔一线优秀分子。是年，该县发展新党员165人，其中一线工人、农民118人，占71.5%。临川县把发展生产一线工人、农民入党列入党建工作目标管理，达不到70%的，在目标管理考评时扣分。当年，该县发展新党员635人，其中一线工人、农民和服务人员426人，占发展总数的67.1%，比1990年提高10.4%。

为保证建党对象在县乡党校集中培训不少于5～7天或40个学时，抚州地委组织部在《建党对象考察登记表》中增设“集中培训时间及情况”，以便查核。宜黄县、南城县、临川县、抚州市和地区直属机关党委不仅坚持每年1～2次集中培训，还组织培训结业考试，考试不合格者暂缓入党。抚州针织内衣厂每年在厂业余党校培训建党对象3～5次。针对乡镇直属单位党建工作薄弱的问题，抚州地委组织部下发《关于进一步加强乡镇直属单位党的建设的意见》，出台乡镇直属单位党支部、联合支部的设置办法及跨行业、跨系统党员及入党积极分子管理办法，着力解决“党员发展无人管、计划落实无人抓、教育活动难开展”的问题。针对外出务工人员“入党难”问题，出台驻外办事处（联络处）党组织设置和管理意见，驻外办事处（联络处）做好在外入党积极分子的培养考察工作。根据先支部整顿、再发展党员的原则，地、县市组织部门对“不齐、不强、不力、不和”的后进村党支部班子进行整顿。1991年，全区216个后进党支部调整书记92人、支委257人。经调整，发展党员工作得到加强，要求入党的逐年增多。1990年，全区收到入党申请15065份，1991年16554份，1992年增至18393份。

根据中央和全省“推优”工作精神，1992年11月，抚州地委组织部制定《关于推荐优秀团员入党积极分子工作细则（试行）》，要求28周岁以下青年入党一般应在团员中发展，团员入党需经团组织推荐，并填写《优秀团员入党积极分子推荐表》。1990—1992年，南城县向党组织推荐优秀团员青年964人，农村一线占67%。至1992年12月，该县农村一线273名团员青年加入党组织。从1991年起，广昌一中开展高中团员青年“推优”工作，组织高中生上党课，参加党组织有关活动，培养入党积极分子近200人。

1993年，抚州重点发展生产一线工人、农民和知识分子入党，注重吸收村委会干部、村民小组长和企业车间主任、班组长中的积极分子入党，逐步减少5年以上未发展党员的村及党员空白企业班组数。1994年，重点发展非党员村委会干部，发展有一技之长、有致富能力、政治素质较高的个体户、专业户、复员退伍军人、回乡知识青年、中小学教师、企业非党员车间主任、班组长以及生产技术骨干和优秀团员青年入党，逐步消灭党员空白企业班组和农村无党员村小组，重点推荐28周岁以下青年业务骨干、班组长、企业负责人、在校高中生和优秀团员入党。地、县市委组织部及地直有关单位党委层层举办党建工作业务培训班，培训党建业务骨干、基层党委组织委员、支部书记和支部组织委员；组织入党积极分子学习党的十四大报告、新《党章》、《中共中央关于建立社会主义市场经济若干问题的决定》和《邓小平文选》第三卷等知识。1995年，抚州党员发展区域的重点为企业和农村，尤其是多年未发展党员或无党员的车间班组和村民小组，侧重发展35周岁以下、初中文化程度以上、带领群众致富的能人和妇女入党。全区当年发展党员4764人，其中35岁以下3265人，占70.63%；初中以上文化程度3290人，占69.06%；发展一线党员3411人，占71.6%。

1996年，抚州首次提出“三个不少于70%”发展新党员的规划，即：高中以上文化程度不少于70%，35岁以下不少于70%，生产一线不少于70%。当年新发展党员中，企业、农村生产一线比例上升到70.3%，妇女比例上升到18.2%，35岁以下比例上升到70.6%。为保证农村、企业一线发展党员，东乡县要求每个村入党积极分子达到5～10人，企业车间、班组入党积极分子4～8人；资溪县坚持入党前到县委党校集中培训，未参加集中培训不予发展；金溪县开展党员“1+1”帮带活动，壮大入党积极分子队伍；南丰县根据行业特点，对入党积极分子实行分类教育培训；广昌县继续创办中学生业余党校，对中学生进行党课和社会主义特色理论教育，加强中学生入党积极分子队伍建设；东乡、宜黄、乐安、黎川等县在积极分子中开展党的知识竞赛，组织看录像、征文比赛、演讲等活动；地区直属机关工委、地区经委党委对地直单位、企业300多名入党积极分子、建党对象和预备党员进行培训，并进行结业考试。1991—1996年，全区共发展新党员24485人。1997年3月，中央组织部组织局领导在抚州召开发展党员工作座谈会，对抚州地区发展党员工作给予充分肯定。

抚州撤地设市以后，各地严把入党手续关，加强发展党员工作质量监督和管理。临川区基层党委在审批新党员前，由党支部将预备党员的基本情况、申请入党时间、列入考察时间、支部大会时间、培养人、介绍人姓名等张榜公布，接受党内外群众监督；资溪县从2001年开始实行发展农民党员“预警”制，对两年以上没有发展党员或党员平均年龄在45岁以上的村列为“预警”对象，乡镇党委书记为第一责任人，“预警”对象三年内未培养出发展对象，通报批评所在乡镇，党群书记、组织委员、村支部书记不得评先评优，连续两次受到“预警”，动员村党支部书记引咎辞职。2002年，抚州市委组织部下发《关于加强农村发展党员工作的意见》，加大发展优秀青年农民入党力度。当年1—9月，全市发展农民党员1826人，其中35岁以下占71.6%，高中以上文化占56.5%。至2002年10月，全市无党员村小组从撤地设市前的405个降至217个，190个两年以上未发展党员村有98个村发展了新党员，其他92个村也培养了入党积极分子。

2004年4月，按照全省发展党员工作会议提出的“工作抓实、源头抓活、队伍抓优、制度抓新”的工作思路，制定《抚州市入党积极分子建设年活动实施方案》，在全市开展“入党积极分子队伍建设年”活动，推行入党积极分子民主推荐和“先上岗后入党”做法，注重培养具有带头致富、带领群众致富的农村优秀青年,有经营管理才能的企业优秀人才,政治上强、业务上精的高知识群体优秀人才入党。建立以基层党委成员包支部、支部成员包党小组、培养联系人和党员骨干包入党积极分子的“三级包干培养责任制”，进一步完善入党积极分子培养联系、思想汇报、集中培训和动态管理等制度。至当年11月，全市有入党积极分子22614人。新增入党积极分子中，工作、生产一线占71.5%，35岁以下占73.4%，高中以上文化占72%，女性占22.4%。同时，有针对性地加强入党积极分子教育。在农村，开展“爱党、信党、创造条件入党”活动;在企业开展“一帮一、一对红”活动；在各中学设立业余党校，定期组织中学生进行党的基本知识教育。乐安县公溪镇组建外出务工人员入党积极分子管理中心、管理站、联系点“三级培养网络”，并实行外出青年流入地和所在党支部双向鉴定，破解入党积极分子政审和培养难题；临川区开展“五个培养”活动，即：把优秀团员、优秀团干，“双学双比”“巾帼建功”活动中涌现出来的优秀妇女，岗位能手、技术标兵，学科带头人、行业能手和农村致富能手等5类对象培养成入党积极分子，全区入党积极分子与发展的新党员比例达到4.1∶1; 崇仁县工业园区通过“一帮一、一对红”结对，职工人数在30名以上的入园企业都培养了一定数量的入党积极分子。临川二中自创办业余党校以后，坚持对学生进行党课教育，培养了一批品学兼优的中学生入党积极分子。

2005年，在全市开展的保持共产党员先进性教育活动中，入党积极分子增至31680人，是2004年的1.4倍。各地结合“三培两带”活动和“千名优秀实用人才帮带创业”工程，在各类实用人才中发展党员2650人，占农村新发展党员的81.3%。随着外出青年的不断增多，发展外出人员入党成为党建工作的一项重要内容，各地通过建立完善委托培养、双向考察和入党积极分子外出联系等制度，在外出人员中发展党员560余人。同时，积极抓好发展新的社会阶层人士入党工作，当年共发展10名私营企业主入党。[21]2007年，综合各地发展党员的成功经验，市委组织部制定发展党员“三大机制”,一是发展党员“双推优”机制,围绕“最优秀青年在党内，最优秀党员是支书”的目标，变推荐优秀团员、优秀青年入党为推荐优秀青年入党、推荐优秀党员领航的“双推优”，把发展党员推荐制工作与“双推优”工作结合起来；二是建立农村发展党员工作预警机制，将两年以上未发展党员的村列为重点管理单位并限期整改，对连续两年以上未发展党员的村超过15%的乡镇，对乡镇党委书记进行通报批评，超过25%的，对乡镇党委书记予以诫勉。对两年未发展党员的村党支部取消评优资格，三年未发展党员的，对村党支部书记实行诫勉，四年未发展党员的进行组织调整；三是推行发展党员群众推荐机制，采取“党员标准群众提、入党苗子群众推、建党对象群众定、预备转正群众批”，开展农村发展党员推荐制试点。

2011年，抚州市建立高中返乡青年、农村致富能手、外出务工优秀青年“三类档案”，开展“培源壮苗”工程，将外出务工人员作为农村、社团发展党员的重点，建立优秀外出人员台账，把创业能力强、思想觉悟高、作用发挥好的人员列为重点培养对象。各基层党委利用外出人员集中返乡时机开展“三个一”活动，即：培养联系人与外出入党积极分子进行一次面谈，举办一期外出入党积极分子培训班，召开一个外出入党积极分子座谈会。同时，做好在农村、非公企业、进城务工人员和高校等各类优秀人才党员发展工作。截至2012年年底，全市发展研究生党员17人、大学本科学历党员492人、大学专科学历党员606人、中专学历党员380人；发展生产工作一线党员3321人，占发展总数73.4%。

2013年，抚州进一步提高入党积极分子质量，全市共发展党员3412人。2014年6月，中央办公厅印发的《中国共产党发展党员工作细则》，对入党积极分子的确定和培养教育，发展对象的确定和考察，预备党员的接收，预备党员的教育、考察和转正，发展党员工作的领导和纪律等进行了规范，并提出控制总量、优化结构、提高质量、发挥作用的总要求。根据这一要求，抚州市委组织部对入党积极分子进行总量控制，对入党志愿书进行编号，严格控制党员的发展数量。是年，全市发展党员2814人，党员总数为173750人。

1926—2014年部分年份抚州发展党员情况

表1-2　　单位：人

年份	发展新党员数	党员总数	年份	发展新党员数	党员总数	年份	发展新党员数	党员总数
1926	—	36	1961	1457	35384	1989	2482	113104
1927	—	674	1962	1410	36597	1990	2458	115134
1928.1	—	509	1963	346	37712	1991	3207	117600
1929.6	—	491	1964	198	39768	1992	3231	119662
1930	—	282	1965	1019	39746	1993	4034	122462
1931	—	460	1969	—	59572	1994	4179	125766
1932	—	2508	1970	—	72737	1995	4764	129494
1933	—	9653	1971	—	71635	1996	5070	132949
1934	—	1000	1972	—	77454	1997	5004	137189
1937.6	—	17	1973	—	81496	1998	4515	137630
1938	—	235	1974	—	82738	1999	4920	138330
1939	1	12	1975	1886	85815	2000	4459	138853
1940	—	3	1976	3135	90281	2001	3870	145889
1948	—	3	1977	—	93348	2003	1468	146037
1949	—	185	1978	—	96610	2004	4502	149135
1951	48	1251	1979	—	99848	2005	4678	152781
1952	2743	4049	1980	1583	102823	2006	—	152829
1953	—	5899	1981	463	104365	2007	4813	159148
1954	2177	8848	1982	1190	106067	2008	4900	163248
1955	—	17246	1983	1874	95107	2009	4983	165251
1956	—	21159	1984	1340	96816	2010	4524	167365
1957	—	21862	1985	4709	101230	2011	4101	169129
1958	—	25496	1986	4331	105655	2012	4705	171467
1959	5694	30185	1987	3380	108965	2013	3412	172544
1960	—	34655	1988	3158	111261	2014	2814	173750

说明：未标明月份的均指当年年底，“—”表示数据资料不详

（二）党员质量管理

中国共产党取得执政地位后，大批各阶层优秀分子积极向党组织靠拢，但是，一些投机分子也试图混入党内。为保证党员质量，1950年5月21日，中共中央发出《关于发展和巩固党的组织的指示》，要求各地严格审查和稳步发展，新解放区农村以组织和教育农民、发现与培养积极分子为主，发展党员工作待土地改革完成后再进行。江西属新解放区，为严把党员“入口”关，同年12月，江西省委开办第一期建党组织员训练班，并编印《党支部工作》发至县、区各级党组织。

新中国成立初期，抚州党员人数不多。至1951年年底，全区党员共1451人，其中大多数为老解放区南下干部。公开建党后，抚州发展党员步伐加快。1952年下半年，从参加全区建党训练班的3963名积极分子中发展党员2743人。[22]这批党员绝大多数为乡村主要干部、互助组长和生产模范，其中不少人经历三年的考验和锻炼。在发展党员过程中，也存在重成分、重历史、不重党性的偏向。为此，各县委对新党员进行集中训练，让党员懂得八项条件。1954年2月，江西省委下达《全省发展与巩固党的计划与指示》，抚州认真做好在农村合作社、三定等中心工作中涌现出的积极分子登记工作，审查政治历史、社会关系、思想品质、阶级成分，从8107名积极分子中挑选3237人分4期进行训练班学习。

1956年5月，抚州地委下发《关于1956年至1957年发展党、巩固党计划的指示》，要求各地坚持“积极慎重”的建党方针，做好建党规划。在党员质量管理上，提出严格入党手续，发展党员须由本人提出申请，支部大会讨论通过，上级党委审查批准。党委对建党对象的政治历史、政治觉悟、联系群众、工作表现等方面进行慎重审查。对政治历史较复杂的，党组织事前与党委五人小组和公安部门通气，函索或派专人调查了解。凡政治历史不清楚或政治觉悟不高的不予发展；对政治历史已有结论、经过党的系统教育、确已具备党员条件者及时发展；对政治历史尚未弄清楚的，经认真调查后提出意见，不马虎接受入党。对公私合营的资本家和地主、富农成分一律不接受入党。各地按照“县（市）委交办法、依靠支部发展”的思路，经过党的基本知识和党章的教育，通过政治、历史、思想、工作方面的严格审查，发展了一批在社会主义建设和政治运动中起重要作用的积极分子入党。临川县发展的182名党员中，高级社管委会、监委会正副主任19人、委员26人、会计5人、生产队长和记账员66人，乡村干部19人，其他人员47人。经过教育、考察，全区预备党员按期转正6542人，延长预备期179人，取消预备党员资格61人。

1957年，按照全省第四次组织工作会议提出的“除重点在老根据地老干部中发展新党员外，基本停止接受新党员”的要求，抚州制定《关于1957年巩固与发展党员的工作计划》，先后三次召开县市委组织部长会议，对各个时期巩固与发展党的工作进行研究布置，针对一些地方存在的“重发展、轻巩固”和“重数量、轻质量”的问题，严格审查入党积极分子的出身、社会关系和政治思想觉悟，保证新党员质量。同时，认真做好预备党员教育、考察和转正工作，除组织预备党员听党课和参加组织生活外，还采取召开座谈会、开办训练班、定期鉴定、支委和正式党员分工个别谈话等方式对预备党员进行教育和考察。至1957年6月，全区预备期满的2366人转为正式党员2000人，延长预备期304人，取消预备党员资格56人，退党6人。[23]

1959年，江西省委下达《关于1959年发展党员的计划和意见》，作出“确保新党员质量二十条”规定，对接收新党员提出更高、更严的标准，必须是干劲大，钻劲足，有高度革命热情和责任心，愿为共产主义事业奋斗终生的人。当年全区发展新党员5694人，其中女性1020人。办理党员转正手续时，都经过了1～2

年的培养，进行过党的基本知识教育和经历过政治历史的严格审查，并在“大跃进”中受到锻炼的先进分子。受“大跃进”盲目冒进的影响，部分地方发展党员存在追求数量、降低质量、拉人凑数的问题。为此，在1961年7月地委组织部下发的《关于一九六一年党的基层组织建设工作的意见》中，把建党工作重点放在预备党员的考察教育和转正上，除工交财贸、文教等少数党的基层组织薄弱的单位外，严格控制发展新党员。各级党组织结合生产和政治运动，有计划有重点地对农村、厂矿和企业中的不脱产党员进行审查登记，弄清党员的阶级成分、政治历史、重要的社会关系和现实表现，建立健全党员名册和档案管理制度。在预备党员考察方面，对历年未办理转正手续的预备党员进行清查，在考察其政治历史、阶级成分、社会关系和入党前后表现后，按照规定办理转正手续。当年，全区到期的预备党员7509人，其中按期转正4190人，占74%；延长预备期972人，占17.1%；取消预备党员资格507人，占8.9%。[24] 1962年，全区处理到期预备党员3366人，经过集中训练、个别教育、考察鉴定、政治审查后，按期转正2372人，占70.5%；延长预备期715人，占21.3%；取消预备党员资格279人，占8.2%。[25]

1965年10月，抚州地委组织部下发《关于发展党员的情况和今后意见》，要求接收新党员必须经过组织谈话，征求贫下中农或工人群众的意见，接受党的知识教育。抚州各级党组织接收新党员履行入党手续的过程包括：由入党对象填写入党申请书，向党组织详细交代本人成分、家庭出身和社会关系等，得到两名正式党员介绍，经过党支部大会通过和上一级党委批准。当年全区接收新党员1019人（女党员66人），全区党员增至39746人。1966年2月，江西省委下发《关于“三五”计划期间和1966年接收党员的意见》，计划在5年社会主义教育运动中发展党员52.5万人，其中1966年计划发展12万人。抚州地区虽按要求提出实施计划，“文化大革命”开始后，这一计划中止。1968年8月，根据全省组织工作会议精神，贯彻落实毛泽东整党建党纲领，各地举办整党建党学习班。专区革委会在地直机关开展“大学习、大检查、大整顿、大总结”，一部分符合条件的党员未能恢复组织生活或被开除党籍，而一些紧跟林彪、江青的打砸抢分子、投机分子和派性严重的人却通过“突击入党”和“火线入党”混入到党内。至1976年，全区共有党员90281人，较“文化大革命”前增加49494人。

中共十一届三中全会后，抚州将“巩固提高”作为全区党建工作的重要任务，发展党员工作继续遵循“积极慎重”方针，在防止和妥善处理突击入党问题的同时，重点发展科研、文教战线、党的力量薄弱的工农业生产第一线和“文化大革命”中一直表现很好、但因家庭出身和社会关系等问题未能入党的业务骨干入党。1979年，中共中央将《关于党内政治生活的若干准则（草案）》印发各省、市、自治区征求意见。同年4月，抚州根据江西省委通知精神，全区各级党委认真学习讨论《准则（草案）》，恢复、健全“三会一课”和民主生活会制度，开展创评先进党支部和优秀党员活动及“怎样做一个合格的共产党员”的讨论，为全面整党做好思想准备。针对一些党组织不坚持党员条件，盲目追求数量，甚至搞不正之风的问题，1980年9月，抚州地委组织部下发通知，要求各县市委、地直各单位和厂矿党委（党组）将接收党员的批准权暂收到县市委，并由县市委委托县市委组织部代行审批，县级以上机关、学校、厂矿、企事业等基层党委接收新党员、发展党员对象登记表和培养考察书面材料报上一级党委审查，同意后方可发展。1980年，根据上级有计划、有控制地发展党员的方针，全区发展新党员1583人，占党员总数的1.53%，对突击入党的29人做出处理。

1981年12月，中央组织部召开发展党员工作座谈会，会后印发《发展党员工作座谈会纪要》。按照要求，抚州地区各级党组织坚持从实际出发，有计划、有控制地发展新党员463人，其中有工程师、农机师、主治医师、讲师和各类专业技术人员、生产骨干132人，占28.5%，女党员66人，占14%。1982年4月，抚州地委组织部下发《关于1982年全区发展党员计划的报告》，针对党建工作中存在的思想组织作风上不纯问题、"文化大革命"后入党的新党员缺乏系统教育和严格组织生活锻炼问题、党员分布不够均衡和党员队伍构成不合理问题，计划发展党员2000人。当年实际发展新党员1190人，这批新党员大都是各条战线骨干，其中知识分子和各类专业技术人员221人，占19%，女党员164人，占13.6%。

1983年，按照中央组织部《发展党员工作座谈会纪要》和《关于加强在中年知识分子中发展党员的工作报告》，抚州各地重点在各行业生产第一线、中年知识分子、大学生、青年和妇女中发展党员。是年10月，江西省委下发通知，要求全省各级党组织做好参加整党的思想准备。抚州地区整党工作自1984年10月起，分两期进行，第一期在地委、行署和地直机关进行，第二期在县市、乡镇和厂矿、企业进行，整党工作于1987年1月基本结束。通过整党，党员质量有明显提高。结合整党，全区发展了一批新党员，党员政治素质、知识结构和年龄结构均有明显改善，知识分子"入党难"的问题基本得到解决。各地坚持标准，保证质量，从源头上把好入口关，凡是对党认识不清的不迁就发展，条件不具备的不勉强发展、手续不齐全的不急于发展，培养考察期不满一年的不草率发展，群众评议意见大的不马虎发展，支部大会意见分歧多的暂缓发展。在审批发展党员时，严把材料审阅关、考察谈话关和党委审批关，凡《建党对象考察登记表》《入党志愿书》、政审材料、本人自传等不全或手续不完备的，一律不予审批，没有进行考察谈话的不予讨论，党委成员没有2/3以上到会的不开会审批，争议较大的不急于批准。

1988年，按照中央提出的"坚持标准、保证质量、改善结构、慎重发展"十六字发展党员工作方针，抚州把发展党员质量放在第一位，注重吸收优秀知识分子、生产一线的工人、农民入党，加强边远山区、党的力量薄弱地方党员发展工作，建立《积极分子登记制度》《培养考察制度》《发展审批制度》《检查总结评议制度》，将《发展党员工作程序》展开图印发各农村基层党组织，发展党员检查评比情况及时通报。江西磷肥厂党委严把党员质量关，从57名重点培养对象中择优发展党员13名。预备党员在预备期，临川县由支部派专人培养，预备党员定期向培养人和支部汇报工作、思想情况，党小组每季度进行一次评议，支部半年进行初步考察，期满详细考察，考察情况、党小组意见及本人思想汇报作为是否按期转正的依据。

1989年，抚州各级党组织收紧发展党员口子，当年发展党员数量控制在党员总数的2%以内，重点培养、吸收生产一线的工人、农民、服务人员入党。在入党对象考察中，防止只看业务能力和社会声望，忽视政治立场的偏向。1990年，各地继续严把发展新党员质量关，注重对建党对象的培养考察，坚持入党前集中培训，安排建党对象系统学习党的基础理论、基本路线和基本知识。各县市坚持入党前组织员谈话制度，考察入党对象对党的认识和入党动机，灌输党的基本知识，把好政治质量关。当年，预备期满的党员2876人，转正2458人，占85.5%；延长预备期59人，占2.1%；取消预备党员资格35人，占1.2%；尚未讨论或审批324人，占11.3%。[26]同年8月，中央组织部印发《中国共产党发展党员工作细则（试行）》，全区各级党组织认真贯彻执行"十六字"方针，保证党员质量。东乡、宜黄、南丰、南城等县在发展党员工作中把好政治关，对发展对象在"文化大革命"期间有无打、砸、抢行为进行严格审查，对材料不齐全或不清楚的不发展入党，对培养考察期不满一年的不发展入党。地区直属机关党委在发展党员工作中实行"六个不批"：表格填写不符合要求的不批，没有申请书、自传及有关政审材料的不批，发展对象是团员而没有团组织推荐意见的不批，政审没有动乱期间及现实表现证明材料的不批，没有政审综合材料的不批，没有经过党校培训的不批。

1991年，抚州地委组织部调研时发现，随着省、地、县下派干部的增多，一些地方对下派干部入党要求不严，标准不高，把关偏松。随后，下发《关于下派干部入党问题的几点意见》，对下派之前是建党对象、下派后表现好的，在征求原单位党组织意见后在基层发展；对下派之前不是建党对象、锻炼时间短的，基层党委一般不吸收其入党。下派干部可以在基层列为建党对象，考察期满材料移交原单位党组织，由原单位党组织继续培养。随着实行农村家庭联产承包责任制后，农村青壮年进城务工经商人数逐年增多，农村党员年龄老化问题越来越突出。1992年，地委组织部下发《关于进一步加强农村发展党员工作的意见》，要求注重从生产一线工人、农民、知识分子中发展党员，注重从党的力量薄弱的村委会发展党员，注重从优秀共青团员中发展党员。当年，全区发展新党员3231人。

1993—1997年，抚州地委组织部每年制定下发一个《关于认真做好年度发展党员工作的意见》文件，各级党组织从实际出发制定发展新党员年度计划，明确工作重点，建立一支有足够数量和一定质量的入党积极分子队伍，注重在生产第一线的工人、农民和知识分子中发展党员，做好5年以上未发展党员的村党支部及企业党员空白班组的党员发展工作，吸收村委会干部及村民小组长和车间主任、班组长中的积极分子入党。同时，要求各级党组织加强入党前培养教育，组织学习党的十四大报告、新《党章》以及社会主义市场经济的理论。在1996年3月制定下发的《关于加强1996年度发展党员工作的意见》中，计划发展新党员5500名左右，要求重点抓好35岁以下青年、妇女、村委会主任、村民小组长、企业车间主任、班组长、学校学生和青年教师的入党工作，将村委会主任、团支部书记、妇代会主任、村小组长、企业车间主任、班组长等列为重点发展对象。经努力，是年新发展的党员中，企业、农村生产一线党员比例上升到70.3%，妇女党员上升到18.2%，35岁以下的党员上升到70.6%。

按照江西省委组织部要求，抚州地委组织部于1996年6月派出4个检查组，对全区11个县市进行为期半个月的专项检查和重点抽查。同年12月，按照发展党员工作懂政策、会指导、能把关的要求，在地委党校举办一期地直单位党办主任、支部组织委员培训班，并组织全区党务工作者学习《党章》和发展党员工作《细则》。根据1997年全国发展党员工作座谈会提出的"保证质量、均衡发展"要求，抚州地委组织部下发文件，要求各级党组织进一步完善积极分子培训、发展对象谈话、预备党员教育和发展党员检查等制度，严把党员"入口"关。1998年3月，下发《关于在全区开展发展党员质量年活动的实施意见》，确定32个重点管理单位，明确重点管理办法和整改措施。根据"均衡发展，适度增长"的原则，当年发展党员4500多人，其中农村、企业、生产一线的2784人，占61.7%；35岁以下的3363人，占74.5%；高中以上文化程度3631人，占80.4%；妇女党员985人，占21.8%。1999年，江西省委组织部下发《关于发展党员工作实行全面质量管理的意见》，要求在保证质量前提下做好发展党员工作。至2000年12月，全区有党员141771人。

2001年10月，抚州市委组织部转发《江西省发展党员公示办法（试行）》，对发展党员工作中的公示对象与内容、方式与实践、程序和步骤等内容作出明确规定。各地将重点继续放在发展生产一线工人、农民、优秀青年入党，尤其是非党员的村委会主任、团支部书记、妇代会主任、村小组长、致富能手，车间主任、班组长和生产、技术骨干、居委会负责人等，加大发展35岁以下优秀青年、妇女入党力度。各党支部在基层党委审批新党员前，将发展对象的基本情况、申请入党时间、列入考察时间、支部大会时间、培养人、介绍人姓名等情况张榜公布，接受党内外群众的监督。此后，全市普遍推行发展党员公示制、责任追究制和重点单位重点管理制，对发展党员进行全程质量管理。一些地方探索建立了发展党员群众全程监督机制，入党积极分子须进行民主推荐和民意测验，党委审批发展对象须进行入党动机和党的基本知识公开答辩，吸收新党员须进行公示。各县区按照新的规定，积极做好党员发展工作。2002年，资溪县对农村入党积极分子实行动态管理和末位淘汰；2003年，市广播电视局实行考察发展对象公开答辩制，组织党内外群众代表对发展对象现场提问、现场作答，考察其入党动机及掌握党的基本知识情况，市委组织部及时总结推广这一经验。

2004年7月，中央组织部提出"坚持党员标准、严格工作程序"要求，推进发展对象考察制度创新。为此，抚州市委组织部完善发展党员"六级责任追究制"，建立发展党员情况分析和预警通报制，对发展党员工作实行级级负责、层层把关。资溪县坚持每季度召开一次党建工作例会，对全县基层党建工作进行布置，对发展党员工作进行通报，设置党建工作预警牌，对全县572个党支部发展党员情况进行公示，做得好的支部挂红旗，做得差的支部挂黄牌并限期改正。崇仁县开展入党积极分子民主推荐试点，以党小组为单位，每5名以上党员、干部、群众代表联名推荐1～2名符合条件的入党积极分子后备人选，推荐人填写"入党积极分子推荐表"，推荐人选进行7天公示。公示结束后，支委会按4：1的比例确定入党积极分子后备人选，提高新党员的公认度。

2006年，抚州各级党组织在培养入党积极分子时坚持"四个优先"，即优先培养生产、工作一线优秀青年，高中文化程度以上优秀青年，35岁以下优秀青年、女青年。结合"三培两带"，各地普遍建立农村致富能手人才库，指派专人对有培养前途的优秀青年进行培养教育；金溪县合市镇通过"党群经济联合体"做好党员发展工作，并指定党员种养大户做好帮带工作。各级党组织还积极开展外出务工青年入党积极分子发展党员试点，乐安县建立由县级流动党员管理站、村级管理中心、流动党员党组织组成的外出入党积极分子培养体系，当年培养外出务工青年入党积极分子2046人，占入党积极分子总数的46%。东华理工学院实行的"跟导师制"，使新发展的研究生党员比例占到41%。[27]

2010年开始，抚州实行发展党员工作责任制，明确基层党组织书记为"第一责任人"，支部组织委员为"具体责任人"，培养联系人为"直接责任人"。各县区对发展党员情况实行县委组织部、基层党委、党支部"三级建档"和党委、党支部"两级管理"。黎川县对入党推荐人、培养联系人、入党联系人、谈话人的责任进行明确，对履职不到位的责任人或党组织，给予通报批评或党纪处分；介绍人和考察人没有如实汇报情况，造成发展党员工作失误的，追究介绍人和考察人的责任；接收的预备党员和预备党员转正不符合发展程序，追究支部书记的责任；党委审批把关不严、导致审批后出现问题的，追究党委书记责任，已发展的预备党员取消资格。2007—2011年，全市共发展党员23321人，全市党员总数169129人。

2013—2014年，抚州按照中央办公厅下发的《关于加强新形势下发展党员和党员管理工作的意见》，严格按照党章规定标准发展党员，突出先进性，着重看发展对象是否具有坚定的理想信念和良好的道德品行，是否自觉为党的纲领而努力奋斗，是否在生产、工作、学习和社会生活中起先锋模范作用，确保党员质量。

（三）党员结构优化

抚州解放至新中国成立初，党员以南下干部为主，主要分布在地、县市、区机关。1951年开始少量地发展党员。土地改革完成以后，逐步向手工业行业和农村地区发展党员。1952年下半年，全区各县委从3963名积极分子中发展党员2743人，其中女性党员326人，农村党员2081人，机关党员662人，互助组长、生产模范及乡村主要干部占绝大多数，不少党员经过3年以上考验与锻炼。[28]

抚州农村人口占绝大多数，解放初期，农村建党工作存在大量的空白点。抚州地委组织部在《1954年四、五、六三个月建党巩固与培养提拔干部工作指示》中，要求各级党委重点培养互助合作组中的骨干、主要干部、青年团员、基层民兵骨干入党，尤其注重培养优秀妇女入党，以改善党员队伍结构。同年1—9月，抚州各县、区委发展新党员2117人，其中在机关、企业、学校发展新党员378人。注重在财经企业做好党的发展工作，在4个50人以上的工厂发展新党员5人，在手工业和店员中个别发展新党员。[29]是年底，全区党员8848人，其中工业战线213人，农林水系统6013人，机关团体2532人。此后，全区继续加大农村地区发展党员工作力度，着重在互助合作组织发展具有社会主义觉悟的贫农和下中农。

1956年，国家对农业生产资料私有制的社会主义改造取得决定性胜利，抚州地区各乡镇普遍建立党总支，并在村级逐步建立党支部、党小组。5月4日，为适应农业合作化运动，抚州地委指示各地在1956—1957年期间积极发展一批新党员以扩大党的组织。随着对农业、手工业合作化和对资本主义工商业改造的基本完成，知识分子在社会主义建设中的作用日益凸显。但在1955年以前，抚州地区34名高级知识分子中没有一名党员，一般知识分子中党员也很少。到1955年年底，上述状况有所改观。通过发展知识分子入党，全区知识分子党员达76人，占知识分子总数的1.44%。根据省委组织部关于在知识分子中发展党员的规划，1956年全区发展知识分子党员234人（内有高级知识分子党员4人）。其间，各县市按照“积极慎重”的建党方针，重点发展工厂工程技术人员和重要部门技术人员，发展农村合作社骨干、劳模和务农的中、小学毕业生入党。在肃反斗争中，吸收机关、企业和学校的积极分子入党，注重发展高级知识分子和妇女入党。

土地革命战争时期，抚州超过半数地区成为革命根据地，老根据地群众为中国革命胜利做出巨大牺牲。1957年，抚州地区从政治上关怀老根据地人民，发展新党员525人，其中老苏区干部297人，知识分子35人，手工业社员66人。至1957年底，全区有党员21862人，其中：女党员1942人，占8.88%；25岁以下的4316人，占19.74%；26～45岁的16911人，占77.35%；46岁以上的635人，占2.9%。党员的分布，工业系统848人，占3.88%；交通邮电系统476人，占2.18%；农林水系统15431人，占70%；商业金融系统1329人，占6.08%；文教卫生系统385人，占1.76%；机关团体3048人，占13.94%；其他345人，占1.6%。

1958—1960年，受“大跃进”影响，发展党员不顾结构、盲目冒进。3年中，抚州发展党员14786人，其中，工业系统1676人，交通运输系统288人，农业系统11474人，商业系统334人，文教卫生系统417人，党政系统472人，其他125人。其间，虽然强调发展党员的重点是党组织薄弱的地区和单位，农村穷队、落后队社员和社办厂矿中的老工人、技术工人和大、中、小学优秀教师和医师，注意在老革命队伍和妇女中发展新党员，但实际并未完全按计划实施。1961年，随着国民经济的调整、巩固、充实、提高，党员发展趋于“严肃慎重”，重点抓预备党员转正工作，控制接收党员数量，有3名以上党员的生产队基本停止接受新党员，少数基层党组织薄弱的地区则有控制地个别发展。1961—1964年的4年间，累计发展党员3411人（农村党员2514人）。其中，1961年发展1457人，1962年1410人，1963年346人，1964年198人，逐年下降。发展的新党员主要是先进生产者、工作者或模范人物。1961年宜黄县发展的60名党员，各种标兵和先进工作者占75%。

党员发展工作的大起大落，影响了党员结构的优化。1965年10月20日，抚州地委在《关于发展党员情况和今后意见（1966—1970年）》中指出：近两年，党员数量呈负增长，有的生产大队、生产队没有发展一个党员，还有一批生产大队没有建立党支部。针对这一情况，抚州地委组织部规划在第三个五年计划期间接受一批新党员，要求规模较大的生产队至少应建立党小组，规模小的生产队也应有个别党员，条件好的可以建立党小组；工交企业较大的班组一般应建立党小组，较小的班组应该有党员，职工党员比例应达到20%～25%；有一定规模的独立核算商业企业应建立党支部，较大网点应有党员，条件好的可以建立党小组；在教科文卫系统、农林水气系统和各党政群机关，也要注意发展党员。发展党员的重点是生产一线、薄弱环节和缺乏新鲜血液的支部，农村主要在贫下中农中发展，城市主要在工人、营业员、技术员中发展。发展高级知识分子入党，必须解决世界观问题，否则不能接收。无论城市和农村，都要注意接收优秀知识青年、妇女入党。文件下发后，发展党员数量有所回升，当年发展新党员1019人，全区党员增至39746人，建立党支部3084个，党总支43个，党委302个。

1981年，抚州地委组织部坚持“积极慎重、控制发展”的原则，重点发展对“四化”建设有特殊贡献的优秀分子，把工作重点放在党员数量少的部门和地方，注意在工农业生产、科研第一线发展党员，吸收具备党员条件的先进生产者和教育、科研业务骨干入党，吸收青年、妇女中的优秀分子入党。是年，全区发展新党员463人，其中工程师、农机师、主治医师、讲师和各类专业人员、生产骨干占28.5%；女党员占14%。1982年，全区发展党员工作力度进一步加大，共发展新党员1190人，大都是各条战线的骨干。全区有35岁以下的党员26769人，占25.2%；高中以上的12364人，占11.7%；一线工人、农民80602人，占76%；文教卫生及专业技术人员5307人，占5%，党员结构进一步优化。

1983—1985年，中央组织部先后印发《关于大量吸收优秀知识分子入党的报告》《发展党员工作座谈会纪要》和《关于加强在中年知识分子中发展党员的工作报告》，对发展优秀知识分子入党提出新要求。按照中央组织部要求，抚州地区在继续抓好各行各业生产一线党员发展的同时，先后召开“在大、中专学生中发展党员工作座谈会”“在知识分子中发展党员工作座谈会”和“在知识分子中发展党员工作经验交流会”，加大发展优秀中年知识分子入党工作力度，注意在大学生、青年和妇女中发展党员，党员队伍知识结构有明显改善。3年中，全区发展新党员7923人，其中知识分子党员3486人，占44%；高中以上文化程度5702人，占71.97%；各类专业技术人员有2278名，占28.75%。[30] 1985年，抚州地委制定《大量吸收优秀知识分子入党六年设想》，发展知识分子入党工作力度进一步加大。1979—1985年，全区发展知识分子党员比例由1978年15.8%提高到42.1%，党员队伍中知识分子比例由1978年3.2%提高到6.9%，高中以上文化程度党员比例由7.2%提高到15.5%。[31]

1986—1989年，生产一线骨干继续列为党员发展的重点。同时，加大在党的力量薄弱、多年没有发展党员的单位发展党员工作力度。期间，全区发展新党员10869人。新发展的党员中，生产一线班组长以上骨干占80%，受过各种奖励的先进生产（工作）者和劳动模范占30%。1988年发展的新党员中，女性534人，占 16.9%；35 岁以下的 2107 人，占 66.7%；高中以上文化程度 1958 人，占 62%；专业技术人员 700 人，占 22.2%；生产一线工人、农民占 45.6%。20 世纪 80 年代后期，为防止资产阶级自由化思潮泛滥，各级党组织按照“严格党员标准、确保发展党员质量”的要求，发展党员数量宏观控制在党员总数的 2%以内。

1990—1992 年，抚州党员队伍结构进一步优化。按照中央组织部《关于加强在企业、农村生产一线发展党员工作的意见》，继续把生产一线工人、农民和知识分子作为党员发展工作的重点，并注重宏观指导。具体工作中，不断提高一线工人、农民和知识分子在入党积极分子队伍中的比例，制定发展党员计划时，要求基层支部一线人员占 70% 以上。各基层党组织在履行发展手续时，对上述要求重点审核，对达不到要求或重点不突出的先查明原因再审批。3 年中，全区共发展党员 8887 人，其中：生产一线工人、农民、服务人员 5113 人，占 57.53%；专业技术人员 1223 人，占 13.76%；大中专学生 166 人，占 1.87%。资溪、临川将发展生产一线工人、农民和知识分子入党工作列入目标管理。南丰加大对党的力量薄弱的村委会、企业班组发展党员工作力度，1992 年发展的 233 名新党员中，一线人员占 81.9%。

1991—1996 年，抚州地区认真实施《中国共产党发展党员工作细则（试行）》。6 年间，全区发展党员 24485 人，其中：女党员 4383 人，占 17.9%；35 岁以下的 16696 人，占 68.2%；高中以上文化程度的 16363 人，占 66.8%；企业、农村生产一线的 15432 人，占 63%。1993 年，加大 5 年以上未发展党员的村党支部及企业党员空白班组发展党员工作力度，注意吸收村委会干部及村民小组长和车间主任、班组长中的积极分子入党，并加强入党前的培养教育。是年上半年，共发展党员 1340 人，其中：生产一线工人 839 人，占 63%；35 岁以下 735 人，占 55%；高中、中专以上文化程度 769 人，占 57%；专业技术人员 160 人，占 12%；经团组织推优的 447 人，占 33%。全年共发展党员 4034 人，其中在企业、农村生产一线工作的 2422 人，占 50%。经委系统和东乡、临川、南城县发展一线工人、农民入党的比例均在 70% 以上。1999—2000 年，发展党员 9379 人，其中：生产一线 4918 人，高中以上文化程度 6179 人，35 岁以下 5920 人，女党员 1800 人。至 2000 年 12 月，全区党员总数 138853 人，其中女党员 18879 人，占 13.3%。

进入 21 世纪后，抚州农村党员队伍年龄偏大、村党支部“后继乏人”等问题日益突出。2001 年，市委组织部制定下发《关于进一步做好农村发展党员工作的意见》，重点发展农村一线优秀青年入党，发展有文化的农村青年、农村经济带头人、村委会干部、村民小组长、其他农村后备干部和妇女入党，要求小村每年发展 1 ~ 2 人，大村每年发展 2 ~ 3 人，并制定奖惩措施。当年，全区发展新党员 3870 人，其中农民党员 1653 人，全市无党员村小组由 2000 年 405 个降至 217 个，两年以上未发展党员村由 2000 年 190 个降至 98 个。2002—2003 年，各地继续做好在生产和科研一线人员中发展党员工作，培养、吸收优秀青年、妇女特别是青年农民入党，两年中发展党员 8702 人。2003 年 12 月底，全市有党员 149135 人，其中：35 岁以下 29528 人，占 19.8%；大中专以上学历 46884 人，占 31.4%；女党员 20254 人，占 13.6%。

2004 年，抚州注重发展各类优秀人才入党，把新经济、新社会组织及流动人员列为加强发展党员工作的重要领域，通过做好发展党员工作，不断巩固党的社会基础。各地加大党组织组建力度，扩大党组织覆盖面，对尚不具备条件建立党组织的，派出党建工作指导员、联络员，做好入党积极分子的培养教育和党员发展工作。是年 1—11 月，全市“两新”组织发展党员 680 人，比 2003 年增长 34.2%。同时，注重吸收其他社会阶层优秀分子入党，尤其注重发展农村实用人才、企业经营人才、专业技术人才入党，进一步优化党员队伍结构。为适应人才强市战略，抚州提出“三个70%以上”的要求，即农村新发展党员，实用人才应占70%以上；企业新发展党员，经营人才和技术骨干应占70%以上；学校、科研院所等单位新发展党员，高知识群体应占70%以上。是年，全市发展党员4502人，其中女党员1180人，占26.2%；35岁以下党员3500人，占77.7%；大、中专（高中）以上学历党员3539人，占78.6%；生产一线党员3378人，占75%。2005年，抚州实行“三优先”和“四倾斜”政策，推动在各类人才中发展党员工作，提出“四个一”和“四个70%以上”的目标。[32]是年，在各类实用人才中发展党员2650人，其中农村新发展党员2712人，81.3%是致富能手。针对外出务工青年不断增多的趋势，通过委托培养、双向考察和外出联系入党积极分子等办法，发展560余名外出人员入党，发展10名私营企业主入党。至2005年12月，全市党员152781人，其中在岗职工党员54499人，占35.7%；农牧渔民党员68070人，占44.6%；离退休党员16347人，占10.7%；其他党员11191人，占7.3%；新社会阶层党员892人，占0.6%。

根据《抚州市发展党员2006—2010年规划》，2006—2009年每年发展党员4800～5000人，2010—2014年每年发展4100～4700人。农民党员发展数量总体稳定，所占比例为57%左右。2009年，因统计口径变化，农民党员所占比例降至45.25%。此外，发展女党员占比14%左右，其中2008年占比21%。35岁以下党员的发展数量在21%左右；非公经济及新社会阶层党员发展数量逐年增加；离退休党员和学生党员发展数量增长较快。

1952—1997年部分年份抚州地区党员分布情况

表1–3　　单位：人

年份	工业	农林水	基本建设	交通邮电	城市公用事业	商业金融保险	文教体育卫生科研	党政机关和社会团体	其他	总计
1952	151	2429	—	—	—	—	—	1430	39	4049
1957	848	15431	—	476	—	1329	385	3048	345	21862
1964	5931	25270	—	837	41	1760	916	4068	945	39768
1976	14700	57886	—	1752	—	5007	2952	7511	473	90281
1978	14697	62311	592	2251	68	5310	3178	7690	513	96610
1984	14940	56853	1330	1941	163	6227	4216	10162	984	96816
1987	14149	59868	1679	2239	315	7923	7126	13975	1691	108965
1993	15067	61432	1914	2667	775	10327	8654	18935	2691	122462
1997	16179	65137	1952	3203	1345	10927	11713	23826	2907	137189

2007—2014年抚州市党员分布情况

表1–4　　单位：人

年份	公有制经济单位	非公有制经济单位	新的社会阶层	农牧渔民	学生	离退休人员	其他	合计
2007	51321	3017	1061	71407	1628	21899	8815	159148
2008	52245	2778	955	73009	1634	21949	10678	163248

续表：1–4

2009	52518	2813	973	74781	1730	22015	10421	165251
2010	52608	2829	1007	77139	2069	21314	10399	167365
2011	53750	2807	1027	78825	2059	20400	10261	169129
2012	53122	2808	1067	79429	1906	20879	12256	171467
2013	53360	3017	1161	80748	327	21149	15104	172544
2014	53992	3102	1267	80862	349	21266	12912	173750

1993—2014 年部分年份抚州党员年龄、学历结构情况

表 1–5　　单位：人

年份	全年党员总数			年龄						学历					
	总数	其中 女	其中 少数民族	25 岁以下	26 至 35 岁	36 至 45 岁	46 至 55 岁	56 至 60 岁	61 岁以上	大专以上	中专	高中	初中	小学	文盲
1993	122462	14169	184	3360	22597	33760	29617	15909	18219	10638	10867	17399	29499	48245	5814
1994	125766	14583	193	3470	23458	34507	29106	15743	19482	12004	11501	18779	30464	47611	5407
1995	129494	15328	25	3769	24492	36017	28319	16131	20766	13519	12385	20067	31529	47367	4627
1996	132949	16320	199	3902	25581	34418	30256	15717	23075	16363	12341	21033	32338	46921	3953
1997	137189	17032	207	4368	27650	34654	30633	15068	24816	19886	12813	21843	33543	45798	3306
1998	137630	17503	210	4304	26965	33878	31276	13941	27266	21262	12648	22284	33989	44472	2975
1999	138330	17625	212	4504	27315	33918	31376	13948	27269	21362	12998	22384	34009	44520	2977
2000	138853	17809	214	4604	27538	34008	31436	13998	27269	21462	13198	22534	34059	44543	2977
2007	159148	23055	374	32402		39744	33425	16920	36657	38527	16294	29108	75219		
2008	163248	23851	383	33613		40993	34265	17677	36700	40371	16872	29871	76134		
2009	165251	23939	387	34076		41120	34324	17736	37995	41570	17650	29465	76566		
2010	167365	24358	418	35153		41960	34784	17847	37621	43353	16330	32220	75462		
2011	169129	24778	398	36627		42555	34822	17982	37143	44170	16485	32880	75594		
2012	171467	26650	417	36732		39899	36028	18867	39941	46481	14427	32368	78191		
2013	172544	266223	348	35761		40498	35225	18961	42099	48354	14180	30978	79032		
2014	173750	27353	332	35960		40157	37130	18535	41968	51002	14111	30457	78180		

（四）组织员队伍建设

组织员制度源于 1945 年 5 月召开的党的七大。之后，解放区在区党委、地委、县委和区委设置一定数量的组织员，指导下一级党组织的发展党员工作，与发展对象进行谈话，参加政治审查，判断发展对象是否符合党员条件。在上级党委审批新党员时，组织员实事求是介绍每个发展对象的培养教育及考察审查情况。组织员的任职要求政治可靠，思想与作风纯正，业务能力上有经验。组织员制度的确立，使吸收新党员工作有了保障，为解放战争的胜利奠定了坚实的组织基础。

1951 年 3 月召开的全国第一次组织工作会议，充分肯定了设立组织员的重要作用。会议要求，党的组织部门应建立管理党员的机构，选拔与训练一批可靠的组织工作人员，提出按党员数配备党的工作人员的设想，要求“县委

以上各级党委组织部，应设立管理党员的机构、管理干部的机构、管理组织指导的机构、研究支部工作并指导直属党委工作的机构。并且在这些机构中安排足够的称职的工作人员。”组织员制度作为党组织建设的一项重要工作制度被正式确定下来。

1951年12月3日，江西省委组织部印发《关于加强组织员培养与考察积极分子的指示》，要求各地按照中央的规定，配齐组织员队伍。是时，抚州有建党工作经验的党员干部少，加上各级政权机构刚刚建立，社会尚不稳定，党员干部不敷使用。在整党与建党时，组织员配备不多，只有专职组织员6人，兼职组织员48人，且大多未经过训练，没有工作经验，政治理论水平不高，难以适应建党工作需要。1952年，抚州地委向江西省委报告中称，组织员的配备存在几点困难：一是新党员质量低，老党员又少，一时难以按照中央规定标准配备；二是受人员编制限制，现计划再培养一批新党员做组织员，在训练之后再做建党工作。

1952年全省第二次组织工作会议后，抚州配备专职组织员130人，兼职组织员270人。由于组织员的任务不够明确，大多数被抽调做其他工作，加上动员发展党组织不够，登记审查入党积极分子和挑选入党对象时不够认真负责，组织员在建党工作中的作用没有得到充分发挥。为顺利完成建党任务，地委要求，各县未经地委同意（除训练土改复查干部外），不得任意分配专职组织员做其他工作。兼职组织员要结合秋粮征收、土改复查等中心工作，挑选登记审查入党积极分子，挑选建党对象。登记审查入党积极分子由此成为兼职组织员的一项经常性业务工作。

1953年，中南局党委和江西省委联合发出关于1953年建党工作的指示。为完成建党任务，抚州地委再次扩大组织员队伍，全区共配备专职组织员175人（县级13人，区级75人，一般87人），专门负责入党积极分子的训练教育工作。同时，进一步明确兼职组织员的责任，采取措施提高组织员业务水平。组织员制度实行后，在党员教育和管理方面发挥了重要作用，但之后不久，这一制度被取消。1961年，中央组织部在《关于加强党员的教育管理工作的报告》中，向中央提出重新恢复组织员制度。就抚州地区而言，未找到恢复这一制度的史料。

“文化大革命”期间，抚州各级党组织普遍受到冲击并陷于瘫痪、半瘫痪状态，党员组织生活无法正常进行，党员教育和管理工作严重削弱，党员标准降低，各地大搞突击发展党员，一批打砸抢分子混入党内，党员发展工作失控。

中共十一届三中全会以后，围绕加强和改进党的建设采取一系列措施。1980年12月，中央组织部在全国发展党员工作座谈会上提出：“为了加强党的组织建设和思想建设，保证新党员的质量，各地要把组织员制度恢复起来。”1982年，中央组织部在《发展党员工作座谈会纪要》中重申：“为保证发展党员的质量，各地应把组织员制度恢复起来，挑选一批党性强，适宜做这方面工作的同志担任组织员。”江西省委办公厅、省委组织部于1982年4月26日下发《关于在地、市、县委配备组织员的通知》。5月28日，抚州地委组织部下发《关于在各县、市委配备组织员的通知》，要求临川县委、进贤县委各配备组织员10名，东乡、乐安、南城、南丰、崇仁、宜黄、黎川、金溪县委各配备组织员8名，资溪县委、抚州市委各配备组织员6名。地、县市委组织员的主要任务是了解和检查基层党组织贯彻执行党的路线、方针、政策，加强党的思想建设、组织建设和作风建设的情况，并及时向党委汇报；协助和指导基层党组织开展党员教育、发展党员、健全党的生活以及整顿基层党组织等党务工作。各县市委按要求在6月底配齐组织员，人员在县市国家行政编制总数中解决。在组织员的配备条件方面，要求党性强，具有初中以上文化程度，由相当于公社党委副书记一级的干部担任。组织员在县、市委组织部领导下开展工作。[33]通知下发后的两年内，抚州地、县市委并未成立组织员机构，也未配备人员。

1983年2月，中共中央《关于加强党员教育工作的通知》中再次强调各地要“恢复组织员制度”。同年12月，《中央组织部关于加强在大学生中发展党员工作的意见》，“高校建立组织员制度，可以从教职员的党员中选择一些适合做这项工作的同志做兼职组织员。”此后，各地编制和组织部门陆续下文恢复组织员制度，并对组织员的编制、职级、待遇作出明确规定。1985年，抚州地委作出决定，配备地委组织员10人。同时，要求各县市抓紧定编，配好配齐组织员，并加强对他们的培训，充分发挥他们的作用。[34]但是尚未成立相应机构。

1988年，江西召开全省组织工作会议、全省党建工作会议以及全省组织员工作座谈会均要求县以上党委成立组织员办公室。抚州地委下发《关于加强党员教育和党的基层组织建设的意见》，要求各县市委在5月中旬前成立组织员办公室。是年10月，抚州地委研究成立地委组织员办公室，为副县级单位，归口地委组织部管理。各县市委也陆续配备组织员，成立组织员办公室。全区共配备专职组织员54人，其中正科级6人，副科级48人。组织员队伍建立后，黎川等县建立组织员包片负责制和目标管理责任制，检查督促片上党建工作，协助党委抓好党员发展工作。

经过1984年和1987年两次县乡领导班子换届，抚州基层组织委员大多更换，新上任人员由于缺少正规的岗位培训，党建业务知识不熟悉，工作随意性较大，甚至出现工作差错。1989年2月28日—3月14日，抚州地委组织部举办全区基层党的组织建设工作骨干培训班，对各县市委组织员、直属机关党委组织委员，厂矿企业、高等院校以及地直单位党委组织科长（党办主任）共计306人进行培训，系统学习党的基础理论与党建业务知识。培训后，各县市委组织员办公室进一步规范党员发展工作程序，建立入党对象材料和手续集体会审制度、组织员找入党对象谈话制度，注重对入党对象的考察培训和政治觉悟、思想品质等方面表现的把关，把入党对象政治素质放在首位，防止和纠正只看业务能力和社会声望的偏向，对确保发展党员的质量起到积极作用。1990年8月下发的《中国共产党发展党员工作细则（试行）》，把组织员制度列入其中，为加强组织员队伍建设提供了政策依据。地委组织部将1200册《发展党员工作细则问答》发到各基层党组织，供组织部门干部、组织员、组织科长、组织委员和党支部书记学习；有些单位还举办党建工作骨干培训班，认真学习细则。县乡换届后，各地及时补充基层组织委员，全区新配组织员29人，地、县两级共配专职组织员60人。[35]

在1993年开始的党政机构改革中，部分工作机构撤并，但中央对组织员队伍建设一直没有放松。1994年1月，中央组织部就县（市、区）和国有大中型企业、普通高等学校中设置组织员有关问题下发通知：“在机构改革和党的机关参照实行《国家公务员暂行条例》工作中，各地要继续坚持和完善组织员制度，妥善解决好组织员设置方面的问题。”同时指出：“国有大中型企业党委和普通高等学校党委，可根据工作需要配置专职和兼职组织员。”抚州各地组织员工作机构虽未受影响，但组织员不能专司其职的问题一直存在。1996年，抚州地委在填报组织员配备情况时，对全区组织员队伍的配备情况进行专题调查。调查显示，全区设专职组织员工作机构19个，配备专职组织员89人，其中县（处）级组织员1人，科级组织员88人；地委组织部配有组织员12人，各县市委配有组织员69人，企业党委配有组织员3人，高校党委配有组织员2人，其他方面配有组织员3人；配有兼职组织员59人。[36]调查发现，组织员队伍存在的主要问题：一是组织员往往兼顾其他工作，很难专司其职；二是新手多，业务能力有待提高；三是组织员深入基层时间少，督促指导作用发挥不够。地委组织部提出，把组织员和其他组工干部分开，做到专职专用，将党性强、热心组织员工作的党员干部聘任为兼职组织员。南丰县将乡镇党群副书记聘为县委兼职组织员，履行县委组织员在发展党员和入党积极分子队伍建设中的职责。各地结合实际，加强组织员培训工作，对组织员实施目标管理，对表现突出的组织员予以重用。

2000 年 10 月，抚州地委组织员办公室更名为抚州市委组织员办公室。同时，明确组织员办公室为副县级机构。2004 年，中央办公厅印发《关于进一步做好新形势下发展党员工作的意见》，重申"地方党委应建立健全组织员工作机构，配齐配强组织员，保证专职专用。基层党委可从实际出发，设置、聘任一定数量的专、兼职组织员，逐步建立一支素质优良、精干高效、专兼职结合的组织员队伍。"2005 年 10 月，全市 7 个街道党工委共有组织委员 7 人，143 个社区共有组织委员 159 人。同年，东乡县安排基层党委组织员到县委组织部跟班，每期 2 人，时间 1~2 个月。

至 2014 年年底，抚州市委组织部配备有正、副处级组织员及正、副科级组织员。各县区按要求都成立有组织员办公室，一般按正、副科级配置，职能是专门从事发展党员、教育管理党员、协调和处理上下级党组织关系、指导下级党组织开展组织工作等。但是，大多数地方用组织员职位来解决组织部干部的职级待遇，组织员未能做到专职专用。

2004 年 10 月全市乡镇组织委员第一期培训班

【注　释】

[1] 录自江西省赣州市委党史办保存的油印稿复印件。

[2]《中央革命根据地史料选编》(上册)，江西人民出版社，1982 年，第 661~662 页。

[3]《中央革命根据地史料选编》(上册)，江西人民出版社，1982 年，第 535 页。

[4]《各区组织部长联席会议》，《苏区乐安中心县委斗争史》，亚洲出版社，1992 年，第 97 页。

[5][7]《苏区乐安中心县委斗争史》，亚洲出版社，1992 年版，第 105 页、第 16 页。

[6]《红色中华》第 80 期第 4 版。

[8]《中国共产党江西省广昌县组织史资料(1927-1987)》，新华出版社，1994 年，第 42 页。

[9]《中国共产党江西省资溪县组织史资料(1926-1987)》，南海出版公司，1990 年，第 53 页。

[10]《中国共产党江西省黎川县组织史资料(1929-1987)》，南海出版公司，1990 年，第 2 页。

[11]《中国共产党江西省金溪县组织史资料(1926-1987)》，南海出版公司，1990 年，第 27 页。

[12]《中国共产党江西省南城县组织史资料(1926-1987)》，南海出版公司，1990 年，第 11 页。

[13]《中国共产党江西省抚州地区组织史资料(1926-1987)》，中共党史出版社，1992 年，第 551 页。

[14]《党的组织状况——全省代表大会参考材料之四》，载《中央革命根据地史料选编》(上册)，江西人民出版社，1982 年，第 691 页。

[15][17]《中国共产党江西省崇仁县组织史资料(1926—1987)》，江西人民出版社，1991 年，第 23 页。

［16］《中国共产党江西省临川县组织史资料（1926—1987）》，南海出版公司，1990 年，第 33 页。

［18］1954 年 11 月 29 日，中共抚州地委《关于1954 年建党与巩固党初步工作总结报告（初稿）》。

［19］1958 年 3 月 2 日，中共抚州地委《关于 57年巩固与发展党工作总结》。

［20］1967 年 10 月 27 日，毛泽东在中共中央、中央文革小组《关于成立了革命委员会的单位恢复党的组织生活的指示》中批示："党组织应是无产阶级先进分子所组成，应能领导无产阶级和革命群众对于阶级敌人进行战斗的朝气蓬勃的先锋队组织。"这段话后被称作"五十字建党方针"。

［21］中共抚州地委组织部《2005 年基层组织建设总结》。

［22］［28］中共抚州地委组织部《关于五二年下半年建党工作总结》。

［23］1957 年 9 月 28 日《全区八个月来的组织工作情况与今后意见的报告》。

［24］中共抚州地委组织部《一九六一年工作总结》。

［25］中共抚州地委组织部《一九六二年组织工作总结》。

［26］［35］1991 年 3 月 20 日，《抚州地区一九九〇年发展党员情况汇报》。

［27］中共抚州地委组织部《关于保持共产党员先进性教育活动准备工作和入党积极分子建设年活动等四项工作的总结报告》。

［29］中共抚州地委组织部《关于九个月来建党与巩固党工作基本情况总结与四季度工作意见报告》。

［30］中共抚州地委组织部《关于一九八三年工作总结和一九八四年工作安排意见》。

［31］1986 年 1 月 24 日，中共抚州地委组织部《关于在知识分子中发展党员工作情况汇报》。

［32］"四个一"即：全市每个村每年发展一名以上农村实用人才入党；每个街道社区每年发展一名以上各类人才入党；每个企业党支部每年发展一名以上职工技能人才入党；每个中小学校、医院、科研院所等事业单位党支部每年发展一名中级以上职称人才入党。"四个 70% 以上"即：全市每年新发展农民党员中实用人才，城市街道社区每年新发展党员中各类人才，企业每年新发展党员中的技能人才，中小学校、医院、科研院所等事业单位每年新发展党员中具有中级以上职称的均要占 70% 以上。

［33］中共抚州地委组织部《关于在各县、市委配备组织员的通知》。

［34］抚州地委组织部《组织工作动态》（1985 年第 16 期）。

［36］中共抚州地委组织部《关于组织员队伍建设情况的报告》。

第二节 党员教育

一、教育规划

大革命时期，由于实行国共合作，共产党员以个人身份加入国民党组织，领导人民群众开展推翻封建军阀统治的工农运动。抚州中共组织对党员没有具体的教育计划，更没有教育规划。大革命失败后，在国民党的白色恐怖和镇压下，中共组织转入地下斗争，对党员采取的是个别教育，以树立革命必胜的信心。土地革命战争时期，抚州东南部地区建立大块的革命根据地，党的组织有很大发展，但抚州处于中央革命根据地的边缘区域，是国民党“围剿”和红军反“围剿”的交战区域，是第二、四、五次反“围剿”的主战场。战火纷飞的年代，苏区党组织的中心任务是扩红支前，巩固根据地，对党员的教育抓而不紧。1933年4月初，乐安中心县委召开各区组织部长联席会议，要求“由各区委首先订出计划，派人到支部召集全党大会，发动全体党员思想斗争，检阅过去的工作成绩和缺点，互相对个人检查执行充分的批评与斗争，对战争消极怠工分子应给予严厉打击。”[1]

解放初至20世纪80年代以前，抚州各级党组织结合各个时期党的中心任务，依托各级党校对广大党员进行教育，每个年度均有教育训练计划，但没有中长期的教育规划。1951年6月，江西省委下发《关于江西省1951年6月至1953年6月组织工作计划》，抚州地委按要求制订相应的工作计划，要求全区各级组织结合农村土地改革和城市民主改革，有计划、有步骤、有准备地开展党员教育工作，根据不同对象采取不同的教育方式。1956年社会主义改造完成后，各级党组织建立健全民主生活会和党课教育制度，有计划地对党员开展教育。“大跃进”运动中，各县、公社党校，支部业余政治、文化技术学校，对动员党员学习科学技术和文化知识发挥了重要作用。

1962年，中共中央批转中央组织部《关于加强对党员的教育管理工作的报告》下发后，抚州各级党委结合本地实际，制定教育训练党员的计划，对训练对象、内容、时间做出具体安排。通过党校和党员训练班训练大队支书、党员大队长、支委、小组长和生产队长。1964年全区开展机关学解放军、企业学大庆、农业学大寨活动，各地进一步健全学习制度，组建学习毛泽东著作小组，有计划地组织广大党员学习毛泽东著作。中共十一届三中全会后，党员教育逐步走上正轨，教育的计划性逐步增强。1982年11月，抚州地委下发《关于在全区党员中认真开展新党章教育的通知》，抓住春耕前农闲时间对农村党员进行轮训，其中机关、厂矿等单位党员要求在1983年上半年完成轮训。1983—1984年，全区开展新党章学习教育活动，计划轮训党员10万人；1985—1987年，计划在全区乡镇党校定期对党员进行培训，每年举办培训班2～5期，每期3～7天。

20世纪90年代始，党员教育规划工作逐渐规范。1992年9月，抚州地委组织部下发《关于对农村基层干部和党员进行实用技术培训的实施意见》，要求各级党组织从1992年起，用3年时间，有组织、有计划地对村干部和农村党员普遍进行一次实用技术培训。1995年10月又下发《关于抚州地区1995—2000年农村党员、基层干部实用技术和市场经济知识培训规划要点》，要求各级党组织在"九五"期间，对全区乡镇、村及乡镇企业50岁以下的党员和干部普遍进行实用技术和市场经济知识的培训，重点抓好乡镇、村和乡镇企业主要领导骨干的培训。1995年，抚州地委成立党员教育领导小组，制定《关于开展建设有中国特色社会主义理论和党章学习活动的三年规划（1995—1997）》，组织全区广大党员干部学习建设有中国特色的社会主义理论和党章，学习中共十四届四中、五中全会精神。

2009年，中央办公厅印发《2009—2013年全国党员教育培训工作规划》，抚州市委结合实际，于2010年8月5日印发《中共抚州市委办公室关于贯彻落实〈2009－2013年全国党员教育培训工作规划〉的实施意见》，要求在2013年年底前，对未纳入各级党委干部教育培训范围的广大基层党员普遍进行培训，并明确培训内容、培训时间和培训重点。2014年中央办公厅印发《2014－2018年全国党员教育培训工作规划》，江西省委组织部将《规划》转发至各县，要求各级组织部门从2014年开始，用5年时间，深入开展党的群众路线教育实践活动，切实加强经常性教育，对广大基层党员普遍进行教育培训，使广大党员理想信念进一步坚定，党性观念进一步增强，改革意识进一步强化，优良作风进一步发扬，履职服务能力进一步提高，先锋模范作用进一步发挥，不断增强党的生机活力。

二、内容与形式

抚州党组织对党员的教育主要是围绕党在各个时期的中心任务来开展。在未建立苏维埃政权之前，抚州党的组织处于秘密状态，集中式的教育训练难以做到，更多的是通过谈话、谈心等个别教育的方式进行，促进其提高阶级觉悟，增进对党的认识，增强斗争意识。

随着苏维埃政权的建立及中央革命根据地的形成，抚州党组织活动公开，党员教育逐步增多。但由于基层党组织"一般同志的政治水平都低，党的训练教育工作都缺乏，训练材料亦很少，并且文字的材料不能深入到群众中去，党的决议案通告等多只能达到区一级，每个支部中能识字的不过几人。"[2]"入党许久的同志有少数对党和群众组织，都还分不清楚的。"[3]至于党的理论教育更是难以深入，"一般党员对党的基本主张与重要策略的了解是很浅薄的。还有许多党员不认识党的阶级性，把党看成工农或穷人党，相信党的个人甚过于相信党的组织。"[4]这些问题引起党组织的注意，提出要"加强党的教育训练工作，凡党的重要决议、文件和每一次大的斗争所得到的一切经验和教训，必须传达到党员群众中，向每个党员作详细的报告和解释，引起同志发言来讨论。对党内不正确的思想倾向，应当开展同志式的思想斗争，使每个党员能得到正确的阶级认识。”[5]通过组织读报组、各种研究会、开办短期训练班等来提高党员的政治水平。对新党员采取分配适当的工作，使之在实际工作中得到锻炼。同时，以个别谈话或举办新党员训练班，使他们了解党的基本常识。

解放以后，抚州各地对党员的教育更加重视。1949 年 7 月，抚州地委成立之初即创办专区干部学校，各县市开设干部训练班训练党员干部。各级党组织采取召开党员大会、党支部会、党小组会对党员进行教育。教育的内容主要是结合民主建政，清除和批判形形色色的非无产阶级思想。20 世纪 50 年代初，结合农村土地改革和城市民主改革，组织党员干部学习《土地改革法》和《社会发展简史》，对有自修能力的党员，以个人自学为主。

1952 年，抚州地委组织部建立党员干部正规学习和考试制度，分初、中、高三个级别进行学习。初级组学习政治常识，以《政治常识读本》为基本教材，采取讲课、自学、讨论、解答疑难问题等方法，学习认识国家基本政策和共产主义基本原理；中级组学习理论常识，以《中国革命基本问题》为主要科目，采取自修为主，讲课为辅的方法；高级组主要自修马克思主义理论著作。要求机关坚持每周 6 小时学习，厂矿企业坚持每周 4 小时学习。1953 年学习《经济建设常识读本》《联共（布）党史简明教程》和毛泽东《关于农业合作化问题》《新民主主义论》。同年 10 月，江西省委组织部、宣传部联合发出《关于加强农村党支部教育工作的通知》，抚州在党员中通过单独或结合建社骨干训练班，经常性地开展以《党的基本知识》《支部工作》和党员八项条件为教材，进行党的基本知识、党员八项条件、农业合作化等教育。在此期间，全区开展整党整风运动，这是中国共产党成为执政党后首次进行的大规模的党内教育活动，着重解决党内思想不纯、组织不纯的问题，使党更加适应执掌国家政权、领导人民建设的需要。

1956 年，抚州通过建立健全民主生活会和党课教育制度，经常性地对党员进行党的方针政策（《全国农业发展纲要（草案）》、高级农业社示范章程、“勤俭办社”和“民主办社”等）、国内外时事、党的基本知识以及党的八大文件精神和党章的教育，开展党内批评和自我批评。其中，临川、黎川两县开办训练班训练农村党员。1957 年 5 月，抚州地委根据中央《关于整风运动的指示》精神，对全区各级基层党组织进行一次整顿。整风运动中，各基层党组织较普遍地健全支部党课教育和组织生活制度，比较系统地进行党的基本知识教育，经常性地对党员进行社会主义思想、时事政策和党章教育。各县市针对农村党员，开办一期以上的支部骨干或党员训练班。各级党组织除组织预备党员参加听党课和过组织生活外，还采取召开座谈会、开办训练班、定期鉴定、支委和正式党员分工个别谈话等方法对预备党员进行教育考察。1958 年，中央提出向科学技术和文化进军的号召后，全区实行县、公社办党校，支部建业余政治、文化技术学校，动员党员学习科学技术和文化知识。1959 年，在全区基层组织中开展以促进生产为中心的“三定五好”运动，训练支部骨干和党员。

1960 年，为加强党员教育管理工作，抚州各级党的组织运用“培、考、定、监、训、评”6 字经验，采取带徒弟的方法，指定专人负责培养，在实际工作中交政策、交任务、交办法，帮助解决党员工作中遇到的实际困难；结合各项政治运动，对党员在完成党的任务、贯彻党的政策、执行党的群众路线和发扬共产主义道德品质等 4 个方面进行考察；定期召开支委会、党员大会、小组会，开展批评和自我批评；定期召开公社党员、社员代表大会，开展党内外监督；普遍开办党校和红专学校，经常性地对党员进行党的基本知识、党员义务和权利、党的斗争史、党的路线方针政策的教育，组织党员学习毛泽东著作，用毛泽东思想武装头脑；定期在县与县、公社与公社、大队与大队之间开展以全面提高支部战斗作用，促进生产大发展为目的的支部工作评比竞赛。1961年，根据全省组织工作会议精神，加强党员的政策教育和思想政治教育。通过各级党校、党训班、党课日开展教育培训，对党员进行“三面红旗”（总路线、“大跃进”、人民公社）、《农村人民公社条例》的教育。以农业为主，开办农业和粮食教育、形势和任务教育、阶级政策和群众路线的教育、党的基本知识和党的艰苦奋斗的优良传统教育；以县党校、公社党校和支部开办夜党校为主阵地，采取农闲多办，农忙少办，组织多轮的灵活措施，分期分批地对支部骨干、预备党员进行轮训。

1962年，中央批转中央组织部《关于加强对党员的教育管理工作的报告》下发后，抚州各级党委结合本地实际，制定教育训练党员的计划，对训练对象、内容、时间作出具体安排。通过党校和党训班训练大队支书、党员大队长、支委、小组长和生产队长。1963年1月，省委召开全省第七次组织工作会议，决定在党员中开展一次以形势、政策、社会主义、爱国主义、阶级斗争和党员标准为内容的大规模、普遍深入的教育运动。抚州各级党组织以《怎么做一个好共产党员》为教材，采取多种方式，利用党校、党训班对党员进行教育。1964年，地委组织全区机关、企业党员干部学习解放军和大庆的政治工作经验，在农村中组织广大党员干部学习大寨自力更生、艰苦奋斗的革命精神。各地健全学习制度，建立学习毛泽东著作小组，组织广大党员学习毛泽东著作。

“文化大革命”初期，尤其是1967年2月后，在“踢开党委闹革命”的口号下，抚州各级党政领导机关受到冲击，党组织停止组织生活，正常的党员教育工作秩序遭破坏。直至1968年2月抚州地区革命委员会成立，全区各级党校才陆续恢复，通过开办毛泽东思想学习班，组织党员学习中共九大文件和毛泽东著作。党的十大召开后，地、县市组织宣讲员深入基层，举办各种学习班，宣讲十大文件精神。各机关、厂矿、农村、学校也都建立理论学习辅导队伍。由于灌输的是“左”倾错误理论，“左”倾错误在党员思想观念中进一步固化。1975年，按照江西省委要求，抚州开展党的基本路线教育试点，继续沿用无产阶级专政下的继续革命理论教育广大党员。此后开展“反击‘右倾’翻案风”斗争，大批“修正主义”路线。

中共十一届三中全会后，通过拨乱反正，抚州地委立足加强和改善党的领导，组织党员学习新的党纲党章、党的基本知识和党建基本理论。此后，党员教育重新走上正轨，大多数党支部恢复“三会一课”。为适应全党工作重点转移，抚州地委组织部抽调大批党员参加轮训，从思想上铲除“文化大革命”余毒。1979年3月，抚州地委召开常委（扩大）会议，传达贯彻党的十一届三中全会精神，开展“实践是检验真理的唯一标准”大讨论，进一步破除迷信，解放思想。1980年，江西省委讨论通过《关于加强党员教育，普遍轮训党员的意见》，抚州各地围绕学习《中国共产党章程（修改草案）》和《关于党内政治生活的若干准则》，对党员进行5～7天的培训。抚州地委下发通知，要求各县市和地直各单位把真理标准问题讨论的补课作为党员教育的中心内容。讨论中，组织党员学习党的十一届三中、四中全会和五届人大二次会议精神，学习叶剑英在庆祝建国三十周年大会上的讲话，深入批判两个“凡是”的错误观点，批判林彪、江青反革命集团的假社会主义、假革命理论。学习讨论中，坚持“不抓辫子、不戴帽子、不打板子”。针对农村党员，除县委党校轮训生产大队支部书记外，以公社为单位，开办1～2期党员训练班，每期5天。厂矿、机关、学校、科研和企事业单位，采取办业余党校、短训班和集中上课分散讨论等方法，提高党员干部的政治水平和业务能力，各级党委负责人和老同志纷纷登台给党员讲课。

1981年6月，抚州地委组织部印发《关于开展建党六十周年纪念活动有关问题的通知》，要求各级党组织把《关于建国以来党的若干历史问题的决议》和胡耀邦在中央纪念建党60周年大会上的报告等作为党员学习、党课教育和训练党员的主要内容，各级党委负责人带头上党课，作辅导报告，引导党员干部正确认识党的历史，正确评价毛泽东、毛泽东思想，在政治上同党中央保持一致。1982年11月，抚州召开地直单位党支部委员以上干部大会，传达贯彻全国、全省党员教育会议精神，下发《关于在全区党员中认真开展新党章教育的通知》，农村党员的轮训在秋耕前完成，机关、厂矿等单位党员的轮训在1983年上半年前完成。农村党员集中到公社训练5～7天(公社集中上党课，分支部讨论或分期训练)，地、县直属机关、厂矿等单位党员分期分批集中轮训，每期10天。

1983年2月，中共中央发出《关于加强党员教育工作的通知》,抚州通过举办党校轮训班、单位短训班、上党课等形式，组织党员学习新党章和《邓小平文选》。各县市委中心组组织党政领导干部学习，地区直属机关党委组织9次地直机关单位党员《邓小平文选》学习辅导讲座，为全面开展整党作好充分准备。同年12月，抚州地委批转《关于组织全区党员学习整党文件的安排意见》,各县市和地直各单位党委（党组）学习整党文件，地、县市党员干部学习时间不少于20天，公社不少于15天。抚州地委党校举办5期地直单位副科长以上党员干部学习班，各县市委党校集训县市属局、公社级干部；抚州地、县市委组织部还配合宣传部门采取培训骨干、交流经验、加强领导、定期检查等措施，指导基层搞好党员教育工作。南城、黎川、临川、崇仁等县采取小集中的形式，举办轮训班学习整党文件,有的坚持每周二、五学习日制度，组织公社、局级党员干部学习。1985年，各地相继办起167所乡镇党校，乡镇党校每年举办培训班2～5期,每期3～7天,轮训农村党员。

1986年，抚州各地“三会一课”制度坚持较好，有的以支部为单位上党课，有的以乡镇为单位集中划片组织党员学习。部分单位建立党员活动日制度、学习考核制度、党员工作目标责任制等，加强党员教育。南城县将全年党课教育内容编写成4个专题，分发各基层党组织；抚州富奇汽车厂党委开展向老山战斗英雄学习，组织本厂11名优秀党员向全厂职工作“讲理想、讲纪律、讲党性”报告，用身边的事教育身边的人；广昌县组成“贺桃祖、李林福等先进人物事迹报告团”到全县农村巡回报告。从1987年开始，地、县市委组织部将种养技术列为农村党员学习内容，请县、乡科技人员讲授科技知识，请专业户现身说法传授勤劳致富经验，组织党员到企业、田头、桔园现场参观学习，到兄弟乡、村上门取经。南丰县桥背乡党委结合本乡产业特点，开设科学技术课程，传授柑桔储藏保鲜、桔园管理、杂交水稻栽培等技术。

1988年，抚州党员教育突出党的基本路线教育、党性教育、廉政教育、形势教育，各级党校主阵地得到加强，党员电化教育日益成为新的手段，村党员活动室进一步发挥作用，党员教育逐步走向立体化、网络化。1989年，根据江西省委《关于加强党的建设的意见》《关于加强宣传、思想工作的意见》要求，各地普遍开展中国共产党在社会主义初级阶段的基本路线教育活动，对党员进行思想整顿。通过乡镇党校举办党员教育学习班，地、县市党政机关和企事业单位通过党员集中思想整顿，抓好党员领导干部的教育。在巩固完善地、县市、乡镇党校的同时，推广南城县建立党员活动室的经验，开辟一批村级党员教育阵地，企业业余党校也建立起来。

1990年，抚州地、县市、乡镇党校和企业业余党校等党员教育阵地建设得到加强，全区60%以上的村党支部建立党员活动室，其中，抚州市、南城县的村党员活动室实现全覆盖，各级党组织学党刊、用党刊活动广泛开展。当年3月，全区开展以“党员学雷锋、领导干部学焦裕禄”为主要内容的“双学”活动，各地党组织通过召开学习动员会、报告会，利用广播、电视、墙报、宣传车等宣传工具进行“双学”宣传，地委组织部与宣传、文化部门编排的大型话剧《焦裕禄》赴各县市巡回演出。建党70周年之际，抚州广大党员学习《江泽民在庆祝中国共产党成立七十周年大会上的讲话》，通过举办报告会、座谈会、演讲会、知识竞赛、考试和播放电教片、举办图片展等形式开展党员教育活动。各地先后组织党员观看《焦裕禄》《世纪行》和《中流砥柱》等革命历史题材的影片，对党员进行革命传统教育。东乡县委组织部为全县19个乡镇党委统一购置彩电、录放像机等电教设备，并购置14部党员电教录像片。

1993年7月，抚州地委组织部下发《关于认真学习贯彻江泽民同志“七一”座谈会讲话精神的通知》，7月19日，抚州地委召开动员大会（各县、市设分会场），地直各单位县以上领导干部和各县市副科以上领导干部共1万多人参加。各地通过知识竞赛等形式推动党员学习新《党章》及《讲话》，对党员进行党的基本知识和组织原则教育；组织党员观看电化教育片和反腐败专题片，对党员进行党性原则教育。1994年，中共十四届四中全会闭幕和《邓小平文选》第一、二卷出版后，农村、企业、机关基层党组织举办不同形式的党员培训班，掀起学习全会决定和中国特色社会主义理论热潮。农村党员实用技术培训再次引起重视，地、县市两级成立农村党员和基层干部实用技术培训学校，编纂下发一批培训教材。1995年，全区党员干部再次开展“双学”（学理论、学党章）活动，各地通过组织知识竞赛、报告会、演讲会、培训班培训党员，县、乡两级党校还举办无职党员培训班。“七一”期间，抚州电视台开办《公仆赞》电视专栏，展播党员电教专题片，一批全心全意为人民服务的公仆事迹经宣传后，在全区党员干部中引起较大反响。

1995—1997年，按照中央统一部署，抚州在全区党员干部中开展党的基本理论和基本路线教育，成立党员教育领导小组，制定党员教育三年规划，确定年度党员思想政治教育重点，经地、县市委党校集中培训的政治理论宣传骨干，下派到农村、机关、企业、厂矿、学校开展宣讲。1996年，围绕“双学”活动开展教育活动，重点学习邓小平理论、党的十四届六中全会精神、党章及党的思想作风建设理论、社会主义市场经济知识，组织学习江泽民总书记关于“三讲”的指示，利用报告会、演讲会、知识竞赛等多种形式开展学习活动，邀请江西省“三讲”先进典型报告团作专场报告。1997年，地委组织部以《机关党员培训教材》为重点，对行政事业单位机关党员进行集中培训，南城县则在农村党员中开展学一门致富技术、找一个致富项目、帮一户群众致富活动。

1998年6月，抚州召开全区学习邓小平理论工作会议，对深入学习邓小平理论进行安排部署。县市领导班子换届选举结束后，举办4期县级党员干部进修班，重点学习邓小平理论和党的十五大文件。各县市普遍加大培训力度，举办多期培训班，对科级干部进行培训。各地继续创办基层业余党校，加强对党员干部的培训。按照抚州地委要求，地委组织部会同有关部门创办地直机关业余党校，对地直单位科级干部进行理论培训，每期两个月，每周六上课，当年共举办3期。各县市和部分地直单位从实际出发，开办业余党校，对机关和企事业单位党员干部进行培训。同年，地委组织部开展以“从我做起，党员做社会的表率，党的领导干部做全党的表率”为主题的争做表率活动。在做好农村党员实用技术培训的同时，开展国有企业下岗职工党员转岗、转业培训，一批下岗职工党员实现再就业。

抚州针对一些地方少数党员参与修炼邪教“法轮功”的问题，一方面，做好参与修炼邪教“法轮功”党员的教育说服工作；另一方面，地委组织部、地委宣传部和地区纪委于1999年10月联合下发《关于进一步深化全区党员学理论学党章活动的意见》，全区再次开展党员“双学”活动。各地以《邓小平文选》和党的十五大报告、党章为基本教材，以基层党校为主阵地，加强对党员的马克思主义教育。党员“双学”分层次、分行业推进，农村党员的“双学”选择若干论述，分专题进行；企业党员的“双学”活动结合深化企业改革、建立现代企业制度展开。2000年，全市开展“三个代表”重要思想学习教育活动，既举办专题学习班，也组织知识竞赛等。2002年，结合学习江泽民总书记“七一”讲话和“5·31”讲话，推出一批学习和实践“三个代表”重要思想的先进典型，其中有受到江泽民总书记接见的全国劳模、南城县徐家乡五帝村党支部书记吴木根。党的十六大闭幕后，抚州市委派出宣讲团到11个县区宣讲十六大精神，县区组织千名干部下基层开展宣讲。同时，市委组织部发行《十六大报告》、新党章及辅导读物10万余册，在新闻媒体开辟学习十六大精神专题专栏，为广大党员提供党课教材和学习资料，利用党校、党员电化教育播放室和新闻媒体等宣传阵地，组织引导党员学理论、学党章，学专业知识和实用技术。

党员电化教育网络在全市得到逐渐普及。2005年，抚州建立党员电化教育网点3501个，普及率94.2%。随着党员电教科技下乡“百、千、万”工程的实施，党员电教与“三农”工作有机结合。各地以党员电教致富示范基地为依托，强化农村党员干部实用科技培训。2006年，各地广泛开展“党员下基层”活动，对党员干部进行业务知识、实用技术培训。乐安县在“送科技下乡”活动中，先后印发科技资料5万多份，举办农技培训班24期。金溪县借助移动通信资源，开通“农事信息通”手机短信平台和农事“110”等网络资源，为农村党员提供形式更灵活、内容更丰富、表现力更强的教育培训新模式。

从2007年开始，抚州党员教育管理更加精细化，学习对象分为有职在岗党员、下岗失业职工党员、流动党员、离退休干部职工党员和行动不便党员5个层次，实行个人自学、专家导学、领导讲学、集中议学、交流促学和测试考学，一些地方结合农村党员特点，下派党员学习辅导员，开展“万名党员干部下村上党课”活动，还通过编通俗教材、建学习对子、设党员学习中心户、建农村党员学习基地等方式，促进党员学习教育。各地建立党员教育联席会议制度，形成组织部门牵头、多部门齐抓共管的党员教育格局；建立基层党务干部定期轮训制度，党员教育师资队伍由党校教员、讲师团成员、领导干部、专家学者组成；建立一批各具特色的党员教育培训基地，包括以革命传统教育为主题的“红色”基地、以提高党员致富本领为目标的“绿色”基地、以点燃党员创业激情的“蓝色”基地。开通“抚州党建移动平台”，采取手机短信的方式，传播党的知识、报道党内活动、展示党员风采。

按照中央和江西省委统一部署，抚州从2009年3月至2010年3月，分第二、三批开展学习实践科学发展观活动。参加第三批学习实践活动的3038个基层党组织，采取集中培训学、专家辅导学、干部结对学、对照典型学、讨论交流学、错时补课学等方式开展学习。针对乡镇、街道在岗党员，以集中学习为主，自学为辅；对下岗失业职工党员，以自学为主，集中学习为辅；对流动党员，寄发学习资料“送学”；对学校、医院、非公有制企业等学习时间难统一的，采取“分班分组、适时辅学”；对年龄偏大、文化素质较低的农村党员，编写通俗易懂教材，选派一批党员学习辅导员、理论教员到各乡镇、村巡回宣讲。

2010年，抚州市委下发《关于推进学习型党组织建设的实施意见》，成立抚州市建设学习型党组织工作协调小组。各地创造了一些学习型党组织建设的新经验，如金溪县在党员干部中实施“书房行动”的做法，被列为江西省学习型党组织建设典型，《江西日报》、江西电视台、人民网、新华网等媒体相继进行报道。2011年，市委组织开展胡锦涛总书记“七一”讲话、十七届六中全会、江西省第十三次党代会和抚州市第三次党代会精神宣讲活动。市委中心组先后围绕加强和创新社会管理、领导干部如何与媒体打交道、十七届五中全会精神等专题组织5次集中学习。“七一”前夕，市委组织部联合市直有关单位，举办“移动杯”纪念中国共产党建党90周年党的知识竞赛活动，参与党员达10万人，参与组织竞赛的基层党组织1280个，18个单位进入团体决赛。同年11月，抚州市委出台《关于认真学习宣传贯彻党的十八大精神的通知》，要求各级党组织统一思想认识，深刻领会十八大的历史地位的重大意义，全面准确学习领会十八大精神。

2013—2014年，市委组织部以实现全员教育培训为目标，整合培训资源，依托党校平台、特色产业、自主选学，建立“学习课堂＋实践基地＋选学平台”的教育培训新体系，拓宽党员教育培训渠道，增强党员教育培训的灵活性、针对性、实用性和可操作性。随着互联网技术的全面普及，党员教育的内容更加广泛，教育的手段更加灵活，教育的方式更加多样。在各级党校继续发挥主阵地作用，“三会一课”制度继续坚持的前提下，各种党建网站、手机短信平台、QQ群、微信群建设不断加强，党员电化教育及农村党员干部现代远程教育手段更加先进，抚州传统媒体“两台一站”专栏继续发挥作用，抚州党员教育已经进入一个多元化、立体化的新时代。

三、培训与实施

1949年7月抚州地委成立之初，就创办抚州专区干部学校，各县市创办干部训练班，后在此基础上创办县委干部学校。1953年1月专区干部学校改名地委干部学校，1954年1月又改名地委党校。1955年以后各县市委干部学校也先后改名为党校。干部学校、党校作为培训基地，为党员教育尤其为提高党员干部的理论水平发挥了巨大作用。1950年，组织机关及农村干部学习《中华人民共和国土地改革法》《社会发展简史》，文化程度低的干部以上课、听启发报告、座谈讨论为主，对散处于区、乡的干部则利用每月3～4天到县里集中的机会组织学习，学习结束后布置下一阶段的学习任务，集中时进行检查。全年共培训各级干部4000余人（其中不少为党员干部）。1951年6月至1953年6月，各级党组织结合农村土地改革和城市民主改革，对党员开展普遍教育。

从1955年10月起，抚州专区直属机关创办初级业余政治学校，开展为期半年的哲学、政治经济学、联共（布）党史学习。1956年，通过民主生活会和党课教育制度，对全区党员干部进行经常性的党的方针政策以及中共八大文件精神和党章的教育。其中，临川、黎川两县开办训练班训练农村党员1678人。1957年，各级党委除在实际工作中培养提高支部骨干外，采取集训的办法进行教育提高，抚州地委党校先后培训基层组织主要领导骨干490人，各县市训练乡、社支部骨干2158人。1958年中央提出向科学技术和文化进军的号召后，抚州各地实行县、社办党校，支部建立业余政治、文化技术学校，动员党员学习科学技术和文化知识，有80%的文盲党员（5607人）摘掉文盲帽子。“大跃进”运动中，党员训练人数急剧增加。1959年全区训练支部骨干和党员10054人，但党员教育工作存在急躁、冒进、求多、求快、不讲质量等问题。

1960年，按照抚州地委组织部要求，各县市委成立领导干部读书小组，学习《政治经济学教科书》和毛泽东《论十大关系》等经济著作、言论。机关、乡村一般干部学习毛泽东经济著作、言论及中央有关文件，机关、厂矿、学校读书小组每周集中学习不少于两小时，公社、大队读书小组合理利用农闲进行学习。是年9月，《毛泽东选集》第四卷发行后，全区组织党员学习，并结合学习党内文件和《人民日报》《红旗》杂志有关文章，听取辅导报告，组织学习讨论。1961年，采取县党校、公社党校和支部开办夜党校，对党员进行“三面红旗”、农村人民公社条例的教育，以农闲多办、农忙少办、组织多轮的方法，对支部骨干、预备党员进行分期分批轮训。当年，全区训练党员15049人，占农村党员的71.5%。

1962年，根据中央《关于加强对党员的教育管理工作的报告》精神，抚州制定教育训练党员的计划，对训练对象、内容、时间作出具体安排。通过各级党校和党员训练班训练党员28588人，培训率78.1%，其中县市委党校开办64期，训练大队支书2200人，占98.17%，训练党员大队长2070人，占100%。区、公社训练班开办490期，训练支委、小组长和生产队长18284人，占78.5%。1963年1月，坚持正面教育为主，训练与讨论相结合，以形势、政策、社会主义、爱国主义、阶级斗争和共产党员标准为内容，以《怎么做一个好共产党员》为教材，开展大规模的、普遍深入的教育运动，训练党员24630人。1964年，全区党员干部学习解放军和大庆的政治工作经验，在农村，组织广大党员干部学习大寨自力更生、艰苦奋斗的革命精神，建立学习毛泽东著作小组1181个。[6] 1964年，抚州地委组织部结合冬季生产对党员进行教育训练，训练内容为“党员标准十项条件”和“做一个好共产党员”。全区8个县委党校、公社党委训练党员9827人。1965年，通过举办领导干部读书会、开办党员训练班、机关党员“学习日”、农村党支部学习制度，组织党员学习中央组织部、宣传部编印的《做一个好的共产党员》《党员标准十项条件》《二十三条》和毛泽东著作等。各县（镇）委党校训练党员干部1885人，参加党员训练班的党员19619人。全区组织党员干部学习小组4036个，参加学习的党员干部45408人。[7]

1965年抚州专区群众性学习毛泽东著作情况

表1–6　　　　单位：人

单位	学习小组数				参加学习人数					学习较好的	
	总数	其中			总人数	其中				单位数	人数
		干部	职工	农村社员		干部	职工	居民	农村社员		
临川县	2690	1405	242	1043	44116	14600	5864	950	22702	18	96
南城县	892	333		559	19721	3984	3348	150	12239	8	229
崇仁县	1572	550	220	802	27502	8012	2960	190	16340	11	17
乐安县	1319	391	115	897	19395	3042	1650	266	14437	45	69
南丰县	868	206		662	13270	2142	582	1695	8851	22	47
黎川县	1012	437	252	292	11792	3888	2482	620	4802	29	104
宜黄县	841	158	141	542	12146	3617	2130	382	6017	8	3
金溪县	846	197	101	548	14731	1592	1507	549	11083	11	4

续表：1–6

单位	学习小组数				参加学习人数					学习较好的	
	总数	其中			总人数	其中				单位数	人数
		干部	职工	农村社员		干部	职工	居民	农村社员		
资溪县	642	52	125	465	10902	734	2207	219	7742	7	9
抚州镇	270	77	122	71	6756	1313	3686	796	961	2	11
专直机关	452	230	209	0	6670	2484	3511	675	0	11	16
合　计	11404	4036	1527	5881	187001	45408	29927	6492	105174	172	6481

1968 年 2 月 16 日，抚州地区革命委员会成立后，各级党校陆续恢复，通过开办毛泽东思想学习班，组织党员学习中共九大、十大文件和毛泽东著作。为贯彻中共十大会议精神，全区共组建 700 多个宣传队，7800 多名宣讲员，举办各种学习班 9700 多期，参加学习的党员干部达 18 万余人次。其间，各机关、厂矿、农村、学校均建立一支理论学习辅导队伍。1975 年抽调 4863 人，分别在 399 个基层单位进行党的基本路线教育试点，继续沿用无产阶级专政下的继续革命理论教育广大党员。“文化大革命”期间，各地用学习《毛主席语录》代替学习马列著作、毛泽东著作，马克思主义基本原理被割裂。

1979 年，为适应工作重心转移，抚州各级党校共轮训各级党员干部 39242 人，参训率为 75%。其中，轮训大队、生产队党员干部 18714 人。学习内容为马列主义经济理论、斯大林《苏联社会主义经济问题》、毛泽东《论十大关系》、胡乔木《按照经济规律办事，加快实现四个现代化》等。与此同时，深入开展真理标准问题讨论，端正干部群众思想，打破“两个凡是”[8] 的束缚。1980—1982 年，抚州地委党校轮训党员干部 2165 人，县市委党校轮训党员干部 20579 人，公社办学习班轮训大队、生产队党员干部 84222 人。地直机关办干训班 478 期，轮训党员干部 28776 人。主要学习《关于再生产理论》《陈云同志文稿》和十一届六中全会《关于建国以来党的若干历史问题决议》。1982 年 11 月，全省党员教育工作会议后，抚州地委下发《关于在全区党员中认真开展新党章教育的通知》，各县市委和地直各单位分别召开公社党群书记、组织委员、宣传委员和直属单位负责人参加的党员教育工作会议，专题研究党员教育问题。至 1983 年 2 月底，全区轮训党员 57203 人，轮训率 54%。

1983—1984 年，抚州开展新党章教育，共轮训党员 9.9 万人，参训率 94%。地直单位连续举办县级党员干部学习《邓小平文选》读书班 3 期，每期 15 天，389 人参加，参训率 80%。1985—1987 年，各级党组织坚持轮训党员制度，1985 年相继兴办乡镇党校 167 所，乡镇党校每年举办培训班 2 ~ 5 期，每期 3 ~ 7 天。1986 年，《中共中央关于社会主义精神文明建设指导方针决议》成为党员干部学习内容，临川、宜黄、南丰、崇仁、黎川、乐安等 6 个县共举办学习班 960 期，轮训干部党员 57410 人。全区党员干部 1300 多人完成马克思主义哲学学习和统考，70% 人员取得较好成绩；1.7 万人参加《政治经济学》学习。1987 年，全区 206 个乡镇建立党校 193 所，培训党员 97218 人，占党员总数 89.2%，其中脱产训练 30975 人，占培训党员总数的 31.9%。

1988 年，中共十三大会议精神成为党员干部学习的重点，其中，副科级以上党员干部采取集中方式进行轮训，并分专题学习讨论。南丰、黎川、崇仁、临川、金溪等县先后举办乡、局级党员干部理论辅导员学习班53期，轮训理论辅导员2000余人。是年，各地开展生产力标准问题学习讨论，举办中层干部、理论辅导员学习班220期，培训学员1.5万多人次，先后聘请江西省委党校、江西省社会科学院专家为地直机关党员干部作专题辅导报告。抚州地委从地委讲师团、党校抽调理论教员组成巡回报告团，深入基层作辅导报告42场，听众3.5万人。1989年，坚持四项基本原则、反对资产阶级自由化成为党员教育的重点，同时开展艰苦奋斗教育和党的宗旨、党章、党纪教育。教育过程中，联系本地、本单位及党员个人实际，进行深刻反思，把正面教育同清理各种错误思想结合起来，提高广大党员辨别是非的能力。

1991年，抚州举办“社会主义初级阶段理论”学习班64期，轮训县级党员干部300多人、科级党员干部8442人。江泽民庆祝中国共产党成立七十周年大会上的讲话、党章和党史成为党员学习的主要内容，其中，县级党员干部教育由地委负责，科级党员干部教育由县市委、地区直属机关党委和县级以上党委（党组）负责，一般党员教育由各基层党组织负责，党员受教育面达95%以上。是年，各地组织座谈讨论及报告会14736场次，播放电教片和组织图片展览1191场次，开展知识竞赛和考试1510场次。[9]结合建党70周年纪念活动，抚州树立了一批基层党校典型，其中，黎川县日峰镇党校被评为全国先进基层党校，受到中央宣传部表彰。

邓小平视察南方谈话发表和十四大闭幕后，视察南方谈话及十四大会议精神成为抚州党员干部学习的主要内容，地、县市理论学习中心组共学习61次，参加学习1350人次。各县市先后举办各类培训班、研讨班121期，6000余人次参加，培训理论骨干1200多人。1994年，《邓小平文选》第三卷和十四届三中、四中全会精神成为全区各级党组织理论学习的中心内容，各地举办县、科级党员干部培训班44期，培训3200多人；各基层党校办班191期，轮训党员1.3万人。同时，结合学习《邓小平文选》，举办两期学习班，培训300多人。1995年，为促进《建设有中国特色社会主义理论纲要》的学习，建立全区理论学习音像辅导网络，并向基层提供音像辅导教材。抚州地委党校举办县级和乡镇主要领导干部读书班及其他各类培训班、进修班10期，培训3500余人；各县市党校举办培训班40多期，培训党员干部2000多人。1996年，全区围绕“双学”（学理论、学党章）活动举办各类报告会、演讲会1684场，举办党员培训班1760余期，培训党员11.7万人次，抚州组织的“双学”活动宣传获全省党员“双学”宣传板报专栏评比一等奖。8月，抚州地委组织部下发《关于对全区行政事业单位机关党员进行培训的通知》，将邓小平理论、十四届六中全会精神、党章及党的思想作风建设理论、社会主义市场经济知识列为行政事业单位机关党员学习的重点，先后举办理论培训班60多期，培训党员领导干部4000多人次，举办其他各类培训班983期，培训党员干部10.7万人次。

1997年，抚州党员教育注重分类指导，针对性进一步增强。其中，行政事业单位党员以《机关党员培训教材》为主要内容，企业党员以市场经济知识、企业管理知识和岗位技能知识培训为主要内容，农民党员以思想道德教育和农村实用技术培训为重点，注重提高带头致富的能力。各地播放党员电教片1000多场次，全区41个基层党委建立党校，90%以上行政村建有党员活动室，形成以地、县市委党校、乡镇党校、村党员活动室三级党员教育网络。1997年8月至1998年12月，抚州地委组织部、宣传部、地区纪委联合开展“争做表率”活动，既有党员“争做表率”事迹展览、表率人物演讲会、报告会、座谈会，也开办电视专栏、电台专题节目，出黑板报、宣传栏，党员教育形式多样。在农村基层，通过举办农村党员实用技术培训，不少农村党员掌握1～2门实用技术，获得农民技术员职称。国有企业改制后，抚州地、县两级组织215人进行转岗培训，对831人进行转业培训，帮助1780人实现再就业。

1999年下半年，抚州地区县级以上领导班子“三讲”教育活动全面启动，1208名地、县领导班子成员参加。2000年12月至2002年11月，全市乡镇、县区直部门和村级班子“三个代表”重要思想学习教育活动全面展开。2003年3—5月，抚州在市、县区、乡镇三级班子和党员干部中开展“两问三视四比”[10]教育活动，组织党员干部撰写心得体会，形成对照检查材料，落实整改措施。十六大闭幕后，市委下发《关于学习宣传贯彻党的十六大精神的意见》，派出宣讲团到各县区宣讲十六大会议精神，组织千名干部下基层开展宣讲。同时，利用党校、党员电化教育播放室和新闻媒体等宣传阵地，组织引导党员学理论、学党章，学专业知识和实用技术，举办各类党员学习班、培训班。2004年，抚州市委下发《关于在全市各级干部中开展争做“学习型干部”活动意见》及《实施方案》，全市党员干部3万余人参加理论考试。

2005年1月至2006年6月，抚州市保持共产党员先进性教育活动分三批进行，分别为县以上党政机关和部分企事业单位、城市基层和乡镇机关、农村和部分党政机关。活动使广大党员受到一次深刻的马克思主义教育。市委中心组就工业化、城市化、和谐社会建设、新农村建设等问题组织5次集中学习，“全市理论报告周暨理论骨干培训班”邀请专家学者作4场专题讲座，组织开展专家学者、创业政策和创业先进典型宣讲团赴各地巡回宣讲，全市近10万名党员干部群众参加报告会。按照中央和江西省委统一部署，2009年3月至2010年3月，全市分两批开展学习实践科学发展观活动，3038个基层党组织采取集中培训、专家辅导、干部结对、对照典型、讨论交流、错时补课等方式，举办十七届四中全会学习培训班3200多期，培训党员干部4万余人次。2010年，抚州开展学习型党组织建设活动，培训农村党组织书记3284人，培训新党员9750人，培训大学生村干部党员316人，党员创业就业技能培训53790人次。

2011年，胡锦涛总书记“七一”讲话、中共十七届六中全会、江西省第十三次党代会和抚州市第三次党代会精神成为当年党员干部教育的主要内容，抚州市委理论学习中心组围绕加强和创新社会管理、领导干部如何与媒体打交道、中共十七届五中全会精神等专题，组织5次集中学习。“七一”前夕，市委组织部联合市直有关单位，组织“移动杯”纪念中国共产党成立90周年党的知识竞赛活动。2014年2月下旬至9月底，按照中央和江西省委部署，在全市12个县区（含抚州高新技术产业园区）、123个市直单位和7386个基层党组织开展党的群众路线教育实践活动，全市16.5万名党员参加。[11]教育活动坚持领导带头示范、从严从实要求、贯彻整风精神、强化问题导向，广大党员干部受到一次深刻的思想政治洗礼，“四风”

抚州市首批农村党组织书记赴苏州市农干院培训

（形式主义、官僚主义、享乐主义和奢靡之风）问题得到有效整治，群众反映强烈的突出问题得到妥善解决，党风、政风和社会风气明显好转。

2012—2014 年，抚州市委大力开展村（社区）党组织书记培训工作，经常组织参训人员到外地经济发达的村、社区实地考察、现场培训，提高村（社区）党组织书记搞活集体经济、维护社会稳定的能力；将党员创业就业技能培训纳入新型农民科技培训工程、绿色证书培训工程、农村劳动力专业培训阳光工程、成人继续教育和再就业培训工程等。

企业员工听党课

抚州党员教育，一方面，在城镇化和工业化的过程中，城乡党员流动性加大，抚州新的经济组织和社会组织不断涌现，党支部“三会一课”等传统的党员教育手段相对弱化，党员电化教育及农村党员干部现代远程教育难以组织，一些农村基层党组织迫于收视率考核，“空放”现象较为严重。另一方面，按照上级部署，抚州各级党组织围绕党内重大学习教育活动，各级党员领导干部的教育培训不断加强，培训内容做到与时俱进。市委理论学习中心组每年举办 5 ~ 8 次大型学习报告会，围绕赶超发展主战略、建设幸福抚州，聘请国内知名专家、学者到抚州讲学，开阔党员干部视野，提升综合素质。此外，一些地方在流动党员集中的地方尝试设置异地党组织，组织外出党员开展学习教育活动，加大非公有制企业、“两新组织”党组织建设力度，党员教育的覆盖面进一步扩大。

四、党内重大学习教育活动

抚州解放后，各级党组织按照上级要求，连续开展整党整风和党内重大学习教育活动。一方面，对党员进行系统的马克思主义教育，统一党员思想，提高党的战斗力。另一方面，党组织依靠自身力量，通过批评与自我批评，总结历史经验教训，整顿党的思想、组织和作风，解决党内矛盾，保持党的先进性和纯洁性。

整党整风 新中国成立后，少数党员放松个人世界观的改造，党内出现各种不良的思想倾向。同时，由于对新党员来不及进行有计划的整顿和教育，造成组织上的不纯洁。针对上述情况，中共七届三中全会决定在全党进行一次思想教育运动，这就是 1950 年下半年在党内开展的整风运动和 1951—1953 年进行的整党运动。整风运动重点是面向各级领导干部，主要内容是提高干部和一般党员的思想政治水平，克服骄傲自满、以功臣自居的思想，克服官僚主义、命令主义的作风，密切党和人民群众的关系。整风的步骤：（1）对各级领导干部进行动员，明确整风的目的、意义和要求；（2）学习中央文件和指示；（3）各级干部总结工作，进行个人反省，检查工作作风方面存在的主要问题；（4）进行整风总结，制订改进措施与健全制度，巩固整风成果。通过整风，各级党员干部的思想政治觉悟有所提高。1951 年 2 月，中央决定，结合“三反”运动（反对贪污、反对浪费、反对官僚主义），用 3 年时间分两个阶段对党的基层组织进行一次有计划、有准备、有领导的普遍整顿。第一阶段是思想整顿，对党员进行普遍的党章、党纲教育和党员八项条件教育。第二阶段是组织整顿，进行党员审查和登记。根据要求，1951—1952年，抚州地委在地直机关开展“三反”运动，对党员干部进行检查和处理，符合标准者进行登记，成为合格党员，清除贪污蜕化分子。通过坦白、检举和斗争，揭露了一批贪污分子和官僚主义分子。这次整党整风是新中国成立后进行的第一次大规模的党内思想教育，党员干部的思想政策水平有显著提高，同人民群众的关系更加密切，骄傲自满情绪、官僚主义、强迫命令的作风得到较大改进，个别党员干部的贪污腐化行为得到有效遏制。同时，坚定了党员的共产主义信念，保证了党的队伍纯洁，为党领导人民克服困难、恢复国民经济作了思想和组织准备。

整风运动 中国共产党执政后，许多党员干部采取单纯命令的办法处理问题，党内脱离群众和脱离实际的官僚主义、宗派主义和主观主义滋长。1957年4月27日，中共中央发出《关于整风运动的指示》，整风运动以正确处理人民内部矛盾为主题，以反对官僚主义、宗派主义、主观主义为内容，要求既要严肃认真地开展批评与自我批评，又要和风细雨，达到“惩前毖后、治病救人”的目的。开门整风就是发动党外群众向党组织提出批评建议。5月8—9日，抚州地委召开全委会议，部署整风运动，采取大鸣大放、大字报、大争大辩等形式，组织党员干部学习毛泽东在最高国务会议和中央宣传工作会议上所作的两个报告。会后，各县和地直机关发动87万名群众参加全民整风运动，贴出大字报50多万张，向党组织提出批评和建议140多万条。整风中，中央认为，极少数反党反社会主义分子乘整风之机，向党和社会主义发起进攻，掀起一股反党、反社会主义的思潮。6月8日，党中央发出《关于组织力量准备反击右派分子进攻的指示》，《人民日报》发表《这是为什么？》的社论，全国陆续开展大规模的反右派斗争。9月，抚州地委部署县级机关反右派斗争和在农村开展社会主义大辩论。整风运动以克服党内的不良作风、提高领导水平为出发点，最终走上反右派斗争扩大化的道路，把大量人民内部矛盾当成敌我矛盾。抚州地区851名知识分子、爱国人士和党内外干部被划为右派分子，一批人被定为“中右分子”下放农场、林场或其他场所劳动。至1958年6月，整风和反右派斗争宣告结束。

社会主义教育运动 1962年8月至9月，中共中央召开八届十中全会，毛泽东发出“千万不要忘记阶级斗争”的号召。之后，“以阶级斗争为纲”的思想逐步渗透到社会各个领域。1963年，中央决定在城乡开展一次普遍的社会主义教育活动（简称社教），开始在农村开展“四清”，即清政治、清经济、清组织、清思想，城市开展“五反”，即发对分散主义、反对官僚主义、反对铺张浪费、反对贪污盗窃、反对投机倒把。1963年3月，按照中央的统一部署，江西省委下发《关于今冬明春开展社会主义教育运动问题的通知》，要求在全省范围内全面深入地进行一次以揭发、批判资本主义歪风邪气为主要内容的社会主义教育活动，活动时间为三年。1963年4月，抚州地委下发《关于坚决贯彻执行省委“关于在农村开展社会主义教育运动”的指示》，并成立抚州地委社会主义教育办公室。运动以中央《关于目前农村工作若干问题的规定（草案）》（即“前十条”）和《关于农村社会主义教育运动中一些具体政策的规定（草案）》（即“后十条”）为指导，全区农村由点到面，分期展开。由于受“千万不要忘记阶级斗争”的影响，运动在清理账目、清理仓库、清理财物、清理工分工作中，出现“左”的偏向。1964年4月，抚州地委成立“五反”运动领导小组，提出“运动的重点是治理党内走资本主义道路的当权派”，强调基层干部要“下楼”“洗澡”，扩大了阶级斗争的范围，一些基层党员干部受到误伤。1965年，抚州贯彻中央《农村社会主义教育运动目前提出的一些问题》(即“二十三条”),对“四清”运动中“左”的偏向进行纠正。

整党运动 1983年10月,中共十二届二中全会通过《中共中央关于整党的决定》,用3年时间分期分批对党的作风和党的组织进行一次全面整顿。同时强调,“做好这项工作的中心一环,是在党内普遍地深入地进行一次思想教育。”这次整党是中国共产党历史上第二次大规模的党内思想教育活动,整党的任务:统一思想,整顿作风,加强纪律,纯洁组织,既充分发动群众参与,又不搞群众运动。整党步骤分动员学习、对照检查、深入整改、组织处理和党员登记4个阶段。抚州地区从1984年10月开始分两期进行,先地委、行署和地直机关,后县市、乡镇和厂矿、企业,至1987年1月中旬基本结束。整党过程中,广大党员认真学习十一届三中全会以来的重要文件,彻底否定“文化大革命”,在提高认识的基础上,开展批评与自我批评,分清是非,纠正错误和新的不正之风。全区各级党组织100621人分5批参加整党运动,正式党员96133人中有95545人进行党员登记,379人缓期登记,136人不予登记,73人因各种原因暂未办理登记手续。各地开展清理“三种人”工作,对111名核查对象查清结案。

“三讲”教育活动 1998年11月21日,中央决定两年内集中时间在全国县级以上党政领导班子和领导干部中深入进行以“讲学习、讲政治、讲正气”为主题的党纪党风教育,着重解决党内存在的突出问题。此次教育活动采取自上而下、分期分批的方法进行,从高层干部开始,以自学为主,发动党员学习马克思主义、毛泽东思想和邓小平理论,结合实际开展批评与自我批评,发动群众对县以上领导干部提意见。领导班子学习教育的大体步骤和基本方法是:思想发动,学习提高;自我剖析,听取意见;交流思想,开展批评;认真整改,巩固成果。1999年10月,抚州在县级以上党政领导班子和领导干部中自上而下,分期分批开展“三讲”教育。教育对象包括地级四套班子、114个地直单位和11个县市领导班子,参加教育的领导干部1208人,其中地级干部27人,县级干部727人,科级干部454人。领导干部通过批评与自我批评,相互批评提出意见6186条,自我批评内容6336条。此次活动有近7万名干部群众参与配合,提出批评意见和建议29910条。经过梳理,大部分问题得到整改。

农村“三个代表”重要思想学习教育活动 2000年11月,中央决定用两年左右时间,在全国县市部门、乡镇、村领导班子和基层干部中,有计划、有步骤地开展“三个代表”重要思想学习教育活动。按照中央和江西省委部署,抚州市委于2000年12月下发《关于在全市农村开展“三个代表”重要思想学习教育活动的实施意见》,学习教育活动分两批进行,2000年12月至2001年11月在乡镇和各县区部门开展;2001年12月至2002年11月在村级班子和各县区部门驻乡镇单位开展。根据江西省委《关于印发〈选派三万名以上干部组成宣讲督查团(组)进村入户抓“三个代表”重要思想学习教育活动的工作方案〉的通知》,抚州市委于2001年2月下发《关于选派干部组成宣讲督查团(组)进村入户抓“三个代表”重要思想学习教育活动的通知》,从市、县、乡三级组织选派干部组成宣讲督查团(组),到乡进村入户开展学习教育活动。宣讲督查活动时间为两年,分三个阶段进行。2001年12月6日,抚州市委下发《关于在全市农村开展“三个代表”重要思想学习教育活动的实施方案》,在全市村级和乡镇站所开展学习教育活动,并于是年12月28日召开全市村级和乡镇站所“三个代表”重要思想学习教育工作会议,对学教活动进行动员部署。

“两问三视四比”教育活动 结合学习贯彻“三个代表”重要思想,从2003年3月开始,抚州市委决定用两个月时间,在市、县区、乡镇三级班子和广大干部中开展“去年我为抚州的发展做了什么？今年我为抚州发展打算怎么做？”的讨论活动，同时，开展“视事业重如山、视名利淡如水、视团结如生命，比境界、比眼界、比干劲、比贡献”的“两问三视四比”教育活动。市、县、乡三级党委成立“两问三视四比”教育活动领导小组及办公室，制定实施方案，编印学习资料，进行宣传动员。全市召开动员大会2140次，发放学习资料9万余册，11个县区、151个乡镇、218个市直单位（含中央、省驻抚州单位）、1070个县区直单位共9.3万多人参加活动，撰写心得体会6.87万篇，形成对照检查材料2万余份，落实整改措施8944条。活动中，全市收到建言献策7.7万余条，其中对市委、市政府的1438条。

保持共产党员先进性教育活动 2004年11月7日，中央印发《关于在全党开展以实践“三个代表”重要思想为主要内容的保持共产党员先进性教育活动的意见》，以达到“提高党员素质，加强基层组织，服务人民群众，促进各项工作”的目标。从2005年1月开始，抚州市用一年半左右的时间分三批在全市广大党员中开展以实践“三个代表”重要思想为主要内容的保持共产党员先进性教育活动。每个批次的教育活动均分学习培训、分析评议、整改提高三个阶段进行。第一批从2005年1月开始至2005年6月30日基本结束，主要在党政机关和部分企事业单位开展。参加的基层党组织共2159个，占总数的30. 53%；党员29770人，占总数的19.7%。共征求意见14万余条，其中班子集体2万多条，党员个人12万多条。全市提出整改项目3829个，完成的整改项目3798个。第二批学习教育活动从2005年7月开始至2005年12月基本结束，主要在城市基层和乡镇机关开展。参加的基层党组织共2903个，占全市总数的41.05%；党员50856人，占总数的33.7%。全市基层党组织共征求意见17万余条，提出整改项目4.6万个，完成整改项目4.4万个。第三批学习教育活动从2005年12月中旬开始至2006年6月30日基本结束，主要在农村和部分党政机关开展。参加的党组织共2010个，占全市党组织总数的28.42%；党员71371人，占全市党员总数的46.6%。采取下派党员辅导员、开展“万名党员干部下村上党课”活动、编写通俗教材、建立学习对子、设立党员学习中心户、建立农村党员学习基地等帮学措施。市委对征求到的24.3万余条意见和建议，建档登记，建立整改台账，明确整改目标、措施、责任人和时限，做到跟踪整改，逐件“销号”。共提出整改项目1.6万个，完成整改项目1.4万个。这次活动将突出问题是否解决、群众是否满意作为衡量成效的重要标准。

学习实践科学发展观活动 2008年9月开始，中央决定自上而下开展深入学习实践科学发展观活动。学习实践活动历时一年半，分三批进行，每批按学习调研、分析检查、整改落实三个阶段进行。县级以上领导班子和党员领导干部是学习教育的重点，动员全体党员参加，任务是增强党员干部贯彻落实科学发展观的自觉性和坚定性，解决一批影响和制约科学发展以及党性党风党纪方面的突出问题，实现“党员干部受教育、科学发展上水平、人民群众得实惠”的目标。抚州市属于第二批和第三批学习实践活动教育对象。第二批学习实践活动从2009年3月开始，到8月结束，活动涉及市县区党政机关，市县区人大、政协机关，法院、检察院和各人民团体机关，市直属企业、事业单位，高等院校、中等专业学校共1643个单位。第三批学习实践活动从2009年9月开始，到2010年2月结束。活动涉及乡镇、街道，村、社区，中小学校以及部分企业、社会团体、社会中介组织等。全市参加活动的单位共举办学习培训班7200多期，培训党员干部6万多人次，累计解决突出问题2.6万个，建立完善相关政策和长效机制6500余项，累计为群众办好事实事1.8万件。

“鼓士气、顺民心、树新风”主题教育活动 2011年，为贯彻落实胡锦涛总书记“七一”重要讲话精神和抚州市第三次党代会精神，深化创先争优活动，抚州市委制定《关于在全市党员干部中开展“鼓士气、顺民心、树新风”主题教育活动实施方案》，主题教育活动以建设幸福抚州为主题，以“送政策、送科技、送服务、送温暖”和“治懒、治散、治乱、治庸”为内容，提升全市各级党员干部的士气，转变工作作风，增进党群感情。通过活动的开展，改进干部作风，提升工作效能，优化发展环境，维护社会稳定，促使全市各级党组织和广大党员干部积极投身建设殷实、文明、和谐的幸福抚州的具体实践，全市1.6万名党员干部深入基层一线调查研究、收集民意、排查矛盾、解决问题，为民办好事实事9000多件。

党的群众路线教育实践活动 2013年4月19日，中共中央政治局召开会议，决定从2013年下半年开始，用一年左右时间，在全党自上而下分批开展党的群众路线教育实践活动。活动围绕保持党的先进性和纯洁性，以为民务实清廉为主要内容，以县处级以上领导机关、领导班子和领导干部为重点，加强党员马克思主义群众观点教育，把贯彻落实中央“八项规定”作为切入点，按照“照镜子、正衣冠、洗洗澡、治治病”的总要求，进一步突出作风建设，反对形式主义、官僚主义、享乐主义和奢靡之风，着力解决人民群众反映强烈的突出问题。抚州市属于第二批教育活动对象，教育实践活动从2014年2月下旬开始，至9月底结束。活动按学习教育、听取意见，查摆问题、开展批评，整改落实、建章立制三个环节进行。在抓好“规定动作”的同时，各地各单位做好“自选动作”，突出本地本单位特色。全市12个县区（含抚州高新技术产业园区）、123个市直单位和7688个基层党组织，173750名党员，扎实开展教育实践活动。教育活动中，坚持领导带头示范、从严从实要求、贯彻整风精神、强化问题导向，广大党员干部受到一次深刻的思想政治洗礼，“四风”问题得到有效整治，群众反映强烈的突出问题得到妥善解决，党风、政风和社会风气明显好转。

【注 释】

［1］《苏区乐安中心县委斗争史》，亚洲出版社，1992年，第96页。

［2］《中央苏维埃区域报告》（1931年9月3日），《中央革命根据地史料选编》（上册），江西人民出版社，1982年，第389页。

［3］［5］《乐宜崇三县第一次党代表大会——党的组织决议（草案）》（1933年7月22日），《苏区乐安中心县委斗争史》，亚洲出版社，1992年，第133页、第134~135页。

［4］《苏区党的第一次代表大会通过的决议案之二——党的建设问题决议案》，《中央革命根据地史料选编》（上册），江西人民出版社，1982年，第637页。

［6］中共抚州地委组织部《一九六四年工作总结》。

［7］1966年2月7日，中共抚州地委组织部《一九六五年工作总结》。

［8］“两个凡是”，即凡是毛主席做出的决策，我们都坚决维护；凡是毛主席的指示，我们都始终不渝地遵循。

［9］中共抚州地委组织部《抚州地区一九九一年度发展党员、民主评议党员工作情况汇报》。

［10］“两问三视四比”，即在党员干部中讨论“去年我为抚州的发展做了什么？今年我为抚州发展打算怎么做？”，开展“视事业重如山、视名利淡如水、视团结如生命，比境界、比眼界、比干劲、比贡献”活动。

［11］2014年2月6日，王新有《在全市组织部长会议上的讲话》。

第三节　党员管理

党员管理是党组织按照党章和党内有关规定，通过一定的方式和手段，促使党员履行义务、行使权利的一系列活动。具体工作包括：根据党员数量、分布和流动情况，建立党的组织；对党员进行教育、审查和鉴定；严格党员组织生活，加强监督和整顿纪律；发挥党员先锋模范作用，表彰优秀党员，清除党内腐败分子，严肃处置不合格党员等。党员管理的成功实践大多以制度的形式固定下来，在新形势下不断坚持和完善这些制度，由此构成新时期党员管理的主要内容。

一、管理体制

党籍管理　党章规定，党员不论职务高低，都必须编入党的一个支部、小组或其他特定的党组织，参加党的组织生活，接受党内外群众监督。党的组织关系包括正式组织关系和临时组织关系。转移和接收党员组织关系主要有组织关系介绍信、党员证明信和“流动党员活动证”三种凭证。党籍是党员的资格，凡自动退党、被劝退出党、自行脱党、党员重新登记时未予登记，或受到开除党籍处分以及被取消预备党员资格的，就将失去党籍。

组织关系是党员政治身份的证明，是党籍管理的重要内容。因工作岗位变动且地点固定，时间6个月以上的，由调出单位基层党委或上级党委组织部开具加盖公章和骑缝章的介绍信。转出时间不到6个月的，则开具党员证明信。新中国成立后，因调动工作、参军、招工、入学等原因接转党员组织关系，成为组织工作的一项经常性内容。早期，抚州少数地方在接转组织关系时存在“不按组织原则办事、字迹潦草、写错姓名、私章代替公章、回执退回不够及时”等情况，抚州地委组织部要求各级党组织严格执行组织程序和手续，固定工作人员，及时校对回执。

“文化大革命”中，抚州地、县市委组织部被撤销，党员组织关系和党籍管理比较混乱。“文化大革命”结束后，中央重视党员组织关系和党籍管理。

针对流动党员逐步增多的实际，1995年5月18日，抚州地委组织部下发《关于试行〈流动党员活动证〉制度的通知》，对跨省、市、县、乡短期外出或长期外出、暂时无法转移组织关系的党员，发放“流动党员活动证”，“流动党员活动证”由基层党委加盖印章后登记发放。2005年，抚州开展“组织找党员、党员找组织”（简称“双找”）活动，找到与党组织失去联系的党员685人。[1]自2007年11月始，抚州在市、县、乡的集中办事大厅（便民服务窗口）相继设立党员服务中心、党员服务站，通过开设“党员服务窗口”，方便党员接转组织关系。

“三会一课”制度 “三会一课”即支部党员大会、党支部委员会、党小组会、党课。早在苏区时期，抚州域内各革命根据地按照中共赣西南特委颁布的支部工作条例，对“有三个以上同志即可成立支部”“支部在十人以上就要分小组”，支部成立支部委员会。按照规定，支委会每7天开会一次，小组会每5天开会一次，支部党员大会每半个月开会一次，支部会议“多讨论支部本身工作和实际工作以及工作方法，每次会议均须讨论中心问题”。但由于紧张的军事斗争环境，制度坚持得不好。

1956年，抚州地委组织部将党员管理列为党的建设的重要内容，通过定期召开支书支委联席会，加强支部集体领导，开办农村支部骨干训练班，坚持经常上党课等方式教育党员。20世纪80年代，抚州地区通过整党纯洁党的组织，普遍建立“三会一课”制度。各级党组织每半月召开一次党小组会，每月召开一次支部会，每季度召开一次民主生活会和上一次党课，对党员进行马克思主义基本理论和党的基本知识教育、党的路线“两个基本点”教育、全心全意为人民服务的宗旨教育。部分党组织还建立“党员活动日制度”（根据生产情况固定党员活动时间）、“学习考核制度”（分阶段进行学习考试，把考试成绩作为评先的一个条件）、“党员工作目标责任制”等。全区大部分党组织坚持每季度上一次党课，对“三会一课”制度坚持得不好的，地（市）、县（区）组织部门抽调人员进行检查，列入重点管理单位，并限时改正。

组织生活会制度 组织生活会制度是党支部、党小组以交流思想、总结经验教训、开展批评与自我批评为中心内容的组织活动制度。1950—1965年，抚州域内各级党组织在整党整风、审干、政治运动、半年或年终工作总结中，基本做到每季度或半年召开一次组织生活会，检查本支部党员在贯彻党的路线方针政策和上级党委的决议，贯彻民主集中制原则以及思想、工作、学习、生活等方面情况。“文化大革命”结束后，党委民主生活会、支部组织生活制度得到恢复和健全。历次主题教育活动及民主评议党员，都是在开好民主生活会和组织生活会的基础上进行的。针对少数单位民主生活会制度坚持不好，或不敢对上级提意见、说真话，民主生活会质量不高、流于形式等问题，地、县市组织部门与纪检机关联合下发《关于开好县级党委（党组）民主生活会的意见》《县级党委（党组）民主生活会规范和程序》，并派员参加。在历次主题教育活动中，督导组全程参加单位民主生活会，对民主生活会的开法、程序及效果进行督促，促进了民主生活会质量的提高。

民主评议党员制度 1988年开始，抚州各级党组织在党员中开展民主评议。民主评议党员包括学习教育、自我评价、召开支部大会进行评议（个人自评、党员互评、民主测评）、组织考察、表彰处理等程序，这项制度一直坚持到2004年。2005—2013年，多数党组织民主评议党员制度坚持得不够好，评议工作时断时续，对评出的不合格党员处理偏软。2014年党的群众路线教育实践活动中，各地召开党员组织生活会，对党员进行严肃认真的评议，重新恢复了民主评议党员的好做法。

党员党性定期分析制度 根据中央规定，县级以上党委每5年集中开展一次党员党性分析活动。党员对照党章规定、新时期保持共产党员先进性和纯洁性的基本要求，党组织提出的具体要求，从思想、学习、工作、纪律和作风等方面查找问题，从世界观、人生观、价值观上分析原因，切实搞好整改。抚州党员党性定期分析结合主题教育进行，经思想发动、征求群众意见、开展谈心交心和撰写党性分析材料后，召开专题组织生活会，组织党员逐一进行分析评议。党支部根据党员的一贯表现、征求到的意见和专题组织生活会的评议情况，对每名党员提出综合评议意见，督促党员整改，并采取适当方式向党员、群众通报有关情况。

党员思想和工作定期汇报制度 党员定期向党组织汇报思想和工作，以得到党组织和其他党员的帮助，是党员接受党组织教育和监督的一种有效方式。新中国成立以后，党员通过党的组织生活会、开展谈心活动，较好地落实党员思想和工作汇报制度。

党费收缴管理制度 按照党章规定向党组织交纳党费，是党员的应尽义务。中央组织部根据不同时期经济发展水平和党员收入水平，提出党费收缴的具体标准，各地按照中央组织部制定的党费收缴标准核定党费基数，党员按时交纳，少数因外出等特殊原因，委托亲属、其他党员代为交纳或补交党费。各地针对流动党员交纳党费基数不好确定，制定出管理制度。

除上述管理制度外，新中国成立后，抚州各级党组织通过树立标杆，开展创先评优、创先争优、争创红旗单位等活动，以“七一”为节点，每年定期评选表彰，并从受表彰的优秀党员、优秀党务工作者中选拔业绩突出，事迹感人者到各地巡回讲演，激励党员奋发进取，建功立业。针对农村无职党员普遍存在的“无权管事、不会理事、无法办事”问题，从2003年开始，采取党员自愿申报与民主推荐相结合的方式，在全市农村推行无职党员设岗定责。取得经验后，于2007年向机关、社区、企业、社团等领域全面延伸，走出一条无职党员想干事有机会、想出力有载体、想工作有平台、想管事有名份的新路子。党员关怀帮扶机制也积极跟进，通过慰问走访，制定帮扶措施，地方财政安排专项资金建立帮扶基金，为农村离任老干部、老党员、老劳模及企业下岗职工困难党员、离退休干部困难党员和城市失业无业困难党员等实行生活困难补助，建立补助增长机制，党员的荣誉感、归属感进一步增强。

二、组织生活

经常性地组织党员参加党组织生活，是强化对党员教育管理的具体体现，党支部“三会一课”、民主生活会及“党日”活动，是党员组织生活的主要内容。1951年，按照全省组织工作会议提出的要求，抚州各级党组织普遍建立党员组织生活制度，部分党组织还建立党课制度。教育内容以党员的八条标准为主，并加入党纲党章以及刘少奇修改党章的报告。

1960年，根据全省组织工作会议精神，抚州进一步加强对党员的教育管理，党员组织生活日益制度化，党内民主风气浓厚，批评和自我批评广泛开展，各种不良思想倾向得到及时揭发和批判。同时，加强群众监督，通过社员民主生活会、社员代表会、群众来信来访等形式，广泛听取群众对党员的批评意见，并定期进行研究处理。1961年，抚州以县或公社为单位，建立“党日”制度，统一“党日”时间，各党支部固定党课教员，定期上课及组织讨论、进行测验，每月至少上一次党课、过一次组织生活。在党的会议上，每个党员以“三大纪律、八项注意”为内容开展批评与自我批评。

1962年，抚州各级党组织通过党委会、党委扩大会、党员大会等形式，开展批评与自我批评，对几年来的工作进行检查，并改选新的党委。各地定期召开支部大会、党小组会，让党员养成过组织生活的习惯。公社、大队的党员领导干部带头参加组织生活，虚心听取党员群众的批评，接受群众的监督。1964 年，开展党组织执行民主生活会制度情况检查，全区 8 个县委共召开民主生活会议 35 次，[2]其中大部分党组织能够认真总结工作，开展批评与自我批评，检查缺点和错误，加强对每个党员的监督。

“文化大革命”初期，抚州党的基层组织瘫痪，党员组织生活停止。中共九大以后，党的基层组织逐步恢复，党员组织生活主要以学习毛泽东著作和毛泽东关于无产阶级专政下继续革命的理论、中共九大、十大文件、“两报一刊”（《人民日报》《解放军报》《红旗杂志》）以及元旦和“七一”社论。

1980 年 2 月，《关于党内政治生活的若干准则》出台后，《准则》成为党员教育的基本教材。1981 年 1 月，抚州地委下发《关于健全党内民主生活的意见》，规定各县市党委常委每季度单独开展一次民主生活会，并向地委上报专题报告，会议记录本报送地委组织部（这一做法后来成为一项制度长期坚持）。同时，各县市委组织部分别抓好所属基层党委、支部的民主生活会。地委组织部印发《党组织生活会记录本》，全区 12 个县市委的 121 名常委半年内参加支部生活会 2 ~ 3 次的占 52%，4 次以上的占 15.71%；参加党小组生活会 2 ~ 3 次的占 34.71%，4 次以上的占 38.8%。其中，9 个县市 79 名常委参加民主生活会（资溪、金溪、东乡县委因召开“两代会”未按时召开民主生活会），占应参加的 95%。[3]1982 年，全区 12 个县市委常委会、地直单位 39 个党委和 29 个党组的 455 名领导干部，有 414 名参加组织生活，占 90.9%。1983 年，全区县级以上党委（党组）共 92 个，召开 2 次以上民主生活会的有 61 个，占 66.3%；召开 1 次的有 24 个，占 26.1%；没有召开的有 7 个。[4]

1984 年 5 月，江西省委要求各级党委组织部门进一步加强对党员的管理教育，建立“三会一课”制度，确保党员组织生活经常化、制度化。1985 年，抚州地区 204 个乡镇普遍召开党代会，并进一步健全党支部的“三会一课”制度，12 个县市按期召开常委民主生活会，地直单位党委（党组）也结合整党普遍召开民主生活会。

针对少数地方执行组织生活管理制度有所松懈的实际，1988 年，抚州地委组织部再次要求各级党组织建立健全党的组织生活制度。各地普遍建立和实行县乡党委“定期议党”制度、党建工作责任制度、党员活动日制度、外出党员管理制度、党员联系户制度，党费收缴管理制度和民主监督、公开监督制度等。黎川县在各村党支部推广和实施“党员活动日”制度，把“三会一课”的内容安排在“党员活动日”中，并印制成表格，发到各村支部。是年底，该县一半农村党支部建立党员活动室，普遍做到“四有”，即有牌子、有场所、有书籍报刊、有娱乐工具。1989 年，抚州地委结合年度工作考评，派出工作组到各县市和一些地直单位开展民主生活会指导。

此后，抚州各地按照要求抓好基层党员组织生活，形成一些各具特色的做法。1994 年 12 月，资溪县委组织部要求各乡镇场党委在 1995 年 2 月 10 日前召开一次科级党员领导干部民主生活会，检查个人在贯彻执行党的路线、方针、政策、廉洁自律和实行民主集中制等方面存在的问题，开展批评和自我批评，制定整改措施，形成书面总结，作为科级干部目标考核的内容。2003 年 6 月，临川区抽调人员组成的“百员百课”讲教团，由区领导带队巡回到乡镇开展党员教育活动，讲课内容为“三个代表”重要思想、理想信念、组织纪律、农村法制、农业科技等，要求全年到乡镇上课不少于 6 次。2011 年 10 月，崇仁县选派 54 名党员干部到企业担任党组织书记或第一书记，帮助非公企业组建党组织，组织非公企业党员开展正常的组织生活。

中共十八大以后，中央对坚持正常的党员

2007年6月，抚州市委组织部召开全市50年以上党龄农村老党员座谈会

组织生活提出新要求。2013年6月，习近平总书记在部署党的群众路线教育实践活动时指出，教育实践活动要着眼于自我净化、自我完善、自我革新、自我提高，以“照镜子、正衣冠、洗洗澡、治治病”为总要求。照镜子，主要是以党章为镜，对照党的纪律、群众期盼、先进典型，对照改进作风要求，在宗旨意识、工作作风、廉洁自律上摆问题、找差距、明方向。正衣冠，主要是按照为民务实清廉的要求，勇于正视缺点和不足，严明党的纪律特别是政治纪律，敢于触及思想、正视矛盾和问题，从自己做起，从现在改起，端正行为，自觉把党性修养正一正、把党员义务理一理、把党纪国法紧一紧，保持共产党人良好形象。洗洗澡，主要是以整风的精神开展批评和自我批评，深入分析发生问题的原因，清洗思想和行为上的灰尘，保持共产党人政治本色。治治病，主要是坚持惩前毖后、治病救人方针，区别情况、对症下药，对作风方面存在问题的党员、干部进行教育提醒，对问题严重的进行查处，对不正之风和突出问题进行专项治理。习近平强调，要以整风精神开展批评和自我批评，开好民主生活会，坚持开门搞活动。2014年，抚州组织16.5万名党员参加党的群众路线教育实践活动，各级党组织聚焦“四风”召开党员大会、党小组会和上党课，组织专题民主生活会、专题组织生活会。

三、民主评议党员

1988年上半年，根据江西省委组织部《关于民主评议党员工作的意见》，抚州地委组织部在每个县市选择2～3个单位（一个乡或一个村、一个工厂或一个学校、一个机关或一个街道）开展民主评议党员试点。地、县市两级抽调158人，组成14个指导小组进行指导。各县市以会代训培训骨干，成立民主评议党员指导小组、领导小组。民主评议的格次为合格、基本合格、基本不合格、不合格4个档次，另在合格党员中评出优秀党员。全区27个试点单位，参评党员3698人，评出合格党员3452人（其中优秀党员191人），占93.3%，基本合格党员229人，占6.2%，基本不合格党员13人，不合格党员4人。[5]民主评议坚持正面教育为主，不纠缠枝节问题，不扣帽子、不抓辫子，评议意见不进党员本人档案，防止派性干扰和挟嫌报复。在不合格党员的认定和处置方面，没有搞一刀切，对情节不严重的，限期改正，并指定帮教人帮教，到期不改再作组织处理；对情节恶劣、屡教不改的，立即劝退除名；对腐败分子坚决清除。试点工作于4月底结束，5月份在全区铺开，6月中旬结束评议工作。全区参评党员109039人，占98.78%。104382名正式党员中，评为合格的93161人（其中优秀10075人），占89.25%；基本合格的10139人，占9.71%；基本不合格的914人，占0.87%；不合格的168人，占0.16%[6]。

1989年10—11月，抚州民主评议党员试点工作在17个单位75个支部展开，参评党员1120人，评出合格党员942人，占84%；基本合格党员109人，占9.7%；不合格党员37人，占3.3%。其中劝退、除名、开除党籍的16人，限期改正21人，因问题待查而未定格次的7人。[7]同年12月，民主评议党员在全区铺开，参评党委311个，支部6579个，党员110841名，参评率为98.05%。评出合格党员103169人，占93.07%；基本合格党员6859人，占6.21%；不合格党员716人，占0.65%。

鉴于以往评议党员标准过于笼统，不便掌握，1990年，抚州地委下发《关于1990年度民主评议党员工作的意见》，拟定党员评定格次的划分标准，其中：合格党员7条标准，基本合格党员9条标准，不合格党员14条标准。全区民主评议党员工作从1990年10月开始，至1991年1月结束，全区6716个党支部、113645人参加民主评议党员，参评率达到98.71%。评定合格党员106878人（其中优秀5159人），占92.82%；基本合格党员4297人，占3.72%；不合格党员361人，占0.31%。不合格党员中作劝退处理的24人，除名的64人，开除党籍的25人，限期改正的181人。另有184人因问题未查实而暂未定格次。[8]

1991年，结合党员民主评议，抚州地直机关开展“学条规、整作风、议班子、纠行风”活动。地、县市两级还派出1864个工作组指导乡镇开展党员民主评议工作[16]。全区6869个党支部、115411人参加民主评议，其中正式党员112330人，预备党员3081人，参评率98.1%，邀请党外群众参评110372人。通过评议，评出合格党员108826人（其中优秀党员11368人），占96.8%；基本合格党员3052人，占2.7%；不合格党员222人，占0.2%。对不合格党员，作劝退处理的15人，除名处理的34人，限期改正的173人。有待处理暂未定格次的230人，取消预备党员资格的9人，延长预备期的19人，受到党纪处分的276人。受党纪处分人员中，受到警告处分的108人，严重警告处分的37人，撤销党内职务处分的10人，留党察看81人，开除党籍40人。[9]

1992年之后，抚州民主评议党员工作逐步制度化。1993年10月，抚州下发《关于认真搞好1993年度民主评议党员工作的意见》，民主评议的时间从当年11月到次年2月，按照不同行业、不同层次党员的实际情况有所侧重。党政机关、事业单位党员结合机关作风整顿，侧重评议坚持四项基本原则、实事求是、公道正派、廉洁自律、树立全局观念和纪律观念的情况；农村党员侧重评议执行党在农村的各项方针政策的情况，重点做好外出流动党员的评议工作，对外出地有党组织或临时党组织的，参加当地党组织或临时党组织的评议；对外出地没有党组织的，由支部通知其按时返回参加评议；因故不能按时返回的，写出个人书面自评材料寄回支部。企业党员侧重评议贯彻执行企业《条例》的情况；党员领导干部除按机关党员干部评议外，还结合中央纪委5条要求和江西省委7条规定，侧重评议在思想上、政治上同党中央保持一致的情况，检查有没有腐败行为和违反民主集中制原则的现象。对评议出来的问题及时梳理，制定整改措施。评议为不合格的党员，在查清事实的前提下，采取有针对性的处置措施。

1994年11月，抚州地委组织部下发《关于认真做好1994年度民主评议党员工作的意见》，评议工作从当年11月初至次年1月，农村评议工作结合《关于在全区开展农村“五项整顿”和“三项评议”活动的通知》进行，机关和企事业单位的民主评议党员工作参照1993年要求进行。据统计，1992—1996年，全区累计参加民主评议的党员有625001人次，每年参评比率均在98%以上。累计评出不合格党员632人，其中：劝退除名44人，自行脱党除名33人，退党除名48人，开除党籍108人，限期改正399人。取消预备党员资格37人。[10]各县市对民主评议进行探索创新，东乡县在处置不合格党员时做到“三个公开”，即：不合格党员评判标准公开、错误事实公开、处理措施公开；临川、南城、崇仁、广昌、宜黄等县市制定党员素质标准，为党员格次评定提供依据。

按照江西省委组织部的统一部署，2000年10月下发《抚州市民主评议党员、严肃处置不合格党员工作试点方案》，评议时间从当年11月15日至次年1月15日，在乡镇、机关、企业、街道、学校安排15个单位开展民主评议党员、疏通党员队伍“出口”试点。试点工作分为调查摸底、制定评议标准、教育评议、组织处置、总结提高5个阶段。全市参评党员122403人，评出不合格党员236人，其中：劝退2人，除名10人，开除32人。[11] 2001年，临川区委组织部在桥东街道办事处和连城乡开展民主评议党员试点，评出不合格党员6人，其中：除名4人，劝退1人，限期整改1人。2002年，抚州市委组织部下发《关于开展民主评议党员、严肃处置不合格党员工作的通知》，安排1—4月在全市范围内全面开展民主评议工作。全市共评出不合格党员1313人，占0.9%，其中限期改正1016人，劝退、除名297人。[12] 2004年，全面推行“四评一定两公开”民主评议党员工作，全市参评率为97.4%，共评出优秀党员1516人，不合格党员18人（不含受纪律处分），其中限期改正错误14人，取消预备党员资格、除名4人。

2005—2013年，抚州市民主评议党员工作时断时续，各地在疏通党员队伍“出口”问题上缩手缩脚，对评出的不合格党员处理上偏软。2012年临川区结合“先锋创绩”主题活动开展民主评议党员工作，印发《临川区党员“先锋创绩”评分细则》，对党员实行百分制管理，对不同类型党员从基础考评、分类考评和加分项目三个方面进行量化，着重考察党员在理想信念、设岗定责、履职承诺、参与党内事务和联系服务群众等方面的表现。量化考评与评先评优挂钩，对评为先进的给予表彰奖励，对达标的加强教育管理，对评为后进的视情节提出整改意见。全区80人被评为不合格党员，其中开除党籍16人，受其他党的纪律处分64人。在2014年党的群众路线教育实践活动中，各地召开党员组织生活会，重新恢复民主评议党员的做法。

四、无职党员设岗定责

实行家庭联产承包责任制后，农村无职党员缺少发挥作用的舞台。2001年6月，江西省宜春市开创农村无职党员设岗定责活动之先河，在新农村建设中，发动农村普通党员参与5大类21种岗位，免费为群众服务，较好地解决农村无职党员“无权管事、不会理事、无法办事”的问题。之后，这一做法逐步被推广到全省、全国。

2003年，江西省委组织部印发《关于在农村无职党员中开展设岗定责工作的实施意见》后，抚州市制定《农村无职党员设岗定责工作实施方案》，全市农村无职党员设岗定责工作启动。各地根据农村无职党员个人特长，采取个人自荐和组织推荐相结合，开展农村无职党员设岗定责工作试点。崇仁设置“带领群众致富岗”，遴选一批“双带”能力强的无职党员与村党支部签订责任状，村党支部给上岗党员颁发岗位牌、上岗证；资溪县高田乡许坊村动员外出流动党员参加设岗定责，并制作农村无职党员工作手册；临川区东馆镇东馆村进行无职党员岗前培训；乐安县对农村无职党员设岗定责实行百分制考评，履责情况作为评先和民主

黎川县潭溪乡芦陂村党员岗位牌

评议党员的依据。全市 30103 名无职党员上岗，占农村无职党员总数的 66.8%。[13] 各地参照无职党员设岗定责做法，组织 2841 名入党积极分子上岗履职。试点工作取得初步成效后，于 2004 年在全市 1762 个行政村全面推行农村党员设岗定职工作，共组织 32751 名无职党员和 2106 名建党对象上岗履职。[14]

全国农村党的建设“三级联创”活动于 2006 年全面开展，抚州市结合“双培双带”、党员承诺制、无职党员设岗定责、党员与困难群众结对帮扶等活动载体，为党员参与创建活动、发挥作用、保持共产党员先进性搭建平台。无职党员设岗定责在农村取得经验后，从 2007 年开始实行“两个延伸”，即：横向由农村向机关、社区、企业、社团等领域延伸，纵向由党员向入党积极分子延伸，上岗履职的党员越来越多。宜黄县制定《深化和拓展无职党员设岗定责活动实施方案》，对社区、企事业单位和农村无职党员设岗定责提出差异化要求；崇仁县全面启动社区、企事业单位、社团无职党员设岗定责活动。至 2011 年，全市设岗定责覆盖 1841 个村、180 个社区。

2012 年，抚州对无职党员设岗定责提出三条原则，即围绕改革、发展、稳定的大局设岗，围绕人民群众的需要设岗，围绕无职党员的自身状况设岗，重点为有一技之长、有行为能力、具备发挥作用基本条件的无职党员设岗。围绕无职党员自觉履职，提出无职党员设岗定责、目标管理的五个基本步骤，即：党员个人认岗、党支部审核定岗、向群众公示明岗、参加培训上岗、制定措施履岗。无职党员上岗后，党支部采取“自我监督、岗位监督、党内监督、群众监督”四种方式进行督查，按照“个人述岗、履岗测评、民主评议、综合评审”四步法对履职情况进行考评，对评为优秀等次的予以表彰奖励，对年纪较轻、有培养前途的列为后备干部培养，对评为基本称职的实行待岗，对评为不称职等次的党员作下岗处理。2013 年 11 月，宜黄县推行农村党员家庭挂牌制度，由村党支部为“党员家庭”集中授牌，并实行动态管理。乐安县采取无职党员“一人一卡”，记载他们的身体状况、家庭收入、发挥作用情况；“一人一证”，即发放党员岗位证，亮出身份、亮出岗位，接受群众监督；“一人一册”，即每人一本工作手册；“一人一状”（与党支部签订的岗位责任状）；“一年一评”（ 村党支部每年进行一次考评），考评情况记入党员档案。

无职党员设岗定责的推行，走出了一条新形势下发挥党员先锋模范作用的新路子，使无职党员想干事有机会、想出力有载体、想工作有平台、想管事有名份，对促进社会稳定、经济发展，建设幸福抚州起到一定的推动作用。但是，由于农村、企业、社区无职党员流动性大，一些地方的无职党员设岗定责形式大于内容，上岗无职党员的作用未能真正发挥。

黎川潭溪乡芦陂村党员岗位牌

五、外出流动党员管理

1958年国务院《户口登记条例》颁布后，户籍管理严格，农村人口流动趋于停滞。其间，知识青年上山下乡、招工招干、下放城镇人口中的党员，均有严格的党组织关系接转。外出流动党员的出现，源于家庭联产承包责任制的实施，以1984年国务院下发的《关于农民进入城镇落户问题的通知》为标志，农村人口控制政策开始松动。之后，抚州农村人口向非农产业转移，农村党员外出务工、经商办企业渐成潮流。1984年5月，江西省委组织部下发《关于当前农村党的基层组织工作的几点意见》，对外出务工、经商的党员进行情况登记，明确流动党员外出须知和外出义务，建立《流动党员活动证》等制度，外出流动党员逐步纳入统一管理。

流动党员活动证

1986年，抚州地委组织部规定，集体外出党员在3人以上，可成立党支部（临时党支部）或党小组，由原单位党组织领导；外出时间较长、地点固定的，可由所在地党组织领导；分散外出时间3个月以上、地点固定的，必须向所在地党支部登记。工作地点、时间不固定，从事个体作业的党员，需按时交纳党费，定期向党支部汇报思想，返乡时参加党的组织生活。各城乡党的基层组织，对按照规定转来的外地党员组织关系应予以接纳，并及时编入党组织，参加党的活动。

随着改革开放的不断深入以及社会主义市场经济体制的建立，一批国有企业无法适应新的市场环境，经济效益下滑，有的倒闭破产，下岗职工日益增多。尤其是国有企业从竞争性行业退出后，大量下岗失业的职工党员成为外出流动党员。1994年，中央组织部出台《关于加强党员流动中组织关系管理的暂行规定》和《关于试行〈流动党员活动证〉制度的通知》，流动党员管理工作逐渐规范。1995年5月18日，抚州地委组织部印发《关于试行〈流动党员活动证〉制度的通知》，全国统一印制的《流动党员活动证》从1995年7月1日起全面启用。是年，全区共发放“流动党员活动证”2800本。此后，一些地方在外出党员集中的地方建立临时党支部或党小组，并逐步建立《流动党员申请登记制度》《流动党员学习制度》《流动党员思想汇报制度》。

进入21世纪后，党员在不同所有制、不同行业、不同地域之间流动越来越频繁，流动党员的数量也越来越多，范围越来越广。2001年，江西省委组织部制定下发《关于进一步加强流动党员教育管理意见》。按照要求，抚州市委组织部从建立流动党员管理网络入手，改进流动党员管理方法。针对流动党员、企业离退休、下岗职工党员和新经济社会组织从业人员党员，实行建立台账的“卡管”、成立党支部的“直管”、召开例会的“共管”、核实身份的“协管”、搞好衔接的“托管”、转接关系的“接管”为内容的“六管”机制。金溪县通过流动党员收入申报措施，引导流动党员按核定的党费基数交纳党费。按照属地管理原则，2002年，临川、崇仁、南丰、资溪等县区在全国12个外出党员集中的省市建立临时党支部17个，南城县在上海、广州、深圳等地建立临时党支部6个。资溪县通过建立网络临时党支部，组织外出流动党员参加网络学习，交流工作、学习和生活情况。

2003年，抚州市自行设计《抚州市流动党员管理流程图》下发到各支部，流动党员管理流程对党员外出前、外出期间和返乡后三个环节16项内容进行规范。各县区委组织部成立流动党员管理中心，在乡镇党委和流动党员较多的村、居委会成立流动党员管理站，全市建立流动党员党组织155个，其中外地党支部50个，本地15个，临时党支部85个[15]。2004年，全市纳入市、县、乡、村四级流动党员台账的流动党员7191人，理顺党组织关系4983人[16]。是年，各地对改制企业、农村和“两新”组织中的流动党员进行核实，及时接转退役军人、军转干部和大中专毕业生中的党员组织关系，消减“口袋党员”和“隐性党员”。资溪县高田乡向流动党员征集发展地方经济建议31条，收集致富信息100余条。外出党员返乡创办“建生蛋糕艺术培训学校”，培训面包产业人才2000多人，一批流动党员以亲友为纽带，带动村民外出开店。高田乡流动党员管理经验引起江西省委组织部关注。2005年，在全市开展组织找党员、党员找组织的“双找”活动，全市新成立流动党员党组织128个，其中正式党组织46个。广昌县物流协会党委在上海、广州、无锡等地建立8个党支部20多个党小组，东乡县在内蒙古呼和浩特、二连浩特、福建厦门等地成立5个流动党支部。[17]

2006年，中央办公厅下发《关于加强和改进流动党员管理工作的意见》，提出建立以流入地党组织为主、流出地和流入地党组织共同管理的流动党员管理工作机制。中央组织部还印发“中国共产党流动党员活动证”和《中国共产党党员组织关系介绍信》修订式样。按照要求，抚州市委组织部印发《流动党员管理暂行办法》，建立流动党员管理网页和数据库，抓住春节期间流动党员回家过年之机发证。抚州市委组织部派出专人到上海、广东、福建、浙江4个办事处开展“流动党员管理服务中心”挂牌工作，围绕4省市65个流动党员党组织和近2000名外出党员开展服务工作。[18]东乡县驻内蒙古二连浩特流动党支部，亮出“共产党员店（摊）”牌子，开展“为家乡提供一条致富信息，联系一位客商，为贫困户做一件好事”活动，带动一批东乡人到二连浩特投资置业，党支部书记乐国文先后被内蒙古自治区及二连浩特市评为“十佳个体工商户”“创业标兵”，当选二连浩特市第十二届、十三届人大代表，其典型事迹先后被内蒙古自治区创先争优简报及中国共产党新闻网宣传。

在领军人物的带动下，抚州市外出务工经商人员打造资溪面包、广昌物流等一批异地产业品牌。按照“产业发展到哪里、党的工作就延伸到哪里”的思路，2010年，抚州市委组织部制定下发《关于进一步加强返乡流动党员教育管理服务工作的通知》，要求各地继续做好返乡党员联络及台账管理工作。根据党员的流动去向，各地在协会组织中探索成立流动党组织，相继组建资溪面包行业协会党委、广昌物流协会党委，临川建筑协会、南城运输协会、东乡驻内蒙古商会等党支部74个，1200多名流动党员纳入管理范围。通过“两推一选”（会员推荐、协会推荐、党内推选）的方式，选配党组织班子成员267人，配齐76个协会党组织班子。同时，引导创业有成的在外党员返乡投资兴办各类企业，促进家乡经济社会发展。资溪外出党员徐全龙返乡创办“全龙艺术蛋糕”培训基地，成为江西省下岗工人再就业培训基地、党员“双带”培训基地、巾帼建功基地和共青团培训基地，吸引全国十多个省、市的下岗职工前来参训，资溪县面包行业协会党委被中央组织部授予全国先进基层党组织称号。2011—2014年，抚州市对流动党员实行全程管理，做到“行前”谈一次话、上一堂课、发一本资料、看一部电教片；“行中”在流动党员相对集中的地方送一堂党课；“行后”实施“跟踪式”动态管理。

抚州农村人口净流出的状况一直没有改变，外出流动党员去向不定，加上一些基层党组织管理不到位，大多数外出党员处于放任自流状态，在流入地设置的外出党员党组织受场地、资金及党组织负责人自身实业经营状况等因素影响，导致活动难以正常开展。随着互联网技术的日益普及，QQ 群、微信群等网络社交平台成为流动党员管理的新载体，探索更为便捷、有效的外出党员管理模式仍有很大空间。

六、激励与帮扶机制

激励机制　新民主主义革命时期，抚州地方党组织主要通过做思想政治工作、表扬、委以重任等达到对党员激励的目的。新中国成立后，党内激励措施增多，主要通过组织谈心、评优评模、提拔重用、推荐参军入伍、选送大中专院校深造等精神层面激励党员。

改革开放后，党员思想观念多元、利益需求多样的特征日益明显，党内激励也更加注重针对性，做到物质激励与精神激励并重。在精神激励方面，从 2003 年开始，抚州启动农村无职党员设岗定责工作，根据无职党员特长，通过党员自荐和组织推荐，围绕农村改革、发展、稳定和群众需要设置岗位。2007 年以后，无职党员设岗定责进一步向机关、社区、企业、社团等领域延伸，党员的归属感、荣誉感增强。此外，抚州市发扬党内民主，推行党务公开，保障党员参与党内事务的权利；加大对党员干部的培养、锻炼和使用力度，从政治上激励党员；为党员创造良好的工作环境，解决党员实际困难；定期表彰奖励先进基层党组织、优秀共产党员和优秀党务工作者，向全市党龄 50 周年以上的农村老党员颁发荣誉证书，从精神上激励党员；开展向身边典型学习活动，使广大党员学有榜样、赶有目标；深入开展党员责任区、党员先锋岗以及党员挂牌办公、党员奉献日等主题实践活动，发挥党员的先锋模范作用，以责任激励党员，使广大党员有荣誉感、流动党员有归属感。

江铃底盘党员先锋岗

从 20 世纪 90 年代中期开始，抚州就对工作突出、成绩优异的党员给予一定的物质奖励；对老干部、老党员、老劳模进行生活补助。1995 年 10 月 31 日，临川市委决定，从 1995 年 1 月起，对全市农村男年满 60 周岁，女年满 55 周岁的离任老干部、老党员、老劳模进行生活困难补助，每月补助标准 30 ~ 50 元不等。2007 年抚州市建立村（社区）党组织书记、主任基本养老保险制度，3119 名村（社区）党组织书记、主任纳入社会养老保险范围。制定《抚州市老党员生活补助管理发放暂行规定》，实施生活救助。2010 年，从全市优秀乡镇事业编制干部、村党组织书记、大学生村干部中公开选拔49人进入乡镇领导班子。各县区进一步创新机制体制，从经济发展、政治待遇上关心关爱农村党员干部。黎川县建立农村退职干部关爱机制，对任职10年以上的村支书、村主任，每年由财政给予600～1000元不等的补助，对工作实绩突出、群众公认的村支书、村主任，优先推荐考录乡镇公务员。

2011—2014年，按照“一定三有”要求，抚州市11个县区按不低于当地农村劳动力工资平均水平的标准，确定村党组织书记报酬；继续为符合条件的现任村党支部书记、主任办理养老保险；建立老党员生活保障制度，对60岁以上且有20年以上党龄的党员，每人每月发放生活补助，并将其全部纳入农村合作医疗体系。同时，加强困难党员帮扶，建立党内慰问制度，开展定期不定期的走访慰问。每逢“七一”、春节等重大节日，对生活困难党员和老党员开展形式多样的慰问活动。抚州港航分局党委从2014年7月1日起，每年为党员过一次“政治生日”，党组织为党员送上一份祝福，赠送一份“政治生日”礼物，重温一次入党誓词，进行一次谈心谈话，作出一条承诺，激发党员的归属感、荣誉感和责任感。

帮扶机制 土地革命战争时期，每逢农忙季节，抚州域内革命根据地党组织和苏维埃政权组织群众成立“代耕组”，帮助参加红军、游击队及其他革命工作而无暇顾及自家农活的党员耕田种地，对生活困难的党员予以适当的资助，以确保其专心革命工作。

20世纪50至80年代，抚州各地物质普遍贫乏，一些单位动员干部职工从个人工资中挤出一部分，由单位集中起来，成为单位内部“互助金”，生活困难的党员、职工急需时可以申请帮助，待年底或手头宽裕时归还。农村人民公社时期，生产队年终现金分红时，在执行按劳取酬、多劳多得分配办法的基础上，保障那些劳动力少、工分收入低党员、社员的基本口粮，确保不饿肚子。改革开放以后，物质财富逐步积累，对困难党员的帮扶能力明显提高，各级党组织走访慰问困难党员制度建立，每逢春节、“七一”或党员患病住院、家庭发生意外、生活遇到特殊困难、有较大思想波动时，党组织派人走访慰问渐成常态。各地还从建立帮扶基金入手，困难党员帮扶工作机制建设得到加强。广昌县自1994年开始，筹集困难党员帮扶基金75.4万元，成立基金理事会，制定基金会章程，设立党员监督小组，组织全县科级以上党员干部与农村困难党员结对帮扶。1995年10月31日，临川市委下发《关于解决农村离任老干部、老党员、老劳模生活困难问题的通知》，从1995年1月起，对农村离任老干部、老党员、老劳模(以下简称“三老”)及生活困难的党员进行补助。符合离任老干部条件的，每月补助20元，连续任职满30周年的，每月补助30元；党龄满40周年的老党员每月补助20元，满50周年的每月补助30元；老劳模每月补助50元。兼有两种以上身份者，就高选择一种补助。补助资金采取市、乡镇、村三级统筹，市财政负担40%，乡镇财政负担40%，村级集体经济负担20%。农村“三老”生活补助由村党支部申报、乡镇党委审核、市委组织部审批、市财政局组织和监督经费落实、乡镇财政所负责发放。1999年12月7日，临川市对自然新增农村“三老”人员生活困难补助费发放进行规范，市委村建办每年审核一次，核减当年去世“三老”人员名单。至2000年2月，临川区经审批核定的农村“三老”人员2922人，2001年新增507人，累计发放生活困难补助费12.17万元。

受市场经济冲击，一部分党员由于工作单位停产关闭，或个人经营不善，或因天灾人祸导致家庭生活困难，生活水平偏低。这一状况引起中央的高度关注，抚州各地探索建立党内帮扶机制。崇仁县每年从县财政列支10万元，党费拨款5万元，对困难党员创业进行贴息借贷；黎川县按照“党内帮困、有偿使用、两年还本、滚动利用”的办法，通过项目定人、定期指导和帮助，使52名困难党员家庭年人均纯收入由580元提高到1060元，最高达1850元。2001年临川区开展“万人帮困大行动”，结对帮扶困难党员834户。崇仁县把帮带能力强的党员确定为“党员中心户”，每个中心户帮带2～3户困难党员，共帮助31名困难党员走上致富路。2001—2003年，抚州市累计发放“三老”人员补贴716.7万元，补助农村“三老”12612人，全市离休干部1339人及时领到离休费，医药费得到实报实销。

2003年1月，抚州市对困难党员情况开展调查。据调查，至2002年12月，全市困难党员15607人，占党员总数的9.4%。其中：城市困难党员4804人，农村困难党员10803人。在农村困难党员中，有老党员8253人，“五保户”党员596人；城市困难党员中，企业下岗职工党员2575人，离退休党员1634人。2003年3月，市委组织部下发《关于进一步做好关心帮扶困难党员工作的意见》，按农村困难老党员、农村“五保户”党员、企业下岗职工困难党员、离退休干部困难党员和城市失业无业困难党员等6类摸清实情，建立台账。城市家庭人均月收入低于90元最低生活保障线、农村家庭人均年收入低于685元的，列为贫困户党员。按照标准，至2003年9月，全市有城市贫困户党员3885人、农村贫困户党员8373人。宜黄、乐安、黎川、南丰等县对困难党员进行公示，群众无异议后才确定为走访慰问对象。东乡、临川、南城等地结合春节前夕走访慰问，帮助困难党员制订年度生产发展、脱贫致富计划，并帮助解决一些实际问题。

抚州困难党员帮扶的主要做法是各级党组织送线送物，领导干部对困难党员定期走访慰问。2003年，全市筹集资金300多万元，走访慰问困难党员4075人次，帮助兴办致富项目519个，投入帮扶资金184万元。各县区筹集困难党员应急资金13.5万元，市、县下拨党费56.52万元，走访慰问70多名困难党员。全市各级领导干部联系困难党员4850人，帮扶资金600多万元，解决实际问题6000多个，捐赠衣物3600余件。此外，市、县区两级还从技能培训入手，增强困难党员脱贫致富本领。各地开展下岗职工党员再就业培训和农村基层党员干部实用技术培训，为有劳动能力的困难党员寻求摆脱贫困的路子。2002—2003年，全市举办下岗职工党员再就业培训班80多期，培训近4000人次；举办农村基层党员干部实用技术培训班2000多期，培训困难党员3万余人次。2004年，全市开展领导干部与困难党员“一帮一”结对帮扶活动，帮扶困难党员9425人。[19]广昌县通过困难党员帮扶资金每年扶持困难党员50人，南丰县建立93个困难党员培训基地，使一批困难党员走上致富路。抚州市帮扶困难党员脱贫致富的做法在中央组织部《组工通讯》刊载。针对改制后国有、集体企业困难党员增多的实际，各县区建立“三联三帮”台账，全市落实帮扶单位192个、帮扶人员546人、帮扶资金510多万元。东乡县通过党费补助、财政资助、党员捐助、单位赞助、社会募集的办法，筹集帮扶基金3万元，帮扶基金按100～200元不等的标准补助困难党员。此外，红星企业集团筹集资金500多万元，发放困难党员生活费80多万元，安排下岗党员300多人实现再就业。江西省委组织部专门到抚州总结“三联三帮”经验并推广。

中共十七大提出，“建立健全党内激励、关怀、帮扶机制，关心和爱护基层干部、老党员、生活困难党员。”此后，抚州在继续关心困难党员的同时，对60岁以上且有20年、30年、40年、50年以上党龄的党员按不同标准，每人每月发放一定的生活补助。这一做法在中央组织部《组工通讯》单篇刊用。同时，市委组织部、市劳动和社会保障局联合下发《抚州市下岗失业党员创业及再就业工程实施意见》，3年内免费培训下岗失业党员4000人，每年为下岗党员提供1000个就业岗位，扶持200户党员创业。2008年，在帮扶困难党员600人实现脱贫的同时，将60

岁以上老党员纳入农村合作医疗体系。

受2008年金融危机影响，国内大批企业停产，外出农民工出现返乡潮。2009年，抚州各级党组织主动应对，统筹落实200多万元专项资金，扶持8300多名返乡农民工党员创业就业。此外，黎川县建立退职村干部关爱机制，对任职10年以上村支书、村主任，每年由财政给予600～1000元不等的补助。2011年，各县区对60岁以上且有20年以上党龄的党员，每人每月发放生活补助，并将其全部纳入农村合作医疗体系。

从2003年开始，抚州对新中国成立前入党的老党员，灾区、贫困地区党员、生活上困难的优秀共产党员、优秀党务工作者和曾经获得其他荣誉奖的党员进行重点帮助。对新中国成立前入党的老党员477人，每人每年发放慰问金560元，并建立增长机制。2006年增至每人每月80～150元，2011年增长到每人每月280～420元。对已享受优抚对象抚恤补助的新中国成立前入党的老党员每人每年补贴600元。2011年建党90周年之际，向新中国成立前入党的农村老党员和未享受离退休待遇的城镇老党员每人一次性发放生活补助金2000元。

抚州部分农村“三老”多次向组织部门反映，尽管各地坚持定期走访农村“三老”及困难党员制度，但因农村“三老”补助标准偏低（2003年以后一直未调整），与村（社区）干部养老保险标准相差太大。在2014年党的群众路线教育活动中，此问题作为党员干部群众反映突出的意见提出。

2006—2011年抚州市新中国成立前老党员生活补贴标准调整情况

表1-7　　单位：元/月

调整时间	1937.7.6前入党	1937.7.7—1945.9.2入党	1945.9.3—1949.9.30入党	调整时间	1937.7.6前入党	1937.7.7—1945.9.2入党	1945.9.3—1949.9.30入党
2006.1	150	120	80	2010.10	390	330	250
2008.1	300	240	160	2011.10	420	360	280
2009.10	370	310	230				

七、党员组织关系接转

抚州各级党组织按照规定，加强抚州党员组织关系和党籍管理。1953年上半年，抚州地委组织部对组织关系字迹潦草、写错姓名、私章代替公章、回执退回不及时等情况进行检查，要求各级党委严格执行组织程序和手续，固定工作人员，及时校正回执。1977年10月24日，中央组织部下发《关于转移党员组织关系手续的通知》，1984年下发《关于转移党员组织关系的规定》，抚州地、县组织部门按照规定，对党员在县、市范围内党委之间调动的，直接转移党员组织关系；对调出县、市的党员，经过县委组织部转移介绍信；党员在地区直属各企事业单位党委调进调出的，经地委组织部转移党员组织关系；党员短期到外地学习、帮助工作的，开具临时党员证明信，其余的开具党员组织关系正式介绍信。党员组织关系介绍信由各县、市委组织部办公室、各乡（社）办公室主任或组织委员开具，各支部组织委员负责接转。1986年4月11日，抚州地委组织部转发中央组织部《关于党员工作调动后应及时转移

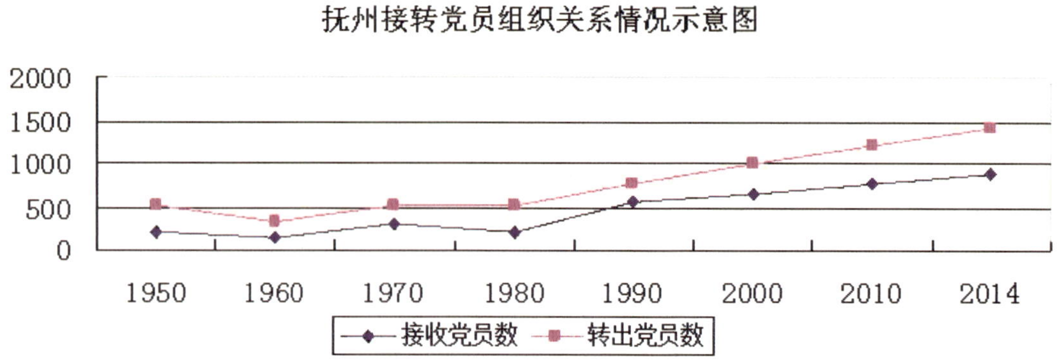

党员组织关系的通知》，要求党员工作调动后及时转移党员组织关系，新的工作单位党组织及时把他们编入支部和小组。没有转移党员组织关系的，在新的工作单位党组织内不能享有选举权、被选举权和表决权。身兼多职的党员领导干部，其党员组织关系放在本人主要职务所在单位并参加组织生活。

随着改革的不断深化和经济的不断发展，各种人员在产业之间转移和地区之间流动日益广泛，党员流动也日益频繁。2004 年 11 月，中央组织部下发《关于进一步加强党员组织关系管理的意见》，对党员组织关系接转及流动党员管理提出要求，明确在全国范围内党员组织关系的接转权限，规范接转党员组织关系凭证及使用范围。据统计，2004 年，抚州市需理顺组织关系的党员 5260 人，占 3.5%，主要分布在流动党员、企业离退休党员、下岗职工党员和新经济社会组织从业党员中。为此，实行流动党员“六管”：一是将全市 7135 名流动党员纳入台账管理，其中有详细地址的 6450 多人。二是组建 260 个流动党员组织，其中新组建党组织 47 个，管理党员 1046 人。三是定期召开关、停、破和改制重组企业党组织、所在社区和县区组织部门三方联席会议，共管理下岗职工党员 2596 人；如原江铃底盘厂在企业改制后，一次性将 161 名离退休党员的组织关系转到社区管理；据统计，全市 15 家市属工业企业，需转到社区和外地管理的党员 2251 人，已转移组织关系 1440 人，占企业需转移党员总数的 64%。四是组织社区党组织开展“一问二查三核对四入户”，核实党员身份，共管理党员 179 人。五是通过信函、电话，将 2700 名零散外出党员委托外地党组织管理。六是及时转接退伍军人、大中专毕业生党员组织关系，共管理党员 614 人。为加强新经济社会组织从业人员党员管理，市委组织部会同民政、工会等有关单位组成调查组，深入非公企业、社会中介组织、社会团体和民办非企业单位等“两新”组织调查，摸清“隐性党员”，杜绝“口袋党员”；之后采取函调、开具党员证明信、发放流动党员活动证等方式，确认党员身份，接转组织关系；通过单

抚州市行政服务中心“党员服务”窗口

独、联合组建党组织以及党员挂靠管理等方式，将党员纳入党组织管理。通过上述途径，全市理顺党员组织关系 4983 人，占 93%，其中转出 1236 人，转入 179 人。[20]

2007 年 11 月，抚州市依托市行政服务中心设立“党员服务”窗口，挂牌成立“抚州市党员服务中心”，选派 2 名专职干部负责党员服务工作，将原来需由市委组织部、市直属机关工委、市工信委（原经贸委）三家分别办理的党员组织关系接转工作实行窗口“一站式”服务，方便前来办理组织关系接转的党员。至 2014 年底，共办理接转组织关系 4834 人次。各县区借鉴市里做法，相继成立县区党员服务中心。2011—2014 年，全市共开具党员组织关系介绍信 2686 份，为 2679 名党员办理党员组织关系接收手续。其中，2011 年接收党员 632 名；2012 年接收党员 722 名；2013 年接收党员 752 名；2014 年接收党员 580 名。

八、不合格党员处置

处置不合格党员，是疏通党员“出口”的一种有效方式。资料显示，大革命失败后，中共临川特别支部大部分党员随“八一”起义军南下，留下的党员有的隐蔽、有的逃散，有的自首变节。1927 年 9 月，江西省委派长期潜伏在临川的曾去非清理党组织，成立临川县委，对立场不坚定分子予以开除。土地革命战争时期，面对复杂的斗争形势，围绕纯洁党的组织，处置了一批不合格党员。由于党内斗争经验不足，也使一些党员无端受到牵连。如在 1933 年反“江西罗明路线”中，广昌县有县、区苏维埃政府主席、区委书记等 17 人遭到“洗刷”，乐安中心县委、江西军区第二分区 50 多名党员干部被当成“不合格党员”，遭到清洗。

新中国成立后，为纯洁党的组织，抚州地方党组织清除了一批腐败分子。1950—1953 年，结合土地改革、镇压反革命、“三反”“五反”运动开展整党，抚州各级党组织依据党员八项条件，重点查处损害党和人民群众利益等违法违纪案件 262 件，处分党员 160 人，其中撤销党内职务、留党察看和开除党籍（简称“三大处分”）80 人。1954 年上半年开始，地委分两期对党员干部进行审查，对那些理想信念动摇、长期不发挥作用甚至起副作用、表现明显不合格、群众意见较大的党员给予党纪、政纪处分。此后，整党、审干、党员民主评议以及纪检部门查处违法违纪党员成为常态。1954—1956 年，结合干部审查，重点查处贪污浪费、官僚主义和抵制、破坏社会主义改造运动等案件 886 件，处分党员、干部 622 人，其中受“三大处分”368 人。

社会主义改造完成后，一些地方采用处理敌我矛盾的方法处理人民内部矛盾，一批群众受到压制和打击，导致少数农村、工厂闹事。仅 1957 年上半年，抚州地区 155 名党员因无组织无纪律、违法乱纪、强迫命令、破坏国家计划、违反政策法规、贪污浪费等受到党纪处分。其中：党群系统 14 人、政法系统 17 人、文卫系统 2 人、财贸系统 23 人、工交系统 8 人、农村及农场 91 人。[21]全年受党内各种处分 506 人。[22]

1957—1962 年，在反右派、反“右倾”、整风整社和整党运动中，抚州查处贪污腐化、破坏党的团结和统一、破坏集体经济等违法违纪案件 5700 件，处分党员 4571 人，其中受撤销党内职务、留党察看、开除党籍“三大处分”2887 人。其间，乐安县委、县政府在“反瞒产”斗争中，捆绑、吊打、饿冻干部群众 1115 人，导致外流外窜 3450 人，患浮肿病 6114 人，非正常死亡 471 人，史称“乐安事件”。[23]抚州地委对乐安县党政领导班子进行改组，对负有直接领导责任的领导干部给予处分。1963—1966年，全区查处贪污盗窃、投机倒把、破坏国家市场、破坏计划供应、破坏社会主义教育运动等违法违纪案件2446件，处分党员2114人，其中受“三大处分”1122人。

“文化大革命”中，党的纪律受到践踏，在查处的各类违纪案件中，虽然处分了一些违纪党员，但也有不少无辜，造成一批冤假错案。林彪集团覆灭以后，逐步纠正“左”倾错误，1975年5月1日,江西省革委会政治部作出《关于党员处分审批权限的暂行规定》:（1）凡省委管理的党员干部，受党内警告、严重警告处分，由所在单位党委作出决定，报地（市）委批准，送省委备案；受撤销党内职务、留党察看、开除党籍处分，由所在单位党委讨论，提出处理意见,送地（市）委审定,报省委批准。地（市）、县委管理的党员干部，其处分的审批权限，也参照上述原则办理。（2）一般党员受开除党籍处分，由所在单位党组织作出决定，报县以上党委批准；受其他处分，由所在单位党组织作出决定，报上级党委批准。（3）党员对处分不服提出申诉，经党组织复查后，须作出复查结论。如修改原结论，改变原处分，要呈报原审批的党委批准。（4）对受留党察看处分的党员，如已改正错误，应由支部大会作出恢复党员权利的决定，经所在单位党委提出意见，报原审批的党委批准。如需延长留党察看期限或开除党籍的，亦应按上述手续办理。（5）支部大会讨论对党员的处分时，应通知受处分者到会，处分决定要和本人见面。呈报审批的案件，须有调查报告、处分决定、本人检查及对处分决定的意见等材料。随后，抚州地、县委根据此精神也相继下发相关规定，但受江青反革命集团干扰，纠正错误并不顺利。1976年，抚州有296名党员受到党纪处分，其中开除党籍73人，留党察看92人，撤销党内职务29人，严重警告64人，警告38人。受党纪处分党员中有8人的性质是丧失阶级立场。

1978—1983年，抚州各级组织部和纪检机构恢复后，查处拒不执行党的路线方针政策、败坏党风、以权谋私、贪污受贿等经济领域违法违纪案件2350件，处分党员1712人，其中受“三大处分”的党员1063人。抚州地委会同江西省教育厅联合查处进贤县高考舞弊案，分别给予有关人员开除党籍、留党察看、党内警告及其他政纪处分。

1984年10月初至1987年1月中旬，抚州地委自上而下开展整党工作。全区正式党员96133人中缓期登记的379人，不予登记的136人，73人因各种原因暂未办理党员登记手续。全区列为核查对象的111人,其中定为“三种人”的9人，定为犯严重错误的49人，列为农村清理对象的17人。对244名犯有各种严重错误的党员,分别给予党纪处分。其中开除党籍42人，留党察看82人，撤销党内职务13人，严重警告46人，警告61人。对不符合党员标准、经多次教育仍无转变、个人要求退党、拒绝参加正当活动的，分别给予劝其退党或除名、不予登记，16人因触犯刑律受到刑事处分。整党期间，全区接待来信来访1865人（件），对已暴露的588起党员严重以权谋私和严重违法乱纪案件，查处结案573起。[24]

1988年4—6月，抚州开展民主评议党员工作，评出不合格党员168人。其中劝退54人，除名78人，开除22人。[25]在1989年10月至1990年2月的全区民主评议党员工作试点中,地、县市17个试点单位，有75个支部的党员1120人参加评议，评出基本合格党员109人，不合格党员37人，其中劝退、除名、开除党籍的16人，限期改正21人，因问题待查实而未定格次的7人。[26]试点之后，全区311个党委、6579个支部、110841名党员参加民主评议，评出不合格党员716人,作出处置的656人,其中劝退35人，劝退不退除名82人，自行脱党除名33人，开除党籍39人，限期改正465人。[27]

1989年抚州地委按照《关于做好处置不合格党员工作的通知》精神，下发《关于搞好今年民主评议党员工作的意见》，要求通过民主评议党员，坚决清除党内敌对分子、反党分子和腐败分子，妥善处置不合格党员。各级党组织在作出组织处理时，基本做到事实清楚、证据确凿、定性准确、手续完备、不留尾巴、不留“后遗症”。中共十五大明确提出“严肃处置不合格党员”要求，表明中央从严治党的坚强决心。1990年全区评出不合格党员361人，劝退处理24人，除名64人，开除党籍25人，出党面为0.08%。不合格党员作限期改正的181人，占50%，取消预备党员资格的11人，延长预备期12人，受到党纪处分的150人（受警告和严重警告处分的69人，撤销党内职务的9人，留党察看的72人）。[28]格党员。是年，全市参加民主评议党员122403人，评出不合格党员236人。不合格党员中，作劝退处理2人，除名10人，开除32人。[29]2002年，全市通过民主评议党员严肃处置不合格党员的力度明显加大，共评出不合格党员1313人。对不合格党员作劝退、除名处理297人，不合格党员出党面占0.2%。[30]2004年，全市推行“四评一定两公开”民主评议党员工作，评出不合格党员18人（不含受纪律处分），其中限期改正错误14人，取消预备党员资格、除名4人。

1988—2004年，抚州处置不合格党员主要结合民主评议党员进行。2006年之后，抚州民主评议党员工作由各县区自行布置，有的县一年开展一次，有的两年开展一次，有的几年未开展。除受到党纪、政纪处分的党员外，通过

1988—2004年抚州民主评议党员情况示意图

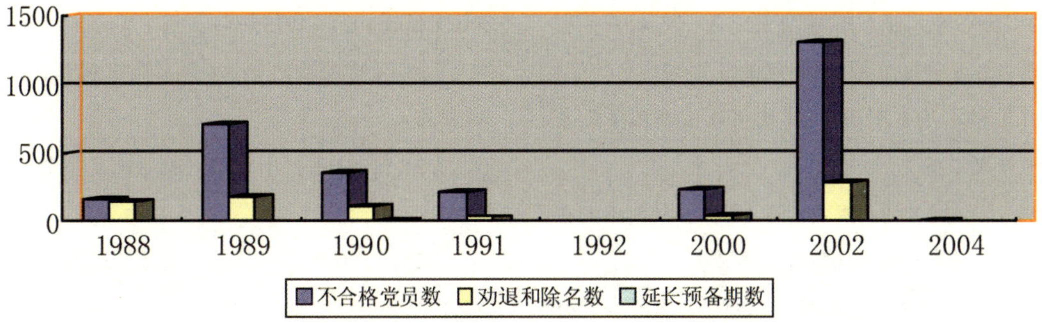

1991年评出不合格党员222人，占0.2%。作劝退处理的15人，除名处理的34人，限期改正的173人。此后，民主评议党员作为一项制度，由基层党组织自行安排。但从各地执行的情况看，这一制度落实很不平衡，有的党组织走过场，有的则根本没有开展此项工作，不合格党员处置工作的力度不断减弱。

2000年12月，江西省委组织部印发《江西省民主评议党员、严肃处置不合格党员工作细则（试行）》，对处置不合格党员的方法、步骤和标准作出全面解释。抚州市每年都要处置一些不合民主评议评出的不合格党员微乎其微，对不合格党员处理也明显偏软。2012年，临川区971个党支部开展民主评议党员，参与民主评议的党员28499人，有80人被评为不合格党员，其中开除党籍16人，受其他党的纪律处分64人。中共十八大以后，惩治腐败、从严治党成为新时期党的建设新常态，不合格党员处置的力度进一步加大。在2014年开展的党的群众路线教育实践活动中，各基层党组织召开专题组织生活会并开展民主评议党员，认定为不合格的党员1946人。

【注 释】

［1］2005 年，中共抚州市委组织部《在省委组织部调研组访谈时的谈话提纲》。

［2］中共抚州地委组织部《一九六四年工作总结》。

［3］中共抚州地委组织部《一九八〇年工作总结和一九八一年工作安排意见》。

［4］1982 年 4 月 2 日，陈元《在全区党的建设工作会议上的总结讲话》。

［5］1988 年 3 月 15 日，中共抚州地委批转地委组织部《关于深入开展"创先争优"活动进一步加强党的基层组织建设的意见》的通知。

［6］［25］中共抚州地委组织部《1988 年组织工作总结》。

［7］［26］中共抚州地委组织部《1989 年组织工作总结》。

［8］［28］1991 年 3 月 25 日，《抚州地区一九九〇年度民主评议党员工作总结》。

［9］1992 年 6 月 2 日，《抚州地区一九九一年度发展党员、民主评议党员工作情况汇报》。

［10］1997 年 5 月 29 日，《抚州地区近几年民主评议党员情况汇报》。

［11］［29］《中国共产党江西省抚州地区组织史资料》第三卷，内部出版，2011 年，第 2 页。

［12］中共抚州市委组织部《2002 年党建工作小结》。

［13］［15］2003 年 11 月 11 日《抚州市基层党建工作情况汇报》。

［14］2004 年《抚州市村建办有关工作情况》。

［16］《关于保持共产党员先进性教育活动准备工作和入党积极分子建设年活动等四项工作的总结报告》。

［17］2006 年 9 月《抚州市关于整合基层党组织、党员队伍资源的调查报告》。

［18］《抚州市党员发展教育管理服务工作情况汇报》。

［19］2004 年《巩固和扩大"三项创建"成果不断提高党的执政能力》。

［20］2004 年 9 月《抚州市先进性教育活动准备和发展党员工作情况汇报》。

［21］1957 年 7 月 17 日，中共抚州地委组织部《上半年巩固党与发展党的工作情况报告》。

［22］《党员受党的纪律处分情况统计表》，抚州市档案馆藏 1024—1975—008，第 1 页。

［23］《乐安县志》，江西人民出版社，1984 年，第 18 页。

［24］1987 年 3 月 14 日《抚州地区整党工作总结报告》。

［27］1990 年 7 月 5 日，《关于处置不合格党员的情况汇报》。

［30］中共抚州市委组织部《2002 年党建工作小结》。

第四节　党员服务

党员服务，既包含党员为群众的服务，也包含各级党组织为党员提供诸如党员组织关系接转、技术培训、就业指导、走访慰问、困难党员帮扶等各类服务。党员服务群众，由来已久；党组织为党员提供帮助和服务，各地均有一些零星的具体做法。以 2004 年 9 月 22 日中共中央印发的《中国共产党党员权利保障条例》为标志，关心关爱困难党员、为党员提供服务的理念日渐引起重视。

一、服务载体

“四定包干”　1995 年，为加快农村发展，江西省委决定采取定对象、定人员、定时间、定目标的“四定包干”办法，用三年时间对全省 2156 个后进村进行包干扶助。其中抚州地区包干扶助后进村 262 个，选派 216 个机关单位包村帮扶工作组，下派干部 3424 人，其中地直单位 351 人。下派人员中，有县级干部 93 人，科级干部 1452 人，一般干部 1879 人。至 1997 年底，有 72 个村上升为一类村，190 个村上升为二类村。“四定包干”工作组瞄准村级组织“三有”目标（有人办事、有钱办事、有章理事），着力加强村干部队伍建设，调整一批村党支部书记，发展一批新党员，一批空壳村摘了“帽子”。

“三培两带两服务”　2003 年，江西在全省部署实施“三培两带”活动。[1]抚州提出“3211”落实计划，即到 2005 年年底，全市“双带”村党支部书记至少带动 30 户农户致富，党员村干部至少带动 20 户农户致富，党员致富能手至少带动 10 户农户致富，县级党员领导干部每人每年培养一名村党支部书记达到“双带”标准，乡镇党政班子成员每人每年培养一名党员达到“双带”标准，村党支部书记每人每年培养一名党员致富能手达到“双带”标准。各地在实施“双带”致富工程中亮点频出，金溪县合市镇党委按照党组织引导，党员干部领办，致富能手、产业大户参与，群众自愿联合的方式，创建“党员群众经济联合体”，有一技之长的农民党员联合组成新型农村合作组织。中央电视台、江西电视台、《江西日报》等媒体对这一做法进行专题报道，江西省委组织部也给予充分肯定。2005 年，南丰县推广三溪乡“135 农村党员先锋工程”做法，全县 3600 多名党员带领 1.5 万名群众脱贫致富。资溪县采取“党员＋公司”“党员＋协会”“党员＋销售大户”等形式，为群众提供信息、技术等系列服务。据统计，全市共建立和创办“双带”示范服务基地480余个，为农民群众提供各类致富项目近2000个。[2]是年年底,全市培育“双带”村党支部书记1450人，占82.6%；“双带”村干部5536人，占63%；党员致富能手23016人，占35.9%，各级干部党员帮带12万余户农户致富；培养致富能手党员11283人，2288名致富能手培养成为党员，2819名党员致富能手培养成为村组干部。全市建立“党员群众经济联合体”1199个，参与党员4620人，带动农户11.1万户，联合体户均纯收入1.3万元，高出全市农民户均收入3600元。[3]2009年，江西省委将“三培两带”深化和拓展为“三培两带两服务”。同年6月18日，市委组织部印发“三培两带两服务”活动实施方案后，相继创建“三培两带两服务”示范基地1930个，其中省级示范基地12个，市级示范基地46个。宜黄县中港乡龙岗村开展“一联十帮”活动，每名村干部联系培养一名党员致富能手，每名党员致富能手帮扶10户群众，联系帮扶的党员致富能手年度增收1万元以上，联系帮扶的10户群众每户增收5000元以上。随着农村经济的不断发展，“三培两带两服务”活动向纵深推进。2010年7月，金溪县创立农民党员创业服务中心和农村党员干部实践培训基地，采取“教室+基地”的办法，举办农村党员、干部、致富能手培训班，江西省委组织部将其列为全省“三培两带两服务”基地。是年10月，抚州市委组织部、市工商行政管理局联合开展“三培三促”活动，把“三培两带”延伸到农村党员经纪人，培植一批农村党员经纪人先进典型。南丰县结合蜜桔产业培植农村经纪人1316人，其中党员经纪人288人（204人为村委会干部），带动4014户农户创业致富。

“三包为民” “三包”即部门包乡、干部包村、党员包户。这一制度是在宜黄县中港乡“干部包村、党员包户、民事包办”的基础上，经规范完善后在全市推广,江西省委组织部《村建简报》曾全文刊登宜黄县的这一做法。2004年，抚州市委将其作为全市“三民”乡镇好班子创建活动的一项具体内容。2010年11月17日，市委下发《抚州市在创先争优活动中扎实开展万名党员干部“三包为民”活动的实施方案》，以“部门包乡、干部包村、党员包户”为载体，以“办实事、解难题、保稳定、促发展”为目标，组织万名党员干部“三包为民”。11月19日，市委召开动员大会，全市“三包为民”活动正式启动。市委成立“三包为民”活动领导小组，实行挂点领导负责制。此次活动共选派工作组158个，选派党员干部1.2万人，与229个“难点村、后进村、软弱村”和9830户“特困户、缠访户、专业户”结成“包扶对子”，累计为群众办成日常生产、生活方面的实事好事7800余件。活动到2012年年底基本结束。

“五民一建” 该活动源于南丰县2011年7月—2014年7月开展的“五民一促”,即“交民友、畅民意、办民事、帮民富、聚民心、促和谐”。为推广南丰经验，2012年9月21日，抚州市委在全市开展“交民友、畅民意、办民事、帮民富、聚民心，建幸福家园”活动，建立健全领导挂点、部门包村（社区）、干部帮户机制，推动机关干部下基层直接联系群众工作制度化、常态化。活动包括“深入群众、摸清实情，讲解政策、温暖民心，发现问题、反映意见，化解矛盾、维护稳定，兴办实事、为民解忧，加强组织、夯实基础”等6项任务，全市共派出1900多个工作组驻村（社区）开展工作，收集了一批民情社意，为群众办了一批实事好事。

机关党员社区报到 2013年抚州市委组织部和市直机关工委联合开展机关干部社区报到活动，动员市直机关干部出机关、进社区，开展联系一名社区群众，参加一次社区组织生活，与社区干部座谈一次，当一天社区志愿者的“四个一”活动。首批选派市直机关干部400人分赴31个社区开展工作。社区报

2013 年 3 月 5 日，抚州市直机关干部社区报到工作暨志愿服务活动启动仪式

到的干部主要是当好舆情调查员、政策宣讲员、社区服务员、党建推动员。活动中，市直机关党员干部走访群众 3860 人次，召开座谈会 93 场次，记民情日记 3000 多篇，收集到群众反映问题 17 件。干部组织社区党员群众开展各类学习、专题辅导会、座谈会等 62 场次，集中开展政策宣传、法律咨询等活动 6 次，发放各类宣传册 5700 余份。结合“四城同创”（创建国家园林城市、国家森林城市、省级文明城市和省级卫生城市）活动，社区报到干部协助社区开展环境整治，清理社区内“牛皮癣”和卫生死角 300 多处，市委组织部从党费中拨出 9.3 万元作为社区党员活动经费。

二、服务网络

党员之家 随着国有、集体企业改制，农村剩余劳动力进城务工经商，城乡党员流动成为常态。此外，部队转业党员和大中专毕业生党员、离退休党员逐步增多，“党员之家”随之出现。2001 年，崇仁县“党员之家”组织全县非公有制经济组织党员参与党组织活动，在“党员之家”成立党支部，党支部挂靠在县直属工委，在县委党校建立固定的党员活动室，购置一些书籍和文体设施。“党员之家”每周四晚上组织党员集中学习，请市县专家讲解政治理论和企业经营管理。“党员之家”所需经费由县管党费和县财政解决。

临川区青云街办抚临社区组织退休党员进社区

在退休党员进社区的过程中，临川区青云街道办事处抚临社区于 2007 年率先组建小区党组织，建立“阳光小区驿站”，创办“党员之家”，设立“小区公开办事厅”，内含计生、民政、综治、帮困服务、咨询等 6 个工作服务平台，开展少儿活动、家政、婚姻职介、办证、服务热线等 20 多项服务，形成“一站式”服务体系。2008 年，临川区西湖绿洲小区党支部发挥党员之家中老党员社会管理经验丰富的优势，动员老党员协助社区调解物业管理与业主之间矛盾，解决

业主因小区绿化用地与物业管理的纠纷。

2010 年，南丰县依托社保管理平台，在企业退休职工活动中心的基础上成立企业退休职工党委，将分散在全县 7 个社区中的 350 余名退休职工党员归口集中管理，使退休职工党员离企不离党、失岗不失管。企业退休职工党委不定行政级格，业务上由县社保局统一指导，退休党员根据个人兴趣爱好，分别选择加入书画、电脑、医疗保健、棋牌、垂钓、文艺、球类、读书读报兴趣小组等党支部。通过“个人报名、互相推荐、组织考察”的方式，退休职工党员通过担任党建指导员、实践指导教师、政风行风监督员、交通义务协管员、矛盾纠纷调解员、留守儿童陪护员等发挥余热。

党员服务站 随着外出务工经商人员的增多，围绕流动党员组织关系接转等服务亦应运而生。2004 年，抚州新增社区便民服务网点 456 个，有 112 个社区实现对居民“一站式”服务。临川区把服务党员与服务群众结合起来，先后建立 12 个社区医保服务点和 23 支党员志愿服务队。2007 年 11 月 9 日，该区在各乡镇、街道成立“党员服务站”，在村、社区成立“服务网点”，形成“群众动嘴、干部跑腿”服务机制，帮助流动党员解决就业培训、子女入学、廉租房租赁等困难。至 2014 年，建立以党员志愿者为主体的社区党员管理服务站 45 个，打造市级乡镇党建综合示范点 4 个，农村服务网点增加到 341 个。

崇仁县整合乡镇党员服务站与便民服务中心资源，按照“六个一”标准在各基层党（工）委设立党员服务站，在建制村（社区）党支部普遍建立党员服务点。至 2008 年 12 月，全县形成覆盖城乡的联系服务群众四级党员服务网络，建立集党员教育、管理、服务并重，寓教育管理于服务之中的党建新机制。

党员服务中心 围绕“关怀党员、服务群众”的目标，抚州市委组织部于 2007 年 6 月提出创办“抚州市党员服务中心”的设想，经筹备，在抚州市行政服务中心集中办事大厅设立“党员服务”窗口，窗口于 9 月 4 日正式运行，11 月 11 日正式挂牌。挂牌时，各县区委组织部长及分管副部长现场观摩。“党员服务中心”由 2 名工作人员在窗口从事党员服务工作，窗口服务内容包括：（1）“一站式”受理原来分属市委组织部、市直属机关工委、市经贸委党委三家负责的党员组织关系接转工作。（2）提供现场咨询、热线电话咨询、电子信箱咨询留言，在“抚州党建网”开辟“党员服务中心”专栏和电子邮箱及党员服务 QQ 平台，开通党员服务中心热线电话，收集党员、群众诉求、建议。（3）接受特困党员的求助申请，按照有关政策，为特困党员提供结对帮困等帮助，协调做好困难党员帮困结对工作。（4）提供下岗党员免费再就业培训登记及用工指导、法律咨询等服务，免费提供下岗党员再就业创业指导服务。（5）收集基层党组织和党员的意见及建议。（6）为

党员服务队在行动

流动党员提供咨询服务。

抚州市党员服务中心按照“即时接待即时办理、前台接待后台办理、组织党员志愿者队伍定期服务”的原则，服务窗口工作人员接受市行政服务中心统一管理，参加窗口流动红旗评比，服务情况由行政服务中心定期通报。服务中心制定规章制度、工作人员岗位职责、服务承诺制、领导接待日等制度，对服务对象提出的事项逐一登记，实行销号管理，跟踪问责。属本部门受理事项，一天之内办结；需要协调其他部门解决的，3 天之内办结；暂不具备办理条件的，一周内给予答复，并接受党员群众和社会监督。当年接转党员组织关系 180 多件，接待来访咨询的党员、群众 30 余人次，帮助答疑解难 90 多件。

作为江西省首创的市级党员服务中心，迅速向县乡村延伸。此后，各县区相继成立县区党员服务中心。抚州市委组织部因势利导构建市、县、乡、村四级党员服务网络，形成服务党员、服务群众、服务基层的工作机制。其中，金溪县 2007 年 12 月成立党员服务中心后，按照“一块牌子、一部热线电话、一套服务制度、一本台账资料”的标准，在乡镇（园区）、村（居委会）开展党员服务中心建设，构建县级党员服务三级网络。临川区从 2008 年 7 月构建“125”党群服务体系，形成区级有党员服务中心，乡镇、街道办事处有便民服务和群众诉求中心，村级有村民议事、党群活动、技能培训、便民服务和文化娱乐 5 个中心。2009 年，市党员服务中心开通“12371”党员咨询服务电话。2012 年 1 月，抚州市委组织部下发《关于进一步健全和完善党员服务中心（窗口）建设工作的通知》，要求已建立党员服务中心（窗口）的单位，进一步创新服务方式、壮大党员服务队伍、完善党员服务机制；尚未建立党员服务中心（窗口）的县、乡镇党委，要尽量整合行政服务中心、乡镇办事大厅、党员活动中心等服务阵地，组建党员服务中心（窗口），并纳入创先争优评比表彰内容。

抚州市党员服务中心自成立至 2014 年 12 月，共帮助党员 4834 人接转组织关系，接待来访咨询的党员、群众 430 余人次，帮助答疑解难 921 件。

【注　释】

[1]“三培两带”，即把党员培养成致富能手、把致富能手培养成党员、把党员致富能手培养成村组干部；党员带头致富、带领群众共同致富。

[2] 2005 年抚州市委组织部《三项创建与先进性教育活动结合总结》。

[3] 2005 年《抚州市组织工作情况汇报》。

第五节　党　费

中国共产党党费，是指党员向党组织缴纳、用于党的事业和活动的经费。在不同的历史时期，党费收缴标准时有调整，但党费管理和使用始终从严从紧。地（市）、县（区）、乡镇党代会召开时，坚持向党代会报告党费收缴使用情况，组织部门定期或不定期开展党费管用检查。面对重大自然灾害，辖区党员自觉交纳特殊党费，较好地体现党员的先进性。

一、党费标准与收缴

中央组织部在 1949 年 6 月 5 日下发的《关于缴纳党费办法的暂行规定》中，对工薪制党员的党费收缴制定了标准，而供给制党员党费缴纳数目由机关党委统一规定。1949 年 5 月—1955 年 6 月，抚州区域内对行政、事业单位人员分别实行供给制、工薪制，企业工人实行计件工资制。供给制的对象为：南下干部、军队转业干部和部分新参加革命工作的人员。供给制分大灶、中灶、小灶三个级别，区级以下干部和勤杂人员享受大灶待遇，地直机关正、副科长，正、副县长及相当此职务者享受中灶待遇，地委正、副书记，正、副专员及其他同级人员享受小灶待遇。工薪制的对象为：旧政府职员留任工作和新参加革命工作家庭负担较重人员。期间的党费收缴标准未见相关资料。

受国民党政府统治后期滥发货币、金圆券贬值的影响，加上新旧政权交替，物资紧缺，物价飞涨。1950 年 8 月 24 日，中央组织部出台《关于缴纳党费办法暂行规定的补充规定》，根据物价的变化对实物薪资者征收党费的标准作了补充，即使物价上涨，其应缴的党费仍按照中央组织部《关于缴纳党费办法的暂行规定》的比例征收。之后，党费收缴制度主要由中共中央或中央组织部根据工资制度、物价水平等因素的变化，以党内专门文件形式进行调整。

1952 年 7 月，中共中央及时调整党费缴纳标准，下发《关于党员缴纳党费的规定》，对工薪制党员和候补党员、供给制的党员和候补党员、农村中不脱离生产的党员、有临时性收入的党员和候补党员等分别制定党费缴纳标准。同年 8 月，中央办公厅下发《关于改变全国党费上缴办法的通知》，规定县以上各级党委按月直接将党费上缴中央办公厅特别会计室。各级党委定期（半年）检查本地区党费的上缴情况，并向上级党委汇报。

9月，为做好党费收缴和使用情况监督，中央办公厅和中国人民银行总行签订《代收全国党费合同》，各地按合同规定缴纳党费。随着经济社会的不断发展，银行业务日益繁重，1955年10月取消人民银行《代收全国党费合同》。新的党费收缴办法10月10日起开始执行。

1955年6月，国家取消供给制和工薪制，全部实行工资制。中央组织部下发《关于国家机关工作人员全部实行工资制待遇后党员缴纳党费办法的通知》，原来享受供给制待遇的党员和候补党员改工资制待遇后，按照《关于党员缴纳党费的规定》的标准缴纳党费；原来享受工薪制待遇的党员和候补党员，从1955年7月开始，将每月补发的工资加在原来每月领取的工资收入之内，按照缴纳党费的规定逐月核算，一次缴清。手工业党员人数大增后，1955年11月，中央组织部对手工业党员如何缴纳党费作出具体规定：凡手工业生产合作社社员，手工业生产小组组员中有固定收入的党员，按照《关于党员缴纳党费的规定》中第一项的标准缴纳党费；尚未组织起来的个体手工业工人和手工业者中的党员，收入不固定且人数较少，按照《关于党员缴纳党费的规定》中第四项的标准执行，数额由其自定，自愿多交者不限，无力缴纳党费时，经支部委员会讨论批准可以免交；在城市中的手工业工人和手工业者中的党员应该按月缴纳党费，在农村中的手工业工人和手工业者中的党员可每3个月缴纳一次。

1956年11月，中央出台《关于共产党员缴纳党费的规定》，从1957年1月起，凡有工资收入的党员，每月按照工资收入的一定比例交纳党费。月工资收入100元以下的，交纳工资收入的0.5%；月工资收入101～200元，交纳工资收入的1%；月工资收入在201～300元，交纳工资收入的1.5%；月工资收入在301～500元，交纳工资收入的2%。没有工资收入或收入不固定的农民党员每3个月缴纳一次党费，每次5分；中国人民解放军中供给制待遇的士兵党员、学生党员、家庭妇女或依靠救济为生的党员，月缴纳党费5分。党员如无力缴纳党费，经支部委员会批准，可以免缴。

1960年5月，江西省委批转《省委组织部关于党费管理和使用办法的意见》，自当年7月1日起，将之前由县委直接上缴省委，改为由县委先上缴地委，地委自留30%作为辖区支部教育经费，剩余70%再上缴到省委办公厅。县委每月上缴一次，地委每季度上缴一次。为调动各地区开展党员教育活动的积极性，自1962年1月1日起，地委自留党费比例由30%提高到50%。1964年4月，江西省委再次提高各地委党费自留比例，由50%提高到60%，40%上缴省委办公厅。各县市和基层党组织党费在当月30日前上缴地委，地委每季度末上缴省委办公厅。

“文化大革命”期间，党费收缴情况不详。

1980年11月27日，抚州地委组织部转发江西省委组织部《关于党费上缴、留用比例规定的通知》，规定各县市委，省、地属县级以上企事业单位党委，党费自留20%，剩余的80%在每季末按照党组织隶属关系缴交上一级党委组织部，每半年填报一次“党费收支汇总表”；各地委直属机关党委及各大专院校党委，党费自留20%，剩余80%每季度末按照党的隶属关系分别上缴地委组织部和省委组织部；地委组织部将收缴的党费自留60%，剩余40%每半年一次上缴省委组织部，并在年终填报一次“党费收支汇总表”上报省委组织部。上缴的党费，均须通过银行汇缴和划拨。

解放初至1981年，抚州地区党费收缴数额无考。1982年，全区各级党组织共缴纳党费11.5万元。[1]1985年，抚州地区国家机关行政人员、专业技术人员由等级工资制改为职务工资为主的结构工资制，工资收入大幅增长。同年12月5日，抚州转发江西省委组织部通知，规定国家机关和事业单位工作人员中的党员，以基础工资、职务（技术或岗位）工资、工龄工资和级别工资组成的基本工资收入为基数，按照规定的比例交纳党费；离、退休人员中的党员，以离、退休后的基本工资（不包括生活补贴）为基数按照规定的比例交纳党费。各地对党费收缴问题都非常重视，金溪县1988年针对少数基层党组织不按时交纳党费、不按工资比例交纳党费等问题，印发《党员交纳党费情况登记表》，加强对党员的教育和监督，由支部指定专人定期进行党费的登记公布工作。

中共十一届三中全会后，农村实行家庭联产承包责任制，乡镇企业、联户办、户办、个体和私营经济兴起，农村经济得到快速发展。尤其是20世纪80年代前期国家数次大幅度提高农产品收购价格，农民收入进入快速增长的第一个高峰期，由1978年的年人均82元增加到1990年的729.37元，增长7.89倍。1990年3月，抚州转发江西省委组织部《关于党费的收缴、使用和管理的意见》，对农民党员的党费缴纳进行调整，农牧渔民党员，由每月交纳党费5分调整为每月交纳党费1角；民办教师、乡村医生和乡村企业中的党员，每月有固定收入的，按规定比例交纳，没有固定收入只有生活补贴的，参照农民党员每月交纳1角；专业户、个体工商户中的农民党员，根据平均每月专业纯收入（由党支部核对）按规定比例交纳党费；种、养殖专业户农民党员，在未收益和资金投入期间，每月交纳党费1角；经支部党员大会讨论，生活困难的农民党员每月交纳党费5分，丧失劳动能力的农民党员，可以少交或免交。

1992年11月至1993年2月，抚州对各级党组织的党费收缴、使用和管理情况进行检查。检查情况显示，1992年全区有基层党委377个，其中有留成党费的党委71个，党支部6944个，党员119662人（农牧渔民党员60737人，行政机关、企事业单位党员58925人）。根据各基层党委自查统计，1992年1—9月，全区各级党组织党员应交纳党费468913.35元，按时按标准交纳党费的党员有116073人，占党员总数的97%；按时上缴党费的支部有6250个，占党支部总数的90%；按时上缴党费的基层党委有370个，占基层党委总数的98.14%。[2]

1993年，全区12个县市委和76个有党费留成的基层党委共收缴党费413696.81元。[3]

1994年4月，抚州转发中央组织部《关于共产党员交纳党费办法的规定》，对有工资收入的党员，每月工资收入在400元以下，交纳月工资收入的0.5%；400 ~ 600元，交纳1%；600 ~ 800元，交纳1.5%；800 ~ 1500元，交纳2%，1500元以上的，交纳3%。在乡镇企业工作的农民党员，根据月工资收入，按规定比例交纳党费，其他农民党员每月交纳党费2角；学生党员（包括没有工资收入的研究生党员），没有经济收入或依靠抚恤、救济为生的党员，每月交纳党费1角；城市和农村中从事个体工商经营的党员，每月按上季度缴纳所得税后平均月收入，参照规定的比例交纳党费。当年，抚州地委组织部共收缴党费455376.85元。[4]

20世纪90年代后期，干部职工收入大幅增长，党费收缴标准随之调整。1998年，抚州转发中央组织部《关于中国共产党党费收缴、管理和使用的规定》，党费收缴标准继续按照1994年《关于共产党员交纳党费办法的规定》，但对工资构成中党费计算基数进行了明确，要求有工资收入的党员，每月以国家规定的工资总额中相对固定的、经常性的工资收入为计算基数，按规定比例交纳党费。工资总额中相对固定的、经常性的工资收入包括：机关工作人员的职务工资、级别工资、基础工资、工龄工资、津贴；事业单位专业技术人员、管理人员的职务工资、等级工资、津贴、奖金；机关、事业单位工人的岗位工资、等级工资、津贴、奖金；企业人员工资收入中的固定部分（基本工资）和活的部分（津贴、奖金）。列入交纳党费计算基数的津贴、奖金是指年功性津贴、地区性津贴、工资性津贴和按月发放的奖金。在完成应交党费的基础上，对自愿一次性缴纳1000元以上党费的党员作出规定，先由所在基层党委代收，并提供该党员的简要情况，通过江西省委组织部转交中央组织部，最后由中央组织部给缴纳人出具收据。

2001年金溪县制定流动党员收入申报核定制度，印发《流动党员交纳党费调查表》，要求流动党员每年年初如实申报上一年度实际收入。当年10月，该县426名外出流动党员有279名进行收入申报，党员交纳党费由以前的月人均2.6元上升到7.2元。

2006年，中央组织部办公厅、中国人民银行办公厅联合下发《关于党费账户继续单独设立的通知》，规定各级党组织应单独设立党费专用存款账户，不能将其他费用同党费混在一起存入银行，也不能按其他款项存入银行。规定党费应当存入中国工商银行、中国农业银行、中国银行、中国建设银行、交通银行，不能存入其他银行或者非银行金融机构。据此精神，2008年省委组织部下发《江西省党费收缴、使用和管理细则（试行）》，规定党费应当以党委或党委组织部门的名义单独设立银行账户，党费账户名称应有“党费户”字样，并刊刻户名、账号、开户行的全称印章。各基层党委和各级地方党委应当在党员大会或者党的代表大会上，向大会报告（或书面报告）党费收缴、使用和管理情况，接受党员或者党的代表大会代表的审议和监督。各市、县区委组织部，应当每年向同级党委和上级党委组织部门报告党费收缴、使用和管理情况，同时向下一级党组织通报。市委每年上缴省委的党费在当年8月底前及次年2月底前分两次转账至省委组织部党费账户。对流动党员，在流入地建立党组织并进行管理的，外出期间一般向在流入地建立的党组织交纳党费。因外出地点变动频繁的流动党员，未落实接收单位期间，向流出地党组织缴纳党费，落实接收组织关系单位后，向流入地党组织补交党费。对于尚未落实就业去向，按有关规定将党员组织关系保留在原就读学校党组织的学生党员，仍向学校党组织缴纳党费。2001—2007年抚州市收缴党费情况：2001年146.71万元，2002年210.05万元，2003年308.21万元，2004年226.36万元，2005年311.86万元，2006年345.07万元，2007年244.03万元。

2008年，中央组织部下发《党费收缴、使用和管理的规定》，对按月领取工资的党员，以工资总额中相对固定的、经常性的工资收入（税后）为计算基数，按照规定比例缴纳党费。每月工资收入（税后）在3000元以下，缴纳月工资收入的0.5%;3000 ~ 5000元，缴纳1%;5000 ~ 10000元，缴纳1.5%；10000元以上，缴纳2%。针对年薪制人员中的党员，以当月实际领取的薪酬收入为计算基数；不按月取得收入的个体经营者中的党员，以个人上季度月平均纯收入为计算基数；离退休干部、职工党员，以每月实际领取的离退休费总额或养老金总额为计算基数，5000元以下（含5000元）的按0.5%交纳党费，5000元以上的按1%交纳党费；农民党员每月交纳党费，35周岁及以下的1元，36 ~ 55周岁的0.5元，56周岁及以上的0.2元；学生党员、下岗失业党员、依靠抚恤或救济生活党员、领取当地最低生活保障金党员，每月交纳党费0.2元。

2008—2014年，抚州市按新标准收缴党费。2008年全市党费收入1555.56万元（其中特殊党费1213.51万元）；2011年68.7万元；2012年44.09万元；2013年257.4万元；2014年142.4万元。从市本级收缴的党费数额看，起伏较大。

二、党费下拨与使用

根据中央组织部《关于党费收支情况和今后党费使用意见的报告》、江西省委组织部《关于党费收缴和使用意见的报告》规定，自1956年7月1日起，各地党组织征收的党费停止上交中央，江西省委办公厅会计科设立特别会计，直接征收各地党组织党费和党费开支批转业务。规定要求，党费只能用在对全体党员有益的事情，如基层党组织活动、党员教育的材料和训练党员的费用，党的机关工作人员的生活费用，对失去工作能力和有特殊困难的党员的救济和辅助费用。

1961年，为提高党员思想政治水平和政策水平，抚州拨出自留党费中的90%，下拨给各县市委作为训练党员经费。抚州地委组织部于1962年11月制定下发《关于分配党员训练经费的通知》，从地委收缴党费中拨出1.3万元（包括省委下拨的7000元），作为训练党员和党的基层组织的活动经费。[5]为继续完成农村党员轮训任务，抚州地委拨出4700元作为农村基层党员训练经费。同年12月22日，抚州地委组织部下发《关于分配农村基层党员训练经费的通知》，分配临川1400元，南城450元，南丰450元，黎川450元，金溪400元，资溪150元，崇仁450元，宜黄400元，乐安450元，抚州市100元。[6]

1980年11月28日，抚州地委组织部下发《关于下拨党员教育经费的通知》，从留用党费中按每个公社100元的标准下拨党费，用于各县市公社（场、镇）党委冬春训练教育党员专项经费，主要用于购买教育材料和训练费用。1981年，按此标准继续下拨党员教育经费。

1982年，全区各级党组织共收缴党费11.5万多元，除按比例上缴省委办公厅外，从地区自留党费中下拨各县市训练党员经费3万元，用于农村公社党委训练党员、学习中共十二大文件和基层党组织整顿工作，另购买全区党员学习材料、印制《入党志愿书》、建立档案馆，当年结余2.9万元。[7]中共十二届三中全会作出经济体制改革和整党的决定后，为做好党员训练工作，1985年1月7日，抚州地委组织部从留用党费中下拨农村党员训练经费2.6万元。同年11月，又按照每个乡镇党委200元、每个县另加500元的标准下拨经费，共下拨党费5.25万元，主要用于党员训练。1986年全区开展村级整党工作，10月8日抚州地委组织部下发《关于下拨一部分党费作为全区村级整党经费补助的通知》，除江西省委组织部下拨8万元外，从地区留用党费中下拨3.5万元。

20世纪80年代后期，不少企业党组织活动及党员活动经费无保障。1989年3月2日，抚州转发中央组织部、财政部《关于企业党组织活动经费问题的通知》，规定企业党组织活动经费（如召开党内会议，党内宣传教育活动和组织活动，党员和入党积极分子培训，表彰优秀党员和先进党支部活动等），应按照中央组织部关于党费用途的规定，先从留用党费中开支，不足部分从企业管理费中解决。从企业管理费列支的党组织活动经费，年初由企业党委（总支、支部）根据工作需要编制年度预算并列入企业财务计划，日常开支由党委书记审批，财务部门报销。如遇特殊情况需追加经费时，应经党委会议讨论后向财务部门提出，最后由厂长决定，企业党委需定期向党员大会或党员代表大会报告党组织活动经费开支情况。

针对党费收缴不及时、使用不规范等问题，1990年3月19日，抚州转发江西省委组织部《关于党费的收缴、使用和管理的意见》，规定党费只能用于发展党的事业、开展党的活动的必要开支和对全体党员有益的事项上。党费的使用范围包括：教育训练党员费用的补充开支、党员日常政治理论学习、业务学习资料以及订阅党员读物费用、表彰先进党组织和优秀共产党员活动费用的部分开支、对丧失工作和劳动能力以及有特殊困难的党员给予适当救济和补助。重申党费使用要严格审批手续，不准随意扩大党费使用范围，凡有留成党费的党组织，都应向党员大会或党的代表大会报告党费收缴、使用情况。各级党委要向上级党委专题报告下拨党费使用情况。为解决县市委开展党内活动和订阅党刊等经费不足的问题，从1990年1月起，各县市委组织部的党费由原留用40%调整为留用50%。

1993年，抚州下拨各县市及有关单位16万元，用于购买学习资料及党员电教片，印制《入党志愿书》《建党对象考察表》及党费证、党刊订阅、“七一”表彰。[8] 1994年，全区下拨各县市12万元，本级支出主要用于购买电教设备、印刷农村党员实用技术培训教材和订阅党刊、“七一”表彰等。[9]

1998年1月，中央组织部出台《关于中国共产党党费收缴、管理和使用的规定》，明确党费主要作为党员教育经费的补充，具体使用范围有：培训党员；订阅或购买用于开展党员教育的报刊、资料和设备；表彰先进基层党组织、优秀共产党员和优秀党务工作者；补助生活困难的党员。规定要求各级党组织在使用和下拨党费时必须集体讨论决定，不得由个人或者少数人决定。2005年，党费使用向基层、农村、困难党组织和困难党员倾斜。年内，全市从留用党费中拿出20多万元，用于走访慰问困难党员、兴建改建基层党组织办公场所等。在全市开展的保持共产党员先进性教育活动中，安排40多万元专项资金帮助困难党组织开展教育活动。

2008年，中央组织部下发《关于中国共产党党费收缴、使用和管理的规定》，对党费的使用在原有4项范围的基础上，增加“补助遭受严重自然灾害的党员和修缮因灾受损的基层党员教育设施”。重申使用和下拨党费必须集体讨论决定，不得个人或者少数人决定。下拨党费的申请应当向上一级党组织提出，不得越级申请，上级党组织下拨的党费，必须专款专用。抚州市委组织部提出，各县区在基层每年上交党费中留出不低于20%的使用额度，由县区委组织部统一管理，在使用额度内报批使用。使用和下拨党费时，应当制定使用方案并抄送下拨党费的党组织备查。使用党费采取转账的方式并要求收齐相应数额的票据。表彰先进基层党组织、优秀共产党员和优秀党务工作者，慰问生活困难的党员，慰问遭受严重自然灾害的党员时，可以从党费中提取并发放现金。发放现金时，要求制作现金发放表，包括发放名目、时间、数额等，需经办人、证明人及领取人签字，并留有领取人联系方式。

2009—2014年，抚州按照中央组织部《关于中国共产党党费收缴、使用和管理的规定》，做好党费收缴、使用和管理工作。对有留存、返还党费的基层党组织，要求把党费存入党费账户，实施统一管理。要求党费在规定的使用范围内使用，不得挪作他用，严禁出现用于吃喝、私分党费的现象；党费留存、返还使用做到收支账目清楚。

三、党费监督与管理

抚州解放后，随着各级政权机构的建立，党组织活动正常化，党费收缴工作逐渐走上正轨，尤其是党费的收缴、保管及按规定比例上缴、下拨、使用等，都能按照中央组织部要求进行。除明确收缴标准外，对党员是否按规定缴纳，党组织是否按规定比例上缴，党费下拨后是否按规定范围使用，各级党委及党委组织部门履行监督与管理职能。

1960年5月，江西省委批转《省委组织部关于党费管理和使用办法的意见》规定，自1960年7月1日开始，县一级党费由直接上缴省委改为先上缴地委，地委自留30%作为辖区的支部教育费，剩余70%再上缴省委办公厅。地委在承担辖区党员党费收缴工作的同时，增加留存党费管理职能。1962 年 2 月，抚州下发通知，要求各县市委组织部对 1961 年度党费收支的详细情况、存在的问题以及今后党费的管理和使用意见，形成报告材料并上交。

“文化大革命”期间,党费管理工作较混乱。“文化大革命”结束后，江西省委组织部要求各级党委组织部门做好党费清理工作。1980 年 1 月 8 日,抚州下发《关于清理核对党费的通知》,要求各县市党委组织、政工部门，对 1968 年以后本单位的党费进行一次清理，针对党费收缴不及时、手续不清、账目混乱、上交不按规定、使用不合理等问题,形成材料上报。同年 11 月，抚州转发江西省委组织部《关于党费上缴、留用比例规定的通知》，规定各县市委，省、地属的县级以上企事业单位党委，将收缴的党费自留 20%，剩余 80% 在每季末按照党组织的隶属关系上缴给上一级党委组织部，并每半年填报一次《党费收支汇总表》；各县市上缴的党费，均需通过银行汇缴和划拨，同时填报“党费上缴通知单”。中央组织部下发《关于检查 1981 年党费收缴、使用、管理情况的通知》，抚州于 1981 年 11 月下发《关于检查 1981 年党费的通知》，要求各县市委组织部、地直各单位党委对 1981 年党费收缴、使用、管理情况进行检查，并将检查的情况及《党费收支情况报告表》上报地委组织部。

1985 年 11 月，抚州对各县市委组织部、地直各单位党委 1981 年以后党费收缴、使用、管理情况进行检查。1986 年 2 月，临川县委组织部对未按规定收缴党费的敦促如数上交，对挪作他用等问题进行核查处理。1987 年 12 月，抚州地委组织部转发中央组织部《关于恢复党费存款计息的通知》，各单位按要求对党费收缴和留存党费进行清理。地、县两级组织部门按规定单独设立党费账户，对留存党费，在不影响党费正常使用的情况下，按照银行利率档次办理党费存款，党费利息作为党费收入的一部分，使用范围严格按照规定执行。各县市委组织部健全党费收缴、管理和使用制度，指定专人负责管理党费，建立专账，定期向党员大会或者党员代表大会报告党费收缴、使用情况。

1987—1990 年，抚州每年开展一次年度党费收缴、使用、管理情况的检查，检查前，各县市委组织部、地直各单位党委对本年度党费收缴、使用和结存情况，对执行党费专人管理、设立专门账户、定期核对账户、现金保管等制度情况进行自查，每年对下属单位的党费收支情况进行一次检查。1992 年，抚州下发《关于在全区开展党费大检查的通知》，对全区各级党组织的党费收缴、使用和管理工作进行全面检查。

1993 年，抚州地委组织部重点抓各项党费管理制度的落实，抓银行党费专户管理、专人管理、进出账目管理及收缴手续是否健全，要求各基层党支部有党费收缴登记簿，保证应缴、收缴、上交“三对口”。全区党费纳入地区财政局预算外资金专户储存，实行收支两条线、两本账管理。党费按月转入地区财政局账户，使用时报地区财政局审批，然后转组织部账户支取。当年,地委组织部被抚州地区财政局评为“预算外资金专户储存”先进单位。各县市和地直各单位党委每年对党费收缴、管理和使用进行检查。当年，全区隶属地委组织部管理的党委共 43 个,其中,归口直属机关党委管理的 26 个,归口地区经委党委管理的 17 个。抚州采取定期抽查、重点检查的办法，加强对归口党委党费的管理。1994—1995 年，抚州将党费管理工作纳入全区组织工作目标管理范围，建立并实行党费基数核定制度，坚持每年自下而上逐级核定一次党费基数。

1998 年 12 月，抚州印发《关于在全区开展党费收缴、管理工作大检查的通知》，对各地本年度贯彻执行党费收缴、管理规定的情况进行检查。检查范围包括：各基层党组织在党费收、管工作中的好做法、好经验、存在的主要问题及解决措施；下拨的救灾党费和其他专项党费的使用情况；对进一步搞好党费收、管工作的建议。各地先自查,地委组织部再集中检查,检查后，印发《关于全区党费收缴管理工作的情况通报》。临川区委组织部于 2001 年 7 月对全区基层党委上年度党费收缴、管理工作进行专项检查。从检查情况看，工资增长后，党费基数增长较快，其中 2000 年河东乡党费基数 11600 元，比 1999 年增加 5516.5 元。

2002 年 10 月，抚州下发《关于进一步加强党费管理的通知》，要求党费统一管理，专人负责，会计、出纳分设，党费收支时使用由市委组织部统一印制的票据，党费账簿归档严格按照有关规定记录，党费在银行单立账户、单独存储，不与其他经费混存。党费账号及开户银行报市委组织部组织科，党费利息作为党费收入的一部分，不得挪作他用，不得以任何理由将党费用于购买国库券以外的投资，党费支出一般采取转账方式支付，不能大量支取党费现金。同时，党费使用和管理信息要通过正常渠道逐级上报。党费管理人员先培训后上岗，党费管理人员发生变动，按党费管理有关规定和财务制度办好交接手续。

2008 年是实行党费收缴新标准的第一年，1—3 月执行老标准，4—12 月执行新标准。2009 年 5 月，宜黄县委组织部转发《江西省党费收缴、使用和管理细则（试行）》的通知，在规范党费管理，加强党费管理工作人员培训的同时，将党费的收缴、使用和管理情况作为党务公开的一项内容，定期向党员大会或党的代表大会通报有关情况。此后，各地党费收缴、使用工作总体平稳，但每年一度的检查并未如期开展。

四、特殊党费

特殊党费源于部分党员以交纳大额党费的形式捐款，由中央组织部转交相关部门用作特殊事项。它是指党员除按组织规定要求交纳党费之外，个人自觉自愿向组织捐献，也包括特殊时期党组织号召，组织党员另行交纳的党费。党员交纳特殊党费，是思想觉悟先进的表现。

1990 年，北京举办第十一届亚洲运动会。同年 3 月 14 日，抚州地委组织部下发《关于在全区党员中开展“为祖国争光、为亚运会作贡献”活动的通知》，动员全区党员参加“为祖国争光、为亚运作贡献”活动。一个多月时间，抚州地区十万名党员自愿为亚运会捐款 49 万元，其中临川县党员干部捐款 70386.4 元，金溪县党员干部捐款 34715.21 元。5 月 7 日，第十一届亚洲运动会组委会在北京隆重举行江西省抚州地区共产党员向亚运会捐赠仪式，亚运会组委会常务副主席、北京市常务副市长张百发，全国体育总会副主席路金栋和中央组织部秘书长蒋振云等出席捐赠仪式。

1990 年 5 月 7 日，第十一届亚运会组委会在北京举行江西抚州地区共产党员向亚运会捐款仪式

2008年5月，南城县地税局党员为汶川地震交纳“特殊党费”

2008年5月12日，四川汶川地震后，中央组织部下发《关于做好部分党员交纳“特殊党费”用于支援抗震救灾工作的通知》《关于抗震救灾“特殊党费”收缴、使用和管理的暂行办法》。随后，江西省委组织部下发《关于做好部分党员交纳“特殊党费”用于支援抗震救灾工作的通知》；5月16日，抚州下发《关于做好支援四川地震灾区抗震救灾有关工作的通知》，紧急动员各级党组织和党员干部支援抗震救灾。5月21日，全市党员领导干部交纳“特殊党费”活动仪式在市行政中心举行，市四套班子领导以及市委各部门、市直各单位、各人民团体和中央、省驻抚州企事业单位副县级以上党员领导干部上交一个月工资作为“特殊党费”，共收到100余万元。其中，市委组织部党员干部交纳“特殊党费”3.4万元，市中级人民法院党员干部交纳7.53万元，市公安系统党员干部交纳44.4万元。各县区党员干部交纳“特殊党费”踊跃，广昌县11个物流协会的党员，汇出2万余元“特殊党费”到指定账户；东乡县副县级以上党员领导干部在县委大院内排队交纳“特殊党费”62034元。崇仁县石庄乡七里亭村党员唐平良交纳1000元“特殊党费”；临川区机要局党员熊卫东因病长期卧床，得知汶川地震消息，委托同事交纳200元“特殊党费”；金溪县秀谷华侨农场职工党员丁云林家庭并不富裕，不但先后两次向灾区捐款500元，而且发动3个女儿捐款2000余元，5月23日下午，丁云林又交纳8512元“特殊党费”；乐安县老党员邹德旺将两个月的伤残抚恤金作为“特殊党费”交到县委组织部；黎川县86岁的离休干部李杰交纳1000元“特殊党费”。据不完全统计，全市有8.6万余名党员共自愿交纳特殊党费1200多万元。

2010年4月14日，青海玉树地震后，抚州市委、市政府下发《关于进一步做好为玉树地震灾区捐赠工作的通知》，市直各党政机关、企事业单位组织本部门、本系统干部职工捐款。南丰等县区委组织部下发通知，组织党员干部交纳特殊党费支援青海玉树抗震救灾。

2010年6月，抚河唱凯堤决口，致使唱凯、罗针、罗湖、云山4个乡镇、56个村委会、358个自然村受淹。抚州紧急动员各级党组织和党员干部支援抗洪救灾，部署全市6万多名党员、6000多名机关干部积极投身抗洪救灾一线，并积极开展向灾区捐款活动。其中，临川区委组织部全体干部职工向灾区捐款1.95万元。

【注　释】

[1][7]1983年3月5日，中共抚州地委组织部《关于1982年的工作概况和1983年的工作安排》。

[2]1993年3月30日，中共抚州地委组织部《关于我区开展党费检查的情况报告》。

[3][8]1994年4月30日，中共抚州地委组织部《1993年党费收缴、使用、管理情况的报告》。

[4][9]1995年3月20日，《抚州地区1994年党费收缴、使用、管理情况的报告》。

[5]1962年11月1日，中共抚州地委组织部《关于分配党员训练经费的通知》。

[6]1962年12月22日，中共抚州地委组织部《关于分配农村基层党员训练经费的通知》。

第六节　党员档案管理

新中国成立后，党员档案实行分级分类管理，主要有5个渠道：农民党员档案由乡镇（公社、场）党委管理；行政单位干部党员档案归档到同级组织部干部人事档案中管理；教育、卫生系统事业单位干部党员档案分别归档到教育局和卫生局的人事档案中管理；职工党员档案归档到人事劳动局职工人事档案中管理；党组织关系属地方管理的中央、省驻抚州的直管单位党员档案由其直管单位负责归档到上级主管部门人事档案中管理。

“文化大革命”期间，各级组织人事部门受到冲击乃至瘫痪，党员档案管理工作受到严重影响。中共十一届三中全会后，党的建设回归到正常轨道，党员档案管理工作受到重视，各级组织人事部门把党员档案管理工作作为一项常规工作来抓，纳入基层党委组织工作目标考核，党员档案管理工作日趋规范。地、县组织部门在历年举办的基层党委组织委员业务培训班上，把党员档案管理作为培训内容之一，先后完善党员档案归档材料种类、党员档案登记、接收党员档案登记、党员档案移交登记、党员奖惩登记、流动党员档案登记、死亡党员档案登记、无党员档案党员登记、党员档案查询登记等制度，对党员档案材料及时转送归口部门归档提出时间要求。原则上，党员转为正式党员后一个月之内，各基层党委应按党员身份及时将党员档案转送归口管理部门归档。

1981年8月，根据江西省委组织部关于建立党员统计卡片制度的要求，抚州地委组织部协同崇仁县委组织部在礼陂公社开展试点，其他县市各选择一个公社进行试点，尔后分期分批全面展开，全区党员建卡工作于同年年底结束。通过建卡，全区104365名党员中，遗失《入党志愿书》的有7340人，补办5138人；入党时缺少支部大会决议的有739人，补办614人；缺少党委批准意见的有1264人，补办933人；预备党员期满而未办转正手续的有1267人，补办转正手续847人；《入党志愿书》项目填写不全的有1540人，补办1377人。建卡中，还查出重复登记的党员30人，漏登的115人，错登的1人，有入党志愿书但人无下落的368人。临川县共清理退休党员档案54份，死亡党员档案74份，清理出各种不宜进入党员档案的材料39份。针对清理中发现的77人档案缺失，及时派人或函调索回档案54份，并对档案已经遗失和暂未寄来的党员建立临时党员档案。对党员档案中遗失《入党志愿书》的188人，缺少党委批准意见的95人，缺少支部决议的31人，预备期满未转正的50人和项目不全的129人补办手续。

针对农民党员档案“缺、乱、错”的问题，抚州于1986年3月下发《关于做好农民党员档案清理工作的通知》，全区农民党员档案管理工作逐步规范。金溪县采取组织部资助一半、乡镇自筹一半经费的做法，为各基层党委统一配齐铁壳档案橱。1996年，临川市委组织部指导罗针、唱凯、秋溪等外出党员较多的乡镇完善外出流动党员档案管理制度。1999年，针对农民党员档案材料不齐全、归档不及时、移交手续不健全等弊端，乐安、金溪等县下发《关于实施农民党员档案规范化管理的意见》，实行“两个统一、九种案卷”的管理方法。即统一案卷分类与统一党员档案材料。在案卷分类方面，分正式党员、预备党员、培养对象、死亡党员、无党员档案管理、统计登记、资料存查、其他等8类。在党员档案材料方面，将入党申请书、自传、团组织推优材料、培养对象考察登记表、入党积极分子考察登记表、思想汇报材料、“文化大革命”期间的表现证明材料、1989年春夏之交北京政治风波期间的表现证明材料、计划生育证明材料、党内外群众意见、培训证明材料、主要社会关系证明材料、综合政审材料、发展对象呈报表、《入党志愿书》、预备党员思想汇报材料、预备党员转正申请书、党员登记表、民主评议党员登记表、党员奖惩情况、党员任职有关文件等21种材料，分成入党志愿书，申请材料，履历、自传材料，考察、培训、鉴定材料，政审材料，思想汇报材料，奖励材料，党纪处分材料，任免材料，其他材料等10个项目登记归档并编号。九种案卷包括：党员统计表、民主评议表、党员花名册、入党积极分子培训登记表、党建工作文件、党员培训登记表、党费收缴台账、农村“三老”（老干部、老党员、老劳模）登记表、党组织关系介绍信存根。同时,做好入党积极分子、党员档案、接收党员档案、党员档案移交、党员奖惩、流动党员档案、死亡党员档案、无档案党员、党员档案查询10种登记。

建立农民党员档案管理制度，具体内容包括：农民党员入党后两个月内将有关材料装订归档；农民党员受表彰、处分、参加培训、民主评议、任职情况等材料及时存入档案；接收或转出党员档案办理登记手续；查阅党员档案应持党组织介绍信并经党委分管党员管理工作的领导同意，填写查阅登记表后方可查阅。党员档案一般不外借，特殊情况需外借的，须经党委主要领导同意，并限定一周内归还；党员档案统一使用档案柜保存，不随意堆放；党员档案原则上由乡镇党委组织委员管理，管理人员调离时，按移交目录办理移交手续。

通过农民党员档案规范化管理，农民党员实现一人一档。2000年，临川市在上顿渡镇试点后，于9月中旬在全市推开。2009年，东乡对全县农村党员的档案进行全面规范管理，投入4万余元，购置37组档案柜、2400多个档案盒，按姓氏排序、特色支部排序和自然村组分布排序存放档案，并统一编制标签、索引，确保党员档案的规范、安全保管。通过加强党员档案管理，使“隐形”党员现真身、“口袋”党员回组织。东乡县共向县教育局转交教师党员档案260余份，向县人事局转交68份，向县委组织部转交20余份，安置“隐形”党员、“口袋”党员130余人，清理死亡党员档案600余份。对确定关系的9375名农村党员档案进行重新归档，对奖惩、职务有变化的党员，及时进行信息更新；对1994年以前入党但没有入党志愿书的700多名党员进行党员基本信息重新登记，并建立个人档案；对1995年后入党但没有入党志愿书档案的115名党员进行补填。

2010—2014年，市直机关工委每年对市直单位开展机关党建工作目标管理考核，考核方式有单位自评、组织考核和汇总审核三项，其中一项工作是对各单位的发展党员工作进行检查，查看发展党员计划和党员档案，确保党员档案的规范。

第七节　党内统计

新中国成立初期，抚州专区要求各县市按照党员花名册，对党员发展情况每年进行一次登记。1954年，抚州地委组织部要求各县市严格执行报表和健全党员登记制度，每月报送一次报表，每半年报送一次建党与巩固党的数字，并指定专人负责报表和党员登记工作。

1960年，抚州转发江西省委组织部《关于党的组织和党员登记统计工作的几项通知》，对统计工作的各项要求作出规定。全区党员统计一直延续到"文化大革命"前夕。"文化大革命"初期至1968年，党的组织工作比较混乱，党员统计工作资料缺失。1969年，恢复党员统计工作。

1987年11月，抚州地委组织部转发江西省委组织部《关于加强党员统计卡片管理工作的意见》，要求各县市加强对党员统计卡片的管理工作，运用统计卡片对党员和党组织的增减进行统计，发挥了党员统计卡片和党员统计工作在党的组织建设中的服务和监督作用。

1989年，中央组织部印发《中国共产党党内统计资料的提供、公布和密级管理暂行规定》，划定党内统计资料的保密范围和秘密等级，规定提供或公布党内统计资料的方法和审批权限。抚州地区于1990年正式按《规定》执行。

1993年，抚州印发全区党内统计分析资料专辑，进一步提高党内统计报表质量和党内统计资料利用率。1996年，中央组织部印发《中国共产党党内统计工作规定》，对党内统计工作提出更高更严要求。抚州派出负责党内统计的干部参加业务培训，保证每年从事党内统计业务不少于3个月，要求各县市和地直单位将一批政治业务素质较高的党员调整和充实到统计干部队伍中，并保持党内统计干部队伍的相对稳定，各县市委组织部调整党内统计干部必须经地委组织部同意，坚持先配后调、先培训后上岗，实行以老带新工作一年的制度。同年，采取以会代训和专题培训相结合的方式对全区党内统计干部进行系统培训。江西省委组织部下发《关于开展创"全优报表"活动意见》后，抚州开展"创先评优"活动，对统计报表进行考核评比和通报，对评选产生的优胜单位和业绩突出的个人予以表彰奖励。全区11个县市党内统计干部文化程度都在大专以上，平均年龄33.5岁；是年，抚州地区的党内统计报表被江西省委组织部评为"全优报表"。

2008年，下发《抚州市〈中国共产党党内统计工作规定〉实施办法（试行）》，规定党内统计工作实行条块结合、分级负责的管理体制，要求各地、各单位统一使用中央组织部推广的专用软件，建立党内统计基本信息数据库，并明确一名专职党员干部从事党内统计工作。2010—2014年，抚州市委组织部每年安排专人负责党内统计报表工作，由专职人员集中进行统表，连续5年被江西省委组织部评为"全优报表"。

1951—2015 年部分年份抚州党组织和党员数量

表 1-8　　　　单位：个、人

年份	党组织			党员	年份	党组织			党员	年份	党组织			党员
	支部	总支	党委			支部	总支	党委			支部	总支	党委	
1951	141	—	—	1251	1976	6329	950	276	90281	1996	7314	274	310	132949
1952	441	—	—	4049	1977	6804	837	294	93348	1997	7346	266	300	137189
1953	656	—	—	5899	1978	7355	923	295	96610	1998	7188	267	298	137630
1955	—	—	—	17246	1979	7641	984	297	99848	1999	7191	271	303	138330
1956	1079	334	—	21159	1980	7959	967	307	102823	2000	7212	275	305	138853
1957	1780	344	84	21862	1981	6282	304	296	104365	2001	7032	220	311	145889
1958	1879	95	192	25496	1982	6323	294	293	106067	2002	6907	246	319	143330
1959	2347	119	158	30185	1983	5772	273	308	95107	2003	6979	249	334	146037
1960	2596	61	182	34655	1984	5728	280	322	96816	2004	6889	251	333	149135
1961	2970	12	334	35384	1985	5850	273	326	101230	2005	6780	249	338	152781
1962	3038	32	355	36597	1986	6058	209	327	105655	2006	6667	257	348	152829
1963	3049	48	343	37712	1987	6189	290	312	108965	2007	6615	290	283	159148
1965	3084	43	302	39746	1988	6400	313	309	111261	2008	6646	323	258	163248
1969	4397	1047	179	59572	1989	6579	316	311	113104	2009	6495	281	224	165251
1970	7971	1127	225	72737	1990	6716	287	360	115134	2010	—	301	248	167365
1971	9488	1409	263	71635	1991	6869	275	374	117600	2011	6842	301	249	169129
1972	6324	1073	265	77454	1992	6944	272	377	119662	2012	6842	301	248	171467
1973	5397	683	244	81496	1993	7148	283	308	122462	2013	7033	314	263	172544
1974	5681	705	259	82738	1994	7209	291	311	125766	2014	7106	314	268	173750
1975	5984	686	263	85815	1995	7233	283	310	129494	2015	7187	310	268	175394

第二章　党的地方组织

土地革命战争时期，为加强党对各级基层组织的领导，临川、乐安、宜黄、崇仁、南丰、广昌、东乡、金溪、资溪、黎川、南城先后建立了县委，临川、乐安、广昌、资溪等地还建立了中心县委，中共闽赣省委设在黎川县境内。党的地方组织积极领导广大人民群众建设和保卫根据地，支援革命战争，为反"围剿"的胜利作出了极大贡献。

抚州解放以后，各地先后建立县市委，成立中共抚州地方委员会，1971 年改名为中共抚州地区委员会，2000 年 10 月撤地设市，改名为中共抚州市委员会。地（市）、县（市、区）委领导抚州人民投身到社会主义革命、建设和改革开放中，为建设幸福抚州作出了不懈的努力。

第一节
新中国成立前的地方党组织

一、大革命时期党组织

（一）中共临川支部干事会

1926年7月，国民革命军为统一全中国，在广州誓师北伐；9月初，北伐军由赣南挺进广昌、南丰、南城、宜黄；10月18日，荡平临川东馆、秋溪军阀部队刘宝题旅，兵临抚州城下。抚州城进步学生召开秘密会议支援北伐军攻城，他们在城内大量印发革命传单和标语，瓦解军阀部队士气，向北伐军提供敌军火力布防情况，动员工人农民摸黑将100多架长梯搭在城墙外，为北伐军攻城提供便利。10月20日晚，北伐军攻克抚州城，中共党员陈奇涵、曾燕堂分别以北伐军总政治部特派员、北伐军第14军政治部特派员的公开身份，到抚州筹建国民党临川县党部，同时秘密开展中共地方党组织组建工作。陈奇涵、曾燕堂在临川各学校和工农群众中宣传国际国内形势，号召青年学生和工农群众起来推翻帝国主义和反动军阀的统治，组建国民党临川县临时党部。10月底，组织工农群众斗争临川第一大豪绅、县商会会长邹中林和北洋政府临川县长吴普航。

在与土豪劣绅、反动官吏的斗争中，一批具有先进思想的青年脱颖而出。陈奇涵、曾燕堂将章应昌、许瑞芳、李干等一批青年列为建党对象。11月8日，北伐军攻克南昌，陈奇涵离开抚州前往南昌，抚州的建党工作交由中共党员、国民党江西省党部赣东特派员钟赤心负责。钟赤心根据中共江西地方执行委员会的指示，对陈奇涵、曾燕堂确定的建党对象作进一步考察，于1926年11月批准章应昌、许瑞芳、刘景宽、郭忠仁、李干5人加入中国共产党，成立抚州第一个党组织——中共临川支部干事会。中共临川支部干事会先后隶属中共江西地委和中共江西区委，刘景宽任支部书记，章应昌任组织干事，许瑞芳任宣传干事，李干任青运干事，郭忠仁任农运干事，支部设抚州城油塘下。同时，对国民党临川县临时党部进行改组，撤销阻碍工农运动的右派分子职务，组成共产党员和国民党左派人士占绝对优势的新党部。

临川支部干事会成立后，在抚州城内开设“临川书店”，秘密经销革命书刊，传播马克思主义，开展工农运动，并从工人、学生中发展先进分子入党。其间，钟赤心先后赴宜黄、崇仁、南城、东乡、乐安等县改组国民党临时县党部。12月，中共党员、国民党赣西特派员袁振亚到南丰、广昌改组国民党临时县党部，组成以左派力量为核心的新党部，各县左派力量得到加强。与此同时，上述各县总工会、农民协会、商民协会、妇女联合会等群众组织相继成立。

随着革命形势的进一步发展，工农群众的革命觉悟大大提高，斗争意志不断增强，大批先进工农群众和优秀青年学生要求加入中国共产党。1926年12月，中共临川支部先后在江西省立第三师范和江西省立第七中学吸收进步学生周士及、卢春生、宁元勋、李光贤、徐伯康等数十人加入党组织，成立“三师”和“七中”党小组。随着这批青年学生的加入，为各县党组织的建立和发展做好了组织准备。临川支部还在临川县总工会、县农民协会及各行业工会中发展周寿南、殷礼等40多人加入党组织，先后在雨伞、木器、泥水、绸布、筵席、缫丝等行业工会中建立起10多个党小组。至此，临川支部下辖15个党小组，有党员100多人。[1]12月，在钟赤心的指导下，由北伐军派往宜黄任县长的共产党员李卓与国民党宜黄县党部执行委员会中的共产党员余瑞英、邱储经、徐伯康4人组成中共宜黄小组，李卓任党小组组长。1927年1月，共产党员宁元勋受中共临川支部派遣，回到南城发展党的组织，成立中共南城小组，宁元勋任小组组长。周士及则回到家乡崇仁开展建党活动。

抚州各县最早成立的中共支部及其负责人

表2-1

县名	党组织名称	成立时间	党组织负责人	县名	党组织名称	成立时间	党组织负责人
临川	临川支部干事会	1926.11	刘景宽（书记）	乐安	乐安大金竹支部	1928.6	张　英（书记）
东乡	东乡支部	1926.11	舒　同（书记）	金溪	金溪支部	1928.10	卢春生（书记）
南丰	南丰支部干事会	1926.12	熊开文（负责人）	黎川	黎川皮家源支部	1929.春	刘姨婆（书记）
南城	南城支部干事会	1927.2	宁元勋（书记）	资溪	资溪下张支部	1929.11	龚相如（书记）
宜黄	宜黄支部干事会	1927.4	李　卓（书记）	广昌	广昌苦竹支部	1929.8	黄贵球（书记）
崇仁	崇仁航埠古塘支部	1927.10	黄希宪（书记）				

（二）中共东乡支部

1926年11月初，钟赤心到东乡视察国民党党务工作，经过教育和考察，将国民党东乡县党部筹委会负责人舒同吸收为共产党员。之后舒同介绍乐雪猷、赵拔群、梁宜、胡性刚、乐庭玉、刘乾德等人入党。11月下旬，在县城考棚内，钟赤心主持召开东乡县第一次党员会议，宣布成立中共东乡支部，舒同为支部书记，隶属于中共江西地委。1927年1月，中共临川特别支部成立后，东乡支部改隶中共临川特支，并集资创办《师水声》刊物，传播新文化、新思想，宣传马克思主义。

（三）中共南丰支部干事会

1926年11月，中共党员曾燕堂、黄励群到南丰，组建国民党南丰县临时党部筹备处，三四天后他们离开南丰，确定5人负责筹备工作。12月，中共党员、国民党江西省党部赣西特派员袁振亚前往南丰改组国民党临时县党部。这时，从上海回到南昌的熊开文，受中共江西地委负责人方志敏指派，回到家乡南丰开展革命工作；在省立第三师范附小任教的中共党员李光贤，也回到南丰县就任教育局长。以他们为核心，在南丰县城赵济公祠正式成立国民党南丰县党部。他们一面积极领导工农运动，一面秘密发展中共党员，于12月在县党部内成立中共南丰支部干事会，先后隶属于中共江西地委和中共江西区委，有党员12名，后来发展到24名。

（四）中共临川特别支部

1926年12月，中共中央在汉口召开特别会议，通过《湘鄂赣粤四省党务决议案》。会后，中共江西地委改为中共江西区委。中共临川支部也由于党员人数逐步增多，于1927年1月扩大为临川特别支部，刘景宽任书记。临川特支先后隶属中共江西区委和中共江西省委。临川特支先后将临川县直属、总工会、农民协会、农民赤卫队及木器业、大木器业、绸布业、雨伞业、电灯公司、筵席业、泥水业、航业等12个党小组扩大为党支部，同时，在原省立第三师范和省立第七中学党小组的基础上，成立中共临川县学生会支部。党组织在农村也逐渐建立和发展起来，在唱凯、云山、罗针、李渡、温圳、易俗、柴埠口、上顿渡、孔家街、箭港等乡镇建立10个党支部以及中共缫丝业小组。1927年2月，南城党小组扩大为党支部。4月，宜黄党小组扩大为党支部，这两个支部均属临川特支领导。加上东乡支部，到1927年8月，临川特支共有26个党支部1个党小组，有党员650多名。[2]

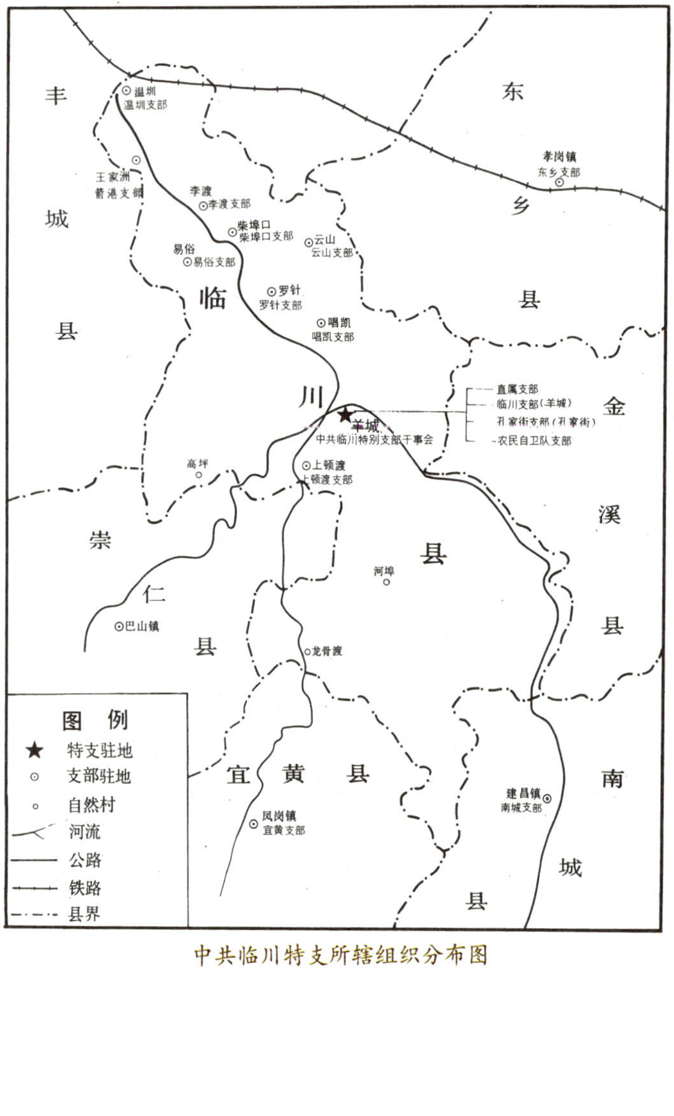

中共临川特支所辖组织分布图

（五）党组织领导建立群团组织

1. 妇女组织和共青团组织

临川党组织建立以后，先后在各地建立妇女、共青团组织。1926年10月下旬，南城县率先成立县妇女协会，号召妇女放足，积极参加社会活动。11月，临川支部为动员妇女投身大革命运动，成立县妇女协会筹备委员会。至1927年2月，东乡、崇仁、金溪、南丰等县先后成立县、区各级妇女协会，举办妇女运动讲习所，培训妇女干部。东乡支部为团结和教育广大青年，扩大马克思主义传播，成立共青团东乡支部，吸收年龄未满18周岁的青年加入团组织。此后，临川、金溪共青团支部也先后成立。到1927年5月，共青团临川县委成立，临川特支青运干事李干任书记。团组织建立以后，党的组织发展有了更加坚实的基础。

2. 工人组织及农民协会

中共临川支部成立后，把组织开展工人运动作为党的中心任务。1926年11月，临川县总工会筹备委员会在抚州城成立，中共临川支部书记刘景宽任委员长。接着，在抚州城的绸布、泥水、木器、电厂、雨伞、缫丝、航运、刨烟、南货、筵席等行业成立基层工会，在上顿渡、唱凯、罗针、云山、李渡、温圳等地成立区工会筹备会。钟赤心和中共临川支部还指派党员分赴黎川、崇仁、宜黄、南城、南丰、金溪、东乡等县，帮助建立县总工会、区乡工会和行业工会。到1927年3月底，抚州的工人运动形成高潮，有工会会员近4万人。各级工会组织建立工人纠察队，仅临川县就有工人纠察队员100余人。党组织率领工人与官僚封建势力和资产阶级进行不屈不挠的政治和经济斗争，领导抚州城的荣盛等5家绸布业工人起来罢工，要求增加工资、保障生活，罢工持续5天。临川特支指示县总工会一方面筹款开办民生工厂，吸收被解雇的工人到厂工作；另一方面，深入各厂、店、作坊，组织声势浩大的万名工人大罢工。在工人运动的巨大压力下，资本家不得不屈服，同意在原工资基础上增加35%，由平均工资35吊钱增加为48吊钱。接着，抚州城的源新、华盛、浔阳等木器厂工人也团结起来为增加工资而罢工。经过3个月的罢工斗争，最终迫使老板答应增加工资40%，同时取消向工人索取饭金，保证不再任意解雇工人。

抚州党组织把组建农民协会作为又一工作重点。1926年10月下旬，中共党员刘家瑞在南城县城率先组建抚州第一个农民协会，发展会员500多人。[3]同年11月，由方志敏领导的江西省农民协会筹备处派钟肇尧到抚州，会同在抚州的钟赤心等人建立赣东农民运动办事处，指导各县开展农民运动。不久，临川县成立农民协会筹备委员会。至12月,先后有东乡、崇仁、金溪、宜黄等县建立农民协会。中共宜黄小组还将宜黄县“民联”武装改编成农民自卫军，将枪杆子掌握在农协手里。1927年1月又有南丰县建立农协。为了与南昌等地的农民运动连成一片，临川县农民协会筹委会在抚州通往南昌大路沿线的洋洲上、孔家街、唱凯、罗针、云山、柴埠口、李渡、温圳、箭港等地成立区、乡农民协会，于1927年3月中旬召开农民代表大会，正式成立临川县农民协会，组建临川县农民自卫军，临川特支组织干事章应昌任队长，还收编了崇仁县花家锷、花庆丰地主武装约200人。临川县农民自卫军共有500余人，编为6个中队。[4]1926年11月26日，毛泽东在武汉开办“湘鄂赣省农民运动讲习所”，江西挑选149名农运骨干参加学习，金溪蔡鹏、李炳章、蔡唤民、蔡菊圃，东乡黄增华，乐安易道明，崇仁黄希宪等人参加讲习班学习。[5]农民协会积极开展“打倒土豪劣绅，实行耕者有其田”群众运动，提出“一切权力归农会”的口号，不少地方的农会实际成为乡村基层政权机构。[6]李渡劣绅桂树藩及其助手邹子木收买并煽动落后农民冲击会场，声言要捉拿并谋害农会干部，企图破坏农会的成立。临川党组织和农会干部领导广大农民与之进行坚决斗争，组织千余人示威游行，并深入到群众中做思想工作，揭露土豪劣绅的阴谋，组织梭镖队捕捉捣乱和破坏的土豪劣绅，沉重打击了他们的威风和气焰，鼓舞了农民的斗志，临川县农民协会会员发展到6万人。东乡、南城、南丰、崇仁、宜黄、金溪、广昌等县农协会员均在万人以上。随着各级农会的建立，党领导下的农民运动便在赣东大地上轰轰烈烈地开展起来。抚州城北郊傅家村大地主傅青田，一贯横行乡里，重利盘剥，欺压群众，民愤极大。中共临川特支决定发动群众，进行坚决的斗争。县农民协会组织1万多名农民开展游行示威，以农民自卫军和工人纠察队为先导，带领示威群众包围县政府，农会召开群众大会对其进行公审，公布其十大罪状，就地执行枪决。傅青田被镇压后,极大地鼓舞了农民的革命斗志。1927年4月，上顿渡区农会召开万人大会，清算大地主许济云压迫剥削农民的罪行，宣布农民所欠租谷和高利贷利息全部废除,并对之罚款1000元。6月，罗针、柴埠口、李家渡、温圳等地的农会发动群众，斗争陈仲海、帅竹轩、李逢春、桂伍民、邹文山、章其生等大土豪，有的还抓到圩镇上戴高帽游街示众。临川农民在党的领导下，一时间掀起翻天覆地的革命运动，全县农村普遍实行了减租减息、废除高利贷。

1927年7月15日，汪精卫控制的武汉国民党中央召开“分共”会议同共产党决裂。随后，汪精卫集团对共产党员和革命群众实行大逮捕、大屠杀，大革命宣告失败。东乡县国民党右派徐兼善“衔命还乡清党，与本县潜伏之共党分子以作殊死斗争。”[7]东乡的党组织遭到严重破坏。南城共产党员曾卫工遇难，宁元勋等撤离南城，中共南城支部停止活动，其余党员转入地下活动，工农革命运动转入低潮。

二、土地革命时期党组织

（一）党组织分布及隶属

土地革命战争时期，赣东地区党组织大致分别隶属于四个领导机构。一是以临川为中心，建立中共临川县委，1929年7月扩大为中心县委，除领导临川各区党组织外，还管辖东乡、金溪、崇仁的党组织。临川县委在国民党反动派的搜捕镇压下，数次被破坏又数次重建，最后于1930年7月再次遭破坏而停止活动。这一支党组织归属于设在国民党统治区南昌的中共江西省委领导，为区别后来苏区江西省委，史学界称之为“白区江西省委”。二是乐安、宜黄、崇仁、南丰、广昌党组织，是由白区江西省委领导下的赣西南特委派员发展起来的。赣西南特委后来逐步发展壮大为中共江西省行动委员会、中共江西省委（即苏区江西省委）。三是黎川、金溪、南城、资溪党组织，最早是由方志敏领导的赣东北特委派员发展的，1933年4月26日闽赣省在黎川成立后，金溪、资溪、黎川及南城、南丰部分党组织划归中共闽赣省委领导。四是东乡县党组织隶属于中共赣东北特委、赣东北省委领导。

由于赣东地区党组织没有一个统一的领导机关，发展的时间前后不一，本志围绕中心区域党组织的建立和发展加以记述。

（二）临川中心区域党组织

中共临川特别支部（1927.8） 1927年8月1日，周恩来、朱德、贺龙、叶挺等人率中国共产党所掌握和影响的国民革命军2.3万余人，在南昌举行武装起义。起义胜利后，部队撤离南昌，取道抚州，转战广东。8月3日至5日，起义军沿抚河南下，6日至8日相继抵达临川。8月3日，中共临川特支召开紧急会议，研究迎接起义部队过境事项，决定：派郭忠仁赶赴温家圳迎接起义部队，组织工农群众沿途设立茶水站，帮助运送辎重；召集临川工人纠察队、农民自卫军加强抚州城保卫，以防突发事变；发动群众筹集起义部队所需物资；派陈导平、贺俊策反驻抚州城国民党第9军杨如轩27师起义，策反虽未成功，但杨如轩慑于革命声威，撤往南城，给起义军让出一条路。[8]群众夹道欢迎朱德、叶挺、贺龙等所率军队进入抚州城，城内各界人士与起义军在曾家园举行盛大的军民联欢。

8月8日，中共临川特支在抚州城基督教“美以美会”教堂召开全县党团员和积极分子大会，号召党团员、工人纠察队员、农民自卫军队员参加“八一”起义军，与会人员纷纷要求参军“南征”。会议决定，除未暴露身份的党员留下坚持地下斗争外，其他党团员及工农武装随军南征，章涤昌、李井泉、许瑞芳、章应昌、李干、刘景宽、周士及等一批党团员和青年师生300多人，以及工人纠察队员、农民自卫军队员120余人参加起义军。

起义军离开抚州后，“各地的豪绅地主，统统回来了；整个的政权，重握在豪绅地主反动派手里了。”[9]国民党第9军军长金汉鼎任赣东剿匪委员会主任，大肆搜捕、屠杀共产党人和革命群众。温圳支部书记何龙恩、柴埠口支部书记汤双喜、上顿渡支部书记冯文辉、临川农民自卫军军需郭泰昌等一批共产党员先后被捕牺牲。8月13日，国民党江西省政府下令通缉赣东的共产党员，东乡县舒同、赵拔群、乐雪猷、乐廷玉、梁宜、杨士豪、王献可、乐和尚、周祀高、曹玉阶、王佑生、黄崇仁等13人被通缉。[10]南丰县党组织创始人、县农民协会负责人熊开文遭悬赏通缉后被捕牺牲。中共党员、宜黄县农民自卫军主任邹渊被捕牺牲。

由于中共临川特支主要成员和全县绝大部分党员随“八一”起义军南征，中共临川特支自然解体，除东乡支部外，临川特支下属组织停止活动。

中共临川县委（1927.10—1929.7） 1927年8月7日，中共中央在武汉召开政治局扩大会议，清算陈独秀“右倾”机会主义影响，确定走武装斗争的道路，史称“八七会议”。9月，中共江西省委委派长期隐蔽在临川的中共党员曾去非清理临川党组织。曾去非是江西永修县人，早在1927年7月，江西省委即派他到临川从事党的地下工作。10月上旬，曾去非召集隐蔽下来的党员周寿南、陈导平、黄素英、徐国珍、贺俊、丁英、殷礼，与省委派来的廖之萍等8人，在抚州城罗家书院（今赣东大道抚州军分区院内）召开秘密会议，贯彻省委指示，成立中共临川县委。曾去非任书记兼组织部部长，陈导平任军事部部长，周寿南任工人部部长，徐国珍任农民部部长，县委机关设在抚州城西辕门。会议决定发展党组织，开展反白色恐怖斗争。同时，省委派临川籍共产党员傅再希、傅汉贤、周文渊、汤继祖等人回到临川，充实县委力量。会后，临川县委委员殷礼到金溪开展革命工作，陈导平到南城恢复党的组织，以原南城支部为基础，成立中共南城区委，由包冬根任代理书记，有党员12人，多为知识分子，隶属于中共临川县委。[11]接着，陈导平到崇仁发展党的组织。原计划以崇仁县城为中心开展工作，因县城驻有国民党第27师杨如轩师，遂转至航埠古塘，与以教书为掩护进行革命活动的黄风池一道，发展党员30余人，成立中共崇仁古塘支部，隶属于临川县委，支部书记由大革命时期参加过武汉中央农民运动讲习所学习的黄希宪担任。黄希宪调任临川县委委员后，由黄风池接任支部书记。崇仁古塘支部成立后，党的组织迅速发展，1927年11月至1928年5月，先后成立刘家渡杨家、秋溪东溪洲、连城上城、井上封家、西馆周家、河汇周家、连城下城、白鹭崔家等8个支部，有党员146人。[12]

1927年11月，为加强对赣东各县的领导，江西省委派省委委员、原九江地委书记曾延生任临川县委书记，曾去非改任组织部部长。此时的县委工作机构设有组织部、工人部、农民部、军事部和宣传部等工作部门，党的组织也得到较快发展。到年底，分别在上顿渡、唱凯、南城建立区委，有党员200多人。12月，为响应全省秋收暴动，中共临川县委在抚州城及上顿渡、唱凯、罗针、云山和崇仁部分地区发动群众，开展大规模张贴标语活动。临川反动当局实施戒严后，抚州城仍不断出现“打倒蒋介石”“推翻反动统治”“工农兵团结起来”“反对苛捐杂税”等标语，打击了反动派的气焰。1928年1月，江西省委指示各地对党组织进行清理整顿，清除队伍中的不坚定分子。整顿后，党员人数减少，中共临川县委改组成中共临川临时县委，曾延生任临时县委书记。2月，中共江西省委制定《江西全省总暴动的准备工作计划》，将全省划分为5个暴动区，其中赣东区包括临川、东乡、崇仁、南城、南丰、宜黄等县。为加强对赣东地区暴动工作的领导，省委决定恢复中共临川县委，曾延生调任中共赣南特委书记，由黄申祺接任临川县委书记。东乡党支部改为中共东乡区委，[13]区委负责人舒同，机关设在东乡小璜。

1928年6月，省委派庄治平到临川指导工作，策划赣东暴动。在中共临川县委的领导下，临川、崇仁两县近百名党员和革命群众，将临川至崇仁、东乡、樟树、南城、南昌等地的电线杆砍倒，电话线截断，使国民党当局和军队的通讯联络中断达七八天之久。县委还在李家渡、上顿渡和东乡等地组织暴动，领导农民开展抗租抗债斗争。此时，抚州地区党员发展到509人，其中“临川县委，同志百余人”“崇仁特支，支部一，同志十余人”。[14]党组织的快速发展，引起土豪劣绅的恐慌，各县乡镇均组织靖卫团，抗击共产党暴动，各处普遍设立剿匪委员会。[15]在策划赣东暴动中，临川县委书记黄申祺在与庄治平发生意见分歧后离职回家，省委任命宁元勋接任县委书记。7月，县委交通员李树森被捕，经不住严刑拷打叛党，县委机关遭破坏，县委书记宁元勋、县委军事部部长陈导平、县委委员黄素英等被捕，在抚州城曾家园英勇就义。县委下属的东乡区委、崇仁古塘党支部也相继遭到破坏。南城区委书记包冬根自行脱党，南城区委解体。[16]东乡区委委员李克昌等人被捕牺牲，舒同被迫离开东乡，区委停止活动。

1928年8月，江西省委派江建民到临川重建中共临川县委，领导上顿渡杨铁村、里湖村、林苑邹村、石鼓荣村农民开展抗租、抗债、抗税斗争，县委机关由抚州城迁至临川高坪下周巷村。中共临川县委成立后，党的组织很快又恢复和发展起来。到年底，有区委1个，党支部20个，党员350多人，还建立了一支有40多人枪的赤卫队。在县委的领导下，唱凯、罗针、上顿渡等地先后开展抗租斗争，广大群众倍受鼓舞。1929年2月，江建民调任中共赣西南特委代理书记，临川县委书记由组织部部长曾去非接任，县委机关迁至临川温泉榆坊。3月，曾去非带领工人杨福喜从榆坊前往唱凯、罗针检查工作，在温泉六岭圩遭靖卫团傅培兰部盘查被捕牺牲，县委遭到破坏。同时遭到破坏的还有中共上顿渡区委、唱凯区委。4月，继续坚持斗争的县委委员组成中共临川临时县委，由周寿南任书记，县委机关迁回到抚州城。在临时县委的领导下，县赤卫队多次在临川、崇仁、金溪三县交界地区狠狠打击大地主、大土豪，革命火焰在崇仁、金溪等县继续蔓延。[17]6月，周寿南在乡下巡视工作时被捕，江西省委派赣西特委秘书长刘荫槐到临川代理县委书记。7月成立中共临川中心县委时，临川临时县委被撤销。

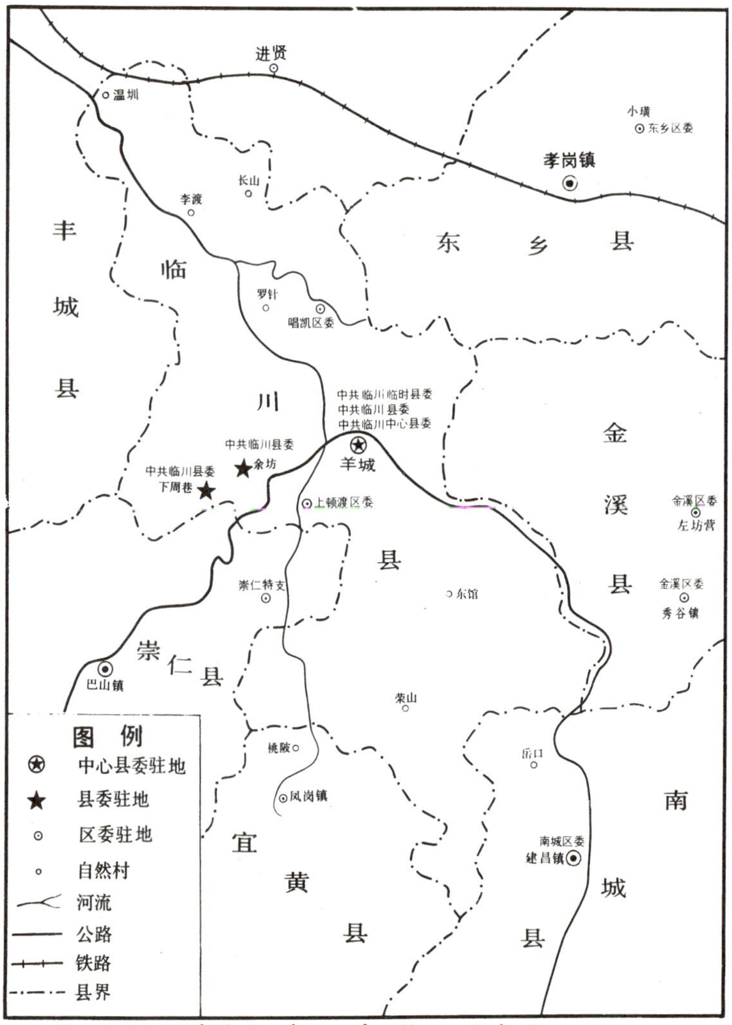

中共临川中心县委所辖组织分布图

中共临川中心县委（1929.7—1930.7）

1929年7月，江西省委根据中共六届二中全会“建立中心区域”的精神，撤销中共临川临时县委，成立中共临川中心县委，由原临时县委军事部长廖之萍任中心县委书记，县委机关仍设在抚州城。中心县委除领导临川各区党组织外，还管辖中共金溪区委、中共崇仁特支。11月，廖之萍带领中心县委工作人员王立生去南昌向省委汇报，王立生在与省委接头时被捕，供出廖之萍。[18]廖之萍被捕后变节。12月，江西省委任命周寿南接任中心县委书记。

从1929年年初开始，毛泽东、朱德率领红4军主力下井冈山，转战赣南闽西，将赣南赣西根据地连成一片；方志敏领导的赣东北以及湘赣、湘鄂赣根据地也已颇具规模。国民党江西省政府报告称："江西完全赤化者三十三县，半匪化者二十一县，余匪未清者二十县。总而言之，江西安全无事者，只有南昌及附近数县。"为此加紧对共产党及其活动的疯狂镇压。1930年2月，临川县赤卫队队长许勉之被杀，赤卫队随之解散。7月，中心县委书记周寿南因叛徒告密再次被捕，临川中心县委、崇仁特支均遭到破坏，临川中心县委停止活动。下属组织除金溪区委坚持到12月，其余均停止活动。同年12月，周寿南在抚州城清风门外英勇就义。

（三）乐安中心区域党组织

1. 乐安党组织

大革命时期，乐安有党员活动，但无党组织。1926年1月，乐安县增田镇带陂村人曾友颜在江西省立第七师范（校址在吉安市）读书时加入中国共产党，尔后受中共吉安特别支部派遣，回乐安开展革命活动，发展谭伦明、易道明加入中共组织。同年10月上旬，北伐军进军乐安；11月，国民党江西省党部派乐安县大金竹村人张禅林为乐安县党部政治监察员，着手筹建国民党县党部。曾友颜、谭伦明、易道明、张书锡、何德辉等人在张禅林的支持下，于12月串联县立高等小学师生，发动反贪官污吏斗争，将北洋军阀安插在乐安的知县吴定帮、警佐钟志博驱逐出县境。1927年春，钟赤心到乐安与曾友颜取得联系，与张禅林共同主持召开国民党乐安县党员代表会，改组国民党乐安县党部，4名共产党员分别担任常委、执委和执监委员，并兼任农运部部长和青年部部长。

土地革命战争时期，乐安县开始建立中共组织，接受赣西特委领导，由永丰县党组织直接管辖。

中共汗上小组、金竹支部、乐安特别支部

在中共乐安特别区委成立之前，乐安南部先后成立过互不统属的3个党组织。一是乐安招携汗上党小组。大革命失败后，谭伦明在家乡招携汗上村以办学为名，从事党的秘密活动。1927年12月，中共永丰区委书记袁振亚以中共赣西特委特派员身份到招携，指示谭伦明、何德辉以开办农民夜校的形式，启发农民阶级觉悟，动员农民加入党组织。1928年2月，袁振亚在招携先后发展党员6人，成立乐安第一个党组织——乐安招携汗上党小组，有党员8人，谭伦明任组长。二是大金竹党支部。1927年秋，永丰党组织派吴鲁观到大金竹，以做夏布生意为掩护，住在港背园张来绥家，通过张来绥结识进步青年张英、廖丕文、廖维诚等人。随后，赣西特委又派聂克中、吴立仁等相继到大金竹开办农民"夜读班"，吸收20多名出身贫苦、思想进步的青年农民参加学习，秘密灌输革命思想。1928年3月，经聂克中、吴立仁等人介绍，张来绥、张英、张方说、张昌怡、廖丕文、廖维诚、唐继盛7人加入中国共产党，建立中共大金竹小组，廖丕文（一说张英）任组长。6月，张英、张方说又介绍张昌苞、张老兰、张继皮等人入党。9月，正式成立乐安第一个党支部——中共大金竹支部，张英任书记。三是中共乐安特别支部。1928年春，共产党员曾友颜、张书锡打入乐安县靖卫大队。张书锡在北伐战争中曾任程潜第6军的连长，在攻克南昌时负伤回乡。曾友颜、张书锡打入靖卫大队后，分别担任政治教官和军事教官，秘密发展党员，同年3月建立中共乐安特别支部。1928年4月15日《中共江西省委给中央的综合报告》称："乐安特支有30余人，多系靖卫团的官长和知识分子。"[19]

中共乐安特别区委（1928.6—1930.1）

大金竹和招携党组织成立后，领导农民开展革命斗争，形成了两个割据区域。1928年6月，在大金竹村成立中共乐安特别区执行委员会，[20]张保远任书记，隶属于中共吉安县委。从1928年冬开始，红军频繁活动于乐安等地，为乐安红色政权的建立创造了重要条件。1928年12月10日，江西工农红军独立第2团200余人从吉安根据地东固出击乐安，包围乐安县城，激战两小时，突破北门占领县城，击毙刘占云率领的县靖卫大队官兵6人，俘17人，缴枪57支，并镇压为非作歹的劣绅游高祥、元传宗。[21] 1929年2月27日，毛泽东、朱德率红4军从吉安东固经永丰藤田到达乐安招携，在此接见张英、张方说等人，发动贫苦农民打土豪、分浮财、杀劣绅，扩大红军影响。[22] 7月，江西西南部革命形势有很大发展，吉水、泰和、兴国等地成立工农革命委员会，建立红色政权[23]。是年10月，张英、曾友颜、张书锡策动和领导乐安靖卫大队成功起义，全体士兵投入红军。

中共乐安县委（1930.2—1932.8） 为开辟苏维埃区域，建立革命政权，1929年10月，赣西特委先后派邱珏、李贻谋到乐安工作。在小金竹永福庵成立乐安县工农革命委员会（临时苏维埃政权）。李贻谋任主席，张英任副主席兼土地部部长（一说军事部部长），张武兰任组织部部长，廖维诚任宣传部部长，陈桂珍任妇女部部长，张老兰任财政部部长，张大合任粮食部部长。隶属于赣西南苏维埃政府中路办事处。[24]

1930年1月，红4军从闽西转战江西西部，一个月内攻克永丰、乐安、宁都、雩都4座县城，共缴械百余支，并领导群众拆毁城墙，同时建立群众组织，废债务，焚契约，没收豪绅地主稻谷分发给群众，武装群众。[25] 随着红色政权的建立，大金竹、招携、善和、万崇、池头、望仙等地，均建立党支部或党小组，全县党员达120人。1月，中共赣西特委派马木彬、刘月二到乐安，组建中共乐安县委，并于1930年1月29日（农历除夕）在招携召开全县第一次党员代表会议，到会代表60余人。会议中途遭王兆麟“保卫团”袭击，未达到会议预期目的。2月1日，转至坪头村继续开会，赣西特委代表马木彬、刘月二作政治报告，讨论了关于迅速建立各级苏维埃政权、扩大红色地方武装、实行平分土地、继续发展和巩固苏区等议程，选举产生中共乐安县第一届执行委员会，邱珏当选为书记，隶属于中共赣西特委。县委机关驻招携汗上。

中共乐安县委建立以后，各级党组织进一步发展壮大，区、乡苏维埃政权纷纷建立，并组建了游击队，“永丰、乐安（有枪四五十条）”。[26] 此时，红色区域由大金竹、坪溪、招溪、善和等地，迅速推进发展到望仙、增田、南村、参陂、湖坪、万崇、流坑以及永丰的七都、八都和崇仁县的咸溪、太平（今属乐安县）等地，先后建立南一区、南二区、东区等区苏维埃政府。1930年6月中旬，乐安县委在招携港田村召开全县第一次工农兵代表大会，到会代表80多人。会议由县委书记邱珏主持，赣西南苏维埃政府派黄彬到会指导。通过选举，正式成立乐安县苏维埃政府，取代乐安县工农革命委员会，邓培元任主席，隶属于江西省苏维埃政府赣东办事处。县苏维埃政府机关驻招携汗上。至此，全县拥有3个中共区委和14个党支部：南一区（即竹溪区，包括大金竹、坪溪、招携一带），南二区（即善和区，包括善和、参陂、上洋、万崇、流坑、水南一带），东区（即望仙区，包括望仙、南村、增田）。1930年7月，永丰、乐安、东固、兴国等赤色武装进攻永丰、乐安靖卫团，缴枪100余支。[27] 建立红色政权后，开展土地革命，实行平均分配土地。[28]

正当乐安革命形势快速发展之际，中央苏区开展肃反运动，江西省苏维埃政府赣东办事处和红12军办事处迁到招携、大金竹办公。1930年冬至1931年春，胡竹笙、李资勇、金兰英等人以反“AB团”名义，大肆屠杀苏区革命干部和群众，制造骇人听闻的“乐安事件”，乐安党政组织遭到严重破坏，县委书记邱珏越狱逃跑，脱离革命队伍，县苏维埃政府主席邱雄在营救中不幸遇难，县委宣传部部长廖维诚投敌叛变，各级党组织和苏维埃政权基本瘫痪，乐安革命转入低潮。“乐安事件”发生后，张易凤历尽艰险专程赶到瑞金，向正在瑞金学习的乐安独立团政委张方说反映情况并报告中央。

1931年4月，赣西南特区委在了解真相后，派陈洪时带领工作团到乐安，重新恢复和整顿各级党组织，重建各级苏维埃政权，并建立中共乐安县临时县委，先后由陈洪时、钟礼元、余甲生代理县委书记。临时县委先后隶属于赣西南特区委东路分委、苏区中央局赣东特委。

在临时县委领导下，重新建立竹溪、善和、望仙3个区委和所属14个乡支部、5个地方武装支部（包括独立团、保卫队、红色警卫连），全县共有20个支部，350余名党员。1931年7月中旬，乐安县临时县委在招携汗上诚伯谭公祠召开全县第二次党员代表大会，选举产生中共乐安县第二届执行委员会，余甲生当选为书记。乐安县委先后隶属于中共赣东特委和苏区中共江西省委。同年10月，在招携谭氏大宗祠召开乐安县第三次工农兵代表大会，出席会议代表140余人，选举产生乐安县第三届苏维埃政府，袁福昌当选为主席，隶属于江西省苏维埃政府。1932年6月，中共宁都中心县委成立后，乐安县委改隶于宁都中心县委。至1932年9月成立乐安中心县委前，乐安县委内设总务科、组织部、宣传部、军事部和妇女运动委员会5个工作部门，乐安县苏维埃政府下设总务部、财政部、土地部、军事部、工农检察部、裁判部、内务部、劳动部、文化部、卫生部、粮食部等部门。下辖南一区、南二区、东区、严塘区、万崇区、水南区、招携区、增田区8个区委和区苏维埃政府。武装力量有乐安独立团和红色警卫连，群团组织有县职工会、共青团县委和县革命互济会等。

2. 宜黄党组织

中共宜黄潭坊支部 1928年3月，中共临川县上顿渡区委派共产党员吴润生、王永珍到宜黄北部的潭坊，以撑排为掩护，经常在潭坊住店歇脚以接近和熟悉潭坊劳动群众，宣传革命道理，启发群众阶级觉悟。首先将青年篾匠余英仲列为发展对象，经过一段时间教育，余英仲的阶级觉悟得到提高，并要求加入党组织。经考察，上顿渡区委批准其加入党组织。不久，又吸收余四伩、余润生、邹怀德和余发祥秘密加入党组织，建立中共潭坊小组。4月，扩大为支部，先后由余英仲、邹怀德任支部书记。潭坊支部受临川县上顿渡区委领导，隶属于白区中共江西省委。中共临川县委组织部长殷礼到潭坊，传达县委指示，发动群众开展抗租斗争。潭坊支部全体党员串联当地农户，发动了一次较大规模的抗租斗争，提出地租“三七开”，即每亩产量按三七分成，农民得七成，否则罢耕。由于人多心齐，准备充分，各户地主被迫答应佃户的减租要求。后来，余发祥被国民党当局逮捕，经不住严刑拷打而叛变，供出支部全体成员，余英仲、余四伩、余润生、邹怀德先后被捕牺牲。至此，由中共临川县委领导的宜黄党组织活动结束。

中共宜黄三溪乡支部 1929年1月，江西红军独立第2团到宜黄东陂、新丰一带开展游击斗争，迅速唤醒了贫苦农民的阶级觉悟。贫苦农民纷纷起来开展革命斗争，建立侯坊农民协会，并组织一支有40余人的赤卫队。4月，活动于宜黄、宁都边境的红军，在宜黄三溪、干溪、小李坊、黄柏岭、东门、护竹等地向群众宣传革命道理，帮助建立宜黄县第一个基层红色政权——三溪乡苏维埃政府，隶属于宁都县吴村区苏维埃政府。5月，在红军的帮助下，三溪乡发展中共党员12名，建立中共三溪乡支部，邱木生任支部书记。中共三溪乡支部受宁都县吴村区委领导，隶属于中共赣西特委。三溪乡支部成立后，又组建暴动委员会，积极在周边地区开展打土豪斗争。

此时，侯坊农民协会遭反动靖卫团袭击，一批革命积极分子转移到宁都肖田。5月，在宁都吴村（肖田）区苏维埃政府的帮助下，农协负责人邓武标、戴金华与赣西南苏维埃政府赣东办事处（东路）取得联系，由宁都县革命委员会主任彭澎主持，召开宁都县南团、吴村两个区的革命积极分子会议，成立宜黄县革命委员会筹备委员会，邓武标任委员长，隶属于赣东（东路）办事处。县革委会筹委会组建宜黄县游击大队，有队员 80 余人，步枪 20 支。

1929 年 9 月，宁都党组织派贺梅到炉鉴、护竹一带开展活动，南丰渣山游击队在小李坊，先后帮助建立乡苏维埃政权。10 月，江西红军独立第 2 团、第 4 团千余人从乐安县进入宜黄县境，攻打县城，国民党宜黄县长周桂薰带领近百名靖卫队员逃往棠阴。12 月，独立第 2 团、第 4 团游击到宜黄东陂，开辟东陂红色根据地，建立东陂区苏维埃政府。

中共新丰、东陂、东港区委 随着革命形势的快速发展，1930 年 2 月，在红军的帮助下，分别在新丰和东陂建立中共新丰区委、中共东陂区委，邹寿万、戴家兴分别任区委书记，隶属于中共赣西南特委。4 月，赣西南成立东路行委，宜黄党组织隶属于中共赣西南东路行委。[29] 11 月，中央苏区开展肃反运动，胡竹笙以肃清“AB 团”分子为名，将宜黄县革委会筹委会干部戴金华、戴金生及新丰、东陂区委主要成员和游击队员 30 多人杀害，县革委会筹委会和中共新丰区委、东陂区委遭破坏。

1930 年 12 月，在东港建立中共东港区委，隶属于中共江西省行委赣东行委（由东路行委改名）。

中共宜黄工作委员会（1931.3—8） 第一次反“围剿”前夕，宜黄是中央革命根据地边缘区，主力红军曾运动至宜黄，并一度攻占国民党军孙连仲第 10 师据守的宜黄县城，缴获枪支数百。1931 年 1 月红军取得第一次反“围剿”胜利后，红 3 军团第 6 师乘胜进入宜黄新丰乡，由该师 7 连指导员陈鲁负责发动群众，开辟红色区域。1 月 21 日成立新丰乡苏维埃政府，2 月扩大为区苏维埃政府，管辖新丰、东门、干溪、南源、大李坊、小李坊、炉鉴、护竹等乡苏维埃政府。干溪、侯坊两乡原分别属东陂、新丰两区管辖，为便于领导和管理，在干溪成立区苏维埃政府，并划干溪、侯坊、黄柏岭、小李坊、三溪 5 个乡归干溪区苏维埃政府管辖。至此，宜黄县革委会筹委会下辖新丰、东陂、东港、干溪 4 个区苏维埃政府。

1931 年 3 月，中共赣西南特区委巡视团赴宁都视察，考虑到宜黄地理位置紧靠中央革命根据地，是粉碎国民党军进攻中央革命根据地的战略要地，于是在宁都县吴村建立中共宜黄县工作委员会，由原中共宁都县黄陂区委书记李靖任中共宜黄工作委员会书记，隶属于中共赣西特区委。工作委员会设有组织部、宣传部。至同年 5 月，工作委员会下辖中共新丰、东陂、东港、干溪、神岗、蛟湖 6 个区委。

中共宜黄县委（1931.8—1934.6） 1931 年 8 月，随着第三次反“围剿”的胜利，宜黄红色区域不断扩大，南部红色政权日趋巩固，党的组织不断壮大，成立中共宜黄县委的条件基本成熟。苏区中央局中共赣东特委决定撤销中共宜黄工作委员会，成立中共宜黄县委，李靖任书记，县委机关设在东陂镇上街熊氏祠堂内。9 月，在东陂召开宜黄县第一次党员代表大会，60 余人出席会议。赣东特委派方维夏莅会指导，会议讨论和研究增设党口、黄陂、麻坑 3 个区委，扩大苏区、红军和地方武装，筹备召开宜黄县第一次工农兵代表大会，成立宜黄县苏维埃政府，部署红军供养和抚恤工作，选举产生中共宜黄县委。由于东陂经常受到地主武装的骚扰，第一次代表人会之后，县委机关由东陂迁回宁都县吴村。11 月，县委书记李靖因病离职回宁都休养，中共江西省委派黄日昇接任县委书记，并在宁都县吴村召开宜黄县第一次工农兵代表大会，100 余人出席会议（含游击区代表），江西省苏维埃政府派人到会指导。会上宣布撤销宜黄县革命委员会，正式成立宜黄县苏维埃政府，隶属于江西省苏维埃政府。徐忠贵任县苏维埃政府主席，下设财政、内务、军事、裁判、粮食、土地、工农检察 7 个部和肃反委员会、经济委员会等机构。至 1932 年 3 月，宜黄县委和县苏维埃政府管辖 9 个区委和区苏维埃政府，有宜黄独立营和独立团及若干支游击队武装组织。此外还有县工会、共青团县委、县妇联等群团组织。

1932年2月，宜黄县委、县苏维埃政府从宁都县吴村迁回宜黄东陂。5月，中共宁都县吴村、南团两个区委划归中共宜黄县委管辖。[30] 6月，中共宁都中心县委成立后，宜黄县委隶属于宁都中心县委。7月，县委、县苏维埃政府机关又迁至宜黄黄陂。9月，中共乐安中心县委成立，宜黄县委隶属于乐安中心县委。

3. 崇仁党组织

中共崇仁古塘等支部 1927年10月，临川县委派陈导平、徐国珍到崇仁发展党的组织，与回乡开展秘密活动的黄希宪、黄风池取得联系，在航埠乡古塘村建立崇仁县第一个党支部——古塘支部，黄希宪、黄风池先后任支部书记。古塘支部归临川县委直接领导，隶属于白区中共江西省委。此后，古塘支部迅速在崇仁边沿地区和山区发展党组织。11月，杨芳在今巴山镇刘渡杨家成立杨家党支部，章应昌在秋溪乡（今属临川区）成立东溪洲党支部，黄励群在上城（今属临川区连城乡）成立上城党支部。12月，封鲁在井上封家（今属临川区连城乡）成立上封家党支部。1928年2月至5月，在外地从事革命活动的中共党员周礼回到家乡，在临川县高坪支部的协助下，先后成立西馆周家、崔家党支部（均在今崇仁县白路乡境内）。周尚义在河汇周家、下城（今属临川区连城乡），先后成立河汇周家、下城党支部。至此，崇仁县共建立9个党支部，有党员150余人。6月，由于叛徒告密，中共临川县委遭反动武装"围剿"，崇仁县党组织也遭破坏，后趋于解体。

中共崇仁特别支部（1928.6—1930.7） 崇仁县党组织遭破坏后，1928年6月，黄希宪在航埠古塘支部的基础上，组建中共崇仁特别支部，[31] 黄希宪任书记，先后隶属于中共临川县委、中共临川县中心县委。1930年7月，由于临川中心县委遭国民党破坏，崇仁特别支部也随之解体。

1932年，随着中央红军"向北发展"的胜利推进，崇仁东南部边区逐渐赤化，许多村庄建立了党的秘密组织和农民协会。

4. 中共乐安中心县委（1932.9—1935.3）

1932年8月，中央红军执行"向北发展"的作战方针，在毛泽东、周恩来、朱德、王稼祥指挥下，红军挥师北上，于8月17日、20日，连续攻克乐安、宜黄两县城，开辟大片新区。为配合红军行动，巩固胜利成果，实现"向北发展"的战略，江西省委根据苏区中央局"要在宜黄、乐安创造一个强有力的中心县委"的指示，决定撤销中共宁都中心县委，在广昌、乐安分别成立南广中心县委和乐安中心县委。9月上旬，由原中共万（安）泰（和）县委书记陈洪时率领"宜乐工作团"到达乐安招携，陈毅（时任江西军区总指挥兼政委）以江西省委特派员身份在招携汗上村主持组建中共乐安中心县执行委员会（以下简称乐安中心县委），陈洪时任书记，邓湘君、刘克庄（组织部部长）、廖平山（宣传部部长）、张方说、袁福昌、曾德恒（军事部部长）、贺隆、邱慧玉（妇委书记）、颜恢先（总务科科长）、张连生、黄日昇、高武根为常委，隶属于中共江西省委。乐安中心县委成立初期，下辖乐安、宜黄两个县委，并管辖崇仁、南城、临川、丰城、新干5县游击区。同时组建的还有江西军区第二分区、少共乐安中心县委等同级军事、群团组织。江西军区第二分区下辖乐安、宜黄及后来成立的崇仁、新干等县独立团、游击队，并直接指挥江西军区独立第5师和分区特务连。

11月，乐安中心县委派出白区工作团，到崇仁谷岗（今属乐安县）开展工作。此前，谷岗成立中共谷岗区委，并建立2个党支部。在此基础上，成立中共崇仁县工作委员会。是年春，红一方面军在谷岗登仙桥至宜黄黄陂、东陂一线，取得第四次反"围剿"重大胜利，红色区域进入鼎盛时期。1933年3月至5月，中共崇仁县工作委员会先后成立凤岗、东山、港下、太平（今属乐安县）4个区委。5月，在中共崇仁县工作委员会的基础上，正式成立中共崇仁县委，吴立铭任县委书记。至此，乐安中心县委下属组织有宜黄县委、崇仁县委，以及直属的竹溪、善和、望仙、金竹、招携、万崇、水南、增田、太平、竹山10个区委和白石、戴坊、西区、高湖4个区工委。其中：宜黄县委先后管辖15个区委，有党员1828人；[32]直属的区委、区工委，下辖60个乡党支部，有2800多名。[33]1934年1月，国民党军对中央苏区实施第五次“围剿”，新干苏区被敌侵扰，新干县委、县苏维埃政府机关分头组织武装突围，转移到乐安，重新组建新干县委，隶属于乐安中心县委领导。同年5月17日，中央革命军事委员会重新划分作战分区，将永丰县国民党军封锁线以东地区划归江西军区第二分区管辖，故永丰苏区也归乐安中心县委管辖。

因种种原因，乐安中心县委主要领导人多次调整。1932年11月8日，中心县委书记陈洪时因病离开乐安，由原中共万（安）泰（和）县委组织部长胡嘉宾继任。1933年7月，胡嘉宾在反“江西罗明路线”斗争中，因犯所谓“右倾机会主义”错误，在乐宜崇三县第一次党的代表大会上受到批判斗争，被撤销领导职务，由原中共永丰中心县委书记李福槐接任，直到1935年初，领导宜乐地方武装突围时止。

在乐安中心县委的领导下，乐宜崇三县屡次掀起扩红高潮，地方武装整团、整营改编到中央主力红军或独立师，到处出现父送子、妻

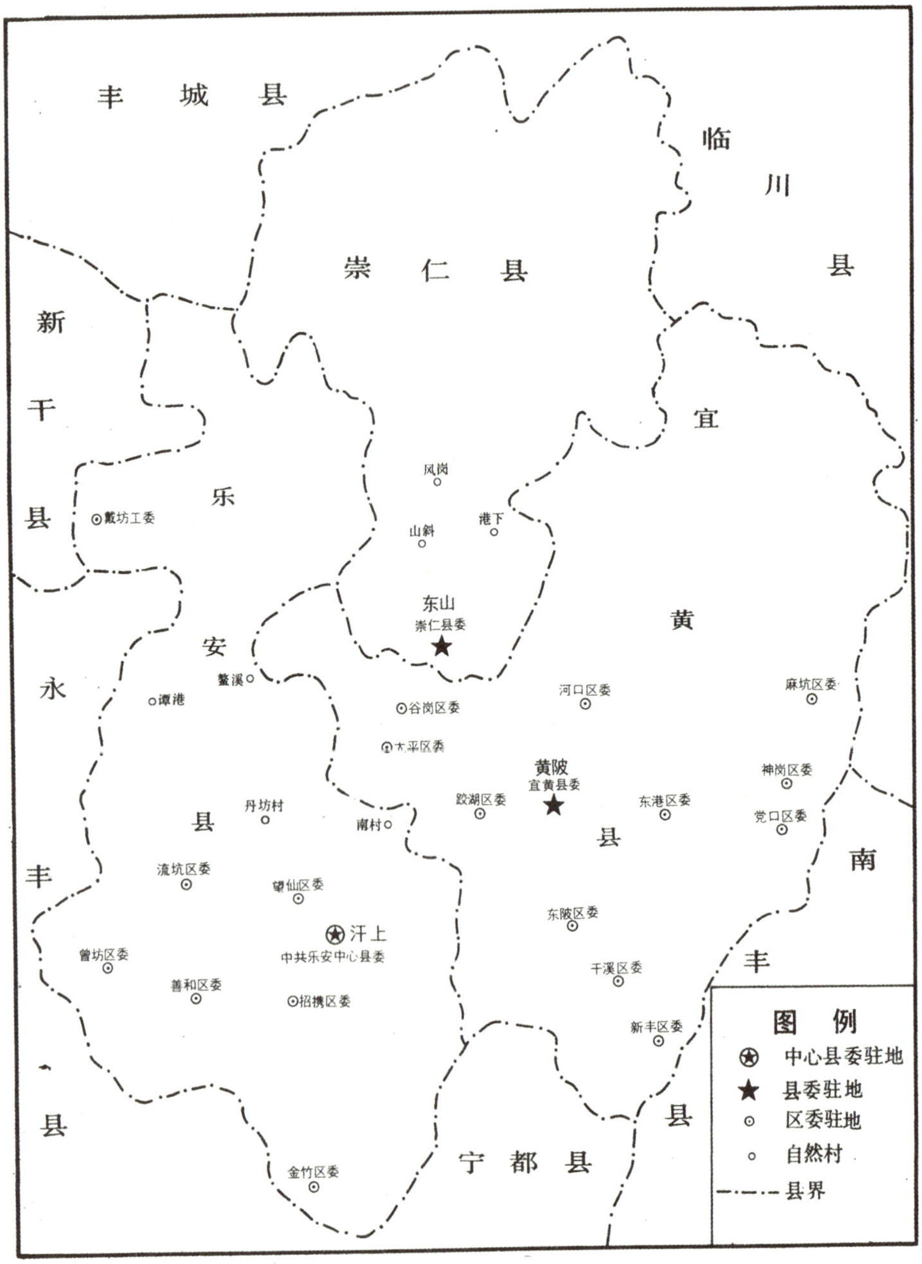

中共乐安中心县委所辖组织分布图

送郎、兄弟争相参加红军的动人场面。在中心县委领导的两年期间，“三县苏区共有5000多人加入红军和地方武装”。[34]消灭地主武装，巩固新发展区域，成为中心县委的重要任务。以邱汉七为首的反共“勇敢队”长期盘踞在永丰、乐安边界地区，他们冒充革命，另立山头，组织所谓“党团特委”和“苏维埃”政府，欺骗群众，危害革命。永丰、乐安两县在江西军区的指挥下，通过两个月的政治瓦解和军事进攻，一举消灭“勇敢队”，恢复万崇区5个乡苏维埃区域，打通了永丰、乐安苏区的联系，扩建了水南区；发动群众开展土地革命，实现“耕者有其田”；加强苏区经济建设，积极推销革命战争公债，支援革命战争。仅1932年冬，乐安、宜黄两县群众就认购革命战争公债26050元；为粉碎敌人经济封锁，繁荣苏区经济，加速商品流通，乐安、宜黄两县建立粮食合作社70个，入股人数11550人，建立区、乡消费合作社84个，入股人数10500人。[35]开展节省和借谷运动，1934年6月是苏区最困难的时期，乐安、宜黄群众积极响应党和政府的号召，收集粮食1.8万担。

第五次反“围剿”中，由于“左”倾错误领导，乐安中心县委管辖下的乐安、宜黄、崇仁三县苏区面积逐渐缩小，乐安中心县委根据战争环境的变化，于1934年6月在乐安火嵊金竹召开乐安、宜黄、崇仁三县党政领导干部会议，决定撤销三个县的苏维埃政府，成立乐宜崇苏维埃联合政府，由张连生任主席，联合政府下辖乐安14个区、宜黄1个区、崇仁2个区、新干3个区苏维埃政府。主力红军长征后，联合政府干部战士合编成乐宜崇挺进队，开展艰苦卓绝的游击战争，苏区随之消失，联合政府解体。

1934年6月，乐安、宜黄、崇仁三县苏维埃联合政府旧址——乐安县谷岗乡火嵊金竹村

（四）广昌中心区域党组织

1. 南丰党组织

中共南（丰）宁（都）特委（1929.6—1930.4）

1929年2月，毛泽东、朱德率领红4军前往赣南，途经南丰黄龙坑、洽村一带，沿途张贴布告，宣传革命真理，广泛发动群众，重新点燃南丰革命的烈火。同年6月16日，共产党员陈富生受江西红军独立第2团派遣，回到家乡黄龙坑一带开展革命工作，秘密发展党员。在陈富生的启发教育下，新田村农民刘桂珍、沙坑村农民曾贵发、开源村农民李兰芳率先加入党组织，不久建立新田、沙坑、开源3个党小组。

1929年7月15日晨3时，江西红军独立第2团在游击队的配合下攻打南丰县城，拂晓攻克县城，取得胜利后立即转赴洽村、瞿村一带建立革命根据地，开展建党工作，将新田、沙坑、开源3个党小组扩大为党支部，又在洽村、吊岭（今属宁都县）、长陂、封石、明阳等地发展一批党员，建立洽村、吊岭、明阳3个党支部。同时，在上述村落以及古竹、姜源、鄱阳、田东、上古、潘家渡等地建立十多个乡苏维埃政府。9月7日晨，江西红军独立第2团和南宁游击队再次攻打南丰县城，烧毁国民党县政府、万寿宫，打开监狱放出犯人。11月，为领导南丰、广昌边界地区工作，在吊岭成立中共南（丰）宁（都）特委，建立鄱阳党支部、田东党支部以及洽村、高池两个区苏维埃政府。11月以前，以上党支部隶属于中共宁都县委，11月至1930年4月隶属于中共南宁特委。

中共南丰县委（1930.4—1932.2） 1930年1月16日，毛泽东、朱德率领红4军第4纵队进驻南丰白舍、枫林一带，次日转入广昌甘竹，南宁游击队政委赵世嘉赶到甘竹，向朱德汇报南丰、广昌边界地区农民革命斗争情况。2月7日，毛泽东在吉安陂头主持召开“二七会议”，决定“各地的农协和革命委员会要迅速地召集群众大会或代表会，建立苏维埃。”根据这一决定，4月初，中共南丰县委、南丰县苏维埃政府正式成立。南丰县委成立时隶属于赣西南特委东路行委，由聂昭良、肖方璧先后任书记，县委机关驻白舍村。9月迁至田东村。县委下设组织部、宣传部、妇女部和保卫局，不久增设白区工作部。县委成立后，原属中共南宁特委管辖的新田、沙坑、开源、洽村、吊岭、明阳、鄱阳、田东8个党支部划归南丰县委管辖。

1930年5—6月，又先后成立长陂、白舍区委。南丰县苏维埃政府由包维贤任主席，机关驻上古村，后迁白舍村，再迁田东村。县苏维埃政府内设内务部、军事部、裁判部、工农检察部、财政部、粮食部、土地部、劳动部、教育部、总务处以及文书、事务、交通等工作部门。下设东区（白舍）、西区（洽村）、南区（高池）3个区苏维埃政府。县苏维埃政府刚开始隶属于赣西南苏维埃政府东路办事处，1930年10月后隶属于江西省苏维埃政府。赣西南特委书记刘士奇在给中央的综合报告提到苏维埃区域有乐安、南丰等30余县，强调南丰县城屡次被红军占领。[36]

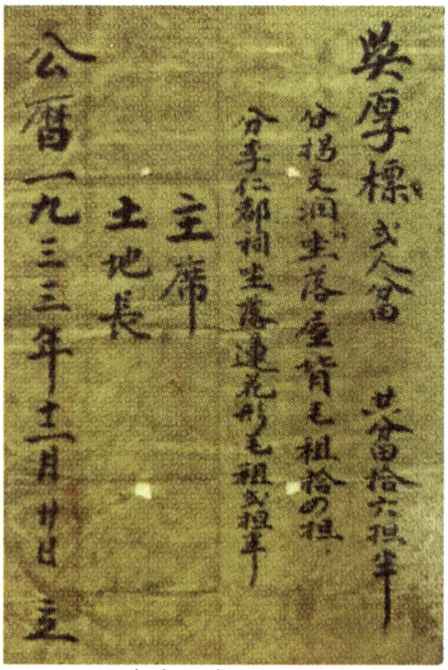

1933年广昌苏区分田土地证

2. 广昌党组织

中共广昌苦竹支部 1929年2月28日，毛泽东、朱德率红4军从宁都经南丰黄龙坑，于3月2日到达广昌县苦竹，在驻地包洛口店里召开有黄贵球、饶爵一、石兰生、章厚礼等十余人参加的贫苦农民座谈会，宣传革命道理。3月3日，红4军攻占广昌城，打开监狱释放被关押的群众，第二天在县城召开群众大会。此后途经白水（今赤水）、驿前等地，于3月6日在坝上召开群众大会。毛泽东、朱德向广大农友宣传红军宗旨和革命道理，号召农友们组织起来闹革命，武装推翻国民党政府，建立工农民主政府，这就为广昌党组织的创建奠定了思想基础。

1929年7月底，江西红军独立第2团在南丰洽村开展革命活动，帮助建立党组织。广昌苦竹农民推选饶爵一、石兰生前往洽村找红军，要求派员组织群众闹革命。8月3日，共产党员陈富生率南丰黄龙坑赤卫队十余人到苦竹，在刘家祠堂召开群众大会，建立广昌第一个农民协会——苦竹农民协会。月底，中共党员谭大家从南丰洽村到苦竹，发展黄贵球、石兰生、饶爵一、谢宏明、曾选发5人入党，成立广昌县第一个党支部——中共苦竹支部，黄贵球任支部书记。同年10月，中共党员黎伍攸由南丰洽村回到家乡甘竹桥头，在桥头和三元发展党员，建立桥头支部，11月，桥头支部从桥头迁至坪背塅，改称三元支部，黎伍攸任支部书记。1929年底，赣西南苏维埃政府东路办事处派中共党员饶福林回到家乡龙溪进行革命活动，1930年2月饶福林在龙溪、徐陂、樟树等地发展了一批党员，帮助建立中共龙溪支部。同年3月，中共南宁特委成员张超到甘竹发展党员，建立中共甘竹支部。上述4个党支部均隶属于中共赣西特委。在党组织的领导下，这些地方先后建立农民协会、农民赤卫队和少年先锋队。

中共广昌甘竹区委（1930.5—?） 1930年1月16日，朱德率红4军第1、3、4纵队从石城进入广昌县城，俘获国民党广昌县长车辐。红军的游击活动，促使各地群众革命热情高涨，徐陂乡、樟树乡、甘竹街等地先后成立9个乡级革命委员会，9个乡的革委会在红6军第2纵队罗炳辉部的帮助下，于1930年3月在甘竹街召开有2000多人参加的群众大会，宣布成立广昌县第一个区级革命政权——甘竹区革命委员会，饶福林任负责人，隶属于赣西南苏维埃政府东路办事处，区革委会驻甘竹刘家祠堂。1930年5月，在南宁特委书记邱洪生领导下，经甘竹、三元、龙溪3个支部讨论协商，建立广昌县第一个区委——中共甘竹区委员会，下设组织部、宣传部、妇女委员会、少共甘竹区委，区委驻甘竹陈金庸公祠（今甘竹镇政府所在地）。区委由甘竹区革委会负责人饶福林负责，隶属于中共赣西南特委东路行委。区委下辖甘竹、三元、龙溪3个支部，有党员30余人。

中共广昌县委（1931.1—1932.1） 1931年1月13日，粉碎国民党军第一次“围剿”后，红4军军部进驻广昌，分赴各地做群众工作，建立中共广昌县委，红12师直属机关党委书记杨成武任县委书记。[37]县委驻城关谢紫质公祠（今旴江镇第一小学宿舍），设有组织部、宣传部、总务科、技术科，下辖甘竹、头陂、青桐（同年6月增设）3个区委，有11个党支部，2个党小组，110多名党员。隶属于中共赣西南特区委东路分委。同时，成立广昌县革命委员会，饶其祥任主席。3月中旬，广昌县第一次工农兵代表大会在广昌县城召开，正式成立广昌县苏维埃政府，县苏维埃政府机关驻县城魏家屋（今县人武部所在地），黄水生、饶福林先后任主席，隶属于赣西南苏维埃政府东路办事处。县苏维埃政府下设财政部、粮食部、裁判部、军事部、土地部、文化部、工农检察部、宣传部，下辖甘竹、头陂、青桐（同年6月增设）3个区苏维埃政府。

1931年2月，国民党当局任命军政部部长何应钦为陆海空总司令南昌行营主任，调集约20万兵力，对中央革命根据地发动第二次“围剿”。4月1日始，分4路向中央革命根据地进攻，企图包围并消灭红一方面军主力于赣南。为“诱敌深入”，红4军于4月11日撤离广昌。4月13日，国民党军第5师胡祖钰部、第8师毛炳文部、第24师许克祥部进占广昌，中共广昌县委于5月10日从广昌县境迁至南丰黄龙坑。红军发挥地利优势，集中兵力打弱敌，各个歼灭敌人，在吉安富田、吉水白沙、永丰中村连打三大胜仗，迫使国民党军向广昌收缩兵力，由广昌向南丰撤退。5月26日，红军挺进广昌苦竹。此时，国民党军第5师4个团还未撤离广昌，毛泽东在苦竹街召开会议，决定改变攻打南丰为先歼广昌之敌计划。5月27日红军攻克广昌县城，广昌县委迁回县城。[38]7月，国民党军第三次对中央革命根据地实施“围剿”，7月12日，广昌县委、县苏维埃政府迁至头陂，17日转移至宁都东山坝。县委、县苏维埃政府工作人员改编为广昌工作团，3天后取道兴国、于都到达瑞金。第三次反“围剿”胜利后，奉赣东总指挥部指示，广昌工作团于10月初途经石城高田时恢复广昌县委；下旬，转入广昌尖峰源头。10月25日，县委机关工作人员在尖峰何家湾接受红12军集训。12月，红军主力进入广昌；1932年1月下旬，县委迁回到广昌县城，此后，广昌政局日趋稳定。

1932年2月，南丰的长陂区并入广昌。为此，撤销广昌县委，成立南广县委。1933年4月，撤销南广县委，恢复广昌县委。

中共南广县委（1932.2—1933.4） 1932年2月，为巩固发展苏区，南丰的长陂区并入广昌，建立中共南广县委，聂昭良任县委书记，县委机关驻广昌县城谢义辰公祠（今广昌县税务局），隶属中共江西省委。县委设组织部、宣传部、总务科、技术科。南广县委成立后，党的各级组织不断发展壮大，党员人数增加。至同年3月底，县委下辖甘竹、长陂、头陂、青桐、城市、大株、尖峰、巴口、新安、白水10个区委，有40个党支部，664名党员。[39]同时建立南广县苏维埃政府，饶福林、曾用生、张炳炎先后任主席，隶属江西省苏维埃政府。县苏维埃政府设有财政部、粮食部、裁判部、军事部、土地部、工农检察部、劳动部、文化教育部、内务部和政治保卫局。至同年12月，南广县苏维埃政府下辖甘竹、长陂、头陂、新安、尧山、城市、白水、大株、尖峰、巴口、长桥、水南、千善、白舍、傅坊15个区苏维埃政府。至此，广昌全县版图均为苏区。[40]1932年5月，南广县委在广昌县城谢紫质公祠召开中共南广县党员代表大会，会期4天，100多名党员代表出席大会，江西军区总指挥陈毅代表江西省委到会作报告。[41]这次会议的主要任务是：分析革命形势，部署党的任务；通过关于拥护临时中央政府对日宣战的宣言和加强党的建设，以及巩固苏区、分田扩红、兴修水利、壮大地方武装等问题的决议；选举产生新的县委成员。

1932年8月，中共南广县委与中共南广中心县委实行两块牌子一套人马体制。

中共南广中心县委（1932.8—12） 1932年8月，红一方面军执行临时中央“向北发展”作战计划，发动乐安、宜黄战役，在赣东各级党政组织和革命群众配合下，于8月17日至22日先后攻克乐安、宜黄、南丰县城，巩固和扩大了三县红色区域，成为中央苏区向北（南城、抚州、南昌）发展的后方。江西省委根据苏区中央局指示，撤销中共宁都中心县委，在广昌成立中共南广中心县委。8月，中共南广中心县委（初期曾称南丰中心县委）成立，宁都中心县委书记余泽鸿调任南广中心县委书记，中心县委与南广县委合署办公，为一套人马。中心县委机关驻广昌县城谢义辰公祠，隶属于中共江西省委，下辖南广县委、南丰临时工委。南丰临时工委驻罗坊，下设工作部门不详，未辖区委。南广中心县委有区委12个，党支部64个，党员1862人。至同年12月，党员人数增至2093人。

中共广昌中心县委（1933.1—1934.6） 江西省委根据苏区中央局“在第四次反‘围剿’决战之前，立刻加强新发展区域的领导，特别是战略上重要的地区，集中在这些县中创造有力的中心县委，以领导其他县委”的指示精神，撤销南广中心县委，成立广昌中心县委，仍与南广县委合署办公，施更生任书记，除保留原南广中心县委的工作部门外，还增设党内工作部、白区军事部。中心县委机关驻北门永兴寺（今盱江镇中学），隶属于中共江西省委，下辖南广县委、南丰临时工委。

1933年4月，为扩大和巩固苏区，撤销南广县委和南丰临时工委，恢复广昌县委，成立南丰临时县委。广昌县委恢复后，南丰的长陂、白舍、傅坊、店前、甘坊以及广昌的千善等6个区划属南丰临时县委管辖。广昌县委下辖甘竹、尧山（原青桐）、城市、新安、头陂、白水、长桥、尖峰、大株、水南、巴口11个区委。至同年7月，广昌县委有党支部69个，有党员3097人。南丰临时县委成立后不久即改为南丰县委，县委机关驻白舍。南丰县委设组织部、宣传部、妇女部、总务科4个工作部门，管辖的6个区中只有长陂、白舍和千善3个区设有区委。[42]

1933年7月下旬，在国民党军发动更大规模的第五次“围剿”前夕，广昌中心县委在广昌县城召开全县党员代表大会，动员党员干部群众保卫和巩固苏区政权，打破国民党经济封锁。参加会议的有乡党支部书记、区委书记、少共区委书记、区妇女部长、区苏主席、工会委员长等170多人，另有100多名列席代表。会议由广昌中心县委书记施更生主持，江西省委宣传部长萧瑞祥莅会指导。会议通过4项议程：为保卫苏维埃政权，扩大一百万铁的红军，动员扩大模范营、赤卫军，实行全民皆兵；打土豪，向富农筹款，开展经济动员，发行公债，向边区筹款；选举产生新的县委成员；选举施更生、马开初等4人出席江西省党代会。不久，

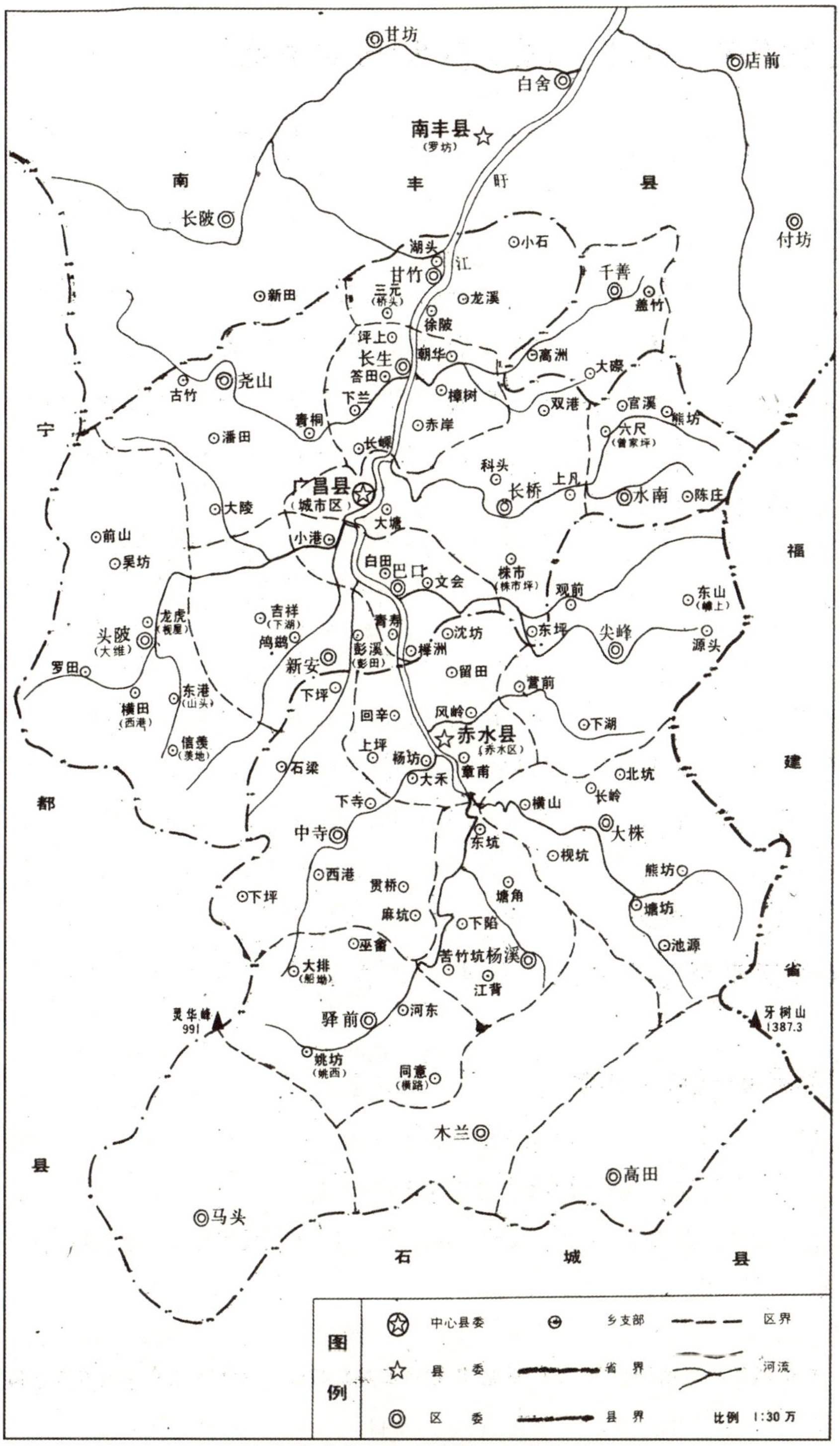

中共广昌中心县委所辖组织分布图

施更生调离广昌，由罗金乐接任广昌中心县委书记职务。

中共赤水县委（1933.8—1934.6） 1933年8月28日，中华苏维埃中央临时政府会议决定，从广昌县划出尖峰、大株、赤水（原称白水）3个区，从宁都县划出马头区，从石城县划出驿前、木兰、高田3个区，增设杨溪、中寺2个区，共9个区，建立中共赤水县委和县苏维埃政府，下辖9个区委、区苏维埃政府，李春生、邹 × × 先后任县委书记，黄辉山、邱宦卓先后任县苏维埃政府主席。县委机关驻赤水吴家祠堂（今赤水镇政府所在地），县苏维埃政府机关驻张家祠（今赤水供销社收购站）。赤水县委设组织部、宣传部、军事部、总务处4个工作部门，县苏维埃政府设土地部、劳动部、军事部、宣传部、裁判部、收发部6个工作部门。至此，广昌中心县委下辖广昌、南丰、赤水3个县委，21个区委。11月，赤水县委、县苏维埃政府机关迁至驿前的田南。1934年6月，广昌、赤水两县委并为广赤县委。

广昌是中央苏区北大门，是第五次反“围剿”的主要作战地带和中心战场之一。1934年4月初，蒋介石按照既定的“会师赣南”计划，命令北路军、东路军协力“进剿”广昌、建宁；南路军攻取筠门岭，向会昌推进，配合北路军行动；空军第3队进驻南城，就近支援广昌、建宁地区作战。北路军总司令顾祝同集中11个师的兵力，由陈诚统一指挥，分两路纵队由南丰白舍夹盱江而进，向广昌发起进攻。河西纵队担任主攻，河东纵队担任助攻，两路纵队交替筑碉前进。中央革命军事委员会（以下简称中革军委）在广昌头陂镇朱市埠村设立红一方面军野战司令部，李德、博古、顾作霖等负责指挥，彭德怀、林彪、董振堂等组成北线阵地指挥部，指挥部设在广昌县城何家屋，后移至县城西南三官殿。4月27日晨，盱江东西两岸国民党军同时向广昌发起全面进攻，红军虽顽强阻击，但在敌后续部队赶到及飞机大炮猛烈轰炸下，广昌城处于包围之中，中革军委决定放弃坚守广昌。4月28日凌晨，红军主力撤离广昌城。广昌失陷后，广昌县委机关转移到头陂西港，6月迁赤水太阳坳和驿前田南，广昌、赤水两县委合并为广赤县委后，广昌中心县委解体。

中共广赤县委（1934.6—9） 6月下旬，广昌中心县委根据苏区日益被压缩的形势，决定将广昌、赤水两县委合并为中共广赤县委，罗金乐任县委书记；同时成立广赤县苏维埃政府，邱宦卓任主席，分别隶属于中共江西省委、省苏维埃政府。县委、县苏维埃政府机关驻驿前田南赖寿祺屋，辖中寺、驿前、塘坊、杨溪、木兰、高田、马头7个区委和区苏维埃政府。国民党军占领广昌县城后，经过一段时间休整，分兵合击，向中央革命根据地腹地宁都、兴国、石城等地突进。红军奉命实行“六路分兵”“全线防御”，从1934年7月中旬至8月底，先后进行了大寨脑、高虎脑、保护山、蜡烛形、万年亭、驿前等6次较大的阵地防御战，虽给敌人以重大杀伤，但无法扭转战局，广昌大片苏区被敌占领。在此情况下，广赤县委抽调20余名干部组成赤西工作团，由县委副书记胡锦文任团长，带领一支有100多人、90余支枪的游击队，在宁都与广昌交界的会同、西港、中寺一带开展游击活动。8月初，广赤县委由田南迁至木兰（今属石城县）。县委书记罗金乐调江西省委工作，上级派刘××任县委书记。9月24日，县委从木兰迁至高田（今属石城县）。为适应新的形势，县委、县苏维埃政府工作人员、群团干部组成广赤游击大队，在闽赣交界处开展游击斗争，广赤县委、县苏维埃政府同时解体。

（五）黎川中心区域党组织

1. 黎川党组织

信（江）抚（河）区域早期党组织（1929.春—1932.12） 1928年冬，赣东北党组织为创建信抚革命根据地，派遣中共信江特委委员吴先民到资溪、黎川交界地区开展革命活动，秘密发展党组织。1929年春，吴先民在皮家源（今皮边）发展刘姨婆、周成宗等5人入党，建立黎川县第一个党组织——中共皮家源支部。支部成立后，又陆续发展6名新党员。此时，红4军活动于赣南、闽西，经常出没于赣东的广昌、南丰等地，并取得一连串的胜利，对临近地区黎川的国民党军和地主武装构成很大威胁。1930年4月，中共信南特委在黎川与资溪交界地区建立资黎特别区委，刘××任特别区委书记，隶属于信河南岸特委。下辖资溪的茶山、乌石、桐埠3个党支部和黎川的资福、皮家源、周湖、九江铺4个支部。

历史上建昌府属下的黎川、资溪、南丰、南城、广昌各县为淮盐行销地，由于淮盐产地江苏仪征路途遥远，加之盐商重利盘剥，运盐船户盗盐、掺杂使假，以致淮盐价高质次，导致闽盐往往以“私盐”形式进入赣东各县。国民党政府在黎川飞鸢（今飞源）设立盐卡，敲诈勒索，引起盐商和盐贩的不满，食盐供应紧张。5月，共产党员聂显书召集茶山特别区委下属资溪、黎川、南城交界地区十几个支部的党员，组织数百名群众手持梭镖、大刀、扁担发动皮家源暴动，攻打飞鸢盐卡，“卡官”、团丁丢下两支来复枪不战而逃。

中共黎川县委（1933.1—1934.1） 第二次反“围剿”之后，红3军团于1931年6月6日进军黎川、泰宁并攻克两县城，向建黎泰地区宣传共产党和红军的政策，发动和组织群众打土豪、分田地。[43]在红军的帮助下，6月中旬，黎川县党组织在县城天主堂召开群众大会，宣布成立黎川县临时革命委员会，邓梅村任主席。随后，成立城市、三都、宏村、樟村、西城、石峡、资福、湖坊、熊村9个区革命委员会及乡一级政权组织。随后，工会、农会、妇女会、少先队等群众组织也相继建立。在黎川县临时革命委员会的领导和红军工作队的帮助下，黎川县开展轰轰烈烈的打土豪、焚田契、废债约和筹粮款工作，一个月打土豪50多家，没收银圆2万多块。广大青年革命热情高涨，积极参加红军。

1931年7月，蒋介石纠集30万兵力对中央革命根据地进行第三次“围剿”，按照“诱敌深入”的作战方针，红军主力部队于7月12日撤出建黎泰回师赣南。黎川被国民党军占领，黎川县临时革命委员会撤销，根据地党员和革命群众转入地下斗争。1932年秋，中央红军决定乘国民党军第四次“围剿”尚未准备就绪之机，发动建黎泰战役。10月14日，红一方面军总司令部下达《建黎泰战役计划》；10月16日，红3军团从广昌集结地出发，经广昌千善、南丰康都和黎川西城桥、宏村向黎川县城疾进；10月18日，红3军团击溃敌24师一个团占领黎川县城，红1军团占领建宁县城；10月19日，红22军攻占泰宁，恢复建黎泰革命根据地。接着，中央红军相继攻克资溪、光泽、邵武等地，打通中央革命根据地与赣东北革命根据地的联系。临时中央从中央苏区和赣东北根据地抽调大批干部组成工作团到新苏区工作，被派到黎川的工作团由红3军团统一领导。红3军团政治部组织工作组分赴黎川各区、乡，发动群众建立革命组织，成立工会、农会等群众组织。12月初成立黎川县革命委员会，邹荣宗任主席。县革委会内设财政部、土地部、军事部、裁判部、检查部、经济部、肃反部等工作部门。接着，全县成立城市、赤溪、三都、熊村、湖坊、龙安、中田、宏村、樟村、西城、硝石（今属南城县）、资福、石硖、八都等14个区政权和97个乡政权。[44]县、区、乡三级革命委员会组织群众开展土地革命，清算地主豪绅的封建剥削财产，对一般富农采取贴条子的办法，向他们借款；对土豪劣绅则先扣人，让其家属拿钱赎人。打土豪所得的财产，如衣服、用具、粮食、物品、牲畜等，由农会掌管分给工农群众，对贫苦工农群众，尽量做到缺什么分什么。对所得到的金钱则上缴苏维埃政府，作为军事、政治、财务方面开支。

为加强党对新苏区的领导，1933年1月，成立中共黎川县委，谢惠光任书记。黎川县归建宁中心县委领导，隶属于江西省委，县委机关先设黎川县城旭升巷，后搬到八角楼。县委内设组织、宣传、妇女3个部。黎川县委成立时，建宁中心县委派贺来龙、贺洪标等人到南城硝石一带发动群众打土豪分田地。4月，中共硝石区委、区革命委员会成立，下辖石下、崔坊、王坪、风洲、竺油、陈坊、谢坊、硝石8个乡党支部和乡革命委员会。[45]区革委会机关设石下杨岩村。至此，黎川县委共管辖城市、赤溪、三都、熊村、湖坊、龙安、中田、宏村、樟村、西城、硝石（今属南城县）、资福、石硖、八都14个区委，有党员300多名。[46]

1933年5月上旬，中共闽赣省委成立，黎川县委改属中共闽赣省委领导。黎川县委动员群众参加红军和地方武装，督促独立团、游击队开小差的人及时归队。各级政府召开党团员、赤少队干部会议，明确政治任务，以村为单位召开群众大会，深入开展战争动员，激发杀敌勇气。动员各区加紧赤色戒严，坚壁清野，断桥梁、挖要道，做弩箭、窖地雷、削竹钉，埋设于敌人进攻的必经之道。1933年5月24日，中共闽赣省委调谢惠光任资溪县委书记，黎川县委书记由余斐担任。6月4日，闽赣省委又派方志纯到黎川工作，接任中共黎川县委书记。方志纯带领革命群众，在樟村杨姓大土豪家抄出大量稻谷和金银，挖出埋在地窖里的几十支步枪；德胜乡的大地主吴蔡孙将8箱银圆暗藏在夹墙里，被农会查出上缴革命委员会。

为壮大红军力量，临时中央将创建红7军团的任务交给闽赣省。6月15日，闽赣省委作出《关于创造红军第七军团的决议》。6月21日，黎川县委召开党的活动分子会议，号召各区开展扩红运动竞赛，在城市区与七区，硝石区与资溪区、石峡区，中田区与龙安镇区、西城区，三都区与湖坊区、熊村区，樟村区与宏村区等2个或3个区之间开展竞赛，各区提出扩大红军、募集资财、发展党员数额，并制定竞赛条约：创造黎川团，在“八一”以前完成一营，人数700名；创造独立师，“八一”以前完成第二团；创造赤卫军模范师，“八一”以前完成一师。要求在十月革命节前完成黎川团、独立师的创建，以庆祝全省第一次工农兵代表大会的召开。

7月下旬，方志纯在县委驻地邓氏家庙主持召开黎川县第一次工农兵代表大会，100多名代表出席会议，正式成立黎川县苏维埃政府，大会选举苏荣忠任县苏维埃政府主席。[47]县苏维埃政府内设财政、土地、军事、裁判、经济、检查、肃反7个部，下辖14个区苏维埃政府。与此同时，划分阶级成分和分田地运动也在各区乡开展起来。“打土豪，分田地”的实行，激发了广大农民的革命热情和生产积极性，推动了扩红、支前工作的开展。针对少数地方出现的“假分田”问题，黎川于1933年7月开展查田运动，查出隐瞒土地8000多亩，纠正过去被误打成土豪的中农131户。

为了革命战争的需要，中央苏区发行过三次公债。1933年5月，中共黎川县委和县革命委员会号召全县人民在9月份内完成购买公债4万元，全县人民积极响应，很快完成认购任务，并把一、二期所购买的革命战争公债连本带息献给苏维埃政府。苏区文化教育事业也开展起来，各区乡纷纷办起列宁小学、业余夜校和工农识字班。8岁至15岁的劳苦工农子弟免费进列宁小学读书。军队和赤卫队既学军事又学文化，1933年春红军在黎川中都设立一所军事训练学校，学习政治、军事和文化知识。[48]

1933年9月下旬，蒋介石乘红一方面军的东方军和中央军分开作战、中央苏区东北面守备薄弱之机，发起进攻黎川的战斗。9月25日，周浑元率第8纵队3个师从南城、硝石南进犯，阻断中央苏区与闽浙赣苏区、东方军与中央军的联系，并于9月28日占领黎川县城。黎川失守后，黎川县委、县苏维埃政府撤至樟村、宏村一带，继续领导苏区斗争。11月间，方志纯在宏村主持召开黎川县第二次工农兵代表大会，号召全县人民紧急动员起来，为反对敌人的第五次“围剿”而英勇斗争。12月，国民党军占领宏村，黎川县委机关迁到溪口镇，直至1934年1月黎川县委撤销。

1933年1月—1934年1月，黎川县先后成立黎川县职工联合会、共青团黎川县委。地方武装组织有黎川县独立团、黎川模范团。黎川县独立团于1933年7月编为红7军团第64团第2营，黎川模范团编入红7军团第63团。

中共东方县委（1933.7—1934.4） 1933年7月根据中央人民委员会决议，在黎川、光泽、邵武三县交界地区设立东方县，周长庭任东方县委书记，徐大牙任东方县苏维埃政府主席，归闽赣省管辖。县委、县苏维埃机关驻上关村（今光泽县辖区）。东方县辖黎川的熊村、湖坊，光泽的止马、李家坊，邵武的金坑等地。由于第五次反“围剿”失利，1934年4月，东方县所辖区域被国民党军占领，东方县委和东方县苏维埃政府停止活动。

中共黎南县委（1934.1—6） 1933年9月开始的第五次反“围剿”，在“左”倾冒险主义的错误指挥下节节失利，苏区逐渐萎缩。9月28日黎川县城失守，黎川县委、县苏维埃政府撤至黎川县境南部的樟村、宏村一带。12月中旬，敌军南进占领宏村、德胜关，黎川县委、县苏维埃政府撤至建宁东乡的都团村。黎川南部地区和建宁的（楚上）溪口区及泰宁的新桥、大田成为边区。

鉴于黎川大部苏区已经丧失，闽赣省委决

定撤销黎川县建制，划黎川南部地区和建宁东北部的溪口（溪源）、陈岭、武调及泰宁县的大田、新桥等区乡，设置黎南县。1934 年 1 月，黎南县委、县苏维埃政府正式成立，县址设在建宁都团村，后迁至楚上溪口。随后又相继成立了黎南县的共青团县委、工会、农民协会、妇女解放委员会等群团组织。县委机关设有组织、宣传、妇女等部，县苏维埃政府机关设有内务、财政、军事、裁判、国民经济等部，组建了黎南县游击队。黎南县的干部以原黎川县干部为主，加上建宁、泰宁及活动在建宁东乡的南丰游击队的部分干部。黎南县委书记由原黎川县委书记、红 31 师政委方志纯兼任（未到职），组织部部长黄木生，妇女部部长张炳珍，县苏维埃政府主席朱兆祥、副主席徐开林。

战火纷飞中成立的黎南县，其县境周围战事不断。1934 年 1 月中旬，敌北路军为切断闽赣苏区的南北联系，在黎川的东山、熊村、黄土关一带构筑碉堡封锁线，并向建宁推进。1 月 25 日，国民党军 4 个师与红 5 师在黎川的樟村、宏村发生激战，红军主力在泰宁不及回援，樟村、宏村两地被敌占领。1 月 26 日，国民党军从樟村等地进攻建宁的邱家隘、寨头隘、竹箕隘、黄家隘，红 1、3、5、7 军团各一部与敌激战数日，诸隘及毛坊、黄坊相继被敌占领。3 月 18 日，国民党东路军汤恩伯部进攻泰宁县城，3 月 19 日进占泰宁县城。蒋介石为确保其闽赣交通，令北路军和东路军加紧修筑黎川—泰宁碉堡封锁线。3 月 20 日，敌北路军第 3 纵队第 79 师和第 8 纵队第 6 师（欠 1 个旅）由枫林圩开往德胜关，经盐隘向泰宁西北的新桥推进；敌东路军汤恩伯部第 4 师、第 88 师、第 89 师在泰宁地区稍事休整后，向泰宁新桥方向推进，企图与北路军在新桥会合，修筑泰宁—德胜关碉堡封锁线。

新桥是黎南县的东北大门，离黎南县领导机关驻地溪口 10 余公里，是黎川、邵武、光泽通往建宁的必经之地。为阻止敌东、北两路军在新桥会合，中革军委令红 1、3、5 军团分兵拒敌，争夺新桥。3 月 22 日至 27 日，红军在新桥、太阳嶂与敌激战多日，经历大小战斗 8 次，打死打伤国民党军 1000 余人。但因采取分兵拒敌的消极防御方针，未能在敌南北两路合拢之前集中优势兵力歼其一部，被迫退守峨嵋峰。

新桥战斗后，敌军停留在德胜关—新桥—泰宁—将乐一线修筑堡垒封锁线，并从北路军中抽调兵力进攻广昌，黎南县周边战事稍歇。县委立即派出干部和游击队，广泛发动农民群众抢时间搞好春季备耕生产，开展扩红工作，深入敌后打土豪筹集经费。由于“左”倾冒险主义领导者在第五次反“围剿”中采取错误的战略战术，使各个主战场的仗越打越糟，根据地越打越小，不少干部战士对这种消极防御之仗意见极大。红 31 师政委方志纯，虽兼任黎南县委书记，但一直随红军 31 师在前线作战。1934 年 3 月间，国民党军从邱家隘向建宁方向进犯，方志纯奉命率部配合红 5 军团防守建宁县的将军殿阵地，因不满“堡垒对堡垒”的战术，发了几句牢骚，被撤销职务，调往建宁均口区工作。在此期间，东方县委书记周长庭带领游击队转移到建宁溪口，由周长庭接任黎南县委书记。

4 月 22 日，敌东路军由泰宁向建宁推进，并于 5 月 16 日占领建宁县城，闽赣省机关从建宁县城迁往建宁伊家乡的都上村，黎南县委机关与闽赣省机关失去联系。这时，黎南县被四面包围，只剩下溪口、陈岭几个村。国民党建宁保卫团、大刀会不断骚扰袭击黎南县驻地乡村，地域范围逐渐萎缩。面对严峻的斗争形势，黎南县委发动群众坚壁清野，并率党政机关干部和游击队转入建泰边界的分水、茶坑、双文石一带打游击。6 月底，游击队被敌包围，大部分牺牲，一部分突围后到里心与建宁县游击队汇合，在闽赣边界坚持游击活动。至此，黎南苏区被国民党全部占领。

2. 闽赣省

（1）闽赣省始末

1932年10月，中央红军在周恩来、朱德指挥下，利用蒋介石集中兵力“围剿”鄂豫皖和湘鄂西革命根据地，对中央革命根据地暂取守势的时机，再次向闽赣边进军，10月18—19日连克建宁、泰宁、黎川三城，建立建黎泰革命根据地。

中央红军收复建黎泰后，红军总司令部移驻黎川县城篁竹街。周恩来、朱德在这里领导红军赤化建黎泰，开展土地革命，建立地方武装和征集资财。12月30日，在黎川县城举行工农红军历史上最大的一次阅兵誓师大会，红1、3、5军团和闽赣边地方武装共7万多名指战员及1万多名工农群众接受中革军委领导人检阅。[49]周恩来、朱德、王稼祥、刘伯承等人在阅兵会上讲话。当晚，举行盛大军民联欢晚会，给闽赣边广大群众以极大的鼓舞，许多青壮年纷纷报名参加红军。随着建黎泰革命根据地的恢复和发展，苏区中央局决定，于1933年1月在建宁县城成立建宁中心县委和建黎泰军分区，隶属江西省委。至1933年5月，建宁、黎川、泰宁的县、区、乡红色政权已普遍建立，建黎泰革命根据地得到巩固发展。

1933年春，中央红军相继攻克闽赣边的资溪、金溪、光泽、邵武、将乐等县。1月25日，中央红军与赣东北红10军在贵溪县上清会师。至此，建黎泰与信抚、闽北革命根据地打通联系，连成一片。为争取这一区域成为巩固的革命根据地，苏区中央局决定划建宁、黎川、泰宁、邵武（西南部）、光泽、南丰、金溪、资溪、贵溪（南部）、抚州为闽赣边省，成立省委。2月5日，周恩来、朱德致电闽浙赣省委、省苏维埃政府和周建屏、萧劲光、邵式平等人，电告中央局决定，并征询对建立闽赣边省委的意见，通知邵式平到中央局讨论工作。随后着手从中央局和闽浙赣省抽调得力干部组建闽赣省领导班子。4月22日，苏区中央局致电周恩来、朱德、王稼祥、博古，征询闽赣省革委会委员名单意见，随即成立中共闽赣省委，顾作霖任省委书记。4月26日，中央人民委员会举行第40次常会，讨论建立闽赣省有关事项。会上，邵式平报告信江以南、抚河以东各根据地的情况。常会决议：“闽赣苏区地方广大，在政治军事上均占重要地位，争取这一广大区域成为巩固的苏区，实为夺取抚州，进攻南昌的必要条件，因此决议将建黎泰、金资光邵、闽北苏区，以至信抚两河间一带地区划为闽赣省，立即成立闽赣省革命委员会。”[50]5月初，中央苏区、赣东北和闽北抽调来的干部在资溪县城召开闽赣省成立筹备会，拟将闽赣省设在资溪县城。5月10日，周恩来致电中央局和顾作霖、邵式平，坚决反对将闽赣省设在资溪县城：“建黎泰邵光金资我都走过，最适中的地点是黎川之湖坊，且资溪城为大闽北到湖坊并不远于资溪城多少，如在资溪城对建泰实无法指挥，而十一军又常在金溪行动，十一军、省委、闽北三个电台都靠北边对建泰军情将隔绝，省委、军区中心完全在杉关山脉以北，从资溪城到建泰各要五天长路程，指挥不便。……因此我提议省委会在湖坊（地方甚大，群众情形要好）。”[51]5月上旬，闽赣省工农兵临时代表大会在黎川县湖坊圩召开，参加会议的有省、县、区和红军中的代表300余人，黎川县代表10人，其中妇女代表4人。会议由顾作霖主持，大会通过了闽赣省革命委员会委员名单，正式成立闽赣省革命委员会。闽赣省的成立，标志闽赣革命根据地的形成。7月，闽赣省各级机关迁至黎川县城。

闽赣省成立后，省委和省革命委员会立即着手配备干部。与此同时，省委加强县、区、乡党政组织建设，已经建立党政机构的得到进一步健全，调换了一些不称职的干部；尚未成立党政机构的很快帮助建立起来，指派得力干部担任领导职务。6月上旬，省委在资溪召开会议，重点讨论闽北、资溪、光泽的工作，确定谢惠光、黄富武、方志纯分别担任资溪、光泽、黎川县委书记。全省基层党政组织在斗争中很快得到巩固和发展，仅建黎泰三县即建立32个区委、区苏维埃政府。各级普遍建立工会、贫农团、共青团、妇女会、反帝拥苏大同盟、互济会、少先队等群众组织。

6月4日，闽赣省军区成立。经周恩来、朱德提议，苏区中央局同意，萧劲光任闽赣省军区指挥（司令员）兼政委。当时萧劲光不在黎川，萧劲光到职前，由闽赣省革命委员会主席邵式平兼任闽赣省军区司令员和政委。至1933年7月，闽赣省军区主力部队有：第19师（师长周建屏）、第20师（师长粟裕）、第21师（师长黄立贵）、建黎泰独立师（师长周振国）。省军区下辖有：抚东军分区（司令员郭如岳）、建黎泰军分区（司令员李德胜）、闽北军分区（司令员薛子正）。地方武装有：闽北独立团、邵光独立团、信抚独立团、闽中独立团、闽赣基干游击队及各县独立团、营、游击队、赤卫队。闽赣省地方武装在党的领导下，积极开展游击活动，紧密配合主力红军作战。1933年5月8日，红军一部歼灭进犯南城硝石的国民党军第24师许克祥部一个团，缴获步枪300余支，俘敌400余名。6月19日，邵光独立团在光泽与国民党军激战，俘敌数十名，缴获步枪100余支，占领光泽县城。

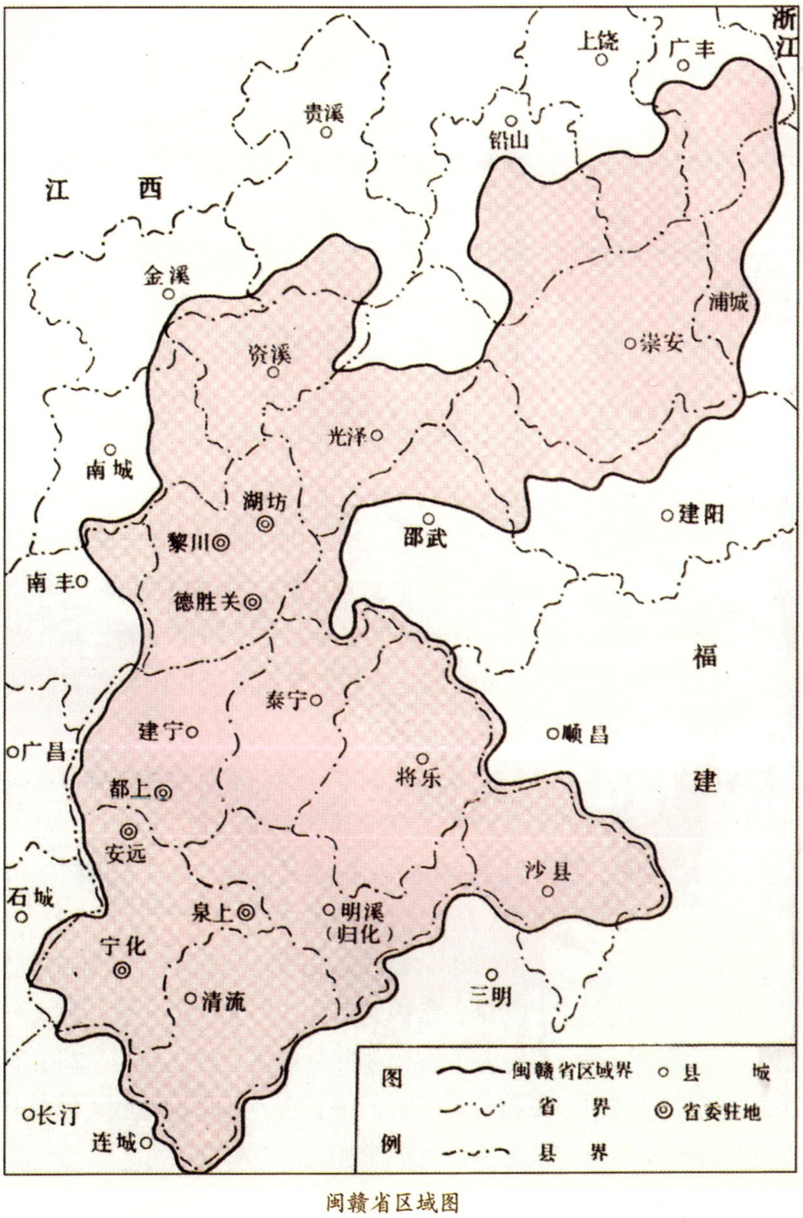

闽赣省区域图

中国工农红军第7军团是在闽赣革命根据地组建的。1933年6月7日，中革军委决定在红一方面军内成立红7军团，并将这一重任交给闽赣省。6月28日，闽赣省革委会发出创建红7军团训令，号召闽赣省人民踊跃加入到红7军团。萧劲光深入黎川宏村区指导扩红工作，在不到一个月时间，该区200多人加入到红7军团。7月5日，在黎川县城李树坪召开红7军团成立大会，萧劲光任军团长兼政委，原闽赣省军区所辖的第19师、20师、21师成为红7军团的主力部队。红7军团组建后，在保卫革命根据地和反“围剿”战斗中建立了不朽的功勋。闽赣省军区主力部队编入红7军团后，省军区重新组建武装力量，到12月，闽赣省军区下辖抚东军分区、建黎泰军分区、闽北军分区；直属武装有：黎川独立团、闽中独立团、崇安独立团、上铅独立团、光泽独立团、建阳独立营、贵南独立营、金资贵独立营、崇浦独立营、铜钵独立营、邵武独立营。

闽赣省委、省革命委员会成立后，广泛深入开展土地革命，广大农民得到土地后，革命热情和生产积极性高涨。1933年，全省农业生产普遍获得较好收成，各地办起炼铁、农具、硝盐、造纸、被服、兵工等小型工厂，建起消费、粮食、生产等合作社，建立银行、贸易局、粮食调剂局，沟通商业渠道，通过输出土特产，购入食盐、布匹、医药等紧缺物资，解决了根据地部分物资供应，打破了国民党军的经济封锁。据1933年江西、闽赣两省11个县经济建设大会战统计，其中8个县发展粮食合作社社员15.2万名，消费合作社社员13.7万名；筹集经费12.4万元，推销公债161.5万元，建立粮食调剂局20个，贸易分局5个，谷仓能容14.8万石粮食。

根据地在斗争中得到巩固和发展。闽赣省面积约2万平方公里，人口100万人，区域范围包括现属福建、江西两省的三明、南平、抚州、上饶、鹰潭5个市的21个县市（建宁、黎川、泰宁、资溪、崇安、宁化、清流、明溪、光泽、邵武、建阳、浦城、南丰、南城、金溪、广丰、上饶、铅山、贵溪、将乐、沙县等的全县或部分区域）。1933年夏，为加强对边界地区的领导，在黎川、光泽、邵武三县交界地区成立东方县；在黎川、南城两县交界地区成立建东县；在金溪、南城、资溪三县交界地区成立金南县。

1933年9月，第五次反“围剿”战斗首先在闽赣省打响。9月28日，国民党军周浑元部3个师向闽赣省所在地黎川进攻，企图包围中央革命根据地。此时，闽赣省委和省革委会机关已奉中央命令从黎川县城撤至与泰宁交界的德胜关。当时闽赣省军区主力调福建作战，黎川城内只有省军区司令部一支70多人的教导队和部分游击队。为免遭敌人包围，萧劲光率部撤出县城，敌人进占黎川城。博古、李德为保护黎川这个“国门”，夺回黎川城，命令红3军团从泰宁北上抗敌。10月6日，在黎川城东北面的洵口与敌吴奇伟师遭遇，闽赣省军区武装配合红3军团与敌激战两日，歼敌第6师2个团及第5师一部，生俘敌第18旅旅长葛钟山，第五次反“围剿”旗开得胜。“左”倾错误领导人夸大了这次战斗的普遍意义，进而提出“御敌于国门之外”的作战方针。10月上旬至11月上旬，强令红3、5、7军团及闽赣省军区武装去攻打黎川与南城间的硝石、资溪桥（即资福桥）及浒湾等据点，使主力红军钻入敌重兵扼守的堡垒群中，完全失去机动。11月11日，敌主力一个师向浒湾推进，红7军团政委萧劲光奉命率第20师等部队赴浒湾阻击。由于通讯联络不畅，当红3军团赶到向敌发起突击时，萧劲光却没有得到通知。他和第20师师长粟裕估计主力赶到，即主动对敌进攻。战至次日，敌对红军阵地形成前后夹击之势，伤亡极大，阵地被突破，不得不放弃浒湾。“左”倾错误领导人把战斗失利的罪名强加到萧劲光头上，撤销其职务，随后又追究黎川失守的责任，将萧劲光交军事法庭公审，开除党籍军籍，判处5年徒刑。之后，叶剑英接任闽赣省军区司令员兼政委职务。

这时，闽赣省委、省革委会、省军区机关从德胜关迁入建宁县城。12月12日，敌3个师向黎川东南的团村推进，红3军团组织伏击战，击溃敌12个团。由于无后方增援补充，红1、3军团分离作战，未获战果，成了消耗战，红4师师长张锡龙牺牲。[52] 12月14日，敌4个师分左右冀向德胜关进击，红3、5、7军团等在德胜关阻击。15日夜，敌进占德胜关，主力红军撤往泰宁等地。

黎川县城被敌占领后，邵武、光泽等地于

1933年年底相继失守，闽北分区、信抚分区与闽赣省的联系被阻断。1934年5月16日，建宁县城失守，主力红军撤离，闽赣省委、省革委会、省军区机关先后迁往建宁都上村、彭湃县里坑村、宁化县城等地。

在第五次反“围剿”中，闽赣省军区武装进行较大的行动有80多次，有力地打击国民党军及其地方武装的进攻，对保卫革命根据地起到重要作用。1934年8月，闽赣省改由赖昌祚任省委书记，杨道明任省苏维埃政府主席，宋清泉任省军区司令员。中央主力红军长征后，斗争环境日益艰苦恶劣，但闽赣革命根据地军民在党的领导下，仍不屈不挠地坚持斗争。10月，闽赣省军区对下属武装进行整编，共编为4个团、5个队，在1934年冬至1935年春经多次战斗，人员伤亡较大。1935年1月，苏区中央分局对闽赣省委领导人再次调换，改由钟循仁任省委书记。

面对强敌的围攻，斗争环境愈来愈恶化，省军区司令员宋清泉、政治部主任彭祜、参谋长徐江汉等人串通一气，排挤和摆脱省委领导，掌握了闽赣省委领导机关的实际权力，在闽赣省所存队伍中造成“枪指挥党”的事实，对中央关于“应在中央苏区及其邻近苏区坚持游击战争”的指示置若罔闻，既不留在闽赣省革命根据地坚持斗争，又不向闽西、闽北革命根据地靠拢，而是带领机关和部队转入敌人力量较强的闽中、闽南地区，流动于顺昌、尤溪、德化、永泰等地。沙溪战斗后，又带着省委机关和部队继续向闽南方向撤退，途中将部队改编为闽赣省新编第1团，下辖3个营，兵力约剩600余人。1935年5月，该团被国民党军打散，宋清泉、彭祜、徐江汉叛变投敌，闽赣省军区活动结束。

（2）中共闽赣省委及下属组织

中共闽赣省委（1933.5—1935.5） 闽赣省委建立时，隶属中共苏区中央局。1934年10月主力红军长征后，隶属苏区中央分局，1935年3月后与苏区中央分局失去联系，独立作战。

中共闽赣省委领导人任职情况

表2–2

职　务	姓　名	任职时间	职　务	姓　名	任职时间
委员	顾作霖	1933.5—1934.1	常委	邵式平	1933.5—1934.8
委员	邵式平	1933.5—1934.8	常委	黄　道	1933.5—1934.5
委员	黄　道	1933.5—1935.5	常委	刘炳龙	1933.5—1935.2
委员	萧　韶	1933.5—1934	常委	刘邦华	1933.5—1934
委员	刘炳龙	1933.5—1935.2	常委	赖昌祚	1934.8—1935.1
委员	刘邦华	1933.5—1934	常委	钟循仁	1935.1—5
委员	萧劲光	1933.5—11	书记	顾作霖	1933.5—1934.1
委员	方志纯	1933.5—1935.2	书记	邵式平	1934.1—8
委员	杨良生	1933.5—1935.5	书记	赖昌祚	1934.8—1935.1
委员	陈云湖	1933.5—?	书记	钟循仁	1935.1—5
常委	顾作霖	1933.5—1934.1	秘书长	黄　道	1933.5—12

中共闽赣省委工作部门领导人任职情况

表 2–3

部　门	职　务	姓　名	任职时间	部　门	职　务	姓　名	任职时间
组织部	部长	刘炳龙	1933.5—1935.2	妇女部	部长	张荷凤	1933.5—1934.2
宣传部	部长	黄　道	兼，1933.5—12		部长	刘志敏	1934.2—1935.5
	部长	萧　韶	1934.2—春末	肃反委员会	主任	杨良生	1933.5—?
	部长	黄甫生	1934. 春		主任	陈长春	？—1935.3
	部长	张　标	1934. 春—1935.5				

闽赣省委下属党组织　闽赣省委成立时，划江西省委下辖的建宁中心县委和闽浙赣省委下辖的闽北分区委和资溪中心县委归其领导。这两个中心县委和一个分区委，共辖建宁、黎川、泰宁、光泽、崇安、建阳、铅山、上铅、广丰、广浦、邵武等 11 个县委和金南、贵南、金资、浦西等 4 个特区委。闽赣省委成立后，1933 年 5 月，资溪中心县委改为资溪县委，建宁中心县委改为建宁县委。6 月，建瓯中心县委及其所属的松溪、政和两个特支从福州中心市县划属闽北分区委，下辖建瓯县各区委和政和、松溪两个特支。7 月，新设东方县委。8 月，以贵南特区委为基础，成立贵南县委；在将乐黄潭成立黄潭边特委。9 月，以黎川县委所属硝石区委为基础新设建东县委；金南特区委改为县委。10 月，建瓯中心县委遭破坏；11 月，金南、建东两县委解体；12 月，光泽县委解体。1934 年 1 月，贵南县委和金资特区委解体，黎川县委解体，新设黎南县委，在黄潭边特委基础上，成立闽中特区委，下辖沙县特支；4 月，成立光泽中心县委，资溪县委和东方县委解体；5 月，闽北分区委与省委失去联系，接受中革军委指挥，不久，重新隶属闽浙赣省委。同月，中央将福建省委领导的宁化中心县委及其所属的清流、归化、彭湃、泉上 4 个县委和宁化各区委划属闽赣省委，并撤销宁化中心县委，恢复宁化县委。

（3）闽赣省政权组织

闽赣省革命委员会—闽赣省苏维埃政府（1933.5—1935.5）　1933 年 4 月闽赣省成立后，于 5 月上旬在黎川湖坊圩召开闽赣省第一次临时工农兵代表大会，成立闽赣省革命委员会，内设土地、劳动、财政、内务、国民经济、裁判、保卫、文化、教育等部。机关初驻湖坊圩老街桥头，7 月迁至黎川县城。9 月，黎川县城被国民党军占领，机关迁黎川县东南边境德胜关，11 月迁建宁县城。12 月 12—15 日，在福建建宁县城文庙召开闽赣省第一次工农兵代表大会，正式成立省苏维埃政府，机关驻建宁县城。1934 年 5 月，建宁县城被国民党军占领，机关迁建宁都上村；6 月，机关迁彭湃县里坑村；8 月迁宁化县城。11 月，转移到泉上县境内。

闽赣省革命委员会—闽赣省苏维埃政府领导人任职情况

表 2–4

职　务	姓　名	任职时间	职　务	姓　名	任职时间
委　员	邵式平、顾作霖、万永诚（未到任）、余泽鸿、毛泽民、钟世斌、萧劲光、周建屏、黄道、薛子正、陈荣洲、方志纯、王伙子、张光发、吴家远、包维贤、刘才英、钟光来、钟宝光、曾昭铭、李德胜、邹琦、黄立贵、彭皋、刘炳龙		主席团成员	邵式平、顾作霖、万永诚（未到任）、余泽鸿、毛泽民、钟世斌、萧劲光、周建屏、黄道	

续表 2-4

职　务	姓　名	任职时间	职　务	姓　名	任职时间
主　席	邵式平	1933.5—1934.8	副主席	钟世斌	1933.12—1934.5
	杨道明	1934.8—1935.5		祝维垣	1933.12—1934.5
秘书长	吴炳环	1933.5—1934.6	秘书长	马维祺	1934.7—12

闽赣省革命委员会—闽赣省苏维埃政府工作部门领导人任职情况

表 2-5

部门及职务	姓　名	任职时间	部门及职务	姓　名	任职时间
财政部部长	毛泽民	1933.5—8	政治保卫局局长	杨良生	兼，1933.5—11
	邵式平	兼，1933.8—1934		谭政文	1933.11—1934.2
	黄裕乾	1934		王为生	1934.2—8
	潘炳延	1934.—1935.5		陈长清	1934.8—1935.5
土地部部长	钟世斌	1933.5—8	教育部部长	胡德兰	1933.5—1934.8
	钟光来	1933.8—11	文化部部长	陈　垣	1933.5—1934.5
	胡德兰	代，1933.11—1934. 春	卫生部部长	傅喜珠	1933.5—1934. 冬
	祝维垣	兼，1934. 春—5	工农检查部部长	黄政生	1933.5—1935.5
劳动部部长	罗日运	1933.5—9	青年部部长	陈丕显	1933.5—12
内务部部长	曾昭铭	1933.5—12	女工部部长	杨树兰	1933.5—12
	江翠英	1934.8—1935.5	军事部部长	刘镜春	？—？
裁判部部长	曾昭铭	兼，1933.5—11		宋清泉	兼，1934.8—1935.5
	钟光来	1933.12—1934.7	国民经济部部长	黄裕乾	1933.5—12
	曾成龙	1934.8–1934		赖　毅	1933.12—1934.5
	章士金	1934—?	《红色闽赣》报社社长	不详	

闽赣省下属政权组织　1933 年 5 月闽赣省革命委员会成立时，下辖福建省境内的闽北分区苏维埃政府和建宁、崇安、建阳、光泽、邵武，江西省境内的黎川、资溪、铅山、广丰、上铅等 10 个县苏维埃政府和福建泰宁县革命委员会以及金资、贵南、金南等 3 个特区苏维埃政府。7 月，在黎川、光泽、邵武三县交界设立东方县，成立县苏维埃政府，在南城、资溪、黎川三县交界处设立建东县，成立县苏维埃政府。同年夏，成立浦西特区苏维埃政府；8 月和 9 月，贵南和金南先后成立县苏维埃政府；同年 11 月，泰宁县革命委员会改为县苏维埃政府；又在广丰、浦城边界设立广浦县，成立县苏维埃政府。建东、资溪两县和金资特区苏维埃政府解体。

1933 年 12 月，闽赣省苏维埃政府成立时，初辖闽北分区苏维埃政府、泰宁、建宁、崇安、建阳、光泽、邵武、黎川、东方、铅山、广丰、上铅、广浦、贵南、金南等 14 个县苏维埃政府、浦西特区苏维埃政府。1934 年 1 月，在黎川、建宁、泰宁三县边界地区设立黎南县，成立县苏维埃政府。同月，东方军攻克沙县广大城乡，成立沙县苏维埃政府。2 月，东方军撤离沙县，县苏维埃政府解体。同月，东方军攻克将乐县，成立将乐县革命委员会。3 月，东方军撤离将乐，县革委会解体；4月，闽北苏区在第五次反“围剿”中被国民党军隔断与闽赣省的联系，重新划属闽浙赣省；5月，宁化、彭湃、泉上、清流、归化5县苏维埃政府由福建省苏维埃政府划归闽赣省苏维埃政府领导；9月，成立建松政县苏维埃政府；1935年3月，建松政县苏维埃政府解体。

（六）资溪中心区域党组织

1. 资溪党组织

中共资溪下张、茶山等支部（1927.11—1930.12） 1927年8月中旬，赣东北党组织遵照中央“八七会议”精神，指派贵溪共产党员龚相如、杨海庭到资溪东北部的下张村，以开办纸厂为名，在深山密林中向造纸工人和穷苦农民宣传革命道理，秘密吸收贫农张兴生、赵阶雄、龚普祥等人加入中国共产党。同年11月，在下张村成立资溪县第一个党支部——中共下张支部，选举龚相如为支部书记，隶属于中共贵溪县委领导。在党支部的领导下，农民运动很快发展到斗源、水车、平地源、蔡家岭等村，革命火种在资溪东北部越烧越旺。

1927年冬，赣东北地区党组织领导人邵式平，到南城珀玕和资溪艾家桥一带秘密组织革命力量。接着，赣东北廖东海（原名李树华）、彭启龙、周振华于1929年1月到金溪、资溪、南城一带，以资溪的南山为据点，用“上名字”[53]的方式，发动群众参加革命。

同一时期，资溪西北部的革命火焰也在临川党组织的宣传鼓动下点燃。资溪高田枫林人周绍廉于1927年在江西省立第七中学（校址在抚州城）读书时加入中国共产党，是年暑假受临川党组织委派，与在南昌一中读书回家度假的李毓春组织农民开展减租减息斗争，于8月成立资溪西北部第一个农民协会——西乡农民协会，并吸收李毓春、饶秀堂等人加入中国共产党，成立中共枫林小组，有党员八九人，周绍廉任小组负责人。1929年8月，中共金溪支部扩大为区委，枫林小组亦扩大为中共枫林支部，周绍廉任支部书记，隶属于中共临川县委。枫林支部有党员20余人，下辖圩上、枫林、曾家3个党小组。党支部在1929年10月至1930年6月间，先后组织过两次农民暴动，一次是围攻曾任国民党资溪县长何建东住宅，捉拿何建东，因情报不准，未拿获；一次是组织20多人在靖祠讨论暴动计划，因消息走漏，暴动未成。1930年10月，金溪区委遭到破坏，被迫在金溪、资溪边界地区组织流动区委。枫林党支部书记周绍廉慑于白色恐怖出走上海，由李毓春接任支部书记，与饶秀堂等人继续坚持斗争，李毓春家成为流动区委联络点。流动区委坚持到年底，由于斗争环境险恶，区委书记王资生等人也出走上海。枫林支部派饶秀堂、毛兴发等人通过地下交通站与在资溪的赣东北党组织取得联系，成为隶属于赣东北的党组织。

1929年初，中共信江特委派吴先民到资溪、黎川、南城交界地区，以资溪西南部的茶山为中心，开展革命活动，先后发展余绍华、廖文光、徐福院、聂显书等人入党，成立中共茶山支部，廖文光任支部书记，隶属于信江特委。同年11月，茶山支部扩建为3个支部：茶山支部（书记廖文光）、乌石支部（书记余绍华）、桐埠支部（书记廖文光兼）。在此基础上，于1930年1月成立茶山总支部，聂显书任总支书记。下辖茶山、乌石、桐埠3个支部。

中共资黎特别区委（1930.4—？） 1930年4月，以资溪茶山为中心的党组织活动扩展到黎川县的皮家源、资福桥一带，发展党员12名。为加强对资溪、黎川边界群众斗争的领导，成立中共资（溪）黎（川）特别区委，[54]刘××任特别区委书记，隶属于信河南岸特委，下辖资溪的茶山、乌石、桐埠3个党支部和黎川的资福、皮家源、周湖、九江铺4个支部。

1930年5月，在资黎特别区委领导下，举行皮家源暴动，捣毁盐卡。同年12月，中共茶山支部领导茶山纸厂工人举行罢工斗争，迫使纸厂主刘伶保增加工人工资40%。后来，刘伶保勾结国民党乌石区团总元星枢，派团丁赶到茶山镇压。党支部得知消息，迅速组织工人举行暴动，攻打乌石区公所，捉拿团总元星枢。由于走漏消息，敌人有所准备，暴动未成。为保存革命实力，党支部将工人暂时撤往南城大竺、小竺。

中共信江南岸特区委（1930.10—1931.9） 1929年1月，中共信江特委抽调一批人到白区开辟新的苏区，李树华（化名廖东海）、彭启龙等人至金溪、资溪、余江、南城、贵溪等地，以传授武术为掩护，吸收劳苦群众秘密参加革命，开展"上名字"运动，在当地秘密发展周天赦、胥双全、胥元兴、吴徐南、胥旺石等人入党。同年11月，成立中共南山支部，周天赦任支部书记。1930年初，"上名字"运动发展到金溪、资溪、南城三县交界的黄狮、水口、竹源、小竺、欧溪和南山等地。

为打通赣东北苏区与中央苏区的联系，1930年10月，赣东北省委决定派方志纯、蓝广平、宣首庭、刘金彪等人，到信江南岸区域（包括资溪、金溪、黎川、东乡等县，以及弋阳、余江、贵溪3县信江南岸的部分地区），发动组织群众开展革命斗争。方志纯到达信南地区后，与李树华等人取得联系，向他们传达省委决定，成立中共信江南岸特区委（以下简称信南特委），方志纯任书记，李树华任组织部部长，蓝广平任宣传部部长，刘金彪任军事部部长。特委机关设在资溪嵩市，并以南山、高田为据点，发展党组织，建立游击武装。

信南特委依靠各县原有党员和革命群众力量，组织成立信南游击队，活跃在信南各地，与当地反动武装进行坚决斗争。方志纯回忆说："这些斗争大多是秘密进行的，如捉土豪劣绅，筹款等；也有的是半公开的，如余江童家、东乡艾家、南城珀玕、黎川大小竺等地方的革命斗争，就是半公开的；而1931年初资溪南山的武装斗争，则发展为完全公开的群众性武装斗争。"[55] 为迎接赣东北省赤色警卫师南渡信江游击信南地区，1932年7月，信南特委由嵩市迁至东乡县弄里艾家。

中共资溪中心县委（1933.2—5） 1932年秋，国民党军对湘鄂西、鄂豫皖苏区第四次"围剿"基本结束，但对中央苏区的第四次"围剿"尚未准备就绪。红一方面军根据宁都会议精神，决定乘国民党军新的围攻部署尚未完成之际，消灭建宁、黎川、泰宁地区之敌，于10月中旬至11月初实施建（宁）黎（川）泰（宁）战役，一举攻占黎川及福建的建宁、泰宁、邵武、光泽等地区。红一方面军乘势于11月16日发起金溪、资溪战役，以进攻战略制止国民党军新的"围剿"。11月17日，红1军团击溃守敌周浑元第5师一个团，占领资溪县城。11月19日，红3军团挺进金溪城郊，守敌措手不及，只好把县城拱手让给红军。

国民党军连失两城，遂派驻守南城、南丰的许克祥第24师、防守抚州的孙连仲第27师急趋金溪，同时，令驻扎在赣西的3个师进至抚河流域，企图寻求红军主力决战。11月21日，红3军团在南城东北渭水桥一带，击溃第24师一个团后回师黎川。1933年1月初，红一方面军再度北进，1月5日下午向黄狮渡发起进攻，俘敌旅长周士达以下官兵1000余人，再次占领金溪县城。1月6日，国民党军重新部署兵力，以14个团兵力集结于浒湾，分别向金溪、黄狮渡进攻，企图围歼红军主力于浒湾东南地区。红军在浒湾击溃国民党军3个师，俘敌数千人，并一度追敌于抚州城外千金陂。

"金资战役"胜利后，红3军团一部占领东乡县城，并引导赣东北红10军南渡信江，占领资溪全境及金溪、南城、贵溪、光泽等县交界地区。红军的行动为资溪中心地区的赤化和信抚革命根据地的建立扫清了道路。1933年2月初，在闽浙赣省委[56]和红11军[57]的帮助下，成立中共资溪中心县委，机关驻资溪泸阳镇，隶属闽浙赣省委。资溪中心县委成立后，将所管辖的范围划分为7个区，一区设泸阳，二区设高阜，三区设嵩市，四区设圩上，五区设乌石，牛田区（亦称资光特区）设光泽县牛田，金（溪）南（城）区设南城县珀玕，成立7个区委、区苏维埃政府。

1933年2月21日，邵式平在资溪县欧溪召开会议，提出在金溪、资溪、南城边界地区建立金南特区。会后，资溪中心县委在南城县水口村举办区、乡干部培训班，3月1日成立中共金南特区委、特区苏维埃政府，孙金荣、吴海保、江澄祥、危老崽先后任特区委书记，肖大罗、张丑福、唐红美、黄荣发先后任特区苏维埃政府主席。特区委下辖水口、竹源、小竹3个分区委，有19个党支部、100余名党员。

同年2月，资溪中心县委派陈金生到斗垣等地发展党组织，不久成立党支部。此后，党的组织发展到贵溪县的杨梅潭、湖石、王家、港东、万家、岭西、冷水坑等地。4月初，在贵溪县杨梅潭建立中共贵南特区委、特区苏维埃政府，党的组织隶属于资溪中心县委。4月18日，资溪游击队配合闽北红军独立师解放冷水坑、耳口寨、岭西等地，中共贵南特区委从杨梅潭迁到冷水坑。贵南特区委下辖杨梅潭、耳口寨、岭西3个分区委。

5月，资溪中心县委在资溪圩上、南堡、高田、枫林4个区的基础上，加上金溪黄通、墩上、白果、何湾、关王、高桥、仙源庄等地，扩建为中共金资特区委、特区苏维埃政府，特区委机关驻黄通，陈澄祥、谢忠厚先后任特区委书记，周才兴、石西良、邱细毛先后任特区苏维埃政府主席。4月26日，中央人民委员会决定成立闽赣省。5月初，中央苏区、闽浙赣省抽调干部在资溪泸阳镇召开闽赣省成立筹备会，决定闽赣省会设在黎川湖坊。从此，以资溪为中心的信抚苏区划归中共闽赣省委管辖。

中共资溪县委（1933.5—1934.4） 1933年5月，闽赣省委成立后，资溪县由闽浙赣省划归闽赣省管辖。5月下旬，闽赣省委将资溪中心县委改为资溪县委，原资溪中心县委书记彭皋调任建宁县委书记，黎川县委书记谢惠光接任资溪县委书记。

5月，闽赣省委派郑亦顺等30余人到贵南特区指导工作后，党组织和政权组织有较大发展，随后召开第一次党团员代表大会。7月15日晨，逃往金溪的国民党资溪县长王震带领保安团二三百人，偷袭高阜区和资溪县城，资溪县委书记谢惠光思想麻痹，加上县苏维埃政府事务科科长和会计科科长反水，致使苏维埃

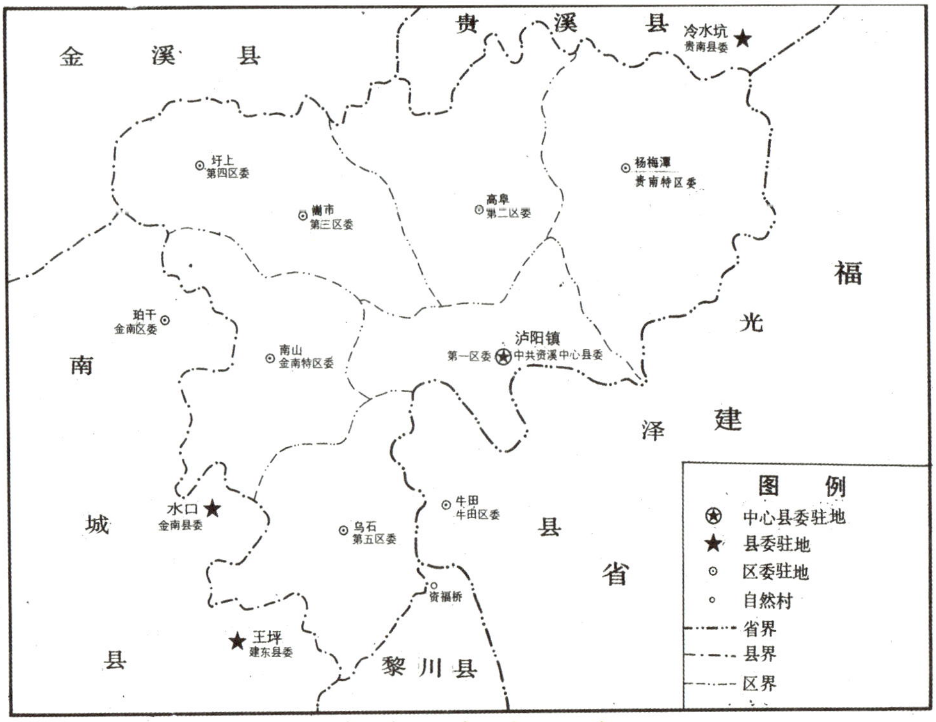

中共资溪中心县委所属组织分布图

政府政治保卫局失守，400多在押犯人被放走，档案材料焚掠一空，并绑缚胁迫6000多名资溪居民迁往金溪，途中因酷暑和饥饿致死的不计其数，酿成“资溪事件”。闽赣省委在总结这次教训时指出：在扩红和查田运动中，县委、区委部分干部“命令主义、形式主义作风发展到极点”，“不执行阶级路线，乱‘打’贫苦工农，强迫命令，变本加厉，如七军团动员，采取‘不报名不散会’的办法，在更恶劣的形式之下到处发生，查田则简单的抓起全区各乡土地委员便算了事，或则不作任何宣传教育，造成群众的恐惧。”[58]7月下旬，根据闽赣省委指示，在泸阳镇林家祠堂召开中共资溪县首次党员代表大会，全县100多名代表出席会议，改组县委。党代会由闽赣省委组织部长、资溪县委代理书记刘炳龙主持，闽赣省革委会主席邵式平到会讲话，选举陈祥长为资溪县委书记。同年8月，为加强苏区财政，资溪县在桐埠设立关税处。在查田运动中向土豪筹款2.3万元，富农捐款8000元。此外，还发行了经济建设公债，全县人民踊跃认购，极大地支持革命战争。

1933年9月下旬，蒋介石乘资溪、黎川守备薄弱之机，进攻黎川。9月28日黎川县城失陷，闽赣省机关迁至光泽县牛田村，资溪形势危急。彭德怀率领东方军撤围福建将乐、顺昌，以一部赶到黎川西南，主力进攻硝石、资溪桥、黎川之敌。中央军主力由永丰、乐安地区东移，攻击和牵制南城、南丰地区之敌，以保障东方军对黎川地区的进攻。10月6日，东方军与国民党军第6师18旅在黎川洵口遭遇，发生激战，歼敌3个团，俘敌旅长葛钟山以下官兵1100多人。因中革军委急于收复黎川，不等洵口战斗完全结束，即强令东方军攻打硝石等地，招致重大伤亡，红军被迫分散转移。在此期间，资溪县委部署党员、干部和游击队配合红军迅速投入反“围剿”战争。10月上旬，建东游击队在南城大竺、小竺和竹油一带积极活动，配合东方军进攻硝石。

1933年11月20日，李济深、陈铭枢、蒋光鼐、蔡廷锴等人以国民党第19路军为主力，在福建福州发动的抗日反蒋事件，建立反蒋政权。为镇压这次事变，蒋介石急忙从北线抽调大批兵力经资溪、光泽、邵武直下福建。12月5日下午，国民党军第79师攻占嵩市。12月10日，第4师、第79师经溪南岭、港田、白果树围击资溪县城，并将资溪各区、乡干部和游击队分割成南北两部分。12月14日，资溪县城失守。至月底，由红军占领10个月的资溪苏区全部失陷，游击队转至深山打游击。其中南部的建东县和金南、乌石、泸阳等地区的游击队200余人，在资溪县委书记陈祥长、军事部长胡锦文、副部长聂显书等人率领下，转战资溪、黎川、南城边界的南山、上山、大竺、小竺、石峡、株溪一带。1934年2月，中共闽北分区委致电朱德，建议抚东分区在军事上归闽北分区指挥，抚东各县（含资溪）党政组织亦归闽北分区。2月底，资溪县委在小竺附近的牛牯崠召开会议，决定由胡锦文主持县委工作，会同赵光明带领百余名游击队员原地坚持斗争；陈祥长、聂显书率领一部分游击队员向闽北转移。3月初，向闽北转移的游击队在资溪昌坪白沙坑遭国民党军突然袭击，陈祥长为掩护部队转移而牺牲。聂显书指挥部分游击队突围，4月初与贵南游击队会合。留在原地坚持斗争的游击队逐渐向福建方向转移，后在光泽境内被打散，赵光明牺牲，胡锦文带领部分队员几经辗转到达闽赣省机关所在的建宁，余部回到原地坚持革命活动。

金南游击队在危老仔、胥有福、童万才率领下，继续在资溪、南城交界的石峡、水口、太阳山、章家山一带活动，1934年2月危老仔牺牲，胥有福带领余部坚持到1935年，因弹尽粮绝被迫分散走避他乡。1942年，胥有福被捕牺牲于狱中。

1934年1月，金资和嵩市地区游击队90余人在谢忠厚的率领下，高阜游击队30余人在周俚兴等率领下，相继到达贵南县，而贵南县游击队却已撤出冷水坑。后来，这3支游击队在贵溪杨梅潭会合，合编为金资贵独立营，营长胡佑民，政委刘兴友，由中共贵南县委书记刘兴龙领导。游击队在贵南山区坚持到4月下旬，由黄道率领的闽北红军58团和闽北独立团接应到闽北崇安休整，随后被编入闽北独立师。至此，信抚根据地全部失陷。1934年8月，在小竺、达坑、狮子嵊、察家山一带活动的建东游击队负责人胡开林、饶小花被捕牺牲，游击队被打散。

资溪苏区失陷以后，"还乡团""剿共义勇队""清乡队"等反动武装，对苏区党员、干部和人民群众进行反攻倒算。有着"上张府，下张县，平地源，金銮殿"之称的资溪下张是该县第一个党支部诞生地，1933年以前有15个村庄，200多户人家，经反动武装烧杀后，仅剩下四五个小村，20幢房屋，四五十户人家。枫林曾家，一次被烧掉房屋19幢，群众曾玉秀被杀。在东乡珀玕弄里艾家，"清乡队"逼迫群众说出哪个是村苏主席、贫农团长、分田委员，诱骗、威胁不成，又围屋剿山，捣毁怀疑对象的家具房屋，抢劫粮食衣物，将30多名革命群众押解到珀玕，一天之中杀害18人。地方干部和革命群众艾万高、艾日高、艾南山、王有福、王新高、王步高等10人，在叛徒邹荣华的欺骗下被捕，被押送到王家渡国民党军炮台，经受"三拷六问""压颈踩杠"、灌辣椒水、香火烧胸、烧鼻孔等酷刑。艾万高等人坚强不屈，被关进余江大牢，大多死在狱中。据不完全统计，东乡县有131名革命群众和地方干部（包括余江人）在清乡中被枪决、杀头、剖腹挖心、打坑活埋，许多房屋烧得片瓦不存，成为一片焦土，其中，梅家整村被毁。

为割断革命群众与游击队的联系，国民党实行移民并村，保甲连坐，小村并大村，并挨村搜查。1934年5月，游击队员胡火生因叛徒出卖被捕入狱，国民党当局将他钉在门板上曝晒3天后枪杀。12月，资溪苏维埃政府主席曾年奏被捕后坚贞不屈，最终惨遭活埋。徐炳生（县肃反委员会主席）、曾大饶、李梅玉等苏区干部被捕后均因不屈受到残害。国民党当局对参加过革命活动的群众强迫交纳"悔过自新费"，少则几元，多则几十上百元，迫领"良民证"，借机勒索民财。国民党当局的残暴并没有吓倒苏区人民，苏区群众想方设法支援红军和游击队，许多群众把苏区的钞票、印章、文件、旗帜收藏起来，自发地与反动派作斗争。1935年7月，国民党资溪县长陈之纪小舅子、乌石区长高和羹，在"平价"公米中掺入霉米出售。真相败露后，600余名乡民围攻区公所，高和羹吓得躲进县政府，群众又追到县政府。陈之纪迫于群众压力，不得不答应群众要求，降低米价，处分高和羹（坐了一个月牢）。1936年4月16日，关刀山的蔡继成和横山的张忙攸、许金荣等革命群众，为反抗国民党当局抓壮丁，带着鸟枪冲进乌石区公所，打死文书一名，缴了区公所卫兵的枪，区长邓火仔闻讯逃窜。反动当局怕激起民变，派当地士绅与暴动农民谈和，才将事件平息。

中共资光贵中心区委（1935.8—1936.5） 主力红军长征后，中共闽赣省闽北分区委在黄道的领导下继续坚持斗争。为恢复光泽、资溪、金溪、贵溪地区的党组织，1935年8月，黄道在福建崇安黄龙岩主持召开中共闽北分区委扩大会议，决定以老根据地为依托，向敌后挺进，开辟游击新区。闽北红军独立师分三路出击外线，其中，一路由闽北军分区司令员吴先喜、邵武独立团政委刘文学率领独立师第2团和邵武独立团部分指战员共80余人，深入资溪、光泽、贵溪交界的武夷山区，开辟游击根据地。他们先打到光泽县柴家，成立中共柴家区委，后又向资溪昌坪和贵溪冷水坑一带发展，成立中共资（溪）光（泽）贵（溪）中心区委，隶属于闽北分区委，下辖昌坪、陈坊（以上属资溪）、柴家（属光泽）、冷水坑（属贵溪）4个分区委。机关设在资溪昌坪，后转移到贵溪闽坑一带，刘文学任区委书记。内设组织科、宣传科（科长曾广贤）、民运科（科长叶金太）、中共青委（夏润珍负责）。中心区委成立不久，吴先喜率部返回闽北，刘文学等十几名干部和一个班战士留下坚持斗争。9月，国民党军队“清剿”资光贵游击根据地，局势日趋紧张，中心区委与闽北分区委失去联系。1936年5月，成立中共资光贵中心县委，资光贵中心区委被撤销。

中共资光贵中心县委（1936.5—1937.7） 1936年4月，闽北和闽东两块根据地领导人黄道、曾镜冰、叶飞、黄立贵等在福建的政和与周宁交界的洞宫山举行联席会议，筹划成立新的中共闽赣省委。5月，黄道在福建省崇安县岗谷黄龙岩宣布中共闽赣省委成立，黄道任省委书记。同时，成立闽赣省军区，叶飞任司令员。省委决定将原闽北分区委辖区调整为闽北分区委和闽中、闽东特区委及抚东特区委4个分区，吴先喜任抚东特区委书记。洞宫山会议后，黄道从国民党报纸上发现失去联系的刘文学等人仍在资光贵一带坚持斗争，于是派吴先喜、鲍永泉（后改名张波）率领第4支队200余人，插进资光贵地区，通过便衣联系，两支部队在贵溪南部的闽坑会师。

根据闽赣省委指示，撤销资光贵中心区委，成立中共资光贵中心县委，吴先喜任县委书记，刘文学任县委副书记，鲍永泉任组织部部长，曾广贤任宣传部部长，叶金太任民运部部长，苏铁仔任财经部部长，夏润珍负责青委工作。同时，资光贵根据地游击队编为闽赣省抚东军分区（亦称第三军分区），吴先喜任司令员兼政委，刘文学任副政委，鲍永泉任政治部主任。中心县委下辖柴家区委（书记谢文翰）、昌坪区委（书记曾广贤）、冷水坑区委（书记叶金太）、金南区委（书记谢忠厚）。中心县委成立后，刘文学负责地方工作，吴先喜、鲍永泉则率领部队四处打击土豪，追剿地方民团。7月中旬，吴先喜率部袭击资溪县城，全歼守城民团，引起国民党的恐慌。资溪、贵溪反动当局纠集十几个保安团和地方民团，对资光贵地区进行“围剿”。在资溪境内的五里山战斗中，抚东军分区受到很大损失，吴先喜身负重伤，部队仅剩百余人。闽赣省委得知情况后，于7月底派闽北独立师第2纵队第1支队政委陈仁洪率300多名干部战士深入资光贵地区，寻找吴先喜的红军游击队，协同中心县委粉碎国民党军的围攻。9月初，第1支队进入江西到达贵溪冷水坑附近，攻打地方保安武装，歼敌六七十人，缴获一批粮食、

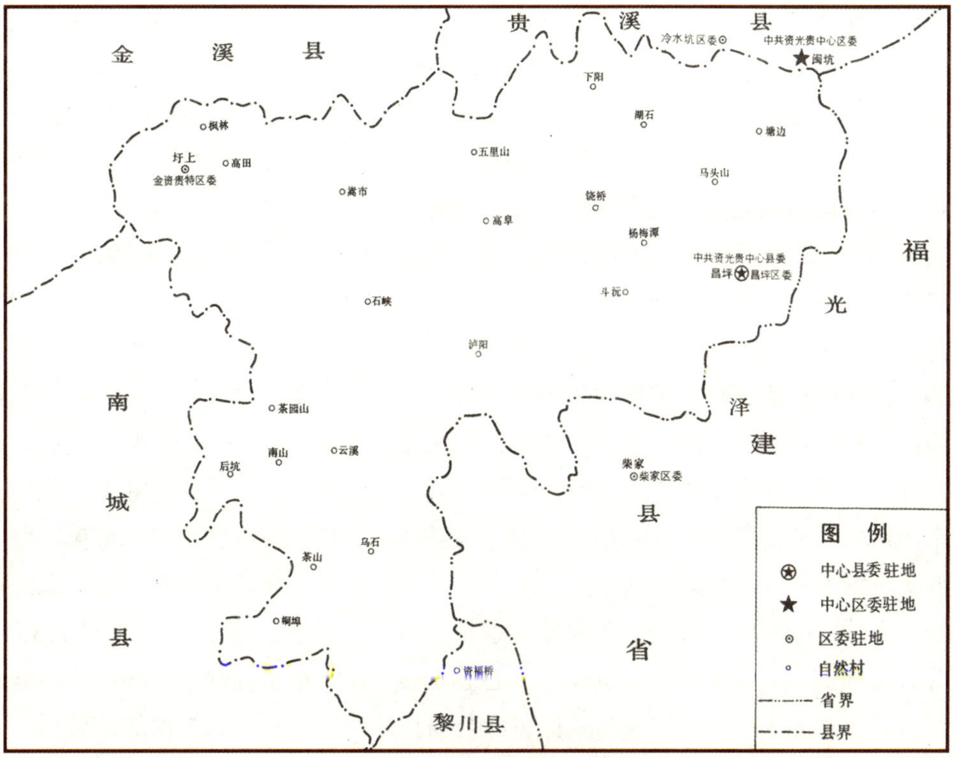

中共资光贵中心县委所属组织分布图

布匹，威震四乡，一度消沉的群众情绪又高涨起来，到处宣传“游击队没有被消灭！”“闽北红军又过来了！”几天后，吴先喜派人联系第1支队，两支部队在贵溪闽坑附近的板石坑会师，队伍壮大到600余人，扩编为闽北独立师第4纵队，吴先喜任纵队政委，吴德初任纵队长。

此后，中共资光贵中心县委改变斗争策略，改“打土豪、分田地”为“打土豪筹款”，红军采取近交远攻的策略，对游击区范围内的中小地主、保甲长以争取为主。只要他们在红军离开前不向敌人报告红军行踪，就不打击，也不没收其财产。要求他们保障游击区工作人员安全，必要时为游击部队安置伤员；敌人围攻时，尽量给游击部队报信；为敌人带路，不能带到游击部队活动的中心地区；不准欺压群众，捐税要尽量少派；按时给游击队送粮食；对逃回来的壮丁不准追查，抽壮丁要尽量到外地雇买。违反上述规定则予以严厉打击。这一系列正确的斗争策略不仅使红军站稳了脚跟，还扩大了游击根据地，游击范围东达贵溪文坊，南到资溪高阜，西及金溪黄通，北至贵溪上清。不久，建立中共金资贵特区委（书记叶金太）和共青团金资贵特区委（书记谢忠厚），特区委机关设在资溪上源村。

西安事变后，国民党加紧“北和南剿”，蒋介石一面与陕北主力红军和谈，一面在南方集结兵力围攻红军游击区。1937年1月，刘建绪任闽浙赣皖四省“剿共”总司令，率领5个师及福建保安团和地方民团共10万余人，对各游击区实行全面围攻，妄图在3个月内将四省边区各红军游击队全部“肃清”。2月，闽北独立师第4纵队在光泽柴家与国民党军第52师3个团遭遇，吴先喜为掩护队伍突围而壮烈牺牲，部队由鲍永泉带领突围回到闽北。

吴先喜牺牲后，吴德初带领第4纵队大部分人员回闽北，刘文学继任资光贵中心县委书记，率100多人继续坚持斗争。国民党当局在资溪、光泽、贵溪地区投入17个保安团，采取移民并村、保甲连坐、悬赏捉拿等种种手段，企图把游击部队一网打尽。中心县委紧紧依靠人民群众，采取灵活的斗争策略，粉碎国民党军的多次围攻。游击队正确地执行“就地坚持，保存有生力量，等待中央红军回来”的方针，采取以隐蔽为主、不打硬仗，与敌人周旋。当敌人进攻时，游击部队化整为零，深入白区活动；当敌人进攻游击根据地的中心昌坪时，就绕到贵溪花桥袭击敌人，打土豪筹款。敌人白天“围剿”，游击队隐蔽休整，晚上出来发动群众，了解敌情。1937年，国民党江西省南城保安副司令周中诚带一连官兵到高阜“围剿”，游击部队半路设伏，击溃保安团官兵。游击部队还多次袭击驻守在饶桥的民团，仅1937年中秋节就俘获四五十人枪。

由于执行了正确的群众路线和政策，群众对游击队极为关心和爱护，甚至冒着生命危险掩护游击部队。1937年秋，金南区委书记谢忠厚等20余人转移到资溪上源村的一个山沟里休息，由于极度疲劳，一躺下就睡着了。突然，敌人包围上源村。紧急关头，一位房屋靠山的老乡从窗户爬出来，跑到村后为游击队报信，不料在路上被毒蛇咬伤，他忍着剧痛走到游击队驻地通知他们安全转移。资光贵游击部队一直坚持到抗日战争爆发后。

2. 南城党组织

中共金南区委（1333.2—3） 1929年年初，中共信江特委派吴先明等到南城、资溪、黎川交界山区开展革命活动，发展聂显书等人入党。12月，聂显书在小竺建立中共小竺支部，有党员5人，聂显书任支部书记。1930年年初，廖东海（原名李树华）、方志纯、周振华等，由信江地区到南城、金溪、资溪交界的黄狮、珀玕、高田、南山、墩厚等地秘密开展“上名字”运动。1932年11月至1933年1月间，周恩来、朱德指挥红一方面军在南城取得渭水桥、黄狮渡、长源庙3次战斗胜利，为金南苏区的建立创造了有利条件。1933年2月上旬，金南区委成立，孙金荣任区委书记，隶属于资溪中心县委，区委设在珀玕。下设珀玕、水口2个乡党支部。

中共金南特区委（1933.3—9） 1933年2月21日，赣东北苏区领导人邵式平到南城、金溪、资溪三县边境地区视察工作，在资溪欧溪桥召开苏区工作会议，提出在南城、金溪、资溪三县边境地区建立金南特区。会后，资溪中心县委在南城水口举办干部训练班，为建立区、乡苏维埃政府培养骨干，组织欧溪桥会议与会的80余名干部到各地发动群众，筹建村级苏维埃政权。

3月1日，中共金南特区委在金南区委的基础上成立，特区委机关设在水口村，隶属于资溪中心县委。5月，资溪中心县委撤销，特区委改隶于资溪县委。特区委下辖3个分区委，有党员100多人。第一分区委机关设在水口村，管辖水口、珀玕、欧溪、姚坊、丁字、保香、石峡、大港8个乡党支部。第二分区委机关设在竹源村，管辖竹源、河源、香塘、黄狮、后车5个乡党支部。上述两个分区委于同年9月划归新成立的金南县委管辖。第三分区委机关设在小竺村，管辖小竺、大竺、太平、浔溪、龙沙、肖坊6个乡党支部，同年9月划归新成立的建东县委管辖。

中共建东县委（1933.8—11） 为加强黎川、南城、资溪三县交界地区的工作，中共闽赣省委决定在这一区域设立建东县。1933年8月，[59]硝石区委在南城县王坪召开党员代表大会，出席这次会议的代表有硝石、小竺、龙湖、上兰、案科、潭市、严和等地党员干部80余人，闽赣省革委会主席邵式平参加会议，宣布闽赣省委关于建立建东县委、县苏维埃政府的决定。县委下辖石下、崔坊、王坪、风洲、竺油、陈坊、谢坊、硝石、小竺、大竺、太平、浔溪、龙沙、肖坊、龙湖、严和、上兰、案科、潭市19个乡党支部，有党员200名。县委、县苏维埃政府机关设在南城的王坪，胡开林任县委书记，周述任县苏维埃政府主席。县委下设组织部、宣传部、军事部、妇女部、少共团县委。县委、县苏维埃政府刚成立，国民党军即进攻硝石，县苏维埃政府职能机构及下属政权均未来得及健全，也未很好地行使其职能。同年11月，建东县委遭敌人破坏，100多名党员和干部遭敌人杀害，余下人员组成龙湖游击队和建东游击队，开始了艰苦卓绝的游击战争。

中共金南县委（1933.9—11） 1933年9月20日，金南特区在资溪泸阳镇召开代表大会，会议由资溪县委书记陈祥长主持。出席会议的有金南特区第一分区和第二分区60多名党员干部。会议决定成立金南县委，隶属于中共闽赣省委。金南县委下辖原金南特区委的第一分区和第二分区管辖的13个党支部。县委机关设在水口村，县委设肃反部、裁判部、军事部、妇女部、少共团县委。建县不久，第五次反"围剿"开始，县委机构未能健全，工作不能正常开展。同年11月，金南县区域失守，100多名党员和革命战士遭敌人杀害，余下的革命战士和干部组成金南游击队，开展游击活动。

（七）东乡党组织

中共东乡县委（1928.3—8） "八一"起义部队过境抚州南下远征后，国民党第9军占领抚州，大肆搜捕、屠杀共产党人和革命群众。郑徽猷、徐兼善、王殿元等国民党右派、土豪，一面坐守南昌，控告由共产党员主导的国民党东乡县党部，要求通缉舒同等赤化分子；一面在县城造谣威吓，张贴反动标语。由于中共临川特支解体，东乡支部在与上级党组织失去联系的情况下召开秘密会议，决定共产党员全部退出国民党县党部，转入农村以保存革命力量。国民党江西省党部派郑徽猷、徐兼善、李树芳、杨庭璧等人组成"国民党东乡县整理委员会"，舒同、赵拔群、李克昌等13名共产党员遭到通缉。[60]舒同、乐庭玉、乐雪猷、李克昌4人潜伏小璜及珀玕，与中共党员姜性和、鲁宗周、俞远等人在其家乡组织发动革命群众抗拒反革命势力。期间，他们派人到九江、南京寻找上级党组织江西省委未果。

1928年春，江西省委为组织全省总暴动，派老孟辗转至东乡县小璜，与舒同取得联系，在魏家村召开党员会议，介绍全省形势，转达江西省委关于将东乡支部改为中共东乡县委的决定，由舒同任东乡县委书记。[61]此时，东乡有党员40余人，[62]县委临时驻小璜乡，直属中共江西省委领导。[63]为贯彻落实省委精神，会议专门研究了扩大革命武装问题。

东乡县委成立后，经过一番艰苦工作，在临川至小璜沿线的岗上积、孝岗、龙虎岗、范里、锅塘、小璜街、坪上、魏家、鲁家、珀玕等地建立秘密联络点——通信站，中心联络点在坪上村。其间，临川一支国民党部队哗变，由李南仔率领从临川流窜到东乡，在小璜附近横山村宿营。赵拔群、舒同拟改编这支部队为革命武装，遭到李南仔的婉言拒绝。当得知方志敏领导弋阳、横峰暴动以及黄道发动周坊暴动的消息后，1928年5月，东乡县委在开山寺召开党员扩大会议，"派赵拔群同志前往弋、横苏区，找方志敏同志联系，争取他们的帮助；派李克昌同志回到县城，设法召集原参加农民自卫军，仍留用的靖卫队成员密商，夺取反革命武装，以期里应外合，举行武装起义。"[64]会后，赵拔群与陈志生到赣东北寻找党组织，在余江瓦子岩遇难。李克昌秘密返回县城，利用原来工农自卫队关系，召集靖卫队部分人员在城北天主堂召开秘密会议，商议夺取反革命武装，李克昌因叛徒告密被捕入狱。

1928年7月，国民党军破坏临川县委机关，逮捕县委书记宁元勋、县委军事部长陈导平、县委委员黄素英等人，"搜得该党训令东乡、宜黄、金溪等县共党，及东乡靖卫团于本月十六日暴动，占据赣东。"[65]国民党军第29师师长周志群为诱捕东乡的共产党员，制造了一场骗局，派出一营官兵，打着国民党左派旗号直奔东乡，拘捕东乡县长和警察局长。隐蔽于小璜的舒同误以为是共产党或国民党左派军队，于是计划组织小璜群众暴动，配合城内部队夺取县政权。不料，敌军随即派出一个连奔袭小璜，包围小璜小学，抓走校长俞远。接着，又派兵奔袭魏家村逮捕舒同。舒同得到群众通报，连忙化装成农民才得以脱险，国民党军撤回抚州时，又破坏岗上积革命联络点，抓走中共党员张珩。7月20日，李克昌、俞远、张珩与临川宁元勋、陈导平、黄素英在抚州慷慨就义。经此一难，东乡党组织遭彻底破坏，东乡县委只剩下舒同和乐庭玉两人，在与上级组织完全断绝联系的情况下，东乡县委解体。1930年冬，红4军转战到崇仁，舒同即赶到崇仁参加红军。

中共东乡区委（1932.7—8） 赣东北苏区建立后，党组织把包括东乡在内的信江以南地区纳入苏区扩展区域。1931年年初，赣东北特委在信江南岸开辟游击根据地，在建立余江四区委、五区委和贵溪七区委（后改为贵南区委）的同时，共青团赣东北特委加紧对白区工作部署。是年3月，派郑明喜、陈中林、夏海水到东乡、余江、金溪边区秘密活动，发展团员。至5月，团组织区域从东乡、余江边区发展到小璜一带，并延伸到东乡县城，先后在东乡境内发展40余人，其中县城18人，小璜何家20余人，建立东（乡）金（溪）团委。同时，余江四区区委书记童仁辉等人到东乡边境的余江梧桐山秘密活动，以"上名字"的形式秘密串联群众。东乡县罗源塘（今珀玕乡属地）李正和，通过梧桐山其岳父的关系，第一个"上名字"参加革命，回到罗源塘后串联坎头村李普仂、上嵩鲍家村鲍洪太等多人"上名字"，从此，革命火焰在东乡东部地区燃烧起来。8月14日，中央特派员曾洪易向中央报告：非苏区"现在有秘密工作与组织的，……金溪、东乡亦略有一点，但都是非常微弱的。"[66]

为打通赣东北苏区与中央苏区的联系，方志纯等人到信江以南地区发动组织群众，开展革命斗争。1931年9月，在信江南岸特区委的基础上，组织成立中共信江南岸分区委员会，分区委机关驻资溪县嵩市，方志纯任书记，分区委领导人分散在贵溪、余江、东乡、金溪、资溪等地活动。[67] 11月，信南分区委又派刘一奇、杨木林和余江苏区的吴凤山、汪振邦、汪实华、胡敦、吴玉士、吴万民、吴毛仂等人，在罗源塘李正和的向导下，到东乡开展革命工作。饱受压迫剥削的贫苦农民为求得自身解放，要求上名字的人越来越多。东乡革命区域迅速扩展，东面发展到小璜、下湖、艾家、笔村、洪家、于仙基一带，东南面发展到坑塘、瑶圩、仁坊李家一带，有400多人登记了名字。中央特派员曾洪易11月15日在给中央的信中称："现在我们在信江南岸，如余江、贵溪、金溪、资溪、东乡均有组织。"[68] 1932年5月，方志纯就信南分区斗争情况，向中共赣东北省委作专题汇报，省委指示分区委要"特别加紧在四、五区、东乡区和贵南区的游击战争"，建立一个"以东乡区为中心、创造金东区和四、五区的一大片新的苏维埃根据地。"省委计划调赣东北赤色警卫师到信江南岸作一次大的行动，并将中共信南分区委机关从资溪嵩市迁到东乡弄里艾家。6月上旬，方志纯率信南分区委部分人员进入东乡罗源塘。7月，在邵式平、方志纯组织指导下，中共东乡区委成立，隶属于信南分区委，下辖东乡珀玕、小璜和余江春涛等乡党组织，区委机关驻东余边境的余江县皇峰岭余家村。东乡区委由5名委员组成，下设组织委员、宣传委员、妇女委员，江立山、邵楚北[69]先后任区委书记。在东乡区委的领导下，创建东乡东北部地区革命根据地，先后建立贫农团、少先队、儿童团、赤卫队等革命团体，组建县、区、乡、村各级苏维埃政府，开展了热火朝天的土地革命。

东乡区委的建立，如一个楔子嵌入国民党统治区。国民党当局于1932年8月派出第53师李抱冰部和第5师周浑元部"进剿"东乡苏区。在敌军事进攻下，东乡区委成立一个月即解体。

三、抗日战争时期党组织

（一）闽赣边界党组织

1937年7月抗日战争全面爆发，江西周边山区坚持游击斗争的各地党组织，正确领会中央新方针，与国民党地方当局达成停止内战、合作抗日的协议，使第二次国共合作的局面在江西形成。随后，在赣粤边坚持游击战争的中共中央分局书记项英奔赴延安向党中央汇报。党中央随即派出大批干部到江西，于1938年1月成立中共中央东南分局，负责领导和恢复重建江西各地党组织。江西是中共中央东南分局驻地，未单独成立江西省委，全省党组织直属东南分局领导。是年1月，东南分局决定将闽赣省委改为闽浙赣特委，驻铅山县石塘镇，不久迁福建崇安坑口乡村头村，下辖福建、江西两省边界的3个中心县委、12个县委、2个特区委、1个中心区委。其中金资贵中心县委及所属资溪、贵溪2个县委和金南中心区委隶属于闽浙赣特委。同年6月，闽浙赣特委和闽东特委合并成立中共福建省委，金资贵中心县委及其下属组织归福建省委领导。

1938年8月，国民党当局撕毁和谈协议，中共中央东南分局及其领导人先后撤离南昌。为领导江西各地党组织，经中共中央批准，中共江西省委在南昌成立，隶属于东南分局。省委成立时，原东南分局所辖江西全省各地党组织中，包括抚州区域在内的赣东北区党组织大部分仍由东南分局领导。11月，东南分局改称东南局，赣东北一部分和赣东的金溪党组织由福建省委领导。[70]

中共金资贵中心县委（1937.11—1939.9） 其前身是三年游击战争时期闽赣省委下属的资（溪）光（泽）贵（溪）中心县委。抗日战争爆发后，国共两党进行第二次合作，南方各省的红军游击队改编为国民革命军新编第四军。1937年8月，闽赣省委代表和国民党代表在福建光泽大洲举行和谈，达成停战协议。

1937年11月，闽赣省委鉴于柴家战斗[71]后光泽范围内的游击根据地丢失，决定撤销中共资光贵中心县委，组建金资贵中心县委，鲍永泉任中心县委书记，叶金太任组织部部长，谢文翰任宣传部部长，吴恩庆任青年部部长，徐 x x 任财经部部长。金资贵中心县委下辖资溪县委（谢文翰兼任县委书记）、贵溪县委（叶金太兼任县委书记）和金南中心区委（徐 x x 兼任区委书记）。此时，国民党资溪县县长王恩荣派人到游击区邀请游击队到县城谈判，中心县委请示上级后，于11月下旬的一天派鲍永泉、叶金太等十余人进县城谈判。中共谈判代表拒绝轿、马迎接，坚持步行，傍晚时分到达县城边。鲍永泉对聚集在城门口欢迎的各界人士发表讲话，宣传共产党的抗日民族统一战线主张，揭穿“共匪投降”的谣言。晚上，又对在县城训练的保长和联保主任讲话，宣传中共积极抗日救亡政策，坚决反对对日妥协投降等主张。次日进行正式谈判，中心县委代表提出，为了联合抗日，要做到有钱出钱，有力出力，办事要公平；减少苛捐杂税，实行减租减息；反对贪官污吏，提倡廉洁奉公；要给群众抗日救亡的自由，抽壮丁要公平，不能冒名顶替，不能雇买壮丁；释放原来从根据地抓去的群众。达成停止军事对抗协议后，鲍永泉等人回到游击根据地。根据协议，金资贵地区游击队与光泽、建瓯、松溪、邵武等县游击武装改编为闽赣边抗日义勇军。至12月，抗日义勇军扩大到1200多人，有枪500余支。各地抗日义勇军开赴江西铅山县石塘镇集中，1938年2月改编为新四军第3支队第5团。为掩护金资贵中心县委活动，处理游击队改编后事宜，发动群众积极参加新四军，1937年12月，成立新四军第3支队第5团驻金资贵地区留守处，金资贵中心县委书记鲍永泉任留守处主任。留守处机关设资溪县下张、横坑等地，对内为金资贵中心县委。[72]1938年1月，闽赣省委改为闽浙赣特委，金资贵中心县委隶属于闽浙赣特委。

1938年2月，中共金资贵中心县委在资溪县昌坪村一座庙里召开第一次中心县委扩大会议，会议由鲍永泉主持，参加会议的有中心县委委员、各县县委书记、区委书记共20多人。会议内容：（1）讨论成立各区委组织；（2）积极发展党员；（3）讨论如何与国民党进行合法斗争；（4）大力宣传抗日，动员青年踊跃参军，壮大革命势力。这次会议，提高了与会人员的思想认识。中心县委在昌坪召开欢送会，鲍永泉、叶金太在欢送会上宣讲参军抗日、保国保家的道理，宣传新四军就是红军，是人民的军队，是真正打日本鬼子的军队，参加新四军光荣。通过抗日宣传，群众积极报名参加新四军，仅资溪昌坪及附近村庄，一次就有80多名青壮年报名参军。在中心县委领导下，贵溪县也为新四军输送100余名新战士，由鲍永泉送到铅山县石塘镇，编入新四军第3支队第5团第2营。同时，发展党员60余名。

1938年4月，国民党公开破坏抗日合作，中心县委在资溪县横坑翁家村召开第二次扩大会议。会议由鲍永泉主持，20余人参加会议。会议主要内容：（1）注意保守秘密，隐蔽组织，保存实力，准备长期扎根；（2）发展党的组织；（3）做好后方抗日救亡工作。此次会议之后，金资贵地区斗争形势日趋紧张。5月，中共东南分局决定在赣北特委和赣东工委基础上成立赣东北特委，机关设在贵溪县城西街。6月，金资贵中心县委改隶赣东北特委。7月，金资贵中心县委组织部长兼贵溪县委书记叶金太突遭国民党暗杀牺牲。7月底，金资贵中心县委书记鲍永泉调任福建省委青年部部长。离任前，鲍永泉在贵溪县上清宫龙虎山脚下薛家寨一座庙里主持召开中心县委第三次扩大会议，参加会议的有中心县委委员、各县县委书记、区委书记共 30 多人。会议的主要内容：（1）决定由谢文翰代理中共金资贵中心县委书记，并兼任中共资溪县委书记，王钧代理中共贵溪县委书记；（2）研究叶金太牺牲后的形势和如何长期隐蔽，发展组织，坚持抗日斗争。

1938 年 8 月，国民党当局不断袭击根据地，在敌强我弱的情况下，为保存革命的有生力量，撤销新四军驻金资贵留守处，金资贵中心县委转移到闽北，其下属组织资溪县委、贵溪县委和金南中心区委停止活动。

中共资溪县委（1937.11—1938.9，1940.8—1941.6） 成立于 1937 年 11 月，先后隶属闽赣省委、闽浙赣特委、赣东北特委所属的金资贵中心县委，县委书记由金资贵中心县委宣传部长谢文瀚兼任。其下属组织缺考。1938 年 9 月，由于国民党军不断袭击金资贵地区，中心县委转移到闽北，资溪县委停止活动。

1940 年 8 月，中共抚东特委在资溪县东北部的昌坪、斗垣一带成立，资溪县委重新建立，县委机关驻嵩市，隶属于抚东特委，邱祖明任县委书记。资溪县委下辖五里山区委，杨凤来任区委书记。资溪县委除在嵩市秘密发展党员外，还通过嵩市小学党员李玉麟到偏远的上山（乌石区）发展党员，建立抗日游击根据地。9 月，五里山成立区委，昌坪恢复了原来的党支部。此外，杨复生还在资溪与南城交界的黄狮渡发展何国俊、王兰庆等一批党员，以黄狮小学为中心进行秘密活动。县委组织党员向广大群众宣传抗日救亡道理，号召“有钱出钱，有力出力”，支援抗日。他们利用墙报、漫画和小型会议等方式进行抗日宣传，动员青年参加新四军，仅嵩市就有 10 名青年参军。在国民党加紧对进步力量施行迫害时，杨凤来组织党员群众打击欺压群众的地主。高阜区孔坑联保主任夏蔡阶作恶多端，经常以查户口等手段搜捕革命群众。杨凤来带领群众趁夜包围夏宅，历数其罪行后予以镇压。杨凤来还带领群众处决了在“清乡”中罪恶累累的嵩市区清乡委员、莒洲大地主黄润发。

1941 年 1 月皖南事变后，国民党反动派再次掀起反共高潮，对国民党统治区进步人士进行迫害。4 月，杨凤来在泸阳庙咀坳被捕，后被枪杀于狱中。抚东特委指示邱祖明迅速转移至昌坪、斗垣一带隐蔽，但邱祖明仍坚持留在嵩市，暂避于长沙源山间的一个茅棚里。6 月的一个晚上，国民党资溪县长杨庆珊密电嵩市区自卫分队军事指导员带队上山搜捕邱祖明，

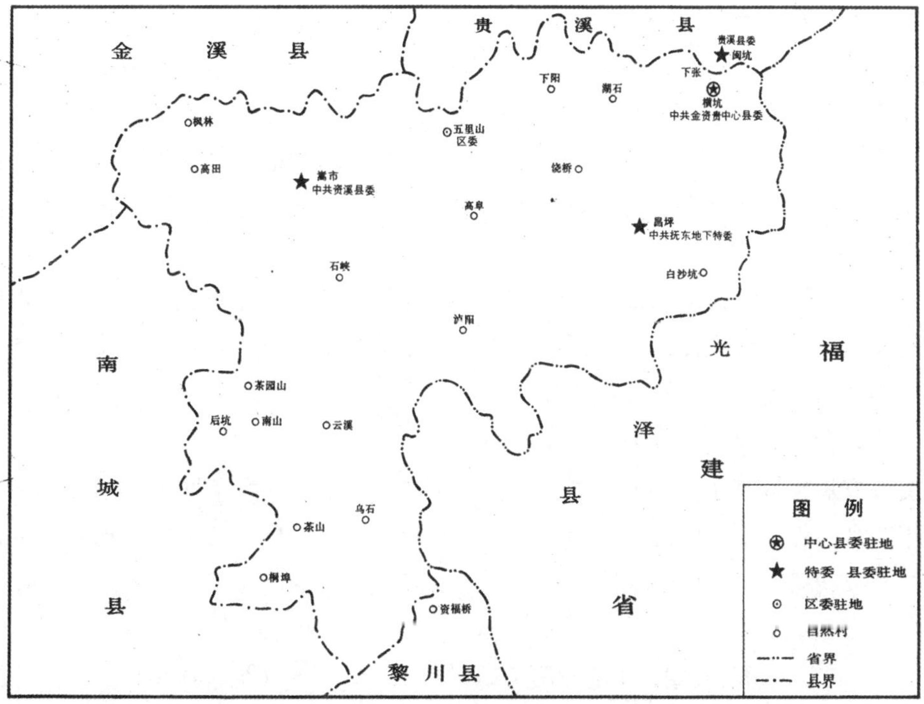

抗日战争时期资溪县党组织分布图

嵩市区区长、中共地下党员胥拔群得知消息，但来不及通知。邱祖明被捕后，杨庆珊要求将邱押解至县城审问，胥拔群感到邱祖明活着对自己是个威胁，便指使部下在押解途中将其枪杀。邱祖明牺牲后，抚东特委组织部长杨复生躲避于南城黄狮渡，县委停止活动。

中共金南中心区委（1937.11—1938.9） 于1937年11月成立，区委机关驻南城县东北境珀玕村（今属沙洲镇），隶属于金资贵中心县委，徐x x任区委书记。金南中心区委下辖3个党支部，有党员20余人，1938年9月停止活动。

中共抚东特委（1940.8—1942.4） 1938年6月，福建省委派遣原闽北独立师供给部主任、资溪县高田乡邱家村人邱祖明，以新四军残废军人的合法身份回到家乡，在嵩市开展抗日救亡宣传，秘密发展党员，建立党支部。邱祖明得到中共地下党员、嵩市区区长胥拔群暗中支持。不久，福建省委又派新四军残废军人杨凤来回家乡高阜镇五里山村，在五里山一带发展党员，开展抗日宣传。邱祖明与在金资贵地区坚持斗争的鲍永泉取得联系，为鲍永泉领导的游击队输送物资。同年12月，福建省委指派章康从福建崇安到贵南地区开展革命活动，经常深入资溪昌坪、白沙坑、马头山斗垣一带，秘密发展党员，宣传抗日主张。

1940年8月，福建省委领导人听取邱祖明汇报后，决定成立中共抚东特委，章康任特委书记，杨复生任组织部部长，乐有才任宣传部部长，邱祖明任农民部部长兼青年部部长，简翠容任妇女部部长。特委机关设在昌坪、斗垣一带。特委下辖资溪县委和贵溪县委。抚东特委成立后，以嵩市为中心开展革命活动。1942年4月，胥拔群、郭荫辉被捕后叛变，抚东特委遭敌破坏，党的活动逐渐停止。

（二）抗日群众团体中的党员活动

抗日战争初期，江西省会南昌成立许多抗日群众团体，这些团体坚持与共产党真诚合作，有共产党员参与组织领导，在抚州各地团结发动各界民众，掀起轰轰烈烈的抗日救亡运动。

江西省乡村抗战巡回宣传工作团 1937年7月卢沟桥事变和8月松沪事变后，在北平、天津等地读书的江西籍青年学生回到南昌，上海和江浙一带的青年学生也流亡到南昌，他们中有许多是中共党员和爱国青年。1937年10月，他们发起成立江西省乡村抗战巡回宣传工作团，简称“乡抗团”。“乡抗团”以平津和上海、江浙的流亡学生为主，并招收一部分南昌失学的中学和专科学校学生，全团七八十人，下设8个工作队和1个演剧队。其中第5队先到吉安、吉水，后与第7队汇合，由刘开基率领到南城、南丰、光泽（这一时期光泽县划入区治驻南城的第七行政区）开展抗日宣传活动，其中有中共党员刘开基、沈舜卿、余仲年、程正等人。他们每到一地，通过讲演、办壁报、写标语、演出剧目、家庭访问和教唱抗日歌曲等方式动员民众抗战。由于国民党江西当局限制具有左派背景的群众性的抗日救亡活动，到1938年12月“乡抗团”被迫解散，许多团员去皖南参加新四军，还有的去了延安。

江西省战时青年服务团 1938年1月10日在南昌成立，简称“青年服务团”，是江西最大的官办青年抗日救亡团体。全团有1200人，除江苏、浙江、北平、天津流亡到赣的青年知识分子外，江西籍青年占1/3。青年服务团由国民党江西省政府主席熊式辉兼任团长，下设干事会，实际上是靠共产党派出干部组织的，办有《青年服务》杂志，下设10个大队。其中，一、三、四、五、六等5个大队建立秘密的中共支部，有共产党员30多人。各大队分别到全省各专区开展抗日宣传活动，第7大队由队长孙平率领到南城开展宣传活动，其中有中共党员侯齐霖先后在南城、黎川、临川等地开展工作。该团不仅在全省各专区通过各种方式开展抗日宣传活动，还培养200多名干部，其中输送100多人参加新四军。由于其左派背景明显，同年12月5日，熊式辉下令解散青年服务团。

江西省妇女生活改进会 1937年2月改组为国民党江西省政府领导下的一个妇女团体。1938年1月，在中共中央东南分局和新四军驻南昌办事处的推动下，江西省妇女生活改进会成为全省妇女界的一个抗日团体。1938年夏，按照熊式辉提出的"全民动员，参加抗战"口号，组织妇女宣传队，分别到临川、弋阳等地开展宣传活动。在中共地下党的指导下，省妇改会要求省政府成立省妇女指导处，得到省务会议通过。1939年9月1日，在省妇改会的基础上成立妇指处，成为省政府行政机构。

1938年8月中共江西省委成立，省委机关设在新四军军部，对外以新四军驻南昌办事处名义开展活动。省委设立妇女部，领导全省妇女工作。江西省妇指处领导人雷洁琼深受中共影响，一大批中共党员被派到省妇改会及各县妇指处工作。[73]南城是第七行政区督察专员公署所在地，管辖临川、南城、黎川、南丰、资溪、金溪、东乡、乐安、崇仁、宜黄、光泽11个县。是年秋，南城县妇指处成立，新四军驻南昌办事处派傅舜华、杨少敏到南城，分别担任妇指处主任和辅导员。1939年上半年，光泽县成立妇指处，8月成立临川妇指处，由中共党员游寿任主任，不久游寿患病不能坚持工作，由中共党员季洁、黄明接替，吸收临川进步青年妇女宋瑞芝入党，并在妇指处成立党小组。为加强以南城、临川、光泽为中心的妇女运动领导，江西省委妇委会派中共党员魏媛以第七行政区专员公署妇女督导员的公开身份，到南城指导妇女抗日救亡运动。在党组织的领导下，临川、南城妇女指导处组织各阶层妇女扩大政治影响，支援抗日战争和谋求妇女解放。她们以县为单位，抽调各区的优秀妇女进行半个月或一个月的集中训练，分配到各区任副队长，再抽调各乡的优秀妇女进行集训，在各保甲全面开展妇女集训。训练内容主要有：抗战时期的政治常识、防盗防毒知识和妇婴卫生教育等。妇女指导处还组织妇女唱抗日歌曲，演抗日进步戏剧。每逢元旦、"三八"妇女节、"五一"劳动节，组织妇女手执小红旗，呼喊抗日口号，开展游行示威。

1938年，中共福建省委先后派王亦凡、顾丰等人到南城建立抗日据点。[74]1939年秋又派陈征、陈頫到南城妇指处工作。[75]这些党员彼此之间没有横向联系，只接受单向领导。即便如此，他们在工作中还是能够互相通气和协作。1940年3月初，魏媛召集南城、光泽、临川三县妇指处主任在南城西街馆召开会议，确定当前妇指处的中心工作是训练各级妇女干部，培养抗日积极分子；围绕抗战开展宣传；募集物资、捐款，组织妇女到战地慰劳抗日将士。临川县组织妇女劝募队募集抗日捐款1.5万元，猪肉、鸡蛋等食品1800多公斤。3月8日，临川妇指处组织各界妇女1000余人举行庆祝"三八"妇女节集会游行，广大妇女响应"一元献机（飞机）运动"，募集抗日捐款千余元。临川、南城、光泽、丰城四县妇女代表30余人，在临川组成慰问队，由魏媛带队，前往抗日前线温圳梁家渡慰问抗日将士。1940年8月，临川妇指处秘密成立党小组。黄明到崇仁县组织妇女积极支援抗战。皖南事变后，抚州境内的共产党员被迫离开临川、南城，妇指处解散。

（三）其他共产党员在抚州的活动

1937年9月中共倡导的抗日民族统一战线形成后，中共党员沈一展到崇仁县组织成立各界民众抗敌后援委员会，在各区成立抗敌后援分会，主持创办《抗敌报》（油印报，3日刊），分发给群众，宣传抗日救国。

临川罗针大革命时期留下来的共产党员帅宏到南昌与新四军办事处负责人黄道取得联系后，回到临川罗针与浮梁地区党组织派来的陈觉攸会合，以教师身份进行抗日宣传工作、发展党员。新四军办事处派党员陈其襄、张又新先后在临川、南城等地以开书店为名，秘密开展党的工作。

四、解放战争时期党组织

（一）中共宜黄支部（1948.11—1949.2）

1947 年 11 月，上海党组织派李健到江西组建中共南昌城区工作部（简称“南昌城工部”）。1948 年 5 月，南昌城工部派杨智帆以教师身份到宜黄开展地下工作。7 月，由杨智帆介绍，经李健批准，宜黄进步青年吴植佛、吴植福兄弟在南昌加入中共组织。吴氏兄弟入党后回宜黄，于 11 月发展黄存谦加入中共地下组织，之后成立中共宜黄支部，隶属于中共南昌城工部，黄存谦任负责人。宜黄支部建立后，吴氏兄弟在宜黄棠阴发动农民开展抗丁、抗税、抗租斗争，引起国民党当局注意和监视，即将遭逮捕时，吴氏兄弟闻讯离开宜黄前往南昌。1949 年 2 月，宜黄支部遭破坏停止活动。

（二）中共温圳特别支部及其下属支部（1949.3—5）

1948 年下半年，从厦门大学毕业返乡的中共党员晏致保在临川温圳（1969 年划入进贤县）积极物色对象，开展革命工作。1949 年初，晏致保、邹秉忠在南昌遇到厦门大学中共党员何永龄和江南中学教师欧阳占乾，一同找到李健，经李健同意在温圳建立支部。2 月，中共温圳支部成立，何永龄任支部书记，晏致保任组织委员。一周后，何永龄回厦门大学物色进步同学来温圳工作。何永龄离开后，晏致保继任书记。3 月，温圳支部在抚州城发展党员并成立党小组。经李健批准，在保留温圳支部的基础上，成立中共温圳特别支部，晏致保任特支书记，章广忠任组织委员，舒文烈任宣传委员，邹秉忠任军事委员。

1949 年 4 月，在抚州城成立中共临川支部，在崇仁县城成立中共崇仁支部，在进贤县城成立中共进贤支部，均隶属于中共温圳特支。5 月，温圳特支派军事委员邹秉忠到宜黄发展地下组织，经邹秉忠介绍，陈荣滨、李承笏、王婴才加入党组织，重新成立中共宜黄支部。临川支部先后由晏致福、傅锡寿任负责人，崇仁支部

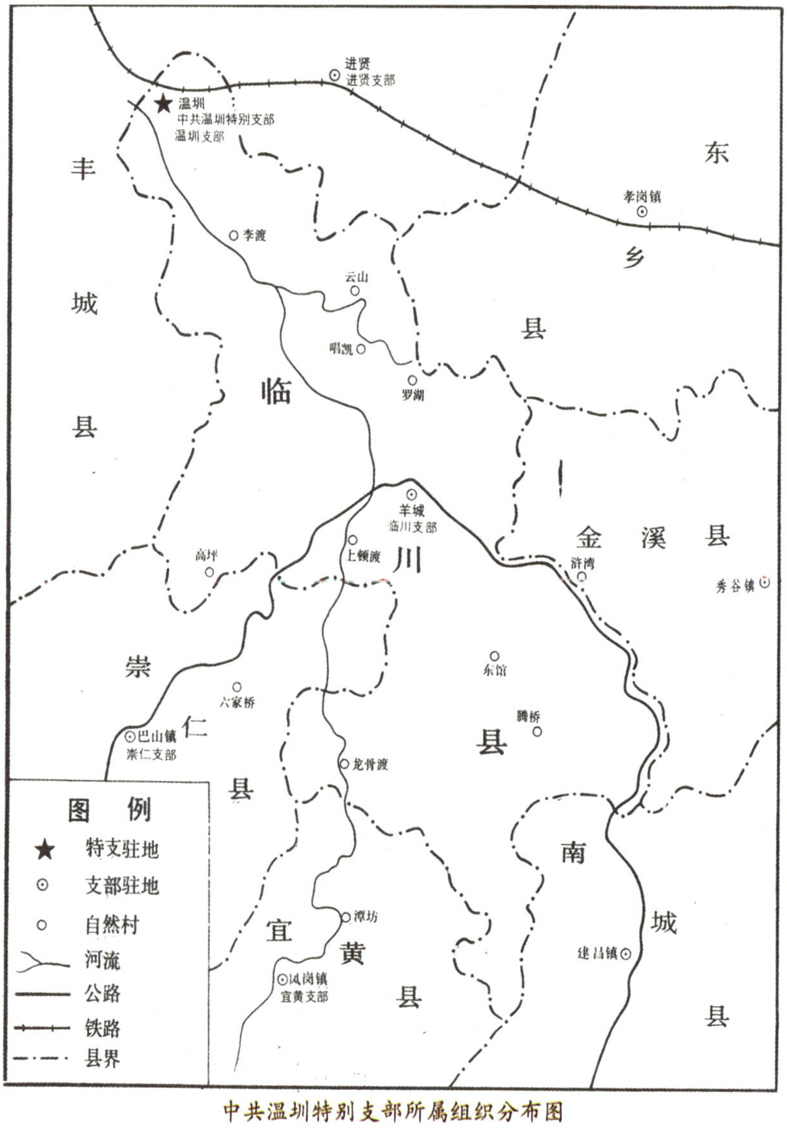

中共温圳特别支部所属组织分布图

由华湜任负责人，宜黄支部由黄存谦任书记，进贤支部由舒文烈兼任负责人，温圳支部由章广忠兼任负责人。至此，中共温圳特支及其下属5个支部共有党员67人，其中崇仁支部共发展党员28人。[76]

为迎接解放军南渡长江，解放全中国，温圳特支派人打入进贤、临川、崇仁、宜黄四县的国民党地方武装，开展策反和筹建武装工作，成立“赣中民主联军”，晏致保任民主联军政委和指挥部主任。民主联军下设7个支队，共1760人。晏致福、傅运也策动临川县唱凯、罗湖、罗针的民间武装，组建民主联军第1支队，由临川支部负责人晏致福任支队政委；策动国民党临川县自卫大队副大队长张三赞和县警察局局长陈浩然、侦缉组长胡文恺、司法科长唐瞿云率部参加赣中民主联军，改编为第2、3支队，傅锡寿、李泽民分别担任第2、3支队政委。上述3个支队合计1300余人。此后，党组织在崇仁、临川、丰城三县交界的潘桥策动崇仁县保警大队中队长许乾仔秘密起义，发展武装队伍70多人，组建民主联军第6支队，许乾仔任司令员，崇仁支部负责人华湜任政委。宜黄县黄鸿光以娄溪村为根据地组建农民“自救团”，反抗国民党征丁、征米、征税，袭击国民党军补给船队，偷袭龙溪警察所，队伍发展到100人。温圳特支将这支武装改编为民主联军第7支队，邹秉忠任政委。另有进贤县的第4、5支队，共有290人。

赣东解放前夕，各地民主联军积极活动，散发《中国人民解放军布告》《赣中民主联军指挥部约法八章》和新华社社论等，发动以统战、策反为目的的政治攻势。中共崇仁支部和赣东民主联军第2支队策动崇仁县参议长周煜哉、参议会秘书陈润笙、参议员陈玉峰等10余人参加地下革命活动；陈润笙策动匪军汪澜部下中队长袁万春率50余人携枪投诚；第2支队策动国民党江西省党部监委、国大代表丁砥南弃暗投明，参加地下革命活动；第7支队以临川龙溪镇警察所巡官陈贡其为内应，缴枪10多支，民主联军队员进驻龙溪并接收了田粮处的龙溪粮库。龙溪解放时，将武器、粮食等物资全部交给解放军接管。此外，还策动国民党“雄狮”部队政工人员近20人携武器向临川解放军投诚。

中共温圳特支还在温圳组织“大同生产合作社”，以垦山种树为名组织农民进行革命活动，参加合作社的农民300多人。合作社农民夺取国民党军驻军18支枪，武装保护了温圳粮库和军需品仓库，防止敌人破坏铁路、码头。温圳解放后，将库存的2000多包大米、600多包军用被服及部分枪支移交人民解放军。

1949年5月，抚州各地先后解放，中共温圳特支及其下属支部因混入不纯洁分子被解散。8月，中共江西省委组织部在全省组织干部培训班结束时宣布：“‘温圳特支’及下属组织因发展一批党员，把关不严，混进了一些坏人。经过审查，特支及下属组织全部撤销。”[77]崇仁县对崇仁支部发展的28名地下党员进行重新审查，“清理20人，只剩下8名党员。1985年中共崇仁县委落实地下党问题，经调查，又否定了1名。”[78]

（三）中共抚州分区地方委员会（1949.7—9）

1949年5月上旬至下旬，中国人民解放军第二野战军（以下简称“二野”）自北向南，先后解放抚州的东乡、金溪、资溪、临川、南城、崇仁、宜黄、黎川等地。中共赣东北区贵溪地委和专署先后在东乡、金溪、临川建立县委、县人民政府，在临川市建立市委、市人民政府，在资溪建立县工作委员会。6月6日，中共江西省委成立。6月26日，江西省委决定成立中共抚州分区地方委员会和抚州分区行政督察专员公署，派热辽区南下干部大队大队长、党支部书记宋诚等人到抚州筹建党政组织。7月1日，宋诚在抚州城外天主教堂召开的第一次全体干部会议上，宣布成立中共抚州分区地方委员会和抚州分区行政督察专员公署（简称抚州地委、抚州专署），机关驻临川市（今抚州城区），宋诚任地委书记，王铁（兼地委秘书长）、杨春华（兼组织部部长）、何伟（兼宣传部部长）、王寒（兼民运部部长）、李如皋（兼社会工作部部长）、江天辉任地委委员。江天辉任专署专员，张立文任副专员。

抚州地委、专署成立后，原由贵溪地委、专署管辖的临川市和临川县，以及新成立的宜黄、南城、崇仁、乐安、黎川等县委、县政府归抚州地委、专署管辖。8月，金溪县、资溪县由贵溪地委划归抚州地委领导。8月17日南丰县解放，成立县委、县政府。至此，抚州地委共管辖9个县委、1个市委。

（四）各县市党组织

中共东乡县委（1949.5—9） 1949年5月初，东北南下干部支队第6大队行军至贵溪时，组建中共东乡县委、县人民政府。此时，国民党"雄狮"部队于5月2日全部撤离东乡县城，向南望风逃窜。当解放部队到达鹰潭时，南下支队第6大队第4中队组建东乡县孝岗、王桥、小璜、愉怡、马圩、军岭6个区的领导班子。5月5日，由"二野"第四兵团第14军后勤部政治处主任鲁之敬率领第41师、第42师先遣部队700余人进驻东乡县城，居民鸣爆欢迎。随解放军南下支队第6大队39人进驻东乡，[79]实行军事管制，是日成立东乡县人民政府，于振东任县长。5月7日，赣东北区贵溪行政督察专员公署在贵溪县鹰潭镇成立，东乡县隶属于贵溪行政督察专员公署。5月8日，成立东乡县委，姚传德任书记，于振东任委员。东乡县委成立后，在全县设立6个区委、区人民政府，并派出干部接管旧政权，筹建人民政权。9月，赣东北行政区撤销，东乡县改隶上饶行政督察专员公署。

中共金溪县委（1949.5—9） 1949年5月5日，国民党军第75师残部从抚州向金溪逃窜。5月7日清晨，"二野"第四兵团第14军第40师先头部队沿鹰（潭）金（溪）公路追击国民党军残部，在陆坊乡青田与敌第3团第4营遭遇。国民党军为阻止解放军前进，纵火烧毁青田桥。解放军迅速灭火，然后兵分三路迂回包抄，歼敌70余人，俘虏200余人，缴获火炮10多门，轻重机枪11挺，步枪150支及弹药、军用物资等。解放军连夜开进县城，金溪解放。

5月8日，中共贵溪地委、贵溪专署在驻地鹰潭镇召开干部会议，组建金溪县委，房建平任县委书记，武大觉、刘秀峰任委员。会议结束后，即由贵溪军分区司令员曾宪辉带领"二野"第17军第51师第153团官兵护送南下支队第6大队51名党政干部（党员43人）到金溪，开展自上而下的接管工作，建立县、区、乡政权。5月15日，组建金溪县人民政府（时称金溪人民县政府），武大觉任县长，隶属于贵溪专署。8月底，金溪县划归抚州分区管辖。8月31日，接贵溪地委通知，房建平奉命率接管金溪的第6大队党政干部随"二野"挺进大西南，抚州地委派随"四野"南下的东北南下工作团王炳田等26名干部接替金溪工作，于9月1日在秀谷镇成立金溪县委和县人民政府，隶属于抚州地委和抚州专署，王炳田任县委书记，杨建中、刘声钲（兼组织部部长）、张士引（兼宣传部部长）任委员，杨建中任县长。

1949年6月，金溪县划分为第一、二、三区和浒湾区4个区，10月增设城厢区。金溪县委、县政府管辖5个区委、区人民政府。

中共资溪县委（1949.8—9） 1949年5月7日，"二野"第17军第51师及南下干部支队第6大队第5中队从鹰潭经饶桥挺进资溪，8日下午到达资溪县城附近，与国民党保警队展开激战。傍晚，一举解放县城。10日成立中共资溪县工作委员会、县人民政府，隶属于贵溪地委和贵溪专署，傅秀峰任县工作委员会书记，赵庆德、王子奎任委员；王子奎任县长。资溪县工作委员会下辖泸阳、嵩市、高阜3个区委。

8月31日，"二野"南下支队第6大队第5中队全体干部挺进大西南，资溪县由"四野"南下工作团第1大队第3中队第5小队接管，正式成立中共资溪县委，机关设泸阳镇，隶属于抚州地委；县人民政府隶属于抚州专署。田永丰任县委副书记，主持县委工作；晨光任（县长）、张茂庭（兼组织部部长）、王佑臣（兼宣传部部长）任县委委员。下辖第一区、第二区、第三区、第四区4个区委和区公所。

中共临川县委（1949.5—9） 1949年5月初，从东乡、进贤溃退下来的国民党军窜入临川，会同原驻防临川的国民党军重新布置城防，妄图阻止解放军南进。5月8日，“二野”第四兵团第14军第42师师长廖运周和政委张子明签署命令，由所属124团副参谋长原是灯率师部侦察连和9连为先头部队进攻抚州城。当天下午，原是灯率部从东乡县出发，赶到抚州城郊的七里岗、杨泗桥、鹏溪等地扎营。原是灯命侦察连派一个班深夜潜入城内侦察敌情，并作攻城内应。此时，国民党军如惊弓之鸟，大部分向丰城、崇仁、宜黄三县退逃。城内尚有一个正规营留守，并在城外重要地段布岗设障，断绝交通，还在文昌桥上安放炸药，企图炸毁大桥，阻止解放军进城。5月9日上午9时许，解放军在抚河东岸向城内发动猛烈攻势，国民党守军一排长被击毙，敌兵一窝蜂地溃散，纷纷逃回城内。解放军先头部队冲上文昌桥，却遭到观音阁上暗堡内机枪狙击，解放军立即用迫击炮摧毁暗堡，保障先头部队通过文昌桥。国民党守军见大势已去，纷纷向南门溃退，部分残敌凭借街头障碍物、房屋与解放军先头部队展开巷战。桥东主力部队在中共地下党员引导下，一部从千金陂横渡抚河，向上顿渡进击，追歼残敌；另一部分从太保乡渡过抚河，向北门、西门进击，截断城内国民党军的退路。10时，解放军浩浩荡荡开进抚州城。

5月中旬，贵溪地委派南下干部支队第6大队第5中队沈廷梅、张武云等50多名党政干部到临川，成立中共临川县委、县人民政府，隶属于贵溪地委和贵溪专署，机关设在临川市（今抚州市城区），沈廷梅任县委书记，张武云、杜竹林任委员，张武云任县长。下设直辖区、李渡区、温泉区、东馆区、龙骨渡区5个区工作委员会和区公所（人民政府）。

6月下旬，江西省人民政府决定成立抚州分区，临川县由贵溪分区划归抚州分区管辖。沈廷梅等全体干部调回贵溪地委另行分配工作，临川县委工作由随同“四野”南下工作队李毅章等人接替。临川县委、县人民政府隶属于抚州地委、抚州专署。机关迁至上顿渡，李毅章任县委书记，王嘉瑞任副书记，刘农民、梁继海、赵明、徐之光、白廷俊、孙化林任委员，徐之光任县长。

中共临川市委（1949.5—9） 1949年5月9日，抚州城解放。南下干部支队第6大队第4中队随“二野”部队到达抚州。5月13日成立中共临川市委，机关驻市区紫府观程宅（今市物资局宾馆），隶属于贵溪地委，张金屏任市委书记，吴欣斋、孔焕章（兼组织部部长）、刘法文（兼社会部部长）任市委委员。同日成立临川市人民政府，机关驻文昌桥头（今临川区文昌学校），吴欣斋任市长，隶属于贵溪专署。市委、市政府下辖东外、羊城2个区委、区人民政府。

6月下旬，临川市由贵溪分区划归抚州分区管辖。原中共临川市委全体成员全部调回贵溪地委另行分配工作。临川市工作由南下工作团热辽大队第2中队第3小队接管，并于7月1日组建新的临川市委和市人民政府，隶属于中共抚州地委、抚州专署，丁碧岩任市委书记，邢北群任市委副书记兼宣传部部长，齐祥、王嘉瑞（兼组织部部长）、金光藻（兼民运部部长）、刘迅任市委委员。9月，丁碧岩调任东乡县委书记，临川市委由副书记邢北群主持工作，并增补孙树山为市委委员，齐祥任市长。新的市委、市政府成立以后，撤销东外、羊城2个区，行政区划分为第一、二、三、四区，成立4个区委、区人民政府。

中共崇仁县委（1949.7—9） 1949年5月10日，“二野”第15军第43师解放崇仁，实行军事管制，未成立县委、县政府。“二野”挺进大西南后，抚州军分区第48军483团3营和东北南下干部大队43人组成工作团赴崇仁接管，途中在秋溪马岭村遭国民党崇仁县保警大队两个中队阻击。解放军奋勇出击，一举歼敌50余人，为工作团进驻崇仁县建立政权扫清障碍。7月16日，崇仁县人民政府成立，隶属于抚州专员公署。7月21日，中共崇仁县委成立，对外称政治工作处，隶属于中共抚州地委。刘建章任县委书记，贺健青、李春瑞（兼组织部部长）、张竹泉（兼宣传部部长）、甄明玉（兼民运部部长）、冉湘湮、路茂林、徐国林、杨振华任委员，贺健青任县长，张健任副县长。下辖第一、二、三区3个区委、区公所，9月成立第四、五区，10月成立第六区，至此，管辖6个区委、区公所。

中共宜黄县委（1949.7—9） 1949年5月10日，“二野”第四兵团第15军第43师解放宜黄，成立宜黄县治安委员会，实行军事管制。在南下党政工作队未到达宜黄之前，负责维护社会秩序，做好南下工作队接管前的准备工作。6月中旬，江西省委派南下工作队第10大队2中队2小队，由原中共河北省滦平县委副书记张敏带队，从南昌步行前往宜黄，途经临川上顿渡休整时，抚州地委[80]对赴宜黄南下工作队人员进行调整，组建中共宜黄县政治工作处，张敏任政治处主任。6月22日，经调整后的南下工作队党政干部38人在张敏的带领下，从临川出发，由于沿途土匪骚扰，6月底才陆续到达宜黄，自上而下地接管并建立县区乡各级党政组织。1949年7月1日，撤销宜黄县政治工作处，成立中共宜黄县委，对外仍使用“中国共产党宜黄政治工作处”印鉴，直到1951年6月12日才正式启用“中国共产党宜黄县委员会”印鉴。1949年7月5日，宜黄县人民政府宣告成立。宜黄县委、县政府隶属于抚州地委、专署，张敏任县委书记，刘质毅、郭凯(兼组织部部长)、高庆华（兼宣传部部长）、张景云、曹清仁（兼民运部部长）、马从龙任县委执行委员，刘质毅任县长。宜黄政治工作处成立后，以县原设置的6个区为基础，设立6个行政区，于6月底成立第一、二、五、六区4个区委和区公所（区人民政府）。7月，中共宜黄县委、县政府成立后，增设第三、四区2个区委和区公所。

中共南城县委（1949.7—9） 1949年5月9日，“二野”第14军第40师194团200多人从金溪直趋南城，当日下午解放黄狮渡。10日清晨，向塔山发起进攻，国民党守军急忙炸断万年桥向南仓皇逃窜，留下部分官兵在城内继续顽抗。解放军占领塔山后，从圭峰渡兵分两路：一路涉水过盱江，在飞机场登陆进占汽车站，击溃保安队，再由广度寺冲上登高山控制整个县城；另一路由圭峰渡、景云寺、太平桥东头与守敌展开激战，摧毁守军堡垒，打开城门，解放南城。5月11日成立南城县军事管制委员会，接管旧政权。6月初成立临时治安委员会，维护社会秩序。6月21日，周泰率领南下工作团江西分团第2大队队员到南城。7月1日，中共南城县委、县人民政府成立，隶属于抚州地委和抚州专署，周泰任县委书记，谭英富任县委副书记，王华、黄庆荣、刘伯令（兼组织部部长）、刘旭（兼宣传部部长）任县委委员，王华任县长。下辖6个区委、区政府。

中共黎川县委（1949.7—9） 1948年春，民革江西省筹备委员会在分析闽赣边区敌情后认为，黎川境内的反动地方武装有被策反的可能，指定民革江西筹委会常委、武装部部长武惕予担负策反黎川地方武装起义任务。1948年3月，武惕予之子武纪彬从上海回到黎川，秘密组建反蒋武装。武纪彬利用亲戚关系，在县城开设米厂，购买枪支，训练了三四十名武装骨干，并建立抗丁据点。策动南城小竺乡乡长夏启圣、资溪乌石乡乡长高柳春等携带乡公所武装40余人参加抗丁，吸引光泽县牛田一带群众加入抗丁队伍，抗丁人员发展到200余人，致使光泽到黎川公路沿线几乎见不到青壮年。

1949年3月，民革江西筹委会负责人聂轰（化名叶明辉）、武惕予受中共南昌城工部指派，到黎川协同发动抗丁队伍起义，改编为“赣闽边区人民游击总队”，武纪彬任司令员，聂轰任政委，下设两个大队。

人民解放军渡过长江后，游击总队向公路沿线推进，截击国民党军队的离散人员，缴获枪支20支。4月，在武惕予、聂轰、武纪彬的指导下，民革成员武全夫、彭觉治策动国民党黎川县自卫队员300余人在湖坊起义，改编为“中国人民革命军赣闽粤边区纵队”，武全夫任司令员，彭觉治任政治部主任。边区纵队成立了中共特别支部，聂轰任支部书记。随后，边区纵队开往福建光泽县，策动光泽县自卫队队长何琨起义。同时，聂轰、武纪彬抓紧对黎川樟村地方武装头目杨传玮和黎川县自卫队中队长杨澜波进行策反。5月，边区纵队遵照中共湘赣边工委的指示，攻打光泽县城，已秘密起义的何琨率150余人配合武全夫率领的边区纵队解放光泽县城，并在光泽成立边区纵队第1支队，全队600多人，后编入中国人民解放军福建军区第10兵团。

5月中旬，在聂轰、武纪彬率领下，游击总队着手攻打黎川县城，在将军殿与国民党县警察部队发生战斗，俘敌十余人枪后进入县城。彼时，黎川县境内有多股敌军势力。其中，国民党黎川县长潘明光带领一个自卫中队退守宏村，国民党第七行政督察专员公署专员汤宗威带领专署保安大队400余人准备在樟村建立据点，还有驻扎在黎川县城的杨澜波自卫队中队100余人，樟村、宏村有后备队二三百人。游击总队进驻县城次日，杨传玮率樟村、宏村后备队与杨澜波的自卫队起义，击溃了潘明光的自卫中队，汤宗威闻风向广昌方向撤退。游击总队进驻黎川县城后，四处张贴布告，命令县、乡旧政权人员保护好国家财产和档案，听候人民政府接管，同时派出工作人员分驻粮仓、车站、电台等重要单位，会同旧商会人员成立临时商会，动员各商店恢复营业，在较短时间内恢复了县境的正常秩序。

5月28日，“二野”第15军第45师、第46师由福建西进黎川，解放黎川全境。抚州地委、专署成立后，派杨宇普、李云台等人至黎川工作，于7月20日正式成立中共黎川县委和县人民政府。杨宇普任县委书记，宋玉岗任县委副书记；李云台任县长。游击总队积极维护地方秩序，并派出干部战士协助建立区、乡政权。以县原设置的5个区为基础设立行政区，成立区委、区公所。

中共南丰县委（1949.8—9） 1949年夏，抚州地区中北部获得解放，而南丰境内尚有反动武装3000余人，拥有长短枪1200余支，机枪18挺。他们勾结国民党军残部，企图负隅顽抗。8月16日，抚州军分区第483团向南丰进军，当抵达南城县上唐、新丰一带时，与国民党军残部遭遇。解放军奋勇追击至黄家堡后，敌军分两路向南丰县城北门、西门外逃窜。解放军和南下工作队员兵分两路，一路于当晚9时抢占城北登高山制高点，一路到达徐家边，向土匪武装——豫章山区绥靖司令部第7纵队副司令李彬部发起正面攻击。解放军在炮火的配合下与土匪武装展开激烈战斗，李彬部溃败，俘获分队长以下官兵30余人。解放军乘胜向县城进逼，抢占南台山，与登高山遥相呼应成夹击之势，随即用迫击炮向城内守敌猛攻，敌兵弃城而逃。8月17日拂晓，两路解放军胜利会师县城十字街，南丰获得解放。

8月20日，南丰由随军南下工作团接管，宣布正式成立中共南丰县委、县人民政府，隶属于抚州地委、专署。县委书记由原河北省围北县委书记张桂楠担任，刘健、张海涌（兼组织部部长）、张萱（兼宣传部部长）、许斌任县委委员；刘健任县长。解放初期，由于社会情况错综复杂，南丰县委对外称“南丰县政治处”，直至1950年8月才正式启用南丰县委名称。南丰县以原设置的6个区为基础设立行政区，成立区委、区人民政府。

中共乐安县委（1949.7—9） 1949年7月抚州地委成立后，以随军南下工作团第1大队第3中队第4小队为主体，在临川市组建中共乐安县委、县人民政府，由原中共中央东北局组织部主办干事詹习扬任县委副书记（主持工作），阎兴、王泽（兼组织部部长）、吴哲（兼宣传部部长）、严寿清任县委委员；阎兴任县长。此时，乐安尚未解放，县委、县政府工作人员暂分配到临川李家渡等区乡协助做借粮支前工作。7月4日，“二野”部队奉命分两路由崇仁进取乐安城，一路经风岗、南村，一路经公溪、小陂，两路大军于当天同时到达乐安县城。国民党乐安县长黄钺率地方武装400余人逃至招携、善和等地，解放军随即向永丰县进发。不久，国民党地方武装重返乐安城。中共地下党员刘辉汉赶到永丰县汇报敌情，引导解放军剿匪部队一个营在永丰藤田围歼江西保安团400多人，缴获枪支200余支。

9月6日，乐安县委、县人民政府组成人员50余人（称“乐安工作团”），随同抚州军分区483团3营9连从临川出发，途经崇仁县山斜乡。9月9日，刘辉汉等3人以苏区老干部名义前往山斜迎接，汇报乐安敌情。为迅速解放乐安，483团派一个班侦察乐安敌情后，决定先打活动于崇仁、乐安边界的国民党崇仁县保警大队长江澜部。9月中旬，483团在谷岗车田后山和马仔坑将汪澜部包围，歼敌两个连，汪澜只身逃脱，余敌皆被俘。9月13日，“乐安工作团”进抵乐安南村。16日在南村召开群众大会，正式宣布成立乐安县人民政府和第二区人民政府，县委机关暂驻南村。随着反动势力的崩溃，10月6日，中共乐安县委、县人民政府机关由南村迁入乐安县城，下辖5个区委、区人民政府。

中共广昌县委（1949.10） 1949年8月，广昌县地主武装豫章山区绥靖司令部第6纵队盘踞城区，纵队长廖其祥前往福建建宁县里心参加“闽赣边区八县反共联防会议”。会后，廖其祥指使部属疯狂逮捕商民，严刑逼交“赎身钱”，又集中煤油，计划在撤退时烧毁城区商店民宅，制造“无人区”。一时城区秩序大乱，居民争相躲避。8月30日，“四野”第48军第144师主力部队严密包围黄镇中的豫章山区绥靖司令部所在地宁都翠微峰，经过20天左右的准备，于9月23日兵分五路向翠微峰发起进攻，歼敌2000余人，解放宁都，随即向广昌进军，廖其祥来不及焚烧城区就率部仓皇逃窜闽西。9月25日，解放军144师430团从宁都进兵，占领广昌县头陂镇。9月27日夜，430团解放广昌县城，实行军事管制。次日分兵驻长桥、尖峰、白水、甘竹、大株、驿前等地，发动群众筹粮支前，追剿残匪，解放全县。10月9日，以陈国良为首的南下工作队3分队4小队26人接管广昌，建立中共广昌县委、县人民政府，隶属宁都地委、专署，陈国良任县委书记，田俊（兼组织部部长）、齐昌五（兼宣传部部长）、边鹏越、彭丹凌任县委委员。县人民政府成立初期，因上级委任的县长李明未到任，先后由县委书记陈国良、宁都地区行署副专员刘登云代理县长。10月底，瑞金县政府县长马加奉调任广昌县政府县长。其间，广昌县委下辖城关、长桥、白水（1952年改称赤水）、头陂4个区委、区人民政府。

1949年抚州各地解放和县（市）委、政府成立时间

表2–6

县市名	解放时间	解放部队	县市委成立时间	县市政府成立时间
东乡县	5月5日	第二野战军14军42师	5月8日	5月5日
金溪县	5月7日	第二野战军14军40师	5月8日	5月15日

续表 2-6

县市名	解放时间	解放部队	县市委成立时间	县市政府成立时间
资溪县	5月8日	第二野战军17军51师	8月31日[81]	5月10日
临川县	5月9日	第二野战军14军40师	5月中旬	5月中旬
临川市	5月9日	第二野战军14军40师	5月13日	5月13日
崇仁县	5月10日	第二野战军15军43师	7月21日	7月16日
宜黄县	5月10日	第二野战军15军43师	7月1日	7月5日
南城县	5月10日	第二野战军14军40师	7月1日	7月1日
黎川县	5月28日	第二野战军15军45师	7月20日	7月20日
南丰县	8月17日	解放军抚州军分区483团	8月20日	8月20日
乐安县	—	解放军抚州军分区483团	7月1日[82]	9月16日
广昌县	9月27日	解放军第48军第144师430团	10月9日	10月9日

【注　释】

[1][2][3][4]《中国共产党江西省抚州地区组织史资料（1926–1987）》，中共党史出版社，1992年，第25页、第28~32页、第35~36页。

[5]张日新、卢诚：《广州农讲所和中央农讲所之江西学员名录考》，《大革命时期的江西农民运动》，中央文献出版社，1993年，第180页。

[6]1927年12月19日中共江西省委《甚么是机会主义与怎样铲除机会主义》："各县农民协会，已经成了乡村的事实政府，过去豪绅地主的统治，几歼灭无余，拘捕土豪劣绅，戴高帽子游行示威，或由群众自动的决判并执行枪毙，像这一类的事实，到处发生"。载《中央革命根据地史料选编》（中册），江西人民出版社，1982年，第20～21页。

[7]台湾国史馆藏《民国人物传记史料汇编》第十八辑，第176页。

[8]北伐战争结束后，赣东地区驻有两支国民党部队：驻防临川的是忠于国民党武汉政府的杨如轩第9军27师，兵力约2000人；驻防广昌及赣南的是忠于国民党南京政府的赖世璜第14军，兵力约1000人。杨如轩同时兼任赣东警备司令，与朱德是云南陆军讲武堂同学，与朱德有一定的私交。护国战争结束后，朱德因战功卓著升任旅长，担任泸州城防司令，杨如轩也提升为第7团团长。后来滇军内讧，杨如轩便投奔直系军阀吴佩孚。北伐战争中吴佩孚战败，杨如轩被国民革命军收编。朱德率起义部队南下前，致信杨如轩，"我们最近在南昌开了个会，推宋庆龄领导，揭起反对独夫蒋介石的大旗。现决定到广东去开辟新的革命策源地"，动员其起义。杨如轩虽未作答复，但考虑到多年的友谊，同时震于革命声威，为了保全实力，便把军队撤到南城，让出一条路给红军走，使南昌起义部队得以顺利通过抚州。

[9]江虞：《赣西南工农群众的斗争》，《中央革命根据地史料选编》（上册），江西人民出版社，1982年，第208页。

[10]《江西省抚州地区党史大事记》，南海出版公司，1990年，第16页。

[11]1927年12月12日《江西省委报告》，《中央政治通讯》第16期，第236页。

[12]《崇仁县志》，江西人民出版社，1990年，第359页。

[13]据舒同、乐典回忆：1928年春间，省委曾派一个老孟同志来到小璜同舒同取得联系，在魏家源开过一次会，转达省委决定，将东乡支部改为县委，舒同任书记，直属中共临川县委领导。但据1928年1月18日《江西省委王××同志关于江西组织谈话》记载："江西全省同志在一月份大概有4000人左右""临川人数80，机关临时县委，……东乡人数20，机关区委"。资料见《中央革命根据地史料选编》上册，江西人民

出版社，1982 年，第 529 ～ 530 页。

［14］［15］《江西工作近况——综合性报告》，《中央革命根据地史料选编》（上册），江西人民出版社，1982 年，第 7 页、第 3 页。

［16］肖克允、汤志夫、王复来、周绍廉 1931 年 5 月 22 日向中央转组织部报告附件《临川（抚州）县党的历史简况报告》。

［17］1929 年 5 月 31 日江西省委《江西政治报告》："临川有同志百余人，没有群众组织，崇仁、东乡党的组织已恢复，属临川县委，但不知其情形。"资料见《中央革命根据地史料选编》（中册），江西人民出版社，1982 年，第 88 页。

［18］《冯任同志给中央的报告——江西省委、特委、县委被破获的详情》，《中央革命根据地史料选编》（上册），江西人民出版社，1982 年，第 561 页。

［19］《江西革命历史文件汇集》（1927-1928 年），第 224 页。

［20］1928 年中共江西省委《关于目前政治状况及各地工作情形给中央的报告》，《江西革命历史文件汇集》（1927—1928），第 333 页。

［21］《赣西特委给江西省委的报告》称："攻克了赣东的乐安，缴获靖卫队的快枪五十七枝"，《中央革命根据地史料选编》（上册），江西人民出版社，1982 年，第 80 页。

［22］《红四军前委关于攻克汀州及四、五军，江西红二、四团行动方针等问题向福建省委和中央的报告》称："经永丰、乐安、广昌、石城，后入宁都、瑞金之壬田市。"《中央革命根据地史料选编》（中册），江西人民出版社，1982 年，第 68 页。

［23］克珍：《赣西苏维埃区域的现状》，《中央革命根据地史料选编》（上册），江西人民出版社，1982 年，第 175 页。

［24］《赣西南刘作抚（给中央的综合性）报告》，《中央革命根据地史料选编》（上册），江西人民出版社，1982 年，第 245 页。

［25］《张怀万巡视赣西南报告》，《中央革命根据地史料选编》（上册），江西人民出版社，1982 年，第 206 页。张怀万在该报告中还说："这些县城的城市有的被我们几次占领或一度占领，如万安、峡江、新喻、袁州、安福、分宜以及赣东之永丰、乐安皆是。"见第 182 页。

［26］《张怀万巡视赣西南报告》，《中央革命根据地史料选编》（上册），江西人民出版社，1982 年，第 208 页。

［27］《赣西南刘作抚（给中央的综合性）报告》，《中央革命根据地史料选编》（上册），江西人民出版社，1982 年，第 232 页。

［28］刘作抚在给中央的报告称："赣西南对土地问题凡是建立了赤色政权的地方均采取'没收一切土地彻底平均分配'的原则，而且不论反动派的家属、豪绅的家属，只要在赤色政权下能遵守赤色的纪律而且不应杀的，一律平均分得田地，孤儿寡妇老弱残废大小男女均一律平均分得田地。"资料见《中央革命根据地史料选编》（上册），江西人民出版社，1982 年，第 241 页。

［29］东路行委"机关驻宁都县北境东韶圩天主堂，下辖宁都、乐安、永丰、南丰 4 县委和宜黄东陂、新丰等 2 区委和广昌甘竹区委。"资料见《中国共产党江西省组织史资料》（第一卷），中共党史出版社，1999 年，第 143 页。

［30］1932 年江西省委工作总结称："在五月初又成立宜黄一县（割宁都三个区及宜黄原有之二区合并而成）。"资料见《中央革命根据地史料选编》（上册），江西人民出版社，1982 年，第 425 页。

［31］据江西省档案馆全宗 43，目录 22 号，历史档案《南昌卫戍司令部破获共产党机关概况报告》，第 17 页。

［32］《中国共产党江西省宜黄县组织史资料》（1926-1987），南海出版公司，1990 年，第 2 页。

［33］《乐安红色经典》，2011 年，第 4 页。

［34］［35］《苏区乐安中心县委斗争史》，亚洲出版社，1992 年，第 10 页、第 18~19 页。

［36］资料见《中央革命根据地史料选编》（上册），江西人民出版社，1982 年，第 340 页。

［37］1984 年 10 月 22 日，杨成武给广昌县委党史办来信。资料见《中国共产党江西省广昌县组织史

资料》，新华出版社，1994 年，第 21 页。

[38]1931 年 9 月 20 日《赣西南的(综合)工作报告》称："现在县苏维埃政府占领着县城的有永新、兴国、宁都、乐安、南丰、广昌、瑞金、遂川等县。"《中央革命根据地史料选编》(上册)，江西人民出版社，1982 年，第 411 页。

[39]区委、党支部数量见《中央苏区组织统计表》，载《中央革命根据地史料选编》(上册)，江西人民出版社，1982 年，第 661 页；党员数量见《中国共产党江西省广昌县组织史资料》，新华出版社，1994 年，第 23 页。

[40] 1932 年 5 月《江西苏区中共省委工作总结报告》称：第三次反"围剿"胜利及国民党军宁都起义"增加了宁都城和广昌全县而完成的。《中央革命根据地史料选编》(上册)，江西人民出版社，1982 年，第 425 页。

[41] 据姚修伦、陈子兴、刘连丁等人回忆，参见《中国共产党江西省广昌县组织史资料》，新华出版社，1994 年，第 23 页。

[42]《中国共产党江西省广昌县组织史资料》(1927-1987)，新华出版社，1994 年，第 33 页。

[43]黄克诚《回忆在闽赣苏区的部分战斗》："1931 年 5 月底至 6 月间，红军打过建宁以后，我们从樟村到黎川县城的。这个时间，因为国民党在黎川没有什么正规军队，只有些民团，我们没打什么仗，在黎川的主要任务是搞土改，把地主的财产分给农民。"载江舢、陈大猷《中央苏区闽赣省》，1990 年，第 170 页。

[44]《黎川县志》，黄山书社，1993 年，第 431 页。

[45] 1960 年 4 月黄龙发、夏德辉、罗炳华回忆，转见 1990 年版《中国共产党江西省南城县组织史资料》第 25 页。

[46]《中国共产党江西省抚州地区组织史资料》(1926—1987)，中共党史出版社，1992 年，第 99 页。

[47]此据 1993 年出版的《黎川县志》记载。但《中共江西省黎川县组织史资料》记述为 5 月成立。

[48] 易资庆、邱国良：《曾细尧的传奇人生》，危仁聂主编《记忆》，当代中国出版社，2010 年版，第 342 页。

[49] 1982 年 9 月 22 日，黄克诚在北京西山接受黎川县党史办人员采访，回忆闽赣苏区的战斗时说："阅兵大会在黎川召开，说有十万人参加，那是有点吹，算一算总的不过七万人左右，如果说五六万人就更确切。"载江舢、陈大猷《中央苏区闽赣省》，1990 年，第 170 页。

[50]《中央人民委员会第四十次常会关于成立闽赣省的决议》(1933 年 4 月 26 日)，江舢、陈大猷《中央苏区闽赣省》，1990 年，第 24 页。

[51]《周恩来致中央局并转顾作霖、邵式平电——关于闽赣省委驻地的建议等》(1933 年 5 月 10 日 24 时)，江舢、陈大猷《中央苏区闽赣省》，1990 年，第 27 页。

[52] 黄克诚《回忆在闽赣苏区的部分战斗》："在指挥战斗中，我和他（张锡龙）并列站在前沿指挥，敌人一颗子弹打中了张锡龙同志，从他的头部太阳穴边穿进去，他就光荣牺牲了。我戴的眼镜在这次战斗中被敌人的子弹打掉。"载江舢、陈大猷《中央苏区闽赣省》，1990 年，第 169 页。

[53]党员串联骨干分子，骨干分子串联积极分子，积极分子串联一般群众，凡同意参加革命的登记一个名字，算是加入革命队伍。

[54]《资溪县志》，方志出版社，1997 年，第 83 页。但《中国共产党江西省资溪组织史资料》(1926—1987)第 16 页将资黎特别区委成立时间记载为 1930 年 12 月。

[55]《回首当年——方志纯革命回忆录》，江西人民出版社，1987 年，第 115 页。

[56] 1932 年上半年，赣东北苏区由赣东北、闽北发展到闽、浙、赣 3 省广大地区，从 11 月下旬起，中共赣东北省委改名为中共闽浙赣省委。

[57] 1933 年 1 月，红 10 军南渡信江，与中央红军第 31 师合编为红 11 军，进入中央苏区，纳入红一方面军建制。

[58]《中共闽赣省委关于资城事变问题对资溪县委的指示信》(1933 年 7 月 8 日)，江舢、陈大猷《中央苏区闽赣省》，1990 年，第 67 页。

[59]《中国共产党江西省南城县组织史资料》记载为 1933 年 9 月。本书以 1990 年出版的《中央苏区闽赣省》为准。

[60]《舒同谈东乡的大革命斗争》，《东乡县文史资料》第一辑，第 24 页。

[61] 舒同回忆说："省里又派了个特派员，这人

是个胖子，我记不清他的名字。他来后，就把我们的支部改成县委，由我当县委书记。”见《舒同谈东乡的大革命斗争》，《东乡县文史资料》第一辑，第 25 页。

［62］《中共江西省委给中央的综合报告》（1928 年 4 月 15 日）载：“东乡区委有同志四十余人，知识分子占百分之七十，农民占百分之三十，同志近颇努力，最近已去发动斗争。”，资料见《江西革命历史文件汇集》。

［63］对东乡县土地革命战争初期是否成立过县委问题，1959 年编印的《东乡革命斗争史》和 1989 年出版的《东乡县志》均采信舒同、乐典等人的回忆文章，持肯定态度。而 1992 年出版的《中国共产党江西省抚州地区组织史资料》和 1999 年出版的《中共江西省组织史资料》（第一卷）均认定此时只成立过中共东乡区委，依据是：《中央革命根据地史料选编》（中册）收录的 1928 年 1 月 18 日《江西省委王 ×× 同志关于江西组织谈话》：“临川人数 80，机关临时县委，……东乡人数 20，机关区委”和 1931 年 5 月 22 日肖克允向中央组织部写的《临川（抚州）县党的历史简况报告》：“1928 年的组织情形——有金溪、东乡、崇仁、南城、临川城区、李渡等十二个区委”的记述。《中国共产党江西省抚州地区组织史资料》为将此悬而未决的问题留待后人考证，将“中共东乡县委”以附件形式刊载于书中。

［64］《东乡县 1926—2927 年革命斗争概况》（初稿），《东乡县革命斗争资料》，1959 年版，第 20 页。

［65］《赣省之匪患与赤祸》，载 1928 年 7 月 27 日上海《民国日报》。

［66］《曾洪易向中央的报告》，《闽浙赣革命根据地史料选编》（上册），江西人民出版社，1987 年，第 265 页。

［67］《中共赣东北省委关于党的最近工作的状况》：对白区“实际工作，我们在金、资、余、贵、余干信河船工、景德镇、广丰、婺源、华埠、东乡、抚州、邵武、光泽等处都有一个布置，在人力上也有一个分配。”《闽浙赣革命根据地史料选编》（上册），江西人民出版社，1987 年，第 402 页。

［68］《闽浙赣革命根据地史料选编》（上册），江西人民出版社，1987 年，第 413 页。

［69］1990 年出版的《中共江西东乡县组织史资料》记载为“邵祖伯”，但据中共赣东北省委于 1932 年 6 月 5 日致信河南分区委的信显示：随赤色赤卫师转战东乡 6 人中，有邵楚北，据此更正。

［70］《中国共产党江西省组织史资料》第一卷，中共党史出版社，1999 年，第 618 页。

［71］1936 年 12 月，闽赣省军区第 4 纵队政委吴先喜与鲍永泉率部 60 余人到光泽柴家活动，被国民党军第 52 团发现，在敌人重重包围下，吴先喜率领游击队突围，壮烈牺牲，光泽范围内的游击根据地丢失。

［72］《中国共产党江西省组织史资料》第一卷，中共党史出版社，1999 年，第 657 页。

［73］雷洁琼在《在抗战的峥嵘岁月》中写道：“江西省及各县妇女指导处和妇女工作队中共计有地下党员 50 余人，占妇女干部总数 1/3，党组织常通过地下党员传达中共江西省委对江西妇女抗战救亡工作的指示，这些地下党员成为我工作的左右手，对我的思想影响很大，他们的模范作用更加深了我对中国共产党的敬重和信任。”载《烽火忆抗战》，人民出版社，1995 年。

［74］《中国共产党江西省南城县组织史资料》（1926—1987），南海出版公司，1990 年，第 31 页。

［75］《江西省抚州地区党史大事记》，南海出版公司，1990 年，第 64 页。

［76］［78］《中国共产党江西省崇仁县组织史资料（1926—1987）》，江西人民出版社，1991 年，第 23 页。

［77］《中国共产党江西省临川县组织史资料》（1926—1987），南海出版公司，1990 年，第 33 页。

［79］梁腾渊：《四方云集话当年——原东乡县委领导热情支持编史修志工作》，《抚州地方史志通讯》1983 年第 2 期。但 1989 年出版的《东乡县志》第 275 页记载为 32 人。

［80］资料见 1990 年出版的《中国共产党江西省宜黄县组织史资料》第 37 页。但此时抚州地委尚未成立，存疑。

［81］5 月 10 日成立中共资溪县工作委员会。

［82］7 月 1 日中共乐安县委与乐安县人民政府同时在临川组建，10 月 6 日迁至乐安县城办公。

第二节
新中国成立后的地方党组织

一、中共抚州地（市）委

（一）组织机构

1949年6月6日，中共江西省委成立。6月26日，江西省委决定成立中共抚州分区地方委员会和抚州分区行政督察专员公署。7月1日，热辽干部大队在抚州城外天主教堂召开第一次全体干部会议，大队长宋诚在会上宣布抚州分区地方委员会和抚州分区行政督察专员公署成立（以下简称抚州地委、抚州专署），机关驻临川市（今抚州城区）。抚州地委、专署领导和秘书处在若士路蔡家大院两栋楼房办公。抚州地委成立之初，设组织部、宣传部、民运部、社会部4个工作部门。同时，设有地方干部学校，负责干部教育工作。组织、宣传等部门在老五皇殿（分金炉）办公。[1]

1949年7月至1954年，地委领导机构设书记、副书记、委员，不设常委。1955年2月12日，为健全集体领导制度，抚州地委正式设立常务委员会，地委领导成员设书记、第二书记、副书记、常委、委员。1958年9月15日设立书记处，地委领导成员设第一书记、书记、副书记、常委、委员。1962年8月20日，根据中共中央指示，经地委常委会议研究，取消书记处，地委领导成员设书记、副书记、常委、委员。

新中国成立后，地委逐步健全各类工作机构。1951年设办公室、政策研究室、保密委员会；1952年设专区纪律检查委员会，创办《抚州农民报》，地方干部学校改为地委干部学校；1953年设统一战线工作部，地委干部学校改为地委党校；1954年设农村工作部；1955年设财贸工作部，1956年设文教部、讲师团；1957年设交通工作政治部、审干办公室；1958年创办《前进》杂志；1961年设档案馆、农村政策调查研究室。期间，还撤销一些机构或更改名称。至1966年5月，地委工作机构有：办公室、组织部、宣传部、监察小组、农工部、统战部、财贸政治部、工交政治部、初级党校、《赣东报》社等。

1966年5月“文化大革命”开始后，各种“造反派”群众组织成立，抚州地委受到严重冲击。1967年1月，抚州地委因被造反派夺权停止活动。是年3月，成立专区抓革命促生产委员会，作为全区临时性权力机构。10月，撤销专区抓革命促生产委员会，成立江西省革命委员会筹备小组抚州专区临时领导小组。1968年2月20日，抚州专区革命委员会（简称专区革委会）成立，8月成立中共抚州专区革委会党的核心小组，由7名成员组成，未设组长、副

2000年10月20日，召开地级抚州市成立庆祝大会

组长。1970年3月，党的核心小组始设组长。1971年6月，撤销专区革委会党的核心小组，6月14—17日，召开中国共产党抚州地区第一次代表大会，恢复中共抚州地委。大会选举产生中共抚州地区第一届委员会，有委员44名，候补委员7名。地委领导成员设书记、副书记、常委。

“文化大革命”初期，地委工作部门受到冲击，至1967年2月全部瘫痪。抚州专区革委会成立后，设立3部1室（政治部、抓革命促生产部、保卫部、办公室），取代地委工作部门。1967年1月，造反派将《赣东报》改为《新赣东》，1968年10月底停刊。中共抚州地委恢复后，于1972年恢复地委党校。1973年1月设政法委员会，9月设对台工作领导小组办公室。

1976年10月，“文化大革命”结束，党的各项工作逐步走上正轨。1983年6月，实行机构改革，撤销抚州地委常务委员会，恢复委员制，地委领导成员设书记、副书记、委员。2000年6月23日，经国务院批复，撤销抚州地区，设立地级抚州市。7月11日，江西省人民政府发出《关于撤销抚州地区设立地级抚州市的通知》。10月20日，中共抚州市委正式挂牌对外办公。10月11—12日，召开中国共产党抚州市第一次代表大会，选举产生中共抚州市第一届委员会。市委领导成员设书记、副书记、常委。2006年11月，抚州市委、市政府由赣东大道曾家园迁至赣东大道延伸段白岭抚州市行政中心办公。至2014年，抚州市共召开3次党的代表大会，先后选举产生历届委员会。

“文化大革命”结束后，地委工作机构逐步恢复和健全。1977年11月—12月，恢复组织部、办公室、宣传部。1978年10月恢复统战部。1979年12月设中共抚州地委纪律检查组（1981年1月改为中共抚州地委纪律检查委员会，1984年升格为中共抚州地区纪律检查委员会，不再是地委工作部门）。1980年5月创办《赣东通讯》。1981年恢复工交政治部（1983年10月撤销）、讲师团，设档案局。1982年设立打击经济犯罪领导小组办公室、党史资料征集领导小组办公室、信访办公室。1983年10月设农村政策研究室。1984年恢复农村工作部，设保密委员会办公室。1985年2月设立老干部局，1986年设知识分子工作领导小组办公室。至1992年年底，地委设办公室、组织部、宣传部、统战部、中共抚州地区直属机关委员会、政法委员会、综合治理委员会、保密委员会、政策研究室、老干部局、档案局、党史工作办公室、信访办公室、台湾工作办公室、党校、讲师团、赣东报社、组织员办公室、知识分子工作领导小组办公室、机要局。[2]此后至2014年，虽经过几次机构改革，通过合并、挂靠等方式，减少了数量，但这些工作机构设置无大的变化，职能得到加强。

（二）地（市）委领导人

中共抚州地委历任书记

表 2-7

姓　名	籍　贯	任职时间	姓　名	籍　贯	任职时间
宋　诚	河北遵化	1949.7—1952.9	孙永久③	黑龙江泰来	1982.3—1983.6
李毅章	河南偃师	1952.10—1954.9	高丕凯	辽宁新金	1983.6—1987.3
王敬民①	陕西绥德	1954.10—1964.4	王忠贤	江西南昌	1987.3—1989.1
王　铁	河北临城	1964.4—“文化大革命”	刘南方④	江西安福	1989.1—1992.11
于　凯	河北遵化	1971.6—1975.7	毕必胜	江西彭泽	1992.11—1994.7
王昭荣	吉林扶余	1975.7—1977.9	刘德旺	江西波阳	1994.7—1995.4
王金凯②	黑龙江齐齐哈尔	1977.9—1977.11	陈梅芳	江西丰城	1995.4—1999.9
许　勤	辽宁绥中	1977.11—1979.3	罗筱玉	江西南昌	1999.9—2000.10
许少林	河南偃师	1979.3—1982.3			

说明：① 1958.9—1962.8 任书记处第一书记；②副书记，主持工作；③ 1982.3—1982.4 任副书记，主持工作；④ 1989.1—1989.6 任副书记，主持工作

中共抚州地委历任副书记

表 2-8

姓　名	籍　贯	任职时间	姓　名	籍　贯	任职时间
李光斗	—	1951.10—?	王金凯	黑龙江齐齐哈尔	1975.7—1981.6
王敬民	陕西绥德	1952.10—1954.10	叶学龄	江西进贤	1975.7—1983.6
王　寒	—	1952.10—1953.6	易水龙	江西进贤	1977.11—1981.6
李子良①	河西尧阳	1954.11—1961.4	孙永久	黑龙江泰来	1979.5—1982.4
严　东	山西临猗	1956.8—“文化大革命”	于智启	山东乳山	1979.5—1988.5
		1972.11—1980.8	左凤岗	黑龙江依安	1980.5—1983.6
崔传芸	江西宁都	1958.9—1960.5	童荣华	江苏扬州	1982.3—1983.6
韩增田	河北无极	1958.9—1965.12	单及春	辽宁昌图	1982.3—1987.3
周　泰	山西定襄	1958.10—1961.4	高丕凯	辽宁新金	1983.3—1983.6
		1963.5—“文化大革命”	李爱苏	江西南城	1983.6—1984.6
王　泽②	河北武强	1958.9—“文化大革命”	黄名鑫	江西广昌	1983.6—1984.10
李春瑞	河北定县	1960.6—1964.12	黄昕明	江西乐安	1985.3—2000.7
张如元	福建长汀	1960.8—1964.11	舒惠国	江西靖安	1987.3—1988.9
李云台	山东	1960.8—?	张火春	江西湖口	1987.3—1993.5
王　华③	河北深泽	1961.4—1966.5	刘南方	江西安福	1988.9—1989.6
陈忠经	—	1962.8—1963.8	毕必胜	江西彭泽	1989.6—1992.11
宁子明	山东蓬莱	1965.10—“文化大革命”	刘　定	江西九江	1992.2—2000.10
胡惠之	山东淄博	1971.6—1973.4	刘德旺	江西波阳	1992.11—1994.7
王一琴	河北涞水	1971.6—1974.4、	吴步高	江西余江	1993.8—1995.2
		1975.5—1975.7	徐俊如	江西南昌	1994.7—1999.9

续表：2-8

姓　名	籍　贯	任职时间	姓　名	籍　贯	任职时间
申　易	江　苏	1972.6—1975.7	汲家风	安徽怀远	1995.3—1995.11
王昭荣	吉林扶余	1972.6—1975.7	周庭祥	江西大余	1996.10—1997.11
张振刚	河北卢龙	1975.7—1979.8	刘礼祖	江西宜丰	1996.4—2000.10
安　健	辽宁岫岩	1975.7—1982.3	王祥生	江西临川	1997.11—2000.10

说明：① 1956.10—1958.9 任第二书记，1958.9—1961.4 任书记处书记；② 1960.8—1962.8 任书记处书记；③ 1961.4—1962.8 任书记处书记

中共抚州地委历任委员（常委）

表 2-9

姓　名	职务	任职时间	姓　名	职务	任职时间
宋　诚	委员	1949.7—1952.9	王　铁	委员	1949.7—1953.3
杨春华	委员	1949.7—1952.9	何　伟	委员	1949.7—1952.8
王　寒	委员	1949.7—1953.6	李　如	委员	1949.7—1951.5
江天辉	委员	1949.7—1949.8	张立文	委员	1949.9—1952.2
聂显书	委员	1949.9—1955.1	李毅章	委员	1949.9—1954.9
周　泰	委员	1949.9—1954.8	夏新民	委员	1949.9—1952.12
曾　川	委员	1949.9—1953.12	李光斗	委员	1951.10—1951
王敬民	委员	1952.10—1952.12	刘铁锐	委员	1952.12—1953.4
严　东	委员	1953.4—1955.2	李子良	委员	1953.1—1955.2
李品峰	委员	1953.2—1954.8	刘农民	委员	1953.6—1954.5
刘质毅	委员	1954.2—1954.9	王　华	委员	1954.2—1955.2
贺健青	委员	1954.2—1954.9	李云台	委员	1954.2—1955.2
宋玉岗	委员	1954.8—1955.2	王景义	委员	1954.8—1955.2
胡玉堂	委员	1954.8—？	韩增田	委员	1954.11—1955.2
王　泽	委员	1954.11—1955.2	周建中	委员	1955.2—1959.11
王敬民	常委	1955.2—1964.4	李子良	常委	1955.2—1961.4
严　东	常委	1955.2—“文化大革命”	韩增田	常委	1955.2—1965.12
		1972.10—1980.8	王　华	常委	1955.2—1955.11
李云台	常委	1955.2—1955.3			1961.4—1966.5
		1956.6—1957.12	王　泽	常委	1955.9—“文化大革命”
		1960.8—？	崔传芸	常委	1956.6—1960.5
谷　虹	常委	1957.8—1958.9	李春瑞	常委	1958.9—1964.4
		1960.5—？	张如元	常委	1958.9—1964.11
梅成章	常委	1958.9—1961.5	张全智	常委	1958.9—“文化大革命”
张晓文	常委	1958.9—1964.4	祝广文	常委	1959.2—1964.10

续表：2–9

姓 名	职务	任职时间
宋玉岗	常委	1960.5—?
夏绍林	常委	1960.7—?
张 瑛	常委	1961.7—?
周 泰	常委	1963.5—“文化大革命”
张金阁	常委	1964.5—“文化大革命”
王景义	常委	1965.3—“文化大革命”
于 凯	常委	1971.6—1975.7
胡惠之	常委	1971.6—1973.4
申 易	常委	1971.6—1975.12
方光超	常委	1971.6—?
董玉祥	常委	1971.6—1975.7
徐成江	常委	1971.6—1981.6
安 健	常委	1971.6—1982.3
王昭荣	常委	1972.6—1977.9
洪家德	常委	1972.11—1975.7
许 勤	常委	1972.11—1979.3
张振刚	常委	1975.7—1979.8
叶学龄	常委	1975.7—1983.6
张云樵	常委	1975.11—1977.4
李明志	常委	1977.7—1980.2
江映川	常委	1977.11—1981.6
丁长华	常委	1977.11—1983.6
孙永久	常委	1979.5—1983.6
左凤岗	常委	1980.5—1983.6
童荣华	常委	1981.8—1983.6
尹晓鹏	常委	1982.3—1983.6
黄名鑫	委员	1983.6—1984.10
胡晋亲	委员	1983.6—1987.3
杜锦福	委员	1984.11—1988.9
黄昕明	委员	1985.3—2000.7
王忠贤	委员	1987.3—1989.1
张火春	委员	1987.3—1993.5
吴国辉	委员	1987.5—1990.2
毕必胜	委员	1988.9—1994.7

姓 名	职务	任职时间
刘声钲	常委	1960.5—?
		1972.11—1977.9
陈忠经	常委	1962.8—1963.8
王 铁	常委	1964.4—“文化大革命”
孔子仁	常委	1964.10—“文化大革命”
宁子明	常委	1965.10—“文化大革命”
		1972.3—1977.5
王一琴	常委	1971.6—1973.4
		1975.5—1974.4
张凤选	常委	1971.6—1982.4
许长林	常委	1971.6—?
张茂和	常委	1971.6—1975.7
蔡长庆	常委	1971.10—1973.1
田积福	常委	1972.11—1977.9
胡万镒	常委	1972.11—1975.7
李开禄	常委	1973.5—1975.7
王金凯	常委	1975.7—1981.6
单及春	常委	1975.7—1983.6
胡锡元	常委	1977.2—1982.2
易水龙	常委	1977.11—1981.6
白纯义	常委	1977.11—1983.6
许少林	常委	1979.3—1983.6
于智启	常委	1979.5—1983.6
高丕凯	常委	1981.7—1987.3
陈 元	常委	1982.3—1983.6
李爱荪	委员	1983.6—1984.6
方博林	委员	1983.6—1987.3
胡万镒	委员	1983.8—1986.8
魏小琴	委员	1984.11—1993.5
蒋锦锋	委员	1987.1—1998.4
舒惠国	委员	1987.3—1988.9
吴步高	委员	1987.3—1995.2
刘南方	委员	1988.9—1992.11
徐 力	委员	1990.6—1990.12

续表：2-9

姓　名	职务	任职时间	姓　名	职务	任职时间
李朔尧	委员	1990.8—1993.5	缪　兵	委员	1991.4—1992.11
刘　定	委员	1992.2—2000.10	曹二俚	委员	1992.5—1994.11
刘德旺	委员	1992.5—1995.4	李品行	委员	1993.5—2000.10
许石金	委员	1993.8—1996.12	程传裕	委员	1994.4—2000.10
李华青	委员	1994.4—2000.10	陈梅芳	委员	1994.5—1999.9
汲家风	委员	1994.5—1995.11	徐俊如	委员	1994.7—1999.9
刘礼祖	委员	1994.11—1999.9	张德金	委员	1995.5—2000.9
陈小青	委员	1995.5—2000.10	罗老忠	委员	1996.4—2000.10
周庭祥	委员	1996.10—1997.11	华人民	委员	1996.12—1999.12
王样生	委员	1997.11—2000.10	钟万柏	委员	1998.4—2000.10
罗筱玉	委员	1999.9—2000.10	沈运煊	委员	1999.12—2000.10
许德仁	委员	2000.9—2000.10	鲍小慧	委员	2000.9—2000.10

中共抚州专区革命委员会核心小组成员

表 2-10

姓　名	职务	任职时间	姓　名	职务	任职时间
胡惠之	成员	1968.8—1971.6	刘茂堂	成员	1969.6—?
周　泰	成员	1968.8—1971.6	沈　淦	成员	1969.11—1971.1
薛瑞芝	成员	1968.8—1969.9	王一琴	成员	1969.11—1971.6
刘景淮	成员	1968.8—1968.12	安　健	成员	1970.1—1971.6
赵长江	成员	1968.8—1971.6	于　凯	组长	1970.4—1971.6
孙寿亭	成员	1968.8—?	许长林	成员	1970.4—1971.6
张金阁	成员	1968.8—1971.3	蔡长庆	成员	1970.5—1971.6
许甫田	成员	1969.2—?	张凤选	成员	1971.3—1971.6
周凤寿	成员	1969.6—?			

中共抚州市委历任书记

表 2-11

姓　名	籍　贯	任职时间	姓　名	籍　贯	任职时间
罗筱玉	江西南昌	2000.10—2002.1	钟健华	江西宜春	2002.1—2006.1
钟利贵	江西修水	2006.2—2008.11	甘良淼	江西靖安	2008.11—2011.7
龚建华	江西南昌	2011.8—2015.3	肖　毅	江西赣州	2015.4—在职

中共抚州市委历任副书记

表 2-12

姓 名	籍 贯	任职时间	姓 名	籍 贯	任职时间
刘礼祖	江西宜丰	2000.10—2002.1	许德仁	江西萍乡	2000.10—2003.4
李品行	江西鹰潭	2000.10—2002.9	沈运煊	江西瑞金	2000.10—2002.
钟际跃	江西大余	2002.1—2003.8	谢亦森	江西宁都	2003.5—2006.11
陈小青	江西南丰	2003.4—2006.12	鲍小慧	江西广丰	2003.4—2006.11
罗建华	江西玉山	2002.8—2006.11	甘良淼	江西靖安	2003.11—2008.11
李舰海	江苏徐州	2006.11—2009.7	张 勇	江西新余	2008.12—2011.07
吴伏生	江西余江	2009.7—2011.8	张和平	江西永丰	2011.8—2015.3
魏建锋	湖北新州	2012.7—2014.12	张鸿星	江西婺源	2015.3—在职

中共抚州市委历任常委

表 2-13

姓 名	籍 贯	任职时间	姓 名	籍 贯	任职时间
罗筱玉	江西南昌	2000.10—2002.1	刘礼祖	江西宜丰	2000.10—2002.1
许德仁	江西萍乡	2000.10—2003.4	李品行	江西鹰潭	2000.10—2002.9
沈运煊	江西瑞金	2000.10—2002.	陈小青	江西南丰	2000.10—2006.12
罗老忠	江西广昌	2000.10—2006.12	钟万柏	江西赣县	2000.10—2005.12
鲍小慧	江西广丰	2000.10—2006.11	曾志勇	江西宜黄	2000.10—?
罗建华	江西玉山	2000.10—2006.11	钟健华	江西宜春	2002.1—2006.1
钟际跃	江西大余	2002.1—2003.8	王晓媛	辽宁朝阳	2003.4—2010.1
谢发明	江西南城	2003.4—2011.9	黄牡香	江西临川	2003.5—2015.1
谢亦森	江西宁都	2003.5—2006.11	甘良淼	江西靖安	2003.11—2011.7
李舰海	江苏徐州	2004.6—2009.7	朱章明	江西临川	2005.4—?
李 超	山东寿光	2005.12—2009.02	钟利贵	江西修水	2006.2—2008. 11
魏建锋	湖北新州	2006.11—在职	叶建青	江西南丰	2006.11—2010.1
陈小平	江西莲花	2006.11—2009.11	黄晓波	江西东乡	2006.11—2011.8
熊云鹏	江西进贤	2006.11—在职	张新龙	山西临沂	2007.8—2009.7（挂职）
张 勇	江西新余	2008.12—2011.7	吴 平	安徽寿县	2009.2—2011.7
吴伏生	江西余江	2009.7—2011.8	吴伟柱	江西星子	2010.2—在职
陈日武	江西永新	2010.4—2014.2	李智富	江西萍乡	2010.10—在职
龚建华	江西南昌	2011.8—2015.3	张和平	江西永丰	2011.8—2015.3
吴立成	江苏金坛	2011.8—在职	周小平	江西崇仁	2011.8—在职
袁 川	江西上栗	2012.1—2015.9	周训国	贵州毕节	2012.7—2014.4
赵世斌	河北张北	2013.12—2015.12（挂职）	周学胜	山东昌乐	2013.12—2015.12（挂职）
王新有	江西新余	2014.5—在职	黄玉剑	江西进贤	2015.9—在职
谭小平	江西南丰	2015.9—在职			

（三）经济社会建设成就

抚州解放以后，中共抚州地委在域内建立各级人民政权，迅速剿灭土匪，清除国民党残余势力，稳定社会秩序。1952年4月，域内农村全面开展土地改革，农民积极性高涨，生产水平显著提高。当年，全区粮食平均亩产由1949年98.5公斤增至114公斤；农业总产值（1990年不变价，下同），由1949年50435万元增至66813万元，增长32.47%。1953—1957年，在过渡时期总路线指引下，稳步对农业、手工业和资本主义工商业实行社会主义改造，广大农民和手工业者走上合作化道路，并开始向农业机械化迈进，社会经济得到初步发展。1957年与1953年比，全区工农业总产值增长45.77%。

1958年，“共产风”和浮夸风盛行，农业生产片面强调“以粮为纲”和过度密植，结果事与愿违。当年，全区水稻亩产由1957年140公斤降至111公斤，总产量由1957年753155吨减少至626690吨。尔后又逢三年困难时期，到1962年，全区农业总产值仅69040万元，比1957年减少23.9%。基本建设投资出现大起大落：1960年为3707万元，而1962年减至395万元，仅为1960年的1/9。工业生产影响很大，1960年全区工业总产值27354万元，1962年降至13108万元，减少一半多。全区127个工矿企业因资金不足而“下马”（倒闭），工人下放到农村务农。1963—1965年，各级党委、政府汲取教训，在“调整、巩固、充实、提高”方针指引下，实事求是地调整经济发展计划。1965年，全区工农业总产值达110894万元，比1962年的82148万元增加28746万元，居民的实际收入相应提高。

“文化大革命”开始后，正常的社会秩序被打乱，抚州经济长期徘徊甚至倒退。由于停工停产、踢开党委“闹革命”，1967年工农业总产值为118489万元，比1966年的121339万元下降2.35%，其中工业总产值下降12.9%。文化教育事业倍受摧残，大量珍贵文物被列为“四旧”（旧思想、旧文化、旧风俗、旧习惯）而捣毁；几乎所有优秀教师都被诬为“反动学术权威”或“白专典型”遭受揪斗、下放甚至管制。停课串联结束后，“复课闹革命”师生仍无所适从，教育质量严重下降，各项社会事业停滞不前。

虽几经曲折，但与解放前相比，抚州仍取得很大发展。1978年，全区工农业总产值209047万元，为1949年53190万元的3.93倍，其中工业总产值为1949年的28.92倍。此时，全区有工业企业1295家，包括抚州棉纺织厂、抚州针织厂、抚州印染厂、抚州汽车制造厂等一批大中型企业。从20世纪50年代始，建成洪门水库等18座大、中型水库和近千座小型水库，有效灌溉面积100余万亩。先后有200多万亩低产田得到不同程度改造，农田复种指数和单位面积产量大幅提高。1950年，全区双季稻田仅1.9万亩，到70年代已稳定在210万亩左右。1978年，全区水稻平均亩产219公斤，比1949年增长1倍多。党和政府一直把工业放在重要位置。70年代至80年代，随着抚州三家纺织厂及针织厂、印染厂、丙纶厂、抚州造纸厂等相继竣工投产，全区工业出现第二个快速发展期。尤其是纺织业蓬勃发展，成为江西三大纺织业基地之一。造纸、机械、医药、化学工业也有较快发展。科技人员顶住压力开展科技研究，并取得一些成绩。农业科技部门选育成功晚籼中熟组合红优63、红倚优3等组合，南丰蜜桔小果系“杨小2—6”“水南早”“石上一号”“城果6—0”等株系，百花莲（百瓣莲）、广莲一号新品种；工业战线成功研制多种型号机床、南丰100—4型稻麦收割机、红星牌HX-490型饲料粉碎机等。其中，南丰100—4型稻麦收割机获全国科学大会奖，红星牌HX-490型饲料粉碎机被机械部列为全国8种饲料粉碎机之一。

中共十一届三中全会开始拨乱反正，全党

工作重心转移到经济建设上，抚州经济发展掀开新的篇章。改革开放新时期，抚州经济发展总体上可以归纳为三个阶段：

1979—1990年，为计划经济主导下的平稳发展阶段。抚州和全国各地一样，在农村实行家庭联产承包责任制，农村经济有了新的变化。城市经济仍然沿用计划经济发展模式，各项经济工作按部就班，平衡、缓慢地向前发展。1990年，全区生产总值33.52亿元，人均生产总值1035元，是1978年的4.38倍和3.78倍；财政收入2.61亿元，人均财政收入81元，分别是1978年的4.1倍和3.55倍。

1991—2000年，为向市场经济过渡的发展波动阶段。这一时期，改革力度不断加大，市场作用显现，粗放型发展和经济结构问题突出。邓小平南巡讲话发表后，全区经济体制改革向纵深发展，国有企业实施改革改造，民营经济发展较快，市场全面开放，经济增长有所加快。2000年，全市生产总值为139.13亿元，是1990年的4.15倍；2000年人均生产总值为3814元，是1990年的3.69倍。2000年全市财政收入为8.76亿元，现价是1990年的3.36倍；2000年人均财政收入为244元，是1990年的3倍。

2001—2014年，为新时期跨越式发展阶段。抚州撤地设市之后，自主管理职能增强，历届市委、市政府风雨传承，革故鼎新，大力实施赶超发展战略，以招商引资为抓手，投资拉动作用日益显现，工业经济贡献不断增大，经济质量不断提高。全市经济社会快速全面协调持续发展。2014年，全市实现生产总值1036.77亿元，是2000年的7.45倍；人均生产总值26119元，是2000年的6.85倍；财政收入达150.07亿元，是2000年的17.12倍；人均财政收入3781元，是2000年的15.95倍。

改革开放调动了各方积极性、主动性、创造性，生产力得到快速发展。一是固定资产投资快速增长，基础设施建设成为全区经济和社会迅速发展的主要动力。其中，2014年固定资产投资达1001.48亿元，是1978年1181万元的8480倍。二是产业结构进一步优化。1978年，三大产业比例为52.17∶29.28∶18.55，停留在温饱水平。此后，农业生产力迅速提高，农副产品种类和数量大幅增加，物质文化需求强劲，第一产业资金和富余人员向第二、三产业转移。到2014年，三大产业比为16.7∶51.6∶31.7。三是农业经济迅猛发展，农村发生深刻变化。1978年12月开始，全区全面推广并不断完善家庭承包责任制，先后开发50万亩红壤，形成南丰蜜桔，广昌白莲、烟叶，东乡生猪，崇仁麻鸡，宜黄杂交制种，金溪蚕桑、蜜梨、黄栀子等一批特色农业产业。按照“走平坦路、喝干净水、上卫生厕、住整洁房、用洁净能”的要求积极推进社会主义新农村建设，农村人居环境大为改观。四是工业经济规模迅速壮大，经济效益显著提高。抚州撤地设市后，以招商引资为抓手，走新型工业化道路，形成食品工业、纺织业、医药行业、化工行业、机械类行业、有色金属加工业为主导的六大工业支柱产业。五是市场繁荣兴旺，流通渠道拓宽畅通。1987年10月，第一家专业超市——五皇殿布匹市场建成开业后，生意往来遍及全国。不久，各类专业市场、综合市场在市、县、乡镇普遍兴起，个体商业遍及各村。2014年，全市社会消费品零售额为379.5亿元。与此同时，临川数以万计建筑大军到各大城市承包工程，资溪面包店几乎遍及全国。六是交通运输事业快速发展。直到80年代，抚州陆路交通运输仍是“短腿”。90年代初，各级政府齐心协力抓交通建设，在鹰厦、浙赣、向乐三条铁路的基础上，先后建成向莆铁路、杭长高铁和福银、沪瑞、鹰瑞、抚吉四条高速公路，实现县县通高速公路目标。2014年，全市公路总里程达到1.27万公里，其中高速公路488公里，行政村水泥路通达率达到100%。七是城市建设日新月异。从2000年至2014年，抚州市由65个建制镇发展为93个建制镇，全市城镇化率已由2000年的22%增至38.82%。市中心城区相继建成抚州文化园、名人雕塑园、梦湖、体育馆、汤显祖大剧院、博物馆、图书馆、拟岘台、汝水森林公园、凤岗河湿地公园、梦园等一批标志性建筑和旅游景区景点，2014年市中心城区建成区面积扩大到85.3平方公里，形成以市中心城区为核心，以上顿渡、抚北镇、温泉为卫星的“一心三团”城市组团发展态势，城市框架进一步拉大，城市配套功能进一步加强，城市品位进一步提升，历史文化特色进一步彰显。

此外，抚州基础教育优势不断发扬光大。30多年中，域内高、中等专业院校数量成倍增加，大、中、小学师资队伍不断壮大，教学手段和教育设施迅速更新，各类成人教育迅猛发展，逐步通过整合资源，优势互补，提升竞争力和影响力。至2014年，全市有普通高校4所，普通中学218所，职业高中（含职业中专）25所，小学986所，幼儿园516所。小学适龄儿童入学率100%，在校中、小学生共计58.64万人。恢复高考以后，向全国高等院校输送学生40多万人，其中录取少年大学生人数224名，占全国1/10，历届高考录取率排位全省前三。抚州优势教育资源，吸引了除台湾、西藏以外的全国各地学生纷纷慕名前来就读。

二、各县（市、镇、区）委

中共抚州地委成立后，所辖县（市、镇、区）委几经变化。至2014年年底，共辖10个县委，1个区委，1个高新区党工委。

中共抚州市委（县级） 其前身是临川市委，成立于1949年5月13日。1950年4月，临川市因人口少，不够设市条件，被并入临川县。临川市委撤销后，成立临川县城关区委，为临川县属科级机构。随着人口的不断增加，1954年4月15日，抚州镇由区级升格为县级，成立中共抚州镇委，隶属抚州地委。1955年2月，抚州镇委改名为抚州市委。1963年10月，再次改为抚州镇委。至1965年，先后召开全市（镇）第一、二、三次党员代表大会，选举产生各届抚州市（镇）委领导班子。“文化大革命”期间，镇委受到造反派严重冲击。1967年2月被造反派非法夺权而瘫痪。1969年11月，抚州镇又改为抚州市，成立市革命委员会党的核心小组。1971年1月，召开第四次党员代表大会。撤销核心小组，恢复抚州市委。此后，先后召开全市第五、六、七、八、九次党员代表大会。1995年4月，抚州市与临川县合并，市委被撤销。历任市（镇）委书记依次为：张金屏、丁碧岩、邢北群（副书记，主持工作）、寇健、郭海楼、张全智、寇健（再任）、刘声钲、谷虹、王九如（代理）、曾凡（革委会核心小组组长）、石振东（副书记，主持工作）、李明志、尹晓鹏、李朔尧、吴国辉、李朔尧（再任）、程传裕。

中共临川县委 成立于1949年5月。至1965年，先后召开全县第一、二、三次党员代表大会，选举产生各届县委领导班子。1967年2月，县委被造反派非法夺权而瘫痪。1969年6月，成立县革委会党的核心小组。1971年5月，召开全县第四次党员代表大会，撤销核心小组，恢复临川县委。此后，又先后召开全县第五、六、七、八、九次党员代表大会。1995年4月，临川县与抚州市合并，县委被撤销。历任县委书记依次为：沈廷梅、李毅章、王华、刘农民、梁继海、李春瑞、孔子仁、葛凤翔、田积福（革委会核心小组组长）、叶学龄、江映川、许天浩、饶金保、陈其辉。

中共临川区委 1995年4月，临川县与抚州市合并设立临川市，成立临川市委。1997年

12月召开临川市第一次党员代表大会，选举产生市委领导班子。2000年10月，临川撤市设区，撤销临川市委，成立临川区委。至2015年，先后召开临川区3次党员代表大会，选举产生各届区委领导班子。历任区委书记依次为尧希平、黄牡香、叶建青、傅清、李智富、谭小平。

中共崇仁县委 成立于1949年7月21日。至1965年，先后召开全县第一、二、三次党员代表大会。1967年2月，县委被造反派非法夺权而瘫痪。1969年6月，成立县革委会党的核心小组。1971年1月，召开全县第四次党员代表大会，撤销核心小组，恢复崇仁县委。此后至2015年，先后召开9次全县党员代表大会，选举产生各届县委领导班子。历任县委书记依次为：刘健章、刘铁税、张竹泉（副书记，主持工作）、田永丰、苏英、田绍彬、张金阁、张振刚、周文清、刘钧仔、黄俊秀、饶俊达、陈锦云、揭国雄、陈小青、赵恩洪、李秋生、黄牡香、谢发明、饶剑明、李晓浩、谢祖鹏、方百春。

中共宜黄县委 成立于1949年7月1日。至1965年，先后召开全县第一、二、三次党员代表大会。1967年2月，县委被造反派非法夺权而瘫痪。1969年6月，成立县革委会党的核心小组。1970年12月，召开全县第四次党员代表大会，撤销核心小组，恢复宜黄县委。此后至2015年，先后召开9次全县党员代表大会。历任县委书记依次为：张敏、王泽、张振刚、许国平、吕东璧、徐成江、吴国辉、单及春、王青山、饶士圻、饶俊达、万怀德、王晓媛、黄晓波、谢祖鹏、邱建国、李智富、江玉兰、许中伟。

中共乐安县委 成立于1949年7月1日。10月6日，县委机关迁入乐安县城。至1965年，先后召开全县第一、二、三次党员代表大会。1967年2月，县委被造反派非法夺权而瘫痪。1969年6月，成立县革委会党的核心小组。1971年1月，召开全县第四次党员代表大会，撤销核心小组，恢复乐安县委。此后至2015年，先后召开9次全县党员代表大会。历任县委书记依次为：詹习扬（副书记，主持工作）、翟益涛、严寿清（代理）、金学志、许国平（副书记，主持工作）、王镜明、谷虹、刘声钲、王国本、李芳珂（革委会核心小组组长）、陈元、杨裕隆、章伯贤、李耀南、许国光、李秋生、黄德宪、何建辉、黄赛荣、李来木、徐建辉、彭银贵。

中共南城县委 成立于1949年7月1日。至1965年，先后召开全县第一、二、三次党员代表大会。1967年2月，县委被造反派非法夺权而瘫痪。1968年11月，成立县革委会党的核心小组。1971年5月，召开全县第四次党员代表大会，撤销核心小组，恢复南城县委。此后至2015年，先后召开9次全县党员代表大会。历任县委书记依次为：周泰、刘旭、谢富明、许勤、张茂和（革委会核心小组组长）、王金凯、王治、曹二俚、王扬光、程传裕、张建国、胡新生、廖建辉、叶建青、黄耀波、江玉兰、胡领高。

中共南丰县委 成立于1949年7月，因南丰县境尚未解放，县委机关暂未进入县城。8月17日，南丰县城解放。次日县委迁入县城。至1965年，先后召开全县第一、二、三次党员代表大会。1967年2月，县委被造反派非法夺权而瘫痪。1969年6月，成立县革委会党的核心小组。1970年12月，召开全县第四次党员代表大会，撤销核心小组、恢复南丰县委。此后至2015年，先后召开9次全县党员代表大会。历任县委书记依次为：张梓楠、李春瑞、苏英、姚平、吴英（代理）、姚平（再任）、彭耀、谭阳辉、吴国辉、余鼎革、柯建中、孙谦、熊海文、朱章明、熊世平、傅清、祝宏根。

中共黎川县委 成立于1949年7月20日。至1965年，先后召开全县第一、二、三次党员代表大会。“文化大革命”开始后的1966年7月，召开全县第四次党员代表大会。随后，县委受到造反派严重冲击，1967年2月被造反派非法夺权而瘫痪。1969年6月，成立县革委会党的核心小组。1971年5月，召开全县第五次党员代表大会，撤销核心小组，恢复黎川县委。“文化大革命”结束后，至2015年底，先后召开9次全县党员代表大会。历任县委书记依次为：杨宇普、邢北群、任火炎、棣华（副书记，主持工作）、王镜明、寇健、王国本、孙元勤、杜润芝、吴广祥、杨振起、周振林、卢接绍、廖其丁、李华青、赵令煌、曾志勇、罗晓泉、叶建青、林彬扬、周小平、谢昌贵、韦萍、李来木、聂仕雄（副书记、县长，主持县委工作）。

中共广昌县委 1949年10月9日，广昌县委成立，隶属宁都地委。1952年9月，改属抚州地委。1954年7月后，先后改属赣南行政区委、赣州地委。至1965年，先后召开全县第三、四、五次党员代表大会（苏维埃时期召开过两次大会）。1967年2月，县委被造反派非法夺权而瘫痪。1969年6月，成立县革委会党的核心小组。1971年1月，召开全县第六次党员代表大会，撤销核心小组，恢复广昌县委。1983年9月，归抚州地委管辖。此后至2015年底，先后召开9次全县党员代表大会。历任县委书记依次为：陈园良、李子良、王才子（副书记，主持工作）、王德珍、李祥、单荣起、肖著源（副书记，主持工作）、杨德财、黎明、朱英茂、赵焕起、王福生、刘志高、郑良健、姚水根、谢发明、周崎文、李晓浩、江晓斌、许爱军。

中共东乡县委 成立于1949年5月，隶属贵溪地委。9月，改属上饶地委。至1965年，先后召开全县第一、二、三次党员代表大会。1967年2月，县委被造反派非法夺权而瘫痪。1968年4月成立县革委会，6月划归抚州地委管辖。1969年5月，成立县革委会党的核心小组。1970年12月，召开全县第四次党员代表大会，撤销核心小组，恢复东乡县委。此后至2015年10月，先后召开8次全县党员代表大会。历任县委书记依次为：姚传德、丁碧岩、王世新、董贤、赵瀛洲、王珍、罗志远、张振刚、白纯义、汪长贤、黄昕明、吴国辉、颜承荣、胡发群、陈小青、张山东、胡新生、熊世平、吴信根、谭小平、许萍乡（副书记、县长主持县委工作）。

中共金溪县委 成立于1949年8月。至1965年，先后召开全县第一、二、三次党员代表大会。1967年2月，县委被造反派非法夺权而瘫痪。1969年6月，成立县革委会党的核心小组。1971年1月，召开全县第四次党员代表大会，撤销核心小组，恢复金溪县委。此后至2015年，先后召开5次全县党员代表大会。历任县委书记依次为：房建平、王炳田、刘农民、刘声钲、刘占华（副书记，主持工作）、严寿清、孙元勤、郑德伍、董玉祥、罗细通（副书记，主持工作）、龚玉峰、邓印根、刘钧仔、黄俊秀、管日顺、熊海文、颜赣辉、邱火明、吴信根、谭小平、王成兵。

中共资溪县委 1949年5月，成立中共资溪县工作委员会，8月成立资溪县委。至1965年，先后召开全县第一、二、三次党员代表大会。1967年2月被造反派非法夺权而瘫痪。1969年6月，成立县革委会党的核心小组。1971年1月，召开全县第四次党员代表大会，撤销核心小组，恢复资溪县委。此后至2015年年底，先后召开全县9次党员代表大会。历任县委书记依次为：傅秀峰（工作委员会书记）、田永丰（副书记，主持工作）、韩增田（副书记，主持工作）、晨光（副书记，主持工作）、于魁元（副书记、主持工作）、杜润芝（副书记，主持工作）、刘国治、郑德伍、寇健、吕东壁、李爱荪、江映川、朱和铭、黄振显、魏全裕、张木清、罗老忠、黄德宪、尧希平、熊云鹏、傅清、魏建新、徐国义。

抚州高新技术产业园区党工委 2005年，抚州市金巢经济开发区通过国家审计署审计，并经国家发展和改革委员会、建设部、国土资源部审核，公告为省级经济开发区，更名为抚州金巢经济开发区，开发区位于抚州市南郊丘陵地带，规划面积1333.33公顷。同年7月28日，经市委、市政府研究，决定将抚州市金巢经济开发区、抚州市金巢经济开发区钟岭工业园的管理机构合并，成立抚州金巢经济开发区党工委、管理委员会。开发区党委由市委直接领导，负责开发区内党建工作。同时，设立纪律检查工作委员会，负责开发区纪律检查工作。开发区管委会为市政府派出机构，按准政府建制建设。2013 年 1 月 1 日，抚州金巢经济开发区更名为抚州高新技术产业园区。2005—2014 年，熊云鹏、柏林先后任党工委书记。

中共公溪镇委 1960 年 9 月，公溪镇从乐安县划出，成立公溪镇委，直属抚州地委。1962 年 5 月，公溪镇划归乐安县管辖，公溪镇委改属乐安县委。1960—1962 年张全智、胡传孝先后任镇委书记。

【注释】

[1] 马世麟 :《1949 · 抚州》，危仁晸主编《回望》，当代中国出版社，2012 年，第 9 页。

[2]《中国共产党江西省抚州地区组织史资料》（第二卷），中共党史出版社，2002 年，第 12 页。

第三节 党 组

党组是上级党的委员会在非党组织中的派出机关。1949年11月，中共中央《关于在中央人民政府内建立中国共产党党组的决定》指出：为了实现和加强中国共产党对中央人民政府的领导，以便统一并贯彻党中央的政治路线和政策的执行，特依据党章规定，在中央人民政府中担任负责工作的共产党员组成党组。党中央一切有关政府工作的决定、指示，党组必须保证执行，不得违反。遵照决定，政务院成立党组，最高人民法院和最高人民检察署联合成立党组，中央人民政府所属各部、委及地方各级人民政府、人民团体的领导机关也相继建立党组。

1952年2月，抚州专区专员公署成立党组，党组书记由专员兼任。1953年5月—1954年2月，南城、临川相继在县人民政府中成立党组，党组书记由县长兼任。根据中央要求，抚州专区人民团体机构也先后成立党组。1953年4月和6月，抚州专区民主妇女联合会和共青团抚州地方工作委员会分别成立党组。1956年7月，设立江西省总工会抚州专区办事处党组。至此，抚州专区有6个党组。

社会主义建设时期，随着党员人数的增加，党的任务日益繁重，党组的设立也日渐增多。为加强党对政法工作的领导，1956年10月22日，设立抚州专区中级人民法院党组、江西省人民检察院抚州分院党组。1957年8月，抚州专区妇联和共青团抚州地委党组撤销，妇联改设党委。1962年8月22日，抚州地委根据江西省委精神，下发135号文件，撤销抚州专区中级人民法院和江西省人民检察院抚州分院党组，中级人民法院、检察院抚州分院和行署公安处合并成立中共抚州专区政法党组。1964年11月26日撤销政法党组，抚州专区中级人民法院和江西省人民检察院抚州分院分别设立党组。

1955年3月1日，全国人大一届三次会议根据《中华人民共和国地方各级人民代表大会和地方各级人民委员会组织法》有关规定，将县人民政府改为县人民委员会，县市人民委员会也逐步设立党组。1956年12月—1963年7月，抚州市及乐安、东乡、黎川、宜黄、南丰、资溪、金溪、广昌、崇仁9个县先后成立县人民委员会党组，至此，县级人民政府全部成立党组。此后，部分县的县直单位也成立联合党组。如1957年3月，临川县成立党群、政法、财经、农村、文卫5个联合党组；1962年10月5日，南丰县设立政法党组。

“文化大革命”初期，专员公署、法院、检察院以及各县市人民政府均遭冲击，机构瘫痪，党组随之撤销。1972年9月5日，根据江西省委批转保卫部《关于恢复各级人民法院机构的请示报告》，重建江西省抚州地区中级人民法院，1973年5月成立抚州地区中级人民法院党委。“文化大革命”结束后，部分单位逐步恢复党组设置，至1978年，全区仅有党组6个。

中共十一届三中全会后，重新确立党的领导核心地位，党的建设逐步走上正轨，党组织设置日益健全。1979年3月10日，恢复江西省人民检察院抚州分院和各县市人民检察院，同时恢复建立党组。9月，抚州地区中级人民法院党委改为党组。至1980年前后，全区12县市人民法院、人民检察院均恢复成立党组。1979年5月，撤销抚州地区革命委员会，成立抚州地区行政公署；6月，地区行署恢复设立党组。1980—1981年，抚州地区所属12个县市先后召开第八届人民代表大会，撤销县市革命委员会，选举产生第八届县市人民政府。县市人民政府成立后，均恢复设立党组。同时，恢复人民代表大会、政治协商制度，并在县市人大常委会、政协常委会机关成立党组；恢复成立江西省妇女联合会抚州地区办事处党组、共青团抚州地委党组、江西省总工会抚州地区办事处党组。中央、省属驻抚州地区单位也先后成立党组，如农业银行、建设银行、中国银行、工商银行、中国人民保险公司等金融机构的中心支行、分行、办事处、中心支公司均成立党组。党组书记、副书记及党组成员一般由本机构的党员行政领导干部兼任，另设一名专职副书记兼任纪检组长，处理日常党务工作和纪检工作。

党组的设置对加强党的领导、推进各项事业发展起到积极作用，但在实际工作中存在干涉和包办政府、社会团体的事务过多，导致党政不分、以党代政的弊端。1987年10月召开的中共十三大明确把党政分开作为政治体制改革的突破口，其中一个重要的举措就是逐步撤销政府中的党组。十三大报告认为，“政府各部门现有的党组各自向批准它成立的党组负责，不利于政府工作的统一和效能，要逐步撤销。”此外，十三大通过的党章部分条文修正案，对党组的设置作了较大变动，取消在政府机关、经济组织和文化组织中设立党组的规定，将原十二大党章第四十六条“在中央和地方国家机关、人民团体、经济组织、文化组织或其他非党组织的领导机关中成立党组”改为“在中央和地方各级人民代表大会、政治协商会议、人民团体和其他非党组织的经选举产生的领导机关中，可以成立党组。”导致一段时期内，企业思想政治工作松弛，文化教育领域错误思潮泛滥，党的领导被削弱。中共十三届四中全会后，中央重申党的领导是思想领导、组织领导和政治领导的三者统一，强调国家机关必须接受党的领导，任何削弱党的领导的想法与做法都是错误的。

1992年10月，中共十四大通过的党章修正案恢复十二大党章关于成立党组的规定，对党组的任务增加“讨论和决定本部门的重大问题”和“指导直属单位党组织的工作”等职能，党组的作用重新得到加强。至1992年底，抚州地直和省驻抚州单位共有44个党组。其中，地级领导机构中的地区行署、江西省人大常委会抚州联络处、政协江西省委员会抚州地区联络处、地区中级人民法院、江西省人民检察院抚州分院均成立党组，行署直属单位和省驻抚州

抚州市人民政府党组中心组学习

抚州市财政局党组召开领导班子会议

单位中的人事局、劳动局、农村经济委员会、民政局、司法局、计划委员会、二轻工业局、化建工业局、轻化工业局、机械电子工业局、纺织工业局、经济体制改革委员会、乡镇企业管理局、审计局、监察局、统计局、物价局、工商行政管理局、农牧渔业局、气象局、财政局、税务局、中国人民银行抚州地区分行、中国人民建设银行抚州地区分行、中国工商银行抚州地区分行、中国农业银行抚州地区中心支行、中国银行抚州地区分行、中国人民保险公司抚州中心支公司、科学技术委员会、广播电视局、计划生育委员会、体育运动委员会、烟草专卖局、标准计量局成立党组，群团组织中的江西省总工会抚州地区办事处、共青团抚州地委、江西省妇女联合会抚州地区办事处、地区文联、地区科学技术协会也成立党组。

2000年，抚州市直单位和省驻抚州单位共有36个党组，包括市人大常委会、市人民政府、市政协委员会、市中级人民法院、市人民检察院，市政府直属单位有计划委员会、经济体制改革委员会、人事局、劳动局、民政局、统计局、审计局、乡镇企业局、土地管理局、计划生育委员会、财政局、物价局、纺织工业局、机械电子工业局、轻化工业局、司法局、科学技术委员会、广播电视局、体育运动委员会、技术监督局、国税局、地税局、工商行政管理局，省属驻抚州单位有烟草专卖局、气象局，群团组织有市总工会、共青团抚州市委、市妇女联合会、社科联、文联、工商联设立党组。各县区在相关单位中也相应成立党组。

进入21世纪后，党中央对党组的作用和任务作出新的规定。中共十六大通过的新党章，增加“党组发挥领导核心作用”和“做好干部管理工作”的职能。2001—2014年，抚州各级党组按照中央赋予党组的各项任务，坚持党的领导，保证党的理论和路线方针政策贯彻落实，坚持全面从严治党，依据党章和其他党内法规开展工作，落实党组管党治党责任；坚持民主集中制，确保党组的活力和党的团结统一；坚持党组发挥领导核心作用与本单位领导班子依法依章程履行职责相统一，把党的主张通过法定、民主程序转化为本单位领导班子的决定，促进了抚州经济社会的快速发展。

第三章 基层党组织

社会主义革命和建设时期，抚州党的基层组织设置比较单一，主要向机关、农村、厂矿、学校、医疗卫生及科研院所延伸。改革开放后，党员流动性增大，党的基层组织向城市社区、非公有制经济组织、新经济和新社会组织覆盖。党的基层组织建设，强化党建工作责任制，形成党委（党组）重视、书记带头、党员领导干部人人有责的工作格局；注重基层党务干部队伍建设，通过层层培训、典型示范和工作激励，不断提高党务工作水平；积极开展创先争优活动，建立稳定的经费保障制度，加大基层活动场所和服务设施建设力度，采取督查、巡回检查和随机抽查等方式，整顿软弱涣散的基层党组织。

第一节　组织设置

一、党政机关基层党组织

1949年5—9月，抚州各县相继解放。抚州地委、专署和各县市委、政府成立后，在党委和政府机构中逐步设立党支部、党小组，在县市之下设立各区委。1949年5月抚州解放初期，全区只有党员251人，以南下干部为主。如随第二野战军进驻东乡县的南下干部39人，在县委机关设立组织部、宣传部、民运部3个工作部门，在县政府机关设立秘书室和民教、财粮、工商税务3个科及公安、邮电2个局。机构少、人员少是这一时期的共同特点。为此，东乡在县委、县政府机关各设一个党支部。

1950年，对国民党旧政权接管工作完成后，工作重心转向对农业、手工业和资本主义工商业的社会主义改造，地委、专署及各县市委、政府管理社会事务的机构增多，干部人数增加，要求加入党组织的热情高涨。从1951年开始，抚州专区开始建党工作，发展党员工作力度加大，党的基层组织不断建立，至年底，全区机关党支部增至86个。1952年10月，地（委）专（署）直属机关总支部委员会成立。此后，各县市也相继成立县市直属机关总支部委员会。1956年1月，地专直属机关总支部委员会升格为地专直属机关党委。

社会主义改造完成后，全区党政机关（含群众团体，下同）党员人数达到5785人，机关基层党组织建设步伐加快。至1956年12月，全区机关党支部总数984个，党总支329个，分别占全区党支部和党总支总数的91.2%和98.5%。1957年10月，为贯彻江西省委五届二次全会关于“全面开发山区经济，建设繁荣幸福的社会主义新山区”的精神，地委、专署动员和派遣数千名干部上山下乡，兴办垦殖场。到1958年，全区机关党员人数减至2942人，机关党支部减至164个，党总支减至14个。同时，在地专直属单位设立4个基层党委。此后，随着新党员人数的增加和一些机构的增设，加之部分下放干部陆续返回机关重新安置，机关基层党组织数量逐步回升。到1965年，机关党支部数量回升至315个。

“文化大革命”前期，各级党组织瘫痪。1971年6月召开中共抚州地区第一次代表大会，恢复抚州地委，各级党组织逐步恢复运行。至年底，全区有机关党支部398个，党总支51个，基层党委9个。地区革委会机关党总支直至1975年10月才恢复。[1]

“文化大革命”结束后，地、县市党和国家机关工作部门逐步恢复。1978年8月，重新设立地区直属机关党委。至年底，全区有机关党支部 492 个，党总支 68 个，基层党委 17 个。

中共十一届三中全会后，党的建设走上正轨，机关党的基层组织设置日益规范。一些党员人数少的单位组成联合党支部，党员人数多的成立党总支，下设若干个支部，基层党委数量也逐步增多。到 1983 年，全区共有机关党支部 701 个，党总支 69 个，基层机关党委 13 个。

1991 年，为改进机关党的建设力量薄弱、工作难抓等问题，抚州地委重视发挥和强化地区直属机关党委的职能，明确直属机关党委负责地直机关党的组织建设、思想建设和作风建设，负责指导、协调各县市直属机关党委和地区公安处等 14 个地直单位党委的工作。同时，恢复直属机关党委组织部和宣传科，建立全区直属机关党委联席会议制度。是年，全区有机关党支部 1088 个，党总支 84 个。其中地区行署直属的 63 个单位和 14 个省驻抚州单位成立党委 21 个、党组 35 个。[2]是时，成立党委的有：公安处、经济委员会、对外贸易经济合作局、物资局、交通局、汽车运输公司、抚州公路分局、抚州航运分局、邮电局、城乡建设环境保护局、建筑工程公司、林业局、水利电力局、供电局、商业局、供销合作社、地质矿产局、粮食局、文化局、教育局、卫生局，这些部门和单位还成立纪律检查委员会。

1998 年 3 月 30 日，中共中央印发《中国共产党党和国家机关基层组织工作条例》，对机关党组织的设置、党组织的职责、党员的教育管理和发展、党内监督、思想政治工作、党务工作人员队伍建设、机关党的基层组织工作的领导和指导作了具体规定。根据条例精神，抚州先后制定《机关党组织工作制度》《机关党组织议事规则》等一系列规章制度。至年底，全区共有机关党支部 1275 个，党总支 74 个。

2001 年，抚州市直机关制定《市直机关党支部工作目标管理考评细则》《市直机关党建工作责任制暂行规定》等相关规定，加强机关基层党组织建设，增强机关基层党组织的创造力、凝聚力和战斗力。2002 年 8 月，市委发文强调，对在市直机关机构改革中保留或合并的部门(单位)，应根据党员人数和工作需要，保留或设立部门党委、机关党委、机关党总支或机关党支部。机构改革后，设部门党委的有经贸委、农业局、林业局、水电局、供销社、粮食局、文化局、卫生局、城建局、外贸局、教委、公安局、交通局等 13 个单位，设机关党委的有检察院、党校、法院、民政局、劳动和社会保障局等 5 个单位，设机关党总支的有市委办、纪委、政府办、发改委、财政局、体育局、广电局、科技局等 8 个单位。

2005 年，市直单位有党组 45 个、党委 67 个、党总支 88 个、党支部 778 个。2007 年，市直单位机关党组织数量有所减少，共有党组 39 个、党委 60 个、党总支 43 个、党支部 492 个。机关党组织的设置根据机构人员及工作的变化时有变动，2009 年新组建和调整 6 个单位的机关党组织，即市纪委机关党委、市廖坊水库管理局党支部、市无线电管理局党支部、市国土资源局机关党委、市公安局直属机关党委、特警支队机关党委（换届）。

2012 年，市直机关工委开展“三化”党支部创建活动，各级党组织对已有规章进行梳理，对现有制度进行修改、补充和完善，健全各种会议制度，规范机关党组织的设置，落实党员发展程序，严格党员教育、管理和服务制度，重申党费收缴、使用和管理制度等。是时，有 15 个直属机关党组织改选换届，新成立 1 个机关党组织，升格 1 个党组织，变更 4 个党组织隶属关系。至 2014 年 12 月，全市党和国家机关 有党委 19 个，党总支 161 个，党支部 1130 个。

二、事业单位基层党组织

事业单位是指由各级政府利用国有资产设立，从事教育、科技、文化、卫生等活动的社会服务组织。

1949年7月15日，由热辽南下工作大队医务所接收，将国民政府行政院卫生部医疗防疫总队第二防疫医院、第一卫生工程队第19医疗队及临川县卫生院、临川县防疫委员会、临川隔离病院等6个单位，组建为江西省抚州人民医院（今抚州市第一人民医院前身）。建院初期，与抚州专署卫生科组成联合党支部，为抚州专区首家事业单位基层党组织。

新中国成立至1956年，域内各项文化、教育、卫生、科研等事业逐步发展，事业单位机构、人员逐步增加，党员人数也逐步增长。1953年，全区文教卫生系统有党员195人，仅少数单位单独成立党支部，或数个单位合在一起成立联合党支部，多数单位由于党员人数少，党员参加上级机关党支部活动。

1956年社会主义改造完成以后，各项社会事业进一步发展，抚州专区先后成立农业科学研究所、林业科学研究所、水产科学研究所、档案馆、戏剧创作研究室、艺术剧院、公路运输管理处、种子公司、森林病虫害防治检疫站、林业勘察设计队、木材检查站、洪门木竹转运站、温泉疗养院、卫生防疫站、水利电力勘测设计院、核工业部华东地区地质勘探局261大队、省手工业联社抚州办事处和抚州宾馆等单位。1957年，全区文教卫生战线有党员385人，1964年增加到916人。事业单位党的基层组织由1957年的13个党支部，发展到1965年的81个党支部、3个党总支、2个党委。

“文化大革命”期间，各项事业发展缓慢，新成立的事业单位不多。先后成立的事业单位有地区柑桔研究所、工业技术研究所、广播电视服务部、文化服务中心、妇幼保健院、药品检验所等，除地区柑桔研究所和地区文化服务中心在成立初期即建立党的组织外，其他单位均是在党员数量增多之后才成立党的组织。“文化大革命”中，党员发展呈无序状态，人数急剧增加。1971年，全区文教卫生系统有党员1965人，至1976年，党员人数增加到2952人。1971年，事业单位党的基层组织增加至334个党支部，10个党总支，2个党委，基层组织总数比1965年增长3倍。

中共十一届三中全会以后，各项社会事业全面发展，部分停止运转的机构重新恢复并得到加强。同时，成立农业机械管理局、粮棉原种场、园艺场、畜牧良种场、农产品成本调查队、试验林场、水利电力综合经营管理站、公路管理所、抚州电视台、抚州708台、地区有线电视站、江西医学院抚州分院附属医院、赣东医院、计划生育宣传技术指导站、计划生育药具管理站等单位。其中农业机械管理局、农业机械工程公司、公路管理所、抚州电视台、抚州708台、江西医学院抚州分院附属医院、赣东医院等单位均成立党的基层组织，党员人数不多的单位在上级党组织参加党的活动。

为加快实现社会主义现代化，中央要求加强知识分子入党工作。作为知识分子集中的事业单位，地、县市组织部门加大发展知识分子党员力度，有重点地在事业单位发展党员。1979年，全区文教卫生类事业单位有党员3480人，410个党支部、17个党总支、3个党委。至1987年，党员人数增至6947人，有党支部653个、党总支36个、党委11个。2014年，全市1709个事业单位中，有党委23个、党总支58个、党支部1378个、联合党支部113个。

2007—2014 年抚州市事业单位基层党组织设置情况

表 3-1　　　　　　　　　　　　　　　　　　　　　　　　　　　　　　　　　　　单位：个

年份	单位数	基层党组织设置			
		党委	党总支	党支部	联合党支部
2007	1489	9	34	1113	71
2008	1658	9	38	1313	71
2009	1723	8	59	1353	72
2010	1725	12	64	1395	72
2011	1742	37	56	1395	87
2012	1722	17	56	1395	87
2013	1709	23	58	1378	83
2014	1709	23	58	1378	113

三、农村基层党组织

抚州解放初期，按照旧的行政区划，设置区、乡镇两级政府。由于各县解放时间不长，农村基层政权尚未来得及改造，加上土匪、恶霸的骚扰和破坏，社会秩序很不稳定，尚不具备大量发展党员的条件。因此，中共中央决定在土地改革完成以前，一般不在新解放区农村中发展党的组织，以避免投机分子、坏分子趁机混入党内。抚州属新解放区，农村区一级党组织对内称区委，对外称工作队，区委书记称指导员。[3] 乡镇公所未设党组织，这种状况一直延续到 50 年代初。

1950 年始，废除国民党保甲制度，在县以下设区、乡（镇）、行政村（街）三级政权组织。区党组织初称区工作委员会，后改称区委员会。1952 年，抚州专区 10 个县市共设 73 个区，15 个镇，817 个乡，50 个街，2293 个行政村，乡镇、村（街）未设党组织。

新中国成立初期，各县、区党委和各级政权组织充分发动群众，在广大农村建立农民协会、青年团、民兵组织等群众团体，开展清匪反霸、减租减息运动以及完成征购粮食等各项任务，涌现出大批积极分子。仅 1950 年，全区就发展中国新民主主义青年团员 5089 人，为后来大量发展党员、建立农村基层组织创造了条件。

土地改革完成后，抚州各地采取谨慎的态度，经过严格考验、审查，吸收经过教育、确实符合党员条件的积极分子入党。在确实具备条件的“白点村”及党员人数少的乡，有计划、有领导、谨慎地发展党员，建立 321 个农村党支部。1953 年，中共中央发布过渡时期总路线，对生产资料进行社会主义改造，在农村进行农业合作化运动，结合农业合作化运动发展农村党的组织，建立农村基层党组织体系。至年底，全区农村建立党支部 519 个。

1955 年 1 月，地委组织部制定《关于 1955 年主要工作和会议的安排》，要求结合爱国增产运动，在农村各乡建立党支部，消灭空白乡。下半年，中共中央《关于农村合作化问题》的指示下发后，抚州专区形成农村合作化高潮，共组织半社会主义性质的合作社 5449 个，高级社 298 个。在建社、办社工作中，各县、区委指派一批下乡工作的党员干部，帮助组建农村党支部。

1956年4月，各地相继开展撤区并乡工作，撤销区一级行政建制，扩大乡的范围。全区850个乡镇合并为415个。随着区级机构的撤销和乡镇行政区域的扩大，党员人数增多，合作社规模较大且相对集中，行政隶属关系也由三级变为县、乡两级。为此，地委组织部对党的基层组织形式和组织领导方法提出新的要求。规定，并乡后党员人数达到30人以上的乡镇可建立党总支；建立党总支的乡镇，有7名以上党员的高级社可以建立党支部；不足7名党员的初级社以联社为单位建立联合党支部；有3名以上党员的耕作队建立党小组，不足3人的按联队建立党小组。总支部委员会由全体党员大会选举产生，委员一般7人~9人。至1957年，农村基层党组织设置取得重大突破，全区有农村党委18个，党总支325个，党支部1484个，基本做到每个乡镇一个党总支，每个高级社一个党支部。

1958年实行人民公社化，各县市以乡镇为单位建立人民公社，实行“政社合一”。有的县市还建立垦殖场，为乡镇级单位。人民公社(场)下辖生产大队和生产队。1961年8月—1962年7月，各县重新恢复区级机构的设置，为县委的派出机构，区党组织称中共××工作委员会。

受“大跃进”运动急躁冒进思想影响，1961年5月23日，地委召开全区组织工作会议，部署党的基层组织建设工作，要求生产大队建立党总支或党支部，生产队建立党支部，不具备建立党支部条件的建立党小组。1962年，江西省委制定《农村党支部工作条例》，对党支部的组织设置作出明确规定：生产大队凡有3名以上正式党员都应成立党支部；正式党员不足3名，加上预备党员有3名以上的，可以成立临时党支部；有3名党员以上的生产队可以成立党小组；不足3名党员的生产队，则与几个生产队成立联合党小组。至1963年12月，全区农村有党委272个、党总支4个、党支部2237个。

“文化大革命”期间，党组织的设置很不规范，加上行政区划的变动，1968年进贤县、东乡县先后划入抚州专区，农村党组织的数量激增。1969年，全区农村基层党组织有党委144个、党总支999个、党支部3981个。1971年，党委增至163个，党总支1280个，党支部7389个，基层党组织总量达到历史高峰。

1976年10月，“文化大革命”结束后，党的组织建设与其他各项工作一样，在徘徊中前行。1978年全区有农村人民公社187个，城镇人民公社14个，垦殖场92个，生产大队1939个，生产队18346个。全区有农村基层党委215个，党总支717个，党支部4520个。各人民公社全部设有党委，垦殖场设有党委或党总支，生产大队全部设有党支部或党总支，党员数量较多的生产队也设有党支部。

1980年，根据新的《农村党支部工作条例》，全区开展农村基层组织设置调整试点。在试点的基础上，对全区农村基层组织中不合理的设置进行调整，将原来在生产大队建立的党总支改为党支部，在生产队建立的党支部（包括联队支部）改为党小组。1982年，全区200个人民公社均设有党委，2075个生产大队建立党支部2074个，21346个生产队建立党小组11117个。此外还有个别党员的生产队7952个，空白党员的生产队2277个。

中共十一届三中全会后，农村基层党组织功能定位发生改变，从过去领导生产生活各项具体事务转变为领导、保证和监督农村各项活动和事务。为此，下发“实行政社分开、建立乡政府”的通知。1984年3月，抚州地区在南丰县开展撤销人民公社、恢复乡镇建制试点，并于同年7月在全区铺开，全区共建成166个乡、43个镇。同时，将生产大队改建成村民委员会，生产队改为村民小组，共建村委会1918个，村小组15685个。乡镇场均设党委，村委会设党

抚州市农村基层党组织“三培三促”活动动员大会

支部。是年，全区农村设有党委206个、党总支51个、党支部2396个。

1985年12月，中央召开全国农村党的基层组织建设工作座谈会，采取先乡镇后行政村的办法，整顿乡镇、村两级党组织。中央组织部成立专门工作机构，指导全国农村基层组织整顿工作。1986年2月，中央组织部制定下发《关于调整和改进农村中党的基层组织设置的意见》，提出政社分开要求，明确党政分工，进一步理顺乡镇党政关系。同年，省委组织部根据商品经济条件下流动党员增多的实际，要求各地按照党章规定，逐步调整和改进农村党的基层组织设置。规定乡镇企事业单位，有正式党员3人以上的，可建立党支部；正式党员不足3人的，可与邻近单位联合建立党支部；跨村、跨乡的经济联合体，相对独立、比较稳定、有正式党员3人以上的，可以建立党支部；规模较小的，可设党小组，由所在地党组织领导；村办企业或行政村内的经济联合体，有党员3人以上的，可单独设立党小组，行政村党员人数超过50人的，可建立党总支。城镇个体工商业中的党员，包括进城镇务工经商的农民党员，根据人数多少，按行业或从业地点远近建立党支部和划分党小组，由城镇党委领导。对原组织设置能适应的，可先不调整，不打乱以行政村为单位建立党组织，以便统一领导全村的各项工作。1987年上半年，农村基层党组织整顿工作结束。至年底，全区有农村党总支17个、党支部2380个。

1988年，为贯彻落实《中华人民共和国村民委员会组织法（试行）》，抚州地区在南丰县开展撤销村委会、组建村公所工作试点，村公所为乡镇人民政府的派出机构，村民小组改为村民委员会。临川、东乡、资溪、乐安等县分别选择1～2个乡镇试点，随后在抚州市和黎川、金溪、崇仁等县全面开展。大多数村公所以原有村委会为单位设立，少数规模太小的村委会合并建立村公所。村公所配备农村脱产干部2～3人，党支部（总支）书记兼任村长。是年，全区699个村委会组建成村公所，5386个村民小组改为村委会。

1990年8月，全国村级组织建设工作座谈会在山东省莱西县召开（史称莱西会议），会议形成的《全国村级组织建设工作座谈会纪要》经中央批准后下发，成为指导全国农村基层组织建设的重要文件。为合理调整组织设置，抚州地区在总结南丰经验的基础上，全区10个县市开展撤销村民小组、改建村委会、组建村公所的村级组织整顿试点工作。在行政设置上，以自然村为单位组建村民委员会，在原村民委员会基础上改设村公所。当年，全区建立村公所692个，占行政村总数的35.5%，其中南丰、抚州、黎川、崇仁、金溪5个县市全部改设村公所。在设置村公所的同时，重新调整基层党组织设置，村民委员会（原村民小组）有3名党员以上的设立党小组，以村公所为单位建立党支部或党总支。是年，全区农林水系统有党总支57个、党支部2408个、党小组7719个。

1993年，按照《中华人民共和国村民委员会组织法》关于民主自治的要求，撤销村公所，恢复村民委员会和村民小组，村组党组织设置

2007 年，抚州市委书记钟利贵在金溪县磨珠党群经济联合体党组织指导工作

无大的变动。1996 年后，根据村民委员会组织法规定，每三年举行一次村委会换届选举，当选者由县（市、区）民政局和乡镇政府联合颁发当选证书。1999 年 2 月，中央颁布《中国共产党农村基层组织工作条例》，对农村基层党组织设置、乡镇党委的主要职责、村党支部（党总支、党委）的主要职责、农村经济建设、农村干部队伍和领导班子建设、农村党员队伍建设等方面做出了明确规定。根据条例要求，抚州地区农村基层党组织设置工作更加有序。

进入 21 世纪，农村社会发生重大变革。2001 年，为进一步加强农村基层组织和干部队伍建设，抚州市委组织部派出人员到部分乡镇、村组进行问卷调查、座谈讨论、实地查看，对全市农村基层组织及干部队伍建设情况开展大规模调查。针对反映出来的问题，采取派驻工作组，对后进村进行整顿，并限期改变面貌。同时，通过培训教育，提高农村基层干部队伍的素质。按照中央“实行大乡镇战略”“适度撤并乡镇”的要求，部分乡镇成建制撤并，调整撤并工作至 2002 年 11 月结束。调整撤并后，2003 年全市农村基层党组织中有乡镇党委 151 个，村党支部 1761 个。至 2006 年村党支部增至 1792 个。

2006 年，为适应农村党员专业化分工的需要，各地对农村基层组织设置模式进行改革，把党组织设在不同党员群体上。如根据党员职业、特长和年龄构成等特点，将党小组建在新农村建设理事会上、产业链上等，建立产业发展、科技推广、流通服务、精神文明建设等不同服务功能的新型党小组。东乡县按照产业和党员结构特点，在 4 个乡镇开展农村党组织设置调整工作试点，共设置 6 个专业村党支部，5 个外出党员党支部。南城县把农村党员分为老党员、外出党员和专业技术党员三个层次，实行分类设置。据统计，当年全市共建立各类党员群众经济联合体 1507 个，在联合体上组建党支部 84 个、党小组 505 个，共有党员 5941 人。

2008 年，为适应农村产业协会迅速发展的新形势，各地打破原有按地域设置党组织的传统做法，将党组织设置在农村产业协会、专业合作社和重点龙头企业上。如以产业协会为依托，探索跨村、跨地域设置党组织，把“党组织建在产业链上，党员聚在产业链上，群众富在产业链上”，走出一条“党组织 + 协会、协会 + 基地、基地带群众”的产业协会党的建设新路子。其中，资溪面包协会、广昌物流协会、南丰蜜桔协会、临川西瓜协会、东乡生猪协会、崇仁麻鸡协会等一大批产业协会不断做大做强，带动近百万群众创业致富。资溪面包协会党委把党组织建到全国 30 多个大中城市，带动 10 万名面包大军创业，被中央组织部授予全国先进基层党组织称号，中央电视台和《人民日报》相继进行报道。

城镇化加剧农村党员的流动，他们或外出务工经商，或到城镇购房、租房定居。大量农村党员涌入城镇，导致一大批村级党组织“失血”。农村党员流向的不稳定，致使农村党员管理难度加大。总体来看，农村基层党组织设置滞后于农村党员管理的现实需要。至2014年,全市农村共有乡镇场党委153个、村党支部1800个，农村党组织设置保持相对稳定。

四、城市街道社区基层党组织

新中国成立初，保甲制度废止，各地在城镇建立基层政权以加强城市管理。由于经验缺乏，社区管理机构设置不够稳定，名称也不一致。以临川市为例，1950年3月，设30个街，街下设坊，坊下设居民小组。同年7月，又将30个街合并为10个街，街下设73个坊、433个居民小组。

1952年8月，公安部颁布《治安保卫委员会暂行条例》，在街和公安派出所下设立治安保卫委员会，发动群众防奸、防谍、防火，肃清反革命分子。1954年3月，政务院颁布《人民调解委员会暂行组织条例》，在街下设立人民调解委员会。1954年4月，街改为办事处，为城镇政府派出机构。同年12月,全国人大颁布《城市居民委员会组织条例》，规定居委会性质、地位、任务、功能及组织设置，居委会下设福利、治保、文教、卫生、调解5个工作委员会，城市基层群众自治制度基本定型。是时,抚州镇(由临川市改名)设5个办事处、74个坊、413个居民小组。1955年6月，抚州对城镇基层组织进行整顿,统一名称,减少层次,从思想觉悟高、办事公正的人员中选举居委会正副主任和委员。整顿后，全区设41个居委会，其中抚州市（由抚州镇改名）有居委会25个。此时，居委会未建立党的基层组织，居委会党员干部参加上一级党组织活动。

社会主义“三大改造”完成后，国家在城市建立单位制度，居民大多数分配到各个具体单位，国家通过单位提取和投放各种资源，居民通过单位而不是社区来满足自身的各种需求，居委会职能逐渐衰弱。1958年“大跃进”开始后，城市基层政府和居委会组织被人民公社代替，城市人民公社利用企业和工厂发展工业、手工业。城市人民公社建立后，公社设立党委，逐步在有3名以上正式党员的居委会成立党支部，或若干个居委会联合成立一个党支部，以加强党对居委会工作的领导。

“文化大革命”期间,在“政治建街”和“把无产阶级专政任务落实到基层”的口号下，街道设立革委会取代街道办事处。随着政治形势的变化，居委会改名革命居委会，其中心任务就是抓阶级斗争，居委会成了“生产后方、生活场所、阶级斗争前哨”，居委会工作日趋行政化，并逐渐成为街道的派出机构。

中共十一届三中全会以后，居委会经历一个恢复、调整、健全的过程。1979年，全国人大重申1954年颁布的《城市居民委员会组织条例》，恢复其群众自治组织本来面目，对居委会组织规模、管辖范围进行调整，居委会干部的劳动报酬逐渐工资化。80年代后，城镇居委会与农村村委会同时进行换届选举，党支部也按党章规定按期换届。

在企业改制过程中,一批企业“关停并转”,从企业退休、退职的职工及下岗人员回归社区管理。1986年年初，民政部第一次把“社区”概念引入实际生活，并于1991年首次提出“社区建设”的概念。1996年9月，中央组织部印发《关于加强街道党的建设工作的意见》，要求各地加强对街道党的建设工作的领导，明确街道党组织的地位和主要职责。

抚州城市街道社区党建工作起步较晚。随着抚州棉纺织厂等一批大型企业的改制，大量党员转入社区，社区党建工作逐渐引起各级领导重视。1997年，地委组织部先后5次开展街道党建工作调查，制定下发《关于进一步加强街道党建工作的意见》，街道党建工作逐渐摆上重要议事日程，街道社区党支部设置和支部书记选配日益加强。同年，针对街道离退休党员多、年龄大、流动广等特点，按照有利于开展党的活动、有利于党员教育管理的原则，采取“就近就便”“分段连片”等办法，对街道社区党组织进行设置调整。当年，抚州地区共设5个街道办事处党委(主要集中在临川市)，下设44个街道居委会，其中24个居委会单独成立党支部，占54%。

1999年和2000年，中央组织部先后在上海、北京召开全国街道、社区党的建设工作座谈会，对街道、社区的党建工作作出全面部署。1999年，全区218个城镇居委会换届，共选出居委会成员726人，其中主任184人，副主任102人，委员440人。同时，同步做好居委会党支部的换届工作。

省市组织部门到南城县调研社区党建工作

2002年，抚州市制定下发《关于加强城区党建工作的意见》，提出“一居一支部”的社区党组织建设目标，对未设置党支部的居委会逐个督查，采取多种方式逐个组建居委会党组织。对党员不足3人的，采取下派机关党员干部到居委会工作的办法，既加强社区工作力量，也确保社区党组织及时组建。是年，全市新增居委会党支部15个，达122个，其中联合支部10个。同年，为完善社区党建工作机制，市委组织部推行领导干部社区党建工作联系点和部门挂点帮扶责任制度，建立街道社区党建工作联席会议制度，采取警民共建、街校共建、街厂共建等方式加强社区党建工作。2003年，抚州市面向社会公开招聘社区干部412人，组建100多支社区志愿者服务队伍，3.2万余名在职党员参与社区双向管理。同时，合理调整社区规模，社区居委会由147个调整为123个。各县采取调整合并、充实人员等措施，基本达到“一居一支部”的目标要求。

2004年9月，全国街道社区党建工作座谈会在天津召开。不久，中央组织部印发《关于进一步加强和改进街道社区党的建设工作的意见》，街道社区党建工作进一步升温。为创建群众满意的新型社区，抚州市整合资源，全市151个社区党支部普遍落实办公用房，平均面积84.2平方米，是2003年的1.6倍。进一步完善“一会三员”[4]社区党建协调机制，在驻区单位普遍设立党建联络员，选聘政治理论辅导员，在社区离退休党员中聘请社情民意信息员；强化社区党员的双向管理，推行党员“三知三管”[5]，发挥社区党员在社区建设、管理和服务工作中的先锋模范作用。临川区青云街道金巢社区在全市率先建成“社区居委会公开办事厅”，推出家政服务、信息中介、医疗保健等6大服务体系20多项服务内容，对居民实行“一站式”服务。

南丰县退休职工交通协管志愿服务项目

2005年，全市社区广泛开展居民“一站式”服务，新增社区便民服务网点620余个，新建社区服务、休闲场所270个。实施企业与社区党组织互动设置，整合社区资源，理顺4900多名下岗失业和企业离退休职工党员的组织关系，调整90余个企业党组织的隶属关系。2006年，新成立7个社区党总支，新增22个党支部，把1500余名企业退休和下岗企业党员组织关系转入社区党支部。市委组织部举办全市街道社区党组织负责人培训班，开展“在职党员进社区、无职党员设岗定责”活动，推进特色社区创建活动，打造社区党建工作品牌。临川、东乡、南丰等县区将社区基层党组织设置在楼栋或小区，社区党组织的领导核心作用进一步发挥。

2008年，针对社区管理规模大、新型小区逐渐增多等特点，探索“社区＋小区”建党模式，建立临川区阳光城、西湖绿洲等住宅小区党支部8个，新建楼群党小组17个。2009年，全市新建住宅小区党组织23个，建立楼群党小组47个。同年，南丰将7个社区的370名企业退休职工党员集中管理，成立“企业退休职工党委”，690平方米的“企业退休职工活动中心”可同时容纳200多人，党委按照党员的兴趣爱好，成立书画组、球类组等8个党支部，推选8名有组织协调能力、热爱公益事业、热心服务党员的人员担任党支部书记。党委不定级格，其中设书记、副书记各1名，委员7名，书记由县社保局局长兼任。2012年，南丰县企业退休职工党委被江西省委授予全省先进基层党组织称号。

此后，按照中央《关于加强和改进城市社区居民委员会建设工作的意见》和省委《关于进一步加强和改进党的基层组织建设的意见》，抚州围绕争创“五好”社区党组织的目标，进一步健全社区组织体系，提高社区工作人员待遇，保障社区建设经费，改善社区办公和服务条件。2013年，组织动员市直机关干部到社区报到，直接联系一名社区群众，参加一次社区组织生活，与社区干部进行一次座谈，当一天社区志愿者。至2014年，全市共有街道党工委7个，社区党支部45个。

临川区社区与企业互动设置党组织流动现场会

五、社会团体基层党组织

为加强对民间组织的管理，1988—1989 年，国务院制定基金会及社会团体登记管理条例，国家民间组织管理局成立。此后，各地设立社会组织登记管理机构。1998 年，中央组织部和民政部联合下发《关于在社会团体中建立党组织有关问题的通知》；2000 年 7 月，中央组织部印发《关于加强社会团体党的建设工作的意见》，要求有 3 名以上正式党员的社会团体都应建立党的基层组织；正式党员不足 3 人的，可与相关单位建立联合党支部，或挂靠业务主管单位党组织并参加党的活动；上级党组织可指派党建工作联络员，指导社会团体做好党员发展、教育、管理及建党工作。

抚州社团组织发展起步晚，社会团体基层党组织建设工作相对滞后。2001—2002 年，抚州市民政局先后 3 次开展民间组织党建工作调查摸底。2002 年 12 月，市委组织部、市民政局和市直机关工委组成联合调研组，对部分市辖和县区民间组织党建工作情况进行调研。调查显示，全市有社会团体 299 个，其中市本级社会团体 131 个。2000—2002 年，经核准登记的社会团体 14 个，其中市本级 11 个。

2003 年，抚州围绕地方优势产业组建社会团体党组织，把社团党建与流动党员管理、县域经济发展结合起来。当年，全市在社会团体中建立党组织 112 个，其中行业性社会团体党组织增至 86 个，是 2002 年的 7.2 倍。资溪县依托面包产业协会组建全国第一家面包行业协会党委，在杭州、南京、成都等地建立流动党员党支部 20 个、党小组 40 个；广昌县依托物流协会组建物流协会党委；南城县组建汽车运输协会党支部；崇仁县组建麻鸡协会党总支；临川区组建西瓜协会党支部等。

2004 年，全市社会团体增至 374 个，其中市本级 179 个，经核准登记的社会团体 25 个。2005 年，抚州从扩大产业协会党组织覆盖入手，推动产业化发展。临川区围绕“全民创业、党建兴社、党社互动”，在全区 11 个农村专业合作社建立党支部。至 2007 年，全市产业协会形成“三带”特色，探索出“党组织带协会，协会带基地，基地带农户”的产业协会建党新模式，资溪面包协会、广昌物流协会、南丰蜜桔协会、临川西瓜协会、东乡生猪协会、崇仁麻鸡协会不断发展壮大。2008 年，全市社会组织新成立注册登记社会团体、民办非企业单位共 77 个，其中市本级 18 个，县区 59 个。2009 年市委组织部总结和推广资溪县“三个

抚州市社团党建工作现场会

资溪面包协会党委受到中央组织部表彰

依托”的经验做法，即依托行业建协会、依托协会建党组织、依托党组织教育管理党员，全市新建32个异地社团党组织。

2011年，抚州异地社会团体协会建党列入当年全市党建项目，当年组建农业、产业协会党组织15个。另据统计，全市经核准登记的社会团体614家，会员2.8万人，党员5010人，分布在教文卫、农林水、财贸商金及工交城建等部门，均单独建立党组织。其中，资溪面包行业协会党委于2006年、2011年先后两次荣获全国先进基层党组织称号。

2012年，根据省委组织部《关于落实基层组织建设年解决社会组织党建工作突出问题的工作方案》精神，抚州结合社会组织登记、年检工作，对全市社会团体党组织进行登记。截至年底，抚州市有社会团体625家，涉及城乡文化、教育、科技、卫生、体育、农工商等多个领域。随着改革开放的不断深入，社会组织不断发展壮大。截至2013年，抚州市共有社会团体660家。其中，抚州市福建商会、浙江商会等9家优秀协会组织被评为江西省先进社会组织。2014年，抚州市本级新增26个社会组织建立党组织。

六、中、高等院校基层党组织

为培养社会主义事业建设人才，1958年，抚州相继创办抚州卫生学校（今江西中医药高等专科学校前身）、抚州工业专科学校、抚州农业专科学校、抚州师范专科学校。次年9月，抚州工业专科学校、抚州农业专科学校、抚州师范专科学校三校合并为赣东大学。上述学校创办后，均成立党的基层组织。20世纪50年代中期，国家在乐安县探明大型铀矿，1959年7月，山西太原地质专科学校迁入抚州市，改名抚州地质专科学校（今东华理工大学前身）。地质专科学校迁入抚州即成立中共抚州地质专科学校委员会，下辖7个直属党支部。1958—1970年，抚州市及临川、南城、崇仁、宜黄、乐安、南丰、资溪、金溪、东乡、黎川、广昌等地创办江西共产主义劳动大学地方分校。为加强党的领导，各分校均成立学校党支部。其中，南城共大办学历史最长，先后成立党支部、党总支、党委。

1962年9月，根据中共中央批转教育部党组《关于进一步调整教育事业和精简学校教职工的报告》，抚州专区对高等学校进行调整，保留抚州地质专科学校、抚州地区农业干部学校。

“文化大革命”中，各级各类干部文化教育学校停办，党校的教学秩序也受到冲击，抚州地区仅存的一所普通高等学校抚州地质专科学校也停止招生。1973年4月，抚州地质专科学校恢复办学，11月成立抚州地质专科学校党的核心小组，仍辖7个党支部。

“文化大革命”结束后，各大中专学校逐步恢复。1977年11月，创办江西师范学院抚州分院，并成立中共江西师范学院抚州分院委员会，在东乡、南城、崇仁三地建立分校。建校之初，各分校成立党支部。1984—1985年，各分校先后建立党委，下辖若干支部。

1978年，教育部下发《全国重点高等学校暂行工作条例（试行）》，在学校层面，实行党委领导下的校长分工负责制；在院系层面，实行系党总支领导下的系主任负责制。同时明确规定，高等学校党的委员会，是党在高校的基层组织，是学校工作的领导核心，对学校工作实行统一领导。系党总支委员会领导全系工作，要求高校在教职工、学生中分别建立党的支部。同年5月，经国务院批准，抚州地质专科学校更名为抚州地质学院，并成立中共抚州地质学院委员会；在抚州卫生学校的基础上创办江西医学院抚州分院，实行两块牌子，一套人马。

1979年9月，中央调整高等学校管理体制，之后，中央组织部、中央宣传部与教育部联合下发《关于加强高等学校领导班子建设的意见》《关于高等学校领导班子调整工作的几点意见》。1980年1月，经抚州地委批准，成立中共江西医学院抚州分院委员会，下设机关、教工、附属医院3个党支部。1981年，抚州先后创办地区粮食职工中专学校、地区工业交通干部学校、地区商业干部学校，学校筹办之初即建立临时党组织，此后陆续成立正式党组织。1982年1月，抚州地质学院更名为华东地质学院，并成立中共华东地质学院委员会。同年12月，召开学院第一次党的代表大会，选举产生学院第一届委员会和纪律检查委员会。

1985年颁布的《中共中央关于教育体制改革的决定》，党在高校的领导地位不断得到加强和巩固。1986—1992年，抚州创办中等专科学校进入一个高潮，先后创办江西抚州中医学校、江西文艺学校抚州分校、抚州职业大学、抚州地区税务干部学校、抚州地区技工学校、抚州地区高等职业技术教育中心，这些学校均成立支部或党委。

20世纪80年代后期，受“党政分开”和“高校党委主动让权”等言论影响，高校党的领导地位有所淡化。1989年8月，中央下发《关于加强党的建设的通知》，次年7月，又下发《关于加强高等学校党的建设的通知》，均重申高校实行党委领导下的校长负责制。1991年，抚州认真贯彻落实中央精神，配齐配强学校领导班子，调整、增加学校基层党组织的设置，充实党组织领导骨干力量，加强党的领导。其中，江西抚州中医学校党委为方便支部建制与行政建制大体一致，将原有2个支部扩大为6个支部。

1996年，中央颁布《中国共产党普通高等学校基层组织工作条例》，1998年8月出台的《中华人民共和国高等教育法》规定，国家主办的高等学校基层委员会按照中国共产党章程和有关规定，统一领导学校工作，支持校长独立负责地行使职权，进一步确立高校党的领导体制。1999年，中央组织部、中央宣传部和教育部联合制定《普通高等学校党建工作基本标准》。至此，全国高校基本确立“符合国情、适应事业、有利稳定、可具操作”的党委领导下的校长负责制。

2001年，抚州市有华东地质学院、抚州师范专科学校、抚州广播电视大学和江西医学院抚州分院4所高等院校党委。2003—2014年，随着高等教育体制改革的深入，域内行业中专学校被撤销或通过兼并重组成更高层次的高等院校。如抚州经贸学校、抚州农业学校、抚州文艺学校、抚州技工学校、江西机械电子技工学校合并组建抚州职业技术学院（后改为抚州职业技术大学）；江西中医药学校升格为江西中医药高等专科学校；江西医学院抚州分院并入南昌大学，组建南昌大学抚州医学分院；抚州师专并入东华理工学院更名为东华理工大学。至此，抚州市有东华理工大学、南昌大学抚州医学分院、抚州广播电视大学、抚州职业技术大学、江西中医药高等专科学校等5所高等院校，均设立党委。各学校根据专业设置和教职员工的分布，设置数量不等的党支部，以加强对高校的领导。

七、国有（集体）企业基层党组织

抚州专区最早建立的国有企业为国营商业。1949年7月，抚州专区贸易公司成立，在抚州城外设营业部，在临川温圳（现属南昌市进贤县）设推销组。此后，经过对工商业、手工业的社会主义改造，国营、集体商业企业、供销企业以及手工业企业逐步增多，业务范围逐步扩大，涵盖日常生活所需的各个领域。1956年，社会主义“三大改造”完成后，各地开始大办工业，一批工矿企业建成投产。如各县市农机修造厂、抚州电机厂、东乡糖厂、东乡铜矿、大王山钨矿、崇仁礼陂煤矿等企业。1958年，在“大跃进”和人民公社化运动中，域内公私合营商业和合作商店（小组）并入国营商业，实行政企合一的组织形式。专区、县市专业公司改组为各级商业行政部门内部专业批发部、经营站或经理部，基层供销社全部转入国营商店，其他非公有制经济成分的商业转变为全民所有制，形成国营商业一统天下格局。

新中国成立初期，注重在工人尤其是产业工人中发展党员，建立党的基层组织。各级党委不仅重视国营厂矿企业、公私合营企业党组织的构建，也十分重视在私营企业中发展党员，建立党组织。毛泽东在为中央起草的《关于在“五反”斗争中必须达到八项目的的指示》中强调：“在一切大的和中等的私营企业的工人、店员中建立党的支部，加强党的工作。”至1953年，全区工业、交通、商业系统有党员619人，占全区党员总数的10.5%。针对党员人数不多的实际，各级党委对工业、商业系统党员采取独立组建与联合组建相结合的方式设置党组织。其中，在工业系统建立党支部6个。

随着国有工业、商业企业规模的日益壮大，其层次结构也日益复杂。与之相适应，国有、集体企业基层党组织也逐步形成企业基层党委、车间科室党总支、工段党支部三个层次完整的组织体系。同时，为适应日益繁重的生产经营任务，企业基层党组织工作机构不断健全，党务干部队伍日益壮大。

全面建设社会主义时期，为适应小三线军工、民用棉纱、棉布、农业化肥和工交运输的需要，抚州地区先后成立国营永胜机械厂、抚州棉纺织厂、江西磷肥厂、东乡化肥厂、地区印刷厂、第二机械工业部721矿、地区建筑工程公司、地区轮船运输公司、地区汽车运输总公司等企业。这些企业成立后，都建立党的组织，有的在筹建期间设立临时党支部或正式党支部来开展党的工作。至1964年，全区工业、交通邮电、商业金融系统有党员8528人，占全区党员总数的21.44%。1965年，全区设置企业党组织439个，其中党支部405个，党总支17个，党委17个。

“文化大革命”期间，根据国家“备战、备荒、为人民”的战略要求，江西省政府为加强和巩固国防建设，将一批军工企业安排在抚州，先后建成国营利群机械厂、江西富奇汽车厂、江西纺织机械厂、抚州印染厂、江西特钢厂、抚州制药厂、地区抚北粮油加工厂、抚州瓷土矿等企业。域内所有合作商店（小组）全部撤销，其商品、资金悉数移交对口国营商业企业，从业人员除部分转入国营商业外，多数下放农村劳动；地区直属国营商业、供销社、粮食、外贸企业实行大合并，组建粮油、工业品、生产资料、食杂品、药材、农副产品、外贸7个公司和商业储运站等10个企业。70年代初期，军代表进驻军工企业，并作为企业党委委员，为这一时期企业管理特色。至1976年，全区工业、交通邮电、商业金融系统有党员21459人，占党员总数的23.77%；有党组织1964个，其中党支部1822个、党总支97个、党委45个。

在社会主义现代化建设时期，根据中央“高

速度发展纺织工业、更快更好解决人民穿衣问题”的指示，抚州地区先后建成抚州第二棉纺织厂、抚州第三棉纺织厂、江西天绅化纤有限责任公司、国营赣东丝织厂、抚州造纸厂、江西计算机二厂等企业，这些企业大多数成立党的委员会。在流通体系中，鼓励个体商业发展，多种经济类型、多种流通渠道、多种经营方式的商品生产及流通体制逐步建立，全区私营、个体商业得到较快恢复和发展壮大。至1987年，全区工业、交通邮电、商业金融系统有党员24306人，占全区党员总数的22.37%；有党组织2171个，其中党支部2033个、党总支89个、党委49个。

1988年，抚州深入宣传全民所有制的工业企业三个条例和企业法精神，强调厂长负责制的重要性和必要性，明确企业党组织的地位、作用和职能。1992年，地委《关于地区商业局、供销社、物资局、外贸局、粮食局、合作办等单位转为经济实体的通知》下发后，商业流通体制改革逐步推行。地区商业局成立地区商业集团总公司，实行两块牌子、一套人马、两种职能；地区第二百货总公司在全省商业系统率先试办连锁经营。各地在深化国营商业体制改革探索中，普遍采取“卖瓤租壳”形式，对国有商业批发部、仓库、零售店，实行各种形式的国有民营或租赁给私人经营。为深化改革，1992年3月，地区经济委员会成立党委，负责地区所属工业系统党组织的管理。1993年，地委组织部进一步规范企业基层党组织活动，建立健全党支部工作目标考核、三会一课以及其他党内制度。当年，全区有县级以上企业党委29个，党员9284人，建立党支部541个，基本配齐支部书记和支委。1994年，抚州对全区国有企业和外商投资企业的党建工作进行调查，确立企业党组织的政治核心地位，强化企业党组织的监督职能，党组织参与企业重大问题决策，企业按车间（部门）或生产单位成立党支部。

1998年7月，中央组织部下发《关于在深化国有企业改革中党组织设置和领导关系等有关问题的通知》，要求企业党组织的设置和调整要与企业改组、改制同步。20世纪90年代后期，抚州国有企业改组改造力度逐步加大，部分国有企业实施股份制改革，少数停产企业进入破产转让程序。至2001年，抚州市本级共有国有大中型企业党委29个、党总支2个、党支部1个。江西省第十一次党代会后，抚州市全力推动国有企业改革，国有（转制）企业党建工作及时跟进。2002年，全市24家市属国有企业，有职工20510人，有党员3605人。改制后，企业分裂为留守处和新经济组织两大块。原企业党委机构保留，但由于部分党员、干部离岗、下岗或被新企业返聘，党委班子、支部班子残缺不全。新企业由于组建时间不长，党的组织大多尚未建立，导致部分企业党组织无人抓、无人管。为此，抚州市委出台《关于加强市属停产、关闭、破产和改制重组国有企业党的工作的意见》，采取一企一策的方法，对各企业党组织设置进行调整。市委组织部在抚州印染厂开展停产企业党建工作试点，在市属国有（转制）企业中撤销党委1个，撤销党总支1个，新成立党委5个、党支部12个，原国有企业党支部由76个调减为51个。通过调整，进一步理顺企业党组织隶属关系。至2002年12月，市属国有工业企业改制完成，全市有国有大中型企业党委15个。全市569户独立核算国有商业企业，整体改制482户，占企业总数84.7%。2001—2003年，对全市78家国有企业党组织关系进行调整，转移党员组织关系近1500人。粮油企业、供销合作企业改制开始实施，通过解除劳动关系、置换职工身份、发放职工安置费等方式减员增效。

2003年，转制企业遗留问题解决后，原企业党组织陆续撤销，原留守处管理的党员转入社区管理，江铃底盘股份有限公司、东乡红星企业集团、东亚制药厂等企业顺利完成转制。其中，少部分转制企业党组织软弱涣散。2004

年，向软弱涣散企业党组织派出工作组，帮助解决实际困难。临川区撤并3个党支部组建供电公司联合党支部，由区经贸委党委下派2名机关党员任支部委员，并根据党员分布情况，分别设立下岗职工、退休职工两个党小组。与此同时，于2005年理顺4900多名下岗失业和企业离退休职工党员的组织关系，调整90余个企业党组织的隶属关系，通过企业与社区党组织互动设置，解决改制重组和停产关闭破产企业党组织开展活动难问题。

企业党小组活动

2009年，抚州市又有32家国有工业企业顺利完成改制。至2013年，全市18家市属国有工业企业全部实现转制，县区国有企业改制面也达到65%。随着国有工业企业、商业企业的不断退出，国有企业党组织数量呈萎缩之势。到2014年底，国有企业党组织有672个，其中党委32个、总支部32个、支部608个。

八、非公有制企业基层党组织

1952年，全区有私营、个体商业11842户，从业人员20299人，资本金209.66万元（折算成新人民币）。1956年，对资本主义工商业的社会主义改造完成后，私有经济基本消失，个体经济虽然存在，但人数与规模甚小。此后的20年间，非公有制经济几无生存空间。

中共十一届三中全会后，非公有制经济得到恢复和发展。1980年8月，中共中央首提个体经济是社会主义公有制经济不可缺少的补充。是时，抚州地区个体经济弱小，全区不足1000户。1981年7月，国务院颁发《关于城镇非农业个体经营者若干政策性规定》，允许适当发展个体经济，全区工商户迅速增加到3234户。1984年，中央提出“多种经济形式和经营方式共同发展”，个体经济得到进一步发展。

1992年邓小平视察南方谈话发表后，非公有制经济发展的阻碍进一步清除。1994年，地区行署办公室下发《关于进一步加快个体私营经济发展的意见》，明确提出“推动全区个体私营经济发展”的系列举措，地、县市个体私营经济委员会相继成立，一些具有本地特色的行业发展起来。南城县的服装加工业、汽车运输和汽车修理业，南丰、黎川、资溪等县的特种养殖业蓬勃发展。至1995年，全区个体工商户发展到75491户，私营企业发展到1284户，其中，私营企业注册资本超百万元的有21户。全区个体工商户、私营企业中有党员的有256户，共有党员1296人，具备建立党支部的32户，但建立党支部的只有7户。大部分党员组织关系在村（街道）支部或原单位支部，党组织生活不正常。党员年龄大多数在36～50岁之间，部分党员年龄超过50岁，文化程度普遍偏低，大多数在初中以下。

随着个体私营企业的迅速发展，抚州党建工作逐步向个体私营经济渗透。至1997年年底，个体私营经济进一步发展壮大，全区个体工商户总数10.98万户，其中私营企业2939户，从业人员30万人。但是，私营企业建立党组织的意愿不强，已设立党组织的私营企业，党组织处于靠边站的地位。1999年3月，《中华人民共和国宪法（修正案）》规定：个体经济、私营经济等非公有制经济，是社会主义市场经济的重要组成部分，非公有制经济地位进一步上升。此后，非公有制企业党建工作逐渐引起各方重视，建党步伐明显加快。2001年1月，南丰县飞环酒业股份有限公司举行党委成立挂牌仪式，为抚州市成立的首家民营企业党委。飞环酒业股份有限公司党委下设3个党支部，设党委委员5名，其中书记1名、副书记1名、纪委书记1名。同年，市委下发《关于进一步加强非公有制经济组织党的工作的意见》后，各地非公有制企业党组织组建和开展活动的力度加大。年底，全市有4家非公有制企业建立党委。

2002年2月，中央组织部下发《关于在个体和私营等非公有制经济组织中加强党的建设工作的意见（试行）》，对非公有制经济组织党的建设工作的指导思想和工作目标，非公有制经济组织中党组织的地位、作用和任务，党组织的设置和隶属关系，加强非公有制经济组织党组织的自身建设等方面提出明确措施和要求，抚州建立由市经贸委、市直机关工委、市工商局等单位参加的非公有制经济组织党建工作联席会制度，对全市非公有制经济组织的党建工作进行指导、协调和督查。是年12月，全市共建立非公有制经济党组织96个，其中党委4个、总支4个、支部88个。

2003年8月，中央组织部召开非公有制企业党建工作经验交流会，要求有3人以上正式党员和职工人数在100人以上的企业都应建立党组织。为做好非公企业党组织组建工作，市委组织部向企业选派党建工作指导员、联络员和督查员310人。至2003年9月，全市5887家非公有制企业，建立党组织235个。宜黄县、资溪县成立非公有制经济党的工作委员会，南城金山口工业园区党委、东乡红星经济技术开发区党委在全省党建工作经验交流会上作典型发言。2004年，总结推广南城、东乡经验，在全市非公有制企业党组织中开展联心、联力、联智“三联”活动，完善党企共建互促机制。通过单独组建、联合组建、挂靠组建、统筹组建等方式，全市非公企业党组织发展到275个。同年，江西变电设备有限公司党委开展公司骨干与企业党员“双向培养”，实行党员业务与党性“双百分”考核，将党建工作与企业生产经营紧密结合起来。

2006年，抚州对企业员工80人以上的非公有制企业普遍开展建党工作，使全市非公有制党组织数量增至315个。在个体和私营企业发展的同时，社会团体、社会中介组织和农民专业合作社等纷纷建立。至2007年，全市有个体工商户45529户，私营企业7785户，农民专业合作社92户，合计从业人员24.73万人。按照“点上突破、面上覆盖、量上扩展、质上提升”的总体思路，推进规模以上非公企业建党工作。当年，全市141家规模以上非公企业

2001年1月，抚州市首家民营企业党委——中共飞环酒业股份有限公司委员会成立大会暨揭牌仪式

建立党委5个、党总支5个、党支部122个，建立联合党支部6个。2008年，中央组织部把非公有制企业党建工作作为加强党的执政能力建设和先进性建设的重要内容来部署和安排，抚州把建党工作重点转向市、县工业园区，按照“园区党工委—产业党总支（党支部）—企业党支部（党小组）”的模式推进党组织设置工作。2009年，按照党的十七届四中全会提出的抓紧在非公有制经济组织建立党组织的要求，抚州结合学习实践科学发展观活动，不断加强非公有制经济组织建党工作。至2010年，全市159家规模以上企业全部建立党组织，其中建立党委10个、党总支3个、党支部132个，建立联合党支部14个。

全市非公企业党建工作座谈会在崇仁县召开

2011年8月5日，市委常委会研究成立中共抚州市非公有制经济组织工作委员会，党工委设在市工商联，党工委书记由市工商联党组书记兼任。[6] 此后，各县区委组织部、工商联或工业园区设立相应机构，加强对非公有制经济党组织的领导。中央统战部、全国非公有制经济组织创先争优活动指导小组办公室在191期《简报》，刊发抚州市开展“牵手行动”，扩大创先争优活动覆盖面的经验。是年，全市新增联合党支部9个。2012年9月，全市非公有制经济组织党工委在崇仁县召开全市非公企业党建工作座谈会，在全市推广崇仁县“三个覆盖”的经验做法，即规模以上非公企业建立党组织全覆盖、党员参加组织生活全覆盖、党在非公企业工作全覆盖。至2014年12月，全市在793家规模以上非公有制企业、753个有党员的企业建立党组织，其中，建立党委23个、党总支17个、党支部432个、联合党支部263个。

九、新经济和新社会组织基层党组织

新经济和新社会组织主要包括社会团体、基金会、民办非企业单位、部分中介组织以及社区活动团队。20世纪80年代以前，“两新”组织较少，个体工商户中党员人数也不多，未引起党组织的重视。中共十一届三中全会后，在市场经济的催生下，“两新”组织不断涌现，日益成为党的建设的新领域。

抚州在“两新”组织开展党的工作时间较晚。2001年，全市核准登记的民间组织58个，其中民办非企业44个。随着全市社会团体、社会中介组织的迅速发展，2003年4月，市委组织部下发《关于加强社会中介组织党的建设工作的意见》，在规模较大的社会团体和中介组织中启动建党工作。一方面，理顺社会中介组织的隶属关系，由国家机关、事业单位改制的社会中介组织，同步改建党的组织。另一方面，按照“行业管理为主，条块结合”的原则，把党组织活动与经营活动、社会活动、专业学术活动结合起来，规范和完善社会团体、社会中介组织的党建工作。抚州律师事务所成立联合

2007 年 3 月 11 日，江西省委书记孟建柱在中央电视台“小崔说事”栏目推介资溪面包

个和 17 个；2003 年，增至 28 个和 46 个。

2004—2008 年，抚州市把“两新”组织党组织设置列为党建工作重点，摸清“两新”组织状况，建立季报制度，对党组织组建情况进行跟踪调查、动态管理，消除“两新”基层党组织“空白点”。规定，员工在 80 人以上的，通过单独组建、联合组建、挂靠组建等形式建立党的组织，做好超过 50 人“两新”组织发展党员工作。2009 年，全市新增“两新”组织党组织 166 个，其中基层党委 2 个。

党支部，并在党员中开展“二维三创四服务”活动，组织党员律师带头维护当事人正当合法权益，维护法律正确实施；带头创普法先锋、创维权楷模、创文明标兵；带头开展为民服务、行业服务、专业服务和形象服务活动。2002 年，全市社会团体、社会中介组织党组织分别为 2

2011—2014 年，打破按地域设置党组织的传统做法，依托行业、产业、城市住宅小区、驻外务工地组建党的组织，扩大党组织的覆盖面，实现党建工作与社团发展互融共进。其中，崇仁县采取联合创办支部的形式，新设立党支部 44 个。

十、临时党组织

党员外出执行某项临时任务，时间在两年以内，有正式党员 3 人以上的，经县（团）级党委批准，可成立临时党支部。解放初期，各级党校、县市委组织举办的短期干部训练班，均组建临时党支部，指定正式党员担任临时党支部负责人，协助抓好学员的学习、思想管理。这一做法一直延续至今。

20 世纪 50 年代末临川县农民兴修水利

20 世纪 50—70 年代，各地修建水利、公路等基础设施，兴建学校、工厂，调集辖区内青壮劳力集

体作业，各建设工地没有条件建立正式党组织的，大都成立临时党支部、党小组，加强政治思想工作。

80年代，部分单位、行业在筹办工矿企业、学校，开展基础设施建设中，均建立临时党组织。1981年2月在创办抚州地区粮食职工中专学校、抚州地区工业交通干部学校时，筹建阶段建立临时党小组，后随着党员人数的增加，成立临时支部委员会，临时党组织隶属于主办单位党组织领导。域内市、县、乡召开的历次党代会、人代会、政协会，会议期间均成立临时党支部，隶属于会议组织单位的党委（党组）领导。

2010年6月21日，抚河唱凯堤灵山何家段决堤，决口达340米，唱凯、罗针、罗湖、云山等乡镇被淹没，受灾群众10多万人。抚州市委在市城区各学校设立20个灾民安置点，集中安置5.2万名受灾群众。在每个安置点建立临时党支部，由学校老师担任班主任，推选受灾群众中有威望的人担任班长和生活委员，实行党支部领导下的班主任负责制、班长管理制和受灾群众自治制。江西省委副书记王宪魁深入灾区，就安置点设立临时党支部等工作进行面对面指导。

2010年6月，江西省委副书记王宪魁（右）到受灾安置点临时党支部指导工作

【注　释】

［1］抚州地区革委办公室《关于成立地革委机关党总支的报告》，抚州市档案馆藏 1024-1975-043，第48页。

［2］《中国共产党江西省抚州地区组织史资料》第二卷，中共党史出版社，2002年，第33～34页。

［3］王珍：《剿匪记——解放初在王桥区清剿向理安股匪的回忆》，《东乡县文史资料》第四辑，第83页。

［4］“一会三员”：一会即街道、社区成立的党建工作协调委员会；三员即从协调委员会成员单位中聘请联络员，从高校中聘请青年教师和大学生到社区担任政治理论辅导员，在社区离退休党员干部中聘请社情民意督察员。

［5］“三知三管”：知上情、知下情、知民情和管好自家的事、管好身边的事、管好社区的事。

［6］《中共抚州市委办公室抄告单》（抚办抄字〔2011〕5号）。

第二节 组织建设

一、基层党员队伍建设

抚州党组织创建初期，注重吸收农民和小资产阶级中先进分子入党，1926年11月建立中共临川支部干事会时有5人，1927年7月增加到650多人。初创时期的党组织来不及加强党员队伍建设，即遭受大革命的失败，国民党第9军大肆搜捕、屠杀抚州共产党人和革命群众，一部分人经受不住严峻考验脱离党组织。

土地革命战争中，抚州东南部革命根据地建立后，各地先后建立区委、县委、中心县委，在黎川县还建立闽赣省委，党员人数不断增加。各地注重把好党员“入口”关，要求入党者符合五项条件：(1)政治观念没有错误；(2)忠实；(3)有牺牲精神，能积极工作；(4)没有发洋财的观念；(5)不吃鸦片、不赌博。[1]经过严格考察之后，基本符合入党条件者，即由组织履行谈话、讨论、通过等程序予以发展。各级党组织重视党员教育，召开支部大会、党员大会，举办短期训练班，教育党员做到纪律严明、令行禁止、有牺牲和奉献精神。

抚州苏区大多地处偏远山区，党员文化水平不高，文盲多，无产阶级理念未能完全树立。加上紧张的军事斗争环境，发展党员未能完全按照有关程序办理，党员教育也未能及时跟上。尤其是1933年“红五月”发展党员运动中，各地下指标速成发展党员，仅乐安、广昌、宜黄三县一个月内发展新党员1605人。[2]“大多数党员不明了党的组织，往往党的组织与群众组织分不清，如宜黄吴村区出席县党代表大会的代表是苏维埃介绍来的，并介绍非党员来充当县党代表大会做代表”，[3]有些党员甚至不承认自己加入党组织。南广县的“头陂、白沙、巴口、长桥，尤其是长桥区有半数不承认加入了党。”还有的人入党是带有功利性的，“巴口有党员说加入党不打路条不作挑夫。”[4]地主、富农乘大规模发展党员之机混入党内捞取好处。针对党组织不纯洁的问题，各级党组织开展党员队伍整顿，洗刷清理不合格党员。乐安县1932年11月—1933年8月洗刷的17名党员干部中，家庭成分为地主的占41%，富农占24%；1933年5—8月广昌县洗刷的17名党员干部中，家庭成分为富农的9人。革命战争年代，党员队伍主流是好的，各级党员领导干部忠实执行党的方针政策，党的组织优势得到较好发挥。

新中国成立后，中国共产党走上执政舞台，建立和巩固人民政权、恢复国民经济、进行社会主义改造和建设是新中国成立初期党的中心任务。针对这一情况，抚州各级党组织坚持入党条件、严格入党手续、增加预备期以纯洁党的组织，防止坏分子、投机分子钻入党内。同时，特别强调加强对党员的政治理论教育，运用批评与自我批评的武器，改造党员的主观世界。1950年12月，抚州地委派员参加江西省委开办的第一期建党组织员训练班，将训练班上印发的《党的支部工作》小册子带回，分发至县、区党组织学习。1951年下半年至1954年春，根据全国第一次组织工作会议要求，抚州专区分期分批开展整党，开展党员八项条件教育、社会主义和共产主义前途教育，进行党员审查和登记，对犯有严重错误和不够条件的党员进行组织处理，少数党员被开除出党或被劝告退党。

1955年，各县举办合作社骨干训练班，共训练党员1209人，全区一般支部和落后支部60%的党员受到党的基本知识、党员八项条件、农业合作化等教育。1956年，采取支书支委联系会议、民主生活会和党课教育等方式，对党员进行全国农业发展纲要（草案）、高级农业社示范章程、“勤俭办社”和“民主办社”、国内外时事、党的基本知识教育。临川、黎川两县开办农村党员训练班，训练党员1678人。

中共八大通过的《党章》，对入党提出更高、更严的标准。但受“大跃进”运动急躁冒进思想影响，高标准、严要求在实践中未能很好地坚持。1958年12月，中共中央转发《中央组织部关于今后接收党员工作的意见》，认为在大跃进的新形势下，党员的数量太少，不能满足各方面需要。于是，各地分配任务大量发展党员。1958—1960年，抚州专区党员人数增加12793人，达到34655人，比1957年增长58.52%。在大量发展党员的同时，各地创办县、公社党校，支部创办业余政治、文化技术学校，组织党员学习科学技术和文化知识。仅1958年，全区5607名党员摘掉文盲帽子，脱盲率80%。

抚州地委下发《关于一九六一年党的基层组织建设工作的意见》，组织党员学习毛泽东著作，对党员进行“三面红旗”（社会主义建设总路线、“大跃进”和人民公社）和农村人民公社条例等教育。各地依托县委党校、公社党校和支部夜党校，采取农闲多办、农忙少办，组织多轮的方法，分期分批轮训支部骨干、预备党员。为纠正“大跃进”盲目冒进错误，中央提出“调整、巩固、充实、提高”八字方针，在建党方面作出“不要大量地接收新党员”的指示。按照上级要求，1962—1965年，全区发展党员4362人，比前3年净减34%。另外，通过健全组织生活，制订党员教育训练计划，把党员教育工作落到实处。1962年，全区教育训练党员28588人，其中，县市委党校训练大队支书2200人，训练党员大队长2070人；区、社训练支委、小组长和生产队长18284人。1964年，抚州专区组织机关党员干部学习解放军、学习大庆的政治工作经验，组织农村党员干部学习大寨自力更生、艰苦奋斗精神，组建毛泽东著作学习小组1181个。1965年上半年，全区89个农村公社利用农闲季节开办党训班，训练党员8188人。

1967年10月，毛泽东在《关于已经成立革命委员会的单位恢复党的组织生活的指示》上作出“党组织应是无产阶级先进分子所组成，应能领导无产阶级和革命群众对于阶级敌人进行战斗的朝气蓬勃的先锋队组织”五十字批示。在“五十字方针”指导下，抚州专区于1968年3月进行整党试点，以后相继转入群众性开门整党，整党运动至1970年上半年结束。整党运动大体分三步进行：第一步大学大批，开门整党；第二步斗私批修，群众评议；第三步组织建设，吐故纳新。全区近2000个单位参加整党运动。整党运动充满极“左”色彩，一些党员和党员领导干部被诬陷为“叛徒”“特务”“走资本主义道路的当权派”“蜕化变质分子”“阶级异己分子”，无辜受到批判，有的被清除出党，一批“造反派”被当作新生力量吸收入党。“五十字方针”服从于“文化大革命”的政治需要，导致党员标准降低，入党程序简化，取消党员权利和党员预备期，党员队伍建设处于无序状态，党员人数急剧增加。到1976年12月，抚州地区有党员90281人，是1965年的1.27倍。

按照中央发展党员工作座谈会要求，抚州地区大力调整党员队伍结构，重点发展各行各业第一线的骨干力量，加大党员数量少、党的力量薄弱的部门发展党员工作力度，注重吸收有专业技能的先进分子入党，发展党员程序进一步规范，党员队伍结构有较大改善。同时，平反“文化大革命”期间的各种冤假错案，并于1984年10月至1987年，在全区自上而下进行整党。全面开展党员登记，全区96133名正式党员办理党员登记95545人，缓期登记的379人，不予登记136人，73人因各种原因未办理登记手续。整党中，开展清理“三种人”工作，对111名核查对象查清结案，其中，9人定为“三种人”，49人定为犯严重错误，分别给予党纪处分。此外，还处理犯有其他严重错误的党员244人，其中，开除党籍42人，留党察看82人，撤销党内职务18人，严重警告46人，警告56人。1986年，结合乡、村两级整党，各地利用乡镇党校、三会一课、报刊、广播等，加强农村党员党的基本知识、科技信息和文化知识教育。在村级整党工作中，注重发展有一定文化的优秀青年农民、小学教师、经营管理及技术服务人员、专业户入党，吸收各行各业的知识青年入党，注重发展农村妇女入党。从1985年起到1987年，全区相继办起167所乡镇党校，共举办培训班960余期，培训党员5万多人次。

20世纪80年代末，为旗帜鲜明地反对资产阶级自由化，一方面，认真落实《中国共产党发展党员工作细则(试行)》,按照“坚持标准、保证质量、改善结构、慎重发展”十六字发展党员工作方针，规范发展党员工作；另一方面，加强乡镇党员教育阵地建设，建立一批村党员活动室，党员电化教育得到推广。1990年9月18日，抚州地委在全区农村开展党的基本路线教育活动，教育广大党员坚持四项基本原则，反对资产阶级自由化。以地、县、乡党校和企业业余党校为主要阵地，对全区11万名党员普遍进行一次马克思主义、毛泽东思想基本理论，党的基本路线和党的基本知识“三基”教育培训。

按照江西省委组织部《关于对农村基层干部和党员进行实用技术培训的实施意见》要求，抚州地区作出规划，从1992年第四季度开始到1995年12月，启动村干部和农村党员三年实用技术培训。1992—1993年，抚州地区党员电教中心、县市党员电教室、乡镇电教站先后成立，有力地支撑农村实用技术培训。1993年，全区共举办实用技术培训班1898期，培训党员2.74万人次，组织考察学习2450人。同时，狠抓农函大的工作，全区招收农函大学员17379人。经过培训,许多农民党员掌握1～2门实用技术，涌现一批党员甲鱼养殖、肉鸡养殖大户，形成一批专业养殖村。

1995年，地、县市成立农村党员和基层干部实用技术培训学校(中心)，地委组织部将两万册有抚州本地特色的《农村党员和基层干部实用技术培训教材》下发各地，在抚州地委党校举办一期全区农村先进党支部书记培训班，组织部分村干部到上海等地学习考察。地区党员电教中心翻录790余盒农村实用技术培训电教片下发各基层党组织。同时，结合播放收看《领导干部的楷模——孔繁森》，在全区广大党员干部中掀起向孔繁森学习的热潮。“七一”期间，在抚州电视台开办《公仆赞》电教片展播，宣传一批具有公仆情怀的优秀共产党员。

针对一些党员理想信念动摇，人生观、价值观扭曲，拜金主义、享乐主义、极端个人主义膨胀，一些党员领导干部以权谋私、贪污受贿等问题，按照党的十五大对党员队伍建设提出的要求，要求党员注重倾听群众呼声，关心群众疾苦，为群众办实事、办好事，严格标准发展党员，严肃处置不合格党员。之后，在党员中开展学理论、学党章活动，引导党员学习党的十五大精神和邓小平理论，增强走有中国特色社会主义道路的坚定性，加强流动党员、下岗职工党员、离退休党员管理。随着经济领域改革的不断深入，一批国有、集体企业破产倒闭导致企业职工大量下岗，组织、人事部门将企业下岗党员再就业培训作为一项重要内容，对全区下岗党员进行转岗转业培训，下岗党员有1780人实现再就业。

2001年，针对农村党员队伍年龄偏大、部分村党支部“后继乏人”问题，市委组织部制定下发《关于进一步做好农村发展党员工作的意见》，强调发展农村一线优秀青年入党工作，要求小村每年发展1～2名党员，大村每年发展2～3名党员。据统计，2001—2003年，全市共发展农村党员5142人，比上一个三年增长36.5%。其中，高中以上文化程度2372人，占发展总数46.1%；平均年龄由2001年的40.2岁下降到2003年的37.4岁，两年以上没有发展党员的村由2001年的230个下降到2003年的2个。农村党员队伍结构性矛盾得到有效缓解。

抚州自1999年开展“三讲”教育以后，每隔一段时间开展一次党员干部主题教育，成为党员队伍建设的一条基本经验。1999—2014年，先后开展“三讲”教育活动、农村“三个代表”重要思想学习教育活动、保持共产党员先进性教育活动、学习实践科学发展观活动、党的群众路线教育实践活动，提高了党员素质，增强了党员队伍的凝聚力和战斗力。

二、基层党内民主建设

基层党内民主是党内民主的基石。抚州各级党组织从尊重党员的主体地位、保障党员的民主权利入手，建立健全基层党内民主制度，围绕民主意识培养、推进党务公开、完善党内选举、加强党内监督等方面，积极探索基层党内民主的实现形式。

民主意识培养　新中国成立后，中央反复强调，必须充分发扬党内民主，健全党内民主生活。党的八大提出，必须坚持和完善民主集中制，加强对党的组织和党员的监督。1962年1月召开的“七千人大会”，在初步总结1958年“大跃进”以来经验教训的基础上，广泛开展批评和自我批评，正式提出“党内生活会”的概念，但民主生活会制度并没有得到真正落实。“文化大革命”中，党内民主受到破坏。和全国一样，抚州基层党内民主尤其是党员民主意识的培养在曲折中前进，既经历过“大鸣大放大字报大辩论”跃进式的民主阶段，也经历过是非不辨、盲目唯上的以阶级斗争为纲的民主阶段。

中共十一届三中全会以后，党恢复正确的思想路线和组织路线，党内组织生活和民主生活逐步走向正常，民主生活会逐步规范化。1980年，抚州地委下发《关于健全党内民主生活会的意见》，地委组织部印发《党组织生活记录本》，对健全和加强党内民主生活、健全民主集中制起到积极作用。是时，全区12个县市委的121名常委中，参加支部民主生活会2～3次的占52%，4次以上的占15.71%；参加党小组生活会2～3次的占34.71%，4次以上的占38.8%。县市常委会单独过民主生活会的有9个县，抚州地委单独召开民主生活会2次。

1981年，抚州地委围绕贯彻执行党的路线方针政策和思想、工作、学习、作风等方面开展批评与自我批评，党内民主风气日益浓厚。崇仁县领导干部深入公社调查研究，以普通干部身份参加所在支部鉴定，带头开展批评与自我批评，对领导干部搞特殊化、官僚主义和吃吃喝喝等不正之风提出批评。1983 年，地委进一步健全三会一课、党员联系户等制度，开展“做合格党员”“党员十带头”等活动。1985 年，全区 210 个乡镇普遍召开党代会，基层党支部“三会一课”制度进一步健全，各级领导班子民主生活会坚持较好，12 个县市委及地直各党委（党组）结合整党普遍召开民主生活会。尤其是 1989 年开始的民主评议党员的做法，进一步强化了党员的民主意识。

此后，党内相继开展“三讲”教育、“三个代表”重要思想教育、保持共产党先进性教育、实践科学发展观教育、党的群众路线教育等主题教育活动，民主生活会和党员组织生活会制度得到巩固和加强。此外，市委组织部每年下发文件，要求各级党委党组召开班子民主生活会，对民主生活会召开情况进行抽查。

党员权利保障　中国共产党在强调党员履行义务的同时，也赋予党员应该享有的权利。实现党内基层民主，必须保障党员的民主权利。1995 年，《中国共产党党员权利保障条例（试行）》颁布实施，明确党员享有的各项权利及保障措施。党的十六大报告指出：要以保障党员民主权利为基础，建立充分反映党员和党组织意愿的党内民主制度。2004 年 10 月，新修订的《中国共产党党员权利保障条例》，明确党员享有知情权、参与权、选择权、监督权四大权利。

在保障基层党员民主权利方面，重点是保障党员的知情权、参与权、选择权、监督权，具体包括选举权、被选举权、揭发检举权、申述和控告权，定期按规定向党员公示或通报党组织的决议、决定，组织党员对本地区、本部门、本单位贯彻落实党的政策等有关问题进行讨论。2004 年，临川区在农村全面推行“两会联开议事”制度，即党员大会与群众代表大会联席召开，共同商讨决策村级事务，落实党员、群众的知情权、决策权、参与权及监督权；实行“五级联席议事制”，把全村经济发展项目、财务收支、工程招标等重大村务决策，按照“村支书、主任共同协商提出议题—村两委讨论形成预案—两会联开审议表决通过—村务监督小组公布执行—年终乡党委考核评议”的决策程序办理，并制作民主决策流程图，使议事不走过场、不流于形式。2008—2014 年，各县区部门和乡镇站所全面开展以基层评议机关、群众评议干部，促进服务基层意识提高、促进服务水平提高为主要内容的“双评双促”活动。各地还采取建立党代表常任制、党代表例会制、发展党员公示制，开展民评官，成立新农村建设理事会等多种形式，保障党员的民主权利。

基层党务公开　基层党务公开是党内民主的重要内容。抚州基层党务公开，始于 20 世纪 90 年代，经历由村务、厂务、政务公开到党务公开的渐进发展过程。1994 年，中央发出《关于加强农村基层组织建设的通知》，明确村民选举、村民议事、村务公开和村规民约四项制度。1997 年 2 月，抚州地委村建办下发《关于建立健全村级财务制度的意见》，于同年 3 月底前，逐村进行财务清理和整顿。在财务清理的同时，执行村务公开制度，建立健全村级财务管理制度，以乡镇为单位建立财会专业队伍和“村财乡代管县监督”运行机制。建立预决算制度，严格执行财务审批制度，坚持财务公开、民主理财制度，加强审计监督。

1999 年，抚州地委、行署先后下发《关于 1999 年全区村务公开、民主管理工作的意见》和《1999 年全区乡镇政务公开实施意见》，各地按要求搞好计划生育公开和宅基地审批工作的公开。各县市选择 3 ~ 5 个乡镇进行试点，至年底，全区共有 144 个乡镇开展乡镇政务公开试点工作。2000 年，临川区全面推行乡镇政务公开，制作政务公开栏 74 块，对乡镇班子自身建设、经济发展目标及规划、重大问题决策、财务及所属单位收费标准等 5 个群众关心的热点问题实行公开。此后，借鉴村务公开的做法，抚州各地厂务公开、政务公开工作相继开展起来。

村里重大事项定时向群众公开

2004年6月，中央办公厅和国务院办公厅发出《关于健全和完善村务公开和民主管理制度的意见》。按照要求，抚州市把“两务”公开横向扩展到乡镇基层站所，纵向延伸到村民小组，形成政务、村务、组务公开“三联动”，全市151个乡镇、1762个村和所有的乡镇站所、学校、医院及80%的村民小组实行联动公开。乡镇政务公开重点为计划生育、宅基地审批和村委会选举情况，各村成立村务公开监督小组，村村设立公开栏，户户持有明白卡。金溪县乡村设立“意见箱”“回音墙”，通过村务公开和意见反馈，及时纠正和改进工作。2007年，临川区结合新农村建设，建立村干部“新闻发言日”制度，每月25日为各村党务、村务公开日，村干部现场解答村民提问。

2010年，中央印发《关于党的基层组织实行党务公开的意见》。抚州从四个方面推进基层党务公开。一是规范公开内容。大致包括党的组织工作会议精神、上级党委作出的重大决策、经济社会发展思路或规划、党员发展计划、党支部工作开展情况、党费收缴及困难党员慰问等党内主要事务和组织活动中应该让党员知晓的事项。二是规范公开程序。包括事前审核、及时公开、征集意见和事后反馈。公开事项经党务公开领导小组集体审核，特别重大的报上级党组织把关；指定专人做到按时公开，并收集群众意见建议；各项公开内容在充分听取群众意见后，合理的，予以调整并再次向群众公开。三是规范公开时限。主要是按固定公开、定期公开、即时公开三种方式进行，以定期公开为主，即时公开为辅，上级党组织不定期地对基层党务公开情况进行检查督促。有些地方还实现点题公开，增强党务公开的针对性。四是规范公开形式。以党务公开栏为主，根据公开内容选择不同的公开形式。对党内公开的内容，采取召开党内会议、文件传阅、党建内网等形式公开;对党外公开的内容，采取公开栏、宣传橱窗、互联网、电子显示屏、远程教育站点、手机短信平台、通报等形式公开。随着党务公开的不断推进和科技的不断发展，党务公开手段也在不断创新，党务公开正在朝着更加简便、快捷、高效的方向发展。

党内民主选举　1995年1月，地委、行署转发《关于加强村民委员会建设的意见》，对届满三年的，立即部署换届选举工作，通过民主选举，强化、优化村委会班子。建立和完善村民会议或村民代表会制度，对涉及全村群众利益的事情，由村民会议或村民代表会议讨论，按照民主集中制的原则作出决定，村里大事，向村民张榜公布，接受群众的监督。1999年开展的第四届村委会换届选举，按“海选”方式，由村民直接、差额、无记名投票选举产生村委会成员。2002年9月，第五届村民委员会换届选举后，村干部总数比选举前减少1613人，减轻了农民负担。通过直选，农村干部群众民主政治意识明显增强。

2006年，试行村党支部书记“两票制”和村两委班子“直选”，群众先投信任票，推荐村党组织书记差额候选人，然后由党员投选举票，直接选举村党组织书记。2007年，“两票制”选举村党组织负责人的做法全面铺开，全市近20%村的党组织书记由“差额直选”产生。至2008年，村“两委”班子成员学历大专以上的412人，占5%，比换届前增加0.9%；45岁以下的6983人，占87.2%，比换届前增加26.8%。

2009年，按照中央组织部《关于加强村党支部书记队伍建设的意见》要求，抚州坚持民主、公开、竞争、择优的原则，采取“两推一选”“公推直选”，面向社会公开选拔等方式，从优秀现任村干部、致富能手、农民经纪人、农民专业合作组织负责人、复员退伍军人、外出务工返乡的农民党员中选拔村党支部书记，拓宽选人渠道。此后，村党组织民主选举工作日益制度化、经常化，党员民主意识日益增强。

截至2012年2月底，除个别村外，全市1807个村全部完成村党组织换届选举。村“两委”成员中致富带头人有6076人，占78.8%，是上届的2.3倍。其中村党组织书记属致富带头人的1404人，占77.8%，是上届的1.2倍。全市在聘在岗大学生村干部274人，依法当选为村副书记、副主任的有257人，占94%；担任村书记2人，担任村委会主任1人。全市村“两委”交叉任职人数4454人，占53%，比上届提高12个百分点。其中，村书记、主任“一肩挑”575人，占32%，比上届提高19个百分点。

基层党内监督 1986年9月，中央提出建立和健全党内监督制度和人民监督制度。1990年3月，中共中央要求中央纪委会同中央组织部拟定《党内监督条例》。2003年12月，《中国共产党党内监督条例（试行）》正式颁布实施。《党内监督条例》提出党内监督的十项制度，明确党内监督的重点是各级领导机关和各级领导干部，特别是领导班子的主要负责人。

《党内监督条例》出台后，抚州各级党组织将其列为理论学习中心组学习内容，认真组织党员干部学习，增强党员干部尤其是领导干部自觉接受监督的意识和自觉性。在“三讲”教育、“三个代表”重要思想教育、科学发展观教育、党的群众路线教育实践活动中，都将《党内监督条例》列为党员领导干部的学习内容。在党内监督基层实施方面，市、县区、乡镇各级均建立信访举报制度等。市委组织部设立干部监督科和举报中心，公布举报电话，受理党员干部信访举报，并开展信访调查核实。

三、基层组织创建活动

抚州解放后，随着各级基层党组织的相继建立，一些围绕加强党组织建设的创建活动逐渐开展起来。1958年，抚州专区开展支部工作“十化”运动。主要的做法是：党员走到那里就“化”到哪里，白天化、夜晚化、田间化、山上化，并要求化得快、化得深、化得透。是年，全区基本实现“十化”的乡41个、支部314个，实现“四化”以下的党支部331个，“五化”的199个，“六化”的382个，“七化”的204个，“八化”的148个。“十化”运动，使党支部工作具体而形象，有衡量标准，便于操作和评估。

1959年，地委组织部下发《关于开展支部工作“三定”“五好”运动的意见》。“三定”“五好”运动是1958年支部工作“五比”“十化”运动的发展和延伸。“三定”是指一定抓好思想、一定抓好生产、一定抓好生活；“五好”是指加强党的统一领导好、贯彻群众路线好、巩固提高党的基层组织做得好，积极慎重发展党员工作做得好，党员个个达到“十有”做得好。“三定”“五好”运动较之“十化”运动，内容上更加全面。运动历时半年，全区107个公社办党校73所，训练支部骨干和党员10054人。全区2154个农村支部，“三定”“五好”运动前一类支部995个，二类支部883个，三类支部276个。运动后，一类支部上升到1379个，增加64%。三类党支部下降到106个，占5%。[5]这次创建活动，第一次形成党支部工作分类指导的思想。

1960年3月，地委组织部下发《关于开展“学赶超帮”、支部工作评比竞赛运动的意见》，在党内外大树标兵，开展大竞赛、大检查、大评比活动。通过竞赛运动，全区250个落后生产大队赶上先进队，转化率78.5%。在整风整社和“学赶超帮”运动基础上，全区开展以促进生产为中心的支部工作“五抓五好”运动，提高党员的思想觉悟，交流支部工作经验，加强支部对生产的具体领导。运动中，先进支部及模范党员不断涌现，其中临川县评出“五好”党支部217个，“五好”党员3610人。1965年，地、县（镇）委组织部抽出干部18人到15个大队党支部蹲点，抓支部工作样板。年底，各县分别评定一个党支部作为县先进党支部进行表彰。通过创建，基层党组织创先争优机制逐步建立。

“文化大革命”期间，基层组织创建活动被政治运动取代。

党的十一届三中全会后，随着党组织活动的正常开展，基层组织创建活动再次充满活力。90年代，主要是围绕农村党支部达标及后进村党支部整顿开展，致力抓两头促中间。1991年上半年，地委组织部印发《关于加强村级党支部达标运行管理的意见》，对农村党支部达标活动实行目标管理并建立奖罚制度。同时，实行发展村级集体经济一票否决制，村级集体经济未达标的村党支部不能评先。经检查考评，336个村党支部达标。地、县各级对后进村党支部进行全面整顿，地县乡三级派出193个工作小组779人帮助指导整顿工作，全区216个后进村共调整村党支部书记92人，调整村党支部委员257人；全区下派国家干部595人到村任职，其中，担任村党支部书记的66人，担任村其他职务的529人。建立地、县领导抓点挂钩制度，28个后进村转化为先进村，123个转为中间状态，仍为后进的65个。[6]结合创建，基层党组织目标管理及考核机制形成。

1993年，在对全区30个后进村自然环境、经济状况、人口因素和经济发展情况进行调查摸底的基础上，地委组织部制定《全区基层组织建设三年规划》，规划到1995年底，全区后进村党支部比例控制在2%以下，村集体经济年纯收入1万元以上，农民人均年收入1000元以上。基层组织整顿的重点转向促进经济薄弱村发展，为实现目标，采取领导蹲点、部门挂钩、干部驻村的办法，从地直和县直单位抽调干部1000人（地直机关100人、县市直机关900人）到村挂点任职，建立地、县市领导挂村联系点85个，制定挂点目标管理责任制，签订《领导干部到村挂点责任状》。其间，地委还抓了一批小康示范村，后进村党支部转化按照“小康”的标准开展工作。创建中，挂点帮扶机制进一步完善。

1995年2月，“四定包干创五好”抓后进村建设成为基层组织创建工作的重点。地县乡三级机关抽调1032名干部进驻262个后进村和122个经济薄弱村，其中，114名地直机关干部进驻46个后进村和经济薄弱村。抚州地委于1996年3月下发《关于建立县（市）委领导“四定包干”抓农村基层组织建设责任制的意见》，通过定领导工作目标、任务，定领导工作职责范围，定领导工作制度，定检查和考核办法，把县市委书记“第一责任人”、乡镇党委书记“直接责任人”的责任落到实处。通过选派工作组驻村扶助和注入一定数量资金等办法，促进后进村转化升级。到1997年12月，全区1935个村党支部，达到一类村的有1127个，占58.3%，比1994年增长3%。地委表彰200个村党支部，有118个村党支部受到省委表彰。

1998年，地委制定《抚州地区1998—2000年农村基层组织建设工作三年规划》，计划三年内使地直部门所包乡镇达到“全省党建工作先进乡镇”目标，县直部门所包村达到“五个好”目标。全区抽调干部1372人组成367个工作组到县市开展“包乡扶村”工作，其中36个地直单位包扶36个乡镇，276个县直单位包扶276个村，55个县直单位包扶55个乡镇。19名地级领导干部带头挂点，238名县级领导干部、1579名乡级领导干部分别挂点。省委下派13个工作组包扶13个乡镇。2001年，市委下发《关于开展农村基层组织建设“三级联创”活动的意见》，决定从2001年起，在全市农村基层组织开展创建“五个好”村党支部、“六个好”乡镇党委和农村基层组织建设先进县的“三级联创”活动。至2002年底，全市一类乡镇党委84个，一类村1033个，分别占乡镇总数和村总数的55.6%和53.5%。

2003年，在继续唱好农村、企业、机关党建“三部曲”的同时，加大城市社区、非公有制企业、社会团体、社会中介组织党建工作力度，开展一系列特色创建活动。制定了“红旗单位”创评活动工作方案，提出“硬件过硬、软件规范、特色鲜明、成效显著”的“十六字”工作方针，明确“红旗单位”好班子、好队伍、好阵地、好制度、好机制、好成效、好经验的“七个好”创评标准，成立由组织部门牵头，纪委、宣传、统战、财政等单位组成的协调机构。是年，市、县区两级共召开创评活动协调会94次，建立党建工作联系点198个，落实经费1500余万元。先后召开全市城市社区、农村无职党员设岗定责、非公有制企业党建和农村“双带”致富工程4个流动现场会，通过抓点示范，以点带面，推动和促进全市基层党建工作整体水平的提高，形成全市上下浓厚的创评氛围。

为深入贯彻落实“三个代表”重要思想，全面推进党的建设新的伟大工程，2003年9月，市委下发《关于在全市开展“三项创建”活动的实施意见》，在全市开展创建基层党建工作“红旗单位”，创建“抓好‘第一要务’、牢记‘两个务必’、实践‘三个代表’”先进县区党政领导班子，创建乡镇“亲民为民富民”好班子三项活动。先后召开两次全市视频会议，采取表彰大会、举办大型文艺演出、开辟电视报纸专栏、组织制作展板、在党建网设专栏等方式进行宣传，各县区按要求制定实施方案，建立领导干部联县挂乡（村）“三项创建”活动责任制。2004年，抚州市在“三项创建”活动中获得省委表彰。

2006年，全市推广金溪县合市镇“党员群众经济联合体”做法，采取党组织引导，党员干部领办，致富能手、产业大户参与，群众自愿联合的方式，发挥农村党员带头致富、带领群众共同致富作用。截至年底，全市共建立各类党群经济联合体1507个，组建联合体党支部84个、党小组505个，吸纳党员5941人，联合体成员户均年收入达1.5万元，高出全市农民户均收入3500多元，带动几十万户农民走上致富路。

2007年，根据农村群众的实际需要，抚州市实施“千名农村实用人才帮带致富工程”，组织各类农村实用人才与困难党员群众结成技术帮扶对子，为创业提供强有力的技术保障。全市共组织党员实用人才骨干780人、农村优秀实用人才1580人作为群众创业帮带人，每人帮带3～5户农民创业致富。至年底，通过资金帮扶、项目联动、信息支持、技术服务等形式，新办各类经济实体2100多个，5600余户农民

党员群众经济联合体带领群众走上致富之路

从中受益。

2008年，抚州遭受历史罕见的雨雪冰冻灾害。全市开展“党员干部户户走，抗灾救灾解民忧”主题实践活动，动员党员干部3万多人投入抗冻救灾第一线，先后组建350多支“党员抗冻救灾突击队”“党员灾后重建服务队”，开展抗冻救险等活动14.32万起。抗冻救灾期间，全市先后有8600人向党组织递交入党申请，是往年同期的3倍。中央组织部领导在全国组织工作会议上对此予以充分肯定，《人民日报》头版进行专门报道。

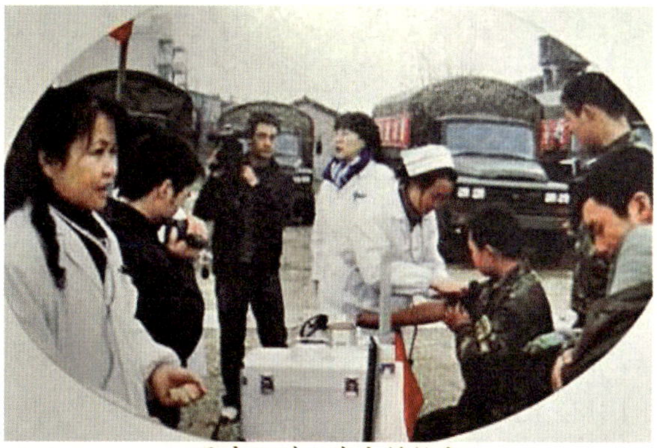
医疗队到一线支援救灾

2009年，全市在整顿软弱涣散基层党组织的同时，推行下派乡镇党员干部到村任党支部书记的“双签双挂”做法，累计选派优秀乡镇干部32批次860多人到“难点村、落后村、软弱村”任村支书，夯实党的执政基础，打造特色鲜明、成效明显的党建工作品牌。中央政治局委员、书记处书记、中央组织部部长李源潮作出批示给予充分肯定，指示在全国进行推广。2010年1月，全省选派乡镇干部到村任职工作现场会在抚州市召开。

2012年9月，抚州在全市开展以“交民友、畅民意、办民事、帮民富、聚民心，建幸福家园”为内容的“五民一建”活动。活动以“领导挂点、部门包村（社区）、干部帮户、市直机关干部社区报到”四项工作为载体，以“深入群众、摸清实情，讲解政策、温暖民心，发现问题、反映意见，化解矛盾、维护稳定，兴办实事、为民解忧，加强组织、夯实基础”为任务，全年共派出1900多个工作组驻村（社区）开展工作，做到包村（社区）工作组覆盖全市各行政村（社区）、联系群众制度覆盖全体机关干部等“两个覆盖”，累计收集民情社意2600多条，为群众办实事好事1200多件。

四、创先争优及表彰活动

在党的基层组织和党员中开展创先争优，对于树立标杆、指导工作、振奋精神、鼓舞斗志具有重要作用。新中国成立初期，抚州专区和全国各地一样，开展向抗美援朝战争中的革命英雄邱少云、黄继光等学习。在国民经济恢复的第一个五年计划期间，为配合国家的经济建设，各地利用典型报道，把先进生产单位、先进生产者的典型经验和重要成就推广到各条战线，收到较好效果。

为巩固人民公社集体经济，发展农业生产，全区党支部和党员开展学先进、赶先进、争先进竞赛活动。1959年，地委在全区开展历时半年的“三定五好”运动，在全区党员中开展“十有”评比竞赛。通过竞赛，全区一类党员增加4444人，二类党员下降2458人，三类党员下降1997人。“三定五好”运动有力地推动生产和各项工作。乐安县在夏收夏种运动中，“双抢”（抢收、抢种）速度大大加快。抚州市桥东公社前进大队组织松懈、生产落后，运动后出现全勤率。临川县文港煤矿原来每天日产煤不到20吨，通过评比，日产煤73吨，提高两倍多。党员群众作诗：“三定五好是支花，支部工作人人夸；领导方法大改进，工作生产齐增进；三定五好是法宝，促进干劲更加高；后进党员变先进，先进党员更先进。”

“文化大革命”期间，抚州也树立过很多“先进典型”，但不少脱离社会实际，先进典型走向畸形发展的道路。中共十一届三中全会以后，工作重心向经济建设转移，中央根据不同时期的中心工作任务，提出先进党支部和优秀党员的条件。1982 年，全区各级党组织普遍开展创评先进支部、评选优秀党员活动，共评选先进党支部 898 个，占支部总数的 14.3%；优秀党员 7374 人，占党员总数的 7%。此后，创先争优活动逐步推开。1984 年，“创先争优”成为加强党的组织建设的一项有效措施，“七一”前后，县市、厂矿企业普遍召开表彰大会，全区 592 个党支部和 2336 名党员受到县以上党委表彰。其中，受地委表彰的党支部 100 个、党员 200 人；受省委表彰的支部 18 个、党员 40 人。全省先进党支部和优秀共产党员表彰大会后，各级党组织及时传达贯彻会议精神，在全区进一步掀起学先进、赶先进、争创先进支部、争当优秀党员的热潮。

1985 年，“创先争优”活动与“党员联系户”“十上门”“十带头”活动相结合，涌现出一批带领农民脱贫致富的先进典型，全区 360 个党支部和 1220 名党员受到县以上表彰。1979—1986 年，全区有 1302 个党支部和 5597 人受到县以上表彰。地委组织部将 50 例先进党支部和优秀党员事迹汇编成《四化建设先锋赞》，发到各基层党组织。1987 年“七一”期间，地委组织部召开全区先进党支部、优秀共产党员事迹经验交流会。之后，各县市采取不同形式表彰先进，共表彰先进党支部 426 个和优秀共产党员 1261 人。1988 年 3 月，地委印发《关于深入开展“创先争优”活动，进一步加强党的基层组织建设的意见》，明确“创先争优”活动的目的意义，赋予“创先争优”活动新的内容。是年，共表彰先进党支部 60 个和优秀共产党员 139 人，将 8 个先进党支部、14 名优秀党员的先进事迹汇编成册，发至各基层组织供党员学习。1989 年，地委继续深入开展“创先争优”活动，在表彰先进基层党组织、优秀党员和优秀党务工作者的基础上挑选 10 名代表组成演讲队，在地直机关、12 个县市和 721 矿巡回演讲，2 万多党员和入党积极分子听取先进事迹报告。

在实际工作中，各地不断创新表彰先进与宣传先进的方式。宜黄县委组织部与县委宣传部、县文联一道，围绕优秀共产党员和先进党支部事迹开展宣传，联合举办“奉献杯”摄影大奖赛；广昌县把创先争优与学习雷锋、做“四有”新人结合起来，在全县开展向雷锋、焦裕禄学习活动，举办专题报告会、演讲会 19 次，办板报 399 期，上映影片《雷锋》20 场，组织学雷锋、焦裕禄的专场文艺演出。1991 年 5 月，全区近 10 万名党员参加“忆传统、作贡献，为党争光辉”主题月活动，举办纪念活动 3185 场次。各地还本着“时间短、见效快、事情小、影响大”的原则，组织党员助耕队，帮助缺劳力的群众耕种稻田，为敬老院改造住房，修建孤寡老人活动室，帮助敬老院开垦荒地，发展养猪、养鸡、养鱼等。新华社组织对抚州地区农村党员助耕队情况采访，并在《半月谈》发专稿。纪念建党 70 周年期间，地委表彰先进基层党组织 60 个、优秀共产党员 102 人、优秀党支部书记 96 人（其中，村党支部书记 55 人）和党员领导干部 42 人。

1993 年“七一”期间，12 个县市委表彰先进基层党组织 388 个、优秀党员 886 人、优秀党务工作者 318 人、优秀党支部书记 79 人。抚州地委表彰 24 个先进乡镇党委，向江西省委推荐先进基层党组织 9 个、优秀共产党员 9 人、优秀党务工作者 5 人。1993—1994 年，各级党组织围绕致富奔小康，不断创新“创先争优”活动内容。黎川县开展创“十、百、千”党员致富奔小康连带活动，即：村树十户、乡（镇）树百户、县树千户致富典型。金溪县在村级党支部中开展创“金溪第一村，金溪第二村，金溪第三村”活动，对评为第一、二、三村的，优先评为先进党支部，优先评为十佳村干部，书记、村委会主任优先招聘乡镇干部。1994 年 4 月，地委组织部组织全区 15 个产值 500 万元以上、利润 10 万元以上的村党支部书记赴 12 个县市作巡回报告，全区 7000 多名村干部，县、乡、农业干部听取报告。[7]

抚州地委始终把“创先争优”活动与加强和改进党的建设相结合，大力宣传优秀党员的先进事迹，增强党员的光荣感和奉献意识。1995 年，各级表彰先进基层党组织 1439 个、优秀党员 8409 人、优秀党务工作者 1176 人。其中，受地委表彰的先进基层党组织 30 个、优秀共产党员 60 人和优秀党务工作者 50 人；受省委表彰的先进基层党组织 10 个、优秀共产党员 10 人、优秀党务工作者 10 人；受县市委表彰的先进基层组织 428 个、优秀党员 1113 人、优秀党务工作者 484 人。1996 年 1 月，地委召开 1995 年度地直包村先进单位、先进驻村工作组和优秀驻村干部表彰会暨 1996 年下派驻村干部动员大会，共表彰地直包村先进单位 10 个、先进驻村工作组 10 个、优秀驻村干部 30 人。同年“七一”期间，全区各级党委开展表彰先进活动，其中，地委表彰 50 个先进基层党组织，110 名优秀共产党员和 80 名优秀党务工作者，富奇汽车厂党委被中央组织部授予全国先进基层党组织称号。

1995 年 6 月，全区先进基层党组织、优秀共产党员和优秀党务工作者座谈会代表合影

2000 年开始，抚州广泛开展“三级联创”活动，全市用于奖励先进集体和个人的奖金共 140 多万元，其中市本级 60 多万元。受市委表彰的优秀乡镇党委书记 76 人中，先后有 70 人得到提拔重用，在全社会形成“得面子、奖票子、给位子”的创先争优氛围。2003 年初，市委制定《全市农村基层组织建设“三级联创”考评方案》，建立县、乡、村三级党组织和三级书记抓党建的责任制，全市 30 名市级领导干部带头建立联系点，275 名县级领导干部联系 492 个村，570 个市、县区直部门共下派干部 1425 人抓农村基层组织建设。5 月，市委制定《在全市党的基层组织和党员队伍中开展“红旗单位”创评活动工作方案》，明确好班子、好队伍、好阵地、好制度、好机制、好成效、好经验的“七个好”红旗单位创评标准，全市确立农村、机关、学校、非公、社区、社会团体和社会中介组织六个争创全省“十面红旗”的工作重点，成立由组织部门牵头，纪委、宣传、统战、财政等单位组成的协调机构。市、县区两级召开创评活动协调会 94 次，建立党建工作联系点 198 个，落实创建经费 1500 余万元。是年“七一”和“十一”期间，抚州电视台新闻节目开辟“争创十面红旗单位巡礼”专栏，宣传创评活动好做法、好经验、好典型。

2004 年，在县区开展“抓好‘第一要务’、实践‘三个代表’、牢记‘两个务必’”先进县区党政领导班子创评活动，在乡镇开展“亲民为民富民”好班子创评活动，在基层党组织开展“红旗单位”创评活动。同时，还开展“五个十”活动，即在党政系统评选“十大公仆”；在工交商贸系统评选“十大标兵”；在政法系统评选“十大卫士”；在农林水系统评选“十大榜样”；在科教文卫系统评选“十大楷模”，激发广大党员干部干事创业的热情。同年“七一”表彰中，资溪县、南丰县被评为全省“123”先进县级领导班子，南城县徐家乡五帝村、临川区青云街道办事处金巢社区、资溪县面包协会、黎川一中、金溪县合市镇等5个单位被评为全省基层党建“十面红旗”单位，东乡县黎圩镇等5个乡镇领导班子被评为“亲民为民富民”好班子，临川区东馆村等11个村党支部被评为“三培两带”先进村党组织，郑建高等11人被授予全省“双带”致富标兵。全市共有基层党组织670个、党员3512人受到各类表彰。其中，受到省级表彰的先进党组织23个，市级表彰的党组织127个，县区级表彰的党组织353个；受市级表彰的优秀共产党员89人、优秀党务工作者53人；受县区级表彰的优秀共产党员890人、优秀党务工作者365人。

2005年，结合乡镇“三民”好班子创建活动，在全市开展“双评双促”（基层评议机关、群众评议干部，促工作水平提高、促服务质量提高）活动，把农村基层组织建设创评的范围扩大到县区部门和乡镇站所。2007年，抚州开展“整合优势资源、打造精品长廊”基层党建创优活动，按照“一年抓基础、三年见成效、五年全覆盖”的思路，采取领导力量倾斜、优势资源集中、项目资金捆绑、部门挂点帮扶等措施，高标准打造25个党建综合示范点，培植出抚州异地社团党建、农村产业协会党建、临川教育集团党建、党员服务网络建设、工业园区党建等五张“名片”。

随着农村产业协会的迅速发展，农村产业协会党的建设成为基层党建又一重点。2008年，市委组织部打破原先按地域设置党组织的传统做法，以产业协会为依托，跨村、跨地域设置党组织，把“党组织建在产业链上，党员聚在产业链上，群众富在产业链上”，实行“党组织＋协会、协会＋基地、基地带群众”。一大批产业协会不断做强做大，带动近百万群众创业致富。其中，资溪面包协会党委把党组织建立到全国30多个大中城市，带动10万面包大军创业，被中央组织部授予全国先进基层党组织称号，中央电视台、《人民日报》相继进行报道。

2010年，抚州市开展以“创建赶超堡垒、争当进位先锋”为主题的创先争优活动。活动期间，抚州市遭受百年不遇、历史罕见的特大洪涝灾害，抗洪抢险和灾后重建成为创先争优的实践阵地，广大党员干部积极投身抗洪救灾一线，涌现出徐火根、何子龙等一批抗洪抢险先进典型。中央组织部部长李源潮作出重要批示：“江西抚州基层党组织和广大干部、党员，在大堤决口的生死关头，救人在前，抢险在前，安置灾民在前，很好地体现了基层党组织的战斗堡垒作用和党员、干部的先锋模范作用。”给全市各级党组织和广大党员干部以巨大鼓舞。抗洪救灾后，全市开展以“部门包乡、干部包村、党员包户”为载体，以“办实事、解难题、保稳定、促发展”为目标的万名党员干部“三包为民”活动，为党员干部在农村一线创先争优搭建实践平台。

“三民”好班子创建活动在基层

2011年，全市开展“鼓士气、顺民心、树新风”主题教育活动，以

大学生村干部帮助转移被洪水围困群众

"送政策、送科技、送服务、送温暖"和"治懒、治散、治乱、治庸"为内容，全市党员干部走出机关调查研究、收集民意、排查矛盾、解决问题，为民办了一批实事好事，省政协主席傅克诚对抚州市开展的"鼓士气、顺民心、树新风"主题教育活动给予充分肯定。是年，全市确定以选派机关干部到村任职、"部门包扶、城乡互助"、异地社团协会党建、大学生村干部创业、名牌学校党建等7个省级基层党建创新实施项目。其中，南城县大学生村干部危冬发以创业典型身份，在全国大学生"村官"工作会议上作典型发言。"七一"期间，资溪面包行业协会党委再次荣获"全国先进基层党组织"称号，有5个基层党组织和8名优秀个人受到省委表彰。

2014年，江西省考核评比表彰大瘦身，抚州停止"创先争优"表彰活动。

五、村级组织活动场所建设

抚州解放后，在建立地方政权的同时，废除保甲制，农村基层党组织和政权组织逐渐建立。1950年全区共组建行政村1692个，并设立行政委员会，办公场所因陋就简，普遍设在祠堂、庙宇等村落公共建筑内，或占用地主豪绅房屋。

1958年建立人民公社，人民公社下设生产大队、生产小队，实行组织战斗化、生活集体化，在推行供给制的同时，家庭副业和部分生活资料充公。各地大办集体食堂，一些生产大队、生产小队建有简易平房，即为大队部、小队部，也是大队党组织的活动场所。有的村级组织活动场所设在大队仓库，有的与小学合在一起。1961年4月《农村人民公社工作条例（草案）》颁布后，人民公社正式施行"三级所有、队为基础"，农业生产稳步回升，村级集体经济有了一定积累。此后，各地新建一批土木结构的大队部、小队部，为农村党员干部学习和群众会议提供了场所。80年代，农村推行家庭联产承包责任制后，实行统分结合的双层经营体制，村级集体经济发展停滞，少数村级组织活动场所逐渐破败，有的地方村组办公、开会在村组干部家中进行。1988年，按照中央、省委部署，抚州围绕"四场一店"发展壮大集体经济，部分集体经济积累多的村兴建了村级组织办公楼。与此同时，始于1988年的农村中小学"校园六配套"建设，为改善村级办公条件提供了契机，一些村委会迁入新建的村小学办公。

2002年，抚州市提出用3～5年时间消灭无活动场所村的目标，并落实县级党员领导干部挂村制度，对经济薄弱的村，特别是无活动场所的村，安排市、县领导挂点，市、县直部门包村，乡镇领导蹲点等措施，抓好村党组织活动场所及阵地规范化达标建设。为改善村级组织办公条件和村民居住条件，南丰县率先实施以告别破旧村部、告别破旧民居、告别破旧公路为主要内容的“告别三旧”工程，筹资610余万元新建或规范了130个村的党支部阵地建设，对新建或装修的村部补助2000元电教设备配套资金。2002—2005年，各级包村部门筹措资金800多万元，帮助新建和改造维修一批村级办公楼。一些地方还发动乡贤捐助、实行土地转让，解决村办公楼建设资金难题。宜黄县棠阴镇民主村利用土地权属，与投资方共同开发建设办公楼，投资方得店面，村委会得办公楼。各县区委对维修村办公楼的村委会给予1000～3000元资助，对新建村办公楼的村委会给予3000～20000元资金补助，调动村级办公用房建设的积极性。[8]4年中，全市累计改造装修村办公楼420多个，与学校共建40多个。一些村集体经济较好的村，则自筹资金兴建办公楼，政府给予规费方面的政策优惠。

2005年6月，中央政治局常委会议在研究保持共产党员先进性教育活动有关问题时决定，采取以地方财政投入为主、中央财政适当补助和党费予以支持的办法，抓紧解决村级组织无活动场所问题。以此为契机，抚州市投入近千万元，对1300多个村级组织办公场所进行重建或修缮，缺办公用房的基层党组织由2004年的112个降至55个；新增社区便民服务网点620余个，新建社区服务、休闲场所270个。

2006年1月24日，中央组织部、发改委、财政部联合下发《关于抓紧解决部分村级组织无活动场所问题的通知》，召开全国村级组织活动场所建设工作主题会议，决定从2006年开始，在全国集中建设一批村级组织活动场所。是年，抚州市以基层党建“十面红旗”创建活动为契机，将单位、企业、学校等闲置空房改建或扩建成活动场所，解决党员活动阵地问题。在党组织活动阵地建设中，注重资源共享，避免重复建设。一是同类党组织共享。一些地方在财政局设立老干部党支部活动中心，在社保局设立转制企业党支部活动中心，在工业园区党工委设立客商企业党支部活动中心等，供没有活动场所的同类别党组织共同使用。二是对应党组织共享。根据社区党组织以周六、周日活动多、工作日活动少，而驻区单位党组织与此相反的情况，实行工作日、休息日交替使用；在农村，根据农业产业协会场所使用季节性强的特点，将产业培训中心与党员活动室结合起来，要培训时开展培训，不搞培训时组织党员活动，使资源得到充分利用。

2007年，结合新农村建设，各地统筹安排村级组织活动场所建设。抚州市制定下发《关于认真解决集体经济薄弱村村级组织办公场所问题的意见》，多次召开村级组织办公场所建设工作现场会，规定完成时限，并采取明察暗访等形式，抓好检查督促。市委组织部下发《关于统筹安排部门帮扶新农村建设点及村级组织活动场所建设点的通知》，在安排新农村建设点时，结合村级活动场所建设点统筹考虑。各地在安排市直部门帮

现场指导村级组织活动场所建设

扶点时，对有村级组织活动场所建设任务的新农村建设点，优先安排市直单位挂点帮扶。全市 268 个村级组织活动场所建设项目，有 100 个项目点是新农村建设点，共安排 34 个市直单位和 248 个县直单位进行帮扶。各地采取“财政拨一点、共建单位援一点、基层党组织筹一点、党员能人捐一点”的办法，落实项目资金。2008 年 4 月，为将新建活动场所成为融党员活动、村民议事、便民服务、教育培训、文化娱乐于一体的“五个中心”，市委组织部印发《抚州市村级活动场所“五个中心”建设的实施意见》，提出坚持把服务贯彻始终；坚持因陋就简、不增加乡村债务和农民负担；坚持贴近实际、贴近农村、贴近农民；坚持整合资源、形成合力；坚持循序渐进、分阶段推进。重点解决资金来源、人员管理、场所利用、活动安排、场所管理问题。通过“领导力量倾斜、优势资源集中、项目资金捆绑、部门挂点帮扶”等措施，抓好市级、县级基层党组织综合示范点的建设，基本实现“硬件过硬、软件规范、特色鲜明、成效显著”的目标。黎川县结合“一企联一村”，发动挂点企业出资村级活动场所建设；资溪县采取一名县领导挂点和 3 ~ 5 个县直单位共同挂村的办法，帮助解决村级活动场所建设资金问题；东乡县通过盘活村级资产，将旧的活动场所拍卖，筹集资金进行村级活动场所建设。2010 年 5 月，抚州市开展“村级组织活动场所建设攻坚年”活动，实施第二轮村级组织活动场所建设并下发实施方案。设定村级组织活动场所覆盖全部行政村的目标，采取“上面争一点、财政拨一点、村里拿一点、社会募一点、党费给一点、事业经费安一点”等“六个一点”的办法，筹措资金新建村级活动场所。

2010 年，黎川县举行村级组织活动场所竣工典礼暨授牌仪式

2006—2012 年，抚州实施两轮村级活动场所建设，全市各级财政共投入资金 8847 万元，其中市财政投入资金 2200 多万元，县级财政投入资金 3347 万元。截至 2012 年 6 月，全市完成村级组织活动场所新建项目 927 个，其中：中央项目 353 个，省级项目 150 个，市级项目 56 个，县级项目 341 个。尽管如此，全市仍然有 137 个村无村级组织活动场所。根据省委《关于进一步加强和改进党的基层组织建设的意见》要求，2013 年全市确定改造村级组织活动场所项目 89 个，2014 年确定 88 个，并按计划组织项目实施。

六、村级集体经济建设

（一）村级集体经济发展

土地改革完成后，抚州专区经历短暂的互助组生产形式，从 1953 年 3 月开始试办农业生产合作社。到 1957 年 12 月，全区 99.5% 的农户加入农业生产合作社，实行“统一经营、统一管理、统一核算、统一分配”，村级集体经济由此形成。

1958年下半年，农村人民公社化后，域内划分1403个大队、11424个生产队，村级“组织军事化、行动战斗化、生活集体化”，不但生产资料公有，家庭副业和部分生活资料也实行公有，各地推行供给制，设立公共食堂10176个，在食堂吃饭人数达122.09万人，占农业人口的90.7%。农民群众纷纷杀鸡宰猪，砍树伐木，造成生产力的极大破坏，给农业生产带来灾难性后果。

1960年11月始，中央下发《关于农村人民公社当前政策的紧急指示信》（即农业十二条），纠正“共产风”，自留地和社员家庭副业成为社会主义集体经济的补充。1961年4月，中央颁发《农村人民公社工作条例（草案）》（即六十条），抚州大规模整社工作展开，取消分配供给制，停办公共食堂。之后，人民公社正式实行“三级（公社、生产大队、生产队）所有，队为基础”分配制度，坚持“各尽所能，按劳分配”原则。1962—1965年，域内普遍推行劳动、生产、计划、财务四大管理，生产队实行“四定”（定时、定质、定量、定工分）小段包工、季节包工或长年包工，按分计酬，少数地方推行“三自一包”，农业生产稳步回升。“三级所有、队为基础”为村级集体经济发展提供制度保证。但是，各地村级集体经济基础薄弱，积累少，农户超支欠债比较普遍。

“文化大革命”期间，“左”倾错误严重，社员经营自留地和正当家庭副业被当作“资本主义尾巴”，否定按劳分配，推行“政治评分”。人民公社僵化的管理模式，抑制生产力发展，农村经济停滞不前，村级集体经济没有积累，有的甚至长期亏空。以南丰县古城大队跃进生产队为例，1978年年终分配，全年收入5638.47元，扣除超支户欠队里1885.9元、库存粮食（含下年种子）折金、存栏生猪估价、池塘内鱼估价等2062.47元，已购下年度生产队用化肥、农药782.26元，现金仅有907.84元。农户家庭也没有积蓄，仅能维持吃饭，劳动力少、人口多的家庭，全年工分报酬不够分到粮食折金。该队27户人家，其中超支户9户，欠款户少的17.89元，多的621.52元。[9]好在不管工分多少，口粮还是有分配。

中共十一届三中全会后，“左”倾错误影响被逐步清除。自1979年始，抚州地区农村由“联产到组”改为“联产到劳”，少数地方开始实行“包产到户”。1981年夏收期间，域内农村推行以“包干到户”为主体的生产责任制，对社、队原有土地、鱼塘、山林、果园、大型机械等基本生产资料，按人口或人劳比例分给农户使用。由于实行农户自主经营，在收益分配上“交够国家的，留足集体的，剩下的全部归已”，激发了农户家庭生产经营的积极性。少数地方将成片的山林、果园、水库、鱼塘等以及靠近城镇的村组所有的店面、仓库、厂房等留于村组，未作分配，实行租赁经营，实现村级集体经济的保值增值。至1985年，全区村办企业实现工业总产值5343万元，组办企业673万元，共占农村工业生产总值的26.03%。而那些将集体资产分光的村组，由于没有集体资产，成了“空壳村”。

实行家庭联产承包责任制后，村干部报酬、五保户供养、村级办公经费等村级开支按农户承包土地面积摊派，从村提留中开支。随着村级开支不断增长，村提留标准也不断提高，从每亩几十元逐年提至数百元，农民怨气大，拖欠多，导致干群关系紧张。由于没有集体经济支撑，工作无法推动，有的村级组织运转出现困难，这一问题引起中央关注。从1988年开始，中央、省委多次研究部署发展村级集体经济工作，并列为加强村级组织建设的四大任务之一。1989年，地委组织部在南丰县召全区村级建设经验交流会，重点研究部署集体经济发展问题，各县市委组织部部长、农经委主任、农业局局长、林业局局长和部分村党支部书记共 120 多人参加。会后，全区围绕农业开发“661”工程的“四场一店”，掀起发展村级集体经济热潮。1990 年，地委下发《关于加强村级建设的意见》，强调村级集体经济在加强基层政权建设、促进共同富裕方面的重要作用。至是年 9 月，全区兴办村级林场 902 个，面积 63.5 万亩；果园场 752 个，面积 3.8 万亩；养殖（鱼）场 579 个，面积 2.2 万亩；各类加工厂 1245 个，服务商店 262 个，村级经济收入达 2150 万元。

1991 年，全区村级集体经济发展步伐加快，其中，新开发林果场 399 个，面积 9.7 万亩；新开发果园 807 个，面积 6.6 万亩；新开发水面 2.1 万亩，新办加工厂 430 个，新建集体养猪场 37 个。全区 357 个“空壳村”摘帽 43 个，145 个村开始起步，169 个村的集体经济有了启动项目。1993 年，全区抽调 840 名机关干部挂点 172 个小康示范村和 302 个经济薄弱村，通过挂点驻村，村级建设和集体经济均有较大改观。据 1994 年 1 月挂村情况检查，全区 302 个经济薄弱村集体经济明显增强，90% 以上或兴办企业，或栽种果树，或开挖鱼塘，30% 的村获得资金收入。东乡县何家村，金溪县合源村、岭上村，1992 年以前无分文收入，1993 年纯收入分别为 4000 元、3000 元、2000 元。全区新办村企 2686 个，其中，种养业 1176 个，工业企业 1012 个，商业服务业 471 个，其他 27 个。据统计，1993 年全区村级集体经济纯收入近 6000 万元，比 1992 年增长 82.7%，其中，村级集体经济年纯收入 10 万 ~ 19 万元的 25 个，2 万 ~ 9 万元的 625 个，1 万元以下的 1094 个。

在村级集体经济发展过程中，各地积极探索新的经营模式。1994 年，一些乡村通过“公司 + 农户”及股份制方式联合农户办经济实体，既促进农民致富，也壮大村级集体经济。尽管如此，全区村级集体经济村平 2.2 万元，大部分村靠收取提留过日子，无实体性收入，有的村入不敷出，无钱办事，实力较弱的状况仍未改变。

“四定包干创五好”抓后进村建设工作启动后，村级集体经济再次引起各级党组织重视。1996 年 4 月，地委、行署出台《关于加快发展村级集体经济的意见》，在全区开展创评“十强乡镇、百个明星村”活动，进一步明确发展目标和措施。各地除财政安排一定启动资金外，各县市采取“四个一点”，即财政拨一点、单位给一点、乡村配一点、个人集一点的办法筹措资金。当年，全区投入启动资金 1370.78 万元，其中，各级包村单位带资 441.78 万元，财政拨款 435 万元，群众筹资入股 486 万元，新上项目 172 个。通过上述措施，全区村集体经济平均收入达到 3.01 万元，有 133 个村达到 10 万元以上，22 个村达到 20 万元以上，1 万元以下的薄弱村由 540 个减少到 185 个。重点整顿的 262 个后进村，平均收入 2.1 万元，增加 1.46 万元。崇仁县采取明星村与后进村结对，提供援助资金帮助创办企业、发展果业。1995 年，广昌县杨溪乡高排村是个经济薄弱村，在新支部书记带领下，筹资兴建砖瓦场、茶树菇接种厂，1996 年村集体经济收入达 12 万元。

进入 21 世纪后，在城镇化、工业化的发展进程中，一批近郊、国省道沿线村（社区）通过征地拆迁，获取一定数量的土地出让金，除补偿失地农民、居民外，通过兴建（办）企业、厂房仓库，购置店面，再招租经营，一部分村集体经济驶入快车道。一批资源优势村围绕农业产业化服务做文章，闯出村级集体经济发展的新路。南丰县市山乡的村党组织，通过为桔农提供产前、产中、产后服务，增加村集体收入。随着村集体经济的不断发展，2008 年始，抚州组织村、社区党支部书记、主任到山东、江苏、浙江、南昌等全国明星村学习考察，开展“百万元村”“千万元村”创建评选活动，推进村级集体经济发展。2009 年，全市 1806 个村中，村集体经济年纯收入 10 万元以上的达 61 个，比 2008 年增加 16 个，资产过百万元的村有 62 个，比2008年增加27个，其中资产过千万元的村有2个。

在城中村与近郊村集体经济发展方面，一批村级组织通过联合创办村级创业园、购置固定资产等方式，实现资产保值增值。金巢开发区城西街办组织南关、西岸、南岸、东津等村（社）筹资1000多万元，注册成立抚州市同创实业公司，创建全市第一家村（社）联办的村级创业园，公司以股份制模式运营，村（社）以实际出资确定股份。同创实业公司以村级创业园为平台，以有色金属加工为引资项目，建有轻钢结构标准厂房14栋，建筑面积达2.1万平方米。园区占地100多亩，先后引进华亿铜业、兄弟铜业、兄弟铝业、联富铜业、华东铜业等企业入园，引资总额2亿元，安排就业700余人，村级增收200多万元，村（社）集体资产快速升值，南关社区资产增至3200万元，南岸、西岸、东津等村（社）相继迈入"千万元村"行列。

在"城西模式"的影响和带动下，一些村（社）相继创办工业园，全市掀起村级经济发展热潮。2010年，金巢开发区进一步推广"城西模式"，规划500亩土地用于发展块状经济。金溪、资溪、南丰、临川等县区村级组织相继创办5个村级创业园。其中，金溪县对桥乡龚家村创办金溪县第一个村级工业园，占地500亩，江西金凯化工公司及铝加工等企业落户园区。资溪县鹤城镇泸声村筹资80余万元修建5个标准厂房，面积4000平方米，先后引进石材、木竹、铜制品加工企业落户，村集体每年厂房租金收益近20万。除了厂房出租，泸声村还通过店面出租，每年为村集体经济增收6万多元。

2004年9月，江西省林权制度改革后，原集体山场分到户，各地依托林场、园艺场获取集体收入的渠道不复存在，村集体经济收入锐减。2006年1月11日，随着《农业税条例》的废止，"三提五统"及各种规费杂费取消，农民负担减轻。税费改革后，村级组织运转经费通过财政转移支付形式进行补助，转移支付力度逐年增加，在征收社会抚养费的过程中，村级组织还获取部分返还，各地发展壮大村级集体经济的意愿下降，村级集体经济发展停滞不前。

临川区腾桥镇腾桥村引进的企业

2009年抚州市百万元村情况

表3-2　　　　单位：万元

村（社）名	固定资产	银行存款	经营性收入（年）	债务	净资产
金巢开发区城西街办南关居委会	2800	350	25	0	3150
资溪县鹤城镇泸声村	620	93	22	0	713
南丰县琴城镇朝先村	128	111	10	0	404

续表：3-2

村（社）名	固定资产	银行存款	经营性收入（年）	债务	净资产
金巢开发区城西街办南岸居委会	380	90	159	0	470
广昌县盱江镇清水村	80	120	39	0	380
东乡县孝岗镇大富社区	470	0	19	134	336
资溪县鹤城镇沙苑村	305	72	—	43	334
崇仁县石庄乡曾家村	334	0	12	9	325
金巢开发区城西街办西岸居委会	210	100	—	0	310
黎川县日峰镇回上村	226	4	12	2	290
崇仁县巴山镇东门村	276	7	7	0	283
崇仁县巴山镇宝水村	222	50	2	0	276
金溪县对桥乡对桥村	200	6	2	60	208
南城县徐家乡五帝村	130	49	72	23	203
南城县建昌镇五里庄村	90	110	—	10	190
南城县建昌镇花楼下村	120	80	32	0	200
宜黄县凤冈镇桥头村	220	0	11	30	190
广昌县长桥乡上凡村	164	0	1.2	0	184
南城县建昌镇万年桥村	160	20	3	0	180
南丰县琴城镇茅店村	120	25	4	0	165
金巢开发区钟岭街办长岭村	139	26	8	0	165
资溪县鹤城镇西郊村	167	0.4	8	3	164
乐安县鳌溪镇石塘村	144	7	3	0	155
金溪县秀谷镇陶家村	170	0	1	20	150
南城县徐家乡圳上村	134	12	20	19	147
崇仁县三山乡长仁村	127	1	0	15	145
南城县徐家乡游家村	117	18	25	30	145
金巢开发区钟岭街办李家村	120	21	0.4	0	141
崇仁县河上镇山背村	138	0	—	3	137
南城县株良镇路东村	85	40	18	3	140
南丰县市山镇梓和村	128	8	8	0	136
资溪县高阜镇初居村	144	0	2	100	134
金溪县黄通乡关王村	102	11	18	0	130
广昌县盱江镇北门村	120	10	10	0	130
南城县万坊镇黎家边村	124	4	12	0	128
南城县万坊镇南坑村	118	10	5	0	128
南丰县东坪乡田溪村	120	0	20	0	120
金溪县对桥乡龚家村	50	10	2	0	120

续表：3-2

村（社）名	固定资产	银行存款	经营性收入（年）	债务	净资产
南丰县洽湾镇西坪村	50	95	30	26	119
崇仁县巴山镇巴山村	112	0	15	0	118
宜黄县中港乡鹿岗村	109	3	40	36	115
资溪县高阜镇孔坑村	128	0	—	18	110
资溪县鹤城镇大觉山村	153	6	—	94	109
东乡县孝岗镇张坊村	120	0	10	13	107
广昌县盱江镇顺化村	9	100	0.3	24	116
资溪县高阜镇高阜村	116	0	4	12	106
金巢开发区城西街办东津村	90	15	8	0	105
金巢开发区钟岭街办张家村	78	26	13	0	104
宜黄县二都镇山前村	70	0	20	3	102
东乡县孝岗镇东门社区	100	0	—	0	100

（二）村级集体经济管理

管理形式　从初级社到人民公社，域内农村社、队配有会计、出纳、保管员，其职责分工为：会计管账，出纳和保管管钱物，队长不兼出纳、保管。1954年，以区为单位成立会计辅导组，会计员利用当街上圩时间，携带账簿向辅导员请教。人民公社时期，公社一般配备总会计1人，助理会计2～3人，审计员1人，出纳兼保管1人，建立严格的验收、登记、逐日上报制度。

实现家庭联产承包责任制后，农村集体观念淡化，村级财务账目混乱、收支不清等现象较为普遍。1992年5月18日，地区行署印发《抚州地区农业承包合同管理制度（试行）的通知》，要求农村集体组织，在发包耕地、水面、茶果园、企业、农机等其他生产资料时，都须按《通知》要求，书面签订承包合同。农业合同签订多数由村委会（村公所）代行，少数县市成立村经济合作社，代行政村签订承包合同。

2003年5月，全市成立乡镇财务核算中心和村级财务代理制度。农村经管站在乡镇财务核算中心成立村级财务代理专柜，代理村级财务，全面推行"村账乡代理"。村级财务实行"三级"监督，"村民理财小组"负责一级监督，核算中心进行二级监督，县区农村经管部门进行三级监督。2009年，崇仁县建立乡镇、村级公共资源交易阳光操作机制，对土地、山林、滩涂、水面等公共资源交易实行公开招标。东乡县黎圩镇建立《村务公开实施细则》《村级财务管理制度》《集体资产管理制度》等制度，推进农村集体"三资"（资金、资产、资源）管理制度化和规范化。该年交易公共资源7宗，交易资金77.98万元。

2011年9月29日，市纪委、监察局、农业局、财政局联合下发《抚州市农村集体资金资产资源实行"三议三审三公开"监督管理的实施办法（试行）》，由村"两委"提议、村民主听证会参议、村民大会或村民代表会议决议，通过审流程、审合同、审票据，实现公开议案、公开过程、公开结果，对农村集体"三资"实行全程监督。11月10日，召开全市农村集体"三资"监管工作推进会，推进农村集体"三资""流程化管理、网络化监督、常态化运行"。

管理内容　1953年，域内农村初级社普遍采用上收下付流水账和横式现金收付记账，会计科目有10个，账簿名称包括现金流水账、现金分类账、实物分类账、评工记分账、副业账等。

各户入社的土地、耕牛、农具附表列在社账后或另设登记册，其他如有收付另设账簿。1957年全面推行借贷记账法，会计科目增至20多个。1958年人民公社会计科目包括收支类、资产类、资产负债类（大队往来、其他往来等）；生产大队所设科目有收支类、资产类、负债类、资产负债类。1959年4月起，域内公社总会计采用14个会计科目和“四账一簿六表”法，分门别类进行核算。

1982年包干到户后，域内生产队会计核算内容为“五账三簿一册”（即现金日记账、粮食物资账、固定财产账、总分类账、社员往来明细分类账；土地承包登记簿、集体用工登记簿、票证登记簿；社员包干结算手册）。会计核算所要反映和监督的内容已不再是生产过程中经济活动为主，而是专用基金和合同提取资金的收、管、用。由于业务范围变化，会计科目调整为15个。1997年1月1日起，财政部、农业部出台《村合作经济组织财务制度（试行）》，设置30个村合作经济组织会计科目，包括资产类、负债类、所有者权益、损益类等。

清理财务 1960年在“三反”运动中整顿农村财务，公社各级管理费（含半脱产干部补贴工分）控制在总收入的2%以内，健全财务审计、记账、保管、结账、财务公开制度。

实行包产到户后，胡支乱用、贪挪盗占村级财务的现象逐渐增多，农民对此反映十分强烈。1983—1985年，域内结合整党、社教开展农村财务整顿，成立乡农经站，多次进行财务清理，摸清村级集体经济家底，落实债权债务，理顺经济关系，查处一批贪挪占等经济案件。1988年，全区村组固定资产6589万元，现金1189万元，产品物资227万元，债权3541万元（含农户欠款和未收回下放财产折款2459万元），债务2224万元。1989年地区行署办公室下发《关于管好用活集体资金的意见》，要求各地贯彻落实中办发〔1989〕27号文件精神，对财务清理工作进行检查，清理村、组集体财务。次年，农经部门对134个乡镇、1078个行政村进行清财，清理固定资产3935.64万元，现金存款784.15万元，债权2940.15万元，债务921.44万元，收回旧欠601.2万元，占应收回总额20.45%，审计出贪占挪及旧欠款185万元，收回28.7万元。1991年11月，南城县制定《农村财务清理整顿操作要点》，对1987年1月1日—1991年9月30日的村级财务进行专项清理，主要对企业和所属单位及互助储金会，清理内容包括钱物、账目、承包金、欠款4个方面。清理后，在及时公布清理结果的同时，出台《南城县农村财务管理制度》《南城县集体提留和统筹管理办法》。

1998年10月中旬至12月底，全区开展清产核资工作，10个县市的乡、村两级共负债2.4亿元，其中，流动负债1.54亿元，长期负债0.86亿元，每个乡镇平均负债127.7万元，每个村平均负债13.46万元。1999年9月下旬至10月下旬，根据国务院办公厅《关于彻底清理乡村两级不良债务的通知》和省政府办公厅《关于印发江西省清理乡村两级不良债务工作方案的通知》，采取乡村自查、地县（市）抽查的方式，对域内乡镇政府、村委会（含村小组）和乡镇集体经济组织1998年12月底前自身各种债权、债务和担保形成的各种债务进行全面清查，共清查205个乡镇、9个农（林）场、1949个村委会，清出自身形成债务和担保形成债务总额为94553万元，其中村级债务总额35048万元（自身债务32787万元，担保债务2261万元），平均每个村债务18万元。自身负债最高的是南城县株良乡株良村266.2万元，无自身债务的村43个，占2.21%；担保负债最高的是南城县万坊乡庙前村152.1万元，无担保债务的村1659个。

2005年，全市开展村干部任期和离任经济责任专项审计，共成立144个审计小组，审计944个村，审计资产2.2亿元，提交审计报告286件，审出违纪案件5件，违纪金额671万元。2006年，根据农业部《关于开展全国村级债务债权摸底清查的通知》和《关于进一步加强村级债务管理坚决制止新增债务的通知》精神，按照“制止新债、摸清底数、明确责任、分类处理、逐年消化”的要求，开展村级债务债权摸底清查工作。2008年，全面推行村级财务人员持证上岗，临川、崇仁举办农村财务培训班4期，培训学员300余人；结合第七届村委会换届选举，金溪县开展村级资产清理和村干部离任审计，共审计141个村委会。此后，村级财务公开工作进一步规范，村级财务任期经济责任审计及离任审计渐成制度。2011年6月20日至11月30日，全市共组织40个审计组开展村干部任期和离任经济责任专项审计。通过审计,村务公开的透明度增强,财务管理更加规范。

七、农村基层干部队伍建设

抚州解放后，随着农村基层政权建设的不断加强，基层干部队伍逐渐形成并不断壮大。至1956年，全区有乡党总支正副书记661人，总支委员1930人；乡党支部正副书记1217人，委员2755人；农村党员9641人；非党员乡主要干部229人。为提高乡党员干部工作能力，1956年，各县市根据党员训练任务和农事季节特点，普遍开办一期以上支书、支委训练班，训练支书支委4197人（含部分农业社领导骨干）。地委党校则训练乡党总支书记140人，乡脱产干部10人，高级社主任49人。[10]

1959年8月，抚州开展以“立场坚定，思想先进好；干劲充足，勤学苦练好；执行政策，完成任务好;艰苦朴素，劳动锻炼好;联系群众，增强党的团结好”为内容的农村基层干部“五好”竞赛，通过互相评比、互相监督，开展批评与自我批评，学先进、赶先进、超先进，领导方法和工作作风有明显改进。1961年，利用农事空闲，采取短训多轮的方式，开办夜党校或业余红专学校，加强形势和任务教育、“三面红旗”教育、组织纪律性和两条道路斗争教育；推广“二五”制领导方法，解决基层干部工作、学习矛盾，组织学习党的方针政策和毛泽东著作。“文化大革命”中，政治运动成为农村基层干部的主要工作内容。

中共十一届三中全会后，农村发生深刻变革。1981年，抚州结合基层党组织领导班子考察，选拔一批中青年党员充实支部领导班子，并通过民主选举，改选农村党支部1549个。实行家庭联产承包责任制后，村党支部书记既是领导者，又是劳动力，一心挂两头的问题较为突出。1988年，地委组织部下派199名国家干部到村任职。随着一批年老农村基层干部的离任，各地出台措施真情关爱退职农村基层干部。黎川县樟溪乡党委对担任过村支部书记、村主任、村会计的，每月分别发给25元、20元、15元生活补贴；对身体较好、有一定工作能力的，安排一些力所能及的工作。每年春节，乡党政班子成员到离任乡村干部家中慰问，对生活困难的,还给予一定经济补助,对生病住院的，党委派人看望。

1990年，各地采取“三结合”办法选配村干部，从县乡干部中、从外村或乡属企事业单位选派村干部。全区7815名村支部班子成员，由县乡下派的国家干部671人，本村留任或新选拔7092人，外村交流52人。此外，各地选配一批政治素质好、年纪较轻、文化程度较高、带领群众致富能力强的党员担任村党支部书记。同年，全区552个村党支部改选书记，其中县乡下派的149人，占27%，文化结构及年龄结构明显改善。针对一些地方村干部“一年忙到头，报酬没望头，工作无劲头”，以及农民交“赌气钱”、干部收“憋气钱”的现象，村干部工资改为乡镇统筹统付，按月给付，工资来源由县、乡、村三级分摊负担。据统计，全区村干部年工资费用 757 万元，其中县市财政拨款 108.7 万元，乡镇财政负担 129 万元，村级经济负担 216.3 万元，税费提留 303 万元。村干部工资收入增加 30% 以上，全区农民减负 200 万元。此外，为了使村干部老有所养、老有所靠，有 8 个县推行村干部退休养老保险（由民政部门组织，此为村干部养老保险的第一阶段）。[11]

1991 年 9 月，抚州开展农村社会主义思想教育，增强基层党员干部社会主义必胜信念，引导村干部做勤劳致富的带头人。1992 年初，地委组织部对 30 年以上党龄的农村老党员、1966 年以前连续任职 10 年以上或间断任职 12 年以上的老村干部、1966 年以前被评为县级以上的老劳模进行摸底调查，并向地委提出解决办法。新华通讯社《国内动态清样》1992 年 5 月 2 日以“抚州地委提出解决农村‘三老’困难的措施”为题发专稿。为解决在职村干部的工资报酬、养老保险和农村“三老”实际困难，抚州印发《全区农村基层组织建设三年规划》，从村级集体经济当年增长中提取村干部奖励金。其中，增长 1 万元以下的，提取 50%；增长 1 万 ~ 5 万元的，提取 30%；增长 5 万 ~ 10 万元的，提取 15%；10 万元以上的，提取 10%。奖励金按 4 ∶ 3 ∶ 3 的比例分别奖励村党支部书记、村委会主任和其他村干部。1992 年，全区 4857 名村干部（村党支部书记、村委会主任、会计）参加养老保险，占 62.9%。截至 1993 年 12 月，全区参加养老保险的村干部达 80%，到 1995 年 12 月达到 100%。

1992 年，抚州再次提高农村“三老”人员待遇。同时，把村级组织配套建设当作支部建设的一项基础工作来抓，全区 1933 个村党支部都设有村委会、团支部和妇代会，有村团支部 1932 个，妇女组织 1929 个，这些群众组织在村级各项工作中发挥着应有作用。9 月，省委组织部下发《关于对农村基层干部和党员进行实用技术培训的实施意见》，决定用三年时间对全省村干部和农村党员进行实用技术培训。1993 年 4 月，抚州启动农村党支部书记培训三年规划，全区 1929 个村党支部书记有 1898 人参加培训。同时，通过“内选”“下派”“交流”，从县乡机关及乡属企业、富裕村选调一批能人到村任职，全区再次下派国家干部 595 人，其中担任支部书记的 112 人。

1995 年 1 月 28 日，地委、行署转发地区民政局《关于加强村民委员会建设的意见》，对新当选及两年内未参加培训的村委会干部进行轮训。地委组织部依托抚州农校设立抚州地区农村党支部书记培训中心，由分管党建工作的副部长担任培训中心主任，培训中心办公室配备专兼职工作人员，师资以党校、农校教师为主，同时聘请部分领导干部授课。对村干部实行分级培训，乡镇负责对村委会成员的培训，县市负责对村委会主任的培训，村民自治示范村的村委会主任由地区负责培训。当年，全区培训农村基层干部近 2.4 万人，轮训农村后备干部 4740 人 。[12]在对村委会工作定期考评的基础上，县市对先进村委会和村委会干部每年进行一次表彰奖励，地区每两年表彰奖励一次。从优秀村干部中招录部分乡镇干部，并抓好村干部报酬落实，对离任村干部根据任职时间和贡献给予适当补贴。同年，筹集培训经费 31.7 万元，建立培训场所 238 个。

根据全国、全省农村基层组织建设工作会议精神，1995 年，抚州出台《关于加强培养选拔村党支部书记的意见》，培养选拔农村党支部书记成为全社会共识，一批政治素质高、致富本领强的“强人”“能人”被选拔到村党支部书记岗位，全区共调整村党支部书记 68 人，调整其他支部委员 172 人，调整村委会主任 58 人，调整村干部 293 人，树立一批优秀村党支部书记典型。按 1 ∶ 3 的比例，分门别类建立一支 6000 余人的村级后备干部队伍，给他们交任务、压担子，并将村级后备干部分期分批选送县乡党校培训。

1996年，地委下发《关于认真做好培养选拔农村党支部书记工作的意见》，选拔一批政治上的引路人、经济上的带头人、作风上的正派人担任村党支部书记。8月，按条件和程序，从政绩突出、表现优秀的村干部中选聘一批乡镇干部。1995—1997年，围绕“优化农业、主攻工业、发展第三产业”战略和“一心三带”生产力布局，开展农村基层干部“本质”“本领”教育。三年中，举办各类村干部培训班6655期，培训村干部109529人次。各地还通过争先创优

抚州市举办农村党员科技人才培训班

加强干部队伍建设。金溪县开展的“明星村”竞赛活动，崇仁县开展的“十面红旗”系列活动，东乡县开展的创“文明村”活动，调动了村干部的工作积极性。1996年“七一”期间，全区100多名村党支部书记受到省委组织部表彰。

2000年4月，抚州地委制定《关于在全区农村基层组织开展争先创优促后进转化的意见》，明确先进村标准和后进村转化的条件，规定年终评出先进乡镇党委20个，先进村党支部100个。对考核排倒数的乡镇党委、村党支部负责人实行诫勉。继续下派干部驻村帮扶，对“软、弱、穷、乱”村进行重点攻坚。是年，调整村党支部书记296人，新选村主任416人，有1934个村实行村务公开。2000—2001年，先后开展乡镇和县区部门、村级和乡镇站所“三个代表”重要思想学习教育活动，学习教育成为提高农村基层干部素质的重要途径。南城县组织村干部到大中专院校深造，94%的村干部参加“农函大”“农广校”学习。全市1131个县区部门和乡镇、1938个村（合并前）、1969个乡镇站所、98093人参加学习教育活动，干部作风明显转变，“干部经常受教育，群众长期得实惠”落在实处，赢得中央组织部和省委组织部的充分肯定。

2002年，全市11个县区、151个乡镇全部建立村干部养老保险基金（此为商业保险，是村干部养老保险的第二阶段），建立起村干部养老保险的村有1357个，占全市总村数的70%，参保村干部6479人，占全市村干部总数的64.5%。广昌县村干部和“三老”人员全部参保后，又在村民小组长中推行养老保险；南城县建立连续任职20年以上的村书记、村主任生活补助基金。

农村税费改革后，乡镇工作重心下移，农村改革发展任务加重，不少村级组织出现不适。全市1792个村有两成多不稳定，有的先进村变成后进村。据调查，2003年初，230多个村连续两年以上未发展党员，有的村多年选不出村干部。抚州选派乡镇干部到村任党支部书记，既解决村级党组织“后继乏人”问题，也解决乡镇人浮于事问题。2004年，抚州采取“两票制”（即群众投信任票、党员投选举票）和“两推一选”（即组织推荐、群众推荐，党员投票）选举村党组织书记。通过上述办法，崇仁县19个软弱涣散村扭转落后局面，宜黄县杨龙湾村通过“两推一选”产生新的支部书记后，半个月时间就完成20户计划生育户的绝育任务，新建18千瓦的提灌站一座，解决长期困扰该村的农田灌溉难题。

2005年，依托农民夜校、科技协会、科技示范园，创办农民素质教育学校和农村实用技术培训基地，实施农村基层干部“素质工程”。全区共举办村干部培训班342期，廖坊水利工

程办公室还组织淹没区村干部专题培训。2006 年，全市村党支部书记和村委会主任“一肩挑”扩大到 411 个，占全市村级组织总数的 22.8%。全市还从下派到基层锻炼的大学生中选派 38 名优秀干部到小康示范村、后进村担任党支部副书记或村委会主任助理，优化了村干部队伍结构。2007 年，将全市 3119 名村（社区）党组织书记、主任纳入社会养老保险范围，同时实行村、社区党政主要干部目标考评管理，考核结果与个人缴费挂钩。

抚州干部代表与全国各地名村书记在一起

2008 年 6 月，江西省选聘高校毕业生到村任职工作启动。选聘工作从 2008 年开始，连续选聘 5 年，聘期为 2 年。所聘高校毕业生是中共正式党员的，一般安排担任村党组织书记助理职务；是中共预备党员或非中共党员的，一般安排担任村委会主任助理职务；是共青团员的，安排任村团组织书记、副书记职务。所聘到村任职的高校毕业生为“村级组织特设岗位”人员，系非公务员身份，工作管理及考核等比照公务员的有关规定进行，管理及服务工作主要由乡镇党委、政府负责。同年，抚州市共选聘 64 名高校毕业生到村任职。2009 年，按照自愿、就近、回原籍的原则，选聘 58 名高校毕业生到村任职。

2008—2015 年抚州市选聘高校毕业生到村任职人数

表 3-3　　单位：人

2008	2009	2010	2011	2012	2013	2014	2015	合计
64	58	132	150	312	312	155	93	1276

2009 年，抚州在江苏、浙江、山东等地建立培训基地，组织 5 批 400 余名村书记、主任前往江苏华西、浙江温州、山东寿光等地学习考察。黎川县创办农村干部培训中心，为农村基层干部系统培训创造条件，选派 130 多名村党支部书记参加省委党校函授大专班学习。

抚州采取自愿报名、资格审查、竞争上岗、差额考察、双向选择，实行“双签双挂”，截至 2009 年，累计选派 32 批次 860 多名乡镇干部到“难点村、后进村、软弱村”任村党支部书记。2009 年 11 月 18 日，中央组织部部长李源潮在中央组织部办公厅《领导参阅》（第 109 期）《江西抚州市选派 800 余名乡镇干部到村任党支部书记》一文上作出长篇批示，对抚州市这一做法给予充分肯定。此后，江西省委书记在抚州市报送的第 44 期《重要信息专报》上批示：“抚州市的做法实用，是干部制度的改革创新。源潮部长的批示极具针对性、可操作性，请省委组织部认真学习、研究，并逐步地在全省推广。”省委副书记王宪魁也作出指示：“省委组织部并抚州市委：认真学习贯彻重要批示，不断总结、提高，抓好落实。”同年 12 月 31 日，王宪魁深入南城县部分乡镇、村组实地调研。2010 年 1 月 6 日，全省选派乡镇干部到村任职工作现场会在抚州市召开，王宪魁出席会议并讲话。

2010 年以后，农村干部队伍建设主要从三个方面推进：

一是进一步完善基层党员干部激励关怀机制，开展从优秀村（社区）党组织书记中选聘事业编制干部工作、办理村（社区）党组织书记（主任）养老保险、对退职村（社区）干部进行补助、对困难党员进行帮扶，从乡镇事业编制干部、村党组织书记、大学生村干部中公开选拔 49 人进入乡镇领导班子。2012 年，全市投入 3000 多万元资金，为 5300 多名村（社区）书记、主任办理养老保险，部分县区实施村干部副职养老保险。各县区在关爱农村党员干部经济待遇和政治待遇上大胆尝试，出台系列政策。黎川县建立退职村干部关爱机制，对任职 10 年以上村支书、村主任，每年由财政给予 600 ~ 1000 元不等的补助，打破身份限制，对工作上做出突出成绩、群众公认的优秀村支书、村主任，优先推荐考录乡镇公务员。

二是继续加强村干部教育培训和管理。依托市县两级党校、抚州市农村干部学院等教学平台，对全市 1661 名村（社区）党组织书记进行集中培训，提升农村基层干部破解难题和应对复杂局面的能力。同时，推广广昌县村干部队伍建设“165”工程建设经验，推行村干部选拔任用统管、教育管理统抓、干部实绩统考、收入待遇统筹“四统管理”新模式，解决村干部职责目标难以统一、干好干坏难以监督、教育形式难以突破、工作待遇难以保障等“四难”问题，提高村干部队伍建设科学化水平。

三是继续抓好大学生村干部队伍管理。2012 年，市委组织部下发《关于发挥大学生村官作用，加强团的农村基层组织建设的通知》和《关于建立大学生村干部“联帮带”制度的意见》，市委组织部部长直接联系 60 名大学生村干部，并建立台账，县、乡、村三级有 1273 名干部参与“联帮带”，一批大学生村官担任基层团组织领导，其中担任团县委书记助理 3 人，担任乡镇团委书记、副书记 93 人。通过金融扶持，有 72 名大学生村干部实现创业，创办各类经济实体 40 多个。2014 年，组织开展大学生村干部“三述三评”考核活动，在考核的基础上，开展“抚州市优秀大学生村干部”评选活动，全市共选出 55 名市级优秀大学生村干部，并推荐 5 人参加“全省优秀大学生村官”评选，较好地激发大学生村干部工作热情。

八、社区干部队伍建设

1950 年 3 月，人民政府在城市废除保甲组织，设立街，街下设坊，坊下设居民小组，坊设正副坊长各一人，街、坊的主要领导人由公安派出所指定专职国家干部担任。街、坊在市人民政府领导下，开展扶贫救灾、疏散难民、收容无业游民、宣传党的政策、消除群众疑虑；配合公安、民政部门开展防奸、防谍、防火、肃清反革命活动，保卫国家和公众安全；开展民事纠纷和轻微刑事案件调解，维护社会治安、清查户口、调查本区域登记人口，形成市民生活、成分、职业、技能等统计资料。

1954 年 12 月 31 日，第一届全国人大四次会议通过《城市居民委员会组织条例》，首次以法律形式确认城市居民委员会的名称和性质。城市居民委员会由各居民小组推选委员 1 人，委员互推主任 1 人、副主任 1 ~ 3 人。居民委员会按居住区设立，规模 100 ~ 600 户，主任、副主任、居委会委员由居民推选产生，每届任期一年，出现空缺后可随时改选或者补选。居民委员会成员以劳动人民及其家属为骨干，多为在群众中享有威信、热心于社会工作的工人、转业军人、烈军属等，起到联系政府与居民的桥梁纽带作用。三大改造完成后，居委会逐步建立党的基层组织。1957 年 2 月，抚州市举办一期为时 18 天的居委会支书支委训练班，22 个基层支部 32 人参加学习，其中支部书记 22 人，支委 10 人。

1958 年“大跃进”运动开始后，城市基层政府和居委会组织被“党政合一”“政企合一”“工农商学兵五位一体”的人民公社代替，居委会成为人民公社体系中的一个组成部分。居委会干部发动居民兴办一些小型简单的手工业加工厂，实现生产自救。对居委会干部队伍的建设，除政治教育外，着力从组织生产、发展生产方面考量干部，弱化了社会管理能力的培养。

“文化大革命”中，在“政治建街”和“把无产阶级专政任务落实到基层”的口号下，街道革命委员会取代街道办事处，居委会的中心任务是抓阶级斗争，其工作由对居民的服务转变为对居民的监督管理。居委会干部队伍建设始终贯穿着以阶级斗争为纲思想，社会管理能力进一步弱化。

中共十一届三中全会后，居委会群众自治组织的本来面目得以恢复。1978 年全区设 110 个居委会，干部以中年妇女为主。1979 年，全国人大重申 1954 年颁布的《城市居民委员会组织条例》，调整居委会组织规模、管辖范围，强化居委会干部“福利、治保、文教、卫生、调解”5 项职责，合理解决居委会干部的劳动报酬，居委会干部生活补贴逐渐工资化。20 世纪 80 年代后，城镇居委会与农村村委会同时换届选举，党支部也按照党章规定进行换届。

1998 年 9 月，地区行政公署下发《关于加强城镇居民委员会建设的通知》，明确居委会干部的生活补贴和退养保障问题。此后，居委会正副主任和专职委员可享受固定的生活补贴，其中城市居委会主任每月补贴不少于 180 元，其他集镇居委会主任每月补贴不少于 150 元，居委会成员的生活补贴从居委会工作津贴和工作经费中开支。对未当选的原享受固定补贴的居委会主要成员，凡年满 55 周岁、从事居委会工作 21 周年以上的，享受定期定量补贴，补贴标准一般每人每月不少于 90 元。对年未满 55 周岁，从事居委会工作不到 21 周年的给予一次性补贴，补贴标准按其从事居委会工作年限，每年按任期最后一个月的固定补贴标准累计发给。定期定量和一次性补贴经费由县市财政列入预算和一次性追加。居委会成员的生活补贴和定期定量补贴随着经济发展和人民生活水平的提高相应增加。

“社区”概念引入后，1999—2000 年，中央组织部先后在上海、北京召开全国街道、社区党的建设工作座谈会。中央办公厅和国务院办公厅转发《民政部关于在全国推进城市社区建设的意见》，进一步明确社区党组织在社区的领导核心地位。1999 年，全区 218 个居委会开展换届选举，共选出居委会成员 726 人，其中主任 184 人、副主任 102 人、委员 440 人。2000 年，抚州地区对县市居委会党支部建设实行分类指导，同年 7 月，临川市从市直单位选派 21 名年轻干部到居委会担任党支部书记，改善居委会干部队伍结构。

2002 年，抚州市开展打造居民满意的社区居委会活动，提出“四好三有一优”工作目标。“四好”即班子建设好、党员干部队伍建设好、工作制度好、工作环境好，“三有”即有办公场所、有活动场所、有活动经费，“一优”即优质服务。各地进一步加大社区干部队伍建设，临川区公开选聘居委会干部 225 人，居委会干部平均年龄由 48.1 岁降至 40.2 岁；南城县 6 名镇党政领导干部兼任居委会支部书记；乐安县从下岗职工党员、退伍军人、大中专毕业生中公开选拔、聘请居委会干部 20 人，下派乡镇干部 5 人。截至 2002 年 6 月，全市居委会干部 550 人，其中35岁以下254人，占46.2%；中专文化以上369人，占67.1%。

2003年，抚州市打造“四个平台”，建设“四型”社区，全市社区党建硬件建设、队伍建设、管理和服务工作水平有明显变化。123个社区居委会全部解决办公用房，平均面积84.2平方米，比2002年增加51平方米。社区干部工资待遇得到改善，其中东乡县社区居委会干部月工资最低的462元，最高的495元；广昌县财政下拨每人每月240元,镇财政配套120元，共计360元；金溪县采取固定工资加奖励工资的办法，最高每月可达到500元以上。

2007年，将社区党组织书记，居委会主任与村干部一同纳入基本养老保险，解决社区干部的后顾之忧。2011年居委会换届，全市223个居委会，1281个居民小组，选出居委会成员859人，其中主任195人、副主任133人，委员531人。选举结束后，市委组织部依托市县两级党校、抚州市农村干部学院等教学平台，对全市村（社区）党组织书记进行集中培训。2012年以后，为充实社区力量，一部分大学生村干部分配到社区居委会工作，优化了社区干部队伍结构。2012—2014年，抚州市每年选派一定数量的优秀社区党组织书记参加省级示范培训，同时，市本级举办多期培训班培训社区党组织书记。2012年上半年，全市举办加强和创新社会管理培训班，分5期对社区党组织书记进行培训。各县区在集中培训农村党组织书记的同时，把社区干部纳入其中，时间不少于40学时。截至2014年，全市共有225个社区居委会，其中54个城市社区居委会、171个乡镇社区居委会。

【注　释】

［1］《中国共产党红军第四军第九次代表大会决议案》,《中共中央文件选集》第5册，中共中央党校出版社，1990年，第813页。

［2］［3］《党的组织状况》,《中央革命根据地史料选编》（上），江西人民出版社，1982年版，第675页、第697页。

［4］《中共南广县委给苏区中央局的综合报告（1932年10月）》,《江西革命历史文件汇集（1932年）》（二），内部出版，第92页。

［5］1959年10月20日,中共抚州地委组织部《关于支部工作“三定五好”运动的总结》

［6］1991年8月29日《在全区组织部长会议上的讲话》

［7］1994年4月20日《抚州地区农村基层组织建设的情况汇报》。

［8］2005年6月30日　抚州市委村建办《抚州市村党组织活动场所建设简要情况汇报》。

［9］王政文：《人民公社时期的生产队》,《南丰文史资料》第15辑，2014年，第165页。

［10］抚州地委《1956年至1962年干部训练规划》。

［11］1990年3月2日，吴步高《在全区村级建设经验交流会上的讲话》。

［12］1996年3月，抚州地委组织部《抚州地区关于培训农村基层干部工作情况汇报》。

第三节　组织管理

一、日常管理

基层组织日常管理主要包括人事管理、活动管理、目标管理和经费管理。

人事管理　新中国成立初期，一批在剿匪反霸、土地改革、抗美援朝及社会主义三大改造中成长起来的党员，经组织严格考察，确定为基层党组织的负责人。机关和企事业单位党组织，初期大多实行党政一肩挑。在农村基层党组织书记的管理方面，有3名以上正式党员的都相继成立党支部，从模范党员中提出人选，经多数党员同意，确定为支部书记候选人，报上级党组织审批。一时没有合适人选的，由上级直接指派。

1958年人民公社化后，干部实行层级管理。1960年抚州市所属公社党委书记、主任由地委负责管理；公社党委委员、副社长、大队支部书记、大队长、一般干部由市委管理；公社党委负责管理生产队正副队长、会计等以上干部及公社一般脱产干部；大队支部负责管理生产作业组长一般干部。1961年临川县作出规定：县委管理生产大队正副书记、正副主任以上干部；公社党委管理生产队正副队长、会计、管理员以上干部。

实行农村家庭联产承包责任制后，农民发家致富的热情高涨，一些村一度没人愿当村干部，给村干部队伍尤其是村党组织书记的选拔带来困难。20世纪80年代中期开始，根据“管少、管活、管好”原则和省委、地委《关于适当下放干部管理权限》的精神，干部管理权限适当下放。临川县从1987年8月1日起，原来由县委和县委组织部管理的经委系统企业正副厂长、正副书记、工会主席，公司经理、党委委员改由经委管理，干部由经委考察、评议、任免，县委组织部进行业务指导、监督、检查，抓好宏观管理。1989年该县明确规定县委组织部管理县直单位人事、干部股长和乡镇场办公室主任（包括未设正职主持工作的副职），其他股级干部由县直单位、各乡镇场党委自行管理和任免，村干部由乡镇党委管理。

1997年中央下发《中国共产党农村基层组织工作条例》和2009年4月中央组织部印发的《关于加强村党支部书记队伍建设的意见》，对村党支部书记队伍建设提出更高要求。在选拔标准上，注重选拔思想政治素质好、带富能力强、协调能力强的“一好双强”型党员，选拔办事公道，善于做群众工作，思路宽、点子多，懂经济、会管理，能团结带领党员群众共同致富的党员，重点从本村优秀现任村干部、致富能手、农民经纪人、农民专业合作组织负责人、复员退伍军人、外出务工返乡的农民党员中选拔村党支部书记，鼓励优秀民营企业经营管理人员、县乡机关和企事业单位退居二线、提前离岗或退休干部职工中的党员回原籍担任村党支部书记。积极探索从县直部门和乡镇机关党员干部中选派，或实行村党支部书记跨村任职，采用强村带弱村、大村带小村的办法建立联合党组织，择优选拔村党支部书记。村党支部书记和村委会主任“一肩挑”得到推行。在选拔方式上，坚持民主、公开、竞争、择优原则，根据村情，采取“两推一选”、乡镇党委委派等方式产生。对作风不实，履行职责不到位、群众有反映的，对岗位目标任务完成情况差、作风不好、群众反映强烈的，对以权谋私、违法违纪的进行及时调整。注重保障激励，在招聘乡镇事业编制、招考乡镇公务员、选拔村干部进乡镇领导班子成员中，为村干部提供政策倾斜。

2009 年以后，在第二批学习实践科学发展观活动中，各地对村党支部书记任免实行备案管理。村党支部书记新任、离任、调任、转任，乡镇党委都必须按要求报县区委组织部备案或审批，乡镇党委将村党支部书记变动原因、拟任人选及产生方式等事项报告县区委组织部，将乡镇党委研究后的任免方案报县区委组织部审核、批复，任免通知下发后一定时间内，乡镇党委将任免文件、任免备案表报县区委组织部备案。属新提拔任职的，还要上报考察材料。坚持凡动必备原则，对瞒报、少报、漏报、缓报，进行通报批评；对把关不严、弄虚作假、擅自涂改备案材料的，追究有关人员责任。一些县区还实行村党组织书记任免审批管理，乡镇党委根据县区委组织部审批意见履行任免手续。村党支部书记任免备案或审批管理制度的实行，健全了村党支部书记培养选拔制度，规范了村党支部书记任免工作，也为村党支部书记考录公务员、办理养老保险手续、领取工作报酬、认证任职经历，提供了依据。

国有企业党组织负责人享受相应的行政级别，任免与行政干部一样，经组织人事部门和党委研究批准。机关党组织成员尤其是党委（党组）成员按“三定”方案确定级别，按干部管理权限进行任免，其他党组织成员采取单位党组织酝酿提出候选人，经上级党组织同意，经选举产生，报上级党组织备案。非公有制企业及其他新经济组织成立的基层党组织，按照党组织隶属关系，一般由基层党组织提出党组织组成人选报上级党组织审查同意，经基层党组织选举后，报上级党组织任命。

活动管理　在实际工作中，主要是通过建立基层党组织活动方面的制度，如“三会一课”“民主生活会”以及各种有特色的党组织创建活动、创先争优等活动的制度来实现。

抚州解放后，基层党组织活动方面建立比较早的制度是党员教育制度。1954 年，抚州专区普遍建立支部教育制度、分片授课制度，采取分散与集中的方法定期上党课，进行党的教育，提高党员社会主义思想觉悟。1955 年开始，抚州专区针对党的组织建设任务重、从事党建工作的干部人数少、党建工作开展不理想的实际，通过建立书面报告制度、电话联系制度，及时掌握情况，交流经验。1956 年，结合合作社整顿，全区普遍开展整党。整党中，各级党组织建立联系制度，指定一名干事专门掌握情况定期向上级组织汇报。

1957 年，全区基层党组织健全支部党课教育制度和建立以“三会一课”为核心的组织生活制度，每季度召开一次支部党员大会，有时吸收非党干部或入党积极分子列席，会议由党支部书记主持。党员大会召开前，将会议的议题、时间、地点、要求告知全体党员，支部组织委员负责会议记录，并整理归档。支部委员会及党小组会按月召开，必要时随时召开，会议指定专人记录，并认真保管，存档备查。坚持党课制度，宣传委员负责制定年度党课教育计划，对党员进行党风、党纪和革命传统教育，开展时事政治、形势和任务教育。每次党课记录及党员笔记，作为检查考核的依据。这一时期，领导班子民主生活会制度逐步建立，除“文化大革命”特殊时期外，均得到较好执行。但不同时期，各级领导班子民主生活会召开的次数不同，有时每年召开两次，有时每年召开一次，上级党组织均派人参加指导，基层党委（党组）的民主生活会记录送上级纪委、组织部审阅把关。对民主生活会提出的问题，明确整改责任人和整改期限，整改情况在下一次民主生活会上进行通报。

20世纪80年代，党组织活动记录制度逐步健全。1983年9月，各级党委对部分党的基层组织进行整顿，普遍建立健全支部班子生活会、党员联系户和“创评”制度。南城县的基层党支部“四簿二册”（支委会记录簿、支部大会记录簿、民主生活会记录簿和党费收缴簿，党员花名册和建党积极分子花名册），党内生活做到有制度规定、有时间安排、有活动内容、有本子记录、有督促检查。各级党组织不断创新党员活动载体，形成制度后一直坚持。其中党员党日活动制度，主要包括教育教学、义务劳动、参观考察、给党员过政治生日、集体宣誓、影视教育、知识竞赛等，党日活动以党支部为单位进行。创先争优考核评比制度也建立起来，每年“七一”前后对先进党组织、优秀共产党员和优秀党务工作者进行表彰。

1988年始，抚州地区开展民主评议党员，每年开展一次。1991年5月，地委组织部制定《抚州地区干部谈话制度》，规定谈话范围、内容、职责分工。是年，地委领导和组织部领导同县级干部谈话600余人次，县市和地直单位领导同下属干部谈话4800余人次。

随着党内民主的推进，全区（市）建立党务公开工作制度。按照“事前公开、征求意见；决策公开、民主讨论；结果公开、接受监督”的程序，将党务公开工作贯穿于党内重要事务的酝酿、决策、实施的全过程。具体的过程包括：（1）制定目录——结合工作实际，制定党务公开目录，明确公开的内容、范围、方式和时限。（2）实施公开——基层党组织制定工作方案，经审核同意后进行公开。（3）收集反馈——收集党员意见建议，及时作出处理或整改，并将结果向党员反馈。（4）归档管理——对公开的党务信息资料及时登记归档，做好管理利用工作。党务公开采取会议传达、印发文件、公开栏、板报、简报、局域网等形式公开。公开期限分即时公开、分期公开、定期公开、长期公开等4种。

目标管理 90年代开始，抚州各级党组织将经济管理理念导入党的基层组织管理，建立目标考评、工作检查监督、创先争优评比等制度。1991年，抚州地委下发《关于加强村级党支部达标运行管理的意见》，逐步形成达标工作架构和激励约束机制。此后，对达标活动目标和内容不断进行微调，党建工作朝着制度化、规范化方向发展。农村基层组织建设达标活动，做到地、县市有三年规划，乡村有年度计划，一级抓一级，层层有目标，考评有指标；企业党建工作先后完善民主生活会制度、达标考评验收制度、县以上企业党委书记例会制度、民主评议党员和党员教育活动同步制度。1995年，地委下发《关于加强地县领

1991年，抚州地委组织部干部指导广昌县农村基层组织达标建设

导干部挂村蹲点调查的意见》，地、县市委书记带头挂扶 1 ~ 2 个后进村，并对地直单位和县市主要领导干部挂点情况实行目标管理，进行年终考核验收，考核结果作为衡量领导干部政绩的依据。1999 年，实行县、乡、村“三级联动”，开展村党支部创“五个好”、乡镇党委争“六个一”创“五个好”和县市委“五落实”为主要内容的三级创评活动，压实各级各部门抓农村基层组织建设的责任。2002 年 2 月，市委、市政府把招商引资作为全局工作的重点，制定大改革、大开放、大招商主战略，对各县区、市直各单位招商引资、业务工作和社会稳定三方面工作进行严格考核（简称“三项工作”考评）。

2004 年《抚州市目标管理暂行办法》和《考评实施细则》出台，党员干部工作实绩成为提拔使用的重要依据。2007 年市、县、乡、村均建立目标责任制，各级党委成立基层党建工作领导小组，建立相应的办事机构，制定党员教育联系会议制度、党务干部挂点党建工作联系点制度、领导干部下基层调研制度等，健全常抓不懈的党建工作长效机制。各级党员领导干部均挂点党建联系点，定期听取基层情况汇报，研究解决党建工作中存在的主要问题，督促抓好各项任务的落实，形成主要领导亲自抓、分管领导具体抓、一级抓一级、层层抓落实的工作格局。2008 年，制订和完善深化“三项创建”活动考评细则，组织 4 个考评组对 12 个县区委包括金巢经济开发区党工委和直属工委、经贸委党委“三项创建”活动情况进行考评。

2012 年下发《抚州市基层党建工作“三级联述联评联考”实施意见》，明确县（区）、乡（街道）、村（社区）三级党组织书记抓党建工作专项述职、民主评议、考核考评的程序和要求，完善“书记抓、抓书记”的党建工作责任机制，明确党组织书记抓党建工作的主体责任。2013 年制定《全市基层党组织建设工作主要任务考核评价体系》，即“1+6”考核评价体系。该体系针对各县区农村、城市社区、非公企业、机关、事业单位、社会组织 6 个领域党组织建设和大学生村干部工作共 7 个方面的主要任务进行考核评价。每个领域考核内容均按“1+2”三个层次设置。其中“1”为“党的基层组织建设”，主要考核完成中央和省市对基层党建重点工作、重大部署情况以及基层党建工作创新发展情况，重在看落实、讲实效、比进步；“2”分别为“服务大局”和“群众评价”。“服务大局”主要考核各领域基层党建工作服从服务“三大战役”[1]、推进幸福抚州建设情况；“群众评价”主要考核群众对党组织和党员的评价情况。

经费管理 基层党组织经费主要包括三个方面：一是党员交纳的党费；二是上级党组织下拨经费；三是本级行政、财政安排经费。党员按照党章规定，定期向党组织交纳党费，党费的收缴、支出严格按照有关规定执行，并向党员大会或各级党的代表大会报告，接受党员或党代表审议和监督。不同时期，地、县委组织部门抽调人员对下级党费收缴、使用和管理工作情况进行检查，并抓好党费管理各项制度的落实，县市委组织部和地直各单位党委（党组）开设银行党费专户，专人管理，确保进出有账，收缴手续健全。各基层党支部建立党费收缴登记簿，做到应缴、收缴、上交“三对口”。此后，全区党费纳入地区财政局预算外资金专户储存，实行收支两条线、两本账管理，党费按月转入地区财政局账户，使用时报地区财政局审批，然后转组织部账户支取。党费用于开展党的活动，作为党员教育经费的补充，坚持统筹安排、量入为出、收支平衡、略有结余的原则，向农村、街道社区和其他有困难的基层党组织倾斜。从 2012 年起，按照省、市、县三级财政 2 ∶ 3 ∶ 5 的比例，按每名党员 100 元的标准，落实村（社区）党组织活动经费。非公有制经济组织的党组织活动经费，按职工年度工资总额的千分之五，列入所在单位财务计划，在管理费中列支。社会组织的党组织活动经费，由社会组织根据各自章程，参照非公有制经济组织的办法，列支保障。从 2015 年起，由县区从各级财政下拨给本级各部门涉农资金中拿出一部分资金，以项目形式落地，按每个行政村 3 万 ~ 5 万元的标准，设立“村级组织服务群众专项经费”，主要用于村级组织兴办的直接服务农村群众的小型公益事业。

二、分类指导

分类指导、整体推进，是实践中形成的基层组织建设好经验好做法。抚州主要通过抓两头、促中间，表彰先进、整顿后进，推动基层组织建设整体水平的提高。

新中国成立后，针对基层党组织特别是农村基层组织的建设水平差异较大的问题，1955 年抚州专区在农业合作社运动中，县、区委派出下乡工作组对基层组织建设进行分类指导，帮助落后支部整顿支委会领导班子，经过整顿，落后村支部转化为先进的 164 个，全区先进支部达 355 个，占 42.6%；落后支部由 105 个下降为 64 个，占 7.3%。[2]

农业合作化运动后期，一些地方为盲目追求高级社数量和规模，不顾群众反对，将条件不成熟的初级社转为高级社，导致合作社社员闹退社。尤其是全区遭受严重旱灾，以致 1957 年入春后临川县湖南、嘉溪两乡出现群众因生活困难而轻生，崇仁县秋溪乡群众跑到区公所要饭吃；[3] 抚州林业工人罢工。[4] 面对新情况，一些地方简单地把群众闹事和尖锐批评视为阶级斗争，简单粗暴地进行压制，采取罚跪、罚苦工、罚工分，甚至判处徒刑的办法，[5] 这些做法引起中央高层注意。1957 年 4 月 27 日，中共中央发出《关于整风运动的指示》，对干部作风进行整顿。抚州专区结合整风开展整党，对农村党支部进行分类排队。是时，全区农村党支部 1523 个，整党前一类支部 544 个，占 35.72%；二类支部 961 个，占 45.37%；三类支部 288 个，占 18.91%。通过半年整党，一类支部上升为 867 个，占 56.9%；二类支部 587 个，占 38.54%；三类的支部 69 个，占 4.53%。整党中，清除 169 名混入党内的反、坏和存在严重资产阶级思想、腐化堕落、违法乱纪分子，对犯错误的党员也进行处理，506 人受党内各种处分。[6]

1958 年结合春季双反（反浪费、反保守）、冬季整社运动，在全区 1876 个支部中继续开展整党。是年，全区先进党支部增至 1621 个，占 85.2%，先进党员 17301 人，占 79%。[7] 整党结束后，地委组织部于同年 12 月下发《关于紧密结合社会主义教育运动和整顿人民公社工作开展党的基层组织整顿工作的意见》，着重解决少数党员身上存在的个人主义、本位主义、右倾保守、虚夸骄傲、强迫命令等不正之风，同时对后进党支部进行整顿。

“大跃进”中，国民经济比例失调。人民公社化运动中高估产高征购，严重挫伤农民的生产积极性，经济出现严重困难。从 1960 年 10 月开始，中央部署整风整社运动，肃清“五风”（共产风、浮夸风、强迫命令风、生产瞎指挥风和干部特殊化风）。抚州专区结合整风整社对农村基层党组织和党员进行整顿。通过整顿，全区一类支部由整党前 819 个上升到 1110 个，二类支部由 805 个下降到 561 个，三类支部由 225 个减少为 128 个。[8] 1961—1963 年，地委组织部结合贯彻执行《农村人民公社条例（草案）》，对整风整社整党提出要求，对农村党的基层组织进行过两次较大的整顿，全区 255 个落后支部，有 200 个改变落后面貌。整顿中，清除党员 144 人，[9] 进一步纯洁党的组织。

1963 年 12 月底开始，全区农村开展以“四清”为主要内容的社会主义教育运动，地委组织部结合社教运动对全区党组织进行整顿，对广大党员进行社会主义教育和党员标准教育。但是，运动以阶级斗争为纲，有些地方出现逼供信和打人吊人现象。1966年5月“文化大革命”开始后，抚州专区成立各种“造反派”群众组织，地、县（镇）党委及政权机构受到严重冲击。1967年2月，抚州地委及其工作部门和各县(镇)委相继被造反派非法夺权而停止运作，基层组织指导工作陷于停顿，基层组织分类指导的工作方法被搁置。

粉碎江青反革命集团后，随着各级组织部门的重新恢复，结合拨乱反正，基层组织分类指导工作重新提上议事日程。根据中央组织部“整顿党的基层组织工作座谈会议纪要”精神，1982年，抚州地区各级党委对所属基层党组织进行调查摸底、分类排队，确定需要整顿的单位，作出分期分批整顿的具体安排。据调查，全区需要整顿的党支部中，农村364个，工交系统40个，财贸系统27个，其他系统20个。整顿工作从1982年9月开始，分三批进行。第一批试点的基层党支部129个（农村105个，工交系统16个，财贸系统6个，其他2个）。全区抽调人员组成129个工作组，通过2 ~ 3天集训，于9月20日分赴农村和试点单位进行整顿。整顿中，组织学习党的十二大报告、党章以及中央组织部“整顿党的基层组织工作座谈会议纪要”和省、地整顿基层党组织工作会议精神，了解党的政策、整顿原则、做法要求和注意事项。各试点单位边学边议，对照检查；开展谈心教育，建立健全支部“三会一课”、支部班子生活会、党员联系户和“创评”制度。试点工作于11月中旬结束。

取得试点经验后，分两批次进行整顿，于1983年4月结束。这次整顿是中共十一届三中全会恢复党的建设以后最大的一次整顿，全区抽调党员干部1918人协助基层党委抓整顿。整顿中，坚持以思想教育为主，重点抓好领导班子建设。整顿方法灵活多样，有边学边议、对照检查，有谈心谈话、开展批评和自我批评，侧重教育好重点人。有的用整风的方法，有的以整顿经济问题为突破口，还有的从建立健全党内制度入手。据各县市检查验收和地区抽查验收的情况反映，达到中央组织部“整顿党的基层组织工作座谈会议纪要”中6条标准的有226个，占52%；基本符合标准的有193个，占44.2%；差的有17个，占3.8%。整顿前不合格和基本不合格的党员有1163人，整顿后有751人达到合格和基本合格，其中有492人被评为生产、工作积极分子。[10]

1985年12月，中央召开全国农村党的基层组织建设工作座谈会，启动为期三年的整党工作。期间，农村基层组织建设以农村整党为主题，重点抓党员教育、基层党组织领导班子及党的基层组织设置三项工作。1986年7月，地委组织部印发《关于在村级整党工作中加强农村党支部建设的意见》，重点抓支部班子建设、党员教育和管理、农村党员发展、调整和改进农村党的基层组织设置、改进乡村党组织工作方法等工作。1988年年底至1989年上半年，全区开展新一轮村级组织建设整顿工作，共整顿村级组织1075个，占55.2%，其中后进党支部329个，有552个村改选村党支部书记。[11]

为防止“和平演变”和资产阶级自由化，1989年秋冬和1990年，各地按照从严治党方针，在全党开展做合格共产党员教育，对部分单位党员进行重新登记。按照省委“必须下大力气整顿好后进村党支部”的指示，1990年7月，地委组织部抽调326名干部组成112个调查组，用一个月时间，对全区1926个农村党支部进行调查，查出后进党支部520个，结合党员民主评议工作，分类制定出整顿计划和目标。通过整顿，全区后进村党支部减少到216个，下降59%，中间状态村党支部转化为先进的205个，增加40%。10月，地委批转《关于在全区开展村级党支部达标活动的意见》，提出用三年时间使全区 60% 的村党支部达标、90% 的村党支部基本达标的目标，地委组织部随后下发《关于加强村级党支部达标运行管理的意见》。达标活动内容分为党支部建设、发展村级经济、文明村建设、完成国家任务、联系群众办实事 5 个方面，并将其分解成 32 项具体工作内容，制订 106 项考核指标，实行千分制计分考评。考评 800 分以上的，为达标村党支部；600 分～799 分的，为基本达标村党支部；600 分以下的，为未达标村党支部。对达标村党支部，地委授予“达标村党支部”证牌。先进党支部从达标村党支部中产生，达标村党支部书记可获得物质奖励，还可优先选聘为乡镇干部。连续三年未达标的村党支部书记予以免职。

1990 年以后，各县市成立由党群书记任组长、各有关部门负责人为成员的村建工作领导小组，下设立办公室，抽调人员集中办公。全区派出近千个调查组，对 1926 个村的组织状况、经济状况进行调查摸底，分类排队，制定达标规划和实施方案，方案下达乡、村党组织，《抚州地区村级党支部达标活动考评表》被晒成图纸，挂在每个村的党员活动室。随后，推行地、县市、乡镇领导包村挂点责任制度。其中，地委书记毕必胜挂点南城县杨梅村，地委副书记张火春挂点南城县秋水园村，地委副书记、组织部部长吴步高挂点黎川县新荣村。临川、东乡、崇仁等县领导签订《领导干部到村挂点责任状》，并实行百分制考评，年终考评低于 60 分的，须向县委、县政府写出书面报告，说明原因，并提出改进措施。黎川县规定挂点领导干部的义务、权利、责任及奖惩办法。临川县、抚州市利用《临川报》《抚州报》介绍支部达标的好做法、好典型、好经验；黎川、金溪等县创办《村建工作》，定期通报交流本县和外地支部达标情况；南丰县举办党支部书记培训班，组织学习支部达标文件和考评细则。在后进党支部整顿方面，既抓组织整顿，又扶助经济薄弱村创办企业，全区“空壳村”由 410 个减少到 357 个，下降 2.8%。[12] 1991 年年初，全区 576 个村党支部申报达标村党支部，386 个村经考评为达标党支部。“七一”前夕，地委召开表彰会议，对 386 个达标村党支部进行表彰，并颁发“达标村党支部”证牌。

在抓村党支部达标的同时，地委组织部制定《关于在达标活动中整顿后进村党支部的实施方案》，提出抓“两头”、促全面的工作目标。全区共派出 193 个工作组 779 人，调整支书 92 人，调整支委 257 人；下派国家干部 595 人到村任职，其中担任村支书 66 人，担任村其他职务 529 人，全区 70% 以上的村党支部建立党员活动室。1992 年，经地、县考评验收，1017 个村党支部达标，占 52.8%。216 个后进村党支部有 43 个转化升级为先进党支部，143 个转化为中间支部，仍为后进的有 30 个。357 个经济薄弱村有 135 个改变面貌，212 个村集体经济有启动项目。[13] 村党支部达标活动，把农村党的建设、经济建设和精神文明建设融为一体，工作由“虚”变“实”，由“软”变“硬”。

1994—2000 年，抚州地区先后开展两轮农村基层组织整顿工作。第一轮为 1994 年 10 月—1997 年 10 月。1994 年 10 月，中央召开全国农村基层组织建设工作会议，下发《关于加强农村基层组织建设的通知》和《关于进一步整顿农村软弱涣散和瘫痪状态党支部的意见》等文件，要求尽快改变村党支部软弱涣散和瘫痪面貌，提出村党支部建设“五个好”建设目标：即建设一个好的领导班子，尤其是有一个好书记；培养锻炼一支好的队伍，共产党员能够发挥助手和后备军的作用；选准一条发展经济的好路子，充分发挥当地经济优势，加快农民脱贫致富奔小康步伐；完善一个好的经营体制，把集体统一经营的优越性和家庭承包经营的积极性结合起来；健全一套好的管理制度，体现民主管理原则，保证工作有效运转，便村级各项工作逐步走上制度化、规范化的轨道。江西省委把整顿工作细化为万名机关干部“四定包干创五好”，采取定对象、定人员、定时间、定目标抓后进村建设。1995年年初，抚州地委印发《关于组织千名机关干部“四定包干创五好”抓后进村建设的实施意见》。抽调地、县直机关干部1032人（县级干部30人，科级干部449人）驻村，派驻262个后进村和122个经济薄弱村，其中地直机关抽调干部114人派驻46个后进村和经济薄弱村。

抚州地委抓后进村建设的方法多样。一是继续实施地、县市领导挂扶后进村责任制。下发《关于加强地县领导干部挂村蹲点调查的意见》，地、县市委书记带头挂扶1～2个后进村，对地直单位和县市主要领导干部挂点情况实行目标管理责任制，年终进行考核验收，考核结果作为衡量领导干部政绩的主要依据之一。二是实行县市直单位和乡镇主要领导挂点责任制。工作组分别与地、县（市）委签订限期改变后进村面貌责任书。各部门集中人力、财力和物力，把工作重点放在抓后进村整顿和建设上。三是加强农村基层组织建设领导小组和村建办的力量，建立有效的管理考核机制，对各驻村工作组进行全面考核验收。通过两年整顿，到1996年年底，全区262个后进村中，41个上升为一类村，178个上升为二类村，转化升级率83.6%。是年，全区1934个村，867个达到一类，占44.8%，比1994年增长19%；三类村党支部43个，占2.2%，比1994年下降11.3%。对整顿遗留下来的后进村党支部，1997年1月，地委组织部印发《关于进一步加强43个后进村整顿建设的意见》，召集43个后进村所在的乡镇党委书记和县市有关领导开会，研究如期完成整顿任务的具体举措。至1997年年底，72个达到良好，上升为一类村，占27.5%；190个上升为二类村，占72.5%，转化升级率达100%。至此，全区1935个村，达到一类村的1127个，占58.24%，比1994年增加5.5%；二类村808个，占41.6%。有200个村党支部受到地委表彰，有118个村党支部受到省委表彰。

与此同时，开展后进乡镇党委整顿。1996年5月，根据省委组织部要求，组织力量对乡镇党委建设状况进行调查摸底。全区204个乡镇党委中，一类74个，占36.3%；二类123个，占60.3%；三类7个，占3.4%。地委组织部下发《关于开展对后进乡镇党委整顿的实施意见》，各县市委也相应制定后进乡镇党委整顿实施意见。临川县与抚州市合并后，少数乡镇领导干部不勤、不实、不廉、不和情况突出，临川市委在莲源乡试点，实行市委领导驻乡整顿，从市直机关抽调32人组成8个督导小组，对整顿工作进行督导、检查。

第二轮整顿从1997年10月至2000年10月，主要目标是创建“五个好”村党支部和“六个好”乡镇党委。其中，乡镇党委建设的要求是：选配一个好班子，尤其要有一个党性强、作风正、能力强的好书记；建设一支精干高效、素质优良、群众拥护的好乡镇干部队伍；选准一条符合本地实际的发展经济、共同致富的好路子；建立一套行之有效的工作、管理和监督的好制度；保持一种密切联系群众、艰苦奋斗、实事求是的好作风。1997年12月，地委印发《抚州地区农村基层组织建设三年规划（1998—2000）》，要求到2000年，农村一类村达到80%以上，三年增加20%以上；村党支部坚强有力，村委会能够履行自我管理、自我教育、自我服务的职能；团支部、妇代会、民兵等村级配套组织健全，绝大多数党员成为农民致富奔小康的带头人；农村经济全面发展，农民收入显著提高，村级集体经济纯收入平均6万元以上，农民人均纯收入每年递增300元以上，达到3000元左右。通过三年整顿和建设，有一批乡镇达到“六个一”目标，三年内创办60个以上乡镇示范服务基地。1998年，全区下派367个地县包乡扶村工作组，其中，36个地直单位工作组包扶36个乡镇，276个县直单位工作组包扶276个村，55个县直单位工作组包扶55个乡镇；19名地级领导干部、238名县级领导干部、1579名乡级领导干部分别挂点。省委下派 13 个工作组到抚州结对包扶 13 个乡镇。

1999 年 11 月 22 日，地委组织部制定《关于今冬明春农村基层组织建设工作实施意见》，对后进村整顿进行分类指导，重点攻坚，把村级集体经济建设摆上重要日程，清退一批乡镇自聘人员，归位机关借用人员，分流机关干部转岗服务和创办示范服务基地。2000 年，开展新一轮农村基层组织建设检查验收。1 月 27 日，地委组织部印发《关于进一步加强包乡扶村工作管理的意见》，要求包乡扶村工作组每月向本单位、每季度向地委汇报一次工作进展，工作组成员每月驻点 20 天以上，联系 1 ～ 2 户困难户，每月为包扶乡镇办 1 ～ 2 件实事。是年，全区共调整村党支部书记 296 人，新选村主任 416 人；评出先进乡镇党委 20 个，先进村党支部 100 个，对考核排倒数的乡镇党委、村党支部主要负责人实行诫勉。实行县市直单位挂点包干居委会责任制，从大专院校毕业生、下岗职工党员、乡镇分流干部及社会待业青年中招聘选拔居委会干部 112 人。

2006 年 9 月，抚州市委常委、组织部部长李舰海到挂点村广昌县新安乡指导党建工作

进入 21 世纪后，市、县两级继续加强对基层党组织的分类指导。2001 年，根据动态管理原则，围绕村党支部状况、村级社会治安状况、经济状况等主要指标，对全市村级组织进行调查摸底，排查出后进村党支部 128 个。是年 8 月初至 9 月上旬，在临川区河东乡城上村开展后进村整顿试点，11 月召开全市整顿后进村党支部工作大会，全面整顿工作于 12 月初结束。2004—2006 年，在开展保持共产党员先进性教育活动准备阶段，对缺职型、空壳型、离散型、内耗型四种类型的软弱涣散基层党组织进行集中分类整顿。部分县针对税费改革后村级经费固定、工作量相对减少的实际，按照“以强带弱、优势互补、共同发展、示范引导”原则开展并村工作。金溪县先后合并 54 个村，整合软弱涣散村党支部 12 个。全市共整顿软弱涣散基层党组织 438 个，调整充实党组织领导班子成员 506 人，其中党支部书记 133 人。整顿中，突出抓好落后村和困难企业党组织两个重点。崇仁县采取党群部门挂软村、政法部门挂乱村、经济部门挂穷村、涉农部门挂专业村，与事业单位结成科技链、产业链、信息链、服务链，使 21 个软弱涣散村党组织得到有效整顿。2007 年，结合在新的起点上深化“三项创建”活动，抚州市按照“常规工作有创新、重点工作有突破、整体工作有特色”的要求，组成党建课题研究小组，对外向型社团、新型社区、农村产业经济组织、工业园区党建等四个重点课题，采取实地调研、问卷调查、征求意见等方式进行深入研究，进一步理清基层党组织建设工作分类指导的思路。

2009 年，结合学习实践科学发展观活动前期摸底调查，对 193 个软弱涣散基层党组织开展有针对性整顿，选配支部书记 59 人，调整支委成员 197 人。2010 年，围绕“创建赶超堡垒、争当进位先锋”，创新活动载体，强化分类指导。

为维护农村稳定，市委决定从2010年11月—2011年3月在全市开展以“部门包乡、干部包村、党员包户”为载体，以“办实事、解难题、保稳定、促发展”为目标的万名党员干部“三包为民”活动，从市、县、乡三级选派干部开展结对帮扶，采取倒排筛选、挂牌整顿、销号整改等办法，对软弱涣散基层党组织进行分类整顿，共选配支部书记37人，调整支部委员114人。2011年4月，省委主要领导在抚州市视察时，对“三包为民”扎实推进干部作风转变、干部下基层的做法给予充分肯定。

2012年3月，根据中央组织部印发的《关于在创先争优活动中开展基层组织建设年的实施意见》和中央、省召开的创先争优活动中开展基层组织建设年视频会精神，市委组织部印发《关于做好基层党组织分类定级工作的指导意见》，对村党组织、社区党组织和机关、企业、事业单位、社会组织的党支部进行分类定级。定级的指标是按照一个好的支部，必须要有“一个好的带头人、一个好的发展思路、一个好的工作制度、一个好的活动阵地、一个好的保障机制”，从“党组织带头人、工作思路、工作制度、活动阵地、保障机制、工作业绩、群众评价”7个方面提出分类定级指标。同时，对行政村、城市社区、机关事业单位、国有企业和国有金融机构、非公有制经济组织、社会组织等不同领域进行分类，考核结果分“好”“较好”“一般”“较差”四个等级，按百分制评分方式进行，90分以上为“好”，80 ~ 89分为“较好”，60 ~ 79分为“一般”，60分以下为“较差”。按照标准，同年7月16日，市委办公室下发《全市基层党组织整改提高晋位升级工作实施方案》，按照“抓落实、全覆盖、求实效、受欢迎”要求，扎实开展基层组织建设调查月、集中宣传月、整顿提高月、晋位升级月等“四月”活动，对全市6842个基层党组织进行分类定级：评为“好”的3512个，占51.33%;“较好”的2343个，占34.24%;“一般”的368个，占5.38%;“较差”的619个，占9.05%。此后，大力实施“基层党建项目化发展”“五覆盖”“五发展”工程，着力解决队伍建设、活动经费、场所建设、落实待遇等一批大事难事。年内调整后进基层组织书记163人，分层分领域培训基层党组织书记7000余人次，379个后进党组织得到转化升级。

【注　释】

[1]“三大战役”，即工业强攻战、县域经济发展大会战、跑项争资攻坚战。

[2]1956年1月20日，抚州地委组织部《一九五五年建党、巩固党工作初步总结》。

[3]1957年5月20日《谢象晃同志在省委五届四次全会上的发言》，江西省档案馆藏X001-1-385，第239-240页。

[4]1957年5月《中共抚州地委书记王敬民同志在省委五届四次全会上的发言》。

[5]杨尚奎《关于开展整风运动的讲话》(1957年5月16日)，江西省档案馆藏X001-1-405，第166页。

[6]1958年5月17日，抚州地委组织部《关于组工座谈会议情况的报告》。

[7]1959年3月12日，抚州地委组织部《一九五八年组织工作总结》。

[8]中共抚州地委组织部《1960年工作总结》。

[9]中共抚州地委组织部《一九六一年工作总结》。

[10]中共抚州地委组织部《关于一九八三年工作总结和一九八四年工作安排的意见》。

[11]中共抚州地委组织部《1990年组织工作总结》。

[12]1991年6月10日《抚州组织工作》第二期。

[14]1992年1月《全省地市委组织部长会议交流材料》。

第四节　党内选举

一、党代表大会

党的代表大会是党的最高权力机关。中国共产党成立之初便坚持党的代表大会年会制，1921—1928年，中国共产党召开过6次代表大会。受战争影响，17年之后的1945年才召开党的第七次全国代表大会。因年会制难以执行，党的七大修改章程，党代会改为3年一次，可实际上推迟到1956年才召开第八次全国代表大会。在党的第八次全国代表大会上，邓小平第一次系统提出和阐述党的代表大会常任制问题，八大党章规定，党的全国、省和县的代表大会每届任期分别为5年、3年和2年，且三级代表大会均每年开一次。受极“左”路线干扰，这些规定在实践中遭到破坏。党的九大在“文化大革命”高潮期间召开，党章规定党代会每5年举行一次，年会制、党代会常任制被取消。1997年党的十五大召开，地方党的代表大会任期由3年改为5年。十六大通过的党章规定，党的各级代表大会代表实行任期制，党的代表大会走向正轨。

地（市）党的代表大会　中共抚州地委是中共江西省委的派驻机构，在“文化大革命”前没有召开过党的代表大会。“文化大革命”开始后，域内出现各种“造反派”群众组织，抚州地委遭到严重冲击。尤其是受1967年1月上海夺权风暴影响，抚州专区党政机关被造反派夺权而停止活动。同年3月，成立抚州专区抓革命促生产委员会，作为全区临时性权力机构。此后又成立“革命委员会”代行地委职权。1969年党的九大后，中央发出“关于召开地方各级代表大会的通知”。1971年6月14—17日，抚州地区在抚州市工农兵剧院（后改名为艺术剧院）召开中国共产党江西省抚州地区第一次代表大会，出席大会的正式代表601人，列席代表152人。大会讨论通过于凯所作的《坚决执行和捍卫毛主席革命路线，为巩固无产阶级而斗争》的工作报告，讨论通过《关于加强学习，深入进行思想政治路线教育的决定》，选举产生中共抚州地区第一届委员会，选出委员44名，候补委员7名。在一届一次全委会上，于凯当选为书记，胡惠之、王一琴当选为副书记。这次党代会是在“文化大革命”中极不正常的情况下召开的，其工作报告和决定是极“左”路线的产物。但是，这次党代会选举产生了中共抚州地区第一届委员会，恢复地委领导机构。地委恢复后，与地区革委会实行“两块牌子、一套人马”，仍然以革委会设立的三部一室（政治部、抓革命促生产部、保卫部、办公室）取代地委工作部门。此后，到2000年撤销抚州地区，未再召开过地区党代会。

2000 年 6 月 23 日，经国务院批准同意，撤销抚州地区，设立地级抚州市。8 月 23 日，抚州地委作出召开中国共产党抚州市第一次代表大会的决议，确定代表分配名额 450 名，实际选出正式代表 446 名。10 月 11—12 日，中国共产党抚州市第一次代表大会在抚州艺术剧院召开。大会选举市委委员 36 人、候补委员 7 人，纪委委员 23 人。市纪委一次全会选举产生市纪委常委、书记、副书记，新当选的市纪委书记罗建华讲话。市委一届一次全会选举罗筱玉、刘礼祖、许德仁、李品行、沈运煊、李华青、陈小青、罗老忠、钟万柏、鲍小慧、曾志勇、罗建华为市委常委，选举罗筱玉为市委书记，刘礼祖、许德仁、李品行、沈运煊为市委副书记，新当选的市委书记罗筱玉作《以“三个代表”为指导，把市委建设成担负跨世纪发展重任的坚强集体》的讲话。

2006 年 11 月 20 日，市委一届十七次全会作出召开抚州市第二次党代会的决议；11 月 23 日，市委一届十八次全体（扩大）会议审议通过市第二次党代会工作报告和市委工作报告，听取关于第二届市委委员、候补委员和市纪委委员候选人预备人选名单的说明。11 月 28—30 日，中国共产党抚州市第二次代表大会在抚州市行政中心主会场召开。大会的主题是：高扬赶超发展、提速进位主旋律，动员全市各级党组织、广大共产党员和人民群众，进一步解放思想，坚定信心，坚韧不拔，抢抓机遇，开拓进取，为实现抚州赶超发展目标而奋斗。大会应到代表 450 人，实到 443 人。钟利贵向大会作《抢抓机遇，开拓进取，为实现抚州赶超发展目标而奋斗》的报告，大会以无记名投票方式，差额选举产生中国共产党抚州市第二届委员会委员 51 人、候补委员 9 人；差额选举产生抚州市纪委委员 39 人。市委二届一次全会选举钟利贵、甘良淼、李舰海、王晓媛、谢发明、黄牡香、朱章明、李超、魏建锋、叶建青、陈小平、黄晓波、熊云鹏为市委常委，钟利贵为市委书记，甘良淼、李舰海为市委副书记。

2006 年 11 月，中共抚州市第二届委员会委员、候补委员合影

2011 年 7 月 15 日，市委二届十七次全会表决通过《关于召开中国共产党抚州市第三次代表大会的决议》。9 月 14 日，市委二届十九次全会审议市第三次党代会工作报告和市纪委工作报告，听取关于三届市委委员、候补委员和市纪委委员候选人预备人选名单的说明。9 月 16—19 日，中国共产党抚州市第三次代表大会在汤显祖大剧院召开。大会的主题是：高举中国特色社会主义伟大旗帜，以邓小平理论和“三个代表”重要思想为指导，深入贯彻落实科学发展观，动员全市广大党员和干部凝心聚力，真抓实干，为建设殷实、文明、和谐的幸福抚州而不懈奋斗。大会应到代表 449 人，实到 438 人。龚建华向大会作题为《凝心聚力，真抓实干，为建设殷实文明和谐的幸福抚州而不懈奋斗》的工作报告，中共抚州市纪律检查委员会作书面工作报告，市委组织部作关于党费收缴、使用和管理情况的书面报告。大会以无记名投票方式选举产生抚州市第三届委员会委员 54 人，候补委员 10 人；选举产生市纪委

委员 34 人。市委三届一次全会选举龚建华、张和平、黄牡香、朱章明、魏建锋、熊云鹏、李智富、吴伟柱、陈日武、吴立成、王仁辉、周小平为市委常委，选举龚建华为市委书记，选举张和平为市委副书记。

县（市、区）党的代表大会 土地革命战争时期，抚州大多数县成立中国共产党县级委员会，有的还成立中心县委。根据党章规定，实行党的代表大会年会制。由于苏区时期处于战争状态，党代会年会制执行不到位，最多的坚持了两届，如广昌、乐安，大多数县只有一届，有的县处于敌我交战的边沿区域，未召开过党代会。如 1929 年 1 月 29 日（农历除夕），乐安县第一次党员代表大会在招携青里龙门召开，会议由邱珏主持，中共赣西特委派代表马木彬、刘月二到会指导。受王兆麟地主武装“保卫团”袭击，未完成议程。2 月 1 日，会议转到坪头村继续举行。会议的议程有：中共赣西特委代表马木彬、刘月二作政治报告；讨论迅速建立各级苏维埃政权、扩大红色地方武装，实行平分土地，继续发展和巩固苏区；选举产生中共乐安县第一届执行委员会，邱珏任县委书记。1931 年 7 月中旬，中共乐安临时县委在招携诚伯公祠召开第二次党员代表大会，选举产生中共乐安县第二届执行委员会，余甲生任书记，吕金华任副书记。[1]

乐安中心县委成立后，于 1933 年 7 月 20 日在望仙（今招携镇高望村）曾氏国俊公祠召开乐安、宜黄、崇仁三县党员代表会议，到会代表 70 多人。会议由中共江西省委代表钟光来主持。会议议程有：听取政治报告和县委工作报告，讨论和通过扩大红军和地方武装的决议，改选苏维埃，作出“开展查田、检举运动、肃反”决定，开展经济动员，研究工会工作，开展职工运动，讨论和通过党的组织问题等。[2] 由于当时正在开展反“江西罗明路线”斗争，会议批判了原乐安中心县委书记胡嘉宾、副书记吴立铭、宣传部长廖平三犯“右倾机会主义动摇”错误，宣布撤销胡嘉宾、吴立铭、廖平三等人职务，改组中共乐安中心县委，由李福槐任书记，戴加声任副书记。苏区时期党的代表大会，对组织和发动广大群众围绕党的中心任务，加强党的建设，扩大红军、加强武装斗争及根据地建设起到重要作用。

新中国成立后，党面临的客观环境有很大变化，开始全面推行党内选举制度，并逐步缩小委任制范围。1954 年 3 月，刘少奇在全国第一次组织工作会议上明确指出：“党内的选举制，也应该逐步地实行起来……党的各级会议的代表，亦应尽可能的经过适当的选举产生。各级党委，应由党员大会、党员代表大会或代表会议选举产生。”

社会主义过渡时期，由于各县党员人数少，党的基层组织尚未普遍设立，召开党代会的条件尚不成熟。完成社会主义改造以后，基层政权逐步稳固，基层党的组织普遍设立。从 1956 年年初开始，各县市着手筹备第一次党代会，代表名额根据全县党员数量确定。临川县的党员人数最多，有 4693 人，设定正式代表 206 人；抚州市党员人数最少，只有 270 人，设定正式代表 95 人，其他各县党代表在 120 ~ 130 人之

中国共产党抚州市第三届委员会第一次全体会议

间。隶属抚州专区管辖的抚州市及临川、南城、黎川、南丰、崇仁、乐安、宜黄、金溪、资溪9县党代会大都在1956年4月中下旬集中召开，会期一般5 ~ 6天。此时隶属于上饶专区的东乡县于1956年4月7日召开，隶属于赣州行政区的广昌县于1956年5月13日召开。党代会成立大会主席团、大会代表资格审查委员会、大会决议起草委员会。大会议程包括：县委书记向大会报告新中国成立以后本县开展的各项工作、县委副书记就下一步工作规划作讲话，选举产生新一届委员会和出席江西省党代会代表。大会召开之前，抚州地委召开专门会议，部署党代表选举工作，酝酿、确定新一届县市委员会组成人员。大会期间，地委派员指导各县市代表大会召开，确保新一届组成人员当选，实现组织意图。

1956—1998年，各县市每3年召开一次党的代表大会，选举产生新一届委员会。其中，1956—1966年共召开过3次代表大会。“文化大革命”开始后，各级党政机关受到冲击，党的组织瘫痪。特别是1967年上海“一月风暴”后，夺权之风刮遍全国，抚州各县市陷入混乱局面。是年3月，各地由人武部门党委主持成立“抓革命促生产”委员会。1968年上半年，各地先后成立县市革命委员会，取代县委、县人民委员会职权。直至1971年5月，各县市才相继召开党的代表大会，正式恢复县市委。

中共十一届三中全会后，随着拨乱反正的全面推进，党的领导系统逐步恢复，对各级党的领导机构的产生办法也进行革新，党内选举制度发生重大变化。一是恢复纪律检查委员会，二是逐步实现由全委会选举到党代表选举的过渡，三是选举方式由等额选举向差额选举的转变。从1998年开始，各县市党的代表大会由每3年召开一次，改为每5年召开一次，选举产生新一届委员会组成人员。至2014年，除临川区召开12次党代会、黎川县召开14次党代会、广昌县召开15次党代会（包含苏区时期届次）、金溪县召开9次党代会外，其他县各召开过13次代表大会。

乡镇党的代表大会　乡镇的名称多次变更，先为乡镇，后改公社，再称乡镇。1958年人民公社成立党委后，各公社召开党的代表大会。至2014年，抚州市大部分乡镇召开14次党代会。乡镇党代会在“文化大革命”前每2年召开一次，1979—1995年每3年召开一次，1996—2011年每5年召开一次。党代会由大会主席团主持，会议主要议程为：党委工作报告，选举产生新一届党委领导班子，通过各项决议。出席党代会的代表名额是根据党员人数分配，并要求民主推选一定数量的女代表。

乡镇党代会由县区委组织部直接指导，地（市）委组织部进行宏观指导。地（市）委组织部负责制定全区（市）乡镇党代会工作方案，乡镇领导班子职位设置，提名人选年龄、任职条件等。必要时，地（市）委组织部派出工作组进行指导。党代会召开之前，负责选举工作的业务培训，会后进行人事方案审批。县（市、区）委组织部按照地（市）委组织部的要求进行具体指导，保证党代会顺利进行。

二、党代表选举

党的代表大会代表选举严格按照《中国共产党地方组织选举工作条例》进行。选举单位按照分配名额，采用自下而上的方式提名，经过充分酝酿协商，根据多数党组织或多数党员的意见提出代表候选人初步人选；选举单位对候选人初步人选进行考察；选举单位召开党委全体会议确定代表候选人预备人选，报召开代表大会的党委审查；选举单位召开党员大会或代表大会、代表会议，对候选人预备人选进行充分酝酿，根据多数选举人的意见确定候选人，选出的代表报召开代表大会的党委审批。

1956—1999 年，抚州地委主要是推选出席全国党的代表大会的代表和选举产生出席江西省党的代表大会的代表，同时指导县（市）、乡（公社）党的代表大会代表的选举。2000 年 8 月至 2012 年，抚州市委除选举出席全国、全省党的代表大会代表外，还选举出席中国共产党抚州市代表大会代表。

出席全省、全国党代会代表的选举 大革命时期和土地革命战争初期，白区中共江西省委于 1927 年 7 月 21—23 日在南昌、1928 年 12 月 5—12 日在湖口召开过第一、二次中国共产党江西省代表大会。第一次代表大会到会代表 60 余人，抚州部分地方党组织派代表参加，其中舒同代表东乡支部参加会议。[3] 第二次代表大会到会代表 20 人，其中赣东 1 人，参加人员无考。

土地革命战争时期，中央苏区中共江西省委于 1931 年 11 月上中旬在兴国县、1933 年 9 月 27 日—10 月 4 日在宁都县七里坪召开过第三、第四次中国共产党江西省代表大会。1931 年 11 月第三次江西省党代会时，抚州的苏维埃区域不多，仅有乐安的大部分地区和广昌、南丰、宜黄的小部分地区，具体派代表参会情况无考。1933 年 9 月第四次党代会时，抚州苏区范围得到很大发展，党员人数大增。全省出席此次党代会的正式代表 206 人，候补代表 6 人，列席代表 152 人。抚州各地党组织、江西军区第二分区、各独立团均派代表参加，具体人数无考。

2007 年 10 月 20 日欢送中共十七大代表单及春赴京参会

大革命和土地革命时期出席江西省代表大会代表大都是推荐或指派产生的，少数是经过选举产生的。如 1933 年 7 月下旬召开的中共广昌县第二次代表大会，选举施更生、马开初等 4 人为出席中共江西省第四次代表大会代表。[4]

1956 年以后，抚州选举出席全国、全省党的代表大会代表工作按上级要求进行。根据上级党组织分配的名额和代表结构要求，通过召开党的代表会议或党的代表大会选举。到 2012 年，抚州先后选举产生出席全国党的代表大会代表 13 名。

1956—2012 年抚州出席中国共产党全国代表大会代表情况

表 3-4

届别	时间	姓名	性别	工作单位	职务	籍贯
第八届	1956.9	王敬民	男	中共抚州地委	书记	陕西绥德
第九届	1969.4	缪德娣	女	抚州针织厂	工人	—
第十届	1973.8	元才荣	女	南城县百货公司	营业员	江西南城
		丁长华	女	金溪县浒湾公社火箭生产队	队长	江西金溪
第十一届	1977.8	丁长华 *	女	金溪县革命委员会	副主任	江西金溪
第十二届	1982.9	丁长华	女	中共金溪县委	副书记	江西金溪
第十四届	1992.10	刘南方	男	中共抚州地委	书记	江西安福
第十五届	1997.9	陈梅芳 *	女	中共抚州地委	书记	江西丰城
		兰金荣	男	资溪县乌石镇新月畲族村	支书	浙江桐芦

续表：3–4

届别	时间	姓名	性别	工 作 单 位	职务	籍贯
第十六届	2002.11	钟健华	男	中共抚州市委	书 记	江西宜春
第十七届	2007.10	钟利贵	男	中共抚州市委	书 记	江西修水
		单及春	男	原抚州地区行署	离休干部	辽宁图昌
第十八届	2012.11	龚建华	男	中共抚州市委	书 记	江西南昌

说明：标有“*”当选者为中共中央委员会候补委员

1996年12月5日，根据江西省委《关于酝酿推荐我省出席党的十五大代表候选人的通知》，地委组织部召开全区组织部长会议，对抚州地区出席全国第十五次党的代表大会代表酝酿工作进行安排。会后，各县市委及地直有关单位等31个推荐单位均召开会议，传达省、地会议精神。全区参加酝酿推荐的党员111409人，基层党组织6921个。地委组织部对全区31个推荐单位推荐的代表候选人进行审核汇总，提出代表候选人建议名单。12月16日召开地委委员会议，对代表候选人建议名单进行充分酝酿讨论，提出地委酝酿推荐的初步名单。尔后，将初步名单返回全区各级基层党组织和广大党员中征求意见。同时，地委组织部对全区基层一线初步人员进行考察，根据考察和征求意见情况，于1997年1月3日再次召开地委委员会议，推荐吴官正、陈梅芳、兰金荣等43人为江西省出席党的十五大代表候选人。

在2006年11月抚州市第二次党代会和2011年9月抚州市第三次党代会上，还分别同步选举产生46名和55名抚州市出席江西省第十二次和第十三次党代会代表。其主要程序为：各党组织根据省委分配的代表名额和要求，全额提出抚州市出席江西省第十二次党代会代表候选人推荐名单；市委按照省委提出的差额比例，从推荐名单中提出代表候选人的初步人选建议名单；将初步人选建议名单返回各党组织征求广大党员意见；市委根据征求意见的情况，提出考察人选并进行考察；将代表候选人初步人选名单、考察材料、推荐报告等材料上报省委审查，省委审查批复后，召开抚州市委全委会，用圈选方式确定代表候选人预备人员名单，并呈报省委审批；省委批复后，在抚州市第二次党代会上先进行差额预选，然后正式等额选举产生出席省第十二次党代表会代表，并将选举结果呈报省委。

出席抚州市党代会代表的选举 1949—2000年，抚州地委作为江西省委的派驻机构，仅在“文化大革命”中政治生活极不正常的1971年6月14—17日，召开过一次党员代表大会。出席大会的正式代表601人，代表都是由各级党组织推荐或指定产生，未经过选举产生。

2000年6月23日经国务院批准同意抚州撤地设市。8月23日，抚州地委决定召开中国共产党抚州市第一次代表大会；8月25日，地委下发关于选举产生中国共产党抚州市第一次代表大会代表的通知，启动召开党代会的筹备工作，提出代表提名和选举时间表；8月28日，地委召开党代表选举工作会议，部署代表选举工作，设定代表名额450名。

根据《中国共产党地方组织选举工作条例》规定，采取差额选举方式选举代表，以无记名投票方式进行。代表候选人的差额比例，不少于代表名额的20%。代表产生的具体办法是：各县市委及地直机关工委、地区经贸委党委出席抚州市第一次党代会的代表，由各县市委及地直机关工委、地区经贸委党委召开党代表会议选举产生；党的关系隶属于抚州地委的中央、江西省属驻抚州单位和地属企事业单位，分别参加所在县市和地直机关工委的代表选举；华东地质学院、抚州师专出席市党代会的代表，分别由院校党委召开党员大会选举产生；军分区、武警支队、消防支队系统出席市党代会的代表，分别由军分区、武警支队、消防支队党委召开党员大会或党代表大会选举产生；市委、市政府、市人大、市政协领导班子中党员领导干部和市纪委副书记候选人由地委提名，分配到县市和地直机关工委参加选举，代表名额不占选举单位名额。

代表产生的程序：各选举单位党委根据地委分配的代表名额及代表条件、要求，采取自下而上、自上而下的方式提名，充分酝酿协商，提出代表候选人推荐名单；尔后，根据多数党组织和多数党员的意见，从推荐名单中按照多于代表应选人数20%以上的差额比例提出代表候选人初步人选。选举单位党委对代表候选人初步人选逐个进行考察，重点考察其德才表现和工作实绩，尤其是对贯彻党的路线方针政策、执行民主集中制、保持清正廉洁的情况以及在关键时刻、重大原则问题上的政治立场和政治倾向等方面情况进行考察，注意听取所在单位党组织和党员、群众及有关方面的意见，进而形成考察材料。选举单位将代表候选人初步人选推选情况、初步人选名册及考察材料报地委组织部，经审查原则同意后，再由选举单位召开党委会或党委扩大会，用圈选方式确定代表候选人预备人选。预备人选造出名册，连同预备人选登记表及预备人选情况报告报地委审查。经地委审查原则同意并正式批复，选举单位召开党的代表大会，或党员大会、党代表会议进行选举。选举之前，对代表候选人预备人选进行充分酝酿，根据多数选举人的意见确定候选人，然后采用候选人数多于应选人数的方式（差额选举）进行正式选举，也可以先采用差额预选，产生候选人名单，再进行正式等额选举。差额比例均不少于20%。

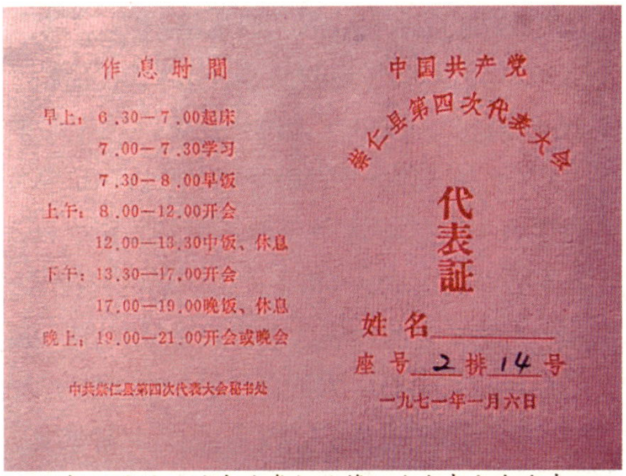

1971年1月召开的中共崇仁县第四次代表大会代表证

此次共选举出席抚州市第一次党代会正式代表446人，其中，各级领导干部占72%，各类专业技术人员占15%，各条战线的先进模范人物代表占11%。代表中，有一定数量的妇女代表、少数民族代表和解放军、武警、消防部队代表。

2006年5月26日，市委一届十六次全会作出召开抚州市第二次党的代表大会的决议，全市确定17个选举单位，选举产生代表450人，其中：各级党员领导干部315人，占70%；各类专业技术人员72人，占16%；各条战线先进模范人物54人，占12%；军代表9人，占2%。

为开好中共抚州市第三次代表大会，2011年8月开始启动代表选举工作，通过差额选举办法选出代表449人，其中：各级领导干部305人，占67.93%，各类专业技术人员81人，占18.04%，各条战线的先进模范人物代表63人，占14.03%。代表中，解放军代表9人，占2%；妇女代表80人，占17.82%；少数民族代表6人，占1.34%；年龄50岁以下的代表370人，占82.41%。

指导县以下党代会代表的选举 土地革命战争时期，受军事斗争和阶级斗争影响，党代表的推荐不规范。如1933年9月江西省第四次党代会《党的组织状况——全省代表大会参考材料之四》，提到“宜黄县吴村区出席县党代表大会的代表是苏维埃介绍来的，并介绍非党员来充当县党代表大会代表”的现象。[5]

1956年以后，抚州开始实行县（市）党的代表大会制度，1958年人民公社化以后开始实行公社（乡镇）党员代表大会制度。县（市、区）党的代表大会代表选举工作，由县（市、区）委具体负责，抚州地（市）委组织部进行指导；公社（乡镇）党的代表大会代表选举工作，由公社（乡镇）党委具体负责，县（市、区）委进行指导，抚州地（市）委进行宏观指导。县、乡换届选举之前，抚州地（市）委下发文件，对代表数量、代表结构、选举流程、组织领导等提出要求，并组织开展选举工作培训。

2011年6月初，全市11个县区均召开党代会。党代会的组织工作主要划分为党代表大会筹备阶段、预备会议阶段、正式会议阶段和新一届党委、纪委第一次全体会议阶段，共有13个环节。市委对各县区党代表大会代表选举提出5个方面的要求：一是从有较强议事能力和联系群众能力、带头创先争优、带头创业致富的党员中推荐代表。二是科学划分选举单位。三是代表名额一般为100 ~ 200名，最多不超过300名，按照有利于了解和直接参与党内事务，有利于讨论决定问题，根据党员人数和代表广泛性原则分配代表名额。四是代表选举工作的主要流程包括：选举单位按照分配名额和规定的提名程序提出代表候选人初步人选；选举单位汇报候选人预备人选的酝酿提名和考察确定情况；预备人选经审批后，面向社会进行公示；选举单位差额选举产生党代表。其中，基层一线代表比例一般不低于30%，代表选举的差额比例不低于22%。五是各基层党组织在召开党员大会选举代表时，有选举权的到会人数超过应到会人数的4/5，会议有效。被选举人获得赞成票超过实到会有选举权的人数的一半，始得当选。召开党员大会选举党代表，要准确计算应到会人数。有正式党组织关系、有选举权的正式党员，一般都应计入应到会人数。

三、党代表大会常任制

党代表大会常任制包含党代表大会年会制和党代表大会代表任期制两个层面。实行党代表大会常任制，每年召开一次党代表大会，有效解决因两届党代表大会相隔时间太长而带来的监督不足、代表的主体意识降低等一系列问题。

对于党代表大会常任制，1956年4月，毛泽东在中共中央政治局扩大会议上的总结讲话中就提出：“是否可以仿照人民代表大会的办法，设党的常任代表。我们有人民的国会，有党的国会，党的国会就是党的代表大会。设常任代表有什么好处呢？就是可以一年开一次代表大会。”同年9月，邓小平在党的八大上所作的《关于修改党的章程的报告》中，正式提出党代表大会常任制的问题。后来因为各种原因，这一探索没有继续下去。

随着党的建设不断推进和党内民主不断发展，1988年开始，中央有关部门先后在全国12个县（市、区）进行党代会常任制试点。2003年11月5日，江西省委组织部在全省范围内选择1市6县开展党代会常任制试点，崇仁县被纳入试点县市之一。根据省委组织部的部署，崇仁县试点工作的主要内容包括：一是成立机构。同年12月6日，崇仁县成立党代会常任制试点工作领导小组和崇仁县委党代表联络办公室（简称“党联办”）。县党代会常任制试点工作领导小组负责制订党代会常任制工作计划，领导和指导试点工作；承担代表提案、提议的组织协调工作；听取基层党组织、党员和群众对常任制试行工作的意见和建议；负责县党代表会议的组织工作。党联办隶属于县委组织部，为正科级全额拨款事业单位，定编制4个，负责办理党代表变更和党代表资格审查工作；负责收集和转办党代表意见建议；联络县人大代表以及党代表开展评议、视察等活动。二是建章立制。制定党代会常任制试行办法，明确党代表的职责，规定党代表享有选举、审查、评议、监督、建议、知情6项权利，保证党代表在闭会期间发挥作用。三是明确措施。试行办法规定：相关单位和个人必须对代表所提意见建议限期答复，代表议定、质询、评议、监督事项一经县委批准，任何单位或个人不得以任何理由推诿拒绝，不得干扰代表履职，更不能打击报复。

2004年2月召开中共崇仁县第十一届二次全会，崇仁县党代会常任制试行办法（草案）经审议后通过。4月，崇仁县《关于加强党代表管理的实施意见》，要求党代表按时参加会议，参加党内教育培训，密切联系党员。建立代表档案，对代表进行考核评议，年终评选先进活动小组、优秀党代表、“金点子”意见建议。分

崇仁县巴山镇党代会常任制试点

5期对党代表进行常任制知识培训，设置19个日常活动小组和6个专题工作小组，每个小组设组长、联络员各1名，规范小组开展活动的原则、内容和要求。2005年2月，中共崇仁县第十一届二次全会通过崇仁县党代表提议的处理和回复规定（草案）。在一次全会与二次全会期间，共收到党代表提议136件，其中，代表提案转化为提议办理的69件，代表在闭会期间提出的建议67件。

为规范党代表提案工作，2005年7月，崇仁县建立党代表提议处理和回复机制，代表提案以书面形式提出，一事一议。会议期间，10名以上党代表可以联名向党代会提出建议或提案。代表提案经大会秘书组提请县委讨论表决后，列为大会议题，未列入大会议题的提案转为党代表提议，闭会期间按提议程序处理和回复。7月25日，印发《关于党代表常任制工作制度的通知》，建立党代表活动、党代表联系党员群众、征求党代表意见、党内情况通报、党代表评议、党代表管理等6项制度。

2006年9—10月，崇仁县就建立党代表日常活动小组、党代表专题工作小组及建立健全党代表常任制工作制度等下发文件，先后设置20个党代表日常活动小组和党的组织建设、党风廉政建设、文教卫生事业、农业农村、县域经济发展、社会综合治理6个专题工作小组，健全完善党代表常任制6项工作制度。2006年10月、2008年1月，先后两次组织县党代表参观县工业园区、新农村建设和重点工程建设，视察县重点工程建设。为方便党代表建言献策，2010年崇仁县在“崇仁党建网”开辟“党代表直通车”。2009—2012年，共收到代表建议500多条，采纳367条。

在推进崇仁县党代表常任制试点的同时，试点工作向乡镇党代会延伸。2012年4月，金溪县对桥“撤乡建镇”，开展镇党代表大会常任制试点。2013年4月，崇仁县马鞍镇被列为党代会年会制试点单位，先后制定《乡镇党代表工作室的意见（草案）》和《乡镇党代表工作室制度（参考）》，同年9月出台《崇仁县试行乡镇党代会年会制实施意见》，设立党代表工作室，推行“三建三联三评”（建立党代

表履职平台、建立系列保障制度、建立活动载体；党委委员联系党代表、党代表联系基层党员、党员联系群众；群众评议党员、党员评议党代表、党代表评议党委委员），发挥党代表作用。

通过试点，形成较为有效的监督机制，拓宽了党内监督渠道，增强了党代表的责任感，密切了党群干群关系。党代会常任制有利于规范领导班子及其成员的权力运行，保证党委决策民主化、科学化，改变“代表代表，散会就了”的状况，增强了党的凝聚力、号召力。党代会常任制对党员和党代表的权力行使有了保障，理顺了党代表大会、全委会、常委会三者之间关系。党代表意见建议征集和督办制度，对群众普遍关心的问题进行民主讨论，使各项决策透明度提高。在新的历史条件下实行党代会常任制，使其成为管全局、管长远、管根本的制度设计，还有不少问题需要进一步研究解决，需进一步扩大试点范围。

【注　释】

[1]《中国共产党江西省乐安县组织史资料》，南海出版公司，1990年，第13~14页。

[2] 1933年7月1日，中共乐安中心县委《重要通知》，见《中国共产党江西省乐安县组织史资料》，南海出版公司，1990年，第26页。

[3]《舒同谈东乡的大革命斗争》《东乡县文史资料》第一辑，1987年，第24页。

[4]《中国共产党江西省广昌县组织史资料》，新华出版社，1994年，第30页。

[5]《中央革命根据地史料选编》（上册），江西人民出版社，1982年，第697页。

第四章　组织部门

第二次国内革命战争时期，随着苏区的开辟，党在抚州域内建立了一批县委和中心县委，县委和中心县委均设立组织部门，开展党的建设和发展工作。红军长征后，抚州苏区被国民党军占领，各级党的组织基本停止活动。抚州解放后，即成立抚州地委和各县市委并设立了组织部门。各级组织部门在当地党委的领导下，开展党的建设、干部工作和人才工作，不断加强自身的思想、组织、作风、能力和制度建设，提高组工干部的思想、政治、业务素养、工作效率、工作水平，充分发挥组织部门的职能作用。

第一节　组织机构

一、中共闽赣省委组织部

1932年10月18—19日，中央红军连克建宁、泰宁、黎川三城，建立建黎泰革命根据地，并在三县逐步建立县、区、乡红色政权。1933年春,中央红军又相继攻克闽赣边的资溪、金溪、光泽、邵武、将乐等县，打通建黎泰革命根据地与信抚、闽北革命根据地联系，使赣东北苏区与中央苏区连成一片。苏区中央局决定，划建宁、黎川、泰宁、邵武（西南部）、光泽、南丰、金溪、资溪、贵溪（南部）、抚州建立闽赣省，5月初在黎川县湖坊圩成立中共闽赣省委。为加强党组织的领导，成立闽赣省委组织部，由省委常委刘炳龙任组织部部长，一直任至1935年2月。省委组织部内设机构及干部人员情况无资料记载。

闽赣省委组织部成立后，立即着手配备干部，加强县、区、乡党政组织建设。对已经建立党政机构的，撤换一些不称职的干部；对尚未成立党政机构的，在帮助建立机构的同时，指派得力干部担任领导职务。至1933年6月上旬，闽赣省基层党政组织得到巩固和发展，仅建宁、黎川、泰宁三县即建立32个区委、区苏维埃政府，各级普遍建立工会、贫农团、共青团、妇女会、反帝拥苏大同盟、互济会、少先队等群众组织。同年7月，闽赣省委组织部随同省委机关由黎川湖坊圩迁入黎川县城办公。

闽赣省委、省苏维埃政府旧址——黎川县德胜关井水村

1933年9月,第五次反“围剿”战斗首先在闽赣省打响。9月28日，国民党军向闽赣省委所在地黎川进攻，企图包围中央革命根据地。此后，闽赣省委组织部随省委机关从黎川县城撤至德胜关。11月，迁至建宁县城。1934年5月16日，

建宁县城失守，又随省委机关迁至建宁县都上村，6月撤至澎湃县的里坑村，8月迁至宁化县城。10月18日，主力红军长征后，闽赣省委机关多次迁徙。1935年春，面对强敌围攻，斗争环境恶化，闽赣省军区领导人排挤和摆脱省委领导，掌握了闽赣省委领导机关权力，造成“枪指挥党”的极端错误。至同年5月，闽赣省委、省政府、省军区解体。

二、地（市）级组织部门

（一）中心县委组织部

第二次国内革命战争时期，抚州东南部地区建立大块革命根据地，先后成立若干县委。第四次反“围剿”胜利后，为加强对各县委的领导，根据苏区中央局的指示，先后成立了南丰（广昌）中心县委、乐安中心县委、资溪（资光贵、金资贵）中心县委、建黎泰中心县委。这些中心县委是介于省委与县委之间的一级党的组织，分别管辖2～3个县委，中心县委均设有组织部，承担着发展和壮大党组织的职能。

中共南丰（广昌）中心县委组织部　1932年8月，周恩来在给苏区中央局并转江西省委的信中指出：“现赣东发展一大苏区，南丰、黎川、宜黄、广昌、乐安及南城一部急需巩固起来。请中央局、省委火速令余泽鸿来南丰城任中心县委书记，主持南丰、黎川、南城、宜黄、广昌五县工作。”不久，江西省委在广昌成立南丰中心县委（亦称南广中心县委），南丰中心县委下辖南广县委、南丰临时工委，中心县委机关驻广昌县城谢义辰公祠。南丰中心县委设有组织、宣传两个部，下辖64个党支部，党员1892人。同年底，党员人数增加到2093人。1932年12月，南丰中心县委撤销。1933年2月8日，苏区中央局指示闽、赣两省委，加强对战略重要地区宁都、广昌、乐安、宜黄、南丰、黎川等县领导，建设强有力的中心县委，以领导其他县委。随后，广昌中心县委成立，机关驻广昌县城北门永兴寺，先后管辖广昌县委、南丰临时县委、赤水县委、广赤县委。中心县委设有组织、宣传、军事、白区工作、妇女5个部，陈世文任组织部部长。1934年4月底，广昌保卫战失利后，广昌苏区大部分被国民党军占领，6月，广昌中心县委撤销。

中共乐安中心县委组织部　1932年9月，根据苏区中央局“要在宜黄、乐安创造一个强有力的中心县委”的指示，江西省委在乐安县委的基础上组建乐安中心县委，机关驻乐安县招携镇，下辖乐安、宜黄、崇仁3个县委，并管辖南城、临川、丰城、新干4县游击区。中心县委设组织、宣传、妇委、白区工作、总务5个工作部门，刘克庄、李先吉、廖赤民、吴立铭先后任组织部部长。鼎盛时期，仅乐安、宜黄两县就有党员4628人。

中共资溪（资光贵、金资贵）中心县委组织部　该中心县委存续时间最长，跨越土地革命战争和抗日战争两个时期，长达五年半，分为三个阶段：中央苏区时期为资溪中心县委，三年游击战争时期为资光贵中心县委，抗日战争时期为金资贵中心县委。

1933年1月，赣东北苏区的红10军南渡信江，参加中央苏区第四次反“围剿”，占领资溪全境及金溪、南城、贵溪、光泽等县交界地区，建立以资溪为中心的信抚根据地。2月初，成立资溪中心县委，机关驻资溪县泸阳镇，下辖7个区委，并相继在与贵溪、金溪、南城交界地区建立贵南县委、金南县委、建东县委和金资特区委。第五次反“围剿”开始后，资溪县城失守，中心县委机关向东北方向转移。1934

年4月，随着整个资溪县被国民党军占领，中心县委停止活动。

红军长征以后，中共闽赣省委闽北分区委派闽北军分区司令员吴先喜和邵武独立团政委刘文学，分别率领独立师2团和邵武独立团部分指战员深入资溪、光泽、贵溪交界的武夷山区坚持武装斗争。1936年5月，成立资光贵中心县委，下辖柴家、昌坪、冷水坑、金南4个区委和金资贵特区委。

抗日统一战线形成后，1937年11月，资光贵中心县委改为金资贵中心县委，机关设在资溪县境内的下张、横坑等地，下辖资溪县委、贵溪县委和金南中心区委。1938年9月，国民党当局撕毁和谈协议，不断袭击根据地。在敌强我弱的情况下，为保存革命有生力量，中心县委转移到闽北，其下属组织停止活动。资溪（资光贵、金资贵）中心县委设有组织部，先后由陈祥长、鲍永泉、叶金太任组织部部长。

中共建黎泰中心县委组织部 1932年10月，红军相继攻克黎川、建宁、泰宁等县，恢复建黎泰革命根据地。不久，在福建建宁成立建黎泰特委，1933年初扩大为建黎泰中心县委，先后在黎川境内建立黎川县委，在黎川、光泽、邵武3县边界地区建立东方县委，在黎川、建宁、泰宁边界建立黎南县委。1933年9月黎川失守，黎川县委撤至樟村、横村，1934年1月撤销。第五次反“围剿”失利后，东方县、黎南县的辖区先后被国民党军占领，建黎泰中心县委及其下属组织解体。

（二）抚州地（市）委组织部

1.机构沿革

1949年5月9日临川解放。6月，宋诚等人受江西省委委派，开展抚州地方委员会（简称抚州地委）筹建工作。7月1日，抚州地委正式成立，隶属江西省委，宋诚任地委书记。抚州地委下设组织部，为地委的4个工作部门之一（组织部、宣传部、民运部、社会工作部），杨春华担任首任组织部长。是时，地委组织部人员少，职能单一。至1953年2月，抚州地委组织部仅设置部长职位一个，不设副部长，内部亦未设职能科室。地委组织部的职能主要是发展党员，对党员进行教育管理。为推动党务工作，设有专职组织员和兼职组织员。干部工作由抚州专区行署人事部门管理。

1953年4月20日，中央组织部发出《关于政府干部任免手续的通知》，规定凡属中央人民政府或政务院任免范围的干部，在中央人民政府或政务院任免之前，需按党内管理干部的规定进行审批。通知下发后，干部人事的审核、调查与提名，改由党委或党委的组织部门承担，政府人事部门不再办理。此后，干部提名、考核、任免等管理权限集中到党委组织部门。干部任免之前由组织部门和党委对干部进行审查，成为一项制度，党管干部的原则由此确立。组织部门职能的加强，所需人员也逐渐增多。从1960年开始，抚州地委组织部副部长职数增至2名。1962年，抚州地委组织部定编14人。

“文化大革命”开始后，抚州专区“造反派”组织林立，抚州地委各工作机构受到普遍冲击。1967年1月，在上海夺权风暴的影响下，抚州专区各党政机关及县（镇）委相继被造反派夺权。1968年2月20日，成立抚州地区革命委员会，下设三部一室（政治部、抓促部、保卫部、办公室），地委组织部由地区革委会政治部组织组取代。1971年6月14—17日，中共抚州地区第一次代表大会召开，选举产生中共抚州地区第一届委员会，恢复抚州地委领导机构。恢复后的抚州地委与地区革委会实行两块牌子，一套人马，没有单独的工作部门。

“文化大革命”结束后，抚州地委各工作机构逐步恢复。1977年，抚州地委撤销“三部一室”，11月恢复成立抚州地委组织部，白纯义任部长，12月任命饶士圻为副部长。1978年，地委组织部内设干部科、人事科、党务科、纪检科4个职能科。1979年7月29日，纪检科从组织部划出，成立中共抚州地委纪律检查组（1980年1月30日改为中共抚州地委纪律检查委员会）。同年，地委组织部成立老干部管理科。此外，为清查“文化大革命”中的“打、砸、抢”分子，地委成立审干办公室，归口地委组织部管理。1983年抚州地区机构改革，地委组织部职能科室增至6个，分别为秘书科、干部科、老干部科、青年干部科、组织科和审干办公室。1986年7月，成立抚州地区知识分子工作领导小组办公室，为副县级单位，归口地委组织部管理。1988年10月，中共抚州地委组织员办公室成立，为副县级单位，由地委组织部管理。1989年8月地委组织部增设调研科。20世纪90年代开始，多媒体兴起，党员教育形式日益丰富。1992年，中共抚州地区党员电化教育中心成立，划归地委组织部管理。1993—1994年，干部审查科与干部科合署办公。1994年地委组织部设立干部三科。

1996年实行党政机构改革，抚州地区编委下达定职能、定内设机构、定编制的“三定”方案。抚州地委组织部内设9个职能科室，分别为秘书科、调研科、组织科（挂组织员办公室牌子）、干部一科、干部二科、干部三科、干部教育科、知识分子工作领导小组办公室、干部调查审理科。地委组织员办公室、知识分子工作领导小组办公室为副县级机构，地区党员电化教育中心为地委组织部下属正科级事业单位。核定抚州地委组织部行政编制25个，事业编制4个。领导职数为部长1名，副部长3名；科级职数13名。

2000年7月，经国务院批准，撤销抚州地区设立地级抚州市。10月20日，抚州市委、市人民政府正式挂牌办公，中共抚州地委组织部更名为中共抚州市委组织部。2002年，根据抚州市委办公室印发的《中共抚州市委组织部职能配置内设机构和人员编制规定的通知》，核定市委组织部行政编制24个，专项事业编制6个，后勤事业编制4个。领导职数为部长1名，副部长3名；科级职数15名。市委组织部内设8个职能科室，分别为秘书科、调研科、组织科（挂组织员办公室牌子）、干部一科（干部三科）、干部二科、干部四科（知识分子工作领导小组办公室）、干部教育科、干部监督科。同年10月，中共抚州市委农村基层组织建设领导小组办公室成立，划归抚州市委组织部管理。保留市党员电化教育中心，为正科级事业单位，核定事业编制3个，其中主任1名，副主任1名，划归市委组织部管理。

2003年12月，中共中央、国务院作出《关于进一步加强人才工作的决定》，2004年3月，经抚州市机构编制委员会研究，撤销抚州市知识分子工作领导小组办公室，成立中共抚州市委人才工作领导小组办公室，归口市委组织部管理，原抚州市知识分子工作领导小组办公室职能划归市委人才工作领导小组办公室。同时，增加3个专项事业编制。

2005年6月16日，为便于工作衔接，抚州市委组织部内设机构与江西省委组织部内设机构对应，撤销秘书科，设立办公室；撤销干部三科，设立干部综合科；撤销干部四科，设立人才工作科，与市委人才工作领导小组办公室合署办公。

2006年1月1日，公务员法正式颁布实施。为加强党委对公务员队伍的管理，2007年，抚州市委组织部增设公务员管理科，同时增设的还有信访科，信访科与办公室合署办公。此次内设机构调整，增加正科级职数2名、副科级职数1名。抚州市机构编制委员会办公室重新核定市委组织部机关行政编制34个，后勤事业编制4个。

随着互联网在党员教育中的广泛应用，2010年7月，成立抚州市农村党员干部现代远程教育工作办公室，为市委组织部下属正科级全额拨款事业单位，与抚州市党员电化教育中心合署办公。核定全额拨款事业编制6个，科级领导职数2名。

2013年，抚州市委组织部进行大科制改革，办公室与调研科、干部监督科与信访科、干部综合科与公务员管理科、农村基层组织建设领导小组办公室与组织科合署办公，上述后面科室的科长兼任前面科室的副职。2014年9月，经抚州市机构编制委员会研究同意，成立抚州市委组织部举报中心，为正科级机构，与抚州市委组织部干部监督科实行一个机构、两块牌子，同时增加副科级职数1名。至2014年12月，抚州市委组织部内设13个科室，分别为办公室、调研科（与办公室合署办公）、干部一科、干部二科、干部综合科、公务员管理科（与干部综合科合署办公）、干部监督科、信访科（与干部监督科合署办公）、干部教育科、人才工作科（与人才工作领导小组办公室合署办公）、组织科（与农村基层组织建设领导小组办公室合署办公）、党员电化教育中心（与农村党员干部现代远程教育办公室合署办公）、举报中心（与干部监督科合署办公）。另外，抚州市委组织员办公室、抚州市委人才工作领导小组办公室、抚州市委农村基层组织建设领导小组办公室，为市委机构，副县级单位，归口市委组织部管理。抚州市委组织部核定行政编34个，参照公务员法管理的事业编6个，事业编5个，工勤编4个。

2. 内设机构及职能

“文化大革命”前，抚州地委组织部内设机构情况不详。1978年，地委组织部曾设纪检科、人事科。1979年7月29日成立中共抚州地委纪律检查组，纪检科撤销；1981年1月成立抚州地区人事局，人事科撤销。1983年机构改革时，抚州地委组织部设立老干部科。地委老干部局成立后，老干部科撤销。

办公室 1983年，抚州地委组织部始设秘书科，2005年6月为对应江西省委组织部内设机构，更名为办公室，负责市委组织部内外联系及综合协调，负责机关文秘、信访、信息、督查、保密、办公自动化和机关综合性会议的组织工作；协助部领导抓好部机关干部思想、作风和业务建设，负责部内干部年度考核、机关财务与后勤管理，机关和下属单位的机构编制、人事劳动和退（离）休干部的管理服务工作；负责人大、政协提案答复的协调工作。

调研科 1989年8月抚州地委组织部增设调研科，负责全区党的组织建设和干部工作方针、政策的综合研究，调查了解地（市）管各级领导班子和干部队伍建设情况，为部领导决策提供意见和方案，承担干部人事制度改革的综合研究和宏观指导，协调、指导全区（市）组织部门的调研信息工作，主办《抚州党建》，负责组织、干部工作的宣传报道以及本部信息、资料收集、综合、上报和反馈工作，承担部领导交办的文稿草拟和其他工作。

干部一科 1978年抚州地委组织部设立干部科，1996年更名为干部一科，其职能包括：负责考察各县区县级领导班子和县级后备干部及地（市）委委托管理的其他领导干部；对各县区领导班子的调整和地（市）委管理干部的职务任免、交流等问题提出建议；负责对县区需地（市）委组织部审批和事前备案干部的考察了解工作，提出使用意见、建议；了解掌握各县区党委民主生活会和领导班子思想作风建设情况，就加强领导班子思想作风建设提出建议；对各县区换届人事安排工作提出建议，指导换届选举工作；负责各县区科级干部的宏观管理，指导乡镇换届选举工作。

干部二科 1983年抚州地委组织部设立青年干部科，1990年增设干部二科，与青年干部科合署办公，1994年撤销青年干部科。干部二科职能包括：考察地（市）委各部门、地（市）直各单位、市人大、市政协下属工作部门、人民团体县级领导班子和县级后备干部及地（市）委委托管理的其他领导干部；对地（市）直县级领导班子的调整和地（市）委管理干部的职务任免、交流等问题提出建议；了解掌握地（市）直县级单位党委（党组）民主生活会和领导班子思想作风建设情况，就加强领导班子思想作风建设提出建议；综合分析干部工作情况，参与制定有关干部工作的政策、规定；负责军队团职转业干部的安置工作和市属国有企业干部遗留问题的处理；承担地（市）直政府口科级干部的宏观管理，对于属地（市）委组织部审批的科级干部进行考察了解，会同有关部门做好科级干部事前备案和职数审核工作。

干部三科 1994年抚州地委组织部设立干部三科，2003年与干部一科合署办公。2005年6月16日干部综合科成立后，干部三科撤销。干部三科负责考察地（市）管企业领导班子和领导干部；对地（市）管企业领导班子的调整和领导干部的职务任免、交流和退（离）休等问题提出建议；负责对县区管重点骨干企业和地（市）直其他行业领导班子建设和领导干部的职务任免进行宏观指导；负责审核地（市）管企业领导干部的工资、奖励、待遇；了解掌握地（市）管企业和其他企业领导班子思想作风建设和民主生活会情况，并就加强企业领导班子思想作风建设提出建议；制订有关企业干部管理的政策、规定；考察并提出对企业县级后备干部的培养和使用意见；协助做好中央和省属驻抚州企业领导班子建设和干部管理的有关工作。

干部综合科 2005年6月16日抚州市委组织部设立干部综合科。其职能包括：办理县级干部职务任免手续和调动事宜，草拟市委管理干部职务名称表；承办有关江西省人大代表、江西省政协委员、常委和向市人大、市政协等推荐干部的提名建议；办理市党代会、人代会、政协会等换届人事安排的呈报工作；负责支援新疆干部的选调、县级优秀年轻干部的配备和后备干部建设、老干部、妇女干部、党外干部、少数民族干部等工作的协调与综合；协助做好江西省驻抚州单位领导班子建设和干部管理的有关工作；办理江西省委管理干部职务、工资、退（离）休和市级后备干部的报批手续；管理省委管理干部档案副本和市管干部档案正本，对全市干部档案工作进行宏观业务指导；承担全市干部统计和计算机干部信息管理工作，对这两项工作进行宏观业务指导；参与制定有关干部工作的政策、规定，综合分析干部工作情况；做好有关干部工作的综合性文件的起草、会签。

公务员管理科 2007年抚州市委组织部增设公务员管理科，其职能包括：综合管理市级党群系统（含法院、检察院）的公务员（含参照公务员法管理人员）的考录、考核、交流、培训、申述控告、登记管理等工作；负责有关公务员行为规范、职业道德建设和能力建设，依法对公务员实施监督。

干部监督科 1978年，为清查“文化大革命”中的“打、砸、抢”分子，抚州地委成立审干办公室。1983年，地委组织部设立审干办公室，1984年更名为干部审查科，2002年更名为干部监督科。职能包括：负责制订干部监督制度和措施，对《党政干部选拔任用工作条例》、党内法规执行情况进行监督检查，对违反《党政干部选拔任用工作条例》的行为进行调查核实并提出处理意见，或督促下级查核处理；受理组织部门“12380”信访举报，重点受理对领导干部和干部选拔任用工作问题的举报；组织实施县级领导干部经济责任审计工作；承担对领导干部近亲属和身边工作人员提拔任科级干部的审批；组织市委管理领导干部填报《领导干部个人有关事项报告表》并进行抽查；组织开展年度“一报告三评议”工作。

信访科 2007年，抚州市委组织部增设信访科，与办公室合署办公。2013年，市委组织部进行大科制改革后，信访科与干部监督科合署办公。

干部教育科 1984年设立干部培训科，1996年更名为干部教育科。其职能包括：根据中央、江西省委干部教育政策规定提出贯彻意见和措施，研究制定全区（市）干部教育培训工作规划，协调、指导、检查地（市）直机关和各县区干部教育培训工作；组织市委管理干部、部分科级干部、组织人事部门领导干部的培训；协助做好江西省直机关副处以上干部下基层挂职锻炼和外省到抚州挂职副县级干部的管理工作；选派科级优秀年轻干部下基层挂职锻炼，做好外派挂职干部的选送工作；承办江西省委组织部下达的调训任务；建立领导干部培训档案，开展干部培训信息交流。

人才工作科 2002年抚州市委组织部设立干部四科，为人才工作科前身。2005年更名为人才工作科，与市委人才办合署办公。职能包括：承担市委人才工作领导小组办公室的日常管理职能，定期向市委人才工作领导小组汇报工作；负责做好全市人才工作目标责任制检查考核；掌握了解各地、各部门人才工作开展情况，制定完善相关政策措施。

组织科 1978年抚州地委组织部设立党务科，1983年更名为组织科。其职能包括：负责调查研究和指导地方党委及党的基层组织建设（农村基层组织建设除外），总结推广先进经验；负责督促、检查《中国共产党地方委员会工作条例》的贯彻落实情况；办理县级单位党组织设置、撤销、调整的审批手续和跨县区转移单位党组织隶属关系的审批手续；承办抚州地区（市）出席全国、全省党员代表大会、党员代表会议代表的推选、考察、报批工作；负责市党员代表大会、市党员代表会议代表的推选、报批和组织筹备工作；研究、指导地方和基层党组织坚持党员代表大会制度，办理县区党员代表大会、党员代表会议的审批手续，对会议选举工作进行指导；协调党内表彰和开展党内创先争优工作；指导县级单位领导班子民主生活会；负责接转党的组织关系；做好市管党费收缴、使用、管理工作和党员、党组织的统计工作。

举报中心 于2014年成立，其职能为：负责对全市组织部门受理举报工作的督促、检查和指导；制定和参与制定举报受理、查核工作制度、规定，推进“12380”举报电话接听、办理、查核、反馈等工作的程序化、规范化、制度化。建立“12380”手机短信举报平台，完善“12380”电话、信访、网络和手机短信“四位一体”的举报受理平台，及时受理群众举报。受理领导班子、领导干部违反《党政干部选拔任用工作条例》规定选人用人问题及其他有关方面的举报。定期分析汇总举报受理和查核情况，及时向部领导汇报举报中的重要情况。督办或直接办理中央组织部、江西省委组织部和抚州市委、市委组织部领导批办的违反《党政干部选拔任用工作条例》规定和组织人事纪律以及领导干部重要问题的举报件。

3. 下属事业单位

抚州市党员电化教育中心 1992年成立抚州地区党员电化教育中心，为抚州地委组织部下属正科级全额拨款事业单位，职能为：指导、规划、协调和管理全区（市）党员电化教育、农村党员干部现代远程教育工作；指导、督促抓好全区（市）党员电教播放网点、现代远程教育接收站点的管理、使用、维护和规范化建设；做好党员电化教育教材的引进、复制、发行和交流工作；承担有地方特色的教学课件和专题片、多媒体汇报片制作任务；做好中央、江西省党员电化教育中心（农村党员干部现代远程教育工作办公室）的有关教育内容的教学组织工作；办好《抚州党建网》。

抚州市农村党员干部现代远程教育工作办公室 2010年成立抚州市农村党员干部现代远程教育工作办公室，为市委组织部下属正科级全额拨款事业单位，与党员电化教育中心合署办公。

4. 抚州地（市）委组织部各科室负责人

（1）办公室（1983年设秘书科，2005年6月16日更名为办公室）

——秘书科

胡孝龙（1980.6—1984.6，副科长主持工作）

罗学年（1984.6—1987.7，副科长主持工作）

李传铣（1988.2—1994.7）

夏　俊（1994.8—2001.2）

温　勤（2001.6—2003.4）

罗建顺（2003.6—2005.7）

——办公室

罗建顺（2005.7—2006.6）

郑锦锋（2006.8—2007.11）

肖　明（2007.11—2011.1）

罗海清（2011.1—2012.8）

李星华（2012.8—2013.5，代行办公室主任职责）

程建斌（2013.5—2013.7，副主任主持工作）

谢爱隆（2013.7—在职）

（2）调研科（1989年始设）

夏　俊（1990.4—1998.6）

江晓斌（1998.6—1999.1）

黄荣泉（2000.10—2003.4）

杨心灵（2005.1—2007.11）

薛华华（2007.12—2011.7）

谢爱隆（2011.11—2013.7）

尹续平（2014.2—在职）

（3）干部一科（1978年设立干部科，1996年更名为干部一科）

——干部科

廖秋涛（1978.1—1981.5）

甘荣昌（1984.6—1988.4）

万金荣（1988.11—1990.3）

周木杨（1990.11—1993.11）

许中伟（1993.11—2000.6）

宋东方（2000.10—2003.4）

——干部一科

温　勤（2003.4—2007.12）

朱　靖（2007.12—2009.10）

何　磊（2009.11—2011.7）

平六根（2011.7—2012.7）

邹常鸣（2012.12—2013.5）

李星华（2013.5—2014.2）

丁燕军（2014.2—在职）

（4）干部二科（1983年设立青年干部科，1990年增设干部二科，与青年干部科合署办公，1994年撤销青年干部科）

——青年干部科

聂荣光（1984.6—1987.7，副科长主持工作）

陈建福（1988.2—1990.6，副科长、科长）

——干部二科

陈建福（1990.6—1993.11）

傅细兰（1993.11—1995.1）

万国勇（1995.1—2002.3）

李金龙（2002.3—2003.6，以知工办主任身份主持工作）

黎　明（2003.6—2005.9）

朱　靖（2005.9—2007.12）

何　磊（2007.12—2009.11）

杨心灵（2009.11—2011.7）

薛华华（2011.7—2012.2）

黄雪琴（2012.11—在职）

（5）干部综合科（2005年6月始设）

郑锦锋（2005.6—2006.8）

何　磊（2006.8—2007.12）

邹常鸣（2007.12—2009.10）

邱小飞（2009.10—2011.7）

周小剑（2011.7—2014.2）

金　超（2014.2—在职）

（6）公务员管理科（2007年始设）

鄢新员（2007.12—2009.10）

邹常鸣（2009.10—2012.12）

李阿玲（2012.12—2014.7）

周健璋（2014.12—在职）

（7）干部监督科（1978年，成立地委审干办公室；1983年，地委组织部设立审干办公室；1984年更名为干部审查科；2002年更名为干部监督科）

——地委审干办公室

余朝峰（1978.1—？）

——审干办公室

文曼如（1981.2—1985.10，干部）

——干部审查科

章友泉（1984.6—1988.4，副科长主持工作）

黄益斋（1988.12—1990.10）
万　平（1992.4—1993.11）
罗晓泉（1993.11—1994.8）
余宽宽（1994.8—？）
罗建顺（2001.6—2003.6）
——干部监督科
李忠东（2003.6—2007.11）
何志刚（2007.12—2011.7）
黄雪琴（2011.7—2012.11）
郑须生（2012.11—2013.8）
吴军华（2014.2—在职）

（8）信访科（2007年始设）
吴仕敏（2007.12—2011.11）
危　娜（2011.11—2012.11）
吴军华（2012.11—2014.2）
龚　煌（2014.2—在职）

（9）干部教育科（1984年设立干部培训科，1996年更名为干部教育科）
——干部培训科
王树青（1984—1986.8，副科长主持工作）
洪厚兴（1988.2—1993.4，副科长、科长）
罗晓泉（1993.6—1993.11）
宋东方（1993.11—1996，副科长、科长）
——干部教育科
宋东方（1996—2000.10）
黄达生（2001.6—2003.9）
朱　靖（2003.9—2005.9）
黎　明（2005.9—2007.11）
吴淑华（2007.11—2009.6，负责人）
郑须生（2009.11—2012.11）
危　娜（2012.11—在职）

（10）人才工作科（2002年设立干部四科，2005年6月16日更名为人才工作科，与市委人才办合署办公）
——干部四科
李金龙（2003.6—2005.1）
王　锋（2005.1—2005.6）
——人才工作科
王　锋（2005.6—2007.12）
杨心灵（2007.12—2009.10）
章国华（2009.11—2010.7）
李星华（2011.1—2013.5）
吴吉平（2013.7—在职）

（11）组织科（1978年设立党务科，1979年更名为组织科）
——党务科
吴方球（1978.1—1979.7,副科长主持工作）
——组织科
程细新（1979.12—1984.6,副科长主持工作）
李咸尧（1984.6—1988.3,副科长主持工作）
黄　华（1988.2—1990.4,副科长主持工作）
刘金石（1988.11—1990.3）
陈　克（1990.4—1991.6）
石　磊（1993.12—1994.7）
徐华德（1998.6—1998.9）
蔡礼明（2007.12—2010.7）
吴智勇（2014.2—在职）

（12）人事科（1978年设立人事科）
宁宏昌（1978.1—1981.2,副科长主持工作）

（13）干部三科（1994年设立干部三科）
罗晓泉（1994.8—1997.11）
吴亚明（1998.5—2003.4）
王　锋（2003.6—2005.1）
郑锦锋（2005.1—2005.6）

（14）党员电化教育中心（1992年成立党员电化教育中心，2010年8月成立抚州市农村党员干部现代远程教育工作办公室，与党员电化教育中心合署办公）
石　磊（1993.5—1998.5）
梁茂华（1998.5—2001.9）
鄢新员（2001.9—2005.7）
肖　明（2005.7—2006.8）
平六根（2006.8—2007.12）
邱小飞（2007.12—2009.11）
罗海清（2009.11—2011.7）
冯　乐（2011.11—2014.2）

王 黎（2014.2—在职，副主任主持工作）

（三）中共抚州市委人才工作领导小组办公室

1986年7月成立抚州地区知识分子工作领导小组办公室，为副县级单位，归口抚州地委组织部管理。2000年10月，抚州撤地设市，地区知识分子工作领导小组办公室改名为市知识分子领导小组办公室。2004年4月27日，抚州市知识分子工作领导小组办公室撤销，成立中共抚州市委人才工作领导小组办公室（以下简称人才办），为副县级单位，归口抚州市委组织部管理，知识分子工作办公室职能划归人才办。市委人才办承担着市委人才工作领导小组的日常工作，对贯彻执行党的人才工作政策情况及人才工作队伍的基本状况进行调查研究，提出建议；负责制订或参与制订人才工作的政策、规定；对市直单位和各县区人才工作进行指导、协调、检查；做好拔尖人才（2013年后为突出贡献人才）的选拔、管理工作；会同有关部门做好学术和技术带头人的培养、选拔和管理工作；负责人才库的建设和人才工作信息的交流，指导有关部门做好出国留学人员及留学归国人员的管理工作；承办人才工作来信来访的处理，做好企业经管理人才队伍建设工作。

（四）中共抚州市委组织员办公室

中共抚州市委组织员办公室的前身是中共抚州地委组织员办公室，于1988年10月成立，为副县级单位，归口抚州地委组织部管理。其职责是：负责了解和研究党员思想状况和发挥党员先锋模范作用的情况，研究和提出党员队伍建设规划，负责党员管理、党籍处理和发展工作；指导基层党组织抓好党员培训，建立健全组织生活、民主评议党员制度；抓好党刊通联工作和通讯员队伍建设；指导全市组织员队伍建设。

（五）中共抚州市委农村基层组织建设领导小组办公室

2002年10月成立，为副县级单位，归口市委组织部管理。负责实施全市农村基层组织建设的规划指导、组织协调；组织、安排、指导和考核市直各单位（部门）开展部门包村工作；负责全市村级组织活动场所建设；抓好村（居）干部队伍培训工作，提高村（居）干部队伍整体素质；贯彻执行《中国共产党农村基层组织工作条例》，推进农村基层民主法治建设；指导和检查乡镇开展政务公开和村级推行村务公开、民主管理工作。

三、县级组织部门

1949年7月1日中共抚州地委成立后，各县相继成立中共县市委员会，同时设立县市委组织部。1950年，临川市并入临川县，抚州地区所辖的临川、南城、黎川、南丰、崇仁、乐安、宜黄、金溪、资溪等9县均设立组织部。各县组织部成立初期，主要负责研究和指导基层党组织建设、协调规划和指导党员教育、做好党员的管理和发展等工作。

“文化大革命”期间，各县委的组织部工作由革命委员会政治部组织组代替。

1977—1980年，抚州各县相继撤销县革命委员会政治部，恢复设立县市委组织部。至1980年抚州市恢复组织部后，抚州域内各县市均恢复设立县市委组织部。1995年1月，抚州市与临川县合并，县市委组织部机构人员也随之合并。

1988—1992年，抚州先后成立地委组织员办公室、地区知识分子工作领导小组办公室和地区党员电化教育中心，归地委组织部管理。各县市参照地委做法，相继成立组织员办、知工办和党员电化教育中心。其中：1984 年 9 月，广昌县成立落实知识分子政策领导小组，下设办公室，属副科级单位，归口县委组织部管理，编制 3 个；1985 年 11 月，黎川县进行党政机构改革，县老干部局归口县委组织部，恢复黎川县直属机关党委，与县委组织部合署办公。同时，成立黎川县知识分子工作领导小组办公室，归口县委组织部。1988 年 5 月，广昌县委组织部成立党员电化教育室，为县委组织部下属事业单位。1989 年 5 月，广昌县委成立组织员办公室，归口县委组织部管理。

1996 年，抚州地区实行党政机构改革，各县市根据自身情况进行机构改革。是年，广昌、宜黄、金溪、南丰等 4 县将中共直属机关委员会更名为中共直属机关工作委员会，与县委组织部合署办公；金溪县、宜黄县将老干局归口县委组织部，组织员办公室和知识分子工作领导小组办公室并入县委组织部；南丰县将老干部局和直属机关党委归口组织部，组织员办公室、知识分子领导小组办公室纳入组织部内设机构。资溪县将组织员办公室、知识分子工作办公室和老干部局归口县委组织部管理；东乡县将老干部局从组织部划出，直属机关工委与组织部合署办公。

2000 年 10 月，临川撤市设区，临川市委组织部更名为临川区委组织部。

2002 年，根据抚州市委组织部职能配置内设机构和人员编制规定，各县区委组织部对内设机构和人员编制进一步规范。其中：临川区委组织部内设 5 个职能科室，即办公室、组织员办公室、干部科、知识分子工作办公室和干部教育监督科；南城县委组织部内设 4 个职能股室，即办公室、干部室、组织员办公室和知识分子工作办公室；黎川县委组织部内设 4 个职能科室，即秘书科、组织科、干部科和知识分子工作办公室，组织员办公室、党员电教中心与党建科合署办公；南丰县委组织部内设 5 个职能科室，即办公室、干部科、组织科、知识分子工作办公室、信息调研科；乐安县委组织部内设 3 个职能科室，即秘书科、组织科、干部科，组织员办公室和知识分子工作办公室归口县委组织部管理；宜黄县委组织部内设 5 个职能科室，即秘书科、干部科、党建科、组织员办公室、知识分子工作办公室；金溪县委组织部内设 4 个职能科室，即秘书科、组织科、干部科、知识分子工作办公室；资溪县委组织部设 4 个职能科室，即办公室、组织员办公室（组织科）、干部科、知识分子工作办公室；东乡县委组织部内设 5 个职能科室，即办公室、组织科、干部科、组织员办公室、知识分子工作办公室；广昌县委组织部内设 4 个职能股室，即秘书股、干部股（知工办）、组织股、组织员办。

2002 年 10 月，抚州市委成立村建办后，各县区相继成立县区委村建办，为县区委组织部正科级直属事业单位，归口县区委组织部管理。2003 年 2 月，宜黄县、资溪县成立非公有制经济党的工作委员会，为县委派出机构，归口县委组织部。其中，资溪县在县直属机关工作委员会增挂非公有制经济组织党的工作委员会牌子。2002—2003 年，东乡、黎川、资溪、乐安、金溪县直属机关工委归口县委组织部管理。2004—2005 年，临川、广昌、东乡、黎川、金溪等县区相继成立人才工作领导小组办公室，有的为副科级机构，有的为正科级机构，归口县委组织部管理。2007 年，抚州市委组织部增设公务员管理科，除黎川和乐安成立公务员管理科外，其他各县区均未成立公务员管理科。

至 2014 年 12 月，抚州各县区委组织部机构设置情况如下：

临川区委组织部内设 4 个科室，分别为办公室、干部一科、干部二科、干部教育监督科。另外，村建办、组织员办和人才办为区委派出机构，归口区委组织部管理。区委组织部核定行政编 20 个，事业编 3 个。

南城县委组织部内设6个科室，分别为办公室、干部室、知识分子办公室、组织员办公室、农村组织建设科、党员电化教育中心（农村党员干部现代远程管理中心）。另外，村建办、人才办为县委机构，正科级单位，归口县委组织部管理。县委组织部核定行政编12个，工勤编1个，事业编8个。

黎川县委组织部内设7个职能科室，分别为办公室、党建办、干部科、公务员管理科、村建科、电教办和信息调研科。另外，村建办（正科级事业单位）、人才工办（正科级事业单位）和远程办（副科级事业单位），归口县委组织部管理，共有9个事业编。县委组织部核定行政编16个，工勤编1个。

南丰县委组织部内设5个科室，分别为办公室、干部科、组织科、党员电教中心和信息调研科。另外，组织员办、人才办、村建办为县委机构，其中人才办和村建办为正科级单位，县委组织员办为副科级单位，归口县委组织部管理。县委组织部核定行政编14个，工勤事业编3个，事业编2个。

崇仁县委组织部共内设6个科室，分别为办公室、党建办、干部办、干部监督办、组织员办和人才办。另外，县委党联办和县委村建办隶属组织部，与县直属机关工委合署办公。县委组织部核定行政编15个，工勤编1个，事业编5个。

乐安县委组织部内设5个科室，分别为办公室、组织科、干部科、公务员管理科、农村基层组织建设科。另外，县委村建办为县委机构，正科级单位，归口县委组织部管理。县委组织员办、县委人才办为县委机构，挂靠县委组织部管理。县委组织部核定行政编16个，工勤编2个。

宜黄县委组织部内设4个科室，分别为办公室、党建科、干部科、组织员办公室（正科级）；下属事业单位有党员电化教育室；县委村建办、县人才办为县委工作机构，归口县委组织部管理。县直属机关工委与县委组织部合署办公，含内设科室直属工委办公室。县委组织部核定行政编（含直属工委）12个，事业编8个，工勤编2个。

金溪县委组织部内设3个科室，分别为办公室、干部科、组织科，下属事业单位有县农村党员干部现代远程教育管理办公室。另外，县委人才办和县委村建办为县委机构，正科级单位，归口县委组织部管理；县直属机关工委为县委派出机构，正科级单位，与县委组织部合署办公，一个机构两块牌子。

资溪县委组织部内设5个科室，分别为办公室、干部科、干部教育监督科、组织科、党员电化教育中心（农村党员干部现代远程教育办公室）。另外，县委村建办（正科级单位）、县委人才办（副科级单位）为县委机构，归口县委组织部管理。县直属机关工委与县委组织部合署办公。县委组织部核定行政编10个，工勤编1个，事业编7个。

东乡县委组织部内设6个科室，分别为办公室、组织科、干部科、县委组织员办公室、人才工作办公室（与县人才工作领导小组合署办公）、县农村党员干部现代远程教育办公室（县党员电化教育中心）。另外，县委人才办为县委机构，副科级单位，归口县委组织部管理；县村建办为正科级事业单位，直属县委组织部；县直属机关工委与县委组织部合署办公。县委组织部核定行政编14个，事业编4个，后勤事业编3个。县直属机关工委行政编3个，后勤事业编1个。

广昌县委组织部内设6个职能科室，分别为办公室、干部科（知工办）、组织科（党建科）、组织员办、公务员管理科和信息调研科。党员电化教育中心和农村党员干部现代远程教育办公室为组织部下属事业单位，县委人才办、县委村建办和非公有制经济党工委为县委派出机构，归口县委组织部管理。县委组织部核定行政编12个，工勤编1个。

第二节　组织部门领导人

一、地（市）级组织部门领导人

（一）中共抚州地（市）委组织部

部　长

杨春华（1949.7—1949.12）

王　寒（1949.12—1953.6，1952.10—1953.6 任地委第二副书记兼部长）

李子良（1954.2—1954.10）

韩增田（1954.11—1958.9）

张运昌（1960.5—1964.6）

刘声钲（1964.6—？）

白纯义（1977.11—1980.6）

陈　元（1980.9—1983.6）

胡晋亲（1983.6—1987.3）

吴步高（1987.3—1994.5，1993.8—1994.5 任地委副书记兼部长）

汲家风（1994.5—1995.5，1995.3—1995.5 任地委副书记兼部长）

张德金（1995.5—2000.9）

鲍小慧（2000.9—2003.11，2003.4—2003.11 任市委副书记兼部长）

李舰海（2004.6—2006.11）

魏建锋（2006.11—2012.7）

周训国（2012.7—2014.4）

王新有（2014.5—在职）

副部长

李品峰（1953.2—1954.8）

李子良（1953.3—1954.2）

张运昌（1958.8—1960.5）

曲中顺（1960.12—1965.8）

李树功（1965.10—？）

饶仕圻（1977.12—1982.3）

陈　元（1980.1—1980.9）

王金明（1981.1—1984.8）

周天祥（1984.8—1989.1）

任建才（1988.12—1993.5）

罗学年（1992.12—2000.6）

周木杨（1993.11—2008.6）

陈　克（1993.12—2001.2）

许四星（2000.8—2007.3）

夏　俊（2001.2—2002.2）

谭小平（2002.7—2006.5）

宋东方（2003.3—在职）

温　勤（2006.11—在职）

许中伟（2007.3—2010.8）

周丽秀（2007.6—2010.8）

徐华德（2008.6—2009.12）

王小林（2010.8—2011.5）

吴方振 (2010.12—2012.10)

黄晓慧（2010.12—在职）

周国华（2011.7—2013.9）
宋有志（2012.10—在职）
董东明（2013.9—在职）

（二）抚州地区（市）知识分子工作领导小组办公室

主　任
罗学年（1986.7—1987.7）
万　平（1998.9—2000.10）
李金龙（2003.4—2004.5）

（三）中共抚州市委人才工作领导小组办公室

主　任
李金龙（2004.5—2005.1）
王　锋（2006.12—2011.7）
杨心灵（2011.7—2013.12）
李星华（2013.12—在职）

（四）中共抚州地（市）委组织员办公室

主　任
陈　克（1991.6—1993.11）
石　磊（1994.7—1998.9）
徐华德（1998.9—2002.2）
谭小平（2002.2—2002.7）
梁茂华（2003.4—2008.6）
鄢新员（2009.10—2013.8）
周小剑（2013.12—在职）

（五）中共抚州地（市）委农村基层组织建设领导小组办公室

主　任
陈　克（1993.12—2001.2）
王树标（2003.4—2007.6）
平六根（2007.8—2011.2 副主任）
何　磊（2011.2—在职）

二、各县（市、区）委组织部部长

（一）中共抚州市委组织部

孔焕章（1949.5—1949.7）
王嘉瑞（1949.7—1950.4）
辛万年（1954.4—1954.7）
李　斌（1954.7—1956.6）
黄祥辉（1956.6—1958.5）
刘元恒（1958.5—1960.12）
黄炎明（1980.3—1980.12）
胡苏苏（1980.12—1981.5）
邹文科（1981.5—1982.10）
牛家宝（1982.10—1984.3）
李早梅（1984.3—1987.7；1987.10—1989.12）
李启中（1987.8—1987.9）
周水生（1989.12—1993.12）
李　云（1993.12—1995.3）

（二）中共临川县委组织部

杜竹林（1949.5—1949.6）
刘农民（1949.7—1951.4）
梁继海（1951.4—1955.2，1952.9—1954.5 县委副书记兼，1954.5—1955.2 县委书记兼）
焦凤翔（1955.3—1955.8，县委副书记兼）
杨裕隆（1956.5—1960.1，1958.11—1960.1 县委副书记兼）
江树廷（1960.1—1961.1）
袁斯龙（1964.3—1965.7）
彭　蔚（1966.4—？）
龚顺昌（1977.5—1980.9）

丁金珊（1980.9—1984.2）
张建国（1984.2—1984.9）
黄德宪（1985.2—1989.12）
聂荣光（1989.12—1991.6）
许四星（1991.6—1992.10）
傅　威（1992.10—1993.10）
陈建福（1993.10—1995.3）

（三）中共临川市委组织部
肖文海（1995.3—2000.10）

（四）中共临川区委组织部
肖文海（2000.10—2001.5）
郑英华（2001.5—2002.11）
黄有盛（2002.11—2006.12）
吴茂发（2007.6—在职）

（五）中共崇仁县委组织部
李春瑞（1949.7—1952.9）
田永丰（1953.7—1954.2）
李　惠（1954.2—1955.5，1954.2—1954.6 县委副书记兼）
童学良（1955.5—1956.3）
邹富予（1959.6—1966.5）
章伯贤（1977.5—1979.4）
宁宏昌（1981.3—1984.2）
黄德洋（1984.2—1987.7）
罗学年（1987.9—1989.12）
童庆河（1990.4—1992.10）
饶剑明（1992.12—1997.11）
郑英华（1997.12—2001.5）
周国华（2002.12—2009.5）
高自辉（2009.6—在职）

（六）中共宜黄县委组织部
郭　凯（1949.6—1951.5）
王　泽（1951.5—1952.10）
刑殿忠（1954.1—1954.7）
王九如（1954.7—1955.7）
尹玉珍（1959.1—1960.4）
应胜发（1960.4—1961.5）
庞玉珍（1961.7—1966.5）
吴保生（1979.12—1984.2）
程传裕（1984.2—1987.7）
陈劲松（1987.7—1989.12）
邓全恩（1989.12—1992.10）
邹样发（1992.10—1997.11）
曾嘉祥（1997.11—2002.12）
何水金（2002.12—2005.4）
高自辉（2005.4—2009.6）
朱文泉（2009.6—在职）

（七）中共乐安县委组织部
王　泽（1949.7—1952.4）
严寿清（1952.4—1953.5）
杨兰洲（1953.5—1955.5，1953.5—1953.11 代）
王金芳（1955.5—1956.6）
陈绍生（1956.6—1957.8）
李　宏（1957.4—1961.1）
陈绍生（1961.1—1968.4）
汪桂仙（1984.2—1984.9）
卢向云（1984.9—1987.7）
邱欣森（1987.7—1989.12）
银光灿（1989.12—1992.10）
符节约（1992.10—1997.11）
周乾昌（1997.11—2001.5）
廖金平（2001.5—2004.4）
李以庚（2004.4—2006.6）
鲍峰庭（2006.6—2008.6）
梁茂华（2008.6—在职）

（八）中共南城县委组织部
刘伯令（1949.7—1949.8）
金学志（1949.8—1952.4）
李　智（1953.6—1955.8)

张海云（1953.8—1955.3）
余克明（1955.12—1958.5）
王文有（1958.5—1963.8，1960.2—1963.8 县委副书记兼）
王　祜（1964.10—？）
黄以传（1977.5—1979.8）
李殿忠（1979.8—1980.8）
李为帧（1980.8—1987.7）
张铭初（1987.7—1989.12）
朱善平（1989.12—1992.10）
黄龙瑞（1992.10—2001.4）
苏建国（2001.5—2005.5）
何水金（2005.5—2006.6）
陈胜堂（2006.6—2013.3）
张沥泉（2013.3—在职）

（九）中共南丰县委组织部

张海湧（1949.8—1953.5）
王树义（1953.5—1953.7）
郝生箴（1953.7—1955.5）
邹年芳（1955.5—1956.7）
孙桂珍（1958.11—1964.3，1960.4.—1964.3 县委副书记兼）
薛　斗（1964.3—？）
饶绍泉（1980.2—1987.7）
聂荣光（1987.7—1989.12）
罗火生（1990.3—1992.11）
谢发明（1992.11—1996.7）
杨水生（1996.7—1997.11）
胡宝钦（1997.11—2001.5）
龙雪荣（2001.5—2006.6）
罗建顺（2006.6—2010.11）
廖晓昌（2010.11—2014.6）
章国华（2015.3—在职）

（十）中共广昌县委组织部

田　俊（1949.10—1952.9）
王子才（1952.9—1953.4）
薛文庆（1953.8—1954.4 代）
刘　贵（1954.4—1956.8）
罗星华（1959.3—1961.1）
李德家（1961.1—1966.4；1977.5—1980.3）
李瑞林（1982.1—1987.7）
游木根（1987.7—1989.12）
王水谟（1989.12—1993.12）
尧希平（1993.12—1997.1）
童淑梅（1997.1—2002.12）
许爱军（2002.12—2004.3）
陈胜堂（2004.3—2006.6）
毛宗保（2006.6—2007.3）
廖晓昌（2007.3—2010.11）
刘　慧（2010.12—2011.2）
郑锦锋（2011.2—2013.12）
章志芳（2013.12—在职）

（十一）中共黎川县委组织部

韩增田（1949.7—1951.12）
程　功（1951.12—1952.6）
张殿锡（1952.11—1953.7）
陈德宽（1953.7—1954.12）
胡学春（1956.6—1958.8）
陈希荣（1958.8—1967.1）
吴维屏（1977.10—1984.2）
周天祥（1984.2—1984.8）
黄样生（1987.7—1992.10）
李履才（1992.10—1993.10）
章树和（1993.10—1997.11）
丁国华（1997.11—2001.5）
许萍乡（2001.5—2002.11）
谢克侵（2002.11—2006.6）
高连珠（2006.6—2010.11）
肖　明（2010.11—在 职）

（十二）中共金溪县委组织部

刘声钲（1949.9—1953.7，1952.10—1953.7 县委副书记兼）

韩 玉 书（1953.7—1956.1，1955.2—1956.1 县委第二副书记兼）
李高文（1957.3—1960.5，1958.12—1960.5 县委副书记兼）
杨福春（1960.5—1962.9）
超荣生（1962.9—1963.12，县委副书记兼）
袁 永（1965.11—？）
徐金献（1978.3—1982.11）
钟远鸣（1984.2—1984.11）
张铭初（1984.11—1987.7）
魏建华（1987.7—1989.12）
楼定中（1989.12—1992.10）
辛建华（1992.10—1996.12）
彭晓辉（1997.1—1997.11）
罗晓泉（1997.11—2000.12）
陈 文（2001.5—2002.12）
肖 奇（2002.12—2006.6）
王小林（2006.6—2007.9）
王树标（2007.11—在职）

（十三）中共资溪县委组织部

张茂庭（1949.10—1951.5）
王慕义（1952.8—1953.8）
孔令玺（1953.8—1954.12）
胡 风 举（1955.1—1958.12,1956.5—1957.4 县委第二副书记兼）
宁水茂（1960.5—1961.1）
许尽忠（1962.7—1968.4）
任 赓（1977.5—1979.9）
黄国新（1984.2—1987.7）
谢如俊（1987.7—1989.3，县委第二副书记兼）
黄金良（1989.3—1989.12）
陈菊顺（1989.12—2001.4）
黄有盛（2001.5—2002.12）
刘海涛（2002.12—2011.7）
王 锋（2011.7—在职）

（十四）中共东乡县委组织部

杜竹林（1949.7—1949.8）
高风来（1949.11—1951.1）
郭若珊（1953.2—1954.1）
金永贵（1954.7—1956.4）
李光显（1956.6—1959.2）
李林荣（1961.5—1966.5）
乐文全（1977.5—1981.2）
周快荣（1984.2—1987.7）
童庆河（1987.7—1989.12）
胡春高（1989.12—1992.10）
黄牡香（1992.10—1996.7）
黄耀波（1996.7—1997.11）
曾建军（1997.11—2001.5）
谭小平（2001.5—2002.2）
徐华德（2002.2—2002.12）
许萍乡（2002.12—2005.1）
方百春（2005.1—2007.9）
谭海斌（2007.9—2011.7）
刘海涛（2011.7—在职）

第三节　队伍建设

一、组工干部选调

1995年9月抚州地委组织部全体干部合影

抚州地委组织部成立初期，机关干部由部队政治部门转入。1953年，干部人事工作职能转入地委组织部后，机关人员逐渐增加，一批在社会主义教育运动中表现突出的人员被选调进地、县委组织部工作。地、县市委组织部人员选调，十分注重干部的政治素质，干部审查较严格。“文化大革命”开始后，地、县委组织部一部分干部下放劳动，一部分转入地区及县市革委会政治部组织组。

“文化大革命”结束后，地、县委组织部相继恢复，一批有党务、干部人事工作经历的干部重新调回地、县委组织部工作。由于当时落实干部政策工作任务繁重，又从其他部门选调一批政治素质过硬的干部到地、县委组织部工作。1985年，抚州地委组织部按照干部“四化”方针，从文化教育部门、高等学校（抚州师专）、地委党校等知识分子密集的部门公开选调一批干部充实地、县组织部门。

1990年，由抚州地委组织部牵头组织统一考试，通过笔试、面试和考察等方式，向地直机关和国有企事业单位选调人员到地委机关工作，其中地委组织部选调干部4人。1992年，随着地委组织部党员电教中心的成立，地委组织部先后从抚州师专、地区电视台选调一批熟悉电教片制作的专业人员到地委组织部工作。

2000年后，抚州市委组织部选调干部的方式日益多样。有根据工作需要实行个别选调的，有采取公开选拔方式选调的。随着计算机应用的日益广泛，市委组织部于2001年5月从抚州一中选调一名计算机专业人员到部工作；同月，抚州市委、市政府通过笔试、面试、考察等环节，面向全市机关事业单位公开选调31名机关工作人员，其中市委组织部公开选调2人。对全国21所重点大学毕业生，免笔试直接进入面试。2003年，市委组织部通过公开选拔与个别遴选的方式，先后选调13名干部到部工作。

2005年，抚州市委组织部制定并实施借用人员管理办法，规定借用人员的条件、资格和程序。临时借用人员以跟班学习、帮助工作为主，不办理调入手续，表现好的转为正式借用人员。正式借用人员以实践锻炼、提高素质为主，作为部机关干部后备人选，表现好的办理调入手续。此后，先后有2名借用干部调入市委组织部工作。

2010年，抚州市委组织部通过笔试、面试、写作、考察和试用等环节，面向全市公开遴选3名科级以下工作人员。3月，经资格审查合格参加笔试的有100余人；4月，按笔试成绩由高到低顺序，按1:5的比例组织面试；之后，按笔试和面试成绩折算综合成绩，由高到低顺序，按1:2的比例确定6名进入写作环节入闱人选；5月，再按笔试、面试和写作成绩折算综合成绩，由高到低顺序等额确定3名考察人选；在对3名人选考察后，研究确定为试用人员；6—9月，3名人选在市委组织部进行试用；9月办理调动手续。

2012年11月，抚州市委组织部通过竞争性选拔方式，拿出8个副科级以下职位面向全市机关事业单位进行公开遴选，采取组织推荐的方式报名，通过笔试选调13名试用人员，经半年试用，采取命题发言、实地调研评分和最终考察，确定调入8名副科级以下干部。

2014年，抚州市委组织部采取“公推比选”方式，面向全市公开选拔5名科长。其中，面向部外选拔2名，面向部内选拔3名。部机关人选在自愿报名的基础上，由部务会推荐产生；部外人选分别由各县区委组织部和市直机关工委负责推荐；按照1 ：2的比例，通过业绩评价、面谈、公文写作相结合的方式，确定考察对象；根据人岗相适的原则，确定调入5名人选。到2014年12月，抚州市委组织部有干部45人，其中35岁以下20人，本科以上学历23人；12名科长中，35岁以下7人。

二、组工干部教育培训

抚州地委组织部成立初期，机关人员少，但对干部的政治素质要求较高。1961年，地委组织部机关干部以学习毛泽东思想、党的政策和组织工作业务为主，提高组工干部的政策、理论和业务水平，增强组织纪律性和革命警惕性。中共十一届三中全会后，抚州地委组织部按照干部队伍“四化”方针，清除“左”的影响，学习《邓小平文选》和新时期党的组织路线，改进领导和工作方法，加强调查研究，在提高业务水平的同时掌握科学技术和经济管理知识。[2]

1986年以后，抚州地委组织部实行每周二、五半日学习制度，组织干部进行政治理论、法律知识和业务学习。同时，开展经常性的谈心活动，坚持正常的党内生活。半年累计学习23次，法律考试人均96.7分。[1] 1987年，部机关开展“坚持四项基本原则，反对资产阶级自由化”、职业道德和保密工作等教育活动，组织干部学习政治经济学、法律常识和组织工作业务。1988年重点抓好组工干部培训，要求各县市制定乡镇党委组织委员培训计划，每年对乡镇党委组织委员进行2次集中培训。一些县市邀请农业、工业、财贸、文教等部门领导授课，改善知识结构，拓宽知识面。

1992年，部机关坚持干部和党员学习制度，组织干部学习党的十四大报告等重要文件。同年4月，组织各县市委组织部部长和地委组织部机关科室负责人到广东、海南和山东等地学习考察。同时，下派2名干部到基层挂职锻炼，抽调5名干部参加社教工作，选派2名干部"下海"创办经济实体。[2]

1994年，地委组织部把《邓小平文选》第三卷、社会主义市场经济知识、党的路线方针政策作为机关干部政治理论学习的重点，县级干部对照中央纪委三次全会提出的"五条十三个不准"召开专题民主生活会，认真查摆自身存在的突出问题。同时，对县市组织工作实行目标管理，明确具体的量化标准和考评办法。

1996年12月，全区第二期组织人事干部轮训班学员合影

1995年1月，中央组织部下发《关于轮训各级组织部门干部的通知》，决定用两年时间对全国10万余名组工干部进行全面培训，组织部门领导干部轮训工作逐步制度化。按照要求，抚州下发《关于轮训全区组织干部的实施意见》，从1995年起，用两年时间对全市组工干部有计划、有步骤地进行轮训。首期组工干部轮训班于1995年3月举办，全区各县市委组织部副部长和部机关干部共39人参加。各县市借鉴地委组织部做法，因地制宜对本地组工干部开展轮训。广昌县"两个课堂"相结合，派出组工干部到江苏省张家港和赣州地区信丰县参观考察。至1996年10月，全市举办轮训班22期，轮训组织系统、直属机关、院校、事业单位及企业的组工干部1336人。[3]

1998年，抚州地委组织部制定《1998年度机关党员学习总体安排》，由部机关党支部统一订阅理论学习书刊，坚持每周二、五下午学习日制度，鼓励支持部机关干部参加函授学习，改善知识结构，提高文化素质。"五一"期间，部机关党支部组织全体党员到上饶集中营参观，接受革命传统教育。

2001年，抚州市委组织部把学习贯彻江泽民总书记"七一"讲话作为干部学习教育的重要内容，全市各级组织部门采取集中辅导和自学相结合的方式，用"七一"讲话精神统一组工干部的思想。2002年，采取召开研讨会、辅导会、交流会、报告会和专题培训班等形式，组织全市组工干部学习江泽民总书记"5·13"讲话、《党政领导干部选拔任用工作条例》、十六大报告和省、市主要领导讲话。同时，组织干部在职自学《全国干部教育读本》，开展形式多样的读书活动。

2003年，下发《关于在全市组织系统兴起学习贯彻"三个代表"重要思想新高潮的意见》，要求组织部门和组工干部做学习贯彻"三个代表"重要思想的表率。市委组织部在市、县区两级部门率先实行"5+1""8+2"学习制度，组织开展"三个代表"重要思想、胡锦涛总书记"七一"讲话学习活动。建立逢周六学习日制度、学习签到制度、学习讨论发言人制度、学习点评制度、学习情况通报制度等五项学习保证制度。按照五项制度要求，部领导和干部职工参加集中学习都要签到，每次集中学习安排1～2人作学习体会发言，由部长、副部长结合全市组织工作实际进行点评，对部机关人员参加集中学习的次数和撰写学习体会文章的篇数进行通报。2004 年，市委组织部要求每个干部做到“五个一”：即每周集中学习一次，每月精读一篇好文章，每季度撰写一篇质量较高的体会文章，每年撰写一万字以上的学习笔记，每人上讲台做一次以上专题授课。

2005 年，全市组织系统开展“两项”建设活动，即组工能力建设和组工文化建设，具体有五种方式。一是“企业挂职”：金溪、东乡、临川等县区先后选派近 20 名组工干部到沿海企业打工和挂职，有的组工干部则参加招商引资及跟踪服务，为企业解决产前、产中和产后服务。二是“农村扶贫”：市委组织部选派 2 ~ 3 名组工干部到贫困村、小康示范村、文明村镇和科普示范村做好帮扶和帮建工作。三是“社区磨练”：每个组工干部挂点一个商店或一条街道，做好环境整治宣传、参与街道劳动、协调疏通各方关系、做好说服教育工作。四是“信访接待”：年轻组工干部分期分批到信访接待室参与信访调解工作。五是“换岗工作”：市委组织部对 13 人进行岗位交流，其中正科级岗位交流 7 人，占正科级总数的 80%。[4]

2006 年，市委组织部组织机关干部到东华理工学院跟班学习，学院开放的课程有人力资源管理、领导科学与领导方法、创造性思维、实用公文写作、社交心理等 16 门。要求凡 30 岁以下组工干部必须在三年内完成大学本科的学习。部机关共有 4 名干部进修本科，3 名干部参加江西省委党校在职研究生班学习。

2009 年是抚州组工干部“能力素质提升年”，各级组织部门通过购置《红岩》《长征》等红色经典书籍和影视片，开设“红色课堂”。同时，依托省内红色资源，开辟“红色课外学堂”，组织组工干部到市内红色教育基地和井冈山、赣州于都、瑞金等地接受革命传统教育，请革命先烈后代、党史专家、老红军和优秀老党员讲“红色故事”。

2010—2012 年，以创建学习型机关为载体，制定和落实组工干部全员教育培训计划。举办组织部门新进人员培训班、开设组工干部论坛、开展全市组织系统党的建设和组织业务知识竞赛。建立组工干部培训基地，围绕培养既精通组工业务、又熟悉全局工作的“一专多能”型人才培养目标，轮训市、县区的组工干部。在市委组织部机关开展以“五大课堂”（政策理论课堂、组工业务课堂、知识拓展课堂、基层实践课堂、廉政建设课堂）为载体的学习实践活动，提升组工干部能力素质。

2013 年，围绕打造“全科组工干部”的思路，在中央组织部组工干部学院分两期 177 人参加的“抚州组织部门干部作风建设”专题培训班，对全市组工干部进行轮训。2014 年，深化拓展“五大课堂”，开展部机关干部每季度读一本好书，通过聘请专家教授、现场实践教学等形式先后开展中共十八届三中、四中全会精神以及新修订的《党政领导干部选拔任用工作条例》、摄影、消防安全、医疗急救等知识学习。

2013 年 6 月 20 日，抚州市学员代表在全国组织干部学院交流发言

三、重要活动

组织部门作为党的重要职能部门，是历次党内重大学习教育活动的组织者、实践者、示范者。1977年11月，抚州地委组织部恢复成立后，承担党内历次重大学习教育活动的组织实施与实践示范职能。中共十一届三中全会后，部机关干部积极参与解放思想大讨论，积极开展干部平反工作。

1984年10月起，抚州地委在全区开展自上而下的整党。通过整党，组织部门“左”的影响进一步清除，较好地端正了组织工作的指导思想。1986年2—4月开展“整党回头看”，抚州地委组织部以党小组为单位，学习地委规定的文件和《中共中央关于严格按照党的原则选拔任用干部的通知》，查找在党风建设上的差距。通过三对照三检查，研究制定出《关于进一步做好党风建设的若干具体规定》，建立部长、副部长和各科室负责人《端正党风责任制》及检查考核办法。

1996年9月，抚州地委组织部下发《关于开展思想作风整顿的实施意见》，从9月20日开始，分学习、查摆、整改三个阶段，采取学、议、查、评、谈、改等方式，在学习思想作风整顿有关文件的基础上，每个党员和干部职工对照检查自身思想、工作和作风纪律三个方面的问题，召开党小组民主生活会进行自评和互评，部领导召开专题民主生活会进行评议。评议结束后，部领导分别与干部职工谈话，召开部长办公会，听取查摆和民主评议情况汇报，研究制定整改措施，对机关思想作风整顿情况进行总结。结合思想作风整顿，制定《部机关科室争先创优考评办法》，各科室对照要求，分别制定争先创优的实施意见。是年，抚州地区干部档案管理和文书档案管理工作分获省、地先进单位，党刊通联工作、乡镇企业管理人员和专业技术人员抽样调查工作被评为全省先进单位，刊授党校工作被作为典型在全国刊授党校工作会上发言，村建工作多次受到江西省委及省委组织部领导赞扬和肯定。

1999年，抚州地委组织部下发实施意见，在部机关开展“创文明科室，做人民好公仆”活动。在全区开展“三讲”教育活动之前，地委组织部制定《关于开展“三讲”教育活动的学习安排意见》，4—8月，安排每周二下午为自学实践，每周五下午集中学习，采取分专题、中心发言等方式主要学习中央、省委、地委关于开展“三讲”教育活动文件、领导讲话精神，以及中央编写的《讲学习讲政治讲正气教育读本》。1999年12月—2000年3月，开展部机关领导班子和领导干部“三讲”教育活动，通过思想发动、学习提高，自我剖析、听取意见，交流思想、开展批评，认真整改、巩固成果四个阶段，梳理出需整改的16个项目，制定《“三讲”教育整改方案》，建立相关制度。2000年11月，又开展“三讲”教育“回头看”巩固教育成果，并开展“基层评议机关”活动。

2001年5月开始，江西省开展“以‘三个代表’重要思想为指针，弘扬井冈山精神，学习兄弟省市改革开放先进经验，走江西经济发展新路，以实际行动迎接建党80周年和江西省第十一次党代会召开”为主题的学习教育活动，抚州地委组织部按照要求制定下发《关于深入开展解放思想学习教育活动的实施方案》，在全市组织人事部门开展学习教育活动。

2003年7月，中央组织部关于在全国组织系统开展以公道正派为主要内容的“树组工干部形象”集中学习教育活动，抚州市委组织部开展为期三个月教育活动，全市200多名组工干部围绕学风浓不浓、作风实不实、部风好不好、工作效率高不高、服务措施优不优、团结协作精神强不强6个方面18个问题，多方征求社会意见和建议，制定整改方案，抓好整改措施的落实。

2004年，江西省组织系统开展“外树形象，内强能力”学习教育活动，抚州市委组织部制定《部机关干部公道正派行为准则》，在全市组织系统实行首问责任制、服务承诺制和责任追究制。从2005年12月至2006年4月在市委组织部机关集中开展保持共产党员先进性教育活动。活动分为学习动员、分析评议和整改提高三个阶段进行。同年，在全市组织部门推行“十心”和“四定”服务活动，扎实做好“开门办部”建设，树立组织部门是干部之家、党员之家和人才之家的良好形象。据统计，全市组织部门共走访4000多人次，征集群众意见1690多条，其中已整改1400多条，正在整改200条。[5]

2006年9月，下发《关于在全市组织部门开展“深化拓展‘两项建设’，努力建设‘三个之家’主题系列文化活动”的通知》，活动时间从2006年10月开始至2007年3月结束，主要包括“两项建设”主题演讲比赛、组织工作创新成果展示、乒乓球比赛、摄影书法比赛等活动。同年，根据抚州市委统一部署，继续在市委组织部机关开展先进性教育活动，成立部机关先进性教育活动领导小组和办公室。开展学习活动时除采取自学、参观考察、分组讨论与个别谈心等方式外，组织机关全体党员进行两次为期7天的封闭学习。同时，采取领导点、基层提、干部讲、外界访等形式，广泛征求意见和建议，共征求到对部领导班子的意见建议3条，对领导班子成员的意见建议15条，对部务会成员的意见建议38条。

2007年，抚州市委组织部下发《关于深入开展“迎奥运、讲文明、树新风”活动的实施方案》，活动时间为8—12月，各科室按照方案的部署和要求，制定活动安排。活动内容包括以倡导优雅言行为重点的文明礼仪教育实践活动；以美化环境为重点的环境文明行动；以窗口行业建设为重点的诚信优质服务行动，以营造氛围为重点的群众性问题活动。

中央组织部决定，从2008年开始，在全国组织系统开展“讲党性、重品行、作表率，树组工干部新形象”活动。活动分三年进行，2008年为“集中活动年”，2009年为“深化拓展年”，2010年为“巩固提高年”。2008年6月，抚州下发《关于在全市组织系统开展“讲党性、重品行、作表率”活动的实施方案》和《关于开展“提升行政效能、建设服务型政府”主题活动的工作方案》，在全市组织系统开展“讲党性、重品行、作表率，树组工干部新形象”和“提升行政效能、建设服务型政府”两项活动，实行每周学习例会制度，部领导及专家学者授课，开展“围绕赶超做什么”“立足本职干什么”“今后离任留什么”等思想讨论活动，组工干部撰写了一批学习心得体会。围绕组织工作的重点难点开展专题调研，当年市本级和市综合信息工作进入全省先进行列。组工干部还被安排到招商引资企业跟踪服务，定期参与社区中心工作，到各级信访岗位跟班学习。在当年全市组织工作满意度调查中，群众对组工干部形象和组织工作评价较好以上分别为96%和95%。

按照江西省委组织部部署，抚州于2008年7月下发《关于在全市组织系统开展改革开放30周年纪念活动的通知》，采取个人自学、中心组学习、座谈集中交流和报告会专题辅导等方式，学习《毛泽东、邓小平、江泽民论科学发展》《科学发展观主要论述摘要》。同时，在《抚州党建》开辟纪念改革活动30周年征文专栏。

2009年5月，在全市组织系统开展“组工干部下基层、服务‘三农’促赶超”活动，通过“下百日乡、听百家言、接百日访、办百件事”，建立健全组工干部“五挂五联两帮扶”制度，即每名组工干部挂一个村、一个企业、一个重点建设项目、一个社区（含村落）、一个机关单位，联系一个困难企业党组织、联系一个学习实践活动单位、联系一名困难党员、联系一名返乡农民工、联系一户农村特困户，联系帮扶一名基层党员、一名困难党员。

2010 年，在全市组织系统开展以“立足岗位作表率、我为组工添光彩”为主题的带头创先争优活动，瞄准三个“一流”和五个“带头”，开展“组工干部下基层”“打造满意组工”“三评比一表彰”活动等，即：建一流队伍，创一流业绩，树一流形象；在增强党性修养上带头，在推进改革创新上带头，在服务赶超发展上带头，在提高能力素质上带头，在提升社会形象上带头。

2012 年是组织干部业务能力“提升年”，全市组织部门以开展组工干部集中培训、新进人员培训、组工干部实践锻炼为主要内容的组织干部业务能力提升年活动；以开设组工讲坛、开展组工干部读书活动、举办知识竞赛为主要内容的“双学双比”岗位练兵活动。同时，开展新一轮“组工干部下基层”活动，谈心谈话活动，“创建先进组织部门、争当优秀组工干部”评比表彰活动。在提升年活动中，抚州市委组织部对市、县两级组织部门 165 名干部进行问卷调查。调查显示，组织部门自身建设中存在干部队伍结构不合理，年轻人较多、第一学历普遍偏低、工作经历相对单一、参加培训少，培训时间相对较短等问题。为此，市委组织部制定下发《部机关开展“五大课堂”学习实践活动工作方案》，开展以提升能力素质为核心，以“五大课堂”（政策理论课堂、组工业务课堂、知识拓展课堂、基层实践课堂、廉政建设课堂）为载体的学习实践活动。根据“干什么、学什么，缺什么、补什么”的原则，分五个方面开展学习实践活动。活动从2012年9月下旬开始，在部机关开展试行，总结完善后在全市组织系统推开，建立长效机制。

2013 年 5 月，抚州市委组织部下发《关于开展“以‘五大课堂’和‘五比三满意’为载体，全力建设‘三型’部门、争做为民务实清廉表率”活动的实施方案》，通过开展“‘三型’部门创建活动”，持续打造模范部门、建设过硬队伍。活动中，开展“五大课堂”和“六个十佳”（十佳创新案例、十佳落实团队、十佳岗位能手、十佳服务之星、十佳学习标兵、十佳调研报告6个方面的10名先进），广泛开展比学习、比创新、比落实、比服务、比实效和让上级满意、让服务对象满意、让人民群众满意为主要内容的“五比三满意”活动。[6]

2014 年 2—9 月，抚州市按照中央和江西省委的统一部署，参加第二批党的群众路线教育实践活动。市委组织部坚持统筹“三个层面”、兼顾“双重责任”，推动第二批教育实践活动扎实开展。抚州市委确定的 34 项整改任务与 38 项专项整改任务，以及 30 项制度建设，按照“项目化、时间表、责任人”要求，市委组织部为全市教育实践活动的组织协调单位，全面抓好落实，以解决问题的实际成效取信于民。

四、机关党的建设

抚州地委组织部成立至“文化大革命”期间，由于资料缺乏，部机关党支部设置情况不详，但党的建设均能根据党在各个时期的中心任务，围绕加强地委组织部机关党员思想政治建设和组织建设开展。“文化大革命”开始后，尤其是 1967 年“二月风暴”后，党政机关相继被造反派夺权，机构瘫痪，党的建设无从谈起。

1977 年 11 月恢复抚州地委组织部，部机关相继设置职能科室，分工进一步细化，人员增多，部机关党支部随之成立，党支部书记由党性强的正科级党员干部担任，支委成员由部机关党员干部担任。支部成立后，通过建立健全“三会一课”等制度，着力加强党员教育管理工作，先后制定学习制度，规定周五下午为政治理论学习时间，由支部牵头，组织党员干部开展“实践是检验真理的唯一标准”大讨论，深入批判“两个凡是”的错误观点，进一步破除迷信，解放思想。1981年党支部以《关于建国以来党的若干历史问题的决议》和胡耀邦在中央纪念建党60周年大会上的报告为学习内容，由部领导上党课、作辅导报告，引导党员正确认识党的历史，正确评价毛泽东同志、毛泽东思想，在政治上思想上与党中央保持一致。1983年,组织党员学习新党章和《邓小平文选》。

在社会主义市场经济体制的建立过程中，受重经济轻党建思想影响，部机关党建工作一度被忽视。经查阅抚州地委组织部部务会议记录，1984年召开8次部务会，1985年召开23次部务会，均无研究部机关党建工作议题。80年代中期开始，部机关党建工作重获重视。1986年8月12日部长办公会议提出，要加强组织部门自身建设，加强政治理论和业务知识学习，对部机关党支部进行改选，支部书记由副县级干部担任，副书记由科级干部担任，支委成员由党性强的党员干部担任。1989年北京春夏之交政治风波后，加强机关党的建设，改由副部长担任党支部书记，副书记由副县级党员干部担任，支委由科级党员干部担任。随着党员人数的增多，部机关支部划分若干个党小组,不定期开展党组织活动。1991年12月5日，部长办公会要求抓好机关整顿，搞好党员民主评议，以党小组为单位汇报“五查五摆整改”中查摆出来的问题，党支部制定整改措施，牵头抓好落实。此后，民主评议党员作为一项制度坚持下来，每年开展一次。

1992—1999年，抚州地委组织部机关党支部在抓好党员思想建设的同时，配合部领导班子每年召开的民主生活会，发动党员提出意见和建议。1999年12月12日召开的部长办公会，提出召开机关党小组会议，对开展党员思想作风建设调查提出5条贯彻意见。2000年在“三讲”教育和“回头看”中，机关支部开展了基层评议机关，查找党的建设和组织工作中存在的问题，对党员党性党风方面存在的不足进行查摆，制定《市委组织部机关管理若干规定》。2002年5月28日，部务会研究决定“七一”表彰推荐人选，有2名部机关党员被评为优秀共产党员，1名被评为优秀党务工作者，受到市直机关工委表彰。

2005年1月开始，在部机关党员中开展为期半年的保持共产党员先进性教育，教育活动分学习培训、分析评议、整改提高三个阶段。党员集中学习50个小时以上，每人撰写学习笔记2万字以上。2009年3月开始，部机关党支部开展为期半年的学习实践科学发展观教育活动，解决了一批影响和制约组织工作科学发展以及党性党风党纪方面的突出问题,实现了“党员干部受教育、科学发展上水平、人民群众得实惠”的目标。2011年，部机关支部在全体党员中开展“十坚持十严禁”承诺活动，学习李林森先进事迹，进一步规范组工干部在换届中的纪律要求,树立组织部门公道正派、改革创新、和谐奋进、求真务实的新形象。

2012年以后，抚州市委组织部更加重视机关支部建设，严格组织生活，将部机关支部建设成为全市基层组织的“示范者”。进一步明确常务副部长为支部书记，两名副部长为副书记，明确组织委员、宣传委员、纪律委员、生活委员、学习委员、文体委员的分工，在4个党小组的基础上，根据业务工作关联度，将党小组增加为6个，并成立离退休干部支部。组织部人员更迭较快，根据人事变动，及时调整支委会人员构成。在健全“三会一课”的基础上，注重党员的知识更新和丰富党员文化体育生活，组建足球队、篮球队，业余时间经常组织开展比赛。2012年9月17日，部机关支部组织开展以“增强党性、锻炼作风、提升能力”为核心,以“五大课堂”为载体的学习实践活动,先后邀请市统计局、发改委、财政局、规划局等单位的领导、专家到部里讲课,拓展知识面。9月24日,部机关党支部组织全体党员听取全国组织系统先进个人、东乡县委组织部副部长揭智能先进事迹报告。抚州市委常委、组织部长周训国作题为《在学习先进中领悟人生》的讲话,要求组工干部树立崇高人生理想,忠诚党、忠诚人民、忠诚组工事业;刻苦学习增长才干,把学习当作一种政治责任、精神境界、人生追求、生活乐趣;争创一流工作业绩,坚持求真务实、改革创新,说实话、办实事、出实招、求实效;公道正派清正廉洁,自觉抵制各种诱惑,始终坚守组工干部的精神家园,保持共产党人清正廉洁的政治本色。同年11月8日,中共十八大开幕,部机关党支部组织党员干部集中收看开幕式盛况。11月18日,党支部组织全体党员在温泉宾馆封闭学习十八大精神。全体党员干部启用“五个严禁”手机电话铃声用语,时刻提醒组工干部遵守工作纪律,做到警钟长鸣。

2013年2月27日,部机关在抚州市廉政教育基地——清风苑,召开党员组织生活暨廉政教育会,抚州市委常委、组织部部长周训国作题为《常修政德养正气》的讲话,要求组工干部在自觉、为民、慎独、坚持四个方面下功夫,自觉弘扬浩然正气,抵御歪风邪气,始终保持共产党人、组工干部先进本色。7月24日,部机关党支部学习传达习近平总书记在全国组织工作会议上讲话精神及江西省委关于向龚全珍、抚州市委关于向李进明学习的通知。2014年3月14日,部机关支部召开群众路线教育实践活动动员大会,周训国在会上强调,组工干部作为“管干部的干部,管党员的党员,管人才的人才”,理应比其他干部要求更高、更严,所有部机关党员干部应全程全员参加群众路线教育实践活动,在活动中经受锻炼,得到提高。从3月15日开始,部机关全体党员干部开展集中学习,周训国以《控制欲望,坚守底线》为题,在党员会议上带头讲党课,从常思贪欲之害、筑牢坚固的思想防线,遵守党纪国法、规范欲望的正确方向和做到知足常乐、节制欲望的恶性膨胀三个方面,要求每个组工干部学会控制欲望,坚守底线,使自己的思想和行动符合党纪国法的要求,始终保持共产党人的政治本色和良好形象。2014年8月1日,部机关支部召开党员大会,布置部机关支部民生活会和民主评议党员工作,抚州市委常委、组织部部长王新有要求每位党员以严肃认真的态度积极投身教育实践活动,在党内生活中受到教育、接受洗礼、得到锻炼,要求支部委员增强责任心,满怀责任感,在组织活动中当好带头人,在机关工作中当好排头兵,在社会生活中当好领头雁,把市委组织部机关党支部建设成为坚强战斗堡垒。要求支部成员认准角色,大胆作为,认真履行职责,共同挑起支部工作担子,齐心协力做好支部工作。要求文体委员组织好部机关的文体活动,机关足球队、篮球队要继续坚持开展活动,定期教一些红色歌曲;学习委员要提出学习安排计划,认真思考学些什么,怎么学,可以经常性地外请人员来教,也可以由机关干部轮流当教员;生活委员要关心机关干部生活,经常过问关心在部跟班人员;纪检委员要经常和机关党员咬咬耳朵、拉拉袖子,鼓鼓劲,加加油;组织委员要做好支部的组织工作,对新出台的发展党员工作细则,组织委员要自己先学,然后把大家组织起来学习。8月11日至14日,部机关各党小组相继召开组织生活会,市委常委、组织部部长王新有以普通党员身份参加所在党小组专题组织生活会。

抚州市委组织部机关党支部多次获得上级党组织的表彰。2012年7月被抚州市直机关工委评为先进基层党组织,9月被抚州市委评为创先争优先进基层党组织,被江西省委组织部、省人社厅评为全省组织系统讲党性重品行作表率先进集体；2013 年在机关党建目标考评中，被市直机关工委授予优秀基层党组织奖牌；2014 年 7 月，被市直机关工委评为规范化建设验收达标党员活动室。

五、组工文化建设

2004 年，中共十六届四中全会对党的执政文化建设提出要求。2005 年年初，江西省委组织部、浙江省余姚市委组织部开展以公道正派为主要内容的树立组工干部新形象集中学习教育活动之后，四川、江苏等组织系统的“民主开放”组工文化，山东新泰、湖南桂阳的“和谐机关建设”，江苏常州、湖南常德等地组织系统的“和谐组工机制”，进一步丰富了组工文化的内涵。

2012 年 10 月 30 日全市组织工作知识竞赛

抚州市委组织部在紧张工作之余，组织干部职工开展各种文体活动。2007 年，开展全市组工干部乒乓球比赛和演讲比赛，并组队参加全省组织系统比赛，取得较好成绩。

2009 年 9 月 23 日，中央组织部部长李源潮在全国组织部长培训班上强调，要大力倡导和培育组工文化，加强组织部门和组工干部自身建设。李源潮指出，所谓组工文化，是组工干部理想信念、价值标准、职业道德、行为规范的积淀，是植根于组工干部职业精神之中的文化，是组织部门、组工干部形象和素质的综合，是组织部门价值文化、制度文化、行为文化和环境文化的总称。组工干部要做到有功劳的时候不伸手，有苦劳的时候不计较，有疲劳的时候不抱怨。组工干部要做到“三有、三熟、五会”，即有过硬的工作业务本领，有过硬的工作作风，有必要的知识储备；熟悉上情，熟悉下情，熟悉本职工作；会写，会调研，会办理日常事务，会信息处理运用，会做群众工作。

2014 年，市委组织部机关工会组建足球队、篮球队、摄影队，开展了健步行、篮球联赛等活动，在市直机关篮球赛中荣获团队第二名。

【注　释】

[1] 中共抚州地委组织部《关于一九八六年上半年工作情况的汇报》。

[2] 1993 年 3 月 13 日，吴步高《在全区县市委组织部长会议上的讲话》。

[3] 1996 年 10 月 6 日，《抚州地区轮训组织干部工作情况汇报》。

[4][5] 中共抚州市委组织部《2005 年组织工作总结》。

[6] 中共抚州市委组部《关于开展“以‘五大课堂’和‘五比三满意’为载体，全力建设‘三型’部门、争做为民务实清廉表率”活动的实施方案》。

第四节　制度建设

一、调研与联系基层制度

“文化大革命”前，尤其是1961年1月《反对本本主义》印发全党后，理论联系实际、密切联系基层的作风在组织部门得到较好贯彻落实。中共十一届三中全会后，组织工作调查研究重提日程。1981年，抚州地委组织部组织各县市围绕《农村支部工作条例（试行）》的贯彻落实进行调查研究，并将调研结果形成材料上报。

1995年全省县市组织工作调研课题评审评比会在抚州召开

1989年8月，抚州地委组织部增设调研科，召开首次组织部门调研信息工作会议。之后，本着“工作要上、调研先行”的原则，重要工作部署前，先试点，后推广，注重在执行当中抓典型，开展调查研究，总结经验，提出改进意见。

1994年上半年，按照中央组织部调研工作会议和全省组织部长会议精神，抚州地委组织部成立调研协调领导小组，确定8个重点调研课题，制定调研工作方案，调研成果转化引起重视。此后，相继有抚州地委《关于进一步加强领导班子思想作风建设的意见》《关于对领导干部实行奖优汰劣若干规定》、广昌县委《关于不胜任现职领导干部的认定标准及调整意见》等调研成果。1996年，抚州地委组织部陆续开展乡镇党委建设、企业党建、乡镇领导班子建设和贯彻执行《条例》情况等调研，一批调研成果转化为指导工作的文件。同年，抚州在地级以上组工刊物发表各类调研文章280余篇，地委组织部协同江西省委组织部承担的中央组织部调研课题——《完善党政领导干部理论学习制度研究》，获中央组织部调研课题成果二等奖。

1997年5月，在全区组织部门开展调研、信息工作目标管理，抚州地委组织部向各县市

1999年4月，抚州地区组织系统信息调研暨办公室工作会议在临川召开

委组织部下达调研、信息工作任务，每个县市当年至少完成2篇课题调研任务和2篇言论写作任务。其中，有1～2个调研成果转化为指导工作的文件、制度或规定，在《江西组工通讯》上稿不少于1篇。各县市、各部门调研文章、信息采用数量，每季度在《抚州组织工作》上进行排名，作为年度评比表彰及奖励的依据。抚州地委组织部着手建立“大调研”机制，制定《组织部门调研信息目标管理责任制》，从地委党校、地委政研室、地区直属机关党委、地区纪委等18家单位聘请一批人员作为调研信息员，参与组织部门的调查研究，各县市配备1～2名专职调研信息员。据统计，当年各县市在中央、省级报纸杂志发表调研和舆论宣传文章近百篇。[1]

1998年，抚州地委组织部对全区发展党员、企业下岗党员管理、城区党的建设和个体私营经济组织中党的建设工作开展调查研究，形成《关于全区发展党员工作的调查报告》《关于全区企业下岗党员管理工作的调查报告》《关于全区城区党建工作的调查报告》和《新形势下加强和改进个体私营经济组织党建工作刻不容缓》等一批调研报告。此外，地委组织部还成立调研组，就换届后的县市领导班子建设情况开展专题调研，形成《关于加强换届后县市领导班子建设的思考》的调研报告。

2001年，在全市组织部门开展“调查研究年”活动，建立《组织部门干部调查研究工作制度》。各级组织部门围绕党委和组织部门工作重点、难点和热点，重要理论问题和实践问题，针对组织部门的政策规定出台之后运行情况及典型经验，组织工作前瞻性问题等展开调查研究。调研科根据全市组织工作重点，制定年度调研工作计划，确定重点调研选题，协调和指导各县区委组织部开展调查研究。市委组织部各科室及各县区委组织部根据全市调研工作计划，制定具体调研方案，明确调研课题，确定课题负责人、调研人员及调研时间。市委组织部调研人员每月抽出一定时间，到乡村、工厂、学校等基层单位调研，发现新情况，解决新问题。调研成果转化方面，有的成为推进组织工作的实施方案、政策规定或文件、制度、工作内容，有的在领导的讲话稿中得以体现，有的以评论性文章、报告文学或消息、通讯等新闻稿件在报刊发表，有的成为党员、干部培训教材。调研工作年度考评方面实行量化计分，完成目标任务得基本分60分，调研文章（含组工言论）被中央一级刊物采用的每篇加40分，被省级刊物采用的每篇加30分，被市级刊物采用的每篇加10分，调研成果被转化为指导工作的文件、规定、制度的加40分。按照综合考评得分高低分别确定本年度调研工作先进单位。

2002年，抚州市委组织部开展“转变作风年”“调查研究年”活动，当年完成调研报告110篇。其中，市委组织部26篇，县区委组织部84篇，有近20个调研报告转化为文件。2004年，市委组织部组织实施“领导干部应对复杂局面和突发事件能力”“引导好、保护好、发挥好干部积极性”“全市党员队伍现状”等10余个课题调研。其中，“领导干部应对复杂局面和突发事件能力”课题以案例形式编印成册，供领导干部参考。同时，市委组织部结合本职工作总结提炼一批组织工作典型，向中央组织部、江西省委组织部报送信息120多次，全市组工信息工作继续保持全省先进水平。

2005年，通过举办信息员培训班、安排信息员到高等院校随班学习、建立基层信息员到市委组织部跟班学习等方式，加强信息员队伍建设。当年，全市在中央组织部《组工信息》上稿7条（正刊1条，参阅1条，单段1条，综合4条），在江西省委组织部《组工信息》上稿162条（正刊12条，内部参阅14条，简讯49条，综合87条，被省委组织部领导批示3条），全市信息工作连续4年获得全省先进。2007年3月，抚州市委组织部围绕领导班子思想政治建设、干部队伍能力建设、党的基层组织和党员队伍建设、人才工作、干部人事制度改革面临的重大问题开展调研，细化考评办法，当年全市在中央组织部《组工信息》上稿17条（其中参阅2条，中央组织部领导批示1条），在江西省委组织部《组工信息》上稿101条（正刊4条，内参4条，简讯81条，综合12条）。

2008年，继续开展"调查研究年"活动，信息调研工作做到三个突出，即突出改革创新要求，突出重大活动开展，突出热点难点捕捉，注重解决实际问题和调研成果转化。市委组织部结合实际筛选出30个重点调研课题，涵盖组织工作的各个方面，各地各单位结合自身实际，从中选择1～2个课题进行调研。

2010年，抚州市委组织部继续完善调查研究制度，建立机关干部基层党建工作联系点制度，组织工作信息报送和总结宣传力度进一步加大。当年全市组工信息工作被江西省委组织部评为市本级和市综合两个第一、10个县区评为全省先进，全省在中央组织部刊用的2篇正刊信息均出自抚州市，并得到中央组织部部长李源潮的批示。是年，抚州市委组织部被人民网评为"全国基层党建宣传示范单位"，名列全国第七。

按照江西省委组织部"走基层、进支部、强素质"集中调研月活动要求，抚州市委组织部于2012年3月印发《关于在全市组织系统开展"三带六百"[2]下基层集中调研月活动的方案》，市县两级组织部门分别组成调研组，每个调研组3～4人，由部务会成员或科室负责人任组长，以1个乡镇（街道、企业、学校）为联系点，选择2～3个基础条件不同的基层党支部为调研点。每位调研组成员撰写1篇以上调研报告。

2013年，进一步完善调查研究工作制度，调研科作为全市组织系统调查研究工作的牵头部门，每年年初拟订全市年度调查研究工作实施意见（征求意见稿），经分管领导审阅，提交部务会研究通过后印发实施。部机关各科室和各县区委组织部根据全市实施意见制定调查研究工作计划，拟定调查研究课题，确定课题组织方法、负责人、撰稿人和完成时限等内容，报市委组织部调研科备案。年底开展调查研究成果检查和评比，评出十佳优秀调研报告。

二、督查与指导制度

新中国成立初期，组织工作内容较少，上级组织部门的工作要求就是按时呈报工作情况。1955年，抚州地委组织部下发《关于加强工作联系制度的几项规定》，各县委组织部每月上报一次综合报告，每季度上报一次季度工作总结，每半年上报一次半年工作总结，全年的工作总结于12月7日前上报。各县每月专题报告一次农村、机关支部党员的思想工作情况，地、县委及党总支每两个月总结一次工作，重点区委每两个月上报一次支部工作总结，县委重点支部每月专题报告一次支部工作，每月开展两次电话联系。其中，每月 14 日和 29 日为南城、南丰、金溪、资溪、临川五县联系日；每月 15 日和 30 日为崇仁、宜黄、乐安、黎川及抚州五县市联系日，如遇周末则顺延一天。

20世纪60年代初,全党大兴调查研究之风,干部蹲点抓工作成为常态。1965 年，抚州地委从地、县（镇）两级机关抽调干部，长期驻大队党支部蹲点抓样板田和中心工作。其中资溪县从县直机关抽调 114 名干部下乡蹲点，干部参加集体生产劳动逐渐形成制度。[3]

党委督查工作制度形成于 1983 年。是时，中央主要领导指示中央办公厅:要把看到、听到、查到无人过问的问题，通知有关单位检查办理，并督促落实。中央办公厅要专门有几个人做这个事，坚持下去，形成制度。20 世纪 90 年代以后，督查指导工作越来越引起重视，成为领导工作的重要内容。1995—1996 年，抚州地委组织部通过对各县市组织工作开展目标管理考核评比活动，对先进单位进行表彰，推动各项工作落实。

1999 年，抚州地委组织部对各县市 1997—1999 年执行干部考试录用制度和干部调配政策情况进行调查，对各县市部分科级干部交流情况进行摸底，对乡镇领导干部“走读”情况进行调查，针对调查中发现的问题提出具体的解决办法和措施。2001 年，为了解掌握各地各单位组织工作的开展情况，抚州市委组织部下发《关于对全市组织工作开展督查的通知》，成立 5 个督查组，从 9 月中旬到 10 月中旬，采取听取汇报、查阅资料、抽查核实等方法，重点督查各地各单位贯彻执行党的组织、干部路线、方针和政策的情况，贯彻落实市委及组织部有关党建工作部署的情况。

2002 年，为切实加强对《党政领导干部选拔任用工作条例》贯彻执行情况的检查监督，抚州市委组织部代市委起草下发《关于党政领导干部选拔任用工作责任制的暂行规定》，明确干部选拔任用的责任主体和责任行为，进一步强化对干部选拔任用工作的监督。江西省委组织部《干部工作监督》《江西组工通讯》以不同形式向全省介绍这一做法。

2009 年 3 月，抚州市委组织部印发《关于建立日常工作督办制度的通知》，各科室按照江西省委组织部相关处室要求，提出下一年度工作安排，部办公室编制《年度工作督查手册》；各科室每周上报一次“科室上周要事”，部办公室每周综合编发一期《上周要事》；各科室对上级安排的重点工作或重大活动安排，科室在月底前以“重点工作补充抄告单”的形式报部办公室，部办公室综合后纳入季度督查通报内容；部办公室每季度末对各科室工作的完成情况进行一次督查。

2013 年，抚州市委组织部制定下发《关于对干部选拔任用工作开展自查自纠活动的通知》《干部选拔任用工作自查自纠流程图》《关于建立干部选拔任用工作常态化监督月报制度的通知》等 3 个文件，建立干部选拔任用工作常态化监督机制。当年 7 月，对 3 个县区和 3 个市直单位执行《党政领导干部选拔任用工作条例》有关监督规定制度的情况进行检查。抚州的这一做法以《江西省抚州市强化干部选拔任用监督检查工作》为题，在中央组织部《干部监督工作通讯》第 5 期情况交流中刊发。

在实际工作中，组织工作布置多，检查少，有些工作虎头蛇尾，甚至有头无尾的现象依然存在。有的因为决策过于草率，操作性不强；有的是因为执行者作风漂浮，没有沉下身子抓落实而不了了之。因此，组织工作督查和指导制度建设任重而道远。

三、工作与管理制度

“文化大革命”结束，抚州地委组织部重新恢复后，随着各项工作的正常开展，机关内部管理日益规范化、制度化。1981年，地委组织部对工作程序进行完善，建立会议、收发文登记、文件传阅、档案管理、保密、请示报告、信访、电话记录等工作制度。1984年，完善会议制度，部务会、部办公会内容进一步规范。

1986年，抚州地委组织部在整党“回头看”环节中发现部机关在思想作风建设和业务工作上的不足，研究制定改进措施，建立端正党风责任制、岗位责任制和检查考核办法，并实行目标管理。1988年，进一步明确干部岗位职责和目标责任制，完善部机关《会议制度》《工作制度》《学习制度》，对工作中科学化、民主化、职业道德和廉洁自律作出具体规定。

1992年1月，抚州地委组织部制定《关于接待来客的几项规定》，凡上级机关和外地来客，由秘书科统一安排接待。除地厅级以上干部外，来客一律不安排在抚州宾馆一号楼食宿，除部领导外，只限1～2名工作人员陪同。上级来客在抚州期间，只安排工作餐，接待来客不使用酒水、易拉罐饮料和香烟。县市有关部门至抚州联系工作，确需安排吃饭的，由相关科室在地委机关食堂安排用膳。凡违反规定接待来客者，所需费用由经办人员自行负责。[4] 1994年8月，制定《地委组织部机关财务、来客接待、电话、公车管理有关规定》，1995年2月又对原规定进行部分修改和补充。1997年3月，再次下发《部机关财务补充规定》《部机关来客接待、公车管理规定》，对相关制度进行修改补充。

为贯彻落实抚州地委《关于地直行政事业单位实施狠刹公款吃喝风三项制度的通知》，地委组织部于1999年8月印发《关于认真实施狠刹公款吃喝风三项制度的具体规定》。规定自1999年9月1日起：严禁同城吃请，部机关工作人员在城区从事公务活动不能接受公款接待，同城人员到地委组织部办事也不搞宴请。部机关工作人员双休日和节假日不能接受其他单位公款接待，不能利用考察、学习、培训或其他外出机会用公款互相宴请。部机关工作人员到县市、乡镇履行公务活动时一律凭餐券用膳，地委组织部每月底派人到地区财政局统一代购，加盖部机关公章，下乡人员按餐券面额购买。如部机关工作人员下村履行公务，时间较短的在农户家吃饭，并交纳伙食费，时间较长的可就近搭膳或自办伙食。上级组织部门或外地单位到抚州指导工作，由秘书科开具“住宿单”和“用膳单”，抚州宾馆的食宿费用凭“两单”结账。秘书科对执行情况进行监督检查，每季度通报一次。对违反规定的批评教育，当事人写出书面检查，承担经济责任。情节严重的追究党纪、政纪责任。

2000年11月，印发《中共抚州市委组织部会议制度（试行）》，明确部务会议和部办公会议的召开方式和研究内容。制度规定，部务会议由部长或委托副部长召集和主持，有关科室负责人列席。原则上每周一上午召开，研究的内容涉及15项，议题由各科室提出、秘书科集中、主持人审定，并按主持人要求通知人员参会或列席会议。部务会议必须有半数以上成员到会方能举行，研究干部问题时，参会成员应全部到会，因故不能到会，会后应及时征求其意见。召开部务会议前，分管领导根据议题会同业务科室进行总结、分析和研究，提出具体意见、建议。如提交部务会议研究决定人事任免等事项，分管领导要会同业务科室事先研究并提出初步意见，在部务会议上将有关材料发给到会成员，进行充分讨论并逐个进行表态。部务会议研究的各项议题，应做到议而有决，主持人的结论性发言为会议研究意见。对于部务会议研究决定的事项，由分管领导组织业务科室及时承办落实，执行中有重要情况由秘书科及时向主要领导报告。如会议研究事项在执行中发现新的情况需要复议，经主要领导同意后，可召开部务会议进行复议。对于部务会研究布置的工作由秘书科进行综合汇总，并形成文字送至各位部长、副部长。

制度明确，部办公会议是沟通情况，研究、布置本部各阶段工作的会议。部办公会议由部长或委托副部长召集，各科室主要负责人参加，原则安排在每月月初或月底，如需及时传达有关会议精神、重要文件、上级领导指示或部署重要工作任务，可随时召开。部办公会议的主要内容是传达上级领导重要指示、重要文件、重要会议精神,研究并提出贯彻落实意见;总结、汇报、交流各科室上月工作情况、部署下月工作。召开部办公会议前，各科室负责人提前做好有关准备，将上月工作小结和下月工作初步安排形成书面材料，在会上发给部长、副部长。对于会议布置的工作，由各业务科室抓好落实，实施过程中如遇到重要情况须及时请示汇报。

2002 年 3 月，抚州市委组织部印发部机关十项管理制度。一是办文工作制度，对文件的起草、格式、校核、呈批、印发和办理提出要求。二是信访工作制度。三是考勤制度。因故短时间离开办公室，应向本科室人员打招呼。部机关县级领导干部和各科室主要负责人休假，报请部长审批，秘书科备案，其他干部职工休假由分管部长审批。干部职工请假 1 天，由各科室领导审批，超过 1 天由分管领导审批，超过 3 天由部长审批。续假必须补办有关手续，否则按旷工处理。干部职工因病不能上班，一周内按请假审批程序办理，一周以上须出示医院证明或住院记录。四是保密工作制度。在部机关设立保密工作委员会，对密件进行管理。要求保密工作人员遵守保密守则，做到不该说的绝对不说，不该问的绝对不问，不该看的绝对不看，不该记录的绝对不记录。五是文印管理制度。未经领导同意，无关人员不得翻阅、复制和借出用于打印传真的密件，文印完毕后及时退回有关科室或送秘书科归档。中央、省、市级秘密以上的文件资料，须经部领导或秘书科领导审批，按保密制度严格控制份数和妥善保管处理。六是印章管理制度。部机关和秘书科印章由专人保管，用完之后立即放回保险柜，未经领导批准，不得把印章交予他人保管。使用组织部印章须由部领导同意，使用科室印章须由科室领导同意，如向上级领导机关或市内有关单位发出重要的文件、通知、批复、请示、报告、函件、介绍信等，经领导签批后使用部机关印章，部机关干部职工及下属单位需要以组织部名义对外联系的，如申请住房、申办小孩入托入学、办理边防证、外出调查、人事调动等，可使用部秘书科印章。凡使用部机关或科室印章均应严格进行登记，注明文件内容、盖章时间、签发人和经办人，对于领导交办、但尚未签字批准的，用印人应先登记后盖章。七是国有资产管理制度。部机关国有资产由分管部长主管，秘书科承担具体管理职责（管理方式详见《财务管理制度》），每年进行一次核准和清理。各科室印制表格、书籍、期刊和记录本等，由秘书科统一支付并开具正式票据，预算外资金的进出款项由秘书科统一经过核算中心账户管理，各科室不单独设立账户。大宗物品的采购由秘书科通过市政府采购中心购买，500 元以上的物品须经过分管领导同意；数额较大的，须上报主要领导同意；1 万元以上的物品须经部务会研究决定。日常办公用品由秘书科统一采购，业务科室需要采购专业物品，应履行相关报批手续，择优选购。各科室之间需要调换财产，须经秘书科同意，并办理相应的转接手续。工作人员调离岗位后应及时办理财务和财产的移交手续。八是财务管理制度。部机关经费的结算、管理由秘书科专人负责，经费的开支及财务管理情况，每月由秘书科向分管领导汇报，每半年向全体干部职工公布。报销会议经费，应根据会议规定的范围、经费来源和审批手续办理；报销接待费、旅差费、误餐费和加班费，本人签名后由所在科室领导进行审核，送分管领导或秘书科领导审批后按规定报销，报销的单据必须是税务部门的正式发票或财政专用票据。部机关工作人员因公出差需要借款，须经财务主管领导或秘书科领导签字后由财务人员办理借款手续。九是车辆管理制度。部机关工作用车由秘书科统一安排，聘请专职司机驾驶。十是接待工作制度。部机关的接待工作由秘书科负责统筹安排，联系客人的食宿和接送工作，并协助安排活动日程。江西省委或代表江西省委的客人来访，涉及组织工作的由市委接待处负责接待，相关科室协助做好服务工作；上级组织部门至抚州检查指导工作，由秘书科按规定标准统一安排在抚州宾馆食宿，对口业务科室负责接待；外地客人来访，可征求客人意见安排住宿，由对口科室联系，部机关按照对等接待的原则招待正餐。县区来人联系工作，一般不安排住宿，需要安排用餐，由业务科室到秘书科开具《用餐单》，接待标准为每人每餐12元。所有来客接待只限1 ~ 2名工作人员陪同。

2004年，抚州市委组织部结合自身实际，制定《部机关干部公道正派行为准则》，在全市组织系统实行首问责任制、服务承诺制和责任追究制，并在全省组织部门率先实行“五项禁酒规定”，即严禁在干部考察、信访调查工作中饮酒；严禁在工作日午间饮酒；严禁在值班和加班期间饮酒；严禁在公共场所猜拳、酗酒；严禁酒后驾驶机动车辆。同时，对违反规定人员制定相应的处罚措施并设立专项举报电话。“五项禁酒规定”得到江西省委组织部主要领导的批示和高度评价，并被省委组织部借鉴推行。

2005年5月，抚州市委组织部下发《关于印发全市组织部长例会制度的通知》，提出例会主要采取汇报交流、总结点评、座谈讨论、专题研究、实地参观和现场办公等方式进行，由市委组织部部长主持，市委组织部副部长和调研员、各县区委组织部长和市委组织部各科室负责人列席会议。根据工作需要，经部长同意可扩大参会人员范围。原则上例会每季度召开一次，如遇特殊情况可随时召开，在例会上对上一季度工作进行总结，对下一季度工作作出安排，或根据需要对某项工作进行专题研讨和部署。各县区委组织部长对上季度的工作小结和下季度的工作打算形成书面材料汇报，每人汇报时间不超过15分钟。市委组织部部长、副部长在听取汇报后，对各县区委组织部工作进行点评，并提出下季度工作的意见和建议。例会情况由秘书科及时整理形成会议纪要，报部领导签发后下发，各县区委组织部须在会后两个星期内将贯彻落实情况上报市委组织部秘书科。

2005年5月，下发《抚州市委组织部机关工作人员行为十条准则》和《抚州市委组织部借用人员管理办法》，对借用人员的条件和资格进行明确，将借用方式分为临时借用和正式借用，临时借用人员的借用时间为半年左右，正式借用人员的时间为一年以上，借用人员由秘书科和用人科室共同管理。印发抚州市委组织部机关学习制度，规定每周五下午为机关干部学习时间，可以自学或以党小组、科室为单位组织学习，部机关每月集中学习1 ~ 2次，集中学习实行签到制度，集中学习的考勤情况每年通报一次。同时，把学习的情况列为年度考核的重要内容，要求部机关干部每年撰写学习体会文章不少于6篇，组工信息不少于4篇，调研文章不少于2篇，并作为干部任免奖惩的重要依据。

2006年，市委组织部制定机关工作人员“九不准”规定，即不准在考察期间饮酒或参加可能影响执行公务公正的宴请和娱乐活动；不准接受考察单位和考察对象赠送的礼品、礼金和有价证券；不准违反组织人事工作纪律，泄露领导班子和干部考察情况、干部任免讨论情况及其他属于组织内部掌握的情况；不准为他人打听干部选拔任用情况、说情及利用工作之便为配偶、子女、亲友等谋取私利；不准违反组织原则，进行封官许愿、搞小圈子或其他非组织活动；不准在工作中掺杂个人好恶、弄虚作假、隐瞒和歪曲事实真相，或者利用职权打击报复干部；不准在工作中玩忽职守、粗枝大叶、敷衍塞责、主观臆断；不准“买官卖官”“跑官要官”或者为“买官卖官”“跑官要官”者提供方便；不准违反《党政领导干部选拔任用工作条例》和有关纪律规定的其他事项。2008 年 9 月，抚州市委组织部转发中央组织部《关于印发组工干部“十严禁”纪律要求的通知》。

为加强对部机关各项工作的督查力度，2009 年 3 月，市委组织部印发《关于建立日常工作督办制度的通知》。部办公室编制《年度工作督查手册》，编发《上周要事》，梳理季度督查通报内容，对各科室工作的完成情况进行督查。

2012 年，市委组织部在开展“遵守选人用人规定，规范选人用人行为”专题谈心谈话活动的基础上，建立组织部长谈心谈话制度。以主动约见、个人申请、集体会见、调查走访和结合工作等方式，对干部开展日常沟通、干部推荐任免、知情反馈、提醒帮助、批评诫勉和专题谈话等一系列谈心谈话活动。

【注　释】

［1］罗学年《在全区组织部门信息、调研工作会议上的讲话》。

［2］“三带六百”的内容包括，(1) 带着问题走基层，访百民，听百言。选取 100 名不同层面的服务对象，通过座谈、走访、问卷等形式，听取他们对基层党建和组织工作的意见建议；与 100 名左右对象谈心交心，倾听诉求、理顺情绪、增进互信。(2) 带去课题进支部，访百企，赴百村。科级以上组工干部每人分别探访一个园区企业（村企）党支部，担任企业特派员；每名组工干部联系一个村（社区）党支部，指导抓好村级班子建设和党建工作，帮助发展农村经济和解决农民实际困难。(3) 带回成果强素质，接百访，办百事。选派组工干部组成“下访队”，开展“百日大接访”活动，每个组工干部至少为群众办一件实事好事

［3］1966 年 2 月 7 日，中共抚州地委组织部《一九六五年工作总结》。

［4］1992 年 1 月 17 日，地委组织部《关于接待来客的几项规定》。

第五节　设施建设

一、办公场所

抚州解放初期，抚州地委、专署领导和秘书处在抚州城若士路蔡家大院两栋楼房办公，地委组织部、宣传部、工农青妇等部门则在城区五皇殿分金炉的平房内办公。1951 年，抚州军分区在曾家园香楠峰兴建八一大礼堂，摆放长条凳，作为开会使用，能容纳 1000 多人。

1953 年，抚州地委在曾家园香楠峰修建办公楼，办公楼为砖木结构，是年底建成。地委组织部随地委机关从分金炉迁至曾家园地委大院新楼办公（赣东大道地委坡东侧）。1978 年恢复的抚州地委组织部在地委大院一栋砖木结构的二层楼房的一楼办公，有 6 间办公用房，约 200 平方米。20 世纪 80 年代末，地委大院新建办公楼，建成一栋五层高办公大楼，地委组织部迁入第三层。1983 年，地区档案馆投入 15 万元建成一栋四层楼档案楼，使用面积 615 平方米，地委组织部借用一层楼用于存放干部人事档案，约 150 平米左右。地区党员电化教育中心设在机要楼一楼办公。

2007 年 1 月 28 日，抚州市委、市政府从赣东大道曾家园迁至城南新区市行政中心主楼。市委组织部位于主楼 A 座九楼，共计 26 间办公室（包含会议室和仓库）。干部档案库房及档案查阅室分设市档案局五、六楼。党员电化教育中心和农村党员干部现代远程教育办公室设在汤显祖大剧院一楼。

二、办公设施

新中国成立初期，百业待兴。抚州地委机关办公设施简陋，办公场所为平房，办公桌椅为木制。地委组织部文件大都采用复写纸复写，普发性文件则用钢板刻写油印，初期为手握式油印机，至 20 世纪 70 年代方改用打字机和手摇式油印机。通讯以信函邮件为主，电话为手摇式磁石交换机，须总机接转。干部下乡、参加会议等，近处步行，远处租用骡马或乘坐班车。

20 世纪 80 年代，地委组织部开始使用拨号电话，添置的办公室书橱以绿皮铁柜为主。打字机一直使用到 90 年代末。90 年代，开始使用程控电话，并陆续为各科室配置电话。同时，购置3台小车，其中电教中心配置1台。当时，地委组织部共18间办公室，其中会议室1间，借用地委党史办4间，3间用于组织史资料编纂工作，1间用于地委村建办办公。

2001年，随着科学技术的发展，市委组织部为每个科室配置1台电脑，用于资料的查阅和上下级的沟通。2005年左右，市委组织部购置了传真机和复印机，用于文件收发和复印。

2007年1月，抚州市委组织部搬迁至城南新区市行政中心办公大楼，办公条件得到改善，各科室开始配备空调。为弘扬艰苦奋斗精神，老地委搬过来的办公桌椅仍继续使用。

2013年，全市开展群众路线教育活动，市委组织部从各县区抽调干部工作，由机关事务管理局安排办公场所。至2014年底，部机关的办公条件得到有效改善，在每个科室配备空调、电话、打印机，每个工作人员配备电脑，在文印室配置传真机和复印机。

三、信息化建设工程

1992年，抚州地区党员电化教育中心成立，借用地委机要局办公室，购置电教设备，组建电教机房。2003年2月，抚州市委组织部下发《关于建立市县（区）组织系统电子化信息办公系统的通知》，于3月20日在市、县区建立开通组织系统电子化信息办公系统，各县区委组织部安排一台电脑连接互联网，以电子邮箱为载体运行电子化信息办公系统，将文件和信息通过电子邮件发送到相关部门或科室的专用信箱，提高办公效率。

2010年，按照江西省委组织部《全省“大组工网”网络建设方案》要求，市委组织部制定下发《抚州市“大组工网”建设实施方案》，对市、县两级“大组工网”建设进行筹划，市本级在第一批次完成建设，各县区在第三批次完成。同时，向市财政提交专项经费申请报告，含设备采购、集成、维护、培训等费用，共计41.25万元，市财政先行拨付30万元作为启动资金。

2011年11月，全市“大组工网”工程全面建成，市本级以局域网形式接入18台电脑，各县区以多点形式接入33台电脑。同时，严格规范《“大组工网”安全保密制度》《“大组工网”机房管理制度》《“大组工网”设备及介质管理制度》等制度，在“大组工网”计算机上黏贴“大组工网专用设备”“严禁接入国际互联网”“严禁插入除光盘外的其他存储介质”等警示标语。

2012年，抚州市委组织部进一步落实“大组工网”网络安全使用和信息保密等工作制度，对计算机网络安全、信息管理、设备管理、使用事项等方面进行严格规定。在规定科室负责人为具体责任人的同时，明确其安全管理员和系统管理员的“双员”岗位职责。利用“大组工网”工作日志，记录“大组工网”的运行维护情况。按照江西省委组织部公务员局和信息中心对当年公务员统计上“大组工网”的要求，充分运用“大组工网”的保密性和上下互通性，协助公务员管理科做好统计工作。

2013年，针对“大组工网”使用率低、综合运用水平不高等问题，市委组织部依托“大组工网”平台搭建FTP服务器，初步建成私有文件域和共有文件域两部分架构，测试调通各科室“大组工网”电脑。

第五章　领导班子

领导班子是一个地区、一个部门或一个单位带领干部群众进行社会主义革命和建设的核心力量，承担着贯彻党的路线方针政策，执行国家法律法规，领导和推动社会主义经济建设、政治建设、文化建设、社会建设、生态文明建设和党的建设的重大责任。因此，领导班子建设是干部队伍建设的重点，加强各级领导班子建设，是协调推进党的十八大提出的“四个全面”战略布局的必然要求。

第一节　领导班子选配

一、领导班子换届

中共八大通过的《中国共产党章程》，对各级党组织的任期作出规定。自1954年第一届全国人大开始，在先后制定的4部宪法中，对国家机关工作人员担任的职务有任期任届条款。至改革开放前夕，领导干部职务实际上存在终身制。1979年颁布实施的《中华人民共和国地方各级人民代表大会和地方各级人民政府组织法》和1982年颁布实施的《中华人民共和国宪法》《中华人民共和国全国人民代表大会和地方各级人民代表大会选举法》规定，中央和省级、设区的市级人大和政府的任期为5年，县、乡两级人大常委会和政府领导班子的任期为3年。任期制于1982年启动实施。抚州地区县级领导班子及乡镇领导班子换届始于1987年。2000年10月抚州撤地设市前，抚州地委和地区行署为江西省委、省政府派出机构，地委、行署及其职能部门均不在换届之列。直到撤地设市后，市级领导班子才有届满换届工作。

（一）市级领导班子换届

2000年10月11—12日，中共抚州市第一次代表大会召开，选举产生中共抚州市第一届委员会及抚州市纪律检查委员会。10月14—16日，抚州市第一届人民代表大会第一次会议召开，选举产生抚州市第一届人大常委会主任、副主任、秘书长，市政府市长、副市长，市中级人民法院院长、市人民检察院检察长。10月17—18日，政协抚州市第一届委员会第一次会议召开，选举产生市政协主席、副主席、秘书长。任期5年。

2006年是抚州市级领导班子第一个换届年。5月，江西省委组织部换届考察工作组对抚州市党政领导班子及抚州市委、市人大、市政府、市政协四套班子成员、“法检”两长和市纪委班子成员，以及拟提拔进班子人选考察对象进行为期十余天的换届考察。考察组先对四套班子本届内的工作及四套班子成员、“法检”两长、市纪委班子成员的述职述廉报告进行审评，随后召开民主推荐大会及民主测评大会，会后进行面上个别谈话。根据全额定向推荐和个别谈话推荐情况，经抚州市委常委会与江西省委考察组沟通，按新提拔人数1∶3的比例提出考察对象初选建议名单，报江西省委组织部同意后进行第二次会议推荐，之后对考察对象进行公示，再到考察对象所在地或单位进行民主测评和个别谈话。同时，进行民意调查。9月底前，抚州市党委、人大、政府、政协完成换届选举工作。此次党委换届，抚州市委委员及候补委员为60人，市纪委委员35人。

2011年是抚州市级领导班子第二个换届年。为做好设区市党委、人大、政府、政协领导班子换届工作，是年3月，江西省委下发《关于做好设区市领导班子换届工作的通知》，规定抚州市委设常委13人，市人大常委会设正副主任8人，市人民政府设正副市长8人，市政协设正副主席10人。并对换届人选提出要求：抚州市委书记一般应经过县级党政正职或设区市党政领导班子副职等多岗位锻炼，人大、政协注意选配熟悉经济、社会管理、法律等方面工作的干部进入领导班子。设区市党政班子要保持50岁左右干部为主体的梯次配备，其中43岁以下的干部要各有1人；党政正职中，45岁左右干部的数量要有所增加。设区市领导班子成员中的中共党员干部的任职年龄均为60岁。换届时，设区市党政正职58岁以上的，副职57岁以上的；人大、政协正职59岁以上的，党员副职（含平直转任）58岁以上的，一般不再继续提名。新提拔进领导班子的，原则上要能干满一届，法检“两长”的任职年龄和提名年龄比照党政领导班子副职执行。人大、政协领导班子副职中，非中共党员干部的任职年龄和提名年龄界限可按比中共党员副职高3岁掌握。换届时，设区市党委、人大、政府、政协领导班子中，一般要各有1名妇女干部，党政正职中妇女干部应有一定的数量。政府领导班子要有党外干部1人；人大领导班子副职中，要有适当数量的党外干部；政协领导班子副职中党外干部不少于50%。妇女干部、党外干部本地没有合适人选的，可通过交流解决，换届时党外干部选配不上的，应留出空缺以后增补。抚州市委班子中除兼任政府正职的副书记外，一般设专职副书记1人，明确专职副书记职责分工，充分发挥专职副书记的作用。落实党政交叉任职要求，除政府正职外，市委常委与政府副职一般交叉任职2人。现班子成员在全额定向民主推荐中得票未过半数，或在民主测评中优秀、称职票不满2/3以及不称职票超过1/3，经组织考察不宜继续担任原职务的，不再提名。

换届前，为保证换届风清气正，中央纪委、中央组织部下发《关于严肃换届纪律保证换届风清气正的通知》，江西省纪委、省委组织部下发《关于严肃换届组织人事纪律的通知》和《关于进一步做好换届选举期间严肃换届纪律和干部稳定工作的通知》，要求各级党组织严格执行《党政领导干部选拔任用工作条例》和四项监督制度以及江西省干部选拔任用工作八项配套制度等有关政策法规。随后，抚州市委组织部下发《关于全市组工干部在换届工作中带头做到“十坚持十严禁”的通知》，要求全市组织工作干部在换届工作中带头做到坚持公道正派，严禁徇私舞弊；坚持唯贤是举，严禁封官许愿；坚持严谨细致，严禁玩忽职守；坚持组织程序，严禁替人说情；坚持守岗有责，严禁打探消息；坚持保守机密，严禁跑风漏气；坚持廉洁自律，严禁收受礼品；坚持维护形象，严禁接受吃请；坚持弘扬正气，严禁跑官要官；坚持严守纪律，严禁违反条例。营造风清气正的换届环境，保证换届顺利进行。

2011年8月8日，抚州市召开换届选举工作会

2011年4月，江西省委对抚州市委、人大、政府、政协领导班子及其成员，法检“两长”，市纪委副书记，拟提

拔人选考察对象进行换届考察。对市级党政领导班子及其成员、法检“两长”、其他在职厅级干部及市纪委副书记进行民主测评，对市级领导班子及其成员和法检“两长”进行民主评议，全额定向推荐、个别谈话推荐新一届市级领导班子成员、法检“两长”和市纪委副书记人选，对拟新提拔人选进行二次会议署名推荐，然后确定拟提拔人选考察对象并公示，了解核实换届人选考察对象信访反映。在此基础上，调整县级党政正职。对市级领导班子及符合继续提名条件的班子成员和新提拔人选进行实地考察、实绩分析、实绩公示、民意调查、综合评价，提出换届人事安排建议。

按照江西省委批复，抚州市设市委委员57人，差额8人，提名候选人65人；候补委员11人，差额2人，提名候选人13人（落选的委员候选人为候补委员候选人）；市纪委员35人，差额5人，提名候选人40名。市委委员、候补委员原则上由以下人员组成：①市级党员领导干部，包括市委常委候选人（含抚州军分区司令员），市政府党员领导干部，市人大常委会主任，市政协主席，市法检“两长”；②县区委书记、县区长；③市委主要工作部门负责人；④市政府综合或重要工作部门负责人；⑤群团组织代表；⑥基层党组织负责人代表。市委委员、候补委员，除市级领导干部外，县级领导干部继续提名年龄原则上要能干满一届（1956年10月后出生），新提名年龄一般不超过52周岁（1959年10月后出生），年龄计算截至2011年9月。同时，安排一定数量的妇女干部。

市委委员、候补委员候选人由市委常委14人（含常委候选人差额1人）；市人大常委会主任、政协主席2人；市政府党员副市长4人；市法检“两长”2人；县区委书记、县区长23人（临川区委书记为市委常委，含金巢经济开发区）；市委主要部门、群团组织、市政府部分重要单位党员领导干部委员人选12人（实提名11人，空缺1人）。市直单位委员差额，拟作为候补委员人选8人（实提名5人，空缺3人）。候补委员由市委委员候选人落选人选8人构成（实提名7人，含市委候补委员3人，空缺1人）。

初步人选产生办法：先由市委组织部提出“两委”委员（市委委员、候补委员）提名原则和提名程序，提交市委审定。市委组织部根据市委研究的提名原则，在征求各方意见的基础上，提出“两委”委员人选初步名单，提交书记办公会酝酿讨论后，确定初步人选名单。市委组织部对初步人选进行考察；市委常委会根据考察情况确定候选人预备人选，报江西省委审批；市第三次党员代表大会主席团审议候选人预备人选，提请各代表团充分酝酿，根据多数选举人的意见确定候选人，由大会进行选举。选举结束后，向江西省委上报选举结果情况报告。江西省委批复选举结果。

此次换届，抚州市委领导班子交流任职2人，继续提名7人。新进抚州市委班子任职3人，其中提拔1人、重用2人。

（二）县（市、区）领导班子换届

启动实施任期制后至1987年，抚州地区各县市委、纪委、人大、政府、政协领导班子陆续届满。1987年1—4月，抚州地委对各县市党政领导班子成员进行考察并调整，新进县市党政领导班子成员31人，交流59人，其中地区下派25人，县与县之间交流34人。换届后，全区县市委常委104人，平均年龄42.5岁，比换届前下降2.4岁；大专以上文化程度64人，比换届前增加42.2%。全区12个县市正副县市长60人，平均年龄42.5岁，比换届前下降3岁；大专以上文化程度38人，比换届前增加24.1%。其中，抚州市、东乡县10名正副县市长均为大学学历。在调整配备党政领导班子的同时，对县市人大、政协领导班子作了相应调整配备。

1989年，抚州地区按照治理整编、深化改革、从严治党的要求，于12月上旬完成县市换届班子配备工作。班子配备注重政治立场、思想品德、工作实绩、群众基础，调整时注重保密，干部到位快。在选拔、考察、任用各个环节，坚持群众推荐与领导推荐、个人推荐与班子推荐、尊重群众意愿与组织决定相结合，克服用人上的不正之风。这次领导班子调整，新提拔干部75人，其中新进县市党政班子65人，交流干部60人（县市之间交流50人），12个县市党政班子中均配有1~2名妇女干部，党外干部的配备也基本达到省委要求。

这次换届十分注重工作实绩，由科级提拔进县级班子的共60人，大都德才兼备和实绩突出。经济发展能手、南丰县长红综合垦殖场党委书记兼场长宗吉生，全国优秀党务工作者、东乡县珀玕乡党委书记胡春高，均被直接选进县委常委班子，分别担任副县长和县委组织部长职务。对在群众中威信高、反映好的副职领导干部直接提任县党政正职，金溪县委副书记张木清表现突出，直接提任资溪县委书记；广昌县委常委、组织部部长游木根直接提任县长；乐安县委副书记和组织部部长，测评分数高，群众推荐票数集中，反映好，分别提任县委书记和县长。对连续几届闹不团结的县领导班子，采取从外县调入县委书记和县长的做法，改变互不服气、关系紧张、内耗严重的局面。对有违纪行为的，采取“先查后安排”的办法，不再安排在县市班子中工作，其中涉及县委书记1人、县长2人、县纪委书记1人和部分乡镇主要领导。提拔重用担任县市领导职务的99人，大部分实行异地任职。

此次县市换届选举工作于1989年9月启动，历时8个月。全区12个县市相继召开党代会、人代会、政协会，五套班子按要求全部配齐，298名候选人中有3名副县长和1名县人大常委会副主任候选人落选。县市领导班子成员总数比换届前增加13人，45岁以下的153人，占51.34%，比换届前增长11.71%，36～50岁的占70.13%，大专文化176人，占59.06%，增长11.71%，初中以下的下降15.52%；妇女干部和党外干部各增加15人。换届后，县市领导班子的年龄、性格、能力、气质、专业等搭配更为合理和完善。

按照规定，抚州地区各县市、乡镇党委、人大、政府、政协于1993年上半年届满，但由于1993年1月将召开江西省第八次人民代表大会，各县市需在1992年年底之前选举产生出席江西省第八次人代会代表，经请示江西省委组织部同意，抚州地区县、乡换届提前至1992年进行。1992年，县市领导班子设县市委常委9～11人（抚州、临川、崇仁、乐安、黎川、南丰、南城、金溪、东乡9县市各设常委11人；宜黄、广昌、资溪3县各设常委9人），设书记1人，副书记3～4人（11名常委的设副书记4名）。县市纪律检查委员会常委为5～7人，设书记1人，副书记1～2人。县市人大常委会设主任1人，副主任3～5人，副主任中应有1名以上非中共党员人士。县市政府设县市长1人，副县市长一般为5人，大县设6人，副职中配1名非中共党员人士，一般不设县市长助理职务。县市政协设主席1人，副主席3～5人，党外副职一般应多于党内副职。县市人大、政协正职如无合适人选，经批准，县委领导可交叉兼职。县市党政领导班子成员年龄由30岁左右、40岁左右和少数50岁左右的人员组成，新进县市党政班子一般控制在45周岁以下，新提拔进县市人大、政协领导班子年龄一般控制在50周岁左右。换届时，县市党政原领导班子成员，年龄在53周岁（女50岁）以上的一般不再提名为候选人。个别年龄虽超出上述规定，但确因工作需要，经组织批准，亦提名为候选人。县市人大常委会正副主任、政协正副主席，任职年龄不超过60周岁（女的不超过55周岁）。换届时，凡在规定的离、退休年龄之前不能任满一届的，不再提名为候选人，可改任调研员（党外人士任职年龄放宽5岁）。为保持人大、政协工作的连续性，选拔了一些年纪较轻、能连任几届的担任人大常委会正副主任、政协正副主席。

抚州地区县市换届工作自1992年6月开始，至1993年1月结束，历时7个月。县市领导班子经过前两次换届调整，大多数党政班子成员比较年轻，人大、政协领导班子成员连续任职两届或三届的较多，将陆续退居二线或退休。1987年以后从地直单位下派任职的县市党政领导班子成员有40多人，一些人想调回地直单位或离抚州近一点的县市，而地直单位干部要求到县市工作的热情较高。针对上述情况，抚州地委提出：县乡领导班子配备坚持“能者上、平者让、庸者下”，围绕振兴抚州经济的需要，选拔熟悉工业和财贸工作、有管理才能的干部；选拔政治素质好、改革意识强，大专以上文化程度、政绩突出的干部；选拔一批非中共党员干部和妇女干部；县市党政领导班子至少配备1名妇女干部。同时，加大干部交流力度，对在本地生长且任县市委书记、县市长两届以上，在一地任职三届以上的党政领导班子成员和法检“两长”，任期虽短但在本地难以开展工作的，一般均予交流。换届时，同一领导班子中交流面一般控制在1/5左右，县市委书记、县市长一般不同时交流。

抚州地委于1992年7月1日召开换届工作会议，派出4个组对12个县市领导班子进行考察。通过召开述职大会、个别谈话及调查现实问题等形式，考察县级干部366人，县级后备干部188人（县市102人，地直单位86人）。按照“大稳定、小调整”原则，对县市班子作出调整，提拔科级干部83人，其中有县市基层工作经历的71人（乡镇党委书记26人）。县市党政领导班子成员中熟悉经济工作和科技知识的134人，占总数的78.8%，30～40岁的领导干部比重加大，大专以上文化程度的113人，占党政领导班子成员的66.8%。全区12个县市党政领导班子共配有妇女干部15人，每个县市至少配有1人，政府领导班子中，均配有1名党外干部。县与县异地交流干部47人，本县换岗的47人，有29人调整到地直单位安排，3名县级领导被交流到外地区工作。班子调整结束后，抚州地委及时布置县市党代会、人代会、政协会换届选举工作。换届选举指导组由地委、行署领导带队，对12个县市代表会议的召开进行指导。通过选举，12个县市共选出县级班子成员290人。其中：县市委常委112人，人大正副职55人，政府正副职72人，政协正副职58人，法检“两长”24人。

2002年，县区领导班子进行换届。江西省委下发《关于做好县级领导班子换届工作的通知》，要求县级党政领导班子成员年龄形成梯次结构，一般由50岁左右、40岁左右、30岁左右的干部组成，以40岁左右的干部为主体。新提拔的县级领导干部，大都具有大学专科以上文化程度，其中大学本科以上学历不少于60%。通过换届调整，各县党政领导班子中40岁左右的干部达到40%，其中35岁以下的干部各有1名，35岁左右的党政正职有一定数量。党政领导班子中至少配1名妇女干部，党政正职中妇女干部有一定数量。人大、政府领导班子里要各配有1名非中共党员干部。政协领导班子中要配有一定比例的非中共党员干部。同一职位任职满10年的必须交流，在同一地党政班子中任职连续满10年的，进行有计划的交流，县委书记、县长、纪委书记、法检“两长”、组织部长、公安局长等一般不在本人成长地任职。党政领导班子成员原则上应当任满一届。党政正职一般不同时易地交流。

2002年6月，抚州市委对全市11个县区领导班子及成员进行考察。按照“大稳定，小调整”的原则，对1998年换届以后，特别是撤地设市后县区党政领导班子及县区委、人大、政府、政协领导班子成员和法检“两长”的政治业务素质和履行职责等情况进行全面考察。领导班子主要考察其思想政治建设、执政能力、领导水平（纵览全局、科学决策、求实创新、开拓进取和处理复杂问题的能力）以及工作实绩，包括经济建设、党的建设和精神文明建设。领导干部主要考察其思想政治素质、组织领导能力（运用理论分析、处理实际问题的能力，组织协调、科学决策、开拓创新的能力，发现人才、培养干部、知人善任的能力）、工作实绩（完成任期目标和履行岗位职责过程中所提出的工作思路、采取的措施、发挥的具体作用以及所取得的绩效等）、廉洁自律等方面情况。此次换届采取公开述职、民主测评、民主推荐、个别谈话、召开座谈会、查阅资料、核实情况、实地考察和任期经济责任审计等方法进行。

全市 11 个县区党代会有 9 个县的书记、副书记、常委和纪委书记、副书记全票当选。在配备党政一把手时，推行全委会票决制，即召集全体市委委员采用无记名填表的方法，征求对县区在职党政正职和拟任党政正职人选的意见。正式任用后，又制发《干部任用情况问卷表》让市级和正县级干部进行测评，听取和征求对所任用干部在职务安排上的评价意见。换届后，县区党政领导班子成员平均年龄 41.1 岁，比上届下降 1.3 岁，其中党政正职平均年龄 43.2 岁。党政领导班子成员中，研究生学历占 12.2%，大学本科学历占 55.4%。妇女干部和党外干部达到规定比例，从乡镇主要领导岗位提拔 43 人，占提拔总数的 62.3%。跨县交流面在 20% 以内。

2006 年的县区换届是在中央关于推进领导班子建设和领导干部配备改革后进行的第一次换届，改革力度大，特别是县区党委、人大、政府、政协换届不同步，增加了工作难度。抚州市委组织部自 2005 年年初就着手县区党代会指导准备工作，组织部分县区换届工作骨干到外地学习考察，先后 3 次举办县区委组织部分管副部长业务学习班。结合农村开展保持共产党员先进性教育活动，组织县区委书记学习《党政领导干部选拔任用工作条例》，编印下发《县（区）党代会主要工作程序》《县（区）党代会工作流程》。在县区召开党代会前，采取以会代训的方式对组织部长及相关人员进行业务培训。2006 年 4 月中旬，全面部署县区党委换届工作，对全市县级领导班子进行年度考核，开展优秀科级干部、党外干部和妇女干部推荐工作，对县级领导班子建设状况进行分析，运用三年目标管理考评成果建立县区领导班子及其成员的实绩档案。换届考察中，充分吸取各地干部实绩考核经验，首次采用民意调查、实绩评价和综合分析的办法。为防止用人上的不正之风，下发《关于严肃换届工作纪律的九条纪律规定》。在干部酝酿中，广泛征求市委领导班子成员、市人大、市政协主要领导、各县区委书记以及其他方面的意见和建议。在人事调配中，坚持“三步走”“三统筹”。从 5 月开始，先将县区公、检、法“三长”调整到位，再将县区党政正职调整到位，最后是县区党委、人大、政府、政协领导班子调整到位，历时约 3 个月。在对县区党委领导班子换届考察的同时，还对政府领导班子进行届中考察，对县区公、检、法领导班子以及公开定向推选拟使用人选进行全面考察，使几种人事安排做到统一考察、统一调配、统一使用。

由于此次党委换届与人大、政府、政协换届没有同步进行，在统筹考虑人事安排时，遇到一些不协调的问题：一是党委、政府到龄人员转岗到人大、政协领导班子，但人大、政协尚未换届，一时空不出职位，人大、政协正职提名人选只能先提名为副职，待到第二年换届时再提名为正职人选，造成暂时性的超职数配备；二是因调整面较大，要求届中免职的人大、政府、政协领导班子成员提出辞呈，增加人事安排工作难度；三是为保证提名到人大、政协任职提名人选尽快到位，几个月时间内需召开届中和换届两次选举大会。由于县区委副书记职数减少、党政交叉任职增加，全市 11 个县区，换届前，除县区长兼任副书记外，另设县区委副书记 26 人。县区委换届时，留任县区委副书记 11 人，消化 15 人。工作中，注重与 2007 年进行的县区人大、政府、政协换届人事安排统筹考虑，与市直单位领导班子建设统筹考虑。15 名县区委副书记中，提任县区长 1 人，提任县区人大、政协正职 6 人，转任县区人大副职 1 人，转任县区委常委 3 人（常务副县长 1 人、纪委书记 2 人），提任抚州金巢经济开发区管委会主任 1 人，调市直单位担任副职享受正县级待遇 2 人，待安排 1 人。

班子调整结束后，抚州市委及时布置县市党代会、人代会、政协会换届选举工作，各县区根据市委全委会确定的代表名额，共选举产生 3876 名出席县区党代会的代表，经过酝酿、提名和考察，11 个县区共提出下届县区委委员、候补委员候选人预备人选 570 人，其中差额人选 79 人，差额比例为 16.1%；纪委委员候选人预备人选 305 人，其中差额人选 44 人，差额比例为 16.9%。至 7 月 3 日，全市 11 个县区全部召开党代表大会，各县区共选举产生新一届县区委员、候补委员 491 人，县区纪委委员 261 人。在新一届县区委、县区纪委第一次全体会议上，各县区共选举产生县区委常委 123 人、县区委书记 11 人、县区委副书记 22 人，选举产生纪委常委 185 人、纪委书记 11 人、纪委副书记 26 人。全市 11 个县区的应选“两委”组成人员以全票或高票当选，其中，有 9 个县的县委常委、书记、副书记全票当选。2007 年全面完成县区人大、政府、政协领导班子换届。各县区共选举产生人大常委会常委 186 人，人大常委会正副主任 69 人，正副县区长 77 人，法院院长 11 人，检察院检察长 11 人；选举产生政协常委 167 人，政协正副主席 75 人。推荐 41 名出席江西省人民代表大会代表、3 名出席全国人民代表大会代表候选人。

2011 年是县区领导班子换届年。5 月 3 日，抚州市委召开全市领导干部大会，根据县区党政正职应补缺额数量，非定向民主推荐 3 名县区委书记和 4 名县区长换届新提名人选。5 月 3—4 日，开展个别谈话推荐。综合全市领导干部大会民主推荐和个别谈话推荐情况，结合选配县区党政正职的结构要求，江西省委考察组商抚州市委并报江西省委组织部沟通同意，抚州市委“五人小组”酝酿，市委常委会讨论，决定按应选名额 1 ：2 的比例，差额提出 6 名县区委书记换届提名人选推荐对象、8 名县区长换届新提名人选推荐对象进入二次会议署名推荐。5 月 5 日，市委召开全体（扩大）会议，在确定的 6 名县区委书记换届拟新提名人选推荐对象中，署名推荐 3 名县区委书记换届拟新提名人选考察对象；在 8 名县区长换届拟新提名人选推荐对象中，署名推荐 4 名县区长换届拟新提名人选考察对象。根据署名推荐情况，江西省委考察组商抚州市委并报江西省委组织部沟通同意，市委“五人小组”酝酿，市委常委会讨论，决定按分别比应选名额多 1 的比例，差额提出 4 名县区委书记换届新提名人选考察对象、5 名县区长换届新提名人选考察对象进入差额考察。5 月 6—7 日，省、市组成联合考察组，对县区领导班子换届党政正职继续提名和新提名人选进行考察，其中，对新提名人选进行差额考察。按照中央关于体现科学发展观要求的干部综合考核评价“一个意见三个办法”，除按规定开展个别谈话、民主评议、民意调查、实绩分析、实绩公示、廉政报告、信访核实、经济责任审计、执行换届纪律情况检查外，还对任职不足两年的人选进行延伸考察。综合考察情况，江西省委考察组商抚州市委并报江西省委组织部沟通同意，市委“五人小组”酝酿，确定对县区委书记和县区长换届新提名人选在考察对象中进行市委常委会无记名差额票决。5 月 10 日，市委召开常委会议，在 4 名县区委书记换届拟新提名人选考察对象中，差额票决出 3 名县区委书记换届拟新提名人选，在 5 名县区长换届拟新提名人选考察对象中，差额票决出 4 名县区长换届拟新提名人选。江西省委考察组商抚州市委并报经江西省委组织部沟通同意，市委“五人小组”酝酿，之后，市委常委会讨论通过临川区等11个县区的22名党政正职拟任（推荐）人选和换届拟提名人选，决定提交市委全委会表决。5月13日，市委召开全体会议，对县区党政正职拟任（推荐）人选和换届拟提名人选进行表决。

此次换届，临川区设常委13名，南城、南丰、黎川、崇仁、乐安、金溪、东乡、广昌8县设常委11名，宜黄县设常委9名，资溪县设常委7名。其中，书记1名，副书记2名。临川区和崇仁、乐安、东乡3县人大常委会设正副主任7名，南城、南丰、黎川、宜黄、金溪、资溪、广昌7县人大常委会设正副主任6名。各县区政府领导班子设正副县区长7名。临川区和崇仁、乐安、东乡3县政协设正副主席8名，南城、南丰、黎川、宜黄、金溪、资溪、广昌7县政协设正副主席7名。党委班子中除兼任政府正职的副书记外，设1名专职副书记。除政府正职外，党委常委与政府副职一般交叉任职2名。挂职锻炼干部（含科技副县区长）不占领导班子职数，不参加换届选举，待选举结束后，再按法律和有关程序办理任职手续。县区人大、政协领导班子成员换届提名年龄界限规定为中共党员干部不超过55周岁、非中共党员干部不超过57周岁。换届后，县区党政领导班子的年龄结构进一步优化，形成以45～50岁干部为主体的梯次配备，保留一些50岁以上有经验的骨干，选拔一批40岁以下优秀干部，其中各县区党政领导班子中至少配有1名35岁左右的干部；县区党政正职中，40岁左右的干部数量有所增加，35岁左右的干部配备1名。

换届后，全市县区委书记配备人数比换届前多1人，女书记比换届前少2人，平均年龄比换届前降低0.8岁，50岁以下比换届前多2人，大学及以上学历比换届前多2人；县区长平均年龄比换届前降低3.2岁，50岁以下比换届前多1人。全市县区领导班子成员交流任职43人，其中县区间交流33人，市直单位下派9人，省直机关下派1人，新进党委班子10人。换届工作中，抚州市委将严肃换届纪律和发扬民主贯彻始终，选优配强县区领导班子。在严肃换届纪律保证换届风清气正方面，推行“三学三签三谈”工作模式，加强对中央“5个严禁、17个不准和5个一律”和江西省委“10个严禁”等换届纪律的学习宣传，增强各级党员干部遵守换届纪律的自觉性和责任感，树立“干着换届”的良好风气。

（三）乡镇领导班子换届

1987年1月，抚州地委组织部印发《关于乡镇党政班子换届调整意见》。按照要求，乡镇党政领导班子由5～7人组成，设书记1人、副书记2人（其中1人由乡镇长兼任），委员一般由负责组织、宣传、民兵工作的人员担任。乡镇政府设乡镇长1人、副乡镇长2人。乡镇纪律检查委员会一般由5人组成，设书记1人。乡镇党政领导班子的年龄按梯队结构，一般由45岁左右、40岁左右、30岁左右的干部组成，新进班子的一般从35岁左右的优秀干部中选拔。要求乡镇党政领导班子成员，中专（高中）以上文化程度的应占2/3以上，新进领导班子的干部应具有中专（高中）以上文化程度，并有4年以上实际工作年限，招聘干部应在村委会和乡属单位工作4年以上。领导班子搭配做到气质互补，刚柔相济，团结协调，发挥班子的整体功能。结合换届，对乡镇党政领导班子实行有计划的交流，经济发达的乡镇与经济不够发达的乡镇干部进行适当交流。注意配备妇女干部。在乡镇党政领导班子调整程序方面，各县市委研究后，将调整方案报地委组织部，然后按干部管理权限和有关法律规定办理手续。为保持乡镇领导干部的稳定性，选举任职之后，任期未满的，一般不能变动。换届考察中，临川县对领导干部直系和旁系亲属进行调查摸底，48名科级干部实行回避任职。

1990年抚州地区乡镇换届调整坚持“大稳

定，小调整”原则，换届交流面32.46%。在是年全区三级干部会议上抚州地委提出：无论县市还是乡镇班子，要尽量干上两届，以保持班子的稳定。除因身体原因不能坚持正常工作，犯了错误不宜担任现职务，成绩突出需要上级提拔调整或异地交流的情况外，在一个地方工作未任满两届的，一般不宜变动。在此后的三级干部会和组织工作会上，又多次重申这个原则。这个规定得到江西省委领导的充分肯定。为严肃换届纪律，防止“坐等换班”和讨官要官，抚州地委强调：对跑关系、找门路、请客送礼、开展夫人外交的，进行严厉批评；对搞亲亲疏疏、封官许愿、任人唯亲的领导干部，进行批评教育；对换届期间因玩忽职守造成工作失误的，除不提名为下届候选人外，还要追究领导责任。乡镇换届后，抚州各方面工作有长足发展。1991年全区国民生产总值比1990年增长7.5%，工农业总产值增长9.05%，人平均收入达777.97元，增长7%，财政收入增长8.6%，粮食生产在总面积减少和遭受严重旱灾的情况下仍获得丰收，是历史上第二个丰收年。实施“661”农业开发工程规模大、进展快、效果好，经济发展形成你追我赶的局面。

1993年1月召开江西省第八次人民代表大会，乡镇换届提前至1992年进行。抚州地区县、乡换届工作方案规定，乡镇党委设委员7～9人，其中书记1人，副书记3人（含兼任副书记的乡镇长）；政府设乡镇长1人，副乡镇长一般为4人，人口较多、面积较大、工作难做的乡镇设5人；乡镇纪律检查委员会设委员3～5人，设书记1人，副书记1人（一般为兼职）；乡镇人大主席团设专职常务主席1人；按规定常设的镇政协办事机构设正职1人。乡镇党政班子成员的任职年龄一般不超过55周岁，新进班子的干部，年龄一般掌握在45周岁以下。乡镇人大主席团专职常务主席和常设的镇政协办事机构领导干部任职年龄放宽到退休前能任满一届。新进班子的干部一般应具有中专（高中）以上文化程度，每个乡镇党政领导班子一般应配备1名妇女干部。1992年下半年至1993年，结合乡镇换届配好配强乡镇一把手，一些乡镇党委书记提拔到县级领导岗位后仍兼任乡镇党委书记。

1995年年初，抚州地委组织部开展县乡换届专项调查，制定下发《关于认真做好乡（镇）领导班子换届工作的意见》，与地区人大工委联合召开全区乡镇换届工作会议，对换届工作进行部署。10月开始乡镇换届工作，至1996年2月，全区204个乡镇的党委、人大、政府领导班子全部到岗到位。乡镇换届后，全区共有乡镇党政领导干部2434人，其中：乡镇党委书记204人，乡镇长202人（南城县姑山乡、金溪县石门乡乡长由乡党委书记兼任）。班子中，原地原职留任的990人，原地换岗的380人，乡镇间交流的415人，从县、市直单位交流到乡镇的34人，新提拔进班子的505人，党政领导班子调整面为43.7%（不含原地换岗）。党政正职中，原地留任的167人，乡镇长就地提任书记的44人，乡镇间交流的38人，县、市直单位交流到乡镇的13人，新提拔的122人，异地改任的22人，调整面为48%。换届后，乡镇领导班子素质提升、结构改善，全区提拔进乡镇党政领导班子的605人，大都来自经济管理部门或厂矿企业，懂经济，会管理，经济管理型人才的比例提高。乡镇领导班子以30～40岁为主体，平均年龄33.6岁。大专以上文化的804人，占33%，比换届前提高4个百分点；中专、高中文化的有1513人，占62.2%，比换届前提高5个百分点。乡镇党委书记中年龄最大的51岁，最小的28岁，平均年龄38.8岁；乡镇长中年龄最大的47岁，最小的25岁，平均年龄35.7岁。乡镇党政正职大专以上文化的238人，占58.6%，比换届前提高14个百分点。乡镇领导干部专业配套，知识互补，有学管理的，有学工、学农的；理论文化水平较高，实践经验较丰富；有擅长党务工作的，有熟悉经济工作的。新提拔的505人，35岁以下的446人，占88.3%。在党政正职中，35岁以下的141人，占34.7%，比换届前提高8个百分点。配有妇女干部229人，比换届前增加35人，达到每个乡镇党政班子至少有1名妇女干部的要求，其中有女乡镇党委书记7人，女乡镇长8人。选拔党外干部82人担任副乡镇长和其他领导职务，比换届前增配28人。崇仁县委坚持“五用五不用”，即用德才兼备的干部，不用有德无才、有才无德的人；用有政绩的干部，不用浮夸虚报、急功近利、竭泽而渔的人；用人民群众公认的干部，不用多数人反对、损民利己的人；用能适应新时期农村工作需要的干部，不用不热心农村工作、对农村工作不熟悉的人；用有政策水平、懂经济管理、有工作魄力、有闯劲的干部，不用四平八稳、墨守成规、不懂经济的人。临川、金溪等县坚持“能者上、平者让、庸者下”的用人理念，使换届成为干部前进的加油站、推进器，全区13名乡镇领导干部因德才平庸、政绩平平而降职使用。

1998年为乡镇换届年。是年7月中旬，抚州地委派出调研组到部分乡镇召开座谈会，听取基层干部对乡镇党政正职何时到位更有利工作、怎样调整更能调动积极性等换届工作的看法。换届工作的文件初稿出来后，抚州地委召开部分县市委党群副书记、组织部长座谈会征求意见。9月，抚州地委下发《关于认真做好乡镇领导班子换届工作的通知》，就换届工作的指导思想、班子配备原则和必须把握的几个问题、职数配备、工作步骤和时间安排及组织领导等作出规定。地委组织部制定操作性较强的《审批乡镇党政一把手调整应掌握的原则》《审批乡镇领导班子调整应掌握的原则》和《各县抚州市委“谈干部”时间安排表》。10月上旬，抚州地委召开由各县市委党群副书记、组织部长参加的全区乡镇换届工作座谈会，解答具体操作层面的问题。地委实行地区领导挂点责任制，成立以县市委书记为组长，党群副书记、人大常委会主任、纪委书记、组织部长等人组成的换届工作领导小组，组织学习《党政领导干部选拔任用工作暂行条例》《江西省乡（镇、街道）党政领导干部选拔任用工作实施办法》和有关法规文件，制定乡镇换届工作实施方案。地区政法委、计生委列出各乡镇自1996年以后的一票否决情况，对全区40个重点乡镇企业的乡镇实行“上台阶”“出笼子”目标管理情况进行摸底。自9月中旬开始，各县市对乡镇领导班子和领导干部进行换届考察，在民主测评全额推荐和广泛谈话的基础上，提出换届人事安排方案。在任职条件方面，要求熟悉农村工作，作风朴实，善同农民交朋友。乡镇党委书记、乡镇长人选要求是农村工作经验丰富、性格老成稳重、有独当一面和处理突发事件能力。换届期间一般不从机关下派干部到乡镇任职，尤其是担任乡镇党委书记、乡镇长。据统计，此次换届全区新提拔进乡镇班子的264人中，有243人是从乡镇提拔的，占92%。新任乡镇党委书记38人中，有36人是由乡镇长改任的，占94.7%，从县直单位交流任职的仅2人。新提拔的乡镇长62人中，有60人是从乡镇提拔的，占96.8%，从县直单位提拔的仅2人。结合县乡换届积极推进干部能上能下，执行领导干部辞职降职、末位淘汰、诫勉等制度，全区共有40人被降职免职，有一部分改任为科级非领导职务，还有少数干部先“挂”起来暂不安排。

换届期间，各县市委书记、党群副书记、组织部长下到乡镇找干部谈心，听取意见和要求，有针对性地做好疏导和教育工作，要求坚守岗位，安心工作，不串领导家门，不跑官要官。临川市通报批评2名不听劝告的干部，并诫勉半年。人事安排时，反复酝酿协商，充分听取各方面的意见，凭实绩、重公认，充分尊重考察成果。宜黄县委常委会研究干部时，将干部考察材料、民主推荐和测评材料发到每个常委手上，所提拔的20多名干部，都是反映最好、民主推荐得票最多的。为确保廉洁换届，加强对换届期间任用干部工作的监督，抚州地委组织部设立举报电话，共接到举报电话20余起，对有实际内容的举报，及时将电话记录送组织部领导阅示，有的还送地委领导阅示。对涉及2名县级干部的举报电话，地委组织部直接派员调查。是反映乡镇领导干部问题的，转县市调查处理，“谈干部”时一并汇报结果。对举报属实，问题搞清楚的，在使用上视情况性质而提出建议。

从1998年9月中旬开始，各地乡镇党委、人大、政府领导班子的换届选举工作陆续启动。至1999年1月底，全区205个乡镇除崇仁县六家桥乡、航埠镇、河上镇外，都召开了“两会”，选举产生新一届党委、人大和政府领导班子。组织安排任党委委员、正副书记的1568人，有1564人当选，当选率为99.8%，其中205个乡镇党委书记全部当选。临川市、资溪县各落选1名党委委员，2名新当选人员均为组织提名差额候选人。组织提名的205名人大主席全部当选。组织提名的203名人大副主席候选人有200人当选，当选率98.5%，新当选的3人中，有差额人选2人，非候选人1人。组织提名的205名（含书记兼任的2人）乡镇长有203人当选，当选率99%。组织提名的643名副乡镇长有627人当选，当选率97.5%，新当选的16人中，差额人选11人，非候选人5人。全区205个乡镇共配备党政班子成员2078人，配备妇女干部222人，比换届前增加7人，有3个乡镇未配妇女干部。配备党外干部58人，比换届前减少11人。班子成员平均年龄34.2岁，具有大专以上文化的1379人，占66.4%。党政班子调整面为34.7%，控制在地委要求的40%以内。原地留任的1296人，占62.4%，乡镇之间交流任职的485人，占23.3%。共配备乡镇党委书记205人，乡镇长203人，由书记兼任乡镇长的2人（南丰县洽湾乡，东乡县圩上桥镇）。配备女乡镇党委书记3人，比换届前减少4人；配备女乡镇长14人，比换届前增加6人。乡镇党委书记年龄最大的49岁，最小的28岁，平均年龄37.6岁。乡镇长年龄最大的46岁，最小的28岁，平均年龄35.5岁。乡镇党政正职中具有大专以上文化的374人，占91.9%。乡镇党委书记167人，占81.9%；乡镇长140人，占68.6%。共配乡镇人大主席205人，其中由乡镇党委书记兼任的203人，专职人大主席2人，由党委书记兼人大主席的乡镇都配备一名专职副主席。全区205个乡镇，党政领导班子成员配备2078人，比换届前减少356人，减少17.1%。因上一届职数规定较笼统，实际配备中就高不就低。此届班子职数规定较具体，其中，3万人口以上的大乡镇，设党委委员9人，正副乡镇长5人；1万～3万人口的，设党委委员7人，正副乡镇长4人；1万人口以下的，设党委委员7人，正副乡镇长3人。实际配备中，一些地方还留有余地，空缺少量职位，南丰和东乡两县各空缺一名乡长职位，暂由书记兼任，待条件成熟再配，广昌县不少乡镇班子都空缺一个职位。

此次换届选举结果的特点是：落选人数较多，且非候选人当选较多。此次乡镇换届党政班子共有20人落选，当选率为96.2%，当选率较上届下降1.3个百分点；人大班子共有3人落选。新当选的23人中，非候选人当选5人。究其原因，主要有：一是当选代表民主意识较强，敢于对自己不了解或不信任的人选投反对票。全区1876855名选民参加投票，参选率达到91.15%。人大代表中，大专以上文化程度的1788人，占总数的17.34%，比上届提高4.34个百分点。二是部分乡镇班子成员异地交流任职，到位时间较短，代表对组织推荐的任职人选不熟悉。据统计，因这一原因落选的有9人，占落选总数的39.1%。如有的候选人刚从外乡调入，到岗后一直驻村，还有的因分管企业，工作上与村组接触少，从而导致落选。三是组织推荐的人选能力素质不够，有的反映不好，代表不满意不信任。据统计，因能力较差不能胜任工作或工作方法简单粗暴、不注意形象、反映不好而落选的有8人，占落选总数34.8%。有的落选人员在同一乡镇工作时间长，群众了解其能力差、作风不好。广昌县大株乡一人大副主席，文化素质较低，工作方法简单，能力较差，不能独当一面，长期不能完成工作任务；黎川县西城乡一副乡长，下乡时喜欢喝酒、打牌，不讲究工作方法；临川市崇岗乡一副乡长，长期“走读”，有近半数村主任不认识。四是个别乡镇党委对换届选举工作重视不够，工作不细，组织不力。黎川县西城乡党委未召开专题会议研究布置换届选举工作，乡人大代表候选人的提出，仅由村党支部书记与乡党委书记商量确定，个别村直接点名指定。选举前，乡党委书记讲了一些带倾向性、对选举产生负面影响的话。另外，有的地方排外思想严重，不能正确理解组织意图，如临川市鹏田乡连续三届人代会选举有候选人落选。五是一些差额候选人或非候选人表现优秀，口碑好。崇仁县相山镇一位任职十余年的村党支部书记为聘干身份，群众基础好，有威信，因年龄偏大未被组织列为提拔对象。临川市钟岭乡一名妇女干部，是两届后备干部，群众基础好，虽不是候选人，但代表选举其为乡人大副主席。

2002年，结合撤乡并镇和乡镇换届，各县区委于2001年对乡镇领导班子进行调整，乡镇党委由205个减少到151个，30岁左右的乡镇正职有43人，大学本科学历以上的64人，比上届增加13人。

2006年年初，抚州市乡镇换届工作正式启动。3万人以下的乡镇，设党委委员7人，其中设书记1人，副书记2人，政府设正副职4人；3万人以上的乡镇，设党委委员9人，其中书记1人，副书记3人，政府设正副职5人；合并的乡镇，党委委员可在对应设置职数的基础上增加1~2人，一批乡镇人武部长进入党委班子。乡镇人大主席团设主席1人，原则上由党委书记兼任，3万人以上的乡镇，配备1名专职副主席。乡镇纪律检查委员会设纪委委员3~5人，设书记1人。挂职锻炼干部（含科技副乡镇长）不占领导职数。为加强党委对经济工作的领导，3万人以上的乡镇，党政班子成员交叉任职数可在原有基础上适当增加。各乡镇均只设1名专职副书记，乡镇党委副书记比上届减少29人。全市151个乡镇共选举产生党委书记、副书记、党委委员1112人。新一届乡镇党委领导班子中，30岁以下占12.1%，妇女占6.7%，大专以上学历占86.4%，分别比上届提高6.8、3.0和3.5个百分点。其中，留任536人，交流399人，新提拔进班子177人。乡镇党政正职的交流调整面为33.7%。在年度考评中，县区排位后2名的乡镇党政正职一般不再提名、不予重用，新提拔重用的乡镇正职人选单项工作考评一般在全县（区）前3名。

在乡镇换届中，将全委会票决制向县区延伸，全市291名乡镇党政正职全部实行全委会票决；为深化领导班子配备改革，还在每个县区安排1个乡镇进行党政正职“一肩挑”试点，“一肩挑”工作在全省位居前列。

2011年1月，抚州市委下发《关于做好乡（镇）领导班子换届工作的通知》，按照江西省委组织部做好县乡领导班子换届工作的通知精神，乡镇党政正职人选一般应具有乡镇、街道工作经历，优先从具有乡镇、街道领导干部任职经历的人员中选拔。在同一职位任职5年以上或同一地党政班子中任职连续满两届的，应有计划地交流。乡镇领导班子职数应本着精简、高效的原则研究确定，不得超过上次换届规定的职数。3万人以上的乡镇，设党委委员9人，政府正副职5人。3万人以下的乡镇，设党委委员7人，政府正副职4人。乡镇人大主席团主席由党委书记兼任，设专职副主席1人，各县区安排1~2个乡镇的人大主席团专职副主席由乡镇党委委员兼任。各乡镇党委班子中除兼任政府正职的副书记外，设1名专职副书记。除政府正职外，3万人以上的乡镇，党委委员与政府副职一般交叉任职1~2人；3万人以下的乡镇，党委委员与政府副职一般交叉任职1人。按规定配备的科技副乡镇长不占领导班子职数。换届时，乡镇领导班子成员的提名年龄一般不超过 45 周岁，每个乡镇领导班子配备 1 名以上妇女干部，每个县区选拔 2 名以上优秀的年轻妇女干部担任乡镇党政正职，全县（区）应有一定数量的非中共党员干部进乡镇政府班子。乡镇党代会代表中，基层一线比例一般不低于 30%。此次换届，全市 151 个乡镇配有妇女干部 81 人，其中党政正职妇女干部 33 人，分别比换届前增加 12 人和 5 人；配有 35 岁以下年轻干部 533 人，其中党政正职 65 人，分别比换届前增加 139 人和 24 人。

乡镇领导班子换届前，抚州市委组织部组成 6 个调研组，深入到各县区和部分乡镇调研。各县区也组织若干调研组，就本县区乡镇领导班子换届工作进行前期调研，对乡镇领导班子有关情况进行分析。2011 年 1 月 17 日，抚州市委召开县乡领导班子换届工作座谈会，对乡镇领导班子换届工作进行全面部署，并开展业务培训。1 月 24 日，全市组织部长会议对乡镇领导班子换届工作进行再动员、再部署。市换届办印制《乡镇领导班子换届工作手册》，制作《乡镇党委换届选举工作流程图》，印发《乡镇领导班子换届考察工作要点》，为乡镇领导班子换届工作提供指导。换届考察中，各县区以德才素质评价为中心，综合运用民主推荐、民主测评、民意调查、实绩分析、个别谈话、综合评价等方法，对乡镇领导班子及成员进行全面考察，更加注重对干部德的考察、对干部一贯表现的考察、对干部在完成重大工作和急难险重任务现实表现的考察。崇仁县针对以往干部考察中难听到真话、实话的问题，进行反向测评，列举领导班子和领导干部可能存在的问题和不足条目，在领导干部会议上由参会人员选择判断，进一步提高干部考察的真实性、准确性。对乡镇党政正职拟任人选，各县区普遍采取二轮差额推荐办法，即第一轮在全县（区）领导干部大会上，根据乡镇党政正职空缺的名额，按 1:1.5 的比例进行非定向民主推荐，产生初步拟任人选；第二轮在县区委全委会议上，按 1:1.25 的比例从初步拟任人选中，署名推荐拟任人选；最后经过县区委“五人小组”讨论酝酿，确定考察对象。对乡镇副职提名人选，根据全额定向推荐结果，结合届中考察、年度考核等民主推荐、民主测评情况提名。在乡镇召开党代会（党员大会）时，选举产生出席县区党代会代表。按照选区划分，同步选举产生县、乡两级人代会代表。乡镇召开党代会（党员大会），县区委派出工作组，指导搞好乡镇党委换届选举工作。

按照江西省委要求，2011 年 3 月，抚州市委组织部拟定《关于乡镇领导班子换届中乡镇人大主席团主席职数设置问题的请示》，规定乡镇人大主席团主席由党委书记兼任。4 月，江西省委组织部下发《关于在县（市、区）、乡（镇）领导班子换届考察中实行实绩公示制的通知》，乡镇领导班子及成员、拟提拔任用的考察对象都进行实绩公示。领导班子实绩公示材料，重点围绕贯彻执行党的路线方针政策、树立和落实科学发展观、推进经济社会发展、促进社会和谐稳定、开展创先争优活动、加强党的建设、加强民主法制建设、保障和改善民生、落实党风廉政建设责任制等方面的情况，以及工作中存在的突出问题和不足；个人实绩公示材料，重点围绕履行岗位职责、参加创先争优活动、完成工作任务、执行民主集中制、廉洁自律和落实党风廉政建设责任制等方面的情况，以及在重大任务、重大事件中的表现情况和本人在领导班子工作中所起的作用，工作中存在的突出问题和不足等内容。实绩公示材料在考察对象所在单位及延伸考察单位的公开栏内张贴公示，或由各考察单位将每位考察对象包括个人职责分工、主要实绩的公示材料，印发给本单位干部职工、部分党代表、人大代表、政协委员和服务对象等参加民主测评的人员。实绩公示的同时，公布市、县区委组织部 12380 举报电话、举报手机和举报信箱，以及考察组的举报联系电话。

二、领导班子调整

抚州解放后，各级领导班子在经过最初的配备，大多数保持着相对稳定。随着一些领导班子成员的升迁、调动、退休，各级党委对领导班子适时进行补充，或根据班子结构需要进行调整。1964 年全省组织工作会议后，抚州地委组织部对各县（镇）委、地专各单位的领导班子，逐个分析研究，分类排队，对人员较多、不够精干的班子以及二把手或三把手较弱、不够健全的班子进行调整。各县（镇）采取同样方法，对较弱的公社领导班子进行调整配备。据统计，县、公社两级领导班子，共调整领导干部 235 人，其中县委正副书记上调地专单位的 6 人，地专下派任县委书记或县长的 2 人，各县、镇配备公社正副书记 227 人。按照有利于加强领导、有利于团结、有利于工作和生产的原则，对犯有严重错误、其错误性质可以查清而未查清处理的，一般未作调动；对有政治历史问题、不宜在要害部门工作的，则调整到次要部门。同时，注意保持领导班子稳定，防止不顾工作需要，调动过于频繁的现象。

在城乡社会主义教育运动中，通过考察了解，发现有的县、社领导班子不健全，有的不太团结。针对这一问题，1965 年，全区共调整公社副书记以上领导干部 217 人，其中江西省委管理干部 19 人，县委正副部长、副县长 11 人，公社正副书记、主任 141 人，县人委正副局长 17 人，其他干部 29 人。同时，全区培养提拔新生力量 2965 人，其中县委副书记 4 人，专署处长 2 人，县委正副部长 16 人，公社正副书记 43 人，县人委正副局长 30 人，生产大队干部 893 人，生产队干部 1977 人，使各级领导班子得到加强。全区 42 名县委正副书记、县长中，本地干部由 7 名增至 11 名，提拔 11 名本地干部担任副县长。县、社领导班子调整大多采取就地变动职务、县与县或公社与公社之间原职调整、就地提拔新生力量和专区、县领导机关下放领导骨干等方式进行。

“文化大革命”初期，造反派抢班夺权，各级领导班子受到严重冲击。林彪事件后，一批干部重新回到工作岗位，但领导班子调整以人画线，不正常调整现象较为普遍。

中共十一届三中全会后，随着组织工作的正常化，领导班子调整逐步规范。1980 年，抚州地委对各级领导班子进行充实和调整。其中，县一级领导班子由地委抓，公社一级领导班子主要由县委抓，干部的任免与领导班子的调整充实有机结合，地、县两级党委经常对各级领导班子进行分析研究。为配合各县市召开“两代会”，抚州地委共考察干部 590 人，重点考察有情况要调整的、表现好要提拔的、问题严重需清理出班子的、不适应现职工作的等 4 类。据考察了解，全区 105 个县级单位领导班子中，比较理想的班子有 16 个，其中县市委 5 个，占 42%；地直各局 6 个，占 19%；地直各厂矿 5 个，占 28%；其他均属不够理想。主要情况是：主要领导人对改革开放时期党的路线、方针、政策执行不力，甚至有怀疑；对江青反革命集团的帮派人物和打砸抢分子清查不彻底，个别有严重问题者还留在领导班子内；搞派性、闹不团结；营私舞弊，搞不正之风；一、二把手作风霸道，搞家长制。考察后，调整充实县级领导班子成员 243 人，其中交流 109 人，不够称职作其他安排的 4 人，属提拔的有 11 人，属“三种人”（追随林彪、江青反革命集团造反起家的人，帮派思想严重的人，打砸抢分子）清出的 18 人。此外，提拔为公社书记的 122 人，提拔为各县局长和县部委办副职以上的 146 人，提拔为地直各局、厂、矿、公司副科长以上的 231 人。在班子调整中，重点调整在“揭批查”运动中核定为帮派骨干分子、犯严重政治错误和政治错误者。对结论为说错话、做错事的全部安排工作，结论为严重政治错误和政治错误的大部分安排适当工作。

1983 年，地直部委办局由机构改革前的 58 个精简为 46 个，领导班子成员由原来的 174 人减至 95 人。按照干部队伍建设“四化”要求，对地直部委办局推荐的 178 名中青年干部进行考察了解，提拔 81 人，其中担任正职的 6 人，担任副职的 25 人。通过调整，地直部委办局领导班子成员平均年龄下降 5.4 岁，高中以上文化程度由 53 人(占原班子 20.4%)增至 58 人(占新班子 61.1%)。同时，派出 12 个工作组协助县市委开展机构改革工作。1984 年县乡机构改革后,各县市党政班子平均年龄都在 45 岁以下，12 个县市委常委 96 人，平均年龄 43.1 岁，比机构改革前下降 5.6 岁 ；正副县长 54 人，平均年龄 42.9 岁,比机构改革前下降 5.6 岁;县属局、乡级班子平均年龄下降 7.36 岁，乡镇正副职的平均年龄最低的 33 岁 (以县为单位平均)。机构改革前，161 名县市委常委和正副县市长中，具有大专文化程度的 13 人，占 8.1% ；调整后，县市委常委和正副县长 150 人中，具有大专文化的 63 人，占 42%，有专业技术职称的由原来 1 人增加到 19 人，占 11.8%。全区 12 个县市党政一把手，至少有 1 人具备大专文化程度，其中抚州市委书记、市长均为大学本科毕业。县属局和乡级正副职中，具有大专文化程度的增加到 480 人，占 16%。此外，全区交流县市党政领导干部 48 人,占总数的 29.8%,抚州、临川、南丰、黎川、乐安、资溪、东乡、宜黄 8 个县市党政一把手都不是本县人，其余 4 个县的两名一把手中有一人不是本县人。与此同时，县市人大、政协和纪委班子配备工作同步推进。

1986 年，县市领导班子党外干部配备工作取得突破，其中，南城县政府首次配备一名党外副县长，结束了全区没有党外副县长的历史。为适应乡、村两级整党工作需要，是年 1—7 月，填平补齐乡镇(局)级党政领导班子成员 129 人，调整充实地直局级单位领导干部 51 人。1989 年 12 月上旬，全区县市换届班子配备工作基本完成，提拔领导干部 75 人，其中新进县市党政领导班子 65 人，交流干部 60 人。12 个县市党政班子配有 1 ~ 2 名妇女干部，党外干部的配备也基本达到省委的要求。苏联、东欧剧变后，抚州领导班子调整工作结合防止和平演变，坚持“大稳定、小调整”。调整中，注重干部交流，1990 年提拔的县级干部中有 46 人异地任职,交流面 58 %。1991 年,提拔县级干部 80 人，其中新进班子 54 人，副转正 26 人。注重选拔有基层领导经验的干部，有 37 名基层干部提任县级领导，占 46.2%;注重选拔经济管理型干部，一批懂经济、善管理、有开拓精神的人才进入企业领导班子和政府经济管理部门，一批党政机关经济人才进入企业任职。

1992 年县、乡领导班子换届坚持“多换思想少换人”，不把换届搞成大换班。1995 年，抚州地委分 3 批次调整地直 72 个单位的领导班子，对闹不团结、工作长期上不去、群众反映较大的领导班子进行果断调整，对曾经犯有错误但能坚决改正、工作实绩突出的干部予以重用，大胆选拔优秀年轻干部，个别表现突出予以破格提拔。其中，换岗交流 117 人，改任调研员或助理调研员 47 人，提拔 63 人。1996 年，地直党政机关机构改革全面展开，抚州地委先后抽调 32 人组成 16 个考察组，分 3 批对地直 97 个单位的领导班子及其成员和后备干部进行考察，有 52 名中青年科级干部提拔到县级领导岗位，其中 40 岁以下的 36 人，占 69%，35 岁以下的 16 人,占 31%。在干部任用上不唯年龄，对各年龄段的优秀干部，一样提拔使用，对一些虽未到龄、但能力不强、不胜任现职的干部，调整改任其他职务。1996 年，共提拔妇女干部 10 人。

1998 年乡镇领导班子换届审批，抚州地委组织部从制定党政一把手、乡镇班子配备原则入手，注重把握领导班子年龄、文化和专业知识结构，妇女干部、党外干部按职数规定配备，控制调整面。“谈干部”时，县市介绍完情况后离场回避，与会人员分别提出各自发现的问题，汇总后再对县市反馈；问题较多的县市，根据反馈意见进行复议，然后重报；对妇女干部配备太少、总调整面突破 40% 等问题，要求重新调整方案；对洪涝重灾区和社会治安敏感乡镇，注意保持班子稳定。崇仁县白露乡既是重灾区又是地下天主教聚会的敏感区，抚州地委组织部建议尽量多保留一些熟悉本地情况的干部。同时规定，乡镇党委书记是留任的，党委成员调整不超过 50%；党委书记新任的，党委成员调整一般控制在 40% 左右。乡镇长是留任的，副乡镇长至少保留 1 人；乡镇长是新配的，副乡镇长至少保留 2 人。另外，乡镇党委书记、乡镇长一般不同时变动。1998 年 9 月 28 日，抚州地委提出，在干部人事安排时不能简单地搞“一刀切”，注意保护不同年龄段干部的积极性。按照要求，临川、金溪等县市保留一批老成稳重、经验丰富、有威望的乡镇党委书记和乡镇长。审批乡镇领导班子时，严格把好任职资格关，对照县市报送的干部花名册，逐一审核工龄、党龄、任职年限、台阶等项内容，发现不符合资格条件的及时纠正。换届期间，全区有 40 余人因资格条件不符合未予审批。

2000 年抚州撤地设市后，运用“三讲”教育成果注重把政治素质好、政绩突出、群众公认的优秀中青年干部提拔到领导岗位。调整后，县区党政领导班子正职平均年龄有 43 岁，比撤地设市前下降 1.9 岁，其中 40 岁以下的有 4 人，研究生文化程度有 3 人。2002 年，结合县区领导班子换届，进一步优化领导班子结构。调整后，县区党政领导班子平均年龄 41.1 岁，下降 1.3 岁，其中县区委书记、县区长平均年龄 43.2 岁。党政领导班子中，具有研究生学历的占 12%，大学本科以上学历的占 55.4%。撤乡并镇后，乡镇党委由 205 个减至 151 个，各县区委于 2001 年进行乡镇换届调整，全市 30 岁左右的乡镇党政正职有 43 人，具有大学本科学历以上的 64 人，比换届前增加 13 人。在县区换届中，注意把好考察关、选配关和选举关，由市级领导干部带队考察，考察结束后，如实向考察对象反馈考察结果，调配班子时，广泛征求挂点县区的市四套班子领导和市直有关部门意见。县区领导班子调整到位后，及时召开“两代会”进行换届选举，候选人大多全票或高票当选。在做好县区换届工作的同时，结合市直单位机构改革，调整 33 名县级领导干部职务。同年，抚州市委出台调整不称职、不胜任现职领导干部实施办法，对工作实绩不突出、经济发展缓慢、班子不协调、不适应超常规发展要求的领导班子，对闹不团结，经协调不改的领导班子，均果断进行调整。

是时，抚州市在年轻干部、妇女干部、党外干部使用上仍存在一些问题。据 2002 年统计，12 个县区党政班子（含金巢经济开发区）及 24 个市直党政工作部门未按要求配备妇女干部和 35 岁以下年轻干部。另外，市直教育、卫生、审计、统计等 14 个部门，仅有 2 个部门配备党外领导干部。针对上述问题，抚州市委结合机构改革，培养使用一批优秀年轻干部、妇女干部和党外干部。2003 年，全市 11 个县区，配有 35 岁及以下干部的党委班子 3 个、政府班子 9 个；配有妇女干部的党委班子 7 个、政府班子 10 个、人大班子 8 个、政协班子 7 个；配有少数民族干部的党委班子 1 个、政府班子 1 个；配有党外干部的政府班子 9 个、人大班子 11 个、政协班子 10 个。全市 151 个乡镇，配有妇女干部的党委班子 48 个、政府班子 110 个；配有少数民族干部的党委班子 2 个、政府班子 1 个；配有党外干部的政府班子 29 个。2004 年，先后调整领导干部 175 人，其中提拔干部 97 人，免去 2 名在企业兼职的县级党政领导干部兼任的企业领导职务。截至 2004 年 12 月 31 日，全市 11 个县区级领导班子，配有妇女干部的党委班子 7 个、政府领导班子 9 个、人大领导班子

7个、政协领导班子9个；配有35岁及以下干部的党委班子2个、政府领导班子6个；配有少数民族干部的政协领导班子1个；配有党外干部的政府领导班子10个、人大领导班子11个、政协领导班子11个。全市151个乡镇配有妇女干部的党委班子45个、政府领导班子108个；配有少数民族干部的党委班子1个、政府领导班子1个；配有党外干部的政府领导班子有23个。

2005年，全市调整县级领导干部96人，其中提拔49人，平职交流41人，改任非领导职务6人，培养后备干部692人。2006年，结合县区换届人事调整积极推进领导班子配备改革，其中，减少县区委副书记15人，新当选的县区党委领导班子成员平均年龄44.2岁，比换届前下降1.9岁。在乡镇换届中，将全委会票决制向县区延伸，全市291名乡镇党政正职全部实行全委会票决。为深化领导班子配备改革，每个县区安排1个乡镇进行党政正职“一肩挑”试点，“一肩挑”工作在全省位居前列。在干部使用方面，注重考察干部的实际操作能力、攻坚克难能力和心理素质，对群众公认度高的干部，特别是对勤勤恳恳、任劳任怨、政绩突出的干部，大胆使用，不唯票取人。人事调整中，先后进行全市领导干部会议推荐、县区党委班子全额推荐、党政领导干部民主测评和民主推荐、县区四套班子成员民主推荐以及考察谈话推荐。新提拔的干部民主推荐普遍排位靠前，公认度较高，尤其是提任进县区党政领导班子的，民主测评优秀票率平均为95.6%。调整后的县区公安局长公认度明显提高，优秀票率由72.6%提高到81.7%。通过调整，县区党政正职的平均年龄43.8岁，比调整前下降1.4岁；县区公、检、法“三长”平均年龄为43.5岁，比调整前下降2.7岁；县区党委班子成员平均年龄42.9岁，比调整前下降1.4岁；县区政府领导班子成员平均年龄40.9岁，比调整前下降0.9岁；大学本科以上学历占75.8%，比调整前提高12.2%。同时，按照“专业配套、年龄合理、气质相融”的要求调配干部，领导班子优势互补合力增强。县区换届调整的205人中，提拔86人，重用41人，交流70人，县区党政正职调整中，提拔的3人，重用的6人，交流的4人；县区公、检、法“三长”中，提拔的6人，重用的5人，交流的18人。县区党政领导班子交流人数为69人，其中县区间交流52人，达41.3%。11个县区公安局长全部进入县区党政领导班子，其中任县区委常委的8人，任政府副职的3人；公开定向推选的20名副县级干部，重点配备在市、县工业园区。在人事调配中，做到内紧外松，注意把干部的思想和精力引导到“全力主攻两区，推进三大建设，三年确保财政收入翻番，五年实现全面进位”的赶超发展奋斗目标上。同时，考虑到县区公、检、法“三长”岗位的特殊性，在“三长”调整到位后，市委及时举办“三长”专题学习班，加强思想作风建设和能力建设，确保思想不散、秩序不乱、工作不断。

2008年，围绕赶超发展目标，坚持德才兼备、以德为先的用人标准，树立注重品行、科学发展、崇尚实干、重视基层、鼓励创新、群众公认的用人导向，注重选拔在艰苦地区、复杂环境基层一线的优秀干部。抚州市委提拔来自基层一线的干部31人，占全年提拔总数的59.6%。2006年换届至2008年7月，全市共提拔县处级干部197人，交流任职196人，调整不称职、不胜任的县级干部3人。截至2008年12月31日，全市11个县区配有妇女干部的党委班子8个、政府领导班子9个、人大领导班子5个、政协领导班子8个；配有35岁及以下干部的政府领导班子3个；配有少数民族干部的党委班子1个、政协领导班子1个；配有党外干部的政府领导班子11个、人大领导班子9个、政协领导班子11个。全市151个乡镇配有妇女干部的党委班子52个、政府领导班子106个；配有少数民族干部的党委班子6个、政府领导班子 2 个；配有党外干部的政府领导班子 28 个。

2011 年，抚州市县区领导班子进行换届。市委按照中央办公厅《2009—2013 年党政领导班子建设规划纲要》要求，不断优化领导班子年龄、经历、专长、性格结构，增强班子整体功能和合力。按照政治上靠得住、领导科学发展能力强、能够驾驭全局、善于抓班子带队伍、作风民主、清正廉洁的要求，选好配强各级党政正职领导干部，对关键岗位的干部实行重点管理，对县、乡党委书记实行重点配备、重点培养、重点教育、重点监督。换届后，全市 11 个县区配有妇女干部的党委班子 11 个、政府领导班子 11 个、人大领导班子 9 个、政协领导班子 11 个；11 个县区政府、人大、政协领导班子全部配有党外干部。全市 151 个乡镇配有妇女干部的党委班子 87 个、政府班子 106 个；配有少数民族干部的党委班子 4 个；配有党外干部的政府班子 5 个。

截至 2014 年 12 月 31 日，全市 11 个县区配有妇女干部的党委班子 7 个、政府领导班子 5 个、人大领导班子 9 个、政协领导班子 11 个；11 个县区人大、政府、政协班子均配备党外干部。全市 153 个乡镇配有妇女干部的党委班子 62 个、政府领导班子 101 个；配有少数民族干部的党委班子 5 个，政府领导班子 5 个。

三、思想政治建设

抚州解放初期，为适应从新民主主义革命到社会主义革命和建设的过渡，领导班子思想政治建设的重点是通过系统的马克思主义思想理论学习，提高领导干部对党的建设的认识。1950 年 5 月，中共中央发出《关于整党的指示》和《关于发展和巩固党的组织的指示》，6 月，毛泽东在中共七届三中全会上指出：要办各种训练班，对他们进行改造和教育；要学社会发展史、历史唯物论等几门课程。按照上级要求，抚州各级领导班子结合整党整风运动，克服官僚主义、命令主义，加强党同人民群众的联系；结合“三反”“五反”，加强党风政风建设；结合干部鉴定，抓好思想政治建设；结合抗美援朝，在党员领导干部中开展国际主义、爱国主义和革命英雄主义教育。社会主义改造时期，领导班子思想政治建设的重点是学习和宣传党在过渡时期的总路线，注重理论教育，用马克思主义、毛泽东思想武装领导干部头脑，注重查摆问题。

1957 年 3 月，按照坚持艰苦奋斗、密切联系群众要求，加强领导班子思想政治建设。1963 年开始，全区开展“学雷锋”“学大庆”活动，领导班子思想政治建设受“左”的思想和连续不断的政治运动影响，尤其是“文化大革命”期间，搞以“阶级斗争为纲”，强调“政治可以冲击一切”，把思想政治工作凌驾于经济工作、业务工作之上。

中共十一届三中全会后，全区各级领导班子按照中共中央提出的拨乱反正，严格党组织生活，端正党风、严肃党纪的要求，特别是按照邓小平“全党必须再重新进行一次学习”的要求，不断强调领导干部特别是年轻干部学习马克思主义理论。为此，各级党委积极开展领导干部在职理论学习活动，推动各地各部门形成党委集中学习的做法，后来称之为“党委中心组学习”。中共十一届五中全会通过的《关于党内政治生活的若干准则》，要求领导干部过双重组织生活。1979 年 4 月 18 日，抚州地委印发《关于认真学习和讨论〈关于党内政治生活的若干准则〉的通知》，要求各级党组织特别是领导成员要认真学习、讨论准则，把学习、讨论准则同进一步肃清林彪、江青反革命集团的流毒紧密结合起来。

1981 年 8 月 25 日，中央组织部制定下发《关于进一步健全县以上领导干部民主生活会制度的通知》，要求县级以上党委常委除必须编入党的一个组织参加组织生活外，同时要坚持每半年召开一次党委（党组）民主生活会，民主生活会情况开一次向上级党委或组织部门报告一次。同年，抚州地委对各县市委常委会召开民主生活会情况进行检查，调阅《党组织生活会记录本》。据检查，1980 年各县市委常委会都分别单独召开过 1 ~ 2 次民主生活会，有的是结合年终总结和干部鉴定进行，其中，黎川县委常委会坚持每季度召开一次民主生活会。据统计，1981 年 2 月底前，全区 12 个县市有 9 个县抚州市委召开了一次常委民主生活会（资溪、金溪、东乡县委由于召开“两代会”未按时召开）。民主生活会围绕领导班子团结、经济调整、政治安定等内容进行，重新学习《党章》《准则》和中央、江西省委工作会议文件；每名常委对照《准则》自我检查一年来的思想、工作和作风情况，开展自我批评；本着有则改之、无则加勉的精神，开门见山地交换意见，进行批评和自我批评；围绕经济调整、政治安定和常委自身建设，谈个人打算，议改进措施。严肃认真的领导干部民主生活会带来县级领导班子建设的新气象。临川县委针对 1980 年 8—9 月出现的农村混乱情况，坚持“5431”责任制不动摇，稳定农村干部和社员情绪，促进农业生产和集体经济发展；抚州市通过城市整顿，着力解决路不平、街不齐、水不清的问题。《关于党内政治生活的若干准则》颁布后，各级党组织带头抵制不正之风，有的领导干部将生病住院期间亲友送的礼物转送给节育妇女。民主生活会上，有些县委常委反映，对中央解放思想、放宽政策的精神没有吃透，对农村出现的投机倒把、弃农经商现象及对包产到户的议论把握不准、解释不清；不少县委常委感到工作作风不够深入，真正在一个公社或一个大队蹲下来，搞好一个点、指导一个片做得不够，有时下去也是蜻蜓点水，解决实际问题不及时；有的在招工、顶替、农业粮转商品粮户口、利用职权私人盖房等问题上执行政策不严；有的领导干部下乡时，对公社拿酒招待没有完全拒绝；还有的领导批条子买木材，买生产队农副产品，接受礼物，搞特殊化。此外，党内生活制度还不够健全，县市委常委以普通党员身份参加党支部（党小组）过组织生活坚持得不好。针对上述问题，黎川县委提出，常委要有 2/3 的时间在基层实行面对面的领导，搞好调查研究，做好信访接待，密切党群关系和精简会议；抚州市委建立十项工作制度，即：集体领导制度、分工负责制度、日常办公制度、文件签发制度、会议审批制度、调查研究制度、接待群众制度、保密制度、党的生活制度和学习制度。为更好地执行《准则》，抓好党风，转变作风，作出了十条规定，抚州市委、人大、政府和政协使用的小汽车由 6 辆减为 3 辆，另

黎川县召开组织工作暨干部作风建设情况通报会

3辆封存。

1984年，通过纪委、组织部门派员指导、调阅党委（党组）民主生活会记录等方式，各县市分别召开常委民主生活会。针对经济体制改革中出现的许多新情况、新问题，各县市转变思想观念，改进工作作风，跳出事务圈子，深入基层，深入实际，搞好调查研究，及时解决经济体制改革中出现的实际问题。宜黄县委提出克服“文山会海”，采取现场办公，及时处理群众来信来访等措施。县市委人事调整后，新的领导班子把健全党的生活、开好民主生活会，当作恢复和发扬党的优良传统、加强班子建设的一件大事来抓，坚持正常的民主生活会制度，参会人员到会较齐，有的县委顾问也列席会议。会中，各县市委常委围绕增强班子团结、搞好班子自身建设，各抒己见，畅所欲言。会后，围绕领导班子政治理论学习、改进工作作风、增进班子团结、完善领导分工、端正党风政风、健全党内生活等方面制定整改措施，不断加强领导班子自身建设。各县市委坚持每半年召开一次班子民主生活会，开展批评与自我批评的同时，要求每名常委自觉参加所在党支部（党小组）的组织生活会，接受党组织和党员群众的监督。

中共十一届三中全会以后，抚州地区各级领导班子经过几次大的调整，年龄偏大、文化偏低、能力偏弱的状况得到改变，新老干部的合作交替也逐步走向制度化。但是，一些干部提拔过快、经历单一、领导经验和领导能力欠缺的问题突出。有的干部不善于搞好团结，为一点“权”搞“窝里斗”；有的班子缺少“主心骨”。针对上述问题，1987年，抚州地委印发《关于进一步加强我区各级领导班子思想、作风建设的意见》，把思想和作风建设作为班子建设的核心问题来抓，要求各级领导班子正确对待名位权，加强班子团结，处理好集体领导与个人分工负责的关系、民主与集中的关系、党政之间以及几套班子之间的关系，进一步理顺企业内部行政、党组织和职代会之间的关系。同时，对下级党委（党组）贯彻执行民主集中制、坚持民主生活会开展检查、督促，组织部门与纪检部门参加县市委、地直机关党委（党组）民主生活会，调阅会议记录。为使换届后的新班子卓有成效地工作，在乡、镇试行任期目标管理责任制，同年11月召开乡、镇领导班子任期目标管理座谈会，总结推广临川县唱凯镇、南城县万坊乡工作经验。1988年，重点加强班子的协同意识，制定《县（市）委常委会议事规则》等文件，对县市委常委会的职权范围、决策程序及领导班子的民主生活会等作出具体规定，确保决策的民主化、科学化；严格党的组织生活，采取定期谈话、抽查记录、派员参加班子成员民主生活会等形式，检查批评与自我批评开展情况、党内外监督情况与集体领导制度的执行情况，对领导班子严重不团结的进行及时调整；通过民主评议干部和对县市党政班子及成员进行年度考核，及时掌握干部的德能勤绩。调节理顺班子内部关系，解决分工不明、职责不清、关系不顺、方法不灵等具体问题，进一步融洽人际关系，以较高的思想透明度凝聚各种力量。经过上述努力，抚州地区绝大多数县、乡镇书记与县、乡镇长、各级各类领导班子内班长与副手、本籍干部与外籍干部、前任与后任等之间的关系都比较协调，不团结、闹矛盾的现象大为减少。

20世纪80年代中期开始，资产阶级人道主义和社会主义异化论的思潮泛起，逐渐演变成否定四项基本原则的资产阶级自由化思潮，进而酿成1989年春夏之交的政治风波。东欧剧变、苏联解体，和平演变成为现实威胁。围绕反和平演变，各级领导班子思想作风建设的重点是旗帜鲜明地反对资产阶级自由化，使党和国家的领导权牢牢掌握在忠于马克思主义的人手里。1990年，中央印发《关于县以上党和国家机关领导干部民主生活会的若干规定》，对民主生活会的参会对象、主要内容、基本形式、召开时间、会议准备、整改措施等作出明确规定。按照《若干规定》要求，抚州各级领导班子站在反和平演变的高度，把搞好领导班子思想作风建设作为组织工作的重点，在1989年和1990年先后召开两次组织部长会议进行座谈讨论，1991年8月召开由部分县市委书记、副书记、组织部长和地直单位负责人参加的全区加强领导班子思想作风建设座谈会，探讨加强思想作风建设的具体措施。在此基础上，形成一套加强领导班子思想作风建设的制度，主要有《县（市）委常委会议事规则》《选拔任用干部程序实施细则》《关于实行领导干部回避制度的暂行规定》《关于领导干部保持廉洁的若干规定》《县级以上党委（党组）民主生活会规范和程序》《关于加强领导班子思想作风建设的若干规定》等。金溪县委实行“双向考核”办法，除上级对下级的考核外，还让基层考核机关，基层干部群众评议上级领导干部。1991年干部谈话制度建立之后，地委领导和组织部领导同县级干部谈话达600余人次，县市和地直单位领导同下属干部谈话达4800余人次。地委组织部会同地区纪委采取会前确定主题、会中派人参加、会后督促整改等方式，加强对县级领导班子民主生活会的具体指导。同时，坚持地委、行署领导参加县市和分管部门领导班子民主生活会制度，开展县级领导班子思想作风建设情况检查，对个别问题比较突出的领导班子或干部，及时提出组织调整意见。

1991年，抚州地委在金溪县召开全区领导干部思想作风建设座谈会。随后，形成《关于加强领导干部思想作风建设的实施意见》。在《意见》的指导下，各级领导干部积极为群众办实事，党群、干群关系进一步密切。是年，全区遭遇罕见干旱，各级领导干部不怕疲劳、连续作战，千方百计抗旱夺丰收，涌现许多生动感人的事迹。1992年，针对领导班子中存在的官僚主义、以权谋私、搞形式主义、做表面文章、说假话、作风漂浮等问题，各级领导班子从抓党性锻炼入手，着力解决党性不纯的问题。一是教育党员领导干部坚定共产主义信念，在艰难困苦、错综复杂、风云变幻的形势面前不动摇；二是教育党员领导干部全心全意为人民服务，密切联系群众；三是教育党员领导干部严格遵守党的纪律，坚持民主集中制，勇于开展批评和自我批评。同时，坚持把理论教育与党性教育相结合，把增强干部党性修养与加强干部监督、班子调整结合起来；坚持干部谈话制度，认真开好领导班子民主生活会，加强干部的民主考核、民主考评。

1993年县市换届后，进一步建立健全贯彻民主集中制的各项规章制度、常委会（全委会）议事规则、领导班子分工负责制、党委（政府）工作联系制度等。对县级领导班子团结和贯彻民主集中制问题，注重抓两头，对好的领导班子及时总结经验，加以推广，调整有问题的领导班子10个，对个别班子成员或易地交流，或换岗交流，或作降免职处理。1994年重点抓各级干部的理论学习，地区先后举办8期县级领导干部和乡镇主要领导干部《邓小平文选》（第三卷）读书班，培训县级领导干部和乡镇党政主要领导干部900多人；各县市举办乡（局）级领导干部培训班，培训干部3000多人。开展县以上领导干部中心组学习和领导干部“一年一训”读书活动，开展领导班子思想作风建设的研讨交流，总结出13个抓班子思想作风建设的先进典型，在全区组织工作座谈会上进行交流。抚州地委下发《关于进一步加强领导班子思想作风建设的意见》，地区纪委、地委组织部联合下发《县级领导干部个人重大事项报告制度》和《县级领导干部廉洁自律考核制度》，研究制定《加强与执纪、执法部门工作联系制度》，把监督机制引入干部考察工作之中。普遍建立县乡领导干部蹲点挂村制度，地委组织部对县市主要领导蹲点挂村情况进行检查，组织县以上领导干部对照“五条十三个不准”开展自查自纠，过好民主生活会，调查处理了一些违纪党员干部。

1995年，加强领导干部民主集中制教育，对县市委和地直单位党委（党组）贯彻执行《党政领导干部选拔任用工作暂行条例》及民主集中制情况进行检查。坚持定期走访执法执纪部门、加强工作联系的制度，了解掌握全区县级干部违法违纪情况，并对群众反映的某些县级领导干部的问题进行调查核实，对个别问题较多的领导班子及时进行调整。1996年，抚州地委在学习张家港经验的基础上，实施“精神立区”，提出“团结自强，开放创新，负重拼搏，加压争先”十六字抚州精神，各县区通过抓领导班子思想政治建设，增强县级领导班子的战斗力，促进抚州地区经济建设和社会各项事业的发展。

1997年，针对领导干部中存在的不注重学习、理论功底浅，理想信念动摇、党性观念淡薄、政治纪律松弛，为政不廉、作风不实等问题，从改造世界观入手，坚定理想信念，增强宗旨意识，坚持党委中心组学习、领导干部培训和在岗自学三者一起抓，重点抓好县以上领导干部和各级党委中心组的学习。据检查统计，地直65个行政、事业单位按规定半年召开一次民主生活会的有46个，占70.8%；一年召开一次民主生活会的有18个，占27.7%。按照每两个月组织一次中心组学习的要求，1997年党委中心组学习6次以上的有16个单位，占被考核单位总数的24.6%，其余单位都没有达到规定的要求。有4个单位年度没有组织中心组学习，占被考核单位总数的6.2%。个人学习情况：根据查阅领导干部读书笔记，坚持学习较好的有40人，占考核对象的12.2%；较差的有5人，基本没有做读书笔记。

1997年开始，抚州各级领导班子和领导干部认真开展“严格要求、严格管理、严格监督”和干部“自重、自省、自警、自励”教育，把从严治党的要求落实到对干部的教育、管理、监督的每一个环节，严格党内生活，加强党内监督；坚持领导干部谈话制度、领导干部参加双重民主生活会制度、领导干部定期向党组织汇报思想和重大问题请示报告制度；建立健全思想政治建设“一把手”抓、抓“一把手”责任制，一级抓一级，一级带一级。抚州地委要求，主要领导对本班子思想政治建设负总责，班子思想政治建设经不起检查，出现问题，将追究主要领导责任，领导班子思想政治建设情况列入组织部门班子考核内容。

1998年6月，中央组织部印发《1998年—2003年全国党政领导班子建设规划纲要》，提出以思想政治建设为重点，不断提高领导水平和执政能力的新要求。为贯彻中央精神，抚州地区开展领导干部思想政治素质状况调查分析，提出加强思想政治建设的意见和措施，开展以“三讲”为主要内容的党性党风教育，在党员干部中开展向孔繁森、吴金印、吴成生等先进人物学习活动；健全党内生活制度，全区98%的县市和地直单位党委（党组）坚持定期召开民主生活会；按照《中国共产党地方委员会工作条例（试行）》要求，加强民主集中制建设，注重加强领导班子团结，先后调整不和、不力班子40个；着重抓《党政领导干部选拔任用工作暂行条例》的贯彻执行，加强对干部选拔任用工作的监督，对违反《暂行条例》的人和事及时处理；加强干部思想作风监督，建立和完善领导干部年度考核制度、组织部门与执纪执法部门联系制度、选拔任用干部征求纪委意见制度等。针对部分领导班子成员互相拆台、揭短的问题，抚州地委要求各级领导班子增进班子团结，淡化个人意识、名利意识，做到上不直插，下不上推，横不越位，互不推诿，采取措施改变“取了经是唐三藏的功劳、出了错是孙悟空的过失”的思想观念，要求党政“一把手”之间、班子其他成员之间交心通气，统一思想，倡导真抓实干的公仆作风、见贤思齐的开明作风、常思己过的面壁作风、与人为善的宽容作风。

1999年，抚州地委结合“三讲”教育抓

好领导班子思想政治建设，于10月27日召开330多人参加的“三讲”教育动员大会，各县市和地直各单位也先后召开班子会、干部会，通过新闻媒体将“三讲”教育的主要精神公之于众。之后，班子成员进行9天“封闭式”学习，通读必读篇目，精读重点篇目，做好读书笔记。学习过程中，边学习、边查摆自身存在的问题。在“自我剖析、听取意见”阶段，将抚州地委和江西省委巡视组第一阶段征集到的干部群众意见原汁原味地向领导班子和成员作了反馈，四套班子及其成员联系1992年以后在贯彻执行党的路线方针政策、加强党性锻炼、改造主观世界等方面的实际，认真查摆党性党风方面的突出问题，深入剖析产生的原因，形成党性党风剖析材料，逐条对照反馈意见进行修改。在“交流思想、开展批评”阶段，开展谈心谈话，召开民主生活会，班子成员之间进行批评和自我批评，并进行满意度测评，满意率都在98%以上。在“认真整改、巩固成果”阶段，在边整边改的基础上，研究确定需要着力抓好的整改项目70项，确定整改方案、整改措施、整改时限和责任人。

2000年4月12日，全区组织部长会议对进一步加强领导班子建设提出要求：一是运用“三讲”教育成果，结合机构改革，通过组织调整一批、公开选拔一批、轮岗交流一批，进一步改善各级领导班子的年龄、文化、专业结构，提高领导班子的整体素质；二是切实提高运用理论解决改革和发展中实际问题的能力，通过加强理论和业务知识学习，不断提高正确把握政治方向、妥善处理各种复杂矛盾、驾驭社会主义市场经济的能力，增强拒腐防变、反腐倡廉的能力；三是加强民主集中制建设，对事关大局的重大决策和干部任免，坚持做到集体领导、民主集中、个别酝酿、会议决定，反对独断专行或各自为政。四是建立健全领导干部监督机制，坚持以正面教育为主、预防为主、事前监督为主，把对干部的监督贯穿于培养、选拔、使用、管理的各个环节，贯穿于干部的工作圈、生活圈、社交圈等各个方面，对存在问题的干部，该批评的批评，该处分的处分，该调整的果断调整；五是加强对干部选拔任用工作的监督，对不按《暂行条例》规定办事、造成用人失误的，坚决追究责任。

2001年，抚州各级领导班子采取党委中心组学习、党校培训、干部自学、机关政治学习等形式，系统学习“三个代表”重要思想、江泽民“七一”讲话和“5·31”讲话、中共十六大报告和江西省第十一次党代会精神，并结合加快抚州发展实际，通过“请进来、走出去”的办法，在全市深入开展解放思想大讨论，把学习贯彻“三个代表”重要思想作为加强领导班子和干部队伍思想政治建设的一项重要任务。2003年，围绕加强领导班子执政能力建设，在县级领导班子中开展“抓好‘第一要务’、牢记‘两个务必’、实践‘三个代表’”的“先进班子”创建活动，在乡镇领导班子中开展以“亲民、为民、富民”为主题的好班子、好干部创评活动，不断提高领导干部决策能力、做群众工作能力和抓落实能力。2004年，全市开展“转变作风年”活动，在市、县区、乡镇三级党政班子中开展“1+1”帮扶活动，在县区部门和乡镇站（所）开展“双评双促”活动，促进干部作风转变。全市各级领导班子和党员干部为民、务实意识不断增强，2300多名领导干部联系2600余户困难家庭，开展送温暖活动3600余人次，办实事、好事6800余件，投入扶助资金1200余万元，为困难家庭解决生产生活困难2700余件；广大干部主动建言献策，共提出建议和意见3万多条。2005年在坚持民主集中制、完善党委议事规则、建立健全重大事项决策等制度的同时，深入开展“谈心年”活动，班子成员定期谈心交心，加强沟通，增进了解，全市各级领导班子形成团结协调、攻坚破难、共谋发展的良好氛围。

2009年，各地通过强化理论武装、突出能

东乡县委组织部召开“忆传统 话部风”座谈会

力建设、完善体制机制、加强监督管理，激励各级领导班子干好事业，推动领导班子干成事业。在全市各级干部中，倡导“5+2”“白＋黑”工作法，以积极向上、奋发有为的精神推进各项工作落实。市、县四套班子实行每人带一个招商团队、帮一个重点工业企业、抓一个城建重点项目、挂一个新农村建设点、包一个县区或乡镇的“五个一”工作机制，全面推广“一个项目、一个领导、一个责任人、一套工作班子、一个实施方案、一支好的施工队伍”的“六个一”项目推进机制，责任到人，一抓到底。

中共十八大以后，中央对领导班子思想政治建设提出新的要求，从严治党成为新常态。2013年5月，中央下发《关于在全党深入开展党的群众路线教育实践活动的意见》，围绕保持党的先进性和纯洁性，在全党深入开展以为民务实清廉为主要内容的党的群众路线教育实践活动。抚州从2014年2月下旬开始，分学习教育、听取意见，查摆问题、开展批评，整改落实、建章立制3个环节，突出本地本单位特色推进各级领导班子和领导干部教育实践活动。教育活动坚持领导带头示范、从严从实要求、贯彻整风精神、强化问题导向，广大党员领导干部受到一次深刻的思想政治洗礼，“四风”（形式主义、官僚主义、享乐主义和奢靡之风）问题得到有效整治，群众反映强烈的突出问题得到妥善解决，党风、政风和社会风气明显好转。与此同时，扎牢制度“笼子”，建立和落实党风廉政建设党委主体责任和纪委监督责任，“把纪律挺在前面”，坚持“老虎苍蝇一起打”，惩处一批腐败分子，查处一批形式主义、官僚主义、享乐主义和奢靡之风方面严重的党员干部。

四、领导干部交流

领导干部交流，是指各级党委（党组）及其组织（人事）部门按照干部管理权限，通过调任、转任对党政领导干部的工作岗位进行调整。交流的主要形式包括调任、转任、转岗等。

新中国成立后，随着各级政权的建立和经济社会的发展，干部缺口较大，尤其是对领导干部的需求较大。各地在做好干部配备的同时，有计划地做好干部交流工作。1949年10月，抚州分区临川市委书记丁碧岩，交流到上饶分区任东乡县委书记；1954年10月，抚州地委书记李毅章交流到赣南区委任区委副书记；1959年12月，乐安县委副书记王九如交流到宜黄任县委副书记。县乡干部交流的情况也比较多，东乡县委1957年本着“精减上层、充实基层”的原则，从县直机关抽调133名干部到乡工作，其中县级干部10人，区级干部65人，一般干部58人。1960年该县在“大跃进”运动中交流干部111人，其中县级4人，区级20人，一般干部80人，其他7人。但此时干部交流尚未形成制度。1962年9月召开的中共八届十中全会通过《关于有计划地交流各级党政主要领导干部的决定》，交流的对象是县以上各级党委和国家机关中担任主要领导职务的党员干部，规定地（市、州）一级机关的领导干部，大部分在大区或省、市、自治区范围内交流，一部分在大区或全国范围内交流，中央组织部据此精神建立干部交流制度。干部交流做法在抚州专区得到较好的贯彻落实。1963年9月，宜黄县委副书记卢接绍交流到乐安任县委副书记；1966年3月，资溪县委书记吕东壁交流到宜黄任县委书记；临川县在1966年社会主义教育运动结束后的领导班子调整中，交流干部5人。由于“文化大革命”的干扰破坏，领导干部交流制度没有坚持执行。

中共十一届三中全会后，邓小平明确提出要建立干部交流、轮换制度。1979年，临川县为充实公社领导，加强班子建设，从县属机关抽调20名干部到农村公社担任领导职务，其中局长级干部3人、副局长级干部6人、一般干部11人，到公社担任书记4人、副书记12人、副主任4人。1983年，中共中央39号文件提出，要结合机构改革，对县级主要领导干部有计划地进行交流，规定继续留任的县委正副书记、正副县长中，至少应有1/3在省、市、自治区或地区范围交流。1984年，抚州地区结合机构改革调整县级党政班子，对留任的班子成员异地交流1/3以上，对留任的委办局室的领导干部也在本县市范围内部分交流，本县范围内交流有困难的，在全区范围内交流。对一些长期受派性和宗派影响、工作不超脱的干部果断进行交流，帮助他们摆脱派性和复杂社会关系的包围。全区交流县市党政领导干部48人，占29.8%，抚州市及临川、南丰、黎川、乐安、资溪、东乡、宜黄7个县的党政一把手都不是本县人。1985年，抚州地区再次结合机构改革对县级领导干部进行交流，12个县市委43名正副书记、县市长中交流25人，占58.1%。地直部委办局正副职原有168人，机构改革中交流40人，占23.8%。

抚州地委从提高认识入手，广泛宣传干部交流的意义，查摆干部长期不交流的弊端，讲清干部交流的作用：一是能使干部在更大范围内得到锻炼，有利于干部重新学习、增长知识；二是有利于摆脱各种关系网，甩开膀子干工作；三是有利于发现人才，合理使用干部。通过学习和宣传，进一步提高各级领导干部对干部交流的认识，打消干部交流是对干部惩罚的顾虑。对在一个地方工作时间较长的县级主要领导干部，按专业对口或相近原则开展干部交流，新提拔的县级主要领导干部一般不在出生地、成长地工作。同时，结合干部考察，发现情况及时进行交流。

1987年上半年，全区调整、交流、提拔领导干部43人，其中正常交流26人。1990年7月7日，中共中央作出《关于实行党和国家机关领导干部交流制度的决定》，领导干部交流走上制度化、规范化轨道。1992年，江西省委下发《关于建立和健全领导干部交流制度的意见》，要求各县市区委书记、县市区长、组织部长，在一个地方或单位任职时间较长的，一般应当进行交流。已列为地市、厅局级后备干部的，要进行轮岗锻炼，对缺乏基层工作经验的，可到基层任职，对长期在基层工作的，可到上级机关任职。地市、厅局级领导干部和县市区委书记、县市区长，在全省范围内交流。可在地市与地市之间，厅局与厅局之间，县市区与县市区之间进行横向交流，也可在地市、县与省直机关之间，县市区与地市直机关之间纵向交流。

1994年9月，中共十四届四中全会决定指出，要认真推行领导干部交流制度，并同回避制度和各级领导班子任期制度结合起来，有计划、有步骤地在上下级机关之间、地区之间、部门之间、党政之间以及经济比较发达与相对落后地区之间进行干部交流。此后，党中央和国务院分别颁布的《党政领导干部选拔任用工作暂行条例》《国家公务员暂行条例》，对干部交流的指导思想，交流的对象、范围，交流的组织实施、纪律及配套措施进行明确。1995年10月—1996年2月，抚州地区开展乡镇换届，204个乡镇党委、人大、政府领导班子成员2434人，原地换岗380人，乡镇间交流415人，从县市直单位交流到乡镇34人。其中党政正职乡镇间交流38人，县市直单位交流到乡镇任正职13人。

1998年，抚州地区对11个县市的公安局领导班子和交警大队主要领导进行适当的调整交流。这次调整共涉及人员39人，其中异地交流的局长、政委（含异地提任）有9人，交流面为40.9%，有2名副局长因工作需要也进行了交流；交警大队大队长、教导员中有4人进行了交流，其中2人为纵向交流。地区交警支队选派1名副科长到县交警大队任大队长，同时安排1名县交警大队长到地区交警支队工作。交流后，平均年龄降低4.4岁，大专以上文化程度占比由68.2%提高到86.4%。

1999年，中央办公室厅印发《党政领导干部交流工作暂行规定》，对干部交流工作作出全面规定：拟提拔担任县处级以上党政领导职务，凡没有两年以上基层工作经历的干部，应有计划地交流到基层工作两年以上；拟提拔担任县处级以上党政领导职务，凡没有在下一级两个以上职位任职经历的干部，应在同级职位之间进行交流；新提拔担任县市区以上党委和政府领导班子成员，应有计划地安排一部分易地交流任职；新提拔担任各级纪检监察、审判、检察机关和组织、人事、公安、财政、审计等部门的主要负责人，一般要易地交流任职。现任县市区以上党委和政府领导班子成员，在同一职位任职满10年，必须交流；在同一地区、同级党政领导班子任职满10年，应有计划地进行交流；现任各级纪检监察、审判、检察机关和组织、人事、公安、财政、审计等部门的主要负责人，在同一领导班子任职满10年，应有计划地进行交流。实行双重管理、以业务部门为主管理的部门主要负责人，在同一领导班子任职满10年，应有计划地进行交流。新提拔担任县市委书记、县市长职务的以及县市纪检监察、审判、检察机关和组织、人事、公安、财政、审计等部门的主要负责人，一般不得在其原籍、出生地、成长地所在的县市任职。已在其原籍、出生地、成长地所在的县市任职满一届，必须交流；有夫妻关系、直系血亲关系、三代以内旁系血亲以及近姻亲关系等亲属关系的，如双方在同一领导班子里任职，或在同一机关担任直接隶属于同一领导人员的职务，或有直接上下级领导关系职务的，其中一方必须交流；在其中一方担任领导职务的机关从事组织、人事、纪检、监察、审计、财务工作的干部，必须交流。随后，江西省委组织部及政法委联合下发《关于认真做好政法部门领导干部交流工作的意见》，在同一地区、同级班子里任职满10年的政法部门正、副职领导干部必须交流。在同一职位任职5年以上的政法部门主要领导干部原则上要在政法系统内实行轮岗。在同一职位任职5年以上的政法部门领导班子其他成员原则上要在班子内部调整分工或轮换岗位。年龄超过50周岁并易地交流有困难的县市区政法部门领导干部，可以在政法系统外改任其他职务，或在政法系统内改任非领导职务。有发展潜力，需要“压担子”培养提高的、年轻的政法部门领导干部，应有计划地进行交流。对不适应现职和不称职的政法部门领导干部要进行组织调整，不列为干部交流对象。县市区政法部门的领导干部原则上在本地、市范围内作易地交流。地市政法部门的领导干部，要在全省范围内易地交流。交流工作根据政法工作需要和干部本人情况，把横向交流和纵向交流结合起来，可以在政法系统内上下部门之间交流，也可以在政法系统外进行安排。交流一般以平职交流为主，对德才表现好、工作政绩突出，并有发展潜力的可提拔易地交流任职。交流均采取调动形式进行。是年，抚州地区结合换届工作，交流干部1102人，其中地（厅）级3人、县级30人、乡（科）级593人、科办员及其他476人。交流干部中，妇女干部159人，单位内部轮岗565人。2000年，抚州市交流干部711人，其中:厅局级6人,县处级40人,乡科级223人,科办员及其他442人。交流干部中，妇女干部104人，单位内部轮岗518人，挂职锻炼4人。

2002年9月，江西省委组织部下发《关于跨市交流县（市、区）委书记、县（市、区）长的通知》,结合全省县(市、区)领导班子换届，在全省范围内跨市交流县（市、区）党政正职。是年，全市共交流干部1326人，其中：厅局级3人，县处级83人，乡科级776人，科办员及其他464人。干部交流中，妇女干部176人，单位内部轮岗510人;挂职锻炼79人。2003年，为加强县区公安局领导班子建设，抚州市委组织部和市委政法委、市公安局一起做好县区公安局政委的考察和调配工作，11个县区公安局政委全部实行异地交流，既培养锻炼了干部，又使他们在严格执法时摆脱“关系网”“人情风”的困扰。

2006年8月6日，中央办公厅颁布《党政领导干部交流工作规定》。是年，抚州市围绕优化领导班子结构，提高领导干部素质和能力，加强党风廉政建设，交流干部2493人，其中：厅局级18人，县处级146人，乡科级1618人，科办员及其他711人。任职满10年的交流8人，交流妇女干部319人，交流到外单位8人，单位内部交流73人。2007年，抚州市委组织部与市检察院联合下发《关于在全市检察系统内选派干部交流挂职锻炼的通知》，选派对象为市检察院机关科级干部及县区副检察长、内设机构主要负责人。选派挂任县区副检察长职务的，原则上为市检察院正科级干部；选派挂任市检察院内设机构副处长（副主任）职务的，原则上为县区副检察长；选派挂任市检察院内设机构处长（主任）助理职务的，原则上为县区检察院内设机构主要负责人。2007年全市交流干部977人，其中厅局级2人，县级96人，乡科级557人，科办员及其他322人。

2012年全市党群口机关事业单位交流干部700人，其中：厅局级6人，县处级31人，乡科级441人,科办员及其他222人。交流干部中，任职满10年的交流4人，妇女干部121人；交流到上级单位177人，交流到同级单位519人，交流到下级单位4人，交流到国有企事业单位50人；转任到实施公务员机关549人，交流到参照公务员法管理单位103人；从国有企事业单位调任32人。2013年交流干部796人，其中：县处级51人，乡科级554人，科办员及其他191人。交流干部中,任职满10年的交流4人，妇女干部177人；交流到上级单位125人，交流到同级单位626人，交流到下级单位24人，交流到国有企事业单位21人；转任到实施公务员机关611人，交流到参照公务员法管理单位112人;从国有企事业单位调任44人,挂职锻炼5人。

2014年6月，抚州市纪委、市委组织部联合下发《关于推行市直单位重点管理岗位科级干部轮岗交流工作的意见》，按照党管干部、人岗相适应、回避任职等原则，对在干部人事、财务审计、执法监督、费用收取、项目审批、证照发放等重点管理科级岗位任正职或科室负责人满5年，及按干部管理有关规定需要回避交流的干部进行轮岗交流。重点管理岗位轮岗交流一般以单位内部轮岗为主，按照平行或顺向交流原则在机关内部、机关与下属单位、下属单位与下属单位之间进行；同时鼓励市直部门之间、市直部门与县区业务对口部门之间进行干部交流。是年，全市党群口机关事业单位交流干部903人，其中：任职满10年的交流7人，妇女干部61人；交流到上级单位45人，交流到同级单位796人，交流到下级单位43人，交流到国有企事业单位19人；转任到实施公务员机关338人，交流到参照公务员法管理单位25人；从国有企事业单位调任25人，挂职锻炼6人。

第二节　领导班子考核

一、考核机制

新中国成立初期，领导班子考核以干部鉴定、干部审查等方式进行，通过对干部在一定工作或学习期内各方面表现进行检查和总结实现考核，每隔一年左右时间开展一次。20世纪50年代中期开始，领导班子考核主要是以干部考察的形式，对各级领导班子运行情况进行了解掌握。“文化大革命”中，正常的干部考察考核机制遭到破坏，人为因素成为领导班子的评判标准。

中共十一届三中全会后，借鉴西方人力资源管理成果，领导班子及干部考核机制建设逐渐引起重视。1979年11月21日，中央组织部下发《关于实行干部考核制度的意见》，要求各地区、各部门根据各行各业不同职务制定具体考核标准和考核内容，在试点的基础上，干部考核制度逐步建立起来。1983年全国组织工作座谈会之后，对党政领导干部实行年度考核，考核内容为德、能、勤、绩四个方面，着重考核干部的工作实绩。

1988年6月6日，中央组织部下发《关于试行地方党政领导干部年度考核工作的通知》，对全国地市州、县市区党委、政府及其工作部门领导干部的年度考核工作进行规范，旨在按照干部人事制度改革的总体要求，贯彻和体现注重实绩、鼓励竞争、民主监督、公开监督的原则，做到管人与管事既紧密结合又合理制约，力求于法周严，于事简便，适应干部分类管理的要求，使干部考核工作逐步规范化、制度化。同年11月12日，中央组织部又发出《关于认真试行地方党政领导干部年度工作考核制度的通知》，就试行地方党政领导干部年度考核制度提出要求。

1994年3月起，根据人事部《国家公务员考核暂行规定》，国家公务员的考核结果分为：优秀、称职、不称职三个等次，连续3年被确定为优秀等次或连续5年被确定为称职以上等次的，在本职务对应级别内晋升一级；当年考核被确定为不称职等次的，予以降职；连续2年考核被确定为不称职等次的，按规定予以辞退。国家公务员考核分平时考核和年度考核，必要时还进行民主评议或民意测验。1995年11月，中央组织部下发《关于干部年度考核工作有关问题的通知》，规定年度考核采取届中、届末考察或年终总结的方式进行。1998年5月，中央组织部印发《党政领导干部考核工作暂行规定》，对考核原则、考核方式、考核内容、考核程序、考核结果的评定运用及考核纪律监督进行明确。

在领导班子及干部考核机制建设方面，抚州各地主要是以执行上级规定为主，有针对性出台的制度不多。进入21世纪，抚州各地出台一些以实绩为主要内容的领导班子及干部考核机制。2002年2月，以招商引资为重点，开展县区、市直单位招商引资、业务工作和社会稳定三项考核，并成立抚州市“三项工作”考评领导小组办公室。通过考评，对成绩突出的单位和个人从经济上进行重奖，对表现突出的干部大胆提拔使用。各县区按照这一思路，也出台一批考核办法。2003年，东乡县委组织部制定下发《关于建立领导干部“三年三百”活动实绩跟踪考察制度的意见》，对领导干部的实绩进行跟踪考察。2005年以后，针对一些地方在考核、评价实绩时，过分注重经济指标，干部实绩考核不够全面、不尽科学的问题，中央组织部在部分地方开展地方党政领导班子和领导干部综合考核评价试点，通过科学评价领导班子和领导干部的工作实绩以体现科学发展观和正确政绩观。之后，中央组织部、人事部又先后印发《党政领导干部考核工作暂行规定》《公务员考核规定（试行）》。根据规定，领导班子和领导干部考核包括平时考核、任职前考核、定期考核。考核机关通过检查工作、个别谈话、专项调查、派人参加领导班子民主生活会和年度总结工作会等多种形式和渠道，了解考核对象的有关情况。定期考核采取届中、届末考核的形式进行。没有明确届期的，每两年或三年进行一次定期考核。对领导班子的考核要作出整体评价，并提出加强领导班子建设的具体建议，对存在问题督促其进行整改，问题严重的责令整顿，限期改进，必要时采取组织措施予以调整。领导班子的考核结果是否划分等次，由考核机关根据实际情况决定。

2007年8月26日，江西省政府办公厅下发《关于对市县政府六项考核评价体系的实施方案（试行）》，考评围绕江西省委、省政府的中心工作，体现科学引导、客观公正、切合实际、讲求实效的原则，采用经济发展、资源节约和环境保护、社会发展、社会稳定、民生工程、政务环境6个方面的指标体系，对各市县政府进行考核评价，引导各级政府抓住关键，积极有为，促进经济社会又好又快发展。

2009年7月，中央办公厅印发《关于建立促进科学发展观的党政领导班子和领导干部考核评价机制的意见》，要求改进考核方式，坚持以平时考核、年度考核为基础，以换届考察、任职考察为重点，增强考核方式的完整性和系统性。同时，中央组织部下发《地方党政领导班子和领导干部综合考核评价办法（试行）》《党政工作部门领导班子和领导干部综合考评办法（试行）》《党政领导班子和领导干部年度考核办法（试行）》（合称“一个意见，三个办法”）。对党委领导班子侧重评价总揽全局、协调各方、科学决策、党的建设等情况，对政府领导班子侧重评价大局观念、围绕中心、推动落实、行政效能建设等情况。领导班子测评项目、总体评价意见分为好、较好、一般、差。地方党政领导班子的民意调查，主要包括在民生改善、社会和谐、党风政风方面群众直接感受到的工作状态和成效。根据需要，可以对领导班子

1998年6月2日召开的抚州地区县市国企领导班子考核建设工作会议代表合影

有关工作实绩在一定范围内进行公示。

2011年4月，江西省委组织部印发《关于在县（市、区）、乡（镇）领导班子换届考察中实行实绩公示制的通知》，要求全省换届考察的县市区、乡镇领导班子及成员，拟提拔任用的考察对象，将个人实绩材料张贴公示7个工作日。同年10月，中央组织部印发《关于加强干部德的考核意见》，明确要以对党忠诚、服务人民、廉洁自律为重点，加强对干部政治品质和道德品行的考核。政治品质主要考核干部在政治方向、政治立场、政治态度、政治纪律、党性原则等方面的表现。道德品行主要考核干部的社会公德、职业道德、个人品德、家庭美德。对干部德的考核，主要结合平时考核、年度考核、换届（任期）考察、后备干部考察、任职考察等进行。必要时也可对干部的德进行专项考核，把德的考核结果作为干部选拔任用的首要依据。

2013年起，江西省按照“五位一体”总布局，整合全省各类考核评价体系，取消单项考核，制订市县科学发展综合考核评价体系，对11个设区市和100个县市区进行差别化分类考核评价。设区市按2012年年末总人口分300万人以上和300万人以下两类，县市区按《江西省主体功能区规划》分35个重点开发区、33个农业主产区、32个重点生态区三类。考核评价内容包括党的建设、经济发展及成效、社会管理综合治理、精神文明建设和生态文明建设等，并分类予以考核。评价体系既注重在过去基础上的进步与发展，又注重同等条件下发生的实际变化，从制度上对“唯GDP论英雄”发展观进行修正。

二、换届考察

1982年中央启动领导班子任期制，至1987年抚州地区各县市委、人大、政府、政协、纪委领导班子陆续届满。是年1—4月，抚州地委对各县市党政班子成员进行考察，并对领导班子进行调整。

1989年，按照治理整编、深化改革、从严治党的要求，于12月上旬完成县市换届班子配备工作。这次班子配备重政治立场和思想品德，重工作实绩，重群众基础。在选拔、考察、任用各个环节，坚持群众推荐与领导推荐、个人推荐与班子推荐、尊重群众意愿与组织决定相结合，克服用人上的不正之风。临川县在对领导干部直系亲属和旁系亲属全面调查摸底后，48名科级干部实行回避任职。考察中，针对群众反映某县委书记“插手基建捞票子”、个别县、乡镇党委书记有重大经济问题等情况，移交司法机关查处52人。

1990年县级领导班子换届工作中，抚州地委组织部采取“面对面”评议、“背靠背”谈话、个别走访以及民主评议、群众推荐、民意测评等方式，广泛收集群众对干部的评价意见，选拔、任用干部在制度化、规范化和程序化方面有明显进步。严格执行中发〔1986〕4号文件规定的民主推荐、组织部门考察、党委集体讨论、上级党委审批的程序，干部选拔任用，不论是党委提名的还是群众推荐的，都经过组织部门考察，经过党委集体讨论，不搞临时动议、仓促决定干部任免，注重听取多数人意见，不搞少数人说了算。干部的调整配备，事先充分听取拟任职人选上级主管部门，纪委、人大、政协及人武部门意见。党外干部和妇女干部的使用，注重听取统战部和妇联的意见。此次换届班子考察，参与12个县市党政班子民主测评的党内外群众有1433人，参与考察谈话的有

3000多人次，谈话对象包括上级领导、同级干部和下级干部，还有监督部门的干部，熟悉情况的领导、同学等。其中，群众推荐后备干部72人，知人渠道进一步拓宽。

1992年7月1日，抚州地委召开换届工作会议，派出4个组对12个县市领导班子进行考察，通过召开述职大会、个别谈话及调查现实问题等形式，考察县级干部366人、县级后备干部188人（县市102人，地直单位86人）。按照“大稳定、小调整”原则，对县市领导班子作出调整，提拔科级干部83人，其中有县市基层工作经历的71人（乡镇党委书记26人）。是年，结合县乡换届进行干部考察，注重把“人民群众公认的人”选进领导班子。干部选拔任用及班子配备突出“四看”：一看以经济建设为中心的思想树得牢不牢，对经济工作熟悉不熟悉；二看坚持四项基本原则态度坚定不坚定；三看改革开放意识强不强，胆子大不大，闯劲足不足，所领导地区、主持和分管部门工作的实绩如何；四看是不是两手抓、两手硬，抓廉政、正党风，讲团结、守纪律，班子凝聚力和战斗力怎么样。在干部考察中，德才兼备表现细分为政治立场、思想品德、理论水平、团结协作、廉政建设、改革意识、业务能力和工作实绩8个要素。坚持把“革命化”和德放在首位，把好政治标准关，既看干部关键时刻的政治表现，又了解其一贯的政治立场、思想作风和道德品质；既听取一线人员的评价，又听取二线、三线老同志的意见。对资产阶级自由化思想严重的人，在重大是非面前骑墙观望的人，与党离心离德、不干实事、到处挑拨是非、闹不团结的人，以权谋私、腐化堕落的人绝不重用。评价干部注重实绩，既看该地区、该单位变化的程度，又看原来的基础和客观环境与条件，既看主观努力的程度，又从政治角度看是否符合中央的大政方针，是否有利于全局，既看干部在重大工作中所起的作用和实绩，又看班子在重大工作中所发挥的整体效能和取得的成绩。对不图虚名，公道正派，埋头苦干，懂经济、善经营、会管理的干部委以重任。对改革开放意识强、闯劲足、有失误或缺点的干部不求全责备，对坐而论道、害怕艰苦、好做虚功，自己不干实事，专挑别人毛病，工作打不开局面，“不求有功、但求无过”，四平八稳、政绩平平的干部进行教育，并采取必要措施加以调整。

1997年县市换届，对全区11个县市的279名县级领导班子成员和104名县级后备干部进行考察和调整。新进党政领导班子成员中，35岁以下年轻干部25人，党外干部11人，妇女干部13人。1998年9月中旬，各县市对乡镇领导班子和领导干部进行换届考察，在民主测评、全额推荐和广泛谈话的基础上，提出换届人事安排方案。在任职条件方面，要求熟悉农村工作，作风朴实，善同农民交朋友，乡镇党委书记、乡镇长要求农村工作经验丰富、性格老成稳重、有独当一面和处理突发性事件的能力。

2003年7月，为实现抚州市委、市政府提出的“三年之内缩短差距，赶上全省平均发展水平，五年之内超过全省平均发展水平，开创抚州富民强市的新局面”的奋斗目标，抚州市委派出考察组，对1998年换届以后，特别是撤地设市后县区领导班子及其成员的政治业务素质和履行职责等情况进行考察，充分运用考察成果，为抚州市委配好配强县区领导班子提供重要依据。换届考察的对象为县区党政领导班子，县区委、人大、政府、政协领导班子成员和法检“两长”。领导班子重点考察其思想政治建设情况、执政能力和领导水平、工作实绩（包括经济建设、党的建设和精神文明建设）。经济建设重点考察实施大开放、大改革、大招商基本战略，推进工业化、城市化和农业产业化的实际效果；党的建设重点考察领导班子思想、组织、作风和制度建设、基层党组织尤其是农村基层党组织建设，以及干部选拔任用工作情况；精神文明建设重点考察干部群众思想道德建设、实施科教兴县（区）战略以及计划生育、社会治安综合治理等各项事业发展的情况。对领导干部主要考察其个人思想政治素质、组织领导能力、工作作风、工作实绩、廉洁自律等方面情况。换届考察采取公开述职、民主测评、民主推荐、个别谈话、召开座谈会、查阅资料、核实情况、实地考察和任期经济责任审计等方法进行。党政领导班子主要负责人代表领导班子述职，领导班子其他成员（不含督查员）、法检“两长”分别作本人述职报告（人大、政协班子成员只作书面述职）。考察组在综合汇总的基础上形成考察材料，考察结束后向市委组织部和市委汇报。此外，还结合县区换届考察，对组织和群众推荐的优秀科级干部作初步了解。

2006年5月，江西省委组织部换届考察工作组对抚州市党政领导班子及抚州市委、市政府、市人大、市政协四套班子成员、法检“两长”和市纪委班子成员，以及拟提拔进班子人选考察对象进行为期十余天的换届考察工作。考察组先对四套班子本届内的工作总结及四套班子成员、法检“两长”、市纪委班子成员的述职述廉报告进行审评，随后召开民主推荐大会及民主测评大会，会后进行个别谈话。根据全额定向推荐和个别谈话推荐情况，经市委常委会与考察组沟通，按新提拔人数1:3的比例提出考察对象初选建议名单，报江西省委组织部同意后进行第二次会议推荐，之后对考察对象进行公示，再到考察对象所在地或单位进行民主测评和个别谈话，最后进行民意调查。县区党委换届后，领导班子总体运行情况良好，常委分工负责制得到较好落实，县区委的领导核心作用发挥较好。新的县区委班子到位后，围绕市委提出的“全力主攻两区、推进三大建设、三年实现财政收入翻番、五年实现全面进位”的奋斗目标，立足本地实际提出工作思路和奋斗目标，全力开展招商引资，推进工业园区建设，工业逐渐成为财政增收的主要来源。

2011年4月，江西省委对设区市党委、人大、政府、政协领导班子及其成员，法检“两长”和市纪委副书记，拟提拔人选考察对象等进行换届考察。对抚州市级党政领导班子、市级领导班子成员、法检“两长”、其他在职厅级干部及市纪委副书记进行民主测评；对市级领导班子及其成员和法检“两长”进行民主评议；全额定向推荐、个别谈话推荐新一届市级领导班子成员、法检“两长”和市纪委副书记人选；对拟新提拔人选进行二次会议署名推荐；确定拟提拔人选考察对象并公示；了解核实换届人选考察对象信访反映；调整县级党政正职。对市级领导班子及符合继续提名条件的班子成员和新提拔人选进行实地考察、实绩分析、实绩公示、民意调查、综合评价，提出换届人事安排建议。

三、年度考核

新中国成立至1983年，考核干部多由本单位组织，侧重检查个人年度工作完成情况。其间，1979年11月21日，中央组织部下发《关于实行干部考核制度的意见》，各地针对行业特点及职务任职条件开展干部考核工作试点，探索干部考核的具体标准及考核内容。1983年，全国组织工作座谈会对党政领导干部年度考核提出具体要求，规定德、能、勤、绩四个方面考核内容，并把工作实绩作为干部考核重点。

1984年始，抚州地区实施机关岗位责任制考核和年终总评，考核结果与奖励挂钩，奖励面控制在机关人员总数的25%。1988年6月6日，中央组织部下发《关于试行地方党政领导干部年度考核工作的通知》，对全国地（市、州）、县（市、区）党委、政府及其工作部门领导干部的年度考核进行规范。同年 11 月 12 日，中央组织部发出《关于认真试行地方党政领导干部年度工作考核制度的通知》，就试行地方党政领导干部年度考核制度进一步提出要求。

抚州地区领导干部年度考核工作起步较晚。1995 年，地委对地管领导班子及领导干部进行年度工作考核，班子总体评价分为好、比较好、较差三个等次，考核结果为“好班子”占考核总数的 39.8%，“比较好班子”占 44.3%，“较差班子”占 15.9%。1997 年 3 月下旬至 4 月中旬，根据江西省委组织部《关于干部年度考核有关问题的通知》和省委组织部、省人事厅《关于进一步做好党政群机关、事业单位人员考核工作有关问题的通知》精神，由抚州地委组织部牵头，从地区纪委、宣传部、统战部、政法委、人事局抽调 30 人组成 5 个考核组，对地直 65 个推行和参照公务员制度管理的行政、事业单位领导班子 329 名县级领导干部进行年度工作考核。考核采取个人述职、定量测评、个别谈话、调阅读书笔记、查阅有关资料和核实有关问题等方式进行。同时，开展优秀科级干部民主推荐和考察工作，从中掌握一批县级干部后备人选。这次年度工作考核，是对 1996 年机构改革时新配备的地直单位领导班子运转情况的一次跟踪问效。经考核，“好班子”有 30 个，占被考核班子总数的 46.2%。好班子共同特点是：领导班子团结协调好，一把手作风民主，副职能摆正位置并支持正职工作，班子成员间的协作配合好，单位风气正，人心齐，干部精神状态好。“比较好班子”有 32 个，占被考核班子总数的 49.2%。“较差班子”有 3 个，占被考核班子总数的 4.6%。较差班子存在的主要问题是：班子不团结，正职与个别副职之间有明显的矛盾。与机构改革前的 1995 年年度班子考核情况相比，“好班子”所占比重提高 7.1 个百分点，“比较好班子”提高 5.7 个百分点，“较差班子”下降 11.3 个百分点。原来较差的地直单位领导班子经调整后，班子团结及工作情况有明显改进。班子成员考核等次分优秀、称职、基本称职、不称职四个等次，其中优秀不超过被考核县级干部总数的 10%。优秀县级干部从考核对象定量考核得分、民主测评得票及个别谈话情况综合比较中产生。329 名考核对象评为优秀 33 人、称职 291 人、不称职 4 人，未确定等次的 3 人。未确定等次是因立案审查尚未结案，暂不写评语、不定等次，待问题查清后再行确定。另外，2 人因病假、事假未上班累计超过半年以上，未参加年度考核。年度考核时，还查阅会议和学习记录、读书笔记，对各单位党委（党组）召开民主生活会次数、中心组学习次数及个人学习摘录重要内容、撰写心得体会的情况进行考查统计。

此后，领导班子年度考核工作每年进行一次，考核的内容为德、能、勤、绩，考核方式包括领导班子及领导干部个人述职、会议测评及民主推荐、个别谈话。考核时间随意性较大，有的在下一年度的第一季度，有的延至第二季度，有的因种种原因没开展，有的年份与换届考察一并进行。考核成果的运用也不太规范，有的年份考核评定的好班子、优秀县级干部经地（市）委常委会讨论确定，有的年份由地（市）委组织部掌握，推荐的县级后备干部名单仅送地（市）委主要领导审阅，很少提交地（市）委常委会研究。有的年份年度考核填写考核登记表，登记表进入领导干部个人档案，有的年份考核登记表因未及时收集，后不知去向。

2003 年对 11 个县区、市直单位领导班子和领导干部考核，进行民主测评及民主推荐，采取定性与定量分析相结合，综合与要素相配套，既对班子和个人做出定性的描述，又从“德、能、勤、绩、廉”五方面作出评价，全面掌握县区换届和市直单位机构改革后领导班子、领导干部基本民意反映和优秀科级干部情况。

2004 年考核全市县级领导班子和领导干部，全面开展民主测评和民主推荐工作，将民主测评结果按不同班子和不同职务进行分别汇总，让每名领导干部既在本单位内部进行比较，又在全市范围进行横向比较，为市委进一步加强领导班子建设提供依据。2005年以后，针对一些地方在考核、评价实绩时，过分注重经济指标，干部实绩考核不够全面、不尽科学的问题，中央组织部在总结部分地方考核评价试点工作的基础上，先后颁发《党政领导干部考核工作暂行规定》《国家公务员考核规定（试行）》，干部年度考核工作进一步规范。2005年，抚州市委组织部对11个县区、132个市直单位的领导班子和近1000名领导干部进行考核，全市共有11000余人参加民主测评和民主推荐，与3200余人进行个别谈话。总体上，11个县区党政班子团结，党委核心作用发挥较好，在“一招三化”（以招商引资为抓手，大力推进工业化、城市化、农业产业化）中成绩明显。除崇仁、资溪两县外，有9个县区党委班子缺35岁以下干部，存在的主要问题是，6个县区党委班子缺妇女干部，11个县区政府领导班子缺35周岁以下干部，4个县区政府领导班子缺妇女干部。在专业结构方面，熟悉工业经济、财税金融、商业贸易、招商引资的干部不多，特别是熟悉财政、工业的干部欠缺，有些县区缺乏善于处理复杂局面和破解难题的干部。从岗位职务的测评情况看，组织部部长、常务副县长测评情况相对较好，宣传部部长、公安局局长、法检“两长”测评情况不太理想，有7名宣传部部长本县排名在13名以后。主要原因是，有的领导干部分管口务虚工作较多，也有个人的能力素质及品德修养问题。另外，县区公安局局长主要由上级指派，地方干部群众不太认同，有的公安局局长对干警队伍建设抓得不紧，对自身要求不严。从民意反映看，主要有：一是经济发展速度不快，运行质量不高，一些县区重大项目建设力度不够，工业和招商引资落后，支柱产业发展后劲不足；二是一些地方财政压力比较大，增收途径不多；三是有些县区政府领导班子工作节奏不快，效率不高，有些工作不够协调，存在相互推诿现象；四是部分班子成员年龄偏大，进取心不强，工作过于求稳。

2007年领导班子实绩考核形成“三评”特色。一是目标考评，坚持县级领导班子目标管理制度，量化30多个体现科学发展观的考核指标，建立比较完善的领导班子年度工作目标综合考核评价体系。二是群众测评，坚持领导班子和领导干部年度考核制度，对民主测评“优秀”率低于85%的领导班子，在目标管理总分中予以扣分，低于50%的“一票否决”。三是实绩点评，由抚州市委、市政府主要领导带队，分两次组织市四套班子成员、各县区党政“一把手”、市直单位主要负责人，到各县区集体巡视和现场点评经济社会发展情况。是年11月，市委组织部下发《抚州市县级领导班子和领导干部年度考核工作方案》，对各县区、市直各单位领导班子和领导干部进行年度工作考核，测评对象为县区、金巢经济开发区、市直各单位领导班子和县级干部（含非领导职务）。领导班子的测评内容为思想作风建设情况、坚持民主集中制情况、团结协作情况、执政能力和领导水平情况、工作绩效情况、勤政廉政方面情况。市直单位主要领导对本班子一年工作运行情况作总体评价，对班子成员一年中的思想、工作等情况分别介绍。

为贯彻落实中央《关于建立促进科学发展的党政领导班子和领导干部考核评价机制的意见》和《党政领导班子和领导干部年度考核办法（试行）》文件精神，2010年3月抚州市委成立年度考核工作领导小组，组成9个考核组对市管领导班子和领导干部开展2009年度考核工作，并结合开展干部选拔任用工作“一报告两评议”、惩治和预防腐败体系建设暨落实党风廉政建设责任制情况检查、落实党建工作责任制检查。考核对象为各县区党委、人大、政府、政协领导班子及其成员、法检“两长”和其他县级干部（含非领导职务、挂职干部），金巢经济开发区、市直正县级单位领导班子及其成员和其他县级干部（含非领导职务、下属单位县级干部、挂职干部），市直副县级单位县级干部。领导班子主要考核2009年发挥职能情况，包括思想政治建设、领导水平、工作实绩、完成重点任务、反腐倡廉和依法监督、参政议政方面的实际成效。各县区、金巢经济开发区、市直单位副县级后备干部推荐数量按照领导班子职数和正科级领导干部人数综合衡量确定。年度考核采取召开考核测评会议、个别谈话、考核组汇总考核情况，结合领导班子民主生活会情况，综合分析评价各考核对象。

2013年3月，抚州市委开展市管领导班子和领导干部2012年度考核工作。考核由抚州市委组织部牵头，从市纪委、宣传部、统战部、政法委、直属机关工委、人力资源和社会保障局等单位抽调人员，组成11个考核组。考核对象为市管县级领导班子及领导干部。参照省里做法，考核内容新增党管武装考核项目，注重了解县区换届后领导班子运行情况，了解新班子到位后，经济社会发展的新思路、新举措、新成效、新变化，基层干部群众对新班子的认同及反映情况，工作及班子建设中存在的突出问题。市直单位年度考核尝试分类进行，其中，市直单位领导班子围绕思想政治建设、组织领导能力、工作实绩、党风廉政建设、完成重点任务5个方面进行。高校领导班子突出考核思想政治建设、能力建设、事业发展和党风廉政建设4个方面，对办学效益、学生就业、社会声誉等事业发展情况进行了解。年度考核结合部门工作实际，体现年度工作特点，尤其注重考核市直单位在投身“三大战役”（工业强攻战、县域经济大会战、跑项争资攻坚战）、推进鄱阳湖生态经济区建设、新型工业化和新型城镇化建设、项目建设，保障和改善民生、维护社会稳定、创先争优等方面的情况。同时，对地方党委主要负责人履行基层党建工作责任制、落实基层党建“联述联评联考”工作情况进行检查。在全面掌握考核信息的基础上，通过市委组织部部务会集体研究，对领导班子和领导干部作出评价，提出考核等次建议。领导班子考核结果分为优秀、良好、一般和较差四个等次，优秀等次不超过被考核班子总数的20%。被考核对象在考核年度有重大责任事故、受到党纪政纪处分的，不得评为优秀、良好或优秀、称职等次；民主测评中，领导班子和领导干部一般、较差或基本称职、不称职得票率之和超过1/3的，评为一般或基本称职等次；超过50%的，评为较差或不称职等次。考核评价结果，作为领导班子调整的重要依据。被评为较差等次的领导班子，班子成员不得被评为优秀等次，一年内不得提拔或重用。

2013年12月，抚州市委开展该年度市管领导班子和领导干部年度考核工作，考核对象除市管领导班子及领导干部外，将乡镇党政正职、县区委组织部副部长（只进行年度考核）也纳入其中。省、市共管的专科院校，考核领导班子和县级领导干部，不考核党政正职。民主党派领导班子及成员考核，由市委组织部、市委统战部共同组织实施，兼职的班子成员，在其工作单位进行考核。县区领导班子突出考核思想政治建设、组织领导能力、工作实绩等方面内容，了解领导班子的整体运行情况，特别是经济社会发展的新思路、新举措、新成效、新变化，基层干部群众对各项工作的认同和反映情况；领导班子加强自身建设情况，特别是贯彻民主集中制和团结协作情况，党委统揽协调能力和政府操作落实能力情况，领导干部的主要表现情况；班子建设中存在的突出问题。市直单位领导班子突出考核思想政治建设、组织领导能力、工作实绩、党风廉政建设、完成重点任务5个方面。考核采取实绩公示、召开年度考核会议、民主测评、民主评议、个别谈话、民意调查、统计汇总、综合分析、等次评定、情况反馈等方法进行。通过年度考核，进一步加强领导班子和领导干部队伍建设。

2015 年 1 月中旬，开展市管领导班子和领导干部 2014 年度考核工作，同时开展 2014 年度落实党风廉政建设责任制检查、干部选拔任用工作“一报告三评议”、优秀副县级和科级干部民主推荐、落实党建责任制检查和县区委书记抓基层党建工作考核、落实人才工作目标责任制检查等。市委派出 12 个考核组，考核对象为县区领导班子及其成员、法检“两长”以及其他在职县级干部（含非领导职务和挂职干部），抚州高新技术产业园区领导班子及其成员和其他在职县级干部（含非领导职务干部、下属单位县级干部、挂职干部）；乡镇党政正职（只进行民主测评）。市直部门领导班子及其成员和其他在职县级干部，市属高等院校领导班子及其成员，省、市共管的专科院校领导班子及其县级领导干部（不考核党政正职），市管企业领导班子及其成员。市直单位班子成员兼任下属副县级单位领导的，除在主管部门考核外，还要到该下属单位进行民主测评和个别谈话；该下属单位人数较少，可并入主管部门参加考核。各民主党派和工商联领导班子及其成员的年度考核，由市委组织部、市委统战部共同组织实施。其中兼职的副主委，不在民主党派进行考核。中央、江西省驻抚州单位只进行落实党风廉政建设责任制检查。兼任县级职务的副厅级领导干部、在地方任党委常委的军队干部不列入考核对象；考核年度当年因病、因事请假累计超过半年的干部，不进行考核。新提拔任职的，按现任职务进行考核；市内交流任职和挂职不足半年的，除在现单位考核外，还要在原单位进行民主测评；在抚州市挂职锻炼不足半年的，不列入考核对象。任职时间计算截止到 2014 年 12 月 31 日。市直单位按照单位性质、职能的不同，实行分类考核，其中党政综合类部门侧重考核决策参考、统筹协调的情况，经济发展类部门侧重考核推动科学发展、改革创新的情况，执法监督类部门侧重考核依法行政、严格规范执法的情况，社会服务类部门侧重考核服务群众、化解矛盾的情况。市属高校和市管企业领导班子主要考核政治方向、全局观念、执行民主集中制、改革创新、干部选拔任用、落实党建工作责任制、党风廉政建设等方面的情况，高校侧重考核科学治校、学科建设、办学效益的情况，企业侧重考核科学经营管理、经济效益、企业形象的情况。考核采取实绩公示、召开年度考核会议、民主测评、民主评议、个别谈话、民意调查、统计汇总、综合分析、等次评定、情况反馈等方法进行。领导班子年度考核等次分为好、较好、一般、较差四个等次，好班子等次评定的比例原则上控制在考核单位总数的 20% 左右。领导班子年度考核评为“好”等次的，其民主测评总体评价“优秀”得票率应在 85% 以上，“优秀”和“良好”得票率合计应在 90% 以上。被考核的领导班子在考核年度有重大责任事故、受到党纪政纪处分的，本年度班子不得评为好和较好等次，主要领导不得评为优秀等次。民主测评中，领导班子一般、较差或基本称职、不称职得票率之和超过 1/3 的，评为一般或基本称职等次；超过 50% 的，评为较差或不称职等次。

随着年度考核工作的正常化，考核的内容不断丰富，如增加经济社会发展成果实地察看，开展民意调查，市直单位分类考核从内容和形式正在向纵深推进。在 2014 年年度考核中，领导干部述职述德述廉报告不要求全部印发，允许采取电子光盘或其他电子稿形式，与会人员知情即可。同时，按照中央八项规定精神，加重考廉分量，县区领导班子和领导干部年度考核结合廉政建设考核，由市委领导带队并作动员讲话，被考核单位主要领导除进行领导班子述职外（领导干部个人述职报告以书面述职方式进行），还进行大会公开述廉。

第三节　目标管理考评

一、考评机构

2002 年 2 月，抚州市委、市政府把招商引资作为全局工作的重点，制定大改革、大开放、大招商的主战略，对各县区、市直各单位招商引资、业务工作和社会稳定三方面工作进行考核。于2月21日成立抚州市市直机关“三项工作”考评领导小组，下设办公室（简称“考评办”），考评工作由市委组织部牵头负责。2003 年 7 月 21—23 日，抚州市委组织部、市人事局派人赴武汉市学习考察目标管理及干部实绩考核工作，随后，赴青岛市学习考察目标管理工作经验。借鉴武汉、青岛两市目标管理经验，制定《抚州市目标管理暂行办法》。2003 年 12 月 24 日，抚州市市直机关“三项工作”考评领导小组更名为抚州市目标管理工作领导小组，由市委副书记任组长，市委秘书长、组织部部长、市政府秘书长任副组长，市委办、市政府办、市委组织部、市纪委（监察局）、政法委（综治办）、宣传部、发改委、人事局、劳动保障局、财政局、审计局、招商局、经贸委、农业局、统计局、建设局、人口与计生委负责人为成员，工作人员从成员单位抽调。领导小组下设办公室（简称“目标办”），市委组织部部长兼主任，承担目标管理的组织指导、综合协调、督促检查、情况反馈和年终考评等日常工作。

《抚州市目标管理暂行办法》于 2004 年在全市全面推行，将县区目标分为经济发展、社会事业和精神文明建设、党的建设三大块，市直部门工作目标分为共性目标和职能目标两大块，按照“管少管用”的原则，突出工作重点、难点，使指标便于分解、监控、考核和评价，能量化的均予量化，不能量化的提出明确具体的定性要求，客观反映工作效果。暂行办法规定目标一经确定，当年一般不得更改；确因不可抗力需要调整的，以书面形式提出，经领导小组审核同意。

2005 年，因人事变动，抚州市目标管理工作领导小组成员作相应调整，增设市委书记、市长督查办公室主任为副组长，市委办、市政府办主任，市纪委、市委组织部、市委宣传部的分管副职，市招商局、综治办、发改委、经贸委、财政局、审计局、建设局、农业局、人口和计生委、统计局、保密机要局等单位主要领导及市委组织部、市政府办相关人员为成员。领导小组下设办公室，办公室设在市委组织部，负责目标管理日常工作的组织和综合协调。

2007 年，市目标管理工作领导小组成员再次调整，增补市政府常务副市长、市人大常委会一名副主任、市政协一名副主席为副组长，市委书记、市长督查办公室主任不再为副组长，金巢经济开发区党工委、市投资公司、市中小企业局增设为成员单位。2008年调整市目标管理工作领导小组成员，增补市财政局局长为副组长，市委秘书长、市政府秘书长不再为副组长，增补市政府秘书长、市安监局局长为成员。办公室主任由市委组织部常务副部长兼任。2010年，市目标管理工作领导小组成员又一次调整，市财政局局长不再为副组长，改为领导小组成员。

2013年12月18日，为了与江西省科学发展考核体系相衔接，抚州市委、市政府决定，将抚州市目标管理工作领导小组更名为抚州市考核评价工作领导小组，由市委副书记任组长，市政府常务副市长、市委组织部长为副组长，市委办、市政府办、市纪委、市委组织部、宣传部、信访局、农工部、发改委、人社局、审计局、财政局、工信委、建设局、房管局、环保局、文化新闻出版局、教育局、卫生局、科技局、商务局、统计局、民政局、农业局、林业局、水利局、国土局、国税局、地税局、人民银行抚州支行、抚州调查队、人口和计生委、金融办、安监局等单位主要领导为成员。领导小组下设办公室（简称“考核办”），办公室设在市委组织部，负责全市考核评价日常工作的组织和综合协调、年终考核的汇总和根据考评结果提出先进单位建议名单等。

二、考评内容和方式

考评办成立之初，县区主要考核招商引资和社会稳定工作，市直单位主要考核招商引资和业务工作。“三项工作”考评依据区位、人口、交通、工业基础4个不同参数，下达各县区目标任务，依据职权、实力和人数，将市直各部门各单位划分为6类，明确各单位招商引资目标任务。同时，增加加分、扣分内容，规定不同的评分分值，凡能量化的都量化，不能量化的提出具体定性要求，增强可操作性。各县区比照市里做法制定考核办法，将目标任务分解到县区直单位。市、县两级直属单位将目标任务分解到科室（股）、分解到个人。

日常监督检查包括督查和调度。督查是为了落实“三项工作”各项任务和措施而开展的一种经常性、日常性的督导活动；调度则是通过召集会议，比较各县区、市直各单位一段时期内工作进展和任务完成情况，由单位主要负责人分别作先进和落后发言，据此使参会单位形成适度工作压力的一种考评形式。调度包括招商引资调度和跟踪服务调度。县区招商引资工作调度会每月召开一次，市、县两级跟踪服务调度会不定期召开。通过日常监督检查，掌握和收集考核过程中的动态信息，及时发现考核动态过程中出现的新情况和新问题，为年终考评奠定基础。年终考评包括测评和年终考核验收。测评由企业（含各类企业和个私业主）无记名填表打分，对单位或职能部门工作情况进行评议。

2002—2003年，抚州市开展两种形式测评，一是对18个职能部门进行形象测评，二是对跟踪服务单位服务质量和集中办事大厅服务单位进行测评，测评结果记入单位年终考评总分。考核验收，包括自查、检查和复查，即先由各县区、市直各单位对照统一标准自查自验，再由各有关协评单位和市委书记、市长督查办公室成员带队组织考核验收，采取查、核、访等形式，结合平时积累的资料和掌握的情况，对各县区、市直各单位“三项工作”情况进行审验和计分，最后由市考评办对协评单位和考核验资组的考核结果进行核查、汇总、计分排名。

检查、复查、排名结果向社会公示，接受群众监督。

每年根据目标管理考核情况，评出一批先进单位和先进个人，并给予物质奖励或精神奖励。对后进单位，分两种情况予以惩戒。倒数第一名的县区给予黄牌警告，连续两年倒数第一名的县区主要负责人进行诫勉或调整；市直倒数第一名的单位主要负责人写检讨，一般干部按比例分流，所有在职人员当年不得增资和提干，连续两年倒数第一名的市直单位一把手就地免职，单位副职以下干部（含副职）按比例分流；倒数第二名单位主要负责人写检讨，所有在职人员不得增加工资。建立各级干部年终考核结果档案，作为干部任用、提拔的重要依据之一。2002—2003年，结合县区换届和市直单位机构改革，优先从排名靠前的市直单位中择优选拔任用一批干部。是年市直各类未完成计划任务且排名倒数第一的单位，不提拔重用干部，并按规定对倒数第二名的单位扣发一年新增的工资。

“三项工作”的完成情况成为干部提拔任用的重要依据，这一用人导向，激发了干部干实事、求实效、创实绩的积极性。2002年，全市招商引资正式签约项目1804个，合同资金达到307亿元，有实际进资的项目1763个，有固定资产投资的实际进资50.82亿元，是1986—2001年15年招商引资的总和。2003年招商引资继续保持强劲势头，全市引进市外资金年终考核数88.6亿元，其中境外资金5500万美元，出口创汇首次突破千万美元大关，达1400万美元，比2001年增长122%。招商引资的大突破，有力推进了全市工业化、城市化和农业产业化。工业对经济增长的贡献率达到50%，抚州城镇化率提高4.35个百分点，经济结构趋好。社会不稳定因素减少，综治工作进入全省先进行列。

因突出考核招商引资，其他经济和社会发展指标未纳入考核，“三项工作”考评的局限性也逐渐呈现。此外，市直部门业务工作考核目标不具体，操作性不强，考核办法较繁琐。针对上述问题，2003年7月起，抚州市委组织部组织人员赴武汉、青岛、九江等地学习考察，制定下发《抚州市目标管理暂行办法》。

2004年2月6日，在抚州市委一届九次全委（扩大）会上，市委、市政府向各县区、市直各部门下达《2004年工作目标责任书》。责任书设置的“经济发展”包括招商引资、GDP、固定资产投资、“争资金、争项目”、财政收入、工业化、城市化、农业产业化、农民人均纯收入9项指标；“社会事业和精神文明建设”包括就业和再就业及社会保障，信访工作，文明创建和公共卫生、基础教育、全民健身活动，农村公路建设，重点工程5项指标；“党的建设”包括思想建设、组织建设、党风廉政建设、统战工作和党管武装5项指标目标。市直单位“共性目标”包括招商引资、党的建设、文明创建和政务环境建设、信访工作指标；“职能目标”根据市委、市政府中心工作和本单位工作职能确定若干项重点业务工作目标。同时确立县区、市直单位社会治安综合治理（含安全生产）和计划生育工作的目标，所有指标能量化的尽量量化，不能量化的规定明确的定性要求。考评中，按照百分制考核办法，22个专项目标由市直专项部门提出考核办法，全市工作目标的完成情况由市目标办，市委书记、市长督查办，市委督查室，市政府办（督查科）实施监督管理，各专项目标分别由相关部门负责监管，重要工作目标如招商引资，由市委、市政府领导牵头按月调度。年终考核实行市目标管理工作领导小组领导下的分工负责制，各专项工作目标的考核分别由相关专项目标考核部门负责，并规定各专项目标考核部门原则上不组织专项目标的年终检查活动。

2006—2010年，继续突出以经济工作为主的考核方向。为简化考核内容，县区主要考核工业发展、财政收入、招商引资、农业农村工作、城区建设和管理五个方面，市直单位主要考核中心工作和业务工作两个方面。中心工作包括招商引资、跑项争资、重点项目建设、支持新农村建设、驻抚州单位支持地方经济建设等。2011 年，围绕项目带动战略，县区主要考核工业园区建设与工业经济发展、城区建设、招商引资、财政收入、“三农”工作、固定资产投资、社会发展 7 个方面内容，市直单位考核内容保持不变。

2012 年开始，围绕县域经济发展大会战、工业强攻战、跑项争资攻坚战“三大战役”攻坚年活动，结合省对市、县两级的考核评价体系，县区考核内容主要有两个方面：一是抚州市制定的县域经济发展大会战考核内容；二是江西省政府对市、县两级考核评价体系的八项考核工作内容，包括工业发展、开放型经济、固定资产投资、农业发展、服务业发展、生态环境建设、和谐社会建设和新型城镇化建设。市直单位主要考核跑项争资、招商引资和金融机构支持地方经济建设工作情况。2013 年，围绕“三大战役”突破年活动，县区主要考核县域经济发展大会战、工业发展、开放型经济工作情况，市直单位主要考核招商引资、跑项争资、金融机构支持地方经济建设、绩效管理工作情况，以及省委、省政府对市、县科学发展综合考核评价内容。2014 年开展“三大战役”提升年活动，考核内容与 2013 年基本保持不变。

从 2007 年开始，目标考评每年开展一次市四套班子巡察活动，巡察对象为 12 个县区（含高新区）的经济社会发展项目，参加巡察的领导包括市四套班子成员、各县区党政主要领导、市委市政府综合部门、部分市直单位及金融机构负责人。巡察结束后，参加巡察的领导对 12 个县区进行测评打分，市四套班子巡察测评情况列入目标管理考核内容。

三、表彰与奖励

（一）2002 年度目标管理考评

2003 年 1 月，抚州市委、市政府召开表彰大会，表彰全市 2002 年度招商引资、业务工作、“争资金、争项目”、跟踪服务外引内联企业、考核验收、形象测评等方面先进单位 46 个，表彰招商引资等目标管理先进个人 145 名。

2002 年度全市目标管理考评表彰奖励情况

表 5-1

奖项	获奖单位	奖项	获奖单位
招商引资工作先进县区	广昌县、崇仁县、临川区、东乡县	市直机关“争资金、争项目”先进单位	市社保局、市财政局、市农业开发办
市直机关招商引资工作先进单位	市文明办、市工商联、市人大办、市纺织局、市经贸委、市委组织部	市直机关跟踪服务外引内联企业先进单位	市政府办、市纪委（监察局）、市人大办、市整治办、市委政法委
市直机关业务工作综合考评先进单位	市外事侨务办、市委统战部、市老建办、市机电局、市卫生局、市纪委（监察局）、市政府驻温州办事处、市公安局	招商引资、业务工作考核验收先进单位	市“三项工作”考评办、市审计局
		市直机关业务工作先进单位	市外事侨务办、市体委、市司法局、市文化局、市审计局、市财政局

续表：5-1

奖项	获奖单位	奖项	获奖单位
市集中办事大厅优质服务窗口优胜单位	市工商局、市土管局、市司法局	经济发展环境形象测评先进单位	市消防支队、市交警支队、市招商引资中心

（二）2003年度目标管理考评

2004年，抚州市委、市政府召开表彰大会，表彰全市2003年度招商引资、业务工作、“争资金、争项目”、经济发展环境服务形象测评和集中办事大厅窗口工作等方面先进单位41个，表彰招商引资工作先进个人119名。

2003年度全市目标管理考评表彰奖励情况

表5-2

奖项	获奖单位	奖项	获奖单位
招商引资工作先进县区	临川区、南丰县、宜黄县	市直机关业务工作先进单位	市财政局、市委组织部、市统计局、市审计局、市委办、市检察院
市直机关招商引资工作先进单位	市委讲师团、市农工部（开发办）、市人大办、市文化局、市卫生局、市政府办（侨办）、市政府驻厦门办事处、市公安局、市文联、市委统战部、市扶贫办、市委宣传部、市农业局（农机局）、市商业转制办、市纪委（监察局）机关、市政府驻上海办事处、市委政法委、市检察院	“争资金、争项目”先进单位	广昌县、宜黄县、乐安县、市财政局、市劳动和社会保障局、市水利局
		市集中办事大厅窗口工作先进单位	市财政局、市公安交警支队、市建设局
		经济发展环境服务单位形象测评先进单位	市国税局、市工商局、市招商引资中心、市地税局、市消防支队

（三）2004年度目标管理考评

2005年，抚州市委、市政府下发《关于表彰2004年度全市目标管理考评先进单位和先进个人的决定》，表彰全市2004年度目标管理综合考评先进单位14个、单项考评先进单位56个，表彰目标管理先进个人200名。

2004年度全市目标管理考评表彰奖励情况

表5-3

奖项	获奖单位	奖项	获奖单位
目标管理综合考评先进县区	南丰县、资溪县、崇仁县、临川区	推进城市化工作先进县	黎川县、金溪县、宜黄县、广昌县
招商引资工作先进县区	资溪县、南丰县、崇仁县、临川区	“争资金、争项目”工作先进单位	资溪县、乐安县、南丰县、市财政局、市发展计划委员会、交通局

续表：5-3

奖项	获奖单位	奖项	获奖单位
市直机关招商引资工作先进单位	市工商联、市委讲师团、市委统战部、市总工会、市人大办、市扶贫办、市农业局、市纺织转制办、市审计局、市人事局、市纪委（监察局）机关、市委办、市委组织部、市公安局交警支队、市农业开发办、市第六分队（驻厦办）、第十四分队（队长：市钟岭工业园区副主任张冲林）	市直机关目标管理综合考评先进单位	市纪委（监察局）机关、市委统战部、市委办、市委组织部、市工商联、市审计局、市委讲师团、市财政局、市委政法委（综治办）、市检察院
		社会治安综合治理工作先进县区	南丰县、广昌县、临川区
推进工业化工作先进县区	临川区、金溪县、崇仁县	就业再就业和社会保障工作先进县	崇仁县、乐安县、宜黄县
推进农业产业化工作先进县区	金溪县、崇仁县、南丰县、临川区、东乡县	基层党组织建设工作先进县区	南丰县、资溪县、临川区、南城县
文明城市创建工作先进县	黎川县、资溪县、崇仁县、金溪县	计划生育工作先进县	南丰县、南城县、资溪县

（四）2005年度目标管理考评

2006年2月，抚州市委、市政府召开表彰大会，表彰全市2005年度目标管理综合考评先进单位17个、单项考评先进单位59个，表彰目标管理先进个人194名。

2005年度全市目标管理考评表彰奖励情况

表5-4

奖项	获奖单位	奖项	获奖单位
目标管理综合考评先进县	东乡县、宜黄县、资溪县、崇仁县	“争项目、争资金”工作先进单位	乐安县、临川区、资溪县、市发改委、市财政局、市交通局
市直机关目标管理综合考评先进单位	市委组织部、市纪委（监察局）机关、市人大机关、市审计局、金巢经济开发区（原市钟岭工业园区）、市卫生局、市财政局、市发改委、市林业局、市委政法委（综治办、610办）、市人口和计生委、市委老干部局、市检察院	招商引资工作先进单位	东乡县、崇仁县、宜黄县、市外事侨务办、市台办、市人大机关、市委宣传部、市政协机关、市审计局、市卫生局、市教育局、市纪委（监察局）机关、市委组织部、招商小分队、第八分队（原市钟岭工业园区）、第四分队（市政府驻厦门办事处）、第六分队（市政府驻温州办事处）、市检察院、市公安局交警支队、市农业开发办
财政工作先进县	南丰县、资溪县、东乡县	推进城市化工作先进县	黎川县、南丰县、金溪县
推进农业产业化工作先进县	南丰县、东乡县、乐安县	推进工业化工作先进县区	东乡县、宜黄县、崇仁县、临川区
文明城市创建工作先进县	黎川县、南丰县、金溪县	农村教育工作先进县区	广昌县、黎川县、东乡县、临川区

续表：5-4

奖项	获奖单位	奖项	获奖单位
就业再就业和社会保障工作先进县	宜黄县、乐安县、崇仁县	基层党组织建设工作先进县区	资溪县、南丰县、临川区
计划生育工作先进县	资溪县、宜黄县、南城县、金溪县（南丰县已被评为全国计生工作优质服务先进县，不再重复表彰）	社会治安综合治理工作先进县	南丰县、广昌县、乐安县、金溪县

（五）2006年度目标管理考评

2007年1月，抚州市委、市政府对全市2006年度经济社会发展的先进单位和先进个人予以表彰奖励，其中表彰目标管理考评先进个人219名。

2006年度全市目标管理考评表彰奖励情况

表5-5

奖项	获奖单位	奖项	获奖单位
经济发展目标管理综合考评先进县区	临川区、东乡县、崇仁县、黎川县	工业经济发展先进县区	东乡县、崇仁县、临川区、黎川县
		社会治安综合治理工作先进县区	资溪县、东乡县、金溪县、临川区
市直机关目标管理综合考评先进单位	市委组织部、市纪委（监察局）机关、市审计局、市林业局、市政府办、市教育局、市财政局、市委办、市广播电视局、市人口和计生委、市检察院、市统计局、市委政研室、市编办、廖坊水库管理局、移动公司抚州分公司、人民银行抚州市中心支行、市国税局、市地税局、市气象局	市直机关政风行风测评先进单位	市委办、市人大机关、市政府办、市法制办、市发改委、市气象局、人民银行抚州市中心支行
		工业园区建设先进县区	临川区、东乡县、崇仁县、黎川县
		招商引资工作先进单位	崇仁县、黎川县、东乡县、临川区
		农业农村工作先进县区	南丰县、临川区、东乡县、金溪县
计划生育工作先进县	南丰县、南城县、金溪县、资溪县	财政收入先进县区	东乡县、乐安县、临川区、南城县
安全生产工作先进县	金溪县、崇仁县、宜黄县、南城县	城市建设和管理先进县	金溪县、广昌县、乐安县

（六）2007年度目标管理考评

2008年2月，抚州市委、市政府表彰2007年度经济社会发展先进单位148个，表彰目标管理考评先进个人241名，表彰发展非公有制经济先进个体工商户20户。

2007 年度全市目标管理考评表彰奖励情况

表 5-6

奖项	获奖单位	奖项	获奖单位
经济发展目标管理综合考评先进县区	临川区、东乡县、崇仁县、金溪县	工业发展先进县区	临川区、东乡县、崇仁县、黎川县
财政收入先进县	东乡县、金溪县、广昌县、崇仁县、南城县	社会治安综合治理工作先进县	资溪县、东乡县、南丰县、金溪县、黎川县
财政总收入增幅先进县	金溪县、宜黄县、广昌县、资溪县	招商引资工作先进县区	南丰县、临川区、东乡县、黎川县、崇仁县
市直招商引资先进团队	第一、七、六、三、八、二团队	农业农村工作先进县区	南丰县、崇仁县、金溪县、临川区
市直机关目标管理考评招商引资工作先进单位	市委办、市城管局、市委政法委、市政府驻广东办事处、市政府办、市国资委、市林业局、市劳动和社会保障局、市委组织部、市人事局、市纪委（监察局）机关、市安监局、市委宣传部、市委农工部（农办）、市环保局、市民政局、市经贸委、市招商局、市公路局、市规划局	发展非公有制经济先进县区	临川区、南城县、东乡县、崇仁县
		城市建设和管理先进县	金溪县、宜黄县、乐安县、广昌县
财政收入实现两年翻番县	南丰县、黎川县、崇仁县、宜黄县、乐安县、金溪县、资溪县、广昌县、东乡县	市直机关政风行风综合考核测评先进单位	市政府办、市财政局、市发改委、市国税局、市地税局、市工商局
安全生产工作先进县	金溪县、东乡县、崇仁县、南城县	计划生育工作先进县	南丰县、宜黄县、广昌县、南城县

（七）2008 年度目标管理考评

2009 年 2 月，抚州市委、市政府表彰 2008 年度经济社会发展先进单位 164 个，表彰先进个人 428 名。表彰先进个人 255 人，表彰优秀企业家 20 人，先进个体工商户 30 户。

2008 年度全市目标管理考评表彰奖励情况

表 5-7

奖项	获奖单位	奖项	获奖单位
经济发展综合先进县区	东乡县、临川区、宜黄县、金溪县	工业园区建设先进县区	东乡县、黎川县、宜黄县、临川区
市直机关综合先进单位	市政府办、市委办（保密机要局）、市委组织部、市政协机关、市人大机关、市纪委（监察局）、市委政法委（综治办、610 办）、市委统战部、市委宣传部、市财政局、市委政研室、市委老干部局、市民政局、市人事局、市委农工部（农办）、市中级法院、市地税局、市气象局、市国税局、市土管局、人民银行抚州市中心支行	市城区重点项目建设先进单位	市土管局（梦湖工程）、市体育局（市体育中心建设工程）、市文化局（抚州文化园建设工程）、市教育局（临川一中新校区二期建设工程）、市水利局（抚河大道及两路建设工程）、市投资公司（市直机关办公代建楼建设工程）、市林业局（汝水森林公园建设工程）、市卫生局（新区中心医院建设工程）

续表：5-7

奖项	获奖单位	奖项	获奖单位
城区建设先进县	金溪县、宜黄县、乐安县、南城县	招商引资工作先进县区	东乡县、宜黄县、临川区、金溪县、资溪县
财政收入先进县	宜黄县、东乡县、黎川县、抚州金巢经济开发区、南丰县	农业农村工作先进县	南丰县、东乡县、崇仁县、金溪县
市直机关招商引资先进单位	市粮食局、市财政局、市委办、市林业局、市委政法委、市农业局、市纪委（监察局）、市水利局、市委农工部（农办）	市金融机构支持地方经济建设先进单位	农村信用联社抚州办事处、农业银行抚州市分行、农业发展银行抚州市分行
市直机关“争项目、争资金”先进单位	市发改委、市财政局、市民政局、市劳动和社会保障局、市水利局、市科技局、市建设局、市人口和计生委、廖坊水利枢纽管理局、抚州供电公司、市房管局	计划生育工作先进县	宜黄县、资溪县、乐安县、金溪县、广昌县（南丰、南城为江西省委、省政府表彰的先进县，不重复表彰）
社会治安综合治理工作先进县	资溪县、金溪县、南丰县、南城县、崇仁县	安全生产工作先进县区	东乡县、临川区、资溪县、南丰县、崇仁县
发展非公有制经济先进县区	东乡县、临川区、宜黄县、南城县、崇仁县、金溪县、南丰县	服务非公有制经济发展先进单位	市工商局、市统计局、市安监局、市中小企业局、市工商联、市国税局、市地税局
信访工作先进县	金溪县、东乡县、崇仁县、资溪县	信访工作先进市直单位	市委政法委、市公安局、市中级法院、市房管局、市广播电视局、市劳动和社会保障局、市民政局、市水利局

（八）2009年度目标管理考评

2010年2月，抚州市委、市政府表彰2009年度经济社会发展先进单位223个，授予抚州市荣誉市民10人，表彰目标管理工作先进个人254人。表彰抚州市优秀企业家20人。

2009年度全市目标管理考评表彰奖励情况

表5-8

奖项	获奖单位	奖项	获奖单位
经济发展综合先进县	东乡县、宜黄县、金溪县、黎川县	工业园区建设先进县	东乡县、黎川县、宜黄县、南城县
市直机关综合先进单位	市委办（保密机要局）、市委组织部、市政府办、市委统战部、市人大机关、市纪委（监察局）机关、市财政局、市政协机关、市委政法委（综治办、610办）、市委宣传部、市民政局、市审计局、市建设局、市公安局、市林业局、市劳动和社会保障局、市广播电视局、市城市规划局、市司法局、市公路局、市国税局、农业银行抚州市分行	市直机关招商引资先进单位	市委统战部、市委组织部、市委办(保密机要局)、市政府办、市财政局、市纪委（监察局）机关、市民政局、市建设局、市人大机关、市委政法委（综治办、610办）、市招商局、市公安局、市广播电视局、市公路局、市委宣传部、市劳动和社会保障局、市政协机关、市教育局、市扶贫办、市科技局、市城市规划局、市环保局、市林业局、市审计局、市城管局、市司法局、市发改委、市卫生局、市中级法院、市交通局、市政府驻浙江办事处

续表：5-8

奖项	获奖单位	奖项	获奖单位
城区建设先进县	南城县、金溪县、资溪县、东乡县、黎川县	招商引资工作先进县	东乡县、宜黄县、黎川县、南丰县、金溪县
市直招商引资先进团队	第五、三、六、一、十八、四、八、二、二十五、七、十三团队	财政收入先进县区	广昌县、金巢经济开发区、黎川县、宜黄县、资溪县
农业农村工作先进县区	南城县、东乡县、金溪县、崇仁县、临川区	市金融机构支持地方经济建设先进单位	中国银行抚州市分行、农村信用联社抚州办事处、农业发展银行抚州市分行
市城区重点项目建设先进单位	市投资公司（市名人雕塑园工程）、市房管局（保障性住房建设工程）、市建设局（新城区西一路建设工程、污水处理厂二期扩建工程）、市公路局（安石大道改造工程）、市教育局（新区学校建设工程）、市交通局（环城路贤士园—安石大道建设工程）、市林业局（汝水森林公园二期扩建工程）、市水利局（橡胶坝配套工程—翻板坝工程、抚河大道西段改造工程）	市直机关业务工作先进单位	市总工会、市委农工部、市委接待办、市委信访局、抚州日报社、市发改委、市中级法院、市机关事务管理局、市台办、市委政研室、市直机关工委、市交通局、市招商局、团市委、市妇联、市经贸委、市委老干部局、市体育局、市统计局、市安监局、市农业局、市检察院、市房管局、市科技局、市人口和计生委、市教育局、市外事侨务办、市地税局、抚州供电公司、市土管局、人民银行抚州市中心支行、市烟草专卖局
		信访工作先进县	宜黄县、乐安县、资溪县、东乡县、金溪县
市直机关"争项目、争资金"先进单位	市发改委、市财政局、市民政局、市劳动和社会保障局、市交通局、市水利局、市卫生局、市农业局、市建设局、市房管局、市扶贫办、市经贸委、市广播电视局、市人口和计生委、市土管局、市投资公司、市审计局、市环保局、市档案局、市委组织部	市直机关服务企业先进单位	市发改委、市经贸委、市招商局、市外经贸局、市人事局、市工商局、市中小企业局、市统计局、市行政服务中心、市总工会
		安全生产工作先进县	黎川县、乐安县、金溪县、东乡县、广昌县
计划生育工作先进县	资溪县、宜黄县、广昌县、金溪县、黎川县（南城、南丰、乐安为省政府表彰的先进县，不重复表彰）	"项目建设百日大决战"招商引资工作先进县区	宜黄县、广昌县、崇仁县、乐安县、资溪县、金巢经济开发区
"项目建设百日大决战"重点工业项目建设先进县区	东乡县、金巢经济开发区、崇仁县、南城县、宜黄县、临川区	"项目建设百日大决战"重点项目开发工作先进县	资溪县、宜黄县、广昌县、黎川县、东乡县、南丰县
		"项目建设百日大决战"重点城建项目建设先进县	东乡县、南城县、宜黄县、乐安县、南丰县、金溪县

（九）2010年度目标管理考评

2011年2月，抚州市委、市政府表彰2010年度经济社会发展先进单位204个，表彰目标管理工作先进个人254人。

2010年度全市目标管理考评表彰奖励情况

表5–9

奖项	获奖单位	奖项	获奖单位
经济发展综合先进县区	东乡县、南城县、黎川县、金溪县、金巢经济开发区	工业园区建设与工业经济发展先进县区	金巢经济开发区、东乡县、南城县、宜黄县、黎川县、金溪县
市直机关综合先进单位	市委办（保密机要局）、市委组织部、市政府办、市纪委监察局机关、市财政局、市审计局、市政协机关、市人大机关、市委宣传部、市委统战部、市委政法委（综治办、610办）、市人社局、市中级法院、市委农工部（农办）、市民政局、市公安局、市发改委、市检察院、市公路局、市卫生局、市城市规划局、市交通局、市土管局、市地税局、农村信用联社抚州办事处	市直招商引资先进单位	市委办（保密机要局）、市纪委监察局机关、市委组织部、市政府办、市财政局、市审计局、市招商局、市环保局、市政协机关、市中级法院、市委农工部（农办）、市总工会、市委政法委（综治办、610办）、市公安局、市委宣传部、市人社局、市委统战部、市人大机关、市卫生局、市公路局、市城市规划局、市扶贫和移民局、市广播电影电视局、市政府驻浙江办事处、市发改委、市科技局、市交通局、市教育局、市检察院、市食品药品监督局、市司法局、市民政局、市政府驻南昌办事处、市林业局、市工商联、市委政研室
信访工作先进县	资溪县、金溪县、南城县、崇仁县、东乡县		
社会治安综合治理工作先进县	资溪县、黎川县、崇仁县、南城县、南丰县		
城区建设先进县区	黎川县、南城县、临川区、金溪县、东乡县、广昌县	招商引资工作先进县区	东乡县、金巢经济开发区、黎川县、南城县、崇仁县、金溪县
市直招商引资先进团队	第一、二、六、九、三、十八、七、二十七、八、五、二十三、十九、十七团队	财政收入先进县区	东乡县、南城县、金巢经济开发区、黎川县、南丰县、资溪县
农业农村工作先进县区	南城县、南丰县、黎川县、崇仁县、临川区、乐安县	市金融机构支持地方经济建设先进单位	建设银行抚州市分行、农村信用联社抚州办事处、农业发展银行抚州市分行
市城区重点项目建设先进单位	市水利局（唱凯堤、中洲堤除险加固工程）、市公路局（赣东大桥建设工程、环城路—印染厂至抚北大桥建设工程）、市建设局（凤岗河公园建设工程）、市土管局（西二路南延伸段建设工程）、市城市规划局（玉茗大道向火车站延伸及站前路建设工程）、民族宗教事务局（梦园工程）、江西中医药高等专科学校（中医药高专新校区建设一期工程）、市城管局（污水管网二期工程）、旅游局（拟岘台建设工程）、市民政局（殡仪馆搬迁工程）	市直机关业务工作先进单位	市工信委、市房管局、市科技局、市建设局、市林业局、市人口和计生委、市总工会、市环保局、市司法局、市食品药品监督局、市城管局、市教育局、市统计局、市招商局、市文化局、市政府驻浙江办事处、市接待办、市农业局、市机关事务局、市广播电影电视局、市委党史办（地方志办）、市台办、市体育局、市工商联、抚州日报社、市信访局、市国税局、农业银行抚州市分行、抚州供电公司、人民银行抚州市中心支行、市工商局
		安全生产工作先进县	资溪县、黎川县、南城县、南丰县、崇仁县

续表：5-9

奖项	获奖单位	奖项	获奖单位
计划生育工作先进县	宜黄县、金溪县、东乡县、黎川县、乐安县（南城、南丰、资溪为省政府表彰的先进县，不再重复表彰）	市直机关“争项目、争资金”先进单位	市发改委、市财政局、市水利局、市民政局、市人社局、市卫生局、市房管局、投资公司、市公路局、抚州供电公司、市文化局、市环保局、市委农工部（农办）、市公安局、市粮食局、市检察院、市委组织部、市中小企业局、市中级法院、市档案局

（十）2011年度目标管理考评

2012年2月，抚州市委、市政府表彰2011年度目标管理考评先进单位37个。

2011年度全市目标管理考评表彰奖励情况

表5-10

奖项	获奖单位	奖项	获奖单位
目标管理考评经济发展综合先进县区	东乡县、金巢经济开发区、崇仁县、南城县	工业发展先进县区	东乡县、金巢经济开发区、宜黄县
目标管理考评市直机关综合先进单位	市财政局、市审计局、市发改委、市人社局、市林业局、市统计局、市卫生局、市民政局、市委政研室、市委老干部局、市地税局、农村信用联社抚州办事处、市国土资源局、抚州供电公司、市烟草专卖局	固定资产投资先进县区	东乡县、南城县、金巢经济开发区
		农业发展先进县区	南丰县、东乡县、临川区
		招商引资工作先进县	东乡县、南丰县、崇仁县
财政收入先进县区	东乡县、金溪县、临川区	新型城镇化建设先进县	资溪县、广昌县、南城县

（十一）2012年度目标管理考评

2013年2月，抚州市委、市政府表彰2012年度目标管理考评先进单位56个，表彰市直单位招商引资先进个人7人。

2012年度全市目标管理考评表彰奖励情况

表5-11

奖项	获奖单位	奖项	获奖单位
县域经济发展大会战先进县区	临川区、东乡县、南城县、黎川县、宜黄县、金溪县	工业发展优秀奖	抚州高新区
市金融机构支持地方经济建设先进单位	农村信用联社抚州办事处、邮政储蓄银行抚州分行、工商银行抚州市分行	生态环境建设先进县	广昌县、金溪县、黎川县、乐安县
		农业发展先进县	南丰县、南城县、金溪县
固定资产投资先进县区	临川区、东乡县、南城县	服务业发展先进县	资溪县、广昌县、金溪县
开放型经济工作先进县区	东乡县、临川区、南城县、抚州高新区、崇仁县、黎川县	新型城镇化建设先进县	金溪县、黎川县、广昌县

续表：5-11

奖项	获奖单位	奖项	获奖单位
和谐社会建设先进县	广昌县、资溪县、南丰县	工业发展先进县区	宜黄县、临川区、东乡县
市直机关“跑项争资”攻坚战先进单位	市发改委、市财政局、市教育局、市房管局、市农业局、市建设局、市投资公司、市公路局、市体育局、市审计局、市总工会	市直机关招商引资工作先进单位	市审计局、市政府办、市委办、市财政局、市建设局、市公路局、市中级法院

（十二）2013年度目标管理考评

2014年2月，抚州市委、市政府表彰2013年度经济社会发展考核评价先进单位78个。

2013年度全市目标管理考评表彰奖励情况

表5-12

奖项	获奖单位	奖项	获奖单位
县域经济发展大会战先进县区	临川区、东乡县、广昌县、南城县、宜黄县、黎川县	落实党风廉政建设责任制先进县区	临川区、东乡县、崇仁县、黎川县
工业发展先进县区	临川区、南城县、广昌县、宜黄县、东乡县、黎川县	开放型经济工作先进县区	东乡县、临川区、南城县、抚州高新区、金溪县、黎川县
市金融机构支持地方经济建设先进单位	农村信用联社抚州办事处、建设银行抚州市分行、工商银行抚州市分行	市直机关“跑项争资”先进单位	市发改委、市财政局、市人社局、市教育局、市农业局、市交通局、市公路局、市粮食局、市人口和计生委、市体育局、市档案局
市直机关招商引资工作先进单位	市委办、市财政局、市政府办、市商务局、市审计局、市总工会、市粮食局、市药监局、市人大机关、市政协机关、市交通局、市公路局、市政府驻浙江办事处、市委组织部、市委农工部、市委统战部、市园林绿化（风景名胜管理）局	市直机关绩效管理工作先进单位	市政府办、市财政局、市纪委监察局、市人社局、市统计局、市委政法委、市委农工部、市委宣传部、市行政服务中心管委会、市委办、市人大机关、市政协机关、市委组织部、市委统战部、市委老干部局、市档案局、团市委、市审计局、市地税局、市气象局、市国税局、市国家统计局抚州调查队、农村信用联社抚州办事处、抚州农商银行
工业发展优秀奖	抚州高新区		

（十三）2014年度目标管理考评

2015年2月2日，抚州市委、市政府下发《关于2014年度全市经济社会发展考核工作情况的通报》，对2014年度全市经济社会发展作出突出成绩的100个单位通报表彰。

2014年度全市目标管理考评表彰情况

表5-13

奖项	获奖单位
县域经济发展大会战先进县	第一名：南城县；第二名：东乡县、宜黄县；第三名：南丰县、广昌县、金溪县

续表：5-13

奖项	获奖单位
工业强攻战先进县区	第一名：南城县；第二名：广昌县、东乡县；第三名：宜黄县、南丰县、崇仁县；优秀：抚州高新区
开放型经济先进县区	第一名：南城县；第二名：东乡县、临川区；第三名：广昌县、宜黄县、崇仁县；优秀：抚州高新区
2012—2014年度县域经济发展大会战总评先进县区	第一名：东乡县；第二名：南城县、临川区；第三名：宜黄县、金溪县、广昌县
2012—2014年度工业强攻战总评先进县区	第一名：南城县；第二名：宜黄县；第三名：东乡县；优秀：抚州高新区
党风廉政建设先进县区	金溪县、抚州高新区、资溪县、宜黄县
招商引资先进团队	第一名：第六团队（牵头单位：市商务局）；第二名：第五团队（牵头单位：市发改委）；第三名：第四团队（牵头单位：市政协机关）
市直机关招商引资优秀单位	市发改委、市财政局、市商务局、市食品药品监督管理局、市政协机关、市教育局、市委办、市审计局、市政府驻福建办事处、市政府办、市人大机关、团市委
市直机关“跑项争资”先进单位	第一名：市教育局（二类）、市投资发展（集团）公司（三类）、市广播电影电视局（四类）；第二名：市卫生局（二类）、市文化新闻出版局（三类）、市中级法院（四类）；第三名：市公路局（二类）、市粮食局（三类）、市商务局（四类）；优秀：市发改委、市财政局
市金融机构支持地方经济建设先进单位	第一名：农村信用联社抚州办事处；第二名：临川浦发村镇银行；第三名：工商银行抚州市分行
市直机关绩效管理工作优秀单位	一类管理单位：市政府办、市人社局、市委农工部、市发改委、市财政局、市委宣传部、市统计局、市委政法委、市档案局、市编办、市卫生局、市民政局、市林业局、市审计局 二类单位：市委办（保密机要局）、市政协机关、市人大机关、市委组织部、市委政研室、市纪委监察局机关（纪工委）、市检察院、市委老干部局、市委统战部 三类管理单位：抚州农商银行、市国税局、市气象局、市地税局、国家统计局抚州调查队、人民银行抚州中心支行、市工商局、农村信用联社抚州办事处
党风廉政建设优秀单位	市财政局、市民政局、市文化新闻出版局、市园林绿化局、市粮食局、市公路局

第四节　后备干部队伍建设

一、后备干部选拔

“文化大革命”结束后，新老干部交替问题迫在眉睫。1980年，针对各级领导班子年龄偏高、文化偏低的情况，抚州地区将81名中青年干部列为县市和地直单位领导班子预备名单。这批人员中，35岁以下的19人，36～45岁的36人，46～50岁的26人。具有高中（中专）文化程度的26人，大专15人，初中40人。同时，从应届大中专毕业生中挑选29名干部下到农村基层进行重点培养。

1983年7月，中央组织部召开全国组织工作座谈会，部署第三梯队（即德才兼备，年富力强干部）建设工作，印发《关于加紧培养省级党政一把手接班人的报告》。10月5日，出台《关于建立省部级后备干部制度的意见》，这个文件成为后备干部制度确立的标志。按照中央关于第三梯队建设的指示精神，抚州地委组织部成立青年干部科，开展后备干部队伍建设。根据上级“把后备干部队伍建设起来”的要求，按照“缺什么、补什么”的原则，加强后备干部的教育培养管理。各地根据后备干部特长分配工作，因人制宜地进行培养，对缺少基层工作经验的干部，放到基层担任适当的领导职务，对缺少机关工作经验的干部，放到党政机关接受锻炼，有的送到党校、干校学习深造。各县市委组织部、地直各单位每年至少对后备干部的工作成绩及其思想、作风、能力进行一次全面考核，考核材料报地委组织部，并存入后备干部档案，作为将来使用的依据。根据考核情况，帮助其扬长避短，淘汰相形见绌者，及时补充新涌现的后起之秀，使后备干部队伍保持活力。建立完善的后备干部制度，凡需提拔进领导班子的一般从后备干部中挑选，不搞临时动议。

按照中央组织部关于建设第三梯队的规定，1984年初，抚州地委向江西省委推荐20名地厅级后备干部后，召开两次专门会议，对县级、科级后备干部选拔工作进行部署和调度，经民主推荐、党委（党组）集体讨论、组织考察、地委审定，确定280名县级后备干部。1985年3—4月，地委根据各地各单位推荐上报的后备干部人选，抽调115人组成20个考察组，进行逐个考察，确定241名县级后备干部。该批后备干部平均年龄34.8岁，具有大专以上文化程度的占94.8%。各县市和地直一些单位也开展乡科级第三梯队建设工作，其中，南城县第三梯队有126人。

1986年3月17日，中央组织部下发《关于做好省部级后备干部的考核、调整、补充工作的通知》，对后备干部的年度考核、调整、补充、工作变动等作出规定，后备干部管理制度日益完备。是年年底，抚州地委组织部对全区县级后备干部进行年度考核，有18人在县市换届中进入领导班子。同时，对地厅级后备干部进行调整和补充。因1987年县乡换届领导班子调整，后备干部队伍发生变化，1988年10月，抚州地委下发《关于考察调整县级后备干部队伍的意见》，对县级后备干部队伍调整工作进行重新部署。1989年7月，地委组织部将抚州市《我们是如何做好党外后备干部考察安排工作》的经验材料转发全区。到是年底，全区有386人列入县级后备干部队伍，有108名后备干部走上县级领导岗位，占后备干部总数的28%。

这一时期在后备干部选拔标准方面，各级组织部门重点是防止"三种人"以及反对中共十一届三中全会以后党的路线、严重违法乱纪的人混进第三梯队；防止德才平庸、无所作为的人成为后备干部；防止不讲党性原则的"老好人"成为接班人。在年龄要求方面，地级后备干部形成45岁左右、40岁左右、35岁左右三个梯次；县级后备干部形成40岁左右、35岁左右、30岁左右三个梯次。要求后备干部队伍的知识和专业结构配套合理,同领导班子"四化"建设的要求相衔接；后备干部中妇女干部占一定的比例。在第三梯队的建设过程中，结合机构改革，从各行各业、各个领域中发掘优秀人才，防止凭个人好恶选人。

随着后备干部队伍建设的不断深入，选拔面逐渐由党政机关转向各行各业，多渠道、多层次选拔人才。后备干部选拔不断打破重资历、看出身、唯文凭和"论资排辈"的框框，注重干部个人的现实表现、工作政绩、能力水平和发展前途。在选拔方式上，注重走群众路线，通过民主推荐选贤荐能。

从1985年开始，后备干部队伍按常数及时调整充实，县市后备干部选定数与县市党政班子职数之比一直保持在1:1以上，为领导班子建设提供充足人选。1987年，全区县市换届前有25名后备干部进入党政班子，占新提拔进党政班子总数的71.4%。县市换届时，又有37名后备干部提拔进入党政班子，占新提拔进党政班子总数的88%。

抚州地委在后备干部的考察、选拔和配备中，注重"四化"标准和德才表现，既考察干部的政治思想素质、道德品质、工作作风、理论修养以及廉洁守纪情况，又注意对后备干部人选潜在能力的分析，防止平庸之辈人选后备干部队伍。在后备干部选拔上，要求年轻力壮，精力充沛，文化程度较高，德才素质较好，能在第一线带领群众艰苦奋斗，挑起繁重工作重担。注重考察后备干部在1989年春夏之交政治风波中是否经受住考验，有没有参与或支持动乱；后备干部的选拔坚持须有一定的台阶，绝大多数人担任乡（局）领导多年，提拔使用后，进入"角色"较快。到1989年年底，全区累计选拔地厅级后备干部29人，县级后备干部405人。全区地厅级后备干部进入地级党政领导班子8人，县级后备干部走上县级领导岗位120余人。县市科级后备干部队伍随后也建立起来。

建立后备干部年度考核制度，先后3次将一些思想品质存在问题、工作表现一般、发展潜力不大，或年龄偏大、台阶不够、身体不好，不宜担当重任，或从事科研、教学和其他专业技术工作，本人不愿从事党政工作的人员适时调出后备干部队伍。因上述原因调出86人，占总数的23%，调整后新列入137人，占总数的36.2%。

为解决人才集中的单位后备干部"塞车"、人才缺乏的单位"矮子里面拔高子"的问题，抚州从打破后备干部部门所有入手，通过交流提拔的方式，将条件成熟的后备干部安排到有领导职位空缺的单位。1984—1990年，全区纵向、横向交流提拔后备干部40余人。

从20世纪90年代初开始，根据中央要求，抚州地委组织部在防止和平演变背景下，对后备干部队伍建设作出部署，各县市和地直单位党委（党组）按照德才兼备的原则，经民主推荐、组织考察、集体讨论决定等程序，共推荐上报县级后备干部 330 人，其中，妇女干部 49 人，党外干部 21 人。1991 年 9—10 月，组织 10 个考察组对各地推荐上报的后备干部进行考察，掌握一批近期可进领导班子的优秀后备干部。对列入后备干部人选，通过分配一定难度的工作、安排到基层锻炼等方式进行培养锻炼。

邓小平视察南方谈话发表后，后备干部的选拔着重围绕本地区、本单位改革开放和经济建设的长远目标开展，要求懂经济和外贸业务、具有科技知识和基层工作经验的县以上后备干部人选，应占后备干部总数的 70% 以上。实行后备干部动态管理，将相形见绌者及时调整出去。在干部提拔中，除公开选拔外，原则上从后备干部中产生。是年，根据换届后大多数县级后备干部已提拔到县级领导岗位的实际情况，抚州地委组织部下发《关于推荐优秀中青年干部的通知》，通过选拔推荐和培养，及时补充县市委、地直单位后备干部。

1994 年，《中共中央关于加强党的建设几个重大问题的决定》强调，要重视各级党政领导班子主要负责人的选拔培养，为各级领导班子培养质量合格、数量充足的后备干部。1995 年，召开全区培养选拔年轻干部、妇女干部和党外干部工作会议，并制定《全区培养选拔年轻干部、妇女干部和党外干部工作规划》。在民主推荐、组织考察的基础上，对县级后备干部队伍进行调整充实，选拔一批 35 岁以下的年轻干部，掌握县级后备干部 300 余人，其中妇女后备干部 35 人，并分“县级党政一把手后备人选”“近期可进班子的县级后备干部”“35 岁以下的战略后备干部”三个层次进行培养。是年初，选派一批县级后备干部参加“四定包干创五好”抓后进村建设，结合部分县市和地直单位班子调整，将一批后备干部提拔重用到县级领导岗位或班子正职岗位。同时选拔一支 40 人的企业后备干部队伍。为加强跨世纪年轻干部培养工作，1998 年，按照每个县市推荐 15 ~ 20 人，35 岁以下人选不少于 30% 的要求，开展全区县级后备干部调整补充工作，推荐对象重点放在乡镇和经济工作第一线，同时推荐一批妇女干部和党外干部。

针对过去一些地方在后备干部推荐中存在的不认真、不负责，满足于上报一个推荐名单，缺乏培养管理措施等问题，1999 年召开全区选拔年轻干部大会，要求各地严格把好推荐标准关，形成推荐名单后，认真制定培养管理措施。会后，各地广开荐人渠道，既从党政机关挑选，也从企事业单位、科研单位和大中专院校挑选，把后备干部的选拔建立在对一层人、一大批人的考察了解上，克服由少数人在狭小的范围内圈定人员的问题。

2000 年 9 月 2 日，中央组织部根据《党政领导干部选拔任用工作暂行条例》及各级领导班子建设的实际需要，出台《党政领导班子后备干部工作暂行规定》，对后备干部应具备的基本条件、数量结构、选拔任用、教育管理等作出具体规定。根据中央要求，县以上各级党政领导班子后备干部人数，按照正职 1:2、副职 1:1 的数量确定，近期可进班子的不少于 1/3，出现缺额的及时补充，使后备干部队伍始终保持一定的常数。地厅级后备干部以 40 ~ 45 岁的为主体，35 岁左右的要有一定数量；县处级后备干部以 35 ~ 40 岁的为主体，30 岁左右的要有一定数量。在专业和知识结构方面，要求县处级和地厅级后备干部一般应具有大专以上学历，其中具有大学本科以上学历的应达到一定比例。对照上述要求，抚州地区县级后备干部队伍差距较大，无论是 1998 年县市和地直单位后备干部名单，还是“三讲”教育推荐的县级后备干部人选，都存在着数量偏小、年龄偏大，尤其是 30 岁左右的干部偏少、妇女干部和党外干部比例偏低、干部知识层次不高、门类不广等问题。地委及时将县级后备干部民主推荐情况反馈给地直单位党委（党组）及县市委，针对推荐的35岁以下干部偏少、妇女干部和党外干部数量不足的情况，由各县市委重新组织一次民主推荐，专门推荐35岁以下的年轻干部和妇女干部、党外干部，根据推荐情况再研究确定一批后备干部。新的后备干部名单中出现一批高学历、高职称的优秀年轻干部，从中发现一批熟悉宏观经济管理、科技、金融、外贸以及意识形态、党务、政法工作等方面的人才。对所掌握的后备干部，按照不同层次、不同特点、不同行业和成熟状况实行分层管理。1999年、2000年，抚州地委组织部、人事局通过公开考试选调一批应届大专以上毕业生到乡镇工作，对其中的年轻干部加强培养和跟踪了解，对表现突出的及时选拔到乡镇党政领导岗位上。

抚州撤地设市后，市委有针对性地配备一批35岁以下的县区党政班子成员，结合市直单位领导班子调整，选拔任用一些德才素质好、培养潜力大的优秀年轻干部。

2002年7月9日颁布的《党政领导干部选拔任用工作条例》再次明确："党政领导班子成员一般应当从后备干部中选拔。"2003年12月，中央办公厅印发《党政领导班子后备干部工作规定》，对后备干部选拔坚持的原则、条件和资格、数量、选拔、培养、管理、任用进行了明确。根据上级关于后备干部工作的规定，2008年10月，崇仁县印发《公开选拔副科级后备干部实施方案》，在全县范围内首次采取"双推双考"（民主推荐、组织推荐，知识考试、差额考察）方式，公开选拔198名副科级后备干部。2009年2月，中央首次制定后备干部队伍建设规划，即《2009—2020年全国党政领导班子后备干部队伍建设规划》，并配套下发《关于加强培养选拔年轻干部工作的意见》。抚州后备干部的选拔主要是结合市管领导班子年度考核进行，在民主推荐的基础上，结合年度考核谈话推荐，按照一定的数量和比例提出。在县、乡领导班子换届考察时，根据班子结构需要，通过全额定向推荐、考察谈话推荐等方式，建立后备干部名册，有时结合换届考察，对优秀后备干部进行集中考察。有的年份按照后备干部管理制度的规定，民主推荐情况向县区和市直单位党委（党组）反馈后，县区委和市直单位党委（党组）集体研究提出后备干部名单报市委组织部。按照规定，县级后备干部名单需经抚州市委常委会研究确定，但因种种原因，一直未予落实。为降低后备干部选拔工作的关注度，在2014年度市管领导班子和领导干部年度考核中，民主推荐时只进行"优秀科级干部"民主推荐；个别谈话时，在县级领导干部中进行"优秀科级干部推荐"，推荐情况作为市委组织部了解掌握干部情况的一种方式。

2013年6月，习近平在全国组织工作会议上提出："信念坚定、为民服务、勤政务实、敢于担当、清正廉洁"20字好干部标准，为干部选拔任用工作指明方向。2014年1月，中央印发《党政领导干部选拔任用工作条例》，要求"注重培养年轻干部，注重使用后备干部，用好各年龄段干部"。为加强年轻干部的培养，抚州市委采取"五个一批"（提拔任用一批、交流任职一批、挂职锻炼一批、重点培训一批、分类储备一批）的办法，将年轻干部的培养、锻炼、选拔、使用结合起来。

尽管如此，后备干部制度透明度不高，培养目标不明确，缺乏通盘考虑和分类管理不当等问题较为突出，尤其是"备而不用"和"用而不备"问题，是后备干部管理中的两个突出问题，一批后备干部被埋没在名册里。

二、教育管理

1984年，抚州地区选定县级以上后备干部300人，其中地级后备干部20人，各县市、地直机关及县级企事业单位按党政班子人数1:1的比例，选定县级后备干部280人。后备干部的选定是按照民主集中制原则，由县市委和地直单位党委（党组）集体讨论，报地委审查同意后列入后备干部名单，推荐单位协助地委做好考核、管理工作。后备干部队伍实行动态管理，既根据工作需要提拔使用其中的优秀者，也注意把不符合条件的从名单中调整出去，并及时补充，使后备干部队伍保持常数。

为加强对后备干部的培养教育，1984—1990年全区先后选派100余名县级后备干部到浙江、上海、北京等地挂职，结合县市换届，将一些发展潜力较大的后备干部放到地县综合部门、经济部门、组织人事部门、县市长助理等岗位上锻炼。新提拔进班子的干部，经历过重要岗位锻炼的占70%以上。

1985年，抚州地区按照群众路线、组织部门考察、党委（党组）集体讨论、地委审定等4项程序，初步确定县级后备干部241人。之后，建立后备干部名册和人事档案，制定因人而异、定向培养的措施，所在单位党组织每半年鉴定一次，组织部每年考察一次。

从1986年开始，后备干部队伍建设工作重点由物色选拔对象逐步转到对后备干部的管理和培养上，定向培养目标更加明确，培养措施更加多样，有的担任实职，有的下到基层锻炼，还有的选送到党校和其他干部管理院校培训、进修。全区12个县市开展县级后备干部年度考核工作，其中有5个县将后备干部年度考核登记表上报备案。

选调生是后备干部的重要组成部分。1986年抚州地委组织部开展对1983年、1984年下到基层锻炼的选调生进行考察，有4人由江西省委组织部重新安排工作，3人安排到地直单位工作，2人由所在县作安排。为防止“文化大革命”中有严重问题的人进入后备干部队伍中，对高等院校“记录在案”人员进行考察、核查，从源头上把牢入口关。

1989年，后备干部培养教育更加重视政治素质的考察，除考察这些干部在“文化大革命”中的表现外，还要着重考察他们在制止春夏之交北京政治风波中的表现及其一贯的政治立场和政治倾向，考察其马列主义理论水平、组织领导能力、工作实绩、思想作风、工作作风和廉政情况，防止片面强调年龄和文凭的偏向，防止重才轻德的错误倾向。凡是党性不强、心术不正、表里不一、拉帮结派等热衷于搞不正之风的人都不能进入后备干部队伍，把搞资产阶级自由化、政治立场暧昧的人清理出后备干部队伍。对德才兼备，在制止春夏之交北京政治风波中表现好的优秀中青年干部，及时充实到后备干部队伍中，并列为重点培养对象。

同年，中央组织部和江西省委组织部分别下发《关于加强后备干部培养工作的通知》，对提高后备干部德才兼备素质提出新要求。按照通知要求，抚州在认真做好领导班子需求预测和结构分析的基础上，因人制宜确定切实可行的后备干部培养计划，尤其是对那些优秀的、发展潜力较大的后备干部，创造条件，促其尽快成熟；采取党校、干校、开办培训班等形式，对后备干部进行系统的马列主义、毛泽东思想教育。抚州地委组织部从1991年开始，每年在地委党校开办优秀中青年干部培训班1~2期，在县、乡换届前开展一次后备干部普遍轮训，有意识地选派后备干部到环境比较艰苦、工作难度较大的地方或比较重要的岗位上，接受实际工作的锻炼。对长期在机关、缺乏基层工作经历，或长期在基层缺乏机关工作经历的后备干部，有计划地实行换岗交流。

1991年，中央作出《关于抓紧培养教育青年干部的决定》，要求青年干部不仅要有较好的科学文化素养和较强的业务能力，尤其必须具有良好的思想政治素质。按照决定要求，抚州各地有计划地组织青年干部到基层接受锻炼，树立求真务实的工作作风，并有计划地对青年领导干部进行交流或轮岗，对优秀的年轻干部优先提拔重用。同年分3批从地直单位选派119名青年干部到基层挂职锻炼。各级领导班子有意识地安排后备干部分管不同的工作，或进行乡与乡、局与局、科与科之间的工作轮换。地委党校也举办为期3个月的"中青年干部培训班"，培训中青年干部41人。

1993年年初，在对全区青年干部进行摸底调查的基础上，制定下发《关于加强青年干部培养教育的五年实施意见》，从实践和教育两方面入手，加强对青年干部的培养教育。从地直单位抽调350多名青年干部到县市参加社会主义教育工作，举办一期县级青年干部政治理论培训班。在后备干部培养方面，从地直单位选调15名科级干部、2名县级干部到企业或县市挂职锻炼，举办2期青年干部培训班，有78人参加培训。同年，为促进年轻干部尽快成长，地委组织部挑选9名45岁以下的县级干部和16名40岁以下的县级后备干部下派地直企业和贫困乡镇挂职。1999年，继续选拔优秀应届大学毕业生和研究生到乡镇、街道、企业等基层单位工作，经过一段时间的锻炼考验，将优秀分子逐步选拔到基层党政领导岗位。从机关选派优秀年轻干部到基层任职锻炼，对基层优秀年轻干部，有计划、有目的地选派到高校或经济发达地区学习，到上级有关部门和企业挂职锻炼，增长见识，开阔眼界，提高工作能力和工作水平。引入竞争机制，定期淘汰落伍者，把德才素质较好、发展潜力较大的年轻干部充实到后备干部队伍中。

2000年，市、县区组织部门按照干部管理权限，进一步充实后备干部队伍，并注重把后备干部安排到党校培训，选派到发达地区学习或到基层锻炼。宜黄县分两批选派17名年轻干部到浙江省德清县的乡镇企业挂职锻炼。为改善后备干部队伍结构，抚州市委组织部会同市人事局通过公开考试，选拔69名高校应届毕业生到农村基层工作。2001年后，着眼于抚州长远发展，加大培养选拔优秀年轻干部进入各级领导班子工作力度，在县区党政班子中配备35岁以下的干部，把一些德才素质好、培养潜力大的优秀年轻干部充实到市直单位领导班子，继续选派优秀大学毕业生到基层接受锻炼，有计划、有目的地选派一些高素质的年轻干部到省外经济发达地区挂职锻炼。是年，东乡、金溪两县选派一批优秀年轻干部外出谋职锻炼。

2013年7月23日，抚州市委组织部部长周训国（左排第四）与前往北京、福建挂职干部座谈

2002年4月1日召开的全市组织工作会议强调，要努力建设一支数量充足、门类齐全、质量较高的后备干部队伍，按照“缺什么，补什么”的原则，有计划地加强对后备干部的理论培训和实践锻炼，加快岗位轮换，选派或交流到艰苦地区、发达地区和上级党政机关挂职或任职。继续选调部分优秀大学毕业生、研究生到基层工作，跟踪培养，不断充实后备干部队伍。抚州市委决定，从2002年起，市、县两级每年选派一批年轻干部外出谋职锻炼，让年轻干部到社会矛盾集中、经济建设的主战场，到艰苦环境中锻炼成长。

2003年，为建立科学规范的党政领导班子后备干部工作制度，中央组织部根据《党政领导干部选拔任用工作条例》，制定出台《党政领导班子后备干部工作规定》，要求明确后备干部培养方向，制定培养计划、落实培养措施，加强实战锻炼，分配急难险重任务，选派到条件艰苦地方挂职、任职。建立后备干部档案，对后备干部任职实行动态管理，并要求：党政领导班子成员一般应从后备干部中选拔，需从后备干部名单以外提拔的呈报单位应当说明情况。

但从实际情况看，域内后备干部管理呈弱化趋势。一是《党政领导班子后备干部工作规定》的刚性不够，导致备、用脱节；二是后备干部的民主推荐过于注重得票，导致拉票成风，削弱了党组织的用人权；三是跑官要官、买官卖官之风严重冲击正常的干部选拔任用。一方面，正常的后备干部选定机制未能形成，相应的管理措施亦未跟上，加上竞争性选拔干部大行其道，人们在观念上，对“从后备干部中提拔使用干部”的理念未得到普遍认同，上级对后备干部管理规定落实情况也未进行有针对性的检查督促。2014年1月，新修订的《党政领导干部选拔任用工作条例》出台，对年轻干部更加注重培养“墩苗”，由“选拔培养”改为“培养选拔”，后备干部管理面临方向性选择。

第六章　干部队伍

干部队伍是党的事业的骨干力量，是人民的公仆，党的一切决议和政策都要通过干部去落实、去实现。围绕加强党的干部队伍建设，一方面，坚持党管干部原则，严格遵循《党政领导干部选拔任用工作条例》所规定的的基本原则、基本条件和基本程序，严肃认真地做好党政领导干部选拔任用工作，把党和人民需要的好干部及时发现出来，合理使用起来；另一方面，不断深化干部人事制度改革，扩大干部工作民主，优化干部队伍结构，努力建设信念坚定、为民服务、勤政务实、敢于担当、清正廉洁的高素质干部队伍。干部队伍建设包括干部的选、育、管、用，因干部教育培训、干部审查与监督独立成章，本章侧重介绍抚州干部选拔任用及日常管理有关情况。

第一节　干部选拔任用

一、选拔任用机制

中国共产党长期坚持党管干部原则。新民主主义革命和社会主义革命与建设时期，学习、模仿苏联模式，干部选拔任用机制主要有两种方式：一是委任制，由任免机关在其任免权限范围内，直接指定任用人选，委任其担任一定的职务。抚州各县党组织成立时，负责人均由上级机关任命。1926年11月，钟赤心指导成立中共临川支部干事会，指定刘景宽为支部书记；指导成立中共东乡支部，指定舒同任支部书记。1927年10月上旬，中共江西省委指派长期隐蔽在临川的曾去非组建中共临川县委，并指定曾去非任县委书记。委任制的特点是权力集中，指挥统一，效率较高，任用程序简单明了。二是选任制。土地革命战争时期，抚州多数县成立县委，通过召开党员代表大会，选举产生县委组成人员。1930年1月，中共乐安县第一次代表会议在招携召开，选举邱珏为县委书记；1932年5月，中共南（丰）广（昌）县委在广昌县城召开第一次党员代表大会，选举聂绍良为县委书记。第四次反“围剿”胜利以后，抚州有半数以上地区成立县苏维埃政府，均召开工农兵代表大会，选举产生县苏维埃政府主席、副主席。此外，一些群团组织的领导人也通过选举产生。两种干部选任方式在新中国成立后得到不断发展和加强。

解放战争结束以后，中国共产党的中心任务由领导革命战争转为领导经济建设，由武装夺取政权解放生产力转向巩固政权发展生产力，中国共产党面临干部严重缺乏的问题。1948年10月28日，中共中央作出《关于准备夺取全国政权所需要的全部干部的决议》，预见到1950年6月，大约需要准备5.3万名干部，决定从全国各解放区抽调。毛泽东设想：“军队就是一个学校，210万野战军，等于几千个大学和中学，一切工作干部，主要依靠部队本身来解决。”[1]解放初期，抚州分区和各县市、区党政干部都是由长期经受战争考验和党的教育培养的南下干部充任。

抚州南下干部以辽宁省为主，共490人[2]，分到每县不足50人，其中东乡县随第二野战军的南下支队第6大队只有39人进驻。[3]1949年8月底第二野战军及南下支队第6大队进军大西南后，东乡由第四野战军东北九省南下干部大队34人接管；南丰县随军接管政权的南下工作团也只有47人。[4]据1951年统计，抚州分区有解放以前参加革命的老干部共437人，其中：地级8人、县级74人、区级350人，区级以下5人，远远不能满足工作的需要。根据干部来源要搞“五湖四海”的原则，主要采取招录社会知识青年，通过短期训练班培训干部；对旧政权人员采取用一批、养一批、管一批的策略，对他们进行社会主义教育和改造，通过开展大规模的政治学习运动，学习马列主义、毛泽东思想，转变知识分子和旧政权留用人员思想观念。同时组织参加土地改革、抗美援朝、镇压反革命等政治活动，知识分子和旧政权留用人员对党的方针政策有了一定的认识，共吸收新干部4856人，成为新政权政策的坚定执行者和合格的干部。在此基础上，党组织从革命队伍中选拔一批政治觉悟高、思想先进、值得信赖的干部充实到政府部门。中国人民解放军第五兵团军政大学东乡分校结业的喻泽心，参与接管江西省裕民银行东乡办事处，与裕民银行东乡办事处留用人员李景尚、喻弗民、韩炳汉等一道组建东乡县人民银行。[5]

针对“大家都说干部不够，但不知道去哪里发现人才”的现象，中央组织部副部长安子文指出：广大的干部来源于各种劳动人民群众，必须到各种劳动人民群众中去发现人才。社会上现成的干部是不多，但经过教育、培养、训练则有很多人可以成为我们的干部。抚州地委也强调，要重视提拔本地干部。仅1954年1—10月就提拔县级干部80人，区级干部304人。1955年提拔的55名县级干部中，本地干部有20人；提拔的29名县委委员中，本地干部有15人。在大胆选拔使用干部时，妇女干部和知识分子干部提拔人数大幅度上升。1956年，全区提拔干部832人，其中，妇女干部42人，占5%；知识分子干部250人，占30%。

在百废待举的社会主义过渡时期，各级党委大批地、迅速地培养提拔干部，许多干部只经过几个月或几个星期的训练，就被派到工作岗位，有的甚至没有经过训练，直接从群众中提拔起来作为干部使用。由于来不及审查和教育，多数干部对他们所担负的工作没有充分的思想准备。干部提拔的频率太高，速度太快，有的一年当中被提拔几次，工作经验很难积累，有些干部头脑中陈旧的、非无产阶级的思想尚未清除，造成部分干部的领导能力、业务能力与其承担的工作不相适应。针对这一问题，进入全面建设社会主义时期后，中央及时调整干部队伍建设方针，由大规模提拔干部转变为以稳定干部、提高素质为主，提出“又红又专”、重点是“红”的干部选拔任用标准。后来，随着国内阶级斗争意识的不断增强，中苏论战日趋激烈，“专”的标准逐渐被“红”的要求取代，“红”被烙上深刻的阶级斗争烙印。在此期间，提出全面考察干部的要求，内容包括立场、观点、作风，掌握政策、遵守纪律、联系群众、学习态度等方面。同时，对干部进行鉴定，鉴定的方法采取个人自我检讨，群众会议互相讨论，领导负责审查三种方式结合进行。

社会主义建设时期，针对干部缺乏的现状，毛泽东在1964年6月16日中央工作会议讲话时，提出培养无产阶级革命接班人的5条标准：（1）是真正的马克思列宁主义者；（2）是全心全意为中国和世界绝大多数服务的革命者；（3）是能团结绝大多数人一道工作的无产阶级政治家；（4）是党的民主集中制的模范执行者；（5）是谦虚谨慎、戒骄戒躁、富于自我批评精神，勇于改正自己工作中错误。这5条标准成为此后十多年里选拔任用干部的标准。接班人问题的提出很有战略眼光，但由于过于注重政治标准，业务能力标准则有所忽视。

“文化大革命”期间，地、县市组织部门被撤销，长期形成的干部选拔任用机制被全盘否定。尤其是造反派组织掀起一次又一次的夺权运动，大批领导干部特别是老干部被夺权靠边站。干部选拔任用标准方面，重阶级成分、轻领导才能，重家庭出身、轻现实表现，重政治、轻业务；干部审查、调配、使用以人画线，以派画线，随意性极大，干部选拔处于极度混乱之中。1971年林彪“九一三”事件后，大批老干部陆续出来工作，部分造反派不得已退出各级领导机构回到原单位，他们认为之所以在领导班子里待不住是因为不是党员，因而突击入党，企图夺回失去的权力。因此，在全区范围内盛行"突击入党""突击提干"的"双突击"干部选拔方式。1965年全区共有党员40787人，至1976年全区增至90281人，增加49494人。"双突击"之风破坏了党的组织原则，造成党员队伍和干部队伍严重不纯，对党员队伍建设和干部队伍建设带来很大危害。

"文化大革命"结束后，全区各行各业进行拨乱反正，开展肃清"文化大革命"影响的工作，在党员队伍和干部队伍中开展整党和清理"三种人"工作。从中共十一届三中全会到中共十二大（1978—1982年），干部选拔任用从指导思想上进行拨乱反正，正本清源，不断消除"左"的影响，改革不合时宜的干部选拔任用机制。针对干部队伍年龄偏大、文化偏低、不适应新形势新任务的状况，中共十二大提出"改革领导机构和干部制度，实现干部队伍的革命化、年轻化、知识化、专业化"的要求，废除实际存在的领导干部职务终身制。中共十二大至十三大（1982—1987年）大力选拔政治可靠，具有一定专业知识的年轻干部进入地、县市、乡镇各级领导班子，相应建立后备干部制度、干部下派制度和选调制度，使干部队伍"四化"建设经常化、制度化。1986年，中央相继出台《关于调整不胜任现职领导干部职务的几个问题的通知》和《关于严格按照党的原则选拔任用干部的通知》，初步建立干部能上能下制度、干部考察制度、民主评议领导班子制度，试行领导干部试用制、聘任制、任期制、招标竞聘制和公开选拔干部制度。

中共十三大至十四大（1987—1992年），逐步健全选举制度，结合人大、政协两会换届实行差额选举制，建立并实行领导干部交流制度，进一步健全干部考察、考核制度。中共十四大至十六大（1992—2002年），中共十四届四中全会提出"扩大民主、完善考核、推进交流、加强监管，逐步形成优秀人才能够脱颖而出、富有生机与活力的用人机制"，干部选拔任用进入完善制度、配套改革的新阶段。

1995年2月，《党政领导干部选拔任用工作暂行条例》出台。抚州各级组织部门按照暂行条例要求，建立推荐责任制，无论组织还是领导干部个人推荐都应提供书面材料；对选拔任用干部违反暂行条例规定的，严肃追究责任；对在干部任用中以权谋私、权钱交易的，一经发现，坚决依纪依法严肃查处。在干部实绩考核、思想政治素质教育、公开选拔领导干部、中层干部竞争上岗、机关干部"凡进必考"，以及干部交流、监督、能上能下等方面进行大量探索。崇仁县开展县直机关"一推双考"公开选拔领导干部、公开选调机关工作人员试点，在一些行政、事业单位实行领导干部助理制、试用制；黎川县打破身份、所有制、地域界限，面向社会招聘国有企业厂长（经理）等。2000年，江西省委组织部下发《关于执行〈条例〉，建立党政班子干部考察工作责任制的暂行规定》，干部考察工作责任制进一步落实。

2002年，中央颁布《党政领导干部选拔任用工作条例》并相继出台《公开选拔领导干部工作暂行规定》等5个文件。《党政领导干部选拔任用工作条例》提出，"应当注重选拔任用优秀年轻干部"，并强调"提任县（处）级以上领导职务，由副职提任正职的，应当在副职岗位工作两年以上，由下级正职提任上级副职的，应当在下级正职岗位工作三年以上。"抚州市委常委会专题学习讨论《条例》，结合抚州市实际研究提出贯彻意见，并于9月9日召开全市学习贯彻《党政领导干部选拔任用工作条例》会议。实践中，民主推荐成为干部选任的程序和基础环节，民主测评进一步规范和完善，任前公示和考察预告制度全面推行，公开选拔、竞争上岗广泛实施。

2003年，中央经济工作会议对领导干部政绩观提出新要求。之后，中央多次强调要建立

2014 年 7 月 15 日，抚州市委召开选人用人工作会议

体现科学发展观和正确政绩观要求的干部考核评价体系。2006 年 7 月，中央组织部印发《体现科学发展观要求的地方党政领导班子和领导干部综合考核评价试行办法》，对领导班子和领导干部履行职责情况及领导干部德才表现的考核设置“贯彻科学发展观的自觉性和坚定性，联系本地实际贯彻落实的能力”“发展速度，发展质量，发展代价”等 14 个观测点，体现科学发展的要求和全面考核的思想。2007 年，中共十七大再次重申要完善体现科学发展观和正确政绩观要求的干部考核评价体系。

2005 年，抚州推行全委会票决制，全市共票决任用县区党政正职 8 人、乡镇党政正职 35 人。2006 年 1 月，中央组织部发出《关于进一步加强县（市、区、旗）党政正职队伍建设的意见》，明确县（市、区、旗）党政正职的选拔标准、结构要求及选拔程序，提出强化管理的具体措施。

2009 年 6 月，中央政治局审议通过《关于建立促进科学发展的党政领导班子和领导干部考核评价机制的意见》，中央组织部制定《地方党政领导班子和领导干部综合考核评价办法（试行）》《党政工作部门领导班子和领导干部综合考核评价办法（试行）》《党政领导班子和领导干部年度考核办法（试行）》。“一个意见三个办法”构成促进科学发展的党政领导班子和领导干部考核评价机制，这一机制把考核评价与干部选拔任用、培养教育、管理监督、激励约束结合起来，考核内容更加强调民生，考核过程更加注重民主，考核结果更加体现民意。

同年 12 月，为贯彻落实《关于加强县委书记队伍建设的若干建设》，中央组织部下发《关于进一步规范县委书记选拔任用程序的意见》。《意见》规定本市产生的县委书记人选，由市委提名一般以市委为主考察，省（自治区）党委组织部派人参加；对提拔任职的人选，也可以省（自治区）党委组织部为主考察，市委派人参加。2010 年 10 月中央组织部下发《关于加强乡镇党委书记队伍建设的意见》，规定乡镇党委书记的任免，须报市（州、地）党委组织部备案。乡镇党委书记一般应任满一届，任期不到三年调整的，要报市（州、地）党委组织部同意。

随着形势任务和干部队伍状况的变化，中央决定对 2002 年颁布的《党政领导干部选拔任用工作条例》予以修订。2014 年 1 月，中央印发《党政领导干部选拔任用工作条例》，并要求各地区各部门结合实际认真遵照执行，把“信念坚定、为民服务、勤政务实、敢于担当、清正廉洁”作为好干部标准，要求坚持群众公认原则，树立注重基层的导向，注重使用后备干部，用好各年龄段干部；突出考察政治品行和道德品行，注重考察工作实绩；对干部监督提出更加严格的要求。

二、干部考察

干部考察是党委（党组）及其组织人事部门根据干部管理权限，按照规定的程序和方法，对考察对象进行全面了解和公正评价，为干部选拔任用等提供依据的一项重要工作，是选拔任用党政领导干部必须履行的程序和关键环节之一。

抚州解放初期，干部选配主要由上级党组织委派，干部考察按1949年11月中央组织部《关于干部鉴定工作的规定》进行。其间，对干部的鉴定，从防止和清除奸细转变为注重提高干部素质，注重干部在一定工作或学习期内各方面的表现，鉴定的重点放在干部的立场、观点、作风、掌握政策、遵守纪律、联系群众、学习态度等。对新干部的鉴定，重点放在划清敌我界限，树立革命的人生观方面。鉴定方式采取个人自我检讨与群众会议讨论、领导审查相结合，鉴定时间为一年左右进行一次。

1951年1月，中央组织部提出以“政治品质”和“业务能力”为干部考察标准，充实了干部考察内容，建立针对干部日常表现的鉴定制度。1952年2月，中央提出对县委书记、县长以上干部，用批评与自我批评的方法，由党委作出鉴定。县委书记、县长以及相当职务以上的党员干部，在“三反”运动中，每人都要做一次公开的自我检讨，虚心接受群众批评，自我检讨不深刻的要重新做。自我检讨围绕思想、工作形成书面检讨材料，交由各级党委作出鉴定。年终，各级领导干部在本单位公开自我检讨，接受群众批评。这种年终思想和工作总结方式，成为各级党组织了解干部的一项制度。1952年下半年，抚州地委考察提拔干部456人，其中，由一般县级干部提拔为主要县级19人；由区级干部提拔为县级和相当于县级干部77人；由一般区级干部提拔为主要区级[6]48人；由一般干部提拔为区级干部和相当于区级干部312人。考察的方式主要是通过到拟提拔对象工作所在地，向一起工作的干部了解其出身历史、社会关系、政治品质、工作才能及其全部工作经历，进而对干部作出评价。

受高岗、饶漱石事件影响，1953年11月中央作出《关于审查干部的决定》，干部考察由干部鉴定改为干部审查。1954年3月，抚州贯彻江西省第三次组织工作会议精神，召开地直机关党员大会、县三级扩干会，讲解“才德兼备”的干部标准，纠正干部提拔中的保守思想与只看表面不看实质的错误、调干中的本位主义。南丰县委注重干部考察与培养的计划性，根据地委提干工作计划，向各区各单位提出干部考察名单，并根据被考察人员表现情况正侧面分析后分类排队。考察中，根据中心工作任务有目的地考察干部的工作能力和政治执行能力，将拟提拔的干部放在重要岗位上锻炼。

1954年，提拔县级干部80人（主要县级13人），区级干部304人（主要区级59人），初步扭转干部中“闹提拔”[7]的不良倾向。为逐步实现干部地方化目标，各级组织部门加大本地干部考察力度。全年全区共考察提拔本地县级干部9人，区级98人。同时，为支援国家工业建设，地、县组织部门向江西省委推荐优秀县级干部25人、初中毕业以上的优秀知识分子干部74人，连同省委组织部指定和零星抽调的，共考察、上调干部186人。考察中清查出专署财政科副科长、宜黄一区长与县纪委秘书系国民党员，长期隐瞒历史问题[8]。

按照“认真挑选、严格审查、积极培养、大胆提拔”的提干方针，1955年抚州专区共考察提拔区级以上干部399人，其中，地级干部3人，主要县级17人，一般县级38人，主要区级94人，一般区级247人。按照干部地方化的要求，在考察提拔的55名县级干部中，本地干部有20

人，其中县委委员 15 人。至是年底，抚州地专机关 78 名正副科长（县级）中有本地干部 15 人，各县市委 19 名正副书记中有本地干部 3 人，83 名县市委委员中有本地干部 29 人。正副县长全部由本地干部担任；正副区委书记、区长除 7 名外来干部外，其余均由本地干部担任。

这一时期干部考察存在的主要问题有：考察不细、不全面，少数干部政治历史尚未弄清或社会关系不好也提拔重用；有些地方领导只看干部一时一事的表现，未考虑其品质和在群众中的影响；提拔干部视野不宽，对新生力量使用认识不足，对区以上干部了解较多，对直属机关、财经企业系统干部了解少，对妇女干部培养考察提拔做得不够；在提拔干部呈报批示手续上，审查不够全面，有时马虎草率；吸收新干部有时不够慎重，事先缺乏详细考察就吸收或批准转为正式干部。针对上述问题，抚州地委组织部干部科、专署人事科、地专直属机关党总支抽出 4 名干部组成工作小组，对地专直属机关干部进行摸底。抚州百货中心商店摸底前，拟培养提拔区级（股长）干部 5 人，经摸底，区级提拔对象增至 11 人、县级（副经理）增加 1 人。

1956 年，全区考察提拔干部 832 人。其中：主要地级 1 人，一般地级 7 人，地委委员 9 人；主要县级 25 人，一般县级 113 人，县委委员 108 人（含候补委员 27 人）；主要区级 101 人，一般区级 169 人，事业、企业机关股长级 299 人。在干部考察中，吸取“肃反”教训，认真审查拟提拔干部的政治历史问题，政治历史问题不弄清楚、不作结论就暂不提拔。在贯彻干部地方化方针上，继续培养与提拔一批新生力量，全年考察提拔的 832 名干部中，有本地干部 697 人（县级 181 人，区级 516 人），占全年提干总数的 80%。重视妇女干部和知识分子干部的培养提拔，共提拔妇女干部 42 人（一般县级 3 人，县委委员 5 人，主要区级 9 人，一般区级 9 人，事业、企业机关股长 16 人），占提拔干部总数的 5%；知识分子干部 250 人，占 30%。

1957 年刘少奇提出，干部考察要注重了解干部的工作和生活状况，看是否脱离群众、独断专行，是否搞特权。为此，南城县建立经常性的考察了解干部机制，每年进行两次干部专题调查，各级党组织每月向县委报告一次本部门干部思想动态，县委主管部门每半年对所属干部进行一次分类排队，填写《考察了解干部登记表》，作为干部档案材料之一。

1958 年全区各公社召开两个代表大会，社员对少数公社领导干部方法简单、强迫命令、脱离群众的问题提出批评。抚州地委从县市机关、企业中考察选调 67 名干部担任公社第一书记、书记或社长。1959—1961 年，全区组织部门注重从工作、生产和政治运动中考察了解干部。南城县采取县委领导分公社包干的方式考察了解干部，考察了解情况及时向县委汇报；县委组织部组织巡视组巡回了解干部。崇仁县结合实际工作和群众反映，了解干部的政治历史、道德品质、工作能力、政策水平、学习与劳动态度、联系群众等情况。但抚州在干部考察选拔中，受“大跃进”影响，滋长出盲目乐观情绪，提出“挖掘潜力、自力更生、积极培养、大胆提拔”的干部培养选拔思想，从工人、农民中大量吸收新干部，使 1961 年全区脱产干部达 15425 人（不包括学校、企业干部），比 1958 年增加 38.5%。

1962 年开始纠正盲动倾向，考察了解干部主要结合各项政治运动和实际工作进行，坚持自上而下和自下而上相结合、领导和群众相结合，对干部的政治历史、阶级立场、品质、群众关系、思想作风、政治水平、工作能力等方面，经常地、有计划地进行考察了解，并把经常找干部谈话、谈心和调查研究结合起来。是年 10 月召开的中央组织工作会议，决定恢复干部年度鉴定制度，并在 1963 年年底对干部进行一次普遍鉴定，之后每隔两三年鉴定一次。临川县注重从运动中收集干部身上存在的各种问题，通过参加各种会议听取干部情况反映，从鉴定中了解干部优缺点，在个别谈话中了解干部思想动态及意见要求，在党内生活会议上了解干部互相之间的意见。结合“五反”和社会主义教育运动，考察了解干部政治思想觉悟、工作能力、思想品质、参加劳动情况、身体健康情况。考察方法，采取层层介绍、个别谈话，以公社副书记以上干部为重点，通过综合分析，按一、二、三类确定培养对象。

1963—1964 年，根据中央、华东局和江西省委指示，抚州地、县组织部组织力量分期分批对干部进行考察。据不完全统计，共考察江西省委管理干部 125 人，占全区省管干部的 53.7%；考察抚州地委管理干部 782 人，占全区地管干部的 48.5%；考察县（镇）委管理干部 3846 人，占全区县管干部的 62.1%。全区 269 个公社考察 212 个公社，占 78.8%，750 名公社正副书记、正副主任考察 603 人，占 80.4%。1964 年，中央组织部提出定性考核与定量考核相结合，采取自上而下和自下而上相结合，通过阶级斗争、生产斗争、科学实验三大革命运动，从日常表现、业务实践和学术活动中，逐个考察了解干部。抚州镇结合社会主义教育和“五反”运动，重点考察了解干部对“三面红旗”（总路线、“大跃进”、人民公社）的认识和态度。

1965 年上半年，全区抽调 74 人参加地、县考察小组，采取听他人反映和自我介绍相结合，考察各级各类干部 723 人，其中，省管干部 72 人，占全区省管干部的 40%；地管干部 651 人，占地管干部的 42.4%。整理单人材料 389 人，其中，省管干部 56 人，地管干部 333 人。考察工作结合社会主义教育运动（以下简称社教）和三大革命运动进行。通过考察，掌握各级各类新生力量 256 人。其中：地专副处长、县委副书记级 21 人，县委正副部长级 49 人，县人委（政府）正副局长、公社正副书记级 186 人。宜黄县考察干部 619 人，其中，威信较高的 284 人，占 45.9%；工作一般、干劲不大、能力较差的 142 人，占 23%；作风不民主、群众意见较大的 117 人，占 18.9%；道德败坏、乱搞两性关系的 65 人，占 10.5%；严重违法乱纪、腐化堕落的 11 人，占 1.7%。1966 年，宜黄县围绕接班人 5 个条件，考察干部学习毛泽东著作、政治历史、阶级立场、群众观点、民主作风、执行方针政策、遵守党纪国法、领导能力和业务水平等情况。考察了解现实表现和一贯表现相结合，了解优点和缺点相结合，了解出身历史、社会关系与了解本人的态度相结合，自上而下、自下而上和左右了解相结合，了解和教育相结合。考察了解后，反复核对研究材料，对少数不称职的或不适合在原单位工作的干部，进行适当调整。

“文化大革命”中的大部分时间，由于地方各级组织人事部门陆续被撤销，一系列成型的制度和法规被抛弃，一切以政治运动的方式去实现，干部升迁以对“文化大革命”和阶级斗争的态度为依据，干部考察有时被当成整人和拉帮结派的工具。1973 年，干部考察主要围绕接班人 5 个条件和“三要三不要”原则。考察方法采取 3 个结合：即考察现实表现与考察历史相结合，向领导了解和向群众了解相结合，考察研究与教育培养使用相结合。

中共十一届三中全会恢复了党的干部路线。1979 年 11 月 21 日，中央组织部下发《关于实行干部考核制度的意见》，要求各地区、各部门按照德才兼备的原则，根据各行各业特点制定具体的考核标准和考核内容，在试点的基础上，把干部考核制度建立起来。考察的主要内容有：坚持四项基本原则，执行党的路线、方针、政策；全心全意为人民服务，办事认真，思想作风正派，具有一定的专业知识和组织领导能力；年富力强，既是明白人，又是实干家，能打开新局面，能胜任繁重的工作任务。1980 年，地、县市组织部与考察对象人人见面、个个考察，考察了一批干部。其中，临川县考察公社正副书记127人，公社党委委员196人，拟提拔对象57人，以工计酬干部49人。

中共十二大以后，中央提出干部考察只搞一两次不行，要经常反复地进行，对后备干部要进行定期考察。对有派性干扰或不团结的领导班子，考察工作要特别细致，倾听各方意见，辨别是非。考察方式包括召开座谈会、个别交谈，找考察对象本人谈话，了解其工作和思想情况。既查阅干部档案，又听取群众意见，让群众评论和推荐干部。为肃清“文化大革命”影响，这一时期干部考察注重了解干部在“文化大革命”中的表现，特别是在几个关键时期的表现，了解干部在中共十一届三中全会以后的表现，是否与中央保持政治上的一致；实干精神和工作成效如何，是否是“明白人”，能否打开工作局面，主要有哪些工作成绩。

1982年，抚州地委组织部制定下发《关于考察干部工作的几点意见》，对干部考察工作提出具体要求。干部考察材料要求简明扼要，如实反映情况，给考察对象一个切合实际的评价，突出事例要列举出来，“文化大革命”中的表现要写清楚。凡属呈报地委拟提拔任职的干部，其现实表现情况要附详细的考察报告，无论是提拔或平调、免职，都要说明任免理由和拟调单位、职务以及接任人的姓名、职务等。同时，要求对干部考察材料进行长时间妥善保管。组织部门建立干部考察卡片，有的地方开始建立干部考察档案。对地委掌握的后备干部，各县市定期将考察材料报送地委组织部。1983年，全区机构改革增、撤了一些机构。为调整充实各单位领导班子，抚州地委组织部对地管干部进行考察。至1986年年底，全区共考察提拔县级以上领导干部151人（副县处级97人，正县处级47人，县处级以上7人），其中从后备干部中提拔36人，越级提拔77人。

1984年，抚州市委组织部抽调干部42人，组成8个考察组，采取调查摸底、群众推荐、民意测评、逐个考察、吹风评论、市委审定等办法，用两个月时间对900余名干部进行考察。是年12月12日，抚州市委组织部出台《关于建立和健全干部考察制度的几点意见》，将一批原由市委组织部考察的干部下放各主管部门考察。考察权限下放后，市委组织部负责考察区级以上干部、各级需要提拔为副局长以上的干部、局以上第三梯队的干部，各主管部门负责考察局以下基层单位的领导干部。市委组织部对各主管部门干部考察工作进行指导和督促，德能勤绩成为干部考察的常规项目，内容因所处时期中心工作不同略有差异。1985年始，抚州市干部考察坚持“四考”（考德、考能、考勤、考绩）、注重“三结合”（看档案与调查相结合，听领导介绍与群众反映相结合，背靠背考察与面对面考察相结合），力求考察工作准确、客观。抚州市全年考察干部96人，其中区级干部和拟任区级干部45人。

1986年，中央《关于严格按照党的原则选拔任用干部的通知》下发后，抚州地区在各级组织人事部门开展坚持任人唯贤、反对任人唯亲的教育，开展县市、部门、单位任免干部情况检查。针对干部考察选拔视野不宽、走群众路线不够、对革命化标准执行不硬、少数领导干部身上存在资产阶级自由化思想等问题，于1988年底至1990年5月，先后4次对县市领导班子进行考察，并把考察与整顿结合起来，对梳理出的领导班子及成员存在的问题，制订整改措施。在发现和使用一批优秀干部的同时，对少数政治素质差、问题突出的干部进行调整，对犯有严重错误的进行查处。

20世纪90年代初，各地积极探索建立跟踪考察与跟踪培养的措施。乐安县在考察1990年县直机关下基层锻炼干部时，采取个人总结和群众评议相结合，对下派干部履行岗位职责情况、完成工作任务情况、为基层办实事情况、出勤情况以及执行各项规章制度情况进行考察。崇仁县对乡镇、县直单位领导班子实行跟踪考察制度，对群众反映较大、长期闹矛盾的领导班子进行定性定量分析，为领导班子调整提供依据。

1994年12月—1995年1月，抚州地委对地直单位领导班子和领导干部进行全面考评。1995年8月，对县市40岁以下的县级领导干部近期表现进行考察，掌握一批优秀干部名单。配合抚州军分区政治部对县市人武部领导班子进行考察。是年，临川县与抚州市合并成立临川市，抚州地委组织部借鉴外地经验，研究制定临川、抚州“县市合并”方案，按照干部“四化”方针和工作需要，科学指导干部考察和班子调配工作，确保县市合并的平稳过渡。是年，东乡县结合乡镇换届，对乡镇场、县直行政事业单位、国营预算内企业领导班子进行考察。考察程序为：（1）与单位主要负责人沟通（讲明考察组来意）；（2）召开述职大会，班子集体和班子成员个人述职，进行民主测评和后备干部推荐；（3）个别谈话。向领导班子成员和干部、职工代表了解情况；（4）查看有关资料及现场查看有关政绩；（5）对领导班子及班子成员和后备干部作出评价并形成文字材料。以后的干部考察，在此基础上不断进行完善，换届考察时，加入领导班子全额定向推荐，考察的内容为“德、能、勤、绩、廉”。

1996年，全区开展学习张家港活动，围绕建立干部激励机制，抚州地委组织部制定《加强和改进干部考察工作的意见》，选拔对象从民主推荐票数多的干部中遴选，做到好中选优。客观评价干部德才表现，对反映的问题进行反复核实，问题没搞清的不提交地委研究。全年共考察调整任用县级干部227人，其中换岗交流117人，改任调研员或助理调研员47人，提拔优秀中青年干部63人。干部调配注重把坚持改革开放、政绩突出、群众公认的优秀中青年干部提拔到领导岗位。在班子配备中，按轻重缓急分期分批考察研究，不搞一步到位，确保干部配备质量和领导班子的平稳过渡。通过考察，对少数不团结、战斗力不强、工作长时间上不去、缺乏进取意识、群众威信不高的班子进行调整，对其主要领导降格使用。考察中，坚持看大节，看主流，对曾经犯过一些错误但已改正、能力较强、工作实绩突出的干部重新提拔使用。在年龄上不搞“一刀切”，对一些未到年龄，但能力不强、工作平庸的干部改任调研员。是年，地、县市组织部对下派锻炼将满两年的干部进行考察，填写《地直机关下基层锻炼干部登记表》，一批表现突出的下派干部受到表彰。东乡县制定选拔、考察干部把关责任制，强化组织部门在选人用人上的责任。抚州地委组织部开展《党政领导干部选拔任用工作暂行条例》贯彻落实情况检查，对违背《暂行条例》、不按程序选拔任用干部的情况进行调查处理。

组织部门在总结干部考察工作时发现，考察工作存在对被考察者定性指标多、定量指标少，虽注重民主测评、谈话及推荐情况，但缺少与经济主管部门和业务主管部门、执纪执法部门的沟通和回访考察，对考察对象工作、生活、品行方面深层次问题了解不够，对8小时以外的社交圈、生活圈缺乏考察标准。有的地方没有充分发扬民主，该走的程序没走，该征求意见的没有征求，该集体研究的个人说了算，甚至事先确定好考察对象，使干部考察成为例行公事。考察范围一般限定在班子成员、机关中层干部、所属单位领导，忽视了一些最知情者，考察组听取真话、掌握实情的难度越来越大。有的考察人员态度不积极，工作不认真，认为考察是例行公事，走走程序，谈话缺乏技巧，既不能营造和谐氛围，也把握不住谈话内容，无法获取有价值的信息。针对上述情况，2000年4月，江西省委组织部印发《建立党政领导干部考察工作责任制的暂行规定》，对干部考察工作作出明确规定。按照要求，地、县市委组织部干部考察工作进一步规范：（1）拟定考察工作方案，明确考察目的、内容、方法步骤、应注意的问题和时限要求等；（2）考察方案由派出考察组的组织人事部门负责审定，听取地、县纪委意见，同时征求计生委、政法委的意见；(3)同考察对象所在单位党委(党组)的主要领导成员就考察方案进行沟通，采取民主测评、民主推荐、个别谈话、实地考察、专项调查、同考察对象面谈等方法，广泛深入地了解情况，了解、掌握群众对考察对象的反映；(4)实行干部考察工作责任制，考察组须坚持原则、公道正派、深入细致，如实反映考察情况，并对考察材料负责。考察政法干部时，地区政法委派人参加，考察人武部干部时，抚州军分区、人武部派人参加。考察中，注意征求分管领导的意见。

为扩大干部工作民主，接受群众监督，2001年始，抚州实行干部考察预告制。在考察正式开始前3～5天，通过本地新闻媒体发出公告，由考察对象所在单位张贴文告或大会通报等形式进行预告。预告内容包括考察的主要任务、方式、内容、步骤以及任职条件，考察组成员姓名、职务和联系电话，举报电话、来信箱、来访地点等。干部考察预告制的实行，为进一步扩大民主，完善考核，建立健全科学、民主、公开的干部考察工作机制有重大意义。此后，抚州市对干部考察工作进行不断探索，借鉴"三讲"教育经验，在民主测评时，参评者以文字叙述的形式对考察对象的优缺点进行评价。在县区换届考察中，吸收一般群众代表参加个别谈话，其中大县50人以上，小县30人以上。建立县级领导干部招商引资、业务工作、社会稳定等3项工作考核档案，考核情况作为提拔使用干部的重要依据，实绩考核进一步具体化。2002年，对623名县级领导干部的招商引资情况进行调查核实，较为全面地掌握领导干部参与经济工作的情况。

2003年临川区委组织部制订《临川区科级干部量化考察标准和方法》，对干部的德、能、勤、绩、廉5个方面进行细化，定量为14个要素并进行百分量化，每个要素分好、中、差三个等次。尤其是针对干部的德、廉两个定性要素进行细化，既考察干部8小时之内的情况，又考察干部8小时之外的情况，考察了解干部工作圈、生活圈、社交圈的道德及廉政表现。2004年全市先后考察调整县级干部175人，其中提拔干部97人，对2名在企业兼职的县级党政领导干部进行清理。2005年，临川区在干部考察工作中，延长考察线、扩大考察面，将辖区的社区"两委"干部列为干部考察谈话对象，参与评价和推荐驻辖区单位干部。

干部任用初始提名是干部选拔任用的一个关键环节。2007年，抚州市实行干部任用初始提名"三推差选"，采取单位党组(党委)推荐、领导干部个人推荐和群众推荐相结合的办法，差额提出干部任用初始人选，三种推荐结果一致的，确定为考察对象。此后，完善提升"三推差选"办法，在规范干部初始提名制度方面发挥重要作用。通过"三推差选"，全市是年共有8名人选因民主推荐得票不集中未被列为初始提名人选，有12人因在考察中有问题反映未提交市委常委会研究。临川区推行干部现实表现"口碑评议"，考核组人员每半年到干部工作所在地走访了解一次，组织村组干部、党员群众代表进行"口碑点评"。要求新任科级干部在大会上公开述职之后，党员、群众代表围绕"新任科级干部在群众中威信的高低、为民服务态度的好差、为民办事能力的强弱"等内容进行民主测评和公开点评，分别定出"好、中、差"3个格次。

针对干部考察工作中讲成绩多、谈问题少等现象，2010年开始，崇仁县实行"反向测评+倒序排名"，设计"领导干部'德能勤绩廉'反向测评表"，对5个方面的15项内容进行反向描述，让干部群众给领导干部"挑刺"；同时，对领导班子成员实行倒序排名，掌握了一批排位靠后或表现较差的副科级干部。这一做法在崇仁县县乡换届和年度考核中普遍推行，得到江西省委组织部肯定，并被编入《2011年江西省领导班子换届工作百例经验选编》。

2010年之后的一段时间，抚州市竞争性选拔干部掀起高潮，结合公开选拔，各地大多数按1∶3的比例确定考察人选，实行差额考察。因大多数公选面向全市、全省乃至全国，差额考察的范围也扩大到各地，干部选拔成本随之增加。

随着干部选拔任用工作的规范，对干部考察提出了更高要求，干部考察内容和方式也随着党的干部政策和时代变化要求不断改进，如何准确把握考察标准，合理运用考察方法，科学评价考察对象，真正把那些政治坚定、政绩突出、勤政廉政、群众公认的优秀干部选拔出来，成为干部考察工作面临的新课题。

三、竞争性选拔领导干部

抚州地区竞争性选拔领导干部始于工业企业领域。1984年5月国务院发布《关于进一步扩大国营工业企业自主权的暂行规定》后，抚州在预算内工业企业——江西第二气体压缩机厂试行招标承包制试点，取得经验后于1987年1月召开全区工业县长会议，推行招标承包实施办法。竞争机制的引入，为优秀企业家和各类专门人才的脱颖而出创造了条件，促进了企业干部人事制度改革。

1988年，抚州地委破除“论资排辈”的用人观念，将地区行署驻上海、厦门、南昌、海口等4个办事处（联络处）主任职位面向全区公开选拔。公告一周内，全区有111名符合条件的干部报名竞争。此后，全区竞争性选拔领导干部的做法进一步推开。其间，抚州竞争性选拔主要有4种方式：一是招标。即在企业采取招标承包的方式，打破所有制、地域、身份界限，让有才干、懂经济、有魄力的能人脱颖而出。全区上千家企业负责人，大部分是在中标后就任的。二是竞岗。宜黄县人民医院、资溪一中领导班子通过无记名投票方式，选举产生院长、校长。三是招聘。即根据领导职务所需条件，面向社会公开选拔，择优聘用。崇仁县商业局、二轻局等5个局和金溪县物资局、乡镇企业局通过竞争择优确定局长人选。全区不少乡镇企业也采取公开招聘的办法遴选经营者。四是考试。即根据岗位要求，通过文化专业知识与业务能力考试，通过领导或专家面试、组织审查等办法，择优录用领导干部。

竞争机制的引入，给干部工作带来活力，竞争上岗的干部感到有压力，干部群众对选人用人更加关注。通过竞争让一批能人脱颖而出，促进了经济和社会事业的发展。抚州地区五交化公司一度挂账亏损169万元，职工人均负债1.6万元。能人竞争承包后，填平了原来的“窟窿”，公司固定资产增加127%，创税利1.26万元。南丰县农机厂一度严重亏损，中标承包者通过抓企业内部改革，迅速扭亏为盈，不但为职工新盖宿舍楼，安装自来水，办起职工食堂，还帮助57名职工子女就业。竞争机制让一些学有所长的干部有用武之地。抚州地区电机厂设备科科长郑发友投标竞选临川县酒厂厂长后，采取“吨酒费用包干”的办法，把报酬与产量、物价捆在一起，每50公斤大米出酒量由15公斤提高到35公斤，开发了芦笋酒等新产品。1988年1—5月上交产品税84万元，实现利润2919万元，占年度计划的97%。

1990年5月，抚州地委组织部采取公开考试、择优录用的办法，选调20名干部到地委机关工作，不但为党政机关输送了人才，也为干部人事制度改革积累了经验。

1996年1月，中央组织部先后转发吉林省《关于采取“一推双考”的方式公开选拔副厅级领导干部情况的报告》和《吉林省公开推荐与考试考核相结合选拔领导干部的暂行办法》；1998年7月，中央组织部、人事部下发《关于党政机关推行竞争上岗的意见》；1999年3月，中央组织部下发《关于进一步做好公开选拔领导干部工作的通知》，国家层面竞争性选拔领导干部政策的出台，为地方开展此项工作提供了依据。上述文件的出台，也使竞争性选拔领导干部引起社会广泛关注。

1999年6月，抚州面向全省公开选拔地委党校副校长、地区科委副主任、地区农办副主任、地区供销社副主任、地区招商引资中心（合作办）副主任、行署驻厦门办事处主任等6个副县级职位。抚州地委研究制订实施意见，成立以地委副书记为组长，地委组织部部长为副组长，地区纪委（监察局）、地委组织部、地委宣传部、地委党校、地区人事局等单位负责人为成员的9人公开选拔领导小组，领导小组下设办公室。6月25日，地委召开动员大会，地委书记作动员报告，会后下发《关于公开选拔部分副县级领导干部的通知》，在《抚州日报》、抚州电视台、抚州有线电视台刊发公告，各县市委召开会议动员符合条件的人员报名。区内外共504人报名，其中区外3人。经审查合格的500人参加笔试（报考党校副校长职位74人，科委副主任职位90人，农办副主任职位139人，供销社副主任职位64人，招商引资中心副主任职位44人，驻厦门办事处主任职位89人）。笔试后，每个职位从高分到低分取前6名（含并列名次）进入面试，共有37人面试。6个公选职位所在单位领导、地直经济综合部门领导及专家组成面试命题组进行全封闭命题。面试时，由领导小组成员担任主考官，面试成绩当场公布。每个职位面试成绩前3名列为考察人选，抽调30人组成6个考察组，每个考察组负责同一职位入闱人员的考察，以便比较遴选，并提交地委研究决定。10月9日，地委书记罗筱玉到会讲话，公选干部代表发言，地委、行署领导与6名公选干部合影留念。这次公开选拔副县级领导干部，是抚州地区第一次系统、全面探索竞争性选拔领导干部，为后来推广这一做法积累了经验。

随着全省乃至全国公开选拔领导干部工作的全面铺开，抚州地区有不少科级干部参加外地组织的公选考试，并取得较好成绩。崇仁县妇联主任袁芙蓉参加新余市公开选拔，被录用为新余市妇联副主任。汤显祖纪念馆一副馆长参加赣州市公开选拔领导干部考试，进入面试。此后，抚州还有一批县级领导干部通过公选提任厅级领导干部或列为厅级后备干部。[9]

1999年，各县市公开选拔工作也陆续开展，临川、宜黄、乐安、南丰、东乡5个县市拿出3个正科级、21个副科级职位在县市范围内公开选拔。同时，市直机关干部竞争上岗试点工作在地委党校进行，共拿出5个正科和3个副科级职位；抚州地区中级人民法院拿出9个科级空缺职位，采取个人演讲、民主测评和民主推荐、党组研究确定的方式进行竞争；临川市公安局在中层干部中推行全员竞争上岗和民警双向选择，有18名科级干部、183名股级干部、276名民警通过“双选”走上新的岗位，有2名副科级干部降为股级使用，34名正、副股级干部降为一般干部使用。是年，全区共有

1999年10月，抚州地委、行署领导同公开选拔任用的副县级干部合影

257个科级职位实行竞争上岗，445名科级干部进行交流轮岗。

2000年6月，中央办公厅印发《深化干部人事制度改革纲要》，公开选拔是其中的一项重要内容。为贯彻落实纲要精神，6月26日，抚州地委召开全区培养年轻干部工作座谈会，提出按照职位25%左右占比，面向社会公开选拔一定数量副县级干部。之后，临川、南城、南丰、乐安、东乡等县区公开选拔正科级领导干部6人，副科级领导干部23人。为确保公开选拔的公平、公正，东乡县还聘请9名县级离退休干部进行监督把关。

2002年7月《党政领导干部选拔任用工作条例》颁布，公开选拔和竞争上岗这一干部选拔任用方式得到进一步规范。9月，崇仁县委组织部制定《关于县直机关中层领导干部实行竞争上岗的实施意见（试行）》，就竞争上岗的基本原则、适用范围、参加人员的基本条件和资格、程序和方法等事项作出详细规定。12月，南丰县在全县行政干部中公开招聘县机关事务管理中心主任（副科级），40余名干部报名，通过面试、考察，一位年轻干部被录用。

2004年4月，中央出台《公开选拔党政领导干部工作暂行规定》等法规性文件，中央组织部也相继出台《全国公开选拔党政领导干部考试大纲（试行）》《党政领导干部公开选拔和竞争上岗考试大纲》，为党政领导干部公开选拔工作提供了标准和依据。系列法规文件的出台，标志着党政领导干部公开选拔工作在制度化、规范化建设上迈出重大步伐。此后，各地公开选拔领导干部高涨迭起，公开选拔成为深化干部人事制度改革的主要内容。是年，抚州7个市直单位拿出72个科级职位开展竞争上岗，一批优秀年轻干部走上中层领导岗位。2005年，部分县区开展科级干部公开选拔工作，经笔试、面试后对入闱考察人选采取等额或差额方式进行考察，重点考察了解入闱人选与岗位的匹配度。临川、东乡、乐安等县区进行科级干部公开选拔，全市共选拔科级干部14人。其中东乡县拿出2个正科级职位、4个副科级职位在全县范围内进行公开选拔，全县共有173名干部报名参加，入闱面试未被录用的12名干部纳入后备干部队伍管理，其中有3人在县直单位领导班子调整时被提拔使用。宜黄县印发《乡镇事业单位机构改革竞争上岗实施办法》，包含资格审查、考试、考核和审批等主要环节，由县人事劳动和社会保障局组织命题和考试。

2006年，抚州市公安局临川分局各派出所和临川分局部分科室升格为副科级机构，核定副科级职数78个，该局采取“公推竞选”方式，先产生副科级干部的任职资格人选，后由党委根据入选人员的能力、特长及职位要求，确定具体职位的任职人选。“公推竞选”包括民主测评、笔试、面试、市公安局党委评议、个人荣誉及工作实绩等方面，每个环节实行量化计分。其中民主测评分值占20%，笔试分值占30%，面试分值占20%，市公安局党委评议分值占20%，个人荣誉及工作实绩加减分（最高10分）。按1:2比例，经民主测评入闱的人选进入文化考试、演讲、领导评议环节，结合民主测评、个人荣誉及工作实绩加分情况，进行加权计总分，从高到低，等额确定考察对象。根据组织考察情况，市公安局党委研究确定具体职位人选并进行任前公示，下发任职通知，试用一年。竞选演讲时，入闱人员介绍个人工作经历、特点、优势及竞选职位设想。党委评议时，分别召开市公安局和临川分局党委会，党委委员根据民主测评、考试、演讲以及德才表现评议打分。这次公推公选历时一个月，经12道程序、13次公示，市纪委全程监督，市委组织部、政法委、市人事局指导和参与。

同年4月，抚州市委组织部下发《关于公开定向推选县级领导干部的通知》，公开定向推选20名熟悉工业经济、现代企业管理、资本运作的县级领导干部，安排到市、县两级工业园区以及市直相关部门任职。经过公开报名、资格审查，338 人报名参加公推公选；后经两轮民主推荐，第一轮召开全市领导干部大会，从中推荐 60 名人选；第二轮召开市四套班子成员和法检“两长”会议，从 60 人选中推荐 40 名人选进入面试答辩，再从中确定 30 名人选进行差额考察。根据考察情况，市委常委会讨论决定 20 名拟任人选，经公示后正式任职。这次公推公选，在报名条件上适当放宽，为优秀干部脱颖而出创造条件，报名人数与选拔人数比达到 16.9∶1。民主推荐时，提前两天给每位参会人员发放《报名人选主要简历和现实表现》，便于参会人员熟悉了解参选县干部。每道程序结束后，通过报纸、电视等媒体进行公示，让广大干部群众及时了解公推公选进展情况，主动接受社会监督。次年 8 月，对定向推选的 20 名干部进行试用期考核，根据考核情况，对少数干部作出适当调整。

同年，乐安县公推公选工业园区党工委副书记及园区管委会副主任、党政办主任、招商部长、企业管理部长、建设环保所长、财政所长等 7 个科级领导职位。

2007 年 8 月，黎川县开展“科学规范和有效监督县（市）委书记用人行为”试点，采取“公推差选”方式选拔 5 名乡镇党政正职。部分党代表、人大代表、政协委员一同参加全县领导干部民主推荐大会，从全县 400 多名符合任职条件的干部中民主推荐 66 名候选人，县委全委会成员根据候选人 5 分钟竞职演说及平时掌握的情况无记名等额推荐，得票靠前的候选人征求县委有关领导意见后，按 1∶1.5 的比例进行差额考察，并开展民意调查。县委组织部综合考察、推荐和民意调查情况，等额提出拟任人选，提交县委常委会研究后再送县委全委会票决。拟任人选经任前公示后，正式办理任职手续。该县还将县直单位 23 个空缺职位面向县直单位公开推荐。公开推荐分两步进行，先由干部自荐和有职位空缺单位主要领导署名推荐，经资格审查后，将符合条件的人员名单返回原单位，由原单位召开民主推荐大会，按规定名额推荐产生 289 名初始提名人选。在此基础上，按职位相近原则，将初始提名人选分系统分类别对口分送到县委、县政府分管领导以及职位空缺单位党组织，由他们根据空缺职位的素质要求、班子年龄结构的需要，结合初始提名人选的专业特长、发展潜质和工作阅历等情况，对初始提名人选分析比较，择优等额定向推荐。县委组织部根据“比选”结果，综合民主推荐得票、班子结构、年度考核、平时表现、个人性格与岗位匹配情况，与县委书记沟通，县委组织部部务会等额提出考察对象，县委常委会根据考察情况决定任职人选。同年 10 月，宜黄县委组织部开展 5 个内部科室负责人竞争上岗、科室负责人与干部“双向选择”。同年，宜黄县供销社拿出 10 个职位全员竞聘。

2008 年，抚州市“公推公选”县级干部、“公推差选”乡镇党委织书记、“公推比选”部门副职、“公推竞选”机关中层干部、“公推直选”基层党组织书记、“公推考选”县级后备干部，扩大了干部群众参与范围，群众在民主推荐、干部

抚州市公开选拔领导干部面试考点

考察等关键环节都参与进去，知情权、参与权、表达权、监督权得到有效落实。2009年，资溪县制定《公开选拔科级领导干部工作实施方案》，首次面向社会公开选拔县工业园区、县经贸委等5个单位领导干部，采取“5+3”（资格审查、笔试、面试、体检、组织考察，民主测评、实绩公示、常委会票决任用）的公开选拔模式，同时，推行机关竞争上岗，各机关单位中层职位出现空缺的，通过竞争上岗方式选配。

2010年12月，抚州面向全市公开选拔12个市直单位副县级领导干部和高校副校长，其中6个岗位定向选拔乡（镇、街道、场）党政正职。报名人数达500人，报名最多的一个职位达150人。公开选拔分为报名、笔试、面试、考察4个环节，新闻媒体和网络全程及时公开选拔职位、报名资格条件、选拔工作程序、考试考察及任用结果。为确保公平公正，纪检监察部门全程监督。笔试时，抚州市纪委干部驻考场监考、跟踪监督试卷封存及送外地阅卷。面试设两名考场总监督，每个候考室、考场安排一名市纪委（监察局）干部担任监督员。公选试题实行“一职一卷”，坚持“干什么、考什么”。笔试、面试试题委托中央组织部指定专业考试中心命制。面试实行“大评委”制，评委组由以往的7人扩大至21人，每个考场由9名考官评委和12名群众评委组成评委组，面试评委和面试考生考前随机抽签确定考场。面试考官评委打分采取去掉一个最高分和一个最低分，群众评委打分去掉两个最高分和两个最低分，按考官评委80%、群众评委20%的权重合计折算面试成绩。考察实行量化计分，量化计分由基本条件、民主测评、考察组使用意见、职位所在单位使用意见4部分构成，权重为2:3:3:2，尽量减少人为因素干扰。按照每位考察对象的笔试、面试成绩和考察量化各100分，加总计算出综合得分。抚州市委组织部部务会根据每位考察对象的考察情况和综合量化得分，讨论确定12名候选人，提交市委常委会研究和票决。最后，提拔对象均为总分第一的人选，让考得好的用得上。2011年2月11日，经过7天的任前公示后，市委领导与12名选拔对象集体谈话。这次公选有8名乡（镇、街道、场）党政正职胜出，占66.7%。之后，6个县区采取类似方法，公开选拔96名科级领导干部。崇仁县2011年乡镇换届中，公选6名乡镇事业编制干部和村党组织书记进乡镇领导班子。同年，一些县区将竞争上岗延伸到县直单位中层股级干部，崇仁县采取“三推两选”（县人口计生委推荐、乡镇推荐、乡镇人口计生所推荐，个人与用人乡镇双向选择）方式，公开选拔11名乡镇计生服务所所长；采取“公推竞选”方式，县财政局公开选拔3名股级干部。

2010—2011年，全市共竞争性选拔领导干部364人。其中，市委公开选拔副县级领导干部12人，公推差选正县级领导干部3人，公推比选副县级领导干部11人；县区竞争性选拔科级领导干部338人（公开选拔137人）。市直单

竞职演讲现场

位全面实行机关中层领导职位竞争上岗，共竞争上岗 42 人，占新提任人员的 61%。2012 年 6 月 1 日—9 月 19 日，广昌县委采取组织推荐、群众举荐、个人自荐与考试考察相结合的办法，面向全市公开选拔 6 名年轻科级干部（1986 年以后出生），并选派到乡镇挂职党委副书记。临川区在教育局、卫生局、法院等单位推行中层干部竞争上岗，从大学生村干部中公开选拔副科级领导干部。11 月，临川区面向全区公开选拔区委老干部局局长、区委办公室副主任等 13 个科级领导职位，笔试、面试由中央组织部长沙公开选拔考试中心出题，外聘熟悉组织人事工作人员担任面试考官。笔试、面试后，经差额考察、竞职演讲和答辩、区委常委会差额票决产生拟任职人选。

2012 年 3 月 30 日，抚州市委组织部召开新闻发布会，常务副部长宋东方介绍抚州面向全国公选 23 个县级职位相关情况。这些职位涉及党政群机关以及经济管理、规划建设、司法、民政、卫生等相关领域和行业，主要集中在经济社会发展主战场和紧缺的专业技术岗位。对抚州市第一人民医院副院长职位，要求全日制普通高校博士研究生，且具有副高以上相应专业技术职称。针对抚州无“80 后”副县级领导干部的现状，面向全国公选的 10 个职位要求在 32 岁以下（1980 年 1 月 1 日以后出生）的年轻干部中选拔，其中报考团市委副书记职务的人员年龄要求在 30 岁以下（1982 年 1 月 1 日以后出生）。公开选拔采取“公开报名、资格审查、笔试、面试、组织考察”等程序，增加“实地调研、竞职演讲和答辩、常委会差额票决”环节，提高公选质量，增强选人用人公信力。对公选任职的抚州市外全日制普通高校博士研究生或正高级专业技术职称人员，试用期满考核合格的，按抚州市有关规定，在家属安置、子女入学等方面给予照顾，并一次性发放安家费 20 万元。2012—2013 年，抚州市市县联动，公开选拔领导干部的职位达 150 个。其中，县区科级职位 120 余个。

2004—2013 年，抚州市竞争性选拔干部力度不断加大，逐渐成为选拔任用干部的重要方式，竞争性选拔方式不断完善。但是，在大力推进竞争性选拔的过程中，一些负面作用及公选的弊端逐渐显现，一些干部把公选作为个人晋升的捷径，人们对“干得好不如考得好”颇多微词，公选成本高、效率低、环节多、耗时长等问题突出。2013 年 11 月，中共十八届三中全会《决定》提出，要改进竞争性选拔干部办法，改进优秀年轻干部培养选拔机制，坚决纠正唯票取人等现象。此后，各地公选领导干部迅速降温。2014 年 1 月修订的《党政领导干部选拔任用工作条例》，保留了竞争性选拔，但对公选的范围及对象提出限制性的要求，竞争性选拔干部工作期待新的突破。

四、年轻干部选拔任用

新中国成立初期，干部年龄普遍不大，培养选拔年轻干部没有引起足够重视。中苏论战之后，培养接班人问题提到更加突出的位置。1964 年 3 月 24 日，毛泽东在 次谈话中说：现在必须提拔中青年干部。中青年干部称为“新生力量”，同年 3 月召开的中央局组织部长会议专题讨论培养提拔新生力量问题。

20 世纪 60 年代初，抚州专区 43 名县（镇）委正副书记和县（镇）长中，40 岁以上的 14 名，占 33%；730 名公社正副书记和社长中，40 岁以上的 124 名，占 17%。干部年龄老化问题虽不严重，但培养选拔新生力量仍为当时干部工作的重点。在1963年召开的全区组织工作会议上，抚州地委就培养提拔新生力量工作作出部署。此后，地委负责人下乡对各地培养提拔新生力量情况进行督促检查，各级党组织对新生力量进行摸底排队，掌握各级各类新生力量290名。对缺乏实际斗争锻炼、有培养前途的干部，分批下放担任相应领导职务。1963—1964年，全区下放254名干部到区、公社担任党委书记或副书记，到大队担任支部书记或大队长，还有计划地抽调510名学生出身的年轻知识分子干部到农村、厂矿参加半年以上体力劳动，增强其阶级观点、群众观点和劳动观点。临川县从县属企业抽调17名学生或店员出身的机关干部到基层工作，通过锻炼，有5人由一般干部或股长级干部提拔为公社党委书记。

据调查，60年代中期，抚州专区公社和县委领导班子成员普遍年轻,年龄大多35岁左右。1964年东乡县公社书记平均年龄32.6岁，副书记35岁，社长33.2岁，副社长33.5岁。而该县308名副股长级以上领导骨干年龄大多在29岁以上，且多半副职年龄高于正职。

1965年1—9月，全区培养提拔新生力量2965人，其中县委副书记4人，专署处长2人，县委正副部长16人，公社正副书记43人，县人委正副局长30人，生产大队干部893人，生产队干部1977人。1965年10月—1966年5月，共提拔省委、地委管理的各级领导干部131人，其中新生力量87人，占66.4%。在这些新生力量中，男85人，女2人；26 ~ 30岁的22人，31 ~ 35岁的64人，35岁以上的1人。6名县委正、副书记及县长中，26 ~ 30岁的2人，31 ~ 35岁的4人；19名县委正、副部长、监委正副书记及青、工、妇正副职中，25岁以下的1人，25 ~ 30岁的6人，31 ~ 35岁的12人；6名副县长、公安局长、检察长、法院院长，都是31 ~ 35岁的;8名县人委正、副局长，副检察长、公安局副局长、法院副院长，都是31 ~ 35岁的；9名公社正书记中，26 ~ 30岁的2人，31 ~ 35岁的7人；28名公社副书记、主任中，26 ~ 30岁的8人，31 ~ 35岁的20人；其他干部11名，其中26 ~ 30岁的4人，31 ~ 35岁的7人。

“文化大革命”结束后，一大批受迫害的老同志重返领导岗位，抚州地区干部队伍年龄老化问题突出。据统计，1977年全区46岁以上干部占干部总数的30.74%。[10]中共十一届三中全会以后，随着全党工作重心转移到经济建设上来，迫切需要一批年富力强、有专业知识的年轻干部。针对这种状况，邓小平多次提出干部队伍年轻化、专业化的问题。1979—1983年，中央组织部先后7次召开全国性会议，部署培养选拔中青年干部工作。特别是1979年9—10月和1980年5月召开两次座谈会，制定《关于加强领导班子建设的几点意见》和《关于抓紧做好选拔优秀中青年干部工作的意见》。

1980年1月—1981年5月，全区提拔副县以上干部101人，其中45岁以下的28人，占27.7%；高中以上的30人，占38.8%。全区县市常委班子平均年龄低的46岁，高的两个县达51岁;50个地直县级单位有班子成员153人，平均年龄53.1岁，其中45岁以下的仅10人，领导干部的年龄普遍偏大。1981年6月召开的中共十一届六中全会将干部队伍“四化”（革命化、年轻化、知识化、专业化）方针正式写进党的决议。7月7—11日，抚州召开各县市委组织部长会议，着重研究部署选拔优秀中青年干部工作。按照“三位一体”要求，结合12个县市领导班子调整，一批中青年干部进入领导班子，新选出的县市委常委平均年龄47.4岁，比上届下降1.8岁。常委中大中专文化水平和有一定专业知识的成员由24%提高到31%，进入县市委常委会和政府领导班子的41名成员基本上是中青年干部，其中45岁以下的占71%。

为加速干部队伍“四化”进程，各地实行老中青三结合，一批德才兼备、年纪较轻的干部进入各级领导班子。1982年，宜黄县抽调一批大中专毕业生和县属单位年轻干部到公社一线锻炼培养，选拔40岁以下年轻干部42人，占提拔干部总数的40%，提拔18名具有大学学历的干部或具有助理工程师以上职称的干部担任领导职务，占提拔干部总数的17.1%。

1983年，抚州地委组织部设立青年干部科。按照干部四化的要求对地直部、委、办、局58个单位的原领导班子成员和各单位推荐的178名中青年干部进行考察了解，选拔31名中青年干部进入部委办局领导班子，其中担任正职的6人，担任副职的25人。1984年实行政社分开，恢复乡政府体制后，中央规定乡镇党委书记、乡镇长任职年龄最大不超过45岁，新进班子的一般在35岁以下，最大不超过40岁。根据中央精神，抚州各地进一步加大优秀年轻干部选拔培养力度，214名县直部委办局和乡镇领导班子成员中，35岁以下干部由24人增至77人；县直单位副职平均年龄43.56岁，比机构改革前下降7.04岁，乡镇三套班子平均年龄34.9岁，下降8.1岁；有51名一般干部直接提拔担任局级领导干部，占选拔干部总数的一半多。

1986年，抚州地直单位35岁以下年轻干部2375人，占干部总数的42.8%；县市35岁以下年轻干部9537人，占干部总数的44.2%。乡镇35岁以下年轻干部4010人，占干部总数的52.9%，其中行政机关提拔为副县级的35岁以下年轻干部2人。在抓好年轻干部选拔任用的同时，培养管理工作日益受到重视。1988年，抚州地委鼓励机关干部下基层锻炼，全区共有党政干部670人到基层工作，其中30岁以下的占80%。1989年，抚州地委组织部又组织第二批共30人下基层锻炼，一些德才兼备的中青年干部进入各级领导班子。

1992年6月，结合乡镇换届，黎川县提拔任用干部122人，其中25～35岁的84人，占68%。1993年，抚州地区对有培养前途、有发展潜力的优秀年轻干部大胆使用，共提拔45岁以下干部79人，占76.7%。同时，一批优秀年轻干部充实到后备干部队伍之中。1994年10月，抚州地委组织部派出6个工作组，对全区34家县级企业进行调查研究，既了解企业生产经营、领导班子和干部队伍建设情况，又考察12家地直县级企业优秀中青年干部，掌握一批优秀后备干部。

1995年，中共中央印发关于抓紧培养选拔优秀年轻干部的通知，对选任年轻干部提出新要求。5月25—26日，江西省委召开全省培养选拔年轻干部、妇女干部、党外干部工作座谈会，提出培养选拔年轻干部、妇女干部、党外干部工作三年规划，其中要求1995年实现目标30%，1996年实现60%。1995年抚州地委制定《全区培养选拔年轻干部、妇女干部和党外干部工作规划》，要求在换届中通盘考虑领导班子结构，上报的换届方案要有年轻干部、妇女干部和党外干部人选，本地没有合适人选的可由上级党委推荐选派，职数已满又需要配备年轻干部、妇女干部和党外干部的，经批准后可以先进后出。年轻干部、妇女干部和党外干部没有达到目标要求的地方，领导班子出现职位空缺时应优先选配。各地根据领导班子配备要求，对各级后备干部队伍中年轻干部、妇女干部和党外干部数量提出具体要求。其中，地厅级后备干部45岁以下的不少于2/3，40岁以下的要占一定数量；县处级后备干部35岁以下的不少于2/3，30岁以下的要占一定数量。同时，对1991年之后未参加过党校青年干部班学习培训的45岁以下县处级和35岁以下科级干部，规划五年内轮训一遍，时间不少于4个月。地直党政机关凡无基层工作经历的县处级以上年轻干部，要有计划地安排到基层或企业工作几年。

1996年，按照中央建设高素质干部队伍的要求，进一步加强年轻干部队伍建设。是年全区共提拔中青年县级干部55人，平均年龄41.7岁，其中36～40岁的39人，35岁以下的16人。1993—1998年，全区有260人走上县级领导岗位，近5000人走上科级领导岗位，其中35岁以下的分别占22%和46%。结合县市换届、地直单位机构改革做好领导班子调整工作，换届后县市领导班子35岁以下的有25人，党外干部有11人，妇女干部有13人。

2000年，中央组织部印发《关于进一步做好培养选拔优秀年轻干部工作的意见》，随后，全国、全省培养选拔年轻干部工作座谈会相继召开。6月26日，抚州地区召开全区培养年轻干部工作座谈会。会议认为，全区干部队伍年龄偏大，年轻干部偏少，领导班子没有形成合理的年龄梯次结构，主要领导人中年轻干部少。据统计，全区县级干部中，40岁以下的100人，占12.3%，县市党政班子中没有35岁以下的干部，35岁左右的党政正职仅1人；地直68个正县级单位领导班子中，35岁左右干部20人，40岁左右正职6人；205个乡镇场党政班子中，35岁以下的正职66人，其中乡镇场党委书记13人，乡镇场长53人。30岁以下的党政正职5人，其中乡镇场党委书记2人，乡镇场长3人。县级干部知识结构和专业结构不合理，具有国民教育大学本科以上学历的148人，经济管理、财政金融、法律专业的人数偏少，外贸专业的一个也没有。党政班子结构互补性较差，专业相近，经历类似。县级后备干部队伍中，30～35岁干部数量少，可供挑选余地不大。为顺利完成选拔年轻干部的目标，会议要求力争实现2000—2001年全区县市级党政领导班子中35岁左右的党政正职要有一定数量，党委、政府领导班子中35岁以下的干部至少各有1人。根据这一目标要求，是年11个县市22个党政班子中，先后配备35岁以下干部15人，占70%。地直单位领导班子中40岁左右的正职和35岁左右的副职也达到目标要求。

按照胡锦涛总书记提出的年轻干部培养选拔"台阶"论述，对年轻干部的培养都安排必要的台阶，使其积累经验，增强能力，提高素质。对特别优秀的年轻干部，敢于打破常规，大胆选拔使用。对进领导班子时间偏后的，可以往前排或直接放到常务副职岗位，下一级党委、政府正职中特别优秀、发展潜力大的，可以直接提任上一级党委、政府正职。在抓好年轻干部理论素养和党性修养的同时，注重实践锻炼，有目的地把年轻干部放在艰苦复杂环境和关键岗位培养锻炼，在矛盾比较多、任务比较重、环境比较差的地方和岗位磨练，把基层工作经历作为选拔优秀年轻干部重要条件。各级党组织充分运用"三讲"教育中的经验做法，立足长远，从源头抓起。制定后备干部培养选拔工作规划，继续选拔优秀应届大学毕业生和研究生，到乡镇、街道、企业等基层单位工作。从机关选派一些优秀年轻干部到基层任职锻炼，对基层涌现出来的优秀年轻干部，选派到高校或经济发达地区学习，到上级有关部门、企业挂职锻炼。继续推行淘汰机制，打破"终身制"，定期淘汰相形见绌者，建立一个数量充足、素质较高、门类齐全的年轻后备干部"人才库"。

2000年，抚州打破干部使用上的地域和部门限制，克服"眼皮底下找干部、花名册里点干部、熟人堆里挑干部"的现象，选拔年轻干部担任县以上党政领导职务，不仅从党政机关选拔，而且从国有工交财贸企业、大中专院校和科研院所中选拔，疏通从企事业单位向党政机关输送领导人才的渠道。撤地设市后，抚州市委在对县区党政主要领导调整时，更加注重年龄、文化、知识、专业结构的合理搭配。2001年，在做好县区党政班子中35岁以下干部配备的同时，把一些有培养潜力的年轻干部充实到市直单位领导班子中。同时继续选派优秀大学毕业生到基层锻炼，选派部分年轻干部到省外经济发达地区挂职锻炼。崇仁县结合乡镇换届选拔年轻干部，全县乡镇领导班子成员中，30岁以下的32人，年龄最小的24岁，平均年龄34岁，比换届前下降2.3岁。

2003年，针对35岁以下干部偏少，妇女干部和党外干部数量不足的情况，各县区委在民主推荐的基础上，研究确定一批35岁以下和妇女、非中共党员后备干部。同年，抚州市委组织部、人事局公开考试选调一批应届大专以上毕业生到乡镇工作，将表现突出的及时选拔到乡镇党政领导岗位。是年下半年，从市直单位选派20名年轻干部到乡镇或企业任职，从县区选拔一批年轻干部到市直单位挂职锻炼。

从2003年开始，抚州市公开考试录用国家公务员。至2008年，全市共录用公务员1796人，其中：市、县区级机关录用1166人，占64.9%，乡镇机关630人，占35.1%。新录用人员中，学历都在大专以上，其中，本科以上686人，占38.2%，年龄都在30岁以下；21～25岁的1279人，占71.2%。这批人员的入职对改善公务员队伍年龄、文化结构起到积极作用。2006年开始招募普通高校应届毕业生到农村"三支一扶"（支教、支农、支医和扶贫），2006—2008年共招募551人。

2006年，全市共有机关干部16711人，其中35岁以下年轻干部4656人，占27.9%。年轻干部中，担任副县级领导职务的13人，担任正乡科级领导职务的139人，主任科员24人。

各县区对年轻干部的选拔培养普遍重视。2005年，黎川县先后调整科级干部119人，在提拔任职的46名科级干部中，有年轻干部21人。2006年，市直单位提拔35岁以下年轻干部94人，其中公开选拔2人，竞争上岗80人；县区提拔年轻干部102人，其中公开选拔4名；乡镇提拔年轻干部61人。崇仁县结合乡镇换届，选拔30岁以下的乡镇党政正职1人，31～35岁乡镇党政正职9人，占31%，比调整前提高24%。2007年，市直单位提拔35岁以下年轻干部38人，县区提拔年轻干部218人，乡镇提拔年轻干部160人。2009年，临川区采取"疏通渠道腾位子、出台政策搭梯子、择优选拔压担子"的办法，从赶超发展、项目带动一线及条件艰苦、工作困难的地方选拔一批30岁左右干部，对1980年以后出生的干部，实行"小步快跑"，大胆使用。同年9月调整的49人中，有2名35岁左右的乡镇党委书记。

2009年7月，中央组织部发布《关于加强培养选拔年轻干部工作的意见》，抚州各地采取各种措施抓好意见的落实。2012年，市委拿出10个职位面向全国"80后"进行选拔，其中团市委副书记一职要求30周岁以下干部。这次公选，一举改变抚州没有"80后"副县级干部的状况。崇仁县实施年轻干部"双向挂职"锻炼工程；宜黄县面向全国公开选拔副科级领导干部，其中团县委副书记职位要求年龄在26周岁以下（1986年7月31日以后出生），其他职位要求年龄在40周岁以下。该县每年选派50名左右优秀年轻干部到工业园区重点工业企业、城区重点建设项目、招商引资一线、新农村建设示范点等中心工作岗位进行培养锻炼，选派干部到县信访局跟班学习，从各乡镇综治办专职副主任、维稳信息督查员和司法所长中选派12人到县信访局跟班学习，提高干部破解难题的执行力和善做群众工作的亲和力。

尽管抚州各地重视年轻干部培养选拔，但干部队伍年龄老化的问题仍较突出。2012年，抚州35岁以下的县处级干部有15人，36～50岁的县处级干部有634人，50岁以上的县处级干部有474人；35岁以下的乡科级干部有1382人，36～50岁的乡科级干部有6678人，50岁以上的乡科级干部有2347人；35岁以下的科员、办事员有2155人，36～50岁的科员、办事员有1833人，50岁以上的科员、办事员有511人。

2013年崇仁县开展"年轻干部315成长工程"，选派2名年轻女干部到北京亦庄工业园区和福建福清市江阴工业园区挂职锻炼。2014年，抚州市35岁以下的县处级干部13人，比2012年减少2人；36～50岁的县处级干部501人，同比减少133人；50岁以上的县处级干部572人，同比增加98人。35岁以下的乡科级干部1091人，同比减少291人；36～50岁的乡科级干部6263人，同比减少415人；50岁以上的乡科级干部2852人，同比减少505人。35

岁以下的科员、办事员 2393 人，同比增加 238 人；36 ~ 50 岁的科员、办事员 1645 人，同比减少 188 人；50 岁以上的科员、办事员 650 人，同比增加 39 人。

在年轻干部的选拔培养方面，抚州普遍存在以年龄画线，县乡换届提名搞任职年龄层层递减的问题，使一批年富力强的干部得不到合理使用。在推进干部人事制度改革时，各地普遍通过竞争性选拔方式使用年轻干部，为年轻干部的成长搭建便捷通道，但也导致一个不好的用人导向，一批年轻干部把心思花在看书备考上。针对上述问题，2010 年 8 月，中央组织部印发《关于防止县乡干部任职年龄层层递减的意见》，要求在平时干部调整时，不得把换届的年龄要求作为干部提拔年龄和任职年龄界限。意见的出台，在防止县乡干部任职年龄层层递减方面起到重要作用，但也导致新的干部能上不能下问题，年轻干部的提拔使用空间相对紧张。

五、女干部选拔任用

在中共地方组织的领导下，1926 年 10 月下旬，南城县妇女协会成立。该协会大力宣传妇女解放，提倡婚姻自主，禁止蓄婢虐婢，全县妇女运动热情高涨。12 月，东乡县成立妇女解放协会。该协会在县城举办妇女运动讲习所，培训基层妇女干部，并相继在各乡镇组建 9 个区妇女协会。土地革命战争时期，各地成立的苏维埃政府，均设有妇女委员或妇女工作委员会，任用女干部。

新中国成立后，各级党组织十分重视培养、选拔妇女干部，一大批优秀妇女被选拔到各级领导岗位。1951 年抚州专区有女干部 554 人，占干部总数的 10.33%，并有一定数量的女领导干部。东乡县在 1949—1956 年 6 月设立的 8 个区中，有 5 名女干部任副区长。

1956 年全区女干部占比下降至 9.01%。是年，全区提拔干部 832 人，其中女干部 42 人，仅占 5%。42 名女干部中，一般县级 3 人，县委委员 5 人，主要区级 9 人，一般区级 9 人，事业、企业机关股长 16 人，妇女领导骨干少、力量薄弱的问题由此可见一斑。据统计，全区 108 名县委委员中，女干部 6 名，县委部委办主要负责人中无女干部，33 名正副县长中只有临川县配备 1 名女干部，县人委各局正副局长中只有 1 名女干部任局长，县市群团机关（除妇联外）主要负责人和县市财经企业部门也只有女领导干部 2 名；专区党政部门县级女干部只有 2 名，担任专区分公司副经理的有女干部 1 名，担任专区财经企业部门科（课、股）长职务的女干部 12 名。部分县女干部配备有所加强，东乡县 1956—1958 年设立的 26 乡 1 镇中，有女乡镇党委（总支）副书记 5 人，女乡长 1 人[11]，女副乡长 40 人。1958 年 10 月以后成立的人民公社中，该县有女党委副书记 5 人，女副社长 22 人。在社会主义建设中，女干部发挥重要作用。1958 年金溪县丁长华与 5 名女社员组成花木兰队，取得棉花、水稻高产，成为全国农业战线上的一面红旗。在之后的几年中，各级党组织重视女干部选拔培养，女干部总量及占比逐步提高。1964 年，全区有女干部 1889 人，占比提至 13.4%。1966 年，临川县注意培养提拔女干部中的新生力量，一批女干部进入县、公社党政及女职工多的企业事业单位领导核心。

“文化大革命”期间，少数女干部在“双突出”（突出入党、突出提干）以及老中青三结合中进入各级革命委员会、“分管会”等权力机构，有的进入造反派及帮派势力，正常的女干部选拔培养机制被打乱。“文化大革命”结束后，一批受迫害的女干部重新走上工作岗位，女干部的培养选拔工作得到加强。1977 年，全区有女干部 8703 人，占干部总数的 22%，但担任领导干部的人数不多。1979 年全国组织工作座谈会提出，要把那些和男性具有同等能力的优秀女干部提拔到领导班子里来，充分发挥女干部的作用。按照中央要求，1984 年乡镇体制改革后，各地更加重视女干部的培养选拔工作。宜黄县县直单位和乡镇领导班子中女干部由 9 人增加到 24 人，其中担任正职 3 人，担任副职 5 人，担任乡镇党委书记 1 人，乡镇长 2 人，党委委员 5 人，副乡长 5 人，乡经联社 1 人，县妇联主任和团县委书记各 1 人。是年，该县从农村招聘 33 名高中以上、35 岁以下人员到各乡镇任职，其中女性 8 人。1986 年全区女干部增至 12367 人，占比增至 27%。1986—1987 年，金溪县注重农村基层组织女干部的配备，有 159 个村公所增配女干部，双塘、琉璃、石门等乡镇还各配备 2 名女干部。

1988 年 4 月 8 日，中央组织部、全国妇联印发《在改革开放中加强培养选拔女干部工作的意见》，提出培养选拔女干部工作的具体目标。1990 年中央组织部和全国妇联联合召开培养选拔女干部工作座谈会，培养选拔女干部工作进一步升温。抚州从加强妇女基层组织入手，注重发挥各级妇联荐才作用，围绕妇女参政议政，各级妇联组织与党委组织部门一道做好发展女党员、加强基层女干部和女后备干部建设工作，各级组织女干部比例及女性“两代表一委员”比例不断提高。是年，乐安县妇联积极荐才，全县副科级以上女干部达 34 人，其中副县级 2 人，正科级 5 人，副科级 27 人，女性县委委员占 11.5%，县人大常委会女性委员占 27.3%，县政协女性常委占 4.8%，全县 85% 的乡镇领导班子配备女干部。黎川县择优选拔 14 名妇女干部进入各级领导班子，使全县乡局级女领导干部达到 26 人。1990—1992 年，金溪县选拔 12 名妇女干部进入乡镇党政领导班子。1992 年，南丰县结合乡镇换届提拔女干部 8 人，全县乡镇领导班子中有女性 19 人，有 9 名妇女进入县人大、县政协常委会班子。据统计，1995 年，全区 300 余名县级后备干部中有妇女干部 35 人。

1995 年全国、全省培养选拔年轻干部、妇女干部、党外干部工作座谈会召开后，抚州制定《全区培养选拔年轻干部、妇女干部和党外干部工作规划》，对换届选举领导班子结构提出：县、乡两级应按要求配备女干部，对年轻干部、女干部和党外干部比例偏低的地方，班子成员出现空缺的，实行优先选配女干部。同年 12 月乡镇领导班子换届结束，204 个乡镇共配备女干部 227 人，每个乡镇至少配备女干部 1 人。崇仁县提拔 19 名副科以上女干部。1996 年全区从后备干部中提拔 10 名女干部担任县级干部。黎川县提拔 2 名女干部担任乡镇主要领导。1997 年，全区有国家行政干部 76962 人，其中女干部 21185 人，占 27.53%。是年进行县

1999 年 3 月 8 日，抚州地区召开全区女县级干部“三八回娘家”座谈会

市领导班子换届，对全区11个县市279名县级班子成员和104名县级后备干部进行考察。新进党政班子成员中，女干部有13人。

1998年11月，临川市在乡、镇、街道办事处开展“培养选拔女干部特别奖”评选活动。通过活动推动，该市科级女干部培养选拔力度明显加大，各乡镇（街道）把培养选拔女干部列入议事日程，全市35岁以下正科级女干部5人，女乡镇场党委书记、乡镇场长4人，当年科级女干部提拔数占比达14.17%。1999年2月，临川市荣获全区“育巾帼才”特别奖。

2000年，抚州市共有女机关干部3092人，占16.9%，其中担任地厅级领导职务5人，担任县处级领导职务63人，担任县级非领导职务的6人。当年全市提拔女干部104人，占提拔干部数的21.8%，其中市直18人、县区67人、乡镇19人。

2005年3月8日，抚州市召开女县级干部联谊会

2001年4月13日，中央组织部印发《关于进一步做好培养选拔女干部、发展女党员工作的意见》，提出2001—2005年培养选拔女干部、发展女党员的措施和具体要求。按照中央、江西省委要求，抚州培养选拔女干部工作日渐规范，全市女干部队伍建设水平不断提高。2001年，黎川县建立女干部人才库，各乡镇与县直单位分别确定1～2名女后备干部。在确保每个乡镇党政班子配备1名以上女干部的同时，有2个乡镇配备正科级女干部。崇仁县乡镇换届时提拔女干部6人，乡镇女干部达17人，全县副县级女干部9人，科级女干部96人。

市县乡换届后，抚州结合领导班子年度考核民主推荐后备干部工作，通过规定女干部的推荐比例和数量，确保后备干部中有足够的女干部。在个别调整时，结合班子结构需要及女干部成长情况，注重使用女干部。据统计，2002年全市共有干部87077人，其中女干部26264人，占30.2%，女干部占比进一步提高。是年全市提拔女干部97人，占提拔干部人数的19.5%。其中市直12人，县区50人，乡镇35人。东乡县注重在女干部集中部门发现人才，配备女乡镇长2人。2001—2004年，该县统战部、妇联向组织部门推荐女干部48人，其中35人被任用。

2006年，抚州市共有机关女干部2968人，占17.8%。其中担任副地厅级领导职务7人，担任正县处级领导职务19人，调研员12人。提拔女干部117人，占提拔干部人数的18.9%。其中市直33人，县区70人，乡镇14人。是年，南城县乡镇换届时，7个乡镇党政班子配备女干部8人，共提拔女科级干部19人。崇仁县配备2名女干部担任乡镇长，每个乡镇领导班子配备1名女干部。2007年，全市提拔女干部215人，占提拔干部人数的19.7%。其中市直33人，县区126人，乡镇56人。崇仁县2008年有副县级女干部4人，科级女干部130人。该县2011年在安排乡镇新领导班子时，配备女干部进班子21人，增加6人，其中党委书记3人，为全市最多。至2012年该县有副县级女干部9人、正科级女干部26人。

2013年和2014年召开的全市组织工作会议，均强调优化领导班子配备和干部队伍结构，重视培养选拔女干部。各级党组织十分重视妇女干部的选拔和培养，临川区386个行政村，村妇代会主任进两委的比例为69%，在52个社区中，女干部进两委比例达到100%。

女干部受自身条件影响，使用大多集中在市县乡换届调整时，按照班子结构需要配备。女干部的使用存在的主要问题是：通过选拔年轻党外女干部到人大、政协任职，以一名干部改善班子三项结构的做法较普遍；女干部担任各级副职多，在正职及重要岗位少。至2014年底，全市女干部3687人，其中厅级7人，县处级169人，科级1702人。县处级女干部中，担任党政正职25人。科级女干部中，正科级596人。

六、党外干部选拔任用

新中国成立初期，中央和地方各级政府广泛吸收党外人士协商管理国家大事，社会反响很好。之后，抚州各地党外干部选拔任用工作陆续启动。东乡解放后，县委安排6名党外人士担任县工商联主任、副主任、卫生局副局长、县医院副院长、县中学副校长、教导处主任。1950—1953年，东乡县召开4届人民代表会议，党外人士代表占代表总数的10%，在县人民代表会议常设委员会常委17人中，安排党外人士5人，其中2人担任副主任。1956年，金溪县安排1名原国民党少校军医担任县卫生院副院长，无党派人士6人担任区卫生所所长或负责人，党外人士3人担任政府工作部门正副局长。同年12月，金溪县第二届人民委员会（县政府）委员17人中，有民主人士4人，其中2人为常务委员，1人当选副县长。

1957年反右扩大化中，特别是“文化大革命”中，党外干部选拔任用工作受到严重干扰。

1979年，中央批转中央组织部、中央统战部《关于在国务院各部委和在地方各级人民政府中安排党外人士担任领导职务的请示报告》，要求国务院各部委和地方各级人民政府，凡有条件和对象的单位，要安排一些党外人士担任副职，国务院部长，司、局长以及地方厅、局长中也可安排条件合适的党外人士。1981年1月26日，中央批转中央统战部、中央组织部《关于在国家机关安排党外人士担任领导职务的情况和今后意见的报告》，进一步强调要把符合条件的党外人士选拔到各级领导岗位上。按照上述要求，1981年，金溪县第八届人大代表中，党外代表129人，占代表总数的37.61%，1人当选县人大常委会副主任，1人当选县人大常委会常委。1982年金溪县政协成立，统战对象23人成为县政协委员，其中1人当选县政协副主席，6人当选县政协常委。南城县提拔党外知识分子40人，其中担任县人大常委会副主任1人，副局长3人，担任其他基层领导职务36人。1984年乡镇体制改革后，宜黄县局及乡镇新班子中党外干部由3人增至38人，占领导干部总数的9.3%，其中正局级干部3人，副局长9人，副乡镇长18人，乡经联社副主任8人。

机构改革后，抚州地区虽然安排一批党外干部进入政府机关、企事业单位领导班子，但由于认识方面的原因，培养选拔党外干部工作阻力较大。认为选拔党外干部担任副县长、副市长作用不大；党外副县长人选难找，不如党员副县长有魄力，分管工作还需党员领导干部协助。另外，县政府领导班子按1正4副配备，有的县副县长已经满员。因此在1985年以前，全区12个县市没有一个配备党外副县市长。

1986年3月22日，抚州地区召开全区组织部长、统战部长会议，传达江西省委在上饶召开的“两长”会议精神，学习中央组织部、中央统战部〔1985〕3号文件、胡耀邦关于认真做好党外人士工作的重要批语及江西省委办公厅〔1985〕24号文件，总结交流全区党外人士安排使用、合作共事情况，倡导“党外有人才”“非党干部是四化建设的一支重要力量”等观念，把选拔党外干部与机构改革结合起来，选拔一批党外干部担任各级领导职务，全区党外干部增至422人。其中，在南城县率先配备党外副县长1人，地直厂矿配备副厂长以上12人、县市人大常委会正副主任10人、政协正副主席16人、县市委办局正副职49人、正副乡镇长26人、正副科长309人，还有一批党外人士担任企事业单位中层干部。这些党外干部政治素质好，社会上有影响，有的是民主党派负责人，有的是成绩突出的先进模范人物，多数学有专长。这次会议之后，各地政治上信任党外干部，不把党外干部当外人，尊重和支持党外干部工作的氛围日渐深厚，激发和调动了党外干部的工作积极性，涌现一批党外干部先进典范。宜黄县卫生局长傅淑清，对知识分子政治上关心，工作上支持，生活上体贴，全县医疗卫生工作出现新局面；资溪县水电局副局长曹挺梁，在小水电、小水利建设方面大胆建言献策，为国家节省不少资金；南城县农业局副局长孙忠华，努力钻研水产业务，为南城渔业发展做出贡献。

为解决党外干部配备没有职位问题，根据中央、江西省委精神，抚州地委采取加长板凳的办法，对已经配备1正4副的县政府再增配1名党外副职，推荐名单由地委统战部提出，地委组织部综合汇总，之后按程序办理呈报、审批、任免手续。1987年，全区12个县市都配备1名党外副县市长，地直各局以及县市局级单位，也选拔一批党外人士担任领导职务。

中共十三届四中全会以后，中共中央高度重视多党合作，明确“一个参加、三个参与”[12]是多党合作基本政治制度的重要内容。1990年12月30日，中央印发《关于坚持和完善中国共产党领导的多党合作和政治协商制度的意见》，为培养选拔党外人士担任政府和司法机关领导职务提供了政策依据。是年，宜黄县委组织部采取与统战部门同推荐、同考察、同汇报的方式，配备7名党外干部进入乡镇和县直单位领导班子。此后，各地每届县人大、政府、政协领导班子换届，都有党外人士担任领导职务。

1995年中央组织部和中央统战部召开第一次全国培养选拔党外干部工作座谈会，下发《关于进一步做好培养选拔党外干部担任政府和司法机关领导职务工作的意见》，规定省、市、县政府领导班子中都要配备党外干部，县以上政府职能部门也要注意配备党外领导干部，明确“重培养、打基础、促选拔”的工作思路和措施，使培养选拔党外干部的工作制度逐步完善。1998年3月4日，抚州地委召开全区组织工作会议，在县市换届、地直单位机构改革中，结合领导班子调整选拔任用党外干部。其中，县市换届后的领导班子中，共配备党外干部11人。但县市政协党外副主席的选配存在届中长期空缺的问题。2001年，根据江西省委组织部、省

1991年10月，全区党外科级干部进修班学员合影

委统战部联合下发《关于加强党外干部工作的意见》，抚州市委组织部、市委统战部联合下发《关于进一步做好党外干部实职安排工作的意见》，要求市直教育、卫生、审计、统计等14个部门应当配备党外领导干部，至2002年，有2个部门达到要求。

中共十六大着眼于发展社会主义民主政治，进一步强调党外干部培养选拔的重要性。2004年，中央组织部和中央统战部召开第二次全国培养选拔党外干部工作座谈会，2005年中央下发《关于进一步加强中国共产党领导的多党合作和政治协商制度建设的意见》，进一步明确新时期培养选拔党外干部工作的政策原则。中共十七大报告提出，要"选拔和推荐更多优秀党外干部担任领导职务"，培养选拔党外干部工作面临难得的历史机遇。同年，抚州市委组织部、市委统战部联合下发《关于培养选拔党外干部工作的近期规划》。按照规划要求，是年宜黄县共配备党外副科级干部12人，重点培养党外科级后备干部36人，县级中学分别配备党外副校长1人。年底，临川区有副科级党外干部22人，其中担任政府职能部门领导职务的党外干部有8人，副检察长1人，副乡镇长3人。2006年资溪县委根据领导班子配备需要，提拔党外干部担任科级领导职务15人。宜黄县新配备党外科级干部8人，使全县党外科级干部达到23人，其中担任局长2人。

2009—2012年，崇仁县结合换届在政府部门共配备党外科级领导干部12人，其中，县检察院、县人大财经委员会、县一中、二中各配备党外副职1人。在抓好选拔任用的同时，注重加强党外科级后备干部的培养和动态管理，建立后备干部档案及名册。同时，积极推荐各界各个层次的优秀党外人士担任各级人大代表、政协委员。至2012年底，该县有副科以上党外领导干部41人，其中县处级5人、正科级6人。

2013年，抚州市委下发《关于加强新形势下党外代表人士队伍建设的实施意见》，加大党外干部配备力度。南丰县共提拔交流党外干部9人，其中提拔7人，重用1人，交流1人，全县党外科级干部队伍达72人。11月，该县通过对各单位科级后备干部推荐考察，确定党外副科级后备干部59人。针对党外干部任副职多，任正职少的问题，同年4月、9月，抚州市委先后将3名党外副县级干部提拔担任市残联理事长、市供销社主任、抚州职业技术学院院长。

2014年抚州市安排党外厅级干部1人，党外正县级干部2人，并组织全市副县级以上党外干部91人，分批次赴省参加"学习习近平同志系列重要讲话精神"主题研讨班，加强党外干部队伍思想政治建设。是年，市委从县里提拔1名党外副职担任市规划局局长，首次实现党外行政正职在市直政府部门、市直事业单位、群团组织、大中专院校的全覆盖，党外干部选拔任用工作取得历史性突破。

抚州党外干部的提拔，大致可分为三个阶段，20世纪80年代至90年代中期，按照干部"四化"方针，破格提拔一批较高学历、较高职称的党外知识分子；90年代中期至2007年，尤其是2003年、2004年县区换届期间，有党外副科级干部17人破格提拔为县区人大常委会副主任、县区政府副县长、县区政协副主席；2007年开始，县区党外干部破格提拔的情况基本没有出现，大多从担任县工商联主席或县接待办主任的党外干部中提拔重用。2007—2014年，县区共提任党外副县级干部18人，均为正科级干部。

截至2014年年底，全市党外干部2772人，其中，地厅级6人，县处级82人，科级528人。

七、任职公示

1985年5月17日，抚州地委印发《抚州地区选拔任用党政领导干部实行公示制暂行办法》，公示内容包括拟提拔任用干部的姓名、出生年月、性别、籍贯、学历、政治面貌、现任职务等情况，公示期限一般从公示之日起，以7～10天为限。组织部门设立反映情况的专线电话和信箱。公示期间，由专人接待群众来信、来访、来电，收集、汇总各方面反映。对于群众反映或举报的问题，地委根据情况请有关部门调查核实，组织部门根据调查结果向党委提出处理意见，并向反映人反馈调查结果。这一做法当时在全国尚未推行。

1997年，江苏省沭阳县推行干部任命前公示的改革措施，这一做法得到中央领导人的充分肯定并作出批示。1998年年底，全国组织部长会议对抓好任前公示制试点及经验总结提出要求，中央组织部于1999年6月转发《江苏省宿迁市、黑龙江省大庆市实行党政领导干部任前公示制的调查报告》，对两地开展任前公示制的做法和经验予以介绍，供各地学习参考。同年，抚州地区进行任职公示试点。东乡县在面向社会公开招聘县职业学校校长，公开选拔县委党校、农办、科协、政研室、体改委5个单位的副职领导干部时，首次实行任职公示。临川市也在公开选拔科级干部中实行任前公示，将公开选拔后的6名科级干部姓名、性别、年龄、籍贯、学历、政治面貌、现任职务等情况在临川有线电视台和《临川晚报》上公示。此后，域内新提任科级干部逐渐推行任前公示制度，公示不合格的不予提拔使用。

在1999年抚州地区公开选拔副县级领导干部时，对参加面试的18位入闱人选，采取登报的形式进行考察前公示，公示内容包括入闱人选姓名、现任职务等，公示时间为10天。针对公示期间群众举报的有关情况，组织人员调查核实。为提升任前公示工作科学化水平，11月，抚州地委组织部、地区纪委组成联合考察组赴大庆市学习考察，借鉴大庆经验，制定《抚州地区党政领导干部任前公示制暂行办法》，对党政领导干部全面实施任前公示制。按照《暂行办法》要求，公示对象为地、县市委常委会议讨论拟提拔的党政及其他具有行政管理职能的事业单位领导干部（含非领导职务），地直党政工作部门及其他具有行政管理职能的事业单位，人大、政协、纪委、法院、检察院，群众团体党委（党组）讨论提拔任职的科级领导干部（含非领导职务）；公示内容包括拟提拔任用干部的姓名、出生年月、性别、籍贯、学历、政治面貌、现任职务等基本情况；公示形式，地委、县市委常委会议讨论提拔任职的干部，在本地区、县市范围内，利用报纸或电视、广播等新闻媒体向社会公示。部门内部提拔的科级干部，在本部门、本单位及系统内及有关部门公示。公示时间为7～10天。之后，临川、南丰、宜黄、乐安等县提拔重用的科级干部按要求进行公示，其中在党内公示10人，向社会公示27人。

2000年12月，中央组织部印发《关于推行党政领导干部任前公示制的意见》，进一步完善、规范任前公示制。意见对公示对象、范围、内容、方式、时间和程序作出明确规定。从2002年起，地厅级以下领导干部（特殊岗位除外）的选拔任用，都实行任前公示制。同年7月，党政领导干部任前公示制度写入《党政领导干部选拔任用工作条例》，作为干部选拔任用工作的一项基本程序固定下来。条例把公示工作确立在党委（党组）讨论决定后、下发任职通知前这一时段，便于扩大干部监督中的民主。随后，江西省委组织部下发《关于推行党政干部任前公示制的实施意见》，党政干部任职前公示作为干部制度改革的重要内容，更加规范并成为常态。崇仁县印发的《关于对拟提任科级领导干部考察对象实行公示制的暂行办法》，增加拟任职务公示内容。是年，崇仁县对19名副县级后备干部建议人选和66名拟提拔重用的科级干部，通过在崇仁电视台播放和在选拔对象单位张贴公告的形式，向社会进行任前公示。公示期间，共接到群众举报情况20件（次），对其中线索比较具体的7件（次）进行调查核实，有1人因群众举报情况属实未得到提拔重用。

2002年全市公示县级领导干部89人，科级领导干部320人；对县领导干部48人和科级领导干部161人进行任期经济责任审计，审计率100%。此后，任前公示作为干部选拔任用的一项基本制度得到很好执行。2006年，抚州市委组织部对市委提拔使用的78名领导干部全部进行任前公示。2009年12月，资溪县对公开选拔的5名副科级领导干部试行实绩公示制，将被考察对象承担的重点指标、重点工作、重点项目和其他工作的运行、完成情况等业绩进行公示。干部任职公示作为干部选拔任用一个必经程序，成为常态，公示格式、公示内容、公示期限、公示范围等方面，已经相对稳定，在扩大干部工作民主，接受群众监督方面发挥了积极作用。

八、任职试用期制

1993年，国务院颁布《国家公务员暂行条例》，规定新录用的国家公务员先试用一年。试用期满合格的，正式任职；不合格的，取消录用资格。同年，南丰县对公开选拔任用的干部及录用的国家公务员、事业单位干部实行任职试用期制。随后，抚州地区在部分县市开展任职试用期试点。东乡县1999年公开招聘县职业学校校长和公开选拔县委党校、政研室、科协、农办、体改委等5个单位的副职领导干部，实行为期一年的任职试用期。2000年，南丰县公开选拔4名副科级领导干部，均实行为期一年的试用，试用期满经考核合格，县委予以正式任职。

2001年2月，中央组织部出台《党政领导干部任职试用期暂行规定》，明确领导干部试用期的适用范围，即提拔担任下列非选举产生的司厅局级以下（含司厅局级）领导职务的干部：（1）党委、政府工作部门（含派出机构）的副职和内设机构的领导职务；（2）人大、政协工作机构（含派出机构）的副职和内设机构的领导职务；（3）纪委内设机构的领导职务；（4）法院、检察院内设机构的非国家权力机关依法任命的领导职务。由非领导职务转任上述同级领导职务的，也要实行试用期。对试用期满的干部进行考核，主要考核其在试用期内思想政治素质、组织协调能力、工作作风、工作实绩、廉洁自律。考核前，考核对象所在单位党委（党组）出具考核对象试用期现实表现的鉴定材料，考核对象个人出具试用期以来的工作小结，考核组对考核对象进行民主测评。参加民主测评会的人员为：领导班子成员、县级非领导职务干部、单位中层干部和下属单位负责人（50人以下的扩大到单位全体机关干部职工；不足10人的可吸收基层单位负责人和服务对象等相关人员参加）。随后对考核对象单位领导班子成员和中层干部，以及分管口干部进行个别谈话。谈话时，征求被谈话人是否同意考核对象正式任职的意见。考核中，对考核对象工作实绩进行核实，包括现场查看和核实数据。对考核中了解到的重大问题进行专题调查。考核组集体与考核对象见面，主要了解考核对象任职一年来的认识和体会。考核组对考核情况进行归纳梳理，集体研究确定考核对象的主要表现和特长、主要缺点和不足，并形成考核材料向组织部部务会汇报考核情况。

2002年，临川区委组织部对47名新提拔重用的领导干部实行为期一年的试用期，同时对2000年区公安局内部通过竞争上岗新提任的170多名公安干警进行试用期满一年的考察。同年7月，中央印发《党政领导干部选拔任用工作条例》，把党政领导干部任前试用期制度作为干部选拔任用工作的一项基本程序固定下来。是年，金溪县通过竞争上岗的人员均实行一年试用期，试用期满经考核称职者，转为正式任职，其试用期连续计算为任职时间；经考核不称职者，按原职级调整安排工作。因不称职或受处分需要降、免职的，按有关规定处理，原则上回原单位从事原工作。2003年，南丰公开招聘的县机关管理中心主任实行为期一年的试用期。2008年，南丰对试用期满的科级干部进行任后岗位适应度测评，对1名岗位适应度偏低的科级干部，由县委组织部部长进行约谈。

2011年，抚州市委组织部、市人社局转发《新录用公务员试用期管理办法（试行）》，规定新录用公务员试用期自报到之日起计算，试用期为一年。试用期满后，进行考核，考核合格的，招录机关按照有关规定任职定级。任职定级时间从试用期满之日起计算。考核期满没有考核的，不得任职定级。考核不合格的，取消录用。

尽管领导干部任职试用期制及新录用公务员试用期制得到较好的落实，但在执行领导干部任职试用期制方面，存在重形式、轻内容的现象，出现试用期满考核不及时、试用期管理缺位等问题。尤其是在试用期满干部考核问题上，视同干部提拔考察，而没有当作一项经常性的工作，导致试用期考核工作不及时，影响试用期满干部的及时转正任职。

九、任职回避制

1986年初，中央组织部曾就建立党政机关领导干部回避制度提出设想和原则性意见，1989年后在全国范围内加快推进干部任职回避制度的建立和实行。

1989年抚州地委组织部下发《关于实行领导干部回避制度的规定》，规定党政群及司法机关领导干部实行回避的范围为：有夫妻关系及夫妻双方的近亲属关系（包括父、母、子、女和同胞兄弟姐妹），三代旁系血亲关系（包括叔、伯、姑、舅、姨、堂兄弟、姨妹、表兄弟姨妹、甥、侄）及儿女姻亲关系（包括子女的配偶、子女配偶父母）的干部，不得在同一领导班子中任职，不得担任该领导干部所在机关的办公室、组织、人事、劳动、监察部门和同级纪律检查机构领导（副科级以上）职务；县市委书记、主管组织工作的副书记、纪检书记、组织部长、县市长、主管人事工作的副县市长、人事局长、县市法院院长、检察院检察长、公安局长，一般不安排本籍干部担任；事业、企业单位的领导干部，不得将应回避任职的对象提名或聘任为本单位的行政副职及企业下属单位的法人承包者，不得安排在本单位的政工、人事、劳资、财务部门工作。《规定》适应对象包括：地区副局级以上领导干部，县市、乡镇场副科级以上领导干部。

在1990年换届干部选配中，干部回避制度得到全面落实。县级干部的亲属提拔副科以上职务，都严格履行基层党组织推荐、民意测验、组织考察、县市委常委会集体研究、报地委组织部审批的程序。实行地域回避，本籍干部尽量不在本乡镇任职（招聘干部例外）；实行亲属回避，有亲属关系的一律不安排在一个班子内任职，领导干部不安排到其亲属多的单位任职；在一个单位连续任职两届以上的干部一般列入交流范围。

1993年颁布实施的《国家公务员暂行条例》将任职回避制度正式纳入其中，对国家公务员之间有夫妻关系、直系血亲关系、三代以内旁系血亲以及近姻亲关系的，不得在同一机关担任双方直接隶属于同一行政首长的职务或者有直接上下级领导关系的职务，也不得在其中一方担任领导职务的机关从事监察、审计、人事、财务工作，一般不得在原籍担任县级以下地方人民政府领导职务。

2001年，江西省委组织部转发《国有重要骨干企业领导人员任职和公务回避暂行规定》，将企业领导人员的配偶、父母，配偶的父母、子女及其配偶，兄弟姐妹及其配偶、子女，配偶的兄弟姐妹列为回避对象。回避对象不得在同一领导班子任职，不得在有直接隶属关系的领导班子中任主要领导职务，在其分管的部门、企业、驻外机构及工程、投资项目中任领导职务。任职回避由本人提出回避申请或由领导班子、有关管理部门提出回避建议，按企业人事管理权限进行审核和做出决定。对未按要求执行任职回避的督促整改。地委组织部对南丰县两名领导干部任职未严格执行领导干部任职回避制度的问题，按规定进行调整。

2002年7月颁布实施的《党政领导干部选拔任用工作条例》，对党政领导干部任职回避进一步规范，要求领导干部一般不得在本人成长地担任县区委书记、县区长以及县区纪检机关、组织部门、人民法院、人民检察院和公安部门主要领导职务。党委（党组）及其组织（人事）部门讨论干部任免，涉及与会人员本人及其亲属的，本人必须回避。干部考察组成员在干部考察工作中涉及其亲属的，本人必须回避。至此，干部任职回避工作步入法制化、规范化轨道。2005年，东乡县委组织部、县人事劳动和社会保障局下发《关于在全县开展干部任职回避检查的通知》，对干部任职回避情况进行检查。

2006年1月1日颁布实施的《中华人民共和国公务员法》，将乡级机关、县级机关及其有关部门主要领导也列入地域回避的范围。同年6月，中央办公厅发布《党政领导干部任职回避暂行规定》，新增的回避对象为领导干部的配偶、子女及其配偶以独资、合伙或者较大份额参股的方式，经营企业或者举办经营性民办非企业单位的，该领导干部不得在上述企业或者单位的行业监管或者业务主管部门担任领导成员。此后，抚州市委组织部严格按照《暂行规定》的要求执行任职回避工作。在任职回避的组织实施方面，主要是结合干部人事调整抓好落实，对县区执行任职回避情况进行检查，结合科级干部任前备案审批进行审核把关，对不符合任职回避要求的不予同意。2012年1月，江西省委组织部、省人力资源和社会保障厅转发《公务员回避规定（试行）》。将县、乡党委、政府正职领导列入地域回避范围。

2014年颁布的《党员领导干部选拔任用工作条例》对党政领导干部任职回避制度进行重申，抚州组织人事部门严格执行《条例》要求。

十、任前审批和备案管理

解放初至1953年年底，各地沿用战争年代高度集中统一的干部管理体制。随着全国各级政权的逐步建立，国家机关部门日益增多，分工更加细密，由中央和各级党委组织部门集中管理干部的形式已不适应形势发展的要求。1953年11月，中央作出《关于加强干部管理的决定》，确定在中央和各级党委组织部门的统一管理下，实行分部分级的管理体制。分部管理即根据工作需要，把干部分为9类，由中央和地方各级党委组织部统一管理干部。分级管理就是中央和地方各级党委分工管理各级干部，大体上分为4类。实行分部分级管理干部体制以后，党的干部管理体制由高度集中统一的管理形式走向统一领导与具体分工相结合的管理形式。

1956年，江西省委下达关于分管干部的决定，抚州地委根据省委决定精神，作出关于建立地委各部分管干部的决定，并于1956年7月开始执行任前审批和备案工作。

1961年，抚州地区实行下管两级干部，即公社一级以上干部均须事先报地委组织部审批。此干部管理权限一直延续到改革开放初期。

1984年，江西省委组织部下发《关于改革干部管理体制若干问题的规定》，立足干部管理"管少、管活、管好"。抚州地委下发《关于适当下放地管干部管理权限的通知》，将部分需要报地委审批任免的干部权限下放，其中，县委县政府各部、委、室副职，各局局长、公检法副职等干部由县委决定任免，作出任免决定后，报地委组织部备案。随后，抚州地委又下发《关于授权地委组织部审批部分地管干部的通知》，将各县市政府党组正副书记，人大、政协党组书记，地直委、办、局、公司党委（党组）正副书记、纪检组长，地委各部、委、室、校（党校），行署办公室（不包括行政科）各科室的副职，地区经委、计委、公安、检察、法院各科（室）正职，地区商业各公司、地区外贸公司、林业工业公司、农机服务中心站、林科所、农科所、柑桔研究所、科技情报所、赣东开发公司、钟岭综合工厂、地区招待所、地区医院、地区温泉疗养院、地区经济管理干部学校、抚州农校，东乡、南城、崇仁师范学校等单位的副职授权地委组织部进行审批。

对企业干部的任前审批和备案，1984年7月10日，地委组织部、地区劳动人事局和地区经委联合印发《关于地直工交系统干部、工人管理的几个问题的通知》，规定厂长负责管理企业内部的行政干部、技术人员和工人，由企业党委负责管理党群干部，经委负责管理工交系统内的干部和工人。地直县级工业企业的厂长、党委书记的任命由地区经委会同主管工业公司进行考核，报地委审批；副厂长、总工程师、总会计师，由厂长提名，企业党委批准，报主管工业公司、地区经委和地委组织部备案；党委副书记、工会主席及党委成员，由地区经委党组批准，报地委组织部备案。地直区级工业企业的厂长、书记，由地区经委党组审批并报地委组织部备案；副厂长由厂长提名，企业党组织批准；副书记、工会主席及党支部成员，由地区经委党组批准。地区工业公司党委正副书记和正副经理，由经委党组考核，报地委组织部审批；公司党委成员由经委党组审批，报地委组织部备案。

1987年，抚州地委下发《关于干部管理权限的暂行规定》，规定县市各部、委、办、局正职及相当于这一职务的干部，由各县市委审批，办理任免手续后，报地委组织部备案。县市委组织部部长、县市劳动人事局局长、公安局局长，地直各部、委、办、局及相当于这一级行政单位的中层正职（正科级），由地委组织部审批；中层副职（副科级），由各单位按职数规定审批，报地委组织部备案。各校、所、站等副县级事业单位的行政正职，由地委审批，行政副职由主管部门审批，报地委组织部备案。各院、校、所、站等县级事业单位的中层，在未实行首长负责制前，由各单位党委在征求行政领导意见的基础上决定任免，正科级职务报地委组织部备案。抚州师范专科学校的中层正职（副县级），由地委审批，中层副职（正科级），由校党委审批，报地委组织部备案。下放抚州市的县级工厂干部由抚州市管理，原抚州地委和抚州地委组织部任命的厂一级领导，其安排情况报地委组织部备案。县级以上领导干部和各县市委组织部部长的配偶、子女、兄弟姐妹及子女配偶，凡需提拔到科级领导岗位的，报地委组织部审核同意后，按干部管理权限任命。

1989年，抚州地委批转下发的《选拔任用干部程序实施细则》规定，副县级以上干部近亲属提拔任职需按规定报地委组织部事前审批。1990年，地委组织部先后出台《关于加强干部宏观管理的规定》和《关于加强干部宏观管理的补充规定》，对任前审批和备案管理的科级干部作出明确规定。根据规定，凡各县市部、委、办、局（包括人大、政协、人武部内设机构）正职、乡镇党委书记、乡镇长、地直各机关的副科级、地属企事业单位正科级等备案干部、地直党政群机关下属正科级企事业单位的正职、抚州市属副县级企事业单位的副职，都需要按规定程序报地委组织部备案同意（地直宣传口的需先报地委宣传部审核同意再交地委组织部备案）后，才能办理任免手续。各县市委组织部正副部长、县市纪委副书记、劳动人事局正副局长、监察局正副局长、公安局正副局长、正副政委（交警队队长、教导员、林业公安局局长、教导员），各县市委办公室主任、政府办公室主任、公安局分局局长、政委、地属副县级企业单位的副职报地委组织部审批。

1992年，抚州地委下发《关于科级干部管理权限若干问题的通知》规定，地委组织部干部管理审批范围为：各县市委组织部长、纪委副书记、监察局长、劳动人事局长、公安局长及政委、检察院副检察长、法院副院长；地直副县级行政事业单位的人秘科长（或负责人事工作的党办主任、政治处主任）、干部科长；地直行政事业单位的党委委员、党组成员、纪委委员。各县市的乡镇党委书记、乡镇长，事先报地委组织部同意备案后，由各县市委任免。各县市、地直正县级以上行政事业单位的其他科级干部，由各县市、地直各单位党委（党组）管理，任免后报地委组织部备案。凡属全区范围内副县级以上领导干部的配偶、子女、子女的配偶，在全区范围内提拔担任科级干部的均需报地委组织部审批。1997年，临川市委组织部制定《关于干部管理权限及任免程序的暂行规定》，临川市委组织部管理范围内的市直机关党委委员（党组成员）、纪委委员（纪检组成员）、纪委副书记（纪检组副组长）、监察室主任、人秘股长、党委办主任、行政办主任；乡镇场、街道办事处纪委委员、纪委副书记、办公室主任、人武部副部长、人大秘书及政法口的正股级干部由组织部下文任免或提名；其他正股级干部、村党支部书记和政法口的副股级干部，经组织部备案后由各主管部门和乡镇下文任免或提名。其他副股级干部由主管部门决定任免，报组织部备案。

1996年6月30日，抚州地委行署下发《关于改进工业企业干部管理和建立激励机制的暂行规定》，取消工业企业行政级格。2000年，抚州市委出台《关于改进市属国有企业领导人员管理的意见》，将37家市属商业、供销、建筑、交通、外经外贸、物资、粮食、农林等非工业口企业干部下放给市属企业主管部门管理，东乡红星企业集团、黎川德胜企业集团两家企业分别下放给东乡县委和黎川县委管理。上述人员职务任免后分别抄报市委、市政府主要领导、分管领导和市委组织部。原由市委研究任用的企业副县级以上领导人员，如调离企业到县区四套班子（含法检“两长”职位）、市直党政机关、行政事业单位领导班子或推荐到更高职务任职的，仍由市委研究决定。市属企业党组织设置、双重管理企业的党组织设置及领导职务任免，市委授权市委组织部研究办理；原市委研究决定任职的企业领导人员离退休，由市委组织部负责审批。

2001年，抚州市委组织部下发《关于适当下放科级干部管理权限的通知》，将部分审批权下放，实行事前备案制的职位有：乡镇党委书记、乡镇长，县区委组织部副部长，市直正县级单位人秘科科长（包括负责人事工作的办公室、政治处主任），非直属副县级行政事业单位的副职，越级或破格提拔拟任正、副科级职务的。县区劳动人事局局长的任免改为事后备案。2003年，全市共完成县区和市直单位上报需审批的干部51人、需任前备案干部176人、需核定职数干部108人任职资格条件的审核审查工作。2004年，完成县区和市直单位上报需审批干部49人、需任前备案干部97人和需核定职数干部65人任职资格条件的审核、审查工作。

1989—2014年县（市、区）需事前审批、备案科级职位及受理单位情况

表6–1

<table>
<tr><th>类别</th><th>职务名称</th><th>审批、备案单位</th><th>文件依据</th><th>说明</th></tr>
<tr><td rowspan="4">事前审批</td><td>县纪委常委、监察局副局长</td><td>市纪委事前审批</td><td rowspan="2">抚纪发〔1990〕14号
抚纪发〔2002〕2号
抚发〔1989〕19号</td><td rowspan="4">纪委副书记、监察局长的任免，须事先与市纪委沟通后呈报</td></tr>
<tr><td>县纪委副书记、监察局局长</td><td>市纪委、市委组织部事前审批</td></tr>
<tr><td>副县级以上干部近亲属提拔任职</td><td>市委组织部事前审批</td><td>抚发〔1992〕24号
赣组发〔2011〕7号</td></tr>
<tr><td>其他需呈报的情况</td><td>市委组织部事前审批</td><td>赣组发〔2011〕7号</td></tr>
<tr><td rowspan="3">事前备案</td><td>政法委书记、副书记，综治办主任、610办主任</td><td>市委政法委事前备案</td><td rowspan="2">抚发〔2003〕30号
抚组〔1999〕13号</td><td rowspan="3">乡镇党政正职的任免，须事先与市委组织部沟通后呈报</td></tr>
<tr><td>法院副院长，检察院副检察长，公安局局长、政委，交警大队大队长、教导员</td><td>市委组织部、市委政法委事前备案</td></tr>
<tr><td>乡镇党委书记、乡镇长，县委组织部副部长</td><td>市委组织部事前备案</td><td>抚组干〔2001〕35号</td></tr>
</table>

2011年，按照《江西省党政领导干部选拔任用工作有关事项报告实施办法（试行）》要求，副县级以上领导干部近亲属在领导干部所在单位（系统）或者县区内提拔担任下一级领导职务的，需报抚州市委组织部审批。报批原则上一次限报1人，呈报间隔期为两个月。按照干部管理权限，涉及县区党政正职任免、厅级干部近亲属提拔任职等情况，须向江西省委组织部呈报事前审批的请示，同时附考察材料、会议纪要、干部任免审批表。县区委书记、县区长任前须呈报江西省委（省委组织部）审批。双重管理干部的任免，属市委主管的干部，且须事先征求协管方意见的，以及须事先报江西省委组织部备案或审批的，由抚州市委组织部干部综合科拟制征求意见函，提供干部任免审批表、提拔任职的干部考察材料等，呈报省委组织部备案、审批和征求协管方意见。

同年，抚州市委组织部进一步明确县区科级干部任前审批的范围：（1）县区纪委副书记、监察局局长的职务任免；（2）县级以上领导干部的配偶、子女及子女配偶在本市内提拔担任科级职务的；县级以上领导干部的近亲属（三代以内旁系血亲以及近姻亲关系）在领导干部所在单位（系统）内提拔任用，或者在领导干部所在县区提拔担任下一级领导职务的；（3）除领导班子换届、机构改革外，一批集中调整干部数量超过50人的；一年内调整干部（不含干部到龄退休免职、试用期满正式任职、下派挂职干部任免、军转干部安置、干部调离免职等）数量超过领导职数和非领导职数总数 20% 的，或一个月内调整干部两次以上的；（4）《江西省党政领导干部选拔任用工作有关事项报告实施办法（试行）》规定的其他需报市委组织部审批的情况：对在机构变动或者主要领导成员已经明确即将离任时确因工作需要提拔、调整干部的；越级提拔干部的；党委、政府及其工作部门个别特殊需要的领导成员人选，不经民主推荐，由组织推荐提名作为考察对象；乡镇党政正职在同一岗位任期不到 3 年进行调整的；对领导干部秘书等身边工作人员提拔任用的；领导干部因被问责受到组织处理或者纪律处分，影响期满后拟重新任用的；超过任职年龄、规定任期需要继续留任的。上述情况，党委会议讨论决定前，应按要求书面报告上一级组织人事部门，经书面批复同意后方可进行。对乡镇党政正职的职务任免（在同一岗位任期不到 3 年的，按事前审批程序报批），县区委组织部副部长的职务任免，县区法院副院长、检察院副检察长的职务任免，县区公安局局长、政委的职务任免，县区交警大队大队长、教导员的职务任免，任前要报市委组织部备案。

【注　释】

［1］《毛泽东选集》第 2 卷，人民出版社，1991 年版，第 1426 页。

［2］《东北赴江西南下干部名录》，资料来自于网络。

［3］梁腾渊：《四方云集话当年——原东乡县委领导热情支持编史修志工作》，《抚州地方史志通讯》1983 年第 2 期。

［4］赵明：《回忆解放南丰及建国初期建设南丰作出重要贡献的同志》，《南丰文史资料》，2014 年版第 54 页。

［5］陈其则：《东乡银行发展简史》，《东乡县文史资料》第五辑，1991 年版，第 87 页。

［6］主要县级，即县委书记、县长和相当于县委书记、县长职级的干部；主要区级，即区委书记、区长和相当于区委书记、区长职级的干部。

［7］“闹提拔”，少数干部的个人主义错误思想，出现闹待遇、闹提拔、闹调动、闹入团入党、闹婚姻的“五闹”现象。

［8］摘自《中共抚州地委组织部关于 1954 年干部工作总结》，卷宗号 005-006-104。

［9］1999 年 7 月，抚州地区供销社主任郝明龙通过公选提任江西省物资集团公司副总经理；2005 年 5 月，抚州市委党校常务副校长刘紫春通过公选担任江西科技师范学院副院长；2006 年，江西省公推公选 9 名正厅级领导干部，抚州市有 2 名副厅级领导干部列入评委测评对象；2008 年 6 月，江西省公选 1000 名副厅级后备干部，在 4812 名报名人员中，抚州有一批县处级领导干部名列其中；2009 年，江西省通过公选方式补充选拔 300 名副厅级后备干部，其中有一批抚州县处级领导干部；2010 年 11 月，江西省公选 30 名副厅级领导干部，广昌县委书记江晓斌通过公选提任省民政厅副厅长。

［10］根据《中国共产党江西省抚州地区组织史资料》（1926—1987），《建国后抚州地区国家行政干部情况年度统计表（二）》计算得出。

［11］陈荷金 1957 年 7 月任长林乡乡长，为东乡县第一个女乡长。

［12］“一个参加，三个参与”即：民主党派参加国家政权，参与国家大政方针的制定，参与国家事务的管理，参与国家法律、法规、政策的制定和执行。

第二节　干部综合管理

一、管理体制

管理机构　抚州地区解放以后，中共抚州地委及各县市委相继成立，地、县市委均成立组织部，内设干部科、干部股，具体负责干部管理工作；专署及各县市人民政府成立人事局，负责干部的调配，乡镇场党委设有组织委员管理本乡镇场的干部，宣传口、统战口等干部人数较多的系统，设有干部科管理干部。20 世纪 70 年代中期至 80 年代初期，抚州地区还设立科技干部管理局，对科技干部进行管理。科技干部管理局后并入地区劳动人事局，内设科技干部管理科。地直单位、县市直单位设有办公室或人事秘书科、股协助管理干部工作。此外，在地（市）、县（市、区）公安、检察、法院、司法以及政法委设有政治部（处）管理本系统干部。中央、江西省驻抚州单位、高等院校及军队系统，均设有党委办或组织部、人事处、办公室或政治部等管理本系统干部。

在设有党委、党组的单位，由党委、党组书记负责干部人事工作。一般情况下，组织部（处）负责人均担任同级党委、党组成员，以切实贯彻党管干部的原则。在抚州区域内，除中央、江西省驻抚州单位外，地、县市直单位的干部统一由地、县市委组织部统一管理，各单位的组织人事部门协助管理。

管理权限　解放初至 1953 年年底，干部管理继续沿用战争年代高度集中统一的干部管理体制。此后，随着全国各级政权的逐步建立，国家管理机关及经济职能部门日益增多，分工更加细密，由中央和各级党委组织部门集中管理干部的形式已不适应形势发展的要求。1953 年 11 月，中央作出《关于加强干部管理的决定》，确定在中央和各级党委组织部门的统一管理下，实行分部分级的管理体制。分部管理即按工作需要，把干部分为 9 类，由中央和各级党委的各部进行管理。[1] 抚州军分区干部由军队负责

新中国成立初干部任命书

管理；1961 年成立的江西一矿（后改为国营 721 矿）干部，由第二机械工业部管理。分级管理即在中央和各级党委组织部门的统一管理下，中央和各级党委分别管理各级干部，大体上分为 4 类。其中与抚州专（地）区有关的干部级别的管理权限为：地委正副书记、行署专员由中央管理；县级以上主要干部由中南局（后改为华东局）管理；区以上主要干部由江西省委管理；区一般干部由抚州地委管理；乡主要干部由各县市委管理。

实行分部分级管理干部体制后，干部管理体制由高度集中统一走向统一领导与具体分工相结合。以临川县为例：1956 年开始，科级副职改由县委批准任免。是年 8 月 20 日，临川县委下发《关于建立各部分管干部制度的决定（草案）》，将县委各单位划分为宣传部、文化教育部、工业交通部、农村工作部、财经贸易部、统一战线部、组织部，对全县干部进行分部管理。县委组织部负责管理党委机关、群众团体、公安、民政、审判、检察等部门的干部以及其他暂时没有适当部门管理的干部，同时对挑选、使用、提拔、调配与训练干部的工作负综合研究责任。县委组织部在县委统一领导下，协助县委系统了解与综合研究干部工作中的重要问题，综合制订干部工作计划，统一掌握干部政策，统一挑选、提拔、使用、培养教育、审查、鉴定干部，统一进行各系统之间主要干部（地委和县委管理的干部）的调整、调配和干部的转移调配，统一规定干部档案管理制度，统一进行干部统计工作。各部关于干部工作的计划、报告和材料须送交县委组织部，有关干部任免意见和干部工作中存在的主要问题须经常同县委组织部共同研究。1958 年 5 月 15 日，临川县委批转县人事局《关于临川县人民委员会任免国家机关工作人员办法》，要求全县各部门的干部人事任免工作按该办法办理。

1960 年抚州市委对干部分级管理作出更加明确的规定：公社党委书记、主任由抚州地委管理；公社党委委员、副社长、大队支部书记、大队长、一般干部由抚州市委管理；生产队正副队长、会计等以上干部及公社一般脱产干部由公社党委负责管理；生产作业组长及一般干部由大队党支部负责管理。抚州市委组织部负责有关干部管理教育的日常工作，各级党委按照干部管理权限，对各级领导干部进行经常性教育。

1961 年，临川县进一步扩大干部管理范围，将生产大队党支部正副书记、正副主任以上干部纳入县委管理范围，将生产队正副队长、会计、管理员以上干部纳入公社党委管理范围。之后，凡调整提拔干部，均按规定报主管部门党委审批。县人民委员会的任免及县委管理干部的职务提升、调整变动，须事先报县委组织部审批。临川县委工作部门及县属单位因工作需要调动干部，经双方商妥后，由请调一方函请人事部门办理调动和介绍手续。在函请调干时，应说明何人何时与何人商妥。

同年，抚州市也扩大干部管理范围，规定各机关、企业、事业、群团、公社的脱产干部，由市委组织部统一管理。将大队支部书记、主任纳入市委管理范围；将大队支部副书记、副主任、管委会主任、财贸主任、妇女主任、团支部书记、民兵连（排）长、会计、统计、保管、出纳、信用会计、正副生产队长、生产队会计、食堂主任以及公社自办企事业单位的厂、场、队、院、校的所长、经理、主任、财务人员以及相当于上述职务的人员纳入公社党委管理范围；生产队委员、妇女作业组长、食堂会计、保管、团支部委员、民兵正副班长、大队自办企事业单位负责干部和财务人员由大队党支部管理；各工厂、车间正副主任（不脱产的）和相当于这一级的干部由各战线领导小组管理；车间主任级以下的干部由各单位党委（支部）自行管理；凡公私合营核算组党支部书记、正副经理、财务人员由市委财贸领导小组管理；各公私合营商店、综合商店的正副经理、主任、财务人员、合营商业自办附设的厂、场、站、队、院、堂的负责人和财务人员由商业党总支管理；小组长或相当于这一级的人员由有关党支部管理；居民管理区党支部书记、主任由市委管理；居民管理区副主任、财贸主任、妇女主任、正副小队长、正副组长、管理区委员以及公社自办厂、场、院、校、队、站、所、馆的负责人和财务人员，各食堂主任和财务人员和相当于这一级的干部均由城市公社党委管理；居民管理区只管理自办企事业单位的负责人。对干部的任免、调动、提拔、撤换或处分，均须按照干部分管范围，事先报分管的党委批准，然后分别由党委或行政主管部门下达任免通知，属于选举范围内的干部，通过必要的民主程序和手续，防止个人决定干部问题的无组织无纪律行为。

1977 年恢复成立抚州地委组织部以后，加强了干部管理。1979 年 3 月 13 日地委组织部干部科会议记录显示：纳入地管干部范围的有：地委、行署以及政法系统副科长以上干部；地委党校、抚州医学分院、抚州师范分院、地区共产主义劳动大学副处长（系、科）以上干部；地直厂矿副科长、车间支部书记、主任以上干部；地直各局副科长，商业局、供销社下属各公司科长以上，物资局下属公司副经理以上，农机局公司副经理以上，农科所、林科所、水科所、农机研究所副所长以上，文教局下属单位副职以上，温泉疗养院副院长以上，地区医院政、室、科副处长、副主任以上，各垦殖场副科长、分场场长、支部书记以上，抚州卫生学校、抚州师范分院各分校副校长以上干部。

根据 1981 年《中华人民共和国地方各级人民代表大会和地方各级人民政府组织法》规定，县级副职及局级正职改由县人民代表大会常务委员会任免。此后，分级管理的权限范围有所变化，中央由下管两级改为下管一级主要领导干部，但组织部门统一管理下的分部分级管理干部体制格局始终未变。随着国家政治经济的快速发展，干部成分日渐多样化，“国家干部”中，既有国家机关工作人员，又有一般事业单位的工作人员；既有党务干部，又有行政管理干部；既有学校教师，又有专业技术人员。除此之外，还有企业中的各类管理人员。多层次、多类型的干部都按管理党政干部的单一模式进行管理，都以行政级别画线，抹杀了各类人员的特点，模糊了各层人员的界限。

1983 年 10 月，中央组织部《关于改革干部管理体制若干问题的规定》提出，要本着“管少、管活、管好”的精神，在党委统一领导下，实行组织部门统一管理和分部分级管理相结合，各级党委适当缩小管理干部的范围，下放管理干部的权限。1984 年，抚州地区将原属地委管理的 1900 名区（科）级干部下放给县市和地区主管部门管理，将地委管理的部分干部授权给地委组织部审批，减少了干部审批环节。各县市委也将县属各局的职能机构和企事业单位的领导干部下放到主管部门管理，地、县市委直接管理的干部人数比原来减少 3/4 左右。以黎川县为例，县委管理科级干部，县委组织部负责调配乡镇场、县委工作部门、群团组织、人大、政府、政协、法院、检察院、公安、司法等行政机关的一般干部，县人事劳动局负责调配政府其他行政机关及县直企业、事业单位一般干部。1985 年，抚州市《关于报市委备案干部调配的暂行规定》简化干部调配程序，对属市委管理干部的调动，由主管部门向市委组织部提出，经市委审批后，由市委组织部办理手续；属市委备案的干部调入、调出本市，由市委组织部直接审批并办理手续；市委党群系统（市委机关、群众团体、各乡镇、街道办事处、法院、检察院）干部的调出、调入，均由市委组织部审批和办理手续。从 1985 年开始，黎川县教育局、卫生局分别负责系统内教师、医务人员的调配。而新增教师、医务人员及教师、医务人员调出本系统，则由县人事局负责办理。

按照中共十三大对干部人事制度改革提出的新要求，1987 年，抚州地委下发《关于干部管理权限的暂行规定》，规定县市各部、委、办、局正职及相当于这一职务的干部，由各县市委审批，办理任免手续后，报地委组织部备案（县市委组织部部长、县市劳动人事局局长、公安局局长由地委组织部审批）。地直各部、委、办、局及相当于这一级行政单位的中层正职（正科级）的任免，由地委组织部审批；中层副职（副科级）的任免，按职数规定，由各单位审批，报地委组织部备案。各校、所、站等副县级事业单位的行政正职，由地委审批，行政副职由主管部门审批，报地委组织部备案。各院、校、所、站等县级事业单位的中层，在未实行首长负责制前，由各单位党委（党组）征求行政领导意见后决定任免，正科级职务报地委组织部备案。抚州师范专科学校中层正职（副县级）由地委审批，中层副职（正科级）由学校党委审批，报地委组织部备案。下放抚州市的县级工厂，干部由抚州市管理，原地委和地委组织部任命的厂一级领导，其安排情况报地委组织部备案。县级以上领导干部和各县市委组织部部长的配偶、子女、兄弟姐妹及子女配偶，凡需提拔到正副科级领导岗位的，报地委组织部审核同意后，按干部管理权限任命。是年，临川县将原来由县委和县委组织部管理的经委系统企业正副厂长、党组织正副书记、工会主席，工厂党委委员、公司经理，改由经委管理，经委负责上述干部的考察、评议和任免，县委组织部从业务指导、监督、检查方面进行宏观管理。

1989 年，在坚持干部权限下放的同时，对一些重点岗位，各地组织部门仍要求按规定进行审批。是年，临川县委组织部对县直单位人事、干部股长和乡镇场办公室主任（包括未设正职主持工作的副职）实行重点管理，其他股级干部则由县直单位、各乡镇场党委自行管理和任免。1990 年 6 月 27 日，临川县委组织部下发《关于宣传口干部管理的规定》，将县委宣传部、县委党校、临川报社、县文联、县社联、县教育局、县文化局纳入县委宣传部干部管理范围，宣传口副局长以上干部（县委宣传员除外）的考察工作，以宣传部为主，组织部参与。

1990 年，抚州地委组织部出台《关于加强干部宏观管理的规定》和《关于加强干部宏观管理的补充规定》，对任前审批和备案管理的科级干部作出明确规定。根据规定，各县市部、委、办、局（包括人大、政协、人武部内设机构）正职、乡镇党委书记、乡镇长、地直各机关的副科级、地属企事业单位正科级等备案干部、地直党政群机关下属正科级企事业单位的正职、市属副县级企事业单位的副职的任免，都需要按规定程序报地委组织部同意备案（地直宣传口的需先报地委宣传部审核同意再交地委组织部备案）后，才能办理任免手续。各县市委组织部正副部长、县市纪委副书记、劳动人事局正副局长、监察局正副局长、公安局正副局长、正副政委（交警队队长、教导员、林业公安局局长、教导员）、各县市委办公室主任、政府办公室主任、公安局分局局长、政委、地属副县级企业单位的副职报地委组织部审批。

1992 年，抚州地委下发《关于科级干部管理权限若干问题的通知》，对地委组织部管理干部审批范围调整为：各县市委组织部长、纪委副书记、监察局长、劳动人事局长、公安局长、政委、检察院副检察长、法院副院长；地直副县级行政事业单位的人秘科长（或负责人事工作的党办主任、政治处主任）、干部科长；地直行政事业单位的党委委员、党组成员、纪委委员；各县市的乡镇党委书记、乡镇长，事先报地委组织部同意备案后，由各县市委任免；各县市、地直正县级以上行政事业单位的其他正副科级干部，由各县市、地直各单位党委（党组）管理，任免后报地委组织部备案。域内副县级以上领导干部的配偶、子女、子女的配偶，提拔担任科级干部的均需报地委组织部审批。同年，抚州市印发《市委组织部干部管理系列修订表》，进一步下放干部管理权限，除劳动人事、监察、公安部门外，其他部门和单位的中层干部均由主管单位管理或聘任，使主管单位管人与管事有机结合起来。1993年，临川县委对政法机关干部管理范围进行调整，县公安局、法院、检察院、司法局正科级干部的任免由县委组织部直接管理，副科级干部由县委组织部审批，主管单位任免，一般干部调配由县委组织部掌握。抚州市按照《国营大中型企业转换经营机制条例》要求，把人事管理权下放给企业，同时将商业、粮食、供销、物资等专业经济管理部门，成建制地转为经济实体，其人事管理权实行企业化管理。

1994年，抚州地委组织部成立负责企业干部管理工作的干部三科，制定工作职责，建立企业干部考察档案。10月，组织6个工作组对全区34家县级企业进行调查研究，了解掌握企业生产经管、领导班子和干部队伍建设等方面的情况，并有重点地对12家地直县级企业优秀中青年干部进行考察了解，掌握一批优秀后备干部。

1997年，临川市委制定《关于干部管理权限及任免程序的暂行规定》，对市委、市委组织部、市委宣传部管理的干部范围及企业干部管理办法作出详细说明。其中，市委组织部管理的干部范围为：市直机关党委委员（党组成员）、纪委委员（纪检组成员）、纪委副书记（纪检组副组长）、监察室主任、人秘股长、党委办主任、行政办主任；乡镇场和街道办事处纪委委员、纪委副书记、办公室主任、人武部副部长、人大秘书；公安局、公安交警大队、林业公安分局、法院、检察院、司法局的内设科（股、庭、室）及下属所（队）的股级干部；市直行政机关、事业单位、群团组织的正股级干部、农村党支部书记。

2000年，抚州市委印发《关于改进市属国有企业领导人员管理的意见》，取消39家市属商业、供销、建筑、交通、外经外贸、物资、粮食、农、林等非工业口企业的行政级格，将其中37家企业干部下放给市属企业主管部门管理，东乡红星企业集团、黎川德胜企业集团两家企业分别下放至东乡县委、黎川县委管理。下放企业管理权限、取消干部行政级格后，企业人员不再保留干部身份，为深化企业改革清除了障碍。

2001年，临川区将乡镇、街道办事处下属事业单位股级干部的任免、干部职工的调配、工资变动审核、干部档案管理等职能划归区委组织部管理，同时，牵头负责干部的培训、考核、奖惩等工作。制定下发《关于调整企业领导干部管理权限的通知》，将区经贸委、粮食局、商业局、二轻局、供销社下属企业领导干部的管理权下放，由过去区委任命改由所属党委管理。取消企业级格和企业领导干部的级别，原企业领导干部的行政级别保留在本人档案里，新任企业领导干部不再确定行政级别。区属重点国有企业、国有控股企业和原科级企业的正职，由主管部门党委集体研究，报区委组织部事前备案，主管部门下文任免（聘任、解聘）；其他企业的行政正职，由主管部门党委研究决定后下文任免（聘任、解聘），报区委组织部备案；企业行政副职，由行政正职聘任，报主管部门备案。

2008年7月，抚州市委在调查研究的基础上，针对少数市直单位科级干部管理混乱、个别单位超职数配备科级干部等情况，下发《关于进一步加强和改进市直单位科级干部管理的意见》，进一步明确市直单位科级干部的管理权限，规范任免程序，严格工作纪律。

2015年6月，按照“一站式，全覆盖”原则，参照江西省委组织部干部处室职能分工设置，对抚州市委组织部干部科室对外职能业务分工进行调整。干部工资审批、干部退休证件，干部社团、企业兼职审批，按干部级别分科办理：县区的市管干部由干部一科办理，市直单位的市管干部由干部二科办理，厅级干部由干部综合科办理。干部进档材料：县区的市管干部档案材料催收、转接、核实、进档材料制作等事项由干部一科办理，市直单位的市管干部档案材料催收、转接、核实、进档材料制作等事项由干部二科办理，干部综合科负责市管干部档案材料的归档，厅级干部档案材料催收、转接、核实等事项。干部档案任前审核：县区的科级干部拟提任副县级干部档案任前审核事项由干部一科办理，市直单位的科级干部拟提任副县级干部档案任前审核事项由干部二科办理，拟提任的正县级干部档案任前审核事项由干部综合科办理。

管理措施 中央确定分部分级管理体制后，各部各级按照干部管理权限，建立干部名册及干部个人档案，并根据干部提拔晋升及任职变动情况，对干部名册及干部个人档案进行调整。在不同的历史时期，按照党管干部原则，适时对各级各部干部管理的范围及程序作相应调整。此外，干部管理包含宏观管理和微观管理。宏观管理主要是对整个干部队伍的管理，包括抓源头、严把"入口"，抓晋升、守住"楼梯口"，抓退出机制、疏通"出口"。在微观管理方面，包括对干部的考核评价、提拔重用、奖励与惩处。依据干部管理权限，采取上级对下级落实情况开展定期不定期的检查督促。

从20世纪80年代初开始，抚州地委坚持和完善新的干部管理体制，特别注意加强党的干部路线、方针、政策的指导，根据干部"四化"方针和改善干部整体结构的要求，对领导班子实行目标管理；坚持干部选拔任用的程序管理和调动制度；强化编制管理，促进机构、职数和人员编制的法规化。在实施宏观管理时，对于下级作出的违反党管干部原则和组织人事工作纪律的错误决定以及不适当的人事任免，进行严肃查处。

1989年，抚州地区组织部门围绕治理整顿、深化改革、从严治党的要求，切实加强组织工作。按照江西省委组织部要求，对各县市、地直单位干部任免情况进行检查。针对突破职数、条件掌握不严、搞临时动议等问题，抚州地委组织部制定《关于加强地直机关科级干部管理的意见》，通过审核职数，进行严格把关。为贯彻落实中发〔1986〕4号文件，严格按党管干部原则和规定程序选拔任用干部，防止和纠正选人用人问题上的不正之风，制定下发《选拔任用干部程序实施细则》，对选拔工作中如何走群众路线、考察干部的内容和方法、组织部门职责、书记碰头会的作用、如何形成决议以及任免程序作出具体规定。制定《关于实行领导干部回避制度的暂行规定》，规定回避对象、回避范围、回避内容，对于消除单位内部干部队伍亲属聚集、人际关系盘根错节等问题起到积极作用。

1993年，乡镇机关实行干部合理分流。通过留机关，驻村，"下海"办实体搞服务，停薪留职、辞职或提前退休4种方式进行分流，达到精减人员目的。同时，制定《党政机关、事业单位工作人员停薪留职、辞退公职、提前退休的实施细则》配套文件，对工作人员停薪留职、辞职或提前退休的条件及享受的补助、津贴等作出详细规定。

1998年7月，抚州地委组织部下发《关于认真做好乡镇换届工作的通知》，对班子的年龄、文化和专业知识结构，妇女干部、党外干部的配备，职数规定，调整面的控制，以及党政一把手、乡镇领导班子配备的原则等提出具体要求。"谈干部"时，反复提醒县市领导不要搞"一刀切"。对与乡镇班子配备规定不符的，提出具体改进意见，问题较多且突出的，责成县市委进行复议。

2000年，全市实行"用编证"管理制度，将全市党政群机关及事业单位编制落实到每个人，先后出台科股级干部任免管理、国有企业领导班子和领导人、党政机关领导干部管理和监督等工作管理措施和办法。在股级干部宏观管理方面，进一步明确干部管理权限，坚持定编与定岗相结合，按职数配备股级干部。

2005年前后，各地鼓励干部职工离岗创业，并出台一些具体的措施。临川区委、区政府制定《关于鼓励全区干职工离岗创业的实施意见》，鼓励党政机关、事业单位干部职工离岗创办企业、经济实体；鼓励在职干部职工集资入股，参与分红；允许党政机关、事业单位干部职工到民营企业兼职服务，获取报酬。凡离岗后，在本区内领办、创办、帮办、自办企业和经济实体的干部职工，3年内保位子、保编制、保工资福利，在区外创业的干部职工，3年内保位子、保编制。对自愿辞职从事创业经营的人员，经组织批准后，一次性发给辞职前年度基本工资的30%乘以工龄的辞职补偿金。对符合《公务员法》规定，工作年限满30年或男满55周岁，女满50周岁，且工作年限满20年的人员，愿意从事创业经营活动的，本人提出申请，经任免机关同意，可办理提前退休手续。2005年12月，临川区制定乡镇事业单位人员分流实施办法，一次性清退乡镇事业站所借调和临时聘用人员，同时，实行三种方式分流其他乡镇事业单位人员：(1)按政策规定办理正常退休、病退手续；(2)本着自愿申请，组织批准的原则，办理提前离岗退养、提前离岗分流手续；(3)实行政策分流和自愿分流后，剩余乡镇人员报名参加竞争上岗考试，淘汰者列为竞岗分流对象。

随着全市目标管理考核工作的推进，各地相继建立末位淘汰制度，对工作不力的单位领导人，采取限期改正或职务调整措施。2007年，《临川区目标管理末位淘汰暂行规定》出台，将目标管理综合考评分工作目标和思想作风纪律两大项共计100分进行量化，采取日常考核和年终考核相结合的办法进行。

二、干部考核

干部考核是考核机关按照一定的程序和方法，对干部的思想政治表现、业务水平、工作能力及其业绩进行考察与评价，为干部任用、培训、奖惩、晋升提供依据。

干部考核在不同时期有不同叫法，新民主主义革命时期称“干部审查”，新中国成立后称“干部考察”和“干部鉴定”(有时也叫干部考核)，直到1983年才统一称为“干部考核”。1949年11月中央组织部《关于干部鉴定工作的规定》将干部鉴定的主要目的，从新民主主义革命时期的防止和清除奸细转变为促进干部素质的提高和干部工作的改进。通过对干部工作或学习方面表现的检查和总结，了解干部的立场、观点、作风。对新干部的鉴定，重点放在划清敌我界限，树立革命的人生观方面。鉴定方式采取个人自我检讨、群众会议讨论与领导审查相结合。干部鉴定一年左右进行一次。

1951年1月，中央组织部提出以“政治品质”和“业务能力”为干部考察标准，充实了考察内容，建立针对干部日常表现的鉴定制度。1952年2月党中央提出，县委书记、县长以及相当职务以上的党员干部，在“三反”运动中均须在一定的会议上做一次公开的自我检讨，并虚心接受群众的批评。每年年终，各级负责干部应像“三反”运动一样，在工作人员中进行公开的自我检讨，接受群众批评。抚州专区各级干部均按中央要求开展鉴定工作。受高岗、饶漱石事件影响，1953年11月，中央作出《关于审查干部的决定》，再次对干部审查的时代背景、目的、重点等作了具体阐述。1956年11月，中央组织部发文重申年终干部鉴定制度，但由于当时实行的是下管两级甚至三级的干部管理体制，普遍实行年度鉴定有一定困难。1962年10月召开的中央组织工作会议，再次恢复干部年度鉴定制度，并要求在1963年年底以前对干部进行一次普遍鉴定，以后每隔两三年鉴定一次。受后来一系列政治运动影响，会议决定并未得到贯彻执行。

1964年中央组织部提出，干部考核的内容包括：对党的路线、方针、政策的认识和执行情况；完成工作任务的情况和贡献，同时考察了解高中级干部培养新生力量的状况。提出定性考核与定量考核相结合的思想。考核方式采取自上而下和自下而上相结合的方法，通过阶级斗争、生产斗争、科学实验三大革命运动，逐个进行考察了解，把政治历史、工作情况和科学技术水平、业务能力结合起来，干部考核工作向前进了一步。

1964—1965年开展的“四清”运动（清政治、清经济、清组织、清思想），依靠工人、贫下中农等力量，采取运动式的审查方式，解决干部中的“四不清”问题，“整党内那些走资本主义道路的当权派”，搞人人过关，干部考核工作陷入混乱。

“文化大革命”对干部考核工作造成严重的破坏和摧残，一系列成型的制度和法规被抛弃，中央及地方各级干部人事部门陆续被撤销，一切都以政治运动的方式去实现，干部考察和干部升迁以对“文化大革命”和阶级斗争的态度为依据，以人画线，以派画线，任人唯亲、人身依附的沉渣泛滥并不断强化，干部考核不但被搅乱，还被当成整人和拉帮结派的工具，使党内外许多干部蒙受不白之冤。

中共十一届三中全会，揭开加强干部考核管理工作的新篇章。1979年11月，中央组织部发出《关于实行干部考核制度的意见》，提出采取领导和群众相结合的方法，将平时考核与定期考核结合起来，从德、能、勤、绩四个方面，根据干部类型有所侧重，对技术类干部侧重于技术、业务水平和成果，党政干部侧重于政治思想水平、政策水平和工作能力，对领导干部的考核则要求更严、更高，着重考核其政策思想水平、组织领导能力、熟悉业务的程度，执行民主集中制的状况和工作的实际成效。

1980年8月中央提出干部“革命化、年轻化、知识化、专业化”的“四化”要求，新时期干部考核工作的指导思想进一步明确。1983年7月召开的全国组织工作座谈会系统地提出干部考核的方针、原则和重点，首次提出着重考核工作实绩的原则。从是年起，抚州地区推行“考核”与“岗位责任制”相结合，考核情况作为正确使用干部、配备各级领导班子的依据。抚州市结合机构改革加强领导班子建设，先后两次对全市副局级干部和中青年一般干部进行考核，共考核528人。1984年始，抚州地区对党政机关干部实施岗位责任制考核和年终总评，考核结果与奖励挂钩，奖励面控制为机关人员总数的25%。

1988年6月，中央组织部在浙江省宁波市试点的基础上，下发《县（市、区）党政领导干部年度工作考核方案》《地方政府工作部门领导干部年度工作考核方案》和《关于试行地方党政领导干部年度工作考核制度的通知》，明确地方党政领导干部年度工作考核“注重实绩、鼓励竞争、民主监督、公开监督”的指导思想，干部考核工作逐步规范化、制度化。根据中央这一精神，抚州地区干部考核变封闭、神秘为民主、公开，考评步骤包括领导干部书面述职、群众民意测验、民主评议、组织考察、考评反馈等。

1993年，国务院颁布《国家公务员暂行条例》，对国家公务员考核作出法令性规定。1994年，人事部制定《国家公务员考核暂行规定》，国家公务员考核分日常考核和年度考核两种，考核内容分德、能、勤、绩，考核结果分优秀、称职、不称职三等。抚州地区在称职和不称职间增设基本称职。公务员必须参加考核并确定等级，连续两年考核为称职以上者可在本职务工资标准内晋升一个工资档次，连续3年考核为优秀等次或者连续5年考核为称职以上等次的，在本职务对应级别工资内晋升一级。同年

8月，中央组织部下发《关于加强和完善县（市）党委、政府领导班子工作实绩考核的通知》，要求各地制定实施细则和考评标准。9月召开的中共十四届四中全会提出，要全面考核干部的德、能、勤、绩，注重考核工作实绩。根据不同领导职务的不同特点，制定科学的考核体系和标准，对工作实绩进行全面考核和准确评价。根据考核结果实施升降奖惩，对不胜任现职的果断调整，使干部能上能下形成制度。抚州地区对县级领导干部进行届中考察，改变以往不调整领导班子就不考核的状况。自1996年5月上旬起，地委组织部分期分批对地直党政单位县级领导干部进行1995年度工作考核，采取个人述职、民主测评、民主推荐、个别谈话、查阅有关资料等方式，考核领导干部的德、能、勤、绩。年度考核结果，作为干部选拔任用和工资晋升的依据，《年度考核登记表》及民主测评结果存入干部本人档案。

1997年，抚州地区人事局转发江西省委组织部、省人事厅《关于进一步做好党政群机关、事业单位人员考核有关问题的通知》，将国家公务员考核内容按德、能、勤、绩量化，得分59分以下为不称职，60～69分为基本称职，70分以上为称职，优秀人数为各单位参加考核的公务员总人数10%，从高分到低分确定。1995—1997年全区连续3年评为优秀的共5021人。

1998年颁发《党政领导干部考核工作暂行规定》，在总结各地考核工作经验的基础上，建立届中、届末考核制度，在考核程序中规定述职、经济责任审计等环节，并将工作实绩规定为在经济建设、社会发展、精神文明建设、党的建设、推进改革、维护稳定等方面取得的成绩和效果。抚州地、县市结合实际，对机关下派锻炼干部实行考核。临川市委组织部制定《市直机关下派锻炼干部考核制度》，规定下派单位负责对下派干部的日常考核管理和年度工作考核，锻炼期满后，由市委组织部考核组全面考核，综合作出鉴定。同年8月下旬，抚州地委组织部牵头有关部门组成5个考核组，对地直66个推行和参照公务员制度管理的行政、事业单位的领导班子，334名县级领导干部进行年度工作考核，除采取以往个人述职、定量测评、个别谈话、查阅资料、核实问题、评定等次的常规做法外，还把“考学”作为一项重要内容，查阅考核单位党委（党组）理论学习中心组学习次数，以及领导干部个人在岗自学做读书笔记的情况，书面征求地区人大工委、行署、政协工委党组和地区纪委的意见，听取宣传部对宣传口单位领导班子成员的意见，听取地委、行署领导对分管部门和班子成员的评价意见。将考核情况如实地进行反馈，既充分肯定成绩，又明确指出存在的问题，还把定量测评得分、综合评价得票情况反馈给领导干部个人。反馈结束后，地委专门召开地直单位领导干部大会，通报领导班子和领导干部考核情况，公开点评具体的人和事，并就加强地直单位领导班子建设提出具体要求。随后，地委对21个地直单位领导班子进行调整充实，选拔29名优秀中青年干部进县级领导班子，有12人退出县级领导岗位，对个别能力较差、不能胜任现职和群众反映不好、思想作风有问题的干部果断进行调整。此外，还对行署6个驻外办事处工作人员进行全面考察，与地区政法委、地区检察院组成联合考察组对县市检察院正副检察长、反贪局正副局长进行考察。

撤地设市后，抚州干部考核遵循《公务员法》，积极探索以科学发展观指导干部考核工作。2000年中央颁发的《深化干部人事制度改革纲要》提出，要普遍实行届中和届末考核，建立健全定期考核制度，对不称职、不胜任现职或相形见绌的干部，除按规定免职、降职外，可实行待岗制，或采取改任非领导职务、下岗学习、离职分流等多种办法予以调整和安置；建立考核举报、考核申诉、考核结果反馈等制度；研究制定防止干部考察失真失实的对策；根据实际情况试行考察预告制。抚州针对干部工作中重任用、轻管理的问题，进一步完善考核指标体系，实行定性考核与定量考核相结合，借鉴“三讲”教育中民主评议的经验，用写实的方式填写对被评议者的基本评价、主要成绩、存在问题和改进建议，同时扩大测评面和群众参与程度，提高考核准确度。2001年，对60名县级领导干部的招商引资情况进行调查核实，掌握领导干部参与经济工作的情况。2002年深化对干部实绩的考核，开展招商引资、业务工作、社会稳定三项工作考核，建立县级领导干部“三项工作”考核档案，并把考核情况作为提拔使用干部的重要依据，进一步克服以往因实绩考核指标不具体，重点不够突出而导致的实绩考核不全、不实、不真的现象。

中共十六大以后，科学发展观成为干部考核评价体系核心内容。临川区建立口碑评议制、流动听审制、划分工作区域测评制、领导干部谈心制、考核奖惩制，对520名乡镇科级干部进行考核。2005年，抚州市委组织部对全市11个县区和110个市直单位，进行两次较大规模的民意测验、述职测评和目标考核，少数县区委书记、副书记、常委和政府副县长的优秀得票率有高有低，有的职务排位靠前的得票还不如排位靠后的。一方面，反映领导干部个人自身素质有问题，另一方面也反映一些班子团结方面存在问题。

2006年1月1日实施的《中华人民共和国公务员法》，增加考廉要求。考核重点放在工作实绩上，定期考核的结果分为优秀、称职、基本称职、不称职四个等次。临川区制定《乡（镇）干部工作岗位目标管理100分制考核办法》，将年度发展目标和工作计划逐项分解成考核指标，包含岗位工作指标、质量要求、工作成本和是否具有长远发展效益等4个大项目，39个子项目，每个子项目量化分值。

2007年年初，抚州市实施项目带动战略，对市直21个重点建设项目建设情况进行实地督查。8月以后，还将这一做法延伸到对县区重点建设项目的跟踪督查，每3天通报一次。11月，市委组织部下发《抚州市县级领导班子和领导干部年度考核工作方案》，对各县区、市直各单位领导班子和领导干部进行年度工作考核。2008年在进一步完善领导班子和领导干部综合考核评价实施办法的基础上，建立重点建设项目跟踪督查考核制度，对领导干部和相关责任人在重点项目、重要工作、重大项目和关键时刻的现实表现进行全程记实，并组织开展市直单位领导班子和领导干部思想作风建设的专项考核。

2009年由市委常委带队，加大落实科学发展观、重点建设项目、民生工程、党风廉政建设和干部选拔任用等工作的考核，对好班子和优秀领导干部进行表扬，对差班子和差的领导干部进行诫勉谈话。初步建立体现科学发展观的干部考核评价机制，对市直37个重点建设项目进行跟踪考核，每天督查通报一次，并将这一做法延伸到县区，加快全市重点项目建设进程。

2010年3月抚州市委成立年度考核工作领导小组，组成9个考核组对市管领导班子和领导干部开展2009年度考核工作，并结合开展干部选拔任用工作“一报告两评议”、惩治和预防腐败体系建设暨落实党风廉政建设责任制情况检查、落实党建工作责任制检查。此后，市管领导班子和领导干部年度考核程序相对规范，考核内容相对固定。

2013年3月，由抚州市委组织部牵头，抽调相关人员组成考核组，对各县区党委、人大、政府、政协领导班子及其成员、法检“两长”和其他在职县级干部（含非领导职务、挂职干部），抚州高新技术产业园区、市直正县级单位领导班子及其成员和其他在职县级干部（含非领导职务、下属单位县级干部、挂职干部），市直属副县级单位的县级干部，开展2012年度市管领导班子和领导干部年度考核。是年12月，结合市管领导班子和领导干部年度考核开展2013年度干部选拔任用“一报告三评议”工作、优秀副县级和科级干部民主推荐、落实党建责任制检查、落实人才工作目标责任制检查、落实党风廉政建设责任制和推进惩防体系建设情况检查考核。2014年的年度考核安排在2015年1月中旬进行。抚州市委派出12个考核组对市管领导班子和领导干部进行考核，在坚持往年考核项目的同时，对县区增加县区委书记抓基层党建工作的考核。

三、干部调配

解放初期，抚州干部主要从外地调入或毕业生分配，具体包括随解放军南下的工作队成员，江西省“八一”革命大学和抚州地区干部学校结业的学员分配，大中专毕业生的分配，军队转业干部的安置。乐安县资料显示，新中国成立初该县各级领导干部，主要是解放战争中随军南下的干部，同时，培训一批本籍的社会青年，留用少量旧职人员，他们被分配到各部门和基层充任干部。在土地改革和历次运动中，吸收一批思想进步、工作积极的工人、农民、民兵充实到干部队伍中。1950年6月，临川县有干部344人，其中，南下干部65人，从抚州地区干部学校、江西省“八一”革命大学、南下工作团新调干部111人。

随着干部管理经验的积累，干部的调整配备逐步规范。1951年宜黄县委对干部管理作出规定：提拔干部，区党委委员以上的由抚州地委批准后，再由县委组织部批准；区群众团体的妇女主任，农协主席、部长，青年团书记、委员，因各个组织机关尚未健全，由县委组织部批准后，通知直属系统，下级取得直属系统上级的通知或委任，才为任职；区助理以上的政权干部，先由民政科审查，再由民政科呈报县委组织部研究批准，最后由民政科通知直接系统任职；公安干警由公安局按系统手续呈报县委组织部批准。各部门干部一般不轻易调动，确需调动的，先征得本部门同意，再按规定手续呈报上级批准，否则仍为原职。

在社会主义改造中，从中央到地方，各地工业建设、财经企业及城市管理要求配备一定数量和质量的干部。仅1952年下半年，抚州地委组织部共向省里输送干部7人。1953年上半年,抚州专区除抽调干部74人(县级干部17人，区级干部13人，一般干部44人）充实地专机关外,从区一级抽调干部28人（区级干部3人，一般干部25人）充实各县级机关。临川县截至1954年10月，共向上级输送干部91人（县级干部6人，区级干部13人，一般干部72人），同时配调干部71人（县级干部1人，区级干部7人，一般干部63人）到企业、事业单位工作。1955年，江西省向抚州专区下达一批干部上调任务，其中县级干部3人、区级干部9人、一般干部26人（不包括由人事局上调）。这一时期，抚州专区通过社会主义改造，组建或扩建一批企业，相继从党、政、群团抽调干部97人充实到企业中。同时，接收江西省委组织部分配干部171人，分配到各级各部门。据1955年抚州地委组织部和专署人事科统计，全区共调配干部197人。其中：由党政群团调入财经企业、专业部门23人；调入交通运输部门9人，县与县之间、党政群团之间调动54人。由专区调县、区工作35人；因工作不适合进行调整21人。从财经企业部门调到党政群团4人；各县市上调专区工作50人。同时，将一批因工作不适合或有历史问题的干部调出要害部门，从一些干部较多的部门分流一些到缺少干部的部门。通过调配，补充领导骨干，满足实际工作需要。

随着社会主义事业的发展和各类机构的健

全，加上农业合作化大发展，干部调配日益频繁。1956年，抚州共上调干部9人（地级干部1人，县级干部3人，区级干部2人，一般干部3人）至省分配工作，接收省分配到抚州专区的军队转业干部24人、劳改农场编余干部36人。是年，实施撤区并乡工作，对区干部进行合理调配，一部分调到乡里，一部分充实到县里（尤其是经济部门）。此次调配干部，由于工作不细致，一些县在调配干部时片面强调"工作需要"和"服从分配"，对干部自身特点考虑不够，致使一些干部难以接受组织分配的工作任务。

从1957年年底开始，遵照中共中央关于"精简机构，下放干部，加强劳动第一线"的指示，江西省委发出"开发山区，建设山区"的号召，动员干部、职工开赴山区、红壤岗地去创办国营农林牧渔综合垦殖场。抚州各县创办一批综合垦殖场，并有计划地精简上层机构、加强基层领导、加强劳动第一线工作。全区共下放干部1352人（地级干部2人、县级干部31人、区级干部518人、一般干部801人），动员干部1833人（地专机关496人、县区乡1337人）到农业社、农场、林场等生产单位参加体力劳动。各地采取摸底排队、层层发动、本人自愿申请、组织批准、开会欢送、分期分批下放的做法，做好干部下放工作。专区撤销手联社、税务局、交通银行，将百货纺织品、燃料器材、医药、文化用品公司合并为工业品批发站，食品公司与贸易公司合并，地委财贸部、工交部与专署财贸、工交办公室合署办公。县级机关撤销工交部、手管局，合并了一些机构。通过精减，人员大大减少。专区财经企业干部由1862人精减为1186人，减少36.3%；地专党政群系统干部由438人精减为305人，减少30%；全区县级机关财经企业干部由7156人精简为6032人，党政群系统干部由5275人精减为4743人，减少12%。全区原有干部14731人，精减后为12266人。1957年干部下放后，区乡领导骨干显著加强，105名区领导干部中，有县级干部26人；518名乡总支书记中有主要区级21人、一般区级210人、一般干部287人。

1957年，全区未吸收一名干部，有的地方将后备干部名单也废除。在精简机构、紧缩编制过程中，有的地方忽视领导机关的干部调整配备，导致领导力量不足。据各地反映，全区缺干部245人（县级干部18人、区级干部97人、一般党员干部130人）。1958年"大跃进"运动中，为实现"大干快上"，各地将一批农村干部调往工业建设和新设立的部门，导致一些县委工作部门和县人委的职能局人手少，加上少数干部不称职或不胜任现职，影响正常工作开展。

针对上述情况，全区结合基层整党和干部整风，从1959年开始，提拔一批优秀工农干部和知识分子干部，充实县委工作部门和县人委的职能局。1959年全区共提拔干部187人（县级干部40人，区级干部147人），调整一批干部到领导力量较薄弱的单位和新建部门。各县市从机关、企业抽调67名出身好、熟悉农村工作、有一定领导能力的骨干担任公社第一书记、书记、副书记或社长，从党政群系统抽调177名干部到新建厂矿和领导力量薄弱的部门。是年，抚州专区完成省委上调干部14人（地级干部1人、县级干部8人、区级干部1人，一般干部4人）。

1960年上半年，全区调配干部550人，其中，分配工业、交通系统213人，农林水系统76人，公社48人，文教、科学事业单位82人，其他方面131人。其间，干部调配向工业战线倾斜，尤其向钢、铁、煤战线倾斜，向农、林、水尤其是公社倾斜，并注意配备文教科学研究部门所需领导骨干。通过合理调配，工业、农业、文教科学事业等单位的领导核心力量得到加强。

江西省委《关于改进干部管理制度的意见》提出，上级组织决定上调干部或下派干部之前应征求下级组织意见，决定后，下级组织必须无条件服从，坚决防止调不出、派不进现象。县委管理权限范围内垂直管理企事业的行政干部和技术干部，按正常程序办理调干手续；没有隶属关系的同级党委，行政干部调动由本单位提出，报县政府人事局审查批准后下达调动通知，部门与部门之间不得直接调动干部；因照顾夫妇关系需调动工作，属县委管理的，由县委组织部按调干手续联系办理，不属县委管理的，由县政府人事部门联系，并办理调动手续。干部调动工作时，原单位党组织应对其作出书面鉴定。1963年，南城县按照意见要求从县属机关单位和区工委调整34名有农村工作经验的干部到公社工作，其中担任公社书记2人、主任2人、副主任2人、组宣等委员11人、其他干部17人。

“文化大革命”期间，干部人事管理制度混乱，一批领导干部被诬为“走资派”，权力被“造反派”窃据。全区有651名干部下放农村，接受“贫下中农再教育”。中共十一届三中全会后，全国上下开始拨乱反正，撤销帮派分子、打砸抢分子的领导职务，平反1957年划为右派分子和“文化大革命”期间的大量冤假错案，一大批被迫害及下放干部重新回到工作岗位，各级机关和基层组织恢复正常的工作秩序。

1980年颁布《干部调配工作暂行规定》，干部调配工作成为政府人事部门的一项重要工作。强调必须按照国家编制和企业生产人员与非生产人员的比例调配干部，对“逆向调动”[2]从严掌握。根据同去同留的原则，尽可能解决干部夫妻长期分居问题。《暂行规定》明确，各级政府人事部门负责办理同级党委和政府规定管理范围内国家干部的调配，可以在国家机关、企业、事业单位和集体所有制单位范围内进行调动。调干部时，调出部门先转递干部档案材料或干部登记表，如实介绍干部情况，经调入部门审查同意、确定工作岗位后再行调动。抚州干部调配力度大，体现《暂行规定》关于“保证重点，充实基层，加强科研、生产第一线，任人唯贤，知人善任，用其所长，调配得当”的精神。是年，黎川县向公社调配一批年轻力壮、有发展前途的干部，并对各类专业技术干部做好归口调整，为55人解决夫妻两地分居问题。广昌县从党政机关、企事业单位和军队转业干部中选调干部职工37人充实政法部门，占调进人数的95%，其中选配检察院检察员、助理检察员6人，法院庭长、副庭长、审判员3人，公安干警及法院、检察院书记员28人。宜黄县将一批公社党政副职调到企业任职，其中，调粮管所担任所长的有10余人。

随着各部门干部队伍的不断壮大，在继续做好干部调配的同时，干部管理不断加强，更加注重干部下基层培养锻炼，让干部在基层成长。1986年，黎川县调配县直机关干部33人到5个特困村扶贫帮困。

1987—1990年，抚州各地结合县、乡换届，将县直机关县级后备干部20人安排到乡镇、厂矿主要领导岗位锻炼，将乡镇、厂矿干部23人调县直机关综合部门锻炼，横向换岗60多人次。结合后备干部培养目标，将一批县级后备干部放到县委办、县政府办、组织、人事、经委、计委等综合部门或大的乡镇任职，或聘任县市长助理。据统计，提拔进班子的干部中，经历过重要岗位锻炼的占70%以上。

与此同时，各地进一步严格干部管理，出台一系列与干部调配相关的管理制度。1990年，南丰县出台《关于干部选拔、任免和管理暂行规定》，凡副局级以上干部调出本县，须经县委常委会同意，属县委组织部备案管理及审批管理的其他干部调动，须经县委组织部同意。乡镇领导班子成员任期内一般不予调动，其他干部要求调动的，须本人提出申请，经调进、调出双方单位签署意见后报县委组织部研究讨论。在乡镇工作时间不满5年的，一般不作进城安排；对一些在基层工作多年、年龄在45岁以上的人员，可以照顾安排到离城较近或城镇单位工作。调干决定一经作出，接受单位及干部个人应服从组织安排，并及时转递各种关系。中级职称知识分子调出本县，须经县知识分子工作领导小组同意，高级职称知识分子调出本县，须经县委常委会研究、报抚州地区知识分子工作领导小组同意。

1991年，人事部印发《干部调配工作规定》，《干部调配工作暂行规定》废止。《干部调配工作规定》重申必须按编制员额调配干部，鼓励和支持干部到基层单位、艰苦行业和边远贫困地区工作，强调干部调配执行回避规定，明确见习期未满、正在接受有关部门审查处理的一般不得调动。干部因工作需要跨地区调动的，一般应夫妻同调，按规定办理家属随调或随迁手续。《规定》的出台，使干部调配工作更加有章可循。

1993年，为精简机构，分流人员，抚州各地开展机关干部"三三制"分流，[3]干部分流的渠道主要有两条：一是派干部下企业、农村驻点。全区下派干部2047人，其中地直单位下派107人，县直机关下派690人；二是兴办经济实体。全区共有3679人下到经济实体工作（不含成建制转为实体的单位），共创办各类经济实体1318个。东乡县是全省县级机构改革试点县，有714人创办各类经济实体273个；临川县乡镇干部776人到经济实体工作，乡镇干部516人挂点驻村，乡镇机关工作人员减至794人，比分流前减少63.45%。针对"三三制"实施中出现的新情况，组织部门研究制定党政机关、事业单位工作人员停薪留职、辞退公职、提前退休实施细则，有7个县市委组织部兴办农工贸商文等经济实体，一批组织工作干部投身经济工作一线。1997年，抚州地委组织部、地区人事局下发《关于职位轮换（轮岗）的有关规定》，对于在公务员单位或参照公务员制度管理单位担任股（室）领导职务满5年的，实行岗位轮换，其中1997年轮岗1/3以上，2～3年内全部轮换一次。

1999年各县市继续推行乡镇人员分流工作，并出台一批有针对性的实施意见。南丰县制定《关于乡镇人员分流的工作意见》，在白舍、傅坊两个乡镇开展分流人员工作试点后，全面推开这项工作。至是年10月20日，该县分流机关干部84人，占实际在编行政干部总数24%，清退、辞退乡镇编外人员521人，占编外人员86.5%，其中清退、辞退乡镇机关人员31人，辞退编外民办教师456人，清退、辞退乡镇站所人员34人，年节约开支77万元。分流后，全县创办基地44个，组建民间流通协会20个，混岗人员陆续归位。

2000年开始，各县区通过加强机构编制管理，控制人员超编。崇仁县冻结机关、事业单位人员逆向调动和无编单位人员调配。2001年，临川区委组织部负责管理乡镇、街道办事处下属事业单位人员及干职工调配，制订一套较为严格的调动程序。要求调动人员先填写《干部（工人）申请调动表》（组织需要调动的除外），调出、调入单位和主管部门在调动表上签署调出、调入意见；区委组织部收到《申请调动表》后，征求编制委员会办公室意见，核准编制，经研究同意后，办理调动手续。属乡镇间或乡镇与区直党群系统间（含检察院、法院、人大、政协）干部调动，由区委组织部办理调动手续；属乡镇与区直机关、事业单位间干部调动，按干部调入方所属管理权限办理手续。调入乡镇的，由区委组织部办理；调入区直机关、事业单位的，由区人事劳动局研究办理；属区委组织部研究的全民、合同制工人的调动，由区委组织部下抄告单，区人事劳动局办理调动手续。

2004年以后，干部交流力度加大，同一职位任职满10年或连续任满两届的干部全部交流；同一职位任职5年以上或同一乡镇党政领导班子中任职连续满两届的实行有计划交流，干部调配频繁而有序。2005年9月，东乡县委组织部、县人事劳动和社会保障局联合下文，进一步明确和规范机关事业单位人事调配工作。原由县委组织部负责调配的县政府办、人事劳动和社保局（含编办）、公安局（含交警大队、森林公安局）、司法局（含公证处、律师事务所）干部，划归县人事劳动和社保局调配。县委、县政府双重领导的机构，即信访局、接待科、监察局、残疾人联合会、党史和地方志办公室的干部调配工作由县委组织部负责。

2008年2月，中央组织部、人事部《关于印发〈公务员调任规定（试行）〉的通知》，对公务员调任工作进行规范。之后，江西省委组织部出台暂行办法，抚州市按规定抓好公务员调任工作的落实。

由于各地从严管理编制，加上乡镇换届有人员安排进城，导致县区直单位进人困难。一些单位采取向乡镇借人做事的办法，解决工作的正常运转。与此同时，省、市一些单位向基层借用人员办公的现象日益增多。2009年，资溪县委组织部出台《关于加强机关事业单位借用工作人员和人事调配管理的意见》和《关于严格我县机关事业单位占编不在岗人员管理的意见》，规范干部调配程序，清理占编不在岗人员118人。全县机关事业单位共返岗49人，解除劳动关系3人，自动离职57人，自动辞职8人，辞退1人。2013年12月，崇仁县印发《关于进一步规范行政事业单位人事调配工作意见》，对除县委任命之外的七大类行政事业单位人员的人事调配工作进行明晰和界定。其中，县委组织部负责办理党群系统、乡镇和法院、检察院干部人事调配，县人社局负责办理政府系统干部和职工的人事调配。公务员考录、事业单位工作人员公开招聘，则按规定程序办理人事调配。坚持严格控制在编制员额内进人，不符合岗位设置和岗位要求的人员不得进入，县内逆向调配从严控制，事业单位进人以专业技术人才和业务骨干为主，从严控制一般工作人员和职工调入事业单位，严格执行有关干部人事调配回避制度。

为推进市直单位党风廉政建设，2014年6月，抚州市纪委、市委组织部印发《关于推行市直单位重点管理岗位科级干部轮岗交流工作的意见》，对市直单位干部人事、财务审计、执法监督、费用收取、项目审批、证照发放等重点科（股）级岗位任正职或科室负责人满5年的实行轮岗交流。市直66家单位上报重点管理岗位395个，其中省管单位10家，上报重点岗位74个，涉及人员73人。

2014年年底，市直66家单位任现职满5年的重点管理岗位共有112个，涉及人员112人，对市公安局、人防办、房管局、公路局、商务局、水利局、交通运输局、教育局、人社局、抚州电大、民政局、江西中医高专、扶贫移民局、农业开发办等单位52个重点管理科级岗位的干部进行轮岗交流。

实际工作中，干部调配工作视野不够开阔，调配工作的针对性不强，干部调配的计划性、规范性和科学性有待加强。如何从领导班子建设需要出发，把工作需要与本人意愿、干部交流与干部调配、岗位锻炼与成长成才结合起来方面还值得研究和探讨。

四、干部政策落实

新中国成立初期，相继开展“三反”“五反”运动，对巩固党的执政地位，纯洁党的组织起到重要作用，但也造成一定数量的冤假错案。1952年8月，抚州地委成立案件复查委员会，由地委纪委和专署人民监察处负责具体工作，对28件“三反”运动中因斗争面过大而受“三大处分”和刑事处分的案件进行复查，其中推翻结论、撤销处分2件，改变结论、减轻处分10件。[4] 1957年，抚州市对1955年1月—1956年9月所办案件进行全面复查甄别，46人恢复名誉及工作，补发工资，对无工作的作妥善安置。

整风运动中，党内外干部群众向各级领导机关和负责人提出大量有益的批评和建议。但有少数资产阶级右派分子乘机向中共和社会主义制度发起进攻，由此开展大规模反右派斗争。运动中发生阶级斗争扩大化的严重错误，把许多革命知识分子、党员干部和党外爱国人士划为右派分子。接着，在农村社会主义大辩论中，又有部分干部受到错误批判。1961年11月，根据中央《关于加速进行党员干部甄别工作的通知》精神，地、县市分别成立案件甄别工作领导小组，抽调117人，本着全错全纠、部分错部分纠、不错不纠的原则，对1958年7月—1961年6月在整风整社、“反右倾”运动中，受纪律处分和批判的党员、干部和群众5798人进行甄别。其中，撤销处分541人，减轻处分414人，维护原处分4837人，加重处分6人。对未给处分但受到重点批判的1472人也进行甄别，其中认定原批判属正确的906人，部分批判错了的246人，全部批判错了的320人。[5]对这些干部、群众根据不同性质给予纠正，恢复名誉。

1963年，全区对已甄别案件开展“查漏、查错、查效果”的复查工作，共复查134人，其中撤销处分5人，减轻处分10人，维持原处分119人。由于受历史条件和认识局限，此次复查工作仍不甚彻底。

“文化大革命”造成很多冤假错案。“文化大革命”结束后，地、县市分别成立复查纠正冤假错案办公室，采取先近后远、先搞政治平反，后处理其他问题的办法，先处理“文化大革命”中的问题,后解决“文化大革命”前问题。复查纠正冤假错案分三个阶段进行。第一阶段复查“文化大革命”案件。至1980年，全区为1201人落实政策，解决178人党籍遗留问题。第二阶段检查验收。抚州地委组织部抽调83人，对各级组织部门受理的1225个案件，分4个片进行检查验收，合格案件968件，不合格257件。不合格案件中，事实不清、证据不足的25件，定性不准、处理不当的108件，手续不完备、措辞不当的57件，留有尾巴、尚未结案的60件。对不合格案件，各级党委再次组织力量复查纠正。至此，“文化大革命”中的冤假错案复查平反工作基本结束。

1981年中央组织部要求，对新中国成立后的冤假错案都要实事求是纠正过来，一切不实之词必须推倒。1982年，抚州地区进入纠正冤假错案第三阶段，全面复查新中国成立后至“文化大革命”前的历史老案。对1961—1963年已作甄别的反右倾案件再次进行甄别，重点复查1951年“金溪事件”和1960年“乐安事件”两案。复查平反按干部管理权限，实行分级归口办案。凡冤假错案，澄清事实、分清是非；凡决定恢复工资的，一律从批准改正之日起执行，过去不补；对于错被开除公职的改正后，一律不再收回，按退职、退休、离休规定办理。至1986年7月，全区共平反纠正“文化大革命 ”中的冤假错案1830件，复查处理“文化大革命”前的历史老案和其他历史遗留问题2735件。针对“文化大革命”中查抄财物、挤占私房、补发工资等问题，及时补发被停发、减发的工资，清退被查抄的财物和被挤占的私有房产，清理干部审查材料。对50年代因清理干部队伍、精简整编、下放干部以及其他原因使一些人员失去公职和60年代初精简下放人员、更改参加革命工作时间和入党时间等问题，原则上不列入平反冤假错案、落实干部政策的范围。落实干部政策工作到此告一段落，有关申诉及历史遗留问题作为信访案件由组织部门负责处理。

落实干部政策告一段落后，各地仍有一些历史遗留问题通过信访反映出来。1989年，临川县对157件“文化大革命”前案件进行复查，平反纠正110件，其中，安排工作20人，作离休或退休处理50人，对在复查纠正前死亡的10人给予抚恤费，补齐工资20人，清退被查抄财物163人，平反纠正受批斗67人。1993—1994年，抚州市按照抚组干〔1992〕145号文件精神，为1952年以前参加工作的部分老同志落实干部政治、生活待遇，报经地委组织部批准，7人享受正县级干部政治、生活待遇，87人享受副县级干部政治、生活待遇。

此后，随着经济体制改革的不断深入，干部政策落实重点转向国有、集体企业干部的安置。

五、军转干部安置

1950年9月，抚州专区复员委员会成立，随之各县市设立专门机构，负责办理复员军人的接待、转运和安置事务。1951年专区复员委员会改名专区转业建设委员会。[6] 1950—1955年，域内军队转业干部营级以上由江西省委组织部分配，连级由抚州地委组织部分配，排级、班级（当时班级列入干部系列）由县市委组织部分配。至1955年，全区共接收转业干部363人，其中地专机关接收146人（营级8人，连级47人，排级88人，班级3人）。这些军转干部安置任专区银行副行长、卫生院长、公司副经理的9人（县级或相当县级），任专区机关、企业正副课、科、股长40人（区级或相当区级），任科员和办事员的97人。转业安置后，少数军转干部抱怨工薪低于部队，军属优待取消；反映家里有田无人代耕；有的要求单位解决探亲路费；还有的反映转业干部提拔的机会少，对象不好找，婚姻问题难解决，导致部分军转干部与安置单位领导关系不融洽。1955年3月，抚州地委组织部向各县发出《关于加强对转业干部政治思想教育和处理的指示》，两次召集地专机关转业干部座谈会，认真做好转业干部政治思想工作，帮助解决工作、生活中的实际困难，使其安心工作。

1957—1959年接收军转干部实行包干办法，排级干部一般回原籍县市安置。1958年撤销专区转业建设委员会，复员军人安置工作由专区民政处和抚州军分区兵役科负责，军转干部安置由组织部门负责安置。1962—1965年间3批军转干部均安置到商业、供销部门，以供销社居多。1966年3月，按照国务院〔1965〕国内字第364号文件精神，取消军队转业干部原保留工资（军衔补助金或退役补助金），按地方干部级别评定军转干部行政级别，落实工资待遇。南丰县18名正排以上军转干部分别定为行政级别19级的8人、20级的10人。

1975—1983年，军转干部均实行指令性计划安置，由江西省军队转业干部办公室直接下达指令性安置计划到抚州地区，地区安置时尽量做到人尽其才，用其所长。1976年，抚州地区接收安置一批军转干部，分别安置在党政机关、工交邮电、财贸、文教卫生和县属机关厂矿。临川县安置军队复员、转业干部15人，其中任正副局长3人，到县属工厂、单位任副职6人。1977年以后，军转干部逐年增加，大多被安排到公、检、法、司部门工作，充实政法部门力量。1978年广昌县安置军转干部10人，其中营级5人，连级5人，实际到职9人中，抗美援朝战争结束以前入伍的4人。1979年该县接收军转干部9人，其中副营级2人，连排级7人，实际到职8人。同年，抚州地委组织部分配资溪县军转干部28人（营职8人，连排职20人）。“文化大革命”期间，曾错误地将军转干部作复员处理，中共十一届三中全会后落实转业干部政策。南丰县于1980年9月5日改复员干部为转业干部7人，重新安置调往党政机关工作的7人，调往事业单位工作的10人。1983年，抚州地委组织部会同地区劳动人事局做好第5批军队转业干部的安置，共安置转业干部85人。

1984年5月31日，六届全国人大二次会议通过新的《中华人民共和国兵役法》，实行计划分配与组织推荐相结合的办法安置军转干部，但执行中仍以计划分配安置为主。军转干部安置既考虑干部特点和工作需要，也注意照顾干部家庭困难。1987年，江西省军转办改革以往军转干部安置办法，营职以下干部和计划分配到中央驻省和省直单位及所属地市县的转业干部，由地市按省统一下达的计划进行派遣，其余转业干部的安置按原籍划归属地安置，该政策一直延续至2014年。1988—2000年，抚州地区国家行政机关单位共安置军转干部477人。

进入21世纪，随着社会主义市场经济的深入发展，长期实行的军转干部单一计划安置政策，已经不能适应市场经济体制的要求。2001年1月，中央对军转干部安置政策进行实质性的改革，颁布《军队转业干部安置暂行办法》，实行计划分配和自主择业相结合的方式安置。副营以上且军龄满20周年的军转干部可选择自主择业，由国家财政统一发放退役金。从2002年开始，东乡县军转干部实行计划安置与自主择业相结合。至2011年，该县共安置军转干部72人，另有3人自主择业。军转干部中的正团职干部安排县级领导职务，副团职干部安排县直正科级单位正职领导职务或相当级别职务；正营职干部安排到县直单位副职领导或相当的职位；其他职级军转干部根据工作需要安排到县直机关、乡镇场或县直企事业单位工作。

2007—2012年，全市共安置团职军转干部46人（正团18人，副团28人）。其中：在市直单位安置38人，在县区安置8人；安置在公务员管理机关的44人，安排在参照公务员法管理机关2人。正团职干部18人中有2人安排在县区委担任常委，16人安排在市直单位任副县级领导职务；副团职28人安排在党政机关担任正科级职务，其中正科级领导职务16人，主任科员、副科领导职务9人。2013年，抚州市安置正团、副团职军转干部各2人，正团职分别安排在市检察院和市中级人民法院担任副县领导职务，副团职分别安排在市司法局和市纪工委任正科级领导干部。

在军转干部安置流程上，对拟安置的军转干部，均详细审查其人事档案，同时采取个别约谈、集体座谈等方式与计划分配的军转干部见面，了解其工作经历、个人特长和思想动态，征求个人意见，为妥善安置做准备。会同人事、编制等部门对市直单位职数、编制等空缺情况进行全面梳理，准确掌握编制和职数空缺情况。对拟安置军转干部的单位，事先与主要负责人沟通，征求用人意见。团职军转干部的安置，尊重个人意愿，在政策允许、工作需要的前提下，创造条件做好安置工作。军转干部安置到地方后，各级党组织一视同仁，对表现突出的，该表彰的表彰，该提拔重用的提拔重用。2010年副团职军转干部张移辉，安置在市人防办任主任科员、通信科副科长，2013年提任市人防办副调研员；正团职军转干部林旺前服从组织安排，干一行爱一行，2013年荣获全国优秀军转干部称号。

《中华人民共和国公务员法》颁布实施后，有空编的市、县直单位越来越少，而军转干部大都期望进入党政机关、公务员管理机关，尤其是正团职军转干部大都要求安排到县区委领导班子担任领导职务，副团职军转干部大都要求安排到党政机关担任科级领导职务，军转干部安排的压力越来越大。由于机构改革撤并等原因，大部分市直党政机关的科级领导职数比较紧张，也造成副团职军转干部职务安排困难。鉴于上述情况，2013年，抚州市对正团职军转干部大都安排在市直单位担任副县级领导职务，并研究出台团职军转干部安置的编制优惠政策。一是增加军转干部安置专项编制，由原军转干部安置计划数的15%提高到50%。军转干部安置的专项编制在军转干部计划分配时同时下达。

二是允许副团职军转干部带编进入。与此同时，进一步拓宽军转干部安置渠道，鼓励自主择业，适当提高自主择业补贴标准，减轻地方安置压力。此外，鼓励团职军转干部到企事业单位工作，并给予适当的货币补贴。

为建立公平、公开、公正的工作机制提高安置工作透明度，推行阳光安置，统一制订体现军转干部服役表现的安置办法，对军转干部在部队期间德才表现和个人贡献进行量化计分，表现好的优先安置，贡献大的重点安置，长期在边远艰苦地区服役和有特殊困难的照顾安置，使军转干部安置更加公平、合理。在充分征求意见的基础上，2014 年 7 月，市委组织部印发《抚州市军队正团职干部转业安置工作暂行办法》（副团职参照执行）。2015 年 6 月，市委办公室印发《抚州市正团职军队转业干部安置办法》，将正团职军转干部的军龄、任职年限、个人奖惩等情况进行量化，综合形成军转干部个人总积分。总积分由基础分、条件分、附加分和惩戒减分 4 部分组成。基础分为 60 分，条件分有军龄计分，任职计分，学历、学位计分 3 种。附加分有奖励加分、政策照顾加分、任职经历加分 3 种。市委组织部按照该办法规定的计分标准，核准军转干部量化计分，填写《正团职军队转业干部量化计分表》，确定军转干部的积分，从高到低排定名次。计分结果经本人签字后公布，公示期为 5 个工作日。市委组织部在普遍听取军转干部安置意向的基础上，根据当年安置的正团职干部数量，结合各单位县级领导职数、非领导职数和人员编制空缺情况，按照各单位轮流接收，并优先安置到空编、空职数单位的原则，提出拟安置岗位，供军转干部选择。拟安置岗位数应适当多于当年正团职军转干部人数。市委组织部将拟安置岗位提前书面告知每位军转干部，然后组织军转干部按积分高低依次公开择岗。担任正团职领导职务且任职满最低年限的一般安排任领导职务，未达到任职最低年限的一般安排任非领导职务。

1955—2014 年抚州军队转业干部安置人数

表 6–2　　单位：人

年份	人数	年份	人数	年份	人数	年份	人数
1955	58	1982	268	1993	42	2004	12
1956	27	1983	51	1994	38	2005	48
1958	40	1984	87	1995	45	2006	63
1963	216	1985	83	1996	28	2007	31
1964	145	1986	139	1997	26	2008	36
1965	25	1987	155	1998	42	2009	28
1977	4	1988	96	1999	58	2010	28
1978	408	1989	35	2000	69	2011	17
1979	178	1990	28	2001	30	2012	34
1980	49	1991	23	2002	20	2013	23
1981	149	1992	25	2003	21	2014	23

全市各级党政机关大多已经“三满”（编制、人员、领导职数），接受安置数量十分有限。而军队干部安置制度作为一项政治任务，使地方党政机关陷入一面忙着精简机构，一面忙着接收军转干部安置的困境，自主择业作为一项改革措施，虽然有助于解决军转干部安置难题。但选择自主

择业后的军转干部面临创业风险，其失意经历对后来选择自主择业的军转干部形成思想障碍。尽管安置职位越来越不理想，但选择计划安置的军转干部仍不在少数。下一步，从国家层面出台政策，实现军转干部以自我择业为主、计划安置为辅，仍有较长过程。

六、企业干部安置

新中国成立后很长一段时间，政府统一组织社会生产和直接管理企业，企业干部与行政干部一样，可以互相调动。国有企业领导体制经过多次调整，解放初期实行军代表制，社会主义过渡时期实行工厂管理委员会制度；1956—1984年实行党委领导下的厂长负责制和党委领导下的职工代表大会制，都与高度集中的计划经济体制息息相关。

1984年经济体制改革以后，域内企业逐步建立产权清晰、权责明确、政企分开、管理科学的现代企业制度。面对市场经济的大环境，一批国有、集体企业相继关停并转。劳动部于1991年下发《关于做好关停并转全民所有制企业职工安置工作的通知》，由政府有关部门和企业调剂安排，通过生产自救、职业中介机构介绍就业和自谋职业等办法予以安置。此后，行政单位与企业的差别逐渐显现，企业干部与行政干部的待遇有明显差别。随着改革开放的不断深入，企业相继转换经营机制，职工绝大多数买断工龄，一批企业干部自谋职业。

1991年，抚州地委组织部转发《关于从企业优秀工人中择优录用干部的通知》，录用干部的范围是国营企业和有突出贡献的二轻集体企业、乡镇企业，录用的对象是现有干部岗位上从事管理或技术工作的人员和生产一线的工人，重点是企业的负责人，任职时间须3年以上。

1996年，抚州地委下发《关于改进工业企业干部管理和建立激励机制的暂行规定》，取消企业单位行政级格。同年，宜黄县结合乡镇换届，从已招聘为乡镇干部的优秀乡镇企业主要领导人中选拔一批人员进乡镇领导班子，提高乡镇党政领导班子中经济管理型人才的比例。东乡县委从1998年起，将一批改制企业的科级厂长（经理）及后来下放县管的省属企业副县级以上干部安排到县直行政事业单位工作。2000年后，东乡县企业逐步转换经营机制，县属国有工业、商业、供销等企业全面改制，在改制企业设立留守处，负责处理企业遗留问题，其他工人与企业签订解除劳动关系合同。企业领导干部的安置，按照应当满足以下条件的办法安置：一是企业改制结束，且无遗留问题；二是担任副科级以上企业领导干部；改制时在岗在位对推动企业改制作出贡献的干部。满足上述条件的企业干部，原则上安置到事业单位，享受相应的级别待遇；已到退休年龄的安置在新单位办理退休手续，在社保部门领取退休工资，享受事业单位编制退休工资，不足部分由县财政列入预算补足。东乡县工业企业较多，企业科级干部安置成为企业改制一大难题，加上东乡红星企业集团、江西东乡化肥厂、江西磷肥厂改制后下放县管，企业的领导班子成员都是副县级以上干部，都要县里安排，更增加该县企业干部安置的难度。尽管如此，东乡县委管理的企业科级干部基本上调到行政事业单位担任相应职务。

2000年，抚州市委出台《关于改进市属国有企业领导人员管理的意见》，取消39家市属商业、供销、建筑、交通、外经外贸、物资、粮食、农林等非工业口企业的行政级格。国有企业领导人员管理实行“老人老办法，新人新办法”，属改制前任职、并经市（地）委明确为副县级以上职级待遇的干部，享受有关待遇；属改制后新任用的企业领导人员，不再确定行政级别。原由市委或市委委托市委组织部管理的市属国有企业领导人员，其管理权限全部下放给企业主管部门党委（党组）或属地县委，上述人员职务任免后分别抄报市委、市政府主要领导、分管领导和市委组织部。原由市委研究决定任职的企业领导人员离退休，由市委组织部负责审批。

2001 年 3 月，抚州市委下发《关于进一步深化国有企业产权制度改革的通知》指出：“凡积极推进企业改制，并取得较好成果的，在企业完成转制任务后，市委、市政府将对未被新企业聘用的原企业领导干部，按照干部管理权限分别予以适当安置和相应的表彰奖励。”接着，市委又下发《关于切实做好国有企业转制工作确保社会稳定的紧急通知》，对在规定时间内完成企业转制，或与外资、大型企业嫁接且半年内正常运作的，可由企业党政领导班子向市委、市政府报告，经检查验收合格者，企业领导班子中的科级以上国家干部由市委组织部统筹安排工作，个别因工作需要或外商提出要留在企业者，由组织、人事部门建立档案，期满后安排工作。到 2002 年 12 月，市属国有工业企业全部改制，并获得恢复性增长。东乡红星企业集团实行干部人事制度改革后，东乡县委对原有企业厂级领导干部进行妥善安置，新组建的企业领导班子大刀阔斧搞改革，企业恢复生产走出困境。2007 年，东乡县委批复同意《红星企业集团未置换身份的科级干部安置意见》及《国有企业改制后副科级干部安置意见》的各项事项，要求县政府做好企业干部的安置工作。2007—2009 年，东乡县将省属企业红星垦殖场的 18 名县级干部、江西东乡化肥厂的 5 名县级干部、江西磷肥厂的 4 名县级干部安排到县属行政事业单位，该县企业干部安置工作至 2010 年基本结束。

在企业干部安置过程中，由于企业改制过渡不平衡，历史遗留问题较多，导致企业干部安置工作存在一些遗留问题。2014 年 1 月 9 日，抚州市政府下发《关于市直国有企业改制遗留问题的处理意见》，规定：“对企业改制时在职，且在 1996 年 6 月底前已任科级的原企业级格曾经为副县级以上的市直国有企业领导班子成员中的国家干部……，现已达到退休年龄且已交足社会保险的，比照事业单位同类人员确定退休费，在市社保局发放养老金基础上，由市财政补助其事业单位同类人员待遇差额，享受城镇职工基本医疗保险待遇”。按照要求，市委组织部牵头对原市直国有企业领导班子成员中的国家干部进行身份确定。经过多次与企业主管部门及相关单位沟通，将企业领导班子成员界定为企业厂长（经理）、副厂长（副经理）、党委委员、总会计师、总工程师、总经济师、总经理（厂长）助理；国家干部专指全日制大中专毕业生、聘干、转干、以工代干、军转干部等；退休年龄按男年满 60 周岁、女年满 55 周岁计算。

这次安置对象涉及市工信委、市商务局、市供销社、市交通局、市建设局、市接待办等 6 个部门主管的 35 家市直属县级企业。在企业干部的身份认定工作中，各企业主管部门对有关企业干部进行调查摸底，报送给市委组织部的有厂级领导干部 144 人。经核实，符合规定的有 113 人，其中市工信委 81 人，市商务局 8 人，市供销社 10 人，市交通局 6 人，市建设局 8 人。对担任市属县级国有企业领导班子成员后调入下属正科级企业，没有参与县级企业的改制，但参与科级企业改制的 6 人也进行安置；政府协调会将尚未改制的市供销社主管的市农资公司、市供销储运公司、市茶果副食品公司、市林业局主管的林业总公司等 4 家副县级市属国有企业领导班子成员纳入可安置范围，待企业改制结束后再对符合安置条件人员予以安置，同意将原抚州宾馆改制时在职的 4 名科级班子成员纳入改制企业安置。

七、公务员队伍管理

1993年8月《国家公务员暂行条例》颁布，为公务员队伍管理提供法规遵循。1994年6月《国家公务员录用暂行规定》颁布，正式建立公务员考试录用制度。

1995年开始，公务员管理内容包括公务员的录用、选任、委任、聘任、调入、职务升降、免职撤职和交流等。同年10月，江西省召开参照公务员管理工作座谈会，全面启动参照公务员管理过渡工作。抚州按要求制定《抚州地区中国共产党机关及人大、政协、民主党派和社会团体机关参照〈国家公务员暂行条例〉管理的实施计划》，并配套出台职位分类、人员过渡的办法和意见。11月，地委组织部举办全区参照管理工作骨干培训班，各县市按要求开展参照管理工作的骨干培训和全员过渡培训，过渡培训后进行考试。经资格审查，全区7103人中具备过渡资格的6962人，暂缓过渡的77人，不予过渡的64人。其中地直23个参照管理单位281名参照管理对象有278人具备过渡条件，1人不具备过渡条件，2人暂缓过渡。“三定”方案下达后，各地及时跟进，开展职位分类工作。接着，地区人事局下发《抚州地区1996—2000年国家公务员培训规划》《抚州地区国家公务员培训实施意见》《抚州地区专业技术人员继续教育实施意见》，实施对公务员初任培训、任职培训、专门业务培训和更新知识培训。

1996年，经江西省委组织部、省人事厅检查，全区11个县市和地直23个参照公务员制度管理单位均验收合格，抚州地区获得年度考核工作单项奖。是年上半年，抚州地委组织部与地区人事局联合制定下发考试录用、岗位轮换实施办法，全区列入参照公务员制度管理范围的单位有481个，共有行政和事业编制8297个，过渡前实有人员7522人。9月上旬，经推荐评选，抚州有6人获省级表彰为“人民满意的机关工作人员”，17人获地区表彰为“人民满意的机关工作人员”。

1997年4月，中央组织部下发《关于地方党委机关非领导职务设置工作有关问题的通知》后，地直各部门、各县市非领导职务严格按抚州地委组织部审批的名称、职数和规格设置。根据“三定”方案的编制和资格审查及年度考核结果情况，对具备过渡条件的人员予以过渡，全区已过渡人数为6767人，超编166人。对富余及不予过渡人员，在做好政治思想工作的前提下，采取多种途径和渠道分流。崇仁县从机关选拔一批工作人员直接从事经济工作，其中参照公务员制度管理机关有56人自愿报名，正副科级干部占1/3。这批人员共兴办经济实体6家；选派一批年轻干部到村任党支部书记或村主任；让一部分干部提前退养或自愿辞去公职。全区参照公务员制度管理单位共分流人员238人，其中乡镇辞退自聘人员114人。

1997年5月，中央组织部出台《关于党群机关和人大、政协机关工作人员考试录用有关问题的意见》，“凡进必考”成为此后党政机关工作人员录用的基本原则。抚州地委组织部对地直和县市有空缺编制的参照公务员制度管理单位缺员情况进行摸底，各单位上报需要补充人员的计划，凡需补充工作人员的优先从超编单位调剂解决，其余的组织考试录用。自开展参照公务员制度管理工作以后，全区148个参照公务员制度管理单位拿出1107个职位用于竞争上岗，实施岗位轮换1553人，其中科级干部631人。南城县1997—1998年有科级干部68人和一般干部103人实行岗位轮换，占48.3%。此外，有的地方还开展干部上岗“双向”选择。干部考核制度进一步健全、完善，1994—1996年3个年度，抚州地区均进行考核，以考核结果为依据晋升工资档次的机制逐步建立。

根据《国家公务员暂行条例》和参照公务员制度的有关规定，抚州地区制定参照管理机关非领导职务设置意见，县市的非领导职务设置意见经地委组织部审核同意后实施。全区对根据要求设定的非领导职务进行重新任命。根据规定，乡镇机关不设置正、副科级非领导职务。对为了优化班子结构、充实年轻干部而提前从领导岗位退下来的乡镇干部，保留原职级待遇。理顺人员关系，采取有效措施清理混岗人员，认真清退乡镇机关自聘人员。1997 年 10 月上旬，完成对地直参照公务员制度管理单位的检查验收，并将检查结果进行通报，对检查中发现的问题及时指出，做好“补课”工作。涉及政策性问题，或带有普遍性问题的，要求县市委组织部、人事局在自查的基础上进行整改。1997 年，承担全区公务员初任培训及地直单位国家公务员知识更新培训等任务的地区人事局公务员培训中心成立。是年，全区参加新任职培训 221 人，知识更新（计算机）培训 352 人，其他培训 100 人，继续教育培训 1.5 万余人。1998 年，全区培训卫生、工程、会计、统计等专业技术人员 6000 余人，举办公务员培训班 10 期，地直单位科级干部 221 人学会操作计算机。

2000 年，各地积极探索加强公务员考核及管理，制定并出台相应的奖惩措施。广昌县对公务员年度考核中确定为称职和优秀等次的，发给一次性年终奖金，当年考核确定为优秀等次的可给予嘉奖，优先提供培训、学习、疗养的机会；连续 2 年确定为优秀等次的，具有提前晋升职务的资格；连续 3 年确定为优秀等次的，按有关奖励规定发给一次性奖金。公务员发生不良行为，根据情节分别给予待岗（3 ~ 6 月，其间不发基本工资）；基本称职，不发年终奖金；考核不称职的予以降职处理；情节严重的予以辞退，造成重大损失和严重后果的予以开除。同年，抚州地区健全平时考核制度，公务员按要求填写《考核手册》，手册以自我记实和领导审核的方法进行，由被考核人的主管领导负责实施，考核结果作为年度考核的重要依据。

随着大中专毕业生分配制度的改革及“凡进必考”制度的确立，为补充国家公务员，考试录用一般工作人员工作全面展开。2001 年 4 月，通过自愿报名、笔试、面试，临川区从大中专毕业生中招录公务员 13 人，分别安排到乡镇锻炼。6 月,《国家公务员录用面试暂行办法》出台，2002 年面试考官资格制度建立，2003 年，中央组织部、人事部联合下发《关于进一步加强和完善党政机关考试录用工作的通知》，考试录用制度体系进一步完善。除此之外，抚州各地不断加强公务员队伍管理，建立和完善公务员考核与选调等相关制度。2004 年《抚州市新录用国家公务员（机关工作人员）试用期管理暂行办法》出台，新录用的公务员全部实行一年试用期。2005 年，临川区委组织部、区人力资源和社会保障局共同制定《临川区 2005 年度国家公务员（机关工作人员）录用考核实施方案》，成立考核小组，负责 41 名被考核者的具体考核工作。经考核，有 40 人考核政审合格，1 人因学历不符合全日制要求而未通过政审。

2006 年 1 月 1 日《中华人民共和国公务员法》正式施行，标志着公务员考录制度正式进入法制化轨道。随后，成立抚州市实施《公务员法》工作领导小组办公室，各县区抽调人员对全县（区）党群系统的编制、人员进行调查摸底，在做好统计汇总的同时，对公务员登记中可能碰到的有关问题进行梳理上报。同年，全市共举办 2 期公务员任职培训班和 13 期公务员更新知识培训班，分别有 137 人和 8460 多人参加培训。2007 年 11 月，公务员法配套法规政策——《公务员录用规定（试行）》出台，推进了公务员录用工作的制度化、科学化、规范化和高效化。同年，抚州市委组织部增设公务员管理科，负责综合管理市级党群“六类”机关公务员及所属参照公务员法管理单位工作人员的考录、考核、交流、培训、申述控告、非领导职务职位管理、登记管理等工作；负责有关公务员行为规范、职业道德建设和能力建设，依法对公务员实施监督。依据中央和江西省委关于实施公务员法的有关法律和政策，崇仁县制定下发《崇仁县公务员登记审批工作实施方案》《关于县委管理干部工作调动后应及时转移行政、工资关系的通知》《关于经组织批准保留身份离岗经商办企业人员进行公务员登记有关问题的通知》等文件，就公务员登记在政策方面作出明确界定。该县行政机关（含乡镇）编制总数1343人,全年共完成公务员登记1141人，暂缓登记48人，不予登记35人，其他125人。

2007年，抚州市市本级有公务员486人，其中已登记476人，暂缓登记10人；县区级2497人，其中已登记2442人，暂缓登记55人；乡镇3220人，其中已登记3115人，暂缓登记105人。全市暂缓登记170人中，除1人为缓刑期内人员，其他均为各单位新录用公务员。市直公务员登记机关24个，县直公务员登记机关168个，乡镇机关151个。

为进一步做好新录用公务员考核工作，2008年，市委组织部、市人事局印发《抚州市2008年度公务员录用考核实施方案》，由各县区组织录用单位采取现场考核或函调考核等方式进行，考核材料上报市委组织部公务员管理科。各地积极探索公务员考核办法，做好已录用公务员的考核工作。临川区每半年到公务员工作一线走访了解，听取基层干部群众的“口碑评议”，建立新任公务员试用期谈话制度，由纪委领导人及组织部分管领导人对新任公务员定期谈话。崇仁县坚持日常考核与年度考核相结合，每半年了解一次新任公务员任务完成情况和出勤情况。

2010年全市新录用国家公务员初任培训232人；开展专业技术人员继续教育需要科目《应对突发事件能力培训》培训班52期，累计培训19794人；公务员证书累计发放、登记、验证16328人。2011年全市新录用国家公务员初任培训234人；在全市公务员队伍中开展职业道德师资培训班，培训师资100余人，共有15546人参加全省统考；开展技术人员继续教育培训班42期，累计培训6945人。2012年，抚州市委党校共举办公务员进修班（“十二五”第一期）4期，选送12人参加江西省行政学院第43 ~ 46期县处级公务员任职培训班。

2014年，临川区委组织部对拟录用的12名乡镇机关公务员、3名区直党群单位公务员进行考察，并提出录用意见及安置原则。在区委党校组织全区1121名国家公务员参加公共管理硕士（MPA)主要课程的培训考试，组织1244名公务员或工作人员参加行政许可法培训。东乡县纪委、县委组织部、县人力资源和社会保障局联合下发文件，在全县开展重点岗位股级干部轮岗交流工作，对从事执法执纪及人财物管理等重点关键岗位任职满5年以上和其他需要轮岗的股级干部，实行轮岗交流。

通过多年实践，公务员队伍管理已经形成以“凡进必考”为核心的考录管理、以素质提高为核心的培训管理、以年度考核为核心的考核管理、以职务职级晋升为核心的奖惩管理为一体的管理体系。考录方面,更加注重公平公正，实现面试考官异地互派；考核方面，以领导班子及领导干部年度考核为重点，公务员年度考核工作不断加强；培训管理方面，注重在岗自学,实行网络学分制,自主选学的范围更加广泛；奖惩方面，注重工作实绩，对表现突出的大胆提拔使用。

八、干部出国（境）审批

1950年，域内中国公民出境须中央政府外交部核准发给出国护照。从1957年1月1日起，公民因私出境由公安机关批准。1958年5月15日起，公民因私出国（境）直接向市县公安局申请，经市县公安局调查，提出意见后转报江西省公安厅批准发给出国（境）证件。1971年8月3日，江西省保卫部与省委政治部联合发出《关于贯彻执行〈国务院关于华侨、侨眷出境审批工作规定〉的通知》，要求申请出国或去港澳地区的群众，由单位中共组织审查提出意见，经市县保卫部审批后，报省保卫部复核审定；中共党员、共青团申请出国或去港澳地区的，按公安部《关于党、团员因私事申请出国或去港澳地区的审批手续的通知》规定，经所属党、团组织和保卫部门审查，报省革命委员会批准。

改革开放以后，国际交往增多，干部因公、因私出国（境）的申请也相继增加。1980年，公安部、外交部、国务院侨务办公室下发《关于进一步做好出境审批工作通知》，规定凡因私要求出境的共产党员，必须向所在单位的党组织和公安部门提出申请，以公安部门为主，党员领导干部按干部管理范围报同级党委组织部门批准，经审查同意后由公安部门办理出境手续。1986年，江西省委办公厅、省政府办公厅印发《关于进一步加强出国（境）管理工作的通知》，对党员干部出国（境）做出相关规定。

1988年，江西省下放省委备案的干部出国（境）审查权限，向省委备案的干部出国（境）审查，分别由各地市委，省直各厅局单位党委、党组直接审批办理。其中，高级干部的配偶和子女出国（境），仍由省委组织部报省委审批。

1990年，江西省委组织部对因公出国（境）人员审查批准权限作出调整。1992年，抚州地委组织部下发《关于调整我区因公出国（境）人员审查批准权限的通知》，对正、副县级干部因公临时出国（境），经地委组织部审查后报地委审批。各县市委按照干部管理权限，负责本县市有关人员出国（境）审批，地区人事局负责审批地直单位的干部，地区劳动局负责审批地直单位的工人。凡因公临时出国（境）人员的《出国人员审批表》《因公出国及赴港澳人员审查批件》，均应在地委组织部加盖“中共抚州地委因公出国（境）人员审查批准专用章”后方为有效。

1994年，为更好地服务对外开放，抚州地委组织部对因公出国（境）人员审批事项下发补充通知。正县级干部除犯比较严重错误，一般与出国任务一起审批，不再另外办理审查手续。因公临时出国（境），在办理出国（境）任务审查批件后，由所在单位填写《因公出国（境）人员备案表》，15天内报送地委组织部备案。副县级及其以下人员因公临时出国（境），仍按《关于调整我区因公出国（境）人员审查批准权限的通知》第一、二条规定办理，不再需要地委组织部加盖“中共抚州地委因公出国（境）人员审查批准专用章”。

1999年，中央办公厅下发《关于加强党政机关县（处）级以上领导干部出国（境）管理工作的意见》，副县（处）级干部因公临时出国（境），由所在单位党委或组织、人事部门填写《因公出国及赴港澳人员审查表》，提出审查意见并办理报批手续。正县（处）级以上干部因公临时出国（境），一般与出国（境）任务一起办理审批手续，但要按干部管理权限报上级组织人事部门备案审核。领导干部因私出国（境），须按干部管理权限报经上级组织、人事部门批准同意后，再到公安部门办理出国（境）手续。

2002年，江西省对因公出国（境）政审办理程序进行调整，实行任务申报和人员政审批件同时报批，各派出单位的出访任务和人员在其主管部门（各设区市为市委或市政府）批准同意后，持主管部门同意件到政审部门办理政审批件，派出单位将任务申报件和政审批件同时报因公出国（境）审批部门审批。对跨地区、跨部门组团的因公出国人员和流动人员因公出国政审仍按江西省委组织部、省人事厅《关于转发中组部、人事部〈关于跨地区、跨部门组团人员和流动人员因公出国审批问题的通知〉的通知》办理。

中国加入世界贸易组织后，各地进一步简化公民因私事出国(境)申请手续。2003年开始，普通公民凭本人居民身份证、户口簿即可按需要向公安机关申领出入境证件（法律、法规规定不准出境的情形除外）。中央组织部联合公安部等4部委制定《关于加强国家工作人员因私事出国(境)管理的暂行规定》,国家工作人员[7]因私事出国（境)，仍应按照组织、人事管理权限履行审批手续。

2004年，江西省委办公厅、省政府办公厅下发《关于完善因公出国（境）管理促进我省进一步扩大对外开放的意见》，要求有因公出国（境）审批权限的设区市和省有关部门，认真做好因公出国（境）审批把关工作，对该出去的要简化手续、尽快批准，对不符合规定的不得上报、审批。2005年，江西省委组织部规定，市厅级领导干部在办理离（退）休手续一年后，因私事申请出国（境）,在外期限一般为3个月，最长不超过6个月，须经各市、各单位审查、主要领导同意、单位盖章后，公安机关审批和办理出国（境）手续。申请出国（境）6个月以上，须报省委组织部审批。已免职未办理离（退）休手续和办理离（退）休手续不满一年的市厅级领导干部,因私事申请出国（境),原则上不予以批准，确因特殊情况须出国(境),由省委组织部审批，在境外期限一般为1个月，最长不超过3个月。市厅级离（退）休领导干部因私事申请出（境),须按有关规定履行手续。

随着江西大开放主战略的实施，因公临时出国人员日益增多。2006年，省委、省政府出台《江西省关于厅（局）及其以下人员因公临时出国的若干规定》，各设区市党委、人大、政协、法院、检察院的正副厅（局）级人员因公临时出国，由主办单位提出请示，送省外事侨务办公室审核报省委审批；各设区市政府正、副厅（局）级人员因公临时出国，由主办单位提出请示送省外事侨务办公室审核报省政府审批。2007年，抚州市公安机关建立国家工作人员登记备案数据库和法定不批准出境人员数据库（简称双备库)，采集国家工作人员登记备案数据3123条,法定不批准出境人员数据242条。

2008年,为防止借因私渠道公款出国（境）旅游现象的发生，抚州市委组织部联合市纪委、市外侨办等7家联合制定《关于加强党政机关和事业单位工作人员因私出国（境）管理的暂行规定》，凡公费出国（境）的团组和个人必须通过因公出国（境）审批渠道办理手续，因私出国（境）仅限于自费旅游、探亲和处理其他个人事务。县级领导干部（含离退休一年以内）因私出国（境),须由本人向所在单位提出申请，经市委组织部和市纪委审核后报市分管领导和主要领导，其中正县级单位主要领导因私出国（境)报市党政主要领导审批；县区科级干部因私出国（境)，由其本人向所在单位提出申请，经县区委组织部和县区纪委审核后报有关县区领导审批。其他党政机关和事业单位工作人员因私出国（境)，由所在单位审批。对党员领导干部和涉及管理人、财、物，机要档案以及其他重要岗位的人员，着重审查近期政治表现和廉政情况；对法律规定不允许出国（境）和涉嫌违纪违法的人员,不得批准其出国（境)。市、县组织部门建立与公安部门情况通报联系制度，按照干部管理权限，市委组织部、市直各部门、县区委组织部分别将县级领导干部、市直单位科级干部、县区科级干部的姓名、性别、身份证号码、出生年月、工作单位、现任职务等信息提供给市、县区公安机关，公安机关出入境管理部门建立党政机关和事业单位工作人员办理因私出国（境）证件数据库，以便受理因私出国（境）申请时，确定是否颁发出入境证件。此做法一直沿用至2015年。2009年，全市共采集国家工作人员登记备案数据7074条，法定不批准出境人员数据2265条。[8]

2010年，中央组织部下发《关于进一步加强领导干部出国（境）管理监督工作的通知》，重申有关规定并要求严格领导干部出国（境）审查。

2013年，抚州市委受理同意市管干部25人因私出国（境）审批事项，其中领导干部9人、非领导职务干部14人、未满一年退休干部1人；出国（境）目的地包括香港、澳门、美国、澳大利亚、英国等17个国家和地区；在境外停留时间7天内有8人，7～15天内有9人，15天以上8人；出国（境）事由包括儿女就学、看病、参加学术交流等活动有3人次、探亲10人次、旅游12人次。

2014年年初，中央组织部下发《关于进一步加强领导干部出国（境）管理监督工作的通知》，重申领导干部出国（境）管理监督有关规定，并提出从严管理的工作要求。策应中央有关精神，结合抚州实际，市委组织部按照“从严控制、以人为本”的原则，制定《关于对市管干部因私出国（境）审批从严控制的操作办法（内部使用）》。在职及退休不满一年的市管干部因私出国（境）须报市委组织部审批。除特殊情况外，退休已满一年及以上的市管干部不需进行审批。市管干部因子女婚嫁、子女首次就学或毕业、子女生小孩、治疗重大疾病等原因，可以申请办理出国（境）审批。因旅游、探亲访友等原因申请出国（境）的，一般不予审批。控制出国（境）期限，市管干部因私出国、赴香港、澳门时间一般为15天内，因私赴台湾 一般不超过7天，且一年内不得再次申请。退休不满一年的市管干部出国（境）时间原则上不超过30天。审批程序：一是个人提出申请，所在单位党委（党组）审查同意后，如实填报《抚州市县级领导干部因私出国（境）审签单》，经单位主要领导署名同意并盖章后送市委组织部审核；二是经市委组织部分管领导初审同意后，签署审核意见并盖章；三是报市纪委征求意见，市纪委审核同意后，由主要领导签署意见并盖章；四是报分管市领导和市主要领导审签；五是报市委组织部进行政审。经组织部领导审批同意后，出具《因私出国（境）人员审查批件》或《因私赴台人员审查批件》。六是出国（境）前由单位主要领导对申请人进行谈心谈话。七是市管干部在回国10天内将因私护照归还市委组织部管理。在职的和退休不满一年的市管干部因私护照要统一交市委组织部管理，办理因私出国（境）审批同意后，由市委组织部借出，并在回国后10天内交还市委组织部管理。此外，县区或市直单位主要领导先报市党政主要领导批复同意后再受理审批。受党纪政纪处分且在处分期内的，因问责免去职务未重新任职的，有信访反映接受组织有关调查或其他原因不宜出国（境）的，不受理其出国（境）申请。直系亲属同时出国（境）的，只能批准一人外出，且已有直系亲属在国（境）外的不受理其审批申请。是年，抚州市委受理同意市管干部18人因私出国（境）审批事项，其中领导干部6人、非领导职务干部9人、未满一年退休干部3人；出国（境）目的地包括中国香港、澳大利亚、美国、中国澳门、加拿大、新西兰、中国台湾、日本、英国等9个国家和地区；在境外停留时间7天内有3人，7～15天内有12人，15～30天内6人；出国（境）事由包括参加子女婚礼、临产、毕业典礼、就学等活动有10人次、探亲7人次、治疗疾病1人次。

2015年，抚州市委组织部联合市公安局开展违规办理和持有因私出国（境）证件专项治理工作，各级党政机关、人大、政协、人民法院、人民检察院、人民团体、事业单位在职和退休不满一年的县处级以上干部，退休的厅局级以上干部；金融机构、国有企业的法人代表，县级以上金融机构领导成员及相应职级的领导干部，国有大中型企业中层以上管理人员，国有控股、参股企业中的国有股权代表；各部门、行业中涉及国家安全、国有资产安全、行业机密的人员；县区党委管理的乡科级干部；自愿列为公安机关出入境管理部门登记备案人员的“裸官”[9]配偶、子女进行登记备案，将《因私出国（境）信息查询表》报市委组织部。各级组织人事部门结合2015年领导干部个人有关事项报告工作和平时掌握的情况，对持有因私出国（境）证件（包括中国公民普通护照、大陆居民往来台湾地区通行证、内地居民往来港澳地区通行证等）的登记备案人员，督促其将所持证件交由本地本单位组织人事部门保管。对违反出国（境）证件管理规定，拒不将所持因私出国（境）证件交由组织人事部门保管的登记备案人员，进行批评教育，情节严重的给予党纪政纪处分。组织人事部门重点核查：违规办理因私出国（境）证件的；违规持有因私出国（境）证件的；瞒报持有因私出国（境）证件的；未经组织批准擅自因私出国（境）的；未按审批要求擅自变更因私出国（境）行程、日期等的；瞒报因私出国（境）情况的；审批因私出国（境）事项把关不严的等7类问题。

截至2015年9月底，全市因私出国（境）登记备案人员共有14385人，其中厅级干部81人，在职厅级干部36人（含挂职干部2人）、离退休厅级干部45人；县处级干部1272人，在职县处级干部1192人、离退休不满一年的县处级干部80人；乡科级及以下或相当层级人员12071人，安全、涉密等重要岗位人员763人，企业法人或领导人员198人，做到登记备案人员应备尽备。根据市公安局出入境管理处提供的县处级干部证件信息，对县处级干部持有的因私出国（境）证件进行催收，确保因私出国（境）证件应交尽交。收归市委组织部管理的县处级因私出国（境）证件共有298本，其中普通护照153本、往来台湾通行证107本、往来港澳通行证38本。因遗失等原因未交市委组织部管理，征得干部本人同意注销证件45本。专项治理工作中，根据市公安局出入境管理处提供的县处级干部证件信息和出入境记录，发现个别县处级干部违规持有因私证件或违规因私出国（境），已开展批评教育并责令书面检讨。

2015年初至10月底，市委受理同意市管干部15人因私出国（境）审批事项，其中领导干部1人、非领导职务干部4人、未满一年退休干部10人；出国（境）目的地包括香港、澳大利亚、美国、英国、德国、法国、俄罗斯、菲律宾、马来西亚等9个国家和地区；在境外停留时间7天内有1人，7～15天内有9人，15天以上5人；出国（境）事由包括照顾子女临产、筹备婚事、参加毕业典礼等重大活动有7人次、探亲5人次、参观学习（旅游）3人次。

九、干部奖惩

新中国成立初期，对干部的奖励以评选各级劳动模范、先进工作者为主。据2013年出版的《抚州市志》记载，1949—1957年，抚州专区有101人受到省部级以上表彰。1957年10月，国务院颁布《关于国家行政机关工作人员的奖惩暂行规定》，对表现优秀的行政机关工作人员，按照功绩大小予以奖励。奖励分为：记功、记大功、授予奖品或者奖金、升级、升职、通令嘉奖6种。对违法失职行为、尚未构成犯罪的行政机关工作人员，根据所犯错误性质和情节轻重以及认识错误的态度、悔改表现，予以纪律处分，情节轻微，经过批评教育后免予处分。纪律处分分为：警告、记过、记大过、降级、降职、撤职、开除留用察看、开除8种。1959年9月，抚州专署制定《关于对直属单位今后干部奖惩工作的意见》规定，国家行政工作人员6种奖励可单独使用，也可同时并用，8种惩戒只能单独使用。对专署所任正副处长，正副局长，公司正副经理，厂矿正副厂矿长，银行正副行长，养路段正副段长，大学、专科学校、中学正副校长，医院正副院长和相当于上述职务人员的奖励处分，由专署审批或由专署审核后上报江西省人民委员会批准执行；对专署所任处、局、行、公司、院校的中层负责干部如正副科（股）长及相当职务人员的奖惩，由单位审核后，提出处理意见报专署批准执行；其他一般行政干部，凡升级以上奖励和降级以上处分，由单位提出意见报专署批准执行。授予奖品或者奖金和记大过以下处分，由本单位研究执行报专署备案。

1958—1960年，全区先后处分公社正副书记99人，占17.33%。其中，在1959年反对右倾机会主义斗争中，处分23人。1959年年底开展的农村整风整社运动处分836人，其中，受到党内三大纪律处分（撤职、留党察看、开除党籍）644人，受到行政开除公职84人，送劳动教养和法办判刑11人。另外，还调整一批不能胜任领导工作的干部。在惩处的同时，对表现突出的干部予以表彰，期间有410人次受到省部级以上表彰。宜黄县直属机关总支1959年评出20名优秀党员予以表彰。

1964—1965年开展的“四清”运动（清政治、清经济、清组织、清思想），依靠工人、贫下中农等力量，采取运动式的审查方式，解决干部中的“四不清”问题，搞人人过关。“文化大革命”中，一系列成型的制度和法规被抛弃，一切以政治运动去实现，干部奖惩以对“文化大革命”和阶级斗争的态度为依据，使党内外许多干部蒙受不白之冤。

1979年以后，各地普遍建立干部岗位责任制及相应的奖罚措施。通过奖罚，使干部工作有责任，功过有奖惩。南城县建立干部定队蹲点制度，干部奖励与任务完成情况挂钩，完成任务的每个人奖励50元，超过的按比例加奖。宜黄县以年初县委、县政府与县直属各单位签订的工作责任状为考核评选基础，分为综合奖和单项奖给予年终奖。对完成工作任务不好又没有正当理由的必须受罚，实行末位淘汰。对连续3年不能甩掉落后帽子，主要领导引咎辞职。1982年3月—1984年12月，崇仁县受到各种惩处的干部共46人。

1984年始，抚州地区对党政机关干部实施机关岗位责任制考核和年终总评，考核结果与奖励挂钩，奖励面约为25%。1988年，江西省人事厅印发《国家行政机关工作人员职级奖惩暂行处理办法》，规定行政奖励的审批、记功、记大功由主管部门批准，一般工作人员报同级人民政府人事部门备案。1990年，抚州对违纪干部在未作出处理前不调动任职、不评定党员档次、不参加工资调整。在第一次工资普调中，全区有4名违纪干部未参加工资调整，2名暂缓调资。

20世纪80年代中期开始，各级政府陆续引入目标管理，并不断渗透到各个行业和领域。1991年，抚州市委组织部制定《基层党委组织委员（科长）岗位目标考核细则》，考核采取200分制，达160分的予以表扬，成绩突出者，授予优秀组织员称号。1992年，东乡县委组织部下发《乡镇干部当好“三员”的标准》，考核分好、中、差三等，考评结果与干部的奖励挂钩，完成任务好的，可在干部应得年终奖的基础上再上浮20%；中等的扣年终奖10%；差的扣年终奖20%。考核情况作为乡镇场干部政绩的重要依据。

1993年10月1日《国家公务员暂行条例》正式施行，表现优秀的国家公务员的奖励分为：

嘉奖，记三等功、二等功、一等功，授予荣誉称号，并给予一定的物质奖励。对有违法失职行为、尚未构成犯罪的，或者虽然构成犯罪但是依法不追究刑事责任的国家公务员予以行政处分(违纪行为情节轻微，经过批评教育后改正的，也可以免予行政处分)。行政处分分为：警告、记过、记大过、降级、撤职、开除。1994 年，人事部制定《国家公务员考核暂行规定》，国家公务员考核分日常考核和年度考核两种，考核结果分优秀、称职、不称职三等。抚州地区在称职和不称职间增设基本称职。公务员必须参加考核并确定等级，连续两年考核为称职以上者可晋升职务工资档次，连续 3 年考核为优秀者增加一级工资，连续 5 年为优秀者再增加一级工资。

1994 年，抚州市印发《关于改革干部管理工作的若干规定》，完成年度目标任务的市直党政群和经济监督部门（指工商行政管理局、物价局、审计局、财政局、标准计量局）由市委、市政府给予表彰和奖励，未完成年度目标任务的，除按责任状处罚条款执行外，对相关人员进行经济处罚和组织处理。年终目标考核总分 90 ~ 95 分的单位，给予黄牌警告，领导班子正职扣发年终奖励工资，副职扣发 50% 年终奖励工资；目标值总分 89 分以下的，正职降为副职主持工作或降为副职使用，副职扣发年终奖励工资。连续两年年终考核目标值总分在 94 分以下的，主要领导就地免职，其他副职视情况作出相应处理，同时扣发年终奖励工资。市属企业未完成年度工作目标的，除按市工业企业目标考核奖励办法执行外，对年终考核总分 60 ~ 70 分的，厂长、经理降为副职主持工作，下浮一级工资一年；考核总分在 59 分以下的，厂长、经理除下浮一级工资一年外，提名就地解聘。连续两年 60 ~ 70 分的，提名就地解聘。企业出现重大安全事故或计划生育、社会治安综合治理工作被否决，当年给予黄牌警告或视情况对责任人作出处理。连续两年出现上述 3 种情形之一的，厂长、经理均提名就地解聘。企业领导降职或解聘后，在本企业扭亏为盈前，不得在本市范围内调动平职安排。调出本市范围须由主管部门提出报告，经分管领导同意后，方可批准。乡镇、街道办事处未完成目标任务的，目标值总分在 90 ~ 95 分或财政收入、农民人均纯收入（街道办事处为街办工业产值）、计划生育、社会治安综合治理 4 项指标中有其中一项未达到目标值的，给予黄牌警告，党政正职扣发年终奖励工资，其他党政班子成员扣发 50% 的年终奖励工资；目标值总分在 89 分以下的，党政正职均降为副职主持工作或降为副职使用，其他党政班子成员扣发年终奖励工资。连续两年年终考核目标值总分都在 94 分以下的，党政主要领导就地免职，其他党政班子成员视工作情况作出处理，同时扣发年终奖励工资。连续两年上述 4 项指标中的其中一项没有达到目标值的，党政正职及分管副职就地免去现职。其他党政群部门和经济监督部门因思想不解放、贯彻执行上级指示不力、班子严重不团结、工作打不开局面、本单位职工民意测评 55% 以上认为不称职的；目标管理责任状的单位年终考核目标值总分 94 分以下的；在全地区系统综合检查评比中列倒数第一、二名的；乱摊派、卡拿要，经纪委、监察部门调查事实存在的，视情况对正、副职予以黄牌警告、降免职或扣发年终奖励工资。干部降免职后，本市范围内不得平职调动。

对干部的处理，行政干部和非中共党员干部犯错误，由政府监察部门处理；党员干部党内由纪委或市委给予处分。工作中未犯错误，仅工作不称职，可根据不同情况分别处理，如分配其另一种工作，送学习提高或动员回家。动员回家生产者，由组织部提出意见，部务会讨论，报请市委批准。专业干部不安心工作者，主要是加强思想教育，帮助改进；屡教无效者，由本部门提出意见，组织部讨论，再报请市委批准。干部因犯错误或其他原因调动工作者，党群系统由组织部调动，行政系统由人事部门调动。

1996 年 9 月上旬，抚州地委组织部与地委宣传部、地区人事局联合下发《关于做好推荐评选“人民满意的公务员（机关工作人员）”工作的通知》，在县市推荐的基础上，经审核上报“人民满意的公务员”6 人送省表彰，获地区表彰“人民满意的公务员”17 人。同年，抚州市学习张家港经验，坚持凭德才坐位置、以实绩论英雄，建立干部激励机制，下发《关于改进工业企业干部管理和建立激励机制的暂行规定》;东乡、南城、金溪、乐安等县制定下发《关于建立乡镇领导干部激励和约束机制的试行办法》；广昌、黎川、资溪等县还制定领导干部诫勉制度和辞职、降职有关规定，打破“铁交椅”。

2000 年，中央颁发的《深化干部人事制度改革纲要》，对不称职、不胜任现职或相形见绌的干部，除按规定免职、降职外，实行待岗制，或采取改任非领导职务、下岗学习、离职分流等多种办法予以调整和安置。临川区对 32 名连续 3 年评为优秀等次的机关工作人员予以奖励兑现，晋升级别工资。

2001 年，抚州市委出台《关于调整不称职、不胜任现职党政领导干部的暂行办法》后，各地制定相应的调整不称职、不胜任现职领导干部实施办法。临川区出台《临川区关于调整不胜任现职科级干部的暂行办法》，规定：凡因主观努力不够，所在单位连续两个年度目标责任制综合考核排名列全区倒数第一的主要领导干部；重大事项、重大问题凡未经集体研究科学论证而给国家或集体造成较大损失应负主要领导责任的；因工作不负责任或责任制不落实，致使所管辖的范围内发生重大恶性事件，造成不良影响的；政绩平平，社会公认差，干部个人在年度、届中或届末考察中民主测评结果不称职票超过 30% 的；连续旷工或无故缺勤 10 天以上 15 天以下，或一年内累计超过 15 天以上 30 天以下等 10 个方面表现的，认定为不称职干部，需进行调整。对辖区经济连续大幅度下滑或由于主观原因造成经济损失的，区委允许其主要领导申请辞职，如拒不辞职又无良策改变现状、提升工作的，区委责令其辞职，从单位班子成员中每年筛选 1 人改任非领导职务，逐渐淘汰素质低、能力弱的班子成员。对群众反映强烈且被纪检监察部门立案审查或其他原因不宜继续担任领导职务的，区委暂停其职务，作待岗处理，待岗期间只发基本工资，取消一切福利待遇。

2002 年开始，抚州市深化对干部实绩的考核，建立全市目标管理考核制度，主要围绕招商引资、业务工作、社会稳定三项工作开展考核，建立县级领导干部“三项工作”考核档案。每年一度的目标管理考核评比以表彰奖励为主，对工作成绩突出的先进单位，在干部提拔使用方面优先考虑、优先使用。对工作落后的单位，要求在全市经济工作会上作表态发言，对所在单位干部限制使用，直至改变落后面貌。是年，市委、市政府表彰目标管理先进个人 145 人，业务工作考核验收先进个人 20 人，整治招商引资环境、集中办事工作先进个人 20 人。2003—2007 年度，共表彰目标管理先进个人 953 人。各地对不作为、乱作为等不称职干部的处理毫不手软。临川区 2002—2004 年共处理不称职科级干部 94 人。其中，免职 3 人，待岗 2 人，降职 1 人，改任非领导职务 88 人。2003 年该区有正科级干部 6 人因招商引资或计划生育工作不力被诫勉 6 个月或 1 年。崇仁县对副科级领导干部 5 人作出处理，其中，免职 1 人、待岗 2 人、平职交流 2 人。2006 年，东乡县建立乡镇场和县直单位年度考核制度，考核结果

全国人民满意公务员奖章

排位情况全县通报，各类别排位倒数第一名的为末位淘汰单位，倒数第二、第三名为黄牌警告单位。资溪县委制定下发《关于整治干部平庸行为的实施办法（试行）》，对干部队伍中不作为、乱作为和无作为等三大类平庸行为进行整治，确定诫勉谈话、降免职等组织处理措施，有2人被诫勉谈话，2人被免去职务，2人受到党纪政纪处分。

2008年，抚州市建立重点建设项目跟踪督查考核制度，对领导干部和相关责任人在重点项目、重要工作、重大项目和关键时刻的现实表现进行全程记实，并组织开展市直单位领导班子和领导干部思想作风建设的专项考核，为干部奖惩提供依据。是年，市委、市政府对428名干部进行表彰奖励。

2009年，抚州市委、市政府对全国满意公务员胡林高（东乡县瑶圩乡党委书记），全国人民满意公务员集体南丰县计生委进行表彰。江西省委、省政府对吴信仁（崇仁县人社局局长）、张世伟（乐安县公安局副局长）记一等功，对南丰县计生委集体记一等功。

干部惩处主要有三个方面原因：一是因违法违纪受到党纪政纪处分；二是因工作失误被组织问责；三是因网络舆情或群体性事件受到组织处理。真正因工作落后，或不称职、不胜任现职受到惩处的不多。2010年东乡县对2009年度在招商引资、信访、维稳等工作及维护班子团结上存在问题，进行诫勉谈话并限令整改的单位及个人整改情况进行调查了解，对整改不到位、班子严重不团结的一个县直单位的局长、两名副局长进行免职处理。该县开展“育英治庸”行政，先后有25名领导干部主动递交辞职报告，改任非领导职务，对2名不适宜担任现职的干部进行免职处理。广昌县共查处科级干部5人，其中有3人受到党内严重警告、1人受到留党察看1年处分、1人受到行政警告处分。2012年7月，东乡县根据《东乡县领导干部离岗招商暂行办法》，开展对半年招商引资工作检查，对县直六类至八类部门和乡镇场倒数第一名，且没有单独引进“三新”入园项目的5名局长、1名乡镇场党委书记，由县委组织部部长进行约谈，并下发文件令其离岗招商。

2014年，抚州市委、市政府对全国人民满意公务员刘国良（南城县万坊镇副镇长），全省人民满意公务员章桂根（抚州市卫生局党委委员）、项鸿炜（抚州市公安局刑警支队副支队长），全省人民满意公务员集体抚州市审计局、抚州市中级人民法院进行表彰。

2009年，温家宝总理接见全国人民满意公务员、东乡县瑶圩乡党委书记胡林高

“赏不逾时，罚不迁列”，是建立在各级党组织对干部情况充分掌握的基础上。但在实际工作中，因赏罚不及时，严重削弱了干部奖惩的功效。

2004—2014 年抚州市全国、全省人民满意公务员情况

表 6-3

荣 誉	姓 名	职 务	单 位
第六届全国人民满意公务员（2004 年 8 月）	张国文	资溪县林业局局长	资溪县林业局
第七届全国人民满意公务员（2009 年 8 月）	胡林高	东乡县瑶圩乡党委书记	东乡县瑶圩乡
第八届全国人民满意公务员（2013 年 12 月）	刘国良	南城县万坊镇副镇长兼鄱阳村党总支书记	南城县万坊镇鄱阳村
全省人民满意公务员（2010 年 6 月）	吴信仁	崇仁县人事劳动和社会保障局局长兼县委组织部副部长	崇仁县人事劳动和社会保障局
全省人民满意公务员（2014 年 1 月）	章桂根	抚州市卫生局党委委员	抚州市卫生局
	项鸿炜	抚州市公安局刑警支队副支队长	抚州市公安局
全省人民满意公务员集体（2014 年 1 月）	—	—	抚州市审计局
	—	—	抚州市中级人民法院

十、干部离退休

离退休制度 1955年12月，国务院颁发《国家机关工作人员退休处理暂行办法》，规定男性年满 60 周岁，女性年满 55 周岁，办理退休手续；虽未达到规定年龄，但因病不能坚持工作或因公致残者，也可提前办理退休手续，享受退休同等待遇。干部退休后，其退休待遇，随着国民经济的不断发展，得到逐步提高。

“文化大革命”期间，正常的干部退休制度遭到破坏，有不少到了退休年龄而未退休的干部。1978 年，国务院颁发《关于安置老弱病残干部的暂行办法》，完善了干部退休制度。暂行办法规定，党政机关、群众团体、全民企事业单位工作的干部，男年满 60 周岁、女年满 55 周岁、参加工作年限满 10 年可享受退休待遇；男年满 50 周岁、女年满 45 周岁、参加工作满 10 年，经医院证明丧失劳动能力的亦可提前退休。

1980 年 2 月，中共十一届五中全会讨论的《中国共产党章程》修改草案废除领导干部职务终身制。1982 年 2 月 20 日，《中共中央关于建立老干部退休制度的决定》规定：凡达到退休年龄的干部，除按国家规定延长退休年龄或留任者外，均应按时办理退休手续。同年 9 月，中共十二大把老干部退休制度写入党章，打破了实际存在的干部领导职务终身制。

1982 年以前，对离职休养干部的职务、级别和参加革命工作时间有明确的界限规定。1982 年 4 月，把离休条件放宽到 1949 年 10 月 1 日前参加革命战争、脱产享受供给制和从事地下革命工作的老干部，男年满 60 周岁、女年满 55 周岁，可以离休。

1993 年 10 月施行的《国家公务员暂行条例》规定，男年满 60 周岁、女年满 55 周岁应办理退休手续，男年满 55 周岁，女年满 50 周岁，且工作年限满 20 年的，或工作年限满 30 年可办理退休手续。事业单位干部退休仍按国务院《关于安置老弱病残干部的暂行办法》执行。是年，临川县乡镇机关实行干部合理分流，允许工作年限满 25 年，或男满 55 周岁，女满 50 周岁且参加工作 10 年以上的提前退休。

2006 年 1 月《中华人民共和国公务员法》

正式颁布实施。公务员达到国家规定的退休年龄或者完全丧失工作能力的，应当退休。工作年限满 30 年的，或距国家规定的退休年龄不足 5 年，且工作年限满 20 年的，或符合国家规定的可以提前退休的其他情形的，本人自愿提出申请，经任免机关批准，可以提前退休。

离退休待遇 1978 年国务院 104 号文件规定：新中国成立前参加革命工作享受工薪制待遇的退休人员，工龄满 10 年的，退休费按本人标准工资 80% 计发；新中国成立后参加革命工作的退休人员，工龄满 20 年的，退休费按本人标准工资 75% 计发，工龄满 15 年不满 20 年的，按本人标准工资 70% 计发，工龄满 10 年不满 15 年的，按本人标准工资 60% 计发。是年，各地开始办理党政机关、群众团体及其他事业单位干部的退休、退职工作。干部退休、退职条件，退休、退职金标准，退休、退职后待遇及补员等规定，均与工人退休、退职规定相同。

国务院下发国发〔1982〕62 号文件，明确规定离休干部待遇。干部离休后，政治待遇与同级在职干部基本相同；生活待遇从优，工资照发。对 1945 年 9 月 3 日以前参加革命工作的，每年分别增发 1 ~ 2 个月本人标准工资的生活补贴；生活福利与在职干部相同，另外享受困难补助和特需经费，公费医疗从优照顾。是年，临川县一般干部离休后，发给 1500~4000 元的修房或建房补助。离休干部每人每年拨特需经费 150 元，其中 100 元发给本人；拨活动经费 300 元，供旅游、参观、休养之用。

1986 年，江西省政府 19 号文件规定 :1949 年 9 月 30 日前参加革命工作享受工薪制的退休人员，工龄满 10 年的，加发本人标准工资 20% 的退休补助费；1949 年 10 月 1 日至 1952 年年底参加革命工作的退休人员，工龄满 30 年的，加发本人标准工资的 20% 退休补助费，工龄满 25 年不满 30 年的，加发 10%；1953 年以后参加革命工作的退休人员，工龄满 30 年的，加发本人标准工资 10% 的退休补助费，工龄满 25 年不满 30 年的，加发本人标准工资 5% 的退休补助费。获得全国劳动英雄、劳动模范称号，省一级政府认定在新民主主义革命、社会主义革命和社会主义建设的各条战线上有特殊贡献的干部，在退休时仍然保持其荣誉的，其退休费可以酌情高于所定标准的 5% 至 15%，但提高后的退休费不得超过本人原标准工资。

1992 年，抚州地委组织部下发《关于确定部分老同志享受正、副县（处）级干部待遇问题的通知》，对“文化大革命”前的副县级，且在工资改革前行政 16 级以上，现仍在副县级岗位或已离退休的干部，对机构改革前在地委、行署部委办（正县级单位）、地区公检法单位任过副职、机构改革后仍在原岗位任职或在原岗位离退休的干部，均可享受正县（处）级干部政治生活待遇；对新中国成立前入伍，参加革命后担任过正科级职务的或在原岗位离退休的干部，可享受副县（处）级干部政治、生活待遇。随后，地委组织部下发《关于确定部分干部享受正、副县级干部待遇问题的补充通知》，主要内容有四点：一是 1952 年年底前入伍，“文化大革命”（1966 年 5 月 16 日）前担任县级职务或连续担任副县级职务 15 周年以上的干部，可享受正县级干部政治、生活待遇。二是 1952 年年底前入伍，“文化大革命”前担任正科级职务或连续担任正科职务 15 周年以上的干部和 1952 年年底前入伍，1985 年工资改革前行政 18 级以上的干部，可享受副县级干部政治生活待遇。三是已经离退休的干部，符合上述条件的，也可享受正、副县级干部政治、生活待遇；四是“文化大革命”中的“三种人”和犯有严重错误者，在 1989 年春夏之交政治风波中犯有错误者，原任职虽符合以上条件，但因犯错误而受降职以上处分者，不得办理。

1995 年，抚州地委组织部、老干部局、财政局、人事局、劳动局联合下发《关于进一步解决我区离退休干部政治生活待遇中几个具体问题的通知》，对抗日战争时期参加革命，工资改革前行政19级以下的离休干部尚未享受副县级政治、生活待遇的，提高为副县级政治生活待遇(当时解决31人)。从1997年7月1日起，对全区离退休干部参观游览市人民公园、王安石纪念馆、汤显祖纪念馆，乘坐临川市一路、二路公共汽车和上收费公厕，一律免费。为落实中央、江西省、抚州地区老干部政策，各级老干部工作部门采取“全面检查、个别查访、重点击破”的办法，检查督促老干部生活待遇落实。

2003年按照相关规定执行退休干部待遇：公务员和参照公务员工资的干部，男性年满60周岁，女性年满55周岁可以退休，男性工龄满30年，女性工龄满25年可以提前退休。退休金按工龄长短可拿基础工资和工龄工资100%,职务工资和级别工资的40% ~ 88%。事业单位干部男性年满60周岁,女性年满55周岁可以退休,退休金按工龄长短拿原工资的50% ~ 90%。因公致残退休者，年龄、工龄不限。因病提前退休必须男满50周岁，女满45周岁，连续工龄满10年，而且要由县以上医院出具证明，经劳动鉴定部门确认完全丧失劳动能力，退休金按工龄长短可拿原工资50% ~ 90%。2006年机关事业单位实行工资改革，机关公务员工资与事业单位干部工资分为两个序列工资标准执行。机关公务员退休工资依工龄长短按照在职时职务工资和级别工资的70% ~ 90%领取。

退休办理 按照干部管理权限，地（市）管县处级干部由地（市）委组织部提请组织部部务会研究，经地（市）委下文退休。地（市）管科级干部的审批、工资办理及退休证办理均由本单位自行管理。厅级干部的工资审批报江西省委组织部、省人事厅审批，地（市）委组织部办理，退休证由地（市）委组织部办理。地（市）管县处级干部的工资审批报地（市）委组织部、人事局审批，退休证由地（市）委组织部办理。

1982年，抚州地委组织部办理2名老干部离休手续，同时将18名已退休干部改办理离休手续。2002年抚州市机关干部退休328人。2010年至2015年9月18日，抚州市委组织部共办理县级干部退休手续268人。

退休办理主要是按干部管理权限办理到龄退休,不同时期标准掌握不一。2012年3月以前,县级干部退休须经抚州市委常委会研究，原则上每半年研究一次。不少干部退休办理至少延迟半年，多的达一年。从2012年4月开始，改由抚州市委组织部部务会研究，每季度研究一次。一般情况下，依据干部综合科提供的《领导干部名册》，每半年梳理一次县区到龄退休县级干部初步名单之后，查阅到龄退休干部档案信息，之后报组织部领导；委托县区委组织部向到龄退休干部本人反馈到龄退休的相关信息；提请部务会研究，由干部综合科负责提交部务会研究。

干部退休时必须按照要求与干部本人进行谈话，加强沟通，提出要求和希望，认真做好记录，并将谈话情况及时向市委组织部反馈。市管县区退休干部由抚州市委组织部负责谈话，也可委托县区委主要领导或分管组织工作的领导负责谈话，县区委组织部相关领导参加。最后下发退休通知。符合规定提前退休的，由提前退休干部本人申请，参照上述程序进行。干部退休前谈话的内容主要包括：干部退休的政策规定；对谈话对象作出客观评价；鼓励谈话对象继续关心支持县区工作；听取谈话对象的个人要求、意见和建议；说明中央和省市对退休干部从业的有关规定。

2014年1月，抚州市委组织部下发《关于进一步规范市管干部退休手续办理工作的通知》。自2014年1月起，凡达到规定的退休年龄(周岁)的市管干部,都应及时办理退休手续，不需本人提出申请。市管干部达到退休年龄前一个月，由市委组织部对到龄退休干部档案进行认真审核，将相关情况提前反馈至干部所在单位党委（党组），安排好与到龄退休干部进行谈心谈话。市委组织部原则上在市管干部达到退休年龄的下一个月按有关规定和程序研究到龄退休事宜。到龄退休干部在市委文件下发一个月内按规定办理完退休手续。符合提前退休或病退条件的由个人提出申请，所在单位党委（党组）签署意见，如同意，报市委组织部审核后按有关程序办理退休手续。南丰等县制定下发《关于进一步规范县管干部退休手续办理工作的通知》，要求凡达到规定退休年龄（周岁）的县管干部，都应及时办理退休手续，不需本人提出申请。到龄退休干部在县委文件下发一个月内按规定办理完退休手续。

1988—2014 年抚州办理国家干部离休、退休人数

表 6-4　　单位：人

年份	离休	退休	合计	年份	离休	退休	合计
1988	38	368	406	2002	0	208	208
1989	47	225	272	2003	0	157	157
1990	96	398	494	2004	0	205	205
1991	76	464	540	2005	0	140	140
1992	41	500	541	2006	0	178	178
1993	11	68	79	2007	0	226	226
1994	15	242	257	2008	0	231	231
1995	3	216	219	2009	0	223	223
1996	6	271	277	2010	0	212	212
1997	9	257	266	2011	0	208	208
1998	19	241	260	2012	0	298	298
1999	2	329	331	2013	0	266	266
2000	1	278	279	2014	0	278	278
2001	0	156	156				

2000—2014 年抚州市离休干部情况

表 6-5　　单位：人

年份	总数	按职务分			按参加工作时间分			按所在单位性质分		
		地级	县级	一般	红军	抗战	解放	行政	事业	企业
2000	1475	52	717	706	3	137	1335	605	284	586
2001	1402	49	689	664	3	131	1268	577	272	553
2002	1366	45	680	641	3	127	1236	549	275	542
2003	1306	39	658	609	3	108	1195	514	278	514
2004	1237	37	623	577	3	107	1127	484	254	499
2005	1173	69	556	548	2	97	1074	488	225	460
2006	1117	64	524	529	2	91	1024	460	220	435
2007	1067	61	503	503	2	86	979	438	217	412
2008	1003	59	475	469	2	83	918	436	219	412
2009	951	100	407	444	0	74	877	381	199	371
2010	885	88	385	346	0	63	822	356	194	335

续表 6-5

年份	总数	按职务分			按参加工作时间分			按所在单位性质分		
		地级	县级	一般	红军	抗战	解放	行政	事业	企业
2011	849	86	372	391	0	60	790	329	179	341
2012	788	80	341	367	0	56	732	306	164	318
2013	720	71	320	329	0	48	672	284	149	287
2014	621	62	282	277	0	41	580	256	126	239

2000-2014 年抚州市退休干部情况

表 6-6　　单位：人

年份	总数	按职务分			按所在单位性质分		
		地级	县级	一般	行政	事业	企业
2000	10702	5	1301	9396	3689	4485	2528
2001	11956	8	1349	10599	4165	5111	2680
2002	12869	12	1378	11479	4920	5236	2713
2003	13422	15	1398	12009	5137	5523	2762
2004	13578	15	1411	12152	5189	5583	2806
2005	13705	15	1421	12269	5229	5617	2859
2006	14107	15	1502	12590	5260	5943	2904
2007	14596	25	1523	13048	5320	6301	2975
2008	16596	26	1616	14954	6281	7308	3007
2009	17340	31	1704	15605	6633	7632	3075
2010	18108	32	1813	16263	7161	8117	2830
2011	18163	37	1819	16307	7298	8134	2731
2012	18372	36	—	—	7353	8487	2532
2013	18478	37	—	—	7409	8688	2381
2014	18612	38	—	—	7679	8647	2286

十一、干部辞职、退职、解聘

（一）干部辞职

2004 年 4 月《党政领导干部辞职暂行规定》出台后，党政领导干部因公辞职、自愿辞职、引咎辞职、责令辞职均按照《暂行规定》执行。

因公辞职　领导干部因工作需要变动职务，依照法律或者政协章程规定，向本级人民代表大会及其常委会或者政治协商委员会提出辞去现任领导职务。《中华人民共和国地方各级人民代表大会和地方各级人民政府组织法》规定，乡、民族乡、镇的人民代表大会主席、副主席不得担任国家行政机关的职务，如果担任国家行政机关职务，必须向本级人民代表大会辞去主席、副主席的职务。常务委员会的组成人员不得担任国家行政机关、审判机关和检察机关职务，如果担任上述职务，必须向常务委员会辞去常务委员会的职务。2005 年 5 月，抚州市委办公室转发《抚州市人大常委会党组关于市人大代表辞职、补选问题的意见》，按照《选举法》和《组织法》规定，抚州市人大代表限额 383 名，任期 5 年。任期中，一些市人大代表职务发生变更，有的难以体现代表性。受代表名额限制，接任职务人员，往往不能补选为代表，使工作受到影响；有的代表职务变更后，与原选举单位联系减少，群众意见、建议难以及时准确反映。为打破代表“终届制”，保证代表比例结构均衡，对市人大代表辞职、补选提出 5 条意见：（1）因工作需要提名当选的市人大代表工作岗位变动后，除新工作岗位仍需继续担任市人大代表的，原则上应辞去代表职务，选举单位可根据工作需要依法补选；（2）代表调离原选举单位行政区域的，除新工作岗位仍需继续担任市人大代表的，原则上应辞去代表职务，由原选举单位依法补选；（3）对因上述原因辞去市人大代表职务的，由代表提名政党或组织做好思想工作，动员其向原选举单位主动提出辞职请求；（4）无法正常履职、发挥作用的代表，建议其主动向原选举单位书面辞去市人大代表职务；（5）代表辞职后的缺额，属于市直安排参选的，由市直安排使用，其他缺额由原选举单位使用。组织部门向符合上述辞职情况的市人大代表建议提出书面辞呈，选举单位召开常委会主任会议研究，经同级人大常委会审议表决过半数赞成后接受辞职请求。选举单位将表决结果向市人大常委会代表资格审查委员会报告，经审查符合法律规定后，代表资格审查委员会向市人大常委会主任会议提交书面报告，主任会议研究决定将报告提交下一次市人大常委会会议审议表决。市人大常委会全体组成人员过半数赞成代表资格审查委员会的报告后，由市人大常委会对外公告。

自愿辞职　党政领导干部因个人或者其他原因自行提出辞去现任领导职务。自愿辞职，必须写出书面申请，按照干部管理权限报任免机关审批。任免机关收到申请书之日起 3 个月内予以答复。未经批准，不得擅离职守；擅自离职的，给予纪律处分。在涉及国家安全、重要机密等特殊职位任职且不满解密期限的、重要公务尚未处理完毕，须继续处理的，不得提出辞职。1988—1991 年，抚州地区国家行政干部自动离职辞职的有 28 人。

1992 年，为进一步深化经济体制改革，摆脱党政机构膨胀，抚州地委决定在全区党政机关、事业单位实施“三三制”。凡自愿从事私营、个体经济活动的干部职工，允许辞职，并按国家有关规定一次性领取生活补助费。鼓励兴办经济实体，进行干部分流。是年，抚州地区国家行政干部自动离职辞职的有 6 人。

1993 年 1 月，抚州地委组织部《关于党政机关、事业单位工作人员停薪留职、辞退公职、提前退休的实施细则》规定：辞退公职的人员必须向所在单位提出书面申请，填写《辞职申请表》，所在单位或主管部门同意后，属地委组织部管理范围的科级干部，报地委组织部批准；其余科级（含科级）以下干部职工，由所在单位或主管部门批准；正副县级干部（含享受县级待遇的），由所在单位研究同意后，书面报地委组织部审核，并呈报地委、行署批准。辞职手续由所在单位办理，并分别抄报地委组织部、地区人事局或劳动局备案。对辞职人员申请报告一般应予以批准。原工作单位一次性发给辞职生活补助费标准为：工作年限不满 5 年的，一次性发给 2 年现有工资（包括基本工资、奖金及各项补贴）；5 年以上 10 年以下的，一次性发给 3 年现有工资。所需费用，全额拨款单位由财政拨款，差额补贴单位由财政和原单位各拨给 1/2，自收自支单位由原单位全额负担。

根据 1993 年 10 月 1 日施行的《国家公务员暂行条例》规定，公务员可以辞职（在涉及国家安全、重要机密等特殊职位上任职的国家公务员，不得辞职）。公务员辞职后，2 年内到与原机关有隶属关系的企业或者营利性事业单位任职，须经原任免机关批准。对表现不称职的公务员（在年度考核中，连续2年被确定为不称职的；不胜任现职工作，又不接受其他安排的；因单位调整、撤销、合并或者缩减编制员额需要调整工作，本人拒绝合理安排的；旷工或者无正当理由逾期不归连续超过15天，或者一年内累计超过30天的；不履行国家公务员义务，不遵守国家公务员纪律，经多次教育仍无转变，又不宜给予开除处分的）予以辞退。

1994—2000年，抚州地区国家行政干部自动离职辞职的有7人。

2006年1月1日《中华人民共和国公务员法》颁布实施后，市委组织部严格按照《公务员法》规定做好公务员辞职申请、辞退不称职公务员等审批工作。

引咎辞职和责令辞职 引咎辞职，是党政领导干部因工作严重失误、失职造成重大损失或者恶劣影响，或者对重大事故负有重要领导责任，不宜再担任现职，本人主动提出辞去现任领导职务。责令辞职，是党委（党组）及其组织（人事）部门根据党政领导干部任职期间表现，认定不再适合担任现职，通过一定程序责令其辞去现任领导职务。拒不辞职的，应当免去现职。1995年颁布的《党政领导干部选拔任用工作暂行条例》，要求建立党政领导干部辞职与降职制度。参照上级规定，部分县市制定相关辞职、降职暂行规定。1997年宜黄县委颁发《领导干部辞职、降职的暂行规定》，规定具有13种情形可认定不胜任现职，必须责令辞职或降职；责令辞职或降职前，对不胜任现职的领导干部实行诫勉制度。

2000年中央印发《深化干部人事制度改革纲要》，将建立领导干部辞职制度提上议事日程，引咎辞职进入实践性探索阶段。2001年，抚州下发《关于调整不称职、不胜任现职党政领导干部的暂行办法》，从定性和定量两个方面对不称职、不胜任现职的具体表现制定28条认定标准，规定8个方面的调整措施，规范干部“下”的程序，疏通干部“下”的渠道。2002年修订的《党政领导干部选拔任用工作条例》首次将引咎辞职和责令辞职纳入干部辞职制度中。2001—2002年，抚州市共有9名县级干部、349名科级干部被认定为不称职、不胜任现职。其中，78人被诫勉，38人被组织劝辞，18人被责令辞职，26人被降职，198人改任非领导职务。

2003年，全国各地在防治非典型性肺炎过程中，因工作严重失误、失职而引咎辞职的案例开始见诸报端。2004年《党政领导干部辞职暂行规定》出台，使领导干部辞职有章可循。2006年1月1日实施的《中华人民共和国公务员法》，首次将“引咎辞职”纳入其中，使官员的引咎辞职走上制度化、规范化、法制化轨道。然而，受传统文化影响，引咎辞职很难成为失职官员的自觉选择。在具体实施过程中，效果不尽人意，有咎不辞、执行不严、流于形式的问题较为突出。

2010年出台的《党政领导干部选拔任用工作责任追究办法（试行）》规定：“引咎辞职和受到责令辞职、免职、降职处理的党政干部，应当综合考虑其一贯表现、资历、特长等因素，合理安排工作岗位或者相应的工作任务，并同时确定相应的职级待遇。”同时规定，引咎辞职的官员一年内不得重新担任与其原任职务相当的领导职务，两年内不得提拔。抚州市委组织部对因问责受到组织处理的干部，在处分期过后需重新任职的进行严格把关，科级以上干部的重新任职需经市委组织部研究同意后方可任职。

（二）干部退职

因病、因工致残，经当地劳动能力鉴定机构认定完全丧失劳动能力，但在年龄、工龄或个人缴费年限方面不具备退休条件的，经医院证明并经劳动鉴定委员会确认、劳动保障部门批准后退出生产或工作岗位进行安置，并按国家有关规定给予一定的退职生活费，进行休养。

1960年，临川县根据大办农业、大办粮食的精神，撤销县委财贸部等16个机构，精简干部370人，其中，年老体弱，不能继续坚持工作给予退职6人。1962年,抚州市精简下放干部时，退职4人。改革开放前，凡丧失工作能力，又不具备退休条件（男未满50周岁，女未满45周岁；参加工作未满10年）的干部和工人可以退职。此后，随着社会经济的发展，退职条件逐步放宽。1978年6月2日，国务院下发《关于安置老弱病残干部的暂行办法》，规定经过医院证明完全丧失工作能力,又不具备退休条件的干部，应当退职。退职后,按月发给相当于本人标准工资40%的生活费，低于20元，按20元发给。

1985年后，国家先后12次增加退职人员的退职生活费，增资数额从8元至80元不等。1989年，退职人员退职生活费最低保证数由原来的25元提高至40元。1985—1999年，先后20次对1985年工资改革前退职的人员加发各种生活补贴，幅度从2元至265元不等。之后，多次增加退职人员的退职生活费。

1988—1992年，抚州地区国家行政干部退职的有72人。1993年10月《国家公务员暂行条例》规定，丧失工作能力的公务员应当退休。1994—2000年抚州地区国家行政干部退职的有38人。2006年1月正式实施的《中华人民共和国公务员法》规定，公务员达到国家规定的退休年龄或者完全丧失工作能力的，应当退休。故实行公务员制度后，公务员没有退职。

（三）干部解聘

“聘干”，也称聘任制干部或聘用制干部，聘任期间享受干部待遇。20世纪80年代，由于机构膨胀，各地按一定条件，采取聘用的办法补充机关工作人员尤其是乡镇工作人员。干部解聘是干部人事制度改革的结果，是对干部聘用管理的延伸，是对不胜任现职的领导干部的一种调整办法。1986年，东乡县下发《关于乡镇干部实行聘用制的暂行办法》，乡镇聘用干部的考核由县委组织部、县劳动人事局负责，聘用干部如因失职、渎职或犯错误失去任职条件，依照规定解除其职务；聘用人员不能履行合同、协议，可以解聘；因上学、招工、招干、参军等情况难以履行合同的，允许辞职、辞聘。合同期满自动解聘，如工作需要也可以续聘。

1992年，企业行政领导干部实行聘任制，受聘期间符合下列情况之一者可以解聘：一是企业亏损，两年内未扭亏为盈的；二是政策性亏损企业连续两年超过亏损限额的；三是职工代表大会“信任票”未过半数或民意测验“基本称职”票未过半数的；四是违反法律、法规或经济合同，指挥不当、管理不善而发生重大经营失误或重大安全事故，给国家、企业、人民生命财产造成重大损失的；五是贪污受贿或生活作风腐化，经执法、执纪部门查实的。解聘前，聘任部门应提请审计部门审计。

1993年2月，抚州地委组织部下发《关于解（辞）聘企业领导人的有关问题的通知》，为保持企业领导人稳定，除以下6种情况外，各主管部门不得随意解（辞）聘企业领导人：一是连续两年不能完成承包经营责任制确定的主要经济指标任务的；二是经营无方，发生严重亏损，在两年内不能扭转亏损局面，亏损额连续增加的；三是因责任心不强，管理不善，出现重大安全、质量事故，使国家和企业遭受重大经济损失的；四是因决策失误和工作失误，造成重大经济损失的；五是违法乱纪，以权谋私，群众反映强烈，受到严重处分或被追究法律责任的;六是因身体原因,不能坚持正常工作，无法履行厂长（经理）职责的。

2002年，为解决乡镇机构臃肿、人浮于事顽症，抚州市委组织部将崇仁县石庄乡、巴山镇分流乡镇富余人员做法《坚决稳妥抓分流，精干高效促发展》印发全市，用于指导各地通过解聘清退、自愿分流、提前退养、竞聘上岗等方式，在全省率先大面积分流乡镇富余人员。为保证分流工作平稳有序进行，对解聘的职工一次性发给一定生活补贴，对落聘的干部给予基本生活保障，并推荐再就业。据统计，全市分流富余人员1万多人，其中乡镇干部4894人、中小学教师5755人、村组干部1613人，乡镇干部分流比例达36.7%，累计减轻财政负担7200余万元。分流中，各乡镇将原有部门分散职能进行适度综合，设立大的综合科室，方便集中办事。崇仁县石庄乡将全乡工作分为包村与内务管理、财贸、农技推广与农经管理、防疫保健四个大块，岗位由原来的64个减至34个。

随着干部人事制度改革的不断深入，企业聘干为全员劳动合同制替代，事业单位聘干被全员聘用制所取代。2003年，全市乡镇机关、企事业单位不再产生新的聘干。同年，结合县乡机构改革，对各地乡镇机关及乡镇事业单位聘用干部进行清退解聘。

十二、干部谈心谈话制度

干部谈心谈话包括干部考察谈话、组织与干部个别谈话，这两种谈话方式均由来已久，但以制度形式出现时间较晚。

1991年，全区组织工作座谈会提出，要恢复干部谈心制度，要求党政领导和组织部门主动接触干部，了解其学习、工作、生活情况，帮助解决一些实际问题。会后，抚州地委印发《关于深入开展干部谈心活动的通知》，建立干部谈话制度。干部任期内每年或届期内安排一次谈话，干部提拔、调动、工作调整、退（离）休或因故停职、免职、撤职等，组织正式决定后，均安排谈话。干部有问题反映时，在及时了解核实后，根据情况安排谈话。对不安心工作、有思想包袱的，也安排谈话。干部之间有意见分歧，出现不团结苗头，及时安排集体谈话或个别谈话。干部主动要求反映问题、汇报思想、工作情况的及时安排谈话。谈话主要是了解情况，核对事实，肯定成绩，指出问题，同时讲明组织意见，介绍有关情况，交代工作任务，提出具体要求。谈话时，注意听取干部的意见和建议，沟通思想，交心通气；针对具体情况进行批评教育，勉励帮助，提出今后努力方向。部分县市和地直单位党委（党组）也制定相应的谈话制度。这些制度的制定和逐步落实，对沟通思想，解决问题，搞好作风建设，起到较好作用。地、县领导根据文件要求，广泛开展谈心活动。据统计，1991年地委及组织部领导同县级干部谈话600余人次，县市和地直单位领导同下属干部谈话4800余人次。通过谈话，加强教育，沟通思想，发现苗头，早打招呼，解决干部思想、工作、生活上的实际问题，调动干部的工作积极性。

1995年年初，抚州市下发《关于实行对新任领导干部廉政谈话制度的实施意见》，对新任领导干部廉政谈话进行规范。《实施意见》对谈话对象、谈话内容、谈话方式、谈话程序和步骤作出明确规定。新提拔重用的县级领导干部上任一个月内接受廉政谈话，通过谈话明确在落实党风廉政建设责任制、遵守《廉政准则》和廉洁自律各项规定、执行《中国共产党党内监督条例（试行）》及坚持民主集中制原则等方面的要求，对有信访反映经初查未能核实或尚未构成违纪的，予以提醒和告诫。实施谈话前，由市纪委结合考察测评、廉洁自律、群众信访举报等情况拟定谈话提纲，并将谈话时间、地点、要求等提前通知谈话对象。谈话时送达《新任领导干部廉政谈话书》及廉政教育警示牌，谈话结束后，组织谈话对象进行党纪政纪知识测试，谈话对象在本单位领导班子会议和干部职工大会上宣读和公示廉政承诺书。市纪委每半年对谈话对象的廉洁从政及践诺情况进行跟踪考察，谈话形成的材料和个人廉政承诺书及考察材料等存入领导干部个人廉政档案。

1998年，抚州地委组织部出台《领导干部谈心制度》，确定谈心对象，规定谈心范围、内容，提出分级负责，一级抓一级和“谁主管、谁负责”的原则。印制《领导干部谈心记录本》，分发给地、县级在职领导干部使用。2004年，为加强对乡镇党政正职的任职管理，实行新任乡镇党政正职任职前到市委组织部谈话制度。此后，各县区对干部谈心谈话十分重视，结合自身工作实际出台一批制度性文件，并认真抓好落实。南丰县2005年9月建立县委常委会成员与县直部门领导干部、乡镇领导班子成员谈心制度，县委、县政府主要领导根据工作需要，有针对性地约请乡镇、县直单位主要领导干部谈心，县委副书记及其他常委约谈所挂点乡镇领导班子成员及分管口的县直部门领导干部。谈心采取个别谈话或小型座谈的方式进行，既肯定成绩，又指出存在的问题与不足，了解干部的思想、工作和生活情况，沟通思想，听取意见建议。2009年6月，南城县印发《关于深入开展干部集中谈心谈话活动的实施方案》，在全县开展干部集中谈心谈话活动。谈心谈话对象涵盖县管科级干部、副科级后备干部、优秀人才和其他相关人员。其中，党政正职由县委组织部长谈，副职（含非领导职务）由县委组织部副部长谈，副科级后备干部、优秀人才及其他相关人员由组工干部谈。谈心谈话采取集中座谈和“一对一”的方式进行，谈心谈话内容不设条条框框，不限制内容和时间，凡是干部关心的问题、想谈的问题都可以谈。

2012年4月—2014年12月，每逢干部人事调整，新任领导干部任前集体谈话，一般由市委组织部主要领导主持，市委书记作任前谈话，市纪委主要领导作廉政谈话。此后，市委组织部在各个工作时期都充分利用这种方法，达到谈心、交心、同心的目的。一是在干部提拔任职之前或换届调动工作之前开展谈心活动，这种谈心一般采取集体谈话的办法，由市委主要领导或组织部部长主讲，勉励任新职或调任新岗位的干部积极工作，开拓进取，打开新局面，取得新成绩。在届中或个别调任新职时，则采取个别谈话的办法。二是诫勉谈话。对少数干部存在缺点和错误，或主要领导干部长期打不开局面，工作业绩平平，则采取诫勉谈话的办法，指出其缺点错误，或工作方式方法上的问题，责令其限期改正。三是对县级以上领导干部退休之前进行一次谈话。一般每年进行两次，也是采取集体谈话的办法，由市委或组织部主要领导开展主题谈心，肯定即将退休的干部在职工作中为党和人民作出的贡献，祝干部退休后身体健康、安度晚年。2014年4月以后，随着到龄干部退休工作每月研究一次，退休谈话也按月进行。四是廉政谈话。廉政谈话是党内监督的一项基本制度，是预防腐败的一种手段。一般是在干部任前进行廉政谈话，旨在通过廉政谈话这种形式，及时提醒，早打招呼，进一步筑牢领导干部拒腐防变的思想道德防线。

十三、干部人事制度改革

干部人事制度包含干部人事管理体制和具体规章制度两部分。干部人事制度形成于革命战争年代，丰富和发展于社会主义建设时期，改革于中共十一届三中全会之后。

针对领导班子老化、青黄不接的状况，1980年8月，邓小平提出废除干部领导职务终身制，健全干部选举、招考、任免、考核、弹劾、轮换制度，干部人事制度改革的序幕由此拉开。

1982年，劳动人事部制定《吸收录用干部问题的若干规定》，提出实行“公开招收、自愿报名、坚持考试、德智体全面衡量、择优录用”的办法，干部录用制度改革启动。针对干部管理权限过于集中的问题，从1984年开始，按照“管少、管好、管活”的原则，采取分级管理、层层负责的办法，适当下放干部管理权限，一改过去干部任用大包大揽的做法，地方和企事业单位选人用人自主权扩大。按照中央要求，除重要岗位领导干部坚持审批外，抚州适时下放干部管理权限。

1987年10月，中共十三大把干部人事制度改革的重点是放在建立国家公务员制度上，旨在解决干部选拔工作由少数人选人、在“熟面孔”中选人的问题。

1988年，抚州地委组织部引入竞争机制，把公开选拔领导干部作为干部管理制度改革的重点，面向全区公开选拔行署驻上海、厦门、南昌、海口4个办事处（联络处）主任。是年，崇仁县开展公开选拔5名正副局长的试点工作，金溪县公开选拔物资局长和乡镇企业局长，资溪县公开选拔中学校长。针对机构臃肿、人浮于事的问题，抚州地区实施以人员分流为主要内容的干部人事制度改革。1992年3月，在全区党政机关、事业单位实行“三三制”，一部分人留机关坚持正常工作，一部分人下乡下厂下基层帮助工作，调查研究，开展社会主义教育或挂职锻炼，一部分人结合本职工作开办服务实体，进行有偿服务。1993年，抚州地委组织部结合各级领导班子调整，在抓好干部分流的同时，积极探索干部能上能下的新路子，坚持德才兼备和注重实绩的原则，注重选拔懂经济、善经营、会管理的干部，对不胜任现职的进行妥善调整，调整地直单位干部175人，其中，提拔66人，交流93人。按要求下放干部管理权限，推进企业干部人事制度改革，打破企业干部与职工的界限，从企业工人中择优聘用管理人员，从组织上保证政企分开。转换经营机制试点企业在干部职务能上能下、管理岗位能进能出、专业技术职位能高能低方面取得突破，全区国有企业普遍实行干部聘任制、选任制。

1996年，抚州地区参照公务员管理工作全面推进，各地、各单位进行全员过渡培训考试。根据1993年中共中央、国务院印发的《中国教育改革和发展纲要》关于改革高等院校毕业生“统包分配”和“包当干部”的就业政策，推行面向市场“自主择业”的就业政策。1996年1月，劳动人事部印发《国家不包分配大专以上毕业生择业暂行办法》。根据《国家公务员暂行条例》和《国家公务员录用暂行规定》，按照公开、平等、竞争、择优原则，高校毕业生通过考试考核录用进入公务员队伍。

经过一段时间的探索，竞争性选拔干部引起社会关注，并得到广泛认可。1999年，抚州地区再次公开选拔6名副县级领导干部，有500名干部报名参加公开选拔，报考人数最少的职位有44人，最多的达139人。此外，县市公开选拔24名科（局）级干部。除考试题对外保密外，公开选拔的其他各个环节通过新闻媒体对外公布，使干部群众清楚了解选拔工作的全过程，消除干部群众对选拔工作的神秘感。由于始终坚持“公开、民主、平等、择优”原则，防止拉关系、跑门子的不正之风。各地公开选拔工作吸收干部群众旁听，允许他们当场提问，对群众提问回答情视，作为评分参考。通过公选、公示，使群众有机会直接参与对干部的评价和监督。是年，抚州地委采取措施加大地直机关与县市、乡镇干部交流力度，加大中层干部轮岗力度，引入竞争机制，加大机关内部竞争上岗力度，干部能上能下有新的突破，一批优秀年轻干部脱颖而出。

在深化干部人事制度改革的过程中，干部考核评价体系建设日益引起重视。在抓好县级领导班子年度考核的同时，抚州不断深化干部考核工作改革，将干部考核的重点转向工作业绩和现实表现，注重扩大考核面，延长考核线，加大考核深度，不仅听取考察对象单位干部群众的意见，也注意听取考察对象工作对象的意见，不仅考察干部在本单位的表现，还注意了解8小时以外社会交往的情况。按照江西省委组织部要求，建立干部考察工作责任制。

2001年，抚州市委组织部成立调研组，对调整不称职、不胜任现职干部问题开展专题调研，研究制定出“不称职干部”的认定标准，对在年度考核、届中届末考察中民主测评不称职票数达到一定比例的干部，实行免职和降职。抚州市委下发《关于调整不称职、不胜任现职党政领导干部暂行办法》和《关于县、科级领导干部实行最高任职年限的规定》，在推进干部“下”的方面有较大突破。与此同时，大力推行领导职务任期制、试用期制、考察预告制、差额考察等改革措施，积极探索党委（党组）无记名表决决定干部任免、市委全委会审议表决县区党政正职人选等改革，大力推进干部交流，按照“突出重点、积极稳妥、先易后难、分步到位”的原则，着手抚州市事业单位人事制度改革，试行党委（党组）集体讨论干部投票表决制度。对县区党政“一把手”拟任人选，逐步做到由市委常委会提名、市委委员会全体会议审议、无记名投票表决。在全会闭会期间，由市委常委会作出决定，但在常委会议作出决定前，注意征求全委会成员的意见。

2004年，抚州市干部人事制度改革的力度不断加大，制定并实施《县、乡党政领导班子正职拟任人选和推荐人选市委全委会表决实施细则》，对2名县党政正职进行市委全委会票决，对7名乡镇党政正职进行县委全委会票决；改进民主测评方法，让参评者用文字叙述的方式对考察对象的优缺点作出全面评价；在县区换届考察中，邀请一定数量的一般群众参加个别谈话，确保考察人员充分全面掌握情况；采取“先审计后考察、边审计边考察”的办法，对62名拟提拔使用的乡镇和县直单位正职进行任前经济责任审计；开展招商引资、业务工作、社会稳定三项工作考核，建立县级领导干部“三项工作”考核档案；对县区党政正职的拟任人选和推荐人选，先后两次组织全体市委委员无记名填表方式征求意见。出台《关于改进市属国有企业领导人员管理的意见》，取消39家市属商业、供销、建筑、交通、外经外贸、物资、粮食、农、林等非工业口企业的行政级格，将其中37家下放给市属企业主管部门管理。东乡红星企业集团、黎川德胜企业集团分别下放至其所在地党委管理。总结推广崇仁县石庄乡、巴山镇分流乡镇富余人员做法，指导各地采取解聘清退、鼓励自愿分流、提前退养、竞聘上岗等方式，率先在全省大面积分流乡镇富余人员。

2005年，抚州市在坚持实行综合目标管理的基础上，出台《末位单位责任追究暂行办法》，形成目标明确、考核规范、效果明显的干部实绩考核体系和责任追究体系，对2名干部进行责任追究。2006年，适应主攻工业的需要，在全市公开定向推选20名熟悉工业经济、现代企业管理、资本运作的副县级干部到县区工业园区任职，有力的促进园区经济发展。

2008年，按照中央及江西省委关于推进干部人事制度改革的一系列指示和文件精神，抚州积极推进领导干部任职回避、交流和试用期制，并在规范干部提名、完善干部考核、改进干部交流等方面进行探索。在规范干部提名方面，坚持把单位党委（党组）推荐、领导干部个人推荐和民主推荐结合起来，对契合度高的大胆使用，对契合度低的慎用缓用。有8个单位党委（党组）和领导干部个人推荐的人选因民主推荐得票较低、排位靠后，未列为考察对象。对重要干部人选，还通过召开全市领导干部会议推荐提名。在完善干部考核方面，加重干部完成重点任务情况及实绩考核的分量。

2009年，中央颁布《2010—2020年深化干部人事制度改革规划纲要》，对规范干部选拔任用提名，健全考核评价机制，建立健全干部职务和职级并行制度，深入整治用人上的不正之风等方面明确改革要求。为防止干部选拔任用提名权的腐败，抚州市从规范干部选拔任用提名入手，将组织推荐、领导干部个人署名推荐和群众民主推荐结合起来，实行“三推差选”。三种推荐结果一致的，列为考察人选；民意不集中、班子意见分歧较大的，实行差额考察。同时，实行选人用人向基层工作一线倾斜，大力选拔在促进抚州赶超发展中表现优异、实绩突出的优秀干部。是年提拔的86名干部中，有48人来自县区基层和“两区”(城区、工业园区)建设一线，占55.8%。在此前几年干部选拔任用提名制度探索的基础上，于2010年制定出台《抚州市县级干部选拔任用提名暂行办法》，对党政正职人选实行署名推荐，对其他党政领导干部人选实行非定向推荐。2011年，在全省率先采取全程差额（差额酝酿、差额提名、差额推荐、差额考察、差额票决）的办法，选优配强县区党政正职。

2013年是抚州市公开选拔领导干部数量多、规模大、频次高的一年，全市启动市县联动公开选拔领导干部工作机制，继续推行差额推荐、差额考察、差额酝酿、差额任免制度，推进竞争性选拔干部常态化。探索从一线遴选市直机关干部制度，健全来自基层的公务员培养选拔机制。建立健全年轻干部到基层任职、挂职制度。

2014年1月，修订后的《党政领导干部选拔任用工作条例》颁布实行，干部人事制度改革进入深水区。抚州市在积极组织学习的基础上，认真抓好贯彻落实。针对干部选拔任用唯分、唯年龄、唯学历、唯GDP等问题，一是基本叫停竞争性选拔；二是在干部使用上不搞任职年龄层层递减,注重使用各年龄段干部；三是开展清理超编超职数整顿工作，进一步规范按职数编制配备干部；四是开展干部档案清理审查，对干部的“三龄两历一身份”进行认真审查。

【注　释】

[1]（1）军队干部由军委总干部部、总政治部和军队各级干部部、政治部负责管理；(2）文教干部由党委宣传部负责管理;(3）计划、工业干部由党委的计划、工业部负责管理；(4）财政、贸易干部由党委的财政、贸易工作部负责管理；(5）交通、运输干部由党委的交通、运输部负责管理；(6）农林、水利干部由党委农村工作部负责管理；(7）少数民族和宗教界的党外上层代表人物，各民主党派和无党派和华侨民主人士，工商界代表性人物，协商机关、民主党派机关、工商联、佛教协会、伊斯兰协会和回民文化协会的机关干部由党委统战工作部负责管理；(8）政法干部由党委政法工作部负责管理；(9）党群干部和未包括在上述8类之内的其他干部由党委组织部负责管理。

[2]“逆向调动”，指从小城市调往中等城市或大城市，从边疆调往内地或沿海地区，从基层调往上层机关。

[3]“三三制”分流是指党政机关、事业单位工作职能由单纯的行政管理向管理、经营、服务相结合转变；干部岗位实行三种流向，即：一部分人留机关坚持正常工作；一部分人下乡下厂下基层帮助工作；一部分人结合本职工作开办服务实体，进行有偿服务。

[4][5]《抚州市志》，方志出版社，2013年，第405页。

[6]《抚州市军事志》，江西省抚州市军事志编纂委员会，内部出版，2011年，第344页。

[7]国家工作人员，是指国家公务员以及参照，公务员管理的国家工作人员；国有公司、企业中从事公务的人员和国家机关、国有公司、企业事业单位委派到非国有企业单位、社会团体从事公务的人员。

[8]《抚州市志》,方志出版社,2013年,第824页。

[9]裸官是裸体做官的简称。指配偶已移居国(境）外、或者没有配偶，子女均已移居国（境）外的国家工作人员。

第三节　干部档案管理和干部统计

一、干部档案管理

干部档案是在干部培养、选拔和任用过程中形成的记载干部个人经历、政治思想、品德作风、业务能力、工作表现、工作实绩等内容的各种文件材料。干部人事档案不可再生，一旦损毁就无法补救。因此，各级组织人事部门历来十分重视干部档案管理工作。

抚州解放后，通过建立干部档案管理库房、收集干部人事档案资料、指定专人管理、制定专门管理制度，不断规范干部档案管理工作。

“文化大革命”期间，由于组织人事部门受到严重冲击，干部档案管理一度出现混乱，有的干部档案遭到严重破坏。

1977年11月抚州地委组织部恢复以后，干部档案管理提到议事日程，指定专人负责档案管理。中共十一届三中全会后，开展清理“三种人”与平反冤假错案，干部档案材料成为重要依据。1981年5月，抚州地委组织部针对县市和地直干部人事档案管理单位的管理人员频繁变动、新手业务不熟、干部档案管理混乱问题，召开干部档案管理经验交流会。会后，各县市及地直单位拨专款添置新档案箱，购买规格统一的干部档案封皮、档案袋等，抽调人员集中时间、集中精力清理整理干部档案。对“文化大革命”前的历史老案进行全面摸底调查，采取“六对照”法确定需要复查的案件，运用“三交三包一保证”的办法进行复查。全区有历史老案6556件，需要复查的727件，占历史老案总数的11%。到1983年12月，已复查处理580件，占应复查案件的80%。此外，还有已复查待批39件。全区原有受限制使用干部1439人、特殊登记干部751人。根据中央组织部〔1983〕16号文件和江西省委组织部景德镇会议精神，视情况撤销、注销或解除一部分受限制使用干部档案中的资料。

针对党员干部档案里缺入党志愿书、履历表、登记表，以及干部档案塞进不少不该放入材料，致使有些干部虽然政治上平了反，但身上仍背着档案不清包袱的问题。1983年6—11月，抚州地委组织部从抚州市委、地区公安处、中级人民法院等单位抽调7人，对抚州地委组织部管理的干部档案进行清理，着重解决人档不符、材料不全等问题。档案清理人员系统学习《干部档案工作文件汇编》《干部档案工作条例》及中央组织部《关于处理整风和反右派斗争中干部档案材料的基本规定》《关于反右倾斗争中干部档案材料处理问题的通知》《关于处理“文化大革命”运动中干部审查材料问题的通知》，理清工作思路，对原组织部、人事局

（处）1949—1980年的文书材料进行清理，对干部履历表、登记表、鉴定表、工资表和呈报表等可归档材料进行归档，共清理和整理干部档案2119个，其中离退休人员13个，死亡人员42个。对不属归档的文书材料进行清理，清出各种不宜进入干部档案的材料970份5810页。其中：需要销毁的927份5336页，退还本人的36份464页，作其他处理的7份10页。装订立卷1100多卷进馆。通过清理，干部档案基本做到人档相符。之后，添置必要的干部档案管理设备，搬进新的档案库房，建立和健全干部档案查看、借阅及保密制度。

1994—1995年，地区干部档案管理部门和单位再次对干部档案进行系统整理，抚州地委组织部按照干部档案库房建设一级标准，筹资4万余元添置干部档案管理设施，保管条件进一步改善。各县市委组织部在抓好自身干部档案管理达标升级的同时，对劳动人事、教育、卫生干部档案管理单位达标升级进行指导和检查督促，通过达标升级，全区干部人事档案实现工作目标化、职责具体化、管理规范化、考核数据化。尤其是计算机在干部人事档案管理的作用得到发挥，逐步实现档案检索、编目、转递变动、利用等各项基础性工作的计算机化，能够运用计算机有效地提供干部信息数据，直接产生干部任免审批表、基本情况表，并应用数据库信息对干部队伍情况进行综合分析和预测，加大干部人事档案信息开发利用的深度和广度。

1996年，按照《干部档案工作条例》和江西省委组织部《关于实行干部档案达标升级规范化管理的通知》要求，抚州地区开展干部档案达标升级活动，先后在地区林业局、黎川县、崇仁县召开3次干部档案工作现场会，推动达标升级活动。各县市委组织部确定一名副部长分管，干部科具体负责，配备2名干部档案管理人员，做到年度有工作计划，干部档案工作列入组织工作目标管理。在加强归档材料收集补充的同时，着力加强基础设施和制度建设。全区61个干部档案管理单位有20个达到二级标准，占总数的32.8%，38个单位达到三级标准，占总数的62.2%。抚州地委组织部被评为全省干部人事档案先进集体。

1998年，抚州地委组织部制定《抚州地区“九五”期间干部人事档案工作实施意见》，健全收集、整理工作制度，做到收集工作经常化，整理工作规范化。收集材料注意把好联系、送交、催要、登记4个环节，及时收集归档。把全面改善干部人事档案的保管保护条件作为干部人事档案工作的重点，加大投入，不断提高管理水平。县市委组织部和管理1000卷以上干部人事档案的部门和单位，做到“三室”分开（库房、阅档室、办公室），有条件的做到“四室”有别（库房、阅档室、办公室、微机室）。库房面积每1000卷不少于20平方米，500 ~ 1000卷的设专用库房（不少于15平方米），阅档室和办公室合一。管理500卷以下的，设干部人事档案室，库房、阅档室、办公室合一（不少于20平方米）。管档单位全部使用铁质档案柜，并存放于干部人事档案室，达到“六防”（防火、防潮、防蛀、防盗、防光、防高温）要求。达全国一级标准的单位和部门，配置照相机、红紫外扫描仪和档案微波灭菌杀虫机。是年11月前后，分别在地区林业局、金溪县、乐安县召开干部人事档案工作片会，对干部人事档案达标升级工作进行总结部署，全区有57家管档单位被授予干部人事档案工作达标升级单位。同年，抚州地委组织部对地管干部（包括档案在地委组织部管理的地直单位科级以下干部）进档材料进行整理，清理、收集干部个人学历、职务任免、工资、考核、奖惩、培训等方面材料，各地各单位列好移交清单（一式二份），送地委组织部干部科进档。

1999年，全区管理干部人事档案500卷以上和100卷以上的单位分别达到全国三级以上和省三级以上标准。县市委组织部和地直管理干部人事档案 50 卷以上的单位，申报达到全国二级以上标准，其中，申报达到全国一级标准的占 30% 以上；地直管理干部人事档案 100 卷以上的单位，申报达到省二级以上标准。对不符合等级标准的，降低或撤销其原定等级并收回标牌。

随着达标升级工作的推进，全区干部档案管理工作进一步规范，档案内容进一步丰富。1999 年，抚州地委组织部下发《关于统一布置填写干部履历表和收集干部档案材料的通知》，各地对在本地形成的干部档案材料进行清理，将一批地管干部的工资审批表、年度考核表、任免审批表、考察、考核、奖惩、学历、培训等材料移送地委组织部进档。此后，按照干部管理权限，建立不定期干部档案材料移交制度。2003 年，抚州市委组织部下发通知，对全市管档单位开展一次干部档案审核工作。2005 年 5 月，对各县区委组织部、市直各管档单位档案管理工作进行检查验收和评比工作，对不符合标准要求的，取消原来的管档级别称号。2005 年 12 月开始，干部年龄、工龄、党龄和学历（含学位）“三龄一历”审核成为干部人事档案审核的重点。

2002 年 10 月，召开全市组织部门干部人事档案工作表彰会

2007 年 1 月 28 日，抚州市委组织部迁至市行政中心，市干部人事档案搬入市行政中心新建档案馆内，档案管理设施明显改善。档案馆配备库房、办公用房、仓库各 1 间，总面积 120 平方米左右，还配备 3 台空调，2 台电脑，2 台打印机，1 台复印机。

抚州市委针对档案管理工作中存在的年龄、工龄、党龄和履历“三龄一历”填写前后不一；1988 年版、1999 年版干部履历表内容前后矛盾且缺本人签名、单位审核意见和单位印章；干部任免审批表及考察材料未及时归档；干部任免审批表填写缺项严重；缺失入党材料和工资材料；学历、学籍材料归档不及时或缺失；少数单位的干部人事档案整理不按有关规定进行，档案材料鉴别和分类不准确等问题，于 2008 年 5 月下发《关于进一步加强干部人事档案管理工作的意见》，提出加强干部档案管理要求，加强基础设施和队伍建设，推进干部人事档案规范化管理。市委组织部在推进干部人事档案目标达标检查验收中，实行“单项否决”，对档案涂改造假、装错材料、缺少 1997 年以后副科以上职务变动《干部任免审批表》其中一项的，即视为干部档案审核工作不合格。

为提高干部人事档案管理水平，2009 年 4 月，抚州市委组织部对全市 41 家有干部人事档案管理任务的档案管理人员进行集中业务培训，对 11 个县区委组织部及金巢经济开发区的档案管理情况进行调查摸底，规范两年来招录的大学生村干部人事档案管理，开展《公务员登记表》集中审核，加强基层档案管理单位的硬件设施建设。

2012 年，召开由市纪委、市委组织部、市法院、市检察院、市信访局等单位参加的工作协调会，对本地开展整治买官卖官问题，建立“特别监督档案”试点工作进行研究，制定抚州市开展整治买官卖官问题“特别监督档案”试点工作实施方案。在全面收集整理领导干部涉及或涉嫌买官卖官问题信息的基础上，建立整治买官卖官信息资料库。规范各单位日常监督管理，按单位分类，建成一批干部监督档案，内容包括县级干部的《干部选拔任用工作全程记实表》、有关举报及查核情况、任期经济责任审计情况、离任审计情况、年终考核情况、婚丧喜庆事宜报告、诫勉谈话、函询情况、违纪违法处分情况、组织处理情况等。同时，将本单位（县区）一报告三评议、《党政领导干部选拔任用工作条例》检查情况、科级干部信访及调查情况等也归入单位档案。

二、干部统计

抚州解放后，为加强干部管理，在建立干部名册和干部档案的同时，干部人事部门对全区干部数量、构成情况进行定期统计，并逐级汇总上报。早期干部统计，每季度统计一次，并进行干部统计情况分析。此后，干部统计成为干部管理的一项基本制度一直坚持。

新中国成立初期，抚州干部来源为上级派遣和随解放军南下工作人员；录用旧政府职员；安置军队转业干部和复员退伍军人；吸收历史清白、思想进步，在政治运动中表现突出，能识字，有培养前途的工人；录用失学青年、失业知识分子、农村积极分子和高、初中毕业生。1951年全区有干部5293人，其中，地级干部8人，县级干部74人，区级干部350人，一般干部4861人。1952年，全区有在职干部7171人，其中，地级干部6人，县级干部110人，区级干部687人，一般干部6368人。从资历看，有老干部（指在当地工作时间较长的干部）352人，新干部6819人。从文化程度看，初中文化以上的3984人，高小程度以上工农干部3187人。干部的质量不高，缺少有经验的骨干力量，财经企业等部门尤其缺少懂技术、会管理的干部。1954年，全区有干部9099人，其中，地级干部12人，县级干部192人，区级干部1327人，一般干部7568人。这些干部中，随军南下的291人，其中，地级干部12人、县级干部131人、区级干部144人、一般干部4人。与1953年相比，干部数量稍有增加，但老干部人数大为减少，新干部进入各级领导班子的逐渐增多，符合中央提拔使用本地干部的要求。1955年，地专直属机关有党、政、群、财经、企业、事业等大小机构38个，有干部1479人，其中，省地级干部14人、县级干部95人、区级干部283人、一般干部1087人。1960年全区有各级各类干部13219人，其中区级以上干部1747人。按系统分，农业系统2524人，工业系统1467人，财贸系统3843人，文卫系统1469人，党群系统3916人。

1963年，干部统计项目增加，内容更加丰富。除对干部队伍基本情况进行统计与分析外，还对领导班子情况、领导干部身体状况、德才情况、是否胜任工作情况进行统计分析。是年年底，全区有公社以上脱产干部14043人，占全区人口的0.94%，占劳动力的3.1%。其中，县委副部长以上的领导骨干有394人，比1957年的346人增长11.4%。在全区干部中，妇女干部1889人，占干部总数13.4%；专业技术干部1845人，占13.1%。从参加工作时间看，土地革命战争时期的有12人，抗日战争时期的210人，占1.49%，解放战争时期的1594人，占11.3%，1949年10月至1957年年底参加工作的9682人，占68.9%，1958年后参加工作的

2545人，占18.1%。从层级分布情况看，地专直属单位有2272人，占16.2%，县级单位9769人，占69.6 %，区、公社2002人，占14.2 %。从系统分布看，党群系统1052人，占7.5%，政法系统799人，占5.7%：工交系统829人，占5.9%，财贸系统5339人，占38.3%；农林水系统2200人，占15.6%；文教卫生系统1822人，占12.9%；区、公社2002人，占14.2%。

全区干部年龄逐渐增大，专署42名正副处长平均年龄41.6岁，最大的61岁，最小的31岁；全区45名县（镇）委正副书记平均年龄38.3岁，最大的48岁，最小的32岁。全区64名县委正副部长中，年龄最大的54岁，最小的28岁，其中，30岁以下的仅4人，31 ~ 35岁的32人，36 ~ 40岁的22人，41 ~ 50岁的4人。741名公社正副书记、主任中，年龄最大的53岁，最小的25岁，其中，30岁以下的47人，31 ~ 35岁的302人，36 ~ 40岁的244人，41 ~ 50岁的147人。10个县、镇委领导班子，战斗力较强的有5个县，班子不够健全、战斗力一般的有3个县；班子有问题、缺乏战斗力的有2个县。全区县属各部门和区、公社领导班子534个，其中，班子团结、战斗力较强的399个，班子不健全、战斗力较弱的116个，班子不团结或有其他问题、缺乏战斗力的19个。县（镇）委正副书记中，南城、宜黄、资溪3县及抚州镇缺乏本地新干部。全区县属各部门和区、公社1525名领导骨干中，德才较好、能够胜任现职的884人，占58%；德或才有些缺点、基本上能胜任工作的有536人，占35%；不宜担任现职的有105人，占7%。在不宜担任现职的105名干部中，有严重政治历史问题、政治上不可信任的16人，占15.3%；有严重错误的23人，占21.7%；年老体弱、丧失工作能力的16人，占15.3%；水平低，能力弱，不能胜任现职的50人，占47.7%。1945年8月以前参加工作的237名干部中（包括部分省属企业），因有多种疾病，不能坚持工作，处于全休或半休的有39人，占16.4%。

1964年5月干部统计内容包括性别结构、政治面貌、年龄结构、参加工作时间等内容。全区共有各级各类干部14982人，其中，女干部2094人，25岁以下的1767人，61岁以上的39人。新中国成立前参加工作的1902人，1949年10月—1952年12月参加工作的5941人；1953年1月—1957年12月参加工作的4139人；1958年1月以后参加工作的3000人。全区缺公社副书记以上领导干部260人。

1965年的干部统计侧重领导干部的年龄结构和参加工作时间。地委14名正副部长均为南下干部，40岁以下的4人，41 ~ 45岁的3人，46 ~ 50岁的6人，50 ~ 55岁的1人。52名专署正副处长中，35岁以下的7人，36 ~ 40岁的15人，41 ~ 45岁的15人，46 ~ 50岁的11人，51 ~ 55岁的3人，61岁以上的1人，其中，南下干部46人，本地干部6人。42名县委正副书记、县长中，35岁以下6人，36 ~ 40岁的20人，41 ~ 45岁的13人，46 ~ 50岁的3人，其中，南下干部35人，本地干部7人。717名公社正副书记、主任中，有南下干部8人。

“文化大革命”中，各级组织部门被撤销，干部统计工作一度中断。

中共十一届三中全会以后，随着组织工作的正常化，干部统计工作不断规范，统计内容日益丰富。1981年，抚州地区开展干部统计工作点评活动，对做得较好的抚州市、临川县、金溪县、崇仁县、南城县和地区农办、财办、文教局等8个单位予以表扬，对工作较差的单位进行点名批评。是年，抚州地委组织部对干部统计工作队伍建设提出要求，着重强调干部统计人员应有一定的文化水平和统计业务知识，要求各级组织部门保持干部统计工作队伍的相对稳定。推广抚州市统计人员刘金石的工作经验，平时注意积累资料，建立干部卡片、干部统计名册、干部调进调出登记表，对干部调进调出、死亡做到随时登记，卡片与名册每季度核对一次。

随着经济社会的发展，每年的干部统计都有新的内容要求。在开展干部统计工作前，地、县市和地直单位开好布置会，对报表内容、统计范围，工农的分类等进行重点辅导，对讨论中提出的问题进行讲解。地、县市汇总时，做到先审核后汇总，既审核表中数据是否准确，也审核表与表之间有关数字是否相符，单位是否齐全。

1992 年 5 月，中央组织部、人事部下发《干部统计工作暂行规定》，对干部统计工作的任务和管理制度、统计报表制度与管理、统计资料的管理等作出具体规定，形成由组织部门统一领导，组织、人事部门分工负责的干部统计工作管理体制。1999 年，为便于研究干部队伍发展变化情况，加强干部队伍宏观管理，中央组织部、人事部要求各地在新中国成立 50 周年之际，整理、汇编干部统计历史资料。各地对干部统计工作进行责任分工。

2000 年以后，干部统计工作坚持一年一统，统计内容相对稳定。尤其是随着计算机技术的发展，江西省委组织部开发的干部统计系统已实现计算机汇总，干部统计汇总工作水平得到极大提高。

2000 年 11 月，江西省干部统计工作布置会在抚州召开

1951 年抚州专区干部分布情况

表 6–7　　单位：人

系统	项目		现有干部	其中				
				党员	团员	非党团员	老干部	新干部
党委系统	地级		6	6	0	0	6	0
	县级		32	32	0	0	32	0
	区级		111	111	0	0	99	12
	一般		270	68	127	75	17	253
	小计		419	217	127	75	154	265
群团系统	县级		4	4	0	0	4	0
	区级		49	42	7	0	35	14
	一般		641	50	349	242	13	628
	小计		694	96	356	242	52	642
政权系统	政法	地级	2	2	0	0	2	0
		县级	24	24	0	0	24	0
		区级	115	110	1	4	96	19
		一般	975	61	376	538	23	952
		小计	1116	197	377	542	145	971
	文教	县级	1	1	0	0	1	0

续表：6-7

系统	项目		现有干部	其中				
				党员	团员	非党团员	老干部	新干部
政权系统	文教	区级	8	6	1	1	4	4
		一般	203	6	60	137	2	201
		小计	212	13	61	138	7	205
	财经	县级	13	13	0	0	13	0
		区级	67	64	2	1	61	6
		一般	2772	44	257	2471	7	2765
		小计	2852	121	259	2472	81	2771
全区	地级		8	8	0	0	8	0
	县级		74	74	0	0	74	0
	区级		350	333	11	6	295	55
	一般		4861	229	1214	3463	—	—
	合计		5293	644	1225	3469	377	55

1955—2000年部分年份抚州地区干部人数增加情况

表6-8　　　　单位：人

年份	增加干部数	其中		
		高校毕业生分配	中专毕业生分配	安置军队转业干部
1955	363	63	—	58
1956	731	130	—	27
1958	668	266	—	40
1963	988	537	—	216
1964	1035	628	—	145
1965	779	331	—	25
1977	1562	303	864	4
1978	787	232	33	408
1979	1807	49	999	178
1980	2713	214	1072	49
1981	3490	675	1568	
1982	4064	769	2157	268
1983	3019	632	1564	51
1984	8659	621	1020	87
1985	2743	544	1220	83
1986	2307	644	1269	139
1987	3968	739	1656	155
1988	3507	1405	1730	96
1989	3601	1178	1767	35
1990	3064	1165	1594	28

续表：6-8

年份	增加干部数	其中		
		高校毕业生分配	中专毕业生分配	安置军队转业干部
1991	5651	1514	2015	23
1992	4453	1077	1572	25
1993	9452	786	1536	42
1994	3445	983	1660	38
1995	3279	996	1840	45
1996	2917	965	1785	28
1997	5164	1497	1988	26
1998	1010	—	—	—
1999	11084	—	—	—
2000	7489	—	—	—

说明：此表仅对毕业生、军队转业干部作分类统计，其他如民办教师转公办、干部调入等未分类统计

1951—2014年抚州干部人数统计

表6-9 单位：人

年份	干部人数	年份	干部人数	年份	干部人数
1951	5293	1977	39499	1997	76962
1952	2261	1978	38413	1998	72962
1953	9939	1979	38711	1999	80942
1954	9099	1980	38211	2000	86622
1955	7975	1981	35768	2001	90664
1956	10454	1982	38471	2002	87077
1957	10168	1983	36781	2003	88153
1958	12381	1984	43723	2004	87276
1959	13142	1985	45427	2005	83383
1960	16138	1986	45699	2006	83317
1961	12552	1987	46679	2007	82269
1962	14266	1988	49474	2008	80836
1963	19637	1989	52608	2009	77868
1964	14982	1990	54795	2010	77674
1965	15373	1991	59481	2011	79055
1972	37782	1992	62276	2012	80396
1973	37035	1993	69269	2013	80982
1974	38145	1994	71763	2014	81519
1975	37606	1995	72149		
1976	38584	1996	73224		

说明：1966—1971年缺资料

第七章　干部教育培训

干部教育培训是按照党和国家事业发展要求，根据经济社会发展和干部履行岗位职责的需求而进行，以县处级以上党政干部和中青年干部为重点，旨在统一思想、提高能力素质、推动工作发展。1951 年抚州就开始建立干部正规学习制度，1955 年年初抚州地委组织部即下达干部训练计划，并先后建立县级党校。1996 年市委组织部制定下发 1996—2000 年干部教育培训规划，地区人事局下发国家公务员培训规划，首次对干部教育培训作出全面规划。此后，每隔 5 年均制定下发一个 5 年规划，并大力抓好实施。培训的方式也逐渐增多，通过上挂下派、异地办学、脱产学习、中心组学习、网络培训、在职自学、干部选学等形式着力提高学习的针对性和实效性。

第一节　教育培训规划

1955 年以前，抚州专区未制定过干部教育培训规划，干部教育培训大多以年度计划形式出现。1956 年抚州地委制定下发第一个干部教育培训规划——《1956 年至 1962 年干部训练规划》，此后相隔 33 年，由地区人事局于 1995 年下发《抚州地区 1996—2000 年国家公务员培训规划》，接着，地委组织部于 1996 年制定下发《抚州地区 1996—2000 年干部教育培训规划》，此后每隔 5 年，都要制定下发一个干部教育培训规划。在规划期内，每年还要制定培训计划，做到长规划，短安排，扎实推进干部教育培训工作。

1951 年年底，抚州专区开始建立正规的干部学习制度，1952 年全区计划训练脱产干部 1200 人，训练乡村级半脱产干部 1.3 万人。1953 年 2 月召开的全省组织工作座谈会要求，地、县委订出的训干计划须经省委批准后执行。按照要求，地委组织部制定 1954 年训干计划，其中地委党校训练区级以下干部 650 人；各县委训练班训练乡村干部 1 万人。至 1954 年 10 月，地委党校训练 755 人，各县委训练班训练干部 10105 人，均超额完成计划任务。

1955 年 1 月 6 日，抚州地委组织部下达《关于五五年干部培养提拔、训练工作初步计划草案》。《草案》从提高干部政治理论、政策水平，划清工人阶级与资产阶级的思想界线，保证党在农村合作化事业顺利进行的需要出发，要求地委党校提高训干质量，减少训干期数及培训数量，延长培训时间，全年计划培训 550 人。为提高干部文化水平，计划开办 1 期文化班，培训 800 人，培训时间 10 个月，训练初小以下县级和区级工农干部，使原文盲的达到初小毕业文化程度，原初小的达到高小毕业文化程度；开办 2 期普通班，培训 450 人，培训时间为 3 个半月，训练一般区级干部和准备提拔为区级的干部。培训内容为农业社会主义改造与互助合作政策、国家宪法、中共七届四中全会决议。各县委训练班计划训练乡村干部 8765 人，其中，积极分子 3780 人、支部骨干 1462 人、普通党员 1953 人、乡村干部 1570 人。培训进度要求在当年 3 月底前训练 3939 人，4—8 月训练 2630 人，9—12 月训练 2196 人。每期训练时间 7 ~ 15 天，培训内容为互助合作政策、国家宪法、党员八条、支部工作。抚州镇着重训练对私人资本主义与手工业的社会主义改造政策与国家宪法。训练进度和训练质量由县委副书记或组织部长掌握，规定由县级干部授课，区级干部不得代替。

1956 年 5 月底，全区有各级各类干部 12876 人，干部文化素质普遍不高。其中：地级干部 17 人，文化程度不及初中的有 5 人；县级干部 321 人，不及高小的有 5 人，不及初中的有 76 人；区级干部 1517 人，不及初小的有 1 人，不及高小的有 298 人，不及初中的有 477 人；一般干部 8081 人，不及初小的有 19 人，不及高小的有 569 人，不及初中的有 1760 人；乡干部 2940 人，不及初小的有 1350 人，不及高小的有 740 人，不及初中的有 410 人。为提高干部的文化程度、政治理论及业务水平，抚州地委制定《1956 年至 1962 年干部训练规划》。规划要求，地委委员、县委正副书记、县长、理论水平较高的县委委员及相当于这一级的干部 36 人，参加中级党校[1]训练，在 7 年内轮训一遍；县委委员、区委正副书记、区委委员及相当于上述职务的党委、人事部门干部，财贸系统中担负全面领导工作的区级干部、一般县级干部，合计 460 人，参加初级党校[2]训练，在 7 年内轮训一遍。各系统一般区级干部和拟提拔为区级干部的后备干部，各系统无轮训干部任务的区级干部，共有 2800 人，地委党校（或党训班）每年轮训 400 人，3 个半月为一期，7 年内训练完毕。江西省行政学院训练政法、工业、财贸、交通、农林水、文教卫生等部门中相当于区长级的干部 420 人，每年送省训练 60 人，7 年内训练 420 人，其余由党校和本系统专业学校（主要是财经企业部门）训练。同时，抚州专区设有粮食干部、合作干部、银行干部 3 个专业训练班，每年训练一般干部或业务人员 500 人，7 年内训练 3500 人。规划从 1956 年起，开设一个专业技术学校，每年训练农业技术员、水利技术员、饲养员、会计员、统计员、拖拉机手等初级或中级技术人员 400 人，7 年内训练 2800 人。县委训练班训练乡党支部领导骨干、乡主要干部、农业社主要干部、乡一般党员干部，每年训练 1 万人，7 年内训练 7 万人，县委训练班每期训练时间 20 天左右。

1956—1962 年抚州专区干部训练规划

表 7-1

训练机构	训练对象	训练计划
中级党校	地委委员、县委正副书记、县长、理论水平较高的县委委员	36 人，7 年轮训一遍
初级党校	县委委员、区委正副书记、区委委员及相当于上述职务的党委、人事部门干部	460 人，7 年轮训一遍
地委党校	各系统一般区级干部和拟提拔为区级干部的后备干部	2800 人，每年轮训 400 人
省行政学院	政法、工业、财贸、交通、农林水、文教卫生等部门中相当于区长级的干部	每年送省训练 60 人，7 年训练 420 人
专区专业训练班	一般干部或业务人员	每年训练 500 人，7 年训练 3500 人
专业技术学校	农业技术员、水利技术员、饲养员、会计员、统计员、拖拉机手等初级或中级技术人员	每年训练 400 人，7 年训练 2800 人
县委训练班	乡党支部领导骨干、乡主要干部、农业社主要干部和乡一般党员干部	每年训练 1 万人，7 年训练 7 万人

此外，规划在7年内将不及初中文化的干部81人送省工农干校学习或在工作岗位上进行文化补习，将其文化水平提高到初中和初中以上；对不及高小、初中文化水平的区级干部776人，规划在7年内送200名到省工农干校学习文化，使之达到初中程度。地委党校每年开办一期文化班，7年内训练700人，使之达到初中文化。全区干部中有文盲30人，要求在1958年以前脱盲，达到初小或高小以上文化；到1962年，乡村干部文化一般都要达到高小以上，其中初中文化程度的要占40%。

根据抚州地委年度干部工作计划和《1956年至1962年干部训练规划》，地委组织部制定1957年度干部教育培训计划。抽调区委级以上干部100人参加江西省委党校和上饶党校试办的初级班学习。抚州地委党校开办两期训练班，每期250人，训练乡主要干部（党员）500人。训练内容和教学方法由地委宣传部与地委党校提出，报地委研究决定。年内各举办3期专区粮食干部训练班、合作干部训练班。粮食干部班每期训练时间45～60天，训练基层粮站负责人、防化员和计划统计等干部246人；合作干部班每期训练时间两个半月，训练基层业务人员350人。专业训练班的训练内容，2/3的时间为业务学习，1/3的时间学习政治理论、时事政策等，教学方法以讲授为主，并联系实际开展讨论。

县委训练班的基本任务：有计划地训练乡干部和农村（街道）党员，逐步提高文化政策水平和社会主义觉悟，改进领导工作方法，增强工作能力，适应党在农村的各项任务要求。教学内容除文化班外，主要学习党的基本知识、党章、支部领导方法，党在农村中的各项基本政策，“八大”政治报告的决议、全国农业发展纲要、高级社章程和时事政策等。教学方法以讲课为主，适当讨论。各县训练班配备2～3名专职干部，规定班主任应是主要区级或县委级干部。组织部负责训干计划、干部抽调、组织领导等；宣传部负责教学内容、教学方法、理论辅导，贯彻教学方针等。对乡干部的文化学习，由组织部门负责组织领导，文教部门负责文化教学和学习领导。县委统一做好训干计划，做好抽调部分总支书记和乡长到地委党校学习的安排工作。上半年开办2～3期，下半年开办3～4期。

但是，这一时期的训干工作缺乏全面计划，部分县“平时不计划、临时就来抓”，存在因中心工作忙而挤掉训干工作的现象，1956年超额完成训干任务的仅2县1市，完成计划70～80%的有6个县，有2个县仅完成计划的38～45%。有的县长期抽调训练班专职干部搞中心工作，致使训练任务完成得不好。此外，各县委训练班人员配备严重不足，全区共配备县委训练班正副主任6人、干事5人，专区各专业训练班除合作社外亦未配备专职干部；教员临时抽调，备课时间不充分，以致讲得不具体，不够通俗，影响教学质量。

1958年5月3日，抚州地委组织部下发《关于1958—1962年培养训练干部的计划》。东乡县委组织部制订干部教育培训计划，围绕提高工农干部文化水平，抓好在职干部学习，提高干部理论水平，组织干部参加劳动和基层锻炼，学习生产知识和各种技术等。要求每名干部联系一个农业社，向老农学习一门生产技术，每个县委委员在当年内要学会一门生产技术（如耙田、栽禾、施肥等），4年内能够上新式农民资格；将未经体力劳动、未经过基层锻炼的干部，分期分批轮流下放到基层劳动锻炼。

1958—1959年，受“大跃进”和“人民公社化”运动影响，贪多求快、急躁冒进的“左”倾思想打乱正常的干部训练规划，在所谓“少花钱、多办事、办好事”的思想指导下，各地干部政治学校、红专学校仓促之间大量涌现，一些不具备办学条件的地方兴办各类学校，干部训练处于无序状况。

1960年，抚州地委组织部开始逐步整顿各类干部培训机构，对年度干部教育训练作出计划安排，实行先训练农村基层干部，后训练机关、企业一般干部。在训练农村基层干部中，着重训练大队级领导骨干。根据各级各类培训机构的师资水平，规定县委党校训练大队级骨干、公社一般干部、县机关企业一般干部；公社学校（党校）训练小队级干部、党团员积极分子；红专学校对党团员、小队和大队干部进行经常性政治、技术和文化教育，训练内容以学习党的方针政策、各级党组织的决定为主，学习马列主义基本知识，注意与当前工作相结合，研究解决实际问题，达到提高思想和领导水平，推动工作和生产的目的。各级各类学校以学习党的八届八中全会文件为主，继续澄清各种模糊认识，鼓足干劲，积极投入生产运动。在训练的时间安排上，县委党校对大队基层干部的训练每期安排 20 ~ 30 天，知识分子干部的训练每期安排 2 个月左右；公社党校训练大队、小队干部，每期安排 10 天左右。在教学方法上，坚持讲授、讨论和采取“四大”（大鸣、大放、大字报、大辩论）并举的方法。讨论中注重各抒己见，以理服人。党委组织、宣传部门注意对理论教员的培养教育，统一编写教材，发给各公社党校参考。

1961 年，抚州地委组织部在干部教育培训计划中提出，6 月底以前要对干部全面排队，作出规划，建立后备人员名单，实行定期培养，分工培养，采取领导干部包干负责、以老带新、对口培养的办法，实现包考察、包教育、包培养、包提高“四包”。一方面交任务、交政策、交办法，放手让其大胆工作，使之敢于负责；另一方面加强指导，帮助其出主意想办法，解决工作中的具体问题。下半年，地委党校对公社正副书记、主任以上的干部进行一次训练，要求县训练完大队书记、主任一级的干部，教会大队干部怎样依靠群众，同群众商量的方法。

1962 年，抚州地委组织部对干部教育培训作出安排。县委书记和各系统相当于这一职务以上的党员干部，分期分批送省委中级党校训练；县委常委、委员，区、公社党委书记、公社主任和各方面相当于这一职务的干部全区共 1900 人左右，由地委初级党校训练，1962 年 10 月—1963 年 2 月分期分批轮训一遍，训练时间为每期 1 个月；全区公社党委书记以下的一般干部和生产大队主要领导干部有 8300 人左右，由各县委党校利用农事间隙进行训练，1962 年 10 月—1963 年 2 月分期分批轮训一遍，训练时间每期半个月；生产大队的一般干部和生产队干部的轮训主要是结合农村整风整社通过业余学习进行。

“文化大革命”中，受极“左”思潮冲击，干部教育培训无规划可言，干部教育以学习《毛主席语录》代替学习马克思、列宁、毛泽东原著。1976 年 10 月至 1977 年，全区开展揭批江青反革命集团阴谋篡党夺权罪行的宣传教育，同时，组织学习《毛泽东选集》第五卷、中共十一大文件、全国第二次农业学大寨会议精神等。抚州根据各个时期的学习重点作出计划安排，并提出“学大寨、赶大寨，决战两年建成大寨县”等口号，学习教育仍未摆脱“左”倾偏向。全国开展实践是检验真理唯一标准的学习和讨论后，地委组织部对学习讨论作出安排，要求全区干部群众联系本部门思想和工作实际开展讨论。

中共十一届三中全会以后，随着全党工作重心的转移，干部教育培训工作逐渐走上正轨。1979 年，抚州地委下发《关于轮训干部的通知》，由地委组织部负责制订教育培训计划，宣传部门分 5 个专题编写辅导材料，通过办学习班等方式，从思想上进行拨乱反正。是年上半年，全区各级党校共轮训干部 39242 人，轮训大队、生产队干部 18714 人。学习重点转向马列经济理论、斯大林《苏联社会主义经济问题》、毛泽东《论十大关系》、胡乔木《按照经济规律办事，加快实现四个现代化》等。深入开展真理标准问题讨论，打破“两个凡是”束缚。1980—

1981年，各级组织部门强化干部培训计划安排，地委党校培训干部2200余人，县市党校培训干部1.6万人，一批干部被选送到大专院校、专业干部学校和短训班学习。[3] 1983—1984年，组织部门对开展新党章学习活动作出安排，轮训党员9.9万人。同时，举办地直机关县级干部学习《邓小平文选》读书班3期，每期15天，共389人参加。

1982年，中央组织部印发《全国干部培训规划要点》，计划用8年时间，使县以上领导干部系统地学完马克思主义哲学、政治经济学、科学社会主义、中国革命史等4门课程，使现有文化程度在初中及初中以下、年龄在50岁以下的干部基本达到高中以上文化程度和中专以上专业水平；现有高中、中专文化程度、年龄在50岁以下的干部，2/5应学完大专课程；地级领导干部和县级主要领导干部及其后备干部，基本达到大专水平，县级领导班子其他成员也要有2/3以上具有大专水平。

受“文化大革命”影响，干部队伍文化基础差，专业知识缺乏。据统计分析，1983年抚州地区有各类干部3.68万人，其中，大专文化程度的6400余人，占干部总数的17.6%，高中（中专）文化程度1.8万人，占51%，初中以下文化程度有1.1万人，占31.4%。加强干部教育，提高干部队伍素质成为十分紧迫的任务。1984年3月12日，全区组织工作会议提出：要把干部培训列入重要议事日程，把干部教育培训与提拔使用结合起来，对学习成绩优秀并能学以致用的干部，应予优先晋职。主要领导要对培训机构、基地建设、人员编制、经费开支、培训计划和教学活动亲自过问，主管领导亲自动手，立即建立由组织、宣传、人事、教育等部门负责人参加的干部教育领导小组，结合实际制定1984—1990年干部培训规划。

1985年11月，中央批转的《关于加强干部培训工作的报告》强调，要正规化地培训在职干部，干部培训要有正规的学制，正规的教学计划、教学大纲和精心编写的教材，要有必要的训练场所和一定的教学设备，各类培训机构要有一个坚强的领导班子和一支较高水平的师资队伍。此后，抚州地区干部教育培训工作围绕正规化目标开展工作，1985年地委党校开展学历教育，试办两年制大专班，县市党校试办中专班，毕业后分别发给大、中专文凭。组织青年干部参加中央党校、江西省委党校、江西行政学院的大专班、本科班、研究生班脱产学习，提高干部素质。

为尽快提高干部文化水平，1986年下半年至1987年上半年，抚州地委组织部部署安排干部初中文化补课考试，1987年下半年做好干部的高中补课，并着重抓好地直单位干部高中文化补课工作。地委组织部印发的《关于下达一九八七年度干部培训计划的通知》中，提出以干部正规化教育为方向，以提高干部的政治文化素质为目标，以长训和短训、在职学习与业余学习相结合为形式，立足当地条件，借助外地院校，广开培训门路，分级分类培训干部。从是年起，按照干部的岗位性质，有计划地对各级各类干部进行各种岗前、岗上短期轮训，重点抓好县以上领导干部和后备干部岗位培训。

1988年，根据中央、江西省委关于开展生产力标准问题学习讨论的要求，计划举办中层干部、理论辅导员学习班220期，培训学员1.5万人次。是年，抚州地委组织部下发文件，通过有计划地交流干部到县、乡任职，让干部到不同地区、不同岗位经受锻炼，积累领导经验，选送一批在第一线工作的县、乡干部参加脱产学习。1989年初，地委下达干部培训计划，全年举办县级干部轮训班4期，组工干部培训班2期，女干部、党外干部学习班各1期，培训干部780人。是年下半年以后，采用“在职自学、分县辅导、全区统考、统一发证”的形式，对全区1000多名乡镇党委正副书记、正副乡镇长进行岗位职务培训。

为使干部培训计划落到实处，抚州地委组

织部于1990年提出：对无故不参加培训或已参加培训但未获得合格证的乡镇干部不予提拔，已在班子的不得作为下届班子成员候选人。按照规定，地委组织部在乡镇换届班子审批时，对8名未按要求参加培训的正副乡镇长不予审批，并要求有关县市不得变通提拔使用。地委党校还将每期乡镇领导干部岗位培训情况通报各县市委组织部、乡镇党委。开展乡镇干部岗位培训后，有14名乡镇干部提拔到县级领导岗位，有690名乡镇干部进入乡镇党政领导班子，其中提任乡镇党委书记的79人，提任乡镇长的108人。

1991年，中央组织部制定下发《1991—1995年全国干部培训规划要点》。抚州地委组织部采取先由县级干部本人提出学习时间，再分年度、分期调整平衡填报县级干部培训计划的方式，对全区行政和企事业单位的县级领导干部培训作出具体安排。根据江西省委“县处级干部每三年须到省委党校或省直机关工委党校、地市委党校进修一次”的要求，每年安排2～3期县级领导干部参加省委党校培训学习，每期培训时间两个月，各县市委书记、县市长的培训在1993年上半年以前安排完毕。要求地委各部门、地直各单位加强对本行业、本系统干部岗位培训和有关业务培训的规划与指导，制定规范的教学计划，编写统一的业务教材。要求县市科级干部培训突出行业特点，保证质量，注意实效，时间不宜过长，人数不宜过多。从1992年起，地委各部门、地直各单位抽调乡（科）级干部离职学习，须提前半年将《抽调乡（科）级干部参加培训计划申报表》及办班计划报地委组织部审核同意，否则各级组织部门不予调学。同年，针对干部培训“调学难、时间短、内容浅、管理松、效果差”问题，地委组织部规定，县以上干部和乡镇党委书记、乡镇长一届任期内要到地委党校脱产培训3个月，并对应训对象进行登记调查，落实参加培训时间，早打招呼，确保参训率；建立严格的学习管理制度，制定学员“党性锻炼”目标，从学习、生活、守纪等方面提出明确要求和考核标准，学习结束后，将学员党性锻炼目标执行情况报地、县市委和组织部门，作为今后选拔使用的重要依据。地委组织部同时明确，培训内容突出领导科学与经济管理等知识，建立以党校为主体，各类高、中等院校、干校为两翼的干部培训体系，多层次、多规格、多形式地培训经济建设需要的各类合格人才。

1992年，中央作出《关于抓紧培养教育青年干部的决定》，要求对青年干部加强中国近现代史、基本国情和马克思主义基本理论的教育，到农村、工厂去经受锻炼。抚州地委组织部制订计划，要求在1992—1997年的5年内，对1950年1月1日以后出生的县处级干部及1957年1月1日后出生的科级以下干部，普遍进行一次系统的马克思主义理论教育，地委党校负责培训县处级青年干部，培训时间为3个月；县市委党校负责培训本县市的科级青年干部,培训时间为2个月;其他青年干部由各系统、各单位进行脱产培训，培训时间不少于1个月。有计划地组织地、县市党政机关的青年干部到基层锻炼，分期分批安排地直党政部门没有两年基层领导工作经验的县级青年干部到县市、乡镇或厂矿挂职锻炼,时间1～2年。同时规定，今后直接分配到地、县市党政机关的应届大中专毕业生，要先到基层锻炼两年或安排参加社会主义路线教育等中心工作。

1995年1月11日召开的全区组织工作会议提出，建立中青年干部教育培训制度，每隔一段时间脱产培训一次，提拔使用前要集中进行岗位培训。在培训内容上，本着“要精、要管用”的原则,组织学习马列主义、毛泽东思想，特别是学习邓小平建设有中国特色社会主义理论，提高分析问题、解决问题的能力，提高贯彻党的基本路线的自觉性和坚定性；学习市场经济知识、现代科学技术以及岗位工作所必须的业务知识。计划年内举办1～2期中青年干部培训班。1995年全区干部训练工作计划提出，注重对县以上党政领导干部特别是年轻干部的培养教育，把对年轻干部的培养和使用结合起来。计划设置7种主体班次，分别是：(1)《邓小平文选》第三卷读书班，时间为半个月；(2)县级领导干部进修班，时间一个半月，每期50人左右；(3)县级女干部进修班；(4)乡镇主要领导干部进修班，每期一个半月，每期50人左右；(5)优秀年轻干部政治理论培训班，参训对象为县级后备干部，时间为两个月，每期50人左右；(6)专题研讨班，包括县域经济发展研讨班、国有企业转机建制研讨班、农村基层党建研讨班；(7)先进村党支部书记培训班，参训对象为小康示范村党支部书记或先进村党支部书记，时间为一个月。培训中，选择贴紧抚州地区改革开放和社会发展的实际及学员普遍关注的热点、难点问题开展研讨交流，组织学员深入基层调查研究，或到区外实地考察，把理论学习与实践锻炼结合起来。同时，邀请地委、行署领导以及实际工作部门的领导到校讲课，邀请知名专家学者到校讲学，邀请各行各业先进模范人物到校介绍改革发展的新鲜经验，注意发现和推荐学有所长，干有实绩的学员上台讲课。

1995年全区国家机关工作人员过渡为国家公务员，地区人事局下发《抚州地区1996—2000年国家公务员培训规划》《抚州地区国家公务员培训实施意见》《抚州地区专业技术人员继续教育实施意见》，国家公务员培训按初任培训、任职培训、专门业务培训和更新知识培训分类推进，培训课程分为公共必修课、专业必修课和选修课。是年，全区参加新任职培训221人，知识更新（计算机）培训352人，其他培训100人，继续教育培训1.5万余人。

1996年，地委组织部制定下发《抚州地区1996—2000年干部教育培训规划》，明确干部培训的指导思想、工作重点和分工体制，落实干部培训经费，要求从1996年开始，对全区县级干部800余人和乡镇主要领导干部400余人，至少安排到地委党校进修一次，时间为2个月左右，其中：每年安排县级干部160人左右，乡镇党委书记、乡镇长80人左右。对国有大中型企业的主要领导、优秀专家、地管拔尖人才、青年科技人才，要求“九五”期间必须安排到党校普遍培训一次，学习政治理论，时间分别为1个月和半个月；对年轻干部的培养，要求继续举办中青年干部政治理论培训班，每期3个月；对新录用的公务员，按照《国家公务员暂行条例》要求，开展公务员初任培训，有计划地开展业务知识和更新知识的进修和轮训。是年，共举办各类公务员培训班12期，培训公务员738人。

2000年是干部教育培训“九五”规划的最后一年，抚州地委组织部对全区“九五”干部教育规划培训落实情况进行检查，同时加强对各地干部教育培训的宏观指导。2001年，会同有关部门研究制定与全区国民经济和社会发展“十五”计划相适应的《2001—2005年抚州市干部教育培训规划》，坚持以党校为主阵地，注重领导干部在岗自学，加强干部的理论培训。每年指定领导干部学习两门相关专业课程，并组织闭卷考试。

为规范办班制度，有效遏制“乱办班，乱收费，乱发证”现象，2006年，抚州地委组织部制定办班申报审批制度，规定市直各部门举办干部培训班、研讨班等必须向市委组织部申报，由市委组织部牵头抓总，组织财政、物价等部门对其收费标准进行审核后，统一下达实施计划。2007年，为培养造就一支高素质干部队伍，推动“十一五”时期抚州市经济和社会发展，实现“全力主攻两区，推进三大建设，三年实现财政收入翻番，五年实现全面进位”的赶超发展目标，下发《抚州市“十一五”干部教育培训规划》。2005—2010年，全市先后举办计算机培训、更新知识培训、公务员初任培训、继续教育培训、《中华人民共和国行政许可法》培训、公共管理硕士（MPA）培训、《中华人民共和国突发事件应对法》培训，每年培训万余人。2013年，按照不同岗位设计专题班7期，内容涵盖党建、农业、工业、党性修养、金融、社会管理等内容，培训县处级及科级干部300余人。是年选派14人到北京亦庄工业园区和福建福州、莆田工业园区挂职锻炼。此后陆续选派年轻干部赴外省发达地区挂职锻炼。

2010年4月，抚州市人事局和抚州市劳动和社会保障局合并后，市人事局国家公务员培训中心更名为市人力资源和社会保障局公务员培训中心。县区公务员更新知识培训和专业技术人员继续教育培训或由市人力资源和社会保障局公务员培训中心组织实施，或委托县区人力资源和社会保障局组织实施。

2014年5月26日，抚州市制定2013—2017年干部教育培训规划，按照服务大局、按需施教，分级分类、全员培训，联系实际、学用结合，改革创新、注重实效的原则，制定出全市5年干部教育规划和大规模培训干部任务。干部教育培训以县处级以上党政领导干部及后备干部为重点，突出脱产培训，拓展网络培训，在抓好政治理论学习培训同时，加强宪法及法律知识培训，加强党性党风党纪、党史国史教育，深入开展社会主义核心价值体系教育，着力培养科学发展能力。计划每年选派10名左右市厅级干部参加中央党校、国家行政学院及江西省委党校等举办的培训班，5年内对市厅级干部全部轮训一遍；每年选派40名左右县处级干部参加省级培训机构培训，市本级县级干部进修班每年培训100人左右，力争5年内对县处级干部基本轮训一遍；市本级每年选派600名左右科级干部到党校和行政学院培训，到省内外高等院校培训进修。同时，选派一定数量干部到基层或领导机关挂、任职，到省外经济发达地区挂职锻炼、交流轮岗、专题调研；每年通过市本级中青年干部进修班培训100名左右中青年干部，每年选派100人左右40岁以下的优秀干部到经济社会发展第一线挂职锻炼，选派30名左右乡镇党委书记参加省级培训，选派60名左右乡镇（街道）党委书记、乡镇长参加市级培训。计划从2015年开始，依托抚州农村干部学院，每年培训600名左右村党组织书记，继续做好女干部、少数民族干部、党外干部的教育培训工作；通过进知名大学、创业大学培训，到经济发达地区学习考察方式，选派农业产业化领军人才到国内农业产业化品牌龙头企业跟班学习，加快企业经营管理人才培养步伐。2014年7月，市委组织部下发抚组通字〔2014〕29号文件，市委组织部联合东华理工大学党委组织部开展全市干部选学工作，开发了农业农村发展类、旅游类、金融类、法律类、文化类、矿产资源类等24门选修课，供市委各部门、市直各单位、抚州高新技术产业园区、各县区委组织县级干部和正科级干部选学。每名干部从24门课程当中选出8门进行选学，选学时间为3年，选学地点设在东华理工大学。至2014年12月，全市有1780人参加选学，共开设8门课程。

【注　释】

［1］中级党校即中共江西省委党校。据《中共江西省组织史资料》第一卷第725页记载：1957年7月，经省委决定，省委党校改名为中共江西省委中级党校。1965年6月复名中共江西省委党校。

［2］初级党校即中共抚州地委党校。据《中共江西省抚州地区组织史资料》第一卷第149页记载：1956年1月改为中共抚州地委初级党校。

［3］1982年，抚州地委组织部《贯彻省委组织部召开的组织工作座谈会情况的报告》。

第二节　培训内容与方式

抚州党组织成立初期，十分注重工人运动、农民运动、妇女运动干部的培训。中共东乡支部成立后，以国共合作的国民党东乡县党部名义，开办东乡工人运动讲习所、农民运动讲习所、妇女运动讲习所，组织学习新三民主义、农民协会章程、工会组织章程、妇女协会章程等。经过一个月的学习培训及工农运动、妇女运动斗争实践，学员分配到9个区开展农民协会、妇女协会及工会的组建工作。1927年4月4日，东乡黄增华，[1]乐安易道明，金溪蔡菊圃、李炳章、蔡鹏、蔡唤民受组织委派到武汉中央农民运动讲习所学习，[2]经过2个多月的学习培训，上述人员成为各地农民运动的骨干。

解放初期，抚州专区干部结构较为复杂，既有一批与敌斗争经验丰富、却缺乏建设和管理经验的革命干部，又有一批有工作热情、但脑子充满非无产阶级思想的青年学生，还有一些从旧政权中吸收的缺乏为人民服务理念的旧职人员。为此，各地派出一批干部前往工厂、农村接受锻炼，同时开展政治理论、思想文化和技术培训。培训主要结合各时期中心工作开展，以短期训练为主。人民解放军第二野战军解放赣东地区，大批部队进驻抚州，为筹集粮食，各地党组织和政权组织举办借粮训练班，讲解党的政策，传授做群众工作的方法，确保完成借粮任务。以东乡县为例，1949年5月13日，该县在县城天主堂举办借粮训练班，招收学员30余人。经过一周培训后，年龄较大的学员被分配到各区筹借粮食、马料及军鞋。5月23日，人民解放军第五兵团在东乡县城西门的龙山，成立军政大学东乡分校，来自东乡、临川、进贤和余江的500多名学员编为4个中队36个班，由县领导授课，同时邀请到东乡检查指导工作的上级领导讲课，江西军区政治部主任黄永辉曾到该校作《为人民服务》的报告。经过3个月的培训，260余人结业，126人分配到东乡县各区乡工作。

1949年7月1日，中共抚州地委成立。为加强党员干部教育培训，创建抚州专区干部学校（后改名为抚州地委党校）。至是年12月，全区有3444名新老干部参加专区干部学校培训。新中国成立时，抚州各县基本解放，干部教育培训内容更加丰富，形式更加多样。此后，干部培训紧扣当时工作重点，坚持学以致用、学用结合，培训内容及培训方式具有鲜明的时代性。1950年冬，根据中共七届三中全会部署，废除封建土地制度，土地改革全面展开。抚州专区组织各级干部重点学习土地改革法等有关政策法令，系统学习《社会发展简史》，全年训练各级干部4000余人。1951年2月2日，中共中央发出《关于进一步开展抗美援朝爱国运动的指示》，抗美援朝宣传教育成为1951年干部教育重要内容。干部培训采取输送省委党校、专区干校、专区各部门训练班、各县市短训班等途径培训各级各类干部。年内共选送省以上党校培训209人；专区干校举办脱产干部训练班2期，培训干部777人；专区各部门训练班培训干部790人；各县市在秋季土改前后举办2～4期短期训练班，训练不脱产和半脱产乡村级干部2304人，脱产干部（主要是1/4干部）1902人。[3] 1951年底，抚州开始建立正规的干部学习制度。1952年1月4日，中央下达限期发动“三反”运动的指示。“三反”“五反”运动被纳入该年全区干部教育内容，地、县、区各级政府抽调大批干部、产业工人和店员积极分子组成工作队或检查组，分批进驻私营厂店，发动群众进行面对面的说理斗争。

1952年，专区干校举办新干部训练班，探索知识分子与工农干部合校训练，训练学员226人。该期训练班学员文化差距极为悬殊，初中以上至大学文化程度学员有118人，高小文化程度至文盲学员有108人，其中文盲与粗通少数文字者占总人数的22%，旧政权机关留用公职人员占10%。由于出身环境不同，受教育程度不一，入学时思想及表现也大不相同。留用人员计较薪金、日常供给及生活待遇，知识分子干部则以领导自居，工农学员则对知识分子学员敬而远之。由于训练班教员大都由南下干部充任，教员讲的北方话，很多学员听不懂。针对上述问题，干校采取知识分子学员与工农学员混合编队，知识分子学员在课余时间帮助文化低的工农学员识字、校对学习笔记，使文盲、粗通少数文字的工农学员平均学会250字以上。知识分子学员则主动向工农学员学习朴实的作风，许多知识分子学员主动打扫厕所、帮助伙房挑水。经过学习教育，知识分子学员对土改的认识有明显提高。是年，全区训练机关干部5205人，乡村干部11547人，建党积极分子909人，合计17661人。其中，专区干校训练1354人（脱产干部1133人，半脱产干部、支部书记221人）；各县短训班训练建党积极分子3909人、乡村干部7004人，其中有机关干部1072人；查田生产训练班，团员、民兵训练班合计训练5394人。另外，送省委党校受训199人。1953年2月，组织初级组干部、县区干部、中学教师学习《经济建设常识读本》和毛泽东《关于农业合作化问题》。7月，全区在职干部学习《联共（布）党史简明教程》《新民主主义论》，参加学习的中级组干部129人，初级组干部4216人。

1953年6月15日，中央提出党在过渡时期的总路线。12月，中央宣传部制定关于党在过渡时期总路线的学习和宣传提纲，要求全党系统了解苏联建设社会主义经验。抚州地委把上述内容作为1954年全区干部教育培训的重点，结合抚州实际，讨论研究苏联优先发展重工业实现社会主义工业化的经验，加深对社会主义工业化的理解。1954年，地委党校训练区级以下干部655人，开设文化班，训练初小以下干部100人；全区送中央级学校学习7人、中南局级学校47人、省级学校550人，共训练在职干部1359人。乡村干部由各县委训练班训练，计划训练1万人，实训10105人，超额完成任务。

中央《关于农业生产互助合作社的决议》下发后，合作化成为全区干部教育培训的一项重要内容。1955年，抚州专区抽调干部5人到中央参加学习，输送21人到中南局各类学校学习，输送397人到省各类学校学习。地委党校全年培训干部492人，培训内容包括社会主义工业化、农业社会主义改造、宪法及七届七中全会决议等课程；附设的文化班内分高小、初小两个班，学习时间1年，训练内容有文化学习和时事政策，训练县级干部4人、区级干部57人、一般干部15人；代银行、森工局训练干部168人，学习时间3个月左右。此外，专区还举办合作社会计训练班、粮食局业务训练班等。各县市委先后开办各类训练班108次，既有支书支委训练班、党员普训班，学习党的基本知识、党员八项标准、党支部工作及文化知识，也有专门的文化学习班（共4期），主要以速成的办法扫除文盲和半文盲。短期训练班一般10天左右，文化学习则3个月左右一期。全年共训练乡主要干部6418人，乡一般干部5833人，其中参加学习文化的553人。

高岗、饶漱石事件后，从1955年下半年起，内部肃反运动全面展开。抚州各地建立肃反机构，组织人员进行政治形势、肃反方针政策以及对党和政府"忠诚老实"的教育。同年7月30日，全国人大一届二次会议通过《中华人民共和国发展国民经济的第一个五年计划(1953—1957)》，1956年5月江西省"一五"计划经国务院批准执行。抚州专区将这两个计划纳入全区干部教育内容，并结合抚州实际，制定专区、县市"一五"计划。

在干部训练的过程中，因抽调学员过多导致各县工作力量不足的问题较为突出。有些县不愿派得力干部参加学习，一些工作能力差的"学习代表"长期驻校学习；有的县不按条件调学，致使有些干部因不符合调学要求而退回。专区专业训练班缺乏专门机构，教员临时抽调，备课时间不够充分，教学质量不高。县市委训练班机构也不健全，训练班工作都是由县市委组织部兼管，没有专职干部负责，影响教学质量。

1956年，地委初级党校开办理论班、乡干班各1期，中共党史、哲学短训班2期。理论班学习时间3个月零6天，训练区级干部70人，一般干部128人；乡干班学习时间3个半月，训练乡支部书记、高级社主任199人，学习内容为党在过渡时期的总路线、党的建设、中国共产党简史、政治常识及时事政策。中共党史、哲学短训班学员结业后，成为各县、区理论教员。该校附设的文化部，开办文化学习班1期，学习时间10个月。由于多数学员文化程度只相当于初小或不及初小，故而按文化水平分为3个班，从识字到语言单科，再到语文、算术双科。通过学习，学员普遍达到高小水平。专区还开办各类专业训练班10期，训练时间1～3个月，训练干部820人，其中包括84名企业临时人员、农林水利系统技术人员、乡主要脱产干部。各县市委训练班全年共开办47期，训练干部8676人。主要学习党的基本知识、党员八项标准、农业发展纲要草案、党的支部工作、新党章等，知识分子还进行哲学、党对知识分子进行改造的方针政策教育。除课堂讲授外，围绕解决一批疑难问题，组织学员进行漫谈式讨论。是年，全区输送上级学校学习604人，其中：输送到中央专业学校学习36人，中南第五中级党校学习11人，江西省各类学校、训练班学习557人。

1957年，抚州地委将学习中共八大决议和《论十大关系》《关于正确处理人民内部矛盾的问题》等文献纳入当年干部教育训练内容，并把提高干部能力放在重要位置。全年地委初级党校开办2期训练班，县市委开办26期训练班，训练乡主要干部499人，一般干部4609人，机关、学校、企业一般干部476人，送省党校、初级党校和专业学校学习的干部168人。经过整风和反右派斗争，干部觉悟提高，闹个人主义和脱离群众等不良现象减少，深入基层、深入群众、参加体力劳动的成为风尚。

1958年5月，"鼓足干劲、力争上游、多快好省地建设社会主义"总路线成为抚州干部教育主要内容，在全区干部中广泛开展又红又专、红透专深教育和干部"八化"[4]评比竞赛运动。在"大跃进"和人民公社化运动影响下，干部教育培训工作出现急躁冒进、急于求成，片面强调发展速度，忽视教育培训的客观规律。1958年，在地委初级党校及9所县干校训练区、乡主要领导干部1673人的基础上，在基层创办干部政治学校、文化技术学校1923所，训练干部34553人，是1957年的7.4倍。南丰还把县委干校搬到农村，实行“三结合”教学，学员一面工作，一面劳动，一面学习。崇仁县委则把干校和训练班办到公社、厂矿、工地。由于片面强调教育为政治服务，教育与生产劳动相结合，校舍因陋就简，田头、工地、水库成为课堂，“就地取材，能者为师”，各级党委书记和党委委员成了教师，受教育面虽然上去了，但教学质量无法保障。1959 年，抚州地委组织部推广南丰县的经验，全区开办业余红专学校 3244 所，但是少数业余红专学校只搭个架子，效果并不理想。接着，地委结合基层整党和干部整风，对各地红专学校进行整顿，党委确定专人管理，配备一定数量和质量的兼职教员，明确每个时期的教学内容，改进教学方法，建立和健全各项制度，根据实际情况，采取“农闲多学、农忙少学、大忙停学”的方法，训干人数大为减少，全区共训练干部 25329 人，其中大队基层骨干 3662 人普遍轮训一次。但是，训干中又出现大鸣、大放、大辩论、大字报这一极“左”的所谓“群众路线的教学方法”，不仅没收到好的教育效果，反而伤害一批敢讲真话的干部。

1960 年，各类党校、红专学校、业余党校有增无减，其中，临川县委新增红专学校 23 所，达到每个公社 1 所；金溪县原计划县委党校上半年举办 2 期，后县委又加办 1 期。全年 10 个县市委党校共开办训干班 30 期，训练干部 6329 人。其中：大队支书、队长、副支书 3662 人，

1960 年给业余红专学校颁发的奖状

占总数的 92.8%；大队妇女主任、团支书 795 人，县、公社机关一般干部 825 人。公社办党校 92 所，训练小队级干部和党团员、积极分子 1.9 万人，参加红专学校学习人数达 16 万人。这一时期的干部训练形式：一是党校办在城里，主要学习政治理论、党的方针政策，采取讲授与讨论相结合的方式进行，学员定期参加劳动生产，农忙时到一线参加生产劳动，任务完成后继续学习。二是党校搬到农村，学员一边学习，一边劳动，一边工作，生产、学习灵活掌握。三是把党校搬到工地（如水利工地等），以劳动为主，学习为次，白天生产，晚上学习，晴天晚上学，雨天整天学。四是学习、会议、工作三结合，采取会议或党课的形式，学习传达党的会议精神及党的方针政策，同时，联系本单位工作实际开展讨论活动。五是农忙时期县委党校干部下到公社训练干部，并协助做好农村中心工作。

1959—1961 年，由于“大跃进”运动牺牲农业发展工业，导致全国性粮食短缺和饥荒。随着国民经济“调整、巩固、充实、提高”政策的出台，干部教育培训也逐步纠正急躁冒进的做法，各地或利用农事空隙开展短期轮训，或通过夜党校、业余红专学校组织干部学习。推广“二五”制[5]领导方法，解决基层干部工作、学习和参加劳动的矛盾。全区各级党校共训练干部 50576 人。

1962 年，抚州地委组织部对干部轮训作出安排，采取短期训练班的方式对各级领导干部进行认识和掌握社会主义建设客观规律的轮训活动，帮助干部克服脱离实际、脱离群众、违反政策、违反纪律的错误。以轮训县、区各级干部为主，重点学习《社会主义建设的几个问题》《党的生活的几个问题》《中央关于讨论和试行农村人民公社工作条例（修正草案）的指示》《农村人民公社工作条例（修正草案）》、斯大林《苏联社会主义经济问题（选读）》等，方法上坚持理论与实际相结合，坚持百花齐放、百家争鸣的“双百”方针和不扣帽子、不抓辫子、不打

棍子的“三不原则”，敞开思想，畅所欲言，坚持以理服人，不许压服。开展小组座谈时不作记录、不进行重点批判、不搞思想检查、不作思想政治排队、不写思想总结、不作鉴定、不交学习笔记。

其间，为加强县委党校力量，按 5 ~ 7 人标准配齐配强县委党校干部。对缺少负责人的党校，配备一名校长或副校长。各县市和公社党委注重干部轮训的计划性，既照顾数量（轮训人次），又兼顾质量（教育实际效果），不贪多图快。规定半脱产干部到县学习的工资补贴，1/3 由大队定额补助，2/3 由财政统一解决（生产队不再记工，仍作为出勤日计算），每天每人伙食补助和工资补助平均以 1 元计算。此外，各地通过健全建立农村基层干部“二五”制[5]、机关干部学习日制度，确保干部在职学习。对于工矿、商店、学校、医院、剧团等企业事业单位的学习，不过多地布置政治学习，不过分地强调集体学习。县委以上机关，主要通过召开各种会议的形式学习。

1963 年，地委党校开办一期时间为半年的长训班，训练公社副书记以上干部 50 人。下半年起，该校开办文化班，每期招生 30 ~ 50 人。结业时，语文程度达到相当于初中毕业水平。各县委党校有计划地训练大队一级干部，创造条件开办文化班。

1964 年，全区开展县以上机关党员干部学解放军、学大庆，农村党员干部学大寨活动，组织年轻干部学习“老三篇”(《为人民服务》《纪念白求恩》《愚公移山》）和《人的正确思想是从哪里来的》等 4 篇文章,各级党组织学习《关于正确处理人民内部矛盾的问题》《关心群众生活，注意工作方法》《党委会的工作方法》等文件。机关单位坚持每周 2 ~ 3 小时业务学习，各系统还开办业务训练班和干部业余文化夜校。1965 年，地委和各县（镇）委通过举办领导干部读书会、党员训练班、机关党员干部“学习日”、农村党支部学习毛泽东著作制度等形式，组织党员干部学习毛泽东著作。全区组织党员、干部学习小组 4036 个，有党员、干部 45408 人参加学习。

“文化大革命”爆发后，正常的干部教育培训工作秩序被破坏，地委组织部因造反派冲击而瘫痪，各级党校停办。1968 年 2 月，抚州专区革委会成立，组织工作由政治部组织组负责，各级党校陆续恢复。党校通过举办毛泽东思想学习班，组织干部学习中共九大文件和毛泽东语录。农民夜校改称农民政治夜校、红专学校，组织农村党员干部学习《毛主席语录》、“老三篇”以及中央“两报一刊”(《人民日报》《解放军日报》《红旗》杂志）社论和重要文章。1968 年冬至 1969 年春，南城县红旗公社将政治夜校改称毛泽东思想大学校，成为全国、全省的一个创举，并很快得到推广。1970 年，全区共有毛泽东思想大学校（政治夜校）5491 所，学员 474238 人。1971 年发展到 11028 所，学员 784519 人。这些学校均以学习毛泽东语录和开展革命大批判为主。

1977 年 11 月恢复抚州地委组织部后，干部教育培训工作逐步回归到提高干部综合素质的正确轨道。中共十一届三中全会后，为适应全党工作重点转移，各地抽调大批干部参加轮训。1980 年，地委党校轮训干部 737 人，县市委党校轮训干部 6760 人，地属部门、单位、厂矿党校也轮训一大批党员干部。全区抽调 92 名干部参加省委党校学习，抽调 3 名干部到华中农学院学习，还派出干部参加南京林业学院学习。1982—1983 年，全区党员干部培训以学习中共十二大会议精神、《邓小平文选》和新党章为主要内容，先后轮训党员干部 17.66 万人次。1983 年经考试，选送 28 名中青年干部到中央党校和江西省委党校、江西省行政学院学习。地委党校举办 3 期县级干部学习《邓小平文选》短训班，每期时间均为 20 天。

1984 年，抚州地委组织部成立干部培训科，干部培训工作逐渐做到常抓不懈。在此后的一段时间，干部教育培训工作主要围绕三大重点任务开展：一是抓好各级党校、干校调训工作；二是选派干部到大中专院校学习培训；三是抓好干部文化程度的提高。是年，全区共有2436名干部在各级党校、干校、大中专院校接受培训。1985年，地委党校开展学历教育，试办两年制大专班，县市党校试办中专班，毕业后分别发给大、中专文凭。地、县市委组织部负责做好党校、干校招生，政审、考务等工作，先后3次召开部分党校校际工作会议，总结、交流试办学历教育的经验。是年，地委党校大专班招收学员148人，南丰、南城、东乡、临川、乐安县委党校中专班招收学员298人，有63名干部参加华中农学院、江西省委党校、江西省行政学院、江西省经济管理学院培训，有256名农村基层干部参加中央农业广播学校学习。为提高乡镇干部素质，地委组织部举办乡镇主要领导干部轮训班，训练乡镇党委书记和乡镇长423人。

1985年4月，地、县市组织部对全区45岁以下不到初中文化的干部进行统计，下发《关于举行干部初中文化补课考试的通知》。之后，8个县市组织开展集中补课。按照“全区统一命题、各县分设考场、相互交叉监考、统一阅评试卷”的办法，由地区教育局统一命题。同年12月14日，有436名干部参加全区行政事业单位干部文化考试，占应考人数的78.8%。1986年6月，进行第二次文化补课考试，参加第二次考试的有486人，占应考人数的85%。文化补课考试合格后颁发合格证书。

1986年，抚州地委组织部协助地委党校对132名大专班新生进行政审和录取，会同地委党校召开两次全区党校校际工作会议，探讨、交流党校办学经验，选派35名科以下干部及18名地、县级后备干部参加江西省行政学院、江西省经济管理学院学习和到华中农大、江西省委党校轮训，选送26名县级干部和7名县市经委主任参加省内外高等院校培训班、研究班学习，配合地委宣传部举办一期有60多名县级干部参加的“政治经济学读书班”。1987年，协助省委党校、地委党校和有关干部院校做好考生政审、推荐等工作，输送学员101人，协助地委党校开办中央党校函授站，招收学员108人，配合地委宣传部举办3期县级干部轮训班，轮训干部219人。会同宣传部、农工部、地委党校举办2期全区乡、镇、场党委书记和乡、镇、场长培训班，培训时间每期10天，培训主题为认清改革开放的主攻方向，树立生产力标准的理念，明确“领导就是服务”的科学含义，培训乡镇干部470余人。3月10—25日，地直机关党委举办《政治经济学》理论辅导学习班，培训地直机关和省、地属企事业单位的干部121人。

1989年8月22日—9月28日，抚州地委组织部和地委宣传部、地委党校联合举办4期县级党员领导干部轮训班，345人参加学习，主要学习中共十三届四中全会文件、“一个中心、两个基本点”、加强党的建设及思想政治工作。每期安排地委领导到班讲课。各县市委也按要求举办局（科）级领导干部轮训班，培训领导干部3000多人。1988年下半年至1989年12月，开展全区乡镇党委正副书记、正副乡镇长岗位职务培训，采用“在职自学、分县辅导、全区统考、统一发证”的形式，组织1061人参加考试。这一做法得到上级有关部门肯定。

从1989年4月起，领导干部马克思主义哲学教育受到重视。抚州地委组织部和地委宣传部、地委党校联合举办5期县级领导干部哲学培训班，每期培训时间20天，培训干部514人。培训班围绕马克思主义6个基本观点，组织干部学习马、恩、列、斯和毛泽东、邓小平著作，联系国际、国内形势，联系抚州地区、本单位和个人的工作实践，总结经验，分析矛盾，解决问题。各县市委、地直各单位党委（党组）根据地委要求，建立健全领导干部学习制度，制订马克思主义哲学专题学习计划。各级领导班子逐步形成一股学哲学、用马克思主义哲学指导工作的良好风气。地区直属机关党委和12县市还举办科级干部哲学培训班，培训科级干部7000余人。

从1990年起，乡镇干部岗位培训成为干部培训教育工作的重要内容。1990年上半年至1991年10月，全区举办乡镇一般干部培训班36期，培训干部1774人，有1756人获得培训证书。按照“同时培训、在职自学、分县辅导、全区统考”的办法，乡镇干部岗位培训由集中培训3个月改为函授培训一年半(分3个学期)，每学期学习2～3门课程。以自学为主，面授为辅，每学期集中2周时间面授。为做好集中面授工作，地委党校先后举办6期县市委党校教员培训班，并进行集体备课。地委党校组织力量编印5期《乡镇领导干部岗位培训自学辅导资料》，参训对象人手一册。面授结束后，由地区统一命题进行考试。乡镇干部按党务、群团、司法、经济等进行分类，分期分批到县市委党校培训。为配合全区“661”农业开发工程[6]，农业开发项目列为教学培训内容，体现培训的实用性。党校从农、林、水、政法、财贸部门选聘一批既有理论知识又有实践经验的行家任专业课教员，全区校外教员达680多人。

1991年抚州地区先后举办2期县级干部哲学轮训班，1期县级干部进修班，1期党建理论研讨班，1期乡镇党委书记、乡镇长培训班，2期组织员、宣传员学习班，3期小型企业厂长(经理)、书记培训班，共培训干部500多人。各县市共举办乡（局）级干部培训班近40期，培训干部达2300人。乡镇干部岗位培训共举办培训班26期，培训干部1524人。在抓好干部脱产培训的同时，认真组织领导干部“一年一训”读书活动，重点学习中共党史和中国近代史。为加强反和平演变教育，地委组织部编印《帝国主义侵华罪行录》供干部学习。

1992年，青年干部培养教育成为干部教育的重点，抚州制定5年教育培训计划，组织青年干部学习马克思主义哲学、政治经济学和科学社会主义理论，学习党的基本路线和党的基本知识，学习中国近代史、现代史和基本国情，促进青年干部尽快成熟。1993年，抚州地委先后举办2期县级干部培训班和2期乡镇党委书记、乡镇长进修班，培训干部199人，12县市培训（局）级干部2100人。在加强市场经济知识培训的同时，组织干部外出学习考察。是年，抚州市组织15名乡镇领导干部到山东、广东、海南、深圳等地参观学习，形成一批有情况、有分析、有对策的调研报告。此后，结合干部教育培训开展外出学习考察的做法成为常态。

1993—1995年，抚州结合党校培训，层层举办读书班，抓好领导班子中心组学习和“一年一训”读书活动、检查、调阅学习笔记，广泛开展学习《邓小平文选》和《中共中央关于建立社会主义市场经济体制若干问题的决定》活动。1994年，地区先后举办8期学习《邓小平文选》第三卷读书班，培训县级领导干部900多人，县市培训干部3000多人，全区掀起学习中国特色社会主义理论的热潮。1995年，

1997年4月，抚州地委党校举办全区第一期乡镇党群书记培训班

1998年1月在上海第二工业大学举办抚州地区首届干部工商管理培训班

地委组织部先后举办9期领导干部进修班、《邓小平文选》读书班、党建研讨班，培训干部405人，其中县级干部283人。举办"林贸杯"学习中国社会主义特色理论与应用征文活动，对全区118名县、科级领导干部《读书笔记》进行抽查。

按照中央组织部关于从1995年起，用两年时间对各级组工干部有计划、有步骤地进行一次轮训的要求，抚州制定下发《关于轮训全区组织部门干部的实施意见》。地委组织部于1995年3月下旬举办首期组工干部轮训班，各县市委组织部副部长和地委组织部干部39人参加。学习中国特色社会主义理论、组织工作理论与实践、区情区貌等，培训按照自学—听课—考察—研讨—写作"五步法"推进。各县市委组织部借鉴这一做法，因地制宜开展本地组工干部轮训工作。广昌县委组织部还开展课堂对话，进行课题研讨、工作调查，组工干部到江苏省张家港市、江西省信丰县等地参观考察。轮训中，组织部门领导亲自授课，深入了解学员学习、生活情况，帮助解决轮训工作中遇到的实际困难和问题。至1996年12月共举办轮训班22期，轮训组织系统、直属机关、院校、事业单位及企业的组工干部1336人。在抓好组工干部轮训的同时，全区举办各类领导干部培训班130余期，培训干部5400余人。培训班次包括党政领导干部培训班、经济管理干部培训班、党外干部培训班、中青年专家拔尖人才培训班、《条例》研讨班等，培训对象涉及党政、企业、科技等各类领导干部。1995年5月，抚州地委、行署提出"学习张家港经验、弘扬抚州精神"，全区组团赴张家港市等地学习考察两个文明建设的经验达2100人次，干部培训掀起新的高潮。与此同时，资溪、乐安、崇仁、东乡、黎川、金溪、宜黄等县还组织乡镇领导和企业干部到发达地区挂职锻炼。

全国农村基层组织建设工作会议后，抚州农村基层干部教育培训工作力度加大，加强各级党校调训，举办一批农村基层干部专题班，通过辽宁《刊授党校》，对农村基层干部进行学历培训。

中共十五大再次提出深入持久地开展学理论学党章活动的要求。1998年6月中旬，抚州召开全区学习邓小平理论工作会议，对深入学习邓小平理论作出具体部署和安排。县市领导班子换届后，举办2期新任县级干部培训班，2期县级干部进修班，重点学习邓小平理论和中共十五大文件，进一步加深对邓小平理论的理解与掌握。各县市举办多期培训班，对科级干部进行培训。抚州地委组织部牵头创办地直机关业余党校，安排周六上课，每期2个月，全年举办3期，共培训地直单位科级干部267人。《邓小平建设有中国特色社会主义理论学习纲要》《邓小平关于党的建设理论学习纲要》成为党员干部学习的教材。1999年，地委组织部结合"三讲"（讲学习、讲政治、讲正气）教育，利用党校、干校等培训基地对各级干部进行多种形式的教育，在地委党校举办县级干部进修班和乡镇主要领导干部培训班6期，培训干部290人；与地委统战部联合举办邓小平新时期统一战线工作理论研讨班，培训干部44人；与地区人事局联合举办公务员电脑培训班8期，培训干部420余人。连续开展干部理论学习督查活动，对县级以下领导干部理论学习和读书笔记分别进行抽考抽查，并及时通报。

抚州撤地设市后，全市干部教育培训主要采取党委中心组学习、党校培训、干部自学、机关政治学习等形式，系统学习“三个代表”重要思想、江泽民“七一”重要讲话、“5·31”重要讲话、中共十六大报告和江西省第十一次党代会精神。为保证学习效果，进一步健全中心组学习请假制度、年度学习计划制度、中心发言制度、学习调研制度和考试考核制度。2002年，仅市委和县区委理论学习中心组就组织政治学习100余次。针对抚州干部队伍思想保守、观念落后等问题，在开展解放思想大讨论的同时，请专家讲学力度加大，派干部出去学习考察成风。据统计，全市先后派出800名县、科级干部到上海、浙江、福建等沿海省、市参观学习；邀请中国科学院、中国社会科学院、中国外交学院等单位数十名国内外专家、学者到抚州举办41场次各种新知识讲座，全市各级干部共15731人次参加听课。通过开展解放思想大讨论，全市干部对“一招三化”（以招商引资为抓手，大力推进工业化、城市化、农业产业化）发展思路和“力争在三年内缩小差距，五年内赶上超过全省平均水平”发展目标形成共识。市委党校主体班次培训采取学理论与学新知识、课堂教学与实地考察相结合的方式，培训县级及县级后备干部157人。为落实2001年领导干部在职专业自学计划，全市1000多名县级干部及县级后备干部参加《领导学》《城市经济学》两门科目的考试。同时，将自行编写的《国际贸易与实务》《工业经济》两门教材发到参学对象手中。全年举办各类短期培训班94个，培训干部10526人；选派41名县级领导干部到上海、无锡、广州、香港等地参加城市建设、工业园区建设与管理、农业经济、人力资源管理等专题培训班学习。

2003年，为策应大规模培训干部的要求，市、县区委成立干部教育培训工作领导小组，组织部门在大规模培训干部工作中，承担牵头抓总和决策、服务、监督的职责。随后，召开全市大规模培训干部工作电视电话会议，制定下发《2003年干部教育培训工作要点及市直有关单位举办专题培训班计划的通知》，对2003年干部教育培训工作计划进行调整和完善，重点抓好党校主体班次培训、领导干部在职专业自学和开放型经济专题研讨班。全年共举办市县两级领导干部主体班次28期，培训县级干部169人、科级干部1300余人；完成中央党校2期2人、省委党校（行政学院）18期84人的调训任务，做好省内、省外、境外11期专题研讨班134人的调训工作；组织并督促800多名县级领导干部和300多名县级后备干部在职自学《工业经济》《国际贸易与实务》两门课程；开展专题培训160期，培训干部2万人次。同时，强化干部实践锻炼，全市共选派干部735人挂职锻炼，下派招商引资企业跟班学习70人，到信访部门培养锻炼12人，下乡(镇)村

抚州市外出培训学员专注听讲

（街道居委会）挂职锻炼 100 人，推动干部思想观念和作风的转变，涌现出一批不恋官场恋商场的新型干部。2004 年市、县区两级共举办主体班次 54 期，培训干部近 7000 人；举办执政能力建设与依法行政、全市人才发展战略、农业与农村经济发展、农业产业化、英语、企业经营与环境保护以及城市建设、交通、信息发展等专题研讨班 234 期，培训干部近 3 万人次。“走出去、请进来”，先后邀请江西省委讲师团团长李江源，上海市委党校教授冷鹤鸣、陈尤文，上海铭源集团副总裁余惕君，江西省国土资源厅厅长助理李晓波，中央党校教授赵云献以及中央组织部博士服务团成员、抚州市市长助理宗良等 7 位专家、学者到抚州市举办“双休日”新知识讲座，1600 余名干部参加学习；在北京、上海、浙江、江苏、福建、广东等经济发达地区建立 20 余个干部培训基地，选调 300 余名优秀中青年干部到经济发达地区或农村基层挂职锻炼。通过专家讲座和到沿海发达地区挂职，使广大干部解放思想、更新观念，提高驾驭市场经济的能力。其间，全市举办乡镇科级干部培训班 69 期、村级干部培训班 342 期。

2005 年 5 月，抚州市举办县区科级国家公务员首期任职培训班

2005 年，以大规模培训干部为着力点，市、县两级共举办各类主体班次 98 期，培训干部 13372 人次，组织督促 900 余名县级领导干部在职自学《当代法律知识》《当代科技知识》两门课程；邀请北京、上海等地专家学者到抚州市举办“双休日”新知识讲座；有针对性地赴山东、上海、无锡等举办特色专题研讨班，培训干部 2 万余人次；强化干部实践锻炼，选派 50 名中青年干部、38 名选拔生到工业园区、小康示范村挂职锻炼。2006 年，市本级举办 3 期县处级领导干部进修班、乡镇（街道）主要领导干部进修班，培训干部 153 人；市、县区两级共举办主体班 29 期，培训干部 1763 人；完成省委党校（行政学院）50 人的调训送训任务。继续开办“双休日”知识讲座，坚持领导、专家为市委党校主体班次学员授课，邀请江西省建设厅副厅长马志武、南昌大学经管学院副院长何筠、南昌大学教授张欲云、江西师范大学教授杨颖到抚州举办政治理论专题讲座，1000 余名干部参加学习。全市举办 2 期公务员任职培训班和 13 期公务员更新知识培训班，分别有 137 名和 8460 多名干部参加培训；在专业人员中开展脱产（半脱产）继续教育，参训近 3 万人次；继续开展企业经营管理人员工商管理培训、短期适应性培训以及高层次管理人才职业资格培训，共举办 11 期企业经营管理人员培训班，参训 478 人。继续“走出去”，举办开放式专题培训班，组织县级领导干部赴延安学习考察，组织 40 余名女科级干部赴上海参加领导艺术专题研讨班。完成省内、省外、境外 12 期专题研讨班 55 人的调训送训工作，市、县区两级共举办各类专业知识培训班或专题研讨班 19 期，培训干部 760 人次。建立干部教育培训台账及干部培训电子管理资料库，将相关情况纳入年度组织建设考评。充分运用菜单式选课、情景模拟、案例教学和对策研究等现代培训方法，改善授课结构，提高教学质量。

2007 年，制定下发《抚州市“十一五”干部教育培训规划》，市、县区两级全年共举办主体班次30多期，培训干部4000多人次。其中，举办一期由20名优秀中青年县、科级干部参加的香港公共管理培训班；在浙江绍兴市委党校正式挂牌建立抚州第一个干部教育培训基地，年内在该基地举办两期中青年干部异地办班。2008年，抚州市委组织部紧扣赶超发展大局，启动新一轮大规模培训干部工作，先后举办专题培训班210期，“双休日”讲座和各类论坛17场次，培训县级以上干部830人次，科级干部3680人次，轮训基层干部1.9万余人次，选派1000名左右的干部到工业园区、城市重点建设项目、信访部门“三个基地”进行脱产锻炼。同时，抓好对64名大学生村干部的教育培训和实践锻炼。2009年，以实践锻炼为特色，以能力培训为重点，由市委组织部直接举办各类培训班9期，培训县级干部870人次；安排参加省级以上各类专题培训班206人，其中参加全国组织部长贯彻中共十七届四中全会精神专题培训班学习11人，参加境外培训5人；下发《抚州市2009—2012年大规模培训干部实施意见》，建立全市干部培训管理系统，组建涵盖2005—2009年干部培训情况的干部培训数据库；实施“三个一千”年轻干部培养锻炼工程，市县乡三级共选派3600余名干部到“两区”重点建设项目、新农村建设示范点、信访部门接受实践锻炼。2010—2011年，全市组织系统共举办主体班次和专题培训班200多期。

2011年，按照中央办公厅《2010—2020年干部教育培训改革纲要》要求，进一步加大干部培训力度，提高干部培训工作水平。在市委党校举办县干班（“十二五”第3期）、乡干班（“十二五”第2期）、中青班（“十二五”第2期）、公务员进修班（“十二五”第1期）4期，培训学员190人。县区及市直单位举办各类党校培训班360期，参训3861人。选送67人参加上级主体班次培训，其中：选送10人参加省委党校第78～83期进修一班（市厅级干部）培训，选送12人参加省委党校第76～81期进修二班（县处级干部）培训，选送29人参加省委党校第35～40期进修三班（乡镇街办党委书记）培训，选送4人参加江西省委党校第40～41期中青班培训，选送12人参加江西省行政学院第43～46期县处级公务员任职培训班。此外，先后组织抚州市领导干部参加国家质检总局举办的2012年度全国市（地）领导干部质量发展与质量安全研究班、财政部2012年第一期财政改革与发展专题研究班、国家宗教事务局第一期地方党政领导干部宗教工作专题研究班、国家测绘地理信息局落实城市数字建设专题研究班等17期专题培训班，参加培训114人。组织各级领导干部7人参加省委组织部举办的江西省领导干部赴巴西、日本、法国、德国培训班学习。

2012年，围绕现代科技、新兴产业、现代服务业、城市规划、创新社会管理和舆情应对等6大专题，设定不同的专题培训课程，组织干部自主选学；整合优质培训资源，在江苏、浙江、上海、广东等沿海发达地区及清华大学、北京大学设立培训基地和开设培训班，开阔领导干部视野；开展自主选学和组织调学知识考核和测评，并实行学分制考核，课程考核成绩60分以上，按得分百分比取得课程学分，60分以下取消课程学分，全年累计学分未达到标准的，年度考核不得定为优秀，所缺学分在以后年度培训中补齐。邀请知名权威人士作专题报告6场次，举办县级干部创新社会管理、经济发展等轮训班次12期，培训县级、科级干部6800余人次。是年9月14日组织24名县级领导干部和优秀县级后备干部，赴新加坡参加“科学发展与创新社会管理”培训班。

2013年，市本级举办县级干部班、中青班各1期，科级干部进修班3期，参训学员250人。各县区和市直单位举办各类党校培训班160期，参训2981人。选送75人参加上级主题班次培训，其中：选送13人参加江西省委党校第84～89期进修一班（市厅级干部）培训；选送12人参

抚州市干部参加中国浦东干部学院学习

加省委党校第82～87期进修二班（县处级干部）培训；选送30人参加江西省委党校第41～46期进修三班（乡镇街办党委书记）培训；选送4人参加省委党校第42、43期中青班培训；选送16人参加江西省行政学院第53～58期县处级公务员任职培训班。此外，先后组织52名领导干部参加上级部门各类专题培训，配合江西省委组织部做好领导干部参加外语学习与出国培训；组织10人参加中瑞项目欧洲国家政党建设与政党人才教育培养专题研修班、中德合作项目培训、赴德国法兰克福大学的领导力培训和赴英国的“金融市场管理”专题培训班培训。是年8月，组织23名县级领导干部和优秀县级后备干部赴澳大利亚参加“现代农业与城乡一体化”培训。在市外党校培训机构组织7场专题培训，302名领导干部参训。按照江西省委组织部要求，做好市厅级领导干部学习党的十八大精神轮训班调训工作，分5期选调450名县级干部赴省参加培训。

2014年，市本级举办县级干部进修班、中青班、乡镇（场、街办）党政主要领导进修班、科级公务员进修班各1期，科级干部进修班2期，275人参训。选送99人参加上级主题班次培训，其中：选送7人参加江西省委党校第90～93期进修一班（市厅级干部）培训；选送12人参加省委党校第88～93期进修二班（县处级干部）培训；选送30人参加省委党校第47～52期进修三班（乡镇街办党委书记）培训；选送3人参加省委党校第44、45期中青班培训；选送3人参加江西省行政学院第1、2期市厅级公务员任职培训班；选送16人参加江西省行政学院第59～64期县处级公务员任职培训班；选送6人参加宏观调控与市场建管专题培训班和公共服务与社会管理专题培训班；选送10人参加乡镇长（街办主任）培训班；选送4人参加江西省经管学院第8、9期市厅、高管班；选送8人参加第13～16期县处、企业班。此外，先后组织抚州市领导干部201人参加上级部门各类专题培训参加培训。选派2人赴新加坡参加“生态文明与可持续发展”专题培训班。市委组织部两次组织国内专题培训班，94名领导干部参加培训。是年，市委组织部与东华理工大学党委组织部联合开展干部选学工作，由东华理工大学开发24门课程供全市市直机关干部挑选，选出8门课程进行开课，共1780名干部参加选学。其中南城、乐安两县安排东华理工大学教授送课下乡。

2004—2014年抚州市干部培训教育情况

表7-2　　　　单位：人次

年份	项目	党政干部			企业经营管理人员、专业技术人员	村、社区干部，非公经济组织和社会组织党组织负责人	合计
		地厅级	县处级	科以下			
2004	组织调训	—	121	622	24	130	897

续表：7–2

年份	项目	党政干部			企业经营管理人员、专业技术人员	村、社区干部，非公经济组织和社会组织党组织负责人	合计
		地厅级	县处级	科以下			
2005	组织调训	—	117	598	34	130	879
2006	组织调训	3	73	168	—	—	244
2007	组织调训	—	240	753	—	13	1006
	境外培训	—	21	—	—	—	21
2008	组织调训	—	129	154	34	—	317
	境外培训	—	21	—	—	—	21
2009	组织调训	—	490	152	2	—	644
	境外培训	—	18	—	—	—	18
2010	组织调训	—	104	220	—	96	420
	境外培训	—	25	—	—	—	25
2013	组织调训	13	616	3540	—	—	4196
	境外培训	—	33	—	—	—	33
2014	组织调训	22	585	15438	—	—	16045
	境外培训	—	2	—	—	—	2

【注　释】

［1］乐典：《大革命时期东乡县党的建立和斗争》，《东乡县文史资料》第一辑，第 36 页。

［2］张日新、卢诚：《广州农讲所和中央农讲所之江西籍学员名录考》，载《大革命时期的江西农民运动》，中央文献出版社，1993 年，第 180 页。

［3］抚州地委组织部《关于一九五一年干部工作的初步总结与一九五二年干部工作方针》。

［4］“八化”，即政治工作经常化、干部个个先进化、作风群众化、劳动经常化、调查研究深入化、领导作风民主化、学习技术普遍化、组织生活健全化。

［5］“二五”制是“大跃进”时期提倡的一种农村工作方法。要求基层干部坚持和发扬群众路线工作作风，做到经常深入基层，深入生产实际，与社员一起同吃、同住、同劳动、同商量，虚心听取群众的意见，帮助群众改进工作方法。

［6］计划用 6 年时间实现“六个一”目标：改造 100 万亩吨粮田，发展 100 万亩经济作物，种好 100 万亩油菜，增养 100 万头猪牛，每年封造 100 万亩树林，使农民人均年纯收入达到 1000 元。

第三节　教育培训基地

一、机构沿革

土地革命战争时期，乐安、南丰、黎川等苏区有短期训练班、列宁小学、工农夜校、识字班等教育培训机构，仅乐安县就办有列宁小学60多所，工农夜校70多所。[1]1933年5月，闽赣省委在黎川县中都成立军事训练学校，组织红军战士学习政治、军事。[2]

抚州解放以后，随着地、县、区、乡等各级政权机构的建立，干部教育培训机构也建立起来。抚州地区最早建立干部教育培训机构的是东乡县的借粮训练班。1949年5月13日，东乡县人民政府成立不到10天，即招收30余名学员，在县城天主堂举办为期一周的借粮训练班，学习解放军约法八章、农村工作政策、借粮政策等。5月23日在县城西门的龙山创办中国人民解放军第五兵团军政大学东乡分校(简称东乡县政民分校)，开学初期有学员510多人，编为4个中队，36个班。不久，学校改名为赣东北贵溪革命干校东乡分校。学习期间，学员中有因看不清形势，思想产生动摇，悄悄溜回家的；有因经受不住干校艰苦生活而自动辍学的；有因革命工作需要提前结业分配工作的。经过3个月的学习培训，有126人结业分配在各区乡工作，成为东乡县最初的一批干部。[3]

抚州地委成立后，为加强对党员、干部的教育，创办抚州专区干部学校。县市党委和人民政权成立后，也陆续开展干部教育培训，南城、乐安、黎川3县各举办一次青年知识分子训练班。至1949年12月，全区共培养、提拔训练新干部1263人。同时，分两期选调新、老干部3444人，到专区干部学校学习。[4]

新中国成立初期，干部队伍大部分人员文化水平低，文盲、半文盲居多。为此，抚州分区专署下发《迅速开展扫除文盲运动的通知》，各县成立扫除文盲教育委员会，下设办公室，并配备扫盲专职干部4～12人；各区成立扫盲协会，配备扫盲专职干部1～2人，推广由解放军西南军区文化教员祁建华创造的“速成识字法”。各县根据当前工作开办各种形式的短期训练班、查田生产训练班、党员训练班、团员训练班、民兵训练班等。临川等地还创办师范学校，招收初中毕业生，经过一年学习后编入土改工作队，边学习边实践一年，学习毕业后正式分配工作。[5]

1953年，抚州专区创办干部职工业余学校，专职教师由文教局派任，兼职教师聘请当地中小学教师担任，每晚安排2节课。至1955年下半年，各县市、乡镇相继开办干部业余文化补习学校，参加学习的为不及初中毕业文化水平的机关干部。1954年，抚州专区干部学校更名为抚州地委党校。1955年后，先后创办各县市委党校。农业合作化期间，还开办合作社会计训练班、粮食局业务训练班等培训机构，这些培训机构人员不多，10个县市委的训练班只配有正副主任6名，干事5名，专区粮食业务训练没有配专职干部，教员是临时抽调。

1956年，全区掀起"向科学文化进军"热潮，各地机关干部学校纷纷办起初中班和高中班。全区11所职工业余学校设有15个初中班、1个高中班。专区规定，干部职工业余学校初中班学习政治、语文、数学、理化、史地5科，每周每科授课8小时，3年毕业。1957年下半年，临川县、抚州市、专署的机关干部文化补习学校"三校合一"后，负责专、县市机关干部文化教育工作，归抚州地委宣传部领导。

1958年，受"大跃进"影响，干部教育培训机构遍地开花，全区干部政治学校、文化技术学校达1923所。到1959年，全区红专学校达到3244所，但不少红专学校只搭个架子，师资力量十分缺乏。经1960年整顿后，每个公社保留一所。江西省委曾在乐安县召开全省红专学校现场会，介绍推广增田公社红专学校的办学经验。1958年6月由江西省政府省长邵式平提议,江西创办共产主义劳动大学(以下简称"共大")，各地兴办共大分校。共大以抗日军政大学为榜样，以垦殖场为基础，抚州专区先后在抚州市钟岭，临川县荣山、七里岗、太阳、魏坊，崇仁，宜黄，乐安，南城，南丰，广昌，黎川德胜关、太源，资溪、金溪以及东乡红星、鸽子山、虎形山、红光、工业等地兴办共大分校。学生半工半读，除少数人有工作分配外，大部分按照"哪里来哪里去""社来社去"的原则，毕业后回到农村。本着为农村建设出力的办学思想，很多共大分校毕业生成了农村建设的骨干，成为农村基层干部、供销社主任、农林水部门的负责人。

1958年9月，抚州工业专科学校、抚州农业专科学校、抚州师范专科学校挂牌成立。次年9月，3校合并为赣东大学。山西太原地质专科学校迁入抚州,改名抚州地质专科学校（东华理工大学前身），上述学校毕业生不少成为抚州干部队伍中的一员。同时，全区干部、教师业余教育主要通过红专学校和函授教育进行。1959年，全区3097人参加业余初中学习。1962年9月，全国开展教育事业调整，抚州地区高等学校保留抚州地质专科学校、抚州地区农业干部学校。"文化大革命"中，各级各类干部文化教育学校停办，党校教学秩序受冲击，仅存的抚州地质专科学校也停止招生。

1978年开始，干部教育走上正轨，除地、县市两级党校外，抚州广播电视大学、地区经济管理干部学校、地区商业干部学校、地区国家税务干部学校、地区公安干部中专学校、地区政法干部学校、县市教师进修学校等旨在提高干部素质的各类培训机构先后创办。1996年，培养教育党外干部的抚州地区社会主义学院成立，2003年成立抚州市行政干部学院。进入21世纪后，干部教育培训形式多样化，通过"请进来"，聘请国内知名专家、学者到抚州举办"双休日"新知识讲座；采取"走出去"的办法，在北京、上海、浙江、江苏、福建、广东等经济发达地区建立20多个干部培训基地，培训外向型人才。2010年5月31日，为打造学习型党组织，推进社会主义新农村建设，抚州市委组织部与抚州职业技术学院联合办学，成立抚州农村干部学院，培训农村基层党组织书记、村委会主任、大学生村干部。这些教育培训机构和培训方式为抚州培训大批高素质的干部。

二、主要培训基地

中共抚州地（市）委党校 系抚州地（市）委直属县级事业单位。1949年7月创建，初期称抚州专区干部学校，1953年更名为抚州地委干部学校，1954年改称中共抚州地委党校，1956年改称中共抚州地委初级党校，1968年5月改称抚州专区党校，同年10月改称抚州专区毛泽东思想学习班，1972年，重新更名为中共抚州地委党校。1976年，抚州地区“五七”干校并入地委党校，称中共抚州地委党校二部。中共十一届三中全会后，重新确定党校办学思想。1984年以前地委党校是单一的短期轮训干部，后中央提出干部教育正规化，从1985年开始，地委党校试办两年制大专学历培训班，同时举办一些短训班，办学规模逐步扩大，在校学员多时达500余人。1988年，抚州地委批转《关于加强我区党校建设的意见》，促进党校的发展，党校教员由1980年的18人增至1988年的40人，教员年龄和专业结构趋于合理，学科门类日益齐全。至1988年，有副教授2人、讲师16人、助教10人。1979—1988年，共轮训干部6062人次。1988年有在校学员182人，三年制函授大专班学员108人。

新建成的抚州市委党校

1994年1月，地委党校实行地委副书记兼任校长制，同时筹建党校工作指导科，开始对域内县市委党校进行业务指导。1996年抚州地区社会主义学院成立，与抚州地委党校合署办公，内设办公室、教务科、行政科、学员工作科、函授教育管理科、保卫科、党校工作科、机关党委。有哲学、政治经济学、科学社会主义、党史党建、经济管理学、科学文化、理论等教研室和图书馆。2000年抚州市委党校教职工增至59人，其中专职教研人员30人（含教授1人、副教授18人、讲师9人）。2003年抚州市行政学院成立，抚州市委党校“一校二院”格局形成，实行一套班子、三块牌子、三种职能管理体制。2007年党校列入参照公务员法管理单位，实行校务委员会领导体制，内设办公室、教务科、学员工作科、党校工作科、函授教育管理科、总务科、财务科、机关党委、公共管理科、理研室、保卫科11个管理机构，另设马克思主义基础理论教研室、经济学教研室、法学教研室、党史党建教研室、科技文化教研室、信息网络中心、图书馆7个教研机构。2014年市委党校设办公室、机关党委、总务科、财务科、教务科、党校工作科、保卫科、函授教育管理科、学员工作科、公共管理科、统战理论教研室等11个科室，核定编制71个，实有教职员工47人，其中有副高以上专业技术职称14人。

2003年，抚州市委党校与抚州广播电视大学合作，建立商务英语、电子政务培训基地，依托乡镇党校、农业示范服务基地，建立农村基层党员干部实用技术培训基地197个，建立26个稳定的市外干部培训基地。2010年以前，抚州地（市）委党校坐落在抚州市文昌桥东大公东路97号，校区占地51亩。2010年8月，市委党校整体出让后搬迁至临川区委党校过渡性办学，同时，计划投资1.3亿元规划建设新校区。2001—2014年合计开办101个班次，培养各级各类干部5597人，学历教育（如中央党校函授毕业）7420人。

2014年抚州市党校基本情况

表7–3　　　　单位：人

校　　名	创办时间	教职工数		校　　名	创办时间	教职工数	
		计	专任教师			计	专任教师
中共抚州市委党校	1949.7	47	32	中共南丰县委党校	1956.7	12	8
中共临川区委党校	1995.10	22	19	中共黎川县委党校	1960	12	11
中共崇仁县委党校	1959.10	12	7	中共广昌县委党校	1955.4	14	9
中共宜黄县委党校	1955.12	8	7	中共金溪县委党校	1957	14	7
中共乐安县委党校	1959.10	16	9	中共资溪县委党校	1959.11	11	6
中共南城县委党校	1959.9	15	10	中共东乡县委党校	1958.11	14	6

抚州广播电视大学　前身为江西广播电视大学抚州分校，成立于1984年7月。1990年3月，抚州地区教育学院（筹建处）与广播电视大学合并，成立抚州地区高等职业技术教育中心，为县级单位，定编制51个，实行3块牌子（抚州地区高等职业技术教育中心、江西广播电视大学抚州分校、抚州地区教育学院筹建处）、一套人马的办学体制。

2000年7月，抚州地区高等职业技术教育中心更名为抚州广播电视大学，有教职工51人，其中高级职称6人、中级职称18人，还聘有一批兼职教师。该校占地面积40亩，校舍建筑面积1万平方米，图书馆藏书3.2万余册。该校在11个县市以及国营721矿（乐安）、抚州地区检察分院等行业系统成立电大工作站，办有成人大专、成人中专、普通专科、注册视听生、自考助学等班，先后开设师范、理工、文史、政法、经济等科类50多个专业。同时开办会计电算化岗位培训、初中校长岗位培训、专业技术人员计算机实用操作培训等10个非学历培训项目。1984—2000年，招收电大学员11548人，毕业学员6270人，其中大专5636人、中专634人。2000年，18名电大毕业生考录为国家公务员。2003年抚州市委组织部、市委党校与抚州电大合作，建立商务英语、电子政务培训基地。2005年，抚州电大“人才培养模式改革和开放教育试点”在教育部总结性评估中获得优秀。

1999年4月抚州广播电视大学举办抚州地区公务员第7期微机培训班

2001—2014年，抚州电大招收开放教育学生24081人，其中，本科7840人，专科16241人。

东华理工大学　创建于1956年7月，其前身为山西太谷地质学校。1958年6月，学校迁山西省太原市，升格更名为太原地质专科学校。20世纪50年代国家在江西省乐安县境内探明大型铀矿，并于1959年1月成立421矿（721矿前身），第二机械工业部决定将该校迁入江西省抚州市，并更名为抚州地质专科学校，9月迁校抚州市环城西路14号。1966年，有教职工470人，建成校舍3.7万平方米，拥有21个教学实验室及3个野外实习基地，图书馆藏书22万册，培养本科毕业生1080人、专科毕业生513人，培养工程师级技术干部400人。“文化大革命”开始后，学校停止招生，教学科研中断，干部教师被批斗下放。1968年2月，成立“三结合”校革命委员会。1969年6月，学校停办，教职工就地安置，图书资料、岩矿标本、仪器设备散失。1973年1月，第二机械工业部与江西省革委会决定恢复地质学校，于1974年、1976年、1977年招收3届中专学生860人。1978年5月15日，经国务院批准，抚州地质学校恢复高校建制，校名为抚州地质学院，设有11个专业，学制4年。1982年1月，更名为华东地质学院。2002年4月，更名为东华理工学院。2007年4月，更名为东华理工大学。

中共十一届三中全会后，该校把工作重点转移到教学、科研上，扩大国内外学术交流。90年代，院党委适时提出把办学重心放在培养经济建设和社会发展需要的人才上，在制定“八五”和“九五”计划时，确立放射性地学的学科优势，走以工为主、文理管渗透、多学科多门类发展的办学之路，调整和优化专业结构，拓宽专业面，坚持教学、科研、生产三结合。办学层次由本科单一层次拓展为研究生、本科生、专科生3个层次，还开办成人函授学历教育和非学历教育的短期进修班、代培班、自学助考班、干部班等。2000年以后，东华理工学院（大学）充分发挥自身师资优势，主动服务地方发展，在干部教育培训方面，按照自主选学的方式，开发一批切合在职干部需求的课程供机关干部选学。

共产主义劳动大学 1958年6月9日，江西省委、省人民委员会联合作出《关于创办江西省劳动大学的决定》，在南昌市梅岭创办江西省劳动大学，不久改名为江西省共产主义劳动大学。8月1日，总校和30所分校在南昌举行开学典礼。同年，抚州专区开办东乡红星分校、崇仁分校、临川太阳分校、荣山分校、黎川德胜关分校、宜黄分校、南丰分校、南城分校、金溪分校、广昌分校等10所共大分校。各分校设在当地国营综合垦殖场内。域内各共大分校坚持教育为无产阶级政治服务、与生产劳动相结合，实行勤工俭学、半工（农）半读，注重培养具有共产主义风格、理论与实践相结合、政治与业务相结合、脑力劳动与体力劳动相结合、又红又专的建设人才。创办初期，主要进行劳动建校，逐步实现生产自给。从1959年开始，设置专业和编制教学计划，逐渐扩大规模，发展生产，建立正常教学秩序，摸索半工半读办学经验。办学过程中，先后涌现出南城、德胜关、红星、乐安等共大先进典型。至1984年，域内共大共培养出具有农技知识和技能的人才2万余人，成为抚州人才队伍中的重要组成部分，不少共大毕业生通过不同的渠道和方式，被吸收到干部队伍中。

临川共大现场教学

抚州经贸学校 创办于1958年，前身为共大南城分校，校址在南城县麻姑山。1960年迁至南城县里塔公社大乐村林岗山，校园占地面积4000亩，建筑面积2.6万平方米，有教学用房12栋，学生宿舍9栋，教工宿舍11栋，还有大礼堂、图书馆、附属小学、幼儿园、医务所、招待所、商店等附属设施。学校办有农机厂、化工厂、香料厂、综合厂和农场，有生产实习基地1950亩。该校先后开设农业、园林、畜牧兽医、财会等专业，培养毕业生6000多名，遍布南城县每个乡村和各个行业。1985年，南城共大分校更名抚州职业大学。1993年1月，成立抚州经贸学校，抚州职业大学并入该校成为一所中专学校。是年秋季开始面向全省和沿海地区招生，先后开设市场与营销、财务会计、文秘与档案（办公自动化）、环境艺术设计、计算机及应用、英语等6个专业。2000年有教职工265人，其中专任教师115人，教师中高级职称7人，在校学生1208人。2003年，抚州经贸学校与其他学校合并，组建抚州职业技术学院，招生4500余人。该校毕业生大多成高技能人才，成为抚州人才队伍中的重要组成部分。

抚州农业学校　1958年7月在临川县鹏溪乡沙塘村开办抚州农业专科学校。1959年9月，成立抚州农业干部学校，不久，农业干部学校并入抚州农业专科学校，后农业专科学校高中程度学生转入赣东大学农学系，中专（含初、中技部）部分学生仍留鹏溪乡沙塘村，成立抚州地区农业学校。1960年秋，赣东大学农学系与地区农校合并为抚州农学院。1962年撤销抚州农学院，保留抚州地区农校牌子，与地区农业干部学校实行两块牌子、一套人马管理体制。1964年，抚州地区农校改为抚州地区农业职业学校。1965年，将共大抚州分校并入该校，实行三块牌子、一套人马的管理体制。1980年8月，恢复抚州农业学校。校园占地面积151亩，建筑面积3万余平方米，学校藏书7万余册，教学实习基地有稻田20亩，桔园18亩，旱地13亩。该校按国家统一计划招收高中毕业生，设有农学、畜产品加工、园艺、农经等4个专业，学制为两年。

1988年实施教学改革，在办好普通中专班基础上，在全省中等农业学校中率先突破统招统分模式，招收不包分配的职工中专生、委托代培生、自费生，还开办实用技术短训班及农村各级各类干部培训班。学校利用人才优势，积极为当地经济建设服务，通过建立实习服务联系点等途径，为农民致富提供信息和技术服务。2000年学校有教职工93人，其中专任教师47人，讲师以上职称41人，在校学生738人。1980—2000年，学校先后招生4843人，为社会输送合格毕业生4059人。抚州农校为抚州地区培养一大批实用性人才，很多毕业生成为基层干部，不少人走上县、科级领导岗位。2003年，该校与其他学校合并，组建抚州职业技术学院。

抚州职业技术学院　2003年，由原抚州经贸学校、抚州农业学校合并，同时融入抚州文艺学校教育资源的基础上而建立，系专科层次的普通高校。该校设置6个高职专业，于2003年秋季首次招生。2007年10月，整合江西机械电子技工学校、抚州市技工学校办学资源后，成为一所集理工、经贸、生物、艺术为一体，以培养高级应用型技术管理人才为目标的公办全日制综合性普通高等专科学校。2008年8月，该校整体迁入抚州市文昌大道之东、迎宾大道之南新校区，有校舍面积17.46万平方米，学生公寓寝室1200间，食堂总建筑面积1.09万平方米，可容纳学生6000人。学校设有31个专业，专业结构以理工科类专业为主，设有制造、电子信息、财经、艺术、农林，汽车、艺术、轻纺食品等10个专业大类。学院柔性引进博士后4人、教授4人。同时，还招聘30名兼课教师，充实学院师资力量。此外，还从企事业单位聘请一些名师及能工巧匠到校担任实训教员。2010年5月，抚州市委组织部以该校师资力量为依托，合作成立抚州市农村干部学院，成为全市农村干部和大学生村干部的培训基地。

南丰蜜桔大学 1958年南丰县委书记姚平提议，经抚州地委批准，成立南丰蜜桔大学，校址设在南丰县蜜桔园艺场内（后为蜜桔加工厂址，今盱江花园小区内），旨在培养果树科技人才。该校得到时任江西省委书记处书记方志纯的大力支持，南丰县委第一副书记康钧兼任第一任校长。创办之初，办学条件简陋，首批入学的30余名学生编为一个班，挤在原农场的几间泥墙瓦屋里，职工饭厅就是课堂，样式各异的条桌就是课桌，没有适用课本和实验设备。学校除招收本地学生外，还有来自浙江、广东的学生。外地学生大多是初中毕业生，南丰县入学的多是小学生。学校的学制不明确，课程安排不正规。办学模式为以场办校、以场养校，学生半工半读，以工养学，学习与劳动按农事季节安排。园艺场有职工20余人，拥有苗圃、桔园、水田百余亩。学生白天劳动，晚上学习。教师及园艺场职工现场指导学生劳动和操作农事。

1959年，上级拨款10万元兴建可容纳600余人的三层教学楼，同时添置课桌、床铺和教学设施，从抚州地区范围内调配10余名教师，确定学制与班次。两年制为高中毕业生，课程按大专要求安排；三年制两个班，初中毕业入学，学满三年后授完中专课程；五年制6个班，大多是从南丰县农村招收的小学生，从初中文化课开始，直到授完中专课程，最后要求达到中专水平。当年秋季，学校在《江西日报》刊登招生广告。9月初开学时，学生激增至500余人。学校改以场办校为以校办场，蜜桔园艺场作为学生实习基地，归学校管理。学生虽然仍是半工半读，但课程安排比较正规，劳动实习也按教学要求紧密结合。特别是由抚州专区招生办公室统一招生入学、毕业后享受国家规定的中专学历、统一分配工作后，南丰蜜桔大学的社会影响力日益扩大。鼎盛时期学校有教师30余人，学生近600人。1960年10月，中央统战部部长李维汉陪同全国人大常委会副委员长班禅额尔德尼·确吉坚赞到学校参观，对这所新型学校大加赞扬。1964年，南丰蜜桔大学更名为农业大学。1968年，学校迁往红星垦殖场，后又迁到潭湖水库、大坪嵊、古城等地，校名变为江西共大南丰分校，再后来又改称南丰农业职业学校。

抚州市农村干部学院 按照中央关于进一步加强农村基层组织建设的要求，抚州市为打造学习型党组织，进一步推进社会主义新农村

抚州市农村干部学院牌匾

建设迈上新台阶，于2010年5月31日成立抚州市农村干部学院，是江西省首家市级农村干部学院。学院设在抚州职业技术学院，以全市基层党组织书记、村委会主任、大学生村干部、农村基层组织建设工作者为主要培训对象，聘请高校教师、科研院所农业技术专家学者、市委相关部门主要负责人、各地农业专业合作社主要负责人、农村致富带头人等作为学院特聘教师，每期培训时间为一周左右。培训采取课堂教学与实地参观考察相结合的方式进行。同时，学院从各地农村基层党建工作示范点中，择优打造20～30个农村基层干部教学基地及农村党员干部“三培两带两服务”活动教学基地。

抚州市农村干部学院成立后，市委组织部下发《关于在市农村干部学院举办第一期村党组织书记培训班的通知》，对现任村党组织书记进行培训，培训时间为2010年5月30日—6月4日，共培训76人。同年9月13—17日，

市委组织部聘请老师在市农村干部学院对全市136名新上岗的大学生村干部进行岗前培训。12月，市委组织部下发《关于在抚州市农村干部学院举办全市村党组织书记冬季培训班的通知》，对现任村党组织书记进行培训，培训时间为12月12—16日，共培训78人。

根据江西省委组织部《关于开展全省基层党组织书记加强社会管理集中轮训工作的通知》要求，2011年，抚州市委组织部下发《关于对全市基层党组织书记开展加强和创新社会管理集中轮训的通知》。在市农村干部学院分3期对全市乡（镇）、村、街道（社区）、机关、企业、金融机构和学校等基层党组织书记进行轮训，第一期时间为6月26—29日，人数131人；第二期时间为7月4—7日，培训人数131人；第三期时间为7月25—28日，培训人数130人。10月18—21日，市委组织部聘请老师在市农村干部学院对全市150名新上岗的大学生村干部进行岗前培训。

2012年，抚州市委组织部下发《关于举办全市基层党组织书记加强和创新社会管理示范培训班的通知》，在市农村干部学院分5期对全市乡（镇）、村、街道（社区）、机关、企业、金融机构和学校等基层党组织书记进行轮训，共培训750人。第一期时间为3月19—23日，培训人数150人；第二期时间为3月26—30日，培训人数150人；第三期时间为4月9—13日，培训人数150人；第四期时间为4月16—20日，培训人数150人；第五期时间为4月23—27日，培训人数150人。

为贯彻落实党的十八大精神和全国、全省、全市组织工作会议精神，市委组织部下发《关于举办2013年度全市村党组织书记专题培训班的通知》，在市农村干部学院分4期对全市近两年未参加市以上集中培训的村党组织书记进行轮训。培训时间：3月20日—4月18日。第一期为农村基层党建专题培训班，第二期为现代农业及农村经济发展专题培训班，第三期为群众路线教育专题培训班，第四期为新农村建设专题培训班，每期培训人数均为150人。

2014年，根据江西省委党的群众路线教育实践活动办公室《关于在全省第二批教育实践活动中开展基层党组织书记专题培训班的通知》，抚州市委组织部下发《关于在教育实践活动中举办全市基层党组织书记培训班的通知》，在市农村干部学院分6期对全市乡（镇、街道）、村（社区）、企事业单位、非公企业和社会组织等基层党组织书记和大学生村干部代表进行轮训。培训时间从5月5—28日，第一期为基层党委书记培训班，第二期为村（社区）党组织书记培训班，第三期为上报的软弱涣散村党组织书记培训班，第四期为非有制公企业和社会组织党组织书记培训班，第五期为市、县事业单位党组织书记培训班，第六期为大学生村干部培训班。培训总人数为900人，每次培训人数均为150人。

2012—2014年，抚州市委组织部聘请老师每年9月在抚州市农村干部学院对全市新上岗的大学生村干部进行岗前培训。共举办5期，其中2012—2013年每年两期，合计培训大学生村干部779人。

【注　释】

[1] 王国庆《乐安红色经典》，内部出版，2011年，第12~13页。

[2] 易资庆、邱国良：《曾细尧的传奇人生》，危仁晸主编《记忆》，当代中国出版社，2010年，第342页。

[3] 王　师：《回忆解放初贵溪革命干校东乡分校的学习生活》，《东乡县文史资料》第八辑，第46页。

[4] 1949年12月31日《中共抚州地委半年工作总结》。

[5] 危仁晸《零丁随笔》，江西人民出版社，1997年，第193–194页。

第四节 干部挂职锻炼

干部挂职锻炼是一项有组织、有计划的干部管理活动，通过选派一些有培养潜力、需丰富工作阅历的年轻干部，到下级或上级担任一定职务进行实践锻炼，甚至到外地单位丰富干部阅历，促进干部成长。干部挂职期间，占用原单位编制，锻炼期满后，仍回原单位工作或者留用、提拔。干部挂职期间，一般只转组织关系，不转人事及工资关系。

干部挂职锻炼缘起于延安时期的“干部下乡”运动。1957 年的整风运动，探索性地形成干部下派模式，构成中共干部挂职工作的最初形态。20 世纪 60 年代初，抚州专区从地专机关抽调 5 ~ 10 名 35 岁以下的县、区级干部到县、公社担任实职，又从大专学校毕业生和机关科员中挑选 15 ~ 20 名 30 岁以下的优秀干部下放到社、队和厂矿车间担任实职。此外，每年从大学毕业生中抽调一批人员下放基层锻炼，为培养提拔新生力量创造条件。1961—1964 年，全区共下放 254 名干部到大队担任支部书记或大队长。临川县从 1961 年开始，从县属企业抽调 17 名学生和店员出身的机关干部到基层工作，有 5 名一般干部或股长级干部提任为公社党委书记。同期，全区有计划地抽调 510 名学生出身的知识分子干部到农村、厂矿参加半年以上体力劳动。

1989 年，抚州地委建立从地直机关选派年轻干部到基层锻炼的制度，首批 56 人于 12 月底下到宜黄、乐安 2 县 5 个乡 25 个村挂职锻炼。首批挂职干部下派时，召开全区动员大会，地委领导讲话，下派挂职干部身披大红花，地委组织部下派干部宋东方作为挂职干部代表作

抚州市委组织部召开下派干部迎春座谈会

大会发言。在宜黄县挂职干部安排上，除宋东方下派城南乡挂任乡党委副书记外，其余全部到村挂职，正式党员挂村党支部副书记，非正式党员的挂村副主任。此后，地直机关干部逐年下派干部挂职锻炼。为推动下派干部挂职锻炼工作，地委组织部作表率，于 1990 年 2 月—1993 年 11 月间，先后选派吴亚明、温勤、许中伟到临川县鹏田乡挂职，担任乡党委副书记，挂职时间一年左右。各县市也选派一批县、乡干部下村。据统计，全区下派干部 1000 余人，不但充实加强农村工作力量，而且培养锻炼干部，开辟干部培训新路。

抚州市委领导与新疆到抚州挂职干部合影

在做好本地区干部下派挂职锻炼的同时，从 1990 年开始，陆续接收江西省下派科技副县长到抚州相关县市挂职锻炼。随着国家市场经济地位确立以后，为拓宽年轻干部视野，积累驾驭经济工作的领导经验和才能，抚州地委先后选派 100 余名县级后备干部到浙江、上海、北京等经济发达地区挂职学习。1994 年，组织第六批地直机关的大中专毕业生到崇仁县乡镇企业、厂矿锻炼，抽调 124 名机关干部下到乡、村、企业帮助工作。1995 年，地委组织部组织 25 名优秀年轻干部下基层挂职锻炼。1998 年，南城县选派 8 名年轻科级干部到浙江台州市乡镇、街道办事处挂职锻炼，200 余名年轻干部到农村蹲点和到企业挂职锻炼。继 2000 年开始接收中央组织部、团中央选派“博士报务团”成员到抚州挂职锻炼后，2004 年开始接收江西省委组织部选派“高级专家服务团”成员挂职锻炼。2005 年又接收江西省委组织部、省卫生厅选派的“卫生人才服务团”成员，挂任市、县区医疗卫生事业单位行政副职或助理。

2001 年，金溪、东乡两县探索年轻干部到经济发达地区“打工训干”的培养模式，共派出科级以下年轻干部 218 人到沿海发达地区“打工训干”。2002 年，抚州市委总结推广金溪、东乡经验，共选派科级以下年轻干部 609 人到经济发达地区谋职锻炼，并选送县、科级干部 29 人到上海、浙江、江苏、广东等经济发达地区进行为期 2 ~ 3 个月的挂职锻炼。是年 7 月，根据中央《关于选派中央和国家机关优秀年轻干部到西部地区挂职锻炼的通知》精神，南城县选派时任县人大常委会副主任、株良镇党委书记陈跃进赴新疆维吾尔族自治区阿克陶任县委副书记(正县级)。2003 年，干部实践锻炼工作进一步深化，全市共选派谋职锻炼 735 人，下派 70 人到招商引资企业跟班学习，到信访部门培养锻炼 12 人，下乡镇、村(街道居委会)挂职锻炼 100 人。是年，抚州在经济发达地区建立 26 个稳定的干部培训基地，外派干部 183 人，其中，从市直机关选派 24 人到浙江绍兴、选派 10 人到福建莆田挂职锻炼，金溪选派 100 人、东乡选派 49 人到上海、浙江、江苏、福建等经济发达地区跟班学习。

金溪选派的干部，年龄一般在 40 岁以下，中专以上文化程度，大多数是科级干部和科级后备干部。选派后实行“六个不变，一个确保”的优惠政策，即：职级不变，行政、组织关系不变，编制性质不变，公务员年度考核不变，工资晋档晋级不变，评先评优不变，确保工资。

2004 年，抚州市委组织部下发《关于选派年轻干部到工业园区挂职锻炼的意见》，按照相关要求，选调优秀中青年干部 300 余人到经济发达地区或农村基层挂职锻炼。2005 年，组工干部进企业挂职主要有两种形式，一种是到发达地区的企业“打工训干”；另一种是到本单位招商引资企业进行跟踪服务，为企业解决产前、产中、产后服务。2008 年，市委组织部选派 1000 名左右的干部到工业园区、城市重点建设项目、信访部门“三个基地”进行脱产锻炼。

2009—2011 年，市、县、乡三级用三年时间，选派市、县区直机关年轻干部 1000 人左右到乡镇、村挂职锻炼，选拔乡镇机关年轻干部 1000 人左右到市、县区直单位学习锻炼，选派年轻干部 1000 人左右到经济发达地区挂职锻炼。2011 年，市委组织部开展基层干部双向挂职锻炼培训工作，先后安排在县区机关、乡镇（街道）工作的年轻干部 100 人到市直单位挂职或跟班学习；选派优秀年轻干部 100 人到工业园区、城市重点建设项目、信访部门挂职；安排市、县机关干部 60 人到乡镇（街道）、行政村挂职锻炼。换届期间，有 12 名在基层挂职锻炼表现优秀的干部得到提拔重用，在干群中产生积极反响。

抚州市委召开中央下派干部到抚州工作见面会

2012 年，实施干部教育培训“五五一”工程，选派年轻干部到重点企业、重点区域、重点领域挂职锻炼。共从市直单位选派优秀科级干部 44 人到市属重点工业企业担任特派员，从县区直单位选派股级干部 373 人到县区重点工业企业担任特派员，从县区选派新任公务员、服务期满的大学生村干部、“三支一扶”中“支农”服务期满转岗乡镇事业单位的人员 781 人参加挂职锻炼。这项工作得到广大干部的积极响应，仅用一年时间，以上三类人员的选派就完成三年计划数的一半以上，分别占 88%、74.6% 和 78.1%。安排县区机关、乡镇（街道）工作的年轻干部 50 人到市直单位挂职锻炼或跟班学习；选派优秀年轻干部 100 人到基层和经济一线挂职；安排市直单位年轻干部 60 人到乡镇（街道）、行政村挂职锻炼。是年，市委组织部在完成对 6 名省直经济部门优秀后备干部考核工作的基础上，安排 4 名省直机关处级干部在抚州市挂职锻炼。

2013—2014 年，抚州市委组织部配合江西省委组织部做好选派干部到中央国家机关部委、中央国家企业挂职锻炼选调人员的工作，挑选出1名厅级干部和1名县级干部选派到中央挂职。同时，挑选3批10名干部赴北京亦庄工业园区挂职锻炼，11名干部赴福建福州江阴工业园区和莆田工业园区挂职锻炼。同时，做好中央选派的3名新闻媒体界干部和江西省委组织部下派的5家省直单位处级干部的挂职锻炼对接工作。

2012—2014年中央单位至抚州和抚州赴中央单位挂职锻炼干部情况

表7–4

年份	姓　名	时任职务	挂任职务
2012	唐爱华	国家宗教事务局三司一处处长	临川区人民政府副区长（挂职两年）
2013	汪晓东	人民日报社研究策划室主编	东乡县委常委、县人民政府副县长（挂职一年）
	张华杰	中央人民广播电台新闻管理处副处长	南丰县委常委、县人民政府副县长（挂职一年）
	严　波	中央电视台总编室版权管理部副主任	临川区委常委、区人民政府副区长
	韩　俊	中国人保网络培训处副处长	乐安县人民政府副县长（挂职一年）
	韦　萍	抚州市人民政府副市长	国家林业局野保管理司副司长
	赵　立	抚州市委副秘书长、办公室主任	中国铝业公司战略发展部主任助理
2014	周学胜	中央610办公室一局副局长	抚州市委常委、市人民政府副市长（挂职两年）
	赵世斌	中国神华国华电力副总经理、纪委书记	抚州市委常委、市人民政府副市长（挂职两年）
	廖常军	中国外文出版发行局综合处处长	资溪县委副书记、县人民政府副县长（挂职两年）
	周广明	文化部办公厅新闻信息处处长	黎川县委副书记、县人民政府副县长（挂职两年）
	丁振京	中国农业发展银行研究室二处处长	南丰县委副书记、县人民政府副县长（挂职两年）
	张　磊	国家文物局考古处处长	宜黄县委副书记、县人民政府副县长（挂职两年）
	陈献光	国家民委新闻宣传处副处长	乐安县委常委、县人民政府副县长（挂职两年）
	王明海	中央统战部联络处副处长	广昌县委常委、县人民政府副县长（挂职两年）
	黄　跃	国家发改委城镇改革政研处副处长	金溪县人民政府副县长（挂职一年）
	江玉兰	抚州市人大常委会副主任、市总工会主席	公安部政治部宣传局副局长
	黄智迅	抚州市委宣传部副部长、文明办主任	文化部文化科技司科技处副处长
	鄢新员	抚州市广播电视台党委书记	光大银行小微金融业务部总经理助理

第八章　干部审查与监督

新中国成立后，各级组织部门根据党在各个时期的不同任务，开展干部审查。1949—1953年，围绕肃清反革命分子，清理"中层""内层"，开展反贪污、反浪费、反官僚主义运动，清除党内堕落蜕化分子、贪污变质分子、投机分子，纯洁党的组织。1953—1957年，通过审查干部，弄清每个干部的政治面目，清除党政机关内部的反革命分子和蜕化堕落分子，多方面了解干部德才表现。1957—1966年，结合整风反右派、反右倾，对农村、工厂等基层组织进行以清政治、清经济、清思想、清组织为内容的社会主义教育运动，审查和处理了一批敌对分子、贪污盗窃分子、官僚主义者以及坏分子。"文化大革命"中，林彪、江青反革命集团借审查干部之名，打击迫害大批干部群众。1976—1989年，全面开展平反冤假错案和清理核查"三种人"，落实党的干部政策。

20世纪90年代以后，干部队伍不正之风和腐败现象屡禁不止，干部审查的重心转移到干部监督上来。从中央到地方出台一系列干部监督文件、制度，开展领导干部收入申报、重大事项报告、任期经济责任审计、县区委书记选人用人离任检查、干部选拔任用"一报告三评议"，设立"12380"，形成集短信、电话、信件、接访"四位一体"的选人用人问题举报受理体系，查处选人用人不正之风成为新时期干部监督的重点。

第一节　干部审查

土地革命战争时期，在复杂的军事和政治斗争面前，党时刻警惕阶级敌人混入革命队伍，各县苏维埃政权裁判部通过干部审查，纯洁党的组织，净化干部队伍，保持革命队伍的坚强战斗力。少数党员干部在严酷的斗争环境中，经受不住考验，思想产生动摇。如少共乐安县望仙区委书记张济滋，以身体有病为由，开小差溜回家。团望仙区委召开会议，开展对张济滋公开批评，中共乐安中心县委作出撤销其团区委书记职务、留团察看3个月的处分，调配张济滋做其他工作。[1]

受错误路线影响，干部审查一度出现“残酷斗争、无情打击”的惩办主义倾向，许多优秀党员和干部在精神和肉体上受到摧残，党的力量被严重削弱。1930年，正当乐安工农运动蓬勃发展之际，中央苏区开展肃反运动，胡竹笙、李资勇、金兰英等人以反“AB团”为名，大肆屠杀苏区干部群众，制造骇人听闻的“乐安事件”，乐安党政组织遭到严重破坏。其中，县委书记邱珏经受不住严刑拷打，越狱逃跑，脱离革命队伍；县苏维埃政府主席邱雄在营救中不幸遇难；县委宣传部部长廖维诚投敌叛变。仅乐安县级及善和、增田两区乡，共洗刷62人，[2]致使该县各级党组织和苏维埃政权基本瘫痪。同年11月，胡竹笙又以肃清“AB团”分子为名，将宜黄县革委会筹委会干部戴金华、戴金生及新丰区委、东陂区委主要成员和游击队员30多人杀害。从宜黄县判决的反革命案列举的案犯事例看，受到惩处的人并没有确切的反革命罪证。闽赣省裁判部的钟光来甚至“把裁判部犯人大批的不分轻重的乱杀一顿”，在由黎川樟村退往石城县的途中，更是“沿途格杀群众”。[3]1933年春，在宜黄县东港禄山书院，一次杀害所谓“AB团”分子20人。该县苏维埃干部刁丁生请假回家时带枪，被认作反革命，逮捕后施以肉刑，刁丁生将与其有意见的人供为反革命，使宜黄县苏维埃政府一次错杀五六名干部。同年冬，宜黄县罗湾村夏如生参加红军后到白竹执行任务，夏妻一人留家，便到亲戚家住。有人说夏想叛变，故意叫老婆先逃跑，结果，夏如生被当成反革命分子杀害。同年5—8月，在反“江西罗明路线”斗争中，一大批干部受到批判、撤职处分，会（昌）寻（乌）安（远）中心县委书记邓小平被下放乐安县南村任区委巡视员，江西军区第二分区（驻乐安）司令员谢唯俊被撤职。因斗争扩大化，导致广昌县苏维埃主席、区委书记、区苏维埃主席等主要干部17人被洗刷。乐安中心县委书记胡嘉宾、副书记吴立铭、宣传部长廖平三，乐安县苏维埃政府主席张方说等50多人被撤职。

新中国成立后，干部队伍迅速扩大，干部数量急剧增加，干部成分更加复杂。加上干部的功能与任务发生重大变化，干部中反映出来的问题既多又杂，因此，中央决定建立干部鉴定制度。1949年11月4日，中央组织部颁发《关于干部鉴定工作的规定》，采取自我检讨、群众讨论、领导负责审查相结合的方式审查干部。在新中国成立初期的三年中，干部鉴定主要是结合当时开展的各种政治运动进行，1950年结合年底开展的镇压反革命运动进行。1951年结合清理“中层”（干部队伍）、“内层”（党的队伍）以及企业中开展的民主改革运动进行，1952年结合“三反”“五反”中进行的思想改造运动进行。

在中国革命取得全面胜利后，少数干部作风粗暴、贪污腐化、丧失革命立场的问题逐渐暴露。1950年3月1日（农历正月十三日），金溪县一区（石门）区委书记周云泰带领通讯员到水西乡（今属临川区青泥镇管辖）动员群众挑运公粮装船。按照当地习俗，当天是敬菩萨的日子，群众未去挑粮，周云泰将菩萨砸烂。因触犯众怒，周云泰被群众围攻殴打致伤。3月3日，周云泰命令丁排长带领战士烧毁群众房屋12间。3月6日，又亲手杀死一名群众。周云泰畏罪潜逃后被缉捕归案，执行枪决。金溪县部分干部理想信念动摇，经不起艰苦环境，脱离革命队伍。1950年上半年，该县有11名南下干部或经不起艰苦环境考验，或负案在身，擅自逃回老家，占26名南下干部总数的42%。1951年4月，抚州地委、专署，江西省纪委、省政府监委和中南局纪委对“金溪案件”开展调查，结论为：金溪县委、县政府领导人在全国胜利形势下，冲昏了头脑，看不清阶级斗争更加尖锐化的形势，产生严重的骄傲松劲、轻敌麻痹的思想，放弃了党的基本原则和思想武器。作出“部分改组其领导机关”的处分，县委书记、县长等17名党政干部分别受到党纪、政纪处分和法律制裁。[4]

经过1950—1952年清理“中层”“内层”“三反”，对大部分新干部有了初步了解，初步解决了干部队伍中思想不正、组织不纯的问题。但是，由于社会经济建设任务紧迫，加上干部调动频繁，各级领导机关还没来得及对全部干部逐个进行细致的审查，尤其是对大部分新干部的全面真实情况还没能切实掌握。为此，1953年11月中央作出《关于审查干部的决定》，要求用两三年时间，对全国干部从政治上进行细致审查，弄清每个干部的政治面貌，清除混入党政机关的一切反革命分子、阶级异己分子和蜕化堕落分子，以保持干部队伍的纯洁；同时，多方面地了解和熟悉干部的思想品质、工作才能，以便更有计划地培养干部，正确地使用干部。

1954年上半年，抚州地委成立审干办公室，并在专区粮食局开展干部审查工作试点。在试点的基础上，地专直属机关分两批开展干部审查工作，第一批审干工作于9月5日开始，历时6个月，到1955年2月底基本结束。1955年春，县市干部审查试点工作在临川县进行，下半年，抚州市及南城、南丰、黎川等县干部审查工作启动，县区以上机关、厂矿企业全体干部和农村区助理以上干部全部接受审查。后受肃反运动影响，审干工作一度收缩，但各县市审干办公室仍然保留，并有2～3人从事县区级干部审查工作。通过这次审查，查清了一些干部的政治、历史与家庭背景。但干审过程也出现一些偏差，即笼统地批判干部使用“只重业务能力而忽视政治考察”的做法，导致后来只要“红”不要“专”的错误倾向。

1957年3月江西省委审干会议后，抚州专区审干工作再次启动。按照上级要求健全审干机构，充实领导力量，各县市委指定一名书记负责，由组织部长专管审干工作。全区干部11813人，列入审查范围的10466人，占88.6%。经过材料审阅和过滤排队，2655人被列入审查对象，其中县级干部121人，区级干部269人，一般干部2265人，查清问题做出结论的2005人，写调查报告592人，问题复杂、没有线索的39人，问题虽较复杂，正在查证的19人。审干工作坚持“坦白从宽、抗拒从严”，共处分干部167人。对少数错误性质严重的，分别给予党内警告、严重警告、留党察看、撤销党内职务、开除党籍等党纪处分，有的甚至给予限制使用、调离现任工作岗位、行政撤职、降职降级处分。审干过程中，由于思想动员不够，致使一些问题没有得到及早发现。此外，在审查和不审查的界限划分上比较模糊。审干后期，存在草率收兵和结论质量不高的问题。

结合干部审查，发现抚州干部管理存在三个方面的突出问题：一是干部接收把关不严。1950—1952年，由于新建机构多，普遍缺少人员，私人介绍干部的现象比较严重。其中1951年抚州地委总务科介绍两名干部到专区森工局和粮食局工作，经查，一人是国民党区分部书记，一人有重大政治问题，均属肃反对象。上级业务部门不通过人事或组织部门介绍干部，有的没有正式介绍信，没有档案材料，有的四五个月不转正式介绍信或干部档案，有些单位只凭一般的机关证明就接收为干部。据调查，9个单位456名干部，私人介绍的62人中23人有较严重的政治问题，且为肃反斗争对象。二是干部使用把关不严。一些单位只注意干部一时的工作表现，忽视对干部政治面目的了解，即使发现问题，也没有及时审查清楚。一些人用私人感情代替“德才兼备”，使一些反革命分子和坏分子钻进革命队伍。个别单位未严格执行提拔干部审批手续，有的明知有政治问题，也睁一只眼闭一只眼，使一些政治不纯分子担任领导职务或重要工作。对一些普通国民党员、三青团员或在旧政权做过事的人，仅仅因为他们有文化、业务熟悉就予以任用。专区粮食局1952—1955年提拔的8名正副科长（区级）都是高中、大学毕业生，业务能力较强，但其中6人是政治不纯分子。三是干部审查把关不严。专区专卖公司根据江西省专卖公司意见提拔2人，但未报抚州专署审查批准，后来发现此2人分别是国民党员、三青团员，参加过复兴社，曾任国民党政府税务局主任、课长、局长等职。1955年，抚州专区贸易公司、油脂公司先后接收江西省商业厅分配的5名干部，没有省人事局的介绍信和档案材料，抚州地委组织部也未及时向省反映和索取材料。此外，各县在介绍干部关系时没有统一的介绍信，有的只介绍一个姓名，未写明原工作职务和待遇，无法判断是正职还是副职，也不知是否为同级党委成员，很容易被人钻空子。

1958年，全区列为审查对象的4976人，作出结论的4172人，占83.84%。至1958年10月底，历时5年的全区干部审查工作告一段落。1961年，抚州地委组织部有计划有步骤地进行审干复查工作，复查对象为各级领导骨干，查清1714人的政治历史问题，占复查对象总数的94%。

1964年上半年，中苏论战导致中国与苏联两国关系恶化，中国周边安全形势复杂。是年6月10日—7月18日，抚州专区成立涉外人员审查办公室，从地委组织部、专署公安处和有关县委组织部、县公安局抽调14名有审干或肃反工作经验的干部参加涉外人员审查，共审查涉外工作人员251人，其中地、县委外事领导小组成员30人，外事办公室人员13人，服务人员5人，医务人员5人，影剧院涉外人员14人，开放社、队157人，公安保卫人员27人。通过审查，将一批不宜做外事工作的人员调离工作岗位，另挑选26名干部、服务员从事外事工作，纯洁了涉外人员队伍。

1965年，结合社会主义教育运动，从地、县委组织部及有关干部人事部门抽调74名干部，对全区省、地、县委管理的2705名干部进行考察了解，既听领导干部介绍，也向群众了解，既看当前表现，也看一贯表现；既发现优点，也了解缺点；既查干部的政治历史和社会关系，也看本人的态度。考察了解后，实事求是地整理一批单人材料。

“文化大革命”期间，审干工作起起落落。

初期，审干工作怀疑一切、打倒一切，大肆散布“江西土改、镇反不彻底”“干部队伍严重不纯”等言论，在清理阶级队伍、“一打三反”（打击反革命破坏活动，反对贪污盗窃、反对投机倒把和反对铺张浪费）运动中大搞逼、供、信。至1972年12月，全区有2000多名干部不作结论或定为不适用，其中涉及地管以上干部200多人。1973年年初，抚州地委重新部署审干工作，地、县和地区直属单位相继成立审干机构，选调100多名专职干部开展审干工作。通过内查外调，搞清一批被审查干部的问题。问题查清后，许多干部重新振作精神，投入工作。在批林批孔运动中，全区12个县市和地直单位审干材料被查封，审干专职干部被围斗，审干办公室被强占，审干工作中断一年多。1975年4月，根据江西省委指示，启封审干材料，恢复审干机构，调回专职干部。根据4月全省审干工作会议精神，抚州召开专门会议，总结审干工作的经验教训，研究部署审干工作，全区审干工作持续进行半年多时间。其间，对一批历史老案重新复查，否定了钟力“特嫌分子”的结论，作出“建议恢复其党籍”的结论。[5]之后，由于各级党委负责人员被揪斗，审干工作又被迫停止。

江青反革命集团垮台后，全国审干工作重新启动，审干工作重点转移到落实政策、平反“文化大革命”中冤假错案上。全区1102人有了审查结论（地管以上干部144人），有145名干部恢复公职或重新安置，对202名死亡干部查明死因，作出结论，其家属子女得到适当照顾。1978年6月以后，对“文化大革命”中犯一般性错误人员档案材料进行审查，基本查清“文化大革命”期间的大事要案，查处一批隐藏在党内的“三种人”和犯严重错误的人。“文化大革命”中，全区非正常死亡1848人，仅“8·24”事件，[6]就有65名无辜干部、群众遇害。核查中，对大事要案和涉及的责任人员进行查处，先后确定调查对象243人，重点调查对象81人，核查对象111人。经查证核实，定为“三种人”的10人，定为犯严重错误的57人，定为犯一般性错误的82人，维持“两案”（林彪、江青反革命集团案）处理的6人，党员干部“记录在案”的1人。在农村清理工作中，清理农民党员18人，其中开除党籍4人，不予党员登记3人，受到其他党纪处分11人。至1980年，为1201名干部落实政策，为178名党员干部解决党籍遗留问题。全国整党工作结束后，清理“三种人”工作以新的组织形式和方式继续进行。在1980年的揭批查运动中，抚州列入清查对象的县级干部有57人。通过调查核实，结论为说错话做错事予以解脱的11人，结论为帮派骨干分子的8人，结论为严重政治错误的22人，结论为政治错误的16人。

1982年6月永修会议期间，江西省委提出干部审查工作的8条验收标准。抚州地委组织部要求，凡检查验收不合标准的案件，抓紧做好改正工作；一时不能解决的，登记立账，限期解决；对最后仍定为敌我矛盾、开除党籍、开除工作的，逐人填表上报地委组织部。按照中央组织部〔1979〕54号文件规定，逐个案件进行认真清理，一切与结论无关和污蔑不实的材料都不得存入干部档案，该退还本人的退还本人，该销毁的经党委审查后予以销毁，丢散在外地外单位的材料，亦认真清理并及时传送有关单位处理。对任何个人私自保存干部审查或交代材料的行为，查明原因，严肃处理。对在“文化大革命”期间，到家属、亲友所在单位调查、索取的不实证明材料，待平反后予以销毁，并由复查单位向有关部门出具新的证明，以消除政治影响。

1982年，对因政治历史问题受审查的1395人全部作出复查结论。其中，因“三反”问题受审查的435人，除1人有其他问题牵连外，其余都公开平反，恢复名誉；被错误开除公职的233人，全部作出妥善安排。通过对“文化大革命”前部分案件的复查，有263人得到

1989年5月，全区干部审查工作会议在南城召开

妥善处理。至是年12月，对在“文化大革命”中受到立案审查的1830人，完成材料清理、工资补发等善后工作，本人、家属及社会反映良好。“文化大革命”前因政治历史问题立案审查的干部6556人，经过摸底调查，确定需要复查的历史老案726件，复查716件；限制使用干部1318人，处理1028人；特殊登记干部435人，处理71人。1983年，对727件历史案件复查处理580件。1984年10月25日至11月2日，江西省委组织部对抚州地区复查“文化大革命”前冤假错案、落实干部政策工作进行检查验收，其中，金溪、临川、宜黄、南城等县306件复查案件中，合格和基本合格的288件，占检查总数的95.36%；不合格的14件，占检查总数的4.64%。同时，对其他县市“一定双开”（即定为敌我矛盾，开除公职、开除党籍）案件的结论和报告进行检查。1985年，恢复和提高一批干部的政治生活待遇，其中恢复县级待遇12人、副地级待遇25人。1987年审理“文化大革命”前历史案件24件。1988—1989年，继续开展清查“三种人”工作。

1990年后，干部审查工作由落实干部政策转移到从政治上审查干部。在1991年下发的《关于做好新形势干审工作的意见》中，把干部是否坚持贯彻执行党的路线、方针、政策，坚决执行组织决议，在历次重大政治斗争中的表现情况，特别是“文化大革命”中的表现和1989年春夏之交北京政治风波中的态度，以及与其交往密切的直系亲属的政治情况等成为干部政治审查的主要内容。在选拔任用干部中，注重政治素质的审查，注重发挥干审部门的作用。1992年4月，中央组织部召开部分设区市党委组织部干审科长座谈会，提出在新的历史条件下，干部审查工作要发挥监督、保护、审查、管理干部的职能作用。

2000年9月以后，干部审查逐渐被干部监督取代，干部审查工作的重点由政治审查向干部遵纪守法、任职资格条件的审查转变。每次干部考察，按照《干部考察工作实施细则》要求，注重征求纪检、监察、综治、计划生育、信访、审计等部门的意见。对在考察中有群众举报或问题的，及时派出人员进行调查核实，一时难以查清的，不提交市委常委会研究。

【注 释】

[1]《关于处罚张济滋同志的问题》，《苏区乐安中心县委革命斗争史》，亚洲出版社，1992年，第45～46页。

[2]董必开:《把检举运动更广大的开展起来》,《斗争》第61期，1934年5月17日。

[3]《闽赣省枪毙反革命首领两只》，《红色中华》第180期，1934年4月26日。

[4]《金溪县志》,三秦出版社,2007年,第1425页。

[5]《关于钟力同志问题的审查结论》，见抚州市档案馆藏1024-1975永久第10。

[6]1967年8月24日，发生在抚州的大规模的武斗流血事件。

第二节　干部监督

一、监督机构

中共十一届三中全会以后，随着党的工作重心转移，干部审查转向以监督、审查、保护和管理为主。1983年，根据抚编发〔1983〕3号文件，抚州地委组织部设立审干办公室，1984年更名为干部审查科。

2000年9月，中央组织部召开全国首次干部监督工作会议，明确提出“靠制度规范监督”的中心议题和“积极探索干部监督的制度创新”的发展方向，并设置专门的干部监督机构——中央组织部干部监督局，配置干部监督工作督查员。随后，全国各级党委组织部门建立相应的干部监督机构，配置干部监督工作督查员。2002年，抚州市委组织部干部审查科更名为干部监督科，负责研究提出有关干部监督的制度、措施，对贯彻执行《党政领导干部选拔任用工作条例》及有关党内法规的情况进行监督检查，对违反《党政领导干部选拔任用工作条例》的问题进行调查核实，提出处理意见，或者督促下级党委（党组）组织人事部门进行查核处理；受理信访举报工作，重点受理对领导干部和干部选拔任用工作问题的举报；联系市审计局开展对县级领导干部经济责任审计工作的组织实施；承担对领导干部近亲属和身边工作人员提拔任科级干部的审批；组织市管领导干部填报《领导干部个人有关事项报告表》，并完成表格数据录入和抽查工作；负责每年对各地各单位组织开展“一报告三评议”工作。

2004年，中央组织部开通全国组织系统“12380”专用举报电话，抚州市设立“12380”举报电话，并在市委组织部建立“12380”信访举报工作领导小组，与干部监督科合署办公，两块牌子，一套人马。

2013年，抚州市委组织部进行大科制改革，信访科从部办公室分离，与干部监督科合署办公，信访科科长兼任干部监督科副科长。2014年，经市制委员会办公室批准，负责对全市组织部门举报工作的督促、检查和指导职能的举报中心成立，同时，建立“12380”手机短信举报平台，形成“12380”电话、信访、网络和手机短信“四位一体”的举报受理平台。

二、监督制度

20世纪90年代，干部历史遗留问题审查工作结束后，面对干部队伍中存在的不正之风和腐败现象，组织部门把加强干部履职行为监督、提高党拒腐防变和抵御风险能力列为工作职能。

1990年5月，中央下发《关于县以上党和国家机关领导干部民主生活会的若干规定》，要求各地、各单位健全并严格执行民主生活会制度，加强领导班子成员之间的相互监督。1992年邓小平视察南方谈话后，改革开放和现代化建设进入新的历史阶段，党内干部监督制度不断创新和发展，一批基础性、程序性、实体性制度和配套实施细则相继出台。主要有：《中国共产党纪律处分条例（试行）》《中国共产党地方委员会工作条例（试行）》《中国共产党党员权利保障条例（试行）》《党政领导干部选拔任用工作暂行条例》《关于实行党风廉政建设责任制的规定》《中国共产党党员领导干部廉洁从政若干准则（试行）实施办法》《关于党政机关县（处）级以上领导干部收入申报的规定》《关于领导干部报告个人重大事项的规定》等，党内干部监督制度日益体系化、规范化。

1992年，抚州地委组织部下发《县级领导干部向组织回复群众反映本人问题制度》《对犯错误县级领导干部管理制度》等5项干部审查工作制度，各地、各部门按要求开展干部选拔任用自查自纠活动。

中共十五大以后，中央根据党员干部队伍建设实际，从选人用人监督制度建设入手，党内干部监督制度体系化建设有较大突破，相继出台《党政领导干部考核工作暂行规定》《县级以下党政领导干部任期经济责任审计暂行规定》《深化干部人事制度改革纲要》《关于改进县以上党和国家机关党员领导干部民主生活会的若干意见》《关于加强组织部门干部监督工作若干意见》《党政领导干部任职试用期暂行规定》《关于加强和规范干部学历、学位管理工作的意见》等。按照中央要求，抚州干部监督制度建设不断加强。

1998年3月，抚州召开全区组织工作会议，就贯彻执行《党政领导干部选拔任用工作暂行条例》提出要求，进一步加强对干部选拔任用工作的监督，对违反《暂行条例》的人和事进行及时处理；同时，建立领导干部年度工作考核制度、组织部门与执纪执法部门联系制度、选拔任用干部征求纪委意见制度等。

1999年，抚州地委组织部制定《1999—2003年全区党政领导班子建设规划实施意见》，对崇仁、东乡两县和地区公安局、地区交警支队等单位的领导班子和领导干部进行全面考察，对各县市1997—1999年执行干部考试录用制度和干部调配政策情况进行调查。在学习借鉴外地经验的基础上，研究制定《抚州地区党政领导干部任前公示制暂行办法》及《实施细则》，党政领导干部任前公示全面实行。江西省委书记舒惠国和省委组织部对抚州全面推行任前公示的做法给予充分肯定，并在全省推广。

2000年，组织开展《党政领导干部选拔任用工作暂行条例》学习宣传活动，组织县以上领导干部和组织人事干部学习《毛泽东、邓小平、江泽民论干部监督》和有关干部监督工作的文件。同时，加大对选人用人中不正之风和腐败现象的查处力度，建立健全干部推荐责任制、考察责任制。对领导干部个人向党组织推荐干部作出规范，要求写出署名推荐材料，并对所推荐的人选负责。加强与纪检（监察）部门的密切配合，重点监督县市党政班子成员和各单位主要领导的工作圈、生活圈和社交圈。各县区按照要求进一步规范干部考察工作，乐安县制定《关于建立干部推荐责任制的暂行办法》《关于干部考察工作责任制的实施办法》等制度。

2001年6月，抚州市委组织部出台《干部监督工作督察员制度（试行）》，对督察员的条件、职责、工作方法、工作纪律、管理提出具体要求。

2002年7月《党政领导干部选拔任用工作条例》出台后，抚州市委组织部制定《关于党政领导干部选拔任用工作责任制的暂行规定》，明确推荐干部、考察干部、任免决策等程序要求及责任主体，对违反该规定的行为予以责任追究。江西省委组织部将这一做法分别刊载于《干部工作监督》和《江西组工通讯》。同时，抚州实行县级领导干部任后测评制度，通过向市级领导和正县级领导干部发放“干部任用情况问卷表”，征求拟任用干部在职务安排上的评价意见。

2004年，建立干部监督联席会议制度，强化成员单位在干部监督方面的责任，在互通情况、交流信息上发挥一定作用，对新提拔的市管领导干部，市纪委专门组织任前廉政谈话，签订《廉政承诺书》。

2005年12月，中央纪委、中央组织部制定《关于对党员领导干部进行诫勉谈话和函询的暂行办法》《关于党员领导干部述职述廉的暂行规定》，干部监督的内容进一步丰富。2007年，江西省委组织部制定《党政领导干部选拔任用工作有关事项报告制度》，列举党委（党组）在研究决定干部任免前应向上一级组织（人事）部门报告经同意后方可实施的12种情况。明确需向上级组织（人事）部门备案的范围。期间，抚州市建立县区两年一轮次、市直单位三年一轮次的干部选拔任用工作监督检查机制。2008年，市委组织部出台《关于进一步加强和改进市直单位科级干部管理的意见》，强化对市直各单位党委（党组）任免干部的监督指导力度，规范市直单位科级职务任免。同时，在全市开展干部任用条例执行情况监督检查，完善《中共抚州市委关于党政领导干部选拔任用工作责任制的暂行规定》，围绕干部选拔任用初始提名、干部考察、任免决策等环节，科学界定推荐人、考察人、决策人在各环节应承担的责任，明确责任追究方式，做到“谁推荐谁负责、谁考察谁负责、谁决策谁负责”。加大用人违规违纪行为查处力度，建立与执纪执法部门联合办案的机制，做到发现一起，坚决查处一起。

2009年，抚州市委组织部会同市纪委、监察局、公安局、财政局、审计局、人事局等8家单位联合下发《关于加强党政机关和事业单位工作人员因私出国（境）管理的暂行规定》，县级领导干部（含离退休一年以内）因私出国（境），须由其本人向所在单位提出申请，经市委组织部和市纪委审核后报市分管领导和主要领导审批；县区科级干部因私出国（境）须由其本人向所在单位提出申请，经县区委组织部和县区纪委审核后报县有关领导审批。其他党政机关和事业单位工作人员因私出国（境），由所在单位审批。因私出国（境）费用自理，严禁由所在单位出资或补助，严禁由下属单位或其他单位支付、报销，对违反规定的行为予以党纪政纪处分。为加强党政机关和事业单位工作人员因私出国（境）管理，组织全市县级以上党员领导干部填写《2006年9月以来党政领导干部报告个人有关事项报告表》。

2013年，为规范各单位执行《党政领导干部选拔任用工作条例》有关规定和监督制度，抚州市委组织部先后印发《关于对干部选拔任用工作开展自查自纠活动的通知》《干部选拔任用工作自查自纠流程图》《关于建立干部选拔任用工作常态化监督月报制度的通知》等文件，指导和督促各地、各单位及时发现问题、解决问题。7月，结合常态化监督机制，挑选3个县和3个市直单位，对执行《党政领导干部任用工休条例》和有关监督制度的情况进行检查。这一做法刊发于是年8月30日中央组织部《干部监督工作通讯》第5期情况交流。同年，制定下发《关于领导干部近亲属和身边工作人员提拔任用事项报告审核实施办法（试行）》，提任人员中，领导干部近亲属和身边工作人员比例明显减少。

三、监督内容

干部监督是干部审查工作的延伸。干部监督主要包含两个方面的内容，一是党和国家、人民群众对干部、重点是对领导干部在公务活动和社会活动中履职用权情况的监督；二是组织人事部门依据党内有关法规和要求，通过一定的方式，对干部选拔任用工作和领导干部进行监督和检查。

20世纪90年代以后，干部监督工作的重点逐步转移到对干部选拔任用工作和领导干部现实表现上。由于认识问题和经验缺乏，早期的干部监督工作失之于宽、失之于软。

1996年，抚州地委组织部把干部考察与干部监督结合起来，由组织部领导带队，对临川、乐安、黎川、广昌、金溪、资溪6个县市党政班子成员进行届中考察，发现不少领导班子和干部思想作风存在问题。同时，组织全区各级党委（党组）和组织人事部门对《党政领导干部选拔任用工作暂行条例》进行再学习活动，编印《干部选拔任用工作学习资料》，各县级党委（党组）成员和组织人事干部700余人参加考试。

2000年9月，中央组织部召开全国干部监督工作会议，明确新形势下组织部门干部监督工作的目标任务和工作重点。抚州市以正面教育、事前监督和预防为主，把对干部的监督贯穿于培养、选拔、使用、管理等各环节。是年，市审计部门对38名领导干部进行任期经济责任审计，全市共向社会公示领导干部320名，对5名有信访反映的公示对象，经纪检调查核实后取消任用资格。2001年、2002年分别公示拟提任县、科级干部1166名和1187名。审计关口前移，变离任审计为任前审计，审计结果作为考察使用干部的重要依据。2001—2002年，市、县两级共审计领导干部611名。

2004年，全市共有87名拟提拔的领导干部征求纪委意见，其中2人因有问题反映未获提拔任用。对全市拟调任、免职、辞职和退休的51名离任领导干部实行任期经济责任审计，市管副县级以上单位“一把手”经济责任审计覆盖面达100%。2005年，市委组织部在市、县两级聘请106名老干部担任干部监督员，对干部选拔任用工作进行监督。

2006年，为保证全市换届工作顺利进行，先后印发《抚州市组工干部在换届工作中的九条纪律规定》《关于进一步严肃干部人事工作纪律的通知》等文件，明确组工干部的工作职责。是年，对市委提拔使用的78名领导干部进行任前公示，委托审计部门对115名县级领导干部和46名拟提拔使用的科级干部进行任期经济责任审计。2007年，派出两个条例检查组对部分县区和市直单位的干部选拔任用工作进行检查，共查处违反《党政领导干部选拔任用工作条例》和组织人事纪律的案件6起。在黎川县开展“科学规范和有效监督县（市）委书记用人行为”调研试点。2008年，重点整治用人不正之风，在全市开展“一报告两评议”和组织工作满意度民意调查，强化干部选拔任用工作的监督力度。

2009年，对4个县和6个市直单位党委（党组）执行干部选拔任用政策法规的情况进行检查，对群众举报反映的66件次选人用人问题进行查核督办。坚持下级党委（党组）任用干部有关事项报告制度和市直单位科级干部任用职数审核制度，从严格禁止任职年龄“一刀切”、控制领导职数、把握任职资格和条件、保持干部队伍稳定等角度，对各县区上报的科级干部职务任免进行严格把关。是年，有22名县区科级干部、8名市直单位科级干部拟任人选在任职备案或职数审核中未获通过。同时，配合省纪委、省委组织部查处临川区委违反有关政策规定提拔调整干部的行为，维护了干部人事纪律的严肃性。

2010年8—11月，派出3个检查组对南城、黎川、南丰、崇仁、广昌、东乡6个县和市保密机要局等15个市直单位的干部选拔任用工作进行检查。同时，对全市11个县区和金巢经济开发区贯彻实施四项监督制度情况进行专项督查。

2011年是换届年，抚州市委组织部印发《关于全市组工干部在换届工作中带头做到“十坚持十严禁”的通知》，要求组工干部带头坚持保密制度，严禁泄露工作秘密。组织填写《严肃换届纪律情况调查问卷》，发布考察对象公示时，将考察对象是否违反换届纪律行为列为举报内容；召开党代会、人代会、政协会进行换届选举时，组织“两代表一委员”填写《换届风气测评表》。同时，市、县两级组织部门将中央“5个严禁、17个不准、5个一律”和江西省委“10个严禁”等换届纪律规定汇编成册，印制《严肃换届纪律保证换届风清气正资料汇编》发放给各级领导干部和部分党员代表。是年，各县区成立由市党代表、市人大代表、市政协委员、老同志代表和各县区委组织部分管副部长等人员组成的县乡两级换届风气特约监督员队伍，负责对本地区领导干部严守换届纪律、维护换届秩序、抵制不正之风等情况进行监督，收集各地在换届期间的各种反映。

2012年，开展买官卖官问题“特别监督档案”整治试点工作，市纪委、组织部、法院、检察院、信访局等单位定期或不定期召开协调会，建立买官卖官信息资料库。同时，建立干部监督档案，内容包括县级干部的《干部选拔任用工作全程记实表》、有关举报及查核情况、任期经济责任审计情况、离任审计情况、年终考核情况、婚丧喜庆事宜报告、诫勉谈话、函询情况、违纪违法处分情况、组织处理情况等，将本单位和县区的“一报告三评议”、《党政领导干部选拔任用工作条例》检查情况、科级干部信访及调查情况等也纳入单位档案。

2013年，在做好“12380”举报受理审核工作的同时，建立干部选拔任用工作常态化检查机制，推动干部调整事前沟通常态化，事中自查自纠常态化，事后跟进检查常态化，问题整改落实常态化，检查情况通报常态化。实行干部考察工作责任制，考察组长对考察工作全程负责，从严监督，发现问题及时严肃查处。建立记实档案，规定凡有干部选拔任用，都要填写《干部选拔任用全程记实表》，全程记实涉及干部选拔任用过程各个环节，为准确界定选人用人责任，实施责任追究提供有效的证据保全。全年共提拔任用232名市管干部，全部进行全程记实。在干部调整中，增加两次风气测评，即在民主推荐结束后，立即开展民主推荐风气测评；在干部考察结束后，立即开展干部考察风气测评。全年市委组织部会同市纪委受理选人用人举报26件，核查率100%。其中对在考察过程中发现问题的2名干部，取消拟提拔对象资格，对7名相关责任人进行诫勉谈话，或批评教育，较好地防止干部“带病上岗”。是年8月30日至9月9日，中央组织部和《干部监督工作通讯》第5期和《人民日报内参》第1404期，分别刊载《江西省抚州市强化干部选拔任用监督检查工作》《江西抚州力促选人用人风清气正》的经验做法。11月7—10日，江西省委组织部对乐安、崇仁两县进行抽查，反映良好。同时，市委组织部、市纪委、市编办、市人社局等相关部门人员对各县区及部分市直单位开展选人用人不正之风进行专项检查，重点检查违规破格提拔干部、超职数配备干部、突击提拔调整干部、干部“带病提拔、重用”等方面存在的问题。

2014年，扎实开展领导干部个人有关事项报告、“一报告三评议”以及领导干部近亲属和身边工作人员提拔任用事前审批工作，同时，认真抓好超职数配备干部、“吃空饷”、领导干部企业兼职、乡镇干部“走读”、干部“三龄两历一身份”“裸官”等问题专项治理。全年消化超职数配备干部282人，清理“吃空饷”465人、县级党政领导干部企业兼职9人；随机核查66名领导干部个人有关事项报告，重点核查7名拟提拔对象；查处乡镇（街道）干部、村（居、社区）干部“走读”情况117人次；受理领导干部近亲属提拔任用对象23名，批复17名；会同市纪委组成“带病提拔”倒查工作小组，确定1人为“带病提拔”对象，对5名相关人员进行责任追究。

四、监督方式

领导干部收入申报 此项工作发端于1987年，经历专家学者关注、国务院监察部草案起草等前期酝酿。1995年4月，中央办公厅、国务院办公厅联合印发《关于党政机关县（处）级以上领导干部收入申报的规定》，要求县（处）级及以上领导干部申报收入。2001年6月，中央纪委、中央组织部联合印发《关于省部级现职领导干部报告家庭财产的规定（试行）》，要求省部级现职领导干部每两年报告一次家庭财产状况，申报主体由领导干部个人扩大到领导干部家庭成员，个人收入申报扩大到现金、存款、有价证券、房产、一万元以上的债权债务、贵重物品等主要家庭财产。

抚州启动领导干部收入申报始于县一级。2010年4月，黎川县开展新任干部财产公示试点，在县行政中心广场公开长廊公开19名新任科级干部家底，财产公示内容包括工资奖金、住房、私车、存款和贷款共12项内容。2010—2013年，黎川县先后公示306名新提拔重用科级干部财产，其中党政一把手40名。黎川县这一做法在中央电视台《共同关注》《东方时空》和江西电视台《江西新闻联播》等栏目播报。

2012年3月，在各县区推行新任科级领导干部财产申报公示制度，并做好任前谈话、申报、审查、公示4个环节。县区新任科级领导干部在任职后一个月内，向县区纪委申报财产及家庭财产状况，包括配偶及子女名下的收入、房产、私家车拥有情况，出国（境）求学（定居）、经商办企业、入股投资、婚丧操办等12项内容，任期满或提拔重用后再进行财产公示。为确保财产公示的真实性，各县区纪委公布举报电话，设立举报箱，发动群众进行监督。截至2014年2月，全市已有41批1028名新任科级领导干部公示家庭财产。

领导干部重大事项报告 1997年1月，中央办公厅、国务院办公厅联合印发《关于领导干部报告个人重大事项的规定》，要求副县（处）级以上干部按要求申报有关家庭成员的个人重大事项。2001年6月，抚州市委组织部与市纪委联合下发《关于领导干部个人重大事项报告制度的实施意见》，明确规定领导干部本人及配偶、子女建房、购买私车、经商办企业等情况为必须报告事项。

2006年9月，中央办公厅印发《关于党员领导干部报告个人有关事项的规定》，1997年印发的《关于领导干部报告个人重大事项的规定》废止。新《规定》要求领导干部每年1月31日前集中报告一次上年度个人有关事项，新任领导干部在符合报告条件后30日内按规定报告个人有关事项。新《规定》将收入申报整合进个人有关事项的报告表格，两张表合为一张，民主党派机关和尚未办理退（离）休手续的干部首次进入报告名单。

抚州市以县处级干部为重点，采取专题培训、观看廉政教育片等形式，组织党员领导干部学习有关规定、制度和办法，把党员领导干部个人有关事项报告情况与班子成员民主生活会、党员领导干部述职述廉、目标管理考评相结合，除每年进行一次集中报告外，要求发生重大事项必须即时报告。据统计，2006—2008年，抚州市未发生县处级党员领导干部违反报告个人有关事项规定的行为，23名县级领导干部婚姻状况发生变化、30名持有因私出国（境）证件的处级干部按要求报告。

根据中央新《规定》和江西省委组织部印发的《关于做好2010年度省管领导干部报告个人有关事项工作的通知》精神，抚州市共收集厅级领导干部报告表35份，市管领导干部报告表1136份，其中厅级领导干部报告表上交省委组织部干部监督处。2012年，抚州市派出人员参加中央纪委、中央组织部在井冈山举办的领导干部报告有关事项材料综合汇总培训班，做好市管干部个人报告有关事项的组织实施和报告材料的收集汇总工作。培训后，此项工作进一步加强，共收集厅级领导干部报告表43份，发放并收集市管领导干部报告表1309份。2013年，共收集厅级领导干部报告表44份，发放并收集市管领导干部报告表1233份。

从2014年开始，市委组织部按照《领导干部个人有关事项报告抽查核实办法（试行）》的相关规定，组织开展领导干部个人有关事项报告抽查核实工作。是年全市1278名市管领导干部填报《领导干部个人有关事项报告表》，按照办法规定的5%比例，随机抽查核实66人。其中，正县级干部10人，副县级干部52人，县纪委副书记4人。23人抽查核实结果与本人填报情况一致，有43人存在漏报、填报不规范、不如实报告或隐瞒不报情况，对其中29人做补报或规范填报处理，对9人做批评教育或提醒谈话处理，对5人做诫勉谈话。

2014年12月，抚州市转发《关于领导干部操办婚丧喜庆事宜实行“两报告一承诺”的暂行规定》，要求全市国家机关、民主党派、人民团体和事业单位县处级副职以上干部和国有控股企业中层以上领导人员，在本人及其配偶、直系亲属的婚事、丧事、生日、升学、乔迁新居等事宜中实行“事先报告、作出承诺、事后再报告”制度。在操办婚丧喜庆事宜前，需根据干部管理权限，如实向组织人事部门和纪检监察机关书面报告操办婚丧喜庆事宜的事由、时间、地点、方式、规模、标准和邀请对象及其他要说明的问题，并将其作为领导干部年度民主生活会和述职述廉对照检查的内容。

领导干部任期经济责任审计　任期经济责任审计源自山东菏泽。1997年9月，新华社刊发《菏泽三年中135名“一把手”未过“离任审计关”》一文，中央政治局常委、书记处书记胡锦涛批示进行总结、推广。1998年2月，中央纪委、中央组织部、监察部、人事部、审计署联合印发《关于菏泽地区实行领导干部离任审计制度的调查报告》，要求各地学习、借鉴菏泽经验。1999年5月，中央办公厅、国务院办公厅联合印发《县级以下党政领导干部任期经济责任审计暂行规定》《国有企业及国有控股企业领导人员任期经济责任审计暂行规定》，明确规定任期经济责任审计的主要任务：一是查清单位领导人任职期间财政收支、财政收支工作目标完成情况，以及遵守国家财经法规等情况；二是分清领导干部对本部门、本单位财政收支、财务收支中不真实，资金使用效益差以及违反国家财经法规问题应当负有的责任；三是查清领导干部个人在财政收支、财务收支中有无侵占国家资产，违反领导干部廉政规定和其他违法违纪的问题。

2000年2月，抚州开始在全区开展干部任期经济责任审计工作，下发《抚州地区领导干部经济责任审计暂行规定》，除要求搞好县级以下领导干部经济责任审计外，还增加对县级领导干部进行审计的规定。各县市党委、政府也根据本地实际普遍制定经济责任审计实施办法。是年，地区审计局对38名领导干部进行任期经济责任审计。2001年10月，江西省委组织部、省审计厅组成联合调研组，对抚州市开展领导干部任期经济责任审计工作的经验进行总结。

2002年县区换届期间，抚州市采取“先审计后考察、边审计边考察”的办法，对全市62名拟提拔使用的乡镇和县直单位正职进行任前经济责任审计。全年全市公示县级领导干部89人，科级领导干部320人，对其中48名县级领导干部和161名科级领导干部进行任期经济责任审计，审计通过率100%。

2003年,市委组织部联合纪检、监察、人事、审计部门印发《抚州市领导干部任期经济责任审计实施办法》。2004年,市委组织部对拟调任、免职、辞职和退休的51名离任主要领导干部进行任期经济责任审计，全市市管副县级以上单位“一把手”经济责任审计覆盖面达100%。

1999—2005年，抚州各级审计部门先后完成887人（次）的领导干部经济责任审计，其中党政领导干部290人（县级干部113人，科级干部177人），国有及国有控股企业领导干部51人（县级8人，科级43人），共查出违纪违规金额1.9亿元，移送案件8起，移交纪检、检察机关处理7人，有20人被免职降职。2005年,建立经济责任审计联系会议制度,组织人事、纪检监察和审计各部门之间研究解决工作中遇到的困难，解决审计与干部监督脱节的矛盾。2006年，市委组织部对提拔使用的78名领导干部进行任前公示，并委托审计部门对115名县级领导干部和46名拟提拔使用科级干部进行任期经济责任审计。

2009年，抚州市委办公室印发《抚州市党政领导干部经济责任审计结果运用办法（试行）》，继续严把经济责任审计关，对44名提拔和离任的领导干部向相关部门下达经济责任审计通知书。2011年，按照《党政领导干部选拔任用工作条例》《党政主要领导干部和国有企业领导人员经济责任审计规定》《抚州市领导干部任中经济责任审计暂行办法》和《抚州市县（区）领导班子换届考察和2010年度考核工作方案》等要求，对各县区党政一把手，纪委、组织部、政法委、宣传部、统战部、检察机关、审判机关等正职领导干部进行任期经济责任审计。此外，还对其他56名市、县两级党政领导干部进行任前经济责任审计。

2012—2013年，抚州坚持“逢动必审、考审同步、市县联动、先审后任”，经济责任审计的监督职能进一步发挥。共对122名市、县两级党政领导干部进行任前经济责任审计。2014年，审计8名领导干部，其中，4名领导干部为任中经济责任审计，4名领导干部为离任经济责任审计。

总的来看，经济责任审计作为干部监督的一项制度得到较好坚持，但因各地普遍先确定任职后审计，经济责任审计的滞后导致监督效果有限。

县区委书记选人用人离任检查 县市区委书记在干部选拔任用时有较大影响力，对上级党组织管理的干部提拔任用也有重要的建议权。2010年3月，中央组织部根据《党政领导干部选拔任用工作条例》《党政领导干部选拔任用工作监督检查办法（试行）》，制定下发《市县党委书记履行干部选拔任用工作职责离任检查办法（试行）》。离任检查的主要内容和程序包括：（1）即将离任的市县党委书记报告任职期间贯彻执行党的干部路线方针政策的情况、任职期间市县党委选拔任用干部的情况、任职期间本地区用人风气的情况、任职期间遵守组织人事纪律的情况特别是离任前有无突击提拔调整干部的情况、任职期间加强干部监督管理工作的情况及其他应当检查的情况；（2）在一定范围内对即将离任的市县党委书记任职期间履行干部选拔任用工作职责情况和市县党委近期新任用的干部进行民主评议；（3）通过个别访谈、召开座谈会、受理举报等方式听取干部群众意见，查阅干部任免相关材料；（4）向下达检查任务的党委组织部门报告检查情况；（5）向被检查的市县党委书记反馈检查结果。检查结果作为评价、使用市县党委书记的重要依据。

2010年7月,抚州市委组织部制定下发《县

（区）委书记履行干部选拔任用工作职责离任检查工作方案》。此后，市委组织部先后对南丰、崇仁、宜黄、东乡、黎川等多名离任县委书记履行干部选拔任用工作职责进行离任检查。检查组召开民主评议会议，参会人员为县委全体委员，县人大、政府、政协领导班子成员，县纪委常委会成员，县人民法院、检察院主要领导成员，县委组织部副部长及其他需要参加的人员。会上听取离任的县委书记关于任职期间检查内容所列情况的报告后，发放离任县区委书记履行干部选拔任用工作职责情况民主评议表和县区委近期（近半年内）新任用干部民主评议表。民主评议会议后，按照规定进行个别访谈。检查结束后，向市委组织部报告检查情况，并形成书面汇报材料。向被检查的县区委书记反馈检查结果。

2011年，江西省委组织部制定下发《江西省市县党委书记履行干部选拔任用工作职责离任检查实施办法（试行）》，规定市委书记因拟提拔担任中央管理职务即将离任的，检查工作由中央组织部派出的考察组组织实施，省、市委组织部配合。县委书记因拟提拔担任省委管理的职务即将离任的，检查工作由省委组织部派出的考察组组织实施，市、县委组织部配合。市委书记因平级交流、到龄退休等原因即将离任的，检查工作由省委组织部干部监督处、干部一处共同组织实施，市委组织部配合。县委书记因平级交流、到龄退休等原因即将离任的，检查工作由市委组织部干部监督机构和相关干部工作机构共同组织实施，县委组织部配合。县委书记履行干部选拔任用工作职责离任检查，应在上级党委常委会讨论决定其离任之前完成。县委书记离任检查情况报告分别报送省委组织部干部监督处和干部一处。随后，抚州市委组织部制定《县（区）委书记履行干部选拔任用工作职责离任检查工作方案》，对原宜黄、乐安两县县委书记履行干部选拔任用工作职责进行离任检查。

总体看，与领导干部离任经济责任审计一样，虽然作为一项干部监督制度得到较好坚持，但因各地普遍先确定任职后检查，离任检查的滞后导致监督效果有限。

干部选拔任用“一报告三评议” 为科学规范和有效监督县市委书记用人行为，2004年开始，湖北省襄樊市进行“一报告两评议”工作试点。在总结试点工作经验的基础上，2008年，中央组织部要求各地开展干部选拔任用“一报告两评议”工作，即：地方党委常委会向全委会报告工作时，要专题报告年度干部选拔任用工作情况，并在全委会委员中对干部选拔任用工作进行民主评议、对本级党委新提拔的党政主要领导干部进行民主测评。是年，抚州市首次开展干部选拔任用“一报告两评议”工作，各县区干部选拔任用工作“满意票”平均为93.8%，最高的100%，最低的88.2%。2009年，在全市开展干部选拔任用“一报告两评议”工作，对4个县区和6个市直单位党委（党组）执行干部选拔任用政策法规情况进行检查，对66件次反映选人用人问题的群众举报进行核查督办。

为提高干部选拔任用工作的质量，2010年3月，中央组织部印发《地方党委常委会向全委会报告干部选拔任用工作并接受民主评议办法（试行）》（简称“一报告两评议”）。是年，抚州市委组织部运用综合考核评价办法，对市管领导班子和领导干部进行年度考核。在全市开展四项监督制度的学习，对市直单位科级职务任免进行职数审核，对各县区重要岗位进行重点管理，在全市11个县区、金巢经济开发区和99个市直单位开展“一报告两评议”。2011年，加大干部选拔任用“一报告两评议”工作力度，对各县区和市直各单位2010年度干部选拔任用工作进行“一报告两评议”，并将民主评议结果向党委（党组）书记和组织人事部门主要负责人反馈。

2012年，省委组织部印发《江西省市县党委常委会向全委会报告干部选拔任用工作并接受民主评议实施办法（试行）》，要求各市、县（市、区）党委常委会每年向全委会报告工作时，需专题报告年度干部选拔任用工作情况，并在一定范围内接受对本级党委干部选拔任用工作、新选拔任用领导干部以及党委书记执行《党政领导干部选拔任用工作条例》和有关规定的民主评议（简称"一报告三评议"）。"一报告三评议"一般安排在当年年底或次年年初召开的全委（扩大）会上进行，也可以与领导班子和领导干部年度考核工作结合进行。抚州市在每年的年度考核时开展"一报告三评议"，对各县区和市直各单位的干部选拔任用工作进行监督。不过，"一报告三评议"虽然每年进行，但评议结果未能得到有效运用。

"12380"举报电话 1998年，中央组织部成立举报中心，专门负责受理反映选人用人问题的举报。2004年3月，中央组织部开通全国组织系统"12380"专用举报电话，各级组织部门相继设立"12380"举报电话受理点486个，形成一个覆盖面广、举报方便、受理迅速的举报工作网络。同年，抚州市设立"12380"举报电话，并在市委组织部成立"12380"信访举报工作领导小组。设立"12380"举报电话后的第一个月就受理10起，其中反映违反廉洁自律行为的1起，咨询建议类9起。直接答复的9起，转办的1起。

2005年8月，在深入总结各级组织部门开展举报受理工作实践经验的基础上，中央组织部制定印发《全国组织系统"12308"举报电话受理工作暂行规定》，对"12308"举报电话的受理、办理、督办、办结等环节的工作程序、具体要求、主要职责和纪律要求作出规范。抚州市2004年3月—2005年12月，全市共受理举报电话142次，按受理类别分，涉及选人用人问题的5次，占总数的3.5%；违反廉洁自律行为的2次，占总数的1.5%；咨询建议类83次，占总数的58%；其他类52次，占总数的37%。2006年，市委组织部进一步整合纪检监察组织、干部监督机构职能，把"12380"举报电话与网上举报信箱结合起来，并对受理举报工作的原则、方法、程序、要求、纪律等作出明确规定，建立完善举报排查处置、首办责任、信访接待、交办、督办催办、限时办结、结案审查、情况通报、信息报送、立卷归档等制度，印制《"12380"受理举报工作程序流程图》《"12380"举报登记表》《"12380"受理意见书》《"12380"受理送批笺》《"12380"举报受理人员守则》，使举报受理工作逐步规范化。同时，制订举报保密工作纪律，注重保护举报人的权益，防止出现因举报内容的泄密而使举报人受到打击报复的现象。对重大举报问题，采取领导包案、挂牌督办的办法，层层落实责任。

2008年，江西省委组织部干部监督处向各市委组织部干部监督科下发《江西省组织部门实名举报查核结果反馈暂行办法》和《江西省委组织部"12380"举报受理查核内部操作办法》征求意见。抚州市建立"12380"电话举报、信访举报和网上举报"三位一体"的举报平台，"12380"举报监督机制进一步完善。一是把"12380"举报电话转接到个人手机，做到24小时有人接听；二是在"抚州市政府网"开通网上"12380"举报邮箱，加大群众监督力度。是年上半年，共受理和承接各类群众举报案件23件，电话受理20件，来信受理3件。在这些案件中，咨询建议类12件，其他类5件，反映违反廉洁自律行为的1件，违反社会主义道德行为的2件，不符合任职条件的1件，反映其他问题的2件。对反映问题的案件，由市委组织部直接调查的2件，转办的4件。通过核查，均为不实。2009年，市委组织部继续管理好"三位一体"举报平台，是年共受理和承接各类群众举报64件，其中，"12380"电话举报15件，来信来访举报49件。

2011年县区领导班子换届，抚州市委组织部在市、县两级设立"12380"专线举报电话，及时受理和核查群众反映的违反换届纪律和考察人选问题的举报，对违反中央"5个严禁、17个不准、5个一律"和江西省委"10个严禁"的行为，特别是拉票贿选、跑官要官、买官卖官、违规用人、干扰换届等行为，做到发现一起，查处一起。2012年，市委组织部严格按照中央组织部《全国组织系统"12380"举报电话受理工作暂行规定》的要求，根据干部管理权限和举报的内容、性质等情况，对举报电话进行分级负责、归口办理，做好调查核实工作。安排专人负责"12380"信访举报的受理和登记，确保第一时间受理群众反映的问题。据统计，2012年全市共受理群众对选人用人情况举报1232件，比2011年增加113件。

2013年，中央组织部印发《组织部门"12380"举报工作操作手册》，对举报受理、办理、督办、办结、统计分析、工作职责、纪律要求等逐一进行规定，总结举报件的8种办理方式。按照中央组织部建立"便利、安全、高效"举报机制的要求，市委组织部完善"12380"举报平台建设，设立"12380"短信举报受理方式，形成短信、电话、信件、接访"四位一体"举报受理体系。针对年度考核、"12380"举报受理、信访反映及平时群众反映的领导干部政治思想、道德品质、廉政勤政和选人用人问题，市委组织部由分管副部长进行诫勉谈话，要求就问题说明情况。

五、举报受理

抚州市委组织部干部监督工作主要以电话举报、信访举报、短信举报和上级组织部门批转的信访件为主，牵头对市管领导干部的案件查处较少。2000—2003年，全市共有7名县处级领导干部受处分，其中违反廉洁自律规定2名，贪污贿赂2名，破坏社会主义经济秩序1名，违反财经纪律1名，妨害社会管理权利秩序1名。2004年，全市共有16名县级领导干部受党纪政纪处分，其中开除党籍4名，党内警告7名，留党察看一年1名，党内撤职1名；行政撤职1名，取消待遇1名，行政记大过1名，行政警告2名。2008—2009年，市委组织部共承接和受理各类群众举报案件94起。

2011年，抚州市实行违反换届纪律案件查核专办制度。对反映问题线索清楚、内容具体、性质严重的举报，市委组织部组织人员进行重点查办，并明确办结时限。在查核工作中指定承办人和负责人，举报查核情况报告由承办人和负责人署名，对查核结果负责，确保处理到位、追究到人。同时，进一步加大查处典型案例通报力度。对性质严重、问题典型、影响恶劣的案件，及时通报，保持整治用人上不正之风的高压态势。是年共受理举报信件115起。

2012年，市委组织部进一步规范信件、电话等举报受理工作操作办法和程序，明确举报材料由专人负责，举报信息集中统一管理，不允许将举报人的情况和举报内容透露给被举报人或与工作无关人员。对失密、泄密以及打击报复举报人的行为，严肃追究相关人员责任。

2013年，市委组织部共承办上级组织部门批转和受理各类信访举报81件，其中实名举报1件。由市委组织部牵头参与调查核实22件，转相关单位调查核实59起。2014年，"12380"举报平台共受理46件来电、来信、来访举报，市委组织部直接参与调查9件，其余举报件，根据干部管理权限转交地方和部门查核，对涉及违规用人问题的举报，要求各地各单位需报送调查核实结果，对事实不清、处理不当的，责成有关地方和部门重新调查处理，做到有案必查、有查必果。

六、案件查处

20世纪90年代之前，抚州地委组织部干部监督工作较为弱势，对领导干部的监督和查处没有真正开展起来。1996年3月，江西省委组织部下发《关于宁都、宜黄、南康、彭泽等县市委在干部选拔任用工作中不按有关规定办事的通报》，针对通报中反映的宜黄县在干部选拔任用工作中不按程序办事的问题，抚州地委组织部派出调查组进行调查核实，并向省委组织部作专题汇报。地委组织部责成宜黄县写出专题报告，有关责任人写出深刻的认识材料。2003年，根据《党政领导干部选拔任用工作责任追究制的暂行规定》，对1名违反规定任用干部责任人给予党内严重警告处分。

2004年以后，抚州市干部监督工作逐渐受到重视，设立“12380”举报电话，并在市委组织部建立“12380”信访举报工作领导小组。2008年，抚州市建立“12380”电话举报、信访举报和群众来访“三位一体”的举报平台，进一步强化干部监督工作。2006年，在查处广昌县公安局副局长畏罪自杀案件中，对广昌县纪委、组织部相关人员进行责任追究。2009年12月初，临川区委研究拟提拔、调整干部232人，其中，42名事业编制干部、1名单位性质未定的干部和1名聘用制干部拟提拔到《公务员法》实施机关和参照管理单位任副科级领导职务。根据查明事实，江西省委研究决定，免去负主要领导责任的领导人职务，抚州市委下发《关于临川区委违反有关规定提拔调整干部查处情况的通报》，对相关责任人进行诫勉谈话，并责令其向省委组织部和市委写出书面检查。2010年7月，乐安县事业单位招聘擅自更改方案，操作不规范，被中央组织部办公厅通报。随后，乐安县政府终止本次招聘工作，取消考试结果。11月，抚州市纪委对相关责任人进行诫勉谈话、批评教育及警告处分。

2011年，抚州市探索建立重要案件协查机制，从各县区和市纪委、市公检法等机关抽调作风正派、办案经验丰富的干部，组成干部监督重要案件协查员队伍，加强对重要案件的查核。同时，对公示期间干部群众反映的问题，加大查核力度，对严重违规用人问题进行立项督查，对转交地方和部门查核的反映违规用人问题的举报，按照查核结果不少于20%的比例进行复核。2012年，接群众举报，对市科技局副县级干部民主推荐中拉票问题进行调查，经调查核实，取消一名科级干部提拔资格。2014年9月，江西组工网上信息登载关于“反映东乡县部分领导干部子女吃空饷”的舆情。经调查，部分问题属实，追缴“吃空饷”人员未上班期间所领取的全部工资，对2名“吃空饷”人员进行辞退处理，对1名上班制度坚持不好的干部进行批评教育，3名有关人员给予诫勉谈话，1名有关人员给予党内严重警告处分，1名有关人员给予党内警告处分。受处分的3名干部中，县处级1人，科级2人。

第九章　人才工作

20世纪80年代中期以前，抚州着力抓好党的知识分子政策落实，帮助知识分子解决工作、生活、学习困难，为知识分子创造宽松的工作环境。中共中央人才强国战略提出后，着力构建党委统一领导、组织部门牵头抓总、有关部门各司其职、密切配合、社会力量广泛参与的人才工作新格局，抚州市委、市政府出台一系列培养、选拔、引进人才的政策和措施。从2006年开始，实施县区政府人才工作目标责任制七项考核评价，人才工作纳入市委对县处级领导班子和领导干部考核评价体系。至2014年12月，全市有各类人才39.33万人。其中，党政人才1.79万人，企业经营管理人才1.39万人，专业技术人才7.88万人，技能型人才20.49万人，农村实用人才7.78万人。全市有157名专家享受国务院、省政府特殊津贴，3人评为“江西省突出贡献人才”，14人入选“赣鄱英才555工程”。

第一节 知识分子工作

解放初期，域内知识分子人数不多，全区仅有卫生技术人员 313 人，中小学教师 1409 人。1950 年，开展全区失业知识分子登记，之后撤换一批原教职工中的反革命分子、劣迹昭著分子及腐败分子。已经登记的其他失业知识分子，经培训后分配到学校担任教师。

1951 年 9 月至 1952 年秋，全区通过思想改造运动，帮助知识分子树立为人民服务的思想。但是，一些地方用群众斗争的办法促知识分子思想改造，伤了一些知识分子的感情。1952 年，教育部发出《关于人民教师应算为革命工作人员的通知》，教师作为知识分子列入国家干部编制。通过思想改造，广大知识分子积极投身民主改革运动，走合作化道路。抚州著名中医师李元馨、傅再希将私人诊所组织起来，在抚州城创办区内第一所中医联合诊所。

1956 年 1 月 14—20 日，中共中央召开知识分子问题专题会议，周恩来在《关于知识分子问题的报告》中宣布：知识分子绝大多数已经是工人阶级的一部分。中央的这一表态，对知识分子是极大的鼓舞。随着抚州教育、卫生、科研等事业的发展，全区知识分子队伍不断壮大。至 1956 年 12 月，全区中小学教师有 5499 人，中西医专业技术人员有 1280 余人。

1957 年 2 月 27 日，毛泽东发表《如何处理人民内部的矛盾》讲话，整风工作全面展开。整风运动中，全区有 851 人被划为右派，其中大部分为知识分子。这些被划为右派的知识分子，均调离原工作岗位，下放农村劳动。反右派斗争开始后，接连不断的政治运动，对科技、教育、文艺等工作造成巨大冲击，知识分子的积极性受到严重挫伤。1958 年 7 月—1961 年 6 月，在整风整社、反右倾运动中，受到纪律处分和批判的党员干部和群众、知识分子 5798 人。

1961 年，中央结合经济领域调整，着手对科技、教育、文艺战线以及知识分子政策进行调整，分别制定《全日制中学暂行工作条例（草案）》《全日制小学暂行工作条例（草案）》《关于当前文学艺术工作若干问题的意见（草案）》，这些条例的制定和执行，使党和知识分子的紧张关系得到缓解，工作秩序得到恢复。

1961 年 11 月，根据中央《关于加速进行党员干部甄别工作的通知》精神，本着全错全纠、部分错部分纠、不错不纠的原则，开展党员干部甄别工作。抚州地、县市共抽调 117 人，成立案件甄别工作领导小组。通过甄别，撤销处分 541 人，减轻处分 414 人，维持原处分 4837 人，加重处分 6 人。对未给处分但受到重点批判的 1472 人也进行甄别，其中认定原批判属正确的 906 人，部分批判错了的 246 人，全部批判错了的 320 人。1963 年，全区又对已甄别案件开展以“查漏、查错、查效果”为主要内容的复查工作,共复查 134 人,其中撤销处分 5 人，减轻处分 10 人，维持原处分 119 人。受历史条件及认识局限，此次复查工作仍不彻底。

1964—1965 年，抚州专区有自然科学领域知识分子 1171 人、教育战线知识分子 9842 人、医疗卫生系统知识分子 3679 人,合计 14692 人，其他领域知识分子人数无考。抚州专区知识分子多项科技成果获得全国乃至世界奖项。其中，1958 年南城县农机厂研发的红旗一号插秧机获机械部样机评选会优秀成果奖；1959 年南城县科研人员选育的麻姑米，获印度世界农业博览会银质奖；1964 年东乡磷肥厂知识分子郝桂树等人研发的高炉钙镁磷肥生产新工艺，获国家发明二等奖。

“文化大革命”开始后，很多教学骨干、医生、工程师、作家、艺术家等知识分子被当作“反动权威”“黑帮分子”“反革命修正主义分子”而受到批斗、抄家、关牛棚，一些心术不正的投机分子借“清理阶级队伍”之机，在 1968 年开展的“斗、批、改”和“一打三反”运动中，制造许多冤、假、错案，全区一批又一批党的干部和知识分子被送进“五七”干校劳动或下放农村接受贫下中农再教育。据统计，全区科技界知识分子 3411 人，下放劳动的 738 人。尽管如此，仍有不少知识分子潜心科研、创作，研发、创作出一批科技成果和优秀作品。1972 年南丰县农机厂研制出 100–4 型割晒机被定型批量生产，1978 年获全国科学大会二等奖；1974 年地区水电局研究小组完成“机电排灌无底阀抽水”在全区普遍推广，1978 年研究小组出席全国水利电力科技先进集体大会，获水电部奖励；1975 年地区粮食局防化员万拯群倡导的“三低”（低氧、低温、低药量）储粮技术试验成功，成为全国广泛使用的先进储粮方法；南丰县柑桔研究所培育的“杨小 2–6”优良单株，被评为全国一类优良选种单株；南城县兰力生、陈国璋创作新中国成立后全区第一部长篇小说《映山红》；1977 年地区农科所培育的晚籼矮秆品种“754”，推广应用达 27.47 万公顷，获农业部科技一等奖；江西计算机二厂研制的 77–1 地炮计算机、抚州地质学院韩乃仁等研究的项目《滇西施甸早石炭世的洪波特珊瑚的发现》、黎川县农科所李祖鑫等人开展的《晒烟的单倍体育种研究》、红星垦殖场农机厂研发的 GFQ–50 型片法式饲料粉碎机等，获 1978 年全国重要科技成果奖。

1978 年 3 月 18—31 日，黎川县农科所李祖鑫、南城县株良公社株良大队黄志强、南丰县农机厂范光明、临川县兽医站傅希贤等抚州地区科技工作者和知识分子赴北京出席全国科学大会。是年，中共中央作出全部摘掉右派分子帽子的决定，同年 5 月，江西省委成立摘掉右派分子帽子工作办公室，抚州地区县以上党委按要求成立相应机构。6 月,江西省委发出《关于落实党的知识分子政策的通知》，抚州各级党委按要求加强对知识分子工作的领导，做好学非所用知识分子和科技人员调整归队和职称管理、生活安排等工作。

1980 年，地区科技干部管理局成立。随后，对全区 15145 名知识分子和科技人员进行调查摸底，帮助 76 名学非所用的科技干部做到归口使用，解决 685 名知识分子和科技人员的夫妻两地分居问题，为 129 名科技干部评定技术职称，并把一批业务精通、表现较好的科技人员提拔到各级领导岗位。知识分子政策的落实，充分调动了知识分子的工作积极性。1980 年 5 月，中国发射太平洋远程弹道火箭，其中的电热设备就是由设在抚州境内的江西电炉厂生产的,江西电炉厂因此荣获中共中央、国务院、中央军委嘉奖。

1981 年，中央指定知识分子工作由组织部门牵头抓总。1984 年 3 月，江西省委成立落实知识分子政策工作小组。同年 4 月 21 日，抚州地区落实知识分子政策领导小组成立，领导小组办公室设在地区科委，负责办理日常工作，在一些知识分子比较集中的单位同时设立落实知识分子政策办公室。

1982年4—9月，全区派出139人赴各行各业开展知识分子工作情况检查。检查结果显示，1978年至1982年4月，全区240起知识分子冤假错案得到平反，630人晋升高、中级技术职称，并按职称套改工资；发展知识分子党员505人，选拔24名高、中级知识分子担任县级领导职务，355人任区级领导职务，对使用不当的59人和专业不对口的26人进行工作调整，解决207对知识分子夫妻两地分居问题，将130名中级职称以上知识分子家属转入城镇户口，安排知识分子子女就业673人，知识分子住房条件有明显改善。检查发现一批关心知识分子的典型单位和先进个人。抚州电机厂支持科技骨干科研攻关，让科技骨干担任科室负责人，对一批陈旧产品进行改产，企业利润大幅上升，“NEMA”高效节能电机打入国际市场，远销东南亚、美国；南丰县选拔2名农技干部担任县农业局副局长，14名农技干部进入公社领导班子；临川县高级畜牧兽医师傅希贤研究的“电针水针疗法”获全国科学大会奖；南丰县农艺师周柔江研究的“南丰蜜桔简易储藏法”获省科技奖。还涌现出南丰县“农业高参”黄钧儒、带病坚持工作的地区医院副主任医师余娥娇、伏枥不老的抚州一中特级教师尧文华等知识分子典型。

由于“左”的影响尚未清除，一些单位对知识分子仍存偏见，知识分子入党难、高中级知识分子未享受县区级待遇、提拔使用知识分子不大胆等问题仍然存在，平反冤假错案、清理档案材料仍留有尾巴，“文化大革命”中查抄的私人物资、房产等尚未归还本人，部分知识分子家庭负担重、住房条件差、夫妻两地分居、子女就业未解决，还有的知识分子学非所用、用非所长。针对上述问题，抚州地委召开常委会专题听取检查情况汇报，就尊重知识、尊重人才作出几项具体决定：一是高级知识分子生病住院住地区医院“五号干部病房”；二是县级干部体检，高级知识分子同样参加；三是地区财政拨款62万元给地区医院添置医疗设备，改善工作环境；四是针对检查中发现的各类问题，督促各级党组织积极解决。1982年4—9月，全区复查改正案件15起，清理50人的档案材料，归还“文化大革命”中没收的私房1户。考察确定364名高、中级科技人员培养对象，其中提拔担任县级领导职务13人、区级55人、区级以下86人；从150名入党积极分子中发展党员51人；评定中级职称39人，调整专业归队10人；调整中级以上科技人员住房239户，解决夫妻两地分居67对，安排子女就业30人、农村户口转为城镇户口（简称农转非）14户。通过检查，各地尊重知识、尊重人才工作力度加大。抚州电机厂将1名工程师和1名助理工程师提升为副厂长，任命3名助理工程师为副科长，11月又报批1名工程师副厂长任厂长。一些过去对知识分子工作重视不够的单位有所触动，地区建工局吸收2名工程师入党，助理工程师以上的科技人员住进新宿舍；东乡化肥厂2名住房较差的工程师迁入厂级干部宿舍；江西汽车底盘厂将1套留给党委副书记的宿舍让给工程师。扎实有效的措施，调动了知识分子的工作积极性。进贤县人民医院主治医师黄维国被定为现行反革命，1980年改为记大过处分，经调查后撤销原处分，并公开恢复名誉，使他打消回广东老家的念头；东乡一中乐向民在“文化大革命”中被揪斗，“反共救国军”的材料一直未销毁，复查中当面烧毁材料，让其吃了定心丸；1983—1985年，全区发展知识分子党员2289人。[1]

1985年11月，抚州地区落实知识分子政策领导小组更名为抚州地区知识分子工作领导小组，调整后的领导小组由地委、行署领导和有关地直单位负责人组成，地委副书记任组长，、组织部部长任副组长，领导小组办公室设在地委组织部，定编5人。地区知识分子工作办公室（简称地区知工办）负责制定知识分子政策、规定，调查研究知识分子政策的执行情况和知识分子的基本情况，提出知识分子工作的意见，考察选拔地方拔尖人才，负责优秀专家的管理和服务工作，建立专业技术人才信息库，处理知识分子来信来访，解决知识分子工作中存在的问题，协调做好地直机关副县级以上干部下基层挂职锻炼和科技副县市长的管理工作。各县市按要求成立相应工作机构，落实人员编制，明确工作职责。全区知识分子工作逐渐走向正轨。

1986年，抚州建立知识分子来信来访接待、登记、转办、催办、回复制度，知识分子信访件送地区知识分子工作领导小组正副组长阅看、签批，下发《关于落实知识分子政策实行归口包干责任制的通知》，对疑难案件调查实行层层负责、任务包干，一级抓一级，定期填报《落实知识分子政策进展情况月报统计表》。据统计，1986年1—4月，全区共收到知识分子来信162件（含上级转来84件），其中要求落实政策、解决遗留问题的63件，要求更改参加革命工作时间的9件，要求解决政治、生活、工资待遇的17件，要求调动、安排工作及解决子女就业的13件，提出工作建议7件，询问有关事项、反映其他方面问题的53件。为落实好知识分子政策，1986年4月9—11日，在南丰县举办全区落实知识分子政策学习班，各县市知工办负责人和地直有关单位主管知识分子工作领导参加学习。至1986年12月，全区共平反纠正“文化大革命”中的冤假错案1830件，复查处理“文化大革命”前的历史老案和其他历史遗留问题2735件。其中教育系统平反和纠正历次政治运动中的冤假错案1397件，涉及教师1400余人，退还被占房屋100余套，补发被扣工资4.5万元。

1987年，全区共复查平反知识分子冤假错案278起；清退档案材料228件；清退“文化大革命”中被查抄财物713件，作价补偿款12.65万元；清退“文化大革命”中被挤占私宅104户，计193.5间；补发211人错停、减发工资14.32万元；解决因冤假错案影响“农转非”1737人；解决知识分子夫妻两地分居869对；解决知识分子住房困难户2028户，安排知识分子子女就业1820人，调整知识分子学非所用工作岗位246人。至此，各地落实知识分子政策工作告一段落。在落实政策的同时，发展知识分子入党2975人，选拔中青年知识分子担任领导职务1904人，其中地级5人，县级209人，科级1690人；为农林水一线知识分子799人上浮一级工资。[3]是年6月，抚州地委、行署召开优秀知识分子表彰大会，王景阳等129人被授予优秀知识分子称号，地区教育局、抚州棉纺织厂等40个单位被授予知识分子工作先进集体称号，邱寿清等42人被授予先进知识分子工作者称号。是年12月，全区有自然科学研究人员14313人，各级各类学校教师44040人。[4]1979—1987年，全区获省部级以上科技奖94项，知识分子为推动抚州地区经济社会发展作出重要贡献。

1988年，抚州地委、行署先后下发《关于加强知识分子工作的几点意见》和《关于优秀专家管理暂行办法》，每年划出20%的指标解决知识分子家属子女“农转非”，共解决1131名知识分子家庭子女“农转非”；劳动人事部门为220名学非所用、专业不对口的科技人员调整工作，安排1413名知识分子子女就业；616对长期分居两地夫妻得以团聚，解决住房困难家庭1766户；1988年11月—1989年4月，组织全区5169名中级职称以上知识分子健康体检。

1991年2月，抚州地委下发《关于进一步加强和改进知识分子工作的意见》。之后，宜黄、南城、崇仁、广昌、黎川、乐安等县及抚州市相继出台文件，进一步加强和改进知识分子工作。1991年始，地、县市党政领导干部走访、慰问知识分子渐成风气，当年走访、慰问知识分子4646人次。临川县委建立领导干部和知识分子交朋友定点联系制度，县委、县政府13名领导干部与23个单位41名知识分子交朋友。按照邓小平关于“每年给知识分子解决一点问题”的指示，各县市为知识分子调整专业，办理家属子女“农转非”，安排家属、子女就业，解决住房及夫妻两地分居，组织知识分子免费体检等实事。

随着知识分子队伍的进一步壮大，专业技术人员数量迅速增加，至1997年12月，全区共批准聘任自然科学专业技术职务人员23977人，其中，获高级技术职务1683人，获中级技术职务6494人，获初级技术职务15800人。实行专业技术职务聘任制后，一批中青年专业科技人才脱颖而出。全区45岁以下自然科学高级专业技术人员有277人，占总数的16.5%。专业技术职务聘任制使大多数受聘者的工资与生活待遇得到提高，进一步调动了科技人员的工作积极性。之后，全区专业技术职称评聘工作形成制度，每年进行。随着人才概念的提出，知识分子工作逐渐被人才工作所取代。

1964—2000年部分年份抚州地区自然科学界知识分子人数

表9-1　　单位：人

年份	合计	其中					年份	合计	其中				
		工程技术	农业技术	科学研究	卫生技术	教学人员			工程技术	农业技术	科学研究	卫生技术	教学人员
1964	2195	504	254	—	1024	413	1989	14384	2895	1258	64	5249	4918
1972	4257	1409	552	—	1228	1068	1990	19222	3615	1694	18	6004	7891
1978	7599	1588	847	114	3152	1898	1991	20790	3046	1372	102	5876	10394
1980	9468	2090	1007	86	3402	2883	1992	21667	3385	1401	60	5718	11103
1981	9066	1648	828	89	3278	3223	1993	23079	3815	1960	51	5764	11489
1982	9923	1680	907	95	3855	3386	1994	23343	3786	1782	30	5828	11917
1983	10802	1943	1126	25	4509	3199	1995	23903	3751	1327	21	6084	12720
1984	11440	2162	1064	17	4699	3498	1996	25090	3957	1844	41	6253	12995
1985	14922	2353	1062	85	4661	6761	1997	25791	3827	1433	43	6554	13934
1986	12616	2432	1086	87	4712	4299	1998	43374	4037	1452	41	6769	31075
1987	14313	2596	1310	73	4792	5542	1999	51565	4493	2398	51	8573	36050
1988	13965	2853	1262	73	5066	4711	2000	54321	4657	2710	50	9586	37318

说明：本表为全民所有制单位统计人数，不包括中央、江西省驻抚州单位人数

【注　释】

［1］中共抚州地委1982年11月15日《关于检查知识分子工作的情况报告》。

［2］《抚州市志》，方志出版社，2013年，第2770页。

［3］《抚州地区教育志》，中华书局，2001年，第589页

第二节 科技副职配备与管理

一、科技副县市长配备与管理

1984年，辽宁省为推进农业产业化发展，在阜新县开展选派科技副县长试点，通过两年的试点取得成功后在全省成批选派科技副县长。1987年10月，国务院科技领导小组转发辽宁省选派科技副县长的情况报告，推广这一做法。1988年，江西省委组织部联合省劳动人事厅下发《关于我省选派科技副县长的实施意见》，在赣州、吉安、上饶、九江、抚州、宜春等地市各选择1~3个县试行，取得经验后在全省推广。科技副县市长不占县市政府领导干部职数，不受届别限制，无须经过人大会议选举，任职时间三年。因工作需要，经本人和派出单位同意后，可适当延长挂职时间。科技副县市长的管理和考核，由下派所在地市党委组织部负责，与当地同级干部的年度考核同步进行并评定等次；任职期满后，地市委组织部和派出单位组织人事部门共同考察，做好本地市“优秀科技副县（市、区）长”人选的推荐工作。

1989年，抚州开始请求、接受江西省下派干部和科技副县市长到抚州任职。地委组织部在调查摸底基础上，结合各县市产业结构发展情况及所需人才，向省委组织部申报当地急需人才引进计划，省委组织部从科研院所、省直有关单位选派50岁以下、政治素质好、有一定组织协调能力、有副高以上专业技术职务或具有专业技术知识的处级干部，省直机关则从厅级后备干部和解放以后出生、需要下基层锻炼、具有专业知识的处级干部中选派。到1996年，全区共接受48人到抚州任职。从1995年开始，抚州地区还主动到中央直属单位和经济发达省市请派科技副职。是年10月，地委、行署请派中国科学院3名技术干部，分别担任行署科技副专员、临川市科技副市长和金溪县科技副县长，任期两年。这是抚州地区首次向省外请派地、县市科技副职。

1996年11月，抚州地委组织部及地区科委主要领导赴北京，与国家计委、经贸委、农业部、水利部、财政部、化工部、中国科学院等13个部委联系科技副职请派事宜。经联系，上级派出4名科技人员到抚州任科技副县市长，任期两年，相关县市结合下派干部各自工作及知识背景合理安排工作。地委组织部每年会同人事、科技等部门，通过召开座谈会、个别走访、组织集体学习考察等方式，交流工作经验，征求工作意见，探讨科技副职发展思路。任职期满后，地委组织部在考察基础上，对每名下派干部作出客观评价。总体看，下派科技副职发挥学识和人脉优势，在为下派县市争资金、引项目方面做了大量工作。

1999年，江西省委组织部下发《关于做好1999年科技副县长换派工作的通知》，地委组织部积极做好对接工作。根据生态立县的战略部署，资溪县向江西省林业厅请派一名干部任科技副县长。此后，各地选派科技副县长的针对性进一步增强。2001年，江西省委组织部在广泛征求各县对下派科技副县长专业需求的基础上，向抚州选派7名科技副县长。为加强对科技副职的管理，抚州市委组织部转发《江西省关于科技副县（市、区）长选派和管理的若干规定》，并按照省委组织部《关于2001年度市、县（市、区）党政领导科技进步目标责任制考核的实施意见》要求，与市科委一道对各县区2001年度党政领导科技进步目标责任制进行考核。

1996年1月，召开抚州地区下派干部、科技副县市长座谈会

2003年，抚州认真总结科技副县区长管理工作经验，形成经验材料——《着力整合人才资源，充分发挥科技副职的作用》，在全省下派科技副职工作座谈会上作典型发言。2004年，在开展人才需求调查的基础上，向省直有关单位请派2名干部到抚州担任科技副县长，同时还派出专人到建设部、财政部、发改委等部门请派干部到抚州挂职。

2004—2007年，上级共下派10名博士服务团成员和科技副职到抚州挂职锻炼。这些人员到抚州后，积极发挥桥梁纽带作用，跑项目、争资金，为当地办了不少好事、实事。挂职资溪的陈济友，是江西省林业厅下派资溪县的第四任科技副县长，3年中为资溪县争取中央和省级项目资金2600余万元，为马头山申报国家级自然保护区作出重要贡献，使马头山成为江西省首个珍稀野生植物自然保护区，开创江西省县一级申报国家级自然保护区的先河；挂职乐安的徐卫国，邀请中央电视台第四套《走遍中国》栏目组到乐安流坑拍摄专题节目，为流坑古村争取上级项目建设资金515万元，争取国家发改委自来水公司项目和检察院大楼项目资金400万元；下派崇仁县的江西师范大学林辉，组织举办大型群众文化活动10场，编制完成全县20户以上“村村通广播电视”工程规划；挂职广昌县的陆敏玲，分管城市规划、城市建设、城市管理、旅游、环境保护等多方面工作，为广昌县城总体规划的修编及城区道路的提质改造做了大量工作；挂职南城县的陆世皓，分管新农村建设、文明城市创建工作，较快完成36个省级示范建设点“三清六改”任务，县新农村建设工作获全市第一，被评为全省新农村建设先进县。下派挂职人员还发挥专业特长，指导农民科学种养、发家致富。陈瑞光在东乡县挂职期间分管畜牧工作，恰逢东乡县爆发生猪疫情，他利用专业优势，抓好生猪高热病防疫和高热病后的生猪产业恢复生产；挂职宜黄的黄凌洪和挂职黎川的廖为发均分管农业农村工作，为宜黄水稻杂交制种和黎川烤烟种植作出重要贡献。乐安县科技副县长吴萍被评为2006年全省优秀科技副职。部分挂职期满的科技副县长主动要求留在抚州转任实职。鲍峰庭挂职期满后，于2005年1月任崇仁县人民政府副县长；段云来挂职期满，于2005年9月任临川区人民政府副区长；林辉于2007年4月任崇仁县人民政府副县长。

科技副县区长至2010年挂职期满后，选派挂职工作告一段落。

1991—2010 年抚州部分科技副县市长挂职情况

表 9-2

姓　名	挂职时间	挂职前单位和职务	挂任职务	结束时间
汪啸穆	1991.4	江西省景德镇陶瓷学院教师	黎川县人民政府科技副县长	1998.1
欧阳小胜	1991.10	景德镇市曙光瓷厂副总工程师	乐安县人民政府科技副县长	1994.7
胡德平	1991.10	江西省科学院副处长	金溪县人民政府科技副县长	1994.9
杜　卓	1992.4	江西省财经学院	资溪县人民政府科技副县长	1995.5
段国炎	1992.4	江西省科学院工程师	宜黄县人民政府科技副县长	1995.8
贾雁宾	1992.4	江西省科技馆	东乡县人民政府科技副县长	1995.8
郑金龙	1992.4	江西工业大学生产计划科科长	南丰县人民政府科技副县长	1995.8
杨卫东	1992.5	江西工业大学总务科科长	广昌县人民政府科技副县长	1995.8
赵争鸣	1992.7	—	临川县人民政府科技副县长	—
林宝剑	1992.7	江西省投资公司九江大桥项目总经理	南城县人民政府科技副县长	1995.8
张晓辉	1992.8	—	抚州市人民政府科技副市长	1994.8
陈福梅	1993.4	南昌洪都飞机制造公司	崇仁县人民政府科技副县长	1996.3
何航伟	1994.7	江西省森林工业局副局长	资溪县人民政府科技副县长	1999.2
陈晓民	1995.8	江西省轻工业展览中心副主任	南城县人民政府科技副县长	1999.1
陈　宏	1995.8	江西省竹业综合开发公司副经理、高级工程师	宜黄县人民政府科技副县长	1999.1
唐安来	1995.8	江西省农垦建筑管理站副站长、党支部副书记	东乡县人民政府科技副县长	1999.1
石占山	1995.8	中国科学院软件所多媒体影视部主任	临川市人民政府科技副市长	1999.1
徐　波	1995.8	中国科学院海外中心副主任兼台办副主任	金溪县人民政府科技副县长	1999.1
周仲平	1996.3	江西省物资集团副总经理	南城县人民政府科技副县长	2001.6
王火利	1996.9	江西省水利厅	黎川县人民政府科技副县长	1999.7
姜喜山	1997.6	林业部世界银行贷款中心处处长	乐安县人民政府科技副县长	1999.1
龚永福	1997.8	南昌洪都飞机制造公司	崇仁县人民政府科技副县长	2000.6
刘秋根	1998.2	江西省林业厅造林处副处长	资溪县人民政府科技副县长	2000.10
袁　球	1998.3	江西省烟草公司烟叶贩销分公司经理助理	广昌县人民政府科技副县长	2000.12
付志纲	1998.3	江西制药厂一分厂厂长兼书记	金溪县人民政府科技副县长	2000.12
王　怀	1999.7	江西省公安厅法制处副处长	黎川县人民政府科技副县长	2001.5
黄国清	1999.7	江西农业大学动科院任教	崇仁县人民政府科技副县长	—
陈少洲	1999.7	江西农业大学	南丰县人民政府科技副县长	2000.10
周付德	1999.7	江西省机械工业供销总公司副总经理	南城县人民政府科技副县长	2001.7
华新运	1999.8	抚州市农业科技研究所副所长	乐安县人民政府科技副县长	2001.2
邱新有	2001.5	江西师范大学传媒学院党总支副书记	黎川县人民政府科技副县长	2003.11
鲍峰庭	2001.1	江西省委农工部综合处主任科员	崇仁县人民政府科技副县长	2004.5
段云来	2002.12	江西粮油食品进出口公司物业管理部经理	临川区人民政府科技副区长	2005.8
潘金发	2003.1	江西农业大学动科院副教授	东乡县人民政府科技副县长	2004.10
廖冬如	2003.1	樟树农校副校长	金溪县人民政府科技副县长	2004.10

续表：9-2

姓　名	挂职时间	挂职前单位和职务	挂任职务	结束时间
温永新	2003.1	赣州市烟草公司烟叶科科长	乐安县人民政府科技副县长	2004.10
吴小平	2003.1	江西省蚕桑研究所	南丰县人民政府科技副县长	2005.1
罗广圣	2003.1	南昌大学材料学科教授	宜黄县人民政府科技副县长	2004.10
张扬纯	2003.1	江西省林业厅退耕还林办主任	资溪县人民政府科技副县长	2004.10
吴　萍	2003.11	江西省外经贸厅人教处主任科员	乐安县人民政府科技副县长	2006.11
王正平	2003.11	江西省建材集团副处长	黎川县人民政府科技副县长	2006.11
吴彬洪	2003.11	江西省财政厅处级干部	南城县人民政府科技副县长	2006.11
李新生	2005.1	江西农业大学经贸学院副教授	金溪县人民政府科技副县长	2008.6
陈济友	2003.5	江西省林业厅直属机关团委副书记	资溪县人民政府科技副县长	2010.2
林　辉	2005.12	江西师范大学	崇仁县人民政府科技副县长	2009.12
陈瑞光	2005.12	江西农业大学牧医系	东乡县人民政府科技副县长	2009.12
黄凌洪	2005.12	江西省植保植检站副站长	宜黄县人民政府科技副县长	2009.12
廖为发	2006.11	赣州市烟草专卖局烟叶经营部副经理	黎川县人民政府科技副县长	2009.12
徐卫国	2006.11	南昌县物价局主任科员	乐安县人民政府科技副县长	2009.12
刘笑梅	2006.11	江西省农业发展银行客户处主任科员	南丰县人民政府科技副县长	2009.12
陆敏玲	2007.1	江西师范大学高级工程师	广昌县人民政府科技副县长	2010.2

二、科技副乡镇长配备与管理

1991 年 11 月，中共中央首次提出："鼓励和选派科技人员到县乡工作，有条件的地方可设科技副县长、副乡长。"这一精神为科技副乡镇长的选派提供政策依据。

科技副乡镇长是从地、县直部门和企事业单位选派到乡镇任职。客观上是通过组织措施，把他们从各种专业技术岗位推到乡镇行政领导岗位上，代表政府行使科技管理职能，任期一般为两年。地区科技副乡镇长配备始于 1993 年，其中东乡县在乡镇领导班子换届中，每个乡镇配备 1 名科技副乡镇长。从 1995 年开始，抚州地委组织部借鉴科技副县长配备经验，从党政机关、农林水部门选拔专业技术人员到乡镇担任科技副职，并根据人事变动情况及时进行调整和补充。至 1996 年，全区 200 多个乡镇配备科技副乡镇长。此后，乡镇科技副职的选派工作一直持续不断。2001 年 8 月，江西省进行市县乡机构改革，按照省委、省政府《关于实施市县乡党政机构改革的通知》精神，各地结合实际配备科技副乡镇长。有的县区配备齐全，临川区每个乡镇均长期设有科技副乡镇长 1 名。宜黄县自 1995 年 11 月始设科技副乡镇长，至 2013 年，先后有 45 人担任科技副乡镇长职务。有的县则未配备或时齐时不齐，如黎川县 2006 年乡镇换届时，14 个乡镇全部配齐科技副乡镇长，2011 年换届时只配备 5 名，2013 年又增至 9 名。

科技副乡镇长为科技兴农发挥一定作用，但发展到后来，乡镇科技副职选派和任命工作逐渐偏离其初衷。根据乡镇换届文件，科技副乡镇长不需参加选举，不占乡镇领导职数，一些地方将此职位用于解决干部待遇，将一批非农非科技人员安排到这一岗位。从全市已配科技副乡镇长的身份看，大多为事业编制，少数为行政编制。

2014 年，根据中央组织部《关于严禁超职数配备干部的通知》，以及江西省委组织部《关于扎实推进超职数干部问题整改消化工作的通知》精神，科技副乡镇长成为超职数配备的消化对象，此后各地普遍不再配备科技副乡镇长。

三、博士服务团成员接收

1997 年 7 月，共青团中央、全国青联牵线搭桥，一次性从中国社会科学院选派 39 名博士，组成“博士生服务团”挂职重庆，服务时间一年。次年，18 名挂职博士继续留任。1999 年 7 月，中央组织部加入“博士生服务团”主办单位行列，将“博士生服务团”改名为“博士服务团”，试点扩大至重庆、四川、江西三省市，博士的遴选范围也扩大到中央国家机关各部委及所属科研院所、高等院校、国有大型骨干企业。首批选派 23 名博士挂职服务一年，其中派往江西的有 8 名，分别在市县党政部门和企事业单位挂职锻炼。

挂职抚州的博士服务团成员参加江西省座谈会

2003 年 10 月，中央组织部、团中央选派第 4 批“博士服务团”至江西省挂职服务，时间为一年，其中中国银行国家金融研究所行业调研处处长、博士宗良挂职抚州市人民政府市长助理。2006 年第 7 批“博士服务团”成员中央编译局比较经济政治研究中心副研究员周战超，挂职抚州市人民政府市长助理。挂职结束后，周战超留在抚州工作，先后任南丰、金溪县委副书记。2011 年 11 月，第 12 批博士服务团成员、国家发展和改革委员会价格监测中心副处长王双正，挂职抚州市人民政府党组成员、市长助理，协助市长和分管副市长抓发改、物价、信息中心和地方志编纂方面的工作。2013 年，中央组织部拟选派第 14 批博士服务团人选挂职抚州，由于种种原因，抚州市放弃该批博士服务团成员接收工作。2014 年 11 月，第 15 批博士服务团成员、山东省济南市规划局信息与测绘管理处处长李建华到抚州担任市政府副秘书长，主要服务抚州城市规划建设发展。2015 年 9 月，第 16 批博士服务团成员、财政部财政科学研究所副研究员赵大全到抚州担任市长助理。每一批次博士服务团成员在抚州工作期间，市委始终注重“政治上关心、工作上支持、生活上关照”，帮助博士服务团成员解决生活和工作上的各种困难，让人才服务发展干得好、有作为。

抚州市积极加强返岗博士服务团成员的联系，每年通过新年贺卡的形式，向博士们致以新春祝福，传递抚州发展的新变化。通过接收博士挂职，为抚州经济社会发展增添一笔宝贵的人才资源，并有效带动市内各类人才队伍建设，破解当地发展难题。

四、科技特派员

1999年，福建省南平市为探索解决新时期“三农”问题,在科技干部交流制度上进行创新,选派科技人员服务“三农”。科技部对南平市的做法给予充分肯定，陆续在部分地区展开试点。通过选派专家、教授、研究员等中青年知识分子深入农村第一线，长期工作在农村、服务于农业，促进农业产业发展和农民增收致富。

2004年5月，抚州市委、市政府联合下发《关于选派农业产业化科技特派员工作的实施意见》，成立农业产业化科技特派员试点工作领导小组，选定南丰县为试点单位。南丰县从农林水和柑桔、甲鱼等涉农部门及乡镇农技站选拔一批科技特派员下到78个村、10家企业和8个园艺场进行科技服务。南丰试点取得经验后，于2006年在全市推广。各县区按照政府扶持、双向选择、利益共享的原则，选派512名科技特派员深入农村生产第一线创新创业。是年，科技特派员共实施科技项目73项，形成各种经济利益共同体389个，举办各类农业科技培训248期，培训农民5万余人次，分发技术资料15万份，为农民解决科技难题5000余个。此后，各级组织部门会同科技、农业主管部门每年选派一批科技特派员，围绕南丰蜜桔、广昌白莲、崇仁麻鸡、临川黄栀子、金溪蜜梨等农业特色产业，为农民提供优质科技服务。2006—2014年，全市共选派科技特派员5834人次，分别下到村组、企业、园艺场，创办、领办企业、合作社或专业协会，建立各种经济利益共同体，帮助组建农产品流通组织，举办各类农业科技培训班，引进和推广新技术、新品种。

2013年4月，科技特派员在临川区湖南乡黄邓村向村民传授香瓜育苗新技术

2009年，东乡县委制订下发《关于实施培育千个新农村建设实用人才孵化基地工程的意见》，县农业部门牵头组建以农经干部、农业科技人员、科技特派员为主的合作社辅导员队伍，每人负责与数个“一社一会”的联系，具体指导合作社开展规范化建设及产业化经营,为“一社一会”提供服务，做到每个“一社一会”孵化基地有一名辅导员。乐安县从科技、农业、林业和烟叶等部门选派优秀人才,组建8支“科技特派员”队伍，与全县7000多户科技示范户结成对子。

2010年6月21日，临川唱凯堤决堤后，抚州市科技局围绕国家科技救灾粮食丰产项目，在唱凯实施万亩示范工程，聘请江西省农业科学院科技特派员专家团，并选派市农科所、临川区农

2013 年 3 月 7 日，江西省万名科技特派员进村入园活动启动仪式在崇仁县六家桥举行

技站 18 名农技人员作为项目科技特派员，采取技术培训、集中示范、田间指导等方式，示范集成推广应用灾后水稻丰产技术。示范区平均亩产 566.77 公斤，比 2009 年增产 13.7%。10 月 9 日，全国粮食丰产工程现场观摩会在抚州召开，与会人员到唱凯现场观摩，科技部副部长张来武、江西省政府副省长谢茹充分肯定抚州实施粮食丰产科技工程所取得的成绩。10 月 12 日，唱凯粮食丰产万亩示范专题片在中央电视台《新闻联播》播出。

2011 年，黎川县从涉农单位抽调 100 名干部作为科技特派员，深入村组帮助指导栽种南丰蜜桔、种植烤烟、栽培食用菌、养殖水产等，全县有 800 多人实现创业就业。2013 年 3 月 7 日，江西省万名科技特派员进村入园活动启动仪式在崇仁县六家桥乡举行，全市科技特派员服务“三农”持续深入。

2006—2014 年抚州市科技特派员制度实施情况

表 9-3

年份	科技特派员（人）	实施科技项目（个）	创办经济实体（个）	举办培训班（个）	参加培训（万人）
2006	512	73	389	248	5.00
2007	510	86	389	156	4.80
2008	531	—	436	256	6.20
2009	712	59	506	648	15.00
2010	710	—	—	647	14.20
2011	720	122	—	276	7.80
2012	732	50	117	275	7.92
2013	894	61	118	—	11.10
2014	513	61	64	—	7.53

2015 年 1 月 19 日，江西省科技厅根据科技部、中央组织部、财政部、人力资源社会保障部、国务院扶贫办《边远贫困地区、边疆民族地区和革命老区人才支持计划科技人员专项计划实施方案》要求，联合省委组织部等相关部门实施科技特派团富民强县工程，确定下派抚州市 21 个科技特派团，142 名科技特派员，其中市直科技特派员 33 人，分赴全市 11 个县区开展科技报务、科技攻关和人才培训。3 月 11 日，抚州市召开科技特派团富民强县工程动员会。市委人才办要求科技特派团要引领建立创新体系，成为县域经济转型的助推者、农业技术的传播者、农民增收的领路者、现代农业改革的创新者。会后特派团成员奔赴各地开展工作。

2015年抚州市科技特派团人员名单

表 9-4

团队名称	团　长	科技特派团成员（单位及研究方向）
崇仁家禽团队	周辉华	周辉华（抚州市畜牧场、畜牧技术） 谢明贵（江西省农科院、家禽育种） 徐明生（江西农业大学，畜产品加工） 康昭风（江西省农科院、家禽养殖）
东乡畜牧团队	周泉勇	周泉勇（江西省农科院、动物遗传育种与繁殖） 万明春（江西省农科院、生猪育种及健康养殖） 吴永明（江西省科学院能源研究所、生猪养殖污水处理） 温祖标（江西师范大学、种植加工） 涂勇刚（江西农业大学、食品科学与工程）
东乡木薯团队	袁展汽	袁展汽（江西省农科院、木薯种植技术） 林洪鑫（江西省农科院、品种选育） 黄欠如（江西省红壤所、旱地培肥与连作障碍控制） 成艳红（江西省红壤所、旱地培肥与连作障碍控制） 吴　强（抚州市农科所、新技术研发） 章书旺（抚州市园艺场、园艺技术） 何仁财（江西省农机所、生猪养殖和木薯加工） 吴国强（江西农业大学、食品科学与工程）
广昌白莲团队	邓泽元	邓泽元（南昌大学、食品加工） 刘小如（南昌大学、食品加工） 顾　震（江西省科学院应用化学研究所、白莲精深加工） 罗有强（江西农业大学、植物病理学） 危贵茂（抚州职业技术学院、食品加工） 彭　仁（江西师范大学、生物化工）
广昌油茶团队	徐　焱	徐　焱（江西省粮油科研所、油茶精深加工） 周　远（江西省粮油科研所、油茶精深加工） 王军荣（抚州市林科所、油茶及果树栽培技术） 李江波（抚州市果业局、栽培） 吴磊燕（江西农业大学、食品加工） 刘　冰（江西农业大学、油茶及果树栽培技术）
金溪蔬菜团队	吴才君	吴才君（江西农业大学、蔬菜育种） 肖旭峰（江西农业大学、蔬菜育种） 罗　莎（江西农业大学、蔬菜育种及栽培） 邓章文（抚州市林科所、种植技术、病虫防治） 汪振发（抚州市果业局推广站、种植） 梅辉坚（抚州市林科所、种植技术、病虫防治）

续表：9–4

团队名称	团　长	科技特派团成员（单位及研究方向）
金溪香料团队	江香梅	江香梅（江西省林科院、林木遗传育种） 陈尚钘（江西农业大学、植物资源化学利用） 林俊岳（井冈山大学、林化香料、芳香油类产品加工） 罗志刚（井冈山大学、松香、松节油深加工产品） 涂庆华（抚州职业技术学院、组培育种及种植） 徐亚军（抚州市农业局、种植） 邹峥嵘（江西师范大学、植物活性成分） 王宗德（江西农业大学、生物化学）
乐安蚕桑团队	姚金宝	姚金宝（江西省蚕桑茶叶研究所、茶树种植） 杜贤明（江西省蚕桑茶叶研究所、病虫害防治） 符昌红（江西省蚕桑茶叶研究所、种植技术） 王冬生（江西省蚕桑茶叶研究所、养殖技术） 邹　昕（江西省蚕桑茶叶研究所、土肥管理） 匡英秋（江西省蚕桑茶叶研究所、品种选育） 徐　宁（江西省蚕桑茶叶研究所、养殖技术） 彭明强（抚州市果业局、栽培）
乐安食用菌团队	张　诚	张　诚（江西省农科院、食药用真菌学） 陈传红（东华理工大学、食用菌品种选育与栽培技术研究） 黄　林（江西农业大学、微生物与农产品加工） 郑晓樵（抚州市农业局、农作物种植） 吴国平（江西农业大学、食品加工）
黎川食用菌团队	李荣同	李荣同（东华理工大学、食用菌栽培技术、品种选育与产品加工） 魏云辉（江西省农科院、食药用真菌学） 胡殿明（江西农业大学、微生物学） 程　新（江西农业大学、微生物学） 曾告生（宜春职业技术学院、食用菌栽培） 况　丹（宜春职业技术学院、食用菌栽培） 潘湖生（宜春职业技术学院、食用菌栽培）
黎川竹材团队	牛德奎	牛德奎（江西农业大学、竹林培育与经营） 余能富（江西省林科院、生物化学与分子生物学） 吴志华（南昌大学、食品科学） 方向明（江西农业大学、竹林鞭根系统及养分） 陈　文（抚州市林科所、种植技术、病虫防治） 常承建（抚州市森防站、森林病虫害防治）
临川食用菌团队	陈庆隆	陈庆隆（江西省农科院、微生物学） 余志坚（东华理工大学、食用菌新品种选育与加工） 马吉平（江西省农科院、微生物学） 陈柳萌（江西省农科院、微生物学） 康志成（井冈山大学、农业机械化） 王志平（抚州市林科所、种植技术、病虫防治）

续表：9-4

团队名称	团　长	科技特派团成员（单位及研究方向）
临川中药材团队	朱培林	朱培林（江西省林科院、中药材品种选育及栽培） 房海灵（江西省林科院、药用植物） 杨春霞（江西省林科院、中药材品种选育及栽培） 朱良辉（江西省药物所、药用植物） 虞金宝（江西省中医药研究院、中药） 吴英权（抚州市农业局、种植技术及品种选育） 饶月辉（抚州职业技术学院、中草药栽培）
南丰柑桔团队	胡钟东	胡钟东（江西省农科院、果树学） 胡　林（华东交通大学、农业化学） 江　伟（东华理工大学、农业机械化装备的智能检测与自动化控制技术） 王彦波（江西省农科院、园艺） 舒时富（江西省农科院、农机化技术） 饶玉梅（抚州职业技术学院、蜜桔栽培技术） 朱晓云（抚州果业局、栽培） 王小东（江西省林科院、微生物） 辜青青（江西农业大学、果树学） 曾炳隆（抚州市果业局、病虫防治）
南丰水产团队	王菊华	王菊华（江西省科学院生物资源研究所、特种水产养殖甲鱼） 张志红（江西省科学院生物资源研究所、特种水产养殖甲鱼） 方春林（江西省水产科学研究所、品种选育及饲料技术） 王纯荣（江西农业大学、食品加工） 赵大显（南昌大学、水产养殖） 胡茂林（南昌大学、特种水产养殖） 颜　冬（抚州市水科所、水产养殖） 童水明（抚州市水科所、水产病害防治） 黄顺林（抚州市水科所、水产养殖） 何文莉（江西省山江湖委办、财务会计）
宜黄水稻团队	李湘民	李湘民（江西省农科院、植物病害与防治） 肖宇龙（江西省农科院、水稻遗传育种） 黎毛毛（江西省农科院、水稻遗传育种） 束爱萍（江西省农科院、水稻遗传育种） 李永辉（江西省农科院、水稻遗传育种） 龙起樟（江西省农科院、水稻遗传育种） 华育坚（抚州市农科所、水稻种植技术） 周活良（抚州市水稻场、水稻种植技术）

续表：9–4

团队名称	团　长	科技特派团成员（单位及研究方向）
宜黄竹材团队	程　平	程　平（江西省林科院、竹林资源培育） 施建敏（江西农业大学、竹林生态） 张文元（江西农业大学、竹林培育与养分管理） 皮宝珍（抚州市林业局绿化办、油茶、香榧种植技术） 吴素兰（抚州市农业局、种植技术、品种选育）
资溪茶叶团队	曹挥华	曹挥华（江西省蚕桑茶叶研究所、茶叶栽培） 谢　宇（南昌航空大学、茶叶精深加工） 彭大勇（江西农业大学、农药化学） 陈卫平（江西农业大学、食品工程）
资溪竹材团队	杨清培	杨清培（江西农业大学、竹林生态） 于　芬（江西农业大学、竹子基础生物学） 易小龙（抚州市林业局、香榧、香樟、油茶的营造林技术） 吴　强（抚州市果业局、栽培） 姚明印（江西农业大学、农业工程）
南城家禽团队	王文君	王文君（江西农业大学、食品精深加工） 唐维国（江西省农科院、禽病） 陈瑞光（江西农业大学、预防兽医） 田颖刚（南昌大学、食品营养与安全） 武建中（宜春学院、动物营养） 熊曼萍（宜春学院、农副产品加工技术） 白　士（抚州市林业局科教科、农林机械、科技服务） 刘玉秀（江西省农业科学院、财务会计）
南城水产团队	邓勇辉	邓勇辉（江西省水产科学研究所、水产繁养殖技术） 周辉明（江西省水产科学研究所、水产养殖技术） 吴连喜（东华理工大学、特种作物栽培、土地遥感） 文春根（南昌大学、水产养殖） 龚守贺（抚州市水科所、水产养殖） 邱齐骏（抚州市水科所、水产养殖、珍珠养殖）

第三节　拔尖人才选拔与管理

1987年开始，抚州地区将知识分子工作重心转移到“尊重知识、尊重人才”和“为拔尖人才脱颖而出创造良好的环境和条件”这一要求上，地委、行署先后下发《关于加强知识分子工作的几点意见》《关于优秀专家管理暂行办法》和《关于印发抚州地区中青年专业拔尖人才管理试行规定的通知》，就知识分子工作和拔尖人才的选拔、管理等作出具体规定和部署。

1988年出台的《关于优秀专家管理暂行办法》，规划地委掌握50名拔尖人才，地委组织部直接管理专业技术拔尖人才20名，其中自然科学技术拔尖人员12人；县市委组织部管理专业技术拔尖人才46人。规定凡列为地区管理的优秀专业拔尖人才，除住房、工作用车、医疗保健享受高级知识分子（县级干部）政治生活待遇外，每月还享受专业技术津贴费30元。地管拔尖人才任期4年，实行滚动式动态管理。经各地推荐、地委组织部考察、地委知工办研究、18名科技专家组成的评审委员会进行专业技术业绩评审，产生全区第一批地管拔尖人才20名。各县市参照地区做法，经自下而上推荐、评审、审批，选拔出第一批县管拔尖人才。全区有拔尖人才49名，其中：地管20名、县市管29名。1989年，抚州地委、行署召开全区专业拔尖人才表彰授证书大会，抚州电视台、江西省驻抚州新闻单位作专题报道。之后，临川、宜黄等县也召开县管拔尖人才颁证大会。《赣东报》开辟“群英谱”专栏，先后刊载10多名地、县市管理拔尖人才先进事迹，地委组织部在国庆40周年之际，举办为期两个月的地区拔尖人才先进事迹图片展览。

通过第一批地、县管拔尖人才选拔，地县两级掌握一批各类别人才。在此基础上，建立抚州首个地级人才库，收录各类有突出贡献的科技人才、副高职称以上科技人员和拔尖人才1266人，县市人才库收录各类人才9025人。其间，出台《抚州地区拔尖人才管理办法》，成立抚州地区科技人才基金会，制定基金会章程，多方筹集资金15万元，每年的基金利息用于奖励有突出贡献的科技人才。激励措施较好地调动了拔尖人才的积极性，全区知识分子获得科技成果奖114项，1989年全区科技推广成果创税利5000万元，拔尖人才先后出版著作21部，发表论文152篇，完成科研项目10项。

1989年，抚州地委组织部注重拔尖人才的教育和管理，组织地管拔尖人才赴庐山休养座谈，进行热爱祖国、热爱社会主义制度的教育。1990年8月，地管拔尖人才和部分县管拔尖人才在南城麻姑山专题座谈江泽民总书记在首都青年纪念“五四”报告会上的讲话。同时，建立拔尖人才年度考核制度和个人业绩档案，拔尖人才工作成就和专业技术成果作为拔尖人才调整和使用的依据；建立拔尖人才例会制度、走访和联系卡制度，地委组织部每年暑期和春节各召开一次拔尖人才例会，每年组织一次拔尖人才体检活动；建立地、县市党政领导知识分子联系点100多个，拔尖人才与上级主管部门签订专业技术工作近、中、长期攻关项目目标责任书，地、县知工办每年集中检查、评审一次项目落实及方案实施情况，并组织专家进行信任投票。

1990年，各地进一步加大拔尖人才选拔力度，建立和完善包括选拔评审、业务建档、津贴发放、联系走访、年度例会和体检、签订双向责任书、进行目标责任管理考核、对重大科研成果嘉奖激励等一整套制度，并实行滚动式动态管理。是年，抚州地委组织部副部长任建才率部分地管拔尖人才和评审委员会委员到北戴河休假疗养，疗养期间，召开拔尖人才座谈会。地管拔尖人才、抚州师专副教授曾广兴，参加江西省委组织部组织的优秀专家休养团，到厦门鼓浪屿休假疗养。崇仁、宜黄也先后组织县管拔尖人才和高级知识分子赴北京、青岛、武汉等地疗养和考察。年内，地区科技人才基金会筹集资金21万元，宜黄、黎川、南城、广昌等县分别筹集5万元左右的科技人才基金。地、县市人才库入库人数达1.4万人。[1]临川、宜黄、黎川、南城等县还建立本籍在外人才分库，通过多方联系，使在外人才为家乡经济发展提供信息、技术、资金支持。

1992年，第三批地管拔尖人才选拔、评审工作完成后，地管拔尖人才增至30人，县市管拔尖人才增至58人，拔尖人才技术津贴进一步提高。1993年又有23名优秀人才列入地管拔尖人才，全区有地管拔尖人才48人、县管拔尖人才84人。[2]是年，下发《关于加强知识分子工作和重奖有突出贡献的知识分子的规定》和《实施细则》，临川县和抚州市率先对一批有突出贡献的企业管理人才和专业技术人才给予万元以上重奖。地委组织部编辑出版报告文学《在改革大潮中》一书，广泛宣传知识分子和科技、管理人才在改革开放中建功立业的先进事迹，营造关心关爱知识分子氛围。

1994年4月，抚州地委召开地管拔尖人才颁证大会

从1996年开始，全区知识分子工作重心转向科技人才队伍建设，着重抓好地管拔尖人才、农村科技人才和中青年科技人才队伍建设，形成“三个轮子一起转”的知识分子工作新格局。1996年，全区有享受国务院津贴专家27人、享受江西省政府津贴专家11人、地管拔尖人才49人、县管拔尖人才117人；开展全区农村科技人才、中青年科技人才调查摸底，掌握乡村科技人才22名、跨世纪学科带头人104名，对作出突出贡献的19名科技人才进行奖励；举办首期优秀中青年专家、拔尖人才培训班，培训优秀中青年专家、拔尖人才47名。据不完全统计，1993—1996年，全区共完成科技任务219项，获各项奖励163项。1995年，地委组织部下发《抚州地区科技人才基金奖励实施细则(试行)》，对全区在两个文明建设中做出突出贡献的科技人才进行奖励。

1998年，抚州地委组织部联合有关部门，对地管拔尖人才和第五批申报的84名对象进行考察，结合考察情况对地管拔尖人才进行调整，提出第五批申报对象选拔意见。在全区科技工作会议上，向做出突出贡献的29名优秀科技人员和乡土人才颁发抚州地区第二届科技人才基金奖。[3] 1999年，对享受政府津贴和地管拔尖人才实行分类管理，组成工业、农业、卫生、教育、文化艺术与理论研究5个科技咨询服务团，分别由地区经贸委、农办、卫生局、教委、宣传部对口管理，每个单位确定一名领导担任团长，一名专家任副团长。通过精细化管理，有利于引导、激励拔尖人才在推动抚州经济社会发展中发挥领军作用。

2000年，抚州地委组织部下发《关于开展选拔培养中青年专家学科带头人工作的通知》，首批7人被批准为全区跨世纪优秀中青年学术、学科带头人。全市自然科学系列享受国务院、省政府津贴、地管拔尖人才共有106人，其中，享受国务院津贴52人、省级津贴15人、地级津贴39人。

2001年，出台《抚州市拔尖人才选拔与管理的暂行办法》，从129名推荐对象中提出52名选拔对象提交市知识分子工作领导小组研究，从中优选出48名选拔对象报市委审批，候选人面向社会公布，[4] 拔尖人才任期为3年。乐安、金溪、黎川、南城、临川等县区参照市里做法，对拔尖人才实行任期制管理，建立领导干部与科技人才联系制度和拔尖人才业绩考核制度。至年底，全市共有优秀专家、拔尖人才287名。其中：国务院特殊津贴获得者35人、省政府特殊津贴获得者15人、市拔尖人才71人、县区管拔尖人才166人。

2002年，全市培植和树立一批在“大开放、大招商”中创新创业的先进典型。其中，利群机械集团有限公司技术科科长郭国荣获国家科技进步三等奖、江西省科技进步一等奖，研发的新产品投产当年新增产值4500万元，实现利税1380万元。博雅生物制药股份有限公司总经理徐建新，带领公司技术人员研发人血丙种球蛋白产品，2002年形成年产19.2万瓶的规模，为企业新增产值7920万元，新增利税2475万元；江西电站车辆公司董事长、总经理、高级工程师付德胜，主持开发的XCG97型炊事车，2001年被评为江西省优秀新产品一等奖；金溪县乡土人才李祥林创办漂润香料有限公司，生产的天然香料销往海外，出口创汇770万美元；黎川县乡土人才曾根明创办茶薪菇生产示范中心，引领全县茶薪菇栽种4000万筒，创产值1.3亿元；市第一批学科带头人、临川二中教师梁明仁，先后获省特级教师、十大杰出青年教师、五一劳动奖状等荣誉，成为省委组织部联系的中青年专家。[5] 从2002年起，开展市政府津贴专家选拔工作，下发《抚州市享受市政府特殊津贴专家选拔和管理办法》，由市委组织部主导开展首批享受市政府特殊津贴专家的推荐、选拔工作。各地结合自身实际，修订完善对拔尖人才的选拔和管理办法，选拔一批拔尖人才，充实和壮大拔尖人才队伍。为发挥乡土人才作用，抚州广泛开展“传技术、带民富、比贡献”的“1+1”帮扶活动，利用报纸、广播、电视等媒体，大力宣传知识分子、优秀乡土人才的先进事迹。黎川县委组织部与县有线电视台联合摄制反映优秀乡土人才事迹的系列新闻专题片《田野风》，在《黎川新闻》中陆续播放；崇仁县编写出版一部报告文学集《脊梁的肖像》，颂扬一批在改革大潮中，立足平凡岗位拼搏奋进的优秀专家和拔尖人才；南丰县表彰10名优秀科教工作者，并在县有线电视台开辟“人物风采”栏目，对全县优秀学科带头人、优秀乡土人才进行专访。

2003年，市人才信息库既有市重点管理的优秀专家、拔尖人才、学科带头人，也有优秀乡土人才和抚州籍在外人才。其中1200余名抚州籍在外人才信息资料，为抚州招才引智提供便利。2004年，抚州市委组织部和市人事局联合下发《关于开展2004年享受政府特殊津贴专家（拔尖人才）选拔工作的通知》，在全市开展享受国务院、省政府和市政府特殊津贴专家（市拔尖人才）的推荐、选拔工作。选拔中，不唯学历、不唯职称、不唯身份，高技能人才和农村实用人才同样纳入享受市政府特殊津贴专家选拔范围。至此，全市有各级各类优秀专家、拔尖人才 295 人，其中：享受国务院特殊津贴专家 34 人，省政府特殊津贴专家 16 人，市政府特殊津贴专家（市拔尖人才）79 人，县区管拔尖人才 166 人。[6]

2005 年 4—9 月，抚州市委组织部会同统战部、人事局、政协港澳台委员会联合开展抚州籍市外高层次人才调查工作，形成《关于抚州籍市外高层次人才资源与可利用情况的调查报告》，建立抚州籍市外高层次人才信息库。抚州市委、市政府批转市委组织部、市人事局《关于改革和完善享受市政府特殊津贴专家（市拔尖人才）选拔和管理办法的意见》，在全省率先将高技能人才、优秀农村实用人才纳入享受市政府特殊津贴专家（市拔尖人才）的选拔范围，并增加高技能人才、优秀农村实用人才两个选拔项目。随着国务院特殊津贴由 1 万元提高为 2 万元、江西省政府特殊津贴由 5000 元提高为 1 万元，抚州市政府特殊津贴标准也由 3000 元提高为 4000 元。为鼓励专家、拔尖人才创造新的业绩，将原来“实行任期制管理，每批任期三年”修订为“周期制管理，每三年为一个管理周期”。为使市政府特殊津贴专家选拔与省政府特殊津贴专家选拔同步进行，在选拔时间上修订为“每两年进行一次，每次选拔的数量控制在 30 名以内”。在 2005 年享受国务院、省政府特殊津贴专家推荐选拔中，推荐 8 名优秀专家，其中李跃进、谢克强成为享受国务院特殊津贴专家，张爱民、何晓晖成为享受省政府特殊津贴专家。[7]

在做好拔尖人才选拔的同时，关心拔尖人才的政治荣誉。2006 年 8 月 21 日，抚州市科技局向市委组织部、市委统战部推荐谢克强、白云飞、何晓辉等 22 名科技界人才为市第二届政协委员人选，推荐人选涵盖全市工业、农业、社会发展等领域。

2006 年 9 月，选拔第二批李易东等 30 人享受市政府特殊津贴专家（市拔尖人才），并于 2007 年 3 月 1 日召开全市享受市政府特殊津贴专家（市拔尖人才）座谈会进行表彰奖励，其中高技能人才 1 名，6 名农村实用人才首次享受市政府津贴。[8]在调研的基础上，明确各行业领军人才的选拔标准、条件，拟定抚州市行业优秀人才选拔工作意见。首次在文艺、政法系统评选，填补市管拔尖人才文艺、政法领域空白。至此，全市有优秀专家、拔尖人才 307 名，其中：国务院津贴获得者 38 名、省政府津贴获得者 19 名、市拔尖人才 120 名（不含已离、退休）、县区管拔尖人才 166 名。

2008 年，进一步完善人才的选拔和管理，侧重评选一批在工业、农业、教育和医疗卫生等工作一线，技术水平领先、知名度较高、影响较大的优秀人才，打破资历、学历和所有制界限，制定非公有制经济组织专业技术人员和农民技术人员职称评定办法，为 300 多名非公有制企业专业技术人员和农民技术人员破格评定职称，为近 200 名营养配餐师、职业指导师、保育员进行职业技能鉴定，拓展了技能考核鉴定领域。[9]2009 年 6 月，经市委人才工作领导小组研究决定，陈建章等 40 人享受市政府特殊津贴（市拔尖人才）。

2010 年，全市共有 186 人享受国务院、省政府特殊津贴及市管拔尖人才特殊津贴，其中享受国务院特殊津贴 56 人、省政府特殊津贴 21 人、市级特殊津贴 109 人。至 2010 年，拔尖人才工作告一段落，2013 年之后拔尖人才改成突出贡献人才。

1988—2012年抚州市享受政府特殊津贴人员情况

表9-5

姓　名	工　作　单　位	性别	享受何种津贴	批准单位	批准时间
王桂水	抚州地区体委	男	专业拔尖人才	中共抚州地委	1988．12
王春水	抚州地区建筑设计院	男	专业拔尖人才	中共抚州地委	1988．12
万秉权	抚州地区农业局	男	专业拔尖人才	中共抚州地委	1988．12
刘玉蓉	抚州地区农科所	女	专业拔尖人才	中共抚州地委	1989．10
黄调均	临川市中医院	男	专业拔尖人才	中共抚州地委	1989．10
曹广洪	富奇汽车制造厂	男	专业拔尖人才	中共抚州地委	1989．10
李盛光	临川二中	男	专业拔尖人才	中共抚州地委	1989．12
周维勋	华东地质学院	男	政府特殊津贴	国务院	1992．10
刘复堡	黎川德胜关企业集团	男	政府特殊津贴	国务院	1992．10
曾曙春	资溪县教育局教研室	男	政府特殊津贴	国务院	1992．10
叶庆庚	核工业部721矿	男	政府特殊津贴	国务院	1992．10
曹广洪	富奇汽车制造厂	男	政府特殊津贴	国务院	1992．10
周幼良	抚州第二棉纺织厂	男	政府特殊津贴	国务院	1992．10
王春水	抚州地区建筑设计院	男	政府特殊津贴	国务院	1992．10
万秉权	抚州地区农业局	男	政府特殊津贴	国务院	1992．10
刘重阳	核工业部721矿	男	政府特殊津贴	国务院	1992．10
刘玉蓉	抚州地区农科所	女	政府特殊津贴	国务院	1992．10
刘文丰	核工业部721矿	男	政府特殊津贴	国务院	1992．10
李汝庆	东乡红星奶牛厂	男	政府特殊津贴	国务院	1992．10
郭奕忠	抚州医学分院	男	政府特殊津贴	江西省人民政府	1992．10
郭学才	江西利群机械厂	男	政府特殊津贴	江西省人民政府	1992．10
李晓龙	崇仁县长城机械厂	男	专业拔尖人才	中共抚州地委	1992．12
刘光亮	广昌县农技推广中心	男	专业拔尖人才	中共抚州地委	1992．12
邱敬禹	抚州棉纺织厂	男	专业拔尖人才	中共抚州地委	1992．12
马科员	东乡县农业局	男	专业拔尖人才	中共抚州地委	1992．12
骆贵澄	临川县农业局	男	专业拔尖人才	中共抚州地委	1992．12
万拯群	抚州地区粮食局	男	专业拔尖人才	中共抚州地委	1992．12
吴启达	抚州师范专科学校	男	专业拔尖人才	中共抚州地委	1992．12
吴奇昌	江西利群机械厂	男	专业拔尖人才	中共抚州地委	1992．12
魏胜璋	江西变电设备总厂	男	专业拔尖人才	中共抚州地委	1992．12
付淑清	抚州中医药学校	女	专业拔尖人才	中共抚州地委	1992．12
余世源	黎川县职业中专	男	专业拔尖人才	中共抚州地委	1992．12
周润民	临川兽药厂	男	专业拔尖人才	中共抚州地委	1992．12
祝泉魁	抚州地区农业局	男	专业拔尖人才	中共抚州地委	1993．12
朱建阳	抚州师范专科学校	男	专业拔尖人才	中共抚州地委	1993．12
朱厚基	核工业部721矿	男	政府特殊津贴	国务院	1993

续表：9-5

姓　名	工　作　单　位	性 别	享受何种津贴	批准单位	批准时间
汤　彬	华东地质学院	男	政府特殊津贴	国务院	1993
潘乃礼	华东地质学院	男	政府特殊津贴	国务院	1993
江永龙	核工业部 721 矿	男	政府特殊津贴	国务院	1993
冯志鹏	核工业部 721 矿	男	政府特殊津贴	国务院	1993
周文斌	华东地质学院	男	政府特殊津贴	国务院	1993．10
周润民	临川兽药厂	男	政府特殊津贴	国务院	1993．10
章　正	抚州汽车底盘厂	男	政府特殊津贴	国务院	1993．10
余璟光	抚州地区农科所	男	政府特殊津贴	国务院	1993．10
余达淦	华东地质学院	男	政府特殊津贴	国务院	1993．10
杨寿培	抚州棉纺织厂	男	政府特殊津贴	国务院	1993．10
徐日进	抚州减震器厂	男	政府特殊津贴	国务院	1993．10
熊梦翼	赣东苎麻纺织厂	男	政府特殊津贴	国务院	1993．10
魏胜璋	江西变电设备总厂	男	政府特殊津贴	国务院	1993．10
涂绪珍	富奇汽车制造厂	男	政府特殊津贴	国务院	1993．10
唐　峰	江西纺织机械厂	男	政府特殊津贴	国务院	1993．10
孙苍涛	宜黄县农技推广中心	男	政府特殊津贴	国务院	1993．10
欧振光	江西重型机床厂	男	政府特殊津贴	国务院	1993．10
马科员	东乡县农业局	男	政府特殊津贴	国务院	1993．10
骆贵澄	临川县农业局	男	政府特殊津贴	国务院	1993．10
刘光亮	广昌县农技推广中心	男	政府特殊津贴	国务院	1993．10
李学礼	华东地质学院	男	政府特殊津贴	国务院	1993．10
李盛光	临川二中	男	政府特殊津贴	国务院	1993．10
康自力	华东地质学院	男	政府特殊津贴	国务院	1993．10
黄日强	抚州师范专科学校	男	政府特殊津贴	国务院	1993．10
黄调均	抚州市中医院	男	政府特殊津贴	国务院	1993．10
付水龙	抚州地区建筑公司	男	政府特殊津贴	国务院	1993．10
付菊英	抚州地区人民医院	女	政府特殊津贴	国务院	1993．10
戴安生	临川县人民医院	男	政府特殊津贴	国务院	1993．10
陈荣森	江西纺织机械厂	男	政府特殊津贴	国务院	1993．10
陈金榕	东乡红星机械厂	男	政府特殊津贴	国务院	1993．10
章建辉	临川电杆厂	男	专业拔尖人才	中共抚州地委	1993．12
郁佩珍	临川一中	女	专业拔尖人才	中共抚州地委	1993．12
黄抱鸿	宜黄县粮食局	男	专业拔尖人才	中共抚州地委	1993．12
李家骅	东乡良友畜牧有限公司	男	专业拔尖人才	中共抚州地委	1993．12
刘　辉	江西利群机械厂	男	专业拔尖人才	中共抚州地委	1993．12
刘贵龙	金溪县造纸厂	男	专业拔尖人才	中共抚州地委	1993．12
饶蔚源	江西酒厂	男	专业拔尖人才	中共抚州地委	1993．12

续表：9–5

姓　名	工　作　单　位	性别	享受何种津贴	批准单位	批准时间
强文华	宜黄县农机局	男	专业拔尖人才	中共抚州地委	1993．12
魏茂坤	宜黄县水泥厂	男	专业拔尖人才	中共抚州地委	1993．12
魏　红	抚州地区建筑设计院	女	专业拔尖人才	中共抚州地委	1993．12
陈家赣	抚州地区人民医院	男	专业拔尖人才	中共抚州地委	1993．12
陈　烈	宜黄一中	男	专业拔尖人才	中共抚州地委	1993．12
常彭阳	临川县农业局	男	专业拔尖人才	中共抚州地委	1993．12
熊梦飞	抚州地区农业局	男	专业拔尖人才	中共抚州地委	1993．12
夏宗华	抚州地区水电设计院	男	专业拔尖人才	中共抚州地委	1993．12
吴志森	黎川华港电子有限公司	男	专业拔尖人才	中共抚州地委	1993．12
吴敬炳	华东地质学院	男	政府特殊津贴	国务院	1994
郑常数	抚州地区印刷厂	男	政府特殊津贴	江西省人民政府	1994．10
单江林	抚州医学分院	男	政府特殊津贴	江西省人民政府	1994．10
车正华	地区建筑设计院	男	政府特殊津贴	江西省人民政府	1994．10
蔡秀荣	江西辐条厂	男	政府特殊津贴	江西省人民政府	1994．10
黄建明	抚州地区人民医院	男	政府特殊津贴	江西省人民政府	1994．10
章国胜	临川印刷机械厂	男	政府特殊津贴	江西省人民政府	1994．10
吴年忠	临川县农业局	男	政府特殊津贴	江西省人民政府	1994．10
万拯群	抚州地区粮食局	男	政府特殊津贴	江西省人民政府	1994．10
全跃龙	抚州地区人民医院	男	政府特殊津贴	江西省人民政府	1994．10
刘　东	江西 708 台	男	政府特殊津贴	江西省人民政府	1994．10
廖继东	江西纺织机械厂	男	专业拔尖人才	中共抚州地委	1994．12
邓建忠	抚州第二棉纺织厂	男	专业拔尖人才	中共抚州地委	1994．12
曾灿荣	南城县人民医院	男	政府特殊津贴	国务院	1995．10
贾景云	华东地质学院	男	政府特殊津贴	国务院	1996．10
徐建生	东乡县农科所	男	政府特殊津贴	国务院	1996．10
孙占学	华东地质学院	男	政府特殊津贴	国务院	1997
谢刚生	华东地质学院	男	政府特殊津贴	国务院	1999
吴建国	宜黄一中	男	政府特殊津贴	国务院	1999
卢国兴	临川一中	男	政府特殊津贴	国务院	1999
周航慈	华东地质学院	男	政府特殊津贴	国务院	2000
梁仁明	临川二中	男	政府特殊津贴	江西省人民政府	2000
李家骅	东乡良友畜牧有限公司	男	政府特殊津贴	江西省人民政府	2000
陈家赣	抚州地区人民医院	男	政府特殊津贴	江西省人民政府	2000
李跃进	南丰县柑桔技术推广中心	男	政府特殊津贴	国务院	2004
谢克强	广昌县白莲科学研究所	男	政府特殊津贴	国务院	2004
张爱民	江西赣电互感器有限公司	男	政府特殊津贴	江西省人民政府	2004
李易东	江西添光化工有限责任公司	男	政府特殊津贴	中共抚州市委	2006.9
黄友平	江西亚珀变电设备有限公司	男	政府特殊津贴	中共抚州市委	2006.9

续表：9–5

姓　名	工　作　单　位	性 别	享受何种津贴	批准单位	批准时间
曾加兴	东乡县缫丝总厂	男	政府特殊津贴	中共抚州市委	2006.9
徐金昌	江西省环球陶瓷有限公司	男	政府特殊津贴	中共抚州市委	2006.9
黄海平	江西红妹子食品有限公司	男	政府特殊津贴	中共抚州市委	2006.9
杨小平	抚州市城市规划设计院	男	政府特殊津贴	中共抚州市委	2006.9
王泽义	南丰县柑桔研究所	男	政府特殊津贴	中共抚州市委	2006.9
邹明珠	崇仁县人大常委会	女	政府特殊津贴	中共抚州市委	2006.9
徐毛喜	抚州市洪门水库开发公司	男	政府特殊津贴	中共抚州市委	2006.9
方卫华	抚州市疾病预防控制中心	男	政府特殊津贴	中共抚州市委	2006.9
刘快华	抚州市第三医院	男	政府特殊津贴	中共抚州市委	2006.9
付　键	抚州市第一人民医院	男	政府特殊津贴	中共抚州市委	2006.9
郑常青	抚州市第一人民医院	男	政府特殊津贴	中共抚州市委	2006.9
何素丽	抚州市第一人民医院	女	政府特殊津贴	中共抚州市委	2006.9
周桂阳	抚州一中	女	政府特殊津贴	中共抚州市委	2006.9
罗习奇	临川一中	男	政府特殊津贴	中共抚州市委	2006.9
曾长根	临川一中	男	政府特殊津贴	中共抚州市委	2006.9
黄振藩	临川二中	男	政府特殊津贴	中共抚州市委	2006.9
章　敏	临川二中	男	政府特殊津贴	中共抚州市委	2006.9
上官必忠	东乡一中	男	政府特殊津贴	中共抚州市委	2006.9
刘水霖	抚州市文化局	男	政府特殊津贴	中共抚州市委	2006.9
潘凤仙	临川采茶戏剧团	女	政府特殊津贴	中共抚州市委	2006.9
吴　岚	抚州市采茶歌舞剧院	女	政府特殊津贴	中共抚州市委	2006.9
韩光海	金溪县光海农业开发有限公司	男	政府特殊津贴	中共抚州市委	2006.9
兰念瑛	资溪县乌石镇新月村	女	政府特殊津贴	中共抚州市委	2006.9
周港龙	临川区嵩湖乡金银花专业合作社	男	政府特殊津贴	中共抚州市委	2006.9
曾广北	南丰县市山镇耀里村	男	政府特殊津贴	中共抚州市委	2006.9
黄正晖	临川区政协	男	政府特殊津贴	中共抚州市委	2006.9
徐全龙	资溪全龙艺术蛋糕培训基地	男	政府特殊津贴	中共抚州市委	2006.9
项鸿炜	抚州市公安局刑警支队	男	政府特殊津贴	中共抚州市委	2006.9
杨灿龙	临川酒业有限公司	男	政府特殊津贴	国务院	2006
饶祥明	临川一中	男	政府特殊津贴	江西省人民政府	2006
涂国卿	江西中医药高等专科学校	男	政府特殊津贴	江西省人民政府	2006
徐全龙	资溪县全龙面包培训	男	政府特殊津贴	国务院	2008
徐立新	江西珍视明药业有限公司	男	政府特殊津贴	江西省人民政府	2008
陈建章	江西中医药高等专科学校	男	政府特殊津贴	中共抚州市委	2009.10
徐宜兵	江西中医药高等专科学校	男	政府特殊津贴	中共抚州市委	2009.10
黄木长	抚州职业技术学院	男	政府特殊津贴	中共抚州市委	2009.10
曾群浪	抚州职业技术学院	男	政府特殊津贴	中共抚州市委	2009.10
付建龙	中共抚州市委党校	男	政府特殊津贴	中共抚州市委	2009.10

续表：9-5

姓　名	工　作　单　位	性别	享受何种津贴	批准单位	批准时间
汪伟跃	东华理工大学行知分院	男	政府特殊津贴	中共抚州市委	2009.10
曹瑞林	抚州市第一人民医院	女	政府特殊津贴	中共抚州市委	2009.10
华明娥	抚州市第一人民医院	女	政府特殊津贴	中共抚州市委	2009.10
吴定宇	抚州一中	男	政府特殊津贴	中共抚州市委	2009.10
黄星昌	临川一中	男	政府特殊津贴	中共抚州市委	2009.10
华小明	临川二中	男	政府特殊津贴	中共抚州市委	2009.10
蔡禄清	抚州市水利局	男	政府特殊津贴	中共抚州市委	2009.10
钟士彪	江西708台	男	政府特殊津贴	中共抚州市委	2009.10
谭以平	抚州市公安局刑警支队	男	政府特殊津贴	中共抚州市委	2009.10
罗慈锋	抚州电视台	男	政府特殊津贴	中共抚州市委	2009.10
万来修	抚州供电公司变电检修分公司	男	政府特殊津贴	中共抚州市委	2009.10
陈济庭	燕京惠泉啤酒（抚州）有限公司	男	政府特殊津贴	中共抚州市委	2009.10
周河龙	江西抚州苍源药业开发有限公司	男	政府特殊津贴	中共抚州市委	2009.10
曾美根	临川区第一人民医院	男	政府特殊津贴	中共抚州市委	2009.10
付建平	临川十中	男	政府特殊津贴	中共抚州市委	2009.10
方金山	临川金山食用菌专业合作社	男	政府特殊津贴	中共抚州市委	2009.10
胡珊珊	南城县人民医院	男	政府特殊津贴	中共抚州市委	2009.10
彭贞红	江西洪门集团	女	政府特殊津贴	中共抚州市委	2009.10
黄新华	江西九州陶瓷有限公司	男	政府特殊津贴	中共抚州市委	2009.10
范尧青	江西蓝欣啤酒有限公司	男	政府特殊津贴	中共抚州市委	2009.10
张宜祥	南丰县正通工艺礼品有限公司	男	政府特殊津贴	中共抚州市委	2009.10
黄　勃	崇仁县畜牧水产局	男	政府特殊津贴	中共抚州市委	2009.10
尧跃鸣	江西跃鸣食品有限公司	男	政府特殊津贴	中共抚州市委	2009.10
徐小飞	江西万泰铝业有限公司	男	政府特殊津贴	中共抚州市委	2009.10
詹义芳	乐安县人民医院	男	政府特殊津贴	中共抚州市委	2009.10
邹炳锦	乐安县锦达食用菌发展有限公司	男	政府特殊津贴	中共抚州市委	2009.10
陈英奇	抚州三和医药化工有限公司	男	政府特殊津贴	中共抚州市委	2009.10
陈万胜	江西华瑞塑业有限公司	男	政府特殊津贴	中共抚州市委	2009.10
周振华	江西华宇香料化工有限公司	男	政府特殊津贴	中共抚州市委	2009.10
吴志贵	资溪县新闻报道中心	男	政府特殊津贴	中共抚州市委	2009.10
楼玫娟	资溪县森林病虫防治检疫站	女	政府特殊津贴	中共抚州市委	2009.10
连佩忠	广昌县人民医院	男	政府特殊津贴	中共抚州市委	2009.10
刘丙照	江西圣莲扇业有限公司	男	政府特殊津贴	中共抚州市委	2009.10
李富国	东乡一中	男	政府特殊津贴	中共抚州市委	2009.10
张从俊	江西科伦药业有限公司	男	政府特殊津贴	中共抚州市委	2009.10
徐建新	江西博雅生物制药有限公司	男	政府特殊津贴	江西省人民政府	2010
潘军江	江西赣龙电动工具有限公司	男	政府特殊津贴	江西省人民政府	2010
饶祥明	临川一中	男	政府特殊津贴	国务院	2012
龚玉秀	江西中医药高等专科学校	女	政府特殊津贴	国务院	2012
杨洁员	抚州市第一人民医院	男	政府特殊津贴	国务院	2012

2014 年 8 月 19 日，江西省委书记强卫视察崇仁国品麻鸡公司基地，与省突出贡献人才者周国文交谈

2006 年、2009 年、2013 年，江西省委先后开展三届突出贡献人才评选表彰活动，金溪县光海农业开发有限公司总经理韩光海、资溪县全龙艺术蛋糕培训基地校长徐全龙、崇仁国品麻鸡发展有限公司董事长周国文分别获得全省第一届、第二届、第三届突出贡献人才奖。

2013 年 10 月 30 日，抚州市第一届突出贡献人才评选表彰活动启动，按照人选推荐、县专家评审、组织考察、审批与公示、表彰奖励 5 个评选环节进行。各地共推荐 84 名人选，其中：企业经营管理人才 21 名，专业技术人才 29 名，农村实用人才 19 名，高技能人才 10 名，社会工作人才 5 名。经专家评审小组评审，确定表彰企业经营管理人才 4 名、专业技术人才 2 名、高技能人才 1 名、农村实用人才 2 名、社会工作人才 1 名，按照评选名额 1:2 的比例选取评审排名靠前的人选入闱考察。2014 年 4 月，经实地考察，提出拟表彰建议人选报市委组织部部务会研究、市委人才领导小组、市委常委会审议，黄平辉（江西江铃底盘股份有限公司董事长兼总经理）、徐建新（江西博雅生物制药股份有限公司董事长）、陈胜德（中阳建设集团有限公司董事长）、占贤忠（江西添光化工有限责任公司副董事长、总裁）、饶祥明（临川一中校长）、胡志方（江西中医药高等专科学校校长）、徐全龙（资溪县全龙艺术蛋糕培训基地总经理）、徐建生（江西东华种畜禽有限公司总经理）、方金山（抚州市临川金山生物科技有限公司董事长）、陈佩兰（抚州市慈善协会爱心超市经理、市扶贫助残义工协会主任）等 10 人成为第一届“抚州市突出贡献人才”表彰人选。上述人选经《抚州日报》、抚州电视台和抚州党建网等市级主要新闻媒体公示后，同年 9 月市委召开大会进行表彰，每位“突出贡献人才”获得 5 万元奖金。市委人才办与市文艺学会联合编撰出版《当代赣东人杰——抚州市突出贡献人才风采报告文学集》，此文集主要以报告文学的形式，宣传抚州 11 名荣获省、市突出贡献人才创新创业事迹。

2014 年 9 月，抚州市委召开第一届突出贡献人才表彰大会

抚州市突出贡献人才基本情况

表 9-6

姓　名	工作单位及职务	性别	出生年月	技术职称	学历学位	从事专业	选拔时间	说明
韩光海	金溪县光海农业开发有限公司董事长	男	1949.4	—	中专	农业开发	2006	江西省突出贡献人才（3人）
徐全龙	资溪县全龙艺术蛋糕培训基地总经理	男	1970.12	高级技师	高中	中西式面点	2009	
周国文	崇仁县国品麻鸡发展有限公司董事长	男	1955.12	农民技师	初中	农业开发	2013	
占忠贤	江西添光化工有限责任公司副董事长、总裁	男	1971.11	高级经济师	研究生	企业管理	2014	抚州市首届突出贡献人才（10人）
陈佩兰	抚州市慈善协会爱心超市经理、市扶贫助残义工协会主任	女	1949.7	—	大专	社工	2014	
陈胜德	中阳建设集团有限公司董事长	男	1958.4	高级工程师	本科	建筑工程	2014	
方金山	抚州市临川金山生物科技有限公司董事长	男	1966.8	高级农艺师	大专	食用菌栽培	2014	
徐建生	江西东华种畜禽有限公司总经理	男	1954.10	研究员	大专	畜牧养殖	2014	
徐全龙	资溪县全龙艺术蛋糕培训基地总经理	男	1970.12	高级技师	高中	中西式面点	2014	
徐建新	江西博雅生物制药股份有限公司董事长	男	1965.9	副主任药师	研究生	手性药物	2014	
黄平辉	江西江铃底盘股份有限公司董事长兼总经理	男	1963.12	高级工程师	大学	机械制造	2014	
杨洁员	抚州市第一人民医院院长	男	1954.9	主任医师	本科	医学	2014	
饶祥明	临川一中校长	男	1954.2	中学高级教师	本科	教育管理与教学	2014	

【注　释】

［1］《1991年度全区知识分子工作概况和1992年度工作要点》。

［2］抚州地委组织部《一九九三年组织工作总结》。

［3］抚州地委组织部《一九九八年组织工作总结》。

［4］抚州市委组织部。《2001年知工办工作总结和2002年工作安排》。

［5］2002年李品行《在抚州市第一届科技人才表彰大会上的讲话》。

［6］抚州市委组织部《抚州市人才工作情况汇报》。

［7］抚州市委组织部《2005年人才工作总结及2006年工作打算》。

［8］抚州市委人才办《2007年工作总结及2008年工作打算》。

［9］2008年4月17日《抚州市人才工作情况汇报》。

第四节　人才队伍建设

20 世纪 80 年代以前，人才队伍按“三支队伍”进行分类管理，主要包括党政人才、企业经营管理人才和专业技术人才。80 年代后，随着社会分工的细化，相继增加高技能人才、农村实用人才和社会工作人才，人才队伍建设的领域更广，内容更为丰富。

一、党政人才

党政人才，在不同历史时期的含义略有差异，一般是指在党和国家机关、群团组织以及事业单位中从事行政管理或事务管理工作的人员。

新中国成立初期，抚州党政干部主要来源以下几方面：一是上级派遣或随解放军南下人员；二是录用旧政府职员；三是安置军队转业干部和复员退伍军人；四是吸收历史清白、思想进步、能识字的工人；五是录用失学青年、失业知识分子、农村积极分子和高、初中毕业生。之后，抚州机构膨胀问题较为突出。资料显示，1954 年抚州专署有人员编制 338 个，比 1951 年增加 15.36%。1954 年，全区开展精简整编，将紧缩的行政机关和经济部门人员充实到厂矿和学校。同时，合并一批重叠机构，取消可有可无的机构，成立急需的机构。通过精简，机关层次减少，区级编制精简，对编余人员进行妥善安置。1956 年撤区并乡，区机关干部大都安排在县直机关工作，造成县直机关超编，影响工作效率。1957 年，地委、专署下发《抚州专区一九五七年精简机构、紧缩编制的方案》和《关于专区党政群机关和各种事业单位、企业部门继续精简机构，加强劳动战线的意见》，通过一部分补充到基层生产单位，一部分退休或退职回家疗养，一部分上学深造，大部分到国营林业基地、养殖场、农场、农业社参加生产劳动。至 1958 年，全区共精减人员 2384 人。

1951 年 10 月，政务院决定“高等院校毕业生的工作由政府分配”。1956 年之后，抚州主要通过吸收大中专毕业生、复员退伍军人、社会优秀人才进入干部队伍，1960 年专区直属单位从工人中录用 43 名国家干部；1964 年吸收一批农村半脱产大队干部、积极分子、复员军人、高中和初中毕业生参加社会主义教育运动（时称“临时人员”），经组织考察合格后转为国家干部，充实到基层工作。另外，域内银行部门吸收录用30名知识青年为干部。“文化大革命”期间,“以工代干”成为干部的主要来源。

国家通过编制管理来控制干部数量，行政编制管理由国务院和中央编制委员会审定，逐级下达。从1963年7月开始，国务院下发《关于编制管理的暂行办法（草案）》，国家编制分为行政、事业、企业三种。县（市、区）、乡镇行政编制数根据人口、面积、经济等因素确定和分配。专（地）区编委审定各行政单位编制人员总数，控制人员数不得超过编制数。机构编制部门根据经济和社会发展情况，从本地实际出发，按照精简、统一、效能的原则，实行编委“一支笔”审批。新中国成立初期，国家对行政机关、事业单位及企业单位编制没有明确划分。“文化大革命”初期至1982年，机关未定编，人员管理失控。1982年全区有干部38471人，比1965年的15373人增长1.5倍。

由于“文化大革命”的耽搁，干部队伍文化程度普遍较低。1978年，全区有国家行政干部39413人，其中，大专以上6135人，占15.57%；中专和高中14674人，占37.23%；初中以下18604人，占47.2%。有中共党员14878人，占干部总数的37.75%。干部的年龄偏大，25岁以下的1843人，占干部总人数的4.68%；26～35岁的9462人，占24%；36～45岁的14650人，占37.17%；46～55岁的11180人，占28.37%；56岁以上的2278人，占5.78%。[1]

1983年始，机关人员实行编制管理，擅自超编问题得到初步遏制。1985年，机关职工不再“以工代干”。1988年，全区国家行政干部增至49474人，其中男性占93.59%。随着大中专毕业生的不断分配，年轻干部的比重迅速提升，其中，25岁以下的占比提高至24.03%，26～35岁的占26.2%，36～45岁的占27.4%，46～55岁的占19.03%，56岁以上的占3.35%。大专以上文化程度的占比提高至24.93%，中专和高中占55.63%，初中以下的占比降至19.44%。[2]

20世纪80年代末至90年代，抚州地区领导职数配置超限现象较为普遍。中央规定各县设政府副县长2～4名,实际配备多达5～7名，各县市还普遍配备县市长助理。地直工作部门副职超限也较常见，科级干部就更多。据统计，1996年地直机关机构改革后，科级以上人员占66.6%。

2000年，抚州地区有党政干部18270人，与1988年结构相比，女性比例由6.41%提高到16.92%，35岁以下的占42.32%，同比下降7.91%；大专以上的占53.95%，同比上升29.02%；初中以下的占4.38%，同比下降15.06%。[3]

2003年开始，市、县区、乡镇党政机关补充公务员实行“凡进必考”，每年向社会公开招录公务员1～2次。公务员招录由用人单位根据编制缺额和实际工作需要，向同级政府人事部门申报计划录用人数、专业、所需资格条件、招考范围，由政府人事部门综合平衡后，编制本年度录用计划，逐级报录用考试主管机关批准后实行。2003年12月26日，中共中央、国务院作出《关于进一步加强人才工作的决定》，提出实施人才强国战略，党政人才与企业经营管理人才、专业技术人才一道成为人才队伍建设的主体。2005年《中华人民共和国公务员法》颁布后，党政干部的管理更加规范，进入公务员的渠道除考试录用外，还有军转干部安置、事业单位干部调任，从农村基层干部、大学生村干部中招录等方式。

至2007年，全市有党政人才16559人。女性比例进一步提高，2005年后，在公务员招考及大学生村干部、“三支一扶”（支农、支医、支教和扶贫）招考中，女性入闱总数超过男性，并逐渐导致农村基层干部女多男少现象。随着高等教育的普及，一批干部通过在职教育取得在职研究生学历。

受干部年龄影响和乡镇领导职数限制，每当乡镇换届，一批乡镇领导干部进县区直机关安排，导致县区直机关人满为患。机关充斥着退居二线的占编人员。为保证工作运转、各级机关以借用或跟班学习名义，将新录用的公务员、大学生村干部、“三支一扶”人员借用到机关工作，借用时间短则几个月，长则十多年。此外，乡镇事业编制人员出路受阻。

2014年12月，全市有党政干部18265人，其中女干部3687人，占20.2%。大学本科以上有7963人，占43.6%；30岁以下年轻干部有2653人，占14.5%。

二、企业经营管理人才

企业经营管理人才是指从事企业组织经营、管理的专门人才，是企业发展的核心要素，由企业家、国有企业产权代表、职业经理人、复合型管理人才、专业型管理人才及党务管理人才构成。抚州企业经营管理人才队伍建设自解放初期开始，从时间上大致可划分为四个阶段。

第一阶段：计划经济时期。解放至1956年期间，围绕居民日常生活用品供应，抚州相继成立盐业公司、百货公司、医药公司、食品公司、副食品公司、土产公司、石油公司、燃料公司、专区印刷厂、专署建筑工程处（抚州地区建筑公司前身）等企业，1949年7月设立的江西省运输公司抚州支公司是抚州最早的国有公司。1956年至1966年期间，一批小三线厂、国营垦殖场及棉纺织企业落户抚州，721矿、东乡铜矿、永胜机械厂、利群机械厂、红星垦殖场、德胜关垦殖场、抚州棉纺织厂、江西纺织机械厂、江西磷肥厂（原东乡钢铁厂）、东乡化肥厂、抚州制药厂、抚州轮船运输公司等先后开办。七八十年代先后建成抚州第二棉纺织厂、抚州第三棉纺织厂、抚州印染厂、江西富奇汽车厂、江西特钢厂、抚北粮油加工厂等企业。抚州工业体系形成于20世纪60年代的小三线建设，完善于80年代，形成以纺织工业、汽车工业为主要支撑的工业体系。在计划经济时期，企业经营人才、专业人才和党政人才统称为“干部”，企业经营人才套用干部行政级别和工资，用管理党政干部的方式调配、使用、选拔企业经营人才，忽视各类人才队伍建设的特殊规律。

第二阶段：市场经济转轨时期。随着社会主义市场经济体制的建立，围绕搞活国有工业企业、商业企业，开展以厂长（经理）负责制为重点内容的企业经营管理改革，以招标承包制为主要内容的承包经营责任制改革，以转换企业经营机制为主要内容的用工、分配、社会保障三项制度改革，以股份合作制为主要形式的产权制度改革，抚州国有工业企业逐渐从一般性竞争中退出，制约企业发展的历史包袱和体制障碍逐渐消除。为加强企业经营管理人才队伍建设，各级组织人事部门和经济主管部门，通过各种方式充实经营管理人才队伍。引入竞争选拔机制，把大批年富力强的经营管理人才充实到企业重要领导岗位上。同时，通过外部引进改变企业人才队伍结构，发挥市场在人才资源配置过程中的基础作用。推进薪酬分配制度改革。20世纪90年代初，抚州地区实行劳动人事、工资分配、社会保障三项制度改革，破除“三铁”（铁工资、铁饭碗、铁交椅），推行“三全”（全员劳动合同制管理、中层干部全部聘任、工资全部浮动），做到“四能”（企业能生能死、干部能上能下、职工能进能出、收入能高能低）。干部、工人界限打破，一批有才能的企业中层管理人才脱颖而出。至1992年12月，全区123家预算内工业企业，全面实行三项制度改革的108家，占总数87.8%；实行分配制度改革的109户，占89.3%。其次，股权激励将企业发展与个人未来收入紧密结合。在此期间，企业经营人才逐渐从党政人才体系剥离出来，企业级别逐渐被取消，企业经营管理人才的薪酬管理进一步放开。由于经营有方，一批业绩突出的企业经营管理人才被选拔或提拔进党政干部队伍。

第三阶段：非公有制企业迅速发展时期。国有集体企业完成改制后，尤其是随着工业园区平台及招商引资的不断推进，非公有制经济得到迅速发展壮大，企业数量不断增加，企业规模不断扩大，企业实力不断增强。在这一背景下，企业经营管理人才队伍建设的重心转向非公有制企业。尤其是随着地（市）、县（市、区）工业园区建设的不断推进，企业集群逐渐成形，形成机电汽车、纺织服装、生物医药、食品加工、化工建材、有色金属加工等六大主导产业。2000年8月，临川酒厂改制为临川贡酒（集团）有限公司，股权设置为1066股，每股股金1万元，董事长杨灿龙个人奖励股和现金股共计309股。由于非公有制企业实行自主经营、自负盈亏，企业经营管理人才队伍建设重点是培养典型，提高他们的政治地位，为他们参政议政搭建平台。一批表现突出的企业经营管理人才还被选为人大代表、政协委员。富奇汽车制造厂厂长曹广洪、涂绪珍先后当选为全国人民代表大会第八届和第九届代表。2000年，全区有300多名有影响、有代表性的非公有制经济人士参加到市、县各级工商联（商会），担任工商联（商会）常委、委员，担任县市商会副会长、理事的262人；县人大代表14人，省人大代表1人；县政协委员106人，省政协委员1人。2006年市人大和市政协换届，全市推荐非公有制经济人士人大代表41人、常委3人，政协委员58人、常委7人。非公有制经济人士大多为企业经营管理人才。

第四个阶段：企业家队伍培植与服务时期。2006年以后，随着抚州“三大战役”的打响，抚州工业进一步发展。到2014年年底，全市有规模以上工业企业823家，县区工业规模及集群效应显著。黎川县陶瓷产业发展迅速，被中国陶瓷工业协会评为“中国日用耐热陶瓷产业基地”；金溪县香料企业发展到32家，香料产品包含三大系列、10多个类别、100多个品种；崇仁县集聚变电设备及其上下游配套企业46家，其中规模以上企业28家；南城县做大做强机电机械、高档轻纺、医药化工、五金建材、食品加工等五大主导产业。随着企业的发展壮大，抚州企业经营管理人才队伍建设重点转向企业家队伍的培植与服务。一是树立一批优秀企业家典型。江西博雅生物制药股份有限公司董事长徐建新，多次被评为江西省优秀厂长（经理），2001年获江西省“五一”劳动奖章称号，2004年获得全国“五一”劳动奖章殊荣，2009年获“新中国60年来江西60位最具影响力的劳动模范”。徐建新担任总经理8年中（2001—2008），博雅公司的销售收入、上缴税收、净利润连年递增，累计销售收入为76460万元，上缴税收10132万元，实现净利润7550万元。2007年，博雅公司进入全国同行业前5名，并先后获得江西省优秀高新技术企业、江西省医药十强企业等荣誉。中阳建设集团有限公司董事长陈胜德，荣获全国“职工信赖的优秀企业家”、江西省“十大经济人物”、江西省“五一”劳动奖章、江西省优秀企业家等荣誉称号。公司先后荣获全国优秀施工企业、中国资信AAA级企业称号。2012年，作为全省唯一一家建筑企业荣获全国住房城乡建设系统先进集体称号。二是积极引进高层次人才。2005年，金溪县江西博揽生物工程有限公司从浙江大学引进博士夏黎明。2006年，金溪县引进博士研究生3名、硕士研究生5名。2012年，江西日上化工有限公司引进留美博士彭陟辉，江西铭川科技有限公司引进中国科技大学博士王武生。黎川县着力打造集聚陶瓷、鞋帽、医药等高层次人才“洼地”，先后引进3个“海归”博士团共12人，各类高新技术人才155人。2013年，金溪县工业园区仅香料产业就引进高级人才16人。另一方面，通过挂职锻炼、岗位轮换等方式，加大经营管理人才的培养力度。2001—2006年，抚州市工商联共举办各类专题培训班、专题讲座、专题研讨会和论坛30多场，参训企业经营管理人才2000多人次；组织企业家参加江西省工商联等有关单位举办的各类培训班、论坛、讲座300多人次。2007年，抚州市委组织部、市委统战部、市工商联组织40多名非公有制经济管理人才赴浙江绍兴学习培训，并在绍兴建立民营企业家培训教育基地。2008—2009年，市工商联先后组织100余名企业经营管理人才参加江西财智名家论坛，组织60多名企业经营管理人才赴海南培训。2010—2011年，抚州市委统战部、市工商联、金巢经济开发区委托清华大学（江西）高管培训中心举办15期企业总裁拓展训练班、抚州新经济发展论坛、ENBA总裁培训班、中层危机培训班及企业赢利总裁研讨会，开展“经济转型——现实和道路”“新时期国民经济热点分析预测”等讲座，组织各种经济成分经营管理人才900多人次参加学习，并将江西博雅生物制药股份有限公司、江西赣电电气有限公司、江西博君生态农业开发有限公司、江西国化实业有限公司作为企业创新创业人才示范点。至2015年12月，抚州市有企业经营管理人才1.39万人。

三、专业技术人才

1954年10月，抚州专区根据《各业工程技术人员技术标准（草案）》开展工程、农业、林业、卫生等部门职称确定与晋升工作，1955年评定专业技术人员497人。至1965年，全区有专业技术人员2664人。“文化大革命”中，专业技术职称评定工作停止。

1980年抚州地区科技干部管理局成立，专业技术职称评定工作恢复，全区有工程、农业、林业、卫生、教学、文艺、新闻出版等类别专业技术人员12177人。1987年7月，地区职称改革领导小组批复各主管部门分别成立工程、农业技术及农业科研、中小学教师、档案技术、会计、统计、新闻、出版、教练员、经济、文博和图书资料、技校教师、社会科学研究、中等专业学校、艺术等中级专业技术职务任职条件评审委员会（简称职评会），1988年增加律师、公证员、审计等中级专业技术“职评会”；地直单位组建初级“职评会”。

1990年抚州地区人事局设置专业技术人员管理科，接替承办全区专业技术职务（职称）评聘工作，并专门成立地区科技人员技术职称评定委员会，对科技人员进行技术职称考核评定。1992年1月，地区印发《企事业单位经常性评聘专业技术职务工作的主要政策》，规范职称评审工作，评聘对象为编制、人事、工资关系在区内企事业单位，从事专业技术工作和专业技术管理的人员；考核制度分为任期考核和年度考核；考核内容为德、能、勤、绩等方面，分优秀、称职、基本称职、不称职四个等级。1994年全区申报高级职称实行“打擂台”（定限额人数）办法筛选，对职称评审工作进行改革。1996—1997年，全区中小学教师、医生职称评定先后实行量化评分，排队推荐。2000年，全区有各类专业技术人员61928人，其中高级专业技术人员1869人。

1955—2000 年部分年份抚州地区专业技术人员分类情况

表 9-7　　　　单位：人

年份	教学	卫生技术	农业技术	工程技术	科学研究	新闻出版外文翻译	经济专业	会计专业	统计专业	律师公证	播音	工艺美术	文艺	体育	政工	合计
1955	—	330	159	8	—	—	—	—	—	—	—	—	—	—	—	497
1956	70	291	177	10	—	5	—	—	—	—	—	—	17	—	—	570
1958	30	498	318	184	3	—	—	—	—	—	—	—	—	—	—	1033
1961	301	900	584	233	—	—	—	—	—	—	—	—	176	—	—	2194
1964	37	1220	751	261	—	10	—	—	—	—	—	—	18	—	—	2297
1965	147	1349	803	320	1	10	—	—	—	—	—	—	31	—	—	2661
1977	4957	2904	833	1830	53	6	—	—	—	—	—	—	453	—	—	11036
1978	5303	3188	882	2012	98	4	—	—	—	—	—	—	480	—	—	11967
1979	5238	3272	906	2109	154	6	—	—	—	—	—	—	492	—	—	12177
1980	5838	3405	1022	2090	86	—	—	1966	311	3	27	—	397	—	—	15145
1981	6377	3281	837	1649	110	—	—	1193	266	4	55	—	464	—	—	14236
1982	7029	3858	916	1682	121	—	—	1152	265	8	37	—	525	—	—	15593
1983	12224	4512	1143	1951	32	—	51	1214	371	—	24	11	461	31	—	22025
1984	13418	4710	1087	2177	19	—	64	1212	349	—	44	10	333	30	—	23453
1985	14596	4670	1095	2369	96	1	37	1214	379	—	51	10	290	34	—	24842
1986	15732	4722	1122	2454	98	2	76	1326	371	—	52	3	290	36	—	26284
1987	16641	4849	1336	2619	79	—	424	1987	460	—	63	13	298	37	—	28806
1988	19008	5075	1285	2867	73	1	1359	1725	403	92	88	5	172	26	—	32179
1989	20247	5259	1264	2908	64	2	1870	1825	417	114	76	9	152	51	—	34258
1990	21201	5386	1266	3171	38	2	2281	1883	478	94	104	10	156	39	—	36112
1991	23017	5997	1600	3595	102	2	2599	1578	435	69	71	11	134	28	13	39251
1992	24012	5848	1631	3910	62	—	2518	1647	508	77	81	12	113	32	275	40726
1993	24626	5768	1961	3821	51	3	2622	1537	461	78	125	13	90	37	500	41693
1994	25515	5831	1783	3791	30	3	2354	1634	458	83	35	13	127	43	543	42243
1995	27636	6087	1327	3758	21	3	2055	1622	361	66	20	15	153	50	779	43953
1996	28544	6256	1489	3886	41	4	1930	1606	358	77	34	12	126	35	960	45358
1997	20596	6554	1433	3843	43	4	1932	1727	407	74	34	10	126	39	996	37818
1998	31070	6769	1452	4037	41	45	1908	1718	394	66	61	10	104	45	962	48682
1999	36050	8573	2398	4493	51	50	2092	2171	631	82	55	14	180	57	1111	58008
2000	37318	9586	2597	4657	50	50	2215	2510	722	52	65	13	184	50	1331	61400

说明：① 1999—2000 年的数据不含党委部门专业技术人员。②缺部分年份资料

1986—2000 年抚州地区高级专业技术职称人员分类情况

表 9-8 单位：人

年份	高级工程师	高级农艺师	正副研究员	正副主任医师	教学人员	高级经济师	高级会计师	高级统计师	正副研究馆员	正副编审	一二级律师公证员	高级工艺美术师	国家级高级教练	一二级艺术人员	高级政工师	合计
1986	4	3	1	11	3	1	—	—	—	—	—	—	1	—	—	23
1987	7	4	1	26	22	—	—	—	—	—	—	—	—	—	—	60
1988	44	64	8	130	430	4	7	4	6	3	1	—	1	4	—	706
1989	90	68	7	130	459	7	13	2	2	4	1	—	1	3	—	787
1990	118	109	1	166	577	12	22	2	17	12	7	—	1	6	—	1050
1991	129	95	11	173	568	11	13	6	7	8	1	—	—	4	3	1029
1992	135	98	3	176	604	12	14	6	6	6	1	—	—	4	23	1089
1993	161	98	4	204	640	13	11	2	6	11	1	—	—	4	14	1169
1994	160	98	3	197	611	15	7	2	5	10	1	—	—	3	19	1131
1995	207	110	4	322	765	25	7	2	4	7	1	1	—	5	23	1483
1996	219	112	10	369	854	28	11	6	8	9	2	1	—	5	22	1656
1997	228	107	11	417	929	27	10	5	6	8	2	1	—	6	20	1777
1998	237	92	11	406	890	22	10	3	6	1	1	1	—	7	20	1707
1999	219	96	11	447	982	26	7	1	6	1	—	1	—	11	16	1824
2000	219	109	8	447	1004	25	11	2	5	1	—	—	—	11	29	1871

2002 年，江西省实行以“个人申报、社会评价、单位聘任”为内容的职称评聘制度。“个人申报”即专业技术人员只要符合规定的评审条件，就可不受单位聘任职数限制，自主申报评审专业技术资格；“社会评价”即由政府人力资源和社会保障部门吸收不同部门的同专业专家组成评委会，进行社会化评审；“单位聘任”即用人单位可以自主设岗，择优聘任。2008 年，江西省人事厅规定职称评审“多中选好、好中选优”，控制职称评审通过率，高级职称通过率不超过 70%，中级通过率不超过 65%。2011 年，评审通过率下调 10%，高级通过率不超过 60%，中级通过率不超过 55%。

2001 年以前，专业技术人才建设重点是抓技术职称评定，人才的培养与经济社会发展的结合工作做得不够。2002 年以后，注重发挥专业技术人才对企业发展的支撑作用，把加强专业技术人才队伍建设与打造产业结合起来。2003 年黎川县实施“十百千”工程，培养陶瓷专业人才。采取企校联姻的办法，从应届高中毕业生中定向选送 40 人到景德镇陶瓷学院、北京工业大学对口专业接受国民学历教育；县职业中专每年招收 90 名应届初中毕业生进行专业技术教育；从陶瓷企业员工中选送一批到景德镇陶瓷学院或县职业中专进行更新知识培训。县财政每年拨专款支持陶瓷专业人才培养。至是年 12 月，该县有 115 名高中毕业生报考景德镇陶瓷学院。

2004 年，全市拥有各级各类人才 9 万人，其中专业技术人才 6.6 万人。2005 年，面向国内柔性引进“双高”（高学历、高职称）人才 71 人，中、高级专业技术人员数据库入库人员 4509 人。是年，全市县以上自然科学科研与开发机构评聘技术人员 2292 人，其中，自然科学 1146 人、工程科学技术 39 人、医学科学 10 人、农业科学 1097 人。2006—2010 年，全市评聘正高级专业技术职称人员 131 人。

2007 年，全市人才总量达 10 万余人，其中专业技术人才 6.1 万人。2009 年 12 月，全市共有各类人才 27.03 万人，其中专业技术人才 5.41 万人。有 58 名专家享受国务院、省政府特殊津贴，2人先后评为江西省突出贡献人才。2011年全市县以上自然科学科研与开发机构评聘技术人员1720人，其中，自然科学860人、工程科学技术46人、医学科学16人、农业科学798人。

至2015年12月，抚州市有专业技术人才7.88万人。其中教育系统人才占58%，医疗卫生系统占36%，农、林、水、规划等方面的专业技术人才占6%。同时，还将南丰县蜜桔研究所、广昌县白莲科学研究所、江西惠农种业有限公司作为专业技术人才示范点。

2002—2011年抚州市高级专业技术职称人员分类情况

表9-9　　　　单位：人

年份	工程类	农林水类	科研类	医疗卫生类	教育教学类	文化艺术类	新闻出版类	经济类	会计审计统计类	文博图书档案类	其他类	合计
2002	1204	8	—	43	1664	1	4	2	—	3	1	2930
2003	1555	44	2	1176	5852	—	—	—	—	—	—	8629
2004	1432	36	—	1357	4866	8	5	—	2	13	3	7722
2005	513	31	2	61	4013	7	8	125	2	1	—	4763
2006	981	28	—	899	3120	6	4	183	6	3	1	5231
2007	787	28	3	843	2643	14	7	55	272	15	—	4667
2008	1040	37	—	1325	2446	18	9	127	205	2	3	5212
2009	896	39	—	1929	2303	19	6	90	303	3	—	5588
2010	1473	39	—	2225	2286	21	8	49	199	1	1	6302
2011	1518	42	1	1830	2020	6	4	49	322	4	2	5798

2006—2014年抚州市专业技术人员考评通过情况

表9-10　　　　单位：人

年份	教学	卫生计生	农业	工程师	新闻播音	经济	会计	统计	文体艺术	审计	非国企	公安	社会工作	公证图书文化档案	初中级认定	合计
2006	2369	899	18	103	4	183	3	0	7	3	31	0	0	3	0	3623
2007	2095	843	18	79	7	55	244	25	17	3	104	0	0	15	276	3781
2008	1941	1325	27	70	9	127	183	17	18	5	170	3	0	2	354	4251
2009	1717	1929	29	93	6	90	303	0	19	0	225	0	0	3	200	4614
2010	1678	2225	29	115	8	49	190	6	22	3	382	0	0	1	557	5265
2011	1416	1855	32	125	6	82	313	1	11	8	518	0	0	2	850	5219
2012	744	2521	32	89	0	44	251	4	7	0	1626	1	2	2	1398	6721
2013	827	2810	44	91	1	47	179	1	6	0	5260	49	3	0	377	9695
2014	28	2839	102	82	2	80	254	4	12	6	4306	28	0	0	270	8013

四、高技能人才

高技能人才包括高级技工、技师和高级技师及相应水平人员。

技术等级考核鉴定 20 世纪 80 年代，抚州地区成立职业技能考核鉴定机构，地区劳动人事局、地区粮食局开始对劳动者职业技能进行评价，实行考核发证制度，并逐步推行职工技能水平与工资挂钩。1990 年 7 月，地区成立工人考核委员会，负责全区工人考核统筹规划、考核评审工作。1993 年抚州地区劳动局转发《江西省工人考核实施办法》，工人经考核合格，由劳动部门发给“技术等级证书”“技师合格证书”或“岗位合格证书”，工人凭证上岗、任职和取得相应工资（津贴）待遇。

1994 年成立抚州地区职业技能鉴定指导中心，全区设立职业技能鉴定站（所）11 个，其中，高级站 4 个，中级站 5 个，初级站 2 个，共有考评员 43 人。指导中心建立工人技术等级考核试题库，每年对全区 18 个行业、100 个工种的技术工人进行考核，对考核合格者发给相应技术等级证书。

2000 年，全区有初、中、高级技术工人 3819 人，至 2014 年，初、中、高级技术工人增至 13256 人。其中：初级 7935 人、中级 4757 人、高级 564 人。同时，还将邹兆庆蛋雕工作室、江西华南林业有限公司作为高技能人才示范点。

2001—2014 年全市高级工人数

表 9–11　　单位：人

年份	人数	年份	人数	年份	人数	年份	人数
2001	501	2005	392	2009	402	2013	988
2002	490	2006	1314	2010	544	2014	564
2003	291	2007	1213	2011	129		
2004	247	2008	368	2012	1541		

技师评聘 1989 年成立抚州地区技师聘任工作领导小组，负责组织领导和综合管理全区企事业单位技师评聘。1991 年 4 月成立抚州地区技师任职资格考评委员会，开始对全区申报技师人员进行摸底测算、组织培训、技术理论考试、操作技能考核、综合评审。高级技师通过地区考评合格后报省批准；技师由所在单位在劳动部门下达的限额内进行聘任，签订聘约，规定期限，明确权利和义务。企事业单位每年对技师的德、能、勤、绩进行考核，确立优秀、称职、基本称职、不称职等次，根据考核确定等次，给予奖惩。

1991—2011 年抚州评定技师人数情况

表 9–12　　单位：人

年份	人数	高级技师	年份	人数	高级技师	年份	人数	高级技师
1991	102	0	1998	178	6	2005	122	1
1992	430	0	1999	657	4	2006	464	0
1993	620	0	2000	768	0	2007	512	1

续表：9-12

年份	人数	高级技师	年份	人数	高级技师	年份	人数	高级技师
1994	444	12	2001	252	10	2008	58	8
1995	停评	停评	2002	39	3	2009	11	0
1996	135	6	2003	265	20	2010	7	0
1997	546	13	2004	231	15	2011	128	0

2004年，抚州市委提出要进一步加快高技能人才队伍建设。2005年由市政府出台《关于建立优秀高技能人才评选制度的实施意见》《关于建立优秀高技能人才评选奖励制度的实施意见》，决定每两年评选表彰10名市内在企业一线工作，能熟练掌握专门知识和技术、具有精湛操作技能，在生产实践中解决关键技术和工艺操作难题的人员。同年10月，市委组织部、市劳动和社会保障局联合下发《抚州市优秀高技能人才选拔和管理办法（试行）》，首次开展全市优秀高技能人才评选活动，各县区、市直有关部门和集团公司企业共上报推荐20名候选人，涉及机械制造、粮食加工、中式烹调等多个行业，经市优秀高技能人才评选委员会评审，黄正晖、刘小光等10人被评为抚州市优秀高技能人才，市政府给予每人3000元奖励。黄正晖还荣获第一届江西省优秀高技能人才称号。

2006年，抚州市举办首届职业技能竞赛活动。经各县区及市直单位选拔，共有17支代表队、107名选手分别参加车工、工具钳工、中式烹调、汽车驾驶4个职业的竞赛，经竞赛裁判委员会评分产生各职业的前三名，共12名参赛选手获奖，对各职业的第一名由市政府授予抚州市技术能手称号。同年5月，市劳动和社会保障局与市商业转制办、市烹饪协会、市旅游局联合开展“惠泉杯”抚州市第二届烹饪技能比赛，共有200多名中式烹饪、西式面点技能人才参加比赛，有80人获奖。全市全年共组织486人参加建筑、机械、烹饪、美容等行业的职业技能大赛。2007年9月，南丰县组织开展第二届“桔都杯”烹饪大赛，竞赛分技术理论考试和操作技能现场考核，共有42人参加比赛，比赛前三名和理论、操作合格者颁发高级工证书。各级劳动保障部门大力推行名师带徒制度，从各县区和中央、省属、市属企业的技师以上高技能人才中，选择120对开展一对一带徒活动，促进岗位成才。建立高级人才库，20名高级技师进入省级信息库，200名高级工以上的高技能人才进入市级信息库，各县区也参照市级库模式建立县级信息库。

2006年12月，抚州市举办第一届职业技能比赛

2007年，制定下发抚州市部分企业高技能人才认定试点工作实施方案，在江西明恒纺织有限公司、江西江铃底盘股份有限公司、江西添光化工有限责任公司、赣龙电工工具有限公司开展企业评价技师、高级技师试点，试点时间为3年。抚州市推荐的江西添光化工有限责任公司技师周善勇和资溪全龙艺术蛋糕培训基地中式面点技师徐全龙荣获江西省第二届优秀

高技能人才称号。

2005—2007年，抚州实施“金蓝领工程”，组织12次高级技能培养，培养高级工2530人，其中2314人获高级职业资格证书；开展3期新职业国家统一考试，其中营养配餐师高级技能鉴定114人，保育员高级技能鉴定108人。3年中，全市累计培训18.8万人次，较好地满足了抚州经济社会发展对技能型人才的迫切需求。其间，全市共鉴定高级工以上高技能人才20625人，为17188人核发职业资格证书，其中，高级工12916人、技师4186人、高级技师73人。

2010年，全市共有各类人才27.03万人，其中技能型人才13.8万人。2011年，进一步完善人才发现评价机制，扩大企业认定高技能人才工作试点范围，把大中专毕业生纳入职业技能培养对象，并进行职业技能鉴定，为300多名非公有制企业专业技术人员和农民技术人员破格评定职称。实施高技能人才培育工程，通过校企合作，培训技能人才3.49万人次。全龙面包烘焙技能工作室成为首批5个江西省技能大师工作室之一，徐全龙等9位高技能人才荣获江西省首席技师称号。至2015年12月，全市有技能型人才20.49万人。

五、农村实用人才

农村实用人才，包括农村种植养殖能手、加工农产品能手、农村经纪人、各类能工巧匠和科技带头人等。

队伍规模 抚州是传统农业地区，种养能手和能工巧匠层出不穷。1952年7月临川湖南乡茶溪人肖炳禧（1922—1964），带领本村17户农民成立抚州专区第一个农业生产互助组，通过推行“三包”（包工、包产、包成本）“四固定”（固定土地、劳力、耕牛、农具）责任制，开展“盐水浸种”“新法育秧”“单穗选种”农业科学实验，使粮食亩产由150公斤提高到350公斤；南丰市山人李折仂（1916—1966）从小随父学习捕捉果树害虫，1951年在江西新干县现场比赛时，因其对桔树天牛幼虫开洞钩取准确、速度快、无遗漏，被评为省果树捉虫劳模，1952年应邀参加农业部召开的南方果树会议并介绍经验；东乡佛岭水库管理员江荣泉（1902—1978），农忙管水，农闲植树，用插条、播种办法育苗木2万余株，种果树8000多株，花卉药材20余种，1960年被中国科学院江西分院聘为林业特约研究员；南丰郭背园桔农杨菊生（1916—1984）有着丰富的柑桔栽培技术，曾任江西省科学院特约研究员、县农民柑桔专职技术指导员。

实行家庭联产承包责任制后，农村经济快速发展，一批乡土人才脱颖而出。金溪县崇麓田南村药材加工专业户韩光海，1984年开始兴办家庭药材加工厂，产品销售到广州、杭州、南昌等地，年收入1.24万元。在“人才兴区”战略推动下，1997年抚州出台《优秀乡土人才选拔管理办法》，全区乡土人才336人，其中地管优秀乡土人才30人，有5人获省委组织部、省委农工委、省人事厅命名表彰的首批江西省优秀种养能手称号，占表彰总数16人的1/3。

1998年，全区选拔一批乡镇管理的乡土人才，乡土人才达到1607人。在全区科技大会上，有29名优秀科技人员和乡土人才受到表彰奖励。是年，抚州有5名乡土人才被江西省委组织部、省委农工委、省人事厅命名为“田野上的院士”。此外，一批年青乡土人才列入村级后备干部，培养成熟的及时使用。仅黎川县当年就选拔20名乡土人才为村干部，评为优秀党员的36人。2002年，全市乡土人才增至4492人。

2005年9月，市委组织部、市委农工部、市人事局联合印发《抚州市优秀农村实用人才选拔和管理办法（试行）》，规定选拔的对象为抚州市农村直接从事种植、养殖、农副产品加工等行业中技术拔尖、规模大、效益好，带领群众致富取得突出成绩的农村实用人才。农村实用人才选拔工作每两年进行一次，每次选拔20名左右。经县区推荐、专家评审小组评审、组织考察、市委人才工作领导小组审批、表彰发证等5道程序，市人才发展专项资金一次性奖励每人1000元。南丰县每年举办的“蜜桔节”期间都要开展“蜜桔大王”评选活动，大奖得主为种桔能手。各地将重点掌握的优秀农村实用人才纳入人才信息库，并按照“三优先”和“四倾斜”[4]原则，做好在各类人才中发展党员工作。各村按要求每年发展一名以上农村实用人才入党，全市每年新发展农民党员中，实用人才占70%以上。

2006年，抚州首次组织全市986名优秀农村实用人才参加免费体检。市委组织部、市委农工部、市人事局联合下发《关于开展评选首届抚州市优秀农村实用人才的通知》，评选对象为抚州市直接从事种植、养殖、加工等方面技术尖、规模大、效益好，在带头致富中乐于帮扶群众共同致富，以及从事农技推广和发明创造的农村实用人才。各县区和金巢经济开发区按1:1.5的比例上报88名农村实用人才参评，专家评审组按照生产能手、经营能人、能工巧匠、科普推广等类别，根据规模、税收、“双带”、贡献、公认度等因素，设计制作百分制评分表，通过专家集中评审，打分排名，评选出50名候选人。50名候选人经考核、公示，有30名成为享受市政府特殊津贴专家（市管拔尖人才），其中有1名高技能人才、6名农村实用人才在全省首创享受市政府特殊津贴制度。市委组织部编印《抚州市农村实用人才名录》，收录全市农村实用人才6200多名，将他们从事产业、联系地址和联系电话编印成册，发放到各县区及农村实用人才手中，加强与农村实用人才的联系，促进农村实用人才之间的交流与合作。

至2015年12月，全市有农村实用人才7.78万人。

管理网络 1998年，抚州地区把乡土人才作为科技人才队伍建设的一项重要内容，在全省率先纳入组织部门知识分子工作的管理范畴，在完善地、县市两级优秀乡土人才管理网络建设的同时，加大乡镇网络建设力度。至1999年12月，全区205个乡镇有197个乡镇建立乡土人才队伍，177个乡镇制定乡土人才管理办法，部分乡镇还成立乡土人才工作领导小组，使乡土人才工作在基层有人抓有人管。

抚州撤地设市后，农村实用人才得到进一步重视。2001年，市委组织部与市农办、市人事局联合组织优秀乡土人才推荐活动，在各县区推荐103名优秀乡土人才的基础上，向江西省委组织部推荐13名业绩突出者。农村乡土人才的选拔，注重做到“三看”：一看是否掌握致富本领；二看是否上规模、有效益，典型示范作用如何；三看是否乐于带领群众共同致

东乡县邓家乡大学生村干部创业示范基地

富。依据这些标准，选拔一批“田秀才”“土专家”。至2004年12月，市、县、乡三级优秀实用人才达6600名，其中市管33名、县管867名。其间，乐安县还开展评选“十佳”优秀乡土人才风采奖活动。

各地在选拔乡土人才的同时，积极组建人才联络组织。2004年，全市先后组建46个乡土人才联谊会、乡土人才协会。2007年，乡土人才协会增至79个。黎川等县区还聘请技术顾问和法律顾问，为实用人才协会释疑解难，搞好服务。南丰县出台《鼓励农业科技人员在本县范围内开展有偿服务暂行规定》，按照“科技导入农村、人才进入农户”的思路，选派一批农业科技特派员下乡进村，采取多种渠道筹集资金，重点扶助农村实用人才进行特色农业开发。

2008年，全市开展农村实用人才帮带创业活动，使实用人才成为帮助和带领群众创业的“孵化器”。通过帮带，共确定帮带创业“孵化器”实体1635个，其中种养类636个，加工企业类689个，商贸流通类193个，其他类117个。

2010年，针对县区不同主导产业，培植和打造“一社一会”市级人才工作示范点，在全市组织实施千名优秀农村实用人才帮带创业工程，广泛开展“三先一结对”（新技术先开发、新工艺先引进、新品种先试种，结对帮扶）活动，使特色产业在帮带创业推动下不断发展壮大，全市形成南丰蜜桔、广昌白莲、南城麻姑仙枣、崇仁麻鸡、东乡生猪、资溪面包、黎川食用菌、金溪黄栀子等一批主导产业。

人才培训 1992年9月江西省委组织部提出，从1992年第四季度开始到1995年12月，用3年左右时间，有组织、有计划地对全省村干部和农村党员普遍进行一次实用技术培训。1993年年初，抚州地委组织部与地区科协联合下发《关于贯彻执行对农村基层干部和党员进行实用技术培训的实施意见》，提出培训计划和评比措施，并下达具体的培训指标。从4月开始，各级党组织着手实施农村党支部书记培训工作，全区1929名村党支部书记，参加培训的有1898名，占总数的98.4%。

1995年，全区共筹集经费31.7万元用于培训基层干部，建立培训场所238个。成立“抚州地区农村党支部书记培训中心”，中心主任由地委组织部分管党建工作的副部长担任，下设办公室，配备专兼职工作人员，负责培训中心的日常管理工作。选择或制作一批与培训内容相关的教材和电教片，共下发实用技术培训教材28640册，复制电教录像带1200余盒，培训农村基层干部近2.4万人，其中县市委培训7680人，乡镇培训1.6万人。同时，轮训农村后备干部4740人，参训率98%。

1999年11月，抚州地区举办乡土人才培训班

2002年，广昌县结合农业产业结构调整，聘请专家、学者上门上户为乡土人才传授科技知识，提高乡土人才的科技水平；崇仁县在乡镇建立乡土人才培训基地，根据优秀专家、拔尖人才，优秀中青年学术、技术带头人，乡土人才3支队伍各自特点，通过实行3支队伍捆绑抓，达到帮扶结对三方赢的目的。金溪、黎川、乐安等县开展“1+1”帮扶工作，乐安县还将这

项活动与评选“十佳”优秀乡土人才风采奖活动相结合，较好地激发乡土人才的帮扶意识和奉献精神。

2004年各地本着实用、实效的原则，采取分层次、分类别培训的办法，市、县、乡三级共举办各类培训班138期，培训农村实用人才1万余人次。崇仁县针对当年上半年“禽流感”疫病暴发，通过项目资金投入、银行贷款、财政扶持等方式筹集资金650多万元，帮助麻鸡饲养大户做好防疫，努力降低麻鸡饲养户的损失。“禽流感”过后，年内麻鸡出笼4000万羽。结合“三培两带”活动，采取结对帮扶、“公司+农户”“基地+农户”等形式，全市有12万多户农户在农村实用人才带领下走上致富路。南城县株良镇路东村村支书刘应龙，发挥自身优势，做强做大课桌产业，采取“公司+农户”的模式，带领100多户农户从事课桌加工，年产值达1500万元，纯收入330万元，加工户年纯收入逾万元。

2005—2007年，抚州市实施素质提升工程，进一步增强农村实用人才致富本领。鼓励农村实用人才与科研院所建立长期联系，通过组织观看科技电教片、聘请专家授课、举办培训班等形式，丰富农村实用人才的科技知识。三年中，市、县、乡三级共举办种植、养殖和农产品加工等各类技术培训班1500多期，培训农村实用人才10多万人次。同时，引导和鼓励农村实用人才参加农业函授大学学习，先后有近2000人取得结业证书，还有一大批农村实用人才通过自学，完成大学本、专科学历。组织农村实用人才到科研部门和高等院校进修，到发达地区和大型企业考察学习。东乡县聘请江西省蚕桑研究院10多名专业技术人员，对全县蚕桑产业的发展进行技术指导和业务培训，将本县蚕桑技术员送出去学习考察，培养一批本地的蚕桑技术人才。

针对农业科技推广体系“线断、网破、人散”问题，充分利用县、乡、村各类科技示范服务基地，搞好技术服务，帮助实用人才掌握新品种、新技术。南城县鼓励、支持乡镇干部、农技人员分流领办、创办各类科技示范服务基地，对农村实用人才进行实地技术指导；临川区从南京农科院聘请一名教授常驻金银花基地，对农村实用人才和广大农户进行全方位技术指导。2007年，市委组织部在南丰县开展农业产业化科技特派员试点工作，从农、林、水等涉农部门派出科技专家，先后举办蜜桔、甲鱼和乌龟等培训班700多期、科技圩市12场，受训人数达3万人次；帮助农村实用人才组建农产品流通组织5个，建立利益共同体11个，为农村实用人才解决技术问题2000余个。

典型培植 1997年，江西电视台播放抚州优秀乡土人才发展种植业、养殖业、加工业带领群众共同致富的电视专题片。抚州注重培植典型，发挥农村实用人才带动作用，广泛开展“传技术、带民富、比贡献”活动。1999年全区2853名乡土人才参与帮扶活动，帮扶对象9005户，帮扶金额156.7万元，帮扶对象都增加收入。[5]2001年，在资溪县面包大王张协旺在市委倡导下，成立资溪面包行业协会，先后在南京、大连等地建立28个分会，发展会员986人；优秀农村实用人才、全国劳模、江西东盛种猪有限公司董事长乐细娇引进瘦肉型优良品种，建立国内一流的兽医实验室、人工授精中心，在她的引导下，东乡县逐步形成县育、乡繁、户养为主的良种猪生产体系；广昌县农村实用人才谢昌军，繁育出白莲蓝天系列优良新品种，使白莲亩产达150公斤。2007年，金溪县共建立黄栀子、葡萄、蜜梨、蚕桑、优质稻等产业联合体48个，有360多名农村实用人才单独或合作领办联合体，带动农户1.8万人。东乡县农村实用人才曾加兴创办蚕桑龙头企业蚕宝丝绸厂后，带动全县12个乡镇上万户农民种桑养蚕，平均每户增收1350元；崇仁县7家麻鸡加工型龙头企业和繁育型龙头企业，加工的系列产品有“五香麻鸡”“麻鸡酱油王”等10余个产品畅销省内外，2005 年加工转化鲜活崇仁麻鸡 800 万羽，带动崇仁麻鸡养殖户 1600 余户；金溪县农村实用人才韩光海投资 300 万元创办光海农产品加工厂后，初步形成生产、加工、销售一条龙服务，延长黄栀子产业链，提高产品的附加值；广昌县农民党员、“泽泻大王”赖福生，创办福海药业有限公司，加工生产泽泻饮片，产品远销东南亚各国，公司与 3000 多户农户签订订单，使广昌泽泻价格逐年上升，种植面积发展到 1 万余亩。2007 年，全市有农业产业化国家级重点龙头企业 3 家、省级重点龙头企业 22 家、市级重点龙头企业 85 家。国家和省级龙头企业平均带动农户 15000 户，市级龙头企业平均带动农户 2604 户。[6]

进入 21 世纪后，为努力营造“尊重知识、尊重人才”的社会氛围，抚州市通过各种媒体大力宣传优秀乡土人才的先进事迹。南丰县以每年评选“蜜桔大王”为契机，扩大“土专家”知名度；黎川县委组织部与县有线电视台联合摄制反映优秀乡土人才事迹的系列新闻专题片《田野风》，在黎川新闻节目陆续播放。2005 年年初，抚州市委组织部组织 6 名优秀农村实用人才，分两批到各县区巡回宣讲，讲述他们的致富技术和创业经历，受到广大农村党员、干部和群众的欢迎。《抚州党建》以增刊的形式，编印一期 1300 册农村实用人才专刊，发往各乡镇、有关单位；出版《播种希望——抚州市优秀农村实用人才风采录》，该书由江西省委常委、组织部部长董君舒作序，抚州市委书记钟健华、副书记甘良森任顾问和名誉主编，市委常委、组织部部长李舰海任主编，将全市 35 名优秀农村实用人才的创业历程、致富经验编辑成册，共印发 6000 册，发放到广大农村干部群众手中，进一步激发他们的创业热情。

2006 年，抚州市着力加强农村实用人才的宣传报道。7 月 18 日《江西日报》头版头条刊登《乡土人才领跑小康路——抚州实施“以人为本，人才强市”战略成效显著》；8 月 3 日，

临川乡土人才方金山和他培育的食用菌

《中国人事报》用一版篇幅刊登《立足自主培养，扶持自主创业——江西抚州市破解农村人才困局走出新路子》，介绍抚州市实施千名优秀实用人才帮带创业工程情况和全市农村实用人才队伍建设情况。

各地建立多元化投入机制，争取农村金融部门的支持，使农业小额贷款向农村实用人才倾斜。广昌县推行农村实用人才“双带”联保基金贷款和物流联保基金贷款，实行“银行贷款、财政贴息、工资担保”的贷款联动机制，仅 2007 年县农村信用社发放农村实用人才“双带”联保贷款 1300 多万元，使物流产业迅速发展壮大，成为全国第一物流大县。南丰县在 1991 年南丰蜜桔遭受严重冻害以后，采取政府投入为主，先后投入 3 亿元资金，对蜜桔种植户提供资金、化肥、配套辅助设施，带动和吸引民间资金十几亿元投入蜜桔开发。

崇仁县国品麻鸡发展有限公司、东乡县天然丝瓜络专业合作社、东乡县邓家乡花卉协会、抚州市临川金山生物科技有限公司、资溪县赣德龙生态农业开发有限公司、江西利康绿色农业有限公司、江西丰果农业科技发展有限公司、江西思派思香料有限公司、南丰县美孙甲鱼养殖专业合作社、江西聚龙湾渔业发展有限公司等成为农村实用人才典型示范点。

2008 年，兰念瑛、方金山两人参选推荐“全国农村优秀人才”。2014 年表彰命名方金山等 10 名抚州市突出贡献人才，激发优秀人才的内

生动力。

为深入推进人才体制机制改革，大力营造“大众创业、万众创新”的浓厚氛围，2015 年，抚州在全省率先探索农村实用人才创新创业机制改革，这一项目纳入全省党的建设制度改革“一市一点”攻坚改革项目。

六、社会工作人才

随着抚州市经济社会的快速发展，社会工作与人民群众的联系越来越紧密，人们对社会工作的服务要求也越来越高，社会工作专业人才队伍建设逐步受到重视。抚州市从 2007 年开始，开展社会工作人才队伍建设试点。东乡县被列为民政部试点县，金溪、资溪、南城、临川和抚州市社会福利中心被列为江西省民政厅试点县（单位）。2008 年，江西省开始组织社会工作职业水平考试，至 2012 年，抚州市有 36 人获得助理社工师和社工师资格证书，[7] 仅占全省总数 1201 人的 3%，社会工作人才明显滞后于全省。

抚州市举办首届社工考试考前培训班

2010 年后，抚州市委、市政府加快对社会工作人才队伍建设。2010 年 11 月 16 日《关于印发〈抚州市中长期人才发展规划纲要（2010—2020 年）〉的通知》指出："发展造就一支结构合理、素质优良，专业化、职业化的社会工作人才队伍"，"到 2015 年，全市培养有专业学历背景或取得社会工作资格证的人员总量达到 1800 人，与全市人口比例达到 1:2100。到 2020 年，组织实施社会工作服务组织标准化建设示范工程，培育 2 家优秀社会工作服务组织，建立健全社会工作督导体系，培养 10 名以上社会工作督导，有专业学历背景或取得社会工作资格证的人员总量达到 3000 人，与全市人口的比例达到 1 ： 1300。"

2012 年，中央组织部、中央政法委、民政部、人力和社会资源保障部等 19 个部门和群团组织联合发布《社会工作专业人才队伍建设中长期规划 (2011—2020 年)》。为落实好社会工作人才的待遇，抚州市组织、民政、人力资源部门出台措施，先后在市社会福利中心、市烈士陵园、宜黄县对考取社会工作师职称的人员落实中级职称待遇，每年组织相关人员参加各类社会工作研讨班、培训班，取得助理社工师或社工师资格人员，在考公务员、工资报酬、职称待遇、提拔干部等多方面优先。随着社工人才队伍的不断壮大，涌现出一批社工人才先进典型。抚州市社会福利中心傅素华被评为全国基层最美社工和 2012 年全省优秀社工。全市开展首届突出贡献人才奖评选，社会工作类人才被纳入评选范围，获评人员得 5 万元个人奖励。根据民政部《边远贫困地区、边疆民族地区和革命老区人才支持计划社会工作专业人才专项计划实施方案》要求，宜黄县被列入首批“三区”计划受援县，江西省民政厅派驻的社会工作小组2013年在宜黄县开展为期一年的社会工作专业服务。2014年抚州市民政局首次安排20万元用于推进社会工作，市本级成立社会工作者协会和3个民办社工机构，并把抚州市社会福利中心作为社会工作人才示范点。同时，加大对社会工作人才的培训，提升人才服务社会管理化工作水平。

但是，由于宣传不到位，人们对社会工作知识了解不多，缺乏相应的社会工作协会等组织，各地对培养社会工作专业人才队伍的紧迫性和认知度不够，对已取得助理社工师或社工师资格者，落实国家规定的保障机制不给力，导致社会工作专业人才队伍匮乏。每年江西省组织的社会工作者职业水平考试，抚州市少有人问津，至2014年全市仅有取得资质的社会工作人才41名。

【注　释】

［1］根据1992年出版的《中国共产党江西省抚州地区组织史资料·建国后抚州地区国家行政干部情况年度统计表》统计分析得出。

［2］《中国共产党江西省抚州地区组织史资料》第二卷，中共党史出版社，2002年，第200页。

［3］《中国共产党江西省抚州地区组织史资料》第三卷，2011年，第211页。

［4］“三优先”：优先发展有一技之长的致富能手、技术标兵、业务骨干，优先发展现任优秀人才后备干部，优先发展优秀创业人才。“四倾斜”：向各类优秀中青年人才倾斜，向工作生产一线优秀人才倾斜，向贫困落后、党员队伍老化区倾斜，向高知群体、新型经济社会组织中的优秀人才倾斜。

［5］抚州地委组织部《抚州地区1999年知识分子工作总结及2000年工作要点》。

［6］抚州市人才工作资料汇编之五，创新工作篇《以人才开发带动产业发展，以产业发展推进新农村建设——抚州市加强农村实用人才队伍建设的主要做法》。

［7］胡涛《抚州市社会工作专业人才队伍建设亟待加快》，载2013年3月22日《抚州日报》。

第五节　人才队伍管理

一、工作机构与管理体制

人才工作是知识分子工作的延伸。在“人才工作”概念提出之前，1986 年 7 月抚州地委成立由地委副书记为组长、组织部部长和行署副专员为副组长的地区知识分子工作领导小组，下设办公室负责日常事务工作，知识分子工作办公室为副县级单位，挂靠地委组织部，实行归口管理。各县市也相继成立知识分子工作领导机构，配备专职办事人员。地委各部门、地直各主管单位也确定专人负责此项工作，知识分子工作网络形成。

1991 年，崇仁县在全区率先建立知识分子工作联络员制度。同年 4 月，地委组织部在宜黄县召开全区知识分子工作会议，推进联络员制度建设，崇仁县在会上作典型发言。此后，这项工作在全区全面铺开。部分县在此基础上进一步创新管理办法，南城县建立领导干部交友联谊、县直单位与乡镇联络结对，建立基层工作联系点“三位一体”知识分子工作联系网络，制订联络员的 5 项工作职责。抚州市、乐安县、宜黄县知识分子联系网络遍及乡镇、县直单位。抚州地委建立由组织部主管，科委、人事、教育、统战、宣传等人才密集部门协管，人才所在单位密切配合的“三位一体”管理体制，并明确规定各自的工作职责。是年 12 月，全区共建立人才工作联络点 221 个，聘请联络员 419 人。

1999 年，地区知识分子工作领导小组下发《关于对享受政府津贴和地管拔尖人才实行分类管理的通知》，分别组成工业、农业、卫生、教育、文化艺术与理论研究 5 个科技咨询服务团，科技咨询服务团分别隶属地区经贸委、农办、卫生局、教委和地委宣传部管理，并确定一名单位领导担任科技咨询服务团团长，由一名专家任副团长。建立地管拔尖人才和享受政府津贴人员医疗保健制度。

2000 年 10 月，抚州地区知识分子工作领导小组更名为抚州市知识分子工作领导小组。2002 年 9 月成立抚州市知识分子联谊会（简称知联会），此后各县区相继成立知联会组织。

2003 年，抚州市委修订知识分子工作领导小组成员单位职责，建立《抚州市人才工作目标考核制度》《领导干部联系专家制度》等，组织部门负责牵头抓总。12 月 19 日，首次全国人才工作会议召开，提出人才强国战略。随着“党管人才”的确定，各级党委坚持管宏观、管政策、管协调、管服务，人才工作摆在重要位置。

2004 年 3 月 30 日，抚州市编制委员会下发抚编发〔2004〕18 号文件，将市知工办职能划归市委人才办，同时增加人才办的编制。4

月27日正式撤销抚州市知识分子工作领导小组，成立抚州市委人才工作领导小组，领导小组办公室仍设在市委组织部。人才工作领导小组实行成员单位人才工作联络员例会制度，坚持党委统一领导，组织部门牵头抓总，有关部门各司其职、密切配合，社会力量广泛参与的人才工作机制。市委、市政府出台《关于进一步加强人才工作的意见》，对人才的培养、引进、使用作出具体规定。之后，各县区也先后将知识分子工作领导小组改为人才工作领导小组，出台相关政策。全省人才工作会议后，抚州市委常委会议听取汇报，并就抚州市人才工作进行专题研究。为强化各级领导班子抓人才"第一资源"的责任，市委将人才工作纳入各地各部门目标管理考评内容，考评结果作为考核各级党政领导干部，尤其是"一把手"政绩的重要依据。临川、乐安等地建立领导干部联系优秀人才制度，与各类人才交友、向各类人才纳谏、替各类人才解难。

2004年9月底，抚州市人才工作领导小组从市委组织部、市人事局等部门抽调8人分4个组，对各县区及市委人才工作领导小组成员单位的人才工作进行督查。市委组织部与有关部门联合在上海现代领导培训中心举办抚州市人才发展战略专题研讨班，邀请上海交大、华中理工等院校的博士生导师到研讨班授课，各县区人才工作分管领导和市直部分成员单位责任科室负责人30多人参加培训。

2005年6月16日，市委组织部干部四科更名为人才工作科，与市委人才办合署办公。是年下发《关于为推动"全民创业、富民兴市"提供坚强的组织保证和人才支持的意见》，提出大力实施人才强市战略。2006年，启动抚州市高级人才信息库建库工作，举办建库业务培训班，并于2007年建成。抚州市高级人才信息库分为综合库和7个专业库，入库人员有：专业技术人才1511人，国有企业经营管理人才11人，非公有制企业经营管理人才119人，高技能人才280人，农村实用人才8077人。

2006年抚州市委换届后，适时对市委人才工作领导小组进行调整。为加大社会工作人才、农村实用人才队伍建设力度，增加市民政局、农业局为人才工作领导小组成员单位，明确各成员单位工作职责和议事规则，完善成员单位联络员制度。建立党管人才的工作体系，市委常委会、市政府常务会议先后10余次听取人才工作情况汇报，研究解决加快赣东人才市场建设等方面的问题。市财政每年安排100万元人才发展专项资金，用于市本级高层次人才的培养和引进，以及对有突出贡献人才的奖励。各县区普遍设立10万~30万元的专项经费。据估算，2006—2008年，市、县区两级用于人才工作的各类资金数千万元。

2009—2014年，全市人才工作机构坚持已有各项工作机制，完善议事决策制度，人才工作领导小组采取全体会议、专题会议、书面征求意见等形式进行决策。全体会议每年召开一次；专题会议根据工作需要，不定期召开。凡涉及全市人才工作重大事项、重要文件、重要会议、表彰奖励等，以市委、市政府或者市委办、市政府办名义印发文件或组织实施前，先提交市委人才工作领导小组审议，重大事项报市委、市政府审定。提请市委人才工作领导小组审议的文件和事项，事先征求相关部门意见，涉及经济社会发展全局的重大事项，面向社会广泛征求意见，听取专家意见和建议。坚持分工协作制度，及时将年度人才工

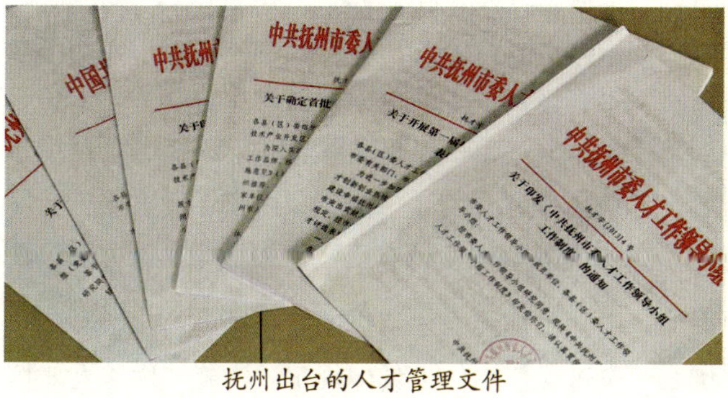

抚州出台的人才管理文件

作要点、重点工作任务分解到各成员单位，明确工作质量和进度要求。成员单位则细化任务分工，提出具体落实措施，加强协作配合。凡以部门名义制定下发的涉及全市人才工作的文件，同时抄送市人才办备案。各地影响较大的人才工作活动，及时向市委人才工作领导小组报告。建立成员单位工作例会和联络员制度，工作例会每半年召开一次。市人才办采取年度检查与日常督查相结合的方式，加强对人才工作的督促落实或专项督查。

二、人才工作政策

1987年1月，抚州地委出台《关于发挥机关干部和科技人员在经济建设中积极作用的几项暂行规定》，允许党政机关、企事业单位科技人员，在完成本职工作的前提下，利用业余时间和专业特长开展有偿服务，或经单位批准在工作时间，带技术、设备为企业服务，其报酬可与单位分成。文件下发后，有一技之长的机关干部纷纷“下海”经商办企业，有专业特长的科技人员则利用业余时间到乡镇企业兼职。

《中共中央关于经济体制改革的决定》下发后，抚州地委出台引进人才的优惠政策，制定《关于优秀专家管理暂行办法》，对列为地区管理的优秀专家，除住房、工作用车、医疗保健享受高级知识分子（县级干部）政治生活待遇外，每月享受专业技术津贴费30元。1989年开始，全区开展专业技术拔尖人才的选拔工作，印发《抚州地区中青年专业拔尖人才管理试行规定》，拔尖人才4年一个任期，实行滚动式动态管理。地委、行署召开颁发专业技术拔尖人才表彰授证书大会，地委、行署主要领导出席会议并讲话，电台、电视台、报社等新闻单位作专题报道。地区成立科技人才基金会，由财政拨款和社会多方筹集15万元，基金利息用于奖励有突出贡献的科技人才。1992年下发《关于提高专业拔尖人才技术津贴费的通知》，由每月30元提高到50元。1993年和1996年，相继出台《关于进一步改善知识分子工作和重奖有突出贡献的科技人员的规定（试行）》《抚州地区科技人员基金奖励实施细则（试行）》。1999年，抚州地委组织部、地区人事局和卫生局联合下发《关于地管拔尖人才和享受政府津贴专家医疗保健有关待遇的通知》，人才的社会地位进一步提高。

2001年市委、市政府下发《抚州市拔尖人才选拔和管理暂行规定》，规范市拔尖人才的选拔和管理。对市乡土人才队伍建设情况进行调研，对乡土人才队伍建设经验进行总结。针对1993年以后一直没有开展拔尖人才选拔的问题，经逐级推荐、评审组审、组织考察、市委审批，确定48名选拔对象。

2002年，市政府下发《抚州市享受市政府特殊津贴专家选拔和管理办法》，规定享受市政府特殊津贴专家任期3年，要求拔尖人才应与上级主管部门签订目标责任书，对各自的专业技术工作提出近、中、长期规划，拟定近期攻关项目，制定实施方案，规定每年集中检查、评审一次，到期进行专家信任投票，对未完成目标管理任务的，应向组织部写出书面分析检查报告，接受组织考察，然后决定弃留和增补。组织科委、人事、教育、卫生等有关部门，每年对拔尖人才作一次考察，考察结果记入本人档案，作为目标到期时是否继续列入拔尖人才管理的依据。

2004年10月，市委、市政府下发《关于进一步加强人才工作的意见》，对人才的培养、引进、使用作出具体规定。实施“优秀人才培养工程”，有计划地从党政人才、企业经营管理人才和专业技术人才中选拔一定数量的具有培养潜力的优秀人才，进行系统培训、重点培养。引进高层次人才，尤其引进急需专业人才。同时，充分发挥抚州人才之乡优势，加强与抚州籍在外人才的联系，推动智力回流和财力返乡，引导他们回乡投资兴业、讲学和参与项目攻关等。对引进人才给予相对优厚的待遇，子女入学可自主择校，免收择校费。在人才投入方面，设立100万元的人才发展专项资金，用于资助培养、引进高层次人才，奖励做出突出贡献的各类人才。各县区先后出台相关政策，为人才工作的开展提供制度保证。在市政府特殊津贴专家（市拔尖人才）的选拔工作中，打破以往的条条框框，不唯学历、不唯职称、不唯身份，在全省率先将高技能人才和农村实用人才纳入特殊津贴专家（拔尖人才）选拔范围。对高技能的“蓝领”工人给予重视，视为推动地方工业经济发展的生力军。2005年6月，市政府下发《关于建立优秀高技能人才评选奖励制度的实施意见》，在全市范围内开展优秀高技能人才评选活动，规定每两年评选一次，每次表彰10名。为充分发挥各类优秀实用人才在全民创业中的示范、引导、推动作用，加快全民创业、富民兴市的步伐。同年8月，市委出台《关于在全市实施千名优秀实用人才帮带创业工程的意见》，推动实用人才帮带创业工程。

2008年，先后出台《关于进一步加强人才工作的意见》《关于建立引进人才绿色通道的实施意见》《事业单位公开招聘人员实施办法》等10多个规范性政策文件，提出人才强市战略的发展目标。完善享受市政府特殊津贴专家选拔和管理办法，出台《引进高素质人才测评办法》《延长高级专家离退休年龄管理工作暂行办法》《优秀农村实用人才选拔和管理办法》，全市高层次人才开发政策体系逐步形成。市政府特殊津贴专家评选，侧重评选在工业、农业、教育和医疗卫生等工作一线，技术水平领先、知名度较高、影响较大的优秀人才。在全省率先将评选范围向农村实用人才和高技能人才延伸，在当年评出的30名特殊津贴专家中，农村实用人才和高技能人才占1/4强。制定非公有制经济组织专业技术人员和农民技术人员职称评定办法，打破资历、学历和所有制界限，为300多名非公有制企业专业技术人员和农民技术人员破格评定职称。为近200名营养配餐师、职业指导师、保育员开展职业技能鉴定，拓展技能考核鉴定领域。

2009年5月下发《关于建立抚州籍在外高层次人才联系服务站的通知》，依托市政府驻外办事处，建立抚州籍在外高层次人才联系服务站，重点整合北京、上海、浙江、广东、福建5省市的抚州籍人才资源，为主攻“两区”提供重要的人才智力支撑。其中，北京以党政、教育、卫生方面人才为主，上海以城市建设、

抚州市委组织部领导走访优秀人才

资本运作、教育、卫生方面人才为主，浙江、广东、福建3省侧重企业经营管理方面的人才。上述5个联系服务站设在市政府驻外办事处内，主要负责做好入选人才的日常联系和服务工作。其间，共收集各相关省市的抚州籍在外高层次人才信息共计400余条。

2009年，人才工作精品示范点建设取得新突破。经过抚州市委组织部积极推荐和抓示范点创建工作，东乡县委组织部被列为中央组织部在江西省唯一的县区人才工作联系点（全省为南昌市和东乡县），东乡县黎圩镇潭江村被列为省委组织部人才工作联系点（省委组织部唯一人才工作联系点）。帮助和指导东乡县委组织部制定《关于做好中组部人才工作联系点的工作方案》，对联系点创建工作进行指导检查。同年8月，配合江西省委组织部、省人社厅赴东乡黎圩镇潭江村开展“走进基层、贴近群众”专家服务团智力服务活动，为农民群众答疑解惑、传授知识。

全国、全省人才工作会议召开之后，市委常委会专门听取会议精神汇报。2010年10月27日召开的全市人才工作会议，邀请18名优秀人才代表佩戴胸花，前排就座。继续坚持市级领导干部联系优秀人才、重大节日走访慰问制度，建立人才建言献策机制。通过新闻媒体加大对优秀人才的宣传，扩大优秀人才的知名度与影响力。采取聘任、兼职、讲学、咨询、短期服务等多种形式，柔性引进国内外专家至抚州开展智力服务活动。2011年，组织市重点工业企业申报“海外赤子为国服务行动计划”，实施海外留学人员服务计划，引进博士以上人员31人。抚州一中、市果业局等8个单位通过引进人才素质测评，引进91名硕士以上学历或副高以上职称的高素质人才。引进日本专家1人，赴江西利康绿色农业有限公司（黎川）进行食用菌保鲜技术指导，提供技术帮助，培训农民约150人次。市政府印发《抚州市卫生引智工程方案》，确定“十个一”工作机制，拨付专项经费60万元。编制抚州籍在外医学人才手册，保持与在外医学专家的密切联系。是年安排30项重点活动，共有6批北京、上海等50余名知名医学专家先后到抚州开展专家医疗门诊、带教手术、举办医学高峰论坛，形成每半月有专家门诊、每季度有学术论坛、每个重大节日有联谊活动、长年有医务人员在外进修学习的良好局面。经协调争取，引进中央组织部第12批博士服务团成员、国家发改委价格监测中心副处长王双正，下派抚州市任市长助理。

2012年，围绕“三大战役”实施人才工作服务机制创新。一是扩大企业高技能人才认定工作试点范围，把大中专毕业生纳入职业技能培养对象。全年完成职业技能鉴定2.48万人，其中高级工以上1700人。二是出台高层次人才引进暂行办法，重点吸引“两院”院士、国家级有突出贡献的中青年专家等5个层面的高层次人才至抚州创新创业。所引进的高层次人才除规定工资、津补贴等薪酬外，还可享受10万～60万元不等的一次性安家费，在配偶随迁、子女入学、职称评定等方面给予优惠。在上海举办一场市外人才招聘会，引进各类人才27人，其中硕士研究生以上人才9人。三是加强创业孵化基地管理，促进孵化企业做强做大。市本级创业孵化基地共有入孵企业46户，累计孵化出园企业17户。加大小额贷款扶持人才创业的力度，把有限责任公司、合伙企业、专业合作社等小微企业纳入扶持范围。全年通过小额贷款直接扶持人才创业1万余人。

2013年，以创建省级工程技术研究中心为龙头，依托龙头企业，有效整合市内外科技资源，建立东亚制药大输液重点实验室和江铃底盘汽车车桥、荣成机械汽车球节、博雅生物血液制品、司美药业手性药物等4个工程技术研究中心，切实加强生物医药、新材料、新能源汽车及零配件等新兴产业科技团队建设。

2015年，市高新技术产业园区成功升级为国家级高新技术产业开发区。市本级建立科技企业孵化基地1个（中小企业创业园），拥有省级高新技术企业19家，新建科研中心12个，企业人才135人。至2015年10月，新建以江西博雅生物制药股份有限公司为依托的江西省血液制品工程研究中心1个；新建涉及化工、汽车、电子等产业博士工作站4个；组建技能大师工作室5个；申报创建省级人才工作示范点2个；打造市级人才工作示范点20个。

三、人才发展规划

知识分子工作在社会主义建设初期就引起各级重视。1956年，东乡县委制定下发《1956—1962年知识分子工作全面规划》，对未来一个时期分年度培养提高知识分子的素质和数量提出具体要求。提出在文教方面，计划通过培养，1957年初中教师增加到35人，从中培养高中教师2~3人；1958—1962年，初中教师由35人增加到70人，从中培养高中教师10人，从高中教师中培养5名高级知识分子。在卫生方面，计划通过培养，1957年高级医务人员增至14人，中级医务人员增至27人；1958—1962年，高级医务人员增至29人，中级医务人员增至59人，从中培养3名高级知识分子。机关、企业方面，计划通过培养，在1962年以前，国家干部不及初中水平的提高到初中毕业水平；到1967年以前，乡级干部不及初中水平的提高到初中毕业水平；原有初中毕业水平提高到高中毕业水平，从原高中、大学毕业水平中培养3~4名高级知识分子；1957年中级技术人员增至4人，一般技术人员增至25人；1958—1962年，高级技术人员培养5人，中级技术人员增至19人，一般技术人员增至43人。该规划实施初期，知识分子工作列入东乡县各级党组织的工作内容，人才的发展环境、生活待遇得到改善，社会地位不断提高。但是，从1958年开始反右，接着又有“文化大革命”等政治运动，知识分子受到不公正对待。

改革开放后，知识分子工作逐渐引起各级党组织重视。从20世纪80年代后期开始，各县市在做好知识分子工作的同时，对以中高级知识分子为主体的人才数量进行摸底统计，为做好人才发展规划做好前期准备。1989年，抚州地委组织部对职称评定后的中高级知识分子进行摸底统计，掌握126名高级知识分子和801名中级知识分子的基本情况。1993年，临川县委组织部在开展县直部门经济工作人才摸底调查的同时，开展临川籍在外人才资源情况调查，对担任副处级以上行政职务或中级以上专业技术职务人员和在境外、国外具有硕士以上学位的人员进行调查摸底。

2002年8月，江泽民总书记在北戴河会见部分科学家时发表讲话，首次提出“人才资源是第一资源”的论断，把人才问题提高到关系党和国家兴旺发达和长治久安的高度。抚州各地人才工作机构结合实际认真抓好贯彻落实，先后制定出台一系列人才发展规划。是年，制定下发《抚州市加强专业技术人才队伍建设的实施意见》和《抚州市2003—2010年人才发展规划》，本着“不求所有、但求所用”的原

黎川县以人才兴陶瓷产业

则，积极为用人单位牵线搭桥，一批知名专家、学者被聘请到企业担任技术顾问。市委人才办注重与企业联系，开展企业人才现状调查，掌握全市招商引智情况，建立企业家人才库。2003年，黎川县为做大做强陶瓷产业，制定《2003—2007年陶瓷产业人才培养规划》，实施“十百千”工程，采取政府调控、企校联姻的办法，培养10～20名陶瓷企业经营管理人才，100～200名陶瓷专业技术人才，1000～2000名陶瓷技能人才。县财政每年从陶瓷企业上缴的税金中提取5%支持陶瓷产业人才培训。

抚州访问学者参加全省“西部之光”访学工作会议

全面规划人才发展战略从2004年10月开始。根据江西省委组织部、省人事厅《关于转发中组部、人事部〈关于开展“十一五”人才规划编制工作的通知〉的通知》精神，抚州市委组织部与市人事局联合下发编制抚州市“十一五”人才规划工作的通知。按照要求，临川、崇仁等县区五年人才发展规划相继出台。《崇仁县“十一五”人才发展规划》提出：到2015年，全县人才总量达到1.45万名，年均增长15%，每年增加1245名。人才整体素质全面提升，高学历、高职称人才比例明显加大，人才的综合竞争力不断增强；人才结构逐步优化，高层次人才、紧缺急需人才数量明显增加，人才的行业、产业分布相对合理；工作机制不断完善，人才政策体系逐步形成。

2007年10月，《抚州市“十一五”时期加强人才队伍建设的意见》出台，人才强市战略进一步凸显，对加强人力资源能力建设、加快人才资源市场配置、加大人才资源开发投入、建设一支“规模宏大、结构合理、素质优良”的人才队伍提出具体要求。之后，资溪县《关于进一步加强人才工作的实施意见》出台，意见突出“旅游兴县、人才强县”的发展思路。

2009年抚州市共有各类人才27.03万人，其中，党政人才1.65万人，企业经营管理人才2.73万人，专业技术人才5.41万人，技能型人才13.8万人，农村实用人才3.44万人。全市有157名专家享受国务院、省、市政府特殊津贴，3人先后被评为“江西省突出贡献人才”，14人入选“赣鄱英才555工程”，选派5人参加中央组织部举办的“西部之光”访学活动。

抚州市专家入选“赣鄱英才555工程”基本情况

表9-13

申报类型	姓名	性别	出生日期	从事专业	学历学位	至抚州前所在单位职务职称	在抚州工作单位/创办企业	职务职称	至抚州工作时间	引进（培养）平台	时间批次
创新创业人才引进计划	陈悦健	男	—	—	—	美国Metel Matric Cast Composites有限公司	—	—	江西省福美先进材料有限公司	—	2011年第一批
高端人才柔性特聘计划	张齐生	男	1939.1	木材加工	—	南京林业大学教授、中国工程院院士	—	—	资溪县政府	—	

申报类型	姓名	性别	出生日期	从事专业	学历学位	至抚州前所在单位职务职称	在抚州工作单位/创办企业	职务职称	至抚州工作时间	引进（培养）平台	时间批次
高端人才柔性特聘计划	周显志	男	—	—	—	美国巴斯夫公司	—	—	江西日上化工有限公司	—	2011年第一批
领军人才培养计划	徐建生	男	1954.10	畜牧兽医	大专	—	江西东华种畜禽有限公司	总经理	—	江西东华种畜禽有限公司	2012年第二批
	黄有水	男	1960.6	经营管理	大专	—	江西美尔丝瓜络有限公司	总经理	—	江西美尔丝瓜络有限公司	
高端人才柔性特聘计划	彭陟辉	男	1972.7	有机化学	博士	美国辉瑞制药资深科学家	江西日上化工有限公司	研发二部经理、高级工程师	2011.6	江西日上化工有限公司	2013年第三批
	徐凤波	男	1966.1	有机化学	博士	南开大学教授	江西富中药业有限公司	技术总监	—	江西富中药业有限公司	
	王武生	男	1963.8	高分子科学	博士	安徽大学研究员	江西铭川科技实业有限公司	技术顾问	2012.4	江西铭川科技实业有限公司	
领军人才培养计划	涂荣善	男	1970.9	企业经营管理、产品研发	学士	—	江西荣成机械制造有限公司	总经理	—	江西荣成机械制造有限公司	
	张爱民	男	1966.7	动力电气工程	学士	—	江西赣电电气有限公司	总经理、高级工程师	—	江西赣电电气有限公司	
	方金山	男	1966.8	食用菌栽培与驯化	大专	—	抚州市临川金山生物科技发展中心	董事长、高级农技师	—	临川金山生物科技发展中心	
青年拔尖人才培养计划	付长华	男	1972.11	医药研发	学士	—	江西施美制药有限公司	副总经理兼企业省级技术中心主任	—	江西省手性药物工程研究中心	
高技能领军人才培养计划	卜臣民	男	1971.8	设备维修	—	—	江西江铃底盘股份有限公司	中级技师	—	江西江铃底盘股份有限公司	
	徐全龙	男	1970.12	中西式面点	高中	—	资溪全龙艺术蛋糕培训基地	高级技师	—	资溪全龙艺术蛋糕培训基地	

抚州市选派“西部之光”访问学者基本情况

表 9–14

姓名	性别	出生年月	学历	学位	从事专业	专业技术职务	工作单位及职务	研修专业及具体方向	研修单位名称及导师姓名	时间批次
李昱	女	1969.3	在职研究生	学士	护理	主任护师	抚州市第一人民医院副院长	医院管理	北京医院院长孙红、处长陈彤	2010年第6批

续表：9-14

姓　名	性别	出生年月	学历	学位	从事专业	专业技术职务	工作单位及职务	研修专业及具体方向	研修单位名称及导师姓名	时间批次
刘欢水	男	1970.12	本科	硕士	汽车后桥零部件加工工艺开发	高级工程师	江西江铃底盘股份有限公司制造部副部长，高级工程师	汽车驱动桥齿轮技术	中国汽车技术研究中心汽车工程研究院，博士李洪亮	2013 年第 10 批
丁爱民	男	1971.8	在职研究生	学士	医学影像	主任医师	抚州市第一人民医院科副主任	影像医学与核医学、磁共振或 CT 诊断	上海第二军医大学附属长海医院，教授陆建平	2014 年第 11 批
朱　博	男	1971.9	博士研究生	硕士	果树学，品种选育	农艺师	江西博君生态农业开发有限公司董事长、技术总监	果树品种繁育，南方鲜食枣品种繁育，遗传育种	中国农业科学院郑州果树研究所，教授曹尚银	2015 年第 12 批

针对全市人才总量不大、结构不优和素质不高，高层次创新创业人才、新兴产业人才尤其是领军型人才严重短缺等实际，2010 年 11 月 16 日，市委、市政府印发《抚州市中长期人才发展规划纲要（2010—2020 年）》，这是抚州市第一个中长期人才发展规划。《规划纲要》围绕“服务发展、人才优先、创新机制、以用为本、高端引领、整体开发、尊重规律、优化环境”的人才发展基本原则，对未来 10 年的人才发展作出规划。要求继续坚持党管人才原则，牢固树立“人才资源是第一资源”的理念，遵循人才发展规律，着力开发高层次创新型科技人才和经济社会发展重点领域人才，加快人才发展体制机制改革和区域性人才高地建设，为抚州赶超发展、提速进位、争创一流提供人才保证和智力支撑。要求大力培养和引进具有自主创新创业能力的高层次人才，柔性特聘一批在国际国内具有竞争性和影响力的顶尖人才队伍，力争到 2020 年，在特色产业和重点领域集聚培养若干在国内有影响力的拔尖人才、一批在省内有竞争力的领军人才，培养造就一批在本职岗位创新创业创优的各类优秀人才。

2009—2020 年抚州市人才发展主要指标

表 9-15

指　　标	单　位	2009 年	2015 年	2020 年
人才资源总量	万人	27.03	38.00	55.00
每万劳动力中研发人员	人 / 万劳力	11.20	16.00	22.00
高技能人才占技能劳动者比例	%	18.00	29.00	30.00
主要劳动年龄人口受过高等教育的比例	%	7.30	16.00	22.00
人才资本投资占国内生产总值比例	%	—	13.80	16.40
人才贡献率	%	—	34.00	38.00

全市经济社会发展重点领域急需紧缺专门人才开发目标

表 9-16　　单位：人

领 域	急需紧缺专门人才类别	发展目标（新增）	
		2015 年	2020 年
新能源产业	新能源资源合理规划和管理高端人才、光伏产业的研发、制造人才	35	80
生物医药产业	医药生物技术、生物技术产业化及生物技术企业复合型管理人才	175	270
先进装备制造业	汽车底盘、变电设备等研发、设计与制造人才	50	200
新材料产业	高技术陶瓷、日用陶瓷的研发、制造人才	120	300
	香料、钛白粉、塑料等化工专业人才	100	140
食品加工产业	绿色食品良种繁育专业人才	1200	3000
	绿色食品加工制造人才	1000	2500
	农业科技研发、应用、推广人才	500	1500
城镇规划建设	城镇规划、建设和管理人才	30	100
生态环境保护	生态建设与环境保护专业人才	80	160
教　育	农村中小学薄弱学科教师	1000	1600
	中等职业学校“双师型”教师	900	1200
政　法	法院系统、检察院系统、公安系统、司法行政系统和政法社会人才	2320	3940
宣传思想文化	重点急需学科等哲学社会科学人才，数字出版、版权保护、网络信息服务创意策划、管理服务人才，文艺创作及编导、地方戏曲、文艺表演、文化遗产等文化艺术人才，文化企业经营管理人才，数字技术、网络技术等研发应用人才	600	900
医疗卫生	临床医学、基础医学、公共卫生、卫生监督执法、中医药、药品医疗器械监督等领域高层次专业人才	160	260
	乡镇卫生院临床医师、社区全科医师、基层公共卫生人员	1200	2400
	具有执业（助理）医师资格的乡村医生	450	900
	护理、药师等人才	1300	2600
防灾减灾	预报与预警人才，抢险救灾及专业救援（灾）人才，防灾减灾工程设计管理、政策分析、损失与风险评估人才，灾害信息管理及技术培训人才	2000	2600

《规划纲要》对八大人才开发重点工程作出规划：（1）“五个一百”人才开发工程。立足工业园区生物医药、机械制造、精细化工、新能源等特色产业，力争用 5 ~ 10 年时间，引进 100 名企业高层经营管理人才；培养 100 名优秀高技能人才；选拔 100 名优秀农村实用人才；培育 100 名优秀社会工作人才。（2）优秀企业家培养工程。采取招商引资与本地化培养相结合，分批次重点培养企业中高级经营管理人员，分别安排到国内外知名高校、职业经理学院、国际机构进行教育培训，到沿海发达地区考察学习，到中央国有骨干企业挂职锻炼，提升学历层次，优化智能结构，提高驾驭市场和管理现代企业的能力。到 2020 年，培养 100 名以上具有高级职业经理资质的企业经营管理人才。（3）高技能人才培育工程。每年确定 10 个左右紧缺职业（工种），培养 50 名紧缺技师、高级技师。依托抚州职业技术学院等高技能人才培养基地，每年培养 600 名青年高技能人才。每 3 年在全市各级各类所有制经济社会组织中选拔 10 名“首席技师”。加强技工院校和实训基地建设，到 2015 年，建成一所技师学院、一个市本级公共实训基地，县区各建设一个公共实训基地。到 2020 年建成 5 个省级技能大师工作

室和6个以上高技能人才培养示范基地，建立高技能人才绝技绝活代际传承机制。（4）农村实用人才带头人培养工程。计划每年培养500名，到2020年共培养5000名农村实用人才带头人。（5）高素质教育人才队伍开发工程。围绕打造“临川才子”教育品牌，重点培养学科带头人和骨干教师。到2020年，全市省级、市级和县级学科带头人、骨干教师数量分别占中小学教师总数1%以上、5%左右和8%左右；中等职业学校“双师型”教师达到80%以上。（6）宣传思想文化系统优秀拔尖人才工程。到2020年，重点培养10名理论、新闻、出版、文艺领域中青年拔尖人才以及高层次管理人才、专门技术优秀人才，并积极争取有一批青年拔尖人才入选全省乃至全国宣传文化系统“四个一批”人才培养工程，重点扶持5名业绩突出、有发展潜力和培养前途工作在一线的青年文艺人才、新闻主持人才和复合型创意人才，使其尽快成为精通专业业务、受到群众欢迎的文艺新闻界领军人物和骨干力量。（7）社会工作人才队伍建设工程。到2015年，全市培养有专业学历背景或取得社会工作资格证的人员总量达到1800人，与全市人口比例达到1:2100。到2020年，组织实施社会工作服务组织标准化建设示范工程，培育2家优秀社会工作服务组织，建立健全社会工作督导体系，培养10名以上社会工作督导，有专业学历背景或取得社会工作资格证的人员总量达到3000人，与全市人口的比例达到1:1300。（8）促进高校毕业生就业工程。实施政府购买城乡基层公共服务岗位政策，引导高校毕业生到城乡基层就业，每年安置高校毕业生80%左右。加大高校毕业生就业见习基地建设，到2020年，全市累计建立健全高校毕业生就业见习基地200家，安排近6000名高校毕业生到基地见习，提升高校毕业生就业能力。

临川、崇仁、资溪、宜黄等县区也制定下发2010—2020年，东乡、广昌等县制定下发2011—2020年中长期人才发展规划纲要。广昌县委人才工作领导小组还拟定《全县2010—2020年专业技术人才建设规划》，规划创建2个市级人才工作示范点。

四、高层次人才引进和激励

人才引进 抚州撤地设市后，在推进“一招三化”（招商引资、工业化、城市化、农业产业化）进程中，为实现主攻“两区”（工业园区、城市新区）战略目标，适时提出引进高层次人才。抚州市委、市政府出台《关于进一步加强人才工作的意见》，市委人才办会同市委统战部、市人事局、市政协港澳台委员会于2005年4月至9月底，联合开展抚州籍市外高层次人才调查工作，初步掌握抚州籍在外高层次人才信息1927人。其中，在全国各设区市以上城市担任副县级以上职务的党政人才469人；国民教育硕士以上学位和副高以上职称的经营管理人才452人（国有大型骨干企业97人、民营企业138人、事业单位172人、国外财团26人），专业技术人才633人（国有大型骨干企业91人，民营企业67人、事业单位283人、国外财团55人、其他高级专业技术人才125人）；在国外取得硕士以上学位的留学人才128人；省内外取得硕士以上学位的高层次人才509人。[1]这些高层次人才涉及众多行业和领域，其中党政管理、教育、科研方面的高层次人才相对较多，分别占总人数的23.78%、9.56%和4.79%。他们有的学识渊博，属于某一方面的专家、学者；有的熟悉国际惯例，精通生产、管理技术，属于高端管理人才；有的位居中央和地方党政部门的领导要职，属于决策型的高级人才，大多有较高的社会地位、较好的社会声望和一定的社会影响力。这些人才中，45岁以下的中青年约占总人数的67.8%，他们大多生在抚州、长在抚州、根在抚州、牵挂抚州，与抚州的亲朋好友保持着较密切的联系。

2012年，抚州市在上海举办人才招聘会

2005年12月，抚州市委人才办制定《关于建立引进人才绿色通道的实施意见》，全年面向国内柔性引进高学历、高职称人才71名，其中邀请中国工程院院士、国际竹藤专家张齐生及中国工程院院士、有色金属专家邱定蕃出任抚州市政府高级顾问。

临川区实行引进人才准入制度，凡急需的高层次人才和紧缺专业人才，由用人单位提出申请，经主管部门或人才评估机构审核，由区委人才工作领导小组认定并发给“临川区引进人才准入证”（简称“准入证”），事业单位凭“准入证”到区人事、编制部门办理调动和上编手续，企业单位凭“准入证”到区人事、劳动保障部门办理相关手续。

宜黄县规定，引进急需的具有硕士、博士学位，副高及以上技术职称的高层次人才，由用人单位提出申请，经主管部门或人才评估机构审核，报县委人才工作领导小组备案和认定。所引进的高层次人才，事业单位可不受编制和专业技术职务结构比例限制，允许先进人后调整，其专业技术职务由用人单位根据需要自主聘任；党政机关由组织、人事部门根据需要按规定程序上报省、市主管部门进行考录；企业人才引进由企业自主决定。事业单位对引进的高层次人才，薪酬待遇可由用人单位自主决定；引进人才可以专利、发明、技术成果、资金等要素参与分配，分配比例由受益单位与本人协商确定；对携带高科技开发项目、从事高新技术成果转化、创办领办高新技术领域的合资合作或独资项目等人才，经有关部门认定后，通过科技三项经费、技改经费等渠道给予经费资助。2004年乐安县山高制药厂从外地引进2名高级管理人才，2005年该县引进高级以上职称人才13名。

2006年年初，抚州市确立主攻“两区”的发展思路和战略。为打破制约主攻“两区”发展的人才瓶颈，市委以兵临城下的态势加快项目建设，加大工业招商力度，以招商引资带动招才引智，实现“引进一个客商、带来一群人才”的规模效应。至2008年，市、县区两级入园企业总数达770户。随着这些企业的陆续入驻，共引进5000多名各类中高级人才。同时，实施“候鸟工程”，支持和鼓励企事业单位，采取兼职讲学、咨询服务等形式，柔性引进1000多名国内外专家至抚州讲学或工作，其中有“两院”院士4名。2006年，抚州市邀请到曾在奔驰、宝马等汽车公司工作的德国专家阿尔格林先生，为抚州减震器有限公司解决活塞杆电镀技术难题，使企业当年新增产值6000多万元。从2004年开始，抚州市连续4年被评为全省引进智力工作先进市。

加快对高层次人才和高技能人才的教育培养，鼓励和支持企事业单位开展对外技术合作与交流，在“借脑攀亲”中培养自己的拔尖人才。江西中医药高等专科学校先后从中国中医研究院、北京中医药大学等单位，聘请10名学术造诣深厚、在国内外有影响的教授学者担任名誉教授，他们每年到校讲学，吸收中青年教师参与课题研究，到相关实验室进修，带动了该校教学与科研水平的提高。积极搭建人才资源优化配置的社会化服务平台，以人才交流中心、人才市场和人才交流协会为主体，加快人才市场体系建设。截至2007年12月，全市建立各类人才中介服务机构96家（政府12家，非公有制84家），普遍开展人事代理、人才派遣和人才测评等业务。市投资200多万元建成的赣东人才市场，升级为全省第四家省级区域性人才市场。2007年，全市有7万多人次进入各级政府人才市场求职，有2万余人通过人才市场实现就业。完善享受市政府特殊津贴专家选拔和管理办法，出台《引进高素质人才测评办法》《延长高级专家离退休年龄管理工作暂行办法》《优秀农村实用人才选拔和管理办法》，使抚州市高层次人才开发的政策体系框架基本形成。

2008年江西省政府组织各设区市面向海内外招聘高层次专业技术人才，抚州市拿出8个职位，引进具有博士学位或正高以上职称的紧缺急需人才。2009年乐安县工业园区永昌饲料有限公司，通过项目分别引进动物生化及动物营养与饲料科学专业的2名博士生。同年5月，市委人才办策应全市“项目建设年”活动，依托市政府各驻外办事机构，以同乡会、联谊会等形式，建立5个抚州籍在外高层次人才联系服务站，按照“要精、要管用”的原则，重点选择“两区”建设的急需紧缺人才，为主攻“两区”提供重要的人才智力支撑。市委人才办通过各驻外办事处，收集各相关省市的抚州籍在外高层次人才信息1200余人，信息编印成《抚州籍在外高层次人才名录（2010年）》，进一步密切与在外高层次人才的联系和交往。临川区也在北京、上海、广州、浙江等在外人才集中地建立人才服务站，每年召开1～2次联谊会，组织开展“在外人才临川行”“我是临川人”等活动，积极引导在外人才为家乡的经济建设、文化建设出谋献策。

在引进人才的同时，积极做好高层次人才的推荐输送。2008年9月，江西省面向国内外公开招聘20名高校副校（院）长，抚州市委人才办设立报名点，认真做好报名审核工作，全市有8名符合条件的人员报名参加公开招聘。[2] 积极做好“赣鄱英才555工程”优秀人才的推荐工作，首批向“赣鄱英才555工程”专项办申报包括柔性特聘引进中国工程院院士张齐生在内的3名优秀人才；推荐1名优

抚州市委召开抚州籍在外优秀创业人才联谊会

2015 年，抚州市委书记肖毅深入高新区调研

津贴费由每月 20 元提高到每月 40 元。

1994 年 4 月，抚州市知工办组织对全市享受国务院、省政府特殊津贴人员，地、市管理的拔尖人才 155 人进行全面的健康检查。1999 年，临川市委组织部对地、市管拔尖人才和享受政府津财专家，建立专家个人健康档案，发放专家医疗保健证，凭证优先就诊；地管拔尖人才和享受政府津贴专家因病需要住院治疗，按县级干部标准报销医疗费用，每年在定点医院进行一次常规体检，所需费用在本单位报销。

抚州撤地设市后，为引进和留住高层次人才，更加注重对高层次人才的激励。市委、市政府和各县区对引进急需的硕士、博士学位或副高以上技术职称的高层次人才，在编制、薪酬待遇、技术入股、研发经费以及本人及配偶、未成年子女安家落户、教育等方面，进行政策倾斜。历届市委、市政府均注重人才培养方面的激励，每年从财政拿出专项资金 30 余万元用于企业家人才和专业技术人才的培养。

2001—2005 年，临川区委、区政府每年奖励 4 名“临川区杰出人才奖”和“临川区突出贡献奖”。乐安县政府出台文件，建立“乐安人才发展奖励资金”，对携带高科技开发项目、从事高新技术转化、创办领办高新技术领域的合资合作或独资项目的人才，经有关部门认定后，通过科技三项经费、人才发展基金等渠道给予经费资助，对国内有知名度的专家、技术人才，在用人单位工作满 5 年（下同）的，给予一次易地安家补助费 5 万元，省、市有突出贡献的专家，省、市某一学科、技术领域带头人，给予一次易地安家补助费 3 万元，具有硕士以上学位或高级专业技术职务任职资格人员，给予一次易地安家补助费 1 万元。设立“乐安县优秀人才奖”，对为全县经济社会发展作出突出贡

秀人才作为抚州市第一次入选“西部之光”访问学者到北京进修。[3]

2011 年，抚州市财政预算安排 750 多万元用于支持人才工作。全市引进优秀教师 42 人，市直单位引进高素质人才 96 人；引进德国、日本和比利时高级专家多人。培养青年高技能人才 714 人、紧缺人才 30 人；职业技能鉴定 34659 人，核发职业资格证书 15744 人次，其中高级 129 人次、技师 128 人次；对 2538 名大中专毕业生实施职业技能培养和鉴定。全年培养技术人才 1.88 万人。2011 年，广昌县依托白莲产业优势，引进 2 名从事白莲研究的高层次人才。2013 年该县工业园区引进一批企业管理人才和科研人才，其中博士 1 名、研究生 2 名。举办一期有 80 余名副高以上职称知识分子参加的政策理论培训班。同时，在园区企业中，选派 1 名企业高管赴清华大学培训。

人才激励 从 20 世纪 80 年代开始，以高级知识分子为主体的高层次人才受到各级重视。但受机制体制约束，激励的方式较单一，主要有医疗保健、外出休养和少量的津贴奖励等。

1988 年，临川县委组织部和抚州市委组织部对 1023 名中高级知识分子进行体格检查，并建立健康状况档案。1989 年，抚州市委组织部为 5 名市管拔尖人才颁发“专业拔尖人才证书”并给予津贴。1993 年，临川县委常委会研究决定，对由县委组织部直接管理的专业拔尖人才，

抚州市举办工业企业创新经营管理高级研修班

年内减半收取人事档案代理费。

建立市领导重大节日走访慰问专家制度，对在抚州市挂职的博士服务团成员、科技副职以及市管高级专家，市领导与他们保持经常性联系，为他们的工作、生活提供必要的方便。建立市管专家定期体检、疗养和生病探望制度，并有计划地安排到上海、广东、山东等地学习考察或疗养。2006年，首次组织全市986名优秀农村实用人才参加免费体检。乐安县开展优秀高级知识分子评选表彰活动，对62名高级知识分子授予荣誉称号。

献的人才，由县委、县政府授予“乐安县优秀人才奖”荣誉称号，每人奖励5000元，每3年评选一次，对获得国家最高科学技术奖、自然科学奖、技术发明奖、科技进步奖和江西省科技进步及市科技进步一等奖、哲学社会科学一等奖以上奖项的主要完成人员，给予国家、省、市同等额度的资金奖励。

临川区、金溪县、宜黄县对引进急需的高层次人才和紧缺专业人才，引进的人才本人及其配偶、未成年子女户口可随调随迁，在辖区范围内自由选择落户地，免收有关落户费用，原为农村户口的，可以办理“农转非”手续。其未成年子女入托和入学，允许在辖区范围内自主择校，免收择校费，由教育主管部门负责落实。对沿海发达城市中小型投资者和经营管理人才，政府在基础设施、资金扶持、土地及厂房设备的使用等方面，出台优惠政策，确保承包、租赁企业和投资办厂的各类经营管理人才有充分的依法经营管理自主权。临川区对本科以上学历人员，落实在临川区内就业的，5

广昌县引进2名从事白莲研究的高层次人才（全日制博士生、硕士生），县财政分别一次性给予30万元、20万元安家费。2012年，广昌县委制定《加强人才工作的若干意见》，对引进的紧缺急需人才在住房补贴、职称评聘、工资津贴等方面给予政策倾斜。县财政还每年安排人才发展专项资金50万元，保证人才选拔使用、培养培训、交流引进等重大项目的实施。

自2012年起，连续三年、分四批次组织208名企业高管赴清华、北大、复旦大学参加研修。2012年8月，抚州市委、市政府出台《抚州市引进高层次人才暂行规定》，对刚性引进的各类高层次人才分别给予10万元至60万元等优惠待遇。之后，一批高层次人才相继至抚工作。2015年，引进中国科学院化学工程专业博士黄静到抚州一中任教，引进东南大学化学化工学院工学博士李铭东和中国社会科学院研究生院哲学博士傅光全到江西中医药高等专科学校工作。

【注　释】

[1] 2005年，抚州市委组织部《关于抚州籍市外高层次人才资源与可利用情况的调查报告》。

[2] 抚州市委人才办《2008年工作总结和下一步工作打算》。

[3] 抚州市委人才办《2010年工作总结和2011年工作打算》。

第十章　组工宣传

抚州组织部门历来重视对党组织先进集体、先进个人的典型宣传，通过宣传，激发全体党员带领人民群众建设社会主义事业热情。中共十一届三中全会后，随着组织部机构的恢复，地（市）委组织部加强对组织工作的宣传，先后创办《抚州组织工作》《抚州党建》等刊物。互联网兴起后，创办抚州党建网、短信平台等。进入21世纪后，抚州市委组织部建立新闻发言人制度，不定期举办新闻发布会，向新闻媒体和社会各界通报全市加强党的建设、深化干部人事制度改革的情况，开展网络在线交流、网络问政，做好舆情处置和引导，组织人事工作由神秘走向公开。

第一节　党建书刊

一、党建期刊

《抚州组织工作》 为传递信息，推广经验，指导全区干部工作和党建工作，1991 年 5 月，抚州地委组织部创办《抚州组织工作》，创刊初期为不定期出版，后改为每月出刊一期。该刊为 16 开本，内部出版物，准印证号为抚办简 01009 号，胶印，由抚州地委文印中心承印。每期印数 200 份，发各县市委组织部和地直各单位党委（党组）学习和参考；同时，向部分省级组织部门和省内兄弟地市组织部门赠阅与交换。该刊于 2000 年 12 月停刊，共出刊 109 期。

《抚州组织工作》主要栏目有：工作研究、课题调研、经验介绍、组工言论等。

《抚州党建》 抚州撤地设市后，《抚州组织工作》停刊。2001 年 1 月，创办《抚州党建》杂志，由抚州市委组织部调研科承办。该刊 16 开本，双月刊，篇幅为 36 ~ 40 页，彩色封面，为内部出版物，先后采用过 3 个准印证号：创刊号为赣新出内准字第 0002019 号；总第 2 期至总第 16 期为赣新出内准字第 0002023 号；总第 17 期至总第 78 期为赣新出内准字第 0003274 号。

创刊初期，设有《抚州党建》编委会，市委常委、组织部长鲍小慧任名誉主任，市委组织部常务副部长许四星任主任，副部长周木杨、夏俊任副主任。

创办初期设有本期论坛、本刊特稿、“三个代表”学习专稿、经验荟萃、组工言论、信息之窗、论点摘编、风流人物、警钟长鸣、史海钩沉、赣东风采、他山之石、抚河浪花等栏目。此后，除每期主要栏目保持相对固定外，根据各个时期组织工作的重点有针对性地增设或删减栏目。

《抚州党建》发行对象为各县区委组织部和市直各单位党委（党组），并向部分省级组织部门和省内兄弟地市组织部门赠阅

组工干部阅读《抚州党建》

与交换。该刊于2012年4月停刊，共出刊78期。

《当代村官》封面

《当代村官》 该杂志由抚州市委村建办主办、各县区委村建办协办。2010年创刊，32开本，双月刊，准印证号为赣内资字第F010号，2011年停刊，共发行7期。《当代村官》发行对象为市内各县区委组织部、各乡镇街道党（工）委、各村社区党组织。

杂志设置封面人物、特色村镇、专题报道、强村论坛、中国名村、大学生村官、放眼天下、资讯等专栏，从不同角度记述全国各地大学生村干部的信息动态、工作经验、人生感悟等，集中展示扎根基层一线的大学生村干部个性风采、人文素养、工作业绩，为广大村官交流学习搭建平台，备受农村基层干部青睐。

《情况交流》 该刊由抚州市委组织部调研科承办，2012年8月创刊，不定期出版，不设栏目，主要刊载领导讲话、组织工作经验做法等，至2014年12月共出刊32期。

《每周汇要》 该刊由抚州市委组织部办公室承办，2014年5月创办，每周一期，开辟有领导活动、科室动态、本周发文3个栏目，主要反映市委组织部领导和科室的工作动态及下发文件等内容。

《抚州组工通讯》 2015年年初创刊，不定期出版，由抚州市委组织部调研科承办、各县区委组织部协办。《抚州组工通讯》不设栏目，主要刊载领导讲话，宣传报道全市组织工作动态，总结工作经验，推广好的做法。

二、党建书籍

1984年7月，中央党史资料征集委员会、中央组织部、中央档案局根据中共中央指示，决定征集、整理和编纂《中国共产党组织史资料》，并要求省、地、县三级都要编纂组织史资料。为此，1985年8月，抚州地委决定设立中共抚州地区组织史办公室，由地委组织部、党史办、档案局三家负责，并由地委组织部牵头。办公室工作人员从地委组织部、党史办、档案局、文化局、文联五家抽调人员进行资料征集、整理、编纂。各县市也成立相应机构，抽调人员组成编纂班子，开展组织史资料编纂。

抚州地（市）委组织部编印的组织史资料

《中国共产党江西省抚州地区组织史资料》（第一卷） 记述1926年11月抚州地方党组织建立以后至1987年10月，抚州地区党、政、军、统战、群团组织机构沿革和领导人任职情况。该书于1992年9月由中共党史出版社出版，全书45.5万字，硬壳精装，设护封。

临川、乐安、金溪、宜黄、黎川、东乡、资溪、南丰、南城9县及抚州市组织史资料由南海出版公司出版，广昌、崇仁2县分别由新华出版社和江西人民出版社出版。

抚州市委组织部大事记

《中国共产党江西省抚州地区组织史资料》（第二卷） 组织史资料第一卷出版后，抚州地委组织部立即启动第二卷的编纂工作，地委组织部成立组织史资料续编领导小组，由地委组织部部长任组长，副部长任副组长，下设办公室，抽调专人负责资料征集整理和编纂工作。第二卷记述1987年11月—1993年1月地、县市两级党的组织史资料，同时附编地、县市两级政权、军事、统战、群团组织机构沿革和领导人任职情况。该书于2002年2月由中共党史出版社出版，全书27万字，硬壳精装，设护封。

《中国共产党江西省抚州地区组织史资料》（第三卷） 2001年5月，抚州市委组织部立即启动第三卷的编纂工作，成立编纂领导小组和办公室，聘请两名老同志开展资料征集整理和编纂工作。2007年10月编纂工作移交市委党史办，由市委组织部和党史办共同编纂。第三卷记述1992年12月至2000年10月抚州地、县市两级党的组织史资料，同时附编地、县市两级政权、军事、统战、群团组织机构沿革和领导人任职情况。该书于2011年8月内部出版，全书58.3万字，硬壳精装。

《抚州市委组织部大事记》 2015年，在《抚州组织志》编纂过程中，为理清资料线索，翔实记述组织工作发展情况，市委组织部调研科和《抚州组织志》编纂办共同编印了《抚州市委组织部大事记》系列丛书。大事记分年度编纂，共编印2012年、2013年和2014年3本，内设领导讲话、领导批示、红头文件、获得荣誉、大事记5个栏目。大事记封面和“年度剪影”为彩色印刷，简装本，内部出版，每本15万字左右。

第二节 抚州党建网

20 世纪 90 年代，互联网在跨地域、多媒体、交互性方面的功能优势日益显现。为扩大抚州党建工作影响，2002 年 5 月，由抚州市委组织部主办、抚州市信息中心承办的全省首家市级党建网站——抚州党建网（www.fzdj.gov.cn）正式开通。抚州党建网开通的信息先后在《党员电化教育》杂志、《抚州日报》和抚州电视台上刊（播）发。

2004 年，抚州党建网开办《抚州党建》电视栏目，增设“保持共产党员先进性教育”“内强能力、外树形象”学习教育活动专栏等新栏目，全市新增播放网点 107 个。此后，对抚州党建网站进行改版升级，抚州党建网站被评为全国优秀党建网站。

为加强抚州党建网管理，完善网页版式设计，充实网站栏目内容，2010 年 11 月，市委组织部制定抚州党建网信息上传管理办法，对网页版式做了修改调整。信息报送范围包括：上级领导、部领导有关活动的报道；部机关活动、党组织活动及专题学习讨论的情况；组织部门公开发布的通知、文件和规章制度、理论研究和学习体会文章等；党建工作的先进经验及典型事迹材料，干部工作、人才工作及其他组织工作的动态和成果。改版后的栏目：机构设置、走进抚州、市组要情、深入学习贯彻落实十八大精神、深入开展“五民一建”活动、自身建设、专题报道、通知公告、简报期刊、工作创新、意见箱、党建工作、党员服务中心、时政要闻、党员电教与远程教育、干部工作、干部监督、干部教育、人才工作、大学生村官。

此外，部分县委组织部也建有自己的网站、云平台。宜黄、崇仁、乐安分别建有宜黄党建网、崇仁党建网、乐安党建网，东乡建有江西省东乡县党建云平台。

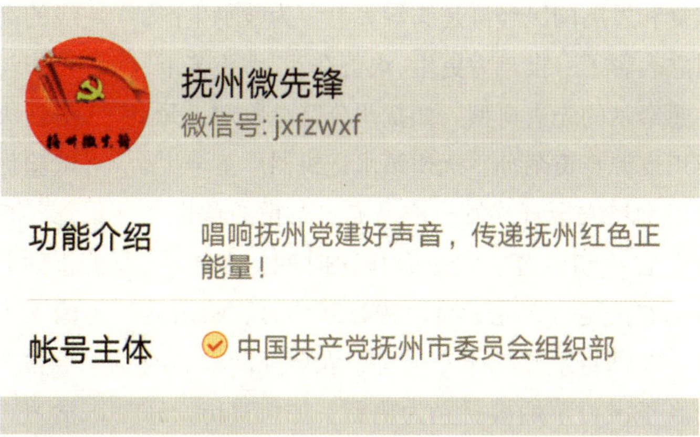

第三节　对外宣传

组织部门围绕党在各个时期的中心任务开展工作，对各级党组织、共产党员在社会主义革命和社会主义建设中涌现出来的先进典型进行宣传报道。较长时间，组织部门对自身工作奉行“多做少说”或“只做不说”的原则，极少注重舆论宣传，组织工作神秘色彩较浓。随着时代的进步，尤其是从党的十七大开始，组织部门以更加开放的视野和胸怀，积极构建开放的组织工作体系，对外宣传力度加大，公开性和透明度进一步增强。

一、先进典型宣传

新中国成立后，抚州各级党组织注重抓好先进典型的宣传与示范，地、县组织部门围绕重大事件树立一批先进典型。新中国成立初期，经济严重困难，物资短缺、技术低下、民生艰难，恢复和发展国民经济是头等大事。为鼓励生产，树立表彰了一批自力更生、艰苦奋斗、埋头苦干、甘愿奉献的先进典型。如抚州公路总段刘正元、黎川皮源乡黄菊孙、抚州镇水记机器厂王金生、黎川洵口农会舒兴发、广昌赤水章甫的黄哲文等全省劳动模范。农业合作化时期，为倡导、鼓励农民走合作化道路，1953 年 1 月，临川县委组织部将组建抚州专区首个农业互助组的湖南乡茶溪村萧炳禧树立为典型，加大宣传。后来，萧炳禧将互助组转为农业初级社、高级社，成为抚州专区农业合作社的一面旗帜，带动全区合作化发展。

中共八届二次会议制定“鼓足干劲，力争上游，多快好省地建设社会主义”的总路线，抚州专区掀起学习贯彻执行社会主义建设总路线的高潮。1958 年，金溪浒湾丁家村女青年丁长华与 5 名女社员组成花木兰队。1959 年丁长华任火箭生产队队长，她利用两块最差田进行试验创高产，在她的带领下，火箭生产队连续三年粮、棉、油、猪大丰收。三年中，火箭队超额完成交售农产品任务，仅棉花一项共售给国家 1300 多公斤。[1] 1961 年 12 月，抚州地委号召全区生产队和农村干部向丁长华和火箭队学习，丁长华的先进事迹激励了抚州干部群众建设社会主义的热情。在丁长华先进事迹的激励下，各级党组织选树一批其他战线先进典型，如资溪县马头山柏泉村女民兵连长曾秋莲，担负守卫鹰厦铁路柏泉铁路大桥值勤任务十余年，多次排除路障，防止坏人炸桥毁车。1960 年 4 月，曾秋莲出席全国民兵代表大会，受到毛泽东、周恩来、朱德接见，获中央军委奖励的半自动步枪一支。据 2013 年版《抚州市志》记载，1953—1966 年，抚州专区获全国、全省表彰的劳动模范、先进工作者、建设社会主义积极分子、“三八”红旗手等荣誉称号 685 人。

“文化大革命”期间，中国政治、经济、文化等方面遭到全面破坏，马克思主义理论被极端化、教条化，先进典型的树立和宣传依附于政治需要，成为服务于阶级斗争的棍棒。尽管如此，抚州仍然树立、宣传一批工农业生产苦干加实干的先进典型。

改革开放后，社会主义建设事业全面发展，抚州各级党组织选树一批知识分子、农民、工人及社会各阶层先进典型。1985 年 7 月，南城县岳口乡长兴村民兵营长朱应生、农民曾光明为抢救安徽籍打井民工而牺牲，南城县委、抚州地委先后作出向舍己救人的共产党员朱应生学习的决定，抚州地委宣传部、抚州军分区联合组织朱应生英雄事迹报告团到全区各县市、厂矿、大中专院校巡回演讲，在全区掀起“学英雄、见行动”热潮。

各级组织部门每年都要在“七一”前后，开展先进党支部、优秀党员和优秀党务工作者表彰活动，在当地报纸、电视台及涉及党务政务的刊物等媒体开辟专栏、专版，制作专题片进行宣传，营造学先进、赶先进的良好氛围。

进入 21 世纪后，随着对外开放的不断深化，各级党组织在先进典型树立、宣传过程中，除继续沿用表彰劳模、道德模范、先进工作者等传统方式外，还出现许多新方式、新特点。尤其是随着移动通讯和网络技术的发展，民众自主参与先进典型的宣传增强，社会力量在树立、宣传先进典型过程中起着越来越大的作用。

2014 年 11 月，抚州市委组织部与市广播电视台联合创办党员访谈栏目《我们身边的好党员》。栏目在抚州电视台一套、二套不同时段播出，并在抚州市远程教育平台、抚州党建网、抚州微先锋等平台同步播出。该栏目通过访谈的形式，宣传报道全省、全市“龚全珍式”好干部、全市优秀基层共产党员及全市突出贡献人才等先进事迹，集中展示抚州市优秀基层党员风采，凝聚建设幸福抚州的强大正能量。

二、组工信息宣传

改革开放之前，组织部门未建立信息上报制度，组织工作主要通过向上级组织部门口头或书面汇报的形式，或通过报送年初工作计划、年终工作总结、会议材料等方式传递信息。

改革开放前后，中央组织部和江西省委组织部先后创办《组工通讯》等刊物，抚州组织工作对外宣传的主攻方向是在党报党刊上稿。据统计，抚州地区在 1989 年第 9 期～1990 年第 8 期的《江西党建》杂志共用稿 79 篇，有 5 篇被评为 1989 年度优秀稿件，其中一等奖 1 篇，二等奖 1 篇，三等奖 3 篇，获奖稿件中南丰县占 3 篇。在全省“先锋杯”摄影大奖赛中，抚州地区有 36 幅摄影作品入选，其中南城县委组织部 9 幅作品入选，2 幅被评为优秀作品，抚州摄影小组选送的 15 幅作品全部入选。

1991 年建党 70 周年之际，《人民日报》国内政治部、《江西党建》等 7 家党报党刊联合举办《在党支部书记岗位上》征文活动，抚州地区共投送稿件 200 余篇，先后被《江西党建》采用 7 篇、《人民日报》采用 1 篇。其中《渴时一滴胜甘露》和《为了祖国的未来》分别获全国征文二、三等奖。在江西省委组织部、江西摄影家协会联合举办的《在党的光辉照耀下》摄影作品展览活动中，抚州投稿268幅，56幅入省展览。

抚州地委组织部组建组织工作专门的通讯报道员队伍,对党刊上稿工作定期调度。以《江西党建》为例,1995年第7期至1996年第6期,全区上稿194篇,比上年同期增加50篇，其中宜黄县上稿14篇。1995年，抚州地区有8篇稿件被《江西党建》评为优秀稿件。1996年,全区县级以上领导干部在《江西党建》用稿28篇。“德铜杯”党员形象在岗位闪光征文，全省共评奖11篇，抚州地区占4篇，其中，地委组织部《沸腾的县域经济》被评为一等奖，临川《争雄上海滩》和东乡《师古别开造化功》获二等奖，南城《驻村情缘》、崇仁《加快一村一品发展步伐》、广昌《映日荷花别样红》、乐安《农村基层组织建设的现状及改进对策》和地委组织部《重德才、重公认、重政绩选准农村领头雁》获三等奖。1996年，全区在《江西党建》发表文章107篇，图片87幅，获一等奖1篇、二等奖2篇、三等奖5篇。

20世纪90年代初,抚州地委组织部创办《抚州组织工作》，并加强宣传报道信息员队伍网络建设。各县市委组织部和地委政研室、团地委、地区体改委、农经委、经委、人事局、劳动局、教育局、行署公安处、卫生局、广电局、乡企局、纺织局、林业局、抚州师专、造纸厂、富奇厂、抚纺等18个地直单位被确立为地委组织部信息联系点，信息联系点实行滚动式管理，每两年调整一次。各信息联系点每月上报2条以上信息，其他单位不少于1条。各信息联系点一批组工业务熟、综合分析和文字写作能力强的人员及地委组织部干部成为专职或兼职信息员。为调动基层上报信息的积极性，设立县市调研工作单项奖，年终进行调研课题及组工言论的评选表彰。同年10月24日，首次举办全区组工信息员学习班。培训中,明确信息报送的重点：（1）贯彻落实中央、省委、地委及各级组织部门重大决策的思路、部署和措施；出现的新情况、新问题，包括干部群众对决策的反映，影响决策落实的突出问题和进一步修正、完善有关决策的意见、建议。（2）县市委和组织部门关于组织工作的重大部署，党委政府主要领导关于党建工作的新观念、新要求。（3）领导班子和党员队伍、干部队伍以及基层党组织建设、干部人事制度改革等方面的新举措、新经验。（4）落实上级领导在本地调查研究、指导工作期间的有关指示和要求的情况。（5）与组织工作有关的其他重要情况，包括重大社会动态和重要社情民意。至是年12月，江西省委组织部《组工通讯》《组工信息》采用抚州地区稿件38篇，列全省第3位；[2]《人民日报》《江西日报》《抚州日报》等报刊用稿达600余篇。[3]

1998年，为加强信息工作，抚州地委组织部召开全区组工信息调研工作会，请江西省委组织部办公室负责人到会讲话。会后，各县市明确分管领导，指定专职信息员，组织部领导采取“出题目、交任务、提要求”的方式推进信息工作。地委组织部通过目标管理、定期通报、定期下发“信息工作要点”等形式加强信息督促指导。全年中央组织部采用抚州地区组工信息24条，江西省委组织部采用120条。[4]

2001年，全市组织部门普遍实行信息、调研工作目标管理，制定奖励措施，各县区委组织部领导既“挂帅”，也“出征”，全年全市在中央组织部用稿13篇，江西省委组织部用稿213篇，其中正刊4篇、领导参阅18篇。抚州市信息工作综合考评在全省排位第三，抚州市委组织部及南丰、黎川、南城、崇仁等县被江西省委组织部评为全省信息工作先进单位，郑须生等人被评为全省优秀信息员。[5]年内，各县区委组织部共完成调研文章（课题）73篇，市委组织部各科室完成调研文章（课题）17篇，全市共有10多篇调研报告转化为指导性工作文件。是年，抚州市委组织部推荐的9篇优秀论文参评，获省一等奖1篇、二等奖1篇、优秀奖4篇。

2002年，抚州市围绕组织工作重点问题、难点问题，以及党员干部反映的热点问题、焦点问题上报信息，信息工作服务组织工作的作用进一步发挥。2003年3月，抚州市委用两个月时间在全市各级领导班子和广大干部中开展"两问三视四比"教育活动，《抚州日报》刊出"两问三视四比，争先创优兴抚"专刊24期，抚州电视台播出"两问三视四比、求实创新进取"专题新闻38次，全市出简报1000多期，办宣传栏2158期。

2005年，组工信息宣传工作面进一步拓宽，制定《关于对全市党建宣传工作实行目标考核的通知》，对各县区党建宣传工作实行专项考核。截至11月底，抚州在各级各类新闻媒体发表党建宣传稿件1600余篇（条），其中在中央电视台《新闻联播》用稿5篇，在《党建研究》用稿2篇，在《江西日报》头版头条用稿5篇。

2007—2008年，省级以上媒体发表反映抚州市党建工作的稿件248篇，《江西日报》对抚州市工业园区、社区党建方面的经验做法进行报道，2007年6月26日还推出专版介绍抚州市深化"三项创建"、推进赶超发展方面的典型经验。

2009年，《江西抚州市选派800余名乡镇干部到村任党支部书记》一文，在中央组织部《组工信息》刊物刊登，中央组织部部长李源潮作出长篇批示：

欧阳、思和同志：

江西抚州市用自愿报名、竞争上岗、差额考察、双向选择的办法选派800名乡镇干部到"难点村、后进村、软弱村"担任党支部书记的效果很好。既实现了税费改革后乡镇机关"消肿"，又使后继之人的村级党组织得到加强。尤其是他们用"双签双挂"规范管理考核办法。通过选派干部与乡镇和组织部门签订任期目标责任书与年度目标责任书，将工作实绩与政治鼓励和物质奖励挂钩，较好地调动了机关下村干部的积极性。机关干部下村挂职，既有利于加强新农村建设，又有利于改进机关干部作风，应积极推广。

这是继李源潮在全国组织工作会议上表扬2008年雨雪冰冻灾害后抚州外出务工人员"入党热"之后，抚州市基层党建工作再次得到中央组织部主要领导的肯定。2009年11月30日和12月1日，《人民日报》《解放军报》《光明日报》《经济日报》、新华社、中央电视台、中央人民广播电台等中央主要新闻媒体对抚州市这一典型做法进行集中采访报道。其中，中央电视台11月30日《新闻联播》节目进行报道，江西电视台12月1日《江西新闻联播》节目进行报道，12月13日《江西日报》头版头条作重点报道。是年，抚州党建宣传在市级以上媒体用稿430多篇，其中在国家级媒体上稿15篇，在省级媒体上稿120多篇，信息工作继续保持全省领先位置，市本级居全省第一，市综合居全省第二，全市11个县区有9个进入全省先进行列，全年在中央组织部刊物上稿32条，11个县区全部在中央组织部刊物上稿，8个县区在中央组织部刊物上稿2条以上，突破中央组织部正刊单条、单段零的记录。2010年，抚州市委组织部被人民网评为全国基层党建宣传示范单位，名列全国第七。

2011年，抚州开展"包扶互助""创先争优"以及服务"三大战役"等先进典型宣传，累计在《人民日报》《中央创先争优网》《中央创先争优简报》上稿90篇，在省级媒体上稿160余篇，为决战"三大战役"营造浓厚氛围。是年，全市各级组织部门巩固"讲党性、重品行、作表率"活动成效，学习李林森先进事迹，组工干部在换届中争当遵守换届纪律、公道正派选人的表率，市委常委、组织部部长魏建锋撰写的《换届之际多学学文建明》，得到中央组织部部长李源潮批示。全市信息工作和网络宣传工作继续走在全省前列，多篇信息文稿得到中央组织部李源潮部长批示。

2012年，抚州市委组织部机关开展以“五大课堂”（政策理论课堂、组工业务课堂、知识拓展课堂、基层实践课堂、廉政建设课堂）为载体的学习实践活动，通过“两步整合”“三轮调整”，对一些工作职能相近、工作内容相关的科室，在部机关内部进行有效整合，创新科级干部选拔任用方式，分三轮对部机关部分科级干部进行调整。省组工刊物对这一做法进行介绍。2013年，在全市组织系统开展“五比三满意”活动，即比学习、比创新、比落实、比服务、比实效和让上级满意、让服务对象满意、让人民群众满意，同时推动“六个十佳”创评工作，即针对工作创新评选“十佳创新案例”；针对工作落实评选“十佳落实团队”；针对业务能力评选“十佳岗位能手”；针对强化服务评选“十佳服务之星”；针对加强学习评选“十佳学习标兵”；针对提升文字能力评选“十佳调研报告”，积极引导全市各级组织部门和广大组工干部抓学习重实践、抓创新争一流、抓服务强作风，努力争做学习实践、求真务实、改革创新、为民服务、清正廉洁的“五个表率”。坚持每季度对组织工作进展情况进行统计分析，把握工作动态，及时发现问题，增强工作指导的针对性。部主要领导对县区好的做法、经验，及时进行批示。一年中，共批示30多件，要求对这些好的经验、做法进行总结，有的还以《情况交流》形式，印发全市学习推广。

三、刊物宣传

上级组工刊物发行 1978年6月胡耀邦主政中央组织部后，为宣传党的正确组织路线，创办《组工通讯》，为组织工作开辟一块宣传阵地。1989年1月，江西省委组织部创办《江西党建》杂志，2005年省委将《江西党建》和《党建宣传》《党风廉政月刊》合并为《当代江西》。抚州地委组织部为将党的组织路线及时传达贯彻到各级党组织和全体党员，通过拓宽发行渠道、开展评先评优等方式，持续不懈地抓好组工刊物的发行和学习宣传。

1990年，全区订阅《江西党建》杂志30556份，平均每3.7名党员订刊1份，比1989年增加3941份，增长15%。同时，表彰17个党刊通联发行工作先进单位、17名优秀发行员和11名优秀通讯员。1991年，全区征订《江西党建》杂志33544份，平均每3.5名党员订有1份，比1990年增加2984份、增长10.4%。抚州市、宜黄县、资溪县、南城县、南丰县、广昌县、红星垦殖场、富奇汽车厂等8个单位达到平均3名党员订阅1份。是年，地区召开表彰会，地区召开表彰会，表彰7个党刊通联工作先进单位、9个通讯报道工作先进单位、26名优秀通讯员、17个发行工作先进单位、18名优秀发行员、13个学刊用刊先进单位、13名学刊用刊积极分子，表彰《在党支部书记岗位上》征文、《在党的光辉照耀下》摄影入选获奖的作者。会上，抚州市及南城、南丰、崇仁、宜黄等单位介绍党刊通联、发行、报道和学刊用刊等方面的经验做法。全区有3个单位被评为全省通联工作先进单位，18个单位被评为全省发行工作先进单位，18人被评为全省优秀发行员，3个单位被评为全省报道工作先进单位，6人被评为全省优秀通讯员，2个单位和2名个人被评为全省学刊用刊先进单位和学刊用刊积极分子。

1992年，南城、南丰、宜黄县委组织部被评为全省《江西党建》通联工作先进单位，抚州地委组织部及崇仁、资溪县委组织部被评为全省报道工作先进单位。同时，表彰优秀通讯员6名，学刊用刊先进单位、先进个人各1名，表彰发行工作先进单位一等奖5个，二等奖9个，三等奖5个，优秀发行员19名。1995年，全区订阅《江西党建》42052份，1996年增至46025份，比1995年净增3973份，达到每2.8名党员1份，全区《江西党建》订阅工作在全省的排位由1995年的第8位上升至第6位。临川市克服县市合并困难，订阅数突破1万份，荣获全省订刊特别奖；金溪、南丰、黎川、地区经委党委1996年订阅数均比1995年增订300份以上。全区自费订阅34184份，占订阅总数的74.3%，比1995年提升14.1%；南城县县级领导干部为困难党员订阅《江西党建》600余份。同年7月31日，地委组织部在崇仁县召开全区党刊通联发行工作表彰会。

自办刊物、网站、远程教育、微信平台宣传 为加强组织工作宣传，1991年5月，抚州地委组织部创办《抚州组织工作》，办刊10年，至2000年12月停刊，共出刊109期。抚州撤地设市后，于2001年1月创办《抚州党建》杂志，至2012年4月停刊，共出刊78期。2010年，随着大学生村干部队伍的壮大，抚州市委村建办创办《当代村官》杂志，为双月刊，共发行7期，至2011年停刊。2012年8月创办《情况交流》。此后于2014年5月创办《每周汇要》，每周一期。2015年年初创办《抚州组工通讯》。

2002年5月，随着互联网的兴起，抚州市委组织部创办“抚州党建网”，开设“党建工作”“干部工作”“人才工作”“自身建设”“专题报道”等栏目。抚州市直属工委创办“抚州先锋网”，开设“党务公开”“时代先锋”“先锋论坛”“网上支部”“宣传教育”“党员之家”“主题活动”等栏目，多侧面宣传组织工作。随着手机上网的普及，2014年9月，市委组织部开通微信公众平台“抚州微先锋”，开设“学习路上”“天天学法”“每日分享”等固定专栏，于每个工作日推送一期。

20世纪90年代以后，地（市）组织部根据各个时期党的建设工作重心，先后开展社会主义路线教育、“三讲”教育、学习“三个代表”重要思想、保持共产党员先进性教育、学习实践科学发展观、党的群众路线教育等主题教育活动，以及“三级联创”、创先争优、“五民一建”等活动。这些活动的开展，均创办有工作简报。

四、舆情处置

随着互联网在全球范围内的飞速发展，网络媒体成为继报纸、广播、电视之后的“第四媒体”。组织部门作为党委的重要职能部门，与党员、干部、群众联系密切，一些反映干部工作、干部问题的信息成为网上热点。组织部门舆情主要是“涉组涉干”舆情，而组织部门舆情处置则是在舆情发生后，采用相应的处置措施，使舆情产生的危害降到最低。

2008—2010年，中央组织部每年开展一次全国组织工作满意度民意调查。为确保真实反映民意，调查工作委托国家统计局组织实施，要求组织部门不得从中干预。测评内容包括对组织工作、组工干部形象、干部选拔任用工作、防止和纠正用人上的不正之风工作四项指标。首次民意调查期间，金溪、南城两县没有严格遵守中央组织部有关规定，派本部人员为抚州调查队调查人员带路，并事先通知被调查单位，有的还安排调查人员食宿，妨碍了干部群众意见的正常表达，造成调查数据的失真失实。江西省委组织部发现情况后，责令金溪、南城县委组织部做出深刻检查，并对有关责任人进行严肃批评。江西省委组织部对这一情况进行通报，中央组织部转发江西省委组织部的通报。[6]

2010年7月，乐安县接待服务中心、旅游资源开发办公室组织公开招聘，更改考试规则，安排考生与评委及招聘工作领导小组成员就餐、唱歌跳舞，并将娱乐活动作为面试内容进行评分。事件曝光后，乐安县政府终止招聘工作，取消考试结果。同年11月，抚州市纪委对乐安县有关领导干部分别给予诫勉谈话、批评教育和警告处分。2010年9月10日上午，宜黄县凤冈镇发生因拆迁引发的自焚事件。事件发生后，舆论密集关注。9月17日，宜黄县委书记、县长被立案调查，率队拆迁的常务副县长被免职。10月10日，江西省委宣传部对上述事件进展发布新闻。2011年5月26日，临川区先后发生连环爆炸案。爆炸发生后，网络、媒体迅速围观聚焦，使这一事件成为热点。江西省委指示省纪委、省监察厅成立调查组，临川区委书记、区长被免职，并追究16名相关责任人员的责任。

2012年，是抚州公开选拔领导干部力度较大的一年。公选中，一些网友反映因学历问题、领导干部近亲属存在资格条件方面的问题，或反映存在不公平公正等方面的问题。组织部门干部监督科组织人员进行调查核实，取消一些人员的公选资格。此外，一些领导干部因为行为不检点，也被群众通过网络反映，引起网民围观。组织及纪检部门从中发现一些问题线索，有的因此受到查处和免职。

抚州市坚持主动应对、重点处置、实时监控，做到早发现、早报告、早处置。在市、县成立“网宣员”队伍，安排专人负责舆情监测，尝试引进舆情监测软件，加强对各大网站和论坛的监测。对网络上出现的“涉组涉干”负面舆情，第一时间向上级部门和组织部领导汇报。完善“涉组涉干”网络舆情处理应急预案，准确把控，提升预警能力，对确有其事的，通过约请面谈、督办、在线交流，引导网民从正面看待问题；对于胡编乱造的言论，组织“网宣员”予以澄清。与宣传部、公安局等部门（单位）合作，构建网络舆情监测处置格局，提升舆情信息应对能力和水平。

组织部门在舆情应对处置方面仍然存在一些不足之处。一是对网络舆情认识不够，人力、物力、财力投入不足；二是舆情应对的工作架构不完备，没有专门、专业的工作队伍；三是应对网络舆情的方法措施不够，面对媒体和网友的质问，不善发声，“能拖则拖、能避则避”。此外，一些组工干部政治敏锐性不强，对媒体和网友的质问态度生硬、反应迟钝、答复不当，放大了事件的负面影响，丢失了网络舆论宣传主动权。

五、新闻发言人制度

新闻发言人是国家、政党、社会团体任命或指定的专职（或兼职）新闻发布人员，其职责是在一定时间内就某一重大事件或时局问题，举行新闻发布会或约见个别记者，发布新闻或阐述本部门的观点，代表有关部门回答记者的提问。

中国新闻发言人制度始于20世纪80年代，这一制度在对外宣传上发挥了重要作用。2004年之后，各地积极推进新闻发言人制度。2009年9月，中共十七届四中全会要求：建立党委新闻发言人制度，办好党报党刊和党建网络。

2010年6月30日，中央外宣办组织中央组织部等11个中央有关部门新闻发言人共同会见中外记者，在推进党务公开、加强党内民主方面迈出重要一步。之后，全国31个省区市、近一

2010年9月13日，抚州市委组织部召开深化干部人事制度改革新闻发布会

半地市的党委组织部门建立新闻发言人制度。

2010年9月13日，抚州市召开深化干部人事制度改革新闻发布会，市委组织部常务副部长王小林出席新闻发布会，通报9月9日市委常委会审定的《抚州市近期深化干部人事制度改革工作的意见》，公布深化干部人事制度改革的总体思路和10项25条重点改革措施，计划公开选拔500名领导干部，包括竞争性选拔44名县级领导干部，竞争性选拔460名左右乡科级领导干部。其中，县区公开选拔110名左右乡科级领导干部；市直单位竞争上岗选拔130名左右科级领导干部；交流任用600名领导干部；公开选调、录用、选聘2300名机关事业单位工作人员；公开选派（选聘、选募）800名干部到农村基层一线工作。

2012年3月30日，抚州市举行公开选拔副县级领导干部新闻发布会，市委组织部常务副部长宋东方公开发布公选意图、主要特点以及职位情况、参选资格条件等情况，《江西日报》《抚州日报》《临川晚报》等10多家省市媒体记者到场参会。此次公选活动从4月9日开始报名，市本级公开选拔职位23个，其中面向全国公开选拔10名年轻副县级干部，面向全国公开选拔5名副县级专业技术人员，面向全市公开选拔的副县级职位8个。网络在线交流成为组织工作新闻发布的一条重要渠道。同年12月28日，市委组织部副部长周国华参加“组织部长网上谈”，向网友介绍抚州市基层组织建设年活动情况。周国华介绍抚州市级层面建立“常委领导挂点抓整改、组工干部联络帮整改、班子成员蹲点指导整改、队伍协调联合整改”等整改机制；抚州市抓非公有制企业、社会组织等领域破解党组织单建率偏低、党组织设置不合理问题的做法；抚州市建立村（社区）党组织活动经费保障机制、增强党组织直接联系服务群众的能力的有关情况。

市委常委会通过在线交流、网络问政等方式开门纳谏。2014年3月20日上午，抚州市委书记龚建华到中国抚州网在线访谈室与网友交流，听取群众对市委常委会工作的意见建议，收集“四风”方面的情况反映，市委常委、组织部部长周训国，市信访局、东乡县委主要负责人等参加。市委书记与网民在线交流的预告消息发布后，共收到网民意见、建议、诉求留言556条。同时，邀请人民网、新华网、中新网、新浪网、腾讯网、中国江西网，以及江西广播电视台、《江西日报》《江南都市报》《信息日报》《抚州日报》、抚州广播电视台等市内外主流媒体参与；抚州新闻网、抚州广电网、中国江西网抚州频道、各县区政府网，@抚州发布、@抚州日报、@抚州广播电视台、@临川晚报等官方微博同步直播。

2014年9月17日，抚州市委常委、组织部部长王新有通报抚州市党的群众路线教育实践活动整改落实情况，市有关部门负责人和50余位群众代表，以及江西日报、江西广播电视台等多家新闻媒体记者参加活动。

六、党员电化教育

机构设置 党员电化教育是运用录音、录像、广播、电视和电影等现代化传播手段，对党员有组织地进行的一种教育活动。1958年10月下旬，国务院轻工业部在东乡县长林乡胡家村举行“甘蔗浸出法”现场会，省、地、县各级领导出席会议，现场摄制新闻纪录片，在全国各地放映，是域内最早的电教片。

伴随着信息技术、传播技术的不断进步，利用现代化传播手段对党员进行教育的形式逐渐被各级党委组织部门采用。1984年，福建省建瓯市率先探索运用电化手段对党员进行教育的模式，得到中央组织部的肯定。1987年5月，中央组织部在福建省福州市召开第一次全国党员电化教育工作座谈会，提出“认真试点、逐步推广、因地制宜、讲求实效”的工作原则。随后，党员电化教育工作在全国迅速推开。

1987年8月4—6日，抚州派员参加在石城县召开的江西省党员电化教育工作座谈会，会上交流其他省市和江西省石城县、新余市的经验，参观和观摩石城县电化教育设备以及省内外电教片，研究部署江西省开展党员电化教育和加强新时期党员教育工作。

1991年12月，江西省委组织部下发《关于下拨电教补助经费的通知》，按照“地方财政拨一点，省留存党费补一点”的原则，从省留存党费中拨给抚州地委组织部电教补助经费7万元，用于购置摄制电教片的设备。在此基础上，抚州党员电教事业开始发展，通过物色专业人员，选定办公场所，购置设备，开展电教片制作。各县市相继成立党员电教工作机构，制作、播放电教片，开展党员电化教育。

1992年，根据赣组通〔1992〕46号通知要求，抚州地委组织部向地区编制委员会提交《关于要求成立党员电化教育工作机构的报告》，申请成立党员电化教育科和党员电化教育中心，申请事业编制5个，实行两块牌子、一套人员，为正科级单位，得到地区编制委员会批复同意。

1996年实行党政机构改革，地区编委下达的“三定”方案明确，地区党员电教中心为地委组织部下属正科级事业单位。1998年，全区党员电化教育机构发展到168个，电教人员3905人。2010年8月，成立抚州市农村党员干部现代远程教育工作办公室，与地区党员电化教育中心合署办公。

电教举措与设施配备 根据江西省委组织部印发的《党员电化教育几项制度的通知》精神，1993年3月，抚州制定党员电化教育工作人员职责、电教机房管理制度、党员电教设备使用保管制度、党员电化教育收取成本费暂行规定等制度，为12个县市、148个乡镇配备电教设备。

1994年10月下旬，抚州抽调人员分三个片对全区党员电化教育工作开展检查，检查结果显示：各县市均成立党员电教中心（室），配备电教专（兼）职人员，建立工作制度，各乡镇设立了党员电教播放站（点），形成县、乡、村三级电教工作网络。抚州市还建立电教人员奖励制度，南城县专门成立党员电教播放队。资溪县直单位、各乡镇场设立电教经费账号，拨出1000元作为电教专项经费，做到专款专用。抚州市及东乡、崇仁、黎川、宜黄、乐安、南城、南丰、广昌等县委组织部购置摄像机，广昌县购置编辑设备，做到摄、编、录一体化。宜黄县棠阴镇硖石村集体投资2万元，村民每户集资280元，自办有线电视台，其中一个频道为自办节目，每周播放一次党员电教片或农业科教片。1994年11月，崇仁县委组织部举办党员电化教育培训班，30个基层党委从事电教工作人员参加，系统学习党员电化教育基础知识、基本理论以及电视机、录放像机使用、保养与维修，播放《平凡足迹》等几部电教片。

1995 年，地区财政拨出专项资金 2.8 万元，为地区党员电教中心添置电教设备，除已有的成套摄录编辑设备外，又购置立式空调机 1 台、录像机 2 台、视频分配放大器 1 台。各县市均配备 M9000 摄像机 1 台。

依托电教平台，抚州从中央组织部购买《奔赴小康——农业实用科技》系列录像片 34 集（盒），复制 614 集（盒）下发各乡镇。地区党员电教中心复制电教片 102 盒、党务工作片 26 盒、《八大经济体制改革》录像片 25 套 225 盒及一批农村实用技术培训片带，发到基层播放。各地积极总结播放收看经验教训，其中，广昌县《认真抓好播放收看，增强党员电教效果》经验材料在赣州召开的全省党员电教片播放收看工作座谈会上作介绍。

1998 年全区电教硬件建设逐步由录放像机向 VCD，模拟摄像机向数字摄像机过渡。

地委组织部制定《抚州市 2001—2005 年度党员电化教育工作发展规划》，做到年初有全年工作计划、电教工作有考评细则、年终进行检查评比。在 2001 年全省党员电教工作综合目标考评中，抚州市党员电化教育工作名列全省第二。为加强电教网点建设，按照“三机一室”要求，不断加大投入，全市党员电教播放网点年增长率在 8% 以上，2002 年 12 月全市 100% 的乡镇、74.5% 的行政村（1894 个）和 75% 的机关、企事业单位（2318 个）配备党员电教专用设备。2002 年 5 月，抚州率先开通全省第一家市级党建网站“抚州党建网”，扩大了党员教育覆盖面。

各县区党员电教考评细则纳入党建工作目标管理内容，并进行考评通报。金溪党员电化教育与党员教育工作做到“五个结合”；崇仁把电化教育工作列入创建“六好”乡镇党委、“五好”党支部的内容，对电教目标考评不过关的，取消基层党组织及负责人评先评优资格；资溪采取分项计分、综合评估的办法，对基层党员电教站和基层总支（支部）电教室、播放点进行考评，并实行表彰奖励。2001 年 12 月 22—30 日，抚州市委组织部组织 6 个考评组，采取听查看，综合打分的方式，检查 11 个县区委组织部，抽查 11 个乡镇、11 个县直单位和 11 个村的党员电化教育工作。其中，临川区抓好标准化阵地建设，先后投资 20 万元（基层党委配套 80 多万元），建成 23 个规范化基层播放网点；南城从全县 156 个党员电教室中选出 50 个作为电教规范室，使该县党员电教室建设上一个新台阶；广昌县尖峰乡投入 4 万多元，对乡、村电教设备进行更新，引进 20 多盒实用技术类电教片；乐安县在无设备播放点建立党员电化教育中心户，组织党员在中心户观看电教片。考评发现，全市党员电化教育播放网点普及率由开办之初的农村 54.3%、城区 52.7%，提高到农村 72.5%，城区 74.4%。

电教片制作和评比 1992 年，抚州地区电教中心成立不久，即开展首次党员电教片观摩评比。全区 12 个县市委组织部和地区直属机关党委共选送 13 部党员电教片参加观摩评比，其中，崇仁县《闪光的辐条》、临川县《青丝白发情悠悠》、地区直属机关党委《方向盘上的奉献》获一等奖，其余 10 部分别获二、三等奖。

1993 年“七一”前，抚州地委组织部对县市和地区直属机关党委选送的 13 部电教片进行观摩评比，并安排到抚州电视台播放。此后，地委组织部与抚州电视台联合摄制一批全区先进乡镇党委、优秀党员和优秀党务工作者的先进事迹片，并在抚州电视台开办“改革先锋赞”专题节目，地委组织部长吴步高为专栏题词。地委组织部与临川县委组织部联合摄制的反映临川二中校长、特级老师李盛光先进事迹专题片《追梦人》，选送全省党员电教片观摩评比，获二等奖。截至 1994 年 10 月，全区共制作反映抚州先进党组织、优秀共产党员和优秀党务工作者典型事迹的电教片 43 部。

1995 年，抚州地委组织部举办全区第三次党员电教片观摩评比活动，有 11 部电教片参评，评出一等奖1部、二等奖2部、三等奖3部，组织奖5部。通过观摩评比，促进电教片制作水平的提高。为运用身边的典型教育广大党员干部，地委组织部组织各县市、地区直属机关党委、地区经委党委摄制电视系列片《公仆赞》，于“七一”期间在抚州电视台陆续播出。抚州选送5部专题片参加全省第五次党员电教片观摩评比，其中，地委组织部选送的《杏苑播春人》获地市组三等奖，崇仁县委组织部选送的《凡俗人生》获县市组二等奖。

1996年，为交流党员电教脚本创作经验，提高脚本编写水平，拍摄优秀党员电教片，举行全区第一次党员电教片脚本评比活动。各县市委组织部、地区直属机关党委、地区经委党委各选送一部新创作的、未拍成录像教材的文字稿本参评。1997年，在抚州开展党员电化教育工作十周年之际，地委组织部表彰20个党员电化教育先进单位和40名优秀党员电化教育工作者。各县市通过组织开展报告会、座谈会、文艺演出、知识竞赛、演讲比赛、专题节目、播放月等纪念活动，扩大党员电化教育的影响。是年6月上旬，举办全区第四次党员电教片观摩评比。各县市委组织部、地区直属机关工委、地区经委党委各选送一部党员电教片参评。

1998年，全区共制作党员电教专题片283部，播放1327场，观看人数78万人次。是年举办全区第二次党员电教片脚本评比活动，崇仁县选送的《山神之子》和资溪县选送的《武夷山下养路人》两部电教片脚本参加全省评比，分别获二等奖和三等奖。为纪念建党77周年，抚州地委组织部摄制13集电视新闻系列专题片《我身边的共产党员》，在“七一”期间与抚州电视台联合举办展播活动。

2001年，抚州先后拍摄《五帝村的变迁》《夕阳生辉》《大山里的上海人》《五帝村的脊梁》《足迹》等专题片，其中，《在灿烂阳光下》《大山里的上海人》分别获全省纪念中国共产党建党80周年“三个一”活动专题片评比一等奖和三等奖；《夕阳生辉》获全省老干部系统纪念建党80周年专题片评比二等奖；《五帝村的脊梁》作为全省4部农村“三个代表”重要思想学习教育活动电教片之一在全省播出，并被《江西党员电教教材》选用。《足迹》荣获全省第八次党员电教片评比三等奖。

2004年11月22—27日，抚州市委组织部在东乡县举办全市第七次党员教育电视片观摩评比暨党员电教干部培训班。此次观摩评比分为电视专题片和电视工作片两大类，各县区委组织部选送11部专题片和10部工作片参评。经过专家评委和与会代表综合评分，南丰县选送的《女儿有个小小心愿》获专题片类一等奖；广昌县选送的《党徽在创新中闪光》获工作片类一等奖。其间，举办一期党员电教干部电脑知识培训班，学习网络基础知识、Photoshop、Powerpoint等电脑知识。

2005年，全市共摄制电教片60余部，其中工作片《党旗映红创业路》、科教片《茶树菇栽培实用技术》、人物片《你的平安、我的牵挂》在全省第十届党员教育电视片观摩评比中分获一、二、三等奖；艺术片《南丰傩》《抚州党建》网站、《抚州党建》电视栏目荣获全省优秀奖；科教片《茶树菇栽培实用技术》还在第九届中国行业电视节目展评中获得一等奖。

2007年12月8日，抚州市举办第八届党员电化教育电视片观摩评比活动，共有30部电视片参评。其中，专题片11部、工作片8部、科技片6部、栏目5期。

2009年，市委组织部下发《关于开展全市第九次党员教育电视片观摩评比活动的通知》，经选题申报、论证审查及组织拍摄等程序，最终确定参评作品23部。其中，党员教育专题片8部、科技片6部、党建工作片7部、党建电视专栏2部。此次评比活动有三个环节设置与往届不同：首先，选题分类根据教学资源需求确定，做到有的放矢；其次，入选选题由远程教育教学资源开发队伍进行论证、审查，严格把关；第三，将评委评定的优秀作品，上传到市级远程教育平台，获奖名次由节目点击率和播放时长确定，做到评判科学，实现将评比活动与远程教育工作相得益彰。

2010年，市党员电教中心在每个县区确定一名党员电教及远程教育信息员，要求每半月至少报送1篇信息。各地信息员积极采写稿件，其中《抚州市依托“基层站点”提升农村党员干部学习创业能力》被《中国共产党新闻网》刊用。6月中下旬，抚河流域发生百年一遇特大洪涝灾害，导致抚河唱凯堤决堤，10万亩农田被淹，数万名群众被洪水围困，引起中共中央、国务院领导人关注。抚州党员干部奋力抗击洪魔，电教信息员及时跟进，《洪灾中的远程先锋》等5篇信息被《江西党员电教与现代远程教育》刊用；江西卫视《井冈先锋》栏目先后播出《战洪图》等3部反映抚州市先进典型的专题片。

2011年年底，市党员电教中心与抚州电视台签订合作协议，在2012年的抚州电视台播放《抚州党建》栏目，做到拍摄素材、栏目素材、选题要求均遵循时代性、先进性、典型性和代表性，大力宣传各行各业党员干部发挥模范带头作用的先进事迹。2012年，崇仁县选送的《擎旗领跑》等8部电教片参加全省党员教育电视片观摩交流。拍摄制作《抓好基层党建，共建幸福抚州》《便民服务网，干群连心桥》《优秀党员代表——胡国平》等多部电教片，取得用身边的人和事教育身边人的良好效果。

为交流全市党员电化教育工作经验，丰富党员干部现代远程教育教学资源储备，提高党员教育电视片制作水平，2013年11月开展全市党员教育电视片观摩评比活动。各县区委组织部共报送26部主题鲜明、事迹突出、艺术水平较高的党员电视教育片参评，市委组织部跟班大学生村干部拍摄的电视片也参加评比。市电教中心组织拍摄的典型事迹类电教片《山魂》，被中央组织部列入《全国党员教育电视片推荐目录》，先后在江西卫视《井冈先锋》栏目、抚州电视台一套栏目播出，同时将该片上传至市远程教育平台，通过短信平台通知各地组织收看，并刻录成光盘发至各县区、市直各单位。抚州市参加全省基层党建工作项目化专题片评比活动的《沐浴在创业的春风中——南城县建立“4+1”大学生村官创业帮扶培养机制纪实》《擎旗领跑——崇仁县推行“五化三覆盖”模式加强非公企业党建纪实》两部电教片分获全省三等奖和优秀奖。2012—2014年，市党员电教中心充分利用电教中心的设备资源，做好相关会议、活动的视频、照片等资源的留存工作，为宣传先进典型和开发教学课件打好基础，共拍摄60多次会议、活动的影像资料，留存2200余张照片和800多分钟的视频素材。按照组织工作视频、图片资料采集和报送制度要求，各县区报送两次视频、图片资料，为宣传典型做法、先进人物和开发教学课件打好基础。

1992—2009年抚州党员电教片观摩评比情况

表10–1

届 次	奖项级别	片 名	选送单位
1992年，首次党员电教片观摩评比	一等奖	《闪光的辐条》 《青丝白发情悠悠》 《方向盘上的奉献》	崇仁县委组织部 临川县委组织部 地区直属机关党委
	二等奖	《载誉归来的“飞鸿”》 《莲乡警魂》 《路在脚下》 《强者的风范》	宜黄县委组织部 广昌县委组织部 南城县委组织部 东乡县委组织部

续表：10-1

届 次	奖项级别		片 名	选送单位
1992 年，首次党员电教片观摩评比	三等奖		《山村领头雁》 《山乡水电创业人》 《红花四季艳》 《拓荒牛》 《桔乡话党建》 《闪光的金溪》	乐安县委组织部 资溪县委组织吧 抚州市委组织部 黎川县委组织部 南丰县委组织部 金溪县委组织部
1994 年，第二次党员电教片观摩评比	—		《追梦人》	抚州地委组织部
1995 年，第三次党员电教片观摩评比	一等奖		1 部	—
	二等奖		2 部	—
	三等奖		3 部	—
	组织奖		5 部	—
1998 年，第二次党员电教片脚本评比	—		《山神之子》	崇仁县委组织部
	—		《武夷山下养路人》	资溪县委组织部
2002 年，第六次党员教育电视专题片观摩评比	一等奖		《路痴》	南丰县委组织部
	二等奖		《倾情刑侦写平安》 《真情行动》	金溪县委组织部 崇仁县委组织部
	三等奖		《为了大地的丰收》 《路东课桌走四方》 《畲乡蕙兰》	临川县委组织部 南城县委组织部 资溪县委组织部
2004 年 11 月，第七次党员电教片观摩评比	专题片类	一等奖	《女儿有个小小心愿》	南丰县委组织部
		二等奖	《与贫穷较劲的人》 《创业之星徐全龙》	崇仁县委组织部 资溪县委组织部
		三等奖	《社区主任》 《山村奔富领路人》 《舵手》 《脚步告诉你》	临川区委组织部 东乡县委组织部 广昌县委组织部 金溪县委组织部
	工作片类	一等奖	《党徽在创新中闪光》	广昌县委组织部
		二等奖	《山城电教织锦绣》 《党建花开别样红》	资溪县委组织部 东乡县委组织部
		三等奖	《流动的党旗更鲜艳》 《株良电教花正红》 《红盾在党旗下闪光》 《教坛党旗飘》	乐安县委组织部 南城县委组织部 宜黄县委组织部 黎川县委组织部
2007 年 12 月，第八次党员电教片观摩评比	专题片类	一等奖	《温暖的救赎》	东乡县委组织部
		二等奖	《纯朴的光华》 《鸭司令的情怀》	崇仁县委组织部 乐安县委组织部
		三等奖	《根并荷花一茎香》 《咱们的吴三火》 《停不下的脚步》	广昌县委组织部 黎川县委组织部 南丰县委组织部

续表：10-1

届 次	奖项级别		片　　名	选送单位
2007 年 12 月，第八次党员电教片观摩评比	工作片类	一等奖	《承诺甘露泽万家》	资溪县委组织部
		二等奖	《窗口》 《改革 创新》	广昌县委组织部 黎川县委组织部
		三等奖	《六千党员的承诺》 《党旗高扬别样红》 《让农民在家门口致富》	南城县委组织部 南丰县委组织部 金溪县委组织部
	科技片类	一等奖	《池碟蚌的育珠技术》	南城县委组织部
		二等奖	《木薯栽培方式和栽培技术》 《烟叶采收烘烤与自控技术》	东乡县委组织部 广昌县委组织部
		三等奖	《南丰蜜桔幼龄桔园标准化管理技术》 《奇可利草种植》 《生肖裱花蛋糕的制作方法》	南丰县委组织部 黎川县委组织部 资溪县委组织部
2013 年，第十次党员电教片观摩评比	党建工作纪实片	一等奖	《桂花香》	东乡县委组织部
		二等奖	《春染莲乡气象新》 《红日跃活水 党建领头雁》	广昌县委组织部 抚州市委组织部
		三等奖	《评出正能量 定出新动力》 《打造“生态远教”助推绿色发展》	黎川县委组织部 资溪县委组织部
	优秀党员事迹片	一等奖	《山沟里飞出的“金凤凰”》	宜黄县委组织部
		二等奖	《让幸福在乡土悄然发芽》	金溪县委组织部
		三等奖	《以党员的名义彰显时代风采》 《视承诺如山》	资溪县委组织部 崇仁县委组织部
	科技片	一等奖	《资溪特色小面包的制作》	资溪县委组织部
		二等奖	《南丰蜜桔大枝修剪》	南丰县委组织部
		三等奖	《烟叶采收烘烤与自控技术》	广昌县委组织部

播放收看工作　1993 年 8 月 30 日，根据江西省委组织部《关于认真学习贯彻江泽民同志“七一”座谈会讲话精神的通知》要求，组织党员观看党员电化教育片和反腐败专题片，对党员进行共产党人光辉形象和党性原则教育。为增强学习教育的针对性，抚州地委组织部将电教片《追梦人》在抚州电视台播放。黎川县委组织部还组织党员收看江西省委组织部和江西电视台联合摄制的《兴赣党员的先锋》电视片，党员干部收视率达 85% 以上；地区纪委先后在抚州电视台播放《巧装修》《学笑》《天地难容》《赌心人》《惩腐疑案》等 5 部反腐败专题片，使党员干部受到深刻的党性教育。

1994 年，各县市积极抓好乡、村两级电教片的播放收看工作。金溪、东乡、资溪、乐安、崇仁、南城、抚州等县市在“七一”“十一”期间开展“党员电教宣传月”活动，组织巡回播放活动。金溪县陆坊乡、崇仁县相山镇利用乡办教育电视差转台，南城县株良镇、洪门镇利用有线电视站开辟党员电教专栏，每晚播放半小时。黎川、崇仁、乐安、广昌、临川、南丰、宜黄、东乡等县从农村党员实际需要出发，播放农村实用技术片，引导农村党员依靠科技致富。乐安县南村乡借春节之机，在前团村播放党员电教片《黑色漩涡》，赌博现象明显减少。抚州市洋洲乡党委购进番茄种植片到村里播放，南丰县琴城镇组织群众观看甲鱼养殖片，黎川、资溪组织群众观看药材、蘑菇种植片，促进产业发展。1995年，为配合学习孔繁森活动，全区共复制下发《领导干部的楷模——孔繁森》录像片165盒，积极组织广大党员、干部收看。为深入学习贯彻党的十四届四中、五中全会精神，以实际行动纪念中国共产党建党75周年，1996年6月15日—7月15日，地委组织部开展党员电教片播放月活动。

2004年10月7日，中央组织部下发《纪念党员电化教育二十周年暨全国党员电化教育工作会议纪要》，要求党员电化教育必须牢牢抓住“三项重点”（继续推进播放网点建设、大力开发教学资源、不断加强行政指导），努力实现“五个拓展”（拓展服务领域、服务对象、服务内容、服务手段、服务功能）。为响应中央号召，市委组织部拍摄制作11部“三项创建”先进基层党组织事迹专题片，刻录成光盘下发各基层党组织。同时，在抚州电视台开办“抚州党建”栏目，增设“保持共产党员先进性教育”“内强能力、外树形象”学习教育活动栏目。是年，全市新增播放网点107个。

2009年上半年甲型H1N1流感肆虐，5月11—18日，市党员电教中心组织各站点集中收看“甲型H1N1流感防控”专题栏目，帮助广大农村党员干部和农民群众正确认识甲型H1N1流感，掌握基本常识和预防知识；9月29日开始，策应第三批深入学习实践科学发展观活动，集中收看学习实践活动专题相关节目，为基层党员干部拓宽学习渠道，提高学习积极性。2013年，市委组织部创新方式组织收看形式，在市城区羊城广场、名人雕塑园LED屏幕等多个老百姓较为集中的地方播放党员教育系列片《红色故事汇》。

七、党员干部现代远程教育

2003年4月，胡锦涛、温家宝、曾庆红等中央领导人对中央组织部《关于开展农村党员干部现代远程教育试点工作有关问题的请示》作批示。7月4日，中央组织部在湖南、山东、贵州3个省启动党员干部现代远程教育试点工作。从2007年下半年开始，中央决定在全国农村普遍开展党员干部现代远程教育工作，提出到2010年在全国基本建成农村党员干部现代远程教育网络体系。

机构设置 根据2008年7月江西省远程教育工作会议精神，12月初，抚州市委常委会研究通过《抚州市农村党员干部现代远程教育工作实施意见》，市财政安排经费135万元，用于市级远程教育设备投入，成立由市委组织部牵头、市直21个单位为成员的抚州市农村党员干部现代远程教育工作领导协调小组，下设办公室（以下简称市远程办），制定下发领导协调小组成员单位工作职责的通知，明确各成员单位的工作任务和主要职责，远程教育纳入2009年全市组织工作要点和目标考评体系。2010年8月，市编委批复成立抚州市农村党员干部远程教育工作办公室，为市委组织部下属正科级全额拨款事业单位，与市党员电化教育中心合署办公。重新核定抚州市党员电化教育中心（市远程办）全额拨款事业编制6个，科级领导职数2名。市远程办在汤显祖大剧院租用办公用房约100平方米，并根据市级管理平台的要求进行装修改造。全市11个县区都将远程教育工作经费列入财政预算，大多数县区成立远程办，其中崇仁、南丰、黎川远程办为副科级事业单位，并按照“定人、定岗、定责”的要求，每个站点都配备管理员。村级站点管理员由文化程度较高、年纪较轻的村组干部担任，有大学生村干部的村党支部，由大学生村干部担任村级站点管理员；乡镇站点管理员由大专文化以上的年轻公务员担任。

终端站点建设 市、县区远程办成立后，运用报刊、电视、网络等平台，采取编发远程教育宣传标语、在抚州党建网开辟远程教育专栏等形式，宣传报道远程教育工作的方针、政策，总结推广好的做法和经验，通报工作进展情况，增强信息交流，营造全社会关心、支持、参与远程教育的良好氛围。

2008年7月全省远程教育工作会议召开后，市委组织部与电信部门对全市农村信息化建设情况进行调查，形成《抚州市农村党员干部现代远程教育拟建终端站点基本情况专题调查统计汇总表》，掌握全市乡镇村数量和村级活动场所情况以及电信宽带情况。在调查摸底的基础上，提出全市远程教育终端站点建设规划。8月，对终端接收站点前期准备工作做出具体安排，提出防尘、防雨、防潮、防火、防盗的“五防”要求，明确学员课桌椅到位、资料柜到位、供电设施到位的“三到位”标准。市远程办通过远程教育信息管理系统，实时监控全市站点设备安装进展情况。

至2009年3月，市、县区两级教学管理平台和第一批1188个终端站点已基本建成并投入使用，形成上下贯通的教育网络。同年11月底，第二批668个终端接收站点基本完成设备安装、调试并投入使用。按照分级管理的原则，在设备安装前，按照已建站点标准，明确站点设备的所有权、监管权和使用权，落实站点设备的操作管理、日常维护和安全防范等责任，保证站点安全，实现正常运行。

针对少数地方借远程教育名义进行网吧经营的情况，2009年8月上旬，市远程办会同公安、工商、文化等部门，对各地远程教育站点开展专项清查。9月上旬，市远程办对全市远程教育站点覆盖乡镇、村的情况，网站建设情况，各级平台接收、转播全国专用频道播出的节目情况，终端站点功能实现情况，网络畅通和运行维护保障的情况进行专项检查。

2010年年初，全市第三批拟建终端站点共131个，按照“先易后难，保证质量，边改边装，稳步推进”的工作思路，市远程办派出3名干部到市电信公司政企部联合办公，做到“一天一报告、一汇总、一排位、一通报”，及时发现站点建设过程遇到的问题。5月底，市远程办联合市电信公司派出3个督查组，通过实地查看和召开现场协调会等方式，进行专项督查，提出建设指导方案，缩短70多个可建站点工期，解决11个站点的建设困难。对确实安装不了的25个站点，利用卫星模式建点。至是年12月，全市共完成1963个电信模式终端站点和24个卫星模式站点建设任务。其中，市级站点3个、县级站点21个、乡镇一级站点152个、村级站点1811个，实现市、县、乡、村四级远程教育网络全覆盖。

远程教育站点建成后，按照“远教＋基地＋合作社”模式，在一些规模较大的专业协会、合作社建立远程教育示范基地，开展“学用”示范基地建设，配备专家教学辅导队伍。至2010年年底，全市共建设示范基地12个。2011年，继优选金溪县香料产业基地、资溪县马头山镇特色产业基地、广昌县甘竹镇烤烟协会等农业产业基地后，结合远程教育课件资源优势与协会技术人才优势，打造南丰蜜桔、太空白莲、有机大米、甲鱼、麻鸡等远程教育学用示范基地，为群众提供市场信息、技术指导等服务，实现远程教育与产业协会的相互促进。按照“一先双优三标兵”争创活动要求，全市推荐先进教学平台5个、优秀终端站点50个、优秀站点管理员50人、远教工作标兵20人、课件开发标兵5人、学用致富标兵20人接受江西省委组织部表彰。

为防止重建轻管，抚州市远程办建立定期摸查制度、分类定级制度、工作通报制度。每年组织一次远程教育工作情况摸查，发现问题及时整改、上报。2012年3月，全省远程教育

"三服务三促进"活动启动仪式现场会召开后，抚州开展终端站点运行维护管理巡查活动，对1497个因电信线路故障、播放设备故障和设备遗失等原因不能正常播放的站点，用两个月时间进行全面修复。7月，对全市1963个电信模式远程教育终端站点进行分类定级，被评为"先进"站点630个，占32.1%；"一般"站点1168个，占59.5%；"后进"站点165个，占8.4%。对165个"后进"站点，要求限期整改提高。

2013年2月，开展全市远程教育"百村调查"调研工作，走访站点237个，对2602名党员、干部和群众进行问卷调查。对333个问题站点进行整改，至5月，问题站点全部修复。对连续两个月排名倒数第一位且未点播率高于5%的站点，通过文件、QQ群、手机短信等形式通报。5月，江西省远程办"百村调查"调研小组赴抚州市调研，实地察看市远程办平台、托管在市电信公司IDC机房、资溪、南城县共16个电信模式站点和2个卫星模式站点。是年，抚州推荐省表彰的远程教育先进单位2个、优秀终端站点53个、优秀站点管理员53人、远教工作标兵11人、课件开发标兵2人、学用致富标兵11人。加强远程教育移动信息平台建设，共收集各县区委组织部长、分管副部长、远程办工作人员，乡镇党委书记、组织委员、组织干事，村党支部书记、村级站点管理员共计3400多个手机号码，通过信息平台，定期督促指导各基层站点组织学习收看节目，宣传通报中央、省、市领导对远程教育的最新指示精神。在抚州党建网站开设"党员电教与远程教育"专栏，下设工作动态、业务指导、经验交流、教学资源库等4个子栏目，定期上传每月教学计划表、工作动态、教学视频等内容，实现传统远程教育网与互联网"双网并播"。

2009—2013年，抚州市远程办通过明确权属、建立台账、完善机制等措施，加强远程教育终端站点设备管理，建立全市远程教育设备台账，对全市1987个终端站点设备实行"户籍式"管理，将远程教育设备的管理责任落到实处。在开展学用工作中，涌现出一批特色鲜明、成效明显的典型做法，其中资溪县利用远程教育在流动党员中开展以"上一课、讲一节、献一计、帮一户"活动，实现流动党员教育培训与远程教育的有机结合；南城、东乡、南丰等地建立"远教+基地+农户""远教+协会+支部"等模式，促进先进实用技术的转化。2014年1月，为发挥党员干部现代远程教育系统功能作用，推动基层服务型党组织建设，市远程办将远程教育站点延伸至各街道，建成街道站点7个。

业务骨干培训 2009年3月17日，抚州市远程办对各县区委组织部分管副部长、电教办主任以及乡镇组织委员共190多名骨干队伍进行培训和考试；各县区采用课堂讲授与实际操作观摩、集中培训与个别指导相结合的方法，对本地远程教育终端接收站点管理员进行培训，骨干队伍基本达到会管理、会使用、会维修、会排除一般故障等"四会"要求。

2011年按照"思想过硬、业务娴熟、服务优质、责任感强"的要求，严把"入口关"，着力建立"四支队伍"。一是从基层乡镇、村干部、大学生村干部和无职党员中选择责任心强、政治素质高的人组成站点管理员队伍；二是从广播电视等部门选择专业技术人员和青年志愿者组成技术服务队伍；三是从农业、林业、科技等职能部门抽调专家组成教学辅导队伍；四是从远程教育工作领导协调小组成员单位中择优选用专业摄录人员充实教学资源开发制作队伍。同年，全市共有专兼职远程教育技术服务人员、站点管理员近2000人。10月10日，市远程办举办全市远程教育业务骨干培训班，提高各县区及乡镇对终端接收站点管理和维护能力。

2012年3月，组织召开全市远程办负责人（电教科长）会议，总结2011年远程教育和电化教育工作，并对2012年远程教育和电化教育工作提出具体要求。采取以会代训的方式，安排电信公司技术人员和威科姆公司工程师对参会人员进行远程教育工作业务培训。9月在新录用大学生村干部岗前培训中安排远程教育课程，讲解站点设备安装操作及故障排查等业务知识。全年全市共有3000多人参加远程教育业务培训。

2014年1月，组织召开2013年度电教片观摩评比活动暨全市党员干部现代远程教育座谈会，各县区委组织部分管副部长和具体从事电教、远程工作的干部参会，各地汇报近年来远教、电教工作开展情况、主要做法和存在问题，并公布电教片观摩评比结果和获奖名单。

远程教学资源 为整合远程教育教学资源，2009年年初，抚州市委组织部下发《关于做好农村党员干部现代远程教育教学资源建设工作的通知》。4月，全市整理教学资源16小时。6月中旬，围绕“乡土特色”“活动特色”“产业特色”，制定主题鲜明、内容全面的教学资源建设计划，内容涵盖现有资源的征集整合利用，深入学习实践科学发展观和“七一”表彰等“特色活动”的专题课件制作、“乡音乡情乡貌”系列教材开发等，丰富和完善教育教学资源库储备。2009年第三季度举办全市第九次党员教育电视片和第一次远程教育课件观摩评比活动，分专题片、工作片、实用技术、电视栏目和课件等项目进行评比，不断提高教学资源的制作开发水平。市远程办以“讲述红色故事、弘扬民族精神，助推赶超发展、献礼60年国庆”为主题，面向全市干部群众广泛征集红色故事，并通过电视、网络、手机等媒体为征集活动营声造势，全市共征集红色故事119篇。年内，抚州市向江西电视台《井冈先锋》栏目选送上稿2篇，其中第216期播出《硕士“村官”》，报道南城县天井源乡蔡王殿村大学生村干部危冬发的创业故事；第250期播出《养山鸡的女大学生村官》，对崇仁县大学生村干部谢洁带动当地农民养山鸡的事迹进行专题报道。

为增强抚州党建网站辅助远程教育教学功能，配合远程教育工作，在抚州党建网开设“农村党员干部现代远程教育”专栏，做好远程教育的网络辅助教学。为配合选派乡镇干部到村任党组织书记工作，市委组织部在抚州电视台《抚州新闻》开设“选派乡镇干部到村任党组织书记”专栏，由各县区在工作成绩突出、深受群众拥戴的优秀选派干部中分别选择一名先进典型，拍摄一部3～4分钟的电教片，从2009年12月7日起在专栏中每天播出一期，对选派工作进行深入报道。

2010年，为切实加强信息报送工作，每个县区确定一名党员电教及远程教育信息员，每半月至少报送一篇信息。《抚州市依托“基层站点”提升农村党员干部学习创业能力》被《中国共产党新闻网》刊用；《洪灾中的远程先锋》等5篇信息被《江西党员电教与现代远程教育》刊用；江西电视台《井冈先锋》栏目先后播出《战洪图》等3部反映抚州市先进典型的专题片。配合江西省远程办开展“科学发展促崛起，远程教育伴我行”主题征文活动，共收到稿件30篇。6月17日市委创先争优办主办的《深入开展创先争优活动简报》第13期刊登《南城县依托远程教育助推创先争优活动》的文章，报道南城县充分发挥农村党员干部现代远程教育网络信息量大、覆盖面广、方便快捷、生动直观的优势，推动创先争优活动深入开展。

2011年根据市委纪念建党90周年活动安排，市委组织部制作《花儿为什么这样红》《邓小平在南村》等电视片。其中《花儿为什么这样红》在全省电视片播放交流活动中获奖。策应全市“创先争优”活动安排，引进《创建先进基层党组织，争当优秀共产党员——学习胡锦涛在6.30“创先争优”活动座谈会上讲话辅导》等学习课件；制作《抗洪自救知识》《灾后疫病防控》等知识讲座；组织指导各县区开发制作一批具有本地产业特色的实用技术类课件，积极推广农业技术技能。年内，在平台上传《抚州党建》栏目的相关节目和报送全国远程教育工作经验和学用典型的视频；引进《胡锦涛同志七一重要讲话》等学习课件，并组织各站点集中学习收看《胡锦涛同志七一重要讲话》和《李林森同志先进事迹报告会》等专题。

2012年，市远程办将参加全省基层党建工作项目化发展的工作片上传至平台，并在中共十八大召开前，利用远程教育平台开展迎接十八大主题教育活动，多次组织收看《十八大代表风采录》《强组织增活力，创先争优迎十八大》等专题电视片和相关专栏节目。中共十八大召开后，抚州市充分利用远程教育平台和移动信息平台传播速度快、覆盖面广的优势，向基层党员干部群众及时传达中共十八大精神。多次组织基层站点学习收看《信仰》《共产党人》《人民的好儿女》和《旗帜》等多部优秀党员电教片。通过远程教育直播课堂，组织收看直播节目胡锦涛7.23重要讲话精神解读。

2013年，抚州市远程办每个月都制定当月的教学计划，学习的内容有：听取江西省政府省长鹿心社、省委副书记尚勇、省委组织部长莫建成在全省领导干部学习贯彻党的十八大精神研讨班上的辅导报告；学习贯彻党的十八大精神专题系列讲座；观看影片《牛敞亮还乡》、电视专题片《红色故事汇》《发展村级经济为建成小康三湾添砖加瓦》《在农业科技创新之路上奋勇前进》《发展村级集体经济带领村民走共同富裕的道路》等。要求各县区远程办结合实际，制定本县区远程教育教学计划。做到培训前，终端站点管理人员应提前做好设备调试工作，播前有预告、播中有辅导、播后有讨论，要求每月集中组织学习2次以上。

市远程办每月编发2 ~ 3条短信，通过信息平台督促指导各基层站点组织学习收看节目，充分利用远程教育覆盖面广、传播快捷的网络优势，多次联合市妇联、科协、团市委等部门依托远程教育网络将会议、培训直通每个基层远程教育站点；会同市商务局，按照“基本具备网络条件，且农业产业基础较好，党员干部现代远程教育工作开展较为扎实，终端站点管理比较规范，农产品购销信息需求较为迫切”的具体要求，将广昌县、南丰县作为抚州市农村商务信息服务试点县。

通过整合一批、引进一批、交流一批、开发一批等手段，建立市、县两级教学资源库，2013年市级平台教学课件已达到100余部，共计3000余分钟。教学资源除了数量多以外，还突破传统拍摄角度，创新拍摄方式。是年，采用纪实、跟踪拍摄手法，摄制的纪录片《山魂》得到中央组织部的充分肯定，被列入《全国党员教育电视片推荐目录》。参与全市2013年度党员教育电视片观摩评比的东乡大学生村干部自编自导自演的微电影《桂花香》，突破传统拍摄方法，得到评委们的好评。

【注　释】

[1] 江仁生：《要是有大批知识青年到农村来该多好——访丁长华同志》，1962年《江西教育》。

[2] 1997年罗学年《在全区组织部门调研工作会议上的讲话》。

[3] 抚州地委组织部《1996年组织工作总结和1997年工作初步设想》。

[4] 抚州地委组织部《1998年组织工作总结》。

[5] 2002年，鲍小慧《在全市组织部门信息、调研工作会议上的讲话》。

[6] 陈凤楼《中国共产党干部工作史纲》(1921—2011)，党建读物出版社，2012年版，第342页。

第十一章 离退休干部工作

1982 年 2 月老干部退休制度建立后，抚州各地相继设立老干部工作机构。30 年中，抚州老干部工作大致经历三个时期：1982—1992 年，抚州各地普遍建立老干部工作机构，干部离退休制度顺利实施；1992—2002 年，各地建立健全离休干部离休费保障、医药费保障机制和财政支持机制，努力破解改制和破产企业离休干部安置管理工作难题，探索建立退休干部单位管理和社会化管理相结合的服务管理新体制；2002—2014 年，按照政治上尊重、思想上关心、生活上照顾的要求，加强离退休干部思想政治建设和党支部建设，创新服务管理方式，提高离退休干部待遇保障水平，推动全社会形成尊重、学习、关心、爱护离退休干部的良好氛围。至 2014 年 12 月，全市有离退休干部 19269 名，其中，离休干部 657 名，退休干部 18612 名。

第一节　机构队伍

一、机　构

（一）地区（市）工作机构

1. 抚州地（市）委老干部局

1978年6月，《国务院关于安置老弱病残干部的暂行办法》下发后，中央组织部、江西省委组织部相继设立老干部工作机构。1979年上半年，抚州地委决定在地委组织部设立老干部科，定人员编制3个，负责调查掌握新中国成立前参加革命工作的老干部基本情况，审批安置老弱病残的离职休养（简称离休）干部。

1980年10月《国务院关于老干部离职休养的暂行规定》、1982年《中共中央关于建立老干部退休制度的决定》《国务院关于发布老干部离职休养制度的几项规定的通知》等文件，对老干部离休及其管理作出明确规定。随着离休干部人数的增加，为加强服务管理，1985年2月4日，抚州地委决定撤销地委组织部老干部科，成立抚州地区老干部局，为正县级行政机构，属地委工作部门，定行政编6个，内设秘书科和安置接待科，均为正科级格。同年10月26日，抚州地区老干部局改名为中共抚州地委老干部局，工作对象为离休干部。

抚州地委老干部局成立后，各县市相继成立县市委老干部局。老干部人数较多的地直单位，包括抚州印染厂、抚州棉纺织厂、抚州第二棉纺织厂、抚州地区汽车运输总公司等单位，设立离退休干部科（办）或兼职机构，配备专（兼）职工作人员。

1988年5月21日，为加强对老干部工作的领导、协调解决老干部工作中的一些实际问题，成立中共抚州地委老干部工作领导小组，确定商业、民政、教育、人事、劳动、文化、卫生、财政、粮食、烟草等部门领导为成员。之后，根据人事变动情况，对老干部工作领导小组成员作出调整。

1991年，抚州地委办公室、地区行署办公室转发地委老干部工作领导小组制定的《抚州地区老干部工作责任制》，明确各部门和各级领导的工作职责及具体要求。全区有关部门按照责任制的要求，各司其职，各负其责，扎实做好服务管理工作，使老干部工作进一步走向制度化、规范化、科学化。

1992年9月，抚州将退休干部纳入各级老干部局工作范围，并由抚州地委组织部、老干部局、人事局、财政局、编委等5家联合下发《关于抚州地区退休干部管理意见的通知》。抚州地委老干部局成立退休干部科，为正科级格。至此，抚州地委老干部局内设秘书科、安置接待科、退休干部科3个科。

1996年10月，抚州实施党政机构改革，保留抚州地委老干部局，归口抚州地委组织部，原级格不变，工作职责定为：负责全区老干部工作的宏观管理，会同有关部门研究拟定老干部工作的政策、规定；负责全区老干部基本情况的调查摸底和年报统计工作；配合各地各单位组织老干部政治学习，搞好离退休干部党支部建设和思想政治工作；协助各地各单位有计划地组织老干部在社会主义两个文明建设中发挥作用；指导、督促、检查各地各单位按有关政策规定落实老干部的政治、生活待遇；负责办理全区老干部离休荣誉证书和地级干部医疗保健证书、病故登报的审核工作；领导、协调老干部休养所、活动中心、老同志大学和老同志各种学会、协会的工作；负责老干部工作理论研讨、探讨新形势下做好老干部工作的新方法、新途径；负责老干部调研宣传和老干部学习资料征订发行工作，宣传老干部工作的方针政策、老干部的历史功绩、中华民族尊老敬老的新风尚，表彰老干部工作和老干部发挥作用的先进个人。经抚州地区编委审核同意，对地委老干部局内设机构作出调整：保留秘书科，撤销安置接待科和退休干部科，设立离退休干部科和调研科。根据工作需要，设立抚州地区关心下一代工作委员会办公室（简称关工委办公室，正科级格），挂靠抚州地委老干部局，重新核定行政编制6个，事业编制1个，关工委办公室定事业编制3个，有在职人员10人（含关工委办公室）。至1997年12月，全区共建立老干部工作机构18个。其中地委1个，县市级11个，地直（含中央、省属单位）6个；配备老干部工作专职人员79人，其中地委22人，县市委51人，地直单位6人。

2000年10月20日，抚州撤地设市，中共抚州地委老干部局随之更名为中共抚州市委老干部局。2002年10月，抚州市委老干部局内设秘书科和离退休干部科2个职能科，核定行政编制6个，后勤事业编制1个，保留挂靠的市关工委办公室，核定专项事业编制3个。局领导职数定为1正2副；科级职数定为3名（含市关工办职数）。2005年2月，为推进老干部用车制度改革，增加1个市委老干部局副局长职数。2007年12月，重新核定市委老干部局机关行政编制9个，后勤事业编制1个。

2008年10月29日，抚州市委老干部局的工作职责调整为：贯彻落实党中央、国务院和江西省委、省政府关于老干部工作的方针政策，结合本市实际，研究制定实施细则、办法，负责全市离退休干部的宏观管理；配合各地各单位组织离退休干部的政治学习，搞好离退休干部党支部建设和思想政治建设，指导全市离退休干部在社会主义三个文明建设中发挥作用，宣传表彰老干部中的先进人物和先进事迹；指导、督促、检查各地各单位按有关政策规定，落实离退休干部的政治、生活待遇，负责办理全市离休干部荣誉证书和副县级以上离退休干部病故登报的审核工作；领导老干部活动中心、老干部休养所和老干部（老同志）大学及协调老同志各种学会、协会的工作；负责老干部工作理论研讨，探讨社会主义市场经济条件下做好老干部工作的新办法、新途径；负责老干部学习资料征订发行和宣传、调研工作，宣传老干部工作的方针政策，宣传老干部的历史功绩，弘扬尊老敬老的新风尚，表彰先进；掌握全市离退休干部基本情况，做好离退休干部信息库管理、使用和维护工作，搞好全市离退休干部的年终统计报表工作。

至2014年12月，抚州市委老干部局有行政编制9个，工勤事业编制1个，实有10人。内设秘书科、离退休干部科和关工委办公室（挂靠）。下属单位有抚州市老干部活动中心、抚州老年大学、抚州市老干部休养所。

2. 下属单位

抚州地区（市）干休所 始建于1970年9月，原隶属于抚州市民政局，1984年9月根据江西省委组织部、老干部局、民政厅、财政厅《关于老干部休养所移交老干部部门接管的通知》精神，经1985年2月15日抚州地委委员会议研究决定，划归抚州地区老干部局管理，为抚州地区老干部局下属科级事业单位。该所位于抚州市临川大道542号，占地面积1.76万平方米，有16套平房、8幢单家独院楼房（平房）和一些办公、娱乐、生活用房。所内设有食堂、医疗室、阅览室、会议室等，并配有为离退休干部服务的车辆。所内居住7名抚州地区老红军和6名易地安置老红军以及部分正、副地级老干部。

1996年机构改革，抚州地区老干部休养所定事业编制5个。2000年10月改名为抚州市老干部休养所，12月该所设立秘书科。2009年11月，抚州市老干部休养所列为参照公务员法管理单位，编制为5个。

至2009年1月，抚州市干休所老红军和地级老干部相继离世，服务对象仅剩7名老干部遗偶。2011—2013年，根据抚州市政府常务会议研究意见，干休所实施住房制度改革，所内安置房按有关政策规定出售给原住户，接着进行老干部住房土地确权登记。至2014年12月，干休所老干部遗偶仅剩5名，工作职能面临调整和转换。

抚州地区（市）老干部活动中心和抚州老年大学 为满足离退休干部政治文化活动需要，使之“老有所乐、健康长寿”，1984年年底，抚州地委、行署决定筹建抚州地区老干部活动室。1985年2月成立地区老干部局后，工程项目交由地区老干部局负责，并于当月正式破土动工，1986年11月16日建成开放。地区老干部活动室机构定为正科级，事业编制9个。至1997年12月底，抚州有地级老干部活动室1个，地直单位老干部活动室78个，县市老干部活动室12个，乡镇老干部活动室155个。地区老干部活动室先后成立老干部书画协会、集邮协会、老干部合唱团。

1988年8月，在地区老干部活动室创办抚州老同志大学，1989年3月正式开班招生。抚州老同志大学与地区老干部活动室实行两块牌子、一套人马。抚州老同志大学成立后，地区老干部活动室增加事业编制2个。1993年12月20日，地区编委《关于抚州老同志大学增加编制的批复》，同意增加事业编制1个。至此，地区老干部活动室（挂抚州老同志大学牌子）共有事业编制11个。

2000年10月20日，抚州地区老干部活动室更名为抚州市老干部活动中心。12月，抚州市老干部活动中心设秘书科和活动科，抚州老同志大学办公室设秘书科。2001年7月31日，市编委《关于抚州老同志大学办公室级格的批复》，同意抚州老同志大学办公室为正科级事业单位，仍与市老干部活动中心合署办公，增加1名科级职数。

2003年3月5日，抚州老同志大学更名为抚州老年大学。2007年3月27日，市编委批复抚州老年大学定编制3个，市老干部活动中心定编制8个，老年大学与老干部活动中心合署办公，原机构级格及经费渠道不变。2009年11月，市老干部活动中心（含抚州老年大学办公室）列为参照公务员法管理单位，编制为11个，实有11人。

3. 地（市）委老干部局领导人

（1）历任局长、副局长

局　长：罗细通（1985.2—1988.3）
周天祥（1988.3—1989.1）
刘灿霞（1989.1—1992.7）
饶炳炎（1992.7—2000.5）
周丽秀（2000.7—2010.7）
黄晓慧（2010.12—2013.9）
高连珠（2013.9—在职）

副局长：饶炳炎（1985.2—1992.7）
王亚芳（1988.3—1988.12）
洪厚兴（1993.5—2003.4）
黄发高（1996.9—2004.10）
吴华平（2003.5—2013.8）

龚冬祥（2005.1—2008.6）
阙晋林（2005.4—在职）
李捷报（2009.10—2013.12）
许劲松（2013.12—在职）

（2）地（市）委老干部局内设机构及下属单位负责人

秘书科：
黄胜辉（科长，1985.2—1990.2）
黄发高（科长，1992.2—1997.2）
吴华平（科长，1997.2—2003.5）
阙晋林（科长，2003.5—2005.8）
张　敏（科长，2005.8—在职）
安置接待科：
彭爱美（科长，1987.1—1991.6）
吴华平（科长，1992.2—1997.2）
退休干部科：
阙晋林（副科长、科长，1991.8—1997.2，1995.3 后主持老干部活动中心工作）
李捷报（副科长主持工作，1995.3—2003.5）
离退休干部科：
阙晋林（科长，1997.2—2003.5）
黄小明（科长，2003.5—2015.11）
杨文静（科长，2015.11—在职）
调研科：
黄小明（科长，1997.2—2003.5）
关工委办公室：
李捷报（主任，1997.2—2008.1）
许劲松（主任，2008.1—2015.1）
老干部活动中心：
于守杰（副主任主持工作，1984.11—1988）
马洪俊（副主任、主任，1986.11—1992.3）
萧鸿鸣（副主任、主任，1989.12—1993.5）
李捷报（副主任主持工作，1993.3—1995.3）
阙晋林（兼任主任，1995.3—1997.2）
龚冬祥（主任，1997.2—2005.1）
吴丽霞（主任，2005.1—在职）
老年大学：
罗细通（校长，1988.9—1992.2）
张耀华（校长，1992.2—2003.3）
孔庆泉（校长，2003.7—2015.1）
许劲松（校长，2015.1—在职）
龚冬祥（兼任办公室主任，1997.2—2001.8）
吴丽霞（办公室主任，2001.8—2008.10）
陈志旗（办公室主任，2008.10—在职）
老干部休养所：
付国元（所长，1984.1—1997.8）
谢洪明（副所长、所长，1999.1—2003.7）
吴丽霞（所长，1999.11—2001.8）
张　敏（所长，2003.7—2005.11）
罗　菲（所长，2005.11—在职）

（二）县（市、区）工作机构

1984 年 11 月，东乡、黎川、金溪县委成立离退休干部工作领导小组，负责协调、指导老干部工作，具体工作由县委组织部负责。1985 年，随着抚州地委老干部局的成立，抚州市及东乡、黎川、南城、崇仁、广昌、临川、宜黄、乐安 8 县相继成立县市老干部局，资溪、金溪、南丰 3 县成立县老干部管理局。同年 11 月，各县市老干部局改名为县市委老干部局，属县委工作部门，归口县委组织部。1986 年，各县市先后兴建老干部活动场所。1993 年 12 月，东乡县实行机构改革试点，县委老干部局并入县委组织部，设老干部管理科，1996 年 1 月恢复设立县委老干部局。其他各县市委老干部局在 1996 年机构改革中均保留。1995 年临川县与抚州市合并后，老干部局改名为临川市委老干部局。2000 年 10 月，临川市委老干部局更名为临川区委老干部局。2003 年，临川区委办公室印发《关于中共临川区委老干部局职能配置和人员编制规定》，明确临川区委老干部局归口区委组织部管理，其他县也作相应规定。

二、队伍建设

1985年抚州地区老干部局成立后，经常采取以会代训的方式组织专兼职干部学习党的老干部工作方针、政策，熟悉本职业务，提高业务素质和工作能力。

1997年，抚州地委老干部局根据干部的德、能、勤、绩，将全局机关科级干部作轮岗安排，并对下属单位负责人进行调整充实，同时建立健全机关各项制度。1998年，抚州地委老干部局制定《老干部工作目标管理责任制》。

全市老干部工作座谈会

2000年以后，抚州市委老干部局围绕提升老干部工作人员的思想政治素质、政策运用能力、服务管理能力、调查研究能力和改革创新能力，加强教育和管理，内强素质、外树形象，推动全市老干部工作不断向前发展。市委老干部局先后4次举办全市老干部工作人员（兼职）业务培训班，建立健全每月一次理论学习中心组学习交流制度。研究制定《机关内部管理制度（试行）》。2003年开展“两问三视四比”学习教育活动，要求全系统干部职工视事业重如山、视名利淡如水、视团结如生命，比境界、比眼界、比干劲、比贡献，强化全系统团队合作意识。2005年开展保持共产党员先进性教育活动，提出“政治坚定、学习刻苦、业务精通、服务周到、务实高效、作风过硬、团结协作、廉洁守纪”的“32字”要求，推进老干部服务管理工作。2008年开展“提升行政效能，建设服务型政府”主题活动，进一步改进工作作风，提高办事效率和服务质量。2009年开展深入学习实践科学发展观活动，在老干部工作人员中树立“为老干部服务无小事”“一个岗位就是一个部门，一位同志就是一面旗帜”“老干部工作没有最好，只有更好”的理念。2010年开展“创业服务年”和“创先争优”活动，提升老干部工作服务发展水平。2011年开展“鼓士气、顺民心、树新风”主题教育活动，提升履职能力和工作效能。2013年围绕提升素质、激发干劲狠抓部门自身建设，开展“五个一”活动，即：每周研读一篇好文稿、每月举办一次好讲座、每月阅读一本好书、每半年撰写一篇好文章、每年提供一个好点子，充分激励年轻干部加压学习和历练，提升综合素质和能力。2014年以开展党的群众路线教育实践活动为契机，在全市老干部工作者中开展主题征文和演讲比赛活动。

1998年以后，先后有5个单位被评为全省或全国老干部工作先进集体，有22名领导干部和工作人员被评为江西省老干部工作先进个人。其中，金溪县委老干部局于2011年被评为全国老干部工作先进集体，受到中央组织部、人力资源和社会保障部的表彰。2004年以后，局机关先后多次组织干部职工参加中央组织部老干部局和江西省有关部门征文、演讲和知识竞赛活动并获奖。

第二节　离退休干部待遇

一、政治待遇

1985 年，抚州地委办公室下发《关于进一步落实老干部政治、生活待遇的补充通知》，就老干部阅读文件、听报告、参加党的组织生活、走访慰问等方面作出具体规定。

阅读文件　按级别让离退休干部阅读党和政府文件是落实老干部政治待遇的一项基本制度。1981 年 8 月 26 日，中央办公厅、中央组织部下发《关于离休退休干部阅读文件问题的通知》，要求保证离退休干部能够与同级在职干部一样阅读文件。离退休干部可按原职务阅读相应级别的中央文件，文件不发个人，各单位采取传阅、阅文室阅读，组织传达等办法解决老干部阅读文件问题。发给在职干部的学习材料，应同样发给离退休干部。同年，抚州地区干休所被列为县团级单位，凡发至县团级的文件都发至干休所，使离休老红军能够及时了解上级的工作布置和文件精神。1984 年，抚州地委组织部出台老干部离休后政治、生活待遇的暂行规定：集中居住在干休所的离休干部，仍按原规定发给一套县团级文件；地级以上离休干部，由地委、行署发一套地师级文件，交地委组织部老干部科保管，指定专人负责传阅；分散居住的县团级离休干部，分别由各县市委、地直单位或有关归口单位办公室、组织（人事）部门按文件规定的范围负责传阅；对一些行动不便，不能到机关看文件的离休干部，在不违背保密制度的原则下，派人将文件送给他们阅读或向他们作口头传达；其他离休干部阅读文件的问题，由各单位按同级在职干部对待。为方便老干部阅文，地区老干部活动室设立阅文室，为离退休干部供阅《内参》《大参考》和县团级文件。各地各单位采取定期组织离退休干部集中阅文和开展活动，或依托离退休干部党支部组织集中学习的办法，抓好阅文制度的落实。1991 年以后，抚州地委老干部局设立享受县级政治生活待遇的离休干部政治学习小组，每月 1 日和 16 日上午为学习小组的政治学习时间，由老干部局专人负责传达中央和江西省委等有关文件精神。对非党员离退休干部，按系统或单位组建学习小组，每月组织学习 1 ~ 2 次。1993 年，抚州地委老干部局在老干部活动室（后改称老干部活动中心）成立县级离退休干部学习小组。1997 年，在落实副县级以上老干部每月 20 日学习制度的同时，地委老干部局在老干部活动室建立每周一副地级以上党员离退休干部阅文制度，为符合条件的老干部发放阅文卡。该阅文制度一直坚持，从未间断。

听重要报告　抚州各地各单位坚持组织

老干部集中收听收看全国、全省、全市党代会，人代会、政协会等重大会议所作的报告和重要讲话，经常组织老干部参加专题讲座、专题报告会等，及时了解国内外政治经济形势。2000年以后，离退休干部听重要报告逐渐制度化、常态化，每年邀请党政有关领导或专家学者向老干部作重大会议精神传达贯彻专题报告。2003年9月26日，抚州市委在东华理工学院礼堂举行离退休干部学习贯彻“三个代表”重要思想专题报告会，1000余名市直单位离退休干部听取报告。2008年，在抚州市老干部活动中心举办学习贯彻党的十七大精神报告会。2010年4月28日，抚州市委老干部局在汤显祖大剧院举行市直离退休干部专题报告会，市委宣传部长黄晓波在会上作建设文化生态名城专题报告。2014年10月28日上午，市委老干部局在抚州老年大学举办离退休干部专题讲座，宣讲党的十八届三中、四中全会和习近平总书记系列重要讲话精神。

听情况通报 1995年，抚州地委老干部局建立情况通报制度，要求各级党委、政府和地直单位坚持每年召开座谈会，至少两次向本地本单位的离退休干部通报政治经济和社会发展情况，听取离退休干部的意见和建议。此后，抚州各地建立党政领导每年向老干部通报政治经济形势和本地本单位的经济社会发展情况制度。1999年，抚州地委、行署4次召开副地级以上老干部会议，传达有关文件和领导讲话精神，2次向副地级以上老干部通报抚州政治经济形势，全区各级各单位向离退休干部通报情况110多次，参加老干部人数1.2万人次。2003年，抚州市委先后3次向市直单位离退休干部通报全市政治经济形势。随着情况通报制度的完善，各地逐渐形成每年在重阳节前后，或元旦至春节期间召开离退休干部形势报告会的惯例，并在会上由党政主要领导向老干部通报政治经济形势。抚州市委老干部局于2008年、2009年重阳节期间将离退休干部形势通报会与老干部电影招待会合开，在市委主要领导通报全市政治经济形势之后，为离退休干部播放一部战争历史故事影片。后为照顾离退休干部生活起居习惯，形势通报会不再与电影招待会合开。2012年、2013年，市直离退休干部形势报告会分别由市政府主要领导和市委主要领导作全市政治经济形势通报。

参加重要活动 1982年10月，江西省政府出台《关于老干部离休后政治、生活待遇的若干规定》，要求全省党的各级代表大会、人民代表大会，应有离休干部的代表出席；节日活动和规模较大的纪念会、庆祝会，以及其他重要活动，要邀请离休干部或选派代表参加。1982年12月10日劳动人事部《关于发布〈贯彻国务院关于老干部离职休养规定中具体问题的处理意见〉的通知》指出：在举行重大庆祝会、纪念会时，邀请离休干部的代表上主席台或荣誉席就座。抚州地区每年坚持落实老干部参加重要活动制度，邀请离退休干部参加党代会、人代会、政协会和重大庆祝、比赛、文艺演出和春节联欢晚会等活动。1993年抚州县、乡换届时，均安排老干部代表出席党代会和人代会。2007年5月，离休干部单及春当选为中国共

抚州市委召开离退休干部形势报告

2009年10月12日，老干部参观抚州市重点工程

产党第十七次全国代表大会代表。撤地设市后，每年召开的市党代会、人代会、政协会，有关部门均邀请曾经担任过地厅级领导实职的离退休干部列席开幕式。2010年11月26日，市委、市政府举行抚州撤地设市10周年纪念大会，退休老干部许石金受邀发言。

参观考察 根据1982年10月江西省政府出台的《关于老干部离休后政治、生活待遇的若干规定》，抚州各级老干部工作部门把组织老干部就近就地集体参观考察作为一项重要工作，推动各地各单位建立相应工作制度。1985年，抚州共组织外出参观271人次。1985—1992年，抚州地委老干部局每年还组织离休干部赴外省参观考察，之后出于安全考虑，多安排在本地参观考察，个别年份安排担任过地厅级领导实职的离休干部到省内其他设区市参观考察。考察内容主要包括城区建设、重点项目、工业园区、新农村建设等新成就、新亮点。1997—2003年，每年均组织地厅级离退休干部参观考察团，由原抚州地区行署专员、离休干部单及春担任团长，围绕某个专题深入各地开展调查研究，并组织撰写调研报告，向地（市）委、行署（市政府）建言献策，先后呈交《关于农业产业化几个问题的探讨》《搞活大流通，促进大发展》《关于我区经济发展的几点建议》《敞开大门，建设开放型地方经济》《把昌顺公司建成集团公司是我区农村经济发展的重要举措》等10多篇调研文章。部分调研文章被批示印发给地委、行署领导班子成员及县市党政主要领导参阅。2013年9月，向莆铁路通车之际，抚州市委老干部局组织93名离退休干部参观团，体验乘坐向莆铁路首发动车前往福州参观考察。县区仿照市里做法，坚持每年组织离退休干部在本地参观考察工农业生产和工业园区、城区建设情况。2013年10月，江西省委老干部局组织省直单位厅级离退休干部“看发展、促变化”参观考察团至抚州参观考察。

走访慰问 1980年12月25日，中央组织部下发《关于在春节期间开展慰问老干部活动的通知》，要求各地在重大节日期间，必须慰问老干部，由党政领导干部带队深入到干休所、医院、疗养院和离退休干部家中，慰问、走访、看望老干部和已故老干部遗偶。尤其是要坚持春节期间慰问老干部制度。同时，通过召开老干部座谈会、茶话会或团拜会以及文娱联欢会等多种形式，丰富离退休干部的节日生活。自建立离退休干部制度以后，抚州各地各单位认真贯彻落实中央组织部和江西省委组织部、省委老干部局有关文件精神，党政领导班子坚持每年元旦、春节期间到离退休干部家中走访慰问。1986年，抚州地、县两级普遍建立走访看望老干部制度，除重要节日走访慰问外，一般都做到至少每个季度走访看望离退休干部一次。1991年，抚州地委、行署改变以往走访慰问方式，安排集体座谈慰问，新老干部欢聚一场。2000年元旦、春节期间，抚州地委老干部局陪同地区四套班子领导走访老红军、担任过地厅级领导实职的离退休干部及老干部遗偶，向每人送去慰问金500元；对长期患重病导致生活困难的离休干部及无固定工作的老干部遗偶，分别以地委、行署名义发给每人400元和200

2007年4月16日，抚州市委老干部局领导走访慰问老干部

元的生活补贴；地委老干部局与地委组织部等有关部门联合探望生病住院的老干部，每人送60元慰问金。

2007年年初，抚州市委、市政府研究决定，将老红军及担任过地厅级领导实职的离退休干部及其遗偶的春节慰问金由每人600元提高到800元；生活困难的离休干部生活补助由400元提高到600元，无固定收入的离休干部遗偶生活补助由200元提高到600元；2011年又将担任过地厅级离退休干部及遗偶的慰问金提高到每人1000元。除重大节日外，抚州还结合开展重大庆祝活动走访慰问离退休干部。2009年9月，在庆祝新中国成立60周年之际，抚州市委、市政府开展走访慰问离退休干部活动，给市直所有离休干部和担任过地厅级领导实职的退休干部送上慰问金，市党政领导还分组上门走访看望担任过地厅级领导实职的离退休干部。2011年和2014年，市委、市政府在庆祝建党90周年和庆祝新中国成立65周年之际，走访慰问担任过地厅级领导实职的离退休干部，每人送慰问金1000元。自2013年起，抚州市委老干部局组织在全市开展为离退休干部“送清凉”活动，要求各地各单位在每年酷暑时节，上门走访看望离退休干部，给离退休干部送去绿豆、莲子等清凉解暑食品。

二、生活待遇

老干部生活待遇包括离退休费、生活补贴、住房、用车、医疗保健、护理费等方面。党的老干部工作政策明确规定：按时足额发放离退休费。对老红军、抗日战争前期、抗日战争后期参加革命工作的离休干部，从1982年4月起，分别按本人离休前的标准工资，每年增发两个月、一个半月、一个月的基本离休费作为生活补贴；2011年1月调整为：对老红军、抗日战争前期、抗日战争后期和解放战争时期参加革命工作的离休干部，分别按本人离休前的标准工资，每年增发三个月、两个半月、两个月和一个月的基本离休费作为生活补贴。离休干部医药费据实报销，退休干部医药费按有关规定报销。离退休干部开会、学习、看病用车予以保证，离退休干部与单位在职干部同等享受非生产性福利。

（一）离休干部生活待遇

落实住房待遇　1985年，为解决老干部住房问题，抚州地委、行署及部分县市从地方财政中拨出兴建老干部住房经费106.6万元，拨给12人跨县易地安置费7.39万元，对回农村安置的80户，拨出建房补助费15.78万元，新分配和单位调剂老干部住房52户，使75%以上的老干部住房基本达到标准，住房困难户下降到5%左右。至1990年，全区离休干部住房达标率在99%以上，回原籍农村安置的离休干部按规定得到建房补助费，易地安置的离休干部住房也按规定得到落实。

1992年实行住房制度改革，给予老干部适当照顾，房租按参加革命时间不同实施不同的减免办法。老红军免交住房储蓄金，房租超过部分全免；抗战时期参加革命的老干部房租超过部分减50%；解放战争时期参加革命的老干部房租超过部分减免25%。

随着离休干部整体进入高龄期和高发病期，加大力度关爱老干部成为各方共识。2005年，抚州市委、市政府领导出面为居住在市干休所的老红军陈玉清解决一套福利住房。2006年10月，抚州市委组织部筹资5万元，为老红军张如元和陈玉清各添置一套沙发。

2012年以后，抚州出现少数离休干部住房墙壁坍塌变为危房、因家庭困难或子女成家卖掉房改房导致居无定所、因单位改制即将失去住房、打算随子女移居市内却无力购房等突出问题，市委老干部局积极协调市房管局，为于孔雁、周书文、孙在君、倪绍勋、方大藻等离休干部各解决一套廉租房。

解决子女就业、“农转非” 1985年，全区安排老干部子女就业50人，调动老干部子女工作2人。临川县、南丰县、抚州市从自然减员指标中拿出6～8个指标，解决老干部子女就业问题；宜黄县解决老干部子女“农转非”问题。1989年,抚州各地采取专项切块、适当调剂、优先安排等措施，解决离休干部子女转业安置和就业指标167个。1991年，抚州地委、行署在解决22名地直单位离休干部子女就业的基础上，又从江西省下达抚州地区劳动就业指标中，切块拨出21个专项劳动就业指标，安排地直单位部分离休干部待业子女就业；崇仁县一次性解决27个就业指标、配偶“农转非”4名。其他县市也都采取切块或统一考试、优先录取的办法解决离休干部子女就业难题。1992年，全区解决近百名离休干部子女就业、10余名离休干部配偶“农转非”问题。

落实用车待遇 1985年，抚州地委、行署拨给购置老干部专用车辆经费66.6万元，以解决老干部用车问题。至1990年，凡配有专车的单位，离休干部因公、因病用车予以保证，未配专车的单位尽力优先照顾。

随着经济的发展，抚州各地各单位公务用车大量增加，老干部用车通过配备专车、保留专车、调剂安排等途径和办法得到妥善解决。2005年初，抚州市委、市政府实行地厅级老干部用车制度改革，取消地厅级离退休干部个人专车，按老干部担任过的职务以及享受的不同待遇发放不同标准的用车补贴：正地厅级离退休干部及老红军每人每年8000元，担任过副地厅级领导实职的离退休干部每人每年6000元，享受副地级政治、生活待遇（含享受副地级用车待遇）的离休干部每人每年4000元。同时，抚州调剂4辆老干部用车，由市委老干部局统一管理，用于解决担任过地市四套班子领导实职的离退休干部因公因病用车之需。是年1月，市委常委会研究决定，增加市委老干部局专管老干部用车的一名副局长职数。2007年老干部用车增为5辆，2008年增至6辆。

落实医疗待遇 1982年，国家有关部委作出规定：离休干部就医、疗养应当优先照顾，医疗费用应按规定据实报销，县、市级以上卫生部门要定期组织离休干部进行健康检查，做到无病早预防，有病早医治。1986年，抚州地区卫生局、地委老干部局、地区公医门诊部给享受地厅级待遇以上的离休老干部发放保健医疗证，县市给离休干部发放优先就诊证（卡），或下文明确优先照顾离休干部就医，全区共设老干部病床74张。至1990年，离休干部医疗费全部按规定实报实销，全区共有老干部病房3个，拥有床位293张，离休干部看病基本上做到门诊、住院、挂号、取药四优先。此外，抚州地委老干部局还建立每半月到地区医院五号病房慰问老干部制度。

随着医疗制度改革的不断深入，1990年，中央组织部《关于进一步加强老干部工作的通知》规定，在医疗制度改革中，对离休干部要给予适当照顾。1982—1994年，抚州先后4次下文，就落实老干部医疗待遇作出规定，对离休干部门诊就医实行挂号、就诊、取药三优先，对抗日战争时期参加革命工作及享受副地级以上待遇的老干部门诊免收挂号费，副县级以上和具有高级职称的离退休干部患病可优先到地、县市干部病房住院治疗，并为享受副地级以上待遇的离休干部统一发放“保健医疗证”。为解决老干部住院难问题,全区投入数百万元,在地、县市医院建立康复中心或设立老干部病房，并配备医疗器械和工作人员。与此同时，地、县市老干部工作部门注意采取检查评比和重点督促办法，保障老干部医疗待遇落实到位，确保离休干部医药费按规定实报实销、退休干部医药费按有关规定报销。

从1999年7月1日起，提高副地厅级以上离退休干部（含享受副厅级医疗待遇的离退休人员）在江西省人民医院、江西省肿瘤医院、江西医学院第一附属医院干部病房住院期间伙食补贴费，标准由每人每天0.5元提高为每人每天2元。

20世纪90年代中后期，抚州国有中小企业生产经营相继陷入困境，各乡镇财政困难，全区企业及乡镇离休干部的离休费、医药费（简称“两费”）出现较大范围的拖欠，金额累计达数百万元。抚州地、县老干部工作部门多次协调和督查“两费”拖欠问题，始终未能根本解决，往往前清后欠。2001年年初，根据中央关于落实离休干部离休费、医药费的意见，抚州市委老干部局协调组织调查组用3个月时间，在全市范围内开展离休干部“两费”拖欠问题专题调查，先后深入到纺织、商业、供销、粮食、物资、林业系统等22家市直企业以及11个县区的30个乡镇和40多家企业单位了解情况，看望慰问离休干部89名，并提出破解难题的具体意见。2002年4月，《江西省离休干部离休费、医药费保障机制和财政支持机制方案》出台不到一个月，抚州市委组织部、老干部局、人事局、劳动局、卫生局就联合向市委、市政府呈送建立“三个机制”的具体实施意见。6月，《抚州市离休干部离休费、医药费保障机制和财政支持机制实施方案》出台，通过收缴市直企业离休干部统筹金，建立单独统筹账户，设立与统筹账户相对接的个人账户，优选定点医疗机构，建立个人健康档案，实行个人账户结余按比例奖励等措施，加强统筹金管理。至8月，抚州市离休干部“两费”“三个机制”全部运行到位。积极推进县区于2002年11月底之前相继建立“三个机制”并开始运行。至此，全市离休干部“两费”拖欠问题得到全面解决，离休干部不再为领不到离休费、看病报不了医药费而担忧。与此同时，抚州抓住中央下拨清理“两费”拖欠资金时机，拿出配套资金，对以往拖欠的“两费”进行全面清理。宜黄县从2003年开始，行政事业单位离休干部医药费全部由县医疗保险局按规定实报实销，政策规定由离休干部所在单位负担10%的部分，也改由县医疗保险局报销。2004年，实行企业离休干部同行政事业单位离休干部一样对待的政策，医药费统筹金由县财政全额负担，医药费全部由医疗保险局按规定实报实销。江西省委老干部局对抚州市“三个机制”的做法给予充分肯定,南昌、上饶、吉安、九江、新余、鹰潭等设区市相继组队到抚州参观学习。

随着离休干部整体进入高龄期和高发病期，离休干部医疗费支出大幅增加，一些离休干部生活面临种种困难，有的家属患重病，有的子女下岗。2007年2月，抚州市委、市政府研究决定，在2003年解决无固定收入的老红军遗偶按退休干部待遇参加医疗保险问题的基础上，为无固定收入的抗日战争离休干部遗偶办理城镇居民基本医疗保险，个人参保所需费用由市财政承担。南丰县为部分离休干部遗偶及离休干部家属办理住院医疗保险。2012 年，抚州市委、市政府批复同意，老红军遗偶纳入离休干部医药费保障机制管理范畴，其医药费统筹全由市财政全额支付。

解决护理费 为照顾生活不能自理的离休干部，国发〔1978〕104 号、〔1980〕253 号文件明确可以发放离休干部护理费。此后，根据护工市场行情多次作出调整。起初规定对因公致残和生活长期完全不能自理的离休干部发护理费，标准为不超过一个普通工人的工资。1986 年 10 月，调整为当地新五级工标准工资的中线（六类区为 51 元）。1987 年 1 月，考虑到离休干部大多年老体弱，开始对离休干部按参加革命工作年限和年龄界限发给一定的护理费（可同时享受生活长期完全不能自理的护理费）。离休老红军每人每月发给 25.5 元护理补助费。1990 年 5 月，调整为离休老红军每人每月发给 51 元全额护理费。1992 年 10 月，明确 1942 年年底以前参加革命工作的离休干部和 1943 年 1 月 1 日至 1945 年 9 月 2 日参加革命工作且年满 70 周岁的离休干部，每人每月发放 61 元护理费；1945 年 9 月 3 日至 1949 年 9 月 30 日参加革命工作且年满 80 周岁的离休干部，每人每月发给 51 元护理费。1995 年 7 月，调整为 1942 年年底以前参加革命工作的离休干部和 1943 年 1 月 1 日至 1945 年 9 月 2 日参加革命工作且年满 70 周岁的离休干部的护理费每人每月 140 元；1945 年 9 月 3 日至 1949 年 9 月 30 日参加革命工作且年满 80 周岁的离休干部护理费每人每月 100 元。1997 年 1 月，将因公致残和由于瘫痪生活不能自理的离休干部护理费提高到 100 元。1999 年 7 月，将 1945 年 9 月 3 日至 1949 年 9 月 30 日参加革命工作的离休干部享受护理费的年龄从 80 周岁降为 75 周岁，2004 年 1 月再次降为 70 周岁。2005 年 1 月，将抗日战争时期离休干部每人每月护理费由 140 元提高到 280 元，解放战争时期离休干部由 100 元提高到 200 元。2005 年 8 月，因公致残和因瘫痪等原因生活长期完全不能自理的离休干部护理费每人每月由 100 元提高到 200 元。2007 年 8 月，离休老红军每人每月护理费提高到 800 元。2008 年 1 月，将因公致残和因瘫痪等原因生活长期完全不能自理的离休干部护理费每人每月由 200 元提高到 600 元。2009 年 1 月，明确抗战离休干部护理费每人每月由 280 元提高到 400 元；已发放自雇费或生活长期完全不能自理每人每月 600 元护理费的离休干部，按照就高不就低的原则不再重复享受两种护理费。2012 年 1 月，离休老红军每人每月护理费提高到 1000 元，抗战离休干部提高到 600 元，解放战争离休干部提高到 400 元。2014 年 1 月，离休老红军每人每月护理费提高到 1800 元，抗战离休干部提高到 1200 元，解放战争离休干部提高到 600 元；因瘫痪等原因生活长期完全不能自理的离休干部每人每月护理费提高到 1000 元，两种护理费不得重复享受。

离休干部护理费调整政策汇总

表 11-1

发文单位	文 号	具体内容
国务院	国发〔1978〕104 号	因工致残，经过医院证明完全丧失工作能力的，饮食起居需要人扶助的，按本人标准工资的 90% 发给，还可以根据实际情况发给一定数额的护理费，护理费标准，一般不得超过一个普通工人的工资；饮食起居不需要人扶助的，按本人标准工资的 80% 发给。

续表：11-1

发文单位	文　号	具体内容
国务院	国发〔1980〕253 号	因公致残饮食起居需要人扶助的离休干部，一般可发给不超过当地普通机械行业二级工标准工资的护理费。由于瘫痪等原因，生活长期完全不能自理的，可酌情发给护理费。
劳动人事部 财政部	劳人老〔1986〕16 号	离休、退休人员按照国家规定条件享受的护理费，其标准调整为 51 元。本通知自 1986 年 10 月起执行。
江西省委老干部局 江西省人事厅 江西省财政厅	赣老人字〔1987〕03 号 赣老人险〔1987〕01 号 赣财行字第〔1987〕10 号	1937 年 7 月 6 日以前参加革命工作的离休老红军、老干部，凡是没有享受副省长级服务人员费或护理费待遇的，每人每月发给 25.5 元的护理补助费。本通知自 1987 年 1 月起执行。
江西省财政厅 江西省委老干部局 江西省人事厅	赣财文字〔1990〕54 号 赣老综字〔1990〕21 号 赣人退发〔1990〕3 号	1937 年 7 月 6 日以前参加革命工作的离休老红军、老干部，凡没有享受副省长级自雇服务人员费，只领取了 25.5 元护理补助费的，一律改按每人每月 51 元的全额护理费。本通知自 1990 年 5 月 1 日起执行。
江西省委组织部 江西省委老干部局 江西省人事厅 江西省财政厅	赣老综字〔1992〕061 号 赣财文字〔1992〕175 号	1942 年底以前参加革命工作的离休干部和 1943 年 1 月 1 日至 1945 年 9 月 2 日参加革命工作且年满 70 周岁的离休干部，每人每月 61 元护理费。原已发护理费或自雇费的离休干部，不重复享受。1945 年 9 月 3 日至 1949 年 9 月 30 日参加革命工作的离休干部，其护理费发放条件和标准仍按赣老综字〔1991〕50 号、赣财文字〔1991〕77 号文件精神执行。本通知自 1992 年 10 月 1 日起执行。
抚州地委组织部 抚州地委老干部局 抚州地区财政局 抚州地区人事局 抚州地区劳动局	赣财文字〔1995〕18 号 抚老字〔1995〕06 号 抚财行〔1995〕29 号	1942 年底以前参加革命工作的离休干部和 1943 年 1 月 1 日至 1945 年 9 月 2 日参加革命工作且年满 70 周岁的离休干部，其护理费由现行每人每月 61 元提高到 140 元；1945 年 9 月 3 日至 1949 年 9 月 30 日参加革命工作且年满 80 周岁的离休干部，其护理费由现行每人每月 51 元提高到 100 元。本通知自 1995 年 7 月 1 日起执行。
江西省委组织部 江西省委老干部局 江西省财政厅 江西省人事厅 江西省劳动厅	赣组通〔1996〕108 号 赣老字〔1996〕60 号 赣财社字〔1996〕100 号 赣人薪字〔1999〕23 号 赣劳计〔1996〕124 号	因公致残和由于瘫痪生活不能自理的离休干部，在护理期间的护理费标准由 51 元提高到 100 元。本通知自 1997 年 1 月 1 日起执行。
中央组织部人事部 劳动和社会保障部 财政部	人发〔1998〕56 号	护理费标准由原当地新五级工月标准工资的中线（六类区 51 元）调整为每月 100 元。已高于此标准的地区不再调整。本通知自 1998 年 7 月 30 日起执行。

续表：11-1

发文单位	文 号	具体内容
江西省委老干部局 江西省财政厅	赣老字〔1999〕26号 赣财社〔1999〕56号	对1945年9月3日至1949年9月30日参加革命工作的离休干部享受护理费的年龄从原规定的80周岁降为75周岁，其护理费标准为每人每月100元。本通知自1999年7月1日起执行。
江西省委老干部局 江西省财政厅	赣老发〔2004〕12号	1945年9月至1949年9月30日参加革命工作离休干部享受护理费的年龄从原规定的75周岁降为70周岁，标准仍为每人每月100元。本通知自2004年1月1日起执行。
江西省财政厅 江西省委老干部局	赣财行〔2004〕30号 赣财社〔2004〕112号	享受副省级单项待遇的离休老干部和离休老红军的护理费，每人每月护理费由140元调整为400元。本通知自2004年1月1日起执行。
江西省财政厅 江西省劳动和社会保障厅	赣财社〔2005〕43号	抗日战争时期离休干部，其护理费由现行每人每月140元提高到280元；解放战争时期离休干部护理费由现行每人每月100元提高到200元。本通知自2005年1月1日起执行。
抚州市委组织部 抚州市委老干部局 抚州市财政局 抚州市劳动和社会保障局	抚老字〔2005〕31号	按照赣财社〔2004〕112号、赣财社〔2005〕43号文件规定，已经享受护理费的老红军、抗日战争时期和解放战争时期的离休干部，符合因公致残和由于瘫痪等原因生活长期不能自理的，经批准后在享受原护理费基础上每人每月再增加200元护理费。符合赣社险局〔2002〕19号文件规定参加基本养老保险社会统筹的企业离休干部，由原来的每人每月100元调整为200元。本通知自2005年8月起执行。
抚州市委组织部 抚州市委老干部局 抚州市财政局 抚州市人事局 抚州市劳动和社会保障局	抚老字〔2008〕8号	1. 按照赣老发〔2007〕15号、赣财社〔2005〕43号文件规定，已经分别享受每人每月800元、280元和200元护理费的老红军、抗日战争时期和解放战争时期参加革命工作的离休干部，经批准后在享受原护理费基础上每人每月再增加600元护理费。2. 符合赣社险局〔2002〕19号文件规定参加基本养老保险社会统筹的企业离休干部，在护理期间再增加的护理费标准，由原来的每人每月100元调整为600元。其中，按照赣老发〔2005〕26号文件已调整到200元的，本次再增加400元。本通知自2008年1月起执行。
抚州市委组织部 抚州市委老干部局 抚州市财政局 抚州市人事局 抚州市劳动和社会保障局	抚老字〔2008〕8号	1.1937年7月7日到1945年9月2日参加革命工作的离休干部护理费标准由每人每月280元提高到400元。2. 按照组通字〔2008〕48号文件规定，已发放自雇费或生活长期完全不能自理护理费的离休干部，不重复享受。3. 按照赣财社〔2005〕43号、赣老发〔2007〕15号已经分别享受每人每月200元、800元的离休干部，且符合生活长期完全不能自理条件享受600元护理费的，按照就高不就低的原则，不重复享受。本通知自2009年1月1日执行。

续表：11-1

发文单位	文　号	具体内容
抚州市财政局 抚州市委老干部局 抚州市人力资源和社会保障局	抚财社〔2012〕116 号	每位离休干部每月增加护理费 200 元。提高标准后，红军时期参加革命工作的离休干部每人每月护理费标准为 1000 元，抗战时期参加革命工作的离休干部每人每月为 600 元，解放战争时期参加革命工作的离休干部每人每月为 400 元。本通知自 2012 年 1 月 1 日起执行。
抚州市委组织部 抚州市委老干部局 抚州市财政局 抚州市人力资源和社会保障局	抚老字〔2014〕4 号	1.1937 年 7 月 6 日前参加革命工作的离休干部护理费标准由原每人每月 1000 元提高到 1800 元。2.1937 年 7 月 7 日到 1945 年 9 月 2 日参加革命工作的离休干部护理费标准由原每人每月 600 元提高到 1200 元。3.1945 年 9 月 3 日到 1949 年 9 月 30 日参加革命工作的离休干部护理费标准由原每人每月 400 元提高到 600 元。4. 因瘫痪等原因生活长期完全不能自理的离休干部护理费标准由原每人每月 600 元提高到 1000 元，与上述一、二、三项不重复享受。5. 离休干部的护理费与自雇费不重复享受。本通知自 2014 年 1 月起执行。
抚州市委组织部 抚州市委老干部局 抚州市财政局 抚州市人力资源和社会保障局	抚老发〔2016〕2 号	1. 因瘫痪等原因生活长期完全不能自理的离休干部护理费标准由原每人每月 1000 元提高到 3000 元。2. 按照就高不就低的原则，因瘫痪等原因生活长期完全不能自理的离休干部护理费标准与离休干部其他护理费和离休省级干部自雇费不重复享受。本通知自 2016 年 1 月起执行。

增加费用标准，开展特困救助　1986 年，抚州地委老干部局协调有关部门，解决 242 名离休干部工资偏低问题，其中，抗日战争前期的 3 人，抗日战争后期的 15 人，解放战争时期的 224 人，合计月增资额 2432 元。

1989 年 5 月，经抚州地委老干部工作领导小组研究并报地委、行署批准，按级别给离休干部发放交通费，其中地级每人每月 15 元，县级 10 元，一般离休干部 6 元。地委办公室、行署办公室转发《抚州地委老干部工作领导小组会议纪要》，对老干部工作部门人员编制、离休干部子女农转非、老干部特需、公用经费开支范围、医疗费、交通费等作出规定。文件下发后，各地先后以县市委办公室、政府办公室或老干部局、财政局的名义下发通知，就如何贯彻抚办发〔1989〕3 号文件提出具体意见，并在实际工作中抓好落实。至 1990 年，离休干部公用、特需两项经费按省有关规定兑现，离休干部享受与在职干部一样的福利、取暖费和降温费。

除落实中央、江西省委政策和规定外，抚州地区有关部门还制定一些从优照顾离退休干部的政策规定：一是企业单位老红军自 1993 年起，按工龄计发工龄费；自 1996 年起按行政套改工资，无固定收入的老红军遗偶生活补助费在原基础上提高 50 元；二是企业单位离休干部在上级没有明确发放工龄费之前，从 1994 年起按抗日战争和解放战争时期参加工作时间分别每月发给 35 元和 30 元生活补贴；三是自 1995 年 6 月起，抗日战争时期参加工作、1985 年工资改革前行政 19 级以下的离休干部享受副县级政治生活待遇；四是自 1997 年 7 月 1 日起，全区离退休干部享受免费参观游览临川市人民公园、王安石纪念馆、汤显祖纪念馆，乘坐临川市一、二路公共汽车和上收费公厕等待遇。1998年，比照企业单位离休干部新增的离休费标准，为抚州纺织机械厂老红军田满仓增发一个级差工资35元。从是年起，将享受免费乘坐市内公共汽车，进临川市人民公园、王安石纪念馆、汤显祖纪念馆和上收费公厕的离退休干部范围调整为地直和临川市的离休干部及年满70周岁、享受副县级以上待遇、具有副高级以上职称的退休干部。五是自1994年起企业单位离休干部医药费报销参照行政事业单位的规定执行。

离休干部公用活动经费和特需经费历经多次调整。1982年12月，江西省老干部局、省财政厅下发《关于离休老干部经费的通知》规定，离休老干部活动经费由离休老干部所在单位按离休老干部人数每人每年60元列入预算。1983年1月，江西省财政厅、省老干部局下发《关于离休老干部活动经费的补充通知》规定，1983年1月1日起改按劳动人事部劳人老〔1982〕10号文件执行，即按离休干部每人每年150元列入预算，不足一年的，按月计列，由离休老干部所在单位或上级主管部门作为特需经费，具体按江西省老干部局、省财政厅《关于离休老干部经费的通知》规定执行。1986年3月，江西省财政厅、省委老干部局下发《关于省级单位离休老干部公用经费列支标准和管理使用办法的通知》规定，从1986年1月起，离休干部的公用经费，按离休干部人数，每人每年按300元核列公用经费预算（不含150元特需经费）。1991年12月，省财政厅、省委老干部局下发《关于调整离休干部公用经费标准的通知》规定，自1992年1月起，离休干部的公用经费，按离休干部人数，在原每人每年300元基础上增加百分之十，即330元核列公用经费预算（不含150元特需经费）。1996年12月，江西省委组织部、省委老干部局、省财政厅、省人事厅、省劳动厅下发《关于调整离休干部几项经费标准的通知》，规定自1997年1月1日起，离休干部的特需经费由150元提高到200元，公用经费由330元提高到400元。2002年7月，江西省委组织部、省委老干部局、省人事厅、省财政厅、省劳动和社会保障厅转发中央组织部等部门《关于调整离休干部特需经费标准的通知》，规定自2002年1月1日起，离休干部特需经费由原来每人每年200元调整为每人每年500元。2011年，江西省财政厅、省委老干部局下发《关于提高离休干部公用经费和退休干部活动经费的通知》，规定从2011年起调整离休干部公用经费和退休干部活动经费标准：离休干部公用经费由每人每年400元提高为800元。

21世纪初，抚州市在离休干部“两费”“三个机制”全部运行到位后，把工作重点转移到对困难离休干部及其遗偶的救助上。2006年，加强企业单位离休干部服务管理，已改制企业和未改制企业的离休干部全部由主管部门接收管理，企业单位离休干部每人每年1000元的安置管理费列入各级财政预算，划拨给企业单位离休干部主管部门，实行专款专用；离休干部去世后，无固定收入的遗属生活补助由各级财政按月按标准发放。

2006年9月，江西省委组织部、老干部局、财政厅、民政厅下发《关于解决我省部分离休干部生活特殊困难问题的意见》，对建立离休干部解困机制提出明确要求。自2007年起，抚州市、县区财政每年预算分别安排特困离休干部解困资金10万元和5万元。2007年3月，抚州市委老干部局印发《关于建立特困离休干部救助机制的意见（试行）》，根据市直特困离休干部、特困离休干部遗属的困难程度，决定给予金额不等的补助。之后，抚州市委老干部局及时召开有关会议进行部署，要求市直单位于11月底之前报送特困离休干部和特困离休干部遗属的有关情况。之后对上报人员的基本情况进行调查核实。12月底，将市委、市政府拨付的救助资金发送到陈煊源等38名市直单位特困离休干部及杨秀英（赵顺昌遗偶）等24名特困离休干部遗属手中。各县区也相继出台对特困离休干部的救助办法，并及时对符合条件者予以救助。

2008年，按照“帮在需要帮助时，救在需要救助处”，抚州每季度对特困离休干部及特困离休干部遗属进行一次救助。之后，市、县区两级每年坚持开展以重病、家庭遭遇重大变故的离休干部为主要对象的特困离退休干部（含遗偶）救助工作。至2014年12月，全市累计救助特困离退休干部和遗属2763人次，合计救助金额345万余元。

2007年12月，抚州市政府印发《关于规范抚州市市直单位公务员津贴补贴的通知》，明确从2007年7月1日起，离休干部享受生活补贴，比照同级在职人员津贴标准，比例为100%。2011年1月调整为95%。

2014年，抚州市委、市政府研究解决市直离退休人员同享在职人员洗理费问题，对市直已发放在职人员洗理卡单位的离退休人员，由市财政按女性每月100元、男性60元的标准列入预算拨给市委老干部局落实发放洗理卡。同时，市委老干部局协调抚州市第一人民医院建立地厅级离退休干部就医绿色通道，方便他们看病就医。

离休干部去世后，按照政策规定给其依靠死者生前供养的亲属（父母、子女等），特别是无固定收入的遗属发放一定的生活补助费。对去世离休干部已丧失劳动能力的父母和子女发放生活补助执行国家机关、事业单位工作人员死亡后遗属生活困难补助标准，无固定收入的遗偶发放生活补助费标准另有相关规定，并多次作出调整。

2007—2013年部分年份抚州市直单位离休干部生活补贴每月发放标准变化情况

表11-2　　单位：元

年份	正厅	副厅	正处	副处	正科	副科	科员
2007	2000	1750	1538	1388	1288	1213	1175
2010	2360	2065	1815	1640	1520	1430	1390
2011	3268	2860	2517	2273	2108	1984	1924
2013	4370	3800	3325	3040	2803	2613	2518

离休干部遗偶生活补助费发放标准变化情况

表11-3　　单位：元

执行时间	离休老红军	抗日战争离休干部	解放战争离休干部	文件名及文号
1980.6	30	—	—	江西省人事局、民政厅、财政厅《关于国家机关、事业单位工作人员死亡后遗属生活困难补助问题的通知》（赣人〔1980〕018号、赣民发〔1980〕128号、赣财行字〔1980〕83号）
1986.1	50	—	—	江西省劳动人事厅、省民政厅、省财政厅《关于修改国家机关、事业单位工作人员死亡后遗属生活困难补助标准的通知》（赣劳人险〔1985〕44号、赣财行字〔1985〕344号）

续表：11–3

执行时间	离休老红军	抗日战争离休干部	解放战争离休干部	文件名及文号
1990.5	60	吃商品粮的 50 元，不吃商品粮的 45 元	吃商品粮的 45 元，不吃商品粮的 40 元	江西省财政厅、省委老干部局、省人事厅《关于发给 1937 年 7 月 6 日以前参加革命工作的离休老红军、老干部全额护理费和提高部分老红军配偶及离休干部遗孀生活困难补助费标准的通知》（赣财文字〔1990〕54 号、赣老综字〔1990〕21 号、赣人退发〔1990〕3 号）
1995.1	120	100	90	江西省人事厅、省委老干部局、省民政厅、省财政厅《关于调整我省机关、事业单位工作人员死亡后遗属生活困难补助标准的通知》（赣人薪发〔1995〕11 号、赣财文字〔1995〕128 号）
1999.1	220	—	—	江西省人事厅、省委老干部局、省民政厅、省财政厅《关于调整我省老红军、老干部遗孀生活困难补助标准的通知》（赣人字〔1999〕56 号、赣财社字〔1999〕07 号）
2000.3	—	175	160	江西省人事厅、省民政厅、省财政厅《关于调整我省机关、事业单位工作人员死亡后遗属生活困难补助标准的通知》（赣人字〔2000〕65 号、赣财文字〔2000〕14 号）
2005.1	320	255	255	江西省委组织部、省委老干部局、省人事厅、省民政厅、省财政厅、省劳动和社会保障厅《关于调整老红军配偶和机关事业单位遗属生活补助标准的通知》（赣人字〔2005〕53 号）
2007.10	440	375	375	江西省委组织部、省委老干部局、省人事厅、省民政厅、省财政厅、省劳动和社会保障厅《关于调整老红军配偶和机关事业单位工作人员遗属生活补助标准的通知》（赣人发〔2008〕3 号）
2012.1	660	570	570	江西省委组织部、省委老干部局、省人力资源和社会保障厅、省民政厅、省财政厅《关于调整机关事业单位工作人员遗属生活补助范围和标准等有关问题的通知》（赣人社发〔2012〕70 号）

（二）退休干部生活待遇

1992 年，抚州地委组织部、老干部局、人事局、财政局、编委印发《关于抚州地区退休干部管理意见的通知》，规定退休干部的活动经费，分别按地级每人每年 200 元、县级 100 元、其他 40 元的标准列入预算。1999 年，调整为地级每人每年 240 元、县级 140 元、科级以下 80 元。2011 年，调整为地级每人每年 480 元、县级 280 元、科级以下 160 元。

退休干部的生活待遇，按照财政和社保两个渠道进行落实，退休费由财政与社会保险渠道给予保障，发放标准按国家有关文件规定执行。医药费按医疗保险规定报销，退休干部所在单位负责为退休干部办理医疗保险。退休干部与在职人员一样享受非生产性福利待遇。2003 年 9 月，宜黄县研究决定，全县乡镇退休干部的退休金由县财政集中管理，统一发放之前拖欠的退休金，县财政解决 50%，其余由原单位自筹解决。2006 年规范津补贴后，退休干部津补贴按同级在职干部的 75% 发放。县级退休干部每月享受 40 元电话补助。退休干部开会、听报告、学习、看病和参加集体活动用车由县委老干部局和退休干部所在单位负责安排。县级退休干部与离休干部一样，享受每年一次的健康检查。

实行公务员工资制度改革，规范津补贴发放后，退休干部享受生活补贴执行时间与离休干部一致。2007年12月，明确退休干部生活补贴为同级在职人员的80%，2011年1月调整为75%。

抚州市直单位退休干部生活补贴每月发放标准变化情况

表11-4　　单位：元

年份	正厅	副厅	正处	副处	正科	副科	科员
2007	1600	1400	1230	1110	1030	970	940
2010	1860	1630	1435	1295	1200	1130	1095
2011	2580	2258	1987	1795	1664	1566	1519
2013	3450	3000	2625	2400	2213	2063	1988

三、提高待遇

为从优照顾离退休干部，中央、省、地区有关部门多次下文，提高部分离休干部待遇（见附表）。

1988年7月，江西省委组织部、省委老干部局、省劳动人事厅、省财政厅《关于解决第一、二次国内革命战争时期参加革命工作的部分离休老红军、老干部待遇问题的通知》规定：离休费不到工资改革前行政14级工资标准的老红军，离休费可补齐到136.6元，并享受副地厅级政治、生活待遇。

1990年6月，江西省委组织部、省委老干部局、省人事厅、省财政厅、省卫生厅《关于提高部分离休干部医疗和用车待遇的通知》规定：抗日战争时期参加革命工作，1982年年底以前行政15级，并担任过正副县处级职务的离休干部，享受副地厅级的医疗和用车待遇。

1992年，抚州地委组织部《关于确定部分老同志享受正、副县（处）级干部待遇问题的通知》规定："文化大革命"前为副县级，同时又是1985年工资改革前行政16级以上，现仍在副县级岗位或已离退休的干部和机构改革前在地委、行署部委办（正县级单位）、地区公检法单位任过副职、机构改革后仍在原岗位任职或在原岗位离退休的干部，均可享受正县（处）级干部政治、生活待遇；新中国成立前入伍、参加革命后担任过正科级职务的或在原岗位离退休的干部，可享受副县（处）级干部政治、生活待遇。

1992—1995年，抚州地委组织部先后下发《关于确定部分干部享受正、副县级干部待遇问题的补充通知》和《关于进一步解决我区离退休干部政治生活待遇中几个具体问题的通知》，提高离退休干部待遇。详见本书第六章第二节第十目《干部离退休》。

2005年1月，江西省委组织部、省委老干部局、省人事厅、省财政厅、省卫生厅《关于提高部分离休干部医疗待遇的通知》规定：（1）抗日战争时期参加革命工作，1982年年底前担任正、副处级职务的离休干部享受副厅级医疗待遇。（2）解放战争时期参加革命工作，1982年年底前担任正处级职务的离休干部享受副厅级医疗待遇。同年7月，中央组织部下发《关于提高部分离休干部医疗待遇的通知》规定：（1）

红军时期参加革命工作，“文化大革命”后至离休前为正厅局级的离休干部，提高到享受省（部）长级医疗待遇。（2）红军时期参加革命工作的县处级以下离休干部，提高到享受副司局级医疗待遇。2007年7月，中央组织部下发文件规定：红军时期参加革命工作，“文化大革命”后至离休前为副厅局级的离休干部，提高到享受副省（部）长级医疗待遇。

中央、省、地提高离休干部待遇政策汇总

表11-5

时间	文件名称及文号	主要内容
1988.7	江西省委组织部、老干部局、劳动人事厅、财政厅《关于解决第一、二次国内革命战争时期参加革命工作的部分离休老红军、老干部待遇问题的通知》（赣组通〔1988〕59号）	1937年7月6日以前参加革命工作的离休老红军、老干部，其离休工资不到工改前行政14级工资标准（即六类工资区的标准为136.60元）的，可以补助到136.6元，并享受副厅局级政治、生活待遇
1990.6	江西省委组织部、老干部局、人事厅、财政厅《关于提高部分离休干部医疗和用车待遇的通知》（赣组通〔1990〕91号）	凡抗日战争时期（1937年7月7日至1945年9月2日）参加革命工作，1982年年底以前行政15级（含1983年年底非国家行政级干部其标准工资额高于当地行政15级工资额的），并担任过正副县处级职务的离休干部，可享受副地厅级的医疗和用车待遇。犯有错误受处分者，按中央组织部组通字〔1983〕29号文件规定执行
1992	抚州地委组织部《关于确定部分老同志享受正、副县处级干部待遇问题的通知》（抚组干〔1992〕2号）	“文化大革命”前为副县级，同时又是1985年工资改革前行政16级以上，现仍在副县级岗位或已离退休的干部和机构改革前在地委、行署部委办（正县级单位）、地区公检法单位任过副职、机构改革后仍在原岗位任职或在原岗位离退休的干部，均可享受正县处级干部政治、生活待遇；新中国成立前入伍、参加革命后担任过正科级职务的或在原岗位离退休的干部，可享受副县处级干部政治、生活待遇
1992	抚州地委组织部《关于确定部分干部享受正、副县级干部待遇问题的补充通知》（抚组干〔1992〕145号）	1.1952年年底前入伍，“文化大革命”（1966年5月16日）前担任县级职务或连续担任副县级职务15周年以上的干部，可享受正县级干部政治、生活待遇。2.1952年底前入伍，“文化大革命”前担任正科级职务或连续担任正科职务15周年以上的干部和1952年年底前入伍、1985年工改前行政18级以上的干部，可享受副县级干部政治、生活待遇。3.已经离退休的干部，符合上述条件的，也可享受正、副县级干部政治、生活待遇；4.“文化大革命”中的“三种人”和犯有严重错误者，1989年春夏之交政治风波中犯有错误者，原任职虽符合以上条件，但因犯错误而受降职以上处分者，不得办理享受正、副县级干部政治、生活待遇手续
1993	江西省委组织部、老干部局、人事厅、财政厅、卫生厅《关于提高部分离休干部医疗和用车待遇的通知》（赣组通〔1993〕38号）	凡抗日战争时期（1937年7月7日至1945年9月2日）参加革命工作，1982年年底以前行政十五级（含1983年年底非国家行政级干部其标准工资额高于当地行政十五级工资额的），县处级以下职务的离休干部，可享受副地厅级的医疗待遇。犯有错误受处分者，按中共中央组织部组通字〔1983〕29号文件规定执行

续表：11-5

时间	文件名称及文号	主要内容
1995.6	抚州地委组织部、老干部局、财政局、人事局、劳动局《关于进一步解决我区离退休干部政治生活待遇中几个具体问题的通知》（抚老字〔1995〕6号、抚财行〔1995〕29号）	对抗日战争时期参加革命，工改前行政19级以下的离休干部尚未享受副县级政治生活待遇的，提高为副县级政治生活待遇。犯有错误受处分者，按中组部组通字〔1983〕29号文件规定执行
1999.7	中央组织部《关于提高部分离休干部医疗待遇的通知》（组通字〔1999〕40号）	1. 第一次国内革命战争时期参加工作的副部长级（含副部长级待遇）离休干部，凡未享受到正部长级医疗待遇的，均享受正部长级医疗待遇；第一次国内革命战争时期参加革命工作的副部长级以下离休干部，凡未享受到副部长级医疗待遇的，均享受副部长级医疗待遇。2. 第二次国内革命战争时期参加革命工作的离休干部，"文化大革命"前任正局级职务、行政12级或"文化大革命"前任副局级职务、行政11级的，均享受副部长级医疗待遇
2005.1	江西省委组织部、老干部局、人事厅、财政厅、卫生厅《关于提高部分离休干部医疗待遇的通知》（赣组字〔2005〕5号）	1. 抗日战争时期（1937年7月7日至1945年9月2日）参加革命工作，1982年年底前担任正、副处级职务的可享受副厅级医疗待遇。2. 解放战争时期（1945年9月3日至1949年9月30日）参加革命工作，1982年年底前担任正处级职务的可享受副厅级医疗待遇
2005.7	中央组织部《关于提高部分离休干部医疗待遇的通知》（组通字〔2005〕30号）	1. 红军时期参加革命工作，"文化大革命"后至离休前为正厅局级的离休干部，提高到享受省部长级医疗待遇。2. 红军时期参加革命工作的县处级以下离休干部，提高到享受副司局级医疗待遇
2007.7	中央组织部《关于提高部分离休干部医疗待遇的通知》（组通字〔2007〕25号）	红军时期参加革命工作，"文化大革命"后至离休前为副厅局级的离休干部，提高到享受副省部长级医疗待遇

第三节　服务管理

一、离休干部服务管理

就地安置离休干部　离休干部是各级老干部局服务与管理的重点。至2014年12月，抚州有离休干部657人,其中市直单位226人（行政单位76人、事业单位47人、企业单位103人）。各级老干部局对离休干部的管理与服务，主要是督促和协调离休干部所在单位落实离休干部的各项政治、生活待遇，推进建立家庭、社区、单位、党委政府多位一体的老干部服务体系，切实帮助离休干部解决实际难题，努力在家政服务、医疗保健、紧急救助、精神慰藉等方面提供便利。老干部工作部门每年代表党委、政府看望生病住院的离休干部。抚州市委老干部局每逢重大节日都要走访慰问离休干部，定期走访易地安置离休干部，组织离休干部参加由各级党委、政府召开和举办的重要会议和重大活动，并适时向离休干部通报有关情况，组织离休干部阅读相应范围内的文件，开展丰富多彩的学习和文体活动；协调解决离休干部生活中的困难，对特困离休干部进行救助；协助所在单位处理去世离休干部的丧事。2012年，抚州市委老干部局采取“条块结合、内外并重”的举措，进一步推进对“双高期”（高年龄期、高发病期）和空巢家庭的离退休干部的服务管理工作，出台《关于进一步完善联系服务老干部制度的实施意见》，将市直单位264名离休干部和42名担任地厅级领导实职的退休干部及7名老红军遗偶，按离退休干部居住地以及所在单位的行业属性分成4个片组，分别由市委老干部局领导班子成员带队上门做好联系服务工作。积极协调有关部门开通离休干部就医绿色通道，为其做好“送医、送药、送健康、送服务”工作，使处于“双高期”的离休干部享受到更好的医疗保健服务。

易地安置和易地居住离休干部　易地安置离休干部是离休时经组织批准离休后跨省、地、县安置的老干部。易地居住离休干部是离休后未经组织批准，自行跨省、地、县定居的老干部。按有关规定，易地安置离休干部的服务管理主要由接受地区的老干部工作部门负责。随着老干部工作走向规范化、制度化，各级老干部工作部门开始重视加强对易地安置和易地居住离休干部的服务管理。2002年5—9月，抚州市委老干部局以市委、市政府的名义首次对全市24名易地安置在辽宁、河北、上海、浙江、湖南、江苏、广东、福建等省市的离休干部进行走访慰问，详细了解老干部的身体状况和生活情况，各送慰问金200元，对走访中离休干部反映的在外就医报销医药费难等实际问题，及时与有

2013年11月6日，抚州市委老干部局领导走访慰问易地安置在江苏省姜堰市离休干部张树林

关地方和部门进行沟通和协商解决办法。

2004年，受江西省委老干部局委托，抚州市委老干部局派出3个组，以省委、省政府的名义对抚州市易地安置的离休干部进行走访慰问，各送慰问金400元。

2006年7月，为推进易地安置和易地居住离休干部的管理服务工作，抚州市委组织部、市委老干部局转发江西省委组织部、省委老干部局《关于进一步加强我省易地安置和易地居住离休干部管理服务工作意见的通知》，要求各地各单位切实加强易地安置和易地居住离休干部的管理服务工作，主动协助接收安置单位落实好离休干部的政治生活待遇，加强联系，通报有关情况；坚持每年至少走访慰问一次省内跨市、县安置的离休干部，每两年至少走访慰问一次跨省安置的离休干部；确保及时足额发放离休费以及各项生活补贴和福利，确保按规定实报实销离休干部的医药费。切实加强安置在抚州市的外地离休干部的管理服务工作，落实好老干部的政治生活待遇，保障就医优先、门诊优先和住院优先。

2007年、2009年、2011年、2013年，抚州市委老干部局先后分批组队对市直易地安置和易地居住的离休干部进行走访慰问，实地了解其身体状况和生活情况。事后，对老干部反映的不能享受当地住房制度改革购房优惠政策、在外就医不便以及办理医药费报销手续繁琐等实际问题，与有关部门协商，使之得以妥善解决，对因各种原因一时不能解决的问题，做好相关解释工作。

国有改制和破产企业离休干部　在社会主义市场经济体制的建立过程中，抚州市一批国有中小企业经营困难进而关停并转，这些企业的离休干部生活待遇和服务管理工作陷入“无机构抓、无领导分管、无人做具体事”的状况。2006年2月，抚州市委老干部局会同市政府相关职能部门对全市国有改制、破产企业离休干部管理服务情况进行摸底调查，调查结果显示，全市447名企业单位离休干部，分布在170多个单位。其中市直企业单位离休干部171名，涉及11个主管部门，分布在43家企业；县区企业单位离休干部276名，分布在130多家国有企业和1家民营企业。全市改制、破产企业离休干部的管理服务工作不同程度地存在离休干部的事情无人管，工作无机构，经费无保障的问题。3月，抚州市委办公室、市政府办公室转发市委组织部、市委老干部局、市财政局、市人事局、市劳动和社会保障局、市经贸委《关于做好抚州市国有改制和破产企业离休干部管理服务工作的实施意见》，国有改制和破产企业离休干部的管理服务工作由此得以加强。4月初，抚州研究制定全市及市直《国有改制和破产企业离休干部管理服务工作日程安排表》，对各阶段的工作安排、操作步骤、工作方法和实现目标作出具体部署。指派一名工作人员协同市财政局深入到市直主管部门，核算缺口经费。市财政局协同行动，将市本级未改制的关停企业全部列入支持范围，并一次性清理所有拖欠离休干部的公用经费、电话费和遗属生活补助款，计 26195 元。4 月中旬，召开各县区委老干部局长会议，推广市本级的做法与经验。5 月中旬，市委老干部局协调市委督查室向市直有关单位的主要负责人下达专项督查通知，对存在的问题督促限期整改，并通过召开座谈会、走访离退休干部、听取情况介绍等多种形式，加强实地指导和专项督查。至 11 月，全市所有企业单位离休干部全部安置到主管部门或国有企业、国有控股企业，离休干部普遍有了归属和着落。其中，78.9% 的离休干部被主管部门接收管理，档案全部移交；21.1% 的离休干部被安置到国有企业或国有控股企业。企业单位离休干部党员普遍编入党的组织，全市新成立改制企业离休干部党支部 5 个、党小组 11 个。企业单位离休干部和遗属各项经费的落实有了根本保障，以往拖欠的企业单位离休干部的公用经费、电话费等相关费用及遗偶的生活补助费得到全面解决。据统计，当年市、县区两级财政共安排和解决国有改制、破产及关停企业离休干部安置管理费 20.46 万元，公用经费 9.14 万元，电话费 1.79 万元，无固定收入的离休干部遗偶生活补助 8.93 万元，一次性解决离休干部的公用经费、电话费拖欠款及离休干部遗偶生活补助低标准发放的补差款等计 38195 元，合计 44.14 万元，其中市财政解决 17.79 万元，县区财政解决 26.35 万元。一些地方和单位还探索出新的管理服务模式。广昌县将企业单位离休干部集中安置到县委老干部局管理，并单独建立企业单位离休干部党支部。市工业口企业的所有离休干部先行统一安置到市工业转制办公室，市工业转制办公室撤销后再转移到市经贸委，并单独设立后勤事务中心，专职做好服务管理工作。乐安县继续执行从 2004 年 3 月起全县 26 名企业单位离休干部全部收归企业主管部门管理的有关规定。

2006 年 6 月，江西省委老干部局督查组至抚州市检查国有改制和破产企业离休干部管理服务工作落实情况，对抚州市的该项工作给予高度评价。

二、退休干部服务管理

1982 年干部退休制度建立后，退休干部的日常服务管理一般由供养关系所在单位负责，按规定移交到街道、社区的，由所在街道、社区负责。

1989 年，抚州地委老干部工作领导小组召开会议研究退休干部的管理问题。鉴于地委老干部局人力、财力有限，暂未将退休干部纳入服务管理范畴。1992 年 9 月，地委组织部、老干部局、人事局、财政局、编委联合下发《抚州地区退休干部管理意见》，明确把退休干部纳入到服务管理范围。随后，地委老干部局对地直单位的退休干部开展调查摸底，登记造册，分别建立档案，并抓好《退休干部工作文件汇编》的征订工作。地、县市两级老干部活动室和老同志大学（学校）相继对退休干部开放。

2008 年，中央组织部印发《关于进一步加强新形势下离退休干部工作的意见》，从加强对退休干部工作的宏观管理、做好退休干部的日常服务管理工作、保障退休干部服务管理工作的基本条件三方面提出具体要求。抚州市委老干部局围绕加强退休干部管理服务问题、依托社区资源做好离退休干部服务管理工作及建立和完善特困离退休干部扶助机制等课题深入调查研究，为进一步做好离退休干部的管理服务工作奠定基础。

三、信访工作

老干部信访工作是各级党委组织部门、老干部工作部门联系老干部的桥梁，也是了解老干部工作信息的重要途径。据不完全统计，1986年全区老干部工作部门共接待老干部来访1944人次，办理老干部上访信件160件，接待外来参观探亲路过的老干部2454人次。1993年抚州地委老干部局共处理老干部来信125件，接待老干部来访200余人次。2000年抚州市委老干部局接待处理来信来访116起，其中下基层督查离休干部反映的情况5起。这些来信来访反映的问题基本上集中在离退休干部政治生活待遇的落实上以及子女就业、失去住房等生活难题，希望组织上帮助解决。

2005年，抚州市委老干部局建立老干部工作部门信访首问责任制，对规范处理老干部来信来访作出具体规定，明确老干部前来咨询政策、反映情况所询问的第一位机关干部为信访首问责任人。信访首问责任人对待老干部要认真做好信访记录（包括信访事项、处理意见、处理结果等），并及时处理协调，保证让老干部提出的问题得到回复和解决。老干部来信反映问题，业务科室工作人员或具体承担业务工作的干部须在收到信件的15日内给老干部回复或转交相关地方或部门处理，并督促在15日内答复老干部。

2007年8月，抚州市委老干部局建立局领导接访制度，每月一次安排局领导定点挂牌接访，定期到有关单位召开老干部座谈会听取意见、建议，不定期上门走访老干部，多方了解老干部工作中存在的问题，把矛盾化解于萌芽状态。2012年，市委老干部局根据信访中反映的问题，帮助协调解决3名老红军孙子安置和2名不幸失去住房的老干部的廉租房问题。2013年，针对原抚州市制药厂一位退休人员要求转为离休干部的问题，抚州市委老干部局在认真审核个人档案和调查核实情况的基础上，耐心向其本人和家属作好政策解答工作，使之理解和接受。

第四节　思想政治建设

一、党支部建设

随着离退休干部队伍的壮大，离退休干部党支部建设得到不断加强和改进。1984 年，抚州地委办公室转发地委组织部《关于老干部离休后政治、生活待遇暂行规定的请示报告》规定：就地安置的离休党员干部一般仍在原单位过组织生活；离休党员干部在 3 人以上的可以在原单位单独成立党支部或党小组，隶属所在单位党组织或县以上机关党委领导；各单位领导要经常过问所属离休干部党组织的活动情况，听取老干部的建议和要求。是年，域内各县市共成立 17 个离退休干部党支部和 37 个学习小组，逐步建立和健全党的组织生活和学习制度。1985 年抚州地委办公室下发《关于进一步落实老干部政治、生活待遇的补充通知》，重申：“各单位应视老干部人数，可单独建立离退休干部党支部，也可以与在职干部一起划分党小组或学习小组，并及时通知他们参加学习和过党的组织生活。”到 1986 年，全区共建立离退休干部党支部 18 个，党小组 61 个，学习小组 17 个。离休党员干部自己推选离休干部担任支部书记和支委成员，制定组织生活日和学习日制度，切实保证老干部按规定阅读文件、参加党的组织生活。1990 年抚州地区建立离退休干部党支部 52 个，党小组 28 个，学习小组 90 个。老干部人数少的单位，依旧让离退休干部在原单位支部过组织活动。是年 6 月，抚州地委老干部局选派 6 名离退休干部党支部书记参加全省党建培训班。全年全区有 14 个离退休干部党支部（党小组）被各级党委评为先进党支部（党小组），有 62 名党员老干部被评为优秀党员、优秀党务工作者。

1997 年，中央组织部下发《关于加强离退休干部党支部建设的意见》，对离退休干部党支部建设的目标、基本要求和党支部的主要职责作出规定。1998—2000 年，为深入贯彻落实组通字〔1997〕10 号文件，抚州地委老干部局与地委组织部联合举办全区离退休干部党支部书记培训班，共培训离退休干部党支部书记 94 人次，覆盖面 95% 以上。通过加强对离退休干部党支部书记的培训和指导，建立健全组织生活制度、改善活动设置和环境、充实活动经费等措施，推动离退休干部党支部建设。至 2000 年 12 月，全市建立离退休干部党支部 182 个，党小组 208 个。在这些离退休干部党支部中，比较突出的有 66 个，较好的有 78 个，较差的有 34 个。金溪县离退休干部党支部由 1997 年的 5 个增加到 21 个，崇仁由 6 个增加到 18 个。

2001 年 5 月，江西省委组织部、省委老干部局《江西省离退休干部党支部建设达标创优活动意见》下发后，抚州市委老干部局采取会议部署、调研督导和培训引导、表彰先进、树立典型等措施，并与市委组织部联合印发《关于离退休干部党支部达标创优活动意见》《抚州市离退休干部党支部工作规则》，切实加强离退休干部党支部建设。9月29日，两家联合在金溪县召开全市离退休干部党支部建设工作现场会，组织与会人员参观金溪县老干部党校以及金溪县林业局、农业局、教委和粮食局离退休干部党支部。金溪会议之后，不少县区和市直单位纷纷组织离退休干部党支部书记（支委）到金溪参观学习，县区加强离退休干部党支部建设的意识进一步增强。

2002年，抚州各级党委组织部门把加强离退休干部党支部建设纳入党建工作规划，建立离退休干部党建工作责任制,广泛开展支部“达标创优”活动，离退休干部党支部建设工作得到较快发展。全市建立离退休干部党支部278个，67个离退休干部党支部被评为先进支部，419名离退休党员被评为优秀党员。全市离退休干部党支部建设工作环境不断改善，活动扎实开展，普遍做到“四有”，即：有领导分管、有活动场地、有工作经费、有学习资料。2003年，围绕推进离退休干部党支部建设达标创优活动，抚州坚持支部创建与推进思想工作相结合、制度建设与开展活动相结合、组织管理与自我教育相结合，注重发现和培养先进典型。全市建立离退休干部党支部281个，离休干部党支部建设覆盖率达90%。是年6月底，抚州市委老干部局与市委组织部、市直机关工委联合召开全市离退休干部党支部建设工作座谈会，表彰20个先进离退休干部党支部、7名优秀党务工作者和13名优秀党员。抚州市委老干部局将市汽运公司离休干部党支部、金溪县粮食局离退休干部党支部、抚州师专离退休教工党支部等先进集体和先进个人的经验和做法编印成《抚州市离退休干部党支部建设工作资料与经验汇编》。

在创建活动中，抚州结合离退休干部党支部组建，注重选优配强支部“一班人”，特别是让事业心强、威望较高、身体健康、有工作能力的老干部担任支部书记；重视加强对支部成员，特别是支部书记的培训。金溪县在2000年6月创办全省第一所、全国第二所老干部党校，利用老干部党校对离退休干部党支部书记、委员等进行培训。

2006年5月，中央组织部下发《关于进一步加强和改进离退休干部党支部建设工作的意见》。8月，江西省委组织部、省委老干部局下发《关于贯彻中组部〈关于进一步加强和改进离退休干部党支部建设工作的意见〉的几点意见》。抚州市委组织部、市直机关工委和市委老干部局在广泛调查研究的基础上，联合下文建立市直单位离退休干部党支部巡访制度，将市直单位离退休干部党支部分成7个巡访组，每半年分别开展一次巡访活动，由从各组的支部书记中产生的组长、副组长负责安排；成立由各巡访工作组成员组成的巡访工作理事会，每半年开展一次理事会活动；每年召开一次由所有巡访工作组成员参加的工作例会，研讨交流党建工作经验，会上各巡访组分别提交一篇交流文章。至2010年6月底，7个组共开展59次巡访活动。巡访制度建立后，市直离退休干部党支部之间经常互动交流学习，取长补短，共同提高。市委老干部局及时将上述做法向县区推广。临川区将全区50多个离退休干部党支部分成若干个片，每个片选择工作水平相对较好的两个离退休干部党支部作为示范点，带动其他支部开展工作。在离退休党组织设置方面，各地进行了一系列探索和创新。广昌县成立企业离退休干部党支部；南城县为居住在县城的乡镇离退休干部党员单独设立一个党支部，由县老干部局直管；金溪县成立乡镇机关综合离退休干部党支部，隶属县城所在地秀谷镇党委管理，有效地解决了在县城居住的乡镇离退休干部党员过党组织生活不便的难题；抚州供电公司在3个离退休干部党支部的基础上，成立离退休干部党总支，安排在职党员干部担任总支书记，搭建公司党委和离退休干部党支部的联系桥梁。此外，

举办全市离退休干部党支部书记培训班

有的地方还将退职党员组织起来，纳入到一个党支部，使他们在正式退休后，能顺利过渡到离退休干部党支部。2007 年，各县区相继出台加强离退休干部党支部建设的文件，崇仁、金溪、宜黄等县还就解决离退休干部党支部书记因工作发生的电话费、交通费作出明确规定。绝大多数离退休干部党支部的党费返还落实到位，工作和活动经费有一定的增加。

2008 年 11 月，抚州市委老干部局与市委组织部联合下发《抚州市离退休干部党支部建设工作规则》。将中组发〔2006〕10 号、〔2008〕10 号和赣组发〔2006〕17 号文件的有关精神细化，系统性地对离退休干部党支部建设的目标以及思想政治建设、组织建设和制度建设作出规定。黎川、南城、临川、乐安等县区不仅统一建立离退休干部党支部建设的各项制度，而且印发给各支部张贴上墙。在推进离退休干部党支部建设制度化、规范化的过程中，各地注意因地制宜，避免形式化和模式化。在完善离退休干部党支部巡访制度的同时，市委老干部局注意指导各地创新思路，推进离退休干部党支部建设。乐安县召开离退休干部党支部建设工作会议，讨论通过离退休干部党支部工作考评细则；金溪县创新宣传载体，出版党支部建设画册。对工作不力的离退休干部党支部，抚州市委老干部局要求各地有关单位及时改选支委。2008 年全市共有 32 个离退休干部党支部先后改选，支部的战斗力、凝聚力得到进一步增强。

2010 年，抚州市委老干部局和市委组织部联合下发《关于进一步贯彻落实中组发〔2008〕10 号和赣办字〔2009〕19 号文件的意见》，全面加强离退休干部思想政治建设和党支部建设。在离退休干部党支部中进一步深入开展以“支部班子好、党员队伍好、组织设置好、活动开展好、群众反映好”为主要内容的“五好支部”创建活动。各级党委（党组）和组织部门切实把离退休干部党支部建设纳入党建总体规划，制定支部建设工作规则，落实场所和所需经费；加强支部班子建设，定期对支部书记和支部委员进行业务培训；对党员普遍高龄的离退休干部党支部，安排从事老干部工作的在职党员兼任支委或担任联络员，协助做好工作。截至 2014 年 12 月，全市离退休干部党支部总数达到 446 个，比 2000 年的 182 个翻了一番多，其中，金溪县农业局退休干部党支部和东乡县教育局离退休干部党支部分别于 2009 年、2014 年被评为全国离退休干部先进集体，受到中央组织部表彰。

2000—2014 年抚州市离退休干部党支部情况

表 11-6　　　　单位：个

单位	2000	2001	2002	2003	2004	2005	2006	2007	2008	2010	2011	2012	2013	2014
市直	49	51	58	61	70	79	78	82	84	87	89	92	92	95
临川	32	43	50	43	50	50	52	53	53	54	54	54	54	54
崇仁	18	24	27	29	36	36	39	40	40	43	46	46	46	46
宜黄	5	9	14	17	21	23	25	27	28	29	31	31	31	31
乐安	10	14	18	20	21	23	23	25	25	27	29	29	29	29
东乡	10	11	12	14	16	22	23	36	36	36	36	36	36	36
金溪	25	31	31	31	33	35	35	35	39	42	43	44	44	46
资溪	3	3	4	10	10	11	11	11	11	14	15	15	15	17
南城	8	12	16	17	19	20	22	23	23	24	24	24	24	24
南丰	3	15	28	31	31	31	31	32	32	32	31	31	31	31
黎川	13	14	14	15	15	16	15	15	16	16	20	20	20	20
广昌	5	5	5	7	7	7	8	8	9	12	16	16	14	14
金巢	1	1	1	1	2	2	2	2	3	3	3	3	3	3
合计	182	233	278	296	331	355	364	389	399	419	437	441	439	446

说明：①以上不含东华理工大学离退休干部党支部。②内含市供电公司离退休干部党总支

二、思想政治工作

2007 年 12 月 17 日，举行全市离退休干部党支部书记学习胡锦涛总书记“七一”讲话专场报告会

离退休干部思想政治工作是离退休干部工作的重要内容。1999 年 5 月，中央组织部、宣传部、人事部、劳动和社会保障部联合下发《关于加强退（离）休干部思想政治工作的通知》后，抚州地区各级党政领导切实把老干部思想政治工作摆上重要位置，加强领导，明确分工，一级抓一级，层层抓落实。地委老干部局会同地委组织部、宣传部、人事局、劳动局联合转发中央组织部等四部门文件，对如何做好新时期的老干部思想政治工作提出明确要求，推动全区老干部思想政治工作深入开展。各县市及时加以贯彻落实，按照要求采取有力措施，切实加强老干部思想政治工作。1998—1999 年，

抚州地委老干部局会同地委组织部联合举办两期共有110多名老干部参加的全区离退休干部党支部书记学习班，总结交流抓好支部建设，加强思想政治工作的经验。

2000年，抚州新设5个离退休干部党支部，建立离退休干部党支部学习、组织生活、谈心走访、联系党员、外出党员管理等制度，选好配强支部带头人，离退休干部党支部按照“有一个活动场所、有一套学习资料，有一笔活动经费”的要求，加强场地和设施建设。各地将思想政治教育作为老年学校的重要教学内容，在组织离退休干部学书画、保健、摄影、音乐等专业知识的同时，组织他们学习政治理论，使之了解时事政治，跟上时代步伐。抚州老同志大学除开展正常的教学活动外，还不定期请领导、专家学者作国际国内形势报告和热点、重点问题专题报告，邀请抚州军分区参谋和市委党校教授分别就台湾问题、“三个代表”重要思想作专题报告、讲座，并为每位学员发放《“三个代表”学习问答》辅导书。2000年，金溪县率先在全省成立老干部党校，每年举办4期培训班，推动老干部政治理论和思想教育走向系统化、科学化、规范化。在加强活动舆论阵地建设上，市委老干部局采取两项措施，发挥老干部活动中心在推进老干部思想政治建设上的功能和作用。一是着力完善活动娱乐功能，增强老干部思想政治工作的吸引力；经常组织开展各种有益身心健康的活动。二是努力提高《活动月报》的办报质量，增强理论性、可读性和娱乐性。

2003年以后，抚州市老干部工作部门坚持把思想政治工作作为离退休干部党支部建设工作的灵魂和主线，贯穿始终，狠抓落实。全国党代会召开后，全市离退休干部党支部及时抓好学习贯彻，发动党员争做大会精神的宣传者、辅导者、实践者。适时组织离退休干部党支部开展“三个代表”重要思想学习教育、保持共产党员先进性教育、学习实践科学发展观等主题教育实践活动。加大形势通报工作力度。从2010年第一季度始，在落实市委主要领导每年向广大离退休干部通报政治经济形势制度的基础上，市委办公室每季度以书面形式向担任过地厅级领导实职的老干部通报一次全市经济社会发展情况。加大对老干部的正面教育力度，坚持举办学习报告会、读书班、专题讲座，加强对老干部的思想政治教育。2007年10月，抚州市委组织从北京返回抚州的中共第十七次全国代表大会代表单及春与部分老干部座谈交流，将中共十七大的主要精神及党中央对老干部格外关心、爱护的信息传递给老干部，使全市的老干部倍感振奋，对祖国美好的未来充满信心。11月2日，市委老干部局联合市委组织部、宣传部、市直机关工委及时举办全市离退休干部党支部书记学习贯彻党的十七大精神读书班。各地各单位也通过为老干部购买学习辅导资料，组织老干部座谈，请教师作学习辅导讲座等途径，为老干部深入学习领会党的十七大精神创造便利条件。2009年，市委老干部局联合市委组织部、市直机关工委举办2场离退休干部专场报告会，请市委党校退休教授就学习胡锦涛总书记《在纪念党的十一届三中全会30周年大会上的讲话》和学习实践科学发展观等专题作辅导报告；2010年4月29日，举办市直离退休干部专场报告会，请市委宣传部部长黄晓波向老干部作建设生态文化名城报告，受到老干部的普遍欢迎。各地通过组织老干部参观工农业生产和城市建设，举行重大节日庆祝活动，经常性地与老干部谈心，对困难党员进行及时救助，请单位领导向老干部通报情况，请专家学者为党员授课，为党员集体祝寿和过“七一”建党周年的政治生日等措施，加强离退休干部的思想政治工作。

第五节　发挥老干部作用

一、参政议政

参政活动　离退休老干部参政议政主要有两种渠道，一是当参谋、做顾问，向党政组织建言献策。抚州地（市）、县（市、区）四套班子召开重大会议、举行重大活动，都邀请老干部代表参加；作出重大人事安排、重大决策之前，都征求老干部的意见。在这些活动和会议上，老干部代表积极建言献策。一些老干部离退休后，主动深入基层开展调查研究，为各级党委、政府决策提供参考。全市各地各单位坚持定期向离退休干部通报政治经济情况制度，定期组织老干部就近就地参观考察和集体座谈，引导老干部积极为改革发展建言献策。二是积极参与有关社会团体和协会工作。抚州市关工委、老年体协、老科协、老年大学、花卉协会、企业联合会、企业家协会等涉老组织的成员，基本上是老干部，他们在各自的岗位上，主动作为，发光发热，为促进抚州经济发展和社会进步作出积极贡献。

抚州各地根据离退休干部的志趣、专长，积极探索，采取设岗定责的办法，为老干部参政议政提供平台。1990 年，临川县率先推行为老干部设岗定责措施，聘请离休干部印纯成、潘学文、稽明达担任物价监督员；崇仁、金溪两县自 1995 年开始，先后聘请 40 多名离退休干部为县委老干部工作督导员；1996—1999 年，崇仁、金溪、东乡 3 县先后聘请 16 名担任过县级领导、德高望重的老干部为兼职组织员，对县委选人用人进行监督，维护良好的用人环境。1998 年 12 月，东乡县聘请 4 人为老年教育工作督导员。此后，市、县委老干部局聘任离退休干部为老干部工作联络员、党风廉政监督员、县委督察员、县重点工程督察员、纠正行业不正之风监督员、巡视员、宣传员、决策咨询委员会成员。截至 2013 年，临川区共为老干部提供各种参政岗位 50 余个。

议政活动　1992 年 3 月，邓小平南方谈话发表以后，抚州在离退休干部中开展“为振兴抚州经济献计献策”活动。同年，抚州地委老干部局组织地直单位近 100 名离退休干部考察赣东宾馆、丙纶厂、造纸厂等几家新型企业，离退休干部提出的一些合理化建议被采纳，促进了企业的经营管理。抚州市商业局坚持每季度组织全系统的离休干部到下属各公司进行调研，了解企业经营和经济状况，并把外面的信息反馈给企业，帮助企业想办法、出主意。赣东化工厂在进行企业升级改造时，组织 3 名离退休干部深入各车间协助抓现场管理。

1996年8月，抚州地委、行署召开地直单位部分离退休干部“献良策”座谈会，围绕发展抚州经济广泛征询离退休干部的意见建议。同年10月和次年5月，抚州地委老干部局分别组织地直单位部分副地级离休干部和曾担任过正县级实职的退休干部到临川、崇仁、南城、南丰、黎川、东乡等县市考察工农业生产，调研乡镇企业生产经营状况，形成专题考察报告。1999年10月和2000年9月，又分别组织离退休干部赴临川、广昌、东乡、崇仁、乐安、南城、资溪、金溪等8县市参观考察工农业生产、招商引资和集中办事大厅。一方面让老干部亲身感受改革开放带来的新变化和新发展，思想上跟上时代的步伐；另一方面，创造条件引导老干部献计献策。两次考察结束后，老干部均提交专题考察报告，其中单及春撰写的《关于招商引资和吸引民间资本发展经济的建议》一文被印发全区各地各单位学习和参考。

为宣传先进典型，营造老有所为的浓厚氛围，2001年，抚州市委组织部、老干部局联合制作“老有所为”电视专题片《夕阳生辉》，在抚州电视台播出，全市离退休干部发挥余热的先进典型由此家喻户晓。该专题片荣获全省老干部工作电视专题片三等奖。

2003年，抚州市委老干部局会同有关部门走访市直20多名担任过副地级以上实职的离退休干部，征求对市委工作特别是招商引资、城市建设和管理工作的意见及建议。同年11月上旬，组织市直8名担任过副地级以上实职的离退休干部，深入到资溪、金溪、东乡3县参观考察。考察结束后，老干部就关心群众生产生活、城市建设、招商引资、退耕还林等方面工作，提出诸多意见和建议。市委老干部局还在老年大学开展“整治市容环境、创建美好抚州”建言献策活动，收集整理各种意见和建议2903条，其中一些意见分送职能部门以供借鉴参考。

2006年3月，抚州市委召开担任过地级领导实职的离退休干部座谈会，征求对《中共抚州市委关于制定国民经济和社会发展第十一个五年规划的建议（草案）》的修改意见。各地各单位还通过组织老干部参与保持共产党员先进性教育和“基层评议机关”等活动，引导老干部为抚州的经济建设和社会各项事业发展作贡献。

2007年6月，抚州市委召开全市老干部发挥作用座谈会，市委书记钟利贵出席会议，听取关工委、老年体协、老年科协、花卉协会工作情况汇报和离退休干部的意见建议，对各地各单位加大力度支持老干部工作提出明确要求。会后，市财政将各涉老组织的办公年度预算经费分别提高2万元；市委组织部拨款24万元为市老年体协建造风雨门球场。涉老组织蓬勃发展，截至2007年6月，全市关心下一代工作委员会共成立基层组织1440个，成员发展到1.36万人；全市老年体协组织遍布各地，成员超过16万人，其中农村9万人；全市老科技工作者协会建立“以县区老科协为基础，市属专业委员会为纽带，市老科协为核心”的网络组织体系，会员发展到3600多人。

2008年，抚州市委老干部局开展“我为科学发展建言献策”活动，召开市直部分离退休

2008年11月20日，抚州市召开离退休干部建言献策座谈会

干部和离退休专家学者“心系赶超、共促发展”建言献策座谈会，与会人员围绕推进文化教育、“三农”工作、主攻工业、城区建设工作等提出建设性的意见30余条。2009年，为更好地发挥离退休干部在促进赶超发展中的积极作用，抚州市成立企业家协会，邀请担任过地级领导实职的老领导担任会长，并吸纳一批退休干部参与协会工作。

2010年，抚州通过组织参观考察、广泛征求意见、召开建言献策专题座谈会、依托老干部工作窗口阵地和离退休干部党支部组织老干部建言等措施，引导广大离退休干部为经济和社会发展献计献策。同时，加强沟通和联系，做好跟踪服务工作，进一步发挥各涉老组织在推进新农村建设、加强青少年教育、推动老年人体育健身、促进抚州花卉产业发展等方面的积极作用。

2011年下半年开始，抚州市委老干部局以喜迎党的十八大为主线，组织全市离退休干部开展“建言献策促发展,创先争优我先行”活动，共收到离退休干部有参考价值的文章146篇、意见建议227条，涉及政治、经济、城市建设和社会管理等各个方面。同时，组织担任过地级领导实职的离退休干部就近参观考察，实地了解金巢经济开发区、宜黄县和东乡县开展“三大战役”突破年活动以后出现的喜人变化，使他们更好地认清形势，发挥建言献策作用。

东乡县国税局原局长高在阳离休后，十分关心三峡工程建设，多次向三峡工程筹建处的历届领导提出成立“志愿者”协会,数次到库区、坝区和群众家里调查访问宣传，认真分析掌握第一手资料，并上书党中央、全国人大常委会、国务院及各大主流新闻媒体，力主对三峡工程上马早作决策。多次在东乡县举办图片展览，向机关、学校、老年大学作三峡工程专题报告。三峡总公司领导称高在阳是“三峡工程迷”“三峡工程最热心最积极的促进派”，并赠他有关三峡工程书籍、报刊、岩芯标本作为纪念。同时，邀请其列席三峡工程开工典礼和作为全国唯一群众代表参加大江截流观礼。

2012年7月，东乡县国税局原局长吴桃发致信抚州廖坊灌区管理委员会，提议加强管理，合理调度，避免水资源浪费，特别在干旱年份用水季节，适当增加下游县的渠流量，让灌区获得更大经济与社会效益。此建议得到中央第八巡视组的重视，解决了东乡大旱之年灌溉的燃眉之急。2013年吴桃发组织东乡县国税局离退休干部职工36人赴廖坊水库参观考察。

二、关心下一代

组织建设　1989年12月30日，召开抚州地区关心下一代协会成立大会，会议通过《抚州地区关心下一代协会章程》，选举张火春为协会名誉主席，张如元为协会顾问，单及春为协会主席，吴步高、汲家风、陈元、童荣华、卢明生、喻鹏、许爱民、刘灿霞等为协会副主席。协会汇集组织、宣传、教育、理论研究、政法、工青妇等各方面的领导和离退休干部共96人。1990年1月3日，抚州地区关心下一代协会召开协会领导会议，明确协会会员分工，成立调查研究、传统教育、法制教育、形势教育和文体科技活动5个小组。会议决定采取集资的办法筹措协会活动资金。抚州地委办公室转发地委老干部局、团地委《关于要求各县（市）成立关心下一代协会的报告》。此后，各地积极贯彻落实文件精神，初步形成以地区为中心，县市为骨干，老干部为主体的关心下一代工作格局。1991年，抚州地区关心下一代协会荣获全国关心下一代工作先进集体荣誉称号。

抚州地区关心下一代协会基层协会组织不断发展。继地区教育局、文化局、抚州市桥东办事处、六水桥办事处成立关心下一代分会后，1991年成立抚州市西大街办事处、抚州电机厂、赣东化工厂关心下一代协会分会，会员达180余人。关心下一代协会根据各方面工作的不同特点，成立青少年思想政治教育、校外辅导员、优化青少年成长环境、维护青少年合法权益、调查研究5个工作小组，制定每月一次工作小组成员交流经验和布置工作的例会制度，采取或包街道，或包工厂、或依托工作小组的方式开展工作。各基层分会、各单位根据离退休干部的身体条件、专长、兴趣和自愿原则，有针对性地引导老干部发挥自身优势，开展关心教育下一代工作。

1992年3月6日，抚州地区和各县市关心下一代协会改名为关心下一代工作委员会（简称关工委），下设办公室。地区关工委办公室挂靠地委老干部局，由老干部局一名干部兼职此项工作。5月4日，地区关工委主任单及春主持召开关工委成立后第一次顾问、主任、副主任会议，决定将原关协5个小组改设为学校青少年教育部、企业青年教育部、机关社会青少年教育部3个部。

由于人事变动，1995年6月8日，任命单及春、颜炳南为抚州地区关工委顾问，张火春为主任，罗学年、饶炳炎、万锦、刘灿霞、王金明等为副主任，饶炳炎兼任常务副主任，王金明兼任秘书长，邹怀浩为副秘书长。1997年6月，聘请抚州地委副书记周庭祥为地区关工委名誉主任，增补抚州军分区政治部副主任曾远舟、地区民政局副局长吴水凤、地区妇联副主任朱萍为关工委委员，增补地委老干部局秘书科科长吴华平为地区关工委副秘书长。是年，全区从事关心下一代工作的离退休干部增至2780人，各级关心下一代组织发展到976个，初步形成地、县市、乡镇、村四级网络。关心下一代工作方式由过去的单一说教，向引导、教育、扶贫关爱、办实事等综合施教转变。1998年5月15日，地区关工委聘请抚州地委副书记王样生担任地区关工委名誉主任。截至2000年12月，全区累计建立各级关工委组织1396个，从事关心下一代工作的离退休干部6230人，网络组织遍及乡村。

2001年1月8日，抚州地区关心下一代工作委员会更名为抚州市关心下一代工作委员会，同时，对市关工委领导成员作出调整：单及春和颜炳南担任顾问，李品行任名誉主任，张火春任主任，徐建辉、李萍、周丽秀、许四星、江晓初、饶炳炎、刘灿霞等任副主任，饶炳炎兼任常务副主任。

2002年4月2日，抚州市委召开全市关心下一代工作先进单位、先进个人表彰大会。江西省关工委主任许勤，常务副主任、江西省委老干部局副局长钟隆惠到会指导。4月18日，抚州

2011年11月，抚州市召开关工委成立二十周年暨全市社区关心下一代工作经验交流会

市关工委增补李华青、杜润芝2人为市关工委副主任。

2007年1月26日，抚州市关工委办公室迁至新建的市行政中心办公。4月19日，调整市关工委领导成员：抚州市委副书记李舰海任名誉主任，单及春任顾问，张火春任主任，李华青任第一副主任，饶炳炎任常务副主任，江志坚、李萍、许中伟、武伦明、周丽秀等任副主任，吴华平任秘书长，李捷报任副秘书长，周安邦任“五老”报告团团长。2008年1月25日，许劲松任抚州市关工委办公室主任，免去李捷报市关工委办公室主任职务。2011年11月10日，再次调整市关工委领导成员：张火春为顾问，李华青为主任，许四星、李国华、李萍、宋东方、黄晓慧、武伦明、顾胜和等为副主任，饶炳炎、吴华平、周安邦为常务副主任，周安邦兼任关爱报告团团长，李捷报为秘书长，盛东泉、许劲松为副秘书长，许劲松兼任办公室主任。

2013年，印发《抚州市各级关工委组织争创“五好”关工委暨关心下一代工作先进县(区)、模范乡镇、示范村（社区）主要标准》和《关于抚州市关心下一代工作委员会成员单位工作职责及履责要求》，市关工委分2个大组、4个小组对各县区关工委进行交叉调研，开展民主评选“五好”关工委活动，并召开全市关工委基层工作总结表彰暨创新关爱活动经验交流会议。南城县关工委荣获全国创建“五好”关工委优秀组织奖，金溪县秀谷镇象山社区、资溪县鹤城镇大觉山村、临川区孝桥镇龙湾村、广昌县盱江镇下湖村4个关工小组被评为全国“五好”关工委先进集体。

2014年是抚州市关心下一代“基层工作督促年”，各地全面启动创建“五好基层关工委”活动，打造一批工作示范点。广昌县在推进“六进农村”“六进校园”的基础上，实行“六进社区”。金溪县以秀谷镇象山社区为标杆，举办基层示范点培训班，推进社区关心下一代工作。截至年底，全市共有关工委组织4217个，其中，市级1个，县区级11个，乡镇158个，村级（社区）1799个，市直和县直单位390个，企业61个，村级组织实现全覆盖。全市从事关心下一代工作离退休干部6570人。

抚州自关心下一代组织成立以后，每年召开一次全区（市）关心下一代工作会议，传达贯彻中央及江西省关心下一代工作会议精神，总结过去一年的工作，部署来年工作。自2010年以后，市、县区关工委注重加强关心下一代理论研究，组织市、县区“五老”及工作人员撰写大量理论研究文章。2014年5月，江西省关工委开展全省关心下一代工作理论研讨论文评选活动，抚州获奖论文数量位列各设区市之首，其中，市关工委许劲松撰写的《“五老”探微》获二等奖；金溪县关工委吴定安撰写的《以爱润其心，以德导其行——试论关工委“五老”精神及其时代特征》，南丰县关工委刘绍宽、方锦静、赵媛英撰写的《打造关爱下一代的崭新平台——南丰县关爱艺术团工作新探》分获三等奖。2010年至2014年，每年编印一册《抚州市关爱报告团报告选》，分发到各级关工委和学校，有效推进青少年思想道德教育。

关怀教育 抚州各级关工委组织成立后，着力开展对下一代的关怀教育。2001年，各地按照“三个代表”要求，对青少年开展以理想信念为核心的思想品德教育；以建党80周年为契机，对青少年进行社会主义、爱国主义、集体主义以及艰苦奋斗的革命传统教育；对失足青少年加强法制教育。各地关工委围绕党和政府的中心工作，适应城市社区深化改革的要求，把城市关心下一代工作向社区延伸推进，在试点的基础上，摸索和创造许多社区关心下一代工作的新经验。

2009年，全省“三结合”教育经验交流会在抚州召开。2010年，为进一步加强青少年的思想道德教育，培育社会主义核心价值观，江西省关工委确定是年为“感恩教育活动年”。抚州市关工委于同年5月，联合教育局、文化局和文联在全市中小学生中开展“育人”杯感恩故事征文暨演讲活动。5月18日，抚州市人大常委会内务司法委员会、团市委、司法局、人社局、教育局、民政局与关工委等7家单位联合下发《关于开展“青果援”关爱服刑劳教人员未成年子女行动的通知》，开展“青果援”体验活动（依托全省各级青春自护教育体验基地，组织服刑在教人员未成年子女开展亲近自然体验、公益服务体验、户外拓展体验、自护教育体验）、“你的牵挂我知道”书信活动以及“心手相牵 共筑未来”服刑在教人员未成年子女宣讲活动。为学习贯彻《全国家庭教育指导大纲》，整合各方力量，加强未成年人思想道德建设，形成学校、家庭、社会教育相结合的工作格局，为青少年创造和谐的成长环境。是年10月，抚州市关工委在南城县召开全市家长学校建设工作经验交流会议，研讨新形势下各级关工委如何发挥积极作用，将加强家长学校建设作为学校、家庭、社会三结合思想道德体系建设的重要抓手，不断提升家长学校建设水平。

2011年纪念建党90周年，江西省、抚州市先后开展关心下一代工作先进集体、先进个人评选活动，抚州市关工委召开全市社区关心下一代工作经验交流会议，市关工委与市教育局、市委党史办、市文联在全市中小学生中联合开展“学党史、颂党恩、跟党走”党的知识竞赛活动。

2012年，抚州市关工委围绕创建“五好”关工委组织目标，分4组开展县区交叉调研，推动各县区相互交流。此后，在全市中小学开展“心向党、讲品德、见行动”主题教育征文活动，在“五老”中开展争做“优秀传统文化爱心传承使者”活动，继续深入实施“校家同创”德育工程和“支部关爱”工程，有效推进示范点建设。同时，继续实施关爱留守工程，以关爱青少年中的特殊困难群体为重点，发动社会力量捐资助学。

2013年，抚州市、县两级关工委组织关爱报告团近百名报告员，深入学校开展“中国梦”教育宣传活动。各级关工委继续开展帮扶工作，市关工委对4名贫困学生进行扶助；黎川县举行千人爱心结对帮扶活动启动仪式，县四套班子领导当场与结对学生联系并送上捐助金。

2014年，抚州市关工委与市委老干部局联合在市老干部活动中心、老年大学创办“老少共进”道德讲堂；与《摇篮》报抚州站联合在全市中小学生中举办“中国梦，我的梦”征文活动，专版刊载优秀征文。

爱心帮扶 在市场经济体制建立过程中，抚州城镇下岗职工、农村富余劳动力外出务工经商逐年增多。2000年，抚州农村常年外出人口29.13万人（出省人员20.63万人），占乡村劳动力总数的18.99%。至2010年，这一数据又有大幅上升，全市常年外出农村人口达64.52万人（出省人员43.63万人），占农村劳动力总数的36.5%，比2000年增长17.51%。不少农村家庭夫妻双双外出务工，留守儿童逐年增加。各级关工委遂将扶贫助学、帮残助困、关爱留守儿童、帮教失足青少年，促进弱势青少年健康成长列入工作职责范围。

2004年，金溪县关工委推动县直单位结对帮扶贫困学生100人。2005年，南城县关工委发动社会各界向身患白血病的花楼下中学学生叶水林捐款活动，全县“五老”和中小学生募集善款5.2万余元。该县关工委十年累计资助特困学生36人，金额3.1万余元。

2006年，资溪县关工委制定《关于在全县实施“关爱留守孩工程”的工作意见》，提出为每个“留守孩”配备一名“义务家长”，并一直坚持开展“关爱留守孩，打响新品牌”活动，2009年该县被全国妇联、国务院农民工办授予全国农村留守儿童工作示范县荣誉称号。

2009—2011年，乐安县关工委对乐安一中6名贫困学生跟踪扶助3年，帮助其顺利完成高中学业。

2011年，临川区关工委对全区贫困学生进行调查摸底后，将15.9万元助学金送至159名孤儿手中。孝桥镇关工委成立“五老”扶贫帮困小组，帮助特困儿童、残疾儿童和孤儿16人，并对初中毕业后在家待业务农的青少年和失足青少年进行帮教。西大街街道办事处关工委组织“五老”关爱帮教辅导员在街道司法人员的配合下，对辖区失足青少年进行一对一帮教、面对面关爱，带领他们参与社区组织的各类公益活动。是年，东乡县积极动员“五老”与刑释解教人员子女结对子进行帮扶。全县共开展法制宣传教育65场次，受教育青少年2.6万人次。在县城成立“五老”网吧义务监督队，队员轮流就近定点实施监督，劝返未成年人49人次，纠正不规范经营行为12起。该县退休教师马美华，帮带30多名小学生（留守儿童），管吃管住，悉心照料。县关工委还在席殊书屋等书店为学校建立留守儿童书柜，书柜设有各类书籍1.5万册。县关工委还与教育局、团县委联合成立东乡县特困生扶贫助学基金会，累计筹资24.56万元，资助1420名在校贫困生；主动为500余名贫困青少年申请到爱心助学基金；每年动员社会各界爱心人士到各校开展关爱留守儿童活动，累计动员代理家长1456名。

2012年12月31日，资溪县委办公室批转县关工委向县委呈报的《关于留守儿童工作专题请示》，同意每年9月9日为全县关爱留守儿童日。2013年9月9日，举行“全县关爱留守儿童日”启动仪式，全县各单位随后开展多种形式关爱活动。资溪县被确定为全省12个留守儿童关爱服务体系试点县之一，县委办、县政府办为此印发《资溪县留守儿童关爱服务体系试点工作实施方案》。是年，黎川县关工委开展“千名爱心结对帮扶”活动，县委、县政府有关领导和县关工委成员与26名留守儿童结对帮扶。年内，该县四套班子成员结对帮扶学生9人参加高考，其中4人上一本，4人上二本。

2014年，抚州市关工委将跟踪帮扶资助金由每人每年600元增加到2000元。宜黄县财政将关工委的精准帮扶经费列入预算。临川区关工委倡议成立教育基金，募集资金600万元，帮助一批贫困学子共圆就学梦，并奖励一批在边远山区从教的教师。

在关爱青少年工作中，抚州各地涌现出一批先进典型。临川区粮食局离休干部欧阳辉3次被评为全国、全省关心下一代先进工作者，曾两度赴京，受到江泽民、胡锦涛等中央领导人的接见。2015年，崇仁县政协退休干部宁宏昌先后被授予全国道德模范、全国最美家庭称号，受到党和国家领导人接见。抚州市委作出决定，号召全市党员干部向他学习。多年来，宁宏昌资助孤苦伶仃的宁春莲老人和其养女、双目失明的章和兴夫妇；四川汶川地震发生后，宁宏昌主动捐款5600元，并召开家庭会议动员子孙捐出8000多元；中共十八大召开后，主动缴纳“特殊党费”5000元,并坚持每年缴纳“特殊党费”1000元用于帮助困难党员；还通过报纸了解贫困人员状况，先后为40多名陌生人员捐款5万多元。

三、参与经济文化建设

创办经济实体　1989年，抚州地委、行署为鼓励离退休干部发挥余热，允许他们发挥专长从事种植、养殖业生产，进行技术开发咨询服务，培训人才以及为改善机关后勤服务而开办小卖部、洗衣房、理发室、修理部等经营服务性活动。此后，离退休干部依据自身特长，或创办经济实体，或承包开发荒山栽种果树和用材林；或致力于发展庭院经济，或离休未离岗，仍然返聘单位，或从事老年群团工作，继续为社会主义物质文明和精神文明建设作贡献。1992年邓小平视察南方谈话发表后，全区离退休干部更新观念，创办经济实体和发展第三产业的积极性更高。以离退休干部为主体的各种经济实体如雨后春笋般在各地兴起。抚州地区行署原专员单及春、抚州地委原副书记童荣华等牵头成立“秋丰经济开发公司”；地区离退休科技工作者协会兴办“退协医疗诊所”“退协家用电器维修部”和“赣东高新技术研究所”等。

各县市离退休干部充分发挥专业技术特长，积极参与经济建设。崇仁县章浪深等4名离退休干部面向社会集资43万元，创办崇仁映月花岗石股份有限公司；宜黄县粮食局退休干部兴办益寿粮油门市部；南城县林业局离休干部胡希同领办挂毯厂；临川区人大常委会原副主任杨毅发挥医学专长，在上顿渡开诊所；抚州市乡镇企业局离休干部董振功领办刺绣厂；东乡县税务局离休干部王师领办玻璃型轻质瓦厂等。

2010年东乡县退休干部徐石，成功研发太极源节能锅炉、节能烟囱、节能灶，获得专利证书，并获得150万元试验经费。他在南昌市成立节能公司，致富不忘回报社会，用近一年时间在西藏免费为群众建节能灶。

从事种植养殖业　抚州各地老干部局积极引导离退休干部发展种植、养殖业和小型加工生产。金溪县为推动离退休干部发展庭院经济，专门下发通知鼓励农村离退休干部发展猪、鸡、鸭、兔养殖业，城镇离退休干部种植蔬菜、水果、花卉等，同时配套出台扶助发展庭院经济的优惠政策。黎川县召开离退休干部庭院经济开发座谈会，请庭院经济开发典型人物在会上发言，向与会人员介绍先进经验，激发离退休干部发展庭院经济的积极性。全区突出典型有：黎川县农业银行原行长、离休干部张世仁兴办林果园100余亩，栽种桃、板栗、雪梨、柑桔、脐橙等，共计6000余棵；黎川县城乡建设局原副局长、离休干部李龙超开发果园，栽种各种果树400余棵，养鸭200多只，养猪10余头，并创办米粉加工厂。地区供电公司员工许享群1992年退休后，回到金溪县左坊镇厚潭村垦荒栽种板栗、蜜桔、柚子等果树及杉木、毛竹等经济林20多亩；南丰县政协主席邹俊峰退休后，开发100亩园艺场，栽种柑桔7883棵，喂养生猪100多头；临川区建设局退休干部梁合肥在七里岗乡承包荒山200余亩种植银杏；临川区民政局原局长封汉兹在河埠从事山地开发，种植银杏、黄栀子100余亩；临川区保密局原局长章新泉在罗湖开发500多亩山地种植黄栀子；宜黄县农业银行离休干部胡名锦利用房前屋后栽种10多种果树300多株，9年创收6.4万元。

提供技术咨询和指导　1984年，抚州地区成立老科学技术工作者协会。此后，各县市相继成立协会组织发展会员，开展科技普及宣传。至2014年，抚州市老科学技术工作者协会有会员5100多人，其中高级职称会员860多人。下辖11个县区老科协，设有7个专业委员会。全市各级老科协共开展科普宣传950多次，散发科技资料76万余份，解答咨询75万人次；累计举办实用技术培训班1050期，培训人员7.9万人次，举办科普讲座1100场，听讲人数9.8万人次。全市老科协始终围绕“三农”开展各项工作，在各个阶段采取不同的做法，把科技推广和科技下乡结合起来。2003年，金溪县科协退休干部、高级农艺师周云福，试验成功在温柑树体上嫁接脐橙，并将这项技术无偿向全县广大果农推广，为金溪果农开辟出一条致富新门路。2004—2006年，开展“科技服务百村行”活动。2007年周云福被评为全国农村科普先进个人。2007—2009年，抚州市老科协开展创建“科普致富示范村”活动。全市各级老科协创办的科技推广示范基地达100多个，增产效能显著，辐射范围广阔。

临川区农业局骆贵澄、陈水生、封武元、

胡震等退休干部围绕转变经济发展方式、保障和改善民生、促进农业生产等重点课题，形成调研报告及科技推广文章等70多篇，其中9篇文章被区委、区政府采纳，24篇被乡镇及局党委采纳，68篇被中国老科协《今苑》杂志等刊物选用发表。

2008年2月，抚州遭遇罕见的雨雪冰冻灾害，各县区围绕灾后重建，积极引导离退休科技人才开展技术指导。金溪县农业局退休干部党支部组织10多名老党员奔赴各乡镇脐橙高位嫁接联系点，查看果树受灾情况，指导果农修剪、施药。2011年，金溪县老科协组织全体理事深入全县13个乡镇46个新农村建设示范点开展调查研究，写出《金溪县社会主义新农村建设调研报告》。南丰县组织离退休干部通过发放《桔树冻灾技术指导手册》、开设培训班、现场指导桔农修剪冻枝和施肥等方式帮助群众开展灾后重建。

抚州一些有专业职称的离退休干部积极响应号召，自发行动起来发挥专长为社会作贡献。原地委党校常务副校长张源生，退休以后应聘南昌大学医学院抚州分院，担任客座教授，并应请到各县区讲课，宣传中国特色社会主义理论。市委党校退休教授喻彪离开讲台后，转型面试辅导，2008—2014年共辅导大学生、优秀村（社区）干部考录公务员360余人次，赢得考生和家长的认可。

东乡县教育局退休干部杨涵青专心钻研保健知识，撰写200万字读书笔记，经常为老年人上保健课，谈保健体会，义务宣传保健知识，受益数百人。退休教师熊厚云潜心在珀玕中学搞课改研究，成为全市课改先进典型。临川区胡政、陈水生等农业系统老干部，充分发挥专业所长，帮助解决一起村民因水稻秧苗大面积死亡，怀疑种子质量有问题引发的纠纷。2014年，胡政、施旗等通过广泛调查研究，撰写《继续稳定发展粮食生产，确保粮食安全》一文，区委领导阅后作出批示，有力地推动临川区粮食生产发展。乐安县乡镇企业局退休干部乐欣发明两角号码查字法，申请获得国家专利，并被贵州人民出版采用。

著书立说 离退休干部人生阅历丰富，从工作岗位退下来后有的潜心著书立说，有的撰稿写文章，有的从事出版编纂工作，为抚州的文化事业发展继续作贡献。东乡县县长饶雪贵退休后，出版《东乡诗词》《古稀学诗录》。乐安县文化馆离休老干部、南京大屠杀的幸存者林长生，1986年创作出版以南京大屠杀为主题的长篇小说《千古浩劫》，获全国优秀图书奖。20世纪80年代中期，各县市开展第一轮地方志书编修，聘请一大批离退休干部从事修志工作，其中，乐安县地方志办10名参编人员，有9名是退休干部。90年代，抚州地委组织部编修《中国共产党江西省抚州地区组织史资料》，聘请退休干部王金明、徐远德、陈光远等人参与编纂。《抚州日报》总编辑宋友贤，1991年离休后，醉心文史，潜心著述，先后出版《曾巩传》《香楠从议》《细雨轻雷》《赣抚行吟》《风生水起》等8本书，计200余万字。地区文联主席吴林抒退休后，继续从事文学创作，出版《林抒选集》五卷本。地区社科联退休干部陈必辉痴心研究马克思主义，为筹集出版《科学社会主义体系结构新论》经费，卖了一套住房。地区文化局副局长李茂垠退休后，活跃于抚州诗坛，先后出版《李茂垠诗选》《寒梅集》《雄姿英发》等诗集。地委党史办副主任范茂芝，1999年退休后，坚持写作，先后出版《耕耘集》《人生苦短》《人生絮语》等5本书近百万字。地区邮电局党委书记孙世昌离休后，著有《盘山亲情》《生死对决——赣东剿匪反特纪实》。2004年，原行署专员单及春出版《农村改革与发展调查思考》一书，收录其所撰有关农村调查报告40篇。其中，《搞活大流通，促进大发展》一文，入选中国社会科学院发展研究中心、中国改革杂志社等9家的征文，《完善农业生产责任制需要正确处理的几个关系》《重新认识以农业为基础的战略地位》，被中国人民大学书报资料中心全文转载。

抚州市人大常委会副巡视员张山东，退休后出版专著《古代廉政对联选注》《品读抚州》、诗文集《钟陵乡人》、对联书法集《闲联淡墨》等，其撰写的《抚州赋》《三元楼记》《拟岘台记》《名人雕塑园记》等押韵散文，被雕刻于市区相关景点石板上。市人大常委会副主任吴凤雏，退休后著有《汤显祖传》《牡丹亭·评注》《宋代笔记概论》等，其书法作品被勒石铭碑，书写的楹联或传诸港台，或被有关纪念馆收藏。市社联主席万斌生退休后，仍笔耕不辍，著有长篇历史小说《王安石》（上中下卷），执笔编剧的戏曲电视剧《明月照我还》获全国第四届优秀戏曲电视剧评比三等奖，《王安石》参选第二届姚雪垠长篇历史小说奖，入闱终评，名列第四。市政协副主席汪重阳，长期关心抚州铁路建设事业，退休后编写出版《铁路科技知识问答》科普书。市委统战部副调研员杨华林，退休后致力于抚州地方文化研究，任市政协文史馆专职馆员，编辑《抚州文史》13 期。《抚州市志》编修工作启动后，退休干部黄博文、章荣、杨友祥、刘锦萍、蔡继祥、杨涌泉、王政文、赵水泉、唐文喜等人参加编修。地区人事局副局长邓全恩退休后，于 2009 年 3 月出版《临汝诗谭》，收录诗词 200 余篇。抚州师专教授罗传奇退休后与人合著出版《临川文化史》《汤显祖传》；该校副校长邱酬恩离休后，出版回忆录《脚步》，并与人合著《人生哲理》《实用医学伦理学》《医学生学习方法教程》等书。东华理工大学副教授周世泉退休后主编《清流劲节》，参编《中华美德大典》《新编文学理论教程》《中国文学宝库·唐宋词精华分卷》《中国文化世家》（江右卷）等书籍。

市直机关工委书记周信昌退休后，热心地方文化事业，发起组建抚州文化研究院，开设抚州文化大讲堂，邀请国内知名人士到抚州讲学，编印《临川才子八股文选》。市委党史办调研员杨忠民退休后，应聘编修《抚州市烟草志》《抚州市科技志》《抚州市纪检监察志》。乐安县党史办主任曾球民退休后，编纂《中国共产党乐安历史》（第一卷），与抚州农校校长余式高等人合著《华盖山志》《流坑古楹联诗词欣赏》等书。市人大常委会主任罗建华退休后，于 2014 年主编出版《抚州古建筑》，该书收录 317 处县级以上文物保护单位中的经典建筑，集文字记载、解说与图片展示为一体。市关工委主任李华青出版散文集《冗闲合集》。临川区荆公办事处退休干部周耀辉出版书画作品集——《周耀辉点梅集》。

金溪县文博所退休干部吴定安，退休后专心于地方历史文化的整理和研究，为金溪文化遗产的普查、鉴定、宣传、保护以及赣东历史文化研究、陆象山研究作贡献，并参与浒湾镇、双塘竹桥、琉璃东源、琅琚疏口、合市游垫等全国、全省历史文化名镇（村）的申报工作，其整理、撰写文字资料近百万字。2012 年，出版文史专著《芗草集——金溪历史文化研究》。南丰傩文化研究专家曾志巩退休后，致力于南丰傩文化研究，以致积劳成疾，病中仍坚持编著出版《江西南丰傩文化》一书，被评为“感动南丰人物”和南丰县劳动模范。临川徐恒堂热心地方名人研究，退休后出版《游国恩传》《萧涤非传》《临川名人传略》等书。曾印泉退休后著有《签名》《书写之门》《个性与签名》等书。南城县政协副主席周春林退休后，出版《洞天福地麻姑山》《品读南城》等书。八大山人研究专家萧鸿鸣先后出版《八大山人》（上中下卷）《八大山人研究》等专著。

抚州市开展组织志编纂以后，大多数县区聘请退休干部参与编纂工作，临川杨友祥，宜黄邹国荣，乐安缪凤祥，广昌姚瑞琪，东乡乐云飞、张贵发等人，均参加当地组织志的编纂工作。不少离退休干部还根据自己的经历撰写回忆录。抗美援朝老兵刘万镁，赴朝鲜战场参加多次战斗，经过十年准备，数次赴东北收集首批入朝作战部队的资料及老战友、老首长的回忆录，汇编成《抗美援朝保家卫国英雄传》。地区行署驻南昌办事处原主任徐仲怀退休后，出版个人回忆录《回味人生》。

四、参与社会管理

参加老年社团活动 抚州长期注意采取有效措施，鼓励离退休干部在老年社团活动中发挥示范带动和组织牵引作用，先后成立以老干部为主体的老年体协、老年书画学会、老同志摄影协会、企业家协会、女企业家协会等社团组织。

1984年3月，抚州地区成立老年人体育协会。此后，老年体协组织不断发展壮大，逐步向基层社区和农村延伸，形成覆盖城乡的市、县区、乡镇（街道）、村（社区）四级网络组织。至2006年，全市老年体协基层组织有2433个，会员108537人，其中农村会员占51%、社区居民会员占27%、机关企事业单位会员占22%；全市各级老年体协有活动楼（室）2064栋（间），建筑面积达72340平方米。全市各级老年体协以广大老干部为骨干和核心，广泛开展各类适合老年人的健身文体活动，平均每年开展老年体育竞赛活动达2000多项次，参与人数逾5万人次。

抚州企业家协会成立于1992年，初期挂靠抚州地区经贸委，2009年实行政企管办分离，企业家协会开始独立履行社团组织职能，9月邀请抚州市人大常委会原副主任曹二俚担任会长。协会在搭建企业与政府沟通平台、构建和谐劳动关系、推进政企沟通、促进企业间的交流与协作、加强业务培训和市场调研、推介市场信息、维护企业家权益以及评选全市优秀企业家等方面发挥了重要作用。

抚州女企业家协会成立于2004年11月，初由抚州市妇联主席兼任会长，2011年改由市人大常委会原副主任、女退休干部许四星担任，执行副会长由10名担任过正县级领导职务的退休干部组成。协会的主要职责是搭建抚州女企业家与政府之间沟通的桥梁，促进抚州女企业家的联络和沟通，帮助她们解决在创业中遇到的实际困难，收集和推介经济信息，创办《抚州女企业家报》，对外大力宣传女企业家等。

抚州市老同志摄影协会成立于2011年4月，由市人大常委会原主任、退休干部罗建华任协会主席，每年组织喜爱摄影的老同志到全市各地采风，并优选反映抚州经济社会发展新成就、新变化，人民群众幸福生活和美丽山川、历史风貌的各类照片，举办摄影作品展，社会影响逐渐扩大。

维护社会和谐稳定 离退休干部退下来后，同社会各界接触更多，了解社会的真实情况更直接。各地各单位注意发挥老干部的独特优势，组织引导他们协助党委和政府做好统筹协调各方面利益关系、妥善处理社会矛盾的工作。一方面，组织他们开展政策和道德法规宣讲活动，向广大人民群众宣传党的方针政策和依法治国理念。自20世纪80年代始，每次党的全国、全省、全市代表大会结束后，各地都有老干部向群众做宣讲工作，党的十八大至2014年期间，老干部特别注意利用各种方式宣传依法治国方略，增强群众的法治思维和法律意识；另一方面，组织他们参与调解民事纠纷，帮助做好群众思想政治工作，化解社会矛盾。

1998—2005年，抚州地委机关黄巢宿舍区创建平安小区，组织地区总工会原主席邓水文、党史办原副主任范茂芝等退休人员住户成立小区管委会，设立楼栋长，明确职责，加强管理。小区管委会积极协助地委机关后勤服务中心抓好小区绿化、路面硬化等基础设施建设及环境卫生、生活秩序的管理，做好邻里矛盾纠纷调解工作，小区管理井然有序，赢得住户好评。

2003 年，资溪县鹤城镇针对离退休干部的特点和该镇实际情况，分类设立“维护社会和谐稳定类”“服务和谐单位（村镇）创建类”“促进精神文明创建类”和“政策宣讲岗”“调解矛盾纠纷岗”“反映民生诉求岗”“参与社会管理监督岗”“劝导文明保洁岗”“调查研究岗”等三类六岗，组织引导广大老同志选岗定责发挥自身优势为建设和谐鹤城作贡献。

2007 年，金溪县在广大离退休干部中广泛开展“内联科室,帮带在职干部,外联基层群众，帮带和谐创业”活动,组织老同志通过技术服务、义务诊疗、普法教育、关心教育下一代、协助调解矛盾纠纷等途径为经济社会发展作贡献。

2010 年，抚州市委老干部局选择 721 社区作为利用社会资源做好离退休干部服务管理试点单位，组织引导离退休干部协助维护社区和谐稳定和整治环境卫生，推进文明社区建设。

2013 年，宜黄县法院成立“夕阳红”调解中心，组织七八位退休干部帮助做好矛盾纠纷调解和免费代写诉状工作。金溪县交警大队人民调解中心聘请罗平虎、全冬江、余匡文 3 名退休干部担任道路交通安全事故纠纷调解员，至 2014 年已调解数十起重大交通安全事故纠纷。

2014 年，南城县成立“银龄志愿者工作服务站”，引导 40 余名老干部参与城市管理和旧城改造，协助做好群众思想工作，有效促进拆迁工作顺利开展。

参与义务监督 组织离退休干部参与各项社会管理监督是发挥老干部作用的重要途径。不少地方和单位采取请老干部担任工作督导员以及网吧管理、廉政建设、干部选任、交通秩序和行政执法等监督员。

1986 年，资溪县组织 23 名离退休干部组成的卫生检查督促组，至全县各机关和基层单位开展卫生巡回检查，为改变脏乱差局面发挥积极作用。1997 年 11 月，金溪县聘请 10 名离退休干部担任老干部工作督导员。次年 7 月，该县又聘请 8 名担任过县级领导实职的离退休干部担任干部选拔任用工作监督员。

2001—2013 年，崇仁县坚持每年开展一次全县老干部工作检查，请部分担任过县级领导职务的离退休干部任检查小组组长，协助老干部工作部门抓好党的老干部工作方针政策落实的督促检查。

2003 年，抚州市交警支队聘任原抚州军分区政委蒋锦锋，原抚州地区行署副专员彭春荣为市道路安全协会负责人，协助做好道路交通安全法规知识的宣传与教育，帮助驾驶员解决交通事故处理中遇到的难题。

2005 年，东乡县珀玕乡老干部党支部组织全体老党员，争取社会支持，做好祝荫龙革命烈士墓、弄里艾家革命烈士纪念塔保护工作，使之建成为东乡县青少年爱国主义教育基地。

2011 年，黎川县设立廉政监督岗、社会治安岗、文化服务岗，交通秩序岗、和谐家庭岗组织十多位离退休干部参与社会管理，协助做好社会监督、服务管理和矛盾调处工作。

第六节　教育与文化活动

一、文教基地

（一）老年大学

1983年山东省诞生全国第一所老年大学，尔后全国各地纷纷创办老年大学。老年教育一出现就受到各级党政组织的重视。1988年8月，抚州地委、行署批复同意成立抚州老同志大学。经过半年筹备，1989年3月抚州老同志大学正式开班招生，办学经费1.5万元列入地区财政年度预算。随后各县市也纷纷创办老同志大学，办学经费0.2万～2万元不等，均列入当地财政预算。老同志大学创办之初，主要招生对象为离休干部。1992年退休干部划归老干部局管理后，招生对象扩大到退休干部。此后，老年教育逐渐向乡镇和县市属单位延伸发展。为办班之需，一些乡镇、县市直基层老同志学校还招收部分乡村老干部和退休工人。根据离退休干部的特点和需求，各级老同志大学（学校）有针对性地开设书法、绘画、摄影、保健、音乐、戏剧、气功、花卉、种养、文史、家电等十多个专业课程，有学制1～2年的长年班，也有学习时间几个月的短训班，授课时间一般为每周一至周二两个半天。

为满足已毕（结）业学员继续学习和进一步提高技能需求，抚州老同志大学在1992年和1994年分别成立抚州老同志书画研究会、抚州老同志摄影研究会、抚州老同志家电研究小组，共有会员132人。学校坚持寓教于乐，每学期安排两次文体比赛活动和两场政治经济形势报告会，重大节日和纪念日组织学员举行书画、摄影作品展览，有多幅作品入选省以上出版的书画册。1995年6月，抚州老同志大学被江西省委老干部局评为全省老年教育先进集体。1996年，由抚州老同志大学和书画研究会编纂的《抚州地区老同志书画选集》出版发行，刊载作品140多幅。到1997年12月，全区有地级老同志大学1所，县市级老同志大学12所，乡镇、县市直基层老年学校23所。全区各级老同志大学（学校）共招收学员近8000人次，毕（结）业学员4000多人次，在校学员2800人次。在1998年3月召开的全省老干部工作暨“双先”表彰会议上，抚州老同志大学被江西省委组织部、省委老干部局授予全省老干部工作先进集体称号。

1999年9月，为展示老年教育事业所取得的成就，抚州老同志大学在抚州宾馆举行抚州老同志大学建校十周年庆祝大会，同时举办建校十周年成果展，展出学员优秀书画、摄影作品和学员制作的家用电器，吸引社会各界人士到场观看。2002年，全市各级老同志大学（学校）招收学员2400人，开设专业课程32个。全市老年教育在巩固的基础上求提高、求发展，不断加大教育和教学改革力度，注重把传授知识、技能同接受思想教育有机结合。抚州老同志大学将思想政治教育纳入教学计划，在组织离退休干部学书画、保健、摄影、音乐等专业知识的同时，经常组织离退休干部学习政治理论，定期请市领导、专家、学者举办专题讲座。同年，举办全市老同志大学“颂歌献给十六大”文艺会演，参加演出的老年学员160多人，演出节目18个，受到观众好评。同时还举办上规模上档次的诗词、书法、绘画、摄影、集邮展览；派员组队参加全省首届老干部时装表演赛，荣获三等奖，在设区市中名列第一。

2003年3月5日，抚州老同志大学更名为抚州老年大学，招生范围扩大至面向包括退休职工在内的广大离退休人员。2005年6月，新的抚州市老干部活动中心大楼竣工后，抚州老年大学随之搬至新大楼四层和五层。2004年是中华人民共和国成立55周年，也是抚州老年大学建校15周年，抚州市委老干部局举办全市老年大学“歌颂新时代，人间重晚晴”文艺会演和宣传“一招三化”（招商引资、工业化、城市化、农业产业化）成果的全市老年大学诗书画影展览，演出节目19个，参演老年人200余人，参展书画作品112件、摄影作品98件、剪纸作品7件、诗词80首，规模和影响之大前所未有。这些活动既有效激发离退休干部的学习热情，又展示老年教育成果，有力地促进抚州市老年教育事业的发展。

2005年江西省委组织部、老干部局下发《创建江西省老年大学（学校）示范校试行办法》和《关于开展江西省老年大学（学校）示范校考核评审工作的通知》后，抚州市委老干部局狠抓省级示范校创建工作，着力抓好学校基础设施建设和教学管理，争取市财政将年度办学经费由5万元提高到11万元，争取市地方税务局和市财政局捐赠16台电脑，市烟草专卖局捐

2005年6月，抚州老年大学揭牌仪式

款1.2万元。办学条件改善后，学校设有电脑、电子琴、多媒体、舞蹈、音乐等10个专业教室和4个标准教室，校舍总建筑面积2318平方米。同时，市委老干部局确定一名分管领导兼任副校长，具体负责做好相关协调工作，更好推动学校教学和管理走向规范化、制度化，促使加快创建省级示范校进程。2007年5月，抚州老年大学顺利通过创建省级老年大学示范校考核评审工作小组的评审，获得“省级示范校”荣誉。同年11月，全省老年大学协会第二次理事会暨老年教育工作会议在金溪县举行，江西省委老干部局、江西老年大学领导和与会人员对抚州市老年教育工作给予较高评价。

2008年是抚州老年大学成立20周年。抚州老年大学通过召开一个庆祝大会、表彰一批先进、编印一本书画纪念册、举办一次教学成果展、举行一场文艺演出、摄制一部电视专题片“六个一”活动，隆重纪念抚州老年大学成立20周年。6月20日，抚州老年大学成立20周年庆祝大会在东华理工大学大礼堂举行，市直单位离退休干部及抚州老年大学学员共1000多人参加大会。8月，《才乡晚晴》书画册印发各地。10月底，反映抚州老年大学办学成就的专题片《乐园》制作完成，并在抚州电视台播出。

抚州各地老年大学示范校创评有序推进，2008—2011年，金溪、乐安、宜黄、南丰4所

老年大学顺利通过创建省级示范校评审组验收。金溪县、资溪县先后举办老年大学成立20周年庆祝大会，全面回顾和总结办学经验，展示办学成果，凝聚加强老年教育工作的社会共识。

2010年，抚州老年大学开设书法、国画、英语、电脑、音乐、舞蹈、时装、电子琴、京剧、二胡、黄梅戏、太极拳、健身气功等17个专业课程33个教学班，专业设置呈现向多学科、多层次方向发展态势，学员1005人；还组建书画、摄影研究会，诗词、家电小组以及时装、军鼓队，成员260人。2013年，该校开设专业增至19个专业51个班，招收学员1470人。至2014年12月，全市有市级老年大学1所，县区老年大学11所，乡镇老年学校20所。

面对抚州老年大学招生人数不断增多，校舍紧缺的难题，2013年4月，抚州市委老干部局向市委、市政府呈报《关于新建抚州老年大学教学楼的请示》。继续推动县区老干部活动中心和老年大学创建省级示范性学习活动阵地，协调督促黎川、东乡两县做好新建老干部活动中心大楼的规划设计和施工质量监督工作，推动广昌、临川、黎川3县区老年大学先后成功创建"省级示范校"，并高分顺利通过省考评组的评审。

2000—2014年抚州老年大学办学规模

表11—7　　单位：个、人次

年份	专业设置数	班级数	学员数	年份	专业设置数	班级数	学员数
2000	4	4	104	2008	13	22	760
2001	6	6	154	2009	13	26	798
2002	6	6	155	2010	15	31	838
2003	8	8	230	2011	17	35	1005
2004	10	11	354	2012	19	42	1253
2005	12	15	373	2013	19	51	1470
2006	12	18	492	2014	19	52	1260
2007	13	22	745				

说明：① 2000—2003年招生范围限于离退休干部；② 2004—2007年招生范围开始扩大至退休职工；③ 2008—2014年由于校舍有限，招生范围重新确定为离退休干部

（二）老干部活动中心

软硬件建设　1984年年底，抚州地委、行署决定拨款55万元，选址赣东大道33-1号，由地委组织部老干部科负责筹建抚州地区老干部活动室。1985年2月成立地委老干部局后，老干部活动室筹建工作交由地委老干部局负责，并于当月正式破土动工，1986年11月16日正式建成开放。抚州地区老干部活动室总投资65万元（含内部设备购置费），总建筑面积2660平方米，内设长寿厅、教室、会议室、图书室、阅览室、麻将室、象棋室、乒乓球室、桌球室、排练厅、健身房和办公室等。地区老干部活动室动工兴建后，各地各单位也先后兴建老干部活动室。各县市根据实际情况，采取租用、借用或合建等形式，因陋就简建起一批老干部活动室。到1985年12月，全区共有大小老干部活动室32处，面积约1310平方米，经费21570元。随着离退休干部人数的增多，各地各单位进一步加大力度，建设老干部活动室。至1997年12月底，全区共有地级老干部活动室1个，县市老干部活动室12个，乡镇老干部活动室155个，地直、县市直单位老干部活动

2005 年 6 月，抚州市老干部活动中心建成开放

室 396 个，全区活动室总面积达 2.7 万多平方米。

抚州地区老干部活动室在组织老干部开展活动的同时，切实加强自身建设，在创“三优”活动中，被评为地、市文明单位，并受到省创“三优”检查组的好评。1993 年为适应市场经济发展变化，地、县两级活动室在确保老干部正常活动的基础上，适当对外开放，搞活经营。在管理上，各级活动室都建立规章制度，使工作有章可循，科学规范。有的地方和单位还针对实际情况扩大范围，吸收退休干部参加活动。到 2000 年，各级老干部活动室在加强基础设施建设，增添活动设备，充分利用和开辟多项活动场所方面取得明显成效。地区老干部活动室在原有活动项目的基础上，挤出资金近 2 万元，新增设健身房、台球室、阅览室等，大大丰富了老干部的活动内容。

2000 年 10 月，抚州撤地设市，抚州地区老干部活动室更名为抚州市老干部活动中心。2002 年 12 月，抚州市为建造丹亭步行街，将市老干部活动中心拆迁，过渡性租用位于赣东大道的市农业局种子公司办公楼，办公楼第一、二层定为市老干部活动中心用房。这里活动场地狭小，不仅容纳的人数有限，而且体育健身器材等也难以摆放。抚州老年大学设在第三、四层，有 3 个经过改建的教室，光线暗淡而且狭窄。为改善离退休干部的娱乐、学习环境，2003 年，抚州市委、市政府决定启动新建市老干部活动中心建设项目，由市财政出资 300 万元，购置位于背山路的原武警支队大院后院 12.9 亩土地，作为老干部活动中心建设用地。2004 年 3 月，市政府拨款 408 万元用于新建老干部活动中心。随即，市委老干部局成立筹建工作小组。在走访曾担任地级领导实职的离退休干部、召开市直部分老干部座谈会，广泛征求意见和建议的基础上，于 2004 年 6 月 18 日开工建设。2005 年上半年，市委、市政府先后追加拨款 85 万元，用于市老干部活动中心和抚州老年大学购买配套设备、活动和教学器材及安装电梯。2005 年 6 月 20 日，新的抚州市老干部活动中心正式投入使用。

各县区对老干部活动中心和老年大学的建设十分重视，2000—2010 年间，不断加大投入，努力改善老干部的学习、活动条件。2003 年南丰县筹资 350 万元兴建县老年活动中心，该活动中心占地面积 8115 平方米，建筑面积 2700 平方米，2006 年 10 月竣工投入使用。2004 年乐安县划拨土地 2700 平方米，拨款 160 万元建设新的县老干部活动中心，建筑面积 1800 平方米，2005 年年底竣工投入使用。2006 年 10 月大数竣工投入使用。2004 年广昌县将原县计生委办公大楼改建为县老干部活动中心，并拨款 7 万元进行整修；2005 年金溪县拨款 220 余万元建设 6 层高、总建筑面积 3112 平方米的县老干部活动中心综合大楼，2006 年 10 月大楼竣工投入使用。2005 年南城县将原县房管局办公大楼改为县老干部活动中心，并拨款 5 万元进行整修；资溪县将原县检察院办公大楼二层改建为县老干部活动中心，并拨款 4 万元进行整修；2005—2007 年，崇仁县拨款 20.6 万元维修、改建县老干部活动中心，并添置活动器材和教学设施；2007 年宜黄县将原县委大院改建为县老干部活动中心，并拨款8万元进行整修，该大楼建筑面积1200平方米；2009年6月，临川区政府将区行政中心西侧8.26亩土地用于新建老干部活动中心，活动中心大楼建筑面积约3260平方米，总投资约500万元，2012年8月完工投入使用。2010年11月，黎川县决定将原县幼儿园划归县老干部活动中心，并拨款整修改建。

2010年初，抚州市老干部活动中心深入开展“双创”（创优秀老干部活动中心、创文明老干部活动中心）活动，设立争创成效展览组、展演组、内务组，建设2个风雨门球场，建立荣誉室以及完善相关管理制度等，分阶段扎实推进“双创”活动。2011年，争取到市财政经费45万元，维修加固市老干部活动中心大楼屋面、院落围墙，铺设乒乓球室塑胶地面，并为学习活动场所添置22台空调。2011年上半年，市老干部活动中心和金溪县老干部活动中心先后通过创建“省级优秀活动中心”的评审验收。2012年，南丰县老干部活动中心“达标创优”通过省评审小组的考核验收。2014年，实施背山路拓宽改造，将市老干部活动中心降坡除险和临街新建老干部理发室列入拓宽改造工程建设项目，市老干部活动中心新设离退休干部理发室得以落地。

2010年后，南城、广昌、黎川、东乡又兴起建设老干部活动场所的热潮。2010年10月，南城县划拨价值1500万余元土地，拨款1000余万元新建县老干部活动中心，建筑总面积为4353平方米，2012年1月大楼竣工并投入使用；2011年广昌县拨款1108万元新建县老干部活动中心，建筑面积5260平方米，2013年2月投入使用；2013年5月，黎川县新建老干部活动中心综合大楼，总建筑面积为5443平方米；东乡县在县体育场内新建老干部活动中心大楼，大楼占地3294.6平方米，建筑面积6980平方米，总投资预计1500万元，2014年9月完成土建主体工程，2015年底竣工投入使用。

文体活动 1986年11月16日抚州地区老干部活动室正式建成开放后，根据老干部的爱好、特点，组织开展丰富多彩的活动。同时，积极协助老年体协或体委组织离退休干部开展射击、登山、长跑、棋类比赛，举办卫生保健讲座和太极拳训练等活动。当年开展全区性的老年体育运动会3次，参加运动会的老干部200余人。各县市开展的小型体育活动21次，参加活动的离退休干部648人。

1990年，抚州成立老干部合唱团、舞蹈队、大唱革命歌曲，并到各地巡回演出21场。江西人民广播电台专门为该团录制5首歌曲。1993年，为纪念毛泽东100周年诞辰，全区上下举办各种形式的文娱活动和有关知识竞赛。地区粮食局、物资局、建设银行、抚州师专等单位适时组织老干部外出健康疗养、参观工农业生产和开展各项文体活动，丰富老干部的精神生活。

2003年，抚州市老干部活动中心拆迁过渡性租用市农业局种子公司办公楼后，虽然活动场地狭小，条件差，但活动未停止。2005年6月20日，新的抚州市老干部活动中心投入使用后，大大改善了活动条件，日均参学、活动人数达600多人次。

2007年6月，为更好地组织离退休干部开展文艺活动，抚州市老干部活动中心和抚州老年大学协商，恢复组建抚州市老干部艺术团。恢复成立的老干部艺术团更名为抚州市老同志艺术团，隶属于抚州市老干部活动中心管理，团长由市老干部活动中心聘请退休干部、原抚州农校校长黄达赣担任；2009年10月至2012年8月，团长由汤康担任；2012年9月至2013年10月，团长改由原行署副专员彭春荣担任；2013年11月至2014年底，汤康担任常务副团长，主持艺术团工作。

2008年，抚州市老干部活动中心组织老同志艺术团，围绕实现抚州赶超发展、抗震救灾等主题，自主创作3个节目，并与青云街道办、寿雅公司共同举办“庆七一、迎奥运”红歌对对会文艺演出活动。增设木兰拳、合唱二团两个活动队，搭建老干部自娱活动平台；举办元宵游园会、“三八”节舞会、“学习十七大，争先创优”知识竞赛、全市离退休干部才艺展演赛，并组团参加首届全省老年人迎奥运乒乓球比赛。在市本级的辐射带动下，全市老干部工作窗口阵地的功能效用进一步发挥，广大离退休干部的精神文化生活更加丰富多彩，身心健康得到更好维护。

2010年年初，抚州市老干部活动中心深入开展“双创”活动，通过举办一次离退休干部才艺演出、4次大型娱乐活动、6次专题报告和讲座，扎实推进“双创”活动。

（三）抚州地区（市）老年教育研究会

1991年10月22—23日在抚州市召开第一次会员大会，通过《抚州地区老年教育研究会章程》，选举产生第一届理事、常务理事和正副会长，正式成立抚州地区老年教育研究会。各县市从1994年起，也先后成立老年教育研究小组，一般由5～7人组成。研究会成立后，坚持每年召开一次理事会和学术年会，总结交流老年教育成果和经验，研讨新时期老年教育新问题、新动向、新对策，对引领老年教育事业发展发挥了积极作用。2001—2003年先后在崇仁、金溪、南城召开抚州老年教育研究会第三届四、五、六次理事会暨第九、十、十一次学术年会。

2005年，江西省老年教育研究会改为江西省老年大学协会后，为免除协会成立的审批和选举、调整协会成员的繁琐手续，抚州老年大学报请市委老干部局分管领导批准，将每年一次的抚州老年教育研究会理事会和学术年会改成全市老同志大学校长联席会，会议内容保持不变。自研究会成立以后，市、县区老年大学的领导和教师，以及老干部工作部门的工作人员撰写大量老年教育理论研究文章，其中：宜黄县李金水撰写的《浅谈我国老年教育事业在全民教育和社会发展中的地位》、地区经贸委梁正撰写的《略论老年教育的性质与任务》、地区文化局赵昭撰写的《突出特点，从一到多，众彩纷呈》、抚州老同志大学原校长张耀华撰写的《教育质量是办好老年大学的生命线》等4篇论文入选江西省老年教育研究会编辑出版的《老年教育文集》。2012年5月5日，抚州老年大学书法教师吴光宜撰写的《漫谈学书法的悟性》一文被《老友》杂志转载。

二、文体娱乐活动

组织开展各种丰富多彩活动，是“老有所乐”的具体体现，也是丰富老干部晚年生活的重要内容。抚州地区老干部活动中心于1987年初成立老干部活动领导小组，具体负责活动计划审定和活动组织实施，下设麻将、象棋、扑克、乒乓球、桌球、康乐球、书画、咨询、曲艺9个小组，由领导小组成员分别担任各组组长。随后成立老干部合唱团、舞蹈队和集邮协会等活动组织，并与老同志大学联合创办《活动月报》，各地老干部工作部门除加强指导和搞好日常娱乐外，还适时组织全市离退休干部开展一些有影响的大型活动。

元宵游艺会活动 从1987年起，每逢元宵节，抚州老干部活动中心都要举办游艺活动。游艺活动根据离退休干部的身心特点和兴趣爱好，设置套圈、猜谜、摸彩、掷球、投篮、飞镖等项目，每次活动离退休干部都积极参与，活动中心大楼上下人头攒动，热闹非凡，充满节日喜庆氛围。

重阳节游园活动 从1990年起，每年重阳节，抚州老干部局均配合地市老龄委等部门在市人民公园举办大型书画、集邮、演出、游园活动，每次参加活动的离退休干部近万人。

各类比赛活动 抚州各级老干部活动中心（室）自建成之日起，就制定了组织离退休干部开展各种室内外文体比赛活动的制度。地区老干部活动中心建立月赛和节日赛活动制度，每

抚州市老干部活动中心举办门球比赛

月组织离退休干部进行扑克、麻将、桌球、象棋、围棋、桥牌、乒乓球、门球比赛活动；每逢重要节日组织离退休干部开展扑克、麻将、桌球、象棋、围棋比赛活动。2006年，新的市老干部活动中心大楼投入使用后，又建立门球比赛制度，每半年组织离退休干部开展一次门球比赛活动。自2010年起，为搭建离退休干部展演平台，市老干部活动中心建立健全离退休干部才艺展示制度，每年组织离退休干部举行歌唱、舞蹈、器乐、相声等才艺展演，并请专家点评。为促进离退休干部的活动交流，地区老干部活动中心于1990年6月和1996年7月举办全区老干部棋牌邀请赛，比赛项目分扑克、麻将、桌球、象棋等类别，参加人数均在100人以上。此外，市老干部活动中心还定期组织老干部积极参加全省老干部围棋赛、乒乓球赛、桥牌赛、台球友谊赛，曾获围棋个人第一、团体第一，乒乓球团体第三佳绩。2014年4月，活动中心首次举办市直单位门球联谊赛，市委、市人大、市人社局等十几个单位的120余名离退休干部开展门球、象棋、扑克、麻将比赛。

文艺活动 随着人们生活水平的提高，离退休干部参与文艺活动的兴趣越来越浓厚。地区老干部活动中心于1987年7月在抚州地区老协老战士合唱团的基础上组建抚州地区老干部合唱团，1991年4月改为抚州地区老干部艺术团，下设合唱、戏剧、舞蹈3个队，有成员67名。老干部艺术团坚持经常排练和参加重大节日和纪念日的演出活动。1991年6月抚州地委老干部局举办全区老干部文艺会演活动，来自各地各单位的近百名老干部参加演出，表演了歌曲、小品、相声、乐器、京剧、舞蹈等节目，赢得观众阵阵掌声。

1997年6月底，为庆祝香港回归祖国，抚州地委老干部局举办全区老干部卡拉OK革命歌曲演唱比赛，各地选送25名选手参加比赛。2011年6月中旬，抚州市委老干部局与东华理工大学联合举办庆祝建党90周年文艺会演，抚州老年大学与市老科协联合举办庆祝建党90周年文艺演出活动；11月中旬，市委老干部局与市文化部门联合举办打好“三大战役”建设幸福抚州专题文艺演出活动。金溪、崇仁、东乡、南城等县也广泛组织离退休干部举办庆祝建党90周年书画展、党史知识竞赛和歌舞演出活动等，营造欢乐喜庆的氛围。2013年，抚州老年大学举办建校25周年汇报演出、教学成果展、书画摄影剪纸展以及以老干部艺术团为主体的离退休干部“同心共筑中国梦”慰问演出系列活动，全年共演出5场。各县区也组织开展文艺演出、送戏下乡、娱乐比赛等各类丰富多彩的文娱活动。2014年6月，抚州市委老干部局以庆祝新中国成立65周年为主题，举办“激活红色基因、弘扬苏区精神”“同心共筑中国梦”抚州老干部艺术团走进广昌文艺晚会，来自市老干部艺术团、南丰和广昌老年大学艺术团的160多名离退休干部表演太极扇、独唱、舞蹈、快板、桑巴舞、表演唱和器乐合奏、独奏等17个自编自创节目。是年10月，由江西省委老干

部局主办，抚州市委老干部局承办，抚州老年大学、市老干部活动中心和各县区老年大学协办的“中国梦——省市县离退休干部庆祝新中国成立65周年”文艺汇演在汤显祖大剧院举行。

展览活动 1991年10月，抚州地委老干部局举办全区老干部功绩展览活动，展出反映抚州籍和外籍在抚州地区工作生活的126名老红军、老干部革命历史功绩的照片、奖章、实物等143件，吸引3万人次前往参观。1997年10月，地委老干部局举办全区离退休干部“庆十五大，赞改革开放”大型诗书画影展览，参展作品700多件，均出自全区300多名离退休干部之手。这些作品以纪实手法，写抚州、画抚州、摄抚州，从各个不同的侧面展现抚州改革开放的巨大成就，江西省委组织部长刘德旺、抚州地委书记陈梅芳、行署专员徐俊如分别为展览活动题词。

2001年，抚州老同志大学举办庆祝建党80周年离退休干部书画、摄影、集邮展览，展出老同志大学学员作品200余件；2005年，市老干部活动中心大楼竣工后，坚持每年6月展出离退休干部的书画、剪纸、刺绣、摄影等作品；2014年9月，由市委老干部局和市文化新闻出版局主办，市老年书画学会、市博物馆承办的“我的中国梦——庆祝中华人民共和国成立65周年全市老年书画作品展”在抚州市博物馆举行，共展出离退休人员书画作品140幅，其中书法72幅、国画68幅。

征文、演讲、知识竞赛活动 1995年是抗日战争胜利50周年，抚州地委老干部局举办全区老干部“发扬抗日战争精神，为振兴抚州经济献计献策”征文比赛活动，征集作品40多篇，资溪县离休干部李志强撰写的《发扬抗日战争精神，振兴抚州经济》受到时任江西省委书记吴官正的高度评价。1996年10月，地委老干部局与地委组织部联合举办全区老干部学习《邓小平文选》第三卷知识竞赛活动，全区16个代表队48名老干部参加比赛。地委老干部局与关工委、教委等6家联合组织全区青少年开展“中华·寻红军足迹、树革命理想”读书教育活动，参加读书活动者达20万人，江西省关工委为此表彰抚州地区8个先进集体、8名先进个人、27名优秀学员，17名优秀辅导员；选送征文9篇，获全省二等奖、三等奖、优胜奖各1篇。1998年全区举办离退休干部学习中共十五大精神知识竞赛活动，有13个代表队，39名离退休干部参赛。1999年9月，地委组织部、地委老干部局联合举办全区离退休干部歌颂伟大的祖国革命歌曲演唱和征文比赛活动，收到征文96篇，有160多名离退休干部参加演唱预赛，70名离退休干部参加决赛。

2008年，抚州市委老干部局下发《关于举办全市离退休干部“庆国庆、赞改革、展风采”才艺展演赛的通知》，各地组织离退休干部参加比赛，并选送离退休干部的诗、书、画、影、剪纸、著书等作品；2011年11月，市委老干部局组织离退休干部参加中央组织部老干部局和江西省委老干部局主办的“与党同呼吸、共命运、心连心”和“科学发展观新姿”征文活动，有2人获一等奖，5人获二等奖，7人获三等奖。

2014年10月“中国梦——省市县离退休干部庆祝新中国成立65周年”文艺会演在汤显祖大剧院举行

2012年，以喜迎党的十八大为主线，大力开展各类有益离退休干部身心健康的娱乐活动，先后组织和举办百名离退休干部唱响正气歌、离退休干部诗书画影展和“喜迎十八大、永远跟党走”文艺演出、“我的退休生活”征文、书画作品联展、才艺表演赛、书画摄影剪纸作品展、集邮巡回展、巡回文艺演出、谷雨诗会等系列活动，丰富广大离退休干部的精神文化生活，选送的离退休干部诗词作品入选参加中央组织部老干部局举办的联展活动。

三、老干部工作宣传平台

《老干部工作信息》 1985年抚州地委老干部局创办《老干部工作简报》，每月编印一期。2003年，为全面、快捷反映抚州市老干部工作情况，本着简练、丰富、美观的原则，对《老干部工作简报》进行改版，更名为《老干部工作信息》，并增设领导言论、工作动态、经验交流、支部建设、创先争优、老有所为、夕阳生辉、工作简讯等栏目。对选用的有重大借鉴意义的来稿，附加有针对性的简评，来稿刊登一律注明作者所在单位和姓名，以激发作者撰稿热情。《老干部工作信息》采取胶印，每期双面4页。发行范围：市委常委、市直各单位、县区老干部局、离退休干部党支部以及县区委党群书记、组织部长、分管老干部工作的副县区长等。至2014年12月，《老干部工作信息》共刊发143期。

“赣东金秋”资讯平台 该平台是抚州市委老干部局为适应移动互联技术广为应用的时代变化，于2014年3月联合抚州移动公司创建的老干部工作移动网络宣传平台。设有组织机构、主题教育活动、工作动态、养老聚老、金秋风采、学习园地、局长信箱、县区链接等大栏目；“组织机构”下设部门职责、内设机构、班子成员3个子栏目；“工作动态”下设市本级工作动态、县区工作动态2个子栏目；“养老聚老”下设政策之窗、两项建设、阵地建设3个子栏目；“金秋风采”下设活动剪影、涉老组织活动、老有所为、精品展示4个子栏目；“学习园地”下设重要言论、经验交流、工作论坛、他山之石、百科知识5个子栏目，“县区链接”则分设11个县区子栏目，累计设有8个大栏目28个子栏目。通过这些栏目，及时上传老干部工作动态、经验做法、老干部待遇政策规定、老有所为先进典型、文化养老精彩剪影、离退休干部文艺精品佳作、养老保健知识、老干部工作队伍建设、各地工作特色等各方面资讯，并与离退休干部进行互动交流。为便利离退休干部使用，抚州市委老干部局在创建“赣东金秋”资讯平台时，给市直离退休干部党支部书记每人配发一部安装有资讯平台专用软件的智能手机，并举办专场培训班，教会支部书记使用智能手机和登录资讯平台的操作要领。

《老干部活动月报》 1989年，为给离退休干部提供娱乐活动信息，加大工作宣传力度，抚州老同志大学和老干部活动中心共同商量决定，将老干部活动室编印的《活动安排》改为《老干部活动月报》。《老干部活动月报》自创刊以后，每月出刊一期，2007—2009年改为半年刊，从2010年开始恢复为月刊，至2014年6月共出刊161期。

《抚州老年大学》 2001年，为扩大老年教育的社会影响，抚州老年大学创办校报《抚州老年大学》，每学期（半年）出刊一期，截至2014年共编印校报（校刊）28期。该报设4个版面：第一版面为“学校新闻”，第二版面为“和谐校园”，第三版面为“学习研究”，第四版面为“成果展示”。

第十二章　人物·荣誉

本章分“人物”和“荣誉”两节。人物分为“人物传”和“人物简介”两目，“人物传”主要收录为抚州党的建设英勇牺牲和作出重要贡献的人物，立传人物按卒年先后排序；“人物简介”主要收录抚州地（市）委历任组织部部长、副部长、老干部局局长以及受中央组织部表彰的先进模范人物。历任组织部部长、副部长、老干部局局长按任职先后排序，先进模范人物以生年为序排列。荣誉分“先进集体”“先进个人”两目，收录的范围为全区（市）获江西省委组织部、省委老干部局以上表彰的先进集体和先进个人，以表格形式记述，分设全国表彰和全省表彰。

第一节　人　物

一、人物传

赵醒侬

赵醒侬(1899—1926)，江西南丰人。13岁入南丰高等小学就读，后因家贫失学，至长沙、常德、汉口、上海等地当学徒。五四运动爆发后改名“醒侬”，1920年7月在上海加入工商友谊会，常为《上海伙友》撰稿，号召伙友们团结起来改造社会。1921年7月，在江苏省立第二师范附设职业补习学校学习时加入中国社会主义青年团，1922年转为中共党员。7月，在上海介绍方志敏入团；11月，赵醒侬回江西创建党、团组织，与方志敏、袁玉冰在东湖边以开办“文化书社”和“平民图书馆”为名，秘密联络进步人士。

1923年1月，与方志敏人等建立中国社会主义青年团江西地方团，8月出席南京第二次中国社会主义青年团全国代表大会，10月成立南昌团地委，任团地委委员长，并以个人身份加入中国国民党。1924年1月，出席在广州召开的国民党第一次全国代表大会，领受筹组国民党江西省党部任务。同时，受中共中央委派，筹建江西地方党组织。3月，国民党江西省临时党部成立，赵醒侬任常务委员兼组织部部长。指导建立九江、南昌、吉安、弋阳、鄱阳、永修、万安等市县党部，国共合作局面在江西形成。4月，在南昌介绍方志敏等人加入中国共产党，成立中共南昌支部，任支部书记兼组织干事。“五卅”惨案后，组织成立“沪案交涉江西后援会”，声援上海人民斗争；组织党、团员带领学生下乡宣传，帮助九江、吉安等十几个县区成立党小组（支部），很多县区的早期党员和党组织领导人均由赵醒侬介绍入党。

江西革命形势的蓬勃发展，引起北洋军阀的恐惧和仇视。1925年12月7日，赵醒侬前往广州参加国民党第二次全国代表大会，在南昌牛行车站被捕，后经党组织营救出狱。1926年3月19日，他不顾再次被捕的危险，坚持在省党部主持召开国民党江西省第二次代表大会，研究争取国民革命军北伐取道江西问题，通过反对奉直军阀宣言。

1926年4月，中共江西地委成立，赵醒侬任组织部部长。7月，面对北伐部队在江西两翼的湖南、湖北战场取得重大胜利，赣军总司令邓如琢对江西境内的革命力量进行疯狂镇压。8月10日，正抱病在明星书店处理公务的赵醒侬第二次被捕。不日，国民党江西省党部被查封，党部成员及所有共产党员、青年团员遭通缉。入狱后，敌人的威逼利诱和毒刑拷打始终没有撼动赵醒侬的气节与斗志。9月16日，邓如琢以“宣传赤化，图谋不轨”的罪名将赵醒侬秘密杀害于南昌德胜门外芝麻田，时年27岁。中共中央机关报《向导》周报发表文章，称赞赵醒侬是“江西民族革命运动的先锋”；方志敏称他为“在江西，为争取中华民族独立解放的革命运动的第一个牺牲者！”

邹 渊

邹 渊(1886—1927)，江西宜黄潭坊人。1915年毕业于江西省立第三师范学校（校址在抚州城），在宜黄崇五都小学教书。五四运动期间，在宜黄县城组织农、工、商、学各界群众开展“反日货”斗争。1926年10月，北伐军攻占宜黄县，邹渊参加组建国民党宜黄临时县党部，被选为执行委员兼组织部部长。1927年1月由钟赤心、李卓介绍加入中国共产党。之后，邹渊革命热情高涨，建立农民协会，将宜黄县民众武装——“民联”改编为农民自卫军，兼任自卫军主任。蒋介石“四一二”反革命政变后，棠阴豪绅地主吴方成组织反动义务团，进行反革命暴乱。邹渊率领农民自卫军进剿，就地镇压7名反动头目。当县城反动势力对左派控制的县党部实行武装改组时，他邀集崇仁、临川农民军声援，暂时稳住局势。不久大批反动军队开抵宜黄，中共宜黄支部遭到破坏，全县笼罩在白色恐怖之中，农民自卫军被迫转移到农村坚持斗争。邹渊离开宜黄到南昌，寻找中共地下组织。因右派分子丁国屏告密，被国民党南昌卫戍司令部逮捕。狱中，邹渊受尽严刑拷打，坚强不屈，留有《寄母》《寄弟》《寄妻》等绝笔诗。他在《寄母》诗中写道：忠孝从来两难行，移孝作忠母训明；望母莫为儿悲苦，儿能成仁母亦荣。1927年12月，壮烈牺牲于南昌小校场。

熊开文

熊开文(1895—1927)，江西南丰沙岗熊坊村人。其父熊可锦是晚清从九品官员，较早故去，家道衰落，靠其母替人洗衣度日，十岁入私塾念书。成年后到福建参加某军阀部队，任招兵委员。在永安、沙县招兵时，得罪当地商团后被撤职。去上海投奔舅父时结识同乡赵醒侬。在赵醒侬的帮助下，阅读许多进步书籍。1922年，经赵醒侬介绍加入中国共产党。1926年秋，江西革命形势发展迅速，赵醒侬写信让他回江西开展革命工作。11月到达南昌，赵醒侬已被军阀杀害。方志敏赠送他一支手枪，敦促他回南丰开展建党工作。

回到南丰后，他积极培养发展党员，建立

南丰县第一个中共支部。12月，中共党员、国民党江西省党部特派员袁振亚到南丰，改组南丰临时县党部，正式成立以熊开文为首的南丰县党部。中共南丰支部联合国民党左派开展城乡工农运动，筹建农民协会、县总工会以及绸缎百货店员工会、药业店员工会、南货业店员工会、棉布业店员工会、筏业工会等各种行业工会，同土豪劣绅、贪官污吏作斗争。

1927年“四一二”反革命政变消息传到南丰，熊开文领导数千名工人、学生、城郊农民集会，痛斥蒋介石出卖革命的滔天罪行，号召南丰人民团结一致，把革命进行到底。7月15日，汪精卫集团公开叛变革命，国民党南丰县党部被迫解散，继而县总工会、农民协会、妇女解放协会等群众组织也被迫停止活动，中共南丰支部转入地下活动。熊开文回到家乡熊坊村，秘密组织农民与土豪劣绅作斗争。此时南城里塔有个国民党政府巡官，时常欺压熊坊百姓，熊开文组织9名农民，前往里塔捉拿巡官，押回熊坊大祠堂吊打。熊开文趁群众情绪高涨之机，着手组建游击队开展游击活动。

熊坊农民运动使国民党反动派十分恐慌。南丰县长罗绍尧组织“挨户团”清乡搜山，悬赏捉拿熊开文。1927年11月的一天深夜，熊开文不幸被捕，受尽各种酷刑。12月初，熊开文在南丰县城南门外沙滩上被秘密杀害。熊坊群众不惧阻挠，将他的遗体安葬在故里峨峰包。

谢贤庆

谢贤庆(1897—1927)，江西宜黄梨溪陂下村人。出生在一个农村私塾教师家庭，十岁入县立高等小学读书，1912年考入南昌豫章中学，1918年考入南京金陵大学。1919年五四运动中，义无反顾地投入爱国运动，成为该校学生运动骨干，并利用寒暑假在家乡宣传马克思主义，被金陵大学勒令退学。1921年转入九江南伟烈教会大学，参加方志敏组织的读书会，秘密阅读、传播《共产党宣言》，校方迫其离开学校，到波阳活水医院当翻译员。

1923年，谢贤庆到南昌接受方志敏交给的任务，回家乡开展农民运动。回乡后创办小学，白天教书，晚上办农民夜校，开展反帝反封建宣传。为防止北洋军阀散兵游勇和土匪洗劫村庄，他组织农民成立“民联”，多次击溃进犯土匪。由此带动梨溪、官坪、君山、潭坊等附近四五十里范围内都有了“民联”组织，队员发展到六七千人。

1927年1月谢贤庆加入中国共产党，担任县农协执行委员，负责农运工作。在中共宜黄党组织的主导下，“民联”改编为宜黄县农民自卫军，各基层农协成立农民自卫队，队员发展到一万余人。后来，国民党调集军警围攻农民自卫军，因战斗失利，除陂下外，农民自卫军被迫解散。9月27日，国民党军警包围陂下村，谢贤庆不幸被捕。国民党用灌辣椒水、踩夹棍等酷刑逼他交出自卫军名单及埋藏的武器，他始终坚贞不屈，视死如归。11月1日，在宜黄县城东门外英勇就义。

章应昌

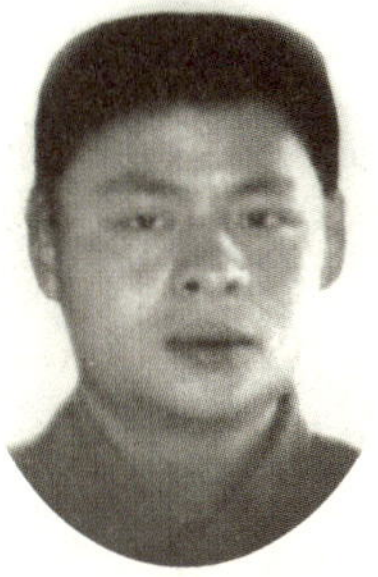

章应昌 (1902—1928)，江西临川秋溪 (原属崇仁县) 人。1925 年考入江西省立第三师范学校，在校组织“读书会”，秘密传播马克思主义。1926 年 10 月，经北伐军中的共产党员陈奇涵、曾燕堂考察，与刘景宽、许瑞芳、李干、郭忠仁等人一道被列为建党对象，后由钟赤心进一步考察，于同年 11 月与上述 4 人一道加入中国共产党，成为抚州市第一批党员。中共临川支部建立后，任支部组织干事。1927 年 1 月，临川支部扩大为特支，仍任组织干事，兼任赣东农民自卫军主任委员。8 月初，“八一”南昌起义军途经临川，章应昌率领赣东农民自卫军加入起义部队，随军南征。起义军潮汕失利后，章应昌秘密回到家乡发展革命力量，发展党员十余人，建立中共东溪洲支部，任党支部书记。1928 年 5 月，赴福建寻找战友许瑞芳途中，因叛徒告密，在临川腾桥被捕。狱中受尽折磨，同年 9 月下旬，在抚州城清风门外英勇就义。

傅 烈

傅 烈 (1899—1928)，原名见贤，化名贺德、贺泽、吁伯凯，江西临川上顿渡人。1914 年考入江西省立第七中学 (校址在抚州城)，毕业后到九江任小学教员。1917 年考入九江南伟烈教会大学学习英语，1919 年夏，被父亲送往上海吴长泰机米厂学徒，不久参加留法预备班学习。1920 年 5 月，与赵世炎等人赴法国勤工俭学，先后在刚福朗司公学、蒙达尼公学补习法文，学习电机专业知识，在哈佛尔乐工厂当机械工。不久加入由李维汉、李富春发起的“工学世界社”，成为第一批社员。1921 年参加留法学生请愿斗争，结识了周恩来、蔡和森、邓小平等人。1922 年参与组织旅欧中国少年共产党，“少共”更名为中国社会主义青年团旅欧支部后，傅烈任巴黎直属支部书记、旅欧总支部委员。1924 年加入中国共产党。10 月，受中共旅欧支部派遣，与聂荣臻、蔡畅等 20 余人赴苏联莫斯科东方劳动大学学习。

1925 年夏回国，任国民革命军第 3 军政治部秘书，协助党代表兼政治部主任朱克靖做全军政治工作。10 月，随军平定海南岛军阀邓本殷叛乱。1926 年春，受中共两广区委书记陈延年派遣，领导情报小组，在广州、黄埔、东莞、石龙等地搜集情报。7 月，随军参加北伐。11 月 18 日攻占南昌后，兼任江西省政府秘书。1927 年 2 月中共江西区委成立，任组织部长兼军委书记，积极发展中共组织，建立农民自卫军。将吉安、九江两个特支改为地委，将南浔铁路沿线、赣江沿岸各县原有的支部、特支扩大为县委，在学校、工厂、农村增建支部，促进工农运动，为党在江西建立革命根据地和开展武装斗争创造条件。

1927 年 5 月，调武汉中共中央军事部工作。四川“三·三一”惨案导致大批共产党员被杀害，党组织受到严重破坏。受党中央派遣，前往四川重建党组织，开展武装斗争。8 月，在重庆成立中共四川省临时委员会，并担任书记。不到半年时间，重建重庆、成都两个直辖市委和万县、宣汉、达县、涪陵、蒲江、南溪、绵竹7个县委及13个特委、4个通信点。

1928年2月，中共四川省委正式成立，傅烈任省委书记兼军委书记。根据党的八七会议精神，领导部署全川特别是川东农民武装起义，指派李家俊等人发动万县、达县农民暴动。3月9日，傅烈在重庆兴隆巷8号参加巴县县委成立大会时被捕。关押期间，敌人采取嘴里灌煤油、拇指穿铁丝、吊起来毒打等各种酷刑，他仍严守机密，并传信组织及时转移机密材料。经多方营救无果，4月3日，在重庆朝天门外被国民党反动派残酷杀害。临刑前给妻子陈才用留信，以“拚将七尺男儿血，争得神州遍地红”表达对党的无限忠诚。

宁元勋

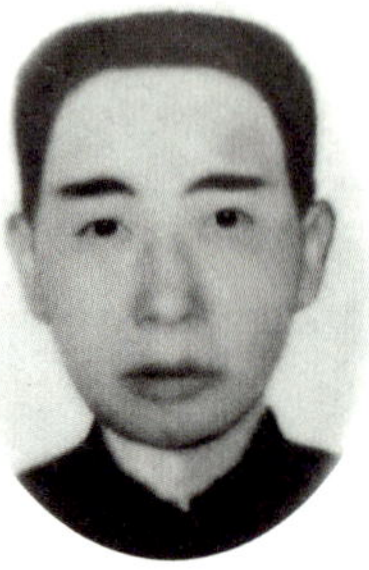

宁元勋(1908—1928)，江西南城浔溪砖库村人。1925年考入江西省立第三师范学校，1927年1月加入中国共产党。受中共临川特支派遣，回南城发展党组织。2月，成立南城县第一个支部，任支部书记。时值国共合作，他以个人名义参加国民党南城县党部组建工作，任青年部部长。在县城发起组织“盱江学生会”，动员群众支援北伐战争。面对国民党右派捣毁工会、妇女协会等机关，组织2000余名梭镖队员进城，召开各界群众参加的反蒋大会。1927年7月，中共南城支部遭国民党破坏后调临川县委工作，1928年6月任中共临川县委书记。曾密谋策动国民党军第29师两营士兵哗变，组织东(乡)、宜(黄)、金(溪)总暴动，以开创赣东革命斗争新局面。不料被叛徒出卖，与县委委员陈导平、黄素英同时被捕。在狱中，面对敌人的严刑拷打，始终坚贞不屈。7月18日，在押往抚州城曾家园刑场的途中，不断高呼“打倒帝国主义”“打倒国民党反动派”等口号英勇就义。

黄素英

黄素英(1902—1928)，女，江西临川湖南乡人。少年时就读于南昌葆灵女子学校。1921年辍学还乡，1924年进“兢进”袜厂当学徒，不久失业。北伐军攻克抚州城后，积极参加革命活动，成为一名有影响的妇女运动组织者，1927年春加入中国共产党。“八一”南昌起义后，她留在临川从事党的地下工作。10月，担任中共临川县委委员。根据党的指示，在唱凯、罗针一带开展活动。由于全身投入革命事业，无暇顾及家庭。为专心革命工作，不连累家人，毅然脱离夫妻关系。为发动群众抗租抗粮，打击土豪嚣张气焰，她开办农民识字班，组织农民张贴标语，散发传单。1928年7月，在策划赣东暴动时，因叛徒告密，中共临川县委机关遭到破坏，与县委书记宁元勋、县委军事部部长陈导平同时被捕。敌人对她软硬兼施，摆酒席，许以高官厚禄，她不为所动；施以火烧、压杠子、抽皮鞭等酷刑，也未吐露丝毫情况。黄素英早已把生死置之度外，嘱托来探监的母亲：“儿死后，尸体投入河中，不要埋在反动派统治的肮脏土地上，污我清白之躯。”7月18日，与宁元勋、陈导平等在抚州城曾家园英勇就义。

李克昌

李克昌(1906—1928),江西东乡县城人。1926年就读于江西省立第七中学,与省立第三师范的同乡舒同、赵拔群等人交往密切,一同传阅进步书刊,宣传马克思主义。10月北伐军进攻抚州城期间,因学校停课提前毕业回乡。10月下旬,协助舒同迎接北伐军进军东乡,成立东乡县兵差办事处,负责宣传和后勤补给工作。11月,国民党东乡县党部成立,任工人部部长,经舒同介绍加入中国共产党,任中共东乡支部委员。积极等建工农武装,兼县工人纠察队和工农自卫队队长,有队员60多人,枪40余支,率自卫队同土豪展开针锋相对斗争,多次打击王殿元的武装进攻。"四一二"反革命政变后,党组织被迫转移到小璜一带进行隐蔽斗争。为策反东乡县靖卫队,发展党的武装,秘密串联、分化靖卫队员。1928年夏的一天晚上,因叛徒告密,在县城天主教堂召开秘密会议时被捕,押往临川,受尽酷刑。7月18日,与宁元勋、陈导平、黄素英一起在抚州城英勇就义。

陈富生

陈富生(1897—1929),原籍江西广昌苦竹。因家境贫寒,6岁卖给南丰县洽村乡黄龙坑陈益和为子。他自幼习武,练得一手好拳脚。1928年参加工农红军,任班长,同年加入中国共产党。1929年6月,受党组织派遣,带队回黄龙坑开展武装斗争。通过秘密发展党员和农会会员,组织周边村农民建立农民协会和赤卫队。8月,率赤卫队到广昌苦竹,发展党员5名,建立广昌县第一个党支部——中共苦竹支部,并建立苦竹农民赤卫军。8月18日,率洽村游击队和苦竹赤卫队配合江西红军独立第二团攻克广昌城。10月,游击队与国民党军队在黄龙坑激战,因寡不敌众陷入重围,不幸被捕。敌人用尽酷刑逼迫说出红军去向和苏区干部姓名,但英勇不屈,守口如瓶,最后壮烈牺牲。

卢春生

卢春生(1909—1930),又名卢平旺,江西金溪左坊人。16岁考入江西省立第七中学,1926年暑假回到金溪组织"尚志娱乐会",成立金溪学生联合会,引导青年学生阅读进步书刊。1927年2月在省立第七中学加入中国共产党,为中共临川县学生会支部负责人之一。3月,任中国共产主义青年团金溪县支部书记。1928年8月,受中共临川县委指派回金溪开展革命活动,先后在盘亭村、黄狮渡、枫林发展党员18人,建立党小组3个。10月,成立金溪县第一个党支部,任支部书记。1929年5月,采取"白皮红心”策略，打入国民党政府内部，任国民党金溪县政府建设局职员、金溪县靖卫团师爷，利用公开身份从事秘密活动，扩大党的组织。7月，党员发展到100多人，并成立中共金溪区委，任区委组织委员，后任区委书记。10月，趁国民党军成立赣东清乡剿共委员会、各县建立分会之机，主动“请缨”，派共产党员詹谷存、蔡菊圃等人打入该会，保护革命力量。1930年7月，中共临川县委遭敌破坏停止活动，仍继续领导金溪党组织开展斗争。10月，因叛徒出卖被捕，狱中受尽酷刑，始终不屈不挠。12月，在抚州城清风门外壮烈牺牲。

张　英

张　英（1906—1931），字慰清，江西乐安大金竹人。出身于破落地主家庭，1923年考入江西省立第三师范学校讲习科，毕业后回乡教书。1927年12月，与廖丕文在大金竹小学开办“农民夜读班”，吸收出身贫苦、思想进步的青年农民参加学习，秘密宣传革命道理。1928年3月加入中国共产党；6月，中共乐安县大金竹支部成立，任支部书记。此后，以地方自卫之名成立“团练局”，并打入乐安县靖卫大队任分队长。为策反靖卫大队，与活跃在永丰、乐安、宁都三县边界的江西工农红军独立第2团保持联系，利用靖卫大队内部矛盾，处决大队长李德贵，掌握了靖卫大队实权。1929年10月2日，在独立2团的策应下，率靖卫大队在招携南岭成功起义，改编为江西红军独立2团特务连。

乐安县革命委员会成立后，任副主席兼土地部部长。1929年12月23日，受命组建乐安游击大队，任大队长。此后，带领游击大队在乐（安）、永（丰）、宁（都）边界地区打土豪，办农协，建立革命政权。1930年1月初，毛泽东率红4军从宁都东韶来到大金竹，并召见张英等人；6月，游击大队改编为江西红军新4团后回乐安组建独立营，任营长；8月，独立营扩编为独立团，任独立团团长；12月23日，率独立团配合红军主力取得第二次反“围剿”龙冈战役胜利。1930年12月，中央苏区开展肃反运动，在肃反扩大化中被诬为“AB团”分子（史称“乐安事件”），遭严刑拷打，伤势过重，于1931年1月7日口吐鲜血而死。

周治中

周治中（1894—1931），女，江西临川唱凯人。1910年，考入江西省立女子师范学校，毕业后任教于贵溪县立女校，1920年调回南昌任江西女子师范附属小学校长。10月，经同学介绍认识南昌二中学生方志敏、袁玉冰和南昌一中学生黄道等人，受其影响，1922年2月，参加袁玉冰、方志敏组织的“江西改造社”，从事宣传活动。5月1日，发动并领导江西各界妇女与产业工人举行声势浩大的五一劳动节纪念大会，提出“男女平权”“婚姻自主”等口号，揭开江西妇女运动序幕。6月，与刘和珍、刘若安、胡德兰等进步女青年参加方志敏、袁玉冰发起的“江西马克思主义研究小组”，加入中国共产党，是江西省最早的女党员之一。7月，协助筹建江西中共党团组织，创办“新文化书社”，散发《新青年》《新江西》等进步刊物，并与赵醒侬、袁玉冰、方志敏等发起成立“马克思主义学说研究会”。

在南昌地区党组织领导下，深入基层宣传新文化、新思想、新风尚。江西省青年运动领导人袁玉冰被捕后，配合赵醒侬、刘和珍等多次组织妇女上街游行抗议，开展营救工作。1924年12月，发起成立“江西女青年社”，捐资创办平民女校、育德女校，在南昌师范小学、江西女子师范学校附设妇女学习班，组织妇女读书识字。经常用“唱凯”笔名，在青年团机关刊物《红灯》上发表文章，抨击封建制度，提倡男女平等、婚姻自由。

1926年11月2日，北伐军三面包围南昌城，因敌火力猛烈，难以攻下经地下交通员引导下，女扮男装，从下水道将北伐军引进城。12月，任南昌市妇女解放协会副主任、执委。1927年2月，任中共江西区委委员、妇委书记；5月，江西区委升格为江西省委，任省委委员、妇女部部长，被称为“江西妇女运动的先驱”。1927年“八一”南昌起义后，按照江西省委“各自择地避风”的应变部署，回到临川唱凯、罗针等地发动群众开展斗争。11月任临川县委委员、宣传部部长。1929年，中共临川县委机关迁至温泉余坊后，协助县委书记曾去非开展工作，白天扮成农妇在田间劳动，晚上办农民夜校组织青年男女识字，宣讲革命道理。1931年不幸被捕，狱中受尽折磨，始终忠贞不渝，6月30日壮烈牺牲。

鲁 易

鲁易（1897—1932），原名鲁其昌，字蕙孙，号绳武，江西黎川中田人。幼年随父旅居湖南常德，高中毕业后赴日本留学。1919年回国，1920年赴法国勤工俭学。1921年与李立三、赵世炎等发起成立劳动学会，参与留法学生进占里昂中法大学的斗争，被法国当局拘捕，后与蔡和森、陈毅等104名学生被遣送回国。

回国后，在海南琼山第六师范任教，兼任《琼崖旬报》编辑。1922年加入中国共产党，与陈公培、罗汉、徐成章等6人组织中国社会主义青年团琼崖地方组织，以《琼崖旬报》为阵地，从事党的秘密工作。1924年调广州，任职于中共广东区委。1925年年初被派到黄埔军校，任政治部秘书，先后以秘书、少将副主任身份主持政治部部务。根据中共广东区委、军委指示，成立中共黄埔党团组织和中国青年军人联合会，同国民党右派组织孙文主义学会进行针锋相对的斗争。1926年1月，调任国民革命军第1军第3师少将党代表兼政治部主任。3月18日“中山舰事件”后，共产党员和政工人员全部被排挤出来。5月，任中共广东区委委员兼政训班秘书。下半年，到苏联莫斯科东方劳动大学学习。

1928年回国，任中共中央军委会秘书。1930年8月，任军委总政治部主任。1931年被派到湘鄂西革命根据地，任湘鄂西革命军事委员会政治部主任、红军军事政治学校第二分校政治部主任。1932年年初，任红3军政治部主任、红3军前委委员兼第二分校政治部主任，红3军第7师政委。此外，还兼任中共湘鄂西省委监委、肃反委员会负责人等职。在肃反工作中，与湘鄂西中央分局书记夏曦一起，犯扩大化错误。1932年6月，蒋介石对湘鄂西革命根据地发动第四次“围剿”，与红7师师长王一鸣率本部及地方武装留在根据地坚持战斗。8月，在监利新沟嘴战斗中，因寡不敌众不幸被俘，在狱中坚贞不屈，坚持斗争。10 月 4 日，被国民党杀害于湖北沔阳县仙桃镇。

许瑞芳

许瑞芳 (1906—1934)，别名春里，江西临川连城 (原属崇仁) 人。幼年随父流浪到福建永安贡川十八寨，其父以采草药治病为生。13 岁时回临川读小学，19 岁考入江西省立第三师范学校，与舒同等人组织“读书会”，探求革命真理。1926 年 10 月北伐军攻打抚州时，组织学生、工人和城郊农民积极配合，借来 100 多只长梯帮助北伐军攻城；11 月经陈奇涵培养，钟赤心考察，成为抚州第一批共产党员，先后任中共临川支部、中共临川特支宣传干事，并以个人身份参加改组国民党临川县党部，任执行委员兼工人部部长。

“八一”南昌起义军途经临川时，随军南下广东。起义军在潮汕失利后，与组织失去联系，先潜回家乡，后化名到福建永安任教，秘密开展革命活动。1931 年 11 月，参加中国工农红军，任红 4 军第 10 师政治部宣传科科长。1933 年 1 月，参加金溪浒湾战斗。1934 年 10 月，在石城战斗中壮烈牺牲。遗有诗集手稿《小火星》以及《国民党之如是我见》《革命的人生观》《乡村劣绅经济之来源——剥削》《告青年》等文章。

刘炳龙

刘炳龙（？—1935)，江西贵溪人，1929 年参加红军，不久加入中国共产党。1929 年 8 月任中共贵溪县委执行委员。1930 年后，历任红 10 军的团政委、中共赣东北行动委员会委员，参加赣东北的反“围剿”斗争。1933 年 5 月成立中共闽赣省委、闽赣省革命委员会，任中共闽赣省委常委、省委组织部部长，闽赣省革命委员会委员。

1933 年 7 月 15 日晨，由于资溪县委领导人的麻痹大意，加上县委内部人员反水，资溪县城被国民党保安团偷袭，致使苏维埃政府政治保卫局失守，400 多名在押犯人被放走，并胁迫 6000 多名群众向金溪撤退，途中因酷暑和饥饿致死的不计其数，档案材料焚掠一空。闽赣省委派刘炳龙代理资溪县委书记。

1934 年苏区肃反扩大化，刘炳龙被认定为“AB”团分子遭关押。曾任闽赣省苏维埃政府主席的杨道明回忆：刘炳龙“四十来岁，文化程度比我高些，会讲也会写一点，表现也不错。可是不知什么原因，1935 年 1 月在我们撤离宁化城关的路上，他被放在政治保卫局和方志纯同志一道成为监视对象了。当省委获悉闽赣省军区第 12 团团长王子成同志壮烈牺牲，而急需立即派一位同志去接任团长时，曾呈报刘炳龙为该团团长，可是项英回电称：‘刘既被监视，怎能派他去任团长？’结果，没有同意。此事被刘知道了，刘深感自己处境艰险，便乘一次派他去探路侦察之机，向别人借了枪逃跑了。这事大概发生在宁化县边界上。”[1] 时任闽赣省委委员、彭湃县委书记方志纯后来也回忆：“我在 1934 年 12 月也被抓起来。和我同时被捕的还有刘炳龙。”“我和刘炳龙在被关押期间不断受到审讯，有时还被吊起来拷问，目的是要我们承认那些莫须有的罪名。在这种肉体和精神倍受折磨的情况下，刘炳龙顶不住了。当时他住在我隔壁，他隔着木板墙对我说：'受不了了，承认了吧！'我说：'我们又没错误，承认什么？承认了，又要冤枉死好多人！'"。《党史博览》称：1935年2月中旬，部队在一次转移途中，刘炳龙携枪逃跑，叛变投敌，致使闽赣军区所属红12团连续遭到国民党军袭击，伤亡很大。[2]但《中国工农红军第一方面军人物志》称：刘炳龙"1935年在贵溪周坊被捕就义"。[3]

傅大庆

傅大庆(1900—1944)，江西临川上顿渡人。就读于江西省立第七中学，五四运动时，与傅烈等人参加爱国运动，秘密阅读《新青年》《每周评论》等进步刊物。

1920年，经陈独秀介绍到武昌找到陈潭秋、包惠僧，不久加入中国社会主义青年团。此后随包惠僧到上海学习俄语。1921年，与刘少奇、萧劲光等赴莫斯科东方劳动大学学习，并转为中共党员。1924年1月在红场参加向列宁遗体告别仪式。同年夏，奉调回国，担任苏联代表团团长鲍罗廷和军事顾问加伦将军的翻译，受到宋庆龄赞赏。1925年，两次随国民革命军东征讨伐广东军阀陈炯明。1926年参加北伐，随鲍罗廷到武昌，积极贯彻孙中山"联俄、联共、扶助农工"三大政策。"八一"南昌起义后，受党组织派遣回临川，对农民建国军首领孙牛仔、邓克中等人进行团结教育，受到贺龙鼓励。12月前往广东参加"广州暴动",失败后转移香港。1928年，由广东区委派往新加坡任中共南洋临时委员会常委兼宣传部部长,先后在泰国、印度尼西亚、缅甸、菲律宾等国建立中共地委或支部，领导海外华人和当地群众开展反对殖民主义、争取民族解放的斗争。1930年5月，马来西亚共产党中央委员会成立，当选马共中央常委兼宣传部部长，负责组织、宣传工作，主编和出版《马来西亚工人》月刊，与越南共产党领导人胡志明一起，投身东南亚地区民族解放运动。1931年6月，以办"洋行"为掩护，负责建立东方局办事处。因叛徒告密，遭英国殖民当局逮捕被引渡回国，先后关押在上海、南京。

抗战爆发后，经宋庆龄营救出狱，先后在武汉18集团军办事处、重庆中共中央南方局军事组工作，为中央军委翻译德国军事家克劳塞维茨名著《战争论》，被朱德、叶剑英称为"中国当代最好的译本"。1941年元旦，由周恩来主持，在重庆曾家岩周公馆，与苏联大使馆武官处的杨洁举行婚礼。同年6月，为加强同第三共产国际联系，根据中央指示，与妻子杨洁在北平筹建秘密电台。1944年7月23日深夜，夫妇同时被埋伏在附近的日本兵逮捕。后来，杨洁由其父"保外分娩"逃出虎口，傅大庆则下落不明。直到1946年1月，叶剑英代表中共参加军调处执行部来到北平，派李克农调查此事，才证实傅大庆已在抗战胜利前夕被日军残酷杀害。

饶漱石

饶漱石（1903—1975），江西抚州钟岭（原临川区）人。1916年考入江西省立第七中学，1918年转到南昌心远中学读书，1922年考入九江南伟烈教会大学。1923年加入中国社会主义青年团，1924年5月任九江地方团组织第二支部书记，6月任九江首届学生联合会主席。1924年入上海大学学习，1925年在上海转为中共党员。1927年作为中共中央代表团成员，到赣东北巡视地方党的工作，在赣东北及浙江从事党的秘密工作和青年工作。1928年3月任中共赣东北特委书记，后调任共青团浙江省委书记。1929年任共青团满洲省委书记，代理东北地区党委书记。1930年在沈阳被国民党逮捕，经党组织营救于1931年出狱。1932年到上海，任中华全国总工会宣传部部长、上海工人联合会主任。1933年任中华全国总工会华北办事处主任。1935年被派往苏联，任中华全国总工会驻赤色职工国际代表。1936年起，先后被派往美国、法国，分别参与领导、主编中文《先锋报》《救国时报》的工作，1939年11月回国。

1940年任中共中央东南局副书记、中央军委华中军分会常委兼新四军政治部主任。1941年1月“皖南事变”中，与军长叶挺指挥部队突围，后与部队失散，孤身跋涉山林。在地下党的帮助下，于4月抵达苏北盐城。5月，中共中央中原局改称华中局，刘少奇任书记兼新四军政委，陈毅任新四军代军长，饶漱石任华中局副书记。随后任新四军政治部代理主任，参与领导华中敌后抗日斗争。1942年3月，刘少奇奉调回延安党中央工作，由饶漱石代理华中局书记、新四军政委。1943年11月，党中央调陈毅到延安参加中共七大筹备工作。至此，饶漱石集华中局与新四军大权于一身。1945年4月，中共七大召开，当选为中共中央委员。抗日战争胜利后，任新四军政委兼山东军区政委、中共中央华东局书记、华东军区政委。

新中国成立后，任中共中央华东局第一书记、华东军政委员会主席。1950年任第三野战军政委暨华东军区政委。1952年任华东行政委员会主席。1953年调任中共中央组织部部长。1953年10月，在第二次全国组织工作会议上，因大肆批判长期主持中央组织部日常工作的副部长安子文，引起中央警觉。1954年2月，中共七届四中全会批判了高岗、饶漱石反党分裂活动。1955年3月，中央作出《关于高岗、饶漱石反党联盟的决议》，开除高岗、饶漱石党籍，撤销党内外一切职务。1975年3月2日，饶漱石在北京病故。

李井泉

李井泉（1909—1989），江西临川唱凯人。1924年秋考入江西省立第三师范学校，参与舒同、许瑞芳等人组织的“读书会”，传播马克思主义。1926年10月20日，北伐军进攻临川时，与“读书会”成员一起秘密张贴标语、散发传单，瓦解敌军，发动群众支援北伐军。北伐军攻克抚州城后，任国民党临川县党部执行委员，他积极组建工会、农民协会，惩处土豪劣绅。同年12月,加入中国共产主义青年团。1927年“八一”南昌起义军途经临川时加入起义部队，分配在第25师任宣传员。

南昌起义部队潮汕失利后，于1928年春留广东东江，在大埔、丰顺、梅县等地开展地方工作，先后任丰顺区团区委书记、共青团东江特委秘书长。1930年夏，受东江特委派遣，前往中央革命根据地红4军前委做联络工作，被分配在红一方面军政委办公室任秘书长，不久转为中共党员。同年秋，任红4军“补充团”政委。1931年—1934年10月,先后任红35军(后改编为独立第3师)、21军政委，红3军团第4师政治部主任，第1、3补充师政委，参加中央革命根据地历次反“围剿”。红军长征初期，任干部团政治教员、中央直属纵队没收委员会主任。1935年5月红军经过四川时，任冕宁县革委会主席、游击总队政委。6月，红一、四方面军会合后，先后任红9军政治协理员、军委总司令部侦察科长、红四方面军红军大学政治教员、红二方面军第4师政委等职。

抗日战争爆发后，先后任八路军120师358旅副旅长、政委，大青山游击支队司令员兼政委，开辟了大青山根据地。1940年春，到延安中央党校学习，学习结束后，调任陕甘宁晋绥联防军司令部秘书长，1943年春任抗日军政大学绥德总校政委兼政治部主任，出席党的七大。解放战争时期，历任中共中央晋绥分局书记兼军区代政委、晋绥军区政委、晋绥野战军政委、人民解放军20兵团政委等，参加指挥绥包战役。

新中国成立后，历任中共川西区委第一书记、川西军区政委，四川省委书记、第一书记、省军区政委、省政府主席，中共中央西南局第三副书记、第一书记，西南局三线建设委员会主任，第八届中共中央政治局委员，第三、四、五届全国人大常委会副委员长，中央顾问委员会常委等职。在四川工作期间，组织开展了清匪反霸、土地改革和镇压反革命斗争，发动群众重修都江堰，建成宝成、宝昆两条铁路干线，重庆、成都工业有较快发展，初步改变了西南地区贫困落后面貌。1960年—1985年，先后5次回乡视察、探亲，与干部群众促膝谈心，帮助解决实际困难。他倡议在唱凯东乡河修建一座“万年桥”，亲笔为桥题词“发展经济，方便交通”。1989年4月24日，在北京病逝。

舒 同

舒 同(1905—1998),江西东乡县城人。1924年春，在江西省立第三师范学校与李井泉等发起组织“读书会”，传播马克思主义。回到东乡后，带头集资创办《师水声》，传播新文化、新思想。

1926年11月加入中国共产党，曾任中共东乡支部书记、东乡县委书记。1927年东乡党组织遭破坏，与上级党组织失去联系，因被通缉辗转于武汉、合肥、上海、南京等地，以卖字为生，寻找党组织。1930年9月在崇仁县参加工农红军，历任红4军政治部秘书、宣传科长，师政治部主任。部队缩编后任团政治处主任,参加中央革命根据地历次反“围剿”和长征。长征途中任红1军团第2师政治部主任。到达陕北后，任第4师政治部主任，参加直罗镇、东征、西征和山城堡战役。

抗日战争期间，历任八路军总司令部秘书长，曾任朱德和彭德怀秘书，后随聂荣臻开创晋察冀根据地，任晋察冀军区政治部主任。创办《抗敌报》，撰写的《论敌后抗日游击战争中政治工作的基本特点》引起毛泽东关注，并转发全军学习。1941年5月，率晋察冀代表团赴延安参加中共七大，因七大推迟召开，留在中央党校学习，调中央军委总政治部宣传部部长兼秘书长。七大闭幕后回到山东，任中共山东分局委员兼秘书长，曾率工作团在山西五台、定襄一带发动群众创建抗日根据地，并参与领导晋察冀边区建设和反“围攻”、反“扫荡”斗争。

解放战争中，历任新四军政治部主任兼山东军区政治部主任，华东军区政治部主任兼国军工作部部长，中共中央华东分局常委、社会部部长等职，参加鲁南、济南、淮南、渡江、上海等战役，并成功策划国民党第46军、96军和第三绥靖区部分官兵起义，对华东战局取胜起到特殊作用。1949年5月上海解放，协助陈毅接收上海。

新中国成立后，先后担任中共中央华东局常委、宣传部部长兼《解放日报》总编辑、华东军政委员会文教委员会主任、华东人民革命大学、华东局党校校长等职。1954年以后，先后任山东省委第一书记兼济南军区第一政委。在山东工作8年,深入基层,坚持抵制虚夸浮报，山东的灾情得以最早被发现，他也成为最早被撤职的省委第一书记。此后调任陕西省委书记处书记、中国军事科学院副院长。1988年被授予一级红星功勋荣誉章。

舒同自幼学习书法。参加红军后，在紧张战事之余潜心书艺，被誉为“马背书法家”，毛泽东称他为“红军书法家”“党内一支笔”。数十年如一日，在研习历代名家书法的基础上，自创“舒体”。1981年领导创立中国书法家协会，当选为第一任主席，并任第二、三届名誉主席。“舒体”字广泛应用于出版、印刷、电脑等行业。

钟　民

钟　民（1909—1998），江西广昌人。1931年毕业于江西省立第三师范学校，学生时代因阅读进步书籍遭国民党政府迫害，1935年逃亡到上海参加工人运动，1936年9月加入中国共产党。1939年秋受党派遣赴苏北从事党的秘密工作，次年任江北特委委员、如皋中心县委书记。1940年冬起，历任南通中心县委书记、苏中四地委副书记兼组织部部长、新四军苏中第四军分区政治部副主任、苏中区党校校务委员兼组织处处长、代理校委书记、民运部部长。因坚持武装斗争及反“清乡”斗争，受到上级嘉奖。1945年夏起，相继担任苏中解放区总工会主任、华中解放区一地委书记、华中军区第一军分区政委、苏北支前司令部政委。其间，坚决执行反“清剿”方针，坚持敌后斗争，迎来苏北全境解放。

新中国成立后，长期在经济建设战线和党群机关担任领导工作。曾任无锡市委书记、苏南区党委常委兼城工委书记、苏南区总工会筹备会主任、苏南区劳动局局长。1952年2月起，历任中共上海市委委员，上海市总工会副主席、主席、党组书记，中共上海市委常委，上海市委工业生产委员会副书记、劳动工资委员会主任和业余教育委员会主任等职。1953年当选全国总工会执委常委，1957年当选全国总工会主席团委员。1961—1964年，先后担任福建省副省长、省政府党组副书记、福建省委书记处书记。1964年任中共中央工业交通政治部副主任、中央工业交通党委委员、国家经委党组成员。“文化大革命”中受迫害，1979年起，先后担任中共上海市委常委、书记、市革委会副主任、市人大常委会副主任、市委人事安排小组组长。退居二线后，任上海市顾问委员会筹备组组长、上海市地方志编纂委员会主任委员、上海市老干部大学校长等职。

单及春

单及春(1929–2008)，1929年出生于辽宁省昌图县，不久迁居汤原县。1946年在鹤立参加土改工作队，曾任区农协主任，县委组织部干事，采伐大队党总支书记。同年随解放军南下，先后任江西省修水县文教科科长、区委书记、县委宣传部部长，九江地委宣传部宣传科科长、《九江日报》总编辑。1954年后，先后任永修县委书记、瑞昌县委书记和宜黄县委书记，九江地委委员、地区监委副书记、地委农工部部长。1965—1970年，在中央调查部工作。1975—1994年任抚州地委常委、副书记、行署专员，抚州地区人大联络处主任。1994年离休，2007年当选中国共产党第十七次全国代表大会代表。

单及春离休后，专注调查研究。1999年，撰写《关于抓好我区花卉工作的几点建议》专题报告引起行署重视，受聘担任花卉协会主席。《搞活大流通，促进大发展——组建昌顺集团公司之我见》的调查报告，被抚州地委、行署领导采纳，昌顺公司成为国家在江西重点扶持的七大龙头企业之一。他长期关注农业，围绕“三农”问题撰写各类调研文章29篇。2004年出版《农村改革与发展调查思考》专辑，收录有关农村调查报告40篇。离休后担任“洪门库区综合开发领导小组”副组长，提出“飞鸟型”库区综合开发模式，得到专家肯定。2008年因病去世，享年80岁。

二、人物简介

（一）历任抚州地（市）委组织部部长

杨春华

杨春华，男，1915年11月出生，河北藁城县南营村人。1931年1月加入中国共产主义青年团，1934年1月转为中共党员。历任河北省藁城团县委书记，中共藁城县委组织部部长，赵藁栾中心县委委员、冀南第一特委常委、宣传部部长、组织部部长，冀南区第一地委常委、组织部部长。1945年4月，赴延安出席中国共产党第七次代表大会。1945年11月—1946年12月任中共热河省热西地委常委、组织部部长。1946年任中共热西地分委书记，1949年3月任冀热察地区南下干部中队队长兼政委。1949年7月到达江西，任中共抚州地委常委、组织部部长。1950年6月调武汉，任中南军政委员会机关党委副书记、组织部部长。1953年1月调广州，任中共广州市委委员、组织部部长兼人事局局长。1955年12月任广州市监察委员会副书记，1959年6月—1961年9月任广州水泥厂党委书记。1961年9月—1963年1月任河北省人民检察院副检察长。1963年1月任河北省委监察委员会专职常务委员。“文化大革命”中受迫害。1978年10月调任天津市高级人民法院顾问。1987年离休，2005年3月24日逝世。

王　寒

王寒，男，南下干部。1949年12月—1952年10月，任中共抚州地委常委、组织部部长。1952年10月—1953年6月，任中共抚州地委第二书记兼组织部部长。据说后来去上海江南造船厂，具体情况不详。

李子良

李子良，男，1921年1月出生，河北饶阳人。1938年9月参加革命工作，任饶阳县游击大队副班长。1939年1月在区扩兵小组帮助工作，同年6月加入中国共产党。10月在本村自卫队工作，1940年5月在基训团学习。1942年5月赴东北，1945年11月—1946年4月任沈阳六王屯政府区长，其间在省委党校二部学习。1948年10月任吉林省延吉市市长。1949年3月任南下工作队二中队四小队指导员，6月任江西省寻乌县委书记，1951年9月任广昌县委书记。1953年3月—1954年10月先后任抚州地委组织部副部长、部长。1954年10月任抚州地委第二书记，1958年9月任抚州地委书记处书记。1961年4月因病离职休养，1973年1月抚州地委正式通知其离职休养。2001年逝世。

韩增田

韩增田，男，1919年1月出生，河北无极人。1938年10月参加村青年抗日救国会。1939年10月加入中国共产党，任本村党支部宣传委员、村党支部书记。1942年4月—1945年10月，先后任深极县三原区区委小区执委、三区抗联文教部部长。1945年10月—1948年9月，先后任热河省新惠县下漥区区委书记、揭各朗营子区区委书记、新惠县委委员、新惠县公安局副局长，朝阳县一区、二区土改工作队队长，他拉皋区区委书记。1948年10月参加接收沈阳工作并准备随军南下。

1949年7月随东北南下工作团到达江西，任黎川县委组织部部长。1950年2月，调任抚州地委工作组处理资溪县土匪袭城事件。1952年1月任资溪县委副书记，主持县委工作。1953年3月，调江西"八一"革命大学学习，任文化部班主任。1954年11月任抚州地委委员、组织部部长。1958年9月任抚州地委副书记。1966年3月任九江专区行署副专员。"文化大革命"中受迫害。1977年10月任江西省知识青年上山下乡办公室副主任。1981年7月任江西省老干局副局长。1983年11月离休，2010年2月逝世。

刘声钲

刘声钲，男，1918年8月出生，河北献县人。1939年1月加入中国共产党并任本村党支部书记。1945年3月后任本区党委组织委员、热河省北票县三区区委书记、六区区委书记，朝阳县委民运部副部长。1949年3月随东北南下工作团进入江西，9月任金溪县委委员、组织部部长。1952年10月任金溪县委副书记兼组织部部长，11月兼县委纪委副书记，1953年兼县委保密委员会主任。1954年2月任金溪县委书记，6月兼县委纪委书记。1955年3月调抚州专区中级人民法院。1960年12月任乐安县委第一书记，1961年兼乐安县政协主席。1964年6月任抚州地委常委、组织部部长。"文化大革命"中遭受迫害。1971年10月任资溪县马头山林场党委副书记。1972年9月任抚州地区革委会政治部负责人。1985年6月逝世。

白纯义

白纯义，男，1927年11月出生，河北乐亭人。1948年4月加入中国共产党，任吉林省扶余县九区政府文教助理。1949年2月在南下干部大队工作，9月进入江西，先后任婺源县城关区区长、第一区委副书记、书记、县工会主席、县委组织部副部长。1955年9月—1958年3月在江西省工农干校学习，1958年3月任婺源县人民委员会副县长。1958年10月，任东乡县委副书记，1963年9月任东乡县人民委员会县长。1966年10月任江西省直文艺界文化革命领导小组办公室联络员。1967年1月在东乡县参加"文化大革命"。1969年6月在江西省毛泽东思想学习班学习，12月在721矿军宣队工作。1970年8月任抚州地区革委会政治部群运组组长。1971年3月任912地质大队革委会主任。1972年9月—1975年11月任东乡县委副书记，1974年1月—1975年11月任东乡县革委会副主任。1975年11月—1977年11月任东乡县委书记、县革委会主任。1977年11月任抚州地委常委、组织部部长。1980年6月—1987年3月，先后任抚州地区纪委副书记、书记、地区纪委调研员。1998年8月逝世。

陈　元

陈元，男，1930年5月出生，内蒙古赤峰市人。1947年10月参加八路军独立第6师，1948年11月加入中国共产党。1949年3月南下，1950年1月任中国人民解放军第116师483团排长，1951年1月任中南军区军政干校区队长。1952年6月任江西省南康县唐江镇武装部部长，1952年12月—1953年12月在45速成学校学习。1954年1月任崇义县武装部政工科科长。1960年1月—1961年12月在南昌步兵学校学习，结业后先后任江西省寻乌县武装部副政委、政委。1965年1月任于都县武装部政委。1969年8月—1971年1月任乐安县武装部政委，1969年11月任乐安县革委会核心小组成员，1971年1月—1975年11月任乐安县委书记，1975年11月—1976年10月任乐安县武装部政委。1980年1月任抚州地委组织部副部长，9月任部长，1982年3月任抚州地委常委、组织部部长。1983年11月任抚州地委巡视员，1985年5月任抚州地委巡视员、政协抚州地区联络处主任。1988年6月，政协抚州地区联络处升格为地级机构，任联络处副主任。1992年9月离休。

胡晋亲

胡晋亲，男，1939年7月出生，江西临川人。1959年加入中国共产党。1961年8月—1966年5月先后在南城县委组织部、宣传部、党校工作。1966年5月任南城县新丰中学党支部书记兼校长。1967年9月在南城县财贸部工作，1968年8月下放南城县株良公社任大队副书记。1972年4月调抚州地区革委会办公室工作，1978年1月任抚州地区革委会办公室接待科副科长。1980年9月任抚州地区劳动局副局长。1983年6月任抚州地委委员、组织部部长。1987年3月任萍乡市政协副主席。1988年9月任江西广播电视大学副校长至退休。

吴步高

吴步高，男，1939年10月出生，江西余江人。1962年9月赣东北大学毕业后分配在婺源县清华小学任教。1964年9月—1966年4月在婺源县政府办公室工作，1965年10月加入中国共产党。1966年4月为婺源县贫下中农协会干部，1968年8月为婺源县赋春小学负责人。1969年2月为婺源县革委会教育组干部，1972年9月任婺源县革委会教育组副组长。1978年9月任婺源县委副书记兼组织部部长，1981年4月任婺源县委副书记。1984年3月任横峰县委书记。1987年3月任抚州地委委员、组织部部长，1993年8月任抚州地委副书记。1995年2月任鹰潭市委副书记，1996年12月—

2000年8月任鹰潭市人大常委会副主任。2009年3月在鹰潭逝世。

汲家风

汲家风，男，1941年12月出生，安徽怀远人。1962年考入北京农业大学，1968年8月分配在临川县展坪中学任教。1970年10月，任临川县兽药厂技术员。1980年5月加入中国共产党，1980年12月—1984年2月，先后任临川县兽药厂副厂长、临川县经委生产技术科副科长、临川县兽药厂厂长。1984年2月，任临川县政府县长，8月任临川县委副书记、县长。1985年3月任抚州地区行署副专员，1994年5月任抚州地委委员、组织部部长，1995年3月任抚州地委副书记。1995年11月因病逝世。

张德金

张德金，男，1946年5月出生，江西弋阳人。1969年3月任弋阳县葛溪公社马安大队会计。1970年11月加入中国共产党。1971年3月任弋阳县葛溪公社党委副书记、革委会副主任，1975年9月任弋阳县湖山公社党委书记、革委会主任。1978年12月调上饶地委组织部工作，先后担任干部科干事，组织科副科长、科长。1985年6月任上饶地区粮食局副局长，1986年5月任上饶地委组织部副部长。1987年4月任上饶县委书记。1995年5月任抚州地委委员、组织部部长。2001年4月任江西省粮食局副局长、党组成员，2006年2月任江西省粮食局巡视员，2007年5月退休。

鲍小慧

鲍小慧，男，1959年1月出生，江西广丰人。1981年9月在广丰县五都中学当教师。1982年7月—1987年4月任广丰县二轻局生产股股长、副局长。1984年8月加入中国共产党。1987年4月—1990年4月先后任广丰县桐畈乡、洋口镇、永丰镇党委书记。1990年4月任广丰县委办公室主任，1991年3月先后任广丰县委常委、县委办公室主任、县政府副县长。1995年5月任上饶县委副书记、县长。1997年10月—2000年9月任弋阳县委书记。2000年9月任抚州地委委员、组织部部长，2000年10月—2003年4月任抚州市委常委、组织部部长，2003年4月任抚州市委副书记、组织部部长，2003年11月—2006年11月任抚州市委副书记、市政府副市长。2006年11月任江西省纪委正厅级纪检员、监察专员。

李舰海

李舰海，男，祖籍江苏徐州，1957 年 5 月出生于山东青岛。1975 年 2 月在南昌无线电十一厂当工人，1976 年 10 月推荐至南昌师范学校读书，1978 年 12 月毕业分配在江西八一无线电厂工作。1981 年 7 月考入江西大学物理系无线电专业，1984 年 12 月加入中国共产党。1985 年 7 月毕业分配到江西省经委人事处工作，1988 年 12 月—2000 年 7 月，先后任江西省经委人事处副主任科员、主任科员、人事处副处长、处长。2000 年 7 月任江西省质量技术监督局副局长、党组成员。2004 年 6 月调抚州工作，任抚州市委常委、组织部部长，2006 年 11 月任抚州市委副书记。2009 年 7 月，经公选提任江西省人口和计划生育委员会党组书记、主任，2013 年 9 月任江西省食品药品监督管理局局长。

魏建锋

魏建锋，男，祖籍湖北新州，1961 年 10 月出生于江西全南。1979 年 9 月考入江西大学哲学系，1983 年 7 月在江西医学院团委工作，1984 年 11 月加入中国共产党，任江西医学院团委副书记（正科级），1988 年 12 月任江西医学院团委书记（副处级），1995 年 5 月—2000 年 11 月任江西医学院团委书记（正处级）。其间，1998 年 8 月—2000 年 11 月下派鹰潭挂职锻炼，任鹰潭市月湖区委副书记。2000 年 11 月—2002 年 8 月任鹰潭市月湖区委副书记（正县级），2002 年 8 月任鹰潭市委组织部副部长（正县级），2004 年 1 月主持鹰潭市委组织部工作，2005 年 10 月任鹰潭市委常委、组织部部长。2006 年 11 月任抚州市委常委、组织部部长。2012 年 7 月任抚州市委副书记，2012 年 8 月任抚州市委副书记、市委党校校长、市行政学院院长。

周训国

周训国，男，1967 年 10 月出生，贵州毕节人。1987 年 9 月考入贵州师范大学，1991 年 1 月加入中国共产党。1991 年 7 月—1994 年 10 月在贵州省委高校工委办公室工作，其间先后在贵州省镇远县羊场镇、贵州财经学院锻炼。1994 年 10 月起先后任贵州省委组织部《党建交流》杂志社编辑部记者、编辑、科员、副主任科员、主任科员。2000 年 9 月—2002 年 3 月任《党建交流》副总编（副处级），2001 年 6 月借调中央组织部组织局工作。2002 年 3 月，先后任中央组织部组织局四处副处级调研员、组织局（基层办）四处正处级调研员，2005 年 11 月任中央组织部组织局（基层办）综合处调研员、副处长，2004 年 11 月—2006 年 7 月抽调到中央先进性教育活动领导小组办公室综合组工作。2007年4月任中央组织部组织局（基层办）综合处处长，抽调到中央深入学习实践科学发展观活动领导小组办公室综合组工作。2010年3月任组织二局（基层办）二处处长，2011年4月任组织二局（基层办）副巡视员、二处处长，2011年5月任组织二局（基层办）副巡视员。2012年7月任抚州市委常委、组织部部长，2014年4月任江西省委组织部副部长。

王新有

王新有，男，1963年3月出生，江西新余人。1979年9月考入江西省煤炭工业学校，1981年9月参加工作，先后任宜春地区万溪煤矿技术员、机电车间副主任。1985年6月加入中国共产党，1986年9月在江西行政管理干部学院工业经济管理专业学习。1988年5月—1991年8月，先后任新余市万溪煤矿副矿长、矿长、党委书记。1991年8月调新余市硅灰石矿业公司工作。1992年9月—2000年7月，先后任新余市委老干部局退休干部科科长（副县级）、办公室主任（副县级）、老干部活动中心主任（副县级）。其间，参加江西省委党校和中央党校法律专业学习，获法学硕士学位。2000年7月—2004年12月，先后任新余市中级人民法院副县级审判员、新余市司法局副局长、新余市政府法制办主任。2004年12月—2011年8月，先后任江西省政府法制办执法监督处处长、江西省委政法委执法协调监督处处长、江西省法学会专职副会长。2011年8月任上饶市委常委、政法委书记，2014年5月任抚州市委常委、组织部部长。

（二）历任抚州地（市）委组织部副部长、老干部局局长

李品峰

李品峰，男，1953年2月任抚州地委组织副部长。1954年8月调离抚州，介绍信开到江西省委组织部，后来听说去了北京，具体情况不详。

曲中顺

曲中顺，男，1926年8月出生，山东牟平人。1946年3月参加工作，1947年4月加入中国共产党。1946年3月，为大连区政府干部。1949年2月，先后任江西省民政厅科员、副科长、科长。1956年7月，任江西省政法部副处长。1957年4月，任宜黄县委第二书记。1960年9月，任抚州专区建委副主任。1960年12月，任抚州地委组织部副部长。1965年8月，调江西星火机械厂任党委书记。1966年9月，任江西省

机械厅二局人事处处长。1970年11月，任吉安地区汽纱厂党委书记。1977年10月至1985年，先后任吉安地委工交部副主任、江西省总工会吉安地区办事处调研员。1985年3月离休，2005年2月逝世。

李树功

李树功，男，1924年出生，吉林怀德人。1947年9月参加工作，在黑龙江克东县润津区任油坊记账员、乡文书。1948年3月参加中国人民解放军，先后任班长、排长，解放战争中负伤，左手残疾，于1948年3月安置到江西省清江县荣誉军人休养院休养，1949年6月加入中国共产党。1952年7月—1965年10月，先后任江西省财经总支干事、副书记，江西省直工业党委、省人民委员会机关党委、省直属机关党委副书记。1965年10月，任抚州地委组织部副部长。“文化大革命”中受批斗和劳动改造。1977年5月—1981年4月，任江西车辆开关厂党委副书记、抚州地区经委副主任。1981年4月，任江西省外贸局进出口处处长，1983年退居二线，负责江西省经贸厅企整办工作。1985年4月离休。

饶士圻

饶士圻，男，1939年11月出生，江西金溪人。1960年3月加入中国共产党。1963年7月在共青团抚州地委参加工作。1968年10月下放金溪县琉璃公社。1970年11月为抚州地区革委会组织组干事。1973年5月任共青团九江地委书记，1977年12月任抚州地委组织部副部长兼地委材料组组长。1982年3月—1984年2月任乐安县政府县长，1984年3月任宜黄县委书记。1986年11月调任上饶地委委员、上饶地区行署副专员，1992年5月任上饶地委副书记，1996年12月任上饶地区人大工委副主任至退休。

王金明

王金明，男，1929年7月出生，江西南昌人。1951年9月考入中国人民银行临川中心支行。1954年6月加入中国共产党。1954年7月调临川县委农村工作部工作，1956年11月调临川县委办公室工作。1959年3月—1964年6月，先后任临川县委办公室副主任、主任、县委委员。1964年6月，任抚州地委农村工作部秘书科副科长。1967年8月“文化大革命”中受审查。1969年2月，任新华社江西分社抚州地区专职通讯员。1971年7月—1975年11月，任抚州地区革委会秘书组副组长、组长。1975

年11月任抚州地区革委会政治部组织组组长，1977年11月—1981年1月任抚州地委办公室副主任、主任。1981年1月任抚州地委组织部副部长，1984年8月任抚州地委农村工作部部长。1988年12月任抚州地委组织部调研员。1999年10月逝世。

罗细通

罗细通，男，1929年10月出生，江西金溪人。1950年3月参加工作，1952年4月加入中国共产党。1960年后在金溪县委工作，先后任金溪县委副书记、金溪县政府县长、金溪县革委会常委。1977年11月—1981年1月任崇仁县委副书记。1981年2月—1984年3月任黎川县政府县长，1984年4月—1985年1月任抚州地区轻化公司党委书记。1985年2月—1988年3月任抚州地委老干部局局长。1990年10月退休，2005年1月逝世。

周天祥

周天祥，男，1941年5月出生，江西吉安人。1960年8月加入中国共产党。1957年9月考入江西师范学院数学科，1959年8月起在黎川县中学任教，先后担任校团委书记、校革委会副主任、副校长、校长兼校党支部书记，黎川县文化教育局副局长。1981年8月，任黎川县文化教育局局长、党组书记，1984年2月任黎川县委常委、组织部部长。1984年8月任抚州地委组织部副部长，1988年3月兼任抚州地委老干部局局长。1989年2月任抚州地区教育局局长、党委书记，1993年5月任抚州师范专科学校党委副书记兼副校长，1995年后任抚州师范专科学校专职党委副书记，1997年后兼任校纪委书记，1999年任学校调研员。2001年4月退休。

任建才

任建才，男，1939年9月出生，福建惠安人。1960年9月在厦门大学中文系读书。1965年8月在南城县人民委员会办公室工作。1969年10月下放劳动，1970年5月任南城县人武部干部，1972年12月任南城县体委副主任，1973年7月加入中国共产党。1984年2月—1987年7月任南城县委副书记、县长，1987年7月任南城县委副书记（正县级）。1988年12月任抚州地委组织部副部长（正县级），1993年5月任抚州地区教育局局长、党委书记。1999年11月退休，2011年6月逝世。

刘灿霞

刘灿霞，女，1937年6月出生，江西萍乡市人。1962年8月参加工作，先后在抚州师范学校、抚州文教局教研室、江西省精简安置办公室、江西省革委会内务组、江西省民政厅、抚州地区轻化局、抚州地委工业学大庆办公室、抚州地区经济委员会工作。1979年12月加入中国共产党。1982年5月—1983年9月任抚州地区妇联办公室主任。1983年10月—1988年12月任抚州地区教育局副局长。1989年1月—1992年7月任抚州地委老干部局局长。1992年11月退休。

饶炳炎

饶炳炎，男，1942年10月出生，江西南城人。1958年7月参加工作，1965年11月加入中国共产党。1969年11月—1979年10月任抚州地委办公室干事、秘书。1979年10月—1981年4月任抚州地委组织部秘书科、干部科区级干事。1981年5月—1985年1月任抚州地委组织部老干部科副科长。1985年2月—1992年7月任抚州地委老干部局副局长。1992年7月—2000年5月任抚州地委老干部局局长。2003年6月退休。

罗学年

罗学年，男，1946年11月生，江西南昌人。1965年8月在解放军测绘学院学习。1968年8月在解放军66军74师炮兵团锻炼，1970年5月转为解放军24军70师干部，并加入中国共产党。1979年11月从部队转业至抚州地委组织部工作，1984年6月任抚州地委组织部秘书科副科长，1986年1月任抚州地区落实知识分子工作办公室负责人。1987年7月任崇仁县委常委、组织部部长，1989年12月任崇仁县委副书记、政法委书记。1992年12月任抚州地委组织部副部长（正县级）。2000年6月任抚州地区交通局局长、党委书记，2002年10月任抚州市交通局调研员。2007年4月退休。

周木杨

周木杨，男，1953年3月出生，江西临川人。1969年12月参军，在济南空军部队先后任飞行中队副指导员、指导员（副营）。1971年3月加入中国共产党。1986年11月任金溪县委组织部干部，1987年9月任金溪县委组织部副部长，1989年6月—1990年10月任金溪县委组织部副部长、组织员办公室主任、老干部局局长。1990年11月调任抚州地委组织部干部科科长，1993年11月任抚州地委组织部副部长，2001年2月任抚州市委组织部副部长、调研员。2002年8月任抚州市人事局局长、党组书记，2004年10月任抚州市人事局局长、党组书记，市委组织部副部长。2008年6月后任抚州市人事局、抚州市人力资源和社会保障局调研员。2013年9月退休。

陈　克

陈克，男，1956年4月出生，江西东乡人。1972年12月参军，先后任铁道兵11师52团班长、文书、排长、团政治处组织干事，1975年2月加入中国共产党。1982年12月转业分配在南丰县委组织部工作，1984年4月任南丰县人事劳动局副局长。1988年1月调任抚州地委组织部正科级组织员，先后任抚州地委组织员办公室副主任、地委组织部组织科科长。1991年6月任抚州地委组织员办公室主任，1993年12月任抚州地委组织部副部长。2001年2月任宜黄县委副书记、县长，2002年3月任抚州市政府秘书长。2004年3月任抚州市交通局局长，2010年4月任抚州市交通运输局局长。2011年9月任抚州市人大常委会副主任，市交通运输局局长。2011年11月任抚州市人大常委会副主任。

许四星

许四星，女，1951年7月出生，上海人。1971年6月加入中国共产党。1969年3月为南丰县太和公社下放知青。1971年12月，先后任南丰县太和公社妇女主任、党委委员、管委会副主任兼办公室主任。1979年6月任抚州地区妇联干部、生产福利部副部长、组宣部副部长。1987年7月任临川县委常委、宣传部部长，1991年6月任临川县委常委、组织部部长，1992年10月任临川县委副书记。1995年2月任抚州地区计划生育委员会副主任，1999年1月任抚州地区计划生育委员会主任。2000年8月任抚州地委组织部副部长，2006年12月任抚州市人大常委会副主任、市委组织部副部长。2007年3月任抚州市人大常委会副主任。2011年11月退休。

夏　俊

夏　俊，男，高级记者，祖籍江西瑞昌，1960年10月生于江西乐安，1984年9月加入中国共产党。1977年6月在乐安县五金机械厂参加工作，1978年9月考入江西大学哲学系马基专业。1982年8月分配在乐安县委宣传部工作，1985年4月调抚州地委组织部，先后任抚州地委组织部副科级组织员、秘书科副科长、正科级组织员、秘书科科长、调研科科长，1996年9月提任抚州地委副县级组织员（兼地委组织部秘书科科长），2001年2月任抚州市委组织部副部长，2002年2月任抚州市委副秘书长（正县级），2002年7月任抚州市委宣传部副部长，抚州日报社社长、党委书记，2013年3月任抚州市委宣传部副部长、抚州日报社党委书记。

谭小平

谭小平，男，1965年7月出生，江西南丰人。1985年12月加入中国共产党。1982年9月考入江西农业大学植物保护系，1986年7月分配至南丰县莱溪乡政府工作。1988年5月任南丰县委对台办干事，1991年2月任南丰县委办公室秘书，1992年10月任南丰县政府办公室副主任。1995年3月任南丰县东坪乡党委副书记、乡长，1998年4月任南丰县白舍镇党委书记。2001年5月任东乡县委常委、组织部部长。2002年2月任抚州市委组织员办公室主任，2002年7月任抚州市委组织部副部长，2005年9月任抚州市委组织部副部长、市委先进性教育活动办公室主任（正县级）。2006年5月—2014年1月，任金溪县委副书记、代县长、县长、县委书记。2014年1月任东乡县委书记。

宋东方

宋东方，男，1964年10月出生，安徽定远人。1982年9月考入江西大学经济系，1986年5月加入中国共产党。1986年7月分配至抚州地委党校工作。1988年12月—1993年6月，任抚州地委组织部科员，其间于1989年12月—1992年3月在宜黄县城南乡挂职锻炼，任乡党委副书记。1993年6月任抚州地委副科级组织员，1993年11月任抚州地委组织部干训科副科长，1995年3月—2000年7月任抚州地委组织部干训科科长。2000年7月任抚州地委副县级组织员兼干部教育科科长，2000年10月任抚州市委副县级组织员兼干部科科长。2003年3月任抚州市委组织部副部长，2007年6月任抚州市委组织部副部长、正县级组织员，2011年7月任市委组织部常务副部长。

温 勤

温勤，男，1966年5月出生，江西石城人。1986年11月加入中国共产党。1984年9月考入江西大学历史系，1988年7月在江西省团校工作，1990年1月为江西省团校总务处负责人。1990年5月调抚州地委组织部工作，其间于1991年1月在临川县鹏田乡挂职锻炼。1993年12月任抚州地委副科级组织员，1998年5月任抚州地委正科级组织员、地委组织部秘书科副科长，2001年6月任抚州市委组织部秘书科科长。2002年7月任抚州市委副县级组织员，2003年4月任抚州市委副县级组织员、干部一科科长。2006年11月任抚州市委组织部副部长、干部一科科长。2007年12月任抚州市委组织部副部长。2010年7月任抚州市委组织部副部长、正县级组织员。

许中伟

许中伟，男，1963年10月出生，湖南衡阳人。1981年9月考入抚州师专数学系，1984年3月加入中国共产党。1984年7月任抚州师专数学系团总支书记，1985年8月任抚州师专组织部干事，1988年6月任抚州师专生物系党支部副书记。1988年12月任抚州地委正科级组织员，其间到临川县鹏田乡挂职锻炼，任乡党委副书记。1993年11月任抚州地委组织部干部科科长，1996年9月任抚州地委副县级组织员、地委组织部干部科科长。2000年6月任抚州地区（市）卫生局副局长、党委委员。2002年11月任南丰县委副书记。2007年3月任抚州市委组织部副部长、正县级组织员，2008年6月任抚州市委组织部常务副部长（正县级）。2010年8月调任南丰县委副书记、县长候选人，2010年10月任南丰县委副书记、县长。2012年10月任宜黄县委书记。

周丽秀

周丽秀，女，1953年7月出生，江西临川人。1972年4月加入中国共产党。1969年10月下放乐安县戴坊公社竹山村，1972—1977年先后任乐安县坪溪公社妇联主任、乐安县妇联干部。1977年12月任乐安县鹏洲公社党委委员、管委会副主任。1978年12月先后任共青团抚州地委干部、学少部副部长、部长。1985年9月在抚州地委党校大专班脱产学习。1987年7月任共青团抚州地委办公室负责人。1987年11月任抚州地委正科级组织员。1989年12月任金溪县委常委、宣传部部长。1992年10月任抚州地区外贸局党委副书记、副局长、纪委书记，抚州地区外贸集团总公司副经理、党委书记。2000年7月任抚州市委老干部局局长。2007年6月兼任市委组织部副部长，2014年4月退休。

徐华德

徐华德，男，1957年9月出生，江西临川人。1978年9月在抚州师范崇仁分校学习，1980年9月在临川县红桥镇中学任教，1984年5月加入中国共产党。1984年8月调临川县委组织部工作，1987年5月任临川县委副科级组织员。1990年任临川县河西乡党委副书记。1991年6月调抚州地委组织部工作，1993年11月先后任抚州地委正科级组织员、地委组织员办公室副主任、地委组织部组织科科长。1998年9月任组织员办公室主任。2002年2月先后任东乡县委常委、组织部部长、东乡县委副书记。2006年6月任崇仁县委副书记。2008年6月任抚州市委组织部副部长、市人事局局长。2009年12月任南城县人民政府县长。2011年5月任抚州市审计局党组书记。同年11月任抚州市交通运输局局长。

王小林

王小林，男，1970年9月出生，江西临川人。1987年9月考入江西大学经济系。1991年7月在抚州地委党校任教员，1996年11月加入中国共产党。1998年6月任抚州地委党校校委办公室副主任、经济管理学教研室副主任，2000年6月任抚州地委党校马克思主义基础理论教研室主任。2000年12月任抚州市委办公室正科级秘书，2003年4月任抚州市委办公室助理调研员，2004年4月任抚州市委办公室副主任，2005年4月任抚州市委副秘书长、办公室副主任。2006年6月任金溪县委常委、组织部部长，2007年9月—2010年8月任宜黄县委副书记。2010年8月任抚州市委组织部常务副部长（正县级）。2011年5月任南城县委副书记、县长。

吴方振

吴方振，男，1954年10月出生，江西宜黄人。1971年2月先后在抚州铜铁厂、柴油机厂工作。1977年5月在江西工学院学习，1979年8月加入中国共产党。1980年5月先后任抚州印染厂技术员、厂团委副书记、厂办公室主任。1984年11月先后任抚州地区经委办公室副主任、主任。1992年10月任金溪县政府副县长。1997年12月先后任抚州地区（市）经贸委党委委员、副主任，市政府副秘书长、地矿局局长。2002年8月先后任抚州市劳动和社会保障局局长、市人力资源和社会保障局局长。2010年12月兼任抚州市委组织部副部长。2012年9月任市政协经济技术委员会副主任（正县级）。2014年10月退休。

黄晓慧

黄晓慧，女，1957年12月出生，江西宜黄人。1974年12月为宜黄县圳口公社麻坑大队下放知青，1977年2月加入中国共产党。1977年5月任宜黄县圳口公社妇联副主任。1981年7月调抚州第二棉纺织厂后任团委副书记。1984年9月在江西行政管理干部学院脱产学习。1986年7月任抚州第二棉纺织厂车间党总支书记、车间主任，1990年5月任抚州第二棉纺织厂党委组织部部长、党办主任。1992年9月任抚州第二棉纺织厂工会主席，1995年3月任抚州第二棉纺织厂党委书记、副厂长。2000年6月调任临川市政府副市长，2002年12月任临川区委常委、政协副主席、统战部部长，2007年2月任临川区委常委、统战部部长。2008年6月任抚州市残联党组书记、理事长。2010年12月任抚州市委组织部副部长、市委老干部局局长，2013年9月任抚州市委组织部副部长（正县级）。

周国华

周国华，男，1971年9月出生，江西临川人。1986年9月在赣州地质学校学习。1990年7月在抚州地区劳动局工作。1990年12月为抚州地委组织部干部，1993年7月加入中国共产党。1995年1月任抚州地委副科级组织员，1998年5月任抚州地委组织员办公室副主任。2001年5月任崇仁县委常委、组织部部长。2008年4月任抚州市廖坊水利枢纽管理局党组书记、副局长，2010年7月任抚州市廖坊水利枢纽管理局党组副书记、局长。2011年7月任抚州市委组织部副部长（正县级），2013年9月任临川区委常委（正县级）、常务副区长。

宋有志

宋有志，男，籍贯江西奉新，1962年8月出生于江西宜黄。1980年9月考入抚州师专数学系。1983年7月任金溪县文教局教研室教研员、招生办干部。1984年8月任金溪县委宣传部理论干事，1985年12月加入中国共产党。1987年11月—1990年8月，任共青团金溪县委副书记、书记。1990年8月调任抚州地区人大联络处办公室任联络科科长，1993年5月任抚州地区人大联络处办公室副主任，1996年7月任抚州地区人大联络处副秘书长、办公室主任。2000年10月—2012年7月，先后任抚州市人大常委会党组成员、秘书长、机关党组书记。2012年7月任抚州市人力资源和社会保障局党组副书记、局长，2012年10月兼任抚州市委组织部副部长。

董东明

董东明，男，1966 年 2 月出生，江西乐安人。1980 年 9 月—1983 年 7 月在抚州师专数学系学习。1983 年 7 月—1990 年 7 月，先后在乐安县职业中学、乐安县二中、乐安县一中任教。1990 年 7 月调乐安县鳌溪镇工作，1992 年 10 月任乐安县鳌溪镇副镇长，1993 年 5 月加入中国共产党。1995 年 12 月任乐安县政府办公室副主任，1999 年 3 月任乐安县政府办公室主任，2002 年 3 月任乐安县政府县长助理、政府办公室主任、外经办主任。2003 年 1 月任黎川县政府副县长，2005 年 9 月任崇仁县委常委、常务副县长，2008 年 6 月任崇仁县委副书记。2013 年 9 月任抚州市委组织部副部长、市目标办主任（正县级）。

高连珠

高连珠，女，1969 年 11 月出生，江西广昌人。1995 年 10 月加入中国共产党。1987 年 7 月宁都师范毕业，分配至广昌县尖峰小学任教。1993 年 7 月—1997 年 12 月任广昌县委宣传部干部。1997 年 12 月任共青团广昌县委副书记，1999 年 4 月任共青团广昌县委书记，2002 年 1 月任广昌县计划生育委员会主任。2003 年 1 月任广昌县政府副县长。2006 年 6 月任黎川县委常委、组织部部长。2010 年 11 月任广昌县委常委、常务副县长。2013 年 9 月任抚州市委老干部局局长。

（三）获中央组织部表彰的先进个人和先进集体负责人

许享群

许享群，男，1930 年 6 月出生，金溪县左坊镇厚潭村人。1951 年加入中国人民志愿军，在抗美援朝战场荣立二等功、三等功各一次，被评为模范战士，同年加入中国共产党。1955 年退伍，放弃组织安排的金溪县第六区区长职务，成为抚州供电公司一名普通的外线工，后转岗变电站工作，1990 年 6 月退休。退休后，回乡当农民，开垦荒山 20 多亩。20 多年中，坚持每个节日到福利院、养老院看望孤儿老人，收养了一位智障人士。捐赠款物价值 22 万余元，资助困难群众。先后获得第三届“江西省道德模范”、江西省离退休干部党组织和党员创先争优活动“四好党员”、国家电网公司“老有所为标兵”、国家电网江西省电力公司“四优党员”等荣誉称号。2014 年，被中央组织部授予“全国离退休干部先进个人”称号。

宁宏昌

宁宏昌，男，1935年10月出生，江西崇仁人。1956年8月加入中国共产党。1954年10月参加工作，先后担任崇仁县凤岗供销社营业员、县商业局业务股股长、县委组织干事、县监察委员会秘书（副科级）。1970年至1981年2月任抚州地委组织部人事科副科长（副县级）。1981年3月任崇仁县委常委、组织部部长，1984年4月任宜黄县委常委、常务副县长，主持县政府工作。1987年8月任崇仁县政协主席，1996年2月退休。退休后，长期关心帮助困难老人。2008年四川汶川地震，他发动全家捐款13036元。2015年尼泊尔地震，向抚州市红十字会捐款2000元。2015年10月，被授予全国孝老爱亲模范称号，中共抚州市委号召全市共产党员向宁宏昌学习。

宗吉生

宗吉生，男，1947年10月出生，江西南昌人。1971年7月加入中国共产党。1967年在南丰县长红垦殖场当工人，先后任长红垦殖场团委副书记、书记，长红纺器厂副厂长、党支部副书记，长红垦殖场办公室主任、副场长。1984年任场长，1988年任党委书记兼场长。长红垦殖场在场党委带领下，围绕经济发展抓党建，为南丰县域经济发展作出巨大贡献。1989年，长红垦殖场党委先后被授予全省和全国先进基层党组织。同年9月21日，宗吉生赴北京参加全国先进基层党组织和优秀党务工作者表彰大会，并受到党和国家领导人接见。1989年12月宗吉生提任南丰县委常委、县政府党组副书记、副县长，1997年11月任南丰县政协党组书记。1998年1月任南丰县政协主席。2007年退休。

涂绪珍

涂绪珍，男，1950年1月出生，江西安义人。1973年11月加入中国共产党。1965年9考入南昌交通学校汽车运用及维修专业学习，1969年3月参加工作，先后任抚州汽车厂调度员、车间副主任、计划科长，1986年8月始，先后任富奇汽车厂厂长助理、总经济师、副厂长，1993年2月任富奇汽车厂厂长，1996年9月兼任厂党委书记。1996年，富奇汽车厂党委被中央组织部授予全国先进基层党组织称号。2000月6月始，先后任抚州地区经贸委主任、抚州市经贸委副主任、富奇汽车厂党委书记，2002年3月任市经贸委党委副书记（正县级），2005年8月任市经贸委调研员，2010年4月任市工信委调研员。

胡春高

胡春高，男，1951年2月出生，江西东乡人。1970年9月加入中国共产党。1968年12月参军，1976年3月退伍，1976年10月在东乡县刘家岭煤矿工作。1977年5月—1980年6月在江西工学院读书，1980年6月毕业分配在东乡县长林公社工作。1981年6月—1984年5月在东乡县委组织部、县人事局工作，1984年5月—1989年12月任东乡县珀玕乡党委书记。任乡党委书记期间，被中央组织部评为1989年度全国优秀党务工作者。1989年12月任东乡县委常委、组织部部长，1992年10月任东乡县委副书记，1996年4月任崇仁县委副书记。2003年1月任崇仁县人大常委会主任。2011年11月退休。

刘义德

刘义德，男，1951年8月出生，江西广昌人。1978年加入中国共产党，大专学历。1968年8月在广昌林业局工作。1968年12月参军，在5030部队任战士、副班长。1973年4月退伍，在广昌县林业局任工人、林场场长、书记，1984年8月任广昌县林业公司经理，1988年9月任广昌县林业公安分局局长。1990年10月起，先后任广昌县公安局副政委、党委书记、局长。1994—1995年，广昌县公安局先后两次荣获全省优秀公安局称号，1995年县公安局荣获全国优秀公安局称号，公安局党委被中央组织部授予全国先进基层党组织称号。刘义德个人荣立三等功2次、二等功2次。1996年4月，任广昌县委常委、纪委书记。2003年1月，任广昌县人大常委会副主任、调研员。2013年6月退休。

吴木根

吴木根，男，1953年10月出生，江西南城人。1972年7月毕业于南城共产主义劳动大学，1977年加入中国共产党。1993年2月任五帝村党支部书记，2011年录用为乡镇事业编干部并兼任五帝村党支部书记。在他的带领下，五帝村党支部2001、2002、2004年先后三次被江西省委授予“五个好”党支部，2004年获全省基层组织建设“红旗单位”称号。由于业绩突出，吴木根于2000年被评为全国劳动模范，2003年当选第十届全国人大代表，2005年被评为全省优秀共产党员，2006年当选江西省第十二次党代会代表，多次荣获省、市、县优秀共产党员、优秀党支部书记称号。

兰金荣

兰金荣，男，畲族，1953年11月出生，江西资溪人。1982—1988年任资溪县乌石镇新月村民兵连长，1988—2006年任新月村党支部书记。担任新月村党支部书记期间，组建资溪县新月畲族村苗木发展有限公司，通过“公司+农户”形式，引导群众发展苗木产业，使“新月苗木”成为村民致富的支柱产业和一大品牌，产品远销福建、广东等10多个省市。由于治村有方，于1997年当选中国共产党第十五次全国代表大会代表，2000年荣获全省民族团结进步模范称号，2004年评为全市优秀村党支部书记。

黄华强

黄华强，男，1955年7月出生，江西南城人。1981年2月加入中国共产党。1971年2月—1979年7月，分别为广昌县头陂公社西港大队下放知青、电站职工。1979年7月任广昌县头陂公社团委书记，1981年1月任广昌县新安公社党委秘书。1983年3月—1986年8月任广昌县委办公室秘书。1986年8月任广昌县苦竹镇党委副书记、镇长，1989年3月—1997年7月先后任广昌县苦竹镇、尖峰乡、旴江镇党委书记。任旴江镇党委书记期间，被评为1996年度全国优秀党务工作者。1997年7月任广昌县政府副县长，2001年5月任南丰县委常委、副县长，2003年1月任宜黄县人大常委会主任，2011年9月任宜黄县人大常委会党组书记、县委调研员，2015年8月退休。

刘应龙

刘应龙，男，1955年12月出生，江西南城人。1989年8月加入中国共产党，1991年7月—1992年2月任南城县株良镇路东村党支部委员；1992年3月起，任株良镇路东村党支部书记，带领全村村民大力发展课桌加工产业，使课桌加工产业成为南城县株良镇的一个龙头企业。2002年被评为“江西人新形象楷模”；2004年被评江西省“双带标兵”、抚州市“双带”村支书；2005年当选江西省劳动模范；2006年7月被评为全市优秀村党组织书记；2010年2月，荣获新中国60年来江西60位最具有影响力劳动模范；2010年4月被评为全国劳动模范；2011年7月荣获全市优秀党务工作者称号。

陈跃进

陈跃进，男，1958年2月出生，江西南城人。1979年12月加入中国共产党。1981年6月为南城县万坊公社农经管理干部，1983年3月调南城县农业局工作，1988年11月调南城县委办公室工作。1990年1月—1993年10月，先后任南城县委组织部组织员、副部长兼组织员办公室主任。1993年10月任南城县徐家乡党委书记，1998年1月—2001年5月任南城县人大常委会副主任兼徐家乡党委书记，1998年被授予全国优秀乡镇党委书记称号。2001年6月任南城县人大常委会副主任兼株良镇党委书记。2003年1月任南城县委副书记，2005年4月—2006年6月任南城县委副书记(正县级)。2002年7月—2005年7月参加援疆工作，任新疆维吾尔自治区阿克陶县委副书记（正县级）。2006年6月任南城县人大常委会党组书记、县人大常委会主任。

兰念瑛

兰念瑛，女，畲族，1958年11月出生，江西资溪人。1983年9月加入中国共产党，2006年7月担任资溪县乌石镇新月村党支部书记。她常说："一人致富不是富，共同富裕才是路。"接过前任书记兰金荣的接力棒，继续把苗木作为兴村产业，带领群众致富创业。请来江西省建筑设计院专家，经设计规划，把新月村建成特色鲜明、风格独特的少数民族旅游村，新月畲族村两度蝉联"全国文明村镇"称号，兰念瑛被誉为"畲族金凤凰"。1995年出席在北京召开的第四次世界妇女代表大会，2008年当选第十一届全国人民代表大会代表。先后荣获全国"三八"红旗手、全国"民族团结进步先进个人"、全国"三八"绿色奖章、"全省三八红旗手""全省十大井冈之子""全国双学双比女能手""全国绿色小康户"等称号。

石建国

石建国，男，1959年9月出生，河北遵化人。1981年10月加入中国共产党。1978年2月参军，为上海市警备区109医院战士，1982年12月退伍，为抚州市公安局西大街派出所民警。1996年6月—2010年6月，先后任临川市公安局刑警大队副大队长、教导员、大队长、临川公安分局副局长（正科级）、党委副书记兼副局长。因在打黑除恶中出生入死，多次负伤，屡立战功，被誉为"当代名捕"。1998年和1999年连续两年被公安部授予全国优秀人民警察称号，全省"邱娥国式民警"。2001年7月，被评为全国优秀共产党员。2010年6月任抚州市公安局金巢分局政委，2011年3月提任抚州市公安局副调研员兼分局政委。

张国文

张国文，男，1961年10月出生，江西进贤人。1981年8月—1990年2月，先后任资溪县乌石镇团委书记、副镇长。1985年9月加入中国共产党。1990年2月任资溪县陈坊林场党委副书记。1992年11月任资溪县高田乡党委副书记。1995年3月任资溪县嵩市镇党委副书记，1998年10月任资溪县株溪林场党委书记。2001年11月任资溪县林业局局长、主任科员。任职资溪县林业局五年中，全县的森林覆盖率提高5个百分点，居全省第一。资溪“华南虎野化放归地”获国家林业局批准。“马头山国家自然保护区”项目进展顺利，毛竹等生态林业经济发展迅速，为资溪“生态立县”做出重要贡献。2004年8月，中央组织部授予其人民满意的公务员荣誉称号。

黄　锋

黄　锋，男，1963年11月出生，江西南城人。1987年1月加入中国共产党，1981年9月考入南城师范。1983年9月—1990年12月，在资溪县高阜中学任教师。1990年12月，先后任三山乡团委书记、人武部副部长，1992年10月任崇仁县三山乡党委委员、人武部部长。1995年11月任崇仁县白陂乡党委副书记、乡长，1998年11月任礼陂镇党委副书记、镇长，2001年10月任许坊乡党委书记，2004年被评为全国优秀乡镇党委书记。2006年3月任崇仁县巴山镇党委书记，11月任崇仁县人大常委会副主任兼巴山镇党委书记。2007年5月，任崇仁县人大常委会副主任兼县总工会主席，2008年9月—2012年5月，兼任工业园区管委会主任。2015年7月，任崇仁县人大常委会副主任。

揭智能

揭智能，男，1966年1月出生，江西东乡人。1984年9月考入华东地质学院，1988年7月在核工业华东地勘局268大队工作，1992年1月加入中国共产党。1992年5月—1993年8月在东乡县社保局工作。1993年8月为东乡县委组织部干部，1996年1月—2003年1月分别任东乡县委副科级组织员、县委组织部党建科科长。2003年1月任东乡县委组织部副部长（正科级）。因淡泊名利、爱岗敬业、甘于奉献，荣获中央组织部2012年度全国组织系统“讲党性、重品行、做表率”活动优秀奖，8月29日出席全国总结表彰会议。2013年3月，提任抚州市供销社党委委员、纪委书记。

杨晓文

杨晓文，男，1967年1月出生，江西资溪人。1988年7月毕业于江西农业大学，同年8月在资溪县林业局工作，1991年5月加入中国共产党。1998年7月—2003年3月，任资溪县农经委副主任。2003年3月—2004年7月任资溪县发改委副主任。2004年7月起，先后担任资溪县面包产业办公室副主任、主任，面包协会党委书记。担任协会党委书记后，注重发挥党建引领作用，协会党委下设22个党支部，管理318名党员。注重发挥党员面包户的“双带”作用，使面包产业年产值达50多亿元，形成一支4万余人的面包大军，将8000余家饼店开到全国1000多个城镇，成为资溪县产值最大、从业人员最多、富民效应最大的产业。2006年，资溪被誉为“面包之乡”。2007年3月，资溪面包走进央视“小崔说事”栏目。面包协会党委于2006年、2011年先后两次获评全国先进基层党组织。杨晓文连续当选为江西省第十二次、第十三次党代会代表。

余平庚

余平庚，男，1967年4月出生，江西金溪人。1995年6月加入中国共产党。1985年9月考入抚州师范专科学校生物系，1988年7月分配在金溪一中任教。1996年1月调金溪县珊城乡政府工作，1996年7月始，先后任珊城乡人武部副部长、部长，1998年11月任珊城乡党委委员、人武部长，2001年8月任左坊乡乡长，2002年1月任左坊镇镇长，9月任石门乡乡长，2006年3月任对桥乡党委书记，2011年4月任秀谷镇党委书记。2012年6月，秀谷镇党委被中央组织部授予全国创先争优先进基层党组织称号。2013年9月，余平庚任金溪县人民政府副县长。

刘国良

刘国良，男，1968年11月出生，江西南城人。1990年9月考入江西省机械工业学校。1993年7月在南城县万坊乡工作，1997年5月加入中国共产党。2001年12月任南城县岳口乡党委委员。2006年3月任南城县万坊镇党委委员。2007年7月，被组织选派到因水库移民、由三村合并而成的老大难村——南城县万坊镇鄱阳村任村党总支书记。上任后，带领当地党员干部群众化解矛盾纠纷，想方设法为群众办实事。短短三年时间，让一个群众上访不断、村班子瘫痪的后进村变成经济发展、村民富裕、社会和谐的先进村。2010年3月，刘国良在全省选派乡镇干部到村任职现场会作典型发言，并赴全省各地巡回报告，先后被评为全省优秀党务工作者、抚州市十佳“勤廉之星”。2010年4月任南城县万坊镇党委委员、副镇长，2011年4月任南城县万坊镇主任科员。2013年被中央组织部评为第八届全国人民满意公务员。

徐火根

徐火根，男，1970年10月出生，江西临川人。2001年8月加入中国共产党。1999年3月任临川县罗针镇丁湖村民兵营长，2005年11月任罗针镇丁湖村村委会主任，2008年1月任丁湖村党支部书记。因丁湖村党支部抗洪救灾事迹突出，2010年12月，被中央组织部授予全国抗洪救灾先进基层党组织称号。2010年8月，徐火根聘为罗针镇农业综合服务站管理员、农业综合服务站站长（副科级），同年10月聘任罗针镇副镇长（挂职）、罗针镇农业综合服务站站长兼罗针镇丁湖村支部书记。

胡林高

胡林高，男，1972年10月出生，江西东乡人。1992年7月在东乡县孝岗镇政府工作，1994年11月加入中国共产党。1996年1月任共青团东乡县委副书记。2001年11月—2006年3月任东乡县瑶圩乡党委副书记、乡长。2006年3月任东乡县瑶圩乡党委书记。担任瑶圩乡党委书记后，连续三年在全县综合目标考评中名列前茅，连续两年获得“抚州市先进工作者”“优秀党务工作者”等荣誉。用三年时间，开创了瑶圩乡党建、民生、经济、维稳等各项工作新局面，摘掉了全乡贫穷落后帽子。2009年被评为第七届全国人民满意的公务员，受到中共中央政治局常委、国务院总理温家宝等党和国家领导人接见。2009年9月28日，赴北京参加国庆六十周年观礼。2009年10月任抚州市建设局副调研员，2011年3月任抚州市建设局党委委员、副局长。

【注　释】

［1］杨道明：《谈闽赣省后期斗争情况》，中共江西省委党史研究室《中央苏区闽赣省》，1990年，第197页。

［2］叶介甫：《钟循仁：从省委书记到落发为僧》，《党史博览》2012年第7期。另据《国民党军驻闽部队1935年2月份剿匪军事工作报告》称：“2月17日，第四十六师戴师长电，伪闽赣省委会宣传部干事刘炳龙携械投诚。供伪闽赣省及伪军区部，现据安远西北之猴溪附近，伪军区十二、十七、十八、十九各团及游击队三组共约有千五百，枪七八百，均集中该处，企图打尖峰堡垒线。”载《中央苏区闽赣省》，内部出版，1990年，第261页。

［3］《中国工农红军第一方面军人物志》，解放军出版社，1995年，第196页。

第二节　荣　誉

一、先进集体

（一）组织工作受表彰情况

表 12-1

获奖单位	奖项名称	授予单位	授予时间
乐安县委组织部	全国首届“我爱中国共产党”党的知识竞赛组织奖	全国首届“我爱中国共产党”党的知识竞赛活动评委会	1990
金溪县委组织部	《江西党建》通联发行工作先进单位	江西省委组织部	1991-1993
	《江西党建》通联工作一等奖及报道工作先进单位	江西省委组织部	1993-1994
崇仁县委组织部	全省党员电化教育先进单位	江西省委组织部	1995
抚州市洋洲乡党委	全省党员电化教育先进单位	江西省委组织部	1995
广昌县委组织部	全省党员电化教育先进单位	江西省委组织部	1995、1997
黎川县委组织部	《江西党建》学刊用刊先进单位	江西省委组织部	1996
	《江西党建》发行工作先进单位	江西省委组织部	1996
	全省农村党员、基层干部实用技术培训先进集体	江西省委组织部	1996
广昌县委组织部	全省信息调研工作先进单位	江西省委组织部	1996
南城县委组织部	《江西党建》通联工作先进单位	江西省委组织部	1996、1997 1999、2000
黎川县委组织部	全省党员电化教育工作先进单位	江西省委组织部	1997
乐安县委组织部	《江西党建》通联工作先进单位	江西省委组织部	1997
金溪县陆坊乡党委	全省党员电化教育工作先进单位	江西省委组织部	1997
金溪县合市镇党委	全省党员电化教育工作先进单位	江西省委组织部	1997-2002
崇仁县委组织部	全省组织系统信息工作先进单位	江西省委组织部	2000、2004
临川区委组织部	全省组织系统信息工作先进单位	江西省委组织部	2000、2003 2004、2011
广昌县委组织部	全省组织系统信息工作先进单位	江西省委组织部	2000-2001 2003 2008-2010

续表：12-1

获奖单位	奖项名称	授予单位	授予时间
临川区委组织部	全国干部档案工作目标管理一级标准	中央组织部	2001
临川区教育局	全国干部档案工作目标管理一级标准	中央组织部	2001
临川区卫生局	全国干部档案工作目标管理三级标准	中央组织部	2001
南城县委组织部	全国干部档案工作目标管理一级标准	中央组织部	2001
南城县人事劳动局	全国干部档案工作目标管理二级标准	中央组织部	2001
黎川县人事劳动局	全国干部档案工作目标管理二级标准	中央组织部	2001
黎川县教育委员会	全国干部档案工作目标管理二级标准	中央组织部	2001
黎川县卫生局	全国干部档案工作目标管理二级标准	中央组织部	2001
南丰县委组织部	全国干部档案工作目标管理二级标准	中央组织部	2001
乐安县人事劳动局	全国干部档案工作目标管理三级标准	中央组织部	2001
乐安县卫生局	全国干部档案工作目标管理三级标准	中央组织部	2001
宜黄县人事劳动局	全国干部档案工作目标管理二级标准	中央组织部	2001
宜黄县教育委员会	全国干部档案工作目标管理二级标准	中央组织部	2001
宜黄县卫生局	全国干部档案工作目标管理三级标准	中央组织部	2001
金溪县卫生局	全国干部档案工作目标管理二级标准	中央组织部	2001
广昌县委组织部	全省组工信息工作先进单位	江西省委组织部	2001、2003
崇仁县委组织部	全省组工信息工作先进单位	江西省委组织部	2001–2002 2010
临川区委组织部	全省组工信息工作先进单位	江西省委组织部	2001 2003、2005 2008–2010
抚州市人事局	全国干部统计工作先进集体	中央组织部、人事部	2002
抚州市委组织部	全省组织部门信息工作先进单位	江西省委组织部	2002–2003 2005、2010
崇仁县委组织部	全省党员电化教育工作先进单位	江西省委组织部	2002、2007
南城教育局党委	全省党员电化教育工作先进单位	江西省委组织部	2002
黎川县委组织部	全省组织部门信息工作先进单位	江西省委组织部	2002
金溪合市镇党委	全省党员电化教育工作先进单位	江西省委组织部	2002
资溪县委组织部	全省党员电化教育工作先进单位	江西省委组织部	2002
资溪县计生委	全省“人民满意的公务员集体”	江西省委组织部、宣传部、文明办、人事厅	2002
乐安县检察院	全省“人民满意的公务员集体”	江西省委组织部、宣传部、文明办、人事厅	2002
江西东亚药业公司党委	全省党员电化教育工作先进单位	江西省委组织部	2002
南城县委组织部	全省县委组织部信息工作先进单位	江西省委组织部	2002 2010–2011
黎川县委组织部	全省县委组织部信息工作先进单位	江西省委组织部	2002 2009–2011
抚州市中级人民法院	全省实施国家公务员制度先进单位	江西省委组织部 江西省人事厅	2003

续表：12-1

获奖单位	奖项名称	授予单位	授予时间
临川区林业局	全省实施国家公务员制度先进单位	江西省委组织部 江西省人事厅	2003
崇仁县委组织部	全省实施国家公务员制度先进单位	江西省委组织部 江西省人事厅	2003
抚州市委组织部	全省干部统计工作先进集体	江西省委组织部 江西省人事厅	2004
金溪县委组织部	全省组织系统调研工作先进单位	江西省委组织部	2004
	全省党刊通联工作先进单位	江西省委组织部	2004
	《江西党员电教》《当代江西》 发行工作先进单位	江西省委组织部	2005-2006 2008-2009
	全省党员电化教育工作先进单位	江西省委组织部	2005
乐安县委组织部	全省县委组织部信息工作先进单位	江西省委组织部	2005、2008 2010-2011
宜黄县委组织部	全省县委组织部信息工作先进单位	江西省委组织部	2005-2006 2008 2010-2011
抚州市委组织部	全省市本级信息工作先进单位	江西省委组织部	2005 2009-2011
黎川县委组织部	《江西组工通讯》宣传通联工作先进单位	江西省委组织部	2008、2010
乐安县委组织部	《江西组工通讯》宣传通联工作先进单位	江西省委组织部	2008、2010
金溪县委组织部	《江西组工通讯》宣传通联工作先进单位	江西省委组织部	2008 2010-2013
南城县委组织部	全省组织部门信息工作先进单位	江西省委组织部	2009、2011
黎川县委组织部	全省组织部门信息工作先进单位	江西省委组织部	2009-2012
抚州市委组织部	全国基层党建宣传示范单位	人民网	2010
	《江西组工通讯》宣传通联工作先进单位	江西省委组织部	2010
	全省组织部门信息工作先进单位	江西省委组织部	2010-2011
宜黄县委组织部	全省组织部门中组部信息采用先进单位	江西省委组织部	2010-2011
崇仁县委组织部	《江西组工通讯》宣传通联工作先进单位	江西省委组织部	2010
乐安县委组织部	全省组织部门信息工作先进单位	江西省委组织部	2010
资溪县委组织部	全省组织部门信息工作先进单位	江西省委组织部	2010
抚州市委组织部	全省市本级信息工作一等奖	江西省委组织部	2011
临川区委组织部	全省组织系统调研工作先进单位	江西省委组织部	2011
	全省组织部门中组部信息采用先进单位	江西省委组织部	2011
南城县委组织部	全省组织部门中组部信息采用先进单位	江西省委组织部	2011
黎川县委组织部	全省组织部门中组部信息采用先进单位	江西省委组织部	2011
崇仁县委组织部	全省组织部门中组部信息采用先进单位	江西省委组织部	2011
乐安县委组织部	全省组织部门中组部信息采用先进单位	江西省委组织部	2011
资溪县委组织部	全省组织部门中组部信息采用先进单位	江西省委组织部	2011
崇仁县委组织部	《江西组工通讯》通联工作先进单位	江西省委组织部	2011

续表：12-1

获奖单位	奖项名称	授予单位	授予时间
广昌县委组织部	全省组织部门中组部信息采用先进单位	江西省委组织部	2011-2013
	全省组织系统新闻宣传报道工作先进单位	江西省委组织部	2011
	全省组织部门信息工作进步奖	江西省委组织部	2011
抚州市委组织部	全省组织系统“讲党性、重品行、作表率”先进集体	江西省委组织部 江西省人社厅	2012
	全省组织系统先进集体	江西省委组织部	2012
黎川县委组织部	全省组织系统 “讲党性、重品行、作表率”先进集体	江西省委组织部 江西省人社厅	2012
	全省组织系统先进集体	江西省委组织部	2012
资溪县委组织部	全省组织系统 “讲党性、重品行、作表率”先进集体	江西省委组织部	2012
金溪县委组织部	全省组织部门信息工作先进单位	江西省委组织部	2012-2013
	中央组织部信息采用先进单位	江西省委组织部	2012
广昌县委组织部	全省组织系统新闻宣传通联工作先进单位	江西省委组织部	2012
	全省组织部门信息工作先进单位	江西省委组织部	2012
	全省组织系统对外宣传工作先进单位	江西省委组织部	2013
金溪县	全省“党建带妇建”工作先进县	江西省委组织部 江西省妇联	2013
资溪县委组织部	全省党员干部现代远程教育优秀单位	江西省委组织部	2013

（二）老干部工作受表彰情况

表 12-2

获奖单位	奖项名称	授予单位	授予时间
南城县委、县人民政府	全省老干部工作先进集体	江西省委组织部 江西省委老干部局	1989
金溪县委老干部局	全省老干部宣传思想工作先进单位	江西省委老干部局	1993-2013
宜黄县委老干部局	全省老干部宣传思想工作先进单位	江西省委老干部局	1995-2003 2005-2010 2012-2013
	全省老年教育先进集体	江西省委老干部局	1995
南城县委老干部局	全省老干部宣传思想工作先进单位	江西省委老干部局	1995-1997 2001、2003 2005、2009
乐安县委老干部局	全省老干部宣传工作先进单位	江西省委老干部局	1996 2001-2013
金溪县关工委	全省关心下一代工作先进集体	江西省关工委	1996、2000 2005、2011
黎川县委老干部局	全省老干部宣传思想工作先进单位	江西省委老干部局	1997 2001-2013
东乡县委老干部局	全省宣传思想工作先进单位	江西省委老干部局	1998-2000
抚州老同志大学	全省老干部工作先进集体	江西省委组织部 江西省委老干部局	1998

续表：12-2

获奖单位	奖项名称	授予单位	授予时间
金溪县委老干部局	全省老干部工作先进集体	江西省委组织部 江西省委老干部局	1998、2006
抚州军分区干休所	全省先进干休所	江西省军区	2004
临川区青云街道办事处	全省老龄工作先进单位	江西老龄委	2006
乐安县委老干部局	全省老干部工作先进集体	江西省委组织部、人事厅 老干部局	2006
抚州市老年体协	全民健身活动先进单位	国家体育总局	2008
	全国群众体育先进单位	国家体育总局	2009
南丰县老年体协	全民健身与奥运同行全国亿万老年人健步走向北京奥运会活动先进地区	中国老年人体协	2009
金溪县关工委	全省农村关心下一代工作先进单位	江西省关工委、文明办	2010
广昌县委老干部局	全省老干部宣传思想工作先进单位	江西省委老干部局	2010–2013
金溪县委老干部局	全国老干部工作先进集体	中央组织部、人社部	2011
抚州市工信委机关后勤服务中心	全省老干部工作先进集体	江西省委组织部 人社厅、老干部局	2011
黎川县关工委	全省关心下一代工作先进集体	江西省关工委、文明办	2011
临川区县学岭社区居委会	全省基层残联组织规范建设先进集体	江西省关工委	2011
资溪县委老干部局	全省老干部宣传思想工作先进单位	江西省委老干部局	2011、2013
抚州市老科协科普讲师团	全国优秀科普讲师团三等奖	中国老科协	2012
临川孝桥龙湾村关工小组	全国五好基层关工委先进集体	国家关工委	2013
南城县关工委	创建五好基层关工委优秀组织奖	国家关工委	2013
南丰县老年人活动中心	全国老年人健身活动示范基地	中国老年人体协	2013
金溪县委老干部局	全国老干部工作先进集体	中央组织部、人社部	2011
金溪县秀谷镇象山社区关心下一代工作小组	全国创五好基层关工委先进集体	国家关工委	2013
黎川县关工委	全省五好基层关工委先进集体	江西省关工委	2013
金溪县关工委	全省创五好关工委优秀组织奖	江西省关工委	2013
金溪县秀谷镇关工委	全省五好基层关工委先进集体	江西省关工委	2013

（三）获省级以上表彰的先进党组织（集体）

表 12–3

获奖单位	奖项名称	授予单位	授予时间
金溪县兽药厂党支部	全省先进党支部	江西省委组织部	1987
南丰县长红垦殖场党委	全国先进基层党组织	中央组织部	1989
抚州地区兽药厂党支部	全省先进基层党组织	江西省委	1989
抚州棉纺织厂党委	全省先进基层党组织	江西省委	1989
临川县华溪乡党委	全省先进基层党组织	江西省委	1989
宜黄县黄陂村党支部	全省先进基层党组织	江西省委	1989
东乡长林乡张坊村党支部	全省先进基层党组织	江西省委	1989、1991

续表：12-3

获奖单位	奖项名称	授予单位	授予时间
抚州市自来水公司党支部	全省先进基层党组织	江西省委	1989、1991
南城县株良乡株良村党支部	全省先进基层党组织	江西省委	1989 1991、1993
抚州地区经委党委	全省先进基层党组织	江西省委	1993
江西纺织机械厂党委	全省先进基层党组织	江西省委	1993
江西汽车底盘厂党委	全省先进基层党组织	江西省委	1993
临川县罗湖乡党委	全省先进基层党组织	江西省委	1993
南丰县波罗乡党委	全省先进基层党组织	江西省委	1993
721 矿山南分矿一工区党总支	全省先进基层党组织	江西省委	1993
东乡县经委党委	全省先进基层党组织	江西省委	1993
宜黄县二都乡山前村党支部	全省先进基层党组织	江西省委	1993、1995
宜黄县棠阴镇硖石村党支部	全省优秀党支部	江西省委组织部	1993
广昌县公安局党委	全国先进基层党组织	中央组织部	1995
抚州棉纺织厂党委	全省先进基层党组织	江西省委	1995
华东地质学院测量系学生党支部	全省先进基层党组织	江西省委	1995
抚州市公安消防中队党支部	全省先进基层党组织	江西省委	1995
南城县浔溪乡党委	全省先进基层党组织	江西省委	1995
南丰县洽湾乡党委	全省先进基层党组织	江西省委	1995
崇仁县公安局党委	全省先进基层党组织	江西省委	1995
黎川县华山垦殖场华联村党支部	全省先进基层党组织	江西省委	1995
乐安县人武部党委	全省先进基层党组织	江西省委	1995
金溪县造纸厂党支部	全省先进基层党组织	江西省委	1995
东乡虎圩乡林塘村党支部	全省先进基层党组织	江西省委	1995
富奇汽车制造厂党委	全国先进基层党组织	中央组织部	1996
临川河埠乡曾陆村党支部	全省创“五好”先进村党支部	江西省委组织部	1998
临川大岗镇和丰村党支部	全省创“五好”先进村党支部	江西省委组织部	1998
宜黄东陂镇管坊村党支部	全省创“五好”先进村党支部	江西省委组织部	1998
乐安戴坊镇离退休党支部	全省老干部工作先进集体	江西省委组织部 江西省委老干部局	1998
金溪左坊镇许家村党支部	全省农村基层组织建设“五个好”村党支部	江西省委组织部	2001-2002
金溪县财政局	全省县直包村先进单位	江西省委组织部	2001-2002
金溪县粮食局离退休党支部	全省达标创优先进单位	江西省委组织部 江西省委老干部局	2003
东乡县虎圩乡陈桥村党支部	全省“五个好”村党支部	江西省委组织部	2003
乐安县教育局离退休党支部	全省老干部先进党支部	江西省委组织部 江西省委老干部局	2003

续表：12-3

获奖单位	奖项名称	授予单位	授予时间
临川东馆镇东馆村党支部	全省“五好”村党支部	江西省委	2004
金溪县琅琚镇凤尾山村党支部	全省“三培两带”先进党组织	江西省委	2004
南城县株良镇路东村党支部	全省“三培两带”先进党组织	江西省委	2004
崇仁县礼陂镇红星村党支部	全省“三培两带”先进党组织	江西省委	2004
临川区东馆镇东馆村党支部	全省“三培两带”先进党组织	江西省委	2004
南丰县洽湾镇洽湾村党支部	全省“三培两带”先进党组织	江西省委	2004
黎川县湖坊乡石陂村党支部	全省“三培两带”先进党组织	江西省委	2004
宜黄县棠阴镇硖石村党支部	全省“三培两带”先进党组织	江西省委	2004
广昌县盱江镇新安村党支部	全省“三培两带”先进党组织	江西省委	2004
东乡县黎圩镇潭江村党支部	全省“三培两带”先进党组织	江西省委	2004
乐安县南村乡太平村党支部	全省“三培两带”先进党组织	江西省委	2004
资溪县马头山镇斗垣村党支部	全省“三培两带”先进党组织	江西省委	2004
南丰县委、县人民政府	全省“123”先进县级党政班子	江西省委	2004
资溪县委、县人民政府	全省“123”先进县级党政班子	江西省委	2004
临川区青云街道金巢社区党支部	全省基层党建工作红旗单位	江西省委	2004
南城县徐家乡五帝村党支部	全省基层党建工作红旗单位	江西省委	2004
黎川一中党总支	全省基层党建工作红旗单位	江西省委	2004
资溪县面包协会党委	全省基层党建工作红旗单位	江西省委	2004
黎川县湖坊乡石陂村党支部	全省“五个好”先进党支部	江西省委	2004
黎川县日峰镇党委	全省乡镇“三民”好班子	江西省委	2004
临川区东馆镇党委	全省乡镇“三民”好班子	江西省委	2004
崇仁县许坊乡党委	全省乡镇“三民”好班子	江西省委	2004
东乡县黎圩镇党委	全省乡镇“三民”好班子	江西省委	2004
乐安县鳌溪镇党委	全省乡镇“三民”好班子	江西省委	2004
南城县林业局	2001—2002 年度全省先进包村单位	江西省委组织部	2004
资溪县面包协会党委	全国先进基层党组织	中央组织部	2006、2011
广昌县甘竹镇鹅龙村党支部	全省先进基层党组织	江西省委	2006
抚州市国税局机关党委	全省先进基层党组织	江西省委	2006
宜黄县圳口乡党委	全省先进基层党委	江西省纪委、宣传部组织部	2006
抚州市委党校离退休党支部	全省离退休干部“红旗支部”	江西省委组织部 江西省委老干部局	2008
抚州市粮食局离退休党支部	全省离退休干部“红旗支部”	江西省委组织部 江西省委老干部局	2008
临川区教育局离退休党支部	全省离退休干部“红旗支部”	江西省委组织部 江西省委老干部局	2008

续表：12-3

获奖单位	奖项名称	授予单位	授予时间
南丰县林业局离退休干部党支部	全省离退休干部“红旗支部”	江西省委组织部 江西省委老干部局	2008
资溪县鹤城镇离退休党支部	全省离退休干部“红旗支部”	江西省委组织部 江西省委老干部局	2008
金溪县农业局离退休党支部	全省离退休干部“红旗支部”	江西省委组织部 江西省委老干部局	2008
崇仁县郭圩乡离退休党支部	全省离退休干部“红旗支部”	江西省委组织部 江西省委老干部局	2008
乐安县林业局离退休党支部	全省离退休干部“红旗支部”	江西省委组织部 江西省委老干部局	2008
金溪县农业局退休党支部	全省先进基层党组织	江西省委组织部	2009
抚州供电公司党委	全省先进基层党组织	江西省委	2009
南丰县蜜桔协会党委	全省先进基层党组织	江西省委	2009
黎川县人民法院党总支	全省先进基层党组织	江西省委	2009
东乡县孝岗镇党委	全省先进基层党组织	江西省委	2009
抚州粮食局离退休党支部	全省先进离退休干部党支部	江西省委组织部 江西省委老干部局	2010
临川区教育局离退休党支部	全省先进离退休干部党支部	江西省委组织部 江西省委老干部局	2010
南城县公安局退休党支部	全省先进离退休干部党支部	江西省委组织部 江西省委老干部局	2010
资溪县鹤城镇离退休党支部	全省先进离退休干部党支部	江西省委组织部 江西省委老干部局	2010
临川区罗针镇丁湖村党支部	全国抗洪救灾先进基层党组织	中央组织部	2011
宜黄县东陂镇江背村党支部	全省先进基层党组织	江西省委	2011
金溪县秀谷镇党委	全国创先争优先进基层党组织	中央组织部	2012
	全省创先争优先进基层党组织	江西省委	2012
东乡县委	全省创先争优活动先进县区委	江西省委	2012
东乡县圩上桥镇驻二连浩特流动党支部	全省创先争优先进基层党组织	江西省委	2012
南丰县企业退休职工党委	全省先进基层党组织	江西省委	2012
抚州市审计局离退休党支部	全省离退休干部“五好支部”	江西省委组织部 江西省委老干部局	2012
抚州市农业局离退休党支部	全省离退休干部“五好支部”	江西省委组织部 江西省委老干部局	2012
金溪县农业局退休党支部	全省离退休干部“五好支部”	江西省委组织部 江西省委老干部局	2012
临川区农业局老干部第一党支部	全省离退休干部“五好支部”	江西省委组织部 江西省委老干部局	2012
乐安县林业局离退休党支部	全省离退休干部“五好支部”	江西省委组织部 江西省委老干部局	2012
资溪县鹤城镇离退休党支部	全省离退休干部“五好支部”	江西省委组织部 江西省委老干部局	2012

续表：12-3

获奖单位	奖项名称	授予单位	授予时间
东乡县教育局离退休党支部	全省离退休干部“五好支部”	江西省委组织部 江西省委老干部局	2012
	全国离退休干部先进集体	中央组织部	2014
	全省离退休干部先进集体	江西省委老干部局	2014
金溪县林业局离退休党支部	全省离退休干部先进集体	江西省委老干部局	2014
资溪县鹤城镇离退休党支部	全省离退休干部先进集体	江西省委老干部局	2014
宜黄县人民法院离退休党支部	全省离退休干部先进集体	江西省委老干部局	2014

二、先进个人

（一）组织系统先进个人

表 12-4

姓名	性别	获奖时任职单位及职务	奖项名称	授奖单位	授奖时间
徐建明	男	东乡县委组织部干部	《江西党建》优秀发行员	江西省委组织部	1989–1993
许建华	男	黎川县委组织员	《江西党建》优秀发行员	江西省委组织部	1991–1995
徐建明	男	东乡县委组织员	全省党刊优秀通讯员	江西省委组织部	1992
			《江西党建》优秀通讯员	江西省委组织部	1994–1996
涂亚安	男	黎川县委组织部党员电教员	全省电化教育先进个人	江西省委组织部	1995
邓水生	男	资溪县委组织部党员电教员	全省电化教育先进个人	江西省委组织部	1995
刘国清	男	南城县委组织部党员电教员	全省电化教育先进个人	江西省委组织部	1995
游国华	男	临川县委组织部党员电教员	全省电化教育先进个人	江西省委组织部	1995
王　勤	男	宜黄县委组织部党员电教员	全省电化教育先进个人	江西省委组织部	1995
陈建华	男	东乡县委组织员	全省优秀党员电教工作者	江西省委组织部	1995
李华东	男	乐安县委组织部副部长	《江西党建》学刊用刊积极分子	江西省委组织部	1995
黄　斐	男	乐安县委组织部科员	全省优秀党员电教工作者	江西省委组织部	1995、1997
			《江西党建》优秀发行员	江西省委组织部	1996、1998
涂亚安	男	黎川县委组织员	全省农村基层组织建设先进个人	江西省委组织部	1997
黄德华	男	广昌县委组织部电教中心主任	全省优秀党员电教工作者	江西省委组织部	1997–2002
李华东	男	乐安县委组织部副部长	1995–1997 年度农村基层组织建设先进工作者	江西省委组织部	1998
陈建华	男	东乡县委组织员	《江西党建》优秀发行员	江西省委组织部	1998
刘镇芳	女	抚州市卫生局医保办主任	全省人民满意公务员	江西省委组织部	1998

续表：12-4

姓名	性别	获奖时任职单位及职务	奖项名称	授奖单位	授奖时间
易清莲	女	乐安县民政局副局长	全省万名机关干部帮助灾区重建工作先进个人	江西省灾后重建联络办、省委组织部省直机关工委	1999
吴来利	男	东乡县民政局副局长	全省县直包乡扶村先进个人	江西省委组织部	2000
周晓健	男	东乡县愉怡乡纪委书记乡示范服务基地书记	全省优秀示范服务基地领办人	江西省委组织部	2000
蔡高明	男	崇仁县委村建办副主任	全省优秀组工信息员	江西省委组织部	2000
陈仕华	男	广昌县委组织部	全省优秀组工信息员	江西省委组织部	2000–2001
黄明清	男	临川区委组织部科员	全省优秀组工信息员	江西省委组织部	2000–2001 2003–2004
平六根	男	南丰县委副科级组织员	《江西党建》学刊用刊积极分子	江西省委组织部	2001
蔡高明	男	崇仁县委村建办副主任	全省优秀党员电教工作者	江西省委组织部	2001、2002
李忠东	男	抚州市委正科组织员	全国干部统计工作先进个人	中央组织部人事部	2002
颜淑兰	女	临川区计划委员会主任	全省人民满意公务员	江西省委组织部宣传部、文明办人事厅	2002
万学林	男	南城县劳动人事局局长	全省人民满意公务员	江西省委组织部宣传部、文明办人事厅	2002
许建勤	男	南丰县洽湾乡党委书记	全省人民满意公务员	江西省委组织部宣传部、文明办人事厅	2002
肖　明	男	抚州市委组织部电教中心干部	全省优秀党员电教工作者	江西省委组织部	2002
黎云娥	女	抚州市防疫站党总支副书记	全省优秀党员电教工作者	江西省委组织部	2002
黄有盛	男	临川区委常委、组织部部长	全省优秀党员电教工作者	江西省委组织部	2002
吴德春	男	临川采茶剧团编剧	全省优秀党员电教工作者	江西省委组织部	2002
万　平	男	南城县委组织部电教干部	全省优秀党员电教工作者	江西省委组织部	2002
邓新荣	男	乐安县委组织部组织科科长	全省优秀党员电教工作者	江西省委组织部	2002、2007
曹建辉	男	宜黄县组织部电教中心主任	全省优秀党员电教工作者	江西省委组织部	2002
何　磊	男	金溪县委副科级组织员	全省优秀党员电教工作者	江西省委组织部	2002
尧棒庚	男	黎川县委副科级组织员	全省优秀党员电教工作者	江西省委组织部	2002
			全省优秀组工信息员	江西省委组织部	2002
卢勇新	男	南丰县建设局党办主任	全省优秀党员电教工作者	江西省委组织部	2002
朱光明	男	南城县委组织部	全省优秀组工信息员	江西省委组织部	2002
郑须生	男	南丰县委组织部	全省优秀组工信息员	江西省委组织部	2002–2005
詹可云	男	乐安县委组织部干部科副科长	全省干部人事档案工作先进个人	江西省委组织部	2002
付艺芳	女	临川区青云街办芝山社区党支部书记、居委会主任	全国优秀社区工作者	中央组织部	2003

续表：12-4

姓名	性别	获奖时任职单位及职务	奖项名称	授奖单位	授奖时间
王贡明	男	金溪县委村建办副主任	2001-2002 年全省农村基层组织建设先进个人	江西省委组织部	2003
李锡明	男	资溪县委组织部	全省优秀组工信息员	江西省委组织部	2004
戈木圣	男	县委组织部干部	全省优秀组工信息员	江西省委组织部	2005
江志坚	男	抚州市委组织部	全省优秀组工信息员	江西省委组织部	2005
封　溢	男	临川区委组织部	全省优秀组工信息员	江西省委组织部	2005、2008
付长民	男	黎川县委组织部干部	全省优秀组工信息员	江西省委组织部	2005 2008-2010
危小娟	女	广昌县委副科级组织员	全省优秀组工信息员	江西省委组织部	2006-2011
吴立平	男	宜黄县圳口乡麻坑村党总支书记	全省党员电化教育优秀播放员	江西省委组织部	2007
高志良	男	金溪县左坊镇党委组织委员	全省党员电化教育先进工作者	江西省委组织部	2007
陈汉平	男	东乡县黎圩镇党委组织干事	全省党员电化教育先进工作者	江西省委组织部	2007
谢爱隆	男	广昌县委组织部干部	全省优秀组工信息员	江西省委组织部	2007-2008
余庆中	男	宜黄县委组织部干部	全省优秀组工信息员	江西省委组织部	2008
			《江西组工通讯》宣传通联工作先进个人	江西省委组织部	2008
谢裕震	男	广昌县委组织部干部	《江西组工通讯》宣传通联工作先进个人	江西省委组织部	2008
邵　华	女	乐安县委组织部	全省优秀组工信息员	江西省委组织部	2008
			《江西组工通讯》宣传通联工作先进个人	江西省委组织部	2008
吴吉平	男	临川区委组织部干部	《江西组工通讯》宣传通联工作先进个人	江西省委组织部	2008
胡　进	男	南城县委村建办副主任	《江西组工通讯》宣传通联工作先进个人	江西省委组织部	2008
			全省组织系统新闻宣传通联工作先进个人	江西省委组织部	2008-2010
邓海明	男	崇仁县组织部	《江西组工通讯》宣传通联工作先进个人	江西省委组织部	2008
胡林高	男	东乡县瑶圩乡党委书记	全国人民满意公务员	中央组织部、人社部、国家公务员局	2009
王泽义	男	南丰县科技特派员	全国优秀科技特派员	科技部	2009
徐全龙	男	资溪县全龙面包培训学校校长	江西省突出贡献人才	江西省委 江西省政府	2009
危小娟	女	广昌县委副科级组织员	《江西组工通讯》宣传通联工作先进个人	江西省委组织部	2009-2010
吴智勇	男	宜黄县委组织部	全省优秀组工信息员	江西省委组织部	2009-2011
谢爱隆	男	抚州市委组织部	全省优秀组工信息员	江西省委组织部	2009-2012
吴吉平	男	临川区委组织部	全省优秀组工信息员	江西省委组织部	2009-2010
吴信仁	男	崇仁县委组织部副部长 人社局局长	人民满意公务员一等功	江西省委组织部 人社厅、公务员局	2010

续表：12-4

姓名	性别	获奖时任职单位及职务	奖项名称	授奖单位	授奖时间
刘　凯	男	南城县委组织部	全省优秀组工信息员	江西省委组织部	2010
邓晓峰	男	南城县委组织部副部长	《江西组工通讯》宣传通联工作先进个人	江西省委组织部	2010
谢爱隆	男	抚州市委组织部调研科副科长、正科级组织员	《江西组工通讯》宣传通联工作先进个人	江西省委组织部	2010
方建华	男	临川区委组织部副部长	《江西组工通讯》宣传通联工作先进个人	江西省委组织部	2010
吴信仁	男	崇仁县组织部副部长 人社局局长	人民满意公务员一等功	江西省委组织部 人社厅、公务员局	2010
王贡明	男	金溪县委组织部副部长、村建办主任	全省组织系统新闻宣传工作先进个人	江西省委组织部	2010
			《江西组工通讯》宣传通联工作先进个人	江西省委组织部	2010
尧棒庚	男	黎川县委组织部副部长	《江西组工通讯》宣传通联工作先进个人	江西省委组织部	2010
章带荣	女	宜黄县委组织部副部长	《江西组工通讯》宣传通联工作先进个人	江西省委组织部	2010
曾国华	男	乐安县委组织部	全省优秀组工信息员	江西省委组织部	2010–2011
刘　平	男	资溪县委组织部 电教中心主任	全省组织系统优秀网宣员	江西省委组织部	2010–2012
			全省新闻宣传通联工作先进个人	江西省委组织部	2010–2012
谢爱隆	男	抚州市委组织部调研科科长	全国组织系统优秀网宣员	中央组织部	2011
吴吉平	男	抚州市委组织部	全省优秀组工信息员	江西省委组织部	2011
薛华华	男	抚州市委组织部	全省优秀组工信息员	江西省委组织部	2011
邓海明	男	崇仁县委组织部	全省优秀组工信息员	江西省委组织部	2011
王　强	男	南丰县委组织部	全省优秀组工信息员	江西省委组织部	2011
章　华	男	南城县委组织部	全省优秀组工信息员	江西省委组织部	2011
戴加相	男	黎川县委组织部办公室主任	全省优秀组工信息员	江西省委组织部	2011
汤智凯	男	抚州市委组织部干部	全省党内统计先进个人	江西省委组织部	2011
潘云生	男	黎川县委副科级组织员	全省优秀组工信息员、“好信息”奖	江西省委组织部	2011
揭智能	男	东乡县委组织部副部长	全国组织系统“讲党性、重品行、作表率”活动优秀奖	中央组织部 人社部	2012
			全省组织系统“十佳”组工干部	江西省委组织部 江西省人社厅	2012
沈思溢	男	崇仁县委组织部	《江西组工通讯》宣传通联工作先进个人	江西省委组织部	2012
戴加相	男	黎川县委组织部办公室主任	全省组织系统优秀网宣员	江西省委组织部	2012

续表：12–4

姓名	性别	获奖时任职单位及职务	奖项名称	授奖单位	授奖时间
邱小芳	男	广昌县千善乡党委委员	全省省党员干部现代远程教育服务标兵	江西省委组织部	2012
危小娟	女	广昌县委副科级组织员	全省组织系统“讲党性、重品行、作表率”活动先进个人	江西省委组织部	2012
吴报盛	男	金溪琅琚镇党委组织委员	全省组织系统“讲党性、重品行、作表率”活动先进个人	江西省委组织部	2012
张清霞	女	乐安县委人才办主任	全省组织系统“讲党性、重品行、作表率”活动先进个人	江西省委组织部	2012
章建兵	男	宜黄县委组织员办主任	全省组织系统“讲党性、重品行、作表率”活动先进个人	江西省委组织部	2012
王志华	男	金溪县委组织部副部长	全省组织系统新闻宣传工作先进个人	江西省委组织部	2012
付长民	男	黎川县委人才办副主任	《江西组工通讯》优秀通联工作者	江西省委组织部	2012
余庆中	男	宜黄县委组织部干部	2011 年度优秀信息员	江西省委组织部	2012
叶　盛	男	宜黄县委村建办副主任、县委组织部党建科副科长	全省组织系统新闻报道先进个人	江西省委组织部	2012
陈军伟	男	宜黄县委组织部干部	全省组织部门优秀信息员	江西省委组织部	2012
戈木圣	男	广昌县委组织部正科级组织员	全省组织系统新闻宣传先进个人	江西省委组织部	2012–2013
谢仪梅	男	广昌县委村建办副主任	全省组织系统优秀网宣员	江西省委组织部	2012–2013
刘　平	男	资溪县委组织部电教中心主任	全国组织系统优秀网宣员	中央组织部	2013
陈军伟	男	宜黄县委组织部干部	全省现代远程教育工作标兵	江西省委组织部	2013
聂娟娟	女	金溪县委组织部远程办干部	全省现代远程教育工作标兵	江西省委组织部	2013
陈光明	男	东乡县委组织部远程办主任	全省现代远程教育工作标兵	江西省委组织部	2013
胡　进	男	南城县委村建办主任	全省现代远程教育工作标兵	江西省委组织部	2013
肖竹林	男	金溪陆坊乡党委组织干事	全省远程教育优秀站点管理员	江西省委组织部	2013
李武杰	男	宜黄县中港镇何坊畲族村主任助理	全省远程教育优秀站点管理员	江西省委组织部	2013
袁　峥	男	乐安县南村乡管坊村党支部副书记	全省远程教育优秀站点管理员	江西省委组织部	2013
揭晓林	男	金溪县琅琚镇凤尾山村党支部书记	全省远程教育学用致富标兵	江西省委组织部	2013
刘晓峰	男	宜黄县凤冈镇新斜村主任	全省远程教育学用致富标兵	江西省委组织部	2013
詹　攀	女	金溪秀谷五里村委会主任助理	全省优秀大学生村官	江西省委组织部	2013
刘国强	男	乐安团县委书记助理、招携镇饶坊村党支部副书记	全省优秀大学生村官	江西省委组织部	2013
罗建亮	男	东乡县王桥镇倪家村党支部书记	全省优秀大学生村官	江西省委组织部	2013
潘云生	男	黎川县委正科级组织员县委村建办主任	全省优秀组工信息员课件开发标兵	江西省委组织部	2013

续表：12-4

姓名	性别	获奖时任职单位及职务	奖项名称	授奖单位	授奖时间
应　月	女	东乡邓家乡上杨村书记助理	全省远程教育 优秀站点管理员	江西省委组织部	2013
			全省优秀大学生村官	江西省委组织部	2013
张　凯	男	宜黄县东陂镇管坊村 党支部副书记	全省优秀大学生村官	江西省委组织部	2013
叶菲芳	女	抚州市委组织部干部	全国组织系统优秀网宣员	中央组织部	2014
黄祖骏	男	宜黄县凤冈镇河东村 主任助理	全省优秀大学生村官	江西省委组织部	2014
梁志强	男	东乡县邓家乡嵇坊村 党支部书记助理	全省优秀大学生村官	江西省委组织部	2014
刘　阳	男	乐安县南村乡山心村 党支部书记	全省优秀大学生村官	江西省委组织部	2015

（二）老干部系统先进个人

表 12-5

姓名	性别	获奖时任职单位及职务	奖项名称	授奖单位	授奖时间
楼定中	男	金溪县委副书记 县关工委主任	全省关心下一代优秀工作者	江西省关工委	1996
章树和	男	黎川县委组织部部长	全省重视老干部 工作先进个人	江西省委组织部	1997
徐小英	女	宜黄县委老干部局局长	全省老干部工作先进个人	江西省委组织部 江西省委老干部局	1998
徐卫红	女	崇仁县委老干部局副局长	全省老干部工作先进个人	江西省委组织部 江西省委老干部局	1998
孙青山	男	崇仁县人武部离休干部	全省老干部先进个人	江西省委组织部 江西省委老干部局	1998
黄钧如	男	南丰县老年科协副会长	全省老干部先进个人	江西省委组织部 江西省委老干部局	1998
单及春	男	抚州地区行署离休干部	全省老干部先进个人	江西省委组织部 江西省委老干部局	1998
王秋生	男	乐安县委老干部局局长	全省老干部工作先进个人	江西省委组织部 江西省委老干部局	1998
银光灿	男	乐安县委副书记	全省老干部工作先进个人	江西省委组织部 江西省委老干部局	1998
申进东	男	金溪县委老干部局干部	全省老干部工作先进个人	江西省委组织部 江西省委老干部局	1998
欧阳辉	男	临川区粮食局离休干部	全国首届十佳少先队 志愿辅导员	共青团中央 全国少工委	1999
江兴禄	男	金溪县关工委常务副主任	全省“中华魂” 读书活动先进个人	江西省关工委	2000
郑友清	男	金溪县二中校长	全省关心下一代 宣传工作先进个人	江西省关工委	2000
周恒祥	男	广昌县委老干部局局长	全省老干部工作先进个人	江西省委老干部局	2002
周国华	男	资溪县委老干部局局长	全省老干部工作先进个人	江西省委老干部局	2002

续表：12-5

姓名	性别	获奖时任职单位及职务	奖项名称	授奖单位	授奖时间
何秀英	女	东乡县委老干部局局长	全省老干部工作先进个人	江西省委老干部局	2002
王先荣	男	临川区委老干部局局长	全省老干部工作先进个人	江西省委老干部局	2002
宁胜利	男	南城县委老干部局局长	全省老干部工作先进个人	江西省委老干部局	2002
王麟儒	男	南丰县委老干部局局长	全省老干部工作先进个人	江西省委老干部局	2002
黄发高	男	抚州市委老干部局副局长	全省老干部工作先进个人	江西省委老干部局	2002
陈年生	男	乐安县委老干部局副局长	全省老干部工作先进个人	江西省委老干部局	2002
孔　琳	女	黎川县关工委办公室主任	全省老干部工作先进个人	江西省委老干部局	2002
李友清	男	宜黄县委老干部局干部	全省老干部工作先进个人	江西省委老干部局	2002
许劲松	男	金溪县委老干部局干部	全省老干部工作先进个人	江西省委老干部局	2002
袁木兰	女	崇仁县委老干部局干部	全省老干部工作先进个人	江西省委老干部局	2002
颜超华	男	南丰县老年体协主席	全国老年体育先进个人	中国老年人体育协会	2003
修涤川	男	金溪县委老干部局副局长	全省关心下一代宣传工作先进个人	江西省关工委	2003
单及春	男	抚州地区行署离休干部	全国老干部先进个人	中央组织部	2004
万高峰	男	抚州军分区干休所所长	先进老干部工作者	江西省军区	2004
周云福	男	金溪县科协退休干部	全国农村科普工作先进个人	中国科学技术协会	2005
邱自湘	男	金溪县老年科协会长	全国老科协先进个人	中国老科协	2005
吴　森	男	南丰县老年科协副会长	全国农村科普工作先进个人	中国科学技术协会	2005
伍于光	男	资溪县关工委主任	全国关心下一代工作先进个人	中国关工委 中央文明办	2005、2010
欧阳辉	男	临川区粮食局离休干部	全国关心下一代工作先进个人	中国关工委 中央文明办	2005、2010
孔　琳	女	黎川县关工委办公室主任	全省关心下一代工作先进个人	江西省关工委	2005
钟远鸣	男	金溪县关工委主任	全省关心下一代工作先进个人	江西省关工委	2005、2011
郑小泉	男	金溪县委老干部局副局长	全省老干部宣传报道工作先进个人	江西省委老干部局	2005–2007
黄钧如	男	南丰县老年科协副会长	全国“银龄行动”先进个人	全国老龄委	2006
周丽秀	女	抚州市委老干部局局长	全省先进老干部工作者	江西省委组织部、人事厅、老干部局	2006
张　敏	男	抚州市委老干部局秘书科科长	全省先进老干部工作者	江西省委组织部、人事厅、老干部局	2006
孔　琳	女	黎川县关工委办公室主任	全省学用《育人》导刊先进个人	江西省关工委 江西省文明办	2007
何秀英	女	东乡县委老干部局局长	全省思想宣传工作先进个人	江西省委老干部局	2007
朱光明	男	南城县委老干部局副局长	全省老干部宣传报道工作先进个人	江西省委老干部局	2007–2008 2010 2012–2013
吴　森	男	南丰县老年科协副会长	中国农函大先进工作者	中国农函大	2008
徐达元	男	宜黄县老年体协主席	全省优秀离退休干部党员	江西省委组织部 江西省委老干部局	2008

续表：12-5

姓名	性别	获奖时任职单位及职务	奖项名称	授奖单位	授奖时间
张荷仙	女	金溪县秀谷镇离退休党支部书记	全省优秀离退休干部党员	江西省委组织部 江西省委老干部局	2008
徐济川	男	金溪县政府机关退休党支部书记	全省优秀离退休干部党员	江西省委组织部 江西省委老干部局	2008
邹文科	男	临川区人大机关退休干部	全省优秀离退休干部党员	江西省委组织部 江西省委老干部局	2008
王友龙	男	临川区云山镇政府退休干部	全省优秀离退休干部党员	江西省委组织部 江西省委老干部局	2008
黄钧如	男	南丰县老年科协副会长	全省优秀离退休干部党员	江西省委组织部 江西省委老干部局	2008
刘振兴	男	抚州市汽运公司离休干部	全省优秀离退休干部党员	江西省委组织部 江西省委老干部局	2008
黄金良	男	抚州市广电局退休干部	全省优秀离退休干部党员	江西省委组织部 江西省委老干部局	2008
蔡春英	女	抚州市发改委退休干部	全省优秀离退休干部党员	江西省委组织部 江西省委老干部局	2008
王祝惠	男	抚州市国税局退休干部	全省优秀离退休干部党员	江西省委组织部 老干部局	2008
梁文才	男	黎川县政协退休干部	全省优秀离退休干部党员	江西省委组织部 江西省委老干部局	2008
徐映寰	男	资溪县工商局退休干部	全省优秀离退休干部党员	江西省委组织部 江西省委老干部局	2008
何新祥	男	东乡县政府办退休干部	全省优秀离退休干部党员	江西省委组织部 江西省委老干部局	2008
徐长俦	男	乐安县粮食局退休干部	全省优秀离退休干部党员	江西省委组织部 江西省委老干部局	2008
王仁汉	男	南城县政协机关退休干部	全省优秀离退休干部党员	江西省委组织部 江西省委老干部局	2008
白木欣	男	广昌县人大机关退休干部	全省优秀离退休干部党员	江西省委组织部 江西省委老干部局	2008
潘高孙	男	崇仁县经委退休干部	全省优秀离退休干部党员	江西省委组织部 江西省委老干部局	2008
徐达元	男	宜黄县人大机关退休干部	全省优秀离退休干部党员	江西省委组织部 江西省委老干部局	2008
钟远鸣	男	金溪县老年大学校长	全国先进老年教育工作者	全国老年大学理事会	2009
张　敏	男	抚州市委老干部局秘书科科长	全省老干部宣传报道工作先进个人	江西省委老干部局	2009-2013
吴建锋	男	金溪县关工委办公室主任	全省老干部宣传报道工作先进个人	江西省委老干部局	2009、2011
伍勇斌	男	南城县关工委主任	全国关心下一代工作先进个人	中国关工委 中央文明办	2010
王中松	男	南丰县建设局离休干部	全省离退休干部先进个人	江西省委组织部 江西省委老干部局	2010

续表：12–5

姓名	性别	获奖时任职单位及职务	奖项名称	授奖单位	授奖时间
符镇国	男	广昌县人大常委会退休干部	全省离退休干部先进个人	江西省委组织部 江西省委老干部局	2010
喻　彪	男	抚州市委党校退休干部	全省离退休干部先进个人	江西省委组织部 江西省委老干部局	2010
李斯炯	男	东乡县委党校离休干部	全省离退休干部先进个人	江西省委组织部 江西省委老干部局	2010
吴　希	男	乐安县发改委离休干部	全省离退休干部先进个人	江西省委组织部 江西省委老干部局	2010
范贤儒	男	崇仁县政协离休干部	全省离退休干部先进个人	江西省委组织部 江西省委老干部局	2010
梁文才	男	黎川县政协退休干部	全省离退休干部先进个人	江西省委组织部 江西省委老干部局	2010
张和西	男	东华理工大学离退休工作处 离退休科科长	全国老干部工作先进个人	中央组织部、人社部	2011
方秋华	男	宜黄县委组织部副部长 老干部局局长	全省先进老干部工作者	江西省委组织部 人社厅、老干部局	2011
朱光明	男	南城县委老干部局副局长	全省老干部工作先进工作者	江西省委组织部 人社厅、老干部局	2011
孙金堂	男	东乡县教育局	全省优秀老干部党务工作者	江西省委老干部局	2011
曾丽萍	女	乐安县委组织部副部长 老干部局局长	全省老干部工作先进个人	江西省委组织部 江西省委老干部局	2011
宁宏昌	男	崇仁县政协退休干部	全省离退休干部 创先争优“四好党员”	江西省委组织部 江西省委老干部局	2012
许仕林	男	宜黄县教育局 老干部党支部书记	全省离退休干部 创先争优“四好党员”	江西省委组织部 江西省委老干部局	2012
黄爱高	男	抚州市粮食局退休干部	全省离退休干部 创先争优“四好党员”	江西省委组织部 江西省委老干部局	2012
喻　彪	男	抚州市委党校退休干部	全省离退休干部 创先争优“四好党员”	江西省委组织部 江西省委老干部局	2012
蔡春英	女	抚州市发改委退休干部	全省离退休干部 创先争优“四好党员”	江西省委组织部 江西省委老干部局	2012
杜烈义	男	广昌县教育局退休干部	全省离退休干部 创先争优“四好党员”	江西省委组织部 江西省委老干部局	2012
吴正吉	男	金溪县林业局退休干部	全省离退休干部 创先争优“四好党员”	江西省委组织部 江西省委老干部局	2012
黄贤贵	男	黎川县教育局退休干部	全省离退休干部 创先争优“四好党员”	江西省委组织部 江西省委老干部局	2012
邓金令	男	南丰县委组织部退休干部	全省离退休干部 创先争优“四好党员”	江西省委组织部 江西省委老干部局	2012
黄云洁	男	南城县公安局退休干部	全省离退休干部 创先争优“四好党员”	江西省委组织部 江西省委老干部局	2012
欧阳辉	男	临川区粮食局离休干部	江西共青团致敬人物	共青团江西省委	2012
李灿生	男	资溪县委老干部局局长	全省老干部工作先进个人	江西省委老干部局	2012
许享群	男	抚州供电公司退休党员	全国离退休干部先进个人	中央组织部	2014

续表：12–5

姓名	性别	获奖时任职单位及职务	奖项名称	授奖单位	授奖时间
喻　彪	男	抚州市委党校退休干部	全省离退休干部先进个人	江西省委组织部 江西省委老干部局	2014
杨露露	女	临川区人大常委会退休干部	全省离退休干部先进个人	江西省委组织部 江西省委老干部局	2014
程梦兰	女	南城县计生委退休干部	全省离退休干部先进个人	江西省委组织部 江西省委老干部局	2014
李瑞林	男	广昌县政协退休干部	全省离退休干部先进个人	江西省委组织部 江西省委老干部局	2014
饶绍泉	男	南丰县人大常委会退休干部	全省离退休干部先进个人	江西省委组织部 江西省委老干部局	2014
徐建明	男	崇仁县政府办退休干部	全省离退休干部先进个人	江西省委组织部 江西省委老干部局	2014
黄建平	男	黎川县林业局退休干部	全省离退休干部先进个人	江西省委组织部 江西省委老干部局	2014
吴国旺	男	乐安县人民医院 退休党支部书记	全省离退休干部先进个人	江西省委组织部 江西省委老干部局	2014

（三）优秀党务工作者

表 12–6

姓名	性别	获奖时任职单位及职务	奖项名称	授奖单位	授奖时间
胡春高	男	东乡县珀玕乡党委书记	全国优秀党务工作者	中央组织部	1989
			全省优秀党务工作者	江西省委	1989
涂润生	男	临川县湖南乡 兰坊村党支部书记	全省优秀党务工作者	江西省委	1989
邓水保	男	南城县沙洲乡党委书记	全省优秀党务工作者	江西省委	1989
王新华	男	乐安县湖坪乡西头村 党支部书记	全省优秀党务工作者	江西省委	1989
符节约	男	宜黄县圳口乡党委书记	全省优秀党务工作者	江西省委	1989
乐育才	男	东乡师范校长兼党委书记	全省优秀党务工作者	江西省委	1989
熊云鹏	男	崇仁县东来乡党委书记	全省优秀党务工作者	江西省委	1989
戴祥生	男	乐安县经贸委党委副书记	全省优秀党务工作者	江西省委	1989
王德芳	男	—	全省优秀党务工作者	江西省委	1989
曾向前	男	—	全省优秀党务工作者	江西省委	1989
黄维清	男	—	全省优秀党务工作者	江西省委	1989
徐有祥	男	—	全省优秀党务工作者	江西省委	1989
邹德贵	男	抚州地区卫生局医政科科长	全省优秀党务工作者	江西省委	1989
何国祥	男	金溪县陆坊乡党委书记	全省优秀党务工作者	江西省委	1989
饶贵生	男	南丰县三溪乡党委书记	全省优秀党务工作者	江西省委	1989
游木根	男	广昌县委常委	全省优秀党务工作者	江西省委	1989
陈志方	男	红星企业集团党委副书记	全省优秀党务工作者	江西省委	1993
娄荣华	男	—	全省优秀党务工作者	江西省委	1993

续表：12-6

姓名	性别	获奖时任职单位及职务	奖项名称	授奖单位	授奖时间
郑文胜	男	黎川县委组织部副部长	全省优秀党务工作者	江西省委	1993
杨继平	男	南城县万坊乡党委书记	全省优秀党务工作者	江西省委	1993
邹建华	男	崇仁县礼陂镇党委书记	全省优秀党务工作者	江西省委	1993
黄华强	男	广昌县旴江镇党委书记	全省优秀党务工作者	江西省委	1995
杨和茂	男	临川市抚北镇党委书记	全省优秀党务工作者	江西省委	1995
罗香如	男	—	全省优秀党务工作者	江西省委	1995
邱兴福	男	乐安县委组织部副部长 老干局局长	全省优秀党务工作者	江西省委	1995
黄根仂	男	—	全省优秀党务工作者	江西省委	1995
晏人扬	男	南丰县桥背乡副书记	全省优秀党务工作者	江西省委	1995
简京兰	男	黎川县日峰镇党委书记	全省优秀党务工作者	江西省委	1995
付淑清	男	—	全省优秀党务工作者	江西省委	1995
潘毓虹	男	—	全省优秀党务工作者	江西省委	1995
潘德民	男	—	全省优秀党务工作者	江西省委	1995
李秋生	男	乐安县委书记	全国优秀党务工作者	中央组织部	1996
黄华强	男	广昌县旴江镇党委书记	全国优秀党务工作者	中央组织部	1996
胡香兰	女	金溪县合市乡党委书记	全省优秀乡镇党委书记	江西省委	1996
邹招雄	男	宜黄县黄陂镇 中田村党支部书记	全省优秀农村党支部书记	江西省委组织部	1996
汪社泉	男	宜黄县东陂镇 管坊村党支部书记	全省优秀农村党支部书记	江西省委组织部	1996
洪新阶	男	宜黄县棠阴镇 硖石村党支部书记	全省优秀农村党支部书记	江西省委组织部	1996
刘长发	男	宜黄县二都镇山前 村党支部书记	全省优秀农村党支部书记	江西省委组织部	1996
罗卫生	男	乐安县公溪镇荷陂村 党支部书记	全省优秀农村党支部书记	江西省委组织部	1996
蔡水根	男	南城县龙湖镇 蔡坊村党支部书记	全省优秀农村党支部书记	江西省委组织部	1996
范伏龙	男	南城县里塔镇里 塔村党支部书记	全省优秀农村党支部书记	江西省委组织部	1996
吴小明	男	广昌县长桥乡政府	全省优秀农村党支部书记	江西省委组织部	1996
周兴助	男	东乡县虎圩乡 炉前村党支部书记	全省农村优秀党支部书记	江西省委组织部	1996
吴茂林	男	金溪县陆坊乡党委书记	全省培养选拔农村党支部书 记工作先进乡党委书记	江西省委组织部	1996
陈绍平	男	乐安县人武部政委	优秀党务工作者	南京军区	1999
邱澄辉	男	宜黄二都乡山前村 党支部书记	江西省劳动模范	江西省委	2000
刘应龙	男	南城县株良镇 路东村支部书记	全省“新形象楷模”	江西省委组织部 江西省委宣传部	2002
黄邦鸿	男	乐安县水利局办公室主任	全省包乡扶村先进个人	江西省委组织部	2003

续表：12–6

姓名	性别	获奖时任职单位及职务	奖项名称	授奖单位	授奖时间
黄　锋	男	崇仁县许坊乡党委书记	全省优秀乡镇党委书记	江西省委	2004
徐学平	男	崇仁县巴山镇罗枧村党支部书记	全省优秀村党支部书记	江西省委	2004
孔滨兵	男	黎川县宏村镇党委书记	全省农村工作先进个人	江西省政府	2004
郑建高	男	临川区东馆镇东馆村党支部书记	全省“双带”标兵	江西省委	2004
刘应龙	男	南城县株良镇路东村党支部书记	全省“双带”标兵	江西省委	2004
孙林仔	男	南丰县洽湾镇洽湾村党支部书记	全省“双带”标兵	江西省委	2004
潘国平	男	黎川县湖坊乡石陂村党支部书记	全省“双带”标兵	江西省委	2004
昌火生	男	崇仁县礼陂镇红星村党支部书记	全省“双带”标兵	江西省委	2004
周宫来	男	宜黄县棠阴镇硖石村党支部书记	全省“双带”标兵	江西省委	2004
桂炳华	男	乐安县鳌溪镇下罗村党支部书记	全省“双带”标兵	江西省委	2004
丁丽华	女	金溪县琅琚镇凤尾山村党员	全省“双带”标兵	江西省委	2004
兰念瑛	女	资溪县乌石镇新月村村委会主任	全省“双带”标兵	江西省委	2004
曾自兴	男	东乡县黎圩镇潭江村党支部书记	全省“双带”标兵	江西省委	2004
谢南阳	男	广昌县盱江镇清水村党员	全省“双带”标兵	江西省委	2004
谭玉英	女	南丰县三溪乡党委书记	全省优秀农村基层干部	江西省委	2005
李　辉	男	宜黄县人民医院党支部书记、院长	全省优秀党务工作者	江西省委	2006
夏日新	男	东乡县黎圩镇党委书记	全省优秀党务工作者	江西省委	2006
吴冬秀	女	广昌县甘竹镇党委	全省优秀党务工作者	江西省委	2009
王繁凡	男	黎川县日峰镇党委书记	全省优秀党务工作者	江西省委	2009
张小仕	男	南丰县林业局局长	优秀党务工作者	江西省委	2009
章　卫	男	抚州市公安局禁毒支队支队长	优秀党务工作者	江西省委	2009
张美娟	女	抚州市质量技术监督局机关党委副书记	全国质监系统优秀党务工作者	国家质检总局党委	2011
余平庚	男	金溪县秀谷镇党委书记	全省优秀党务工作者	江西省委	2011

（四）优秀共产党员

表 12–7

姓名	性别	获奖时任职单位及职务	奖项名称	授奖单位	授奖时间
程梦兰	女	南城县洪门镇政府	全省优秀共产党员	江西省委	1984
朱应生	男	南城县岳口乡民兵营长	全省优秀共产党员	江西省委 江西省军区	1985

续表：12-6

姓名	性别	获奖时任职单位及职务	奖项名称	授奖单位	授奖时间
邱荣庭	男	东乡县皮肤病院院长	全省优秀共产党员	江西省委	1985
吴印龙	男	东乡县长林乡张坊村党支部书记	全省优秀共产党员	江西省委	1989
周润民	男	临川兽药厂厂长兼党支部书记	全省优秀共产党员	江西省委	1989
徐远道	男	—	全省优秀共产党员	江西省委	1989
张育松	男	江西第二气体压缩机厂党支部书记	全省优秀共产党员	江西省委	1989
涂火根	男	—	全省优秀共产党员	江西省委	1989
邓思源	男	广昌县甘竹派出所干警	全省优秀共产党员	江西省委	1989、1991
廖世义	男	—	全省优秀共产党员	江西省委	1989、1991 1993
夏生太	男	—	全省优秀共产党员	江西省委	1989
黄正晖	男	抚州市玉茗宾馆经理	全省优秀共产党员	江西省委	1989
章凤云	女	—	全省优秀共产党员	江西省委	1989
龙水荣	男	抚州地区柑桔研究所所长	全省优秀共产党员	江西省委	1989
李罗海	男	—	全省优秀共产党员	江西省委	1989
邓明琪	男	—	全省优秀共产党员	江西省委	1989
范贤儒	男	崇仁县政协干部	全省优秀共产党员	江西省委	1989
刘全金	女	金溪县秀谷街道党支部书记	全省优秀共产党员	江西省委	1989
吴茂林	男	金溪县陆坊乡党委书记	全省优秀共产党员	江西省委	1989、1995
熊印仂	男	南丰县太和镇下桐村党支部副书记	全省优秀共产党员	江西省委	1989
黄启厚	男	宜黄县东陂邮电所邮递员	全省优秀共产党员	江西省委	1989、1991
蔡嘟仂	男	黎川县裘坊乡十字村委会主任	全省优秀共产党员	江西省委	1991
陈　克	男	抚州地委组织员办公室主任	全省优秀共产党员	江西省委	1991
蔡三嘟	男	黎川县日峰镇十字村党支部书记	全省优秀共产党员	江西省委	1991
周春梅	女	临川收费站班长	全省优秀共产党员	江西省委	1991
李振华	男	—	全省优秀共产党员	江西省委	1991
周仲藩	男	—	全省优秀共产党员	江西省委	1991
刘贵龙	男	金溪县造纸厂厂长	全省优秀共产党员	江西省委	1992–1993
邱绍明	男	广昌县新安乡农民	全省优秀共产党员	江西省委	1993
张仁泉	男	临川县温泉乡六岭村党支部书记	全省优秀共产党员	江西省委	1993、1995
李高香	女	—	全省优秀共产党员	江西省委	1993
陈平辉	男	—	全省优秀共产党员	江西省委	1993
李文龙	男	资溪县高阜镇务农村党支部书记	全省优秀共产党员	江西省委	1993

续表：12–7

姓名	性别	获奖时任职单位及职务	奖项名称	授奖单位	授奖时间
徐施教	男	—	全省优秀共产党员	江西省委	1993
李信生	男	抚州市文昌蓄电池厂厂长	全省优秀共产党员	江西省委	1993
周明孙	男	崇仁县麻鸡有限公司经理	全省优秀共产党员	江西省委	1995
刘满珠	女	东乡县岗上积乡青湖村党支部书记	全省优秀共产党员	江西省委	1995
李盛光	男	临川二中校长	全省优秀共产党员	江西省委	1995
吴方勇	男	广昌县万泉机械厂职工	全省优秀共产党员	江西省委	1995
方良进	男	—	全省优秀共产党员	江西省委	1995
江富生	男	黎川县三小教师	全省优秀共产党员	江西省委	1995
马福茂	男	抚州地区建筑公司班长	全省优秀共产党员	江西省委	1995
谢柏华	男	—	全省优秀共产党员	江西省委	1995
李四儿	男	宜黄国家粮食储备库党支部书记	全省优秀共产党员	江西省委组织部	1998
石建国	男	抚州市公安局高新分局政委	全国优秀共产党员	中央组织部	2001
			全省优秀共产党员	江西省委	2001
周晓健	男	东乡县愉怡乡纪委书记乡示范基地党支部书记	全省优秀共产党员	江西省委	2002
邬玉林	男	金溪县农业局老干部党支部书记	全省“五好”共产党员	江西省委组织部 江西省委老干部局	2003
林锦聪	男	赣东苎麻纺织公司董事长兼党委书记	全省优秀共产党员	江西省委	2006
童兆兵	女	抚州市检察院反渎局局长	勤廉兼优先进典型	江西省纪委组织部、宣传部	2007
张世伟	男	乐安县公安局副局长	勤廉兼优先进典型	江西省纪委组织部、宣传部	2007
徐济川	男	金溪县政府机关退休干部党支部书记	全省优秀共产党员	江西省委组织部 江西省委老干部局	2008
黄快生	男	南城县供电公司农电工	抗御风雪冰冻灾害优秀共产党员	中央组织部	2008
张荷仙	女	金溪县秀谷镇退休干部党支部书记	全省优秀共产党员	江西省委组织部 江西省委老干部局	2008
周卫平	男	崇仁县白路乡花园村信木红心柚种植专业合作社	全省优秀共产党员	江西省委	2009
许建民	男	宜黄县环卫所所长	全省优秀共产党员	江西省委组织部	2009、2011
桂晓华	男	抚州市园林绿化局副调研员	全省优秀共产党员	江西省委	2011
郑卫东	男	资溪县社保局局长	全省优秀共产党员	江西省委	2011
叶清秀	女	东乡县环卫所工人	全省优秀共产党员	江西省委	2012
吴正吉	男	金溪县林业局退休干部党支部书记	全省“四好”共产党员	江西省委组织部 江西省委老干部局	2012

续表：12-7

（五）报送作品受表彰情况

表 12-8

主创单位人员职务	作品名称	奖项名称	授奖单位	授奖时间
抚州地委组织部	完善党政领导干部理论学习制度研究	全国调研课题成果二等奖	中央组织部	1996
	在灿烂阳光下	全省电教工作“三个一”活动一等奖	江西省委组织部	2001
抚州市委组织部	抚州人才战略问题研究	全省组织工作调研成果三等奖	江西省委组织部	2003
东乡县委组织部	—	全省第九届党员电教片观摩评比二等奖	江西省委组织部	2003
乐安县委组织部	生命的留言	全省第九届党员电教片观摩评比三等奖	江西省委组织部	2003
抚州市委老干部局张敏	老有所为，增强发展驱动力	“树立科学发展观，建立美好新江西”有奖征文活动三等奖	江西省委组织部 江西省委宣传部等	2003
资溪县委组织部	党旗映红创业路	全省第十届党员电教片观摩评比一等奖	江西省委组织部	2005
黎川县委组织部	茶树菇栽培实用技术	全省第十届党员电教片观摩评比二等奖	江西省委组织部	2005
抚州市委组织部	你的平安，我的牵挂	全省第十届党员电教片观摩评比三等奖	江西省委组织部	2005
南丰县委组织部	南丰傩	全省第十届党员电教片观摩评比优秀奖	江西省委组织部	2005
抚州市委组织部	组工文化建设要在系统化中求深入	“两项建设”征文优秀论文	江西省委组织部	2007
	加强县级组工干部能力建设的调查与思考	“两项建设”征文优秀论文	江西省委组织部	2007
南城县委老干部局副局长朱光明	切实履行职责，努力做好关心下一代工作	征文二等奖	中国关工委教育发展中心	2007
抚州市工商局钱琦	人事干部应具备的基本能力	“两项建设”征文优秀论文	江西省委组织部	2007
抚州市委组织部部长李舰海	争做优秀组工干部应常修“五心”	“两项建设”征文优秀奖	江西省委组织部	2007
抚州市人大常委会副主任、市委组织部副部长许四星	提升组工干部能力应在“五进一换”上着力	“两项建设”征文二等奖	江西省委组织部	2007
南城县委组织部邓晓峰	最是橘黄橙绿时	“两项建设”征文二等奖	江西省委组织部	2007
广昌县委组织部陈仕华	一位老组工干部的 17 号	“两项建设”征文三等奖	江西省委组织部	2007

续表：12-8

主创单位人员职务	作品名称	奖项名称	授奖单位	授奖时间
抚州市委村建办副主任平六根	支部建在自然村是党组织设置的有效形式	“调研集萃”活动三等奖	《当代江西》杂志社	2008
抚州市委老干部局秘书科科长张敏	从四县的变化看进一步加强离退休干部党支部建设之策	“做好新形势下的老干部工作”征文比赛	中央组织部老干部局	2010
抚州市委组织部部长魏建锋	直面基层 感受责任	全省组织系统“走进基层、贴近群众”征文特别奖	江西省委组织部	2010
临川区委组织部部长吴茂发	我的经历 我的夙愿	全省组织系统“走进基层、贴近群众”征文二等奖	江西省委组织部	2010
广昌县委组织部部长廖晓昌	基层归来感触多	全省组织系统“走进基层、贴近群众”征文一等奖	江西省委组织部	2010
南丰县委组织部部长罗建顺	体会农村基层干部“三难”	全省组织系统“走进基层、贴近群众”征文三等奖	江西省委组织部	2010
黎川县委组织部部长高连珠	走进农村女党员所感	全省组织系统“走进基层、贴近群众”征文三等奖	江西省委组织部	2010
乐安县委组织部部长梁茂华	写在下基层活动中	全省组织系统“走进基层、贴近群众”征文三等奖	江西省委组织部	2010
黎川县委组织部干部戴加相	难忘的记忆——一位基层干部眼中的“组织部长下基层”	全省组织系统“走进基层、贴近群众”征文优秀奖	江西省委组织部	2010
资溪县委老干部局易资庆	父母嘱我感党恩	全国建党90周年征文一等奖	中央组织部老干部局	2011
抚州市委组织部部长魏建锋	在“四坚持四体现”中打造和谐组工	“部风建设笔谈”征文特等奖	江西省委组织部	2011
黎川县委组织部部长高连珠	试说组工干部的“大气”	“部风建设笔谈”征文一等奖	江西省委组织部	2011
东乡县委组织部部长谭海斌	组工干部坚持正派公道须正确对待三大效应	“部风建设笔谈”征文二等奖	江西省委组织部	2011
宜黄县委组织部部长朱文泉	谨言、细行善终——十六字部风体现在细微之处	“部风建设笔谈”征文三等奖	江西省委组织部	2011
广昌县委组织部部长刘慧	从莲的品质看组织部门“十六字”部风	“部风建设笔谈”征文三等奖	江西省委组织部	2011
南城县委副科级组织员章华	努力追求学习上的四种“境界”——读李开复先生《做最好的自己》有感	“部风建设笔谈”征文优秀奖	江西省委组织部	2011

续表：12-8

主创单位人员职务	作品名称	奖项名称	授奖单位	授奖时间
抚州市委组织部调研科副科长谢爱隆	说说组织部门团结和谐的“抑与扬”	“部风建设笔谈”征文二等奖	江西省委组织部	2011
	组工干部要学会倾听，善于倾听——读毕淑敏	“读书沙龙”征文二等奖	江西省委组织部	2011
崇仁县委组织部部长高自辉	梁毗哭金与猩猩好饮，组工干部的“主”与“公”——新读《装在套子里的人》	“读书沙龙”征文三等奖	江西省委组织部	2011
崇仁县委组织部干部肖迎文	淡妆素裹亦相宜——读《领导干部读资治通鉴》	“读书沙龙”征文二等奖	江西省委组织部	2011
黎川县委组织部干部潘云生	组工干部要坚守五个“不抱怨”	“读书沙龙”征文一等奖	江西省委组织部	2011
宜黄县委组织部副部长吴智勇	战胜自己，迎接挑战——读《谁动了我的奶酪》有感	“读书沙龙”征文优秀奖	江西省委组织部	2011
乐安县委组织部干部曾国华	让自己的人格美丽起来——读巴金《随想录》有感	“读书沙龙”征文二等奖	江西省委组织部	2011
抚州市委组织部	花儿为什么这么红	全省第十二届党员电教片观摩交流二等奖	江西省委组织部	2011
资溪县委老干部局易资庆	关于建设鄱阳湖生态经济发展区思考及建议	一等奖	江西省委老干部局	2013
东乡县委组织部	桂花香	江西省党员电教片观摩评比二等奖	江西省委组织部	2014
临川区委组织部副部长游德堂、电教中心副主任何建兵	虎奶菇栽培技术	全省第十三届党员电教片观摩交流一等奖	江西省委组织部	2014
金溪县委组织部	“志志”医生——记全国优秀乡村医生邓志晖	全省第十三届党员电教片观摩交流优秀奖	江西省委组织部	2014

附　录

一、乐安中心县委文件

各区组织部长联席会议纪要

关于这次联席会议，检阅过去组织上成绩是执行非常不够，必须要有计划的、具体的来改正过去有名无实的空招牌，不注意党以及群众组织的坏现象，加紧支部领导，使支部基本组织健全起来，使党与群众关系密切起来。今后组织工作的方针，特以下列决议：

一、健全区委本身问题

1. 各区委务须整顿与健全各部负责人。可常以七人办公，内分正副书记、组织部长、组织干事、宣传部长、宣传干事、妇委书记各一人。按期开常委会办公会，日常科学分工，实行个人负责制。改正过去包办主义、事务主义、家长制度、官僚主义等等，改正不好的领导方式，坚决执行党的积极进攻路线。

2. 执行布尔什维克党的全部任务。各组织部长务要把党和群众组织如工雇会、贫农团、反帝拥苏同盟、革命互济会、模范营、模范赤少队组织起来。各级组织要详细登记各种表格，报告要切实弄好。对于组织宣传部，可马上建立不常驻的委员会，以五人至七人组织之。但委员由青年团、工雇会、苏维埃、反帝同盟、互济会、贫农团、军事部等来组织之，最好就要任本部组织宣传的，对主任，（由）区委组织宣传部兼，至少十天（召开）一次委员会，专门来讨论和计划组织工作。

3. 巡视制度的建立。以后区委可以在支部中特别是模范中心支部中，指定几个有经验的同志来负担区委的巡视员，他不常驻，急需下乡时，可付特别伙食。区委可分配他去负责巡视某乡或某项工作，或赤少队，或某一小组的工作。每月区委要召集一两次巡视员会议，倾听他的工作报告与意见，给予具体的指示或新的工作任务。区委务须充分领导巡视员的工作，提拔党员新干部。

二、改造和健全支部组织及工作

1. 支部的改造，要适合斗争条件的需要，提高党员积极性。……过去支部干事会不健全，五个干事的领导作用是非常的缺乏，对军事、苏维埃、工会以及各群团中无人专责领导，必须马上进行改造与整顿。

2. 支部干事会组织以后要扩大，改变分工制度。每人要负责一件工作。五十人以上的支部，以十一至十三人组织之。五十人以下的支部，干事会着量情形决定人数。但干事会分工，可按照省委组字第一号通知，望详阅执行。

3. 进行改造支部，由区委首先订出计划，派人到支部召集全党大会，发动全体党员思想斗争，检阅过去的工作成绩和缺点，互相对个人检查执行充分的批评与斗争，对战争消极怠工分子应给予严厉打击，对富农地主异己分子无条件的洗刷出去。对工作积极，斗争坚决分子，特别是工人、雇农可以提到支部负责领导责任。

三、党的生活与发展

1. 区委、区苏同级机关的全体党员，应（成立）联合中心支部，编入小组，经常培养提拔新的干部。区委应每天建立办公会议，实行精密分工，经常讨论和计划本部工作。

2. 支部干事会五天开会一次，必要时得召集临时会议。大会每月二次，支分部党员应去参加，距离远的支分部干事应出席。小组会每月三次，各种会议应按时召集，不准无故缺席。每月按期收缴党费以作支部办公费，一次不到会不缴党费者，给以严格批评，二次给以严重的口头警告，三次的执行打击或留党（察看），对消极怠工分子不执行开除，对新党员要加紧随地教育。

3. 党的发展，区委加紧领导，面向支部，面向群众，使全党在群众中起核心作用。加紧从斗争中、工作中吸收工作积极、斗争坚决分子入党。特别向工人、雇农、苦力、劳动妇女开门，要反去过去的关门主义，特别要防止投机分子混入党内。

四、健强各组织的问题

1. 过去党对青年领导是不够的，表现是兼党的团员很少。党在团中的发展是关门的，各支部要专门讨论团的工作，检查和帮助团的发展，每个党员介绍一个青年入团，使团超过党的数目，党团关系要密切的联系。

2. 妇女工作，必须普遍的建立女工农妇代会，动员妇女参加战争动员与苏维埃的建设工作，打击对劳动妇女过低估计，与轻视妇女现象作斗争。要坚决领导妇女，保护妇女权利，提高妇女的生活、文化、经济、政治水平。要发动妇女一致团结，反对封建束缚虐待打骂等压迫，解除妇女痛苦，执行婚姻条例。区委、支部要单独讨论妇女工作，使妇女能帮助革命，参加生产。

3. 政府问题，区委要加强区苏党团会议，讨论党内一切决议，执行上级的一切法令和命令，加强各部工作，建立集体领导。按期开主席团会议，建立日常工作，肃清官僚作风。各部应领导乡苏，按期开代表会。（代表里面，最好是党员五人至七人组织党团会议）由党团在代表中建立个人负责制，使每个代表能领导群众，实现上级一切决议。

4. 党对工雇会工作，区委应加强工雇会的领导，改正过去不注意现象。区委应迅速建立工雇会，要与之联系起来。（参照执行局通知）各地方性的工雇会联合会要健强其组织与工作，区委要经常了解其工作不能忽视，彻底实现劳动法，这是领导要特别注意的。

5. 区委支部对贫农团的组织，要坚决领导其工作。人数多的贫农团可以三至五人组织委员会，不需要组织宣传的分工，只设主任一人，其余是委员。各村可设一小组长，来负责会议的召集。每月开会二次至三次，必须按期开会，使其真正实现一切法令，尤其是为土地法而斗争。对雇农工人应负领导责任，使全体更积极参加一切工作。

6. 地方武装，区委支部过去对这些工作的忽视是很严重错误，要吸引工农群众中精壮勇敢分子加入模范营、模范少先队，其余鼓动加入赤卫军、少先队。切实建立地方武装中的政治委员制、少先队中的党代表制。加紧其军事训练，每十天下操一次，要能做到整连整团加入红军和帮助红军作战。

7. 对反帝、拥苏同盟是不能分开的，可合并组织。区委、支部要加紧领导，发动群众热烈参加这个组织。建立会议制度，实行民族革命的动员，反帝拥苏。执行中央政府对日宣战的决议，准备与帝国主义直接作战。

8. 革命互济会，今后要转变为反对帝国主义、国民党白色恐怖的广大群众组织。党应纠正过去对这些组织不管的现象，必须加强其领导，健全其会议，务要使群众了解这个互济会的内容，鼓励其热烈参加，扩大其组织。

关于此个会议虽是简单，但实际是有许多重要问题望各党部按此决议，详细讨论，订出具体计划，逐条逐条来做好，要全部执行，谁都不可忽视。

中共乐安中心县委

一九三三年四月七日印

二、抚州市委办公室文件

抚州市副地级以上离退休干部用车办法

（试行）

为了切实从政治上、生活上关心老干部，使他们老有所养、老有所乐、老有所为，根据上级有关文件精神，结合抚州实际，特制定抚州市副地级以上离退休干部用车办法。

第一条 副地级以上离退休干部用车，采取领取用车货币补贴或由市委老干部局派车两种办法解决。选择何种用车方式由离退休干部自行确定。用车方式一经选定，一年内不予变更。下年如改变用车方式须于当年10月之前告知市委老干部局，以便安排经费和车辆。

第二条 凡选择领取用车包干补贴者，每人每年按下列标准计发用车货币补贴：

正地级离退休干部和老红军每人每年8000元；曾担任副地级实职的离退休干部每人每年6000元；未曾担任副地级实职但享受副地级（含用车单项）待遇的离退休干部每人每年4000元。

以上用车补贴，由市财政按月划拨到离退休干部所在单位，并按月支付给离退休干部。

第三条 用车货币补贴发放后，符合上述对象的离退休干部，取消个人专车，原则上不再派车。由市委、市政府安排工作，经组织批准在市关工委、市老干部体协、市老干部科协、市花协等组织中担任领导职务因工作需要用车，担任副地级以上实职的离退休干部因患重大疾病或急病需要用车的，本人填写用车申请后，由市委老干部局负责派车，但应据实按市价向市委老干部局缴交汽油费等费用。

第四条 凡选择派车者，不发给用车包干补贴，其用车一律由市委老干部局解决。

第五条 车改后，一律取消原工作用车，原所用车辆统一交回市委、市政府另行安排使用。

第六条 本办法自2005年1月份起执行。今后上级有新的规定则按新的规定执行。

中共抚州市委办公室

抚州市人民政府办公室

2005年1月20日

抚州市突出贡献人才评选管理办法

为进一步推进人才发展体制机制创新，着力培养一批素质优良、贡献突出的优秀人才，不断激发各类人才创造活力，把各方面优秀人才集聚到建设幸福抚州的生动实践中来，结合抚州实际，制定本评选管理办法。

第一章　评选对象和条件

第一条　市突出贡献人才奖是市委、市政府设立的人才表彰综合性最高奖，旨在表彰和奖励为抚州经济社会发展作出突出贡献的各类人才。我市各行业、各领域符合评选要求的企业经营管理人才、专业技术人才、高技能人才、农村实用人才和社会工作人才，均可推荐申报。公务员和参照公务员管理的机关工作人员不列入推荐范围。

第二条　市突出贡献人才的评选，遵循公开、公正、公平、择优的原则，注重实绩和社会公认，把品德、知识、能力和业绩作为评选的主要标准，不受学历、职称、资历、地域的限制。

第三条　市突出贡献人才的推荐对象，必须拥护中国共产党领导，热爱社会主义祖国，遵纪守法，具有良好的职业道德和团队精神。同时，还应具备下列条件之一：

（一）经营管理的企业规模较大，实力雄厚，生产运行平稳，未发生过安全生产事故，为我市经济社会发展作出了重大贡献。

（二）在自然科学、工程科学技术、人文社会科学等领域或在市级以上重大科技攻关和重点工程项目建设中，取得创造性成果或解决了重大科技难题，具有重要的科学价值和经济价值，在省内外产生重要影响，业绩得到社会和业内认可。

（三）在本职业（工种）中具有绝招绝技或达到同行业领先的技术技能水平，在开展技术革新、技术改造活动中作出重大贡献，并取得重大经济社会效益。

（四）在发展农业生产和农村经济中，从事的产业规模较大、市场前景较广阔、技术含量较高，带领群众致富成效显著，在新农村建设中作出了重大贡献。

（五）社会工作专业服务能力强，在行业内有良好声誉，特别是在社会求助、慈善事业、矫治帮教、应急处置等方面作出了重大贡献。

第二章　评选程序

第四条　人选推荐：

（一）市委人才工作领导小组下发通知，部署人选推荐工作，并通过市内主要新闻媒体向社会公告。

（二）各县（区）、市高新技术产业园区、市委各部门、市直各单位根据评选办法要求，按行政隶属关系对申报人选进行资格初审，并推荐优秀人才参加评选。

（三）各县（区）、市高新技术产业园区、市委各部门、市直各单位在推荐人选时要听取用人单位、上级主管部门及相关部门的意见。推荐人选须由推荐单位领导集体研究确定。

（四）推荐人选需填写市突出贡献人才推荐申报表，并提供事迹材料和相关证书原件与复印件。推荐表格和材料应由本人签字、所在单位和主管部门审核盖章。

第五条　专家评审：市委人才工作领导小组办公室对推荐人选进行资格复审后，将符合推荐要求的人选提交专家评审组进行评审，以无记名投票方式产生入围人选。

第六条　组织考察：市委人才工作领导小组办公室抽调相关部门人员组成考察组，对入围人选进行考察。

第七条 审批与公示：市委人才工作领导小组办公室根据考察情况提出拟表彰建议人选，提交市委人才工作领导小组研究审核，再报市委常委会研究决定拟表彰对象，并在市内主要新闻媒体进行公示。

第八条 表彰奖励：市委、市政府召开表彰大会，为市突出贡献人才颁发荣誉证书和奖金。获奖者，每人一次性奖励5万元，奖金从市人才发展专项资金中列支。

第三章　管理与服务

第九条 市突出贡献人才评选工作在市委人才工作领导小组领导下进行，由市委人才工作领导小组办公室负责组织实施，每三年评选一次，每次评选10人。

第十条 市突出贡献人才的评选，以评选对象近三年对抚州经济社会发展的实际贡献为主要依据。获奖者再次申报该奖项，必须以获奖后的新业绩进行申报。

第十一条 市突出贡献人才评选后，如发现以不正当方式骗取荣誉的，取消其市突出贡献人才荣誉称号，收回证书和奖金。

第十二条 市突出贡献人才列入市高级人才信息库进行直接管理。建立领导干部与市突出贡献人才联系制度，经常交流思想，掌握情况，听取市突出贡献人才意见、建议和要求。

第十三条 市突出贡献人才要积极参加与青年人才结对帮扶活动，充分发挥“传、帮、带”作用；要主动为我市经济社会发展献计献策，充分发挥参谋智囊作用。

第十四条 各地、各部门、各单位要为市突出贡献人才充分发挥作用创造良好的条件，力所能及地帮助他们解决在工作、生活等方面遇到的实际困难。

第十五条 同等条件下，市突出贡献人才在申请科研项目立项、科研经费与补助等方面，享有优先权；在申报评聘专业技术职务时，可优先推荐参评和聘任；可优先推荐参评省突出贡献人才、享受国务院特殊津贴专家和省政府特殊津贴专家，优先推荐参选各级党代表、人大代表和政协委员。

第十六条 本办法由市委人才工作领导小组办公室负责解释。

第十七条 本办法自发布之日起施行，原市拔尖人才的相关评选办法同时废止。

中共抚州市委办公室
抚州市人民政府办公室
2013年7月19日

抚州市正团职军队转业干部安置办法

第一条 为进一步做好新形势下军队转业干部安置工作，建立公开，公平，公正的工作机制，提高安置工作透明度，形成良好的军转干部安置导向，根据上级文件规定，结合我市实际，制定本办法。

第二条 本办法适用于计划分配在抚州安置的正团职军队转业干部。

第三条 正团职军转干部安置工作，坚持公开、公平、公正、择优和人岗相适的原则，实行公开职位、量化计分、积分择岗的办法。

第四条 本办法所称的积分，是指对正团职军转干部的军龄、任职年限、各人奖惩等情况进行量化，综合形成军转干部个人总积分。总积分由基础分、条件分、附加分和惩戒减分四部分组成。

第五条 计分方法和标准

（一）基础分。凡符合转业安置条件的军转干部，基础分均计60分。

（二）条件分

1. 军龄积分。军龄每满一年计1分，未满1年按月积分。地方大学毕业直接入伍和入伍前参加工作的，在校学习和工作年限比照军龄计算。

2. 任职计分。担任正团级职务满最低任职年限三年的计算3分，超过三年每增加一年加计1分，未满三年的不计分。其中担任正团职领导职务的每满一年加计1分，未满1年按月计分。

3. 学历、学位计分。取得国家认可的大学专科学历计1分，大学本科学历计2分，硕士研究生学历计3分，博士研究生学历计5分。获得学士学位计2分，双学士学位计3分，硕士学位计3分，博士学位计5分。具有两个以上不同层次学历、学位的，按最高学历、学位计分，不累计计分。

以上三项计分截止日期为中国人民解放军总政治部统一确定的转业时间（中国人民武装警察部队的退伍转业时间参照执行）。

（三）附加分

1. 奖励加分。

服役期间，获国务院或中央军委授予荣誉称号的加20分；被大军区级单位授予荣誉称号的加15分；荣立个人一等功的首次加10分，此后每次加5分；荣立个人二等功的首次加6分，此后每次加3分；荣立个人三等功的首次加2分，此后每次加1分。

受国务院、中央军委表彰的首次加10分，此后每次加5分；受解放军各总部（不含二级部和非编制单位，下同）表彰的首次加6分，此后每次加3分；受大军区级单位表彰的首次加4分，此后每次加2分；受省部级或军级单位表彰的首次加2分，此后每次加1分，因同一原因多次受到表彰奖励的，只按最高奖项加分一次。

获得国家科技进步一、二、三等奖的，首次分别加20分、15分、10分，此后每次分别加10分、7.5分、5分；获全军科技进步一、二、三等奖的，首次分别加15分、10分、5分，此后每次分别加7.5分、5分、2.5分。

奖励加分以档案中的《奖励登记表》和个人提供的奖励证书或命令（通令）等原件为依据。

2. 政策照顾加分。

在部队从事飞行、舰艇、涉核等工作，或在边防、海岛、高海拔等边远艰苦地区服役（以部队任职命令为准）的，10年内每满一年加0.4分，超过10年的每满一年加0.5分，未满一年按月计分。既从事飞行、舰艇、涉核等工作，又在边远艰苦区服役的，两项可累计计分。艰苦边远地区的确定按国办发〔2001〕14号和国人部发〔2006〕61号等相关文件执行。

参加作战1年以上的加10分，1年以下的加5分；执行国际维和、编队护航、跨国救援任务1年以下的加2分，超过1年每增加1月计0.1分；驻港、驻澳的加1分。

因公致残的，八级加5分，七级加10分，因战致残的加倍计分。

3、任职经历加分

担任过部分正团职单位军政主官的每满1年加1分，未满1年按月计分。由正团级单位军政主官改任师、旅级机关党委常委的，其军政主官的经历可连续计算。

（四）惩戒减分

服役期间，受过党内警告、严重警告、撤销党内职务、留党察看等党纪处分的减去2、4、6、8分；受警告、严重警告、记过、记大过、降职（级）或降衔（级）、撤职等军纪处分的，分别减去1、2、3、4、6、8分。因同一原因同时受到党纪、军纪处分的，按党纪处分扣分；因不同原因分别受到党纪、军纪处分的，减分应累计计算，但累计额不得超过上一个处分档次分值。

第六条 按照本办法规定的计分标准，由市委组织部核准军转干部量化计分，填写《正团职军队转业干部量化计分表》，确定军转干部的积分，从高到低排定名次。计分结果经军转干部本人签字后以适当方式公布，公示期为五个工作日。公示期间对公示内容有异议的，可向市委组织部申请复核。复核结果影响计分排名的,应重新公示,且公示期不少于三个工作日。

第七条 市委组织部在普遍听取军转干部安置意向的基础上，根据当年拟安置的正团职干部数量，结合各单位县级领导职数、非领导职数和人员编制空缺情况，按照各单位轮流接收，并优先安置到空编、空职数单位的原则，提出拟安置岗位，供军转干部选择。拟安置岗位数适当多于当年正团职军转干部人数。

第八条 市委组织部将拟安置岗位提前书面告知每位军转干部，然后组织军转干部按积分高低依次公开择岗。积分相同的，按任职时间先后顺序择岗；任职时间相同的，按入伍时间先后顺序择岗；上述条件均相同的，由市委组织部综合考虑择岗对象在部队任职、参战、艰苦地区服役等情况，确定择岗顺序。

军转干部择岗时，应书面签字确认所选岗位,不得随意更改。本人放弃择岗或拒绝择岗的，由市委组织部根据实际情况，在剩余岗位中进行指令性安置。不服从指令性安置或拒不报到的，作退档处理。

担任正团职领导职务且任职满最低年限的军转干部一般安排任领导职务，未达到任职最低年限的一般安排任非领导职务。

军转干部安置严格按照《公务员回避规定（试行）》执行。

第九条 量化计分以档案材料原始记录为依据。无记载的处分经查实的，予以追减计分；掩盖处分、经查证属实的，双倍扣减相应积分；对立功受奖弄虚作假者，所有奖励分计0分；其他项目造假的，从总分中双倍扣减造假项目分值；情节严重的，予以退档处理。

第十条 副团职军转干部的安置接收工作参照本《办法》执行。

第十一条 本《办法》由市委组织部负责解释。

第十二条 本办法自发布之日起执行。

中共抚州市委办公室

2015年6月4日

三、抚州地（市）委组织部文件

抚州地区县（市）委组织部信访工作目标管理责任制

（试行方案）

为了切实加强县级组织部门信访工作，努力把问题解决在基层，特制定全区县（市）委组织部信访工作目标管理责任制试行方案。

一、主要目标

全区县（市）委组织部信访工作的主要目标是：坚持四项基本原则，促进改革开放，推动廉政建设，维护安定团结，保证党的路线的贯彻执行,在为组织部门中心工作服务,为党员、干部服务方面充分发挥桥梁、窗口和渠道作用，实现信访工作的规范化、制度化、科学化。

二、分解目标

信访工作目标包括组织领导、制度建设、案件查办、信访信息四个方面的内容，为了便于检查和考核，按百分制分解如下：

组织领导方面：(20分)

1. 信访工作有一名部领导具体分管，并列入了部务会议事日程。(5分)

2. 上一年度信访量在400件以上的配备了一名专职信访干部；兼职信访干部从事信访工作时间的比例不低于所分管其它工作的比例。(5分)

3. 部主要领导阅批涉及副科级以上干部的来信不少于80%；部领导每月至少有4天接待来访。(4分)

4. 定期召开信访工作例会，分析解决信访工作中的突出问题。(3分)

5. 建立信访工作网络，进行信访工作指导。(3分)

制度建设方面：(20分)

1. 登记制度。来信来访均有登记。除了将来信来访者的基本情况（包括姓名、单位、职业、住址）进行登记外，还应写出来信来访者反映的主要问题，弄清性质、提出处理意见，并简明、准确地摘记在登记簿或登记卡片上。(4分)

2. 呈阅制度。对来信来访中反映的突出问题和带有政策性、普遍性、倾向性的问题，及时用"呈阅笺"、"信访摘报"或专题报告等形式，呈报有关领导和部门参阅。(4分)

3. 回告制度。对于上级机关或领导同志交办的信访问题，一般在三个月内汇报处理结果。到期如未能处理或正在处理不能回告时，应主动说明情况。(4分)

4. 复信制度。对来信来访的处理结果，分别情况，给来信来访者复信。如要求解决问题的来访，应将处理结果通知对方。(4分)

5. 总结制度。信访工作每季度进行小结，年终进行总结，肯定成绩，找出工作中存在的问题。(4分)

案件查办方面：(40分)

1. 阅处来信，误差率在1%以下，对询问信、自办结案信和政策规定不能解决问题的信，做到件件有答复，复信率达到100%。(15分)

2. 处理交办信访案件，自办率（包括会办、联办）比上年度提高20%（或占交办案件的80%）；年终结案率达85%（9分）

3. 重信重访和越级上访率比上一年度下降10%。(8分)

4. 结案做到事实清楚、证据充分、定性准确、处理恰当、手续完备、材料齐全。(8分)

信访信息方面：(20分)

1. 每年向部领导和上级组织部门提供信访1-5条，其中专题反映和综合反映的信访信息不少于2条。(12分)

2. 建立了信息网络，各乡镇有一名组工信访联络员。(8分)

奖励分：

信访信息被地组、省组采用的，每条分别奖励5分、10分。

三、检查考核

县（市）委组织部对确定的目标要经常自查；地委组织部对县（市）半年初查，年终全面检查考核，总分90分以上的前三名经予表彰奖励，低于60分的，给予通报批评。

中共抚州地委组织部

一九九二年三月三十一日

关于进一步加强农村发展党员工作的意见

抚组〔1992〕18号

各县（市）委组织部：

1991年，由于各级党组织的重视，在发展生产一线的人员入党方面，做了大量工作，取得了一定成绩，一线人员入党由1990年的52%增长到56.8%。但从总体要求来看，我区发展党员工作仍存在一些薄弱环节，为了认真贯彻落实"全省发展一线工人、农民入党工作座谈会"精神，我们对全区农村5年以上未发展党员的村党支部情况进行了一次全面摸底调查。调查情况表明：全区1929个村党支部，5年以上未发展党员的有127个，占总数的6.6%，其中20年以上未发展党员的有1个，15年以上未发展的有8个，10年以上未发展的有18个，10年以下未发展的有100个。

这些村党支部多年未发展一个党员，给基层党的建设造成了不可忽视的影响。多年未发展党员，党员年龄继续老化，党员队伍缺乏新生力量，村级后备干部骨干不足，削弱了党支部的战斗力、凝聚力和吸引力。据统计，全区5年以上未发展党员的127个村党支部，到目前为止，收到入党申请书432件，其中，作为积极分子的283人，已列为建党对象的111人。从建党积极分子队伍来看，远远不能适应党的建设的需要。同时，还有不少村党支部多年来收不到一份入党申请书，发展党员工作处于瘫痪状态。为了加理党的建设，改变发展党员工作中的落后状况，特提出如下意见：

一、必须充分提高对发展党员工作重要性的认识。

发展党员工作，是不断壮大党员队伍，提高党组织的战斗力、凝聚力和吸引力，使党后继有人的一项经常性工作，发展党员工作做好了，党的力量就会强大，党的事业就会兴旺发达，党的核心力量才能得到充分发挥。反之，就会削弱党的领导，影响党的路线、方针和政策的贯彻执行，影响党同人民解众的血肉联系，因此，各级党组织要把发展党员工作列入重要的议事日程，建立和健全发展党员工作制度　坚决杜绝嫉贤妒能和放任不管的现象，切实解决好多年未发展党员的不良现象。

二、要派干部下去蹲点，帮助分析原因，加强具体指导。

对5年以上未发展党员的村党支部，县乡两级党组织要派人员具体蹲到支部，加强指导，把做好发展党员工作同当前农村开展的社会主义思想教育紧密结合起来，并作为社教工作中的一项重要任务。一方面总结分析多年未发展党员的原因，另一方面，要在分析原因的基础上，协助基层党组织制定好发展党员工作计划，搞好发展党员工作。派下去蹲点的干部，一要深入下去，扎扎实实地做一些工作，二要切实帮助改变发展党员工作中的落后面貌。对多年未发展党员的村党支部，发展党员仍要坚持标准，保证质量，不能为完成任务而拉夫凑数。

三、必须努力建立一支数量较多、素质较高的积极分子队伍。

建立好积极分子队伍，这是做好发展党员工作的基础，各级党组织必须把发展党员工作的着力点放在对入党积极分子的建立、培养和教育上，要通过加强对他们进行马列主义的基本理论教育，全面提高他们的思想政治素质，通过对他们进行党性、《党章》和党的基本知识教育，提高他们对党的认识，激发他们的政治热情和进取精神，使其积极向党组织靠拢。与此同时，还要积极推荐优秀团员作为建党对象，从而不断扩大入党积极分子队伍。对入党积极分子的培养、教育和考察，要采取有力措施，抓学习、交任务，经常检查督促，让他们在发展农村商品经济的实际工作中经受锻炼和考验。在这基础上，对具备或基本具备党员条件的，按照成熟一个，发展一个的原则，及时发展他们入党。

四、要建立党员领导干部发展党员工作责任制。

发展党员，既是个人要求进步的问题，也是党组织一项基本任务之一，对要求入党积极分子，党支部既要热情关心，同时还要定期谈心，对没有提出入党要求的，党支部要有目的、有计划地物色一批积极分子进行培养、教育和引导，帮助提高对党的认识，不能专等积极分子敲门，对该培养不培养，该发展不发展，造成党的发展工作长期瘫痪的，要查明原因，追究领导责任。

各单位对以上意见的贯彻落实情况，请及时报告我们，我部将根据情况进行检查、召集汇报。

中共抚州地委组织部
一九九二年五月九日

中共抚州地委组织部
关于加强乡镇领导班子建设的意见

乡镇是国家政权网络中的“末梢神经”，是基层组织建设的“龙头”工程，是党和政府联系人民群众的桥梁和纽带。加强乡镇领导班子思想作风建设，对于全面贯彻落实党的基本路线和农村各项政策，深化农村改革，发展农村经济，带领农民致富奔小康，进一步密切农村党群干群关系，具有至关重要的作用。

当前，我国正处在建立社会主义市场经济体制，加快现代化建设的新时期。为切实把乡镇领导班子建设成为政治坚定、思想解放、勇于改革、团结协调、廉洁务实的坚强领导集体，使之在我区农村改革、发展和稳定中更好地发挥核心领导作用，按照中央有关规定和省委提出的要求，结合我区实际，特就进一步加强乡镇领导班子思想作风建设提出如下意见：

一、加强学习，更新观念，努力提高工作水平

用邓小平同志建设有中国特色社会主义理论武装各级领导干部头脑，是新时期领导班子思想作风建设的首要任务。乡镇领导干部必须重点学习好《邓小平文选》第三卷，学习好党的十四届四中、五中全会的重要文件，学习好党在农村的各项方针、政策；同时，要学习发展社会主义市场经济和现代科学技术的基本知识，全面提高素质，提高工作水平，以适应领导改革开放和经济建设的需要。通过学习，要破除“五种思想”，强化“五种意识”，即：破除官本位思想，强化公仆意识；破除小农经济思想，强化市场经济意识；破除因循守旧思想，强化发展意识；破除稍富即安思想，强化竞争意识；破除封闭自守思想，强化开放意识。要自我加压，奋发进取，树立良好的精神状态。

充分利用地、县（市）两级党校，坚持和完善乡镇领导干部“一年一训”读书制度。各乡镇领导班子要成立中心学习组，制定并坚持中心组学习制度，坚持每月不少于 2 天的学习时间，中心组成员都要有专门的学习笔记。县（市）委组织部要对乡镇领导干部的学习情况经常过问、了解，坚持半年调阅一次学习笔记。地委组织部对乡镇党政一把手的学习笔记每年

进行一次抽查。今后，要把乡镇领导干部学习理论的情况和思想理论水平的高低，作为考察任用干部的重要内容。

采取多种形式加强对乡镇主要领导的培训。有关部门要作出比较详细的培训计划，分期分批对乡镇党委书记、乡镇长进行培训。同时，要采取派出去跟班学习的办法，把培训班办到外地去，办到经济发达的地区去。各县（市）要加强与经济发达地区的合作与交流，把培训乡镇主要领导作为重要内容之一。

二、健全党内民主生活制度，增进一班人的团结

民主集中制是我们党和国家的根本制度，必须严格执行。各乡镇领导班子要坚持和完善各项工作制度和议事规则，坚持集体领导与个人分工负责相结合的制度，凡涉及党的路线、方针、政策的大事，重大工作部署，任用干部，群众利益等方面的重大问题，必须提交党委会集体讨论，按少数服从多数的原则作出决定。主要领导应充分发扬民主，当“班长”不当“家长”，搞“群言堂”，不搞“一言堂”，其他班子成员应充分发表自己的意见，表明个人的态度。个人意见与集体决定不一致时，允许保留，但必须服从和执行集体的决定。有些问题一时难以形成共识的，应暂缓作出决定，待进一步调查研究后再讨论决定。

班子的团结是搞好工作的关键。各乡镇领导班子都要从党的事业大局出发，从农村经济发展的大局出发，从农民群众脱贫致富奔小康的大局出发，自觉以党的民主集中制原则来规范自己的言行，搞好班子团结。要增强党性锻炼，正确对待名、位、权，克服自由主义和个人主义。班子内部要经常沟通思想，彼此建立信任感。一把手要善于发挥在班子团结中的主导作用，既以身作则，率先垂范；又善于协调，化解矛盾。

党员领导干部要坚持过双重组织生活，每年参加所在支部（小组）组织生活不少于4次。要按期召开领导班子民主生活会，开展批评与自我批评，提高解决自身问题的能力。要注重提高民主生活会的质量，不得把民主生活会开成工作总结会和互相评功摆好的会议。对民主生活会检查和反映出来的问题，应由本级组织解决的，要积极制定改进措施，切实加以解决；需要县（市）委帮助解决的，应及时向县（市）委和有关部门报告。县（市）委和有关部门要加强对乡镇党委民主生活会的指导并派员参加，要定期及时通报民主生活会的情况。同时，要坚持县（市）委领导及有关部门领导同乡镇领导干部的谈话制度。

乡镇领导班子成员要切实做到个人服从组织，少数服从多数，下级服从上级，全党服从中央。党员领导干部无论何时、何地都要自觉维护党的威信和利益，坚决克服地方保护主义、本位主义和分散主义。凡是上级党委决定了的事，要坚决执行，保证政令畅通。决不允许有令不行．有禁不止，阳奉阴违，搞“上有政策、下有对策"。

三、加强廉政建设，做到廉洁自律

坚决反对拜金主义、享乐主义和极端个人主义，自觉克服消极腐败行为。乡镇领导干部要廉洁自律，模范地遵守中央和省委的有关规定，严格执行中纪委三次全会提出和重申的五条规定以及地委制定的各项廉政制度，切实管好个人，管好下属单位，管好身边的工作人员，管好自己的家属子女。是要求一般干部做到的，自己首先要做到。不准在用人上搞亲亲疏疏、搞“小圈子”；不准利用职权向农民索、拿、卡、要，或侵占公物、拖欠公款；不准在公务活动中接受超标准接待，下村组需用餐的，由村组安排到农户家吃派饭；不准利用婚丧嫁娶以及过生日、迁新居等机会大操大办，不准违反规定擅自配备“大哥大”等高档通讯设备和购置小轿车；不准用公款请客送礼、跳舞点歌；不准巧立名目，搞公费旅游；不准参与任何形式的赌博和封建迷信活动等。

加强纪律和法制监督，纪检监察部门要加强对乡镇领导干部廉政建设的监督和检查。对违纪违法的干部，只要事实清楚，证据确凿，都要依纪依法严肃处理，不能迁就姑息。对确有问题但不够纪律处分的干部，要进行必要的组织调整，不能重用。各乡镇要根据廉政建设有关规定，制定具体的实施意见和办法。要建立健全领导干部回避制度和个人重大问题请示报告制度。

实行乡镇党风廉政建设责任制，一把手亲自抓，分管领导具体抓，班子成员共同抓，切实抓好本乡镇的廉政建设。对违纪违法的，不仅要追究当事人的责任，而且要追究主要领导的责任。今后，选拔任用干部既要重视工作实绩，也要重视廉洁自律的情况，要把纪律检查与对干部的考察使用结合起来。

四、坚持实事求是，切实转变工作作风，改进工作方法

坚持群众路线，笃功务实。要深入实际、深入群众调查研究，多与农民交朋友，多为群众办实事，把农民情绪作为“第一信号”，把农民满意作为“第一追求”，把农民增收作为“第一目标”。乡镇领导干部每年要有三分之二以上的时间下到村组了解情况，解决问题，把工作做到群众中去。要与农民打成一片，倾听群众的意见、要求和呼声，为群众排忧解难。要搞好扶贫帮困，既要对富裕户“锦上添花”，更要为贫困户“雪中送炭”。

严格按政策办事，注意工作方法。要坚决贯彻落实党在农村的各项方针政策，减轻农民负担。搞建设办实事，既要尽力而为，又要量力而行，不得违背群众意愿，加重农民负担。要正确处理执行政策与服务群众的关系，克服主观主义、形式主义和命令主义，把依法行政和宣传群众、发动群众与组织群众有机结合起来，把主要靠行政命令手段转到主要靠政策引导、利益诱导、服务引导和典型引路上来。在实际工作中还要讲唯物辩证法，防止片面性、简单化。

加强勤政建设，严格考勤制度。乡镇领导干部在做好分管工作的同时，都要建立分片桂点包村工作责任制，党政一把手每人要挂一个小康示范村、经济薄弱村和一个乡镇企业，其他班子成员每人至少要挂一个村或一个企业，一定三年不变，实行目标管理。要坚守工作岗位，乡镇领导干部一律不得“读走学”，更不得擅自离岗、脱岗。各乡镇要实行领导干部值班制度，“双休日”不得比照机关干部放假休假，应根据实际工作需要，作出合理安排，确保工作正常运转。家属不在乡镇的乡镇主要领导，原则上都要把家搬到乡镇。要建立健全考勤制度，乡镇干部都要实行出勤登记，定期分布，年终考核。

反对虚报浮夸、弄虚作假。乡镇领导干部要加强党性锻炼，做到说老实话，办老实事，做老实人，有喜报喜，有忧报忧。要坚决纠正和克服统计数据失真问题，对以虚报浮夸手段骗取荣誉的乡镇和个人，一经发现，要取消荣誉，追查责任。

五、切实加强领导，进一步强化监督、考核和激励机制

各县（市）委要把乡镇领导班子的思想作风建设摆上重要议事日程，常抓不懈。组织部门要当好参谋助手，充分发挥职能作用。对乡镇领导班子思想作风建设，县（市）委每年要检查一次，地委组织部每年进行抽查。各县（市）委在工作实践中，要从实际出发，及时发现、总结、宣扬乡镇领导班子思想作风建设搞得好的做法和经验。对问题较多的领导班子，要组织力量进行帮助和整顿；对思想作风不正的领导班子成员，要进行严肃批评教育，经教育不改的，要采取组织措施。

考核乡镇领导班子的政绩，除了坚持实行计划生育和社会治安两个“一票否决”权外，还要把农业增产、农民增收、乡镇企业增效和财政增长四个方面的指标放在重要位置。同时，要把群众满意不满意、赞成不赞成作为重要考核内容。

组织部门要加强对乡镇领导班子的考核和监督。对于拟提拔担任乡(镇)党委书记、乡(镇)长的，应报地委组织部备案，并由地委组织部派人进行考察了解。要注意选拔那些政治素质高，改革意识强，懂经济管理，政绩显著，清正廉洁，群众拥护的干部进乡镇领导班子。同时，要加强对乡镇主要领导的跟踪考核和监督。要稳定乡镇干部队伍，除确因政绩突出需要提拔重用，或身体不适，或不称职，或犯严重错误者必须调整外，在本届任期内一般不作变动。

中共抚州地委组织部

1996年1月20日

中共抚州地委组织部
职能配置、内设机构和人员编制方案

根据《中共江西省委、江西省人民政府关于抚州地区党政机构改革方案的通知》(赣字〔1995〕162号)和《中共抚州地委、抚州地区行署关于实施抚州地区党政机构改革方案的通知》(抚发〔1995〕13)文件精神，保留地委组织部，组织员办公室、知识分子工作办公室并入地委组织部，为内设机构，原级格待遇不变。按照党政机构改革的原则，地委组织部的职能配置、内设机构和人员编制确定如下：

一、职能调整

(一)地纪委、地委组织部、地委宣传部分别承担的党员教育职能，由地委组织部负责协调。

(二)适应建立社会主义市场经济体制的要求，加强组织工作和干部工作的调查研究和宏观指导。

(三)增加关于干部工作监督、指导领导班子思想作风建设的职能，恢复主管干部教育工作的职能。

二、主要职责

地委组织部是地委主管组织工作和干部工作的职能部门，主要职责是：

(一)研究和指导全区党组织特别是党的基层组织的建设，探索各类新的经济组织中党组织的设置和活动方式；协调、规划和指导党员教育工作，主管党员的管理和发展工作；组织新时期党的建设的理论研究。

(二)提出关于县、市和地直单位以及其他列入地委管理的领导班子调整、配备的意见和建议；负责地委管理干部的考察和办理任免、工资、待遇、退(离)休审批手续以及有关部门的调查审理工作；指导县、市和地直单位领导班子的思想作风建设；负责地委备案干部的备案审查和宏观管理工作；承办部分干部调配、交流及安置事宜；协助做好中央和省属驻抚单位领导班子建设和干部管理的有关工作。

(三)研究提出贯彻中央关于干部队伍建设方针、政策的意见和措施，组织实施培养选拔中、青年干部工作。

(四)从宏观上研究和指导全区党的组织制度和干部人事制度的改革，制订或参与制订组织、干部、人事工作的重要政策和制度。

(五)负责全区组织工作和干部工作的督促检查，及时向地委反映重要情况，提出建议。

(六)主管全区干部教育工作。贯彻执行党的干部教育的方针政策，制订全区干部教育工作规划，组织地委管理干部和一定层次的中、青年干部以及组织部门负责人的培训；指导、协调、检查县、市和地直单位干部教育工作；研究和制定有关干部教育工作措施。

（七）调查了解知识分子工作情况，检查贯彻执行知识分子政策的情况，联系和组织部分优秀专家和拔尖人才开展有关活动。

（八）负责党群、人大、政协机关参照《国家公务员暂行条例》管理工作。承担党群、人大、政协等机关工作人员的考试录用。

（九）承办军队团职转业干部的安置工作。

（十）完成地委和省委组织部交办的其他工作任务。

三、内设机构

根据上述职责，地委组织部内设9个职能科（室）。

（一）秘书科

负责内外联系与综合协调工作；负责机关文秘、信访等工作；负责综合性会议的组织工作；了解、掌握本部工作部署和领导决定贯彻落实情况，搞好督促检查；协助部领导抓好干部的思想、作风和业务建设；负责机关财务与后勤管理工作；负责机关和下属单位的机构编制、人事劳动和退（离）休干部的管理服务工作。

（二）调研科

负责全区党的组织建设和干部工作的调查研究；调查了解各级领导班子、党组织和党员、干部队伍建设的情况，为部领导决策提供意见和方案；主办部刊《抚州组织工作》，负责有关政策的宣传工作，收集整理有关信息，编写专题资料；续编组织史；承担部领导交办的有关文稿的草拟和其他工作。

（三）组织科（挂组织员办公室牌子）

负责研究和指导全区党组织的建设；研究和提出党的组织制度、党内生活制度建设的意见；加强农村、企业、机关、学校、城市街道等基层党组织建设的指导；了解和指导全区各级领导班子的思想作风建设，指导县（市）委和地直单位党组（党委）开好民主生活会；总结、宣传、表彰全区先进基层党组、优秀共产党员先进事迹；负责指导全区基层党组织换届选举工作；协调有关科室承办出席中央、省党代表大会、党代表会议代表推选、考察工作；负责党内情况的统计和党费收缴、使用和管理工作。

负责协调、检查、督促、指导全区党员教育工作；研究和提出新形势下加强党员教育的途径和方法，提供党员教材，抓好电化教育，指导党员电教中心的工作；了解和研究党员队伍建设情况，加强党员的管理工作；指导基层党委做好发展党员、民主评议党员和处置不合格党员工作；抓好党刊通联工作；指导组织员队伍建设。

（四）干部一科

负责考察县（市）和地直县级领导班子及县级后备干部；对县（市）级领导班子的调整和地委管理干部的职务任免、交流、退（离）休等问题提出建议并负责办理呈报手续；负责地委管理干部的工资、奖励和有关待遇的审核工作；了解掌握县（市）和地直单位领导班子思想作风建设情况，就加强领导班子思想作风建设提出建议；制订或参与制订有关干部工作的政策、规定；提出对县级后备干部的培养和使用意见；审核县（市）级领导班子和地直单位党委换届人事安排方案，指导县（市）级领导班子换届选举工作；负责办理本区省委管理干部职务任免、工资、待遇和地级后备干部的报批手续；管理地管干部档案、负责全区干部统计和计算机干部信息管理，并对以上工作进行业务指导；承办军队正团职转业干部的安置工作。

（五）干部二科

负责县（市）和地直单位属地委组织部审批和事前备案干部的考察了解工作，提出使用意见、建议；负责备案干部的宏观管理和会同有关部门做好科级干部职数审核工作；制订科级干部管理有关政策、规定；指导党群、人大、政协等机关参照《国家公务员暂行条例》的管理工作；负责地直党群、地区人大、政协、法院、检察院等机关工作人员的考试录用、调动事宜和非领导行政职务的职数审核；承办选派抽调地直单位年轻干部到基层锻炼；负责军队副团职转业干部的安置工作。

（六）干部三科

负责考察地管企业领导班子和领导干部；对其领导班子的调整和领导干部的职务任免、交流和退（离）休等问题提出建议；负责对县（市）管重点骨干企业和地直其他企业领导班子建设和领导干部的职务任免进行宏观指导；负责审核地管企业领导干部的工资、奖励、待遇；了解掌握地管企业和其他企业领导班子思想作风建设和民主生活会情况，并就加强企业领导班子思想作风建设提出建议；制订有关企业干部管理的政策、规定；考察并提出对企业县级后备干部的培养和使用意见；协助做好中央和省属驻抚企业领导班子建设和干部管理的有关工作。

（七）干部教育科

负责研究贯彻上级党委有关干部教育工作方针、政策的意见和措施，研究制订全区干部教育工作规划；对全区干部培训工作进行指导、协调、督促、检查；组织地委管理干部和一定层次的中、青年干部以及组织系统干部的培训；组织和指导干部教育理论研究、指导、检查全区各级领导干部的业余在岗读书活动；负责领导干部的调学工作。

（八）知识分子工作办公室

了解检查知识分子政策的贯彻执行情况，对知识分子队伍的基本状况进行调查研究，提出建议；负责制订或参与制订知识分子的政策、规定；考察、选拔地管拔尖人才，负责优秀专家管理服务工作；建立专业技术人才信息库；协助做好省直机关副处以上干部的下基层挂职锻炼和科技副县（市）长的管理工作；认真处理知识分子来信来访，妥善解决知识分子工作中存在的问题。

（九）干部调查审理科

根据党的干审政策，研究制订在全区贯彻执行的意见和措施；负责与执纪、执法部门联系的日常工作；负责了解反映犯有错误的县级干部的情况；研究加强对县以上领导干部的监督工作；负责对下级组织执行干部、人事工作纪律的情况进行监督、检查和违纪问题的查处；负责地委管理干部的党籍、党龄、出生时间、参加工作时间以及其他历史遗留问题的审核报批工作；负责有关出国（境）人员的政审工作，承办组织和领导交办的干部有关问题的调查审核工作。

四、人员编制和领导职数（不含组织员办、知工办领导职数）

地委组织部机关行政编制为 25 名，事业编制 4 名。

领导职数：部长 1 名，副部长 3 名；科级职数 13 名，正科 9 名。

五、其他事项

地委组织部单列事业编制 10 名（含组织员办 5 名、知工办 3 名、党员电教中心 2 名），部机关的 8 名超编控制数因此而抵销。

中共抚州地委组织部

1996 年 10 月 17 日

关于适当下放科级干部管理权限的通知

抚组干〔2001〕35号

各县（区）委、市委各部门、市直各单位党组（党委）：

根据省委十届十三次全会和市委、市政府《关于进一步开放搞活加快经济发展的若干意见》精神，为促进我市改革开放和经济建设，参照省委组织部干部管理的有关规定，结合我市实际，现就适当下放科级干部管理权限通知如下：

一、下放审批权，实行事前备案制。具体职务有：

1. 乡（镇）党委书记、乡（镇）长；

2. 县（区）委组织部副部长；

3、市直正县级单位人秘科科长（包括负责人事工作的办公室、政治处主任）；

4. 非直属副县级行政事业单位的副职；

5. 越级或破格提拔拟任正、副科级职务的。

二、下放审批权，改为事后备案。具体职务有：县（区）人事劳动局局长。

三、其他科级职务的审批、管理程序继续按原规定执行。

四、加强领导、强化监督。科级干部管理权限适当下放后，各县（区）委、市直各单位党组（党委）要切实加强对干部选拔任用工作的领导，坚持“四化”方针和德才兼备原则，严格按照《党政领导干部选拔任用工作暂行条例》办事，严把职数关、标准条件关、任免程序关和材料审查关。市委组织部将加强对县（区）委和市直单位党组（党委）干部选拔任用工作的指导、督促和检查。对不按《条例》办事，超职数配备干部，突击提拔干部，任人唯亲，跑官要官，买官卖官及拉票、搞贿选等违规违法行为，严肃查处，坚决防止和纠正用人上的不正之风。

中共抚州市委组织部

2001年10月18日

关于建立离退休干部党支部巡访制度的通知

抚组字〔2006〕34号

市直各离退休干部党支部所在单位党委（党组）：

为了贯彻落实中组部《关于进一步加强和改进离退休干部党支部建设工作的意见》（中组发〔2006〕12号）及省委组织部、省委老干部局有关文件精神，全面推动市直离退休干部党支部建设，经研究决定在市直单位（含中央、省属驻抚单位）建立离退休干部党支部巡访制度。现将有关事项通知如下：

一、指导思想

以马列主义、毛泽东思想、邓小平理论和“三个代表”重要思想为指导，全面落实科学发展观，贯彻党要管党、从严治党的方针，按照中央关于加强基层党组织建设工作的总体要求，求真务实，开拓创新，通过构建离退休干部党支部相互联系与促进的有效机制，开阔视野，激发动力，培植典型，认真总结推广经验，努力探索新形势下离退休干部党支部建设的新路子，整体推进全市离退休干部党建工作再上新台阶。

二、离退休干部党支部巡访制度的组织形式

1. 巡访组：将市直所有的离退休干部党支部划分为 7 个小组（各小组组成单位今后将根据离退休干部党支部的发展情况作适当调整），小组成员由该组的离退休干部党支部书记组成。

2. 巡访工作组：各巡访小组内设工作组，工作组成员在巡访小组成员中民主协商推荐 2 名同志组成。工作组负责安排、联系和组织本小组的巡访工作。工作组成员一届任期 2 年，届满后重新推选产生，可连选连任。如因身体、生活等特殊情况需要届中调整的，应以工作组名义提前向市委老干部局提出申请。

3. 巡访工作理事会：名誉会长由市委组织部分管领导、市直属工委书记和市委老干部局局长担任，会长由市委老干部局分管副局长担任，成员由各巡访工作组成员担任。

三、离退休干部党支部巡访工作的主要任务

1. 传达贯彻上级党组织关于加强党的建设的精神。

2. 配合有关部门指导、推动离退休干部党支部建设工作。

3. 组织对离退休干部党支部建设中出现的新情况、新问题的调研。

4. 总结、交流和推广离退休干部党支部建设的经验。

5. 检查、督促、指导离退休干部党支部开展主题实践活动。

6. 共同帮助本组成员协调解决工作中遇到的困难、问题。

四、离退休干部党支部巡访工作机制

1. 组织领导：巡访组在市委组织部、市直属工委和市委老干部局的指导下开展工作；巡访组的各党支部由所在单位党委（党组）领导，同时接受巡访组的指导；市委老干部局协同巡访组负责指导、处置日常具体工作。

2. 工作制度：

（1）巡访制度：巡访工作组负责联系本小组的党支部开展互帮互学、互相促进、联手共建活动。轮流在本组召开巡访会，原则上每半年召开一次。会议由本巡访小组工作组负责召集，市委组织部、直属工委、老干部局应邀派员指导。巡访会主要是反馈信息，交流经验，反映问题，研究工作，制定措施。轮到作东道主的离退休干部党支部和所在党委（党组），要在会上作重点发言和工作汇报。

（2）理事会制度：每半年召开一次，主要是总结各巡访组开展活动情况，及时研究、解决工作中存在的问题。理事会由市委老干部局召开。

（3）例会制度：每年召开一次，所有巡访组成员单位参加，主要是通报情况，培训业务，部署工作，由市委组织部、直属工委、老干部局联合召开。

（4）交流制度：各巡访组每年至少要撰写一篇具有一定质量的党建文章或党建工作总结，提交到理事会交流。

五、切实加强对离退休干部党支部巡访工作的领导

离退休干部党支部巡访制度是我市在经过多年实践、总结、摸索基础上建立起来的，是新形势下我市加强离退休干部党支部建设的重要举措。这种制度的最大特点是在各离退休干部党支部之间运行，参加巡访活动的离退休干部党支部书记普遍年龄大，让他们全部负责支部与支部之间具体的组织、联系、协调等工作有一定的困难和难度。因此，各离退休干部党支部所在单位党委（党组）要予以高度重视，切实加强领导，对巡访制度的顺利、长期运行给予大力支持。特别是轮到做东道主的单位要主动做好承办巡访会的各项筹备、保障工作，安排具体的工作人员为巡访会搞好服务；单位主要或分管领导要自始至终参加在本单位召开

的巡访会，并在会上介绍老干部工作（含重视离退休干部党支部建设）的经验、做法。各离退休干部党支部所在单位党委（党组）要认真地听取本单位离退休干部党支部书记提出的和巡访小组反馈的意见、建议，尽力为老同志解决实际问题，确保离退休干部党支部建设工作健康发展。

中共抚州市委组织部
抚州市直属机关工委
中共抚州市委老干部局
2006年9月18日

四、抚州地（市）委老干部局文件

关于进一步解决我区离退休干部政治生活待遇中几个具体问题的通知

抚老字〔1995〕06号　抚财行〔1995〕29号

各县（市）委组织部、老干部局、财政局、劳动人事局，地委各部门、地直各单位：

根据全国、全省离退休干部工作会议精神，结合我区实际，经地委研究同意，现就当前我区离退休干

部政治、生活待遇中几个具体问题，作如下通知：

一、建立和健全情况通报制度。各级党委、政府和地直各单位应坚持每年向本地、本单位的离退休干部通报政治经济和社会发展情况，召开座谈会，听取离退休干部的意见和建议。并提倡各级领导干部联系1至2户离退休干部，与他们沟通情况，交流思想，了解他们的实际困难和要求。

二、对抗日战争时期参加革命，工改前行政19级以下的离休干部尚未享受副县级政治生活待遇的，提高为副县级政治生活待遇。犯有错误受处分者，按中组部组通字〔1983〕29号文件规定执行。报批手续按干部管理权限办理。

三、参照省委组织部、省委老干部局、省人事厅、劳动厅、财政厅联合下发的赣财文字〔1995〕18号文件《关于调整党、政、群机关、事业单位离休干部护理费标准的通知》精神，对全区离休干部护理费标准作如下调整：即1942年底以前参加革命工作的离休干部和1943年1月1日至1945年9月2日参加革命工作且年满70周岁的离休干部，其护理费由现行每人每月61元提高到140元；1945年9月3日至1949年9月30日参加革命工作年满80周岁的离休干部，其护理费由现行每人每月51元提高到100元。调整增加的经费，按现行规定的开支渠道解决。执行时间从1995年7月1日起。

中共抚州地委组织部
中共抚州地委老干部局
抚州地区财政局
抚州地区人事局
抚州地区劳动局
1995年6月28日

关于建立特困离休干部救助机制的意见

（试行）

抚老字〔2007〕5号

随着离休干部进入高龄期、高发病期，我市部分离休干部和离休干部遗属的生活发生困难。为了帮助他们缓解生活压力，根据中央、省、市有关规定，结合我市实际情况，现就建立特困离休干部救助机制提出以下意见：

一、指导思想和基本原则

指导思想：以“三个代表”重要思想为指导，认真落实科学发展观，牢固树立“老干部工作无小事”的工作理念，通过建立和完善特困离休干部救助机制，帮助特困离休干部和离休干部遗属缓解生活困难，为维护改革发展稳定大局和构建社会主义和谐社会作出贡献。

基本原则：财政负担，归口管理，重点扶助，纾难救急，实事求是，公平合理。

二、补助对象和条件

补助对象：在市本级办理离休手续的离休干部本人、离休干部的遗属。

补助条件：

（一）离休干部：

1. 本人患重大疾病，无配偶、子女照顾且自费医疗费当年超过1万元以上（原则上以市医保办提供的依据为准）造成生活困难的；

2. 配偶患有两种以上重大疾病且本人无经济收入的；

3. 离休干部因子女从小病残，且丧失工作能力，造成生活贫困的。

（二）离休干部遗属：

1. 本人患两种以上重大疾病，除离休干部遗属生活补助外无任何经济收入的；

2. 独居一人，生活不能自理的；

3. 离休干部遗属因子女从小病残，且丧失工作能力，造成生活贫困的。

（三）离休干部、离休干部遗属遭遇重大自然灾害或意外变故造成生活特殊困难的。

三、补助标准

（一）离休干部本人符合补助条件一项的予以补助1000元，每增加一项提高500元，最高不超过2000元。

（二）离休干部遗属符合补助条件一项的予以补助600元，每增加一项提高200元，最高不超过1000元。

四、补助时间和程序

补助时间：原则上每年12月上旬一次性补助，特殊情况经集体研究，可以特事特办。

补助程序：

（一）申报。每年12月上旬，各管理单位根据离休干部和离休干部遗属的困难情况向市委老干部局提出书面申请并填写《特困离休干部、离休干部遗属补助申请表》。

（二）审核。市委老干部局离退休干部科根据各单位申报情况及掌握的资料进行核实，对照困难补助条件，提出拟补对象名单和补助初步意见，报局长办公会审批。

（三）审批。市委老干部局局长办公会根据离退休干部科提出的补助初步意见，研究确定补助名单和补助标准。

（四）慰问并发放。根据补助对象的情况，市委老干部局会同各有关单位工作人员，上门走访慰问特困离休干部或其遗孀，并代表市委、市政府送去补助金。

五、工作要求

（一）建立台账。离退休干部科根据各单

位提供的特困离休干部和离休干部遗属困难情况，建立详细完整的特困离休干部和离休干部遗属档案和经费台账。

（二）动态管理。离退休干部科应及时掌握特困离休干部的实际情况，生活困难已经缓解的离休干部和离休干部遗属不再作为补助对象。

（三）坚持补助原则。一是公平公正，实事求是。严格把好申报、审批关，确保特殊困难补助款真正起到解困济贫的作用。二是专款专用，及时发放，不得截留挪用。离退休干部科要负责做好特困离休干部和遗属生活困难补助资料的存档工作。

（四）专题汇报。对特困离休干部和离休干部遗属补助经费的开支情况，每年年终我局将及时向同级财政部门呈送书面报告。

六、其他事项

（一）本意见自下发之日起执行。

（二）本意见由市委老干部局负责解释。

中共抚州市委老干部局
2007年3月26日

五、“我的组工岁月”征文

援疆三年牵挂一生

——写在纪念援疆工作十周年之际

陈跃进

人的一生有许多经历，许多牵挂。但是令人刻骨铭心、终身难忘的往往只有那么一两件事情。我的人生经历和牵挂中，最让我惦记和感动的莫过于在新疆的三年时光。有人说，经历和牵挂，斗转星移，物是人非，日子长了就容易淡忘。离开新疆已经快两年了，但不知什么原因，我却愈来愈思念，愈来愈牵挂。

我牵挂那里的“柯尔克孜人”。柯尔克孜人热情直率、坦诚善良。那是2004年11月9日，我突患主动脉夹层病，生命重危。但是我却很幸运，中共中央组织部、新赣两地的各级组织、领导和医务工作者给予了我极大的关怀和精心救治。此病据资料记载，来势凶猛，危险极大，死亡率高达90%以上。由于抢救及时，对症施治，我才慢慢得以康复。我与死神擦肩而过，重获新生，是新疆各级组织和新疆各族人民给了我第二次生命。

我牵挂那里的“山父水母”。克州地处帕米尔高原，柯尔克孜人把山比作父亲，把水比作母亲。我看见慕士塔格峰皑皑的白雪，我听见克孜勒苏河哗哗的流水。那高耸入云的大山分明是父亲的脊梁，支撑着1700多公里的国境线，抵挡着边关的冷月寒风。那川流不息的流水分明是母亲的乳汁，滋润着7万多平方公里的大地，哺育着50万柯尔克孜儿女。

我牵挂那里的“一草一木”。帕米尔蕴藏着极其丰富的水土、光热、矿产等资源。我经常打电话询问，那里的“巴仁杏”是否丰收？那里的“木纳格”葡萄是否熟了？那里的“苏巴什羊”是否肥壮？那里的“昆仑美玉”是否挖掘？我多次向来人打听，那里的农牧民腰包是否鼓了？那里的农村是否盖了新房？那里的城镇是否披上了新装？

我牵挂那里的“玛纳斯”。柯尔克孜文化源远流长，库姆孜的弹唱常常在耳边回响。三大英雄史诗的《玛纳斯》，记录着柯尔克孜人辉煌的足迹，诉说着柯尔克孜人光荣的历史，弹奏着柯尔克孜人美妙的乐章。她是马背上民族生活的真实写照，她是柯尔克孜人丰富的精神食粮，她是中华民族大家庭的文化瑰宝。

人们常说，“经历就是财富”。在克州，我的灵魂得以净化，我的思想得以升华，克州人民不仅赐给了我新的生命，更赐给了一份非常宝贵的精神财富，我将受益终身，永远难忘。

“牵挂就是思念”。江西第四批援疆干部领队杨建国书记在离别克州时曾动情地说，“三年克州水，一生克州人！”这代表了我们全体援疆人的共同心声。我思念那里的山，那里的水，那里的瓜，那里的果，那里的歌，那里的舞，那里的人，那里人的故事……

红土地上十万颗滚烫的心

——抚州地区十万共产党员为亚运会捐款纪事

陈　克

回忆起在组织部门工作的十四年期间，有许多难忘的活动。但有一件终生难忘，现在回想起来，仍会使我心潮澎湃，思绪万千，那就是1990年由抚州地委组织部发起并组织的“全区十万共产党员为亚运会捐款”活动，在全国、全省产生了较大影响，我当时是其中的主要组织实施者。

1990年春节过后，当时的地委委员、组织部长吴步高同志找我到他办公室商量，他说：“今年在北京举行亚运会，这是中国人的骄傲。作为组织部门，基层党组织和共产党员能为首次在中国举办亚洲运动会做些什么有益的工作？以实际行动来支持国家办好这次亚运会！能否由地委组织部牵头搞一次共产党员为亚运会捐款的活动。”我思考了片刻说：“完全赞成吴部长的意见，可以由组织部门组织开展一次为亚运会捐赠活动”。他接着说，这件事就由我牵头，由组织科承办，另从地委党校、体育局、抚州师专党办等单位抽调了五名干部集中办公，做好具体捐款事项，设立了专门捐款账号。接下来，我和组织科的同志在一起商量开展好这项活动的具体事宜，确定这项活动的主题为“爱国、争光、奉献”，通过全区共产党员捐款，系统深入开展一次党的宗旨教育和爱国主义教育。

1990年3月14日，中共抚州地委组织部向全区党员发出《关于开展“为祖国争光，为亚运会作贡献”活动》的通知，并召开了动员大会。吴步高部长带头捐款，地委组织部全体党员干部一个个争先恐后为亚运会捐款，以表达对祖国的一份情，一份爱，对亚运会的关心和支持。至此，殷殷爱国情，拳拳责任心，在全区共产党员心中升华，为亚运会捐款活动犹如春潮般在老区涌动。许多党员干部发扬革命战争年代那种冲锋在前、牺牲在前、吃苦在前的精神，积极发挥先锋模范作用，带头为亚运会捐款。

从3月中旬到4月下旬一个多月的时间里，抚州地区十万名共产党员自愿为亚运会捐款49万元。49万元，对经济发达地区来说，也许是微不足道的，但是，对老区人民来说，这49万元，是红土地上十万颗滚烫的心。

收集到捐款后，吴步高部长指派副部长任建才、地区体育局长王桂水、南城县委组织部长黄龙瑞、组织科干部蔡洪堂和我五人将49万元捐款专程送到北京。

1990年5月7日，这是值得抚州地区十万共产党员铭记的日子。这天上午，第十一届亚洲运动会组委会在集资部隆重举行“江西省抚州地区共产党员向亚运会捐赠仪式。”这是一次具有特殊意义的活动。亚运会组委会常务副主席、北京市常务副市长张百发，全国体育总会副主席路金栋和中共中央组织部秘书长蒋振云等领导同志参加捐赠仪式。

在庄重而又热烈的捐赠仪式上，中共抚州地委组织部副部长任建才向组委会领导汇报了全区共产党员开展“为祖国争光，为亚运会作贡献”活动的情况，并将十万党员向亚运会捐款49万元的汇票交给了集资部。亚运会组委会回赠了收赠证书和亚运会纪念品。亚运会组委会常务副主席张百发听后兴奋地说：“听到江西老区党员为亚运会捐款的消息，我非常高兴和激动，我是昨天连夜从秦皇岛赶回北京来参加今天的捐款仪式的。江西是革命老根据地，在第二次国内革命战争时期和为祖国的解放事业中，付出了巨大牺牲，现在国家举办亚运会，又是老区党员带了个好头，这对我们办好亚运会是一个极大的鼓舞，我们要向老区的党员和群众学习致敬！”全国体总副主席路金栋说:“抚州地区的共产党员,关心国家大事,关心亚运会,体现了很高的爱国热情和高尚的革命情操。”中组部秘书长蒋振云说：“抚州地委组织部开展这次活动很有意义，标志着老区党员的一种良好的精神风貌，在当前加强党的建设的新形势下，为全国起了一个带头作用，全国共产党员都要向抚州地区的党员学习，这件事本身就体现了党组织的战斗力和共产党员的先锋模范作用。”

抚州地区共产党员向亚运会捐赠仪式，在5月7日当晚的中央电视台体育频道作了头条新闻播报，新华社、《人民日报》等各大媒体都作了消息报道。

5月8日，亚运会组委会集资部安排了专人专车，陪同抚州一行参观了尚未对外开放的亚运会主体育场馆、亚运村、新闻中心等各大赛事建筑。

为此事，抚州地委组织部收到了亚运会组委会寄送的两张亚运会开幕式贵宾席门票。9月19日，应第十一届亚运会组委会的邀请，中共抚州地委组织部原副部长王金明同志前往北京参加亚运会开幕式。

亚运会结束后，我作为《江西党建》杂志的特约通讯员，撰写了《红土地上十万颗滚烫的心》——抚州地区十万共产党员为亚运会捐款纪事,发表在《江西党建》1990年第10期上。此文被评为1990年度全省党刊好稿一等奖和1990年度全国党员教育刊物优秀稿件三等奖。

倍感亲切的日子

——忆在抚州地委组织部工作的往事

罗学年

我是部队转业后到地方组织部门工作的，先后在抚州地委组织部工作了16年。16年的组工岁月，是阅历更是财富，一路走来，平凡而充实，严谨且豪迈。“我的组工岁月”征文，勾起了我对这段陈封多年却倍感亲切日子的回忆，想起了那曾经用青春和热血筑梦的悠悠岁月以及那隽永铭心的历历往事。

投身组织部　感知家温馨

1979年11月，我怀着依依不舍的心情离开部队转业地方工作，那时心中难免有几分忐忑与不安。然而，当我来到地委组织部后，却惊喜地发现，这里有火一般的热情，家一样的温馨，大海似的胸怀，亲切感、信任感、归宿感让我实现了从军人到组工人的无缝对接。在我的记忆深处，组织部不仅像熔炉锻造了我的意志，更似家庭温暖了我的身心。

我刚转业时，地委组织部正值恢复建制期，人手少，科室单调，全部仅有20余人，设有组织科、干部科、人事科、纪检科、老干部科，职能却涵盖了组织、纪检、人事、老干部等方方面面，工作任务十分繁重。在部领导的带领下，大家齐心协力，团结得像一家人似的，各项工作干得有声有色，件件事情办得有始有终。作为初涉组织工作的我，身处这样一个朝气蓬勃的大家庭中，整个身心都被那激情燃烧的年代喷薄出来的正能量所感染、所陶醉、所牵引。从那时起，我就坚信自己选准了人生之路，找对了立志、立德、立信之门，决心要用军人的勇敢与担当，在组织部门这个弥足珍贵的人生平台发挥自己的聪明才智。接下来的岁月里，我严格按照部里的各项规章制度要求自己，准时上下班，从打扫卫生到灌开水开始，认真做好每一件事，无论领导还是同志们交办的工作，总是愉快接受并用心办妥。我的勤奋很快得到部领导及老组工们的认可，他们不仅张开双臂拥抱接纳了我，而且自始至终视我为同志、兄弟、朋友，让我没有一点初来乍到之虑，倒有宾至如归之感。

我到地方工作那阵子，家属是抚纺职工，一直住在厂里七平方米的职工宿舍里，生活很不方便。我到地委组织部报到的第一天，时任部长的白纯义同志从同我的谈话中了解到这一情况后，立即与抚纺联系，很快在抚纺招待所安排了两间住房，让一家人告别了住“鸽子笼”的窘境。也许是人性善良本质的使然，每当人生重要节点上发生的故事，总会在人们纯真的心灵上刻下深深的烙印。记得有一次老家突然来电报，告知母亲病危，我拿到电报心急如焚向陈元部长报告了此事，陈部长马上安排司机小汤用部里仅有的一辆吉普车送我回向塘看望母亲。每每想起这些，我都会激动不已，常常情不自禁地感念：有这样好的领导关怀，在如此温馨的环境中工作，谁都会拼着命去做事。在组织部工作的那些年里，部领导关心爱护部属的例子不胜枚举，同事之间相互支持帮助蔚然成风。

融入组织部　锻炼舟楫品

在我转业后的第一年，部里考虑到我对

地方情况不清，工作业务不熟，于1980年派我到地委党校学习三个月，年底又安排我到抚州印染厂抓企业基层党组织工作条例试点近半年。部领导及科室负责人经常带我下基层搞调研，让我多接触实际，增强感性认识，提升业务水平。每次调研回来都让我写调研材料，然后他们再精心修改，并不厌其烦地讲解组工材料的书写要领。经过学习磨练，我的工作能力得到显著提高,成了部里的“笔杆子”，后来部里的工作总结、典型材料、部长讲话稿等都交给我起草，虽然辛苦，但内心充满自信与荣誉感。

在我16载的组工岁月里，对组工情谊的理解不光体现在工作生活的细节里，更蕴涵在对原则立场的坚守中。从我来到组织部那天起，听得最多的一句话，就是组织工作无“小事”。历任领导总是谆谆告诫，组织工作政策性、原则性、程序性强，来不得半点马虎和闪失，需要有强烈的事业心、责任感。人们常说“跟着组织部，年年有进步”，在这个部门工作久了，就会懂得组织部门的责任，必须耐得住寂寞，经得住诱惑，守得住清贫。正是在这种对党的事业一丝不苟的严谨作风薰陶下，我渐渐融入了组织部，开启了一段绚丽多彩的人生旅途。

组织部门是干部之家，关心爱护干部是职责所系，也是组工人的一种职业风范。在组织部工作多年，考察干部无数，目睹人事升迁沉浮不少，始终秉承公正、客观原则。对优秀的干部敢于说好，大胆推荐，对有缺点和不足的干部也敢于说“不”，帮其正视问题。作为组工干部，客观公正的评价干部，既不道听途说，也不文过饰非。这样做，既是对干部的关心爱护，更是对组织的忠诚。在我的组工岁月里，相遇了许多组工人，他们并没当多大官，有的甚至一辈子都是普通工作人员，但他们始终怀揣这样一份忠诚和严谨，默默无闻，忘我工作，无私奉献。组工干部就如一块砖石，填平别人前行的坎，亦像一支明烛，照亮他人前进的路，更似一块黑板，曾经写满了神奇，最后擦去的都是名和利。

离开组织部　难忘组工情

离开地委组织部已有16年了，但在我的潜意识 里还是有意无意把自已当成组工人，时常会说“我们组织部、我们组工干部”等等，听到熟人称自己部长，会特别亲切，甚至十分自豪。可谓人虽离，心难舍，情更切。

难忘组织培养恩。我从1979年11月进入组织部至2000年5月离开组织部，似乎弹指一挥间，但在我的生命记忆里却弥足珍贵。在这16年间，组织似一个宽厚、大度、正直、仁爱的家长，默默无私的注视、呵护、培养着我，使我在努力付出的同时，也不断感悟到组织的关注、肯定、支持。个人也从一个纯粹的军人转变成了一名信仰坚定、理想明确的组工人。

难忘领导关怀情。在组织部的那些日子里，有幸接受了六任部领导的言传身教。他们虽然性格不同、方式有别、风格各异，但不变的是对工作的严格要求和对部属的真心关怀。在工作上大胆使用，信任支持。取得成绩时充分肯定，热情鼓励，发现问题时及时提醒，防微杜渐，出现问题后主动协调，妥善解决；在生活上体贴入微，嘘寒问暖。

难忘同事兄弟谊。从部队到地方，前后在多个单位工作过，有缘在一起共事的人少说也有上百号。然而，真正能够敞开心扉、知无不言、言无不尽，至今还保持昨日温度的兄弟，乃至成为我人生中至交，工作上挚友，风雨里携手人的同事，仍是在组织部共同战斗的组工人。

匆匆岁月带走了光阴的故事，绵绵记忆留下了亲切的日子……

组工岁月　我难忘的梦

徐华德

光阴荏苒，岁月如梭。从 1984 年 8 月选调进临川县委组织部至 2009 年 12 月担任南城县委副书记、县长，我先后在市县组织部门工作时间长达 22 年之久。应抚州市委组织部之约，回首那激情燃烧的岁月，追寻已渐行渐远的人生足迹，油然而生的是难于忘怀的组工经历给自己留下的光荣与梦想。

结缘组织部门　意气风发

常言道，人生皆是缘。我与组织部门结缘，始于 20 世纪 80 年代初。那时我任教于临川县红桥镇中学，兼任该校团总支书记，可谓“书生意气，挥斥方遒”，决心为才子之乡的教育事业作出自己应有的贡献。1984 年 8 月中旬，临川县文教局一纸人事公函到校，把我从人民教师的岗位调到了组织部工作。当时的我还没回过神来，甚至处于懵懂中，便开始了我在组织部门的职业生涯。离校前，一位老党员对我说，“全县就选两名组工人员，你是其中一名，这既是你的造化，更是组织的信任”。最后他还语重心长地说，“组织部可了不得，你得好好珍惜”。正是从他这句发自肺腑的话语中，使我体会到了组工岗位的光荣与自豪，感受到作为一名组工干部肩上的责任与担当，也反映出组织部在人们心目中的特殊位置。从那时起，我便暗下决心，绝不辜负领导的信任、组织的培养和群众的期望。接到调令后，我含泪告别任教四年的教师岗位，全身心地投入到临川县委组织部这个新的大家庭的怀抱，开始了我生命中一段绚丽多彩的人生旅途。

迈步组工征程　踌躇满志

刚到临川县委组织部时，新的环境、新的生活、新的工作、新的节奏令人耳目一新，年少而资浅的我对此踌躇满志。恰如《组织部来了个年轻人》描述那样，我对党的组织工作充满火一般的热情与神圣的憧憬。作为农民的儿子，我能被选进组织部，不啻我们祖上出了个状元，这既是我个人的荣幸，更是我们家族几代甚至几十代人的荣幸，在我心里实有光宗耀祖的感觉。怀揣这样一种纯朴情感和幸福，我从扫地板、擦桌子、打开水等细微事做起，适应组织部环境，学习组工业务，不耻下问，甘当小学生，为做一名合格组工干部积蓄正能量。在组织部我接触的第一项工作是审干，后来是党建、干部考察、干部档案管理等。当时部里人手少，且都是四五十岁的老组工。我作为年轻人，血气方刚，浑身有使不完的劲，领导和同志们叫我干啥就干啥，总是愉快接受，谈话记录、考察材料、档案管理、典型材料、经验总结、文件拟定、上传下达，等等，不厌其烦，乐此不疲，不管是白天黑夜，完成任务是我最大的心愿。勤奋让我很快融入组织部这个严谨而温馨的大家庭，得到了大家的认可和好评。不久，我被抽调到省委组织部参加干部档案管理培训，在近一个月的干部档案管理培训过程中，系统学习了干部档案管理的新知识、新方法。在这里，我也结识了不少省委组织部和其他地市组织部的同仁，有的成了我人生中的至交，工作上的挚友，风雨里的携手人。回到临川组织部，我把培训学到的知识应用于干部档案管理之中，使全县干部档案管理工作步入规范化轨道，同时积极投身民主评议党员等党建工作，并参加了青泥乡石街村的民主评议党员试点。我还负责红桥片和腾桥片等十五个乡镇的农村党建工作，发展党员、民主评议党员、创先争优等活动，与乡村党员干部、群众建立了良好的感情，为做好组织部工作奠定了坚实基础。

在临川组织部近6年的工作中，我得到许多组工人的言传身教，受益颇多。他们经常带我深入基层，调查研究，率我参加各种党建活动，增长知识才干，教我拟写组工材料，提高文字组织能力，帮我历练人生意志，坚定献身组工事业的信心与勇气。在我初涉组工的日子里，他们总是对我说，组织部是党的事业兴旺发达的重要阵地，每一个坚守这块阵地的人都要有“甘为人才桥梁，乐作梦想阶梯”的奉献精神与平常心态。做事先做人，只有人做好了，事情才能做到精致。

1991年6月选调抚州地委组织部工作，在这里我结识了一大批品德高尚、才识过人的组工人，他们的阅历、修养，低调与诚恳，给我留下深刻的印象。我先后从事发展党员、创先争优、党刊通联等党的建设工作。期间，我经常利用业余时间撰写理论文章投稿全国各大党建刊物，其中《脚手架上的攀登》荣获1996年度全国党建刊物优秀文稿评选二等奖、《江西党建》一等奖，并参加全国党的建设研究会；《才子之乡文明风》荣获1997年度全国精神文明建设征文三等奖，《生命在洪水中升华》荣获1998年度全国优秀稿件三等奖。除上述工作外，我先后被地委组织部派驻广昌参加党的基本路线教育工作，到南城县新丰街乡挂点培训。我和工作组的同志一道，深入村组群众之中，宣传党的路线方针政策，把党的温暖送到基层民众的心坎上；访贫问苦，了解群众的冷暖痛痒，和群众同吃同住同劳动，在与当地群众朝夕相处的日子里，我把群众当知己，群众把我当亲人，也让我悟出了一个道理：所谓真知灼见，均是源自丰富多彩的百姓生活，源自如火如荼的社会实践，源自俯首甘为孺子牛的辛勤耕耘。

2002年2月，组织上派我到东乡任县委常委、组织部长。在以后的岁月里，我担任过东乡县委分管党群工作的副书记，崇仁县委副书记，抚州市委组织部副部长、市人事局长、党组书记，南城县委副书记、县长，抚州市审计局党委书记，抚州市交通运输局长至今。然而，无论我在何岗任职，身居何处，铭刻脑海的还是组织部门工作、生活的点点滴滴，如今仍历历在目。在我经历过的组工岁月里，相遇了许多默默无闻的组工人，他们有的一辈子都在作人梯，也没当多大官，却无怨无悔，忘我工作，无私奉献。多少人甘当砖石，填平别人前行的坎；多少人乐作明烛，照亮他人前进的路，在我的记忆里已数不胜数。这种砖石境界与蜡烛风范，深深感染了我、震撼了我、引领了我，让我自觉坚定了做一名无愧于前辈、无愧于时代的组工人。在组织部工作，加班加点是再普通平凡不过的事，遇有紧急或重要工作，部领导和同志们总是不讲条件，不讲困难，只有接受，没有推诿，连续工作，挑灯夜战，直至干到最佳，领导满意为止。多年来的锻炼，使我养成了工作认真、细致的良好习惯。

回眸组工岁月　魂牵梦萦

组织部门是一个大熔炉。在这里，走出了一条正确的人生之路，做出了组工人应有的贡献。组织部门是一个大家庭。从临川县委组织部到抚州市委组织部、东乡县委组织部，所到之处给我的印象都是一个温暖的大家庭。组织部门是所大课堂。通过与组工人耳濡目染的亲密接触与多年情同手足的共事，我在这里学到了许多为人之道，处事之要，自己的思想言行得到规范，政治素养得到提高。

22年光阴弹指一挥间，22年组工岁月弥足而珍贵，她令我回味、令我怀念、令我铭心刻骨！

难忘的组工岁月

李履才

我是1992年10月从黎川县政府副县长改任中共黎川县委常委、组织部长的，距今已经整整22年了。现在回想起来，那时的很多事、很多人都还历历在目，它们就像一连串的镜头，深深定格在我的脑海里。

我以前是在政府部门工作，一下子转到组织部门，当时真的有点不适应，但组织上既然相信了自己，我也一定不会辜负组织上对我的期望。为了使自己尽快熟悉组织工作，刚一上任，我就让办公室通知曾经在组织部工作的一些同志，开了个座谈会，听取他们对组织工作的一些建议。没想到在座谈会上，一些离开组织部多年的干部，谈起以往在组织部门工作的事情，如数家珍，十分怀念；谈起今后组织工作意见和建议，条理清晰，方向明确。当时，我在想，是什么原因让这些离开组织部门多年的人，还对组织工作有这么深厚的感情呢？带着这些思考和疑惑，我开始了一段难忘的组工岁月。

……

尽管我在组织部长的岗位上时间不长，仅呆了11个月，但经过这段时间的工作历练，我学到了很多，也成长了不少，对组织工作也有了几点自己的感悟。

一是基层干部特别辛苦，要高看一眼、厚爱一分。组织部门是干部的“娘家”。当好“娘家人”，就是要多下基层一线，了解基层干部、关心他们疾苦，这也是当好组织部长要坚持做到的事情。那时候，农村税费还没有改革，乡镇干部的主要任务就是“催交公粮、派提留款”，任务重、压力大、心里烦，待遇也普遍不高。当时，黎川流行一句顺口溜：“嫁人莫嫁乡干部，一年到头家不顾。”由此可见，乡镇干部之难。我是从基层一步一步干起来的，对乡镇干部的处境也是深有感触，所以到了组织部后，就非常重视和关心基层干部。每次到基层走访、调研，我都会主动跟乡镇干部，特别是一般干部坐在一起谈心谈话，了解他们的工作和生活情况。在与乡镇干部的接触中，我得出了一条经验，就是要“醉酒”。只有跟他们喝醉了，他们才会信服你，才会和你说知心话；只有他们喝醉了，他们内心的苦闷才会得到纾解。当然，那时基层条件艰苦，吃的都是乡镇干部自己种的菜，不存在公款吃喝的问题。

二是年轻人才特别难得，要不拘一格、大胆使用。我在组织部工作，总结出一条，就是对年轻干部使用要不拘一格，敢于打破原有的条条框框，多给他们搭建充分施展拳脚的平台，多给他们压担子，多给他们提供独当一面的工作机会，让他们在历练中成长，这样，我们党的事业才会后继有人。20世纪90年代，政府机关单位普遍存在缺少年轻、有文化的干部人才。我到组织部也面临“无才可用”的窘境。我记得，当时县直某单位有个小伙子，曾是黎川县的高考状元，文笔好，特别会写材料，但一只腿有点拐，一些单位领导看他走路一瘸一拐的，觉得影响单位形象，就没有用他。当时的副部长郑文胜向我推荐这个人，我觉得我们组织部门，有必要带头树立“任人唯贤”的选人用人导向，真正做到“不拘一格降人才”，就把他调到部里来。事实证明，我这个“大胆使用”，没有用错人，他在工作上特别用心，也很努力，撰写了各类典型材料、调查报告，为部务会决策提供了科学依据；他负责的信息工作，当年就在省、地电台、报刊上稿十多篇，取得了省、地先进的好成绩。后来我从组织部长转任行署驻京办工作后，他也离开组织部下海经商去了，现在已经事业有成，成了千万富翁。虽说是金子总会发光的，但是我们领导干部选人用人，也要有慧眼识才的眼光和不拘一格的魄力。

三是人事纪律特别严肃，要严守秘密、守口如瓶。组织部门作为管理党员、干部、人才的职能部门，更要严肃组织人事纪律，做到不跑风、不漏气。我常对部里的干部职工说，组织工作比较敏感，特别涉及人事问题，不该说的哪怕是烂在自己肚子里也绝对不能说，在任何场合、任何人面前都要做到守口如瓶。我对别人是这么要求的，同时，自己一直也是这么做的。记得有一次，有位跟我关系比较好的乡镇党委书记，私下里向我打听人事任免的问题。我当时就假装说不清楚，把这事给“糊弄”过去了。我这个人，平时给干部的感觉是挺好说话的，但涉及到人事纪律，从来都是守口如瓶，不漏一点风声。因为自己一直坚持这个原则，有的干部问了一次以后就不好意思再问了，有的干部听说我口风紧知道问也白问就干脆不问我了，以致后来向我打听人事问题的干部越来越少了。所以，我很感谢在组织部工作的那段岁月，是组织部教会了我老实做人、干净干事、清白为官的“为政之道”。

组织工作也出生产力

谢克侵

光阴荏苒，岁月如梭。从2002年11月至2006年6月，我在中共黎川县委组织部工作已有5个年头。5年来，经历了生活的风风雨雨，尝到了工作的苦辣酸甜，回首那加班加点的日子，想起那艰苦付出的自豪和欣慰，心潮澎湃，对自己的组工生涯做了一次回顾和梳理，蓦然发现，也曾有火红的青春，也曾有燃烧的激情，当把这一切都奉献给党的组工事业之后，感觉无怨无悔。

2002年11月，我被提拔到黎川县委工作，任县委常委、组织部长。履新后，在县委常委会班子集体领导下，紧紧围绕黎川在赣闽边际地区崛起的大目标，求实创新推进组织工作，发现组织工作也出生产力，也能促进产业发展。

4年来，全委会票决乡镇正职6名，公开选拔乡镇和县直部门科级干部14名，公开选调机关工作人员25名，在全市首次从非公企业中选拔1名企业家任工商联会长，重要县直部门重点股级干部全部实行竞争上岗，并在乡镇推行轮岗分流制。从2003年起，启动并实施大规模培训干部计划。4年来，在依托县委党校主阵地举办各类理论和专业培训班的同时，在上海市南汇区委党校，建立埠外培训基地，先后选送130名优秀中青年科级干部到该校培训，此外，每年都选派50名左右有发展前途的年轻和后备干部到村级组织和企业挂职、驻外招商、“非典”等关键时刻锻炼培养干部。

实施陶瓷人才“十百千”培养工程。即培养10~20名经营管理人才，300~400名科技人才，1000~2000名技能人才。从2003年起，连续5年，每年从应届高中毕业生中由政府定向选送60~80名学生到景德镇陶瓷学院、北京工大等学校对口专业进行国民学历教育，学成之后定向到陶瓷企业工作；县职业中专每年面向全县应届初中毕业生招收90名热爱陶瓷、立志投身陶瓷产业的学生进行专业技术教育，学制为三年，中专学历，学成后到陶瓷企业工作；

县陶瓷局每年从陶瓷企业分层次．分期分批选送 800 员工到景德镇陶瓷学院或县职业中专进行更新知识培训，提高专业理论知识和技能，5 年轮训完毕。县财政每年安排 30 万元，作为陶瓷产业人才培养经费，并扶持定向到高校学习的学生。这一做法得到上级部门和有关领导的充分肯定，有关信息在《江西组工信息》正刊采用，为陶瓷企业现在成为全县支柱企业打下坚实基础。

2004 年初，县委、县政府作出大力发展烤烟产业决定，把烤烟产业上升到县域支柱产业战略层面，成立了县促进烤烟产业工作领导小组，县委书记担任组长，我担任常务副组长，作为常委分工，主抓烤烟产业工作。此后，以一座烤房一个企业、一户农民一个客商的理念，采取了三项过硬措施，强力推进烤烟产业。一是实行领导抓、抓领导责任制，一级抓一级、一级督一级，形成以上传下倒逼压力机制。二是把烤烟产业业绩纳入用人导向，烤烟“上”则干部“上”。三是充分运用组织部强大政治优势，将农村基层组织党员干部带头种烤烟，纳入“三培两带”活动内容，正确引导党员干部带头种、做给农民看、带领农民种。也正是基于这种强烈的刺激和干预，促进了烤烟产业以倍增速度迅猛发展，快速扩张为县域经济一大新兴支柱产业，创造了全省烤烟发展史的“黎川速度”。2004 年至 2006 年，全县烤烟种植面积两年发展到 13384 亩；仅烟叶地税方面增加到 773.3 万元；烟农户均收入达到 9835.4 元，均实现 10 倍增速，成为县乡财政、村级集体经济收入和农民收入重要来源。现在全县烟农收入近 1 亿元，税收达 0.7 亿元。

在抓好组织工作同时，也带动了招商引资工作的发展，带领小分队北上南下、主动出击，投入招商引资，以最大诚意招商、以最大力度招商、以最优服务招商、以最好口碑招商、以最实践诺招商，赢得客商信任和投资，组织部连续四年获同类招商引资第一名。4 年来，先后引进锦华、振辉、正华、恒盛等 10 多家企业，名列前茅，连续几年招商引资工作名列同类单位第一，连续获得全县招商引资奖。

离开黎川县委组织部 8 个年头，回想起来，这是我人生一段最宝贵的经历。它，令我珍惜，令我怀念！

难以忘却的记忆

——记我的组工岁月

王树标

回首岁月往事，弹指一挥间。我是 1988 年 7 月北京农业大学毕业的，毕业后分配到抚州地区农业局种子公司工作，1994 年 10 月调入地委组织部，先后任组织科副科长、市委村建办副主任；2003 年 4 月至 2007 年 6 月，任抚州市委村建办主任，后兼任市目标办副主任。在市委组织部工作的这些年，是阅历更是财富，让我的人生倍感充实与精彩。往事历历在目，些许感悟激荡于心，在此略记一二。

感受之一：在组织部工作，既有归属感又有愉悦感。记得刚进组织部的时候，面对全新的环境，全新的业务，工作起来有点手忙脚乱的感觉。这时，分管部领导陈克、黄华等经常找我谈心，过问我的工作生活情况；在业务上科室长悉心教导、手把手地教我如何做好相关工作;在与同事们一起工作期间,大家相互配合,沟通交流,关系融洽,工作之余一起谈天说地,畅谈人生,相互之间结下了深厚的感情。尤其是历任常委部长长辈式的关心关爱,让我真真切切感受到了组织部门不愧是大家口中所说的"党员、干部、人才"之家,而且,在这个大家庭里,充满了温暖与温馨。在这样一种团结紧张、严肃活泼的工作氛围下,在领导和同事的关心帮助下,我很快由一名懵懂的"小学生"成长为一名年轻的"老组工"。

在外人看来,"跟着组织部,天天有进步",而到了部内,部领导对我讲得最多的是"进了组织部,天天要辛苦"。当时,部里人手少,工作量大,往往一件事情没有完成,第二件、第三件甚至更多的事情又等着去做,繁忙的工作和长时间加班早已成了"规定"动作。虽然经常要加班加点,但我始终保持心情愉悦,从未觉得累,仿佛身上有股子使不完的劲,对领导布置的工作,都能在领导要求的时间前保质保量完成。记得有一次,为了赶一个材料,我连续奋战了两个通宵。在组织上任命我担任市委村建办副主任后,为了掌握全市农村基层党组织建设的基层情况,我和村建办的同志们经常坐班车下到各县区指导工作,深入各村组调研了解情况,有时一住就是三四天。那些日子里,我觉得自己最为充实,也最为忙碌。我们在两年时间里,走遍了全市的所有乡镇,绝大部分村组,摸清了全市所有村级组织的基本情况及存在的问题,并建立了信息台账。

感受之二:在组织部工作,既有自豪感又有责任感。1995年春节,即我调到组织部工作后的第一个春节,我回到东乡老家过年,正月里与父母一同到亲戚长辈家中拜年,本家一位80多岁的爷爷,也是一名老党员,当他问我在什么单位工作,我说在组织部工作时,他的眼睛顿时亮起来,朝我竖起大拇指,连声说:"组织部可真了不得啊!你能到组织部工作真不错,一定要好好干。"听了他的话语,我深深感到,能成为一名组工干部很荣幸,让人倍感自豪,与此同时,我更体会到自己身上有一种沉甸甸的责任。正是带着这种责任,我始终不敢懈怠,无论从事干部考察、组织工作、还是村建工作;无论参与县区目标管理考评工作,还是领导交办的其他工作,都把做到最好作为工作之要,把组织放心作为工作之基,把群众满意作为工作之本。

组织部是党委抓党的建设的重要职能部门,肩负着选干部、配班子、建队伍、聚人才、抓基层、打基础的重要责任,需要的更是一份责任,一份严谨,一份忠诚。因为,组织工作无"小事",其政策性、原则性、程序性都很强,来不得半点马虎和失误。尤其是对于农村基层组织建设工作,市领导历来十分重视,经常要求听汇报,提要求。领导的重视是压力也是动力,面对全市农村基层组织严峻的形势,我深感责任重大。为此,我们村建办全体干部,本着开拓进取,脚踏实地的精神认真履职,对工作始终牢固树立"创一流"的理念,坚持勤学习、勤思考、勤调研、勤工作。我时刻保持敏感的基层党建工作的嗅觉,树立"大党建"工作思路,在经常与部领导深入基层调研的过程中,除了掌握农村基层组织建设情况,还对农村各行业系统党建工作都进行了专项调研,并结合中央、省市有关文件会议精神,提出加强和改进党建工作的指导意见。仅2012—2014年三年间,本人共撰写了相关调研及经验类材料百余篇,为市委抓好全市党建工作提供了高质量的决策服务。

感受之三、在组织部工作,既有成就感又有荣誉感。负责全市村建工作四年多来,如何搞好农村基层组织建设工作,我的体会主要有两点:重点是调查研究,关键是创新。经过调研并经市委同意,我们于2003年在全市开展了"三项创建"活动,即创建基层党建工作"十面红旗"、创建"抓好'第一要务'、牢记'两个务必'、实践'三个代表'"先进县级领导班子、创建乡镇“亲民为民富民”好班子三项活动，2004年，又开展了农村党建“三级联创”活动，即在县、乡镇和村三级党组织中，创建农村基层组织建设先进县、“五好”村党组织和乡镇党委。同时，明确党建工作责任，狠抓县（区）委书记抓党建工作的第一责任、乡镇党委书记履行党建工作具体责任的责任落实。建立健全激励机制，严格考核奖惩，每年进行一次集中统一评比考核，对工作重视、成效显著的予以表彰奖励，对敷衍应付的给予通报批评，特别是把是否抓好村级组织建设，打造村建亮点特色作为乡镇党委书记评先评优及提拔重用的重要依据，严格兑现奖惩。2003年以来，连续三年全市共有30多名乡镇党委书记被评为全市“五好”乡镇党委书记，其中95%以上先后得到提拔重用，成为了县处级领导干部。这一举措有效地调动了各级党委抓好党建工作的积极性，使全市农村基层组织建设工作得到有序推进，取得明显成效，得到上级部门与领导的好评。我个人也获得了许多荣誉，在2001—2004年连续四年被省委组织部评为先进工作者，村建办的同事们经过历练，也一个个走上了领导岗位。

针对“三级联创”“三项创建”活动取得了实实在在的实效，在此基础上，我及时进行了工作总结，在反复斟酌，几易其稿，撰写出了《抚州市创新基层村建工作》的经验材料，经分管部领导审阅后上报到省委组织部。然而让我做梦也没有想到的是，这篇文章得到了当时的省委书记舒惠国同志的肯定。记得当时我正在县里指导工作，接到常委部长亲自打来的电话，要求我尽快赶回市组说有要事。当我匆忙回来后，领导向我投来赞许的目光，笑呵呵交给我一份材料，我一看，原来是在我写的经验材料上，密密麻麻地写了百余字的批示，落款是舒惠国。我当时心里激动万分，欣喜若狂，要知道，一篇关于基层组织建设的经验材料得到省委书记的批示是十分难得的，这在抚州市组织工作中也是少有的。看到自己的工作得到上级的认可，我心里充满了作为一名组工干部的成就感、荣誉感和幸福感。

组织部门是一个大熔炉，我在这里得到了锻造；组织工作是一项历练人的工作，我的人生观和价值观得到了升华；市委组织部是一个温暖和谐的大家庭，历任历届，无论是领导还是同事，都和睦相处，只谋事不谋人，勤勤恳恳，兢兢业业，我的工作能力和思想认识水平不断提高。一位哲人曾经说过，“青春是有限的，人生是短暂的”。诚然如斯。离开市委组织部已多年，回想起来，这是我人生中一段最宝贵的经历，令我珍惜，令我怀念！

幸福的时刻

揭智能

我从1993年初到东乡县委组织部工作，到2013年3月底，服从组织的安排，被调到市直单位工作，我与组织部结下了整整二十年的缘分。

回想起二十年的组工岁月，我无怨无悔。组织部留给了我人生最美好的回忆和最宝贵的精神财富。最难忘的是，2012年8月下旬，经县、市、省三级组织部门推荐，我被评为江西省“十佳组工干部”，受到中组部的嘉奖并荣幸到中组部参加全国组织系统“讲党性、重品行、作表率”活动总结会议，与会同志集体受到习近平等中央领导人的亲切接见并合影留念，现场聆听了习主席的亲切而重要的讲话。那一刻，成为我人生最幸福的时刻，终生不忘的记忆……

接省委组织部通知，8月28日上午，我们这些即将去北京接受中央组织部表彰的先进集体和先进个人一行8人，在省委滨江宾馆集中。省委常委、组织部长莫建成及省委组织部在家的部务会成员，接见了我们并合影留念。中午，莫建成和其他部领导和我们共进午餐。饭后，我们在宾馆稍做休息后，由省委组织部部务委员刘礼育亲自带队，省委组织部信访办肖平学主任为工作人员，带领我们乘车直奔昌北机场乘飞机。大概下午六点来钟出北京机场，省政府驻京办事处安排车直接把我们送往会议统一安排的北京京西宾馆。

一进入到京西宾馆，我就有一种别样的感受。除了宾馆的气派，还因为宾馆的管理很严格。宾馆大门前和各楼门前有武警站岗，进出要佩戴会议发的标志牌和出示身份证。据说这里经常有中央和中央军委的领导来参加公务活动。我们一行安放好行李，吃完会议安排的自助餐后，被要求集中在住处开了一个短会，主要是熟悉第二天会议的安排和须知以及注意事项。当我们打开会议安排资料，知道明天会前中央领导同志习近平等将接见参会人员、合影留念和发表重要讲话，我那激动的心久久不能平静。我平生第一次受到中央部委的表彰，还将近距离接受心中敬佩的中央领导的接见，亲耳聆听中央领导的讲话，对于我来讲，是何等的荣耀、何等的幸福啊！我期盼着这一刻的到来，以致夜不能寐，久久无法入眠……

29日上午8:50前，我们参会人员在工作人员指示下，来到京西宾馆会议楼一楼会议室，在座位上放好随身物品。9:00，大家来到会议楼礼堂前厅，准备参加合影。9:20前，根据工作人员指示，按照事先安排的合影席次开始就位。我们江西参会人员被安排站第三排中间偏右一点的位置。9:30，中共中央政治局常委、中央书记处书记、国家副主席习近平在中共中央政治局委员、中央书记处书记、中央组织部部长李源潮等领导同志陪同下，到达礼堂前厅，顿时，全场响起热烈掌声。习副主席一边挥手，一边满面笑容走到前排，与前排的同志一一握手。之后，习副主席坐在前排中央，与全体参会人员合影留念。合影后，习副主席面向大家即时发表了重要讲话。

习副主席首先向受到表彰的先进集体和先进个人表示热烈祝贺，向全国组织系统的全体同志致以诚挚问候。

习副主席指出，讲党性、重品行、作表率是党的十七大对全体党员特别是领导干部提出的明确要求。党的十七大之后5年来，各级组织部门紧密结合自身职责带头落实中央这一要求，围绕建设模范部门、打造过硬队伍，持续深入地开展讲党性、重品行、作表率活动，取得显著成效。通过这一活动，进一步促进了组工干部党性的增强、作风的转变和能力素质的提高，有力推动了组织部门的各项工作。这次受到表彰的先进集体和先进个人，集中体现了组工干部对党忠诚、公道正派的政治品质，改革创新、求真务实的优良作风，甘为人梯、清正廉洁的精神境界。各级组织部门和广大组工干部都应当向受到表彰的优秀代表学习。

习主席强调，我们党集中了中国工人阶级和中国人民、中华民族的先进分子，集中了全国各个领域德才兼备的优秀人才，按照民主集中制原则建立了科学严密的组织体系，具有强大的组织动员力，这是巨大的组织优势。发挥这个优势，要靠各级党组织，靠广大党员和干部，最直接的则要靠各级组织部门和组织系统全体同志。党的十七大以来，全国组织系统为发挥党的组织优势作了大量工作，取得很大成绩。希望组织系统的同志们再接再厉，继续努力，坚持健全党的组织体系和完善党的组织方式，努力建设高素质的干部队伍和人才队伍，切实做好抓基层打基础的工作，为改革发展稳定提供坚强的组织保证。

习副主席指出，组织系统讲党性、重品行、作表率活动虽然告一段落，但讲党性、重品行、作表率作为一个永恒主题，在组织系统要长期坚持下去。各级组织部门要认真总结开展这次活动的经验，在建立健全长效机制上下功夫，使讲党性、重品行、作表率的要求融入自身建设的全过程和各个方面，做到常态化、长效化。要深入学习贯彻胡锦涛同志在省部级主要领导干部专题研讨班上的重要讲话精神，进一步统一思想、奋发进取、扎实工作，以组织工作的优异成绩迎接党的十八大胜利召开。

习副主席发表讲话大概有十来分钟。之后，在全体人员热烈鼓掌声中挥手与大家告别。

中央领导接见活动结束后，我在第一时间把这个激动人心的消息通过手机短信，告诉了市、县组织部的领导和同事们，让他们分享我的幸福和快乐。

2012 年 8 月 29 日上午 9 点 30 分，我在北京亲眼看见了敬爱的习近平副主席和蔼可亲的容貌，亲耳聆听了习近平副主席铿锵有力的声音，并与习近平副主席合影留念。

这一刻，是我一生最大的幸福！这一刻，是我一生永恒记忆！

我在组织部门的文字情缘

郑须生

1999 年 3 月，我在南丰县委村建办工作，主要协助起草领导讲话和其他文字材料。与现在一样，当时村建办与组织部合署办公。不仅经费在一起，工作在一起，活动也在一起。现在回忆那时的情景，温馨的感觉让人沉醉。

我参与文字工作、与文字结缘即在彼时彼刻。当时县委组织部都是写材料的“高手”，都是我的“师傅”。他们手把手地教，怎么列提纲，怎么搜素材，怎么开头，怎么起承，怎么顺接，怎么结尾，让我受益匪浅，终生难忘。遇到每年一次的全县组织工作会议，会前我们几个人组成材料起草团队，收集完相关的资料，打成几个大包，大家坐上吉普车，走上颠簸不平的砂石路，赶赴潭湖水库或包坊水库，封闭几天，写出初稿，交给组长把关、审稿，然后交到部长手里。那时没有电脑，我们的材料都是逐字逐句在稿纸上写出来，反复修改润色，有时改得面目全非，有时推倒重写，有时相互修改，相互提意见。那种灵感停滞时的痛苦，逻辑混乱时的煎熬，推倒重来时的苦闷，面目全非时的不快，真是酸甜苦辣，五味杂陈。但材料被组长通过后的愉悦，部长首肯后的神气，也是那些不参与写材料人员所难以体会的。

参与了大材料起草后，慢慢地积累了写作经验。碰到一些小材料，就有了信心，而不是胆战心惊，痛苦不堪。在以后几年里，我逐渐独自写了一些材料，包括典型经验材料，领导讲话，甚至县委书记在全县“七一”表彰大会上的讲话。后来人事变更，一些骨干相继走上新的岗位，当然也先后补充了一些新成员，但过去那种写作时同甘共苦、文字上相互帮衬、生活上推心置腹的感觉却似乎不存在了。分析原因，一是电脑已经非常普及，收集资料非常容易，甚至可以整段引用，不必采取“笨办法”收集和研读纸质资料了。二是新进同志普遍非常年轻，思想活跃，点子甚多，但有的人对文字推敲的热情没有我们那时高。三是时间久了，我自己对写作内容已经非常熟悉，驾轻就熟，此时与彼时感觉已迥然不同。

另一件在文字上富有成就感的事情，就是我在信息写作上取得了质变性的飞跃。在大家共同努力下，不但单位史无前例地连续五年获得省、市组工信息先进单位，我个人也连续五年获得省、市先进个人。那时上级组织部门对信息工作刚刚开始考核排名，由于重视不够和缺乏经验，南丰县委组织部的信息工作排名靠后，部领导非常焦急，采取了包括信息上稿奖励和全员写信息等诸多措施，但收效甚微。当时还特意从县工会借用了文字材料“高手”段添元同志，专门负责信息撰写。每当段的信息在上级组织部门信息刊物登出来，我们都欢呼雀跃，如同科举中榜一样。我们对段非常敬佩。这个过程中，我也开始潜心研究琢磨信息写作，对刊物上的好信息从标题到选材，从遣词到造句，反复思考，反复比较，反复解剖，颠来倒去，上下倒腾，终于悟出一些道道。临到自己下笔信息写作时，虽有别人经验可资借鉴，但毕竟不能东施效颦，依葫芦画瓢，这是一个从“零”开始的痛苦创作过程，真是“为伊消得人憔悴”，有时甚至到了坐卧不宁、寝食难安、焦虑万分的状态。但在这种状态下写出的信息，经反复修改后往往命中率较高。记得我在中央组织部、省委组织部刊登的第一篇信息，标题为《南丰县实行组工干部业务考试淘汰制》，就是在这种“癫疯”状态下写出来的，这个信息后来还被《党建研究》采用。看到自己的信息不断被上级刊物采用，真是喜不自禁、快乐心情一浪高过一浪。那时写作信息，我已经到了如痴如醉、如梦如幻的境界。随着上稿越来越多，成就感越来越强，写作欲望也越来越强烈，真可用心无杂念、执迷沉溺来形容。有一个关系很铁的高中同学看到我这种状态，开玩笑对我说：“你那时读书怎么不像这样用功，要不考个名牌大学没有任何问题。”我回答说此一时彼一时也。2002 年下半年，我被推荐到省委组织部办公室信息跟班六个月，感觉自己信息写作水平有了一个较大的跃升。

2004 年 10 月，我借用到市委组织部调研科。当时调研科不但负责起草领导讲话、典型经验材料、课题调研和信息写作报送，还编辑《抚州党建》《抚州组工信息》两个刊物。人少任务重，尤其是文字任务繁重。一年后，我正式调入市委组织部调研科。杨科长是个为人方正、思维缜密、知识广博的人，在他指导下，我整天沉浸在文字材料写作中，文字写作尤其是调研水平有了一定提高。2005 年 6 月，我又被推荐到省委组织部《组工干部能力建设问题研究》课题组，参与为时半年的组工干部能力建设问题调研。我不但有幸全程参加，而且担纲了全部课题文稿的起草、修改、编辑、上报等重要工作，让我在大型调研课题宏观把控、流程设计、文字组织、课题总结等方面受益良多。

在调研科工作 4 年后，我先后轮岗到市委组织员办、干教科、干监科。无论到哪个科室，无论是当科员还是当科长，我对文字材料都始终自己动手，反复琢磨，精益求精，绝不马虎。我的体会是，有一定文字功底的人，一般都是党务部门受欢迎的人。2013 年 8 月，我被提拔到市建设局任纪委书记，虽然文字材料任务锐减，但我仍旧保持对文字的浓厚兴趣，仍旧保持对文字进行推敲的“不良”习惯。

后　记

2012年8月，江西省委组织部根据《江西省志（1991—2010）》编纂工作要求，部署全省组织志编纂工作。2013年5月，抚州市委组织部决定编纂《抚州组织志》，全面记述抚州组织工作发展历程，记述时间上自1926年抚州党组织成立，下至2013年。为更好的开展编纂工作，成立以市委常委、组织部部长周训国为主任，市委组织部常务副部长宋东方为常务副主任，其他副部长及市委老干部局局长为副主任，各县（区）委组织部部长、市委组织部各科室负责人为成员的《抚州组织志》编纂委员会，从市委组织部、市委老干部局、市地方志办、市档案局等单位抽调人员成立编纂办公室，正式启动组织志编纂工作。随后，编纂办广泛征集资料，建立QQ交流平台，及时指导各县（区）开展工作。因人事变动，2014年7月，由市委常委、组织部部长王新有担任编纂委员会主任。2016年县（区）领导班子换届后，根据编纂委员会成员变动较大的实际，于12月调整编纂委员会。

抚州组织志编纂工作实行"市县联动、共同推进"。2013年9月3日，全市组织志编纂动员大会暨业务培训会在抚州召开，全面启动编纂工作。12月12日，为扎实做好资料征集工作，在乐安县召开全市组织志编纂工作调度会，就资料征集和资料长编工作进行培训，江西省组织志编纂办主任廖振权到会指导。至2014年7月31日，抚州组织志编纂办征集资料近千万字，形成资料长编400余万字，并在金溪县召开组织志编写培训会。此后，各地借鉴金溪组织志稿部分章节的写法，推进编写工作。2015年2月，《抚州组织志》完成初稿编写。3月19日，全市组织志稿分纂研讨会在黎川县召开，与会人员互相交流学习，共同探讨分纂方法。会议决定，志书下限延至2014年12月。2015年10月，《抚州组织志》完成分纂稿，并发送各地征求意见。11月6日，全市组织志总纂研讨会在崇仁县召开，会议进一步明确总纂的要求。2016年7月，《抚州组织志》完成总纂，总纂稿分送编纂委员会成员审查。

《抚州组织志》的主体资料，源自于市、县（区）档案馆馆藏史料和组织部门保存的资料；记述党组织发展历程参阅了党史部门的编研成果和组织部门出版的组织史资料；涉及抚州市的全面情况参阅了《抚州市志》，重要资料均注明出处；通过走访在组织部门工作较长时间的同志、开展“我的组工岁月”征文等形式，核实和收集有关史料。志书照片主要从组织系统内部征集，部分照片由邓小进、汤对堂、周木杨、吴志贵等同志提供。编纂过程中，为理清组织工作发展脉络，准确记述历史，参阅了大量的博士、硕士论文及专家、教授的专题性研究成果，志书中未一一注明，在此深表谢意！

《抚州组织志》编纂工作历时4年，参编人员按照分工开展编写。其中，付鹏、陈韬、何春负责“大事记”及第一章“党员队伍”、第三章“基层党组织”、第四章“组织部门”的编写；陈志平负责第二章“党的地方组织”的编写；王慧颖负责第五章“领导班子”、第六章“干部队伍”的编写及“附录”的收集工作；余凌负责第七章“干部教育培训”、第九章“人才工作”的编写；付鹏、王慧颖负责第八章“干部审查与监督”的编写；王慧颖、余凌负责第十章“组工宣传”的编写；张敏、涂燕负责第十一章“离退休干部工作”的编写；平六根、王慧颖负责第十二章“人物·荣誉”的编写；吴建新、平六根、王慧颖负责照片的收集和整理。另外，平六根、陈志平负责“概述”“后记”和全书的总纂。为打造精品佳志，提升志稿质量，2016年8月，聘请段绍镒、杨忠民、王政文、赵水泉4名修志行家集中审改10天，使志稿臻于完善，并于2017年2月交付方志出版社出版。

由于编纂人员阅历和水平所限，加上组织志记述时间跨度近90年，记述不详不准，甚至疏漏错误在所难免，敬请读者批评指正。

编　者

2017年6月